萧山赋

浙东首邑，扼宁绍之咽喉；於越名邦，荟人文之渊薮。山水揽潇湘美景，莼鲈起季鹰归欤。沃野膏田，连阡陌至海涂；棹歌菱唱，叠回旋于渔浦。控三江合汇，为天堑要津，立伍相潮头，展宏图壮举。卧薪尝胆，城山纪句践之雄心；雪耻沼吴，浣溪流西施之美誉。人间天堂在望，仙境天台有路。古运河过境通波，直达海陬；铁道线纵横交亘，九州无阻。空港不夜，畅天下之物流；银鹰远来，载环球之商旅。融入大杭州，为长三角东南健翼，开发潜优势，成新一方经济热土。

美哉萧山！集湖山之胜概，把江海之回澜。锁罗刹鼋波，飞桥跨九；拥翠峦屏障，峙鼎呈三。赏花四季，听潮朝夕；气象万千，俊彩斑斓。进化十里梅海，气压邓尉；杜家万树珍果，名重江南。乘改革之东风，焕萧然以新颜。错落层楼林立，高摩星月；多处八景锦簇，胜出尘寰。开天然图画，湘湖水光潋滟；抒篇流韵阑干。桃源本非世外，灵妃慕降此间。画舫悠游，听帝子之清瑟；云展登眺，赏美人之烟鬟。近年建设飞进，着意打造。与西子争比秀姿，拓烟波更见浩渺。建蓬山之瑶台；移瀛海之仙岛。平添诗情画意，彰显清域佳妙。纳万国之名区，集一园之堂奥。成世界休闲博览会之圣地，膺国际旅游风情园之雅号。目眩神迷，观列国衣冠济济；心诚谊切，迎往来嘉宾扰扰。花径柳堤，佳人拾翠相问；藕汀荷港，仙侣同舟回棹。美哉湘湖，实天地菁华之所萃；盛矣萧山，洵河岳英灵之感召！

萧山之胜也，天地山川而外，更在人文。溯历史之悠长，识蕴积之雄浑。跨湖桥遗址惊现，考古界引为珍闻。独木舟骇然乎出土，八千载文明史存真。更有茅湾印纹陶窑，证中国瓷业之策源；蜀山史前遗址，与良渚文化相引伸。由石器而彩陶弓镞，念勤劳而智慧先民。泊现代承前继武，百万儿女围海造田，不辞艰辛。广袤荒滩变成良田，奇迹惊新。

肇西汉置县以降，曰余暨曰永兴，沿易三名；或宁绍或省垣，隶属数更。而历代俊贤辈出，豪杰迭兴。越王生聚教训，赞古人强邦复国之壮志；士女敢为人先，多当代乘风破浪之精英。奇谋救越，大夫访倾国于苎萝；临水祖道，夫人发乌鸢之浩歌；岳元帅饮战马于欢潭，芳留胜迹；钱武肃戮董昌于西江，血溅沧波。名医楼英，折肱精技，仁术日碑传久；贤守杨时，筑湖治水，树德立功何多！至近现代更英雄峰起，人物星罗。守土保疆，葛云飞浴血抗英，显名将殉国之壮烈；维权革命，李成虎揭竿陇亩，开中国农运之先河。都督汤公，运筹谋划，办铁路金融，作浙江经济首领；衙前志士，擎旗鼎革，试东乡自治，向专制政治倒戈。凡此济济

印 象 萧 山

萧山，有八千年的文明史／是西施故里／贺知章的故乡／浙东唐诗之路的起点

萧山，连续五年名列全国县域社会经济指数第七位／是全国十大财神县（市）之一／中国纺织基地／中国羽绒之都／中国钢结构之乡／中国伞乡／中国花木之乡／中国制造业十佳投资城市之一／亚洲制造业示范基地／全国环境综合整治优秀城市／国家卫生城市／杭州萧山国际机场名列全国十大机场

『奔竞不息　勇立潮头』是萧山精神的集中体现

第三十七编　文物　胜迹　旅游

第三十九编　体　育

第四十编　民　俗

第四十一编　宗　教

第四十四编 人 物

第四十五编 丛 录

第三十四编
教 育

乙酉冬日從王晚聞師游石巖

撰杖來登百仞山，山頭坐數鏡中鬟。

湖緣水淺舟亓澀，江為沙橫溜勢彎。

松竹綠霜无改翠，峰巒返照有餘殷。

歸途指點居云上，獅子雄蹲石錦班。

清·汤金钊

撰杖來登百仞山頭坐數鏡中鬟湖緣橫溜勢彎巒返照有餘上獅子雄蹲石錦班

清湯金釗遊石巖詩 庚辰初夫 來涵鴻鈔

萧山民间历来重视教育，耕读家风代代相传，但旧时教育举步维艰。中华人民共和国成立后，教育事业得到发展。1984年，萧山成为基本普及初等教育，基本扫除青壮年文盲县。①

萧山教育在经济振兴中发展，在改革开放中提升。1985年以后，贯彻《中共中央关于教育体制改革的决定》，加强教育改革，着力构建素质教育导向运行机制，城乡教育均衡协调发展，民办教育成为萧山教育事业重要组成部分。1986年，《中华人民共和国教育法》颁布，萧山从这年开始，分7批实施九年制义务教育，至1995年，全市基本普及九年制义务教育。市委、市政府提出"科教兴市"战略方针后，从1996年起，开展争创教育强市、教育强镇乡工作，与之相配套的争创杭州市和浙江省示范学校（幼儿园）活动全面展开。市和各镇乡采取多渠道筹措教育经费，逐年加大对教育的投入，消除学校危房，完成破旧校舍改造，新建和扩建校舍，增添教育设施和设备，改善办学条件。严格控制中小学生流失，巩固和提高普及率。加强职业技术教育，办好职业高中和技工学校。重视办好以浙江广播电视大学萧山学院为主体的地方高等教育体系，重视成人继续教育。教师综合素质提高，教师队伍建设进一步加强。1999年12月，萧山市成为浙江省首批教育强县（市），境内一批浙江省教育强镇脱颖而出。

至2000年底，全市有在园幼儿38529人，小学在校生93100人，初中生49676人，普通高中在校生12510人，职业高中、中专和技工学校在校生16157人；初中毕业生升高中的比例84.10%；在成人文化技术学校学习或参加各类培训的206735人（次）；教职工10741人，其中全国优秀教师（全国教育系统劳动模范、全国优秀教育工作者）19人，省特级教师10人。

1985～2000年，萧山先后获得全国"两基"工作先进县（市）、全国特殊教育先进县（市）、全国幼儿教育先进县（市）、全国学校开展"国家体育锻炼标准"先进县（市）、全国艺术教育先进单位、全国勤工俭学先进单位、全国高校招生工作先进集体等国家级称号。

①1984年，全县已基本普及小学教育；小学毕业生升初中率已达67.6%，城厢、临浦、瓜沥镇已普及初中教育；普通高中、中等专业学校、技工学校、职业中学和学前教育也得到发展。与此同时，基本上扫除了全县少、青、壮年文盲，并举办各类业余学校，发展函授、广播电视教育和高等教育自学考试，初步形成小学、中学到中专、大专的成人教育体系。（资料来源：萧山县志编纂委员会：《萧山县志》，浙江人民出版社，1987年8月，第783页）

第一章　教育改革

1978年后，萧山教学改革全面启动。至2000年底，以政府办学为主、社会各界广泛参与的办学体制逐步形成；以"校长竞争上岗，教师双向选择，工资总额包干"为主要内容的人事制度改革不断推进；素质教育、城乡教育均衡协调发展，教学研究和教育科研取得显著成绩。

第一节　教学改革

1978年7月，县文教局教学研究室（简称教研室）恢复，与县教师进修学校合署办公。

教学改革活动

教学调查与交流　1986年下半年起，县教育主管部门建立集体和个人下乡教学调查研究制度，对全市（县）教学作宏观调控与指导。至1995年，到中学调研140多所次，到小学调研130多所次。1986年8月，县教育主管部门组织全县中小学教导主任和骨干教师先后听取北京师范大学、杭州大学、杭州教育学院等高等院校教授作教学改革辅导讲座，邀请外省3位特级教师和3位全国青年教师大奖赛获得者作学术报告，借班上示范课。全县有11位教师赴外地借班上公开课，13名教师上的18堂课被省电化教育馆拍摄成教学录像，在全省发行。

教学常规与评估活动　1987年始，各学校全面贯彻杭州市《中学教师教学常规》《中学生学习常规》《教研组工作常规》，市教育主管部门制订检查细则。1991年，《小学教师教学常规》《小学生学习常规》《校长、教导主任领导教学工作常规》《教研组工作常规》《各学科教学常规》等装订成册，分发给全市每一位任课教师。是年，对全市高级（完全）中学（以下简称高中）进行教学常规检查。1994年6月，首次举行全市青年教师常规知识竞赛。市教育主管部门规定每年6月举行全市新分配教师教学常规知识考试，要求新教师做到"一年教学常规过关，二年、三年教材教法入门，四年以后教研、科研崭露头角"。

1988年，"向45（小学40）分钟要质量"的课堂教学评估活动在全市各学校展开。1989年，市教育主管部门首次开展先进教研组及先进教研组长评选。有40个教研组被评为先进教研组，39人被评为先进教研组长。1992年开始，全市教育系统建立职业高级中学（以下简称职高）文化课的评价制度，实行会考制度和等第报告制度。

1995~1996年，城厢镇举行"维纳斯杯"小学教师课堂教学大奖赛，通过独立编写教案、书面说课、借班上课等形式，评定出轻负担、高质量的"课堂教学能手"20名。1999年，职业高中组织评选教学成果奖，峙山职业高中的《职高服装专业学生创业能力培养的实践与研究》、裘江职业高中的《职业高中专业（学科）美育的理论与实践研究》等获杭州市优秀职业教育教学成果一等奖；教研室的《七县（市）区域内实施职高文化课质量评价制度的实践研究》、城厢职业中等学校的教学成果获二等奖。

编写乡土教材　1988年起，市教研室组织力量编写《萧山乡土史》，1990年，经省中小学教材审定委员会审定，由浙江教育出版社出版，属省内首例。1992年，小学一、二年级与《语文·思想品德》教材相配套的《说·做·评行为训练手册》编写完成。1999年，市第九高级中学提出"发展个性，创造成功"的教育理念，组织开发实施校本课程。2000年5月，《沙地文化》校本教材编撰完成，由四川人民出版社出版，成为萧山教育史上第一门由学校开发编写的校本课程。是年，《萧山乡土社会》由浙江教育出版社出版。

课堂教学改革　1984年起，瓜沥镇小、西兴镇小、临浦镇小、赭山镇小4校开展"三算"（珠算、心算、口算）教学。1990年9月，在市教育主管部门召开的"三算"教学工作会议上，多名学生上台表演，以迅速、正确无误的计算赢得在场人员称赞。1991年，全市有35所学校59个班级2300名学生学习"三算"。

1988年起，瓜沥镇第二小学和西兴、赭山、靖江等镇小学开展全国"注音识字，提前读写"的实验推广研究；自创汉语拼音"直读法"，在全市范围推广。

1995年，引进说课理论。1996年，学校普遍开展"备课—说课—上课—评课"一条龙教学研究活动。其中回澜初级中学（以下简称初中）教师撰写的《开展组内说课活动，提高群体教研水平》一文获全国"说课年会"一等奖。2000年，全市开展"创新性课堂教学模式"研究，探寻"以学生实践为主线、开发学生创新潜能"的课堂教学模式。其中小学常识教师1人和高中数学教师1人先后获得省优质课评比一等奖。

图34-1-830　萧山中小学部分乡土教材（1990年9月摄，萧山区教育局提供）

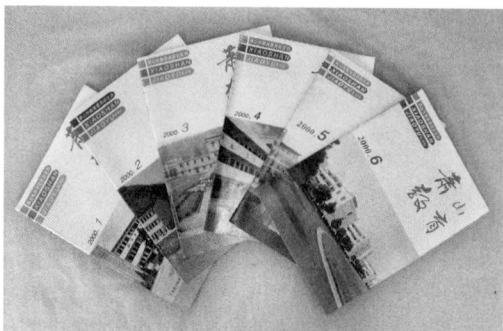

图34-1-831　双月刊《萧山教育》（2000年7月摄，萧山区教育局提供）

创办《萧山教育》　1994年3月，《萧山教育》面世，双月刊，为传播教学研究和教育科学研究成果、探讨教育教学方法、推动教育教学改革服务。至2001年3月，共出刊42期。

重点教学改革项目

省编义务教育教材的实施　1992年下半年，萧山市被列为第二批省编义务教育教材试教区，在全市初中、小学起始年级试行。涉及初中68所、学生16582人，小学468所、学生15529人。试教之初，成立《省编九年义务教育教学计划的实施与问题研究》（省普教立项课题）课题组，下辖11个子课题，分别对选修课程、综合课程、音像教学、教研活动开展、素质教育评价、师资培训等问题进行研究。1992～1995年，全市共开设研究课小学80节、中学75节。中学数学教师参加省新教材论文评比，获一等奖1篇，二等奖2篇，三等奖7篇。其中结题报告《省编九年义务教育教学计划的实施与问题研究》获杭州市1995年度普通教育科研特别奖。1995年11月，省教委授予萧山市教育局和教研室"义务教育课程教材改革先锋"称号。朝晖初中、裘江中心小学等8所学校被评为省义务教育教材实验先进学校。

"减负提质"教学研究　1991年，教研室针对不少学校采用加班加点，任意延长教学时间；搞题海战术，任意挤掉"德、体、美、劳"等教育课程，片面应付考试等现状，提出减轻负担、提高质量这一教学改革课题。1994年初，召开全市教育系统专题研讨会。1996年12月，开展"学生负担相对较轻、教学质量相对较高"的教师评选活动，评出21位教师为萧山市"轻负担、高质量"教学优胜者，并推出一批成功的教学改革经验。

1997年始，进行课堂教学整体优化研究。该课题在1998年被列为杭州市重点课题。1999年，确定市第三高级中学、临浦镇初中、高桥小学等14所学校为课题组成员单位。历时3年，创建了许多有效的教学模式，有大桥中心小学的"目标导学模式"、靖江镇初中的数学"自学启导式"等教学方法；推出一批高效率、轻负担的优质课；获得一批优秀研究成果，其中靖江镇初中的《"自主学习"课堂教学方案设计优化研究报告》获省普通教育科研成果二等奖，教研室教研员与回澜初中教师共同撰写的《初中自然科学课堂策略的理论与实践研究报告》获杭州市教学专题论文一等奖。

电化教育研究 1992年，全市教育系统开展电化教育研究。1995年，在坎山镇小举办全市小学自制投影片展览。1996年，举办全市自制投影片展览评比，计88所学校、547位教师的作品参展，共展出涉及22个学科的投影片1124框。自摄的优质课实况录像获杭州市一等奖2节、二等奖1节、三等奖11节。

计算机辅助教学研究 1998年，成立以计算机教研员为主的市级计算机辅助教学课题组。经过两年的实践与研究，推进多媒体技术向网络技术发展，开发许多高质量的课件，其中获全国特等奖1个（全国共评2个），省二等奖1个，杭州市一等奖6个、二等奖1个、三等奖6个。在第四届"浙大网络杯"自然多媒体教育软件评比中，分别获一、二、三等奖各1项，连续3年在全省县（市）区中名列前茅。2000年，在第四届全国小学计算机辅助教学观摩课中，裘江小学常识教师徐春建和体育路小学思想品德课教师华钢均获二等奖。2001年初，全市小学常识地理部分课件经教育部基础教育司审定，编入《中小学优秀教育软件（资料）集锦》，正式出版，向全国发行。

小学写字教学研究 80年代，小学写字教学研究以学会正确的执笔方法和写字姿势、技巧等为主要内容。1990年，市教育主管部门贯彻国家教委《关于加强义务教育阶段中小学生写字教学的通知》，推出6项措施。[①]通过培训，提高教师自身写字水平。

1997年初，在城厢镇少数学校开展应用华文格[②]的对比实验，取得经验。1998年春开始，在全市小学推广使用。其间，开展教学模式、脱格训练——自我监控、教学质量监控3项研究。创立写字作业5项指标五星级评鉴方法。通过实验研究，写字教学质量明显提高。是年，人民路小学教师2篇有关用华文格开展写字教学的文章分别获全国写字教学研究中心第一届学术研讨会优秀论文一等奖和二等奖。

课题研究 1992年，市教育局教育科学研究室下发参考课题100个，供学校开展教育科研选择课题用。此后，坚持每年3月下发课题指南，每5年制订萧山教育科研规划。在组织发动教师参加教育科研活动中，确定校一级主攻课题，形成学校内部以学科为中心、主攻课题为核心的课题群，逐渐形成校级、市级、地级、省级、国家级立项的宝塔形课题结构。2000年止，全市共承担国家级课题（子课题）2项，省级课题32项，杭州市级课题67项，萧山市级课题574项（不包含学科课题）。

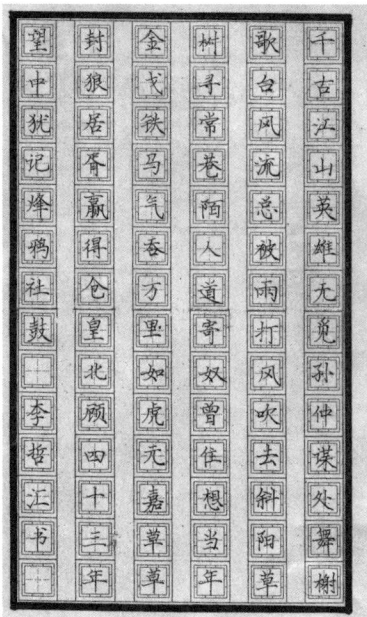

图34-1-832 用华文格书写的钢笔字（1998年9月摄，萧山区教育局提供）

①即建立规范的写字课堂教学基本模式；制作投影片；展示字形特征、变化规律和矫正办法；确保写字时间、严格训练；写字教学列入语文教育质量检测范围；开展写字（写法）兴趣活动及比赛。

②一种新颖的有别于田字格的供儿童和成人学习书写汉字的控制型标准化格式。

教学改革成果

1985年后，一批年轻教师成为教学骨干和学科带头人，有的成为省特级教师和省、市（县）级教坛新秀。其中，1985～1999年，萧山市（县）评比8届次，评出萧山市（县）级教坛新秀749人；1985～1999年，参加杭州市评比7届次，259人被评为杭州市级教坛新秀；1985～2000年，参加浙江省评比6届次，11人被评为浙江省级教坛新秀。

教师在参加上一级各类优质课、观摩课、教学基本功等评比活动中，获全国一等奖的4人，二等奖的5人；省一等奖的10人，二等奖的7人；杭州市一等奖的16人，二等奖的1人。

图34-1-833 体育路小学教师华钢在四川省成都市上观摩课（2000年9月摄，萧山区教育局提供）

教师在教育教学实践中，探寻新的教学模式、对策与方法，总结教育教学经验，撰写教学研究论文或论著。1986～2000年，在杭州市历届教学专题研究论文评选中，获得一等奖43人次，二等奖112人次，三等奖147人次。

组织学生参加省级以上学科竞赛。1985～2000年，全市学生共获国家级奖556人次，省级奖1364人次；连续13次获省级以上学科竞赛团体优胜单位。

运用教育科研成果为教学改革服务。1993年始，全市开展教育科研优秀成果评审工作。至2000年末，评出萧山市级成果295项，其中一等奖40项，二等奖89项，三等奖166项；获杭州市教育科研学科类成果奖250项，其中一等奖39项，二等奖101项，三等奖110项；获杭州市教育科研非学科类成果奖103项，其中一等奖6项，二等奖26项，三等奖71项；获省一级教育科研奖30项，其中一等奖5项，二等奖12项，三等奖13项。

萧山市城东初中《农村初中校园文化建设实践研究报告》，1995年获浙江省普教科研成果一等奖，在全市范围内推广。靖江镇中心小学《农村"智残"学生"三段九年一贯制"教育的研究》，1998年获省政府颁发的首届基础教育教学成果一等奖。市教委教研室论文《初中综合理科课程实施的实践与研究》，获省基础教育教学成果一等奖，1998年在《课程教材教法》上连载。市教委教研室论文《学校教育科研组织建设的理论与实践》，1998年获省科研成果二等奖，并在此基础上形成同名专著，由浙江教育出版社出版。

【附】

萧山九中沙地文化特色教育

钱塘江南岸有一片广袤的沙质平原，这就是萧山的沙地。萧山市第九高级中学（以下简称九中）就位于这片有着独特历史的土壤上。近几年九中《沙地文化》校本课程的开发，使这所默默无闻的农村普通高中一跃成为全省综合高中的先进典型。

1999年，九中提出"发展个性，创造成功"的教育理念，把目光聚焦到课程改革上。开发实施校本课程就是其中的一项重要内容。

2000年2月，九中组织骨干教师10余人到上海七宝中学、格致中学等学校实地考察，对上海市的研究性学习和校本课程开发情况进行深入调查了解。回校后，学校领导与考察教师举行多次研讨会，提出打造具有浓郁乡土气息的九中校本课程，把目光瞄准学校所处的地域——沙地，把沙地文化、沙地精神作为教育资源进行开发，让沙地文化融入校园。

2000年4月，九中组织75名师生，自带铺盖，深入南阳、梅西、头蓬、新湾、前进等镇乡农村，与当地农户同吃同住，对沙地文化进行调查研究。"萝卜干组"走进萝卜地，听老沙地人谈当年腌制萝卜干的过程；"牛拖船组"走街串巷，寻找当年牛拖船的运输历史；"吃食组"探究沙地人吃食中包含的生存心态，学着做沙地"霉味"；"鳗苗组"的学生则与渔民下江捕鳗苗，通过多种渠道掌握沙地文化的第一手资料。

2000年5月，在多次考察和研讨的基础上，《沙地文化》校本教材编撰成功，由四川人民出版社出版，成为萧山教育史上第一门由学校开发编写的课程。该书由"沙地文化"、"课程建构"、"学习策略"、"课题超市"、"行动文本"、"案例选录"6部分组成。

2000年9月，《沙地文化》校本课程正式实施，首批120名师生参加《沙地文化》校本课程学习。学习分为两个阶段，第一阶段集中在校内学习，主要方式有读书阅览、专家讲座、制订课题方案等，约15课时。与此同时，学校还开设新颖独特、内容丰富的"课题超市"，并提供"沙地生活"、"沙地行业"、"沙地民俗"和"沙地围垦"4类核心课题及"沙地特产萝卜干"、"抢潮头鱼"、"钱塘江边大围垦"、"沙地花边"、"沙地吃食"、"牛拖船"等几十个课题供学生自由选择。参加"课题超市"的学生每人都要有一个课题，一旦挑中某个选题，就要学习相关知识、制订学习方案、制作资料卡片、听专家讲座、进行访谈记录、发放调查用表、进行活动设计、写结题报告等。其时，教师挂牌上课，学生自主选择课程成为九中一道独特的风景，每位学生在毕业时，都学习了4门以上的选修课。

第二阶段主要是综合实践活动，时间不少于100课时。学校规划落实各种类别的、数量足够的社会实践基地，从南阳观潮城沿钱塘江边一直到与绍兴县交界处，确立了17个综合实践基地，120名师生分成"花边课题研究组"、"牛拖船课题研究组"、"围垦课题研究组"、"萝卜干课题研究组"、"抢潮头鱼课题研究组"等17个课题组，自带铺盖，到实践基地与沙地父老乡亲们同吃同住同劳动同调研……学生在融入沙地、体验生活的过程中，不仅感悟沙地先辈们开拓创新的发展意识和勤俭艰苦的创业精神，获得沙地精神的熏陶和浸渍，而且从实践活动中锻炼了自己的生存能力、适应能力、社交能力和实践能力，增强了团队意识与合作精神。

九中先后组织8批学生约1000人次参加《沙地文化》校本课程的学习。

九中在实施《沙地文化》校本课程的过程中，逐渐形成科学与人文结合、内容与方法兼顾、个性与群体性并重的实施原则，不仅使沙地文化得以挖掘和传承，而且在校内引发了一场教学方式的革命，引发了整个教育格局的变革，改变了教师的传统教学观念，强化了育人功能，形成了新型的师生关系和生生关系。同时，校本课程围绕人的个性发展，真正把育人作为出发点和归宿点，将书本知识和现实生活实际问题有机联系起来，为学生的个性发展提供了广阔的空间，培养了一批既具有扎实文化知识又能全面弘扬本土文化的优秀人才。《中国教育报》《杭州日报》《教育信息报》等报刊先后对九中开发实施校本课程情况予以专题报道。《沙地文化》校本课程获浙江省第二届基础教育教学成果一等奖（2002年又获浙江省基础教育科研成果一等奖）。

（资料来源：萧山区教育局；傅华生整理）

第二节 素质教育

1988年，市教育主管部门提出"要把基础教育从升学教育转变到素质教育的轨道上来"，推广坎山镇小施行《"面向全体，分类提高"实施细则》的经验。全市学校开展"端正办学思想大讨论"。1990年，推广赭山初中"因材施教、分流教学"试点经验。1993年，贯彻执行中共中央、国务院《中国教育改革和发展纲要》。1994年，全市实行初中毕业特长生保送制度。1996年5月，在劲松小学召开全市小学素质教育现场研讨会，以"合格加特长"为主题，研究开展多种兴趣小组活动，提高学生的全面素质。

1997年3月，市教育主管部门制订《萧山区域性推进素质教育实验方案》，探索以评价机制为突破口，着力构建素质教育的导向运行机制。9月，全市初中实施综合素质测评，部分小学低段学生进行鼓励性评价的等级评分制试点。是年，萧山市被省教委确定为全省首批素质教育实验县（市）。

1998年4月24日，市教育主管部门印发《萧山市构建素质教育运行机制，区域性推进素质教育实验方案》，提出用7年时间分3个阶段实施此方案，并召开全市素质教育千人大会，对全面推进素质教育工作进行总动员。自此，全市推进素质教育的实验工作全面启动。5月，全市学校开展素质教育实验学校申报、推荐工作，确定25所学校为市素质教育实验学校。1999年4月起，全市建立创建学校办学特色申报制度。2000年，市教委出台《关于进一步加强和改进中小学生心理健康道德品质和法制教育工作的意见》。

综合理科课程实验

1992年，在全市16000多名初一年级学生中进行综合理科教材试教工作，把传统的物理、化学、生物及自然、地理等学科合成一门学科来教学。1994年在初中段全面施行。经过6年的发动、研究、实践、磨合、成熟5个阶段实践，取得显著成效，1998年分别获杭州市、浙江省基础教育教学成果一等奖。

综合素质测评

1995年始，全市初中毕业生实施综合素质测评，项目有讲演、英语口语、演唱、器乐演奏、舞蹈、绘画、书法、劳技制作8个方面，要求每位学生必须选报两项参加测试，测评结果作为学生毕业和招生录取条件之一。1997年，综合素质测试扩展到初一、初二年级学生。1999年，全市小学推行学生综合素质测评，规定文化科学素质测评采用"等级+评语"的方法，等级分为优秀、合格、待合格。2000年修订测评方案，等级只设优秀、合格。是年，在全市中小学推行包括思想道德、文化科学、生活劳动、身体心理4个方面内容的学生"素质报告单"。

考试方法改革

1986年起，全县取消初中招生考试，小学生就近直接升入初中学习。 1992年开始，高中招生考试加试体育；次年，体育成绩计入升学总分。1994年始，实行初中毕业特长生保送制度。1996年，在朝晖和回澜两所初中试行统一招生与定向招生相结合的新招生模式；翌年，扩大到高桥初中。1998年，初中实施升学考试与毕业考试"两考合一"。在继续招收特长生和保送生的同时，将统一招生与定向招生相结合的招生模式推广到全市各镇乡初中。其中70%升学指标为统一招生，30%为定向招生。 1999年始，全市实行初中毕业、高中升学、中专招生考试"三考合一"，首次采用杭州市教委统一命题试卷，以减轻考生负担，体现公平公正原则。

规范办学行为

1988年和1990年，市教育主管部门对部分小学学生的课业负担情况进行调查和督查。1995年，市教育主管部门颁布《关于减轻学生过重课业负担的基本意见》，建立教育教学资料统一审定制度和各类竞赛、读书、评奖活动归口管理制度。是年10月，市人民政府在全市教育系统开展基础教育"五项内容"（办学方向、德育工作、教育经费、师资队伍、办学条件）督导检查。1996年4月，转发市教育局行风建设领导小组《关于坚决制止滥办班补课、滥发资料的意见》。12月，市教育主管部门要求严格执行教学计划，把课余时间、节假日还给学生，严格规范学生教科书的使用，加强辅导资料管理。翌年2月，规定中小学不办特色班、特长班，不分快（重点）慢班，不得单纯以考试成绩高低评价老师或班级，不允许以学生考试成绩排列和公布名次。3月20日至4月底，对全市学校教育教学管理情况进行全面检查。1998年2月，贯彻《体育工作条例》和《卫生工作条例》，严格控制学生在校活动总量和课外作业总量，保证学生每天有1小时体育锻炼时间，保证学生有足够的休息时间。1999年，市教育主管部门抽查和集中检查各校落实省教委《关于减轻中小学生过重课业负担的十项规定》情况，并与评比先进、年度考核、学校等级评估等挂钩，对落实情况较差的学校给予通报批评并追究学校领导责任。2000年初，市教育主管部门提出减轻学生过重课业负担的12项措施。在2月21日的《萧山日报》刊登《致全市中小学生家长的公开信》，开学后，此公开信由学校印发给每一位学生家长。

【附】

学校心理健康教育的发展

自发行动阶段

80年代起，境内一部分中小学开始认识到心理健康教育对提高学生非智力因素发展水平、促进学生全面成长具有积极而重要的意义，自发地进行一些教育和研究活动。

1985年，萧山中学给每位学生发放《青春期教育》资料，内容包括青少年生理发育的心理变化、应对方法以及社会适应问题等，受到学生欢迎。

1990年，部分中小学先后参加杭州、上海等地《学校心理卫生教育》课题成果推广及培训活动，为全市开展心理健康教育奠定基础。1992年8月，朝晖初中为培养学生良好心理品质，对教师提出要把非智力因素的开发与德育教育结合起来；多用个别谈话、让学生写日记、老师写评语的方式与学生进行思想交流和心理疏导；教师注重学习心理健康辅助方面的知识。以后，朝晖初中坚持每年9月举办初一学生家长心理学、教育学知识讲座。学年中，邀请专家或医生给初二学生做青春期心理卫生知识讲座。升学考试前夕，对初三学生进行考前心理辅导。是年，萧山中学邀请浙江省心理卫生研究所临床研究室主任张同延教授作指导，与萧山红十字医院合作，开始进行学校心理教育研究。其中研究成果《重点高中学生心理研究》发表在1995年中国中医药出版社出版的《医药科技进步要览》上；《高中文理科学生人格特征分析》一文发表在《中国临床心理学》杂志1996年增刊上；《心理因素与学习成绩》一文被评为中国社会心理学学会全国中小学心理健康教育研修班优秀论文。

1995年创办的回澜小学，当年已将加强心理健康教育列入学校工作计划，建立差生个案，重视对差生的心理分析与教育。是年5月，萧山第三高级中学聘请杭州大学心理系教授曹立人开设心理健康教育讲座。翌年9月，派骨干教师参加杭州大学心理系教育心理学专业研究生课程进修班培训。同年，课题《运用归因理论提高学校教学质量的实践与研究》在省级立项，9月开始进行实践研究。

至1997年，全市学校心理健康教育研究的课题在萧山市级及以上立项28个，获奖成果12个。

全市发展阶段

1997~1999年，全市学校心理健康教育工作得到高等院校和上级科研部门等许多心理专家的指导，并参加各种心理学会的研究活动，确定学校心理健康教育的课题，出现一批质量较高的研究成果。1997年，市教委设计并申报区域性全面推进心理健康教育的课题《萧山市中小学开展心理健康教育的实践与研究》，翌年被浙江省教育部门列为年度规划课题。至此，萧山推进心理健康教育工作已全面启动。

1997年，回澜小学把培养学生健康的心理和健全的人格作为教师义不容辞的职责，通过对学生开展心理调查、咨询、辅导等帮助学生解决学习生活中的困难与烦恼，并通过全校专题讲座、出校刊、班刊等形式进行心理健康教育；翌年，《小学生现代城市意识的培养》课题研究立项；1999年，聘请市红十字会心理健康医生为辅导员，为教师、学生家长举办讲座2期。1997年上半年，朝晖初中《促进初中生自我意识发展的实践研究》课题在杭州市教育科学研究所立项，9月开始在实验班开设心理辅导活动课，这是全市最早以课程形式对初中生进行团体辅导。萧山三中《"运用元认知理论，提高教师教学监控能力"的实践研究》课题在省立项；次年7月，招聘陕西师范大学教育管理专业毕业的赵英艳，为全市学校第一位专职心理健康辅导老师，将心理健康教育作为一门课程正式纳入课堂教学之中。9月开始，萧山三中、靖江初中设立学校心理辅导室。靖江初中开展"农村初中心理健康教育的实践研究"，创办《心雨导报》，设立"心雨信箱"，开通"心雨热线"，把心理辅导室取名为"心雨小屋"，制订"心理辅导工作制度"和"心理辅导操作常规"。《浙江教育报》对该校心理健康教育的经验作了长篇报道。

1998年下半年，市教委组织心理健康教育骨干教师制作初中学生心理素质测评量表。年底开始，全市初中在学生素质报告单中增加心理素质测评内容，并建立学生心理素质档案。具体内容有气质、学习态度、人际关系、环境关系、情感、自我等。

萧山市的心理健康教育研究活动比较活跃。一是一部分学校及个人参加省级研究会，有5所学校成为浙江省心理学会的团体会员，有40名教师成为该学会会员，还有不少学校和个人参加浙江省中小学心理健康教育研究会，成为其团体和个人会员；二是参加各级学会的研究活动，许多研究成果在学会论文评比和省、杭州市教学成果评选中获奖，如朝晖初中《民主管理班级，帮助学生实现自我教育的实验研究》《班干部的心理素质调查及培养研究》等成果获全国教育学会德育专业委员会论文评比一等奖，新湾初中《初中生心理焦虑现象分析及其对策研究》等4篇论文获省心理学学会年会论文一等奖，萧山三中《中学教学中的归因研究与实践》获杭州市教学成果一等奖、省教学成果二等奖，朝晖初中《初一学生自我概念及教师对学生评价的特点研究》《初中生心理素质的调查研究》分别获杭州市教学成果二等奖、省教学成果三等奖，市教育局教学研究室陈胜良主编的《认识你自己——中学生自我意识心理问答》一书于1999年11月由浙江人民出版社出版。1997年12月，萧山二中承办浙江省心理学会年会。

全面推进阶段

2000年8月，市教委编写的学校心理健康教育地方教材《小学生心理健康教育自助读本》和《中学生心理健康教育自助读本》由浙江人民出版社出版，并在萧山市中小学普遍使用。9月，市教研室配备心理健康教育专职教研员，成立市学校心理健康教育中心，下设办公室，承担全市学校心理健康教育的日常管理及组织工作。12月31日，萧山市教育学会中小学心理健康教育专业委员会成立，学校心理健康教育工作全面推进。是年，全市小学心理健康教育研究活动在市第一实验小学举行。实验小学在"在学科教学中加强心理健康教育"、"建立学校与家庭沟通的渠道"等方面作专题介绍，并有3位教师上示范课。体育路小学针对学生心理健康存在的问题，采用集体备课、隔周授课、教师错班轮流交互式上课等方法进行心理健康教育。朝晖初中郭鹤鸣主编的《开启心灵之窗——学生自我意识的发展与教育》由浙江人民出版社出版。郭鹤鸣、来尧林等的论文《促进初中生自我意识发展研究》获杭州市教学成果一等奖、省二等奖。萧山三中的教育科研成果《元认知：理论与教育实践》获杭州市教学成果二等奖。

（资料来源：萧山区教育局；傅华生整理）

第三节　教育发展均衡化

80年代初，萧山城乡学校之间办学条件和办学水平相差悬殊，部分教师不安心在农村任教，有的家长不愿意让孩子在农村求学，一度出现学生"择校热"，造成农村学校班级学额不足，城区学校班级学额严重超员。市（县）政府采取多项措施加快发展农村教育，促使城乡教育均衡协调发展。

规模办学

1985年，全县有小学621所，校均学生134人；初中69所，校均学生563人；高中18所，校均学生376人。市（县）教育主管部门统筹规划，重点将改善学校办学条件与合理设点布局结合起来，优先解决农村学校设点布局。1986～2000年，学校基本建设投资87014万元，建筑面积113.80万平方米，新建中小学27所，迁建84所，拆除重建46所。完成建设项目1047个，其中农村项目888个，占84.81%。通过"撤小、合近、迁建、扩强、带弱"等一系列"合一"工程，扩大学校规模。至2000年末，全市有小学254所，校均学生367人；初中56所，校均学生887人；高中12所，校均学生1043人。使学校布局基本趋于合理，办学条件显著改善。农村中小学已普遍拥有计算机、多媒体教室，教育现代化设施已与城区学校相接近。采取调整、控制、规范学校班级和学额，"择校"现象明显减少。

政策倾斜

1990年始，市教育主管部门出台对农村中小学发展的多项倾斜政策。规定大中专毕业生分配到农村任教可向上浮动一级工资。采取报销差旅费、补贴学习资料费、奖励进修合格费等措施，鼓励农村教师学历达标和参加高学历进修。并制定"四个三"政策，即城区户籍教师在农村任教须满3年方能申请回城；教师婚后分居3年方能申请调动；评上中级职称后应在原学校服务3年；评选上教坛新秀要辅导新教师3年方可提出调城区工作的要求。

1996年的年度学校考评，向偏远、经济欠发达镇乡初中倾斜。城区学校年度考核系数按96%折算，偏远、经济欠发达镇乡学校按104%折算。1998年起，萧山中学实行定向招生，比例为30%。偏远、经济欠发达镇乡初中定向录取的学生升学成绩可下降5%；若升学成绩降5%后仍达不到标准，则照顾录取1人。1999年，定向招生的学校为萧山中学、萧山第二高级中学、萧山第三高级中学，招生比例扩大到50%。2000年又增加萧山第五高级中学，定向招生和降分比例不变，以缓解农村初中学生向城区"择校"的压力。

校舍建设、教学设备经费补助倾斜。市教育主管部门将农村教育费附加统筹的40%专项用于薄弱学校建设。薄弱学校校舍基建项目、教学装备添置补助经费比例高于其他学校10个百分点。社会捐赠的设备全部调拨给这类学校。

开展送教下乡活动。市教育局教学研究室、市教育学会各学科分会、民进萧山市委教育支部每年组织优秀教师送教下乡，采用借班上课、专题讲座、听课评课、结对帮扶等形式，为农村初中送观点、送信息、送技术。全市建立"校对校"对口交流帮扶制度，鼓励城镇学校与农村学校结对帮扶。

师资调配确保农村基础教育发展。2000年，全市大中专师范毕业生460人中，分配到农村新建学校、扶助薄弱学校225人；到创教育强镇乡学校任教113人；到直属学校、高中、职业中学任教88人；留城区小学、初中30人。

加强薄弱学校建设

1997年始，市教育主管部门和镇乡政府从经费投入、师资调配、干部力量配备等方面扶持薄弱学校，缩小薄弱学校与一般学校之间的差别。学校间继续搞好结对子活动，建立校际校长和教师的交流、轮换制度，提高薄弱学校的教育质量。1998年7月，市政府确定所前、进化、新江岭、浦阳、岩山、朱村桥、大同、长沙初中和钱江、岩山中心小学共10所学校为薄弱学校。对办好每一所学校提出6条措施。通过"结对扶助，强弱联合，撤并改制，易地新建，改善硬件"等方式，分期分批加以改造，促平衡、求发展。至2000年末，通过"学校标准化工程"建设，薄弱学校建设任务完成，各学校办学水平基本均衡。

发展高中段教育

1993年，根据境内社会发展和产业结构特征，按照既能有效服务当地经济发展，又能满足学生家庭不同需要的原则，调整职业高中的办学形式和专业设置，发展职业高中教育。1995年，全市有独立设置的职业高中7所，班级92个，学生3804人。

1995年，全市采取扩大公办高中办学规模、创办镇乡综合高中、协调各系统办学、支持民间办学"四条腿"走路方针，提高办学质量。是年，萧山中学易地新建，扩大招生规模，成为浙江省一级重点中学。1998年，新建萧山市第五高级中学，当年招收新生8个班。2000年，萧山乡镇工业学校增加普通高中班，改名为市第十高级中学。市第六高级中学迁建，市第八高级中学扩建，市第十一、第十二高级中学创办，使高中招生名额紧张状况有所缓和。全市初中毕业生升入高中段学校的比例已达84.10%，比1995年的53.52%提高30.58个百分点。

第四节 民办教育

1985年，贯彻《中共中央关于教育体制改革的决定》，萧山民办教育兴起。一些个人和社会力量兴办幼儿园、学校（机构），进行学前教育、学历教育和非学历教育。至2001年3月，全市有民办幼儿园和学校（机构）127所（个），在校（园）人数4.50万，已成为萧山教育事业重要组成部分。

办学形式

学前教育 1985年前，全县幼儿园的主体为社会力量、部门办的幼儿园，个别为家庭式、缺乏规模的幼儿园（班）。1990年7月，残疾女青年钱江瑶投资4000余元，在长山镇创办全市第一家上规模的个体幼儿园——娃哈哈幼儿园，是年招收幼儿12人。后，不少镇乡、街道、单位与个人陆续办起一定规模的幼儿园。1996年6月，民进萧山市委、萧山市投资开发有限公司和童永榕合股，投入资金600万元，在萧山市经济技术开发区创办笑笑幼儿园。1997年5月，义盛镇中心幼儿园以资产置换拍卖的方式实行转制，拉开幼儿园转制工作序幕。至1999年9月，全市有12所幼儿园转为民办公助。10月，全市幼儿园停止资产拍卖转制。是年，陈惠娟在城厢镇北干二苑创办新世纪幼儿园（规模9个班级），当年招收幼儿35人。至2000年末，全市共有民办幼儿园112所，其中集体办园52所，其他部门办园11所，个体办园49

所。在个体办幼儿园中，3个班级以上的幼儿园有10所。^①

非学历教育 1985年，萧山的民办非学历教育开始兴起，主要从事文化补习、文化知识复习教学和高中文化知识复习教学（以下简称高复班教学）。1986年9月，邵士珂等5人率先在长山镇创办长山业余高中文化补习学校，从事高复班教学。1988年9月，高兴木等2人租用朝晖初中教室，从事高复班教学（1994年迁址后改名钱江职业高级中学）。后，民盟业余学校、育才业余学校等相继开办职业高中班。1992年，各类高复班停办。1993年，国务院发布《中国教育改革和发展纲要》后，全市加快办学体制改革，民办学校开始转换办学方向，办学形式趋于多样化。1999年，萧山市新世纪学校建立，招收机械专业学生，代为浙江乡镇工业学校管理部分在校生的业余复习、膳宿等事宜。至2000年，萧山市有民办教育机构16个。^②主要从事英语、音乐、舞蹈、书法、计算机等各类业余培训。

学历教育 1989年9月，民盟职业高级中学创办，招收文秘、计算机、财会等职业高中学生。1992年，办学效益较好的民办学校利用自身的优势，开始从事学历教育。是年9月，育才业余学校招收1个以培养英语人才为特色的女子普通高中班，学生50人。1993年，姚军在原萧山市"五七"干校租用场地创办萧山市侨星高级中学，招收化工专业职高班和附带从事高中文化知识复习教学。同年，杭州远东外国语学校创办，以外语艺术教学为特色，从事中小学学历教育。1994年，萧山市钱江职业高中迁址原萧山市粮食职工学校后，开始招收职业高中班；私立萧山市育才中学（1993年改此名）开始招收普通高中班。1999年，施刚毅在萧绍路516号创办萧山市劳动就业职业学校，在培训待业青年劳动技能的同时，招收职业高中班1个。全市普通高中、镇综合高中吸纳民间教育投资、资助款2358万元，招收自费生1455人。2000年，普通高中实行公办民助形式，适量招收自费生和资助生。萧山中学招收校外班3个，学生150人；萧山市第三高级中学创办凤凰高级中学，招收新生4个班，学生200人。同年，市第六高级中学与浙江登峰交通集团采取股份制合作办学，共同投资8500万元迁建学校。新校占地面积257亩（约171334.19平方米），建筑面积7.50万平方米，可容纳48个班级。至2000年末，全市有民办学历教育学校7所，在校生2929人，当年招生1238人，毕业、结业人数802人，资产总额18991.20万元，发展势头良好。

办学管理

教育行政部门是民办学校的审批机关，凡批准的民办学校发给《办学许可证》。有关职能部门主要通过审批、年检、督查三方面对民办学校实行管理和指导。民办学校内部普遍实行董事会领导下的校长负责制，基本上采取创办者直接担任校长或创办组织委托法人进行管理两种模式。各学校实行"自筹资金、自主办学"的运行机制，自主确定办学规模、条件。办学主要有独资建校或租房办学、合资办学、股份制合作办学3种模式。

民办学校（机构）按照国家有关规定，自主聘任教师和其他教育工作

①即娃哈哈幼儿园、笑笑幼儿园、新世纪幼儿园、钱江幼儿园、洁露幼儿园、蓓蕾幼儿园、伢儿幼儿园、欢乐幼儿园、童童幼儿园、小星星幼儿园。

②即萧山市树人职业高级中学、萧山市育才女子中学、萧山市钱江职业高级中学、萧山市民盟职业高级中学、萧山市侨星职业高级中学、杭州远东外国语学校、萧山市劳动就业学校、萧山市新世纪学校、萧山市成人业余学校、浙江湘湖师范业余学校、萧山市新世纪文化英语培训中心、萧山市时代外语培训中心、萧山市娃哈哈艺术培育中心、萧山市新锐人力资源开发中心、萧山市新世纪业余音乐学校、萧山市音乐舞蹈艺术中心。

者。民办全日制学校以专职教师为主，民办成人业余学校、培训机构以兼职教师为主。教师工资普遍实行课时效益挂钩的结构工资制。引进教师、大中专毕业生到民办学校工作的，由市人才开发中心实行包括养老保险在内的人事代理。教师的资格认定、职称评定、进修培训等由市教育主管部门组织人事科负责。从1996年开始，社会办学校长（负责人）纳入市教育主管部门培训计划。2000年，市人事局、教委联合颁发《关于公办教师流动到民办学校任教的若干规定》，允许、鼓励师范院校毕业生、公办教师到民办学校任教，加大对民办学校在师资方面的扶持力度。

第五节　人事制度改革

教师聘用制度

1978年，恢复校长制。时以中共萧山县委名义发文，任命中小学正副校长77人。

1986年，国家教委颁布《中小学教师考核合格证书试行办法》，全县实行中小学教师合格证书制度。翌年始，实施教师专业技术职务评审制度。

1988年，衙前中学、体育路小学进行校长负责制试点；各级各类学校定编定员，实行目标管理和岗位责任制；扩大直属学校、高（完）中办学自主权；实行教师流动和个别不宜继续在原单位工作的教师易地交流制度，当年共交流教师8名。1989年，朝晖初中进行民主选举校长的试点工作。1993年，全市中小学实行校长负责制。是年，市教育主管部门颁发《中小学人员编制标准》。9月起，市教育主管部门针对城厢镇区域扩大、人口猛增、教师缺少的实际，采取缺编教师总数中的60%从全市中小学推荐考核35周岁以下的优秀教师中补充，20%从应届师范毕业生中选招有音乐、体育、美术特长的学生，20%从全市确需照顾进城的教职工中安排。

1994年，市教育主管部门颁发《关于重新明确中小学教职工编制标准、教师工作量标准和行政（管理）人员兼课折算课时参数标准的通知》和《关于中小学教职工聘任制的试行意见》。1995年，对全市教职工以岗位职责及年度教育教学工作任务为基本依据，考核德、能、勤、绩，重点考核实绩。考核结果分优秀、合格、不合格3个等次。合格以上等次者，具有续聘和申报专业技术职务的资格；连续2年以上获优秀等次的，具有优先晋升专业技术职务的资格。

1998年，全市清退不合格代课教师851人。对缺编的中小学代课教师实行公开考核，择优选招。并健全代课教师任用合同制，合同期为1年。

选拔校级干部

1992年，通过民主推荐、组织考察、教育局党委审定、认定初选名单、再经考核等程序，正式确定一批后备干部人选，其中校级后备干部85人（幼儿园、小学48人，中学37人）。1995年，正式确定校级后备干部的有直属单位1人，高中和职业中学15人，初中32人，中心小学42人。全市学校注重对后备干部的日常教育培养，提供轮岗培训机会，给后备干部压担子，坚持一年一度的考核。后，改为每2年进行一次推荐、考察、审定制度。1997年，全市教育系统被列入校级后备干部的52人，其中13人进入校级领导班子。

竞争上岗制度

1999年，全市教育系统实行以"校长竞争上岗，教师双向选择，工资总额包干"为主要内容的人事制度改革。颁布校长竞争上岗、中小学教职工双向选择聘用制等12个改革配套文件，建立和健全干部选拔任用、监督管理、激励约束机制，从整体上推进人事制度改革。是年6月，市委、市政府召开教育系统学校人事制度改革动员会。在宁围、河上镇和第三高级中学试点的基础上，全市推广。有494人参加138个中心小学校长岗位的竞争，产生新任校长35人，离岗校长31人，换岗率为25.36%；校长平均年龄为41.30岁，比原来下降3.30岁；高学历的占40%。学校中层干部有870人参加508个岗位的竞争，中层岗位竞争上岗率达到总数的67.60%。7月1日开始，全市教职工7457人参加双向选择，8月底结束。其中换岗25人，离岗退养46人，暂时不聘18人，留给半年的待聘试聘期。受聘的7393人全部与学校签订《萧山市教育系统教职工聘用合同书》。与此同时，高校应届毕业生651人进入双向选择洽谈会，通过双向选择，全部找到合适的岗位。2000年，萧山中学、教师进修学校等7所学校和12所成人文化技术学校实行校长竞争上岗，43人参加19个岗位的竞争，有5人新任校长。

第六节　创建教育强市

1996年，萧山市通过国家教委基本普及九年制义务教育、基本扫除青壮年文盲（以下简称"两基"）复查。翌年1月，被国家教委评为全国"两基"工作先进县（市）。

在巩固普及九年制义务教育的基础上，1996年，市人民政府发出《转发市教育局关于开展创建教育强镇乡活动请示的通知》，全市开展创建教育强镇乡工作和争创杭州市、浙江省示范学校活动。

1997年3月，市政府召开创建教育强镇乡动员大会，组成由市长任组长的"创建教育强镇乡工作领导小组"。 1998年，萧山市建立教育"两基"年审自查制度。是年7月，全市有8所初中、2所小学被认定为薄弱学校。市政府对10所薄弱学校提出扶持措施和完成改造的期限。

1999年6月18日，市委、市政府召开全市教育工作会议，对争创省教育强县（市）作出全面部署。12月6～7日，浙江省教育强县（市）验收组对萧山市创建教育强市工作进行评估验收，萧山成为浙江省首批教育强县（市）。

图34-1-834　省委、省政府授予萧山市"浙江省教育强市"称号（2000年2月摄，萧山区教育局提供）

至2000年末，全市31个镇乡中，有城厢、宁围、河上、戴村、靖江、义桥、南阳、新街、党山、瓜沥、衙前、义盛、新湾、党湾、坎山15个镇成为浙江省教育强镇；临浦等21个镇乡成为杭州市教育强镇；有城东初中、临浦镇中、靖江初中3所初中，裘江中心小学、瓜沥二小、新湾镇小、义盛镇小4所小学成为浙江省农村（城镇）示范学校，有闻堰初中等11所初中、宁围镇小等23所小学成为杭州市农村（城镇）示范学校。

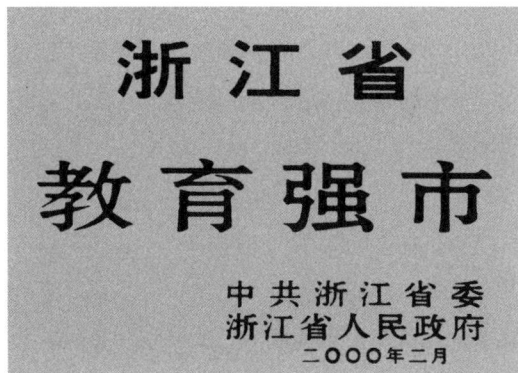

第二章　基础教育

　　改革开放后，萧山基础教育逐步得到恢复和发展。1985年始，幼儿教育普及加快，中小学网点设置日趋合理，高中教育发展迅速。至2000年末，全市有在园幼儿3.80万人，中小学生15.50万人，基本普及九年制义务教育。[①]被命名为浙江省首批教育强县（市）、省首批素质教育实验县（市），幼儿教育获全国先进集体称号。

第一节　幼儿教育

　　萧山幼儿教育始于清末民国初。[②]中华人民共和国成立后，幼儿教育逐渐得到恢复发展。1979年，建立县幼托领导小组和幼托办公室。翌年，县文教局配备幼儿教育教研员，从事幼儿教研工作，加强对幼儿教育工作的领导和管理。1979~1984年，全县举办幼儿教师培训班46期，受训4359人次。

　　1985年，全县有幼儿园437所（点），班级865个，在园幼儿2.36万人，教职工1070人。1989年9月，配备市、镇乡专（兼）职幼儿教育干部48人。暑假期间组织教养员487人进行业务培训。1990年8月，市幼儿教育办公室建立，具体负责幼儿教育管理。每年幼儿教育专项经费20万元。1991年，镇乡中心幼儿园在行政体制上逐步与镇乡中心小学分开，单独建制，在人、财、物三方面给予优先扶持。市教育主管部门对幼儿园的领导管理、办园规模、园舍设备和保教人员提出明确要求。1990~1995年，杭州市教委先后4次在萧山召开农村幼儿教育工作经验交流会。至1995年，全市31个镇乡中，有22个镇乡建立中心幼儿园，占全市的70%；4周岁至学前幼儿入园率为92%。1996年6月28日，国家教育委员会授予萧山市全国幼儿教育先进县（市）称号。

　　1996年10月，市教委、市物价局联合下发《幼儿园等级评估方案》（2000年改为《星级幼儿园评估方案》），对申请评估的幼儿园，由评估验收小组实地考察，分等定级，按等级收费。是年，高桥幼儿园被评为浙江省农村（城镇）示范幼儿园；城厢、闻堰、瓜沥、靖江等镇中心幼儿园和临浦镇第二幼儿园被评为杭州市农村（城镇）示范幼儿园。至2000年末，全市共有省级农村（城镇）示范幼儿园2所，杭州市级农村（城镇）示范幼儿园21所。

　　1998年，全市实行《幼儿园登记注册办法》，对已办的幼儿园（班）进行整顿。对达到办园标准的发给《办园许可证》，达不到标准的作出限期整改的处理。2000年3月，市教委下发《社会力量举办幼儿园（班）基本要求（暂行）》，将社会力量办园纳入全市统一管理。是年，一批社会力量（含个体）纷纷创办幼儿园。

①1996年5月，长河、浦沿、西兴3镇析出后，3镇的幼儿园、小学、初中、高中等学校一并划出。（以下同）

②幼儿教育，清末和民国初期称"蒙养院"（即启蒙教养），民国11年（1922），改称"幼稚园"。民国12年，龛山继志义务小学创立，招收4岁~6岁幼稚生入园，俟年满6足岁转送继志小学就学。是年春，衙前妇女协会在白云庵设幼稚班，招收贫苦农民孩子20人，免费供饭。民国19年，县立欢潭幼稚园建立，有班级1个，幼稚生38人，民国26年停办。民国23年，教育部颁布的《国民学校法》第8条规定："国民学校及中心国民学校均得附设幼稚园"。至民国35年，全县已有16所学校附设幼稚园，班级16个，入园幼稚生226人，专职教师3人，其余均由小学教师兼任。

图34-2-835　萧山新世纪幼儿园小朋友在做音乐游戏《你在哪里》（2000年4月摄，新世纪幼儿园提供）

①清光绪十九年（1893），设在县城南街的正性义塾改设蒙养小学堂（忠烈祠小学前身），为萧山首个班级授课形式的新型学堂。光绪三十三年，西兴、义桥、大桥、凤凰坞、楼家塔、大同坞、尖山、谢家、石山房、霞腾阁、鲁家坞、奄山、长巷等地相继兴办学堂。此后，继县城创办私立明新女子初等小学堂后，义桥亦兴办群英、毓秀女子学堂。宣统三年（1911）正月，由耶稣教会的美国人慕珥开办私立蕙兰初等小学堂。以后，在靖江殿、梅林湾等地也相继办起多所教会学校。

民国元年（1912），各学堂一律改称学校。小学分高等、初等两级。初等4年毕业，可以男女同校，为义务教育；高等3年毕业。依办学经费来源，分别称县立、乡镇立或私立。民国2年，萧山已有高、初等小学66所，但农村尚有大量私塾和改良私塾。嗣后，废除女子学堂，实行男女同校。抗日战争开始，全县增设流动学校42所。民国29年秋起，每一乡（镇）设中心国民学校，收受乡镇内6周岁～12周岁的儿童，分别施以或6年、或4年、或1年的小学教育；保设国民学校，收受保内6周岁～12周岁的儿童，分别施以或4年、或2年、或1年的小学教育。民国36年，小学增至317所，其中中心国民小学36所、保国民学校269所、私立小学12所，在校学生22147人，学龄儿童入学率为31.78%。民国37年下半年，全县小学减到233所。

②1949年底，全县有小学256所，学生14117人。1951年，县人民政府接受境内13所受外国津贴的教会小学，收回教育主权。1952年，取缔境内私塾，并将小学全部转为公办。

1958年，贯彻"两条腿走路"办学方针，大力发展民办小学。60年代初，境内杭州发电设备厂、杭州齿轮箱厂、杭州第二棉纺织厂相继创办职工子弟小学。1961年，将58所小学转为民办。

1968年秋，工人毛泽东思想宣传队（简称"工宣队"）进驻城区小学，领导学校。农村公办小学下放到生产大队，由贫下中农组成管理小组（简称"贫管组"）管理学校。至1975年底，全县学龄儿童入学率达97.70%。

1976年10月后，将普及小学教育列为教育工作的重点。1979年起，继续坚持"两条腿走路"和多渠道、多形式办学方针，注重提高已入学儿童的年巩固率和读满5年的普及率。1984年11月，经省、市验收，全县学龄儿童入学率达到99.45%，在校生巩固率99.72%，毕业班毕业率98.69%，12周岁～15周岁少年儿童初等教育普及率93.40%。

2000年末，全市有幼儿园115所，其中镇乡中心幼儿园25所；1332个班级，在园幼儿38529人，3周岁～5周岁幼儿入园率88.90%；教职工2161人，合格学历教师占91%，其中大专以上学历的79人，拥有教坛新秀省级1人、杭州市级38人、萧山市级132人。上星级幼儿园80所，占幼儿园总数的70%。幼儿教育素质提高，在各项竞赛中获得全国级奖9个、省级奖8个。

表34-2-606　1985～2000年萧山幼儿教育基本情况

年份	幼儿园（所）	3个班以上	班级（个）	小学附设学前班	在园幼儿（人）	小学附设学前班	教职员工（人）	园长	教师	保健员
1985	437	24	865	314	23600	9201	1070	15	988	14
1986	362	22	836	382	21432	7363	1029	14	938	10
1987	214	22	840	456	20313	11332	1061	17	983	5
1988	242	23	864	430	24455	12409	1116	17	1021	10
1989	23	18	888	384	23823	10593	1204	26	1080	15
1990	40	34	889	371	23783	9204	1265	34	1144	33
1991	51	51	974	457	27901	12745	1427	35	1266	7
1992	49	49	1116	530	35759	17726	1677	53	1475	15
1993	52	52	1131	728	34557	16997	1688	56	1505	13
1994	55	55	1153	254	37489	6041	1585	62	1575	15
1995	59	59	1162	208	33706	5638	1759	68	1539	16
1996	62	62	1094	190	31713	5361	1688	67	1455	23
1997	71	71	1113	177	30125	4346	1742	73	1497	32
1998	77	77	1128	88	33789	2299	1825	67	1556	27
1999	84	84	1238	35	34930	873	2010	77	1704	35
2000	115	115	1332	8	38529	289	2161	86	1812	37

注：资料来源：1985～1989年由萧山妇女联合会提供；其中1985～1988年"幼儿园"栏为办园点个数。

第二节　小学教育

萧山近代小学教育，始于清光绪十九年（1893）开始的新学，历经晚清和民国时期的曲折发展。①中华人民共和国成立后，尤其在改革开放后，小学教育得到健康发展。②1985年，全县有小学621所，班级2408个（其中复式班290个），在校生83204人。平均每校学生134人，每班学生35人。是年，县人民政府对楼塔等56个镇乡颁发基本普及初等教育合格证书，评出普及初等教育先进镇乡6个，先进学校23所，先进个人84人。1986年，全县开始实施九年制义务教育。做好"两个过渡"（即学制由5年向6年过渡，入学年龄由7周岁向6周岁过渡）的准备工作。1987年秋，全县小学完成由五年制至六年制的过渡。1990年，小学新生的入学年龄开始向6周岁过渡。1993年，全市所有镇乡均实施九年制义务教育，小学学龄儿童入学率达99.99%，入学年龄由7周岁向6周岁过渡完毕。是年，杭州发电设备厂职工子弟学校归属城厢镇人民政府管理，更名为城厢镇江寺小学。

1994年，全市6周岁儿童超过2万人，步入小学入学高峰。城厢镇为缓解入学矛盾，分别在崇化住宅区、育才住宅区新建萧山市第一实验小学和城厢镇育才小学。1995年，全市有小学438所，比1985年减少183所；共计2612个班，其中复式班由1985年的290班减为73班；在校学生102227人，校均人数为233人，比1985年增加100人。

1998年8月，杭州第二棉纺织厂和铁路系统所属的两所学校划归城厢镇人民政府管理，杭州第二棉纺织厂职工子弟学校更名为市北小学，铁路学校的小学生按居住地就近安排到镇内其他小学就读。

2000年末，全市有小学254所，班级2425个，在校学生93100人。

表34-2-607 1985～2000年萧山小学教育发展情况

年份	学校（所）	班级（个）	复式班	招生（人）	毕业生（人）	在校学生（人）
1985	621	2408	290	15157	19403	83204
1986	605	2376	257	16973	18195	82086
1987	583	2462	243	13034	9134	85838
1988	555	2520	248	12603	7942	90419
1989	539	2486	230	14153	15138	89443
1990	518	2421	216	13488	15163	87780
1991	484	2350	172	14464	15714	86753
1992	468	2332	127	15529	16952	85395
1993	456	2385	102	17328	13434	89350
1994	445	2517	79	20842	12969	97472
1995	438	2612	73	19339	14574	102227
1996	390	2495	54	17574	12927	99482
1997	363	2547	37	15418	13543	101501
1998	321	2498	17	13979	14770	100711
1999	283	2494	8	13729	15973	98260
2000	254	2425	3	14114	19173	93100

资料来源：萧山区教育局。

【附】

2000年萧山市31个镇乡（农场）小学校名录

城厢镇 实验小学、体育路小学、人民路小学、劲松小学、江寺小学、育才小学、回澜小学、高桥小学、北干小学、市北小学、城西小学、湘湖小学、湘湖师范学校附属小学。合计13校228班，在校生11251人。

城厢镇城东办事处 城东中心小学、姑娘桥完小、和平桥村小、涝湖村小、五联村小、西许村小、城郊村小。合计7校42班，在校生1293人。

城厢镇裘江办事处 裘江中心小学、琴山下完小。合计2校28班，在校生1280人。

城厢镇城北办事处 城北中心小学、塘湾完小、城北完小、兴议完小。合计4校43班，在校生1767人。

城厢镇城南办事处 城南中心小学、共联完小、犁头金完小、联丰村小、桥头陈村小。合计5校43班，在校生1731人。

楼塔镇 楼塔镇中心小学、大同中心小学、岩山中心小学、管村完小、水阁村小、江畈村小。合计6校55班，在校生1753人。

河上镇 河上镇中心小学、大桥中心小学、凤坞完小、里谢完小、下门完小、沙河村小。合计6校56班，在校生1951人。

戴村镇 戴村镇中心小学、永兴中心小学、朝阳完小、丁村完小、振庭完小、九峰完小、马鞍完小。合计7校53班，在校生1722人。

　　许贤乡　许贤乡中心小学、朱村桥中心小学、富春完小、罗墓完小、南坞完小、北坞完小、徐童山下完小。合计7校55班，在校生1731人。

　　云石乡　云石乡中心小学、东平完小、尖山下完小。合计3校20班，在校生703人。

　　临浦镇　临浦镇第一小学、临浦镇第二小学、临浦镇第三小学、临浦镇第四小学、横山完小、塘郎姚完小、向阳完小、高田陈完小、大庄桥完小、张家畈村小、桥南村小、木汀徐村小。合计12校115班，在校生4349人。

　　浦阳镇　浦阳镇中心小学、桃源中心小学、径游中心小学、尖湖完小、谢家完小、江西俞完小、朱家村小、桃北村小、下曹坞村小。合计9校68班，在校生2334人。

　　进化镇　进化镇中心小学、城山中心小学、富岭完小、裘家坞完小、华丰完小、大汤坞完小、下畈底完小、沈家渡完小。合计8校75班，在校生2417人。

　　欢潭乡　欢潭乡中心小学、新江岭中心小学。合计2校24班，在校生973人。

　　所前镇　所前镇中心小学、岱山完小、山里王完小、四联完小。合计4校47班，在校生1716人。

　　义桥镇　义桥镇实验学校（小学部）。合计34班，在校生1472人。

　　闻堰镇　闻堰镇中心小学、黄山完小、湘湖完小。合计3校47班，在校生2052人。

　　宁围镇　宁围镇中心小学、盈丰中心小学、宁围镇第三小学、新华完小、宁新完小、宁牧完小、新安完小、顺坝完小、丰二完小、盈二完小、丰东完小、合丰村小、盈一村小、新中村小、钱江农场小学。合计15校122班，在校生4551人。

　　新街镇　新街镇中心小学、长山中心小学、双圩完小、元沙完小、新塘头完小、陈家园完小、盈中完小、沿江完小、九号坝完小、红垦完小、盛东完小、盛中完小、盛乐完小、新盛完小、钱江啤酒厂小学。合计15校124班，在校生4515人。

　　衙前镇　衙前镇中心小学、螺山中心小学、三联完小、螺山完小、前进村小、明华村小、田里胡完小。合计7校59班，在校生1942人。

　　坎山镇　坎山镇中心小学、光明中心小学、振兴完小、联兴完小、甘露亭完小、三岔路完小、三盈完小、万安村小。合计8校94班，在校生3883人。

　　瓜沥镇　瓜沥镇第一小学、瓜沥镇第二小学、瓜沥镇第三小学、昭东中心小学、大园中心小学、进化完小、运东完小、大义完小、渔庄完小、如松完小、靖一完小、横埂头完小、沙田头完小、隆兴和完小、东方村小。合计15校135班，在校生5440人。

　　党山镇　党山镇中心小学、长沙中心小学、群力完小、官一完小、八里桥完小、梅林完小、群益完小、大池娄完小、单木桥完小、沙北完小。合计10校99班，在校生3867人。

　　益农镇　益农镇中心小学、益农第一完小、益农第二完小、益农第三完小、益农第四完小、益农第五完小、益农第六完小、益农第七完小。合计8校97班，在校生3979人。

　　靖江镇　靖江镇中心小学、甘露中心小学、和顺完小、山前完小、靖南完小、义南完小、花神庙完小、雷东村小、靖东村小。合计9校75班，在校生2734人。

　　义盛镇　义盛镇中心小学、义盛第一完小、义盛第二完小、新庙前村小、长红村小、金泉村小。合计6校65班，在校生2456人。

　　南阳镇　南阳镇中心小学、赭山中心小学、龙虎完小、岩峰完小、横蓬完小、南丰完小、赭东完小、红山完小。合计8校70班，在校生2750人。

河庄镇　河庄镇中心小学、新围中心小学、建设完小、蜀南完小、民主完小、钱江完小、三联完小、新江完小、文伟完小、同一村小、同二村小、建一村小、群建村小、新围村小、新创村小、围中村小、东江村小。合计17校111班，在校生3964人。

头蓬镇　头蓬镇中心小学、头蓬镇第一完小、青春完小、金星村小、小泗埠村小、全民村小、仓北村小、益民村小、新富村小、春风村小。合计10校61班，在校生1903人。

党湾镇　党湾镇中心小学、梅西中心小学、红丰完小、合兴完小、曙光完小、大西完小、幸福村小、新梅村小。合计8校86班，在校生3436人。

新湾镇　新湾镇中心小学、宏图中心小学、建华完小、共裕完小、共建完小、农一场小学、农二场小学。合计7校60班，在校生2105人。

前进乡　前进乡中心小学、山海村小。合计2校23班，在校生976人。

来苏乡　来苏乡中心小学、来苏周完小、董家桥村小、孔湖村小。合计4校30班，在校生1050人。

石岩乡　石岩乡九年制学校（小学部）、老屋村小、史家桥村小。合计3校24班，在校生961人。

新塘乡　新塘乡中心小学、霞江完小、桥南沈完小。合计3校32班，在校生1255人。

红山农场学校（小学部）　1校12班，在校生491人。

远东外国语学校（小学部）　1校13班，在校生347人。

注：义桥镇实验学校、石岩乡九年制学校的校数统计在初中。

（资料来源：萧山区教育局）

第三节　初级中学教育

萧山初中教育[①]始于民国27年（1938），至1949年有初中1所。中华人民共和国成立后，初中教育发展迅速。[②]

1984年，全县普及初等教育后，为满足小学毕业生升初中的要求，有51个镇乡办起简易初中[③]，共有班级99个，学生4931人。在不影响全日制学校校舍、设备、经费和师资的情况下，农村大多镇乡依靠自身力量开办简易初中。是年，全县有完全中学13所，单设初中70所，小学附设初中班29所，在校初中学生38067人（其中厂场办学1837人）。

1985年，全县有单设初中69所，其中完全中学8所，厂场学校设初中部的11所，小学"戴帽"（附设初中班）的10所；共有班级732个，

①民国27年（1938）3月，创办境内第一所初级中学——萧山县立战时初中学生补习学校（简称"战中"）。借龛山镇周家祠堂为校舍，春季始业，共招班级2个，学生84人（其中公费生30人），有教职工10人。民国29年，日军侵占萧山，县城失陷，学校停办。民国32年3月，借河上镇大坞朱村朱氏宗祠复校，定学制3年。第二学期开始，借大坞朱村西岩将庙扩充校舍，在校学生共50人。民国33年8月，定名县立初级中学。民国34年9月，县立初级中学迁入县城城隍庙即今朝晖初级中学旧址。民国36年春，县立初级中学设初中班级6个，学生259人，有教职工17人。

②1949年5月萧山解放时，全县只有县立初级中学1所，班级7个，学生193人，教职工21人。当年秋，学校迁址市心桥下街南货会馆和富家祠堂（今文化路市心广场处）。1951年，临浦区中心学校在自由孔村与戴家桥村之间的新庵，率先开办附设初中班级2个。1952年9月，县立初级中学在临浦镇峙山南麓设立分部。是年，戴村等区中心学校开始附设初中班。1954年，县立初级中学改名为萧山县第一初级中学。原县立初级中学分部迁址临浦戴家桥东北，独立建制为萧山县第二初级中学。1956年9月，县立第一初级中学更名为浙江省萧山中学。是年，择址衙前凤凰山南麓，创办萧山县立第三初级中学，并先后在长山、长河、戴村、河上等地创建初中，至此，全县初级中学增至7所。1957年7月，长河乡创立民办初中；8月，城厢镇文化补习学校和青年业余中学合并，以民办公助性质设城厢镇初级中学。1958年始，发展一批民办初中，至年底，全县有完全中学3所、初中52所（含民办初中）。

1961~1963年，全县初中进行调整，压缩部分办学基础较差、设备紧缺、师资严重不足的初中和附设初中班。1965年，全县保留完全中学3所，初级中学调整为12所；共有班级88个，在校初中学生4487人。

1978年，初中学制有计划地由2年恢复到3年。1983年，县文教局确定每区办一所重点初中，并拟订办好重点初中的意见。

③简易初中，学制可长可短，课程可多可少，教学业务接受所在镇乡全日制初中的辅导，并参加统一考试，合格的由所在地初中发给单科结业或全科毕业证书（1987年9月始，停止招生）。

表34-2-608　1985～2000年萧山初级中学发展情况

年份	学校（所）	班级（个）	招生（人）	毕业生（人）	在校学生（人）	小学附设初中班级（个）	学生（人）
1985	69	732	13121	10445	38848	41	2114
1986	71	750	13591	11260	4000	49	2015
1987	78	840	8964	11166	35133	12	535
1988	72	618	7230	11172	29165	19	569
1989	73	628	13377	11951	29247	13	336
1990	73	724	13883	8025	34381	16	418
1991	68	854	14716	7160	41291	34	1084
1992	68	905	16582	12184	44414	—	896
1993	69	899	13186	12482	43211	—	—
1994	67	877	12816	13249	41310	—	—
1995	69	851	14458	14595	39866	—	—
1996	64	807	12606	11582	37645	—	—
1997	62	824	13382	11567	39142	—	—
1998	57	842	11525	12510	40127	—	—
1999	59	830	15955	12434	43895	—	—
2000	56	1022	19156	13141	49676	—	—

在校学生38848人。1986年，为适应普及九年制义务教育需要，采用"摘帽"（小学撤初中）和"脱靴"（高中撤初中）以及合并新建的办法，陆续调整初中网点设置。至1990年，全市有初中73所，基本上实现1个镇乡1所初中。1991年，为整合教育资源，提高教育质量，进化、城山、所前、义桥、长河5个镇乡开始合并初中。1993年，全市完成小学"摘帽"工作。1994年，长河中学最后一个"脱靴"。翌年，头蓬、新湾两镇亦合并初中；新建城厢镇高桥初中；1997年，新建城厢镇城西初中。此后，为提高办学规模效益，合并速度加快，戴村、靖江、欢潭、党山、衙前等11个镇乡相继合并初中。2000年9月，全市有初中56所，班级1022个，学生49676人。

【附一】

2000年萧山市镇乡初级中学情况

城厢镇　朝晖初级中学创办于1978年9月；班级26个，学生1499人。回澜初级中学创办于1988年7月；班级27个，学生1724人。高桥初级中学创办于1995年9月；班级23个，学生1440人。城西初级中学创办于1997年9月；班级18个，学生766人。育才初级中学创办于1999年9月；班级24个，学生1130人。北干初级中学创办于2000年8月；班级4个，学生253人。城东初级中学创办于1976年9月；班级15个，学生721人。裘江初级中学创办于1989年9月；班级12个，学生592人。城南初级中学创办于1957年8月；班级17个，学生821人。城北初级中学创办于1968年8月；班级16个，学生782人。

新塘乡　新塘乡初级中学创办于1969年8月；班级15个，学生652人。

来苏乡　来苏乡初级中学创办于1985年8月；班级12个，学生531人。

石岩乡　石岩乡九年制学校创办于2000年5月；班级12个，学生521人。

楼塔镇　楼塔镇初级中学创办于1963年9月；班级19个，学生939人。岩山初级中学创办于1972年8月；班级9个，学生429人。

河上镇　河上镇初级中学创办于1956年8月；班级14个，学生619人。大桥初级中学创办于1979年8月；班级14个，学生647人。

戴村镇　戴村镇初级中学创办于1985年8月；班级18个，学生820人。

许贤乡　许贤乡初级中学创办于1968年8月；班级20个，学生1028人。

云石乡　云石乡初级中学创办于1960年8月；班级9个，学生399人。

临浦镇　临浦镇第一初级中学创办于1975年9月；班级21个，学生1222人。临浦镇第二初级中学创办于1981年6月；班级14个，学生725人。临浦镇第三初级中学创办于1990年7月；班级13个，学生618人。临浦镇第四初级中学创办于1969年8月；班级9个，学生420人。

进化镇　进化镇初级中学创办于1958年8月；班级15个，学生712人。城山初级中学创办于1969年8月；班级19个，学生893人。

所前镇　所前镇初级中学创办于1978年9月；班级20个，学生903人。

义桥镇　义桥镇实验学校创办于1999年8月；班级15个，学生808人。

浦阳镇　浦阳镇初级中学创办于1972年8月；班级25个，学生1051人。

欢潭乡　欢潭乡初级中学创办于1959年9月；班级12个，学生576人。

闻堰镇　闻堰镇初级中学创办于1968年8月；班级21个，学生947人。

宁围镇　宁围镇初级中学创办于1975年9月；班级21个，学生1013人。盈丰初级中学创办于1974年9月；班级20个，学生1016人。

红山农场　红山农场学校创办于1969年8月；班级6个，学生213人。

新街镇　新街镇初级中学创办于1969年8月；班级28个，学生1272人。长山初级中学创办于1984年8月；班级21个，学生1007人。

瓜沥镇　瓜沥镇初级中学创办于1986年8月；班级17个，学生853人。瓜沥初级中学创办于1969年8月；班级23个，学生995人。明德中学创办于1964年11月；班级12个，学生542人。大园初级中学创办于1969年2月；班级8个，学生311人。

党山镇　党山镇初级中学创办于1958年8月；班级49个，学生2220人。

坎山镇　坎山镇初级中学创办于1966年8月；班级42个，学生2001人。

衙前镇　衙前镇初级中学创办于1979年9月；班级24个，学生1020人。

益农镇　益农镇初级中学创办于1977年8月；班级15个，学生658人。夹灶初级中学创办于1971年2月；班级27个，学生1301人。

义盛镇　义盛镇初级中学创办于1986年8月；班级32个，学生1490人。

靖江镇　靖江镇初级中学创办于1958年8月；班级34个，学生1716人。

南阳镇　南阳镇初级中学创办于1965年6月；班级19个，学生891人。赭山初级中学创办于1965年5月；班级13个，学生639人。

河庄镇　河庄镇初级中学创办于1965年6月；班级23个，学生1097人。新围初级中学创办于1972年8月；班级15个，学生714人。

党湾镇　党湾镇初级中学创办于1968年9月；班级19个，学生976人。梅西初级中学创办于1968年9月；班级18个，学生840人。

头蓬镇　头蓬镇初级中学创办于1968年5月；班级21个，学生852人。

新湾镇　新湾镇初级中学创办于1964年8月；班级24个，学生1149人。

前进乡　前进乡初级中学创办于1978年8月；班级8个，学生346人。

（资料来源：萧山区教育局）

【附二】

萧山普及九年制义务教育

1985年，中共萧山县委、县人民政府把普及九年制义务教育（以下简称"普九"）工作纳入萧山经济和社会发展的总体规划。从1985年下半年起，先后出台一系列政策，落实各项措施，有效地保证了全县（市）"普九"工作的顺利实施。

抓规划 县（市）政府组织力量，对各镇乡的教育情况进行全面调查，从经济基础、教育设施、师资状况等方面进行综合分析研究，按照实事求是、积极稳妥、因地制宜、分期分批实施的原则，制订萧山县（市）"普九"工作实施方案。1986年5月，县八届人大第三次会议审议通过《萧山县九年制义务教育实施办法》。

抓宣传 县（市）政府及有关部门通过多种形式，向全社会广泛宣传《中华人民共和国义务教育法》，为实施九年制义务教育奠定思想基础和群众基础，使"普九"工作纳入依法施教、依法治教的轨道。

抓流生和清退童工 1988年、1989年，市政府先后转发由教育局等5单位联合制定的《关于控制中小学生流失的若干规定》和《关于坚决清退童工的决定》，规定凡16周岁以下无初中及以上毕业证书的在岗职工为清退对象。各镇乡制订乡规民约，对流生和童工采取各种相应措施。通过多管齐下和艰苦细致的工作，有效地进行了童工清退工作，制止了流生现象。

抓特殊教育 将发展特殊教育，始终贯穿于全县（市）推进义务教育工作的全过程。逐步形成一个由市聋哑学校、镇乡弱智儿童教育班、随班就读与单独编班相结合"四位一体"的发展特殊教育新格局。

抓师资、干部队伍建设 通过多种途径，建设一支学历合格、政治和业务素质较高的师资、干部队伍。关心教师生活，改善教师待遇，1991~1994年，投入教工住宅建设资金2756万元，新建教工住宅52297平方米。切实为教师做好事、办实事。

增加教育投入，改善办学条件 形成以政府财政拨款为主，辅之以征收教育附加、社会捐资、校办产业创利等多渠道筹措教育经费的机制，使教育投入得到保证，办学条件得以改善。1991~1994年，全市投入校舍建设资金9075万元，新建扩建校舍19.80万平方米；改造旧校舍13万平方米，消灭了危房。全市调整学校布局，撤并小学73所，新建了一批中、小学。1992~1995年，市财政对教育的拨款分别比上年增长11.57%、39.94%、51.22%、18.73%；小学生均教育事业费分别为201元、309元、442元、515元，初中分别为232元、348元、544元、796元；小学生均公用经费分别为48元、66元、84元、121元，初中分别为71元、88元、89元、182元。

1986年，城厢、瓜沥、临浦3镇首批实施"普九"。1990年，全市67个镇乡中有38个镇乡实施"普九"，人口覆盖面60.10%，小学学龄儿童入学率99.44%，小学在校学生年巩固率99.98%。1993年，市委、市政府召开教育工作会议，把基础教育作为提高劳动者素质的奠基工程来抓。是年，全市31个镇乡全部实施"普九"。1994年，全市初中、小学对照"普九"工作验收细则进行自查整改，市教育主管部门抽调干部30余人，对各镇乡的"普九"工作进行全面查漏补缺工作。1995年5月，省政府"普九"和"扫盲"工作评估验收团对萧山"普九"、"扫盲"工作进行评估验收，认为均已达到国家教委和省政府规定的指标，授予萧山市"基本普及九年制义务教育、基本扫除青壮年文盲"奖匾。1996年，全市

"普九"工作已达到较高水平：

普及程度 1995年，初等教育、初级中等教育入学率分别为99.98%、94.80%；视力、听力、智力残疾儿童入学率分别为100%、93.30%、94.30%；初等教育辍学率为零，初级中等教育辍学率为0.11%；15周岁初等教育、17周岁初级中等教育完成率分别为99.62%、85.70%。

师资水平 小学和初中公办教师分别占师资总数的91%、89.70%；小学和初中专任教师学历合格率分别为93.70%、87.50%；小学、初中校长培训合格率均为100%。

办学条件 小学人口覆盖面为每所2766人，每镇乡有初中1～2所；初中校园生均占地面积18.75平方米，小学为13.21平方米；教学仪器设备、电化教学设备、音乐美术教学仪器、劳动劳技教学器材、图书资料5项达标，体育器材基本达标。

教育经费 以财政拨款为主，其他多渠道筹措教育经费为辅的机制初步建立，对教育的投入逐年增加。

教学质量 1994年，小学、初中毕业生率分别为99.99%、95%，初中毕业会考合格率逐年提高。各级各类竞赛成绩优异，素质教育得到加强。

1997年1月，萧山市被国家教育委员会命名为全国"两基"工作先进县（市）。

（资料来源：萧山区教育局）

第四节　普通高级中学教育

萧山普通高中教育始于1956年。[①]至1984年，全县有普通高中5所，完全中学13所（厂、场5所）。其中萧山中学、临浦中学、衙前中学为县直属中学，戴村、义桥、裘江、长山、长河、党山、瓜沥、义盛、南阳和城厢10所中学为区属中学，杭州齿轮箱厂学校、杭州发电设备厂学校、杭州第二棉纺织厂学校、浙江建材厂学校、红垦农场学校5所为厂（场）办高中。共有班级118个，在校学生6237人。

1985年，贯彻中共中央"调整中学教育结构，大力发展职业技术教育"的意见，县内有8所普通高中招收职业高中班学生，形成普通高中与职业高中并存的格局。1987年始，调整全县中学布局，党山中学"停办高中班"改为初级中学；义桥中学迁建至临浦镇，更名为峙山中学；瓜沥、义盛、南阳等中学与初中脱钩，全部招收高中生。1988年，裘江、南阳、峙山和城厢等中学开始停招普通高中班。1994年，萧山普通高中布局调整基本结束。

1995年，萧山中学把位于市中心的旧址予以拍卖，在市郊征地156.15亩（约104100.52平方米）新建校舍，同年，经评估验收，被省教委确定为浙江省首批一级重点中学。翌年，萧山二中、萧山三中被省教委确定为浙江省二级重点中学；长河镇的萧山五中随行政区域调整，改由杭州市教育局管理，仍在

[①]1956年9月，萧山中学首次招收高中新生2个班，为萧山县第一所完全中学。当年有班级13个（初中11个，高中2个）。1958年，萧山县第二、第三初级中学增设普通高中班，并改名为萧山县第二、第三中学。1965年，全县保留萧山、临浦、衙前3所完全中学。"文化大革命"开始后，普通高中停止招生。1970年，高中恢复招生，高中学制由3年改为2年，长山、长河、戴村、河上、楼塔、瓜沥6所初级中学先后增设高中班，改办完全中学；不少公社"五七"中学亦开办高中班。至1971年，全县完全中学从1965年的3所增设13所。1972年1月，全县高中实行统一招生，当年招收高一新生1473人。1974年开始，全县公社初中先后"戴帽"增设高中班，部分省、市企业办学校开办高中班。1977年，全县高级中学（包括完全中学）已发展至63所。

1978年，全面调整学校布局，压缩、控制普通高中数量。是年，停止公社初中"戴帽"高中班招生。1979年起，全县继续撤去公社初中高中班，控制高中发展，并积极推行中等教育结构改革。1982年，全县布设定点完全中学17所（另有厂场办5所）。以后几年，全县控制、稳定高中发展，招生比例30%左右，每年招生不超过3000人；衙前中学、临浦中学、戴村中学等学校先后实施普通高中三年制。

图34-2-836　萧山九中学生走进沙地学做萝卜干（2003年11月摄，萧山区教育局提供）

①即萧山中学、萧山市第二高级中学、萧山市第三高级中学、萧山市第五高级中学、萧山市第六高级中学、萧山市第八高级中学、萧山市第九高级中学。

萧山招收普通高中学生。1997年，萧山九中被省教委确定为省级综合高级中学。1998年8月27日，萧山五中建成启用。至2000年底，全市普通高中12所，班级258个，在校学生12510人。其中公办普通高中7所①，班级194个，学生9635人，教职员工798人。

表34-2-609　1985～2000年萧山普通高级中学教育发展情况

年份	学校（所）	班级（个）	在校学生（人）	招生（人）	毕业生（人）	年份	学校（所）	班级（个）	在校学生（人）	招生（人）	毕业生（人）
1985	18	130	6760	2364	1715	1993	9	114	5325	1965	1668
1986	17	139	7467	2584	1804	1994	11	123	6075	2352	1502
1987	16	138	7267	2438	2419	1995	9	137	6935	2890	1872
1988	14	135	6756	2090	2464	1996	8	130	6573	2401	1425
1989	14	127	6316	2270	2442	1997	8	146	7417	2700	1784
1990	13	123	5917	1889	2047	1998	9	178	9152	3961	2350
1991	12	120	5553	1727	1861	1999	11	225	10812	4251	2324
1992	10	118	5383	2072	2046	2000	12	258	12510	4552	2727

注：含厂、场办和私立学校。

第五节　学校（幼儿园）选介

幼儿园

图34-2-837　90年代红山农场幼儿园（萧山区教育局提供）

图34-2-838　笑笑幼儿园音乐特色班（萧山区教育局提供）

城厢镇高桥幼儿园　位于城厢镇高桥新村。创办于1990年。占地面积5.40亩（约3600平方米），建筑面积2576平方米。2000年，有班级12个，在园幼儿477人；教职员工56人，其中教师28人均为幼儿师范毕业生，有24人取得大专学历，正在进修大学本科的9人。全园教育、卫生设备齐全，每班有闭路电视，计算机局域网已连到每一个教室，并在班中开展多媒体教学。设有各类幼儿专用教室，如多媒体综合室、音乐舞蹈室、幼儿实验室和电视演播室。幼儿园先后被命名为杭州市教育科研先进集体、浙江省农村（城镇）示范幼儿园。

红山农场幼儿园　创办于1975年，时附设在红山小学内。有班级2个，幼儿118人，教师2人。1986年，红山农场投入资金79万元，在农场中心地段新建幼儿园。占地面积6亩（约4000平方米），建筑面积2353平方米，户外活动场地2490平方米，其中绿化面积1694平方米。班级5个，幼儿190人，教师8人，添置相应的教育活动设施和大型玩具。1997年后，建造保健室，添置舞蹈厅的相应设备和电化教育设施。2000年，全园有班级7个，幼儿250人；教职工21人，其中大专毕业的4人，正在高学历进修的10人。是萧山市一级幼儿园、杭州市农村（城镇）示范幼儿园。

建园以来，党和国家领导人彭真、乔石，柬埔寨国家元首西哈努克亲王、泰国王储玛哈·哇集拉隆功殿下以及日本、法国、澳大利亚、利比亚、莫桑比克、民主德国等国家的客人45次、559人次来园视察、参观和指导工作。

　　笑笑幼儿园　位于萧山经济技术开发区宁税路117号。创办于1996年6月，由民进萧山市委、萧山市投资开发有限公司和童永榕3家合股，共投资600多万元。幼儿园占地面积10.90亩（约7266.70平方米），建筑面积3590平方米。当年招收幼儿30人，有教职工28人。1997年，民进萧山市委、萧山市投资开发有限公司退股，改由萧山通惠房管所、杭州万向集团和童永榕3家合股。1998年，开始招聘男性教师2人。1999年，开办笑笑红领巾托送部。是年，建立萧山第一个民办幼儿园工会。2000年9月，在萧山银河小区开设分园，定名银河音乐幼儿园。10月，杭州万向集团股权转让，改由萧山通惠房管所和童永榕2家合股。2001年2月，幼儿园（含银河幼儿园）有班级20个，幼儿414人，教职工92人。园内有操场、塑胶跑道、绿草坪、小河、游泳池、多功能厅、园电视台和计算机房。

　　幼儿园参加"长鼻王"杯体操比赛，获浙江省级一等奖、全国二等奖。2000年2月，被评为浙江省农村（城镇）示范幼儿园。

　　小　学

　　城厢镇劲松小学　位于城厢镇人民路206号。始办于清宣统三年（1911）。①1985年，学校设班级13个，学生654人，教职工26人。1989年和1998年，分别建造建筑面积1953平方米的4层教学大楼和2091平方米的综合大楼。至2000年末，学校占地面积13.95亩（约9300.05平方米），建筑面积7125平方米，藏书3.44万册，生均31.20册。有教学班18个，学生1103人；教师45人，其中中学高级教师1人，省教坛新秀1人，杭州市教坛新秀5人，萧山市优秀教师3人，优秀班主任5人。教师学历合格率100%，大专以上占63.70%。

　　少先队工作及艺术教育是学校两大特色。学校民乐队多次参加省、市少儿艺术大赛，分获金、银等奖。先后被命名为少先队全国雏鹰红旗大队，杭州市艺术教育、实验教育先进集体，杭州市城镇示范学校。

　　城厢镇裘江中心小学　位于城厢镇拱秀路518号。创办于民国38年（1949）6月。②1989年迁入现址。1992年撤区扩镇并乡（以下简称"撤扩并"）后称城厢镇裘江中心小学。至2000年末，学校占地面积15.60亩（约10400.05平方米），建筑面积4214平方米，藏书1.95万册，生均30册。教学班18个，学生650人，教职工36人。有13位青年教师成为浙江省、杭州市、萧山市教坛新秀。

　　学校以"现代化教育技术的应用"与艺术教育为办学特色，为全省现代化教育技术的窗口学校，曾获教育部艺术教育委员会第四、第五、第六届全国中小学生美术书法作品比赛组织奖。学生的书法作品获全国级奖100多人次，省、市级奖80多人次。是浙江省农村示范学校、浙江省现代教育技术实验学校。

　　瓜沥镇第二小学　位于瓜沥镇航民路。创办于1987年8月。至2000年末，

①清宣统三年（1911），基督教会传教士美国人慕玤发起，在县城水亭址租赁民房为校舍创办蕙兰初等小学堂，经费由耶稣教堂拨付。民国初年称私立蕙蒙小学，后更名水亭小学。民国29年称萧山县立第二小学。抗日战争胜利后，改称城厢镇第四、五、六保国民学校。1950年称城厢六村联小。1951年为完全小学，更名城厢镇第二小学，设班级4个，教职员8人。1959年改称凤堰桥小学；1968年定名劲松小学。1969年附设初中班，翌年撤去初中。

②学校前身为新桥头村王虚白、王国良和城厢镇一村（严家底）陈瑞良执教的3所塾馆。1949年6月，三塾馆合并，在车家埭村公济桥畔（今新桥）的光华火柴厂旧址创立学校，初名公济小学，时有学生50余人。1952年9月更名通惠乡校。1954年称西河区第四中心小学。1959年2月，改称城东公社中心小学，是年至1961年增办初中班。1961年8月，称蜀山区校。1969年上半年，学校分解为车家埭小学、新桥小学、高桥小学。1978年9月，三校合一，称裘江公社中心小学。1984年称裘江乡中心小学。

图34-2-839　昭东小学学生剪纸作品（2003年12月，萧山区教育局提供）

学校占地面积22亩（约14666.74平方米）（其中劳动实践基地8亩〈约5333.36平方米〉），建筑面积4506平方米。有教学班18个，学生1054人，教职员工48人。学校配有多媒体教室、学生用计算机房、教师课件制作室，并设有"求真电视台"，开通校园网。学校藏书21528册。

学校在萧山市率先进行课程改革，开设外语课和计算机课。学生参加奥林匹克数学和写作比赛，有10多人次在全国、省市获一、二等奖；2000年，获全国青少年电子制作锦标赛小学创新组一等奖。是浙江省现代化教育实验学校、浙江省农村示范学校。

义盛镇中心小学　位于义盛镇义盛村。创办于民国20年（1931）。①1985年称义盛镇中心小学。1991年迁至五星村（今义盛村）新校舍。至2000年末，学校占地面积30亩（约20000平方米），校舍建筑面积7446平方米。有班级21个，学生1000人；教职工50人，其中小学高级教师11人，专任教师学历合格率达100%，13人已获大专以上文凭。学校藏书2.85万册。安装闭路电视，有多媒体教室和学生计算机室。是萧山市新教材试教先进集体、素质教育实验学校、浙江省农村示范学校。

新湾镇中心小学　位于新湾镇新湾村一组，创办于民国6年（1917）7月。②1987～1999年，政府分3次共投资123万元，建造教学楼和综合楼。至2000年末，学校占地面积18.50亩（约12333.40平方米），建筑面积3887平方米。藏书23851册，生均37册。有计算机室2个，计算机58台，"小星星"电视台1个，智能广播系统1套。班级17个，学生643人；教职工34人，其中大专学历以上教师18人，占52.94%，杭州市、萧山市教坛新秀4人。

学校教学中注重学生潜能的开发，凸现学生个性特长。学生在全国奥林匹克数学竞赛中获一等奖2人、二等奖7人、三等奖8人；在市语文自学能力竞赛中获一等奖1人、二等奖2人、三等奖1人。是萧山市素质教育实验学校、电化教育实验学校，杭州市和浙江省农村示范学校。

初级中学

靖江镇初级中学　位于靖江镇育才路37号。创办于1958年。1972年，开始招收高中班1个，学生67人。1983年，高中停止招生。1998年，撤甘露初级中学，合并易地新建。至2000年末，学校占地面积86亩（约57333.62平方米），建筑面积19800平方米，设有计算机室、语音室、图书阅览室，藏书40153册。有班级34个，在校学生1716人，教职工101人。学校先后被命名为萧山市综合实力一级学校，杭州市和浙江省农村示范学校。

临浦镇第一初级中学　位于临浦镇人民路东端。前身为创办于1959年的萧山县临浦初级中学（民办）。1975年8月，借用临浦镇小学分部（灰弄）上课。1982年和1996年，两次易地新建。2000年始改今名，学校占地面积29亩（约19333.43平方米），总建筑面积约7000平方米，校内配备闭路电视，有阶梯教室、多媒体教室、语音教室、计算机室等，教学设施达到省级标准。藏书3.20万册。班级20个，学生1105人；教职工54人，其中有中学高级教师4人、中学一

①前身系龙图殿小学堂。民国20年（1931），由南沙绅士宋有生、沈阿堂等人资助，王聚兴、沈聚兴出地兴建，初名义盛小学校，占地2亩左右，时有学生50人，教师3人。民国34年抗战胜利后，改称义盛中心国民学校。1956年9月，国家出资，拆迁龙图殿，集材兴建工字形苏式小学堂1幢，翌年迁入新校舍，定名义蓬区中心小学，又称义蓬区第一中心小学。1958～1960年附设初中。"文化大革命"前期，先后易名义盛街小、向阳学校，1971年起一度并入蜜蜂小学。1978年在五星村建校，称义盛公社中心小学。1981年，在义盛小学堂旧址拆建3层教学楼1幢。

②创办于民国6年（1917）7月，时称崇益小学。民国21年8月，朱叔池出资筹办小学，将崇益小学合并，冠名新湾小学。1949年5月，定名新湾乡中心小学，校址设新湾乡镇海殿（今新湾村一组）。1952年更名义蓬区第三中心小学。"文化大革命"时期，改称新湾"五七"学校，并附设初中和高中班。1978年，中学分离，易名新湾公社中心小学。1984年更名新湾乡中心小学，翌年改称新湾镇中心小学。

级教师28人。先后被命名为浙江省九年制义务教育教材试教先进集体，是杭州市和浙江省农村示范学校。

城厢镇城东初级中学 位于城东办事处西许村。创办于1976年，校址在姑娘桥村。1990年易地迁建于现址，为萧山、杭州地区改造破旧校舍树立样板。至2000年末，学校占地面积33.20亩（约22133.44平方米），建筑面积4340平方米，藏书3.25万册。有班级15个，学生722人；教职工45人，专任教师学历全部达标，其中本科学历9人，占24.30%。教育科研课题《农村初中校园文化建设实践研究报告》获浙江省普通教育科研成果一等奖。是浙江省农村示范学校，被评为全国体育达标先进单位。

明德中学 前身是萧山县昭东农业中学，创办于1964年，校舍利用公共住宅，属昭东中心小学管理。1968年后，三迁校址。1972年，更名为昭东公社中学。1986年，旅居香港爱国人士沈明德先后捐资美元10万元和人民币83万元，国家拨款28万元，在瓜沥镇航坞山南麓姜家岙新建校舍，占地面积17.60亩（约11733.40平方米），建筑面积4686平方米。2000年，学校有班级11个，学生542人；教师35人，其中中学一级教师11人。

学校以"唯有明理明德，才能立身处世"为校训，以"严谨博学、善教爱生"的教风、"崇尚科学、精益求精"的学风为办学宗旨。1999年，有2名学生分别获得省级自然学科竞赛和征文竞赛三等奖，是杭州市实验教学工作先进集体。

高级中学

浙江省萧山中学 位于城厢镇拱秀路538号。创办于民国27年（1938）春，始为初级中学，时称萧山县立战时初中学生补习学校（详见本章第三节《初级中学教育》）。1956年，定名浙江省萧山中学，增设高中班。1981年，定为省重点中学。1990年，被省教委、省体委定为浙江省培养体育后备人才试点学校。1995年8月迁入现址。9月，通过省一级重点中学的督导评估验收，成为省首批一级重点中学之一。1998年4月，被教育部定为首批"全国现代教育技术实验学校"。2000年，学校占地面积156.15亩（约104100.52平方米），校舍建筑面积7.98万平方米，校园绿化带3.40万平方米。有400米标准塑胶跑道。图书馆藏书7万册。有班级42个，在校学生2205人；教职工173人，有专任教师161人，其中中学高级教师47人、中学一级教师61人，省特级教师3人、全国优秀教师4人、省优秀教师2人、省级教坛新秀2人、杭州市级教坛新秀4人、杭州市优秀教师2人、杭州市学科带头人8人。

1985~2000年，学生中有300多人次在杭州市、浙江省以及全国的学科、体育、艺术竞赛中获奖。其中，全国数学、化学竞赛连续两年获团体优胜奖，第二、第三届中学生数学竞赛获团体优胜奖，电子技术竞赛连续两届全国第一。在浙江省中学田径运动会上，获高中组团体总分第一名，并多次派代表参加全国比赛。1997年8月19~23日，'97全国中学生田径赛在该校举行。报考高等院校升学率从1985年的56.70%上升到2000年的99.70%。学校先后被教育部评为全国培养体育后备人才试点学校先进单位、全国学校体育卫生先进单位、全国现代教育技术实验学校评估成果突出学校、首批全国中小学现代教育技术实验学校，是浙江省级文明学校。

萧山市第九高级中学 位于义盛镇金融路1号。前身为萧山县义盛初级中学，创办于1958年9月，附设于义蓬区第一中心小学。1972年改名萧山县义盛中学。1986年，初中析出，成为普通高中。1987~1992年，学校采取普通高中"2+1"分流和单招相结合的形式设文秘、轻纺职业高中班。1994年，定名萧山市第九高级中学。1999年6月，南阳职业高级中学并入。2000年，有班级25个，学生1197人，教职工81人。占地面积34亩（约22666.78平方米），其中绿化面积12亩（约8000平方米），建筑面积14877平方米，图书馆藏书35500册。1999年起，学校实施"沙地文化"特色教育。先后被评为萧山市行为规范达标学校、德育工作先进集体，杭州市教育科研先进集体，浙江省体育达标先进学校。

第三章　职业技术教育

萧山职业技术教育始于清光绪末年。[①]中华人民共和国成立后，职业教育统称中等职业技术教育，推行两种教育制度[②]。1958年，兴办农（职）业中学（以下简称农中）和技工学校。[③]"文化大革命"期间，许多学校停办。1979年始，各类中等职业技术学校逐步恢复和发展。1985年后，中等教育结构改革，职业教育特别是职业高中得到发展，实现了普通教育与职业教育同步协调发展，招生逐步达到1∶1的目标。至2000年末，全市有职业技术学校37所349个班，在校学生16157人，是年招生占高中招生总数的一半以上，达到国家规定标准。市第一中等职业学校被教育部认定为国家级重点中等职业学校（职高）。

第一节　中等专业教育

1985年，全县有浙江省湘湖师范学校、萧山县教师进修学校、萧山县卫生进修学校、萧山乡镇工业学校和杭州市纺织职工中等专业学校5所中等专业学校，共22个班级，在校学生1078人。

1986年9月，县卫生进修学校设杭州护士学校萧山教学点，开始招收普通中专学生。是年，设立在萧山县农业技术学校内的农业广播电视学校领导小组办公室更名为浙江省农业广播电视学校萧山分校，进行农业广播电视学校中专教学。当年，招收畜牧兽医和农学专业72人。1990年起，萧山市教师进修学校按杭州市统一招生计划，先后从初中毕业生中招收三年制普通师范生4届7个班，302人如期毕业。1993年，浙江萧山乡镇工业学校[④]增挂"浙江万龙职业学校"牌子，开设餐旅和建筑装饰职高班，增设机电应用技术专业。是年，建立萧山市成人中等专业学校，开设计算机及应用、财务会计、财会电算化、幼儿师范、计量技术与管理、文秘与档案等专业。1994年4月，市教师进修学校招收有实践经验并已取得中专及以上学历证书的代课教师，通过半年脱产学习和回校1年半教育实习，经考核合格转为公办教师。10月，浙江省农业广播电视学校萧山分校被中央农业广播电视学校授予全国"科教兴农先进学校"称号，后又被命名为全国"育才兴农示范校"。

1996年9月，萧山市成人中等专业学校新建于城厢镇通惠路448号，占地面积51亩（约34000.17平方米），建筑面积1.50万平方米，绿化面积15亩（约10000.05平方米）。是年，浙江萧山乡镇工业学校更名为浙江乡镇工业学校，挂靠省乡镇企业局，有20个教学班，学生849人。1999年，浙江乡镇工业学校划归萧山市教委统一管理，资产属市乡镇企业局，并继续接受省乡镇企业局的

[①]清光绪三十三年（1907），官立高等小学堂附设简易师范科，开创萧山职业技术教育之先河。民国时期，实业教育改称职业教育。境内浙江省立乡村师范学校、萧山女子职业学校、县立简易师范学校等先后创办。

[②]全日制学校和半工（农）半读学校并存的教育制度。

[③]1958年4月，在湘湖农场办起萧山县第一所初级农业技术学校，当年招收新生182人，学制两年，实行"半农半读"。接着各地创办农中，学制一般为两年，实行"六、五、一"制度，即一年中6个月读书，5个月劳动，1个月休息。

[④]1984年6月，经省人民政府批准，创建萧山县乡镇工业学校。校址位于县城育才路，占地面积31亩（约20666.77平方米），学制3年，是省内第一所县办省助的乡镇工业中等专业学校。计划每年秋季招收初中毕业生4班200人，其中20%由省统一招生，80%招收萧山籍学生。学生毕业后，国家承认中专学历，不包分配，由学校推荐，用人单位择优录用。当年招收工业机械制造、工业与民用建筑2个专业，班级4个，学生200人，暂时借用衙前中学、长山中学的校舍和师资。1985年9月，乡镇工业学校新校舍落成，原4个班级搬入新校园。当年设专业2个，招新生200人，全校共有班级8个，在校学生400人，教职工23人。

业务指导和支持。同年，杭州市纺织职工中等专业学校停办。

2000年9月，市成人中等专业学校并入萧山市第一中等职业学校，原校区改为萧山市第十二高级中学。同年12月，浙江省农业广播电视学校萧山分校被农业部评为全国农业广播电视教育先进集体。至2000年末，全市有中等专业学校5所，班级87个，学生3733人，开设专业11个；教职工235人，其中专任教师166人。

第二节　职业高中教育

萧山职业高中教育在改革开放中发展起来。[1]1985年，县人民政府提出大力发展职业技术教育，使职业教育与普通高中教育并举。是年，全县有独立建制的职业高中3所，班级12个；普通中学附设职高班30个，毕业人数354人，招生人数1217人，在校学生1596人；教职工111人，另有长期代课教师11人。后，市教育主管部门有计划地将附设职高班的普通高中逐一改制为独立建制的职业中学。

1990年，全市已有市职业中学、城厢职业中学、裘江职业中学、山里王农业职业中学、萧山市农业技术学校5所独立建制的职业中学，另有8所普通中学附设职高班，共设10个专业，46个班级，在校学生1743人，毕业746人。1991年，南阳、峙山、长山中学改建成职业学校。至此，全市有独立建制的职业中学8所。90年代初开始，一些企事业单位以及社会团体和个人相继兴办职业高中。1993年，城厢职业高中经省教委确认为省级示范性职业学校，后被认定为省一级重点职业学校，幼师专业为浙江省示范专业。1995年，峙山职高、长山职高被确认为省级示范性职业学校，后又被认定为省二级重点职业学校。学校每年的毕业生均受到当地企事业单位的欢迎，长山职高的机械专业和峙山职高的服装专业被确定为杭州市示范专业。1999年，南阳职高归并萧山九中，山里王职高归并峙山职高；城厢职高、裘江职高、市成人中专3校合并，迁址至市北新区，建立萧山市第一中等职业学校；市职业高中更名为萧山市第二中等职业学校，峙山职高更名为萧山市第三中等职业学校，长山职高更名为萧山市第四中等职业学校。至2000年8月，全市有职业高级中学23所[2]，其中第一职高、第二职高、第三职高、第四职高4所学校为独立建制的职业高中，综合高中和其他部门办职业班的学校19所；共有职高班级200个，在校学生8480人。当年中等专业职业高中招生3541人，加上中专、中技学校招生，职业教育招生6264人，占全市高中当年招生总数的56.68%。

第三节　技工教育

萧山技工教育始于1958年。[3]1985年，全县有技工学校（以下简称技校）5所，班级17个，在校学生721人。1995年起，开始招收"农转非"学生，并

①1979年，中等教育结构改革起步，恢复和新办农业职业中学3所，共5班，学生214人。1982年，益农初中试办高中农技班，招生49人；坎山中学设农业班1个，学生36人。1983年8月，南阳中学招收幼师专业1班34人，长山中学招收建筑专业1班52人，城厢中学招收机械制造专业1班42人。1984年4月6日，县建立中等教育结构改革领导小组，办公室设在县教育局。是年，县农业技术学校开始招收三年制农业高中2个班，学生88人。

②即萧山市第一中等职业学校、萧山市第二中等职业学校、萧山市第三中等职业学校、萧山市第四中等职业学校、萧山市农业技术学校、萧山市商业职业学校、萧山市供销职业学校、萧山市前进职业高中、杭州发电设备厂技工学校、侨星职业高级中学、钱江职业高级中学、树人职业高级中学、民盟职业高级中学、劳动就业职业学校、坎山镇成人文化技术学校、南阳镇成人文化技术学校、义桥镇成人文化技术学校、宁围镇成人文化技术学校、头蓬镇成人文化技术学校、河庄镇成人文化技术学校、裘江办事处成人文化技术学校、义盏镇成人文化技术学校、靖江镇成人文化技术学校。

③1958年始，境内兴办半工半读技工学校和农业职业中学25所，学生923人。1961年后，半工半读技工学校先后停办。1965年，县种畜场、县良种场、县棉麻试验场、县林场、县农机厂和县人民医院7个单位先后创办对口技工学校，实行半工半读，"社来社去"；同年，杭州发电设备厂技工学校开办。"文化大革命"开始，半工半读技工学校全部停办。

1977年，杭州发电设备厂技工学校恢复办学。1978年8月1日，萧山县中等技工学校创办（辖粮食、供销、工业、劳动、商业分校，其中粮食、供销、工业分校于1981年改为本系统职工业余学校或培训中心）。1979年春，先后创办浙江省机械技工学校二分校（简称杭齿技校，校址杭州齿轮箱厂）、浙江省机械技工学校三分校（原杭州发电设备厂技工学校，校址杭州发电设备厂）、杭州棉纺技工学校（校址杭州第二棉纺织厂）。其中杭州发电设备厂技工学校、杭州齿轮箱厂技工学校、杭州第二棉纺织厂技工学校国家均承认学历，包分配。

①即杭州发电设备厂技工学校、杭州第二机械技工学校、萧山市技工学校、萧山市商业职业技术学校、萧山市供销学校、浙江旅游技工学校、浙江发展技工学校、萧山旅游职业技能培训中心。

②民国17年（1928）夏，国立第三中山大学（浙江大学前身）派操震球、孔雪雄来萧山筹建，择址湘湖压湖山湘云寺，初名浙江省立乡村师范学校，10月1日开学，正取学生18人，备取10人，有教职工7人。人民教育家陶行知亲自指导和直接参加学校的创办工作，郁达夫亦多次应邀到湘师教学。民国18年8月，学校建立中国共产党支部，在校内和附近农村秘密开展革命活动。不久，遭国民党反动派破坏。民国21年1月，实行年级制，设附属小学多所，实行"做、学、教三位一体"制，学生边学习边劳动，边教学边实习。民国22年8月，学校更名浙江省立湘湖乡村师范学校。抗日战争爆发后，学校南迁浙西南山区办学，8年间7易校址。民国34年12月，学校迁回萧山，定址县城祗园寺。民国36年9月，学校办学总结《湘湖师范实施基本教育的报告》和研制使用的"教育担"一副，在全国教育展览会和联合国教科文组织举办的远东区基本教育研究会议上展出。民国37年，不少进步学生投奔中国共产党领导的金萧支队。萧山解放前夕和解放初期，湘师有2/3学生参加中国共产党领导的革命活动。

③1949年5月萧山解放时，全校有班级12个，在校学生323人，教工41人。同年9月，萧山县立简易师范学校、绍兴简易师范学校、新昌简易师范学校并入。时有班级10个（其中简师班4个），学生323人，教职工41人。1952年12月，试办初级师范函授部。1953年8月，学校更名浙江省萧山师范学校。1956年9月，迁西河路206号。1957年9月，增设普通师范函授教学点。10月，学校定名浙江省湘湖师范学校。1959年初，经教育部批准，学校被认定为省重点师范学校。1964年，省委决定湘湖师范学校为全省半农半读中等师范学校试点，大部分班级搬迁到湘湖定山。1965年2月，学校与湘湖农场合并。"文化大革命"开始后，学校全部搬迁到湘湖农场，坚持多种形式办学。1973～1979年，学校招收培养初中师资的工农兵学员班、中师班、大专班和培养小学师资的民办教师班。1974年10月，学校明确为地区中等师范学校，由杭州市教育局管理。1978年6月，学校迁回县城，湘湖定山改设分部。1980年9月，恢复招收普通师范班，开始招收民办教师，为杭州地区培养合格的小学教师和初中英语教师。1984年11月，省教育厅在学校设立省中等师范函授教研室（1994年更名为浙江省小学教师进修教研室）。

逐步实行择优推荐、双向选择等就业新机制。1996年5月，浙江旅游技工学校建立。是年，全县技工学校招生对象为城镇户口的应届初、高中毕业生。1997年，萧山技工学校率先走出一条校企合作的办学之路，带动学校教学内容、教学方法的改革，使学生实践技能、职业素质得到提高，呈现出招生与毕业分配供求两旺的局面，使技工学校走上稳步发展之路。

1998年3月，创办浙江发展技工学校，校址在城厢镇城北办事处俞家潭。翌年，建立浙江省医药学校萧山教学点，实行"两块牌子、一套班子"的管理模式，面向全省招生。先后开设电工、机电维修、水电安装、服装设计与CAD（计算机辅助设计系统）、烹饪、计算机技术、医药类等专业，共13个班级，学生643人。2000年，建立萧山旅游职业技能培训中心，开设导游、前厅、餐厅、客房服务员的培训。至此，全市技工学校发展为8所①，共62班，在校学生3944人。

第四节　学校选介

中等专业学校

浙江省湘湖师范学校　简称湘师，系杭州市教育局直属中等师范学校，位于城厢镇西河路206号，为杭州市属七县（市）承担培养小学教师和在职小学教师中等师范函授学历教育的任务。学校创办于民国17年（1928）。②中华人民共和国成立后，学校建设得到发展。③

1985年开始，恢复从初中毕业生中招收培养小学师资的三年制普通师范班，先后在萧山、余杭、临安、富阳等地设置教学点。1994年，开设培养小学专职音乐师资的三年制音乐专业班。1996年，中等师范函授教育结束。1999年，新招三年制幼儿师范班和五年制初等教育大专班。翌年，全部转为招收五年制初等教育大专班，为杭州市及所辖七县（市）培养大专学历的小学、幼儿园师资。

2000年9月，在校学生719人；教职员工110人，其中专任教师和兼课干部共79人，具有大学本科以上学历的占87%，具有高级和中级职称的分别占32%和56%。学校占地面积43亩（约28666.81平方米），建筑面积24393平方米。图书馆藏书量、钢琴数量、计算机多媒体网络、数码钢琴教练室、铜管乐队、民乐队、室内外塑胶运动场、游泳池等在全省同类学校中居于前列。艺术教育是学校办学的传

图34-3-840　浙江省湘湖师范学校一角
（1999年5月，董光中摄）

统特色和优势，舞蹈队、铜管乐队、民乐队、合唱队等在各级各类比赛和演出中，赢得良好的社会声誉。1997年1月，在省教育系统首届艺术节上，学校获奖数量和等级在全省大、中、小学中名列首位。学校以陶行知"教人求真，学做真人"为校训，以"苦硬、实干、研究、进取、注重友谊"的"湘湖精神"为校风，以培养"德才兼备，为人师表"的人民教师为目标，严谨治学，为培养农村中小学教师作贡献。建校72年来，为国家培养全日制毕业生14600多人，结业生1700多人，其中函授毕业生4300多人。近代和当今著名学者操震球、方与严、董纯才、恽逸群、李楚才、俞子夷及桑送青等曾先后在校任教。乡村教育家金海观曾任校长25年之久。

　　萧山市教师进修学校　位于通惠南路416号。创办于1978年7月22日。①1985年，经杭州市人民政府批准，升格为相当于中等师范学校的县级进修学校。1995年，学校易地新建，次年8月迁入现址。1996年，学校被确定为杭州教育学院萧山小学教师教学点，从当年起招收小（幼）教大专班，共5届27个班1388人。1997年，与浙江师范大学高校师资培训中心联合举办研究生主干课程进修班，先后举办中文、数学和教育管理班3个。2000年9月，与杭州师范学院、浙江教育学院联合举办大学专科升本科（以下简称"专升本"）教学班，首次招收学员257人。2000年，学校占地面积45亩（约30000.15平方米），建筑面积12000平方米，绿化面积16.50亩（约11000.05平方米）。有教职工35人，其中专任教师22人，具有中、高级职务的占86.40%。

　　学校以学历补偿教育为主，先后承担中（高）等师范学校（院）函授、二年制中等师范学校（以下简称中师）、三年制普通师范学校（院）（以下简称普师）、成人高中（职高）教育和中（高）师自学考试的组织辅导工作。至2000年底，共培养中师毕业生2200人，大专（本）毕业生686人。开展学科、岗位及全员培训，累计4万余人次。先后被评为杭州市中师函授教育先进集体、浙江省中师自考先进单位。

　　萧山市卫生进修学校　位于新街镇人民路。创办于1979年11月。②1986年9月，学校被省卫生厅指定为杭州护士学校萧山教学点，开始招收普通中专学生（1999年后停招）。1992年始，开展学历教育和各类培训。1995年5月，设杭州卫生成人学校萧山教学点，在全省范围内招收职高生。1998年始，成为浙江医科大学、浙江中医学院、杭州医学高等专科学校、温州医学院教育教学点，开展对全市范围在职中等学历卫生技术人员的大专学历教育。

　　1992～2000年，学校开设护士、医士、助产士、防疫医士、妇幼医士、社区保健、保健护理、中西医护理、药剂、高级护理等专业，共招收学生2521人，其中普通中专461人，职工中专194人，职高1772人，学历文凭考试高级护理专业大专生94人。其间，对本县45周岁以上乡村医生380人进行为期1年的培训，对45周岁以下人员319人进行为期2年半的系统培训。并开设计算机、计划生育指导员培训等各类短训班1207人次。

　　2000年，学校占地面积45.80亩（约30533.49平方米），校舍建筑面积14350

①时与萧山县文教局教研室合署办公，实行"两块牌子、一套班子"。有教职工18人。校址设在城厢镇安弄，校舍为传统中式两层楼砖木结构旧民宅4进，建筑面积2300平方米，基本设施简陋。1979年起，学校先后拆除旧房，建造教学、办公、师生宿舍及食堂楼4幢，建筑面积5209平方米。1984年7月，学校独立建制。

②校址设在萧山县城北人民医院内，借用1000平方米病房做教学用房，定名萧山县卫生进修学校。当年招收医士、护士、药剂3个专业，3个班110名学员，有教职工6人。1980年9月，城北人民医院划归学校做附属医院。1983年6月，经省人民政府批准为杭州职工中等卫生学校。11月，县人民政府决定撤销附属医院，其房屋、场地均归学校做教学用房和操场。是年始，面向全省招收全日制职工中专、普通中专生及医学类职业高中生。1984年7月，学校改名为杭州职工中等卫生学校萧山分校。

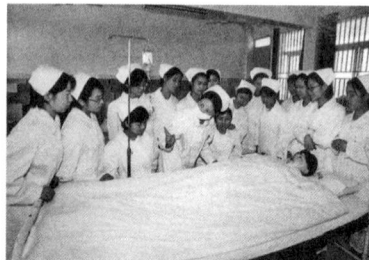

图34-3-841　萧山卫生进修学校学生在教学实习（1992年4月摄，区教育局提供）

①创办于1957年7月，由城厢镇青年业余中学和城厢镇文化补习学校合并组建为萧山县民办城厢初级中学。1977年8月，改为公办，定名萧山县城厢镇中学。1984年9月，易地新建。1986年，增挂"萧山县城厢职业中学"牌子。1994年1月，更名为萧山城厢职业高级中学。6月，被省教委定为浙江省示范性职业学校。1995年11月，命名为浙江省重点职业学校。1997年5月，更名为萧山市城厢职业中等专业学校。1998年1月，被评为杭州地区"十佳"职业学校。1999年，设电子商务、计算机财会、艺术、幼儿师范、计算机文秘5个专业，班级20个，有学生935人，教师72人。

②创办于1949年6月，校址设在县城光华火柴厂。1974年9月，开设普通高中班，定名萧山县裘江中学。1989年9月，为萧山市首所独立设置的职业高中，校名萧山市裘江职业高级中学。1987年以来，为国家输送飞行员3名，受到南京军区表彰；在省首届和第二届机械制图竞赛中均获团体第一名。1997年，被评为萧山市教科研先进集体、市教育系统先进集体。

③创办于1993年3月，校址设在电大萧山分校内。1997年8月，迁入城厢镇通惠南路新校舍。学校设本部和覆盖全市镇、乡成人文化技术学校的教学点18个，共有班级50个，学生3400余人。开设计算机及应用、幼儿师范、财务会计、财会电算化、经济管理、建筑经济管理、机电等专业。

④初名萧山县第一初级农业技术学校，校址在湘湖农场内。后几经易址。1980年9月，购置原湘湖师范学校在湘湖定山的校舍重建。1984年4月，升格为县属中等农业技术重点学校。

⑤创办于1979年8月，原为萧山县中等技工学校下属之工业分校，校舍借用萧山油嘴油泵厂礼堂。学制2年，时招应届高中毕业生105人。1981年8月，首批毕业生105人列入国家计划分配，走上劳动岗位。1984年9月，学校易地在萧金路现址新建教学大楼1952平方米、实习场地207平方米。是年，设于西兴乡江边的劳动分校并入，学校隶属于县劳动局管理。

平方米。有教职工43人，其中具有中、高级技术职称人员14人。

职业高级中学

萧山第一中等职业学校　位于城厢镇市心中路。1999年由城厢职业中等专业学校①、裘江职业高级中学②和萧山市成人中等专业学校③合并而成。翌年6月，定为浙江省一级重点职业学校。新校舍占地面积204亩（约136000.68平方米），建筑面积近5万平方米。其中教学楼4幢，学生宿舍4幢；3层的食堂可供2000多人同时进餐；图书馆建筑面积近7000平方米，藏书7.80万册；拥有实验室、实习工场30多个，拥有计算机房的实训楼5个；有400米塑胶跑道的标准田径场；投资100万元的教学信息、广播电视网络。学校开设综合改革实验班、幼儿师范、艺术、计算机及应用、电算财会、计算机文秘、机械数控技术应用、机电、汽车维修及驾驶、电子电工、中西烹饪、旅游服务、计量、外贸商务14个专业。有教职员工182人。全日制班级53个，学生2319人；业余班、培训班20多个。

2001年3月，学校被教育部认定为国家级重点中等职业学校（职高），是萧山市首个国家级重点学校。

萧山市农业技术学校　创办于1958年4月。④1986年1月，中央农业广播电视学校（以下简称"农广校"）萧山分校并入，实行"两块牌子、一套班子"。

1988年9月，学校迁至城厢镇萧绍路380号，与市农技推广中心合建，校园占地面积13亩(约8666.71平方米)，建筑面积1万多平方米。1990年，开设二年制农经专业。农广校中专函授有农学、果树2个专业，在校学员54人。1995年，有畜牧、农学、财会、商务礼仪和农经5个专业，7个班级。"农广校"中专函授有财会、乡镇企业管理、农学、兽医卫生检疫和农作物5个专业8个班，在校学员286人。1996年起，承担"绿色证书"培训具体实施工作。2000年，有金融与保险、商务旅游、园林与花卉和电算会计4个专业，7个班级，在校学生343人。举办各类培训班68期、5219人次。是年组织培训农学、畜牧、水产、蔬菜、果树和花卉苗木6个专业、138期、6040人。学校集职高、中专函授和培训于一体。在编教职工27人，其中具有中、高级职称人员16人。

技工学校

萧山市技工学校　位于城厢镇萧金路33号。⑤1986年4月，根据省劳动人事厅规定，招生对象为城镇户口的应届初、高中毕业生。1992~1996年，招收应届初中毕业生，每届招生2个班。1997~2000年，学校共招收24个班1124人。相继新建建筑面积1634平方米的教学楼和建筑面积1576.80平方米的寝室楼，建立数控实习室，完善钳工、维修电工、电气焊、中式烹饪等专业实习工场。学校毕业生连续6年出现供不应求现象，还为企业在职职工及待业、下岗人员进行职业培训、工人技术等级考核、特种行业上岗培训考核等工作。学校设有职业技能培训中心，定期培训维修电工、电焊工、气焊（割）工、冷加工等工种。2000年，有班级20个，学生948人；教师45人，其中专职教师38人，兼职教师7人。

第四章　高等教育

　　萧山高等教育始于1979年。与多所高等院校联合开展普通高等教育、成人高等教育、网络教育和自学考试助学，为市内外经济建设和社会发展培养具有高等学历的应用型人才。至2001年3月，萧山已基本形成以浙江广播电视大学萧山学院（以下简称电大萧山学院）为主体的地方高等教育体系。

第一节　普通高等教育

图34-4-842　浙江电大萧山学院（2000年9月，浙江电大萧山学院提供）

　　浙江广播电视大学萧山学院创办于1979年2月，时称浙江广播电视大学萧山工作站，开始实施普通高等教育。1987年8月，迁址城厢镇育才路368号，总投资192万元，占地面积16.50亩（约11000.06平方米），建筑面积7700平方米。同年12月18日，升格为浙江广播电视大学萧山分校，成为浙江省第一所县级电大分校，开始从普通高校考生中招收普通专科生。

　　普通专科生的专业设置，主要依据上级电大开设的专业和萧山本地的需求，同时考虑到生源状况，经过调查、协调后报省计经委和省教委批准后确定，并纳入当年省高校招生计划。至2000年末，先后开设师范英语等专业17个。

　　普通专科生招生，纳入省教育厅统一招生计划。由省高校招生办公室划定分数线，从当年参加普通高考的考生中择优录取。生源范围：1987~1990年，在萧山市（县）范围内招生126人；1992~1999年，扩大到杭州地区范围内招生341人；2000年后，扩大到全省范围内招生192人。1987~2000年，合计招生659人。1998~2000年，经省教育厅批准，还招收高等职业教育系列学生。电大萧山学院普通专科毕业生纳入国家高校毕业生分配，国家承认大专学历，并享受相应的待遇。

　　1987~1994年，为缓解萧山基础教育师资紧缺的矛盾，招收5届师范类学生173人。其中1987年为英语、政史专业66人，1990年、1992年为英语专业59人，1993年为汉语专业19人，1994年为数学专业29人。这些学生入学前与教育主管部门签订协议，在校期间享受一定的助学金，毕业后由教育主管部门分配到农村中学任教。其间，1992年还为桐庐县教育局代培师范英语专业6人，学生毕业后由桐庐县教育局分配到农村乡镇中学任教。其他类别的普通专科班毕业生，根据双向选择的原则或考试，被录用到萧山市机关、企事业单位工作，也有毕业生自主创业。

　　1992年4月，在校内增设萧山燎原广播电视学校，开展农村实用技术培训。1998年6月，"萧山市计算机应用培训中心"由市人才服务中心迁入。9月，与杭州市成人科技大学联合招收成人高校职业班。1999年9月，与浙江工业大学成人教育学院联合招收专（科）升本（科）学员。12月27日，经省教委验收，电大萧山分校成为省示范性县级电大，更名浙江广播电视大学萧山学院。2001年3月15日，浙江工业大学成人教育学院萧山教学点和杭州成人科技大学萧山分校在电大萧山学院挂牌。学院有各类大专以上在校学生61个班2495人，其中全日制学生15个班462人。开设4个科类18个专业，102门课程。电大萧山学院累计培养大专以上毕业生3052人，各类培训、单科结业学员15000余人次。先后被评为浙江省电大系统先进分校、杭州地区非学历教育先进单位。

电大萧山学院重视普通专科生的思想政治教育。1987年，成立学生思想政治工作领导小组，由党支部书记任组长，各部门负责人和有关教师任组员，负责学生的政治学习、思想教育、毕业实习、就业指导等工作。同年成立校团委、学生会，在学院党支部领导下开展各种有益于学生身心健康发展的思想政治教育和文娱体育活动。1991年起，聘请解放军指战员每年对新生进行为期1周的军事训练。1997年9月，学院设立学生处，具体负责学生的思想政治教育。学生会于1998年开始编辑、出版学生刊物《三原色》，至2000年末共出版32期，并赠送省内各兄弟县（市）电大进行交流。

电大萧山学院隶属萧山市教育局领导，在业务上接受浙江广播电视大学（以下简称省电大）、杭州市广播电视大学（以下简称杭州市电大）指导。教职工来源于3个渠道：中学选调，高校调入，高校毕业生分配。至2000年末，全校教职员工46人，其中专任教师34人。教师的学历全部在大学本科以上，其中副教授等高级职务9人、讲师10人、研究生1人。学院制定相应政策，鼓励教师在职进修，提高学历或取得双学历证书。建立教师业务考核制度。

电大萧山学院有一支较为稳定的兼职教师队伍。这些教师来自省电大和杭州市电大，以及省内外其他高校，部分来自萧山本地。兼职教师一般具有较高的学历层次和专业技术职称及教学能力。至2001年3月，有兼职教师60多人，其中副教授以上占16.70%，讲师占41.70%。学院对兼职教师实行规范管理，其学术水平、工作态度、教学实绩记入兼职教师业务档案，作为聘用和奖励的依据。

电大萧山学院制定学籍管理、考试考核、实践环节、奖惩等制度。每学期对普通专科生进行评奖，每学年评选优秀学生，每届评选优秀毕业生。至2001年3月，已有普通专科毕业生48人被评为省电大系统优秀毕业生。对于思想品质不良且屡教不改，考试舞弊、违纪、违反校纪的学生，区别不同情况给予及时的教育和处理。至2001年3月，共有22人受到退学、留校察看、警告等校纪处分。

第二节　成人高等教育

电大萧山学院把发展成人高等教育作为办学主体，招收成人高等教育学生数量逐年增加，专业门类逐年增多。学生可以利用业余时间学习，也可以脱产全日学习；可以学习大专课程，也可以学习大专升本科课程，做到工作、学习两不误，适合成人学员的特点。1999年7月，浙江佳力管道有限公司投入资金60万元，电大萧山学院以部分校舍作为投资，合资组建浙江东南专修学院。是民办大专学历文凭考试试点学校，与电大萧山学院实行"一套班子、两块牌子"办学。2000年7月，经双方协商，电大萧山学院归还佳力管道有限公司资金60万元，拥有浙江东南专修学院的全部产权。

东南专修学院从应届或历届高中毕业生中招收参加普通高考、成人高考或普通高职考试上线或未上线学生；未参加上述考试的高中段毕业生，经学院测试，并经省教育厅批准，也可成为专修学院学生。学院实行"三三制"教学管理，即采用三分之一学分课程由国家自学考试委员会统一命题、三分之一学分课程由省教育厅组织联考、三分之一学分课程由办学单位组织考试。

东南专修学院招收全日制学生，主要开设经济建设需求量大的专业。学生按照教学计划学完规定课程并经考试合格、修满规定学分者由省高等教育自学考试委员会和学院发给毕业证书，国家承认其大专学历，并享有普通高校专科毕业生相应待遇。1999年，招收计算机信息管理专业班2个，学生66人。2000年，招收计算机应用专业班2个，学生78人。至2000年末，已培养各类大专以上毕业生3052人。

电大萧山学院实行全国统一考试，报考学员须参加全国成人高考，每年3月下旬报名，5月上旬考试。1984～1989年，经浙江省人民政府批准，招收部分自学视听生。这部分学员不参加全国统一的入学考试，直接注册入学，每个学期的期末均参加中央广播电视大学（以下简称中央电大）命题的全国统一考试。各门课程成绩合格、达到毕业要求者由省电大发给国家承认学历的大专毕业证书。

1995～2000年，电大萧山学院招收部分注册视听生。具有高中毕业证书的学员可直接注册参加电大大专课程的学习，每学期的期末均须参加由国家自学考试委员会或中央电大命题的统一考试，各门课程成绩合格者由中央电大颁发国家承认学历的大专毕业证书。

1999年7月起，中央电大开设"人才培养模式改革和开放教育试点"项目，招收经省电大组织入学测试后录取的开放教育专科升本科和专科学员。学完规定课程并经统一考试合格者由中央电大和有关合作高校联合颁发毕业证书，国家承认其本、专科学历。电大萧山学院是浙江省第一批试点学校。是年，招收专科升本科英语专业2个班，学生73人。同时，省电大开设"人才培养模式改革和现代远程教育试点"项目，招收专科学员。具有高中段毕业证书的学员经省电大组织入学测试合格后，成为电大远程教育学员，学完规定课程并经省电大统一考试合格者，由省电大颁发国家承认学历的大专毕业证书。当年，电大萧山学院招收新生2个班85人。

在萧山工作的机关、团体、企事业单位工作人员，以及尚未正式参加工作的中等学校毕业生，参加全国成人高考的学员，由萧山市招生办公室组织报名、考试，经省高校招生办公室批准后录取；自学视听生、注册视听生、开放教育试点学员、远程教育试点学员，由电大萧山学院组织报名、测试，经省电大审核，省教育厅批准录取。

学员除参加全国统一的入学考试外，期末考试均由中央电大根据统一的教学计划组织命题，各省电大组织评卷、分数登记、成绩发放和学籍管理工作。电大萧山学院在每学期的期末考试中，操作规范，保证考试质量。2000年，被中央电大评为浙江省唯一的"信得过"县级电大考点。

电大萧山学院实行学年学分制，业余学员可根据自己的具体情况制订学习计划，在学分有效期8年内学完规定的课程并经考试合格者均可获得毕业证书。

电大萧山学院采用现代化多媒体教学手段，从初创时的电视录像、录音发展到计算机网络教学，为更多的求学者提供优质的教学服务。学院已建成完备的闭路电视、卫星接收装置，及时接收播放中央电大和省电大的教学资源。同时拥有校园网、语音教室、双向视频会议系统等现代化教学设施。拥有计算机368台，5个计算机房可容172人同时上机实验或上网浏览、搜索和点播课程。2000年始，学院在互联网上拥有独立的网址，各部门、各任课教师可通过校园网及时发布学校动态、数据资料、教务管理、教学信息、招生咨询等各类信息。教师和学生能及时准确地传递信息，实行互动。根据成人学员的特点，开展启发式、互动式、实践式的教学辅导，引导学员动脑、动口、动手，提高教学质量和学员实际工作能力。1985～2000年，电大萧山学院成人高等教育共招生6285人，其中大专生5845人、本科生440人，毕业2652人。

第五章　继续教育

80年代始，萧山在继续开展扫盲工作的同时，逐步转向以岗位培训、实用技术培训和学历教育为主的成人继续教育工作，通过兴办成人文化技术学校（简称成校）、业余党校、老年大学、自学考试等形式，提高农民、职工、干部的政治文化水平、技术技能和管理水平，1985年，萧山达到国家规定的基本无文盲县标准，省人民政府授予萧山县"基本扫除文盲合格证书"。

第一节　农民教育

萧山农民教育始于清末。①民国时期，办有桃源乡农民业余夜校、衙前农民识字班和城南民众学校等。②中华人民共和国成立后，采取多种形式开展以农村为重点的扫盲工作，农民教育得到加强。③

扫盲教育

1978年9月，萧山县工农教育委员会成立，县、区、乡三级继续教育网和农民教育得到恢复发展。

1985年3月，县工农教育委员会在党山乡试点的基础上，用3个月时间，对全县农村青壮年的文化状况进行普查，全县区、乡、村建立"三册四表一证明"（即：文化程度登记册、学历调查对象册、扫盲对象和脱盲人员名册及与之配套的4张表，学历调查证明）的农民文化档案。并采取多种办学形式，开展扫盲活动，实施"堵新文盲，扫半文盲"计划。是年，经省有关部门验收，全县12周岁～40周岁少、青、壮年总数为544042人，非文盲为493696人，占总人数的90.75%，符合基本无文盲县标准，省人民政府颁发合格证书。此后，全县把扫除文盲工作转向以农业技术教育为主要内容的农民继续教育、提高青壮年文化素质和科技兴县（市）的工作上来。

1990年4月20日，市政府结合"国际扫盲年"，针对全市15周岁～40周岁青壮年中尚有文盲和半文盲33780人、占总人数6.36%的实际情况，通过召开扫除文盲工作专题会，落实镇乡扫盲规划；编印《扫盲识字手册》10万余册，集中时间和人员，举办脱产扫盲班78个，2442人参加学习，当年扫除文盲1553人，使15周岁～40周岁青壮年非文盲率达到95.40%。1995年，针对扫盲对象中妇女多、巩固难度大的实际，采取包教包学和脱产扫盲相结合的办法，组织3234名脱盲学员复习，扫除文盲810人。至此，全市15周岁～45周岁青壮年总数626243人，文盲、半文盲18219人，非文盲率达到97.09%，比基本扫除青壮年文盲的评估指标95%超过2.09个百分点，巩固率为97.48%，是年顺利通过省验收，成为浙江省第一批基本扫除青壮年文盲的县（市）。1996年，

①19世纪末，清政府推行新政，少数知识分子在维新思想启蒙下，开始对农民开设夜校，进行识字教育。宣统二年（1910），萧山有16所简易识字学塾，入塾人数322人。

②民国6年（1917），桃源乡区立第二国民学校附设农民业余夜校。民国9年11月，河上店环河小学办起全县第一所民众夜校，时有学员50余人，课程有修身、国文、算学、英语。民国10年，萧山衙前村在省立第一师范学校学生的帮助下办起农民识字班。民国18年9月，县教育局在城南兼办民众学校，晚上讲课，两个月为一期，首期毕业学员14人。12月，县成立民众教育委员会和识字运动委员会。当年，全县有民众学校24所（中西区7，东乡10，南乡7），问字处31处，阅报处54处。民国19年，县成立识字运动宣传团，提出"一定要扫除文盲"的口号。是年5月19日，分赴城区、西兴、义桥、临浦、河上、龛山、南阳等地区开展宣传。浙江省立乡村师范学校在识字运动中，积极推行陶行知倡导的小先生制，发动学生"妹教姐，弟教兄，子女教父母"。这种方法曾推行全县各校，形成庞大的小先生队伍，分布全县每个村落。他们还运用识字岗、识字牌等形式配合社会识字扫盲。民国29年1月，日军入侵萧山，县民众教育馆南迁河上店，并在河上、临浦、义桥三地各办儿童扫盲班1处。民国36年，全县有成人班、妇女班88班，学员4129人。

③1950年开始，逐年举办农村冬学教师（先称冬师，后称民师）短期培训班，每年受训人数达数百人。1951年3月，县集中培训农民业余教育骨干教师，培训时间2个月。秋后，全县训练冬师1640人。1952年，萧山县扫盲工作委员会成立。1953年，县人民政府规定各区专设扫盲中心学校，各乡中心小学指定1名教师兼扫盲辅导员。1955年11～12月间，分两批（沙地区、水稻区）举办为期9天的冬师积极分子训练班，参加人员655人。1959年，举办全县民师培训班，印发《民师业务辅导》。1960年，县、区、社成立业余教育委员会，后因遭遇严重自然灾害（俗称三年灾害），农民教育进入低谷。

通过国家教委对全市"两基"工作复查，1997年1月被国家教委评为全国"两基"工作先进县（市）。1995～2000年，全市共举办扫盲教学班353个，招收学员8330人，扫除文盲、半文盲7575人，青壮年人口中非文盲率为99.04%。1999年，进化镇成人文化技术学校校长颜荣富获全国第四届中华扫盲奖。2000年，宁围镇成人文化技术学校校长朱金标获全国第五届中华扫盲奖。

技术培训

1985年，农民教育围绕农村产业结构调整，坚持为发展农村商品生产、振兴农村经济、开展多种形式的农民培训服务活动，帮助农民致富。是年，县工农教育委员会推广头蓬镇"三校一讲座"（工技校、农技校、机关学校和广播讲座）的办学经验。全县区、乡、村和乡镇企业举办各种培训班363个，入学农民14082人。举办工技短训班120期，受训人员4040人；农技短训班111期，受训人员47444人；各种广播讲座171期，受训人员18642人次。1986年，县人民政府下发《萧山县乡镇成人中心学校管理条例》，各区、镇乡根据《条例》要求，制订农民教育计划，坚持办好农民实用技术培训班。是年，开办农业技术培训班、经营管理学习班、科学文化补习班等多门类长班142期，短期培训1192期，入学总人数74067人次。

1985年9月始，先后建立宁围、坎山、城山3所成人文化技术中心学校。1986年5月，在萧山召开的省教委成人文化技术学校联系点会议上，宁围乡成校被定为全省15个联系点之一。

1989年，市教育主管部门确定坎山、宁围、城山3所成校为实施"燎原计划"示范点，中国科技财务公司下拨实施"燎原计划"专款17万元，分别在示范点落实科研项目。是年，农民实用技术培训延伸到初中毕业生，举办"3+X"职业技术培训班（初中毕业生毕业离校前，再进行一段时间的职业技术教育）。全市举办"3+X"职业技术班10个，初中毕业生292人接受培训。1990年，为全市未升学的初中毕业生举办"3+X"各类技术培训班83期，受训3138人。是年，全市有镇乡成校5所，实施"燎原计划"示范乡10个。1992年9月，设在电大萧山分校的萧山市燎原广播电视学校成立，实行开放办学，学员不受年龄和学历限制，无须入学考试。教学内容主要有种植、水产、畜牧、林果、农副产品加工、农机机电、乡镇企业生产技术、经营管理、环境保护、计划生育、国情教育等课目。至年底，有22个镇乡成立分校；翌年，义桥、河庄、戴村、城厢、义盛5镇被杭州市教委列入实施"燎原计划"乡镇。同年11月，坎山成校被国家教委授予"全国农村成人教育先进学校"称号。

1995年5月，中国农村函授致富大学在萧山29个镇乡及办事处办班33个，学员1445人。有142人获农民技术职称，至2000年，累计获农民技术职称的6466人。1996年，全市举办各类实用技术培训班3310个，受训农民205641人次。其中180教时以上长班141个。1991～2000年，对行政村两委班子成员及村后备干部进行政治理论和政策法规等方面的教育培训，计19350人次。

至2000年底，全市有成校35所，其中初中建制15所。有省级示范性成校9所，省一级成校（即杭州市示范性成校）6所，二级成校3所，三级成校17所。有专职教师182人，其中大专以上学历教师158人；另有兼职教师589人。全市镇乡成校配有计算机577台，教学用放像机、摄像机28台，图书65374册，多媒体、电化教学已在教学中普遍运用，办学规模、层次正在扩大和提升。参加农村各类实用技术培训的共206735人次，占劳动力总数的32.40%。许贤乡北坞村村民金水炳在接受培训后，将技术应用于花卉栽培，成为萧山南片地区第一位种花大户。

学历教育

1985年始，全县举办多种形式业余教育班384个，其中业余高小59班，学员2021人；业余初中44班，学员2339人。1990年，全市举办农民高小班234个，招生7785人；农民初中班10个，招生207人。

1993年3月，萧山市成人中等专业学校建立，中等学历教育全面启动。农民中等学历教育以市成人中等专业学校为龙头，将教学点伸向宁围、坎山、进化、瓜沥、义盛、头蓬、浦沿、长河等镇乡成人学校，开设专业有财务会计、涉外文秘、办公现代化、对外经贸、机械、工业与民用建筑、计算机及应用、经济管理、市场营销、农村电气化、畜牧兽医等，招收镇乡及企业学员1021人，开办成人中专、电视中专、成人职高和中专自考等教学班23个。1994年，市成人中等专业学校面向农民招生。1995年，初中建制的镇乡成人文化技术学校已有11所，举办成人普通中学教学班级33个，毕（结）业生325人，招生1086人，在校学生1443人；成人中等专业学校招生767人，在校学生2562人。2000年10月，戴村等22个镇乡成人文化技术学校举办成人高中学历教学班。1985~2000年，镇乡成人文化技术学校招收成人中专、电视中专、成人职高和成人普通高中学生共13067人，毕业9893人。①

1995年始，农民学历教育由中等学历教育提升到颁发大专专业证书的成人高等教育。1995~1998年，全市有村干部、农业人员和镇乡企业管理人员20人参加大专专业证书的学习并取得证书。1998~2000年，有18所成人文化技术学校与有关高等院校合作，联合举办成人专科及本科的高等学历教育，招收全市村干部、农业从业人员、镇乡企业管理人员4329人。

第二节　职工教育

萧山职工教育始于50年代初。②1985年，全县各系统和企业相继建立职工教育机构，有专职管理干部和教师302人。县经济委员会、商业局、供销社、粮食局、卫生局、总工会等先后办起8所职工学校，专用校舍面积18227平方米。是年，提前完成青壮年职工文化技术补课任务，并向中级技工培训和中专学历教育延伸。

1988年，全市全民和集体所有制职工参加各级各类教育培训12663人，占职工总数的19.10%。培训项目主要有岗位资格培训，岗位适应性培训，短期应急性培训，初、中、高级技工培训和大专、中专学历教育。培训坚持短期、业余、自学为主。培训的专业有电工、钳工、汽车和摩托车修理、烹调、服装制作、计算机文字录入处理、制冷、商业经营、餐饮服务等多个技术工种。此后，全市职工继续教育有计划地开展。1989年，技师培训后经考核评审，当年获领证书的27人。

1996年始，全市实施社会力量举办职业技能培训审批制度，至2000年共核发职业技能培训合格证15907份。③1988~1998年，有16.50万名职工参加各级各类培训，平均年培训率为22.50%，其中1998年为34.80%。职工教育经费支出，1996年和1997年分别为639.79万元和691.20万元，占当年职工工资总额的1.20%和1.30%。

1999年，高、中、初三级技工分别占全市职工总数的5.10%、49%、

②1951年，县工商联合会和税务部门组织私营商店的店主和店员开展思想教育和业务学习。1952年8月，临浦镇工会创办萧山县第一所地区性职工业余学校。后城厢、瓜沥和部分大型厂（场）相继办起职工业余学校。各集镇相应建立供销合作社的职工业余学校（班）。翌年9月，县培训工人教师47名，推行速成识字法扫除文盲。1956年，商业系统组织青年职工学习珠算和商业会计等实用技术。新华书店开始发行供职工学习的文化课本。1958年后，不少工厂办起职工业余学校，为职工补习文化。至1959年，全县职工的文盲、半文盲从50年代初的77%降至13%。职工业余学校大多开始设小学、初中和专业班。"文化大革命"期间，全县职工业余学校普遍停办。1981年后，全县组织1968~1980年初、高中毕业而实际水平未达到初、高中毕业文化程度的青年职工，开展文化补课学习。

③2000年，全市培训机构共举办各种技术培训班197个，参加培训的9007人，经考核合格发证的8306人。是年，举办电工、司炉工、电焊工、厂内机动车等特殊工种培训班21个，参加培训的1338人，合格发证率100%，完成特殊作业人员复审换证1058人；对2.86万名外来务工人员进行了基础安全教育培训，并颁发合格证。

45.90%，接近或超过劳动和社会保障部"九五"计划和2010年长远规划中提出的分别为6%、50%、44%的目标。至2000年，全市技工等级合格发证人数累计35227人。至2000年底，全市职工学校发展到9所，校舍建筑面积40480平方米；专职干部40人，专职教师109人。

岗位培训

1985年底，全县青壮年职工中初中文化程度补课合格16696人，占应补人数的95.10%；初级技术补课合格9169人，占应补人数11404人的80.40%。均超过1981年2月中共中央、国务院规定的60%~80%补课任务指标。后，有1632人分4年参加初、高中文化学习，结业860人。

1986年，有153个单位组织职工开展以经济体制改革和法律知识为内容的政治轮训，轮训1.21万人次，占应轮训人数的31.30%。其中全脱产轮训2509人，半脱产4521人，业余学习5052人。是年，会计学会培训会计2039人，出纳2336人。1987年，全县1.25万人参加经济体制改革知识学习，1.01万人参加职业道德教育学习；举办乡镇企业厂长、党支部（党总支、党委）书记培训5期，受训441人；1672人参加供销员、会计培训；电子学会等7单位举办各种专业技术培训，受训700余人。1988年，全市2473人参加质量、标准化、计量、安全、设备使用维修保养、工艺操作及新技术等岗位资格培训，3731人参加岗位适应性培训。1991年，6068人参加以新技术、新设备、新工艺、新材料为内容的岗位资格培训，占岗位应培训人数的50.40%。1998年，全市在职职工71345人，14585人参加各类教育培训，13770人结业。1988~2000年，全市共139916人参加岗位培训，106308人结业。

表34-5-610 1988~2000年萧山市职工岗位培训情况

单位：人

年 份	岗位资格培训		岗位适应性培训	
	培训人数	结业人数	培训人数	结业人数
1988	2473	0	3731	3008
1989	3840	481	5876	0
1990	2705	2327	5003	5003
1991	6068	0	0	0
1992	2955	1836	2935	2935
1993	7858	0	0	0
1994	4247	2985	5258	5258
1995	4671	3829	18276	18276
1996	4640	3673	10317	10317
1997	3646	2796	9104	9104
1998	3962	3147	10623	10623
1999	5098	4386	9163	9163
2000	3687	3381	3780	3780

技术培训

初级技工 1981年，全县职工教育在文化补课的同时开展初级技工培训。1987~2000年，共办班476期，参加考核人数23005人，合格发证20095人。

中级技工 1986年，技工培训由初级向中级延伸。1987~2000年底，采取脱产和半脱产、自学加辅导和派往外地代培等多种形式，全市办班334期，参加培训考核人数14842人，合格发证13497人。

高级技工 1988年，全市开始高级技工培训。至2000年，办班54期，参加培训1715人，合格发证1635人。

表34-5-611 1993~2000年萧山市技工培训考核发证情况

年 份	结 业		初 级			中 级			高 级		
	班级(个)	发证(人)	班级(个)	考核(人)	发证(人)	班级(个)	考核(人)	发证(人)	班级(个)	考核(人)	发证(人)
1993	31	1566	19	782	680	24	1012	920	8	171	163
1994	40	1946	22	917	798	39	1284	1168	8	271	259
1995	53	2520	34	1393	1212	30	1327	1207	3	150	143
1996	26	1062	38	1692	1472	20	898	817	4	106	101
1997	30	1167	46	2133	1855	21	909	827	3	92	88
1998	38	1350	52	2357	2050	24	1030	937	4	120	115
1999	45	1810	91	4200	3653	29	1193	1085	6	189	180
2000	53	2245	107	5574	4847	31	1291	1174	6	189	180

技师 1989年，技师考评工作开始，当年评出27人。至2000年，考评合格发证的共291人。

学历教育

中等教育 1985年，全县有中等教育辅导站10个，1776人参加职工中专、广播电视中专、刊授（函授）中专等学习，243人结业。1986~1990年，5747人参加全省中等专业自学考试。1991年后，参加学习的人数呈下降趋势。至1999年为3048人，其中1987~1992年办班116期，考核5898人，发证5362人。

高等教育 1987年，1289名职工参加电大专科学习。后，从未间断。1987~2000年，职工参加电大专科学习的共计5037人。

第三节 干部教育

萧山干部教育始于中华人民共和国成立前夕。①改革开放以来，市（县）委把干部教育作为组织建设、思想建设的重要内容之一，建立制度，层层落实。1985年后，干部教育由市（县）委组织部、宣传部牵头，人事局、教育局协办。教育内容为政治理论、文化科学和专业培训3个方面。教育方式，以自学为主，辅以小组讨论和辅导报告；以在职业余学习为主，辅以短期轮训和脱产进修。教育要求，以认真读书为主，辅以必要的实践活动；以提高政治觉悟、思想水平为主，辅以一定的学历教育。通过学习和教育，使干部在较短时间内适应一定历史时期形势与任务的需要。②

思想政治教育

干部政治学习的内容分两类。一类为时事政策，即中央党政领导机关在特定条件下制定与发布的重要文件，主要领导人的重要报告、讲话，党报、党刊重要社论及有关文章等；一类为基础理论，即较系统地学习马列主义哲学、政治经济学和科学社会主义。1985年以后，邓小平"建设有中国特色社会主义"理论和"三个代表"③重要思想是主要学习内容。

在职干部政治学习，强调"三个结合"、"三个为主"，即自学和辅导结合，以坚持自学为主；读原著与读有关文章结合，以读原著为主；在职学习与脱产学习结合，以在职学习为主。全市各级各部门领导班子都建立与健全中心学习小组制度，并注重学习效果，以此带动其他干部的学习。一般干部的学习，主要采取确定专题、认真自学，集中辅导、分组讨论的方法。市委宣传部对学习内容提出重点和要求，并编发辅导资料。同时会同市级有关部门，抓好直属单位和市、镇乡干部的思想政治教育，对全市各培训基地的工作进行指导。1996~2000年，全市干部参加培训的计25433人次。④

文化教育

1985年，县委作出《关于加强干部教育的暂行规定》，要求年龄在45周岁以下（1939年后出生）、文化程度在初中毕业及以下的干部，在1990年以前达到中专或高中文化水平，并提出具体措施；每年举办2期初中文化补习班

①1949年5月萧山解放后，中共萧山县委举办青年干部训练班，为新生的人民政权培养和输送干部。1950年，建立中共萧山县委干部学校。1951年5月在城厢镇水曲弄创办县级机关文化补习学校（简称机关校），县长窦长富兼校长。始设2个班，专职教员2名，入学对象为未达到小学毕业文化水平的工农干部，每晚授课两节，每节课50分钟。至1955年，各级行政机关干部的文化学习已推广发展到全县。1960年，中共萧山县委干部学校更名为"中共萧山县委党校"。1979年，农村基层干部参加各类培训5139人。1982年，全县有区、社机关学校40所40班，1495名干部参加学习培训。1983年，有区、社机关学校32所，班级39个，参加学习培训的干部1450名。1984年，有区、社机关学校44所，班级44个，参加学习培训的干部1810名。

②2000年9~12月，市委党校与市委组织部联合举办中青年干部培训班，学员47人。听专题报告44场，举行大组交流6次，系统地学习邓小平理论、社会主义市场经济理论、党建理论；学习法律基础知识、科学基础知识、领导科学概论等基本课程。并撰写了8篇与萧山发展有关的调研报告。每位学员都撰写党性分析材料，接受党性党风教育，并取得了培训结业证书。

③代表中国先进生产力的发展要求；代表中国先进文化的前进方向；代表中国最广大人民的根本利益。

④2000年，市委党校举办各类干部培训班20期，参训人员2000余人。业余教育设有中央党校函授学院经济管理专业、中央党校成人教育学院政工专业、省委党校函授学院政工专业、省经济管理职工大学行政管理专业等7个班，在校学员907人。

和1期不脱产高中语文补习班。通过补习，小学文化程度的干部大都获得初中文化合格证书，初中文化程度的干部大部分获得高中文化合格证书。至1990年，全市干部初中、高中文化补习工作基本结束。是年底，全市干部14490人中，高等院校毕业的3255人，占干部总数的22.46%；中等专业学校毕业的4676人，高中毕业的2126人，分别占干部总数的32.27%和14.67%，与1985年相比较，分别提高7.80%和7.72%。1997年，全市有干部3688人参加高等教育进修，占干部总数的13.60%；参加中专学历教育的干部619人，占干部总数的2.30%。是年，有后备干部2408人接受继续教育。

专业培训

1994年始，在全市农村干部中开展实用技术培训；到1997年底，全市有50岁以下的党员干部17000人参加培训，掌握1～2项实用技术，有6890人获得技术员、助理技师、技师职称。针对行政村干部文化程度偏低的状况，依托各级成人文化技术学校，通过举办成人学历班、组织参加自学考试和函授学习等形式，开展村干部学历教育。1997年，市委组织部、宣传部、市委党校及有关部门联合举办中青年干部进修班2期，主要学习党建理论、领导科学、市场经济理论等；举办农村村委会主任培训班4期，设置"农业开发与实用技术"、"农业基础知识与农村现代化"等7门课程；还举办全市工业镇长培训班，进行乡镇企业转制、"三五"普法等内容的教育。2000年，市委组织部联合市教委、农经委统一组织开办村干部高中学历培训班，有22个村的村干部1136人参加高中学历培训。

第四节　自学考试

1984年11月19日，萧山县高等教育自学考试工作站建立（1986年更名为高等教育自学考试办公室，简称自考办）。当年12月2日举行首次考试。首批参加考试的628人，报考1152课次，有378课次合格。以后，每年考试2次。至2000年下半年，全市高等教育自学考试毕业生累计1438人，其中专科毕业1365人，本科毕业73人。其间，中等职业教育自学考试同时进行，1988～2000年累计报考人数2078人，毕业784人。

经自学考试获得毕业证书者，国家承认学历。在职人员由所在工作单位或其上级主管部门本着用其所学、发挥所长的原则，根据工作需要，适当调整工作；待业人员国家不负责分配，由劳动人事部门择优录用，按其所学专业安排适当工作。工资待遇与普通高等学校毕业生等同，在职人员工资低于普通高等学校毕业生工资标准的，按普通高等学校毕业生工资标准执行。1999年始，高等教育自学考试毕业生在就业、工资、户籍管理上享受普通高校相同学历层次毕业生同等待遇。允许高等教育自学考试毕业生在全省范围内自主择业，原系浙江省农业户口、被机关和城镇企事业单位（包括个体和企业单位）录（聘）用的，实行"农转非"政策，准许办理户籍随迁手续。

中等职业教育自学考试

始于1985年，有3种开考形式。即由省级业务厅局直接开考所需专业；由省级业务厅局委托省高等教育自学考试指导委员会开考所需专业；由省"自考办"直接向社会开考一些专业，如计算机、实用英语等。1986年下半年，试行财会中专自学考试，县财政主管部门委托县"自考办"负责实施。1998年下半年，由萧山市财政主管部门接管。至2000年末，有财会中专自学考试毕业生506人，其主要对象为集体企事业、乡镇企业及私营企业中的财务和经营管理人员。中等师范教育自学考试于1985年1月首次开考，至1996年自学考试工作结束，共有191人取得自学考试毕业文凭。1988年起，由省业务厅局委托开考及省"自考办"面向社会直接开考的中专自学考试开始，报考规模一直较小，1998年上半年开始萎缩。1999年上半年开始，中专自学考试的生源主要是萧山市供销职业高级中学的在校生，采取全日制"双证书"（即普通职高加中专自考）班办学形式。至此，面向社会的中等职业教育自学考试结束。

1988～2000年，中等职业教育自学考试的专业有公安管理、统计学、物业管理、实用英语、计算机应用、工业与民用建筑、市场营销、中等师范、财会等，共毕业784人。至2000年末，全市中等职业教育自学考试总人数2078人，报考课次4830次，实考课次4067次，实考率为84.20%；合格课次2390次，合格率为58.77%。

高等教育自学考试

1984年下半年，高等教育自学考试首次开考，报考人数628人，有6个专业。后，根据社会需求增开新的专业。至2000年末共开考82个专业，其中专科专业48个，本科专业34个。在开考专业中，大部分面向社会开考，也有部门委托开考的，如公安、律师、护理、中医等专业。报考人数逐年增加，考点从1个增加到7个。1998年上半年开始，电大萧山学院以及一些民办学校也加入自学考试助学辅导的行列。1998～2000年，萧山"自考办"先后6次被授予浙江省高等教育自学考试先进单位称号；分管自学考试工作的李吾龙连续3年被评为浙江省高等教育自学考试先进工作者。至2000年末，有87628人参加报考，1438人毕业，其中本科73人。

表34-5-612　1984～2000年萧山高等教育自学考试情况

年份	报考人数（人）	报考课次（次）	实考课次（次）	合格课次（次）	毕业生数（人）	本科
1984	628	1152	785	378	—	—
1985	1615	3025	2057	983	—	—
1986	2268	5128	3246	1416	—	—
1987	2398	5938	3387	1799	71	
1988	2134	5380	2785	1386	65	—
1989	2313	5176	3030	1606	84	2
1990	2845	7172	3684	1721	64	1
1991	3025	7007	3747	1544	66	2
1992	3122	7040	3357	1465	45	2
1993	2576	5477	2769	1452	40	
1994	3095	7108	3908	2128	70	3
1995	4464	10757	6023	3004	68	2
1996	6530	14725	8355	4341	99	—
1997	8863	19440	11633	5510	89	5
1998	12151	25740	15420	6508	183	11
1999	15211	30759	17523	7697	198	17
2000	14390	29547	17748	7929	296	28

第五节　老年大学

萧山老年大学创办于1986年11月18日，初名杭州老年大学萧山分校，1995年改为现名。设有校务委员会，市委老干部局局长兼任校长。

对象　办学初期，主要为离休干部，首次招收98人。1988年起，面向退休干部，设甲、乙两个班，甲班以离休干部为主，乙班为退休干部，学员共235人。是年，首届毕业79人。1991年，面向企业退休职工，设丙班。至2000年末，在册学员1263人，其中离休干部34人，退休干部604人，退休职工625人；80岁以上老人17人。

学制　开办初，学制为2年；1991年起，根据专业需要，学制有1年、2年和3年之分。

专业　1986年设卫生保健、文史和园艺花卉3个专业。1999年，以专业名称设置班级。2000年，设保健、文史、英语、摄影、音乐、书法、国画、越剧、京剧、交谊舞10个专业。

教学　根据老年人的特点，在教学内容上注重科学性、系统性、思想性、实用性和趣味性。教学过程中贯彻"学、用、乐、健、为"五字方针（意为老有所学、老有所用、老有所乐、老有所健、老有所为），运用幻灯、模型、挂图或到实地参观进行直观教学，使学员看得见、摸得着、记得牢。1994年，建立班主任制，由班主任负责制订教学计划，聘请教师，主持课堂，搞好班风建设。除课堂教学外，还组织学员走向社会，巩固、提高学习成果，又回报社会。2000年，有教学班24个。

师资 学校先后聘请省内外教授、主任医师、研究员、高级工程师、讲师、工程师、技师、书法家、摄影师、高级画师等前来授课。

第六节 学校选介

宁围镇成人文化技术学校 位于宁围镇丰北村。前身是宁围乡农民业余学校，创建于1981年10月，校址设在宁围乡政府会堂楼上，面积80平方米，有教室、办公室各1个。1983年5月，学校与杭州市广播电视中等专业学校合作，试办学制3年的业余电视中专机械专业班，招收初中毕业的社会青壮年13人。同年9月，学校被列为杭州市广播电视中等专业学校教学点，招收应届初中毕业生48人，开设机械专业，学制3年。1985年9月，乡政府划出土地0.80亩（约533.34平方米），投资10万元建造764平方米教学楼，设6个教室、1个培训室，配备专职教师4人，兼职教师5人，定名宁围镇成人中心学校，成为全省第一所单门独院的继续教育学校。1986年11月，改称宁围镇成人技术学校。1987年10月，学校列为浙江省15所成人学校的联系点、21所人口教育学校的试点单位。1993年9月，学校迁至丰北村原盈丰乡政府大院。10月，学校列为浙江省高等教育自学考试联络站。2000年，学校占地面积16.90亩(约11266.72平方米)，建筑面积3555平方米。有学历教育的职高、普高班3个，学生136人；业余高中、大专班3个，学生182人；教师12人，其中本科学历5人、大专学历7人，获中级职称的教师6人。

学校创办以来，扫除文盲、半文盲1090人；实施"燎原计划"，推广种植"中棉12号"和"蔬菜5号"等新品种；为全镇农民举办各业实用技术培训，每年30余期，培训2000多人次，受训面占全镇总劳动力的30%以上；培养大专生137人，中专、职高、普高毕业生1537人。学校1994年被评为浙江省先进成人技校。1995年初被命名为杭州市级、浙江省级示范性成校。

坎山镇成人文化技术学校 位于坎山镇桥南。1986年，坎山镇政府投资25万元，建造教学楼951平方米。是年，与杭州市第三机械技工学校联合办机械脱产班1个，招收学员62人。后，受县二轻总公司委托，对已被录用在二轻系统所在企业的新工人100人，举办2期为时各半年的机械培训班。1987年，中共坎山镇委党校在学校挂牌。1995年暑期，坎山镇综合高级中学与成人文化技术学校实行两校一体制。2000年，校园占地面积20亩(约13333.4平方米)，校舍建筑面积3000平方米。设有电化教室、活动室、计算机室、阅览室和占地面积15亩(约10000.05平方米)的实习基地。有班级6个，学生214人；教职工22人，有专任教师12人，其中大学本科学历6人、专科学历5人，中学高级教师1人、一级教师4人。

学校开展热门专业培训和长班教学，因地制宜自编《肉用鸡的饲养与管理》《庭院的开发与利用》等教材。定期举办"名优特新产品"培训班。举办全日制职业高中班和中专班，与杭州大学联办干部"行政管理"大专专修班。1986～2000年，学校共开设种植、养殖、机械、电气、文秘、美工、涉外财会、计算机与应用、经营管理等32个专业，培养初中级人才3195人。学校被国家教委授予"全国农村成人教育先进学校"称号，是首批浙江省示范性乡镇成人学校。

第六章　特殊教育

萧山对智力障碍儿童和聋哑儿童的特殊教育始于80年代中期。经探索实践，已走出一条适合学校特别是农村学校开展特殊教育的新路子，并创立特殊教育办学模式。1996年7月17日，萧山被国家教育委员会、民政部、中国残疾人联合会评为"全国特殊教育先进县（市）"。

第一节　智力障碍儿童教育

1985年前，萧山部分智力障碍（以下简称"弱智"或"智障"）儿童被安置在普通班内就读。1986年9月，靖江镇中心小学创办浙江省最早的县（市）级"弱智"儿童教学班。1988年，河上镇中心小学、甘露乡中心小学先后办起"弱智"儿童教学班。1991年，在甘露乡中心小学先后召开浙江省"弱智"教育现场会、杭州市"弱智"教育现场会和萧山市第一次"弱智"教育现场会。是年，裘江乡中心小学、城东乡中心小学、来苏乡中心小学相继办起"弱智"儿童教学班。1992年7月，靖江镇中心小学的"三段九年一贯制"及与之相配套的"随班就读与单独办班相结合教学模式"，被浙江省教委认定为"全省发展弱智教育的模式"，在省内推广，时称"靖江模式"。是年，全市共有12所学校创办"弱智"儿童教学班。

1996年9月，全市第一个学前"智障"儿童康复训练班在靖江镇幼儿园创办。1998年，瓜沥镇中心幼儿园开展"智障"幼儿康复训练的实践与研究。1999年，靖江初中开始探索"智障"学生随班就读与集中辅导相结合的教学实践。

2000年，全市有实施"智障"儿童少年教育的幼儿园6所，小学10所，初中2所。其中小学附设"弱智"儿童少年教学班18个，在校学生585人。

在教学实践中，各学校根据实际情况，对智力障碍儿童实施多种教学模式。

靖江模式　1986年开始，靖江镇中心小学把"智障"学生的教学年限分成3段，共计9年，每一段根据"智障"学生的智力程度，分别安置在普通班或辅读班、职业教学班中进行"随班就读与单独编班相结合"教学。靖江模式作为萧山市特殊教育的典型，得到省内外的公认，其"农村智残学生三段九年一贯制教学模式"实践成果获浙江省政府基础教育教学成果一等奖。

农村小学"留课不留级"课程分流教学模式　1994年由河庄镇中心小学提出并研究。按"智障"儿童各学科课业学习程度，实行部分学科随原班级升级学习，部分学科滞留在较低的相对应年级进行延续性学习训练（称为"留课"）。

以"四会"目标为导向的"智障"儿童教学模式　始于新湾镇中心小学。1996年，学校招收中、重度"智障"儿童8人，提出"四会"目标：学会文明（养成文明行为），学会文化（打好文化基础），学会健身（练就健康身心），学会劳动与生活（学会生活本领）。并确定九年制和六年制两种学制年限。

以发展先导的活动式教学模式　1997年2月，益农镇中心小学将"智障"儿童集中编班、单独授课，进行目标意识、自主意识、合作意识、实践能力、自我教育、自我监控能力的教育教学。主要教学形式为开展以上各种活动。至2000年末，学校培智班学生的巩固率和毕（结）业率均达到100%。

"弱智"儿童劳动技能三教合一模式 1994年由城厢镇城东中心小学提出并研究。将学校、家庭、社会等方面教育资源、教育力量作整合，形成合力，对"弱智"儿童进行生活劳动与职业劳动的训练。生活劳动包括自理劳动、家务劳动、公益劳动；职业技能训练则为学生今后谋求职业、自食其力作准备。

资源整合型的早期干预教学模式 1998年由瓜沥镇中心幼儿园提出并研究。该模式指社会、学校、家庭对身心有残疾的婴幼儿实施合适的教育，以补偿身心缺陷，是对幼儿园的康复班与普通班两方面教育资源进行沟通和整合，共同遵循教学目标，教学内容、教学方法、师资配置融通，对"智障"幼儿实施早期干预，加强康复训练。着重对"智障"幼儿进行语言交流、动作行为、感知认识能力、生活习惯4方面的训练。

第二节 聋哑儿童教育

1988年前，萧山境内无聋哑学校，少数聋哑生只能赴杭州求学。1988年9月，萧山市聋哑学校创办，为九年一贯制特殊教育学校。位于城厢镇人民路原教研室七楼，初设1个班，聋哑学生24人，教职工6人。1992年8月30日迁入城厢镇拱秀路558号新址。占地面积13.06亩（约8706.71平方米），建筑面积2190平方米，班级增至5个，学生增加到69人，教职工17人。同年6月，第一届聋哑学生10人结业。1996年5月，学校承办首届杭州市聋哑学生田径运动会。1997年8月，建筑面积为2353平方米的校综合楼竣工，配备律动室、语训室、缝纫室、理发室等专用教室，另设职业劳动教育基地。时有班级8个，学生107人，教职工24人。1999年，首次派出八年级学生5人参加浙江省残疾人中等职业技术学校考试，1人上线。2000年，派出学生18人参加浙江省残疾人中等职业技术学校考试，全部被该校工艺美术和烹饪专业录取，录取率居全省县（市）级聋哑学校之首。是年，全校班级增至9个，学生100人，教职工30人。

学校实行九年制义务教育。针对聋哑学生丧失语言及听力的生理实际，开设的课程有基础课、矫正课、劳动技术课。其中基础课程有语文、数学、常识、活动、理科、写字、体育、美术、思想品德、班队、政治、心理等课程；矫正课有语言训练、律动、矫正等课程；劳动技术课有理发、缝纫、工艺、计算机等课程，设置一年级至九年级9个年级段。

在康复教育中，学校以口语教学为主，手语为辅，对聋哑学生进行语言康复训练及道德品质、日常交际、生活自理、文化素质等方面的教育。尤其注重职业技术教育，以外聘人员传授理发、缝纫等技术为主，贯彻学以致用精神，学生学后能帮助学校师生及福利院老人、儿童理发和制作服装。1994年，学校与浙江航民集团共同创办杭州纺丝厂包装印刷分厂，结业聋哑学生11人全部进厂工作。是年，学校开始进行"仿双元制"（学校与企业合作，对聋哑学生进行职业技术教育）职业技术教育，开设缝纫、美工、理发、印刷、包装、薄膜加工和扑克牌加工7类职业技术教育项目，添置相关专业设备，建立劳动基地，部分班级实行"半工半读"。1998年，"仿双元制职业技术教育模式"在香港举行的第11届亚太地区聋童康复

图34-6-843 市聋哑学校学生在学习烹饪技术（1994年6月摄，区聋哑学校提供）

学术交流会上作专题介绍。2000年6月，对13名毕业的聋哑学生进行"准备式"职业技术教育，即在聋哑学生毕业前集中进行为期两个月的职业技术教育，为走上工作岗位打基础。并在原先7类职业技术教育项目的基础上，增加自行车修理和面点制作。

针对聋哑学生生理、心理缺陷，聋哑教师坚持"爱的教育"，在日常思想品德教育中，采用积极帮助残疾少儿感受党和政府的关心，感受父母与师长的关爱，感受生活环境的温馨。利用学校集会、班队活动、思想品德课、个别谈话等途径，宣传残疾青年张海迪、苏联英雄保尔·柯

图34-6-844 聋哑学校学生在校办厂实习（1994年4月摄，区教育局提供）

察金等身残志坚的英雄人物，宣传发生在校内外的典型事例，进行自尊、自强的教育，教育学生消除自卑心理，感受到集体的温暖，培养学生建立热爱生活、热爱社会、热爱自然、尊敬师长、友爱同学以及具有人生责任感的健康心理。开展"向雷锋同志学习"活动，教育学生认识人生的价值在于奉献。鼓励学生发挥特长，参与实践，从自身的成功中增强信心。

在师资队伍方面，初时学校教师全部从普通小学调入，并到杭州市聋哑学校进行专业培训。1992年始，陆续从南京特殊师范学校、浙江省温岭师范学校特殊教育师资班引入聋哑教育专业师资。至2000年末，学校有专任教师26人，其中从特殊教育专业学校毕业的教师10人，省特级教师1人，中学高级教师2人，小学高级教师9人，小学一级教师14人。1人被评为全国优秀教师，2人被评为萧山市级教坛新秀。教师中，大中专以上毕业学历的占67%。

通过教育，一部分聋哑学生能凭借助听器与正常人沟通，到福利企业工作。到2000年末，学校已为40名毕（结）业聋哑学生解决就业问题。毕业生工作后，能够自食其力，为社会及家庭创造财富。还为上一级特殊学校提供优质生源，向省华强中专、杭州聋哑学校输送毕业生共38人，其中已经在北京联合大学、浙江省特殊教育学院等大专院校就读的有5人。为有关单位提供手势语培训，为公安机关、检察院、法院等单位破案、立案、审案提供帮助。学校先后被评为浙江省中专招生工作先进单位、杭州市扶残助残先进单位。在浙江省特殊教育论文评比中，获一等奖4篇、二等奖3篇、三等奖3篇。1999年，舞蹈《聋童》获全国特殊学校学生文艺会演优秀奖、浙江省二等奖，辅导教师谢红萍获得省优秀指导奖。2000年获杭州市特殊学校学生田径运动会团体冠军。在全国第五届残疾人运动会上获跳高铜牌1枚。聋哑学生的工艺美术作品，有两次获浙江省残疾人书画比赛三等奖。

第七章 教 师

萧山素有尊师重教之风。中华人民共和国成立后，党和政府重视教育工作，教师队伍得到迅速发展。[①]

1985年，全县教师合格学历达标率偏低，教师分布不合理。1987年始，实行教师专业技术职务聘任制，启动名师名校长工程，加强师资培养培训工作和学校干部队伍建设，教师综合素质提高。2000年，全市教职工总数为9955人。有高级职务教师395人，中级职务教师4568人；跨世纪学科带头人317人，省特级教师10人，全国优秀教师15人。

第一节 数量与分布

1985年，全县中小学教职工6681人。其中公办教师4109人，占61.50%；民办教师2572人（在编民办教师1067人），占38.50%。另有代课教师285人。存在着民办教师、代课教师数量偏高，合格学历达标率偏低，教师分布不合理等状况。如处于围垦地区的钱江、新围、宏图、宏伟、前进、益农6个乡的中小学校，公办教师数量严重不足。县教育主管部门采取抽调内地骨干教师去围垦地区任教，给予每月补贴10元的待遇；师范毕业生分配去围垦地区任教，向上浮动一级工资；在民办教师中选招师范生作定向培养；优秀民办教师转为公办教师在指标上予以照顾等措施。1992年，全市公办教师的比例由1985年的61.50%提高到89.30%。

1993~1994年，招收179名在编民办教师为公办教师，录用105名有实践经验的代课教师为公办教师，招收71名有实践经验的代课教师到师范院校进修，引入233名外省、外县籍大学本科毕业新教师。

1995年，全市中小学教职工7419人，民办教师占6.10%。有专任教师6542人，其中学历合格教师，小学为80.30%，初中为81.60%，普（职）高为58.60%。尚有代课教师1217人。1996年，评选萧山市优秀班主任80人、教坛新秀128人；有市园丁奖获得者93人、省春蚕奖获得者6人，另有6人为省级优秀教师（班主任）。至年底，全市最后一批民办教师全部转为公办教师。[②]1997年，全市评选首届萧山市优秀教师67人。1996~1998年，市教育主管部门为解决农村初中教师紧缺，尤其缺少音乐、体育、美术学科教师的问题，从湖北、陕西等地引入教师137人。至2000年末，从外地引进音乐、体育、美术专任教师41人。

1998年，评选出萧山市级培养跨世纪中小学学科带头人和骨干

[①]1949年底，全县全日制中小学有教职员工691人，其中中学21人，小学670人。1952年，将解放时接管的全部民办中小学教师纳入国家编制。尔后，随着教育事业的发展，陆续向社会吸收民办代课教师。1958年，全日制中小学教职员工激增到2234人，其中中学209人，小学2025人。1962年，通过函授、短训等形式，教师素质有较大提高。"文化大革命"中，推行公办教师"回队（原籍）任教"，大批外县籍公办教师外流，民办教师激增，教师队伍素质下降。1978年，全县小学专任教师4384人，其中中等师范毕业或高中毕业的1365人，占31.14%；初级师范或初中毕业的859人，占19.60%；未达初级师范或初中毕业的仍有2160人，占49.27%。高中专任教师766人，其中大学本科、专科毕业和本科肄业的332人，占43.34%；中等师范或高中毕业及肄业的434人，占56.66%。初中专任教师2018人，其中大专毕业的89人，只占4.41%；中专或高中毕业及肄业的1929人，占95.59%。此后，采取多渠道培训师资，提高师资素质。1984年，全县有全日制中小学教职工6319人，其中专任教师5507人（小学3307人，初中1809人，高中391人）。

[②]中华人民共和国成立初，萧山县学校有公办、公办民助、民办公助、民办、私立之分，教职员未分公办和民办。1952年暑假，全县在任教职员全部纳入国家编制为公办教师。1953年始，由群众自筹经费设置民办学校，其教师称民办教师。

1958年，民办教育事业迅速发展，民办教师成为中小学教育一支重要力量。1962年，全县兴办简易小学（1964年改称耕读小学），教师从农民中选拔，边教书，边劳动。1965年，全县有耕读小学929所，学生43840人，教师2694人。后耕读小学教师大多纳入民办教师队伍。1966年，全县普通中小学有民办教师867人，占教职工总数的28.80%。

"文化大革命"期间，大中专师范院校无毕业生输送，一批本地和城市上山下乡知识青年加入民办教师队伍。1969年，农村公办小学下放至大队办，公办教师先后"回队（原籍）任教"，靠大量民办教师填充教师队伍。1976年，全县有民办教师5145人，占教职工总数的64%。

1978年起，对民办教师队伍实行整顿和安置。1979年1月1日始，不再吸收新民办教师。1984年，全县有民办教师2322人（包括合同民办教师1124人），占教职工总数的36.80%。随后，县教育局通过输送民办教师进入中等师范民师班进修、转为公办教师、辞退和实行社队安置等办法，逐年减少民办教师数量。1990年9月，萧山市有教职工共5945人，其中公办教职工5074人，在编民办教职工393人，其他部门教职工478人。1996年12月，全市最后一批在编民办教师36人转为公办教师，至此，萧山无民办教师。

教师317人，杭州市级30人。1999年，评选出萧山市首届教育学术委员16人。2000年，全市教职工总数10791人，其中专任教师9446人。专任教师学历合格率，幼儿园为88.30%，小学为98.70%，初中为96.40%，普通高中为81.70%，职业高中为67.10%。全市教师高学历（幼儿、小学教师大专毕业以上，初中教师本科毕业以上）分别为：幼儿园4.20%，小学21.50%，初中22.80%。评选出萧山市第二届优秀教师101人。至2000年，全市共拥有全国优秀教师（教育工作者）19人，浙江省特级教师10人，省级优秀教师11人，省名教师8人。

表34-7-613 1986～1998年萧山市获全国优秀教师（教育工作者）名录

姓　名	性别	荣誉名称	评定年份	所在学校（单位）
汪　弱	男	全国教育系统劳动模范	1986	萧山中学
谭养然	男	全国优秀教师	1989	临浦中学
朱淑明	男	全国优秀教师	1989	长山中学
傅士成	男	全国优秀教师	1989	河上镇初中
楼叔云	男	全国优秀教师	1989	临浦镇小学
郭芬联	女	全国优秀教师	1989	体育路小学
傅克中	男	全国优秀教师	1989	裘江乡中心小学
陈志相	男	全国优秀教师	1989	瓜沥镇第一小学
章潮福	男	全国优秀教师	1989	靖江镇中心小学
张炳琪	男	全国优秀教育工作者	1989	衙前中学
施刚毅	男	全国优秀教育工作者	1989	坎山镇成人文化技术学校
张　清	男	全国优秀教育工作者	1989	红垦农场子弟学校
汤关木	男	全国优秀教师	1991	城北乡中心小学
朱美琴	女	全国优秀教师	1991	党山镇初级中学
朱锦伟	男	全国优秀教师	1992	萧山中学
汤鉴澄	男	全国优秀教师	1992	教育局教研室
朱良骥	男	全国优秀教师	1995	市第二高级中学
傅　进	男	全国优秀教师	1995	欢潭乡中心辅导学校
张国明	男	全国优秀教师	1998	萧山中学

资料来源：萧山区教育局。

表34-7-614 1994～2000年萧山市获浙江省特级教师名录

姓　名	性别	工作单位	学科	批准年份	论文、专著情况
钱桐生	男	长山职业高中	数学	1994	论文《激发兴趣，提高反三角函数教学效果》等获省级奖。
汤鉴澄	男	市教育局教研室	数学	1998	发表论文30余篇，其中6篇论文获省级奖；与人合作《学校教育科研组织建设的理论与实践》等3部专著。
贾献国	男	萧山中学	物理	1998	《运用绝对评价理论，保证义务教育质量》等10余篇论文在省市以上获奖或在省级以上杂志上刊登，参与编写5部专著。
郑文娟	女	体育路小学	语文	1998	论文《让学生成为学习的主人》获省级奖；《作文评改新形式》等4篇在省级刊物上发表；《小学语文课课通》（9册）等2书全省发行。
陈志相	男	市聋哑学校	体育	1998	《谈如何处理好运动员的训练与学习关系》等3篇论文获省级奖。
夏国良	男	萧山中学	数学	2000	《开启创新思维，挖掘创新潜能》获省级奖；主编专著《高中数学同步学习指导》；10篇论文在省及以上教育报刊上发表。
徐和平	男	市第二高级中学	语文	2000	《活化课文呈现方式》等20余篇论文在省级及以上刊物上发表；主编《高中生阶梯作文》及与人合作专著3部。
陈胜良	男	市教育局教研室	语文	2000	《注重教学设计，激活学生思维》等8篇论文获省级及以上奖；主编《中（小）学心理健康教育自助读本》等6部专著。
张国民	男	萧山中学	物理	2000	《高中物理系统化教学方法初探》等2篇论文获省级及以上奖。
钱亚芳	女	坎山镇中心小学	数学	2000	《让学生"拥抱"数学》等3篇论文获省级及以上奖。

资料来源：萧山区教育局。

第二节　教师资格及任用

教师资格制度

专业合格证书　1986年，国家教委颁布《中小学教师考核合格证书试行办法》，要求教师分别系统学习和掌握国家规定的与所教学科密切相关的中等师范、高等师范专科、本科的文化基础知识。[①]考试每年举行1次。1987～1996年共进行10次，1109人通过考试获得《专业合格证书》。1996年，中小学、幼儿园教师专业合格考试结束。

资格认定　凡符合《中华人民共和国教师法》第十条规定的条件，《教师法》第十一条规定学历的幼儿园、小学、中学教师，由本人申请，分别由萧山市教委、杭州市教委进行资格认定，发给《教师资格证书》。1996年11月，全市有教师5378人通过资格认定，获得《教师资格证书》。至2000年，全市幼儿园、中小学教师结构合理，学历合格率提高。[②]

教师职务评聘制度

1987年，全县首次实行教师职务评聘制度，建立县中学、小学教师职务评审委员会。1988年6月，全市共评出高级职务（中学高级）教师90人，占全市教师总数的1.50%；中级职务（中学一级、小学和幼儿园高级）教师1064人，占18.60%；初级职务（中学二级、三级和小学、幼儿园一级至三级）教师3772人，占65.90%。按规定，高级职务的教师由市教育主管部门任命，中、初级由学校行政领导任命。任职期限为3年，颁发相应的《教师职务任命书》，享受相应的专业技术职务工资。

1989年后，教师职务评聘工作转入经常化、制度化，每年评聘一次。

①小学教师考3门课程，即：教育学和心理学基本原理；语文、数学任选1门；其他学科（自然、地理、政治、历史、音乐、美术、体育）任选1门。中学教师除考所教学科的有关课程外，均需考教育学和心理学基本原理。幼儿教师在语文、幼儿教育学、心理学、卫生学和教法5门中选考3门。

②2000年，全市教师合格率分别为：幼儿教师88.30%、小学教师98.70%、初中教师96.40%、普高教师81.70%、职高教师67.10%。全市教师高学历比例大幅度提高，幼儿教师大专学历4.20%，比上年增加1.80个百分点；小学教师大专学历21.55%，比上年增加9个百分点；初中教师本科学历22.80%，比上年增加5个百分点。

表34-7-615　1988～2000年萧山市中小学、幼儿园教师职称评定情况

年　份	中　学			小学、幼儿园			小　计		
	高级	中级	初级	高级	中级	初级	高级	中级	初级
1988	88	478	1406	2	586	2366	90	1064	3772
1989	10	90	146	0	80	142	10	170	288
1990	11	49	247	0	30	163	11	79	410
1991	9	35	233	0	22	346	9	57	579
1992	12	73	249	2	92	298	14	165	547
1993	16	145	138	0	138	303	16	283	441
1994	14	—	245	2	—	363	16	—	608
1995	24	192	522	2	178	450	26	370	972
1996	29	203	380	2	233	458	31	436	838
1997	35	219	548	0	265	517	35	484	1065
1998	27	187	367	6	235	434	33	422	801
1999	36	267	439	4	275	571	40	542	1010
2000	59	245	376	5	251	504	64	496	880

注：1994年中级职称未评。

图34-7-845　教师进修学校培训音乐教师（1998年6月摄，萧山教师进修学校提供）

1991年，以区为单位建立初中和小学教师职务联评小组。翌年，建立中小学教师职务评审小组。同时，实行中学高级教师、中学一级教师和小学高级教师"破格晋升"制度。1994年，在试行校长负责制的学校，对有真才实学的中青年教师，因受高中级职务推荐指标的限制，无法评聘相应教师职务的，可进行"低职高聘"。是年，全市有6所学校的教师17人实行"低职高聘"。1996年，市教育主管部门提出"做好35周岁以下优秀小学教师晋升小学高级教师的推荐、选拔和评审工作"。是年，孙岚等多名教师被拔尖晋升。1999年，不下达高、中级职务指标，教师设岗实行结构宏观控制。至2000年末，全市累计评出高级职务教师395人，中级职务教师4568人，初级职务教师12211人。

第三节　师资培训

学历达标教育

中等师范函授（简称"中师函授"）教育　1978年，萧山县教师进修学校接管"中师函授"教育，负责制订教学计划，组织备课、考试等。1985年3月，首届"中师函授"学员75人毕业。1996年5月，"中师函授"教育工作结束，共有10届学员814人毕业，占全市小学合格学历教师总数的29.07%。

中等师范自学考试（简称"中师自考"）　始于1984年下半年，全部课程分上、下半年两次考试，每次限定科目报考。1989年起，改为每年7月举行1次考试。11门课程全部开考，报考科目不加限制。报考对象主要为小学教师。自考工作由杭州市中等师范自学考试办公室统一管理，教师进修学校主要负责宣传发动、报名、辅导、考务等具体工作。至1996年"中师自考"工作结束，累计有3393人参加报考，其中3809人次单科结业，191人取得"中师自考"毕业文凭。函授学员468人通过部分"中师自考"科目替代达到中师函授毕业，78人在"中师自考"中单科结业取得《专业合格证书》。

1997年，市教师进修学校及教务员鲁田文分别被授予浙江省"中师自考"先进单位和先进工作者称号。

二年制中等师范（简称"中师"）教育　1984年，县教育主管部门委托湘湖师范学校代培"中师"（公办教师）1个班，列入杭州市统一招生计划和入学考试，学制2年。代培班的生活管理由县教师进修学校负责。1986年7月，学员39人全部毕业。1985年，县教师进修学校开办1个班，招收、录取公办教师学员34人，除中途转学、死亡各1人外，学员32人按期毕业。以后又连续招录2届民办（代课）教师学员，毕业151人。

1994年4月，杭州市教育委员会同意萧山市教师进修学校招收有实践经验并已取得中专及以上学历证书的代课教师，经过半年脱产学习和回校一年半教育实习，经考核合格后转为公办教师。到1999年，市教师进修学校连续招收4届代课教师学员，共毕业226人。

《教材教法考试合格证书》和《专业合格证书》　考核合格证书分高中、初中、小学和幼儿园教师（后增加）。规定先取得《教材教法考试合格证书》后，方可申请参加《专业合格证书》的文化专业知识考试。中学和小学、幼儿园教师分别由杭州教育学院和湘湖师范学校负责，县教育局教研室和县教师进修学校主要协助做好各项报名、考务及培训辅导工作。

1987～1996年，报考幼儿园教师1223人，结业443人；报考小学教师2503人，结业605人；报考初中教师842人，结业48人；报考高中教师258人，结业13人。均领取《专业合格证书》。

成人高中、职业高中学历培训　1997～1999年，全市有小学、幼儿园教师496人参加成人高中、职业高中学历培训。经杭州市统一考试，有小学教师295人取得成人高中（文科）毕业证书，幼儿园教师94人达到职业高中（幼师）毕业。全市小学专任教师学历合格率在原有基础上提高7个百分点。

高等师范专科函授教育 1983年首届毕业，1994年基本结束，796名教师取得"高等师范专科函授"毕业文凭。从萧山教学点毕业321人，其中中文257人，政治12人，数学52人，

高等师范本、专科自学考试（简称"高师自考"） 浙江省教育主管部门分别于1993年、1994年启动"高师自考"工作。其中浙江教育学院承担政治、中文、数学、物理、化学、历史、地理、生物、英语（本科）专业的主考任务；浙江师范大学承担音乐、体育、美术专业的主考任务。萧山市教师进修学校主要负责办理各项报考手续及考务、学籍管理、毕业考核等具体工作。经过3年的学习和考试，1995年有309人专科毕业，1996年有56人本科毕业。1997年，教师进修学校教师祝达全被评为浙江省"高师自考"先进工作者。

高学历进修

专科学历 1996年9月，浙江省教育委员会审核确定，萧山市教师进修学校为杭州教育学院萧山小学教育教学点。当年招收小学教育大专班4个，学员220人。以后每年招生，设置文史、数理、教育管理、艺术、音乐等专业。至2000年末，共有班级27个，累计招生1388人，毕业643人。

本科学历 2000年9月，萧山市教师进修学校与杭州师范学院、浙江教育学院分别联合举办以专科为起点的本科学历（简称"专升本"）教学班。首次招收录取初中在职教师"专升本"学员257人，其中杭州教育学院中文、数学专业74人，浙江师范学院教育管理、计算机专业183人。

研究生主干课程进修班 1997年起，萧山市教师进修学校与浙江师范大学高校师资培训中心联合举办研究生主干课程进修班。参加对象为学校校长和骨干教师。先后举办中文、数学和教育管理3个班，学员121人。经过2年学习，学员114人先后获得结业证书。

其他各类培训

1985~2000年，全市（县）教师参加萧山市（县）教师进修学校举办的各类培训及辅导班17236人（次）。内容主要有学科教学技能、岗位、普通话、计算机、见习期教师、骨干教师培训和小学教师全员培训，及各种考前复习、辅导等。1999年，进行全市校长培训。①2000年代培少数民族地区教师。②

第四节 援藏援川

萧山教师支援西部和边疆始于50年代末。③

从1988年开始，市教育系统选派优秀教师，支援西藏自治区、四川省教育事业。是年，萧山中学语文教师施加勇被选派到西藏自治区任教，为期3年。1991年7月，萧山中学王德明、楼天立和城厢中学陈幸乔3位骨干教师，被选派为杭州市第四批援藏教师，赴西藏自治区拉萨市第一中学任教，为期3年。3位教师每年均带高中毕业班，所教班级的学科教学质量名列学校第一，受到校方赞杨。

①1999年，全市128名完小校长、中心小学校长、初中校长参加提高班培训；51名后备干部参加校长上岗培训班；另有6名新任中心小学校长、12名新任中学校长参加岗位培训。

②2000年3月4日，西藏那曲地区6位教师来到萧山中学和高桥初中，接受为期2个月的教学和教育管理方面的培训。这是浙江省培训的首批西藏教师。

③1959年6月，萧山县人民委员会组织动员城乡青年支援宁夏社会主义建设。其中萧山县文教局动员文教工作者22人支援宁夏，多安置在银川市区或郊区农村从事文教工作。1984年6月，萧山县与宁夏回族自治区永宁县结成友好县。7月，衙前中学教师陈福潮赴宁夏永宁县任教。

图34-7-846 萧山市援川教师，自左至右为陈国良、金凌芳、张浩峰、倪李松（2000年9月摄，萧山区教育局提供）

①民国20年（1931），教育部定每年6月6日为教师节。民国28年，改定孔子诞辰日8月27日为教师节，初时于该日举行纪念会，后仅存其名。民国后期，政治腐败，物价飞涨，经常发生当局欠薪和货币贬值等原因而导致教师家庭生活困难，教师职业地位下降。由此，社会上流传"七教书，八讨饭，十个教师九个穷"的民谣。

②中华人民共和国成立后，中小学教员列入国家编制，工作有了保障。1950年，中国教育工会萧山县筹备委员会成立，教师开始加入工会。1952年7月，全县在职民办教师纳入国家编制，其任用、调配、平时福利和医疗待遇等均与政府工作人员相同，社会地位发生了根本性变化。县人民政府分批任命全县中小学校长、教导主任、总务主任。是年，在全县教师中首次发展中共党员5人。后，党和政府在各级各类代表会议均安排教师代表，定期评选优秀教师，召开各类表彰会，对人民教师的工作予以肯定和鼓励。

50年代后期至70年代，在历次政治运动中伤害了一批教师。1958年，"反右"扩大化，全县先后有教职员200余人被错划为"右派分子"。"文化大革命"期间，一大批学校干部、教师被打成"走资派"、"牛鬼蛇神"和"反动学术权威"，被剥夺上讲台的权利。1969年，农村公办小学下放至大队办，公办教师取消工资制，改为"工分加补贴"，实行"回队任教"。1974年，教育系统开展"批林批孔"运动，批判"两否一倒"（否定"文化大革命"、否定"社会主义新生事物"，"复辟倒退"），一批干部和教师再次挨整，在社会上被称为"臭老九"而抬不起头来。1978年后，重新落实党的知识分子政策，教师职业再次受到全社会的尊重。是年开始，县人民政府采取多项措施，抓紧清理和纠正教职工中的各类冤假错案，"政治上彻底平反，经济上适当补偿，工作上合理使用，生活上妥善安置"，正确处理历史遗留问题，并倡导全社会弘扬尊重知识、尊重人才、尊重教育的良好风尚。1979年，县人民政府对错划为"右派"的教职员200余人全部予以纠正，并恢复其工作，已到退休年龄的享受退休待遇。先后将"文化大革命"中受迫害的教职工平反昭雪，推倒诬陷不实之词，销毁"整人"材料。

③本人、父母、子女连续三代以上从事师职业的家庭，为"教育世家"，颁发"教育世家"光荣匾，发奖金600元。1995年评选出杨莉莉、陈懋川、王尊美、钱运甬、蒋惠康、王不瑕、桑叶菁、李伟8家为"教育世家"。

2000年9月，市教育系统选派义桥实验学校陈国良、城东初中张浩峰、靖江初中倪李松、第一职业高中金凌芳4位教师赴四川省乐山市五通桥区，分别到杨柳中学、佑君中学、竹根镇中学、五通桥区中等职业学校进行对口支教活动。任教期间，4位教师均承担全区示范课，开设教育教学专题讲座，并个人出资资助受援学校特困生。后，又选派市教研室主任陈胜良、副主任俞晓东、教研员徐建桥，萧山二中副校长徐和平、北干小学校长杨炳耀等赴四川省，分别到乐山市五通桥区、夹江县讲学，共作报告13场，听讲教师2000余人次。

第五节　教师待遇

社会地位

清末至民国时期，教师社会地位低下。①中华人民共和国成立后，教师称为人民教师，被尊称为人类灵魂工程师，社会地位不断提高。②1985年1月，第六届全国人大常委会确定每年9月10日为教师节。在每年教师节期间，萧山各级政府开展表彰优秀教师活动，党政领导分头到学校慰问教师，为教师排忧解难，发动各界为学校为教师办实事、做好事，尊师重教的社会风尚得到弘扬。

颁发荣誉证书　1985年2月4日，中共萧山县委、县人民政府召开萧山县从事教育工作30年庆贺大会，为老教育工作者644人颁发荣誉证书。1989年9月，举行第二次庆贺大会，老教育工作者518人获荣誉证书。

评选教育世家、教师之家　1995年，开展"教育世家、教师之家"评选活动，评出"教育世家"8家③、"教师之家"37家。

评选先进工作者制度　1985～2000年每年评选，共有教师1203人（次）被评为县（市）级以上先进工作者，其中19人获全国优秀教师（全国教育系统劳动模范、全国优秀教育工作者）称号。

教师定期疗休养、体检制度　1985年后，市教育主管部门、教育工会每年组织教师80～100人休养，至2000年末，参加休养的教师1530人次。教师与国家公务员一样享受两年一次的体检。

教职工代表大会（简称"教代会"）制度　1981年9月28日，劲松小学召开首届"教代会"。1987年，全县基本建立"教代会"制度，每年至少召开1次。到1992年，全市116个学校（单位）建立"教代会"制度。1999年初，市教委召开萧山市首次学校民主管理经验交流会，表彰16个学校民主管理先进集体和先进个人。

民主评议干部　1987年，全县教育系统试行民主评议干部工作。至1998年，各级"教代会"民主评议干部458人，评议率为98%。1999年10月，将党组织考察干部、行政考核干部和教代会评议干部"三评合一"，把"教代会"民主评议干部作为评议干部的基本形式，作为考察、任免、选拔、奖惩干部的重要依据之一。

学校政务公开　1998年，市教育主管部门成立政务公开领导小组，颁发《萧山市教育委员会全面推行政务公开工作实施意见》和《萧山市教育系统政务公开若干规定》，并编印《萧山市教育系统政务公开手册》，发放到全市各校和教师8000余人手中。

1999年6月，各校普遍建立校务公开领导小组和校务公开监督小组，制定《校务公开工作实施意见》，规定凡涉及教职工与学生切身利益的收费、财务收支、学校基建项目、大宗物品采购招投标、学校发展规划和重大决策等均应定期在有关会议和校务公开栏公布。

参政议政　1984~2000年，全市（县）中小学教师有303人（次）被选为县（市）以上各级人大代表和政协委员，参加地方国家权力机关的法律监督活动和政协的民主监督活动。萧山教育界中，教职工参加的民主党派有中国民主促进会、中国民主同盟、中国农工民主党、九三学社、中国致公党。

成立退休教师协会　1989年9月，成立市退休教师协会和局老龄工作领导小组，全市退休教师721人参加多项活动。

给中高级知识分子家属及子女"农转非"　1987~1989年，教育主管部门为原长期在建制镇以下农村中小学任教的教师子女368人办理"农转非"手续。1992年始，又为中学一级、小学高级职务以上教师的子女办理"农转非"。

经济待遇

清末至民国时期，境内教师收入不稳定，生活困难。①中华人民共和国成立后，教师经济待遇逐渐得到改善。②

工资　1985年，进行新中国成立以来第三次工资改革，实行以职务工资为主的结构工资制，由基础工资、职务工资、工龄教龄津贴、奖励工资4个部分组成，将教职工工资级别与其所担负之职务、责任、劳绩联系起来。是年，境内中小学教师3579人享受教龄津贴。同时，镇乡先后提高民办教师工资。1986年开始，全市部分教职工晋升工资。1993年10月，进行第四次工资改革，实行专业技术职务等级工资制。工资结构分为70%固定部分和30%浮动部分两块。公办教师人均月增118元，民办教师人均月增125元，离退休教师人均月增生活补贴119元。自第三次工资改革后，萧山中小学教师工资增长较快。1994年，教师专业技术职务晋升后，工资普通升一级。是年开始，实行教职工的基本生活用品价格浮动补贴（2002年改为固定价格补贴办法，在职和离退休人员每人每月补贴35元），并随工资一起发放。1995年10月，首次实施两年一次正常增资机制，即教职工在1993年、1994年两年考核为合格（称职）以上的，可从1995年10月1日起在本职务所对应的工资标准内晋升1个工资档次，今后正常晋升档次均从连续2年考核合格后次年1月起执行。

教职工住房建设　80年代始，主要是消除危房和建设一些简易宿舍，解决城镇教师中的无房户、危房户和长期在围垦海涂、边远山区工作的教职工

①清宣统三年（1911），小学堂教员月薪，本科正教员一级30元、专科正教员一级24元，九级18元；副教员一级14元、四级6元。民国初期，县立学校校长、职员为月薪制，全年以12个月计；教员为时薪制，按教课时数计算，全年以10个月计。民国4年（1915），校长、正教员一级为60元，十四级为8元；专科正教员、专科一级教员为40元，十一级为6元，助教员一级20元、八级为4元。民国12年，县立小学校教员一般月薪为十几元，私立小学更低。民国25年前，小学教职员薪金为每月银圆12元~20元，勉强维持家庭生计。抗日战争开始后，物价上升，纸币逐渐贬值，学期始订定的薪金，到学期末比值打了折扣，影响教员生活。民国32年前后，小学教员薪金无固定标准，每月给食米6斗~8斗，菜金3500元~5000元（旧币），一个月的收入难以养活两口之家，境内大部分中小学教员处于半饥半饱的境遇中。民国36年，教职员薪金改为谷票支付，规定中心国民学校校长月支稻谷4石；教员按资历，合格教员月支3.2石~3.6石，代用教员月支2.8石。是年4月10日，全县教职员以"待遇菲薄，生活困难"，实行"总请假"。13日下午，县长晏忠承被迫出面调停，教职员工才暂为复课。翌年，县长华国谟伙同奸商戴企庄等盗空教育公粮，谷票无法兑现，大批学校面临绝境，教员半年教书却换来数张废纸（每斗为15市斤，每10斗为1石，即150市斤）。

②1949年5月萧山解放，县人民政府给乡（镇）中心小学和中学教师每人月发大米120斤~200斤，后改发工资分，按每个工资分值折合新人民币0.2358元，一般小学教师月发100分，约23.58元。1952年，全县中小学教职员工根据德、才、智三方面评定工资等级，由县统发。1954年，取消工资分，改为货币工资制，并提高工资额。1956年，全国工资改革，实行统一工资标准。萧山划为四类经济地区。首次工资改革后，全县教师月工资平均增长26%，每人平均月增工资8.42元。1959年，按全县教职工总数的10%晋升工资一级。1963年、1972年、1977年、1979年、1980年等都以一定名额给教师进行工资调整。

的住房困难。1986~1987年，县财政分期拨款58万元补助义蓬区在围垦地区的5个乡建造中小学和教工宿舍。后，市财政每年都安排教职工住房专项资金。至1995年，全市累计安排住房专项资金1380万元。1996年，市财政预算内安排教职工住房专项资金400万元。是年11月，在北干二苑24幢为教师安排经济适用房16套，建筑面积960平方米。1997~1998年，全市共安排住房专用资金700万元，其中包括对1995年9月10日以后以教师本人或配偶名义自购商品房和自建私房的教职工进行经费补助。

至2000年末，全市教职工（包括离退休）11099人，其中优惠购买房改房的1902人，租住房改公房54人，集资建房的1475人，购买经济适用房的124人，租住单位公房的1630人；自购商品房的1642人，自有自建私房的3605人，基本达到居者有其屋。是年，教职工家庭的住房成套率达到85%。

离退休人员待遇　1986年6月，对1952年底前参加工作、工龄满30年的离退休人员加发退休补贴费15%，满20年不满30年的加发10%；1953年1月后参加工作、工龄满30年的加发10%，满20年不满30年的加发5%。1993年1月，对教龄满30年以上的离退休人员工资实行100%计发。1998年5月，对女教师教龄满25年退休的，其退休工资补足100%。离休干部活动经费1150元，退休教职工350元，副处以上电话费60元，其他40元，退休人员的易地安家费300元。2000年，对1956~1964年期间，受省委、省政府（人委）表彰的省级先进工作者，退休时仍保持荣誉的，每月发给荣誉津贴20元~50元。1999年8月6日，离退休教职工增发福利性补贴每人每月49元，并与在职教师同等享受夏令清凉饮料费。2000年8月1日起，离休干部护理费，红军时期、抗日战争前期和抗日战争后期参加工作的标准分别为200元、160元、130元。对因公致残和由于瘫痪等原因造成生活不能自理的离休干部，护理费由现行的每人每月80元提高到300元。

慰问特困教工　1998年5月，市教育主管部门设立教工解困救急基金，收到教育系统各级各类学校、工会的捐助，教工会员的会费和银行利息共计110余万元。在教师节和春节对特困教师普遍进行慰问，平时对遭遇天灾人祸的教师及时慰问。1998~2000年，共慰问特困、重病和因天灾人祸造成生活困难的教工152人，计慰问金7.80万元。

丧葬、抚恤、遗属生活困难补助费　50年代初以来，教师的各种优抚和补贴逐步提高。1954年，教职工病亡发300个~400个工资分和1个~2个月原工资给其家属作抚恤费。1959年5月，教职工病亡发200元丧葬费，并按病亡教工原工资等级，分别发给150元~520元抚恤费。后，又给教工生前负担生活费的家庭及未成年子女发放遗属补助费。1986年，丧葬费增至400元。1998年，离退休教职工病故后，一次性发给其家属丧葬补助费2000元；根据劳险字〔1980〕30号文件规定，按国发〔1978〕104号文件退职的人员病故后，只发给其丧葬费。一次性抚恤费为按病故教工10个月原工资计发；因公牺牲者按20个月工资计发；批准为革命烈士的按40个月工资计发。遗属困难标准为非农村户口的每月240元，农村户口的每月190元。以后，随着教职工增加工资，该项补助亦作相应调整。

津贴　公办教职工，除享受事业单位人员基本津（补）贴项目外，还享受教龄津贴及10%工资、特殊教育津贴、特级教师津贴。分配到县以下农村任教的大中专毕业生可向上浮动一级工资，1993年工资改革后改为每人每月发岗位津贴15元。

第八章　学　生

学校以学生为主体，学生以学为主。本章从生源、课业、健康状况、组织、活动、升学等方面，记述学生课堂内外求知长才、不断进取、奋发向上之面貌。

第一节　生　源

本地学生

1983年秋，从小学一年级起，学制由五年改为六年，招收7周岁儿童，学生一般在户口所在地就近入学。生源过少的偏远山区、围垦地区实行隔年招生。普通小学亦招收部分残疾儿童。初中招收年龄不超过15周岁并经语文、数学两门学科考试的小学毕业生。1984年始，普通高中招生分两批进行。第一批为萧山中学、临浦中学、衙前中学面向全县招收一定比例的新生，第二批按"六区一镇"划片招收普通高中或报考中专、技校的学生。年龄要求：普通高中不超过17周岁，职业技术学校不超过19周岁。这一办法一直延续至1992年。

1985年，小学招收新生15157人，初中招生13121人，普通高中招生2364人，职业高中招生1217人，中专招生557人，技校招生200余人。

1989年，市教育主管部门出台义务教育段招收借读生办法，规定学校根据容纳能力招收学生，但需缴纳开办费，1990年开始实施（1993年改为教育补偿费，1997年改称借读生费）。1990年起，小学入学年龄开始由7周岁向6周岁过渡（1993年过渡完毕）。是年，杭州市高级中学首次在萧山招收新生20人。1991年，萧山中学试行保送生制度。1992年"撤扩并"后，城厢镇城区扩大，生源激增，镇人民政府决定：新生入学以学生父母实际居住地为依据，就近安排学校，以缓解择校矛盾。是年始，全市普通高中、职业高中招收适量的自费生和资助生。1993年，普通高中取消划片招生，由教育主管部门根据考生志愿按升学考试成绩择优录取，升学考试增加体育测试，并以满分30分计入总分；对体育尖子生实行特招和优招，扩大保送生的范围。1999年，萧山中学、萧山二中、萧山三中采取定向招生与统一招生相结合的办法，制定艺术、科技类特长生加分的办法，扩大招收范围。

2000年，全市小学招收新生14114人，初中招生19156人，普通高中招生4552人，职业高中、中专、技校招生6264人。

外地学生

改革开放后，萧山经济快速发展，外地民工大批涌入萧山，并呈逐年增长之势。解决外地民工子弟就学难题，已引起各级政府高度重视。2000年，全市有近15万外来创业人员在境内参加经济建设。市人民政府以公办学校作为吸纳外来创业人员子女入学的主渠道，并通过专项拨款、多方筹措资金、鼓励企业投资等措施开办外来民工子弟学

图34-8-847　安徽省霍邱县赴萧山外来工子弟学校（2000年4月，董光中摄）

校，基本解决外来民工子弟入学困难。是年，宁围镇有外来创业人员12204人，镇内公民办学校和幼儿园安排187名外来创业人员子女就读，其中初中27人，小学145人，幼儿园15人。南阳镇有外来务工298户635人，其子女74人就近安排在中小学和幼儿园就读，其中初中16人，小学46人，幼儿园12人。镇政府规定免收借读费，生活困难的学生享受减免杂费。

第二节　课　业

学制与课程

小学　1983年秋，境内一年级新生改为六年制，执行省教委颁发的《全日制六年制小学教学计划（试行草案）》，其余年级仍按1981年教育部颁发的《全日制五年制小学教学计划（试行草案）》进行教学。1992年9月，起始年级全面试行浙江省义务教育新课程，全市执行《浙江省义务教育试行教学计划》，使用省编新教材。1995年9月1日起，实行每周5天上课。2000年秋始，全市执行省教育厅修改的《浙江省义务教育试行教学计划》，并规定：城区五、六年级统一开设英语课，每周3课时；条件具备的学校，在四、五、六年级开设"信息技术课"，每周1课时。

初级中学　1985年后，学制为3年，执行《全日制六年制重点中学教学计划（试行草案）》。1993年9月，执行《浙江省九年制义务教育试行教学计划》。1986～1995年，农村不少初中先后开办"2+1"、"2+0.5"班，总称"2+1班"，即初中2年后，根据学生学业情况实行分流学习，一部分学生继续按原教学计划授课，另一部分按删减后的教学计划上课。部分学校开办"3+1班"和"3+x班"，即初中3年后继续在学校学习专门的生产技术，为今后参加当地经济建设打基础。1995年，实行新工时制，先以每周5天半过渡，9月1日起每周上课5天。2000年秋，全市执行省教育厅修订的《浙江省义务教育试行教学计划》。

普通高中　从1984年开始，二年制与三年制并存，分别执行教育部颁布的《全日制五年制中学教学计划（试行草案）》和《全日制六年制中学教学计划（试行草案）》。1987年秋始，不再分文、理科和不招收二类教学计划班，学制全部调整为3年，执行《全日制重点中学教学计划（试行草案）》。1990年9月起执行国家教委《现行普通高中教学计划的调整意见》，课程分必修和选修。1995年，实行新工时制，按省教委的调整意见进行教学。2000年，执行国家教委颁发的《普通高中教学计划》。

职业高中　学制有1年、2年和3年3种。一年制职业高中即初中毕业后留1年学习职业技术，称初中"3+1"，1989年终止。二年制职业高中自1995年以后逐年减少，到2000年仅在民办职业高中存在。实行三年制的为4所公办职业高中，专业设置根据企业和社会发展需要设立。2000年，全市开设的专业有机械（汽车修理）、计算机、文秘、化工、工艺美术、建筑、烹饪、旅游服务、服装、财会、电子电工、农艺、商业、幼儿保健与教育14个。分文化课、专业课、生产实习课3类。

中等专业学校　学制一般为2年和3年。全市开设的专业有50个之多。师范类专业统一使用国家规定的《中等师范学校教学大纲》，课程有必修课、选修课、课外活动和社会实践等；非师范类专业开设的课程，根据面向生产和社会需要的原则设置，设政治文化课、专业课和专业实习课。

作息时间

1995年9月始，学校每周上课5天。每节课时，小学40分钟，中学、中专一般为45分钟。学生每天在校时间（包括自习），小学不超过6小时，初中7小时，高中8小时。要求学生每天的睡眠时间，小学生9小时以上，初中生9小时，高中生8小时。夏令时节，中午在校用膳的学生安排午睡70分钟左右。

表34-8-616　2000年体育路小学作息时间表

午　别	项　　目	夏　令 (5月1日～9月30日)	冬　令 (10月1日～4月30日)
上 午	教师到校	7：30	7：40
	学生早操　晨间活动	8：00～8：20	8：00～8：20
	第一节	8：30～9：10	8：30～9：10
	第二节	9：20～10：00	9：20～10：00
	眼保健操	10：10～10：15	10：10～10：15
	第三节	10：15～10：55	10：15～10：55
	放午学	11：00	11：00
下 午	午睡（校内生）	12：00～1：15	
	预备	1：30	1：00
	第一节	1：35～2：15	1：05～1：45
	眼保健操	2：25～2：30	1：55～2：00
	第二节	2：30～3：10	2：00～2：40
	第三节	3：20～4：00	2：50～3：30
	放晚学	4：00	3：30
	教师离校	5：00	4：30

资料来源：萧山区教育局。

表34-8-617　2000年靖江初中作息时间表

午　别	项　　目	夏　令 (5月8日起)	冬　令 (10月8日起)
上 午	教师上班	7：00	7：20
	学生报到	7：05	7：20
	第一节	7：15～8：00	7：30～8：15
	第二节	8：10～8：55	8：25～9：10
	眼保健操	8：55～9：00	9：10～9：15
	第三节	10：10～10：55	9：25～10：10
	第四节	11：05～11：50	10：25～11：10
	午餐	11：50	11：10
下 午	教师到校	1：40	12：50
	第一节	1：50～2：35	1：00～1：45
	第二节	2：45～3：30	1：55～2：40
	眼保健操	3：30～3：35	2：40～2：45
	第三节	3：45～4：30	2：55～3：40
	课外活动	4：35～4：50	3：45～4：00
	清校	4：50	4：00
	教师下班	5：30	4：50

资料来源：萧山区教育局。

表34-8-618　2000年萧山中学作息时间表

午　别	项　目	夏　令 (5月7日起)	冬　令 (10月7日起)
上 午	起床	5：40	5：50
	早操	6：00~6：20	6：05~6：15
	早餐	6：20~6：45	6：15~6：45
	早自修	6：45~7：15	6：45~7：15
	正课预备	7：15	7：15
	第一节	7：20~8：00	7：20~8：00
	第二节	8：10~8：50	8：10~8：50
	课间操	8：50~9：10	8：50~9：10
	第三节	9：10~9：50	9：10~9：50
	第四节	10：00~10：40	10：00~10：40
	眼保健操	10：50~10：55	10：50~10：55
	第五节	10：55~11：35	10：55~11：35
下 午	午休	12：15~1：30	
	读报、唱歌	1：45~1：55	1：15~1：25
	第六节	2：00~2：40	1：30~2：10
	眼保健操	2：50~2：55	2：20~2：25
	第七节	2：55~3：35	2：25~3：05
	第八节	3：45~4：25	3：15~3：55
	课外活动	4：35~5：15	4：05~4：45
晚 上	晚餐	5：30~6：00	5：00~5：30
	晚自修（1）	6：30~7：45	6：30~7：35
	晚自修（2）	8：00~9：00	7：45~8：45
	熄灯	9：30	9：00

资料来源：萧山区教育局。

作业与考试

学生作业分课堂作业和家庭作业。小学一年级一般不留书面家庭作业。小学二、三年级每天家庭作业完成时间不超过30分钟，四年级不超过45分钟，五、六年级不超过1小时；初中不超过1.5小时，高中一般2小时左右。

考试分学期、学年和毕业3种。考试形式采取闭卷或开卷的书面方式，也有采用口试、操作等。成绩评定采用百分制、等级制、评语制。小学毕业考核：语文、数学为考试学科，其他为考查科目。语文、数学考试合格，思想品德考查合格，体育达到合格标准，准予毕业。初中毕业考核：语文、数学、外语、自然科学、社会5门为考试学科，其他为考查科目。各学科考试合格，思想品德考查合格，达到初中学生体育合格标准，准予毕业。1989年规定，初中学生修学期满，德、智、体、美、劳全面考核合格，文化课参加全市统一组织的毕业会考，成绩合格准予毕业；1997年改为初中毕业生的综合素质测评总等第合格以上者方可毕业。

课业负担

1988年，教育主管部门对城区部分小学一、二年级学生的课业负担情况进行调查，对部分初中三年级学生使用的复习资料进行抽样调查。1990年，对全市镇乡中心小学以上的部分小学进行督导检查。督查中发现部分城镇小学和镇乡中心小学存在学生在校时间过长，作业总量超过国家教委作出的规定，学生用练习册、习题集等资料有泛滥现象，考试、竞赛次数过多。有的学校，按教学计划规定的体育、文娱、科技、劳动和各种集体活动时间得不到保证，造成学生体质下降，近视率上升。初中毕业班学生受升学的压力，学习负担更重。据对3所初中130名初三学生所使用的各类学习资料统计，语文、数学、物理、化学、英语、政治、生物7门学科的资料达201种。资料来源有学校统一订购、任课教师代买、学生自购、同学互借，还有家长设法提供等。1995年，以调查情况为依据，市教育主管部门颁布《关于减轻学生过重课业负担的基本意见》，对学校进行经常性端正办学行为的专项督查，通过建立相应的管理制度、改革考试办法等措施减轻学生过重的课业负担。1996年，回澜小学等学校提出"不搞苦练出成绩，提高40分钟课堂教学效率"等举措，与家长沟通思想，提高对"减负"的认识。

中小学生课业负担过重是全社会普遍关心而尚未得到解决的问题。2000年，据调查，全市仍有部分学校违反教育规律，随意增加课时、超纲授课、滥发资料、频繁补课、作业布置超负荷、考试过多，导致学生过重的课业负担。有的家长还要学校和教师加码补课，加重了学生的心理负担。市教委针对存在问题，发出《关于减轻中小学生过重课业负担的通知》，作出12条规定。①减轻学生过重课业负担的关键在于提升教师的素质和课堂教学的效率，教育主管部门要求各学校（单位）以主要精力抓好这两项重要工作，切实减轻中小学生的过重课业负担。

①12条规定是：1.停止编印2000学年初中、小学单元活页练习，未经教委同意，学校不得给学生订购各种资料；2.教师只对自己所教班级、学科学习有困难的学生补课，并不得收取报酬；3.小学一、二年级不留书面家庭作业，其他年级书面家庭作业控制在1小时以内；4.小学除语文、数学每学期组织一次期末考试外，其他课程不得组织考试；5.小学生学业成绩评定实行等级制，取消百分制；6.初中一、二年级周六上午，只允许学校组织学生自愿参加的兴趣小组活动，不得以班为单位上课或补课；7.重申初中、小学一律不准分快慢之类班；8.重申初中生住校审批制度；9.小学四年级以上学生享受每学期3天创作假；10.小学、初中下午放学实行清校制度；11.推荐系统先进时，若发现有学生课业负担过重情况，实行一票否决制；12.欢迎新闻单位、学生家长、社会各界对学生课业负担过重的情况用各种形式反映举报，一经查实且问题严重的坚决予以曝光。

第三节　健康状况

1984年4月，萧山县中小学建立、健全"学生体质、健康卡片"档案制度。以后每学年进行一次学生体质健康检查，列入学生档案。1985年，小学一年级入学新生凭儿童保健卡或健康证明入学，其他学生升学、转学必须有学生体质、健康档案。1986年和1987年，全县59所小学，分别有学生4.08万人和3.04万人服用"左旋咪唑"驱虫，使蛔虫感染率下降。1987年，学生中一度头虱流行，经调查，小学生2.75万人中，有头虱（包括虱卵）寄生的1.82万人，寄生率66.19%。后经采用高效灭虱剂集体治疗，有效率达85%。

1989年，市教育主管部门对150所学校的学生5.46万人开展健康监测和体格检查，对近视眼、肠道寄生虫常见病进行有效防治，健全学生健康档案制度。是年10~11月，在中小学学生中统一服用药品除肠道蛲虫。

1992年9月，市教育主管部门和防疫部门对全市41所中心小学以上学校进行学生健康监测，对发现的常见病给予及时矫治，并对学生视力作抽样调查，近视率为25.44%。1996年，全市开展预防近视眼和龋齿的宣传活动，在城区初中、小学进行窝沟封闭防龋试点，开展碘缺乏病和肠道蛲虫病的防治知识教育。是年，对高中一年级学生体检增加验血项目，发现在初中阶段乙肝表面抗原阳性率增幅较大（初一学生查705人，阳性率6.60%；高一学生查3373人，

图34-8-848　劲松小学学生做课间广播操（1999年12月摄，劲松小学提供）

阳性率12.30%）。市教育主管部门、卫生防疫部门召开专项会议，采取相应防治措施。1999年6月，市卫生防疫部门在萧山中学、回澜初中、体育路小学进行"好视觉"滴眼液防治近视眼的试点工作。

1985～2000年，全市学生体检1111170人次。

表34-8-619　1985～2000年萧山学生健康体检情况

单位：人

年份	人数	视力疾病	沙眼	龋齿	头虱	鼻病	心脏疾病
1985	7577	2357	1957	2179		221	25
1986	36085	6769	5296	7157		274	533
1987	23817	5362	4189	4406	18591	420	344
1988	38067	6427	4621	8414		524	61
1989	54595	10421	8512	12801		1360	413
1990	53298	10743	8930	12250	5539	1825	329
1991	63651	15211	10020	14392		2951	393
1992	72279	18388	9629	15559	1902	2096	364
1993	78319	16915	11377	18401	697	1452	295
1994	88908	21714	15036	27664	856	2713	84
1995	92103	26053	12519	27331	188	2828	284
1996	92430	27716	10907	25734	417	2949	201
1997	94590	29123	5227	31594	640	2295	103
1998	101299	30869	3999	33641	782	1869	92
1999	100316	30947	2966	28874	435	2104	164
2000	113836	40738	2361	31835	209	1287	488

注："头虱"一栏中，1987年检查人数为27541人，1990年检查人数为14475人。

【附】

萧山中小学生生长发育和营养状况调查

1980年，县卫生防疫站抽样调查境内小学、初中、高中各2所在校全部学生4462人（男生2383人，女生2079人）。2000年，市卫生防疫站与市教委合作，开展"萧山市中小学生20年生长发育趋势比较研究"。调查学校与1980年相同，采取测量和问卷相结合的方法，调查全部在校学生5762人（男生2935人，女生2827人）。内容有生长发育形态指标（身高、体重、胸围）、生长发育机能指标（脉率、呼吸差）、第二性征指标（月经初潮、首次遗精）和影响生长发育的因素（营养、饮食习惯、家长文化程度、家庭经济状况）。经分析比较，2000年男生身高、体重、胸围分别比1980年平均增长4.07厘米、6.56千克和3.12厘米；女生平均增长3.76厘米、5.06千克和4.31厘米；月经初潮、首次遗精出现年龄提前1～2年，说明萧山市中小学生生长发育状况呈现增长加速趋势。与同期全国学生体质调研结果相比，全市中小学生生长发育水平高于汉族农村学生，接近汉族城市学生。全市中小学生的营养状况也发生变化，学生营养不良率1985年为34.36%，2000年下降到23.57%；肥胖率由1985年的0.17%上升到2000年的7.11%，增长近41倍，控制儿童肥胖已刻不容缓。

（资料来源：萧山区教育局）

第四节 学生组织

中国少年先锋队

中华人民共和国成立后，萧山各小学普遍建立中国少年先锋队①（以下简称少先队）组织，开展适合少年儿童的丰富多彩的活动。

1984年，全县召开少先队建队35周年庆祝会，举行首届少先队大检阅。1989年10月13日，全市少先队组织隆重集会，开展庆祝建队40周年纪念日活动。1999年，全市各镇乡开展少先队工作自查、互查。市少年工作委员会对全市少先队组织进行抽查，表彰了一批先进集体。2000年，全市有少先队员 11万余人。

①1953年以前，称中国少年儿童队。

中国共产主义青年团

1950年起，县内各中学相继建立中国共产主义青年团②（以下简称共青团）组织。共青团组织在学生思想建设和完成学业中发挥积极的作用。1989年11月，衙前中学团委组织高中一年级共青团员200余人在李成虎烈士墓前举行入团宣誓仪式。有的高中还建有团校。1992年，萧山中学团校被评为浙江省最佳团校；2000年，萧山中学被团省委、省教委授予"浙江省中学生跨世纪素质培养曙光计划省级达标学校"称号。至2000年末，全市学生中有共青团员15608人，团委34个，团总支部37个，团支部441个。

②1957年5月以前，称中国新民主主义青年团。

改革开放以来，学校党组织开展在优秀共青团员中发展中共党员的工作。1985年5月，萧山中学学生许京怀成为萧山新时期第一位中学生党员。1994年11月，萧山中学成立业余党校；至2000年末，该校业余党校举办5期，学员592人，递交入党申请书145人，有17人被批准加入中共党组织。1999年，电大萧山学院党组织成立业余党校，有161人接受党的知识培训，98人递交入党申请书，4位学生被上级党委批准为中共预备党员。至2000年，湘湖师范学校发展学生党员52人，萧山三中发展学生党员2人。

③学生自治会，组织形式因校而异。民国10年（1921），衙前农村小学校在学生中成立自治会组织，在校内设纠察部，由学生自行选举纠察员进行管理。学生自治会在校外参加各项社会活动。民国18年3月25日，浙江省立乡村师范学校（简称湘师）学生自治会成立，带领学生参加民主进步活动。民国33年5月，萧山县立初级中学建立学生自治会。民国35年，湘师学生自治会在学校地下党的领导下组建各种文艺社团，开展"要和平、要民主"的活动。民国36年1月1日，县立初中学生自治会在学校"重新创立四周年纪念会"上捐助12万元，捐赠《初中学生文库》《萧山县志》各1部。

学生会

民国时期，以学校为单位建立学生自治会③组织。中华人民共和国成立后，学生自治会改为学生会，1956年，全县初中以上以学校为单位建立学生会，学生会干部基本与班级干部相结合。全校性集体活动每学期2次～3次。

1985年始，全县中学每学年开展"三好学生"（思想品德好、学习好、身体好）评选活动。1994年起，贯彻《中学生日常行为规范》，各校学生会在严格校规校纪，加强良好校风、学风建设，培养学生自我管理、自我服务、自我约束等方面起带头作用。1995年后，全市各学校学生会发动各班级在学生中开展学术、科技、体育、艺术和娱乐活动，加强德育教育，建设健康生动的校园文化，净化校园环境，抵制消极腐朽思想的渗透和影响，把学生吸引到自己的周围，从而成为学校教育青少年的重要纽带。2000年，参与全市中小学艺术节。④

④2000年10月14～18日，首次举办全市中小学生艺术节，共设10个比赛项目，分设20个专场进行比赛。各学校学生会积极进行组织发动工作，全市90%以上的中小学校参加了艺术节活动，10003名中小学生直接参加了各项比赛，充分展示了萧山中小学生的艺术风采。

【附】

班干部心理素质调查

　　1998年，朝晖初级中学对班干部和非班干部的智力、学业成绩、性格特征、心理健康状况、自我概念和教师评价进行问卷调查。调查发现：班干部的智力、学业成绩、心理健康状况、自我概念和教师评价均比非班干部要好，存在的主要问题是在某些性格特征上比非班干部差。根据调查结果，在实验班对班干部存在的性格特征采取具体分析、小组心理辅导、严格要求和积极评价等措施。通过一年的培养，使班干部队伍的心理素质有了较大提高，学生普遍对班干部班级管理感到满意。

　　调查结果显示：

　　1．班干部在智力、学业成绩方面比非班干部绝对优异，差异极其显著。

　　2．班干部与非班干部的性格12种因素比较：在情绪特征的稳定性、强度、主导性，意志特征的独立性、自制性、坚持性、果断性，理智特征的灵活性8个方面，非班干部得分均高于班干部，其中主导性和果断性方面差异显著。而只有情绪特征的持久性和理智特征的思维性、求知欲、权衡性4个方面，班干部得分高于非班干部，其中只有权衡性班干部得分显著地高于非班干部。

　　3．心理健康状况，班干部在焦虑、抑郁、恐怖和敌对4个方面均好于非班干部，而焦虑方面班干部与非班干部比较，差异非常显著。

　　4．班干部比非班干部的自我概念水平都要高，在数学、一般自我概念、言语、一般学校情况、同性关系、异性关系、总体自我概念7个方面都有极其显著的差异。但在外貌、诚实、体能、情绪、与父母关系5个方面没有显著差异。

　　5．教师对班干部的评价比对非班干部的评价显著要高。即教师认为班干部在学习能力、学习态度、诚实、外貌、体能、与人关系和总体上讲都比一般同学要好，而且差异均达到极其显著的水平。但是这与学生的自我评价不一致，学生的自我概念在诚实、外貌、体能上班干部与非班干部没有显著差异。

（资料来源：根据萧山区教育局提供资料整理[1]）

第五节　学生活动

　　学生活动主要有校内活动（后称第二课堂）、校外活动（假日活动）和社会活动3类。

　　校内活动

　　学期初，学校共青团、少先队、班组织均制订活动计划，每周有活动安排，并列入课表。活动内容有学习（包括学科、科技）、体育、文艺、团队

图34-8-849　劲松小学美术节学生书法展示（1996年3月摄，劲松小学提供）

图34-8-850　城东中心小学少年警校学员在训练中（2000年4月摄，区教育局提供）

[1]作者为萧山市朝晖初级中学郭鹤鸣、来尧林。1999年在全国教育学会德育专业委员会组织的第八次中小学现代班集体建设科学理论研讨会论文评比中获一等奖。本附有删节。

（包括班会、学生会）等。1984年，体育路小学"爱科学，动手动脑"活动获全国集体奖，6个作品获全国一等奖。1985年11月，在西兴镇小召开萧山县第二课堂教学活动现场会。会上，西兴镇小介绍"改革第一课堂，开辟第二课堂，全面提高教育质量"的做法，与会者参观了该校科技、航空模型、田径、舞蹈、园艺、点心制作等21个课外兴趣小组的活动。是年，全县首届第二课堂活动成果展览在县青少年宫举办。展出作品有科技制作、书法美术摄影、工艺、标本、自编小报5大类340余件。评出团体奖6个、个人一等奖4个、二等奖10个、三等奖30个。以后，每两年举办一次。

1993年，在杭州市七县（市）"小发明、小制作、小论文"展览中，萧山获一等奖2个，二等奖4个，三等奖5个。1996年，全市有中小学生7万余人参加国家教委和中宣部联合发起的"热爱祖国，立志成才"读书活动。是年，全市向"希望工程"及"一帮一"助困活动捐款38万余元。

1997年，全市中小学有合唱、舞蹈、器乐、绘画、书法、体育、文学、科技等课外兴趣小组900余个。有学生铜管乐队13个、民族乐队4个、腰鼓队4个，镇乡中心小学都有鼓号队。音乐课摒弃传统单一的教学模式，将器乐、舞蹈、戏曲引进课堂。全市有中小学生4.50万人会吹口琴或竖笛等简易乐器。

1999年，全市中小学开展科普、科技教育活动，参与率达90%以上。是年，举办科普科技活动10次，在活动中获全国奖54项次（其中包括国家体育总局颁发的金牌4块、银牌5块、铜牌4块）、浙江省级奖61项次、杭州市级奖124项次。

图34-8-851　前进初中武术节团体表演（2007年5月，萧山区教育局提供）

2000年8月29日，湘湖师范学校附属小学学生制作的少年儿童团体网站开通，是浙江省内第一个由小学生制作的网站。

校外活动

清末和民国时期，境内学校就开展学生校外活动。①中华人民共和国成立后，学生校外活动更加丰富多彩。②

1986年，青少年宫为中小学生开展假日活动，开设书法、美术、舞蹈、无线电维修等培训班8期14班，培训学生319人次。参加假日培训活动的中小学生主要来自城区和近郊，少数来自较远农村。1989年，增设电子琴、钢琴、二胡、笛子、琵琶、古筝、小提琴等艺术培训班和计算机、航空模型等科技培训班。以后，又增设文学写作、奥林匹克数学、少儿剑桥英语、棋类、球类、武术等项目。1995年起，每年培训6000余人次，其中发现一批艺术、科技苗子。1995年，绘画班学生吴玉辉设计的作品获杭州市首届中小学生艺术节节徽设计

①清光绪三十二年（1906），萧山县城明新、诚明女子学堂，义桥群英、毓秀女子学堂加授编织、刺绣等科的部分作业，要求学生于课外或回家完成。

民国时期，境内部分小学校利用课余时间，组织师生外出游览参观，春、秋两季则定期举行远足旅行。民国14年（1925），衙前农村小学校学生于"五一"国际劳动节上街游行，边行走边唱《劳动歌》。民国19年始，萧山县立仓桥、河上店、党山、长河等小学举行童子军野外宿营，练习野外生活。

民国28年，绍萧共立临浦小学组织学生上街进行《打杀汉奸》《千人针》等游艺表演；河上中心国民学校学生在教职员带领下，参加编写壁报、油印小报、街头演出等抗日救亡活动。民国34年，县立初级中学学生"庐山剧团"赴楼塔公演，参加县城各界公祭殉难忠烈典礼。

②中华人民共和国成立后，中小学配合当地中心工作，组织学生上街宣传以及参加拔草、除虫等简单的农业生产劳动。1951年，长河区中心小学配合土地改革工作搞宣传，师生同台排练《血泪仇》《三世恨》等剧目，常赴乡村巡回演出。1954～1956年，组织学生参加劳动实践，进行开荒、除虫、拔草等劳动。1958年，各中小学组织师生参加"双夏"劳动。1963年后，境内中小学生校外活动以雷锋为榜样，参与公益劳动，到社会上扶老携幼，为烈军属、"五保"户做好事。"文化大革命"后，进一步发展为"学雷锋、树新风"活动。1979年开始，中小学生又广泛开展"人人爱科学、争戴新风尚小红花"、"五讲四美三热爱"、"红领巾读书读报"等活动。1983年以后，全县各级各类学校每年都要制订爱国主义教育活动计划，通过组织学生调查、参观纪念馆、访问烈军属、祭扫烈士墓等校外活动，对学生进行爱国主义教育。1984年，萧山县人民政府创办青少年宫，翌年对外开放。

①民国10年（1921），地处水乡的衙前农村小学校提出"上船会摇、下船会挑"的要求，常组织学生访贫问苦，帮助农民识字，干力所能及的农活。民国19年5月，中共浙江省立乡村师范学校地下组织组织学生7人，赴湘南农村作社会调查，了解农民私有土地、租赁土地和全年收支情况，宣传农民生活贫困的根源，启发反封建剥削的革命觉悟。民国35年，湘师学生会、各班级班委和文艺社团（嗒嗒歌咏团、醒民剧团、锄声文艺团）等学生组织分别到县城城隍庙等地公演，开展"要和平、要民主"宣传活动。1949年5月5日中午，湘师学生集队手擎红旗，敲锣打鼓来到萧山汽车站前公路上迎接解放大军。

②中华人民共和国成立初期，全县中小学学生多以文娱活动形式到村头田边宣传党的方针政策，表达人民解放后的欢乐心情。1951年，长河区辅导中心学校配合开展抗美援朝、动员参军和增产捐献活动，学生排练文艺节目到区政府所在地裘七房参加文艺演出。1958年，全县中小学生组织"晚呼队"，开展宣传活动。1969年始，组织学生到工厂、农村去参加"阶级斗争"、生产劳动，开展学工、学农、学军活动。

1978年，中小学校全面恢复共青团、少先队组织活动，恢复学校中的各种学习小组和科技小组，学生参与社会活动逐步走上正轨。瓜沥镇中心小学组织学雷锋小组152个，定每月5日为学雷锋日，开展为"五保"户送温暖活动、去公共场所开展公益服务。1982年，南阳公社横蓬小学少先队大队部组织少先队员成立校外红领巾服务队。其中"红领巾路灯"获全国"快乐的小队"活动奖。

大奖赛特别奖；该生于杭州师范学院毕业后，考入中国美术学院读研究生。1997年，计算机班学生来煜坤获全国奥林匹克（信息）竞赛二等奖；是年，该生被清华大学计算机信息系录取。小提琴班学生王磊就读浙江省艺术学校，后考入上海音乐学院小提琴专业，毕业后赴比利时音乐学院读研究生，2000年末，获比利时小提琴比赛第一名。

2000年，全市中小学生参加青少年宫假日艺术类培训5239人次，科技类1010人次，学科类5587人次。毛笔书法班学生在省教育厅组织的艺术特长生测试中，获书法A级资格的学生占全省该项目总数的50%。

1988～2000年，萧山市中小学生参加青少年宫各类校外活动：书法17376人次；美术15386人次；音乐6536人次；舞蹈4925人次；电子计算机7121人次；英语11485人次；写作11452人次；奥林匹克数学4986人次；无线电维修71人次；航空模型179人次。并参加各级竞赛，其中书画获国家级奖1561人次、浙江省级奖371人次、杭州市级奖464人次；舞蹈获浙江省级奖2人次；电子琴获杭州市级二等奖1人次；奥林匹克（信息）竞赛获国家级二等奖1人次；青少年航空模型获国家级奖57人次、浙江省级奖111人次、杭州市级奖218人次；青少年电子百拼制作获国家级奖114人次、浙江省级奖168人次、杭州市级奖179人次；计算机绘画获国家级奖20人次；青少年无线电测向获国家级奖79人次、浙江省级奖115人次；青少年航海模型锦标赛获浙江省级奖249人次、杭州市级奖176人次。

社会活动

民国时期，境内学校组织学生开展社会活动。①中华人民共和国成立后，学校根据当时政治思想教育、中心工作和学校教育的要求确定社会活动的内容和时间。②

改革开放以来，全市（县）各学校对学生开展思想政治教育，引导学生走向社会，开展多项有意义的社会活动，在实践中提高素质和才干。1985年，南阳镇横蓬小学"红领巾冻疮防治队"、"红领巾伞"校外社会活动获全国"创造杯"奖。

1989年，全市各级学校成立家长学校，聘请校外辅导员，动员全社会关心青少年的健康成长。1990年，全市中小学组织学雷锋、学赖宁小组，开展"走向社会做好事"活动。并在全市中小学生中开展"四个一"活动：为人民、为社会做一件

图34-8-852　市第二中等职业学校舞蹈《钱江潮鼓》获省民间舞蹈金奖（2000年9月摄，区教育局提供）

好事；读一本好书；结合农村党的基本路线教育，作一次家庭生活提高的小调查；向家长、邻居、朋友进行一次宣传（宣传赌博危害大；讲科学、不迷信；宣传坏书坏报毒害深；社会主义制度好，共产党领导好；文明礼貌关心他人好）。翌年，全市仅初中就有11500人次参加各种形式的"为社会服务活动"。1995年起，全市中小学聘请公安干警、司法干部、老干部、离退休教师和社会知名人士担任校外辅导员；各学校配合镇乡、街道办事处成立教育领导小组，利用假期组织学生开展社会活动。1998年寒暑假，城厢镇10710名中小学生参加镇教育领导小组组织的"儿童公园讲文明"、"福利院里献爱心"、"我看萧山新变化"、"小小宣传队"等社会实践活动。1999年，市关心下一代工作委员会组织老同志讲师团，利用学生假期，开展举办主题夏令营和纳凉晚会、参观博物馆等活动。

2000年寒假，市第二高级中学有17支"青年志愿者"服务小分队活跃在13个镇乡。朝晖初中学雷锋小组活跃在学校德育基地、青少年志愿者服务点、大型场所、居民小区、福利院等地方，活动110次，参加人数834人。城北中心小学的85支雏鹰假日小分队，90%以上的学生参加活动，以学习辅导员、文明宣传员、护校保洁员、敬老慰问员、爱心服务员的活动为主要方式，做到班班有服务点，人人有服务岗位。暑假前，城厢镇人民政府成立儿童少年协调委员会。假期中，全镇中小学生参加调查访问、参观劳动、慰问联欢、法制讲座等多种有意义的活动。高桥小学学生1200人参加南市、潘水、泰和等5个居委会"红领巾巡逻队"、"我是普法小使者"、"环保护绿小分队"等活动。开学初，市教委收到《假期我最得意的一件事》和《假期影院》征文745篇，评出一等奖65篇，二等奖112篇，三等奖201篇。

第六节 升 学

民国时期，境内学校向社会输送了一批有用人才。[①]中华人民共和国成立后，萧山各级学校全面贯彻党的教育方针，为上级学校输送了大批合格的新生和社会主义建设者。[②]

1985年，全县高中毕业生1695人参加高校招生考试，考入高校382人、高中中专214人。另有初中毕业生292人考入初中中专。至2000年末，报考普通高校的高中毕业生累计26664人，被高校录取12518人，其中飞行员7人；报考高职院校1594人，录取873人；报考高中中专8413人，录取2368人。

1995年，全市普及九年制义务教育，小学毕业升初中比例为99.53%；初中毕业升高中比例为53.52%。2000年，初中毕业生升入普通高中4788人，升入中专、技校、职业高中6264人，升学率为84.10%；高中毕业生被高校录取2231人，其中文科637人，理科1449人，艺术、体育类135人，保送生10人。[③]

萧山输送的高中毕业生，经高等院校深造、出国留学和社会实践，涌现了一批高职称、高学历的专门人才，在各自的工作岗位上发挥作用。

① 民国17年（1928）6月至民国38年4月，省立乡村湘湖师范学校先后输送毕（结）业生1404人，大部分学生奔赴省内各地担任中小学教员，有的从事中共地下党工作，为抗日战争、"反饥饿、反内战、反迫害"的斗争作出贡献。萧山县立简易师范学校毕业80人，耕耘在境内农村小学，充实萧山农村小学教员队伍。民国35年秋，萧山县立初级中学第二届初中毕业生投考杭州市高级中学，其录取人数的百分比列全省初级中学之冠。

1949年5月，湘湖师范学校学生107人参加中国人民解放军。

② 1950年10月，湘湖师范学校输送毕（结）业生203人，响应国家号召，参加土地改革运动。

1977年始，恢复高校招生统一考试制度。是年，境内中学向高等院校、中等专业学校和技工学校输送新生551人。1978年，高校招生报名人数6703人，经考试后，高校录取196人；参加中等专业（含技工）学校考试13808人，录取788人。1979~1984年，萧山中学、临浦中学、衙前中学等学校为大专院校输送合格新生1446人，大多数学生能发扬刻苦学习精神，成绩优秀，毕业后继续深造，成为社会主义现代化建设各条战线的优秀人才。

③ 2000年，全市有546名职高学生考上高等职业院校。高等教育自学考试报考14399人，29540课次。是年，电大萧山学院2000年招收本专科学生1342人，使本专科在校学生达2495人，比上年增加341人。

表34-8-620　1995～2000年萧山市初中毕业生升学情况

单位：人

年份	毕业生	升学	普通高中	职业高中	中专 技校	普通高中与职高、中专、技校招生比
1995	14959	7811	2890	3237	1684	37:63
1996	11582	7436	2401	2911	2124	32:68
1997	11567	8167	2700	3164	2303	33:67
1998	12510	9655	3942	3390	2323	41:59
1999	12434	10029	4191	2715	2123	42:58
2000	13141	11052	4788	3541	2723	43:57

注：2000年升学数中含在外地读普通高中236人。

表34-8-621　1985～2000年萧山高中毕业生升学情况

单位：人

年份	普通高校			高职院校		高中中专	
	报考人数	录取人数	飞行员	报考人数	录取人数	报考人数	录取人数
1985	1695	382	0	—	—	—	214
1986	1166	356	0	—	—	987	209
1987	1090	438	0	—	—	1764	169
1988	1141	391	0	—	—	1339	174
1989	1282	400	1	—	—	1196	103
1990	1191	493	1	—	—	749	98
1991	1426	440	1	—	—	621	103
1992	1248	522	0	—	—	707	109
1993	966	551	0	—	—	490	193
1994	858	649	0	—	—	560	235
1995	1844	995	2	—	—	—	242
1996	1947	940	0	—	—	—	195
1997	2379	910	0	117	71	—	158
1998	2745	1155	1	281	122	—	166
1999	2862	1665	1	428	173	—	—
2000	2824	2231	0	768	507	—	—

注：①1985年、1995～1998年高校、高中中专兼报，报考人数不分开统计；1999年开始取消报考高中中专。
②1997年起，高等职业院校纳入高校招生计划，实行单独报考。

第九章 教育管理

　　清末至民国时期，境内就设有教育行政管理机构。[①]中华人民共和国成立后，教育行政管理机构不断完善。[②]1984年2月，县文教局撤销，成立县教育局；1996年11月，市教育局改名为市教育委员会（简称"教委"），领导和管理全市教育行政工作，并管理14所直属学校。[③]

　　1973年1月至1992年5月，全市（县）设各区、城厢镇教育办公室（后更名为中心学校），为市（县）教育局派出机构，接受教育局和当地党委、政府双重领导。1992年6月撤6区中心学校，建镇乡中心辅导学校，接受所在地镇乡党委、政府和教育局领导，管理本镇乡所属的幼儿园、小学、初中、成人教育工作。

　　市政府加大财政投入，教育系统加强教育管理和教育督导工作，更新教学设施设备，开展勤工俭学，有效地改善办学条件，促进教育事业发展。

第一节 教育经费

经费来源

　　旧时，萧山教育经费的投入十分有限。[④]中华人民共和国成立后，人民政府对教育经费投入力度不断加大。[⑤]

　　1985年，教育经费总收入1605万元，其中财政拨款经费1192万元，学杂费76万元，勤工俭学51万元，捐助款286万元。至2000年，教育经费总收入48258万元，其中财政拨款经费24602万元，学杂费6896万元，勤工俭学249万元，捐助款1327万元。

　　财政拨款经费包括财政预算内经费、财政专项基建补助款（含上级补助）。

　　预算内教育经费 1985年，萧山县财政预算内教育经费拨款1189万元，1990年3130万元，1995年9914万元。到2000年达22446万元，比1985年增加17.88倍。

　　财政专项基建补助款 1985年财政专项基建拨款3万元，1990年11万元。1993年5月1日起，市人民政府对城市规划区范围内建造商品住宅均征收每平方米15元的学校配套建设费，收缴的经费由财政专户储存专项用于新建学校。1994年财政专项基建经费收入252万元。1996年，在城厢镇范围内建造的商品房，征收每平方米20元的

①清光绪三十二年（1906）8月，萧山县劝学所成立，为萧山县首次设立教育行政机构。民国18年（1929）7月，成立萧山县政府教育局。民国24年7月，萧山县政府教育局更名为萧山县政府教育科，直至民国38年4月。

②1949年5月萧山解放，县人民政府设文教科。1956年3月，县人民委员会撤文教科，设文教局。1967年12月，组建萧山县教育革命领导小组，下设县教育革命办公室。1970年10月，建萧山县文教局革命领导小组，撤销县教育革命办公室。1977年11月，撤销县文教局革命领导小组，重建萧山县文教局。

③即：浙江广播电视大学萧山学院、萧山市教师进修学校、萧山中学、萧山第二高级中学、萧山第三高级中学、萧山第五高级中学、萧山第六高级中学、萧山第八高级中学、萧山第九高级中学、萧山市第一中等职业学校、萧山市第二中等职业学校、萧山市第三中等职业学校、萧山市第四中等职业学校、萧山聋哑学校。

④清末，萧山官学经费来源于银库、地方捐税和学田，私塾经费由创办者筹措，义塾由宗祠产、社产、会产支拨。清光绪十六年（1890），长河来氏义塾创办，有学田320亩。光绪三十三年，环河初等小学堂（今河上镇中心小学）经费由学田5亩、文昌会田20亩租收支用；临浦两等小学堂（现临浦镇一小）常年基本资金有学田21亩、市房4所、浙路股票5000元；桃源乡第一谢氏初等小学堂经费出于谢氏宗祠田租及义仓积谷拨给。南沙初等小学堂（现坎山镇中心小学）初办时，经费由南沙茧行负担。

民国时期，县立学校经费由政府拨助，区、乡学校经费由当地筹集，私立小学经费由兴办者自筹。

⑤中华人民共和国成立后教育经费来源，主要包括政府财政预算内安排的教育经费和其他来源（学杂费和地方自筹、政府补助）两大类。1952年，全县农村小学转为公办，教育经费逐步实行多渠道筹措，县拨款成倍增加。1956年为98.50万元，1965年达150.50万元。1978年党的十一届三中全会以后，教育投资增长较快。经费来源有省"戴帽"下达经费、县地方财政拨款、社队投资、个体捐款、勤工俭学和学生缴杂费等，其中以政府拨款为主。1978年，全县教育经费为386.50万元。1980年，全县教育经费总投入523.10万元。1983年，国家拨教育经费730.50万元，地方补助119万元，小集镇和社队集资88.80万元，勤工俭学用于教育76.21万元，杂费收入25.40万元，合计全年教育经费达1039.91万元。

1984年12月，贯彻国务院关于筹措农村学校办学经费的通知。是年，全县教育经费达1431.74万元。其中国家拨690.30万元，县补助259.90万元，乡镇集资347.60万元，勤工俭学收入用于教育90.94万元，杂费收入43万元。

教育配套费，其余镇乡征收每平方米10元的教育配套费，经费全部用于教育事业发展项目和镇乡重点教育项目补助，自当年12月1日起执行。1997年财政专项基建收入1936万元，2000年达2156万元。

预算外教育经费包括各级政府征收的教育事业费附加、勤工俭学收入、捐集资收入、学杂费收入等。

教育事业费附加 1986年，对缴纳产品税、增值税、营业税（以下简称"三税"）的单位和个人按缴纳数额的1%征收教育费附加，当年征收教育费附加282万元，占预算外经费收入的50%。1991年，对其他不缴纳"三税"的单位和个人以销售收入（或营业收入）为计征依据，按3‰征收教育费附加；1993年，提高到4‰。1994年，向农民个人征收农村教育事业费附加，每人每年10元。1995年，外商投资企业按"三税"总额乘中方投资比例的3.50%计征。1999年，对农民个人征收部分按农民上年人均纯收入的1.50%～2%计征。2000年，教育费附加收入13919万元。

学杂费 1985年，中小学每学期的学杂费标准：小学低年级（一、二年级）2.50元，中年级（三、四年级）3元，高年级（五、六年级）3.50元；初中（包括职业初中）走读生4.50，住校生6.50元；高中（包括职业高中）走读生7.00元，住校生9.00元。到2000年，城厢、临浦、瓜沥、义盛镇小学为55元，其他镇45元；城厢、临浦、瓜沥、义盛镇初中为85元，其他镇70元；重点高中1000元，一般高中600元，扩招生：萧山中学4000元，其他重点高中3000元，一般高中2000元；重点职高1000元，一般职高750元，扩招生2000元。

借读生费 1990年，中小学对户口不在本镇乡的借读学生收取借读费，小学每学期（下同）70元、初中110元。1993年，改称教育补偿金，小学140元、初中220元。1997年，又称借读生费，小学300元、初中600元。收取借读生费后不再缴纳学杂费。2000年，小学借读生费400元，初中800元。

代管费 包括课本、作业本、讲义费、班会费、音像教材费。1997年，代管费最高收费额度：小学150元，初中200元，高中250元。1998年，实行限额标准：小学200元，初中250元，高中（职高）300元。

捐资助学 1985年，全县捐资办学经费收入286万元，1990年442万元，1995年1934万元，2000年2592万元。

勤工俭学收入 1985年51万元，1990年100万元，1995年363万元，1996年达到540万元。后，校办企业实行转制，上缴利润大幅度减少。2000年为249万元。

其他收费项目 1993年始，对小学、初中（含幼儿园）新生报名费、搭伙费、住校生住宿费、自行车停车费、小学生困难班管理费、学生参加兴趣活动费均作出规定。

经费使用

预算内教育经费，即由政府财政拨款的教育经费，包括人员经费、公用经费、教育行政费和基本建设专项经费等。

人员经费 1985年，预算内教育经费1162万元，其中人员经费734万元，占教育经费的63.17%。1993年工资改革后，人员经费增长较快。1994年，人员经费支出6157万元，占预算内教育经费的72.60%。2000年，人员经费支出18096万元，占预算内教育经费的80.62%。

公用经费 1985年428万元，1990年1294万元，1995年2835万元，2000年4350万元，达到生均公用经费逐年增长的要求。

预算外教育经费，除教职工工资不予开支外，其余各项使用与预算内教育经费支出相同。1985年，预算外资金支出388万元。以后，预算外资金收入和支出同比例迅速增长。2000年，全市预算外资金支出23100万元，是1985年的59.54倍。

经费管理

管理机构和制度 1987年，教育主管部门建立教育系统内部审计小组，对当年系统内的预算内、外资金进行财务审计。以后，每年年底，各学校（单位）都组织力量对财务收支进行自查、互查。1997年，市教委颁发《关于加强和规范学校财务管理的若干意见》，并配备1名专职财务内部审计人员。1998年，进一步规范收费行为，建立收费督查机制，实行学校财务公开和教育系统干部离任审计制度，接受群众监督。

中小学校收费管理 1997年，全市学校实行学生收费登记证制度，由市物价主管部门监制，教育主管部门统一印发，每生一证。1999年，市教育主管部门和物价主管部门联合发出《关于印发萧山市学校代管费收支管理的实施细则的通知》，对代管费的开支范围、账户科目、管理办法作出明确规定。

人民教育基金

1990年，人民教育基金设立，市财政拨款50万元作为人民教育基金的启动资金。1991年，教育主管部门倡议全市教育系统师生开展捐款活动，捐款合计78.26万元。1992年、1993年，各校办企业捐款32.43万元。2000年，香港伟星发展公司资助人民币50万元，至年底，捐款累计165.72万元，利息等226.23万元，合计391.95万元。根据《萧山市人民教育基金会章程》第五条规定，教育基金全部用于发展教育事业，促进九年制义务教育的实施，奖励对教育事业作出显著成绩的团体和个人。

表34-9-622 1985～2000年萧山中小学收费标准变动情况

年 份	小 学		初 中		高 中 学 费	
	杂 费	借读费（教育补偿金）	杂 费	借读费（教育补偿金）	普通高中	职业高中
1985～1987	一、二年级2.50元，三、四年级3元，五、六年级3.50元	0	走读生4.50元，住校生6.50元	0	走读生7元，住校生9元	走读生7元，住校生9元
1988～1989	一至三年级7.50元，四至六年级9元	0	15元	0	杂费15元，学费25元	杂费15元，学费25元
1990	一至三年级7.50元，四至六年级9元	70元	15元	110元	杂费15元，学费25元	杂费15元，学费25元
1991	一至三年级7.50元，四至六年级9元	70元	15元	110元	杂费15元，学费25元	工科、医药、艺术及烹饪专业70元，文科、财经类专业60元，农、林、水产类专业50元
1992	城厢镇14元，其他镇11元	70元	15元	110元	重点高中75元，一般高中60元	文科80元，理科100元
1993	一至三年级15元，四至六年级20元	140元	35元	220元	重点高中140元，一般高中70元；自费生：重点高中800元，一般高中450元	文科100元，理科130元，热门专业180元；自费生：文科600元，理科700元，热门专业800元
1994	城厢镇25元，其他镇20元	150元	城厢镇40元，其他镇35元	300元	重点高中160元，一般高中90元；自费生标准同上	文科160元，理科180元，热门专业300元；自费生：文科500元，理科550元，热门专业800元
1995	城厢镇30元，其他镇25元	150元	城厢镇55元，其他镇40元	300元	重点高中220元，一般高中150元，民办650元	同上（再新增：民办文科750元，民办理科800元）

年　份	小　学		初　中		高　中　学　费	
	杂　费	借读费（教育补偿金）	杂　费	借读费（教育补偿金）	普通高中	职业高中
1996	城厢镇30元，其他镇25元	150元	城厢镇55元，其他镇40元	300元	重点高中260元，一般高中180元；自费生：重点高中1100元，一般高中600元，民办650元	文科160元，理科180元，热门专业300元；自费生：文科500元，理科550元，热门专业800元；民办：文科750元，理科800元，热门专业1100元
1997	城厢镇40元，其他镇35元	300元	城厢镇70元，其他镇60元	600元	重点高中350元，一般高中230元；自费生：重点高中1100元，一般高中600元，民办750元	文科400元，理科500元，热门专业800元；自费生：文科600元，理科700元，热门专业1000元；民办收费标准同上
1998	城厢镇40元，其他镇35元	300元	城厢镇70元，其他镇60元	600元	重点高中350元，一般高中230元；自费生：重点高中1100元，一般高中600元，民办高中750元	文科400元，理科500元，热门专业800元；自费生：文科600元，理科700元，热门专业1000元；民办收费标准同上
1999	城厢镇45元，其他镇35元	300元	城厢镇75元，其他镇60元	600元	重点高中600元，一般高中350元；自费生标准同上	文科400元，理科500元，热门专业800元；自费生：文科600元，理科700元，热门专业1000元；民办收费标准同上
2000	城厢、临浦、瓜沥、义盛镇55元，其他镇45元	400元	城厢、临浦、瓜沥、义盛镇85元，其他镇70元	800元	重点高中1000元，一般高中600元；扩招生：萧山中学4000元，其他重点高中3000元，一般高中2000元	重点职高1000元，一般职高750元，扩招生2000元

表34—9—623　1985～2000年萧山教育经费来源

单位：万元

年　份	预算内教育经费	财政补助	学杂费	勤工俭学	城镇教育费附加	农村教育费附加	捐助款	其他	合计
1985	1189	3	76	51	0	0	286	0	1605
1986	1355	0	75	60	38	244	41	97	1910
1987	1525	19	136	101	99	359	50	20	2309
1988	2080	70	247	146	135	396	147	101	3322
1989	2482	130	276	117	240	496	22	109	3872
1990	3130	11	340	100	180	316	319	123	4519
1991	3505	21	326	150	488	389	303	171	5353
1992	3937	0	490	200	494	1539	408	228	7296
1993	5504	17	875	245	833	3171	287	384	11316
1994	8490	252	1281	371	895	3551	904	689	16433
1995	9914	488	1916	363	966	3891	941	993	19472
1996	10835	488	1954	540	1024	3758	1768	1006	21373
1997	13500	1936	2994	429	1058	5159	1616	1313	28005
1998	15556	669	4504	241	1183	6584	2871	1443	33051
1999	18239	3679	5321	254	1249	8748	3314	1436	42240
2000	22446	2156	6896	249	1817	12102	1327	1265	48258

注：“财政补助”栏含省补助基本建设款。

第二节　教育设施

清末至民国时期，境内教育设施落后，校舍破旧。[①]中华人民共和国成立后，人民政府加强教育设施建设，教育设施和校舍建设逐步规范化、现代化。[②]

校　舍

消除危房和改造破旧校舍　1987年7月，县人民政府组织教育、城建、财税、设计、白蚁防治等部门的领导和工程技术人员18人，用6天时间，检查42个镇乡，对74所学校2.70万平方米危房作了鉴定，逐一提出明确的处理意见。是年，教育主管部门对学校危房改造采取6条措施，即：教育主管部门与普查出危房的110所学校的所在镇乡村签订排除危房协议；召开有关村长、书记会议学习山东省平度县经验，表扬本地热心教育、为教育事业作贡献的村级干部；组织全市镇乡初中、中心小学总务主任业务培训；建立完善校舍建设和管理制度；教育师生爱校、护校；加强校舍日常观察维修工作，防止校舍倒塌事故。并规定每年在梅雨、台风、大雪季节前及寒暑假期间，必须对校舍进行全面普查，及时发现问题，及时维修，排除隐患和校舍正常维修等10项要求。

1985～1988年，全市（县）投资2848.90万元，累计排除中小学危房9.33万平方米，改造破旧校舍8.73万平方米，基本上排除普查中发现的危险校舍。1987～1989年，萧山连续3年被评为杭州市校舍建设先进单位。1989年始，校舍建设的工作重点转向改造破旧校舍，由拆除、拆建、大修改为撤并"小、破、滥（学校布局设点过滥）"学校。至1997年，全市基本完成破旧校舍改造。

新建扩建校舍　1986年，全县已有半数以上镇乡初级中学和中心小学完成和基本完成校舍的更新工作。1991年，市财政对学校基本建设的投入首次超过1000万元。是年，按市教育主管部门"总体规划，分类指导"要求建设的明德中学、桃源乡初级中学、回澜初级中学、城东乡初级中学、义桥镇峡山小学、裘江乡中心小学、许贤乡北坞小学等一批示范性镇乡校舍相继建成。其中，劲松小学教学楼改造工程获省首次中小学校舍优秀设计二等奖。

1995年，全市校舍建设资金3635.60万元，校舍建设进入高峰。城厢镇高桥初中、回澜小学、高桥小学等新学校建成，萧山中学一期工程（30625平方米）竣工，城厢镇新塘中心小学、头蓬镇中心小学等6所学校迁建工程完成。1996年7月，教师进修学校迁建工程一期（7763平方米）建成。8月，戴村镇首创初中两校合并新建一校。1997年，市成人中等专业学校、城西初中、北干小学3所新建学校竣工，前进乡初中、进化镇富岭小学、新湾镇建华小学迁建完成。1998年，市五中、城西小学新建竣工，党山镇党山初中和长沙初中合并在梅林村五组新建党山镇初中；靖江镇两校合一，新建靖

[①]旧时，萧山有县学、书院、社学、学塾（家塾、族塾、村塾、学馆、私塾、义塾，是早期启蒙教育的主要形式）等，大多利用祠堂、寺庙庵和私宅余屋等作为办学场所，校舍新建甚少，学校设备简陋。

[②]1949年5月萧山解放时，全县中、小学校舍总面积为94776平方米（据1962年县文教局调查数据）。1950～1952年，全县新建校舍3496平方米。1956年，全县基建支出2.02万元。1957年，全县为9所中等学校（包括湘师）投入修建费24.90万元。1960年，基建经费增加到81.38万元，为1956年的40.29倍。1965年，为21所小学拆建、扩建、新建校舍面积4142平方米、征用土地191.369亩（约127579.97平方米）。

1978年后，政府加大对教育投入，并提倡集资办学、勤工俭学，充实教育经费。据不完全统计，1980～1984年，社会集资教育经费共783.20万元，全县勤工俭学创利用于改善教育条件的经费共110万元。1984年，全县校舍总建筑面积499600平方米，是1949年校舍的5.27倍。是年，新建、扩建、修建校舍74727平方米（新建3984平方米），消除危房面积20193平方米。

图34－9－853　萧山市第一中等职业学校（2001年3月摄，区第一中等职业学校提供）

江镇初中。

1999~2000年，新建义桥镇九年制学校、育才初中、市第一中等职业学校。完成市第四中等职业学校、石岩初中、党湾镇初中、坎山镇中心小学的迁建，促成浦阳镇初中与径游初中、桃源初中的合并和衙前镇初中与螺山初中的合并，并建立新的镇初中。

表34-9-624　　1985~2000年萧山教育部门办学校校舍建设基本情况

年份	建筑面积（万平方米）						投资金额（万元）			
	消除危房	原拆原建	改造破旧校舍	原拆原建	扩建	新建	总计	市财政	教育费附加	其他
1985	2.14	0.52	—		0.90	—	391.7	238.6		153.1
1986	3.20	1.00	3.80		0.20	3.60	686.8	686.6	—	—
1987	2.24	0.52	1.94	0.63	0.47	4.96	888.3	472.0	269.3	147.0
1988	1.75	0.19	2.99	0.55	0.47	1.77	882.1	429.9	292.8	159.4
1989	0.22	0.06	3.26	0.48	0.46	3.17	969.6	589.0	274.8	105.8
1990	0.27	0	3.73	0.53	0.77	3.68	1387.9	801.2	216.9	369.8
1991	0.29	0.01	5.39	0.18	0.31	4.99	1710.7	1061.1	354.0	295.6
1992	0.36	0.04	5.83	0.64	0.78	5.40	2078.8	894.6	873.4	310.8
1993	0.14	0.24	3.77	0.24	0.08	3.63	2242.9	1162.4	941.4	137.1
1994	0.48	0.12	3.67	0.41	0.16	4.98	2781.9	1354.2	1099.2	328.5
1995	0.37	0.01	2.07	0.31	1.10	5.73	3635.6	2005.7	959.8	670.1
1996	0.62	0.02	4.88	0.36	0.29	7.08	4221.9	1499.7	1574.3	1147.9
1997	0.68	0	2.22	0.82	0.97	6.17	5565.8	2770.7	2017.7	777.4
1998	0.11	0.11	1.55	0.06	1.04	9.28	7510.8	2047.2	3551.3	1912.3
1999	0.36	—	1.70	0.42	0.47	9.90	9713.3	3559.3	3329.1	2824.9
2000	—	—	1.16	0.04	0.37	7.17	10190.0	3926.4	4574.8	1688.8

1985~2000年，全市校舍建设投资54858.10万元，完成建设项目1047个，建筑面积151.49万平方米，其中改造危房、破旧校舍61.19万平方米。新建中小学27所，迁建中小学84所，拆除重建46所。

设　备

民国时期，境内学校设备简陋。①中华人民共和国成立后，学校教学设备逐步改善。②

实验室与教学仪器　　1984年7月，县教学仪器管理站建立，95%以上的初中和30所镇乡中心小学基本能开展实验教学。1987年始，创建合格化、规范化实验室。至1989年，全市60所初中实验室达到合格标准，占初中学校总数的86.90%；有15所初中和7所高中教学仪器配备达到国家标准（以下简称"国标"）一类；38个"普及九年制义务教育"的镇乡初中、中心小学都单独建立实验室，完全小学配备国标三类仪器，村小配备数学箱。1990年，全市学校达到国标一类的54所，二类的101所，三类的123所。是年7月，市教学仪器管理站被评为省先进集体。至1991年，全市71所镇乡中心小学已建实验室63个，187

①民国时期，学校设备简陋。农村小学学生自带课桌，教员办公一桌一凳，多为师生同室。县立小学经费预算中除教职员薪体外，只有少量维修费，购置设备需经县知事批准。民国31年（1942）教育部颁布的《国民学校初步设备标准》中，教具项下仅列"寒暑表"1只。民国35年，萧山县立初级中学修辟篮球场、排球场、理化室、图书仪器室，配备物理、化学一般仪器及生物标本。金缄、张云襄等人分别捐助4万元、2万元。

②50年代初期，中学设备费列入预算，成套仪器由省教育厅调拨。农村小学无设备费，仪器、设备由县文教科拨给。1957年始，小学设备费列入教育经费预算，仪器供应纳入县文教局管理。先后给乡中心小学以上学校配备酒精灯、烧杯、地图、地球仪、教学卡片、动植物挂图等设备。1960~1961年，县文教局分配中小学图书，挂图仪器等专列设备6.94万元，拨给各区、乡中心小学幻灯机、风琴、毛算盘等设备。1977年后，本着国家拨款、群众资助、勤工俭学和教师制作相结合的精神，几经整理、修复、充实、更新，学校设备才日趋完善。1982~1984年，全县中小学添置课桌9046张，凳子19202张，办公桌749张，办公椅1475张，风琴120架，扩音设备152套，学生床1284张，实验桌258张，公用家具1927件，保险箱78只，图书4.60万册，还添置了一批电风扇、计算器、收录机、电视机、冰箱、誊印机等。1983年，全县农村小学已做到班班有教室，学生人人有课桌凳，音乐、体育、美术教学设施开始增添。普通高中、中专、技校和独立建制的农职业中学先后建起理化实验室、仪器药品储藏室，并配有必备的仪器和药品。

所完小有25所建有实验室；有19所小学配备国标二类仪器、114所配备国标三类仪器，128所村小配有数学箱。1995年底，7所高中有6所建立新的实验大楼，5所仪器配备达到国标一类；69所初中有38所实验室达到规范化标准，45所仪器配备达国标一类；74所镇乡中心小学有14所国标仪器配备达国标一类，58所为二类，2所为三类；38所完小建起实验室。1997年，全市镇乡中心小学以上校校有实验室，初高中建标准化实验室的达70%以上，6所普通高中有5所新建科学馆或实验楼。1998年，市教育技术装备中心被评为省中小学实验室工作先进集体。

2000年，全市7所高中，实验室全部达标，仪器配备均达国标一类；56所初中，实验室达标的有52所，仪器国标一类配备的50所、二类配备的6所；74所中心小学，实验室达标的63所，仪器国标一类配备的45所、二类配备的29所。1985～2000年，教学仪器累计投入资金772.13万元。

现代化教育设施 1984年，全县中小学有电影放映机6台，电视机28台，幻灯机200台，收录机25台。后逐年增加，部分中小学配备少量电化教学设备。1992年，筹集资金92.34万元，购置投影仪808台，录音机810台，银幕835块，音像教材777套，录像机、彩电15套，语音设备5套，全市小学起始年级班班有"两机一幕"（投影仪、录音机、银幕）和音像教材。1996年，全市现代化教育设备累计投入1200万元，有投影仪3578台，录音机3961台，银幕3570块，小学一至五年级、初中一至三年级班班有"两机一幕"，镇乡中心小学有彩电和录放像设备，部分学校安装闭路电视系统。1998年，萧山中学被教育部定为首批全国中小学现代教育技术实验学校；市教育装备中心被省教委评为电化教育先进集体。翌年，高桥初中、裘江中心小学被定为浙江省现代教育技术实验学校。

至2000年末，全市学校累计投入资金5552.28万元，拥有计算机室128个，计算机5594台，语音室71个。并建立教育信息中心。

表34-9-625 2000年萧山市部分学校教育现代化设施情况

学校类别	学校（所）	投资金额（万元）			电子计算机（台）	电教配备达标校数（所）			语音室		电子计算机室	
		总计	电教器材	电子计算机		一类	二类	三类	数量（个）	面积（平方米）	数量（个）	面积（平方米）
普通高中	7	1935.76	1534.96	400.80	771	4	3	0	13	1186	13	1040
初级中学	56	1190.68	515.30	675.40	1392	11	30	5	27	2565	42	3360
中心小学	74	1207.06	579.06	628.00	1319	21	46	7	16	1264	39	2499
完小村小	180	119.20	117.30	1.90	4	0	100	21	0	0	0	0
教师进修学校	1	27.50	13	14.50	38	1	—	—	1	146	1	146
职业高中	4	374.40	69.30	305.10	580	1	0	0	2	149	5	400
聋哑学校	1	14.90	1.50	13.40	26	0	0	0	1	71	1	61
成人文化技术学校	26	317.33	58.83	258.50	561	0	0	0	3	175	14	1250
电大萧山学院	1	134.20	25	109.20	274	0	0	0	1	72	4	420

音乐、体育、美术、劳技教育设施 1985年前后，萧山各学校只有少量音乐、体育、美术、劳技教育设施（以下简称音体美劳设施）。1988年，全市用于音体美劳经费5.60万元。1989年，购置音体美劳设施经费增至21.69万元。1995年止，全市共投入经费118.60万元，为中小学购置音体美劳设施。在507所学校中，音乐设施达标校数一类32所，二类131所，三类171所；美术设施达标学校数一类9所，二类137所，三类126所；劳技设施达标学校数一类12所，二类156所，三类95所；体育设施达标学校数一类18所，二类134所，三类346所。至2000年末，累计投入音体美劳设施经费1235.80万元。其中音乐专用教室197个，面积13183平方米；美术专用教室345个，面积12401平方米；劳技专用教室95个，面积6531平方米。

图书资料、图书馆（室） 1977年后，镇乡中心小学与普通中学普遍建立图书室和班级图书角。1984年，全县新增图书4.60万册。1986年始，县教育主管部门每年拨8万元图书专项资金，以学校自负50%、局补助50%的办法逐年增加图书册数。

1990年，市教育主管部门先后两次对60所中小学图书室进行等级考核，其中6所学校达到一级标准，30所达到二级标准。年底，全市中小学图书藏量已达61万册，比上年增加13万册；生均藏书中学9.50册，小学8.20册。

1994年，市教育主管部门对当年考核合格的学校图书馆（室），给予专项经费奖励。1995年，举办中小学图书管理员上岗培训班，参加培训110人，经考试合格，均取得上岗证书。是年，111所学校图书馆（室）验收合格，其中一级图书室18个，二级49个，三级44个。全市中小学总藏书量169万册，生均藏书小学16.20册，初中19.20册，普通高中、职业高中27.30册。1999年，对全市84所学校已上等级的图书馆（室）复查，其中31所中心小学和26所普通中学符合标准，换发等级证书。

至2000年末，全市学校图书资料经费累计投入1088.65万元，藏书总量达290.59万册。144所中心小学以上学校，已建图书馆（室）的有141所，占学校总数的97.92%；图书资料达标的有143所，占99.30%。

图34-8-854 临浦镇中学生在语音室上课（1996年5月摄，萧山区地方志办公室提供）

图34-8-855 萧山二中图书馆（1999年8月摄，萧山区教育局提供）

①市教育局视导室成立于1988年9月，有专职视导员3人，其中视导室主任1人。翌年改名为萧山市教育督导室。督导室主要任务：对镇乡人民政府及其教育行政部门管理教育工作的情况和各级各类学校（幼儿园）的办学情况进行监督、检查、评估、指导，以保证国家有关教育方针、政策、法律、法规的贯彻执行和教育目标的实现。1997年，建立市两级督导责任区，即萧山市教育委员会督导室为一级督导责任区，下设二级督导责任区7个。1998年8月，建立萧山市人民政府教育督导室，在市教委增挂牌子。1999年，健全教育督导、兼职督导员工作制度，聘请在职兼职督学31人，在职兼职督导员17人。

第三节 教育督导

80年代以前，境内未有督导机构和编制人员，其工作由相关教育业务干部承担，调查、检查、指导境内学校教育工作。1988年，市教育局视导室①以全市分期分批实施普及九年制义务教育为工作重点，开展对办学方向、德育工作、教育经费、师资队伍、办学条件五项督导（以下简称"五项"督导）。对镇乡教育事业安排、教育经费筹措、办学条件改善、师资队伍建设进行专项督导和评估，对全市中小学校端正办学方向开展调查。在被检查的学校中，发现部分学校依法治教观念淡薄、控制流生缺乏有效措施、农村教育事业费附加尚未全部收缴、德育还需加强等方面问题，向当地镇乡政府和学校行政领导提出整改意见。1990年，对全市镇乡清退童工、征收教育事业费附加两项工作进行重点抽查。开展以德育教育为重点的"五项"督导检查整改复查工作，巩固了"五项"督导成果。

1991年10～12月，督导室对前进、河庄、大园、长山、城东、通济、云石等乡镇开展实施九年制义务教育巡视性督导。对境内举办高考复习班的情况进行复核，责令办有高考复习班的学校一律于12月15日前停办，并做好高复班停课后的善后工作。如继续上课，建议教育主管部门停发兼课教师工资。1992年，督导室完成杭州市教委对萧山普通高中督导的试点任务，并对私立育才中学、远东外国语学校的教育经费、设备及学校管理等进行督导。对全市第六批实施"普九"的10个镇乡开展"五项"督导，分别向学校提出加强德育、建立劳动教育基地、提高教师素质、改善办学条件等意见和建议。1993年，对全市中小学流生、学生课业负担等问题组织巡视性检查，并配合市物价、财税等部门检查学校收费情况。

1995年，省人民政府决定对萧山"两基"进行评估验收。督导室草拟《萧山市初中、小学综合实力等级评估标准》。是年，对城厢镇城东初级中学申报杭州市一级农村初中进行督查，对市第六、第八、第九高级中学进行合格督导评估，并会同市教育局教育科对市第二、第三高级中学进行重点中学评估验收暨合格评估回访复视。专题巡视督查全市中小学课业负担问题，就学校给学生补课、练习册使用、考试竞赛和读书活动等问题作出具体规定；对个别中小学乱收费情况进行清查。

1996年上半年，为实施高标准"普九"，制定了《萧山市初中、小学综合实力等级评估标准》《萧山教育强镇（乡）标准》《学校年终教育工作考核标准》，并开展以贯彻《中华人民共和国教师法》、增加教育经费投入、"两基"规划的实施、减轻学生过重课业负担、加强德育工作"五项"内容的督导自查。1997年下半年，督导室对6所普通高中、15所初中、33所小学学生行为规范达标作专项督查。在对全市中心小学和初中通过第一轮合格督导评估的同时，启动第二轮督导评估。对学校教育管理、行政执法责任制落实情况作专项督查。1998年，通过修订初中、中心小学及完小综合实力等级评估标准，建立学校办学水平评估自评制度。1999年，组织第二轮落实学校管理执法责任制专项督导。

2000年，配合杭州市教委对欢潭、新湾、党山、坎山、衙前等镇乡争创教育强镇进行综合督导。就加强行风建设、杜绝中小学乱收费等问题，在全市学校开展专项巡视性督导。对违规违纪收费的学校领导和当事人实行评先、评优、评职"一票否决制"。2001年2月，督导室成立4个督查组，对全市中小学、幼儿园的校舍安全状况进行突击性巡视检查。根据这次督查发现的问题，市政府拨出专款200万元，镇乡投资600万元，用于部分校舍的改造和修缮。

第四节　勤工俭学

萧山勤工俭学活动开展较早。[①]中华人民共和国成立后，勤工俭学活动得到发展，在劳作课、半工半读、校办厂场等一系列勤工俭学活动中，贯彻"教育与生产劳动相结合"的教育方针，为创造财富、服务教育和社会发挥了积极的作用。[②]

萧山中小学勤工俭学活动复始于70年代初期。80年代，校办工业成为勤工俭学主要形式。[③]1985年1月，在红山脚下（原衙前中学、临浦中学、瓜沥中学三农场）建立县教育局红光农场，面积210亩（约140000.70平方米），成为全县勤工俭学和学生学农基地。是年，全县开展勤工俭学的学校204所，占学校总数的20.65%；有勤工俭学基地243个，学生参加劳动4.72万人

①民国10年（1921），由沈定一（玄庐）出资筹办的衙前农村小学，除学文化外，兼学农事，对学生进行劳动教育，学习农业科技方面的知识。学校置办农船、铁耙、扁担、粪桶等农具，让学生学习劳动技能。民国17年，浙江省立乡村师范学校建校后，推行陶行知"生活教育"学说，实施"学、做、教"合一的教育方法。师生参加劳动，种植校田，学习农业知识技能，推行农业科学技术。

②1950年，全县学习"南泥湾精神"，师生开垦荒山、杂边地作为劳动基地，种植粮食、蔬菜、瓜果等。1954年，全县各级学校课外组织学生园艺小组和动物饲养小组，安排适当的义务劳动。1955年起，小学从一年级至六年级增设手工劳动课，每周1课时，逐年推进，以培养学生掌握有关农业生产的基础知识，培养劳动观念。1958年后，把劳动正式列入课程，规定师生每周参加2～4节课劳动。自此，全县各级各类学校开展科技实验，种试验田，办小农场、小牧场、小工厂等。是年，萧山中学办起螺丝厂，后发展成铸造厂，学生轮流到工厂劳动。并在北干山麓办起占地90亩（约6万平方米）的农场、畜牧场，师生轮流参加劳动和管理。1965年后，衙前中学、临浦中学、瓜沥中学在红山芦竹场创建校办农场，为学生提供实习和劳动的基地。

③1980年7月，浙江省勤工俭学经验交流会在萧山召开，萧山县校办企业公司建立。1984年，全县勤工俭学实现校办工厂工业产值1609.67万元，利润367.34万元，其中万元以上企业54家，创利338.73万元，占全县校办工厂利润的92.21%。学生参加企业劳动人数达124654人。有职工5021人，人均创利732元。校办工业不但成为全县勤工俭学的主要形式，而且成为全县经济发展的十大轮子之一。

次；勤工俭学产值达2945.71万元，利润484.26万元。勤工俭学的行业种类很多，工业有机械五金、仪表电器、医药器械、教学仪器、消防器材、旅游用品、塑料制品、家具木器、服装、鞋袜、印刷、灯具、文教体育用品等。农副业有粮食、棉花、络麻、蔬菜、茶叶、花木、水果、家畜、家禽、水产等。

1986年，萧山无线电二厂生产的扬声器经香港转销美国，为全县第一家产品出口的校办企业。至1988年，全市勤工俭学创收连续10年全省（县级）第一，国家教委、计委、财政部、劳动部授予萧山市"全国勤工俭学先进单位"称号。

1990年，全市开展勤工俭学学校470所，勤工俭学基地413个，学生参加劳动9.99万人次；勤工俭学总收益697.30万元，上缴国家税金391万元，上缴学校265万元。出口交货值（1990年不变价）18083万元，创汇309万美元。1992年7月，校办企业实行分级管理。1994年5月，市教育主管部门与财税主管部门联合发出《关于重新确定校办企业的通知》。经重新确认，合格的校办企业315家。1995年，萧山市有萧山市通信器材厂、杭州江南管道总公司、浙江飞龙电声实业公司、萧山市临浦

图34-9-856　学生在小农场劳动（1998年4月摄，萧山区教育局提供）

机械厂、萧山市瓜沥机械厂、萧山市电表元件厂6家利润在100万元以上的校办企业被省教育厅命名为省级骨干校办企业。是年，全市开展勤工俭学的学校494所，有勤工俭学基地501个，学生参加劳动12.84万人次；勤工俭学总收益1806万元，出口交货值4683万元，创汇548万美元，上缴国家税金3392万元，上缴学校319万元。

2000年，开展勤工俭学学校280所，勤工俭学基地280个，学生参加劳动16万人次；职工8004人，其中教职工128人；勤工俭学总收益1856万元，出口交货值5395万元，创汇653万美元，上缴国家税金4823万元，上缴学校利润672万元。1985~2000年，全市勤工俭学工业产值累计473153万元，年均增长24%；勤工俭学收益累计18668.76万元，年均增长13%；出口交货值累计48775.30万元，创汇累计6265万美元；上缴国家税金（含教育基金）累计25978万元，上缴学校累计5922万元，共创税利44648.76万元。

学校开展的勤工俭学活动，为广大学生提供学习、劳动、实践和增长知识的机会和场所。通过劳动实践，学生们掌握一些简单的劳动技能，懂得碱性土壤的改良、利用，增加了农作物的培育经验。1990年，光明乡所有小学都有学农基地，还为红山农场速冻厂剥青毛豆出口日本。通过开展勤工俭学，弥补教育经费的不足，改善办学条件和师生福利。1985~2000年，全市（县）勤工俭学收益用于教育事业的发展累计6191.57万元，占勤工俭学总收益的33.34%。

全市校办企业从国家税收优惠中提取10%计487万元作为社会发展基金，支持地方经济事业发展。校办工厂平均每年安排社会就业7133人，其中教职工家属145人。培养一批财会、技术、管理人员和熟练工人。

至2000年，萧山主要校办企业有萧山瓜沥机械厂、杭州江南管道总公司、杭州萧山临浦机械厂、浙江飞龙电声实业有限公司、杭州萧山长山仪表厂、萧山螺帽厂、杭州神恩五金机械有限公司、杭州萧山电表元件厂、杭州天乐制衣有限公司9家。

表34-9-626 1985～2000年萧山勤工俭学基本情况

年份	开展勤工俭学学校（所）	基 地				接纳学生参加劳动基地		校办企业从业人员（人）
		农林牧副渔		校办工厂（家）	第三产业（人）	数量（个）	参加劳动学生（人次）	
		数量（个）	土地面积（亩）					
1985	204	19	139.92	204	0	0	67200	3528
1986	184	4	240.00	188	4	0	59551	4888
1987	216	18	325.00	286	31	144	62592	4010
1988	442	66	485.92	352	48	307	90745	6579
1989	446	47	395.00	276	25	251	88276	6350
1990	470	144	497.37	240	29	303	99878	5462
1991	525	123	450.00	276	25	251	88276	6350
1992	501	105	450.00	278	26	383	112925	6334
1993	511	45	253.30	315	52	396	126621	7807
1994	501	50	385.00	363	82	398	127826	9841
1995	494	76	270.00	343	82	400	128385	10725
1996	438	90	424.00	275	79	364 .	130000	11369
1997	421	71	139.50	267	71	407	130000	9479
1998	378	66	285.00	197	49	378	130000	8985
1999	301	66	330.00	166	69	343	160000	8328
2000	280	75	345.00	155	50	280	160000	8004

表34-9-627 1985～2000年萧山勤工俭学收益情况

单位：万元

年份	产值（营业额）				勤工俭学收益					缴国家税金	缴学校利润	减免税金
	农业	工业	三产	其他	总计	农业	工业	三产	其他			
1985	4.23	2946	—	—	484.26	0.66	483.55	—	0.05	145	166	—
1986	—	2953	—	—	380.70	—	362.40	18.30	—	151	152	—
1987	2.20	3991	330	—	519.40	0.20	495.90	23.30	—	197	208	—
1988	7.10	5565	861	—	660.40	2.00	633.80	24.60	—	204	258	—
1989	9.20	7565	926	—	688.80	2.10	639.10	25.40	22.20	346	251	22
1990	32.00	8698	959	3	697.30	1.60	679.80	15.50	0.40	391	265	100
1991	22.10	10784	825	9	656.90	1.10	645.00	10.30	0.50	499	149	197
1992	15.00	12293	387	—	923.00	2.00	881.00	40.00	—	586	474	321
1993	10.00	23112	3340	3	1753.00	3.00	1648.00	100.00	2.00	1710	465	734
1994	9.00	34526	1597	5	1778.00	3.00	1726.00	45.00	4.00	2211	225	735
1995	29.00	48222	3414	31	1806.00	8.00	1630.00	148.00	20.00	3392	319	578
1996	28.00	54360	3217	12	1692.00	10.00	1590.00	73.00	19.00	2767	371	743
1997	28.00	59362	2360	21	1506.00	10.00	1399.00	53.00	44.00	2721	659	647
1998	29.00	61357	1197	166	1610.00	11.00	1492.00	18.00	89.00	2848	641	331
1999	36.00	65954	497	123	1657.00	21.00	1530.00	38.00	68.00	2987	647	447
2000	48.00	71465	286	196	1856.00	9.00	1724.00	20.00	103.00	4823	672	601

注：产值含营业额。

第三十五编
科学技术

萧山四咏（二）

名山何处认萧然，图志溯流皂浪传。

决湖田户车分水，煮海沙厂灶起烟。

元·张招

古市直通南北路，官河买断利民船。

八月看潮天下景，平平士女赭江边。

长山何处认萧然，国志溯源流皂浪传大

市直通南北室，邮到民船决湖

田户车分水

潮天下景平，住女赭江边

石埭捆荡代山口咏诗之二赭江所王降同志

改革开放以来,萧山遵循邓小平"科学技术是第一生产力"的理论和中共中央"科学技术要为振兴经济,实现四化服务"的方针,开展科技工作。科技事业得到迅速发展,科技政策更加灵活,科技投入进一步加强,科技普及与应用更为广泛,科技成果十分显著。1995年,市委、市政府建立科教兴市领导小组,实施"科教兴市"战略方针,突出工业重点,强化农业基础,促进三大产业全面协调发展。鼓励技术创新,研究开发高新技术产品,实施"产学研"(企业、大专院校、科研单位)一条龙。培育一批名牌产品,有200多个产品获部优、省优称号。至2000年底,全市有高新技术企业18家,其中国家级2家、浙江省级10家、萧山市级6家;高新技术产值达70.62亿元,高新技术增加值占全市工业产值增加值的20.38%。加快现代农业科技成果的推广应用,开发农业、特色农业迅速发展,农业专业化、集约化、商品化、现代化程度提高。萧山现代农业开发区和国家级50万亩滩涂综合农业星火技术密集区建设成为全国现代农业开发样板。1985~2000年,全市拥有科技成果827项,其中国家级6项、浙江省级83项;拥有自主知识产权901项(国家授权专利产品);已有300余家企业与大专院校、科研单位联姻,设立技术创新机制,开辟信息高速公路,加快高新技术产品开发,推动科技与经济社会发展密切结合。

在取得显著科技成绩的同时,科技机构、科技队伍不断发展。至2000年末,全市共有科技类学会、协会、研究会53个,镇乡科协31个,农场、公司科协17个,科技咨询网络单位39个,科协会员18273人;全市累计评定专业技术职称46794人,其中高级职称671人、中级职称8038人、初级职称38085人。

萧山先后被评为全国科技实力百强县(市)、全国科技工作先进县(市)、全国科普示范县(市)。

第一章 科技体制改革

萧山市（县）科学技术委员会是萧山科技工作的主管部门，成立于1958年6月，初名萧山县科学工作委员会。1972年更名为县科学技术办公室，1978年更名为县科委。80年代起，萧山加强科技体制改革，制订中长期科技发展规划，引进、培养和奖励科技人才，制定科技政策，加大科技投入，鼓励企业技术创新。市（县）人民政府加强对科教兴市工作的领导，建立科技工作目标考核责任制。各镇乡、重点骨干企业建立和健全科技组织机构，促进了科教兴市和经济发展。

第一节 建章立制

1990年初，市委、市政府提出"科技兴市"（1994年改为"科教兴市"）的战略主张。以科教兴市为目标，把科教兴市作为市委、市政府振兴萧山经济的大政方针。利用各种宣传工具，向广大群众宣传科学技术是第一生产力的观点。编发《依靠科技进步，促进经济技术发展典型事例50例》，制定创建科技先导型企业的实施办法，拟定加强现代化管理、提高工业自动化生产水平的意见。在镇乡开展科技达标活动，强化科技意识。并组织协调各方面力量，加强工业新产品开发和技术市场建设。是年，光明乡在全市第一个建立乡级科委，由乡工办、农办、科教文卫办等部门的主要领导组成，乡分管领导担任主任，设专职工作人员，具体负责全乡科技工作的领导管理、规划部署、组织协调等工作。同年，市政府部署在浦沿、大桥、义桥、城厢等镇乡进行建立镇乡科委的试点和筹备工作。后，各镇乡相继建立科委。1991年，市科委制定镇乡科委工作条例和实施细则，明确镇乡科委的职责权利、工作任务、组织机构、资金管理和考核奖励制度，使镇乡科技管理工作步入正常化、规范化轨道。至1994年底，全市31个镇乡建立基层科技工作管理机构，由分管科教文卫的副镇乡长担任镇乡科委主任。1996年初，镇乡科委主任由分管工业的副镇乡长担任，实行科技、工业、经济一条龙管理，使政府科技管理机构从上到下形成网络。至2000年，全市有市、镇乡科技管理机构32个，其他科技业务机构100余个，从事科学技术工作人员3万余人。

1995年，在全国科学技术大会精神鼓舞下，全市科技工作围绕科教兴市战略方针，进一步注重科技项目实施、新产品开发、科技队伍和组织体系的发展完善。是年，建立市科教兴市领导小组。由市委、市政府主要领导挂帅，市科委等有关部门组成，负责全市科教兴市的规划、组织、协调和指导工作，日常工作由市科委负责。同时，成立专家咨询委员会，颁发《关于切实加强对科技工作的领导，进一步加速科学技术进步的若干意见》（市委〔1995〕57号）。是年11月27日，召开全市科学技术大会，回顾总结实施"科教兴市"战略以来的实践和探索，交流经验，表彰奖励优秀科技工作者。市人民政府授予陈吉林等10人为萧山市"八五"时期优秀科技工作者。在实施科教兴市中，开展科技"创先"活动，提高全民科技意识，进一步促进科技与经济的紧密结合。

市科教兴市领导小组制定科技工作目标岗位考察责任制，考核对象为各镇乡、市级有关部门和重点骨干企业。考核内容为科技开发、科技投入、科技人才、科技工作的领导管理，农业科技服务、科技对经济增长的贡献率及科普工作实施情况等。考核纳入市委、市政府对镇乡和市级有关部门的岗位考核责任制，同当年年终奖金挂钩，并作为衡量干部政绩大小的重要内容。考核工作由市科委负责，年终汇总上报市考评委；各级部门主要领导把科技工作列入领导班子的重要议事日程，每年至少召开两次专题研究解决科技工作的有关会议。经过90年代的实践和不断完善，至2000年，全市基本沿袭这一科技体制。

1997年，市科委拟定全市科技管理法规，鉴定和推广应用科技成果，指导全市专业研究机构、企事业单位、民办科研所、专利管理机构、科技情报机构和技术市场的科技进步工作，会同有关部门做好专业人才推荐。是年，发展一批高新技术及其产业，形成新的经济增长点。1999年，落实技术改造工作，实施市级重点技术改造项目65项，完成工业性技术改造投入28亿元。在机械行业，推广应用机电一体化技术、电力电子技术、数控技术；纺织印染行业，应用计算机控制等技术。一批中小型科技苗子企业得到了培育。对萧山卫士实业公司等32家适应能力强、创新力度大、经营机制灵活、管理成本低的企业，在科技政策上给予重点倾斜，促进其发展壮大。

2000年，全面贯彻落实全国和浙江省技术创新大会精神，促进高新技术及高新技术产业发展。至2001年初，全市在实施科教兴市战略方针中取得显著成效：高新技术及高新技术产业发展迅速；"产学研"合作迈上新台阶；CAD（计算机辅助设计系统）技术推广应用进一步深入；信息化建设进一步完善；科技项目管理及质量显著提高；专利申请、授权数创历史之最；技术市场交易活跃；各级科技奖项增多；企业创新能力增强。

第二节　科技政策

从80年代末至2000年，市委、市政府及有关部门先后出台一系列文件，制定体现改革精神的科技政策。主要内容有：

发展技术市场，实施技术合同认定登记制度，大力推进民营科技机构发展；制订优秀科技工作者的评选、奖励办法；广纳人才，奖励有突出贡献的科技人员；编制《萧山市科教兴市规划》和《萧山市"九五"科技发展规划》，加速科技进步；出台高新技术企业及高新技术产品认定意见，鼓励高新技术成果转化，开展技术创新工程。

奖励被评上萧山市级以上优秀科技工作者，在现有标准工资基础上晋升一档工资；每年免费全面体检一次；优先提供国内外进修深造机会；每年安排一次疗（休）养；解决夫妻分居；在同等条件下，优先分配住房，增加10天年休假；有突出贡献的，可破格晋升技术职称。企业技术人员在从事科研、技改、新产品开发、科技成果推广中，当年起3年内有1年税后利润达到600万元以上的科技成果项目，获特别奖；当年起3年内有1年税后利润达到500万元以上的科技成果项目，获一等奖；当年起3年内有1年税后利润达到400万元以上的科技成果项目，获二等奖；当年起3年内有1年税后利润达到300万元以上的科技成果项目，获三等奖。上述奖金按科技成果投产后3年内税后利润最高1年的比例提取，其中特别奖提12%，一等奖提10%，二等奖提9%，三等奖提8%；对提取的资金，30%奖给项目主持人，70%奖给项目攻关人员。

图35-1-857　产学研合作洽谈签约仪式（2000年9月摄，萧山区科技局提供）

经市认定的高新技术企业，给予企业所得税先征收后按50%返还3年的优惠；高新技术企业的增值税，可以上一年的基数新增增值税的地方部分，从1999年起，3年内由市财政按50%的比例返还企业；高新技术企业按规定减免税收期满后，凡当年出口产值达到70%以上的，由税务机关核准，对其出口的高新技术产品企业所得税应税额50%部分给予3年先征收后返还政策；用于高新技术开发和高新技术产品生产的检测仪器、设备，可实行最短年限为4年的快速折旧，所提的折旧费可用于高新技术产品的研究开发，单台设备、仪器价值在10万元以下的，可一次性列入生产成本。

对高新技术产品和成果转化项目，从第一次销售之日起3年内，其征收的企业所得税和增值税的地方部分，由财政返还给高新技术产品和项目实施单位；对市以上高新技术成果转化项目，政府返还项目用地的土地使用费，地方留用部分土地出让金，免收购置生产科研经营用房的交易手续费和产权登记费，免征建设项目的城市市政基础设施配套费和供配电增容费，免收组建项目公司时行政机关收取的有关费用。凡是高新技术企业、产品和高新技术成果转化项目的各项优惠政策一律就高执行。

民营科技机构享有与国有科研机构同等的政治待遇和其他相应待遇，包括信贷、征地、引进人才、免税照顾等。

第三节　科技投入

80年代初，全市（县）绝大多数企业科技投入逐年加大。一般企业每年科技投入为年度总收入1%左右，一些高新技术企业科技投入达到年度收入3%以上。1987年科技三项经费（指新产品试制费、中间试验费、重大科技项目补助费）投入为12.50万元，科教文卫事业费34.90万元；1992年科技三项经费投入提高到48.00万元，科教文卫事业费为6890.32万元。对全市销售收入前100家企业统计，1996年科技开发投入占年度销售收入的2.32%，1997年提高到2.87%。一个多渠道、多层次、多元化的科技投入体系基本形成。至2000年底，杭州万向集团公司、浙江传化集团公司、杭州恒逸集团公司、杭州爱迪尔包装集团公司等新兴企业集团，已经成为萧山企业科技投入的主体，这些企业的技术装备已达到国内先进水平。

1997年起，市财政投入科技三项经费每年按占年度财政预算支出的1.5%安排。2000年，市财政投入科技三项经费1213万元。

表35-1-628　1987～2000年萧山财政资金投入科技情况

单位：万元

年　份	科技三项经费	科教文卫事业费	年　份	科技三项经费	科教文卫事业费
1987	12.50	34.90	1994	142.00	14176.72
1988	17.00	3504.70	1995	147.00	16282.29
1989	29.38	4066.43	1996	390.00	17292.00
1990	40.50	5064.27	1997	389.00	20101.00
1991	41.50	5761.44	1998	971.00	381.00
1992	48.00	6890.32	1999	725.00	396.00
1993	66.00	10048.66	2000	1213.00	423.00

注：科教文卫事业费栏，1987年、1998年、1999年、2000年为科学事业费单列。

第二章 科技开发

1985年以来，根据全市（县）的科技设备、技术力量和科技合作环境，每年制订和落实各项科技计划，开发新产品，开发科技市场。90年代中期开始，着力开发和建设高新技术园区，发展高新技术企业，专利、技术市场、科技合作发展迅速，促进了经济和社会的发展。

第一节 科技计划

萧山的科技计划分为科研计划、科技"星火"计划、新产品开发计划、农业成果推广计划、"火炬"计划和情报调研计划等。本节重点记载科研计划和科技"星火"计划。

科研计划

1985年，全县收到各有关单位申报科研计划项目37项，确立重点科研（推广）计划项目26项，其中工业16项、农业10项。是年，完成计划并经鉴定或评议的有13项。1988年，列入科研计划项目34项，其中省级6项、杭州市级4项、萧山市级24项。是年，完成21项，占计划数的61.76%。当年已投产的项目，增加产值3311.90万元，获净利367.70万元；增产粮食1.52万吨、棉花300吨；节约资金727.60万元；创汇48万美元。其中，长河镇冶炼厂从烟道灰中提取稀有金属铋，年产量20吨，销售收入232.80万元，利润92万元。1990年，列入省、杭州市及萧山市的科研计划40项，其中工业24项、农业16项。年内完成21项。这些项目共创产值3728万元，利润352.60万元，创外汇81.80万元。是年，通过省级、杭州市级、萧山市级鉴定成果44项，其中达到省级水平29项，杭州市级水平2项。1992年，列入各级科研计划73项，其中省级8项、杭州市级7项、萧山市级58项。至年底，已完成科研项目31项，其中省级3项、杭州市级2项、萧山市级26项。1997年，市科委组织实施各类科研计划项目74项，其中国家级3项、省级8项、杭州市级11项、萧山市级52项。当年完成率达90%以上。2000年，列入国家、省、杭州市及萧山市级科研计划项目共107项，其中国家级6项（"火炬"计划项目3项、"星火"计划项目3项）、省级7项（科研计划项目3项、"火炬"计划项目2项、"星火"计划项目2项）、杭州市级7项、萧山市级项目87项。获得国家科技型中小企业创新基金2项，省级基金3项。获得上级科技部门专项经费支持332.70万元，其中工业270万元、农业62.70万元。

科技"星火"计划

1986年，以振兴农村经济为目标的"短、平、快"科技"星火"计划开始制订实施。是年，全县实施科技"星火"计划8项，其中属国家级1项：火鸡杂交选育和火鸡罐头加工技术；属省级1项：转移法真空镀铝纸生产工艺设备技术；属杭州市级2项：BXJ型、B型摆线针轮减速机和高岭土机制免烧砖技术；属萧山县级4项：高产养鱼技术大面积应用及特种水产品开发，樱桃谷肉鸭、北京鸭、狄高鸭引种繁殖及综合加工系列生产，萝卜干、榨菜小包装，棉籽饼植物蛋白的开发利用。这8个项目实施1年间，完成产值380余万元，创利60余万元。此外，列入群众性科研项目9项，补助经费0.86万元。1989年，实施省级科技"星火"计划项目1项：杭州之江药厂蜂王浆口服液；杭州市级2项：萧山淀粉厂HS－1型变性淀粉，萧山汽车玻璃配件厂夹层汽车挡风玻璃。实施此3项科技"星火"计划，当年新增产值204.85

万元，创利润28.42万元、税金10.23万元。此外，完成杭州市下达的科技"星火"培训计划3期，培训技术骨干211人。1991年，实施"星火"计划27项，除去省、杭州市与萧山市重复立项因素，实际为15项。萧山市蜂产品研究所研制生产的蜂王浆冻干粉，在北京举办的"七五"计划"星火"博览会上，获金奖1项、银奖6项。1995年，萧山50万亩滩涂垦区现代综合农业"星火"技术密集区被列入"九五"国家重大科技项目。该项目计划创建8个"星火"示范小区。

1996年，在完成计划项目管理的同时，建立市国家级"星火"技术密集区领导小组、项目实施小组和办公室，发展并实施国家级"星火"技术密集区建设，实现8大示范小区和11家"星火"示范企业建设，带动整个滩涂垦区现代化农业开发。1997年，50万亩"星火"技术密集区实现工农业总产值114.26亿元，其中工业总产值70.61亿元，农业总产值11.98亿元，农副产品深加工产值31.67亿元，分别比上年增长13.95%、21%、5.80%和3.40%；出口创汇4.57亿美元，财政收入4.65亿元，利税14.57亿元。是年，引进外资2.50亿美元，出口创汇10.60亿美元，通过培育扶持，基本形成机电、羽绒制品、速冻蔬菜、生猪等一批出口创汇主要产品。是年，国家科委委托省科委对全省"星火"技术密集区建设进行期中考评，萧山市以基本分996分、总分2161分的优异成绩名列全省15家"星火"密集区之首。至2000年，全市共制订"星火"计划152项，其中国家级7项、省级33项、杭州市级52项、萧山市级60项。

第二节　高新技术开发

高新技术园区

1999年初，市委、市政府制订创建省级萧山高新技术产业园区计划。建立以分管副市长挂帅的高新技术产业园区管委会，修编园区创建的可行性报告，规划在杭州钱江外商台商投资区桥南区块划定3.60平方千米，其中工业区块3平方千米、综合区块0.60平方千米，建设以新材料、机电一体化、生物医药和电子信息技术为主的高新技术产业。同年3月，经杭州市政府同意后报送省科委审批。8月，杭州市政府组织可行性论证委员会论证，并获得通过。9月，省科委批文同意，建立萧山高新技术产业园区。

2000年5月，作为创建省级高新技术园区的配套项目，园区创业中心开始筹划建设。由市政府划拨一幢位于开发区、建筑面积近7400平方米的标准厂房，将其分隔为大小不同的孵化空间，并配以会议、商务、培训以及休闲、餐饮等服务设施，配置计算机网络通信系统和安全监控系统。制定一系列相关优惠政策，设立总额为1000万元的创业种子资金。同时抽调1名市科委干部和向社会公开招聘管理人员，进行服务项目设计和管理规程制订，为吸纳、孵化企业做好准备。

高新技术企业

为促进全市高新技术产业发展，1995年，市委制定下发《萧山市高新技术企业认定工作实施意见》（市委〔1995〕57号）。市"科教兴市"领导小组开展对全市高新技术企业的具体认定工作。1996年，杭州钱江电气集团公司等2家企业被省高新技术企业认定委员会认定为省级高新技术企业。1997年，认定省级高新技术企业1家、萧山市级高新技术企业2家。1998年，认定省级高新技术企业4家。1999年，认定省级和萧山市级高新技术企业各1家。2000年，认定国家级高新技术企业2家、省级3家、萧山市级5家。其间，因故有1家省级和2家萧山市级企业退出高新技术企业行列。至2000年底，全市有国家级高新技术企业2家、浙江省级10家、萧山市级6家。这些企业通过知识产权自主创新、高新技术产品开发、成果引进，产品的科技含量提高。产品和项目已成为全市发展高新技术产业、推进工业结构调整的亮点。

表35-2-629　2000年萧山市高新技术企业情况

级　别	项　次	企　业　名　称	年度/批次
国家级	1	杭州永磁集团有限公司	2000年度
	2	浙江亚太机电集团有限公司	2000年度
浙江省级	1	杭州钱江电气有限公司	省第三批
	2	浙江万向机械有限公司	省第四批
	3	杭州之江有机硅化工有限公司	省第六批
	4	浙江万向汽车轴承有限公司	省第七批
	5	杭州之江开关厂	省第七批
	6	杭州传化化学制品有限公司	省第七批
	7	浙江吉利达化工有限公司	省第七批
	8	萧山佳力管道油泵制造有限公司	省第八批
	9	杭州欣美成套电器制造有限公司	省第八批
	10	杭州百合化工有限公司	省第八批
萧山市级	1	杭州易舒特药业有限公司	市第三批
	2	萧山新伟业计算机网络有限公司	市第四批
	3	萧山市密封件厂	市第四批
	4	杭州大路实业有限公司	市第四批
	5	杭州天诚药业有限公司	市第四批
	6	杭州华春汽车活塞有限公司	市第四批

资料来源:《2001·萧山年鉴》。

第三节　新产品开发

1985年起,县科委编制新产品开发计划。是年,制订新产品开发计划181项,经县科委和财税部门认可为新产品项目85项。根据政策,新产品销售可享受免税优惠政策;另有计划外有关单位和企业申请科技主管部门鉴定或评议科技项目29项。1986年,经县科委认可,开发新产品科技项目132项,其中被认定为杭州市级30项,经部级鉴定6项。如杭州柴油机总厂的280型柴油机,萧山第一塑料厂的汽车塑料仪表板总成,萧山花边总厂的绚带丽工艺女装,浙江工艺鞋厂的PV工艺鞋,钱江水泵厂的IB型离心式节能泵,萧山晶体管厂生产的KD-49中高档电子琴、电子门铃、四声发光手枪等新产品。完成新技术、新工艺、新材料、新设备的推广应用科技项目25项,其中接近国内外先进水平的有:杭州瓷厂的南宋官窑莹青金丝纹片釉瓷,萧山水泵厂的50BP26Z-45喷灌泵,萧山无线电厂的VC-2型钢丝测力仪,杭州柴油机总厂的R180柴油机。这些科技项目推广后,新增产值276万元,新增利润24万元,节约原材料(煤、钢材、木材等)857吨。1989年,列入国家、省、杭州市科委鉴定计划与新产品开发计划项目31项,除去省、杭州市重复立项,实际为27项。其中软塑折叠包装容器的开发,投资140万元,当年增值500万元,创利60余万元,创税58.10万元，包装费用和间接创汇100余万元。据这些项目实施统计，是年新增产值2705.20万元，利润232.40万元，税金197.86万元。

1994年，全市有257项新产品开发被列入省级以上新产品试制计划，其中科委系统组织实施133项、经委系统124项，均占全省项目总数的10%以上。至年末，有235项已基本开发成功，完成率占组织实施总数的91.40%，其中有49项通过省级鉴定。据已投产的30项新产品统计，全年创产值24855.68万元，实现利润1918.12万元，税收1687.96万元。1997年，全市列入省级新产品开发项目74项，其中国家级重点新产品项目3项[①]。1999年，开发省级以上新产品项目127项，其中国家级重点新产品7项[②]。2000年，全市开发省级以上新产品179项，其中国家级重点新产品8项[③]。

1985～2000年，全市（县）共制订新产品开发计划1931项，其中国家级152项，省级135项，杭州市级172项，萧山市级1472项。

第四节　科技市场与科技合作

80年代中期以后，萧山科技市场开发一直走在杭州地区和全省的前列。专利、技术市场、科技合作发展迅速，成效显著。全市的技术交易额从1987年的31.07余万元增至2000年的5796.07万元。1987～2000年，交易额累计29273.89万元，名列杭州地区第一。国家科委技术市场办公室曾派员考察推广萧山经验，全国各地40余县（市）的技术市场管理人员来萧交流情况。

专利

1986年，萧山县科委抽调人员专职从事专利管理工作，负责专利知识宣传、咨询服务、代理申请，调解处理专利纠纷等事务。是年，先后对1000余名有关领导和企业科技人员进行专利知识培训，接受600余名发明人和科技人员的专利知识咨询。由专利代理人向中国专利局申请专利5项，被批准获权3项。特别是中国加入WTO后，全市专利工作得到政府和企业界高度重视，专利申请数逐年增长，2000年达到129项。

专利申请大多数是企业行为，也有个人获权后申请技术转让的。一些上规模、上档次的企业在本行业中研究开发新技术，抢占制高点进行技术创新，拥有自己的知识产权申请专利。如杭州万向集团，1998～2000年每年专利申请数以30%速度增长，3年共申请专利78项，被国家授权52项。浙江亚太机电股份有限公司的汽车间隙自调制动器轮缸这一专利已在实践中广泛应用，其中3只产品列入国家级新产品、1只产品列入国家创新基金重点支持项目，应用该专利的产品，产值累计超亿元，创利税上千万元，产品销售以每年30%～40%的速度递增。萧山市管道油泵厂激励科技人员提高创新意识和自主知识产权保护意识，在企业知识产权受到侵犯时，运用法律武器保护自身权益。如浙江义乌石油油泵厂模仿萧山管道油泵厂专利产品，生产百灵牌HYG系列化工石油管道泵。为此，萧山管道油泵厂向法院提起诉讼。通过三级法院审理，经浙江

①1997年开发的国家级3项重点新产品为：万向钱潮股份有限公司的IU40万向节总成；万向机械有限公司的奥拓7080微型轿车等速驱动轴总成；杭州钱江电气集团有限公司的SC树脂绝缘干式变压器。

②1999年开发的7项国家级重点新产品为：杭州之江有机硅化工有限公司的JS8000双组份建筑用硅酮结构密封胶；杭州钱江电气股份有限公司的SB—M箱式变压器；杭州之江开关厂的HSW1—2000四极智能型万能式低压断路器；万向钱潮股份有限公司的TFR五十铃万向节总成；浙江万向机械有限公司的捷达轿车左右等速驱动轴；浙江亚太机电集团有限公司的高速悬臂式氯气透平压缩机；萧山振兴工业泵厂的CA7160（14寸）捷达王后制动器总成。

③2000年开发的国家级8项新产品为：万向钱潮股份有限公司的一次性润滑免维护新结构万向节十字轴总成；杭州华信化工有限公司的涤纶荧光增白剂；万向钱潮减震器有限公司的NJ1020前减震器总成；杭州永磁集团有限公司的高性能粉末铝镍钴钛八类磁钢；浙江萧山水泵总厂的ZB型喷灌自吸泵；浙江万向特种轴承有限公司的超精密级（P4级）高速磨头轴承；杭州之江有机硅化工有限公司CM-601环氧树脂型建筑用结构胶；浙江亚太机电集团公司的CA1041（CA130C）汽车前后制动器及轮缸总成带自动调隙装置。

省高级人民法院裁决，判令被告浙江义乌石油油泵厂侵权，除赔礼道歉外，赔偿经济损失60万元，并保证从判决之日起停止生产该产品。萧山市密封件厂是一家专业生产填料静密封件的科技型企业，1994年11月22日申请的"生产柔性石墨编织填料的方法"，自1997年2月1日经国家专利局授权获得专利后，企业的经济效益成倍增加，并开始尝试与国内外各大专院校、科研院所合作。在该发明专利基础上，企业又深入研发柔性石墨材料的应用技术，开发石墨聚四氟乙烯盘根。该装置是柔性石墨填料环、柔性石墨板材、柔性石墨增强垫片、云母石墨密封材料等专利产品的延伸产品。1998年，该企业以其产品技术领先、质量可靠和规模优势首次位居行业榜首；1997～1999年，连续3年被列入萧山市百强企业。至2000年底，实现销售收入2048万元，税利680万元，70%的产品出口到49个国家和地区。

图35-2-858　杭州粉末冶金研究所高级工程师沈乐棣在进行科研工作（1986年8月摄，杭齿集团提供）

1986～2000年，全市（县）共批准获得专利授权742项，其中发明专利62项、实用新型专利474项、外观设计206项。

表35-2-630　1986～2000年萧山专利授权状况

单位：项

年　份	发明专利	实用新型专利	外观设计专利	合　计	年　份	发明专利	实用新型专利	外观设计专利	合　计
1986	2	3	0	5	1994	1	33	6	40
1987	4	4	0	8	1995	5	30	4	39
1988	5	11	1	17	1996	5	21	5	31
1989	8	16	2	26	1997	3	47	24	74
1990	4	20	7	31	1998	4	52	32	88
1991	7	27	26	60	1999	1	51	40	92
1992	2	42	3	47	2000	4	82	43	129
1993	7	35	13	55					

图35-2-859　萧山市第二届农业开发横向合作洽谈会（2000年5月，来坚摄）

技术市场

80年代中期，萧山技术市场开始形成，其后技术交易日趋活跃。从少数单位聘用"星期日工程师"、开始输出少量技术改造项目，逐步发展到广泛而经常的技术交易，交易形式有技术开发（包括合作开发和委托开发）、技术转让、技术咨询、技术服务4大类。

1985年，萧山与上海杨浦电镀厂合作，为县内24家电镀厂培训50名镀铜、镀锌、镀铬和三废处理的电镀技术人员。与驻萧57367部队合作，为萧山电声厂培训14名收录机检测和调试技术人员。利用县内单项技术力量优势，为富阳县和江苏省靖江县提供年产1万吨啤酒的整套设计方案和工艺流程。1986年，萧山科技咨询服务公司成立，初显技术市场雏形。当年完成项目7个。①1989年，为贯彻执行技术合同法实施细则，市科委于6月举办全市第一期技术合同法培训班，培训技术市场科技管理干部及技贸单位经营管理人员52名。是年，据5个区的乡镇企业统计，技术联营项目32项，引进资金801万元，当年新增产值9300多万元，利润605万元。

①7个项目是：为萧山漏电开关厂中介，引进JBOT-6型、AB62-15/20A、PZ100型3种触电保护器，使该厂创年产值300余万元，获利60余万元；为杭州农药厂萧山分厂中介，从北京引进N50甲醇掺烧汽油技术，开发新能源；为杭州中药厂萧山分厂中介，从哈尔滨引进生人参果低度酒技术，使该厂扭亏为盈；帮助义桥镇和欢潭乡发展优质巨峰葡萄生产，获得较好经济效益；帮助萧山丰乐食品厂、萧山酿造厂将精制萧山萝卜干、酱菜和酱油生产技术有偿转让给广东临高县等。

1991年，市科委为杭州曲轴厂、萧山汽车制动机厂、杭州华东无线电厂等单位与上海科技大学、上海电子物理研究所、浙江省化纤纺织科研所、浙江电子工学院牵线搭桥，通过技术攻关，研制开发新产品，解决技术难题。全年认定登记技术合同725项，成交金额934.72万元。是年，累计有157所大专院校、科研单位与萧山建立技术协作关系。1995年2月28日，投资70万元（财政拨款35万元、自筹35万元），在萧山商业城建立萧山市常设技术市场，面积180平方米，配置计算机网络，开通与国家经贸委经济信息中心和省科技信息中心联网的科技经济信息网。其中国家信息中心的"天宇线"可提供国家政策法规、土地金融、科技转让等18类信息，省科技信息中心则可提供最新科技成果、科技产品文献和全国企业的产品标准。一次性可查询200万条信息，及时提供市场行情、经济预测、物资供求、新产品开发等经济科技信息源，为企业提供对外发布供求信息服务。开展技术合同认定登记，技术转让、咨询、培训服务，新产品开发、代销、联销等服务。1997年，认定登记技术市场合同519项，技术合同成交额2139万元，其中技术开发8项47万元、技术转让56项111万元、技术咨询205项886万元、技术服务250项1095万元。2000年，完成技术开发113项、技术转让2项、技术咨询205项、技术服务198项，以

表35-2-631　　1987～2000年萧山技术贸易成交情况

年份	技术开发		技术转让		技术咨询		技术服务		合　计	
	项目(个)	合同额(万元)	项目(个)	合同额(万元)	项目(个)	合同额(万元)	项目(个)	合同额(万元)	项目(个)	合同额(万元)
1987	3	5.40	1	2.00	13	6.60	37	17.07	54	31.07
1988	17	105.20	4	71.40	69	92.10	87	307.00	177	575.70
1989	32	322.30	5	166.20	77	97.80	377	371.70	491	958.00
1990	91	242.63	9	21.68	84	81.15	361	471.34	545	816.80
1991	129	435.42	5	5.74	76	90.07	515	403.49	725	934.72
1992	188	974.50	10	98.86	386	324.91	653	906.76	1237	2305.03
1993	114	863.00	8	10.00	318	267.00	1162	1139.00	1602	2279.00
1994	48	437.10	24	217.70	98	40.50	274	1407.70	444	2103.00
1995	15	119.80	33	377.00	130	583.30	247	1408.00	425	2488.10
1996	18	127.30	7	299.60	149	618.20	366	1300.90	540	2346.00
1997	8	47.00	56	111.00	205	886.00	250	1095.00	519	2139.00
1998	24	377.40	65	96.70	266	1306.40	293	1316.50	648	3097.00
1999	76	1243.11	12	109.30	163	713.58	141	1338.41	392	3404.40
2000	113	1993.07	2	222.31	205	1283.55	198	2297.14	518	5796.07

上4项贸易额分别为1993.07万元、222.31万元、1283.55万元、2297.14万元。

1987～2000年，累计技术开发876项，技术转让241项，技术咨询2239项，技术服务4961项，技术贸易成交合同额分别为7293.23万元、1809.49万元、6391.16万元、13780.01万元，总计8317项、29275.79万元。

科技合作

科技合作始于90年代中后期。1998年，浙江省科技开发总公司与杭州、嘉兴、湖州等地高校科技开发总公司合作，引进带资金项目6项，引进资金482万元。其中萧山绸厂"高吸水长丝织物"带资金70万元；萧山特种水泥厂"玻纤水泥"带资金50万元；萧山丝厂"高吸水涤纶长丝织物"带资金70万元；义桥搪瓷厂"搪瓷浴缸"带资金32万元；萧山电声厂"直接法镀铝纸工艺"带资金200万元；螺山乡"碗扣式铁手架"带资金60万元。有8个项目签订意向书，并与省内外69所高等院校建立联系。是年11月，杭州市政府邀请中国科学院、中国工程院及全国一些著名大专院校、科研单位来杭州参加技术合作洽谈会。萧山市以科委牵头，会同有关部门组织全市各镇乡300家企业参加，其中30余家企业与大专院校进行具体项目洽谈签约，62个项目达成合作意向。其间，萧山市政府在杭州黄龙饭店召开萧山市科技经济

发展洽谈会，有35家大专院校提出与萧山市科委建立联系，有纺织印染、羽绒服装行业等4家企业分别与浙江丝绸工学院签订友好合作协议书。是年底，通过多种形式，全市206家企业与有关大专院校、科研单位联姻，建立技术合作关系。其中与浙江大学合作的24家企业成效特别明显。

2000年9月8日，萧山举办"产学研"（企业、大专院校、科研单位）技术合作暨高新技术成果展示会。中国科学院、清华大学、北京大学、浙江大学、中国科技大学等全国50家大专院校和科研单位、软件公司，随带2000多个项目和科研成果前来参加。洽谈项目292项，其中有意向169项。首批签订项目15项，总投资10亿余元。如杭州万向集团与上海同济大学签约，合作开发研制汽车液力变矩项目；萧山佳力管道油泵制造有限公司与上海同济大学合作，致力于环保水力挖泥机研究项目。

图35-2-860　市科技部门技术人员在楼塔节能灯厂研究新产品开发（1998年2月摄，萧山区科协提供）

【附录】

1989年市科委十大优秀科研项目

1.铜矿渣配料烧制硅酸盐水泥熟料技术：城北水泥厂研究成功。该项技术可节煤20%、省电15%，大幅度降低单位成本。

2.ZK135空调压缩机：由萧山汽车空调压缩机厂研制，填补了国内汽车行业空调压缩机的空白。

3.电热灭蚊原纸片：萧山造纸厂将引进的专利技术同自己的传统造纸工艺相结合开发生产而成。

4.PCT-2二极管快速筛选台：由萧山专用仪器厂研制而成。该产品具有省时、省电、高效等优点，填补了国内空白。

5.轻型高速BQ型喷油泵：由杭州油泵油嘴厂与无锡油泵油嘴研究所联合研制。该泵具有结构新颖、刚性好、重量轻、功能齐全等特点，是中国出口的小缸径高速多缸柴油机的关键附件。

6.高吸水赛丽丝：由萧山绸厂开发投产。产品具有挺括、透气性能好等优点。

7.高抗冲聚氯乙烯粒料：由浙江大学化学反应工程研究所与萧山第二化工塑料厂共同研制成功，产品性能处于国内先进水平。

8.土地适度规模经营与农机化配套技术：该系统工程技术对探讨农业发展新路子有积极示范推广价值。

9.无痛人流临床应用研究：萧山市妇女保健所综合应用音乐、药物和心理治疗等方法，临床应用有效率占98.80%。

10.PC-1500计算机结构计算程序：由萧山市建筑设计院设计研究开发，对中小设计单位工程计算有实用价值，达国内先进水平。

（原载1990年1月17日《萧山经济报》）

第三章　科技应用

在科技应用领域内，萧山根据本地实际编制科技应用计划，落实各年度科技项目的组织实施。开展与科研机构和大专院校的科技合作，制订农业科技推广成果计划。促进全市农业科技示范、工业科技应用和高新技术的全面发展。90年代后，网络应用发展迅速，势头良好。

第一节　农业科技示范

50年代中期开始，建立农业技术推广站。①80年代初至90年代中期，农业科技示范主要通过农业和科技主管部门、镇乡政府和农业科学研究所、农业技术推广站等机构来实现。90年代中期以后，又增加新的农业科技示范模式。

农业科技园区

1997年，市政府提出建立农业科技示范园区建设，组织实施各类农业科研示范计划项目52项，其中国家级2项、省级6项；开发新产品30项，其中国家级3项、省级27项。市农业局、科学技术委员会、科学技术协会等部门联手实施现代农业园区示范园区建设，并确定园区建设目标②。是年，粮食以义桥镇民丰村、衙前镇山南村为试点，水产以围垦指挥部为试点，进行现代农业示范园区建设试点。市政府对每个园区无偿提供建设资金50万元。1998年，城厢镇城南办事处犁头金村、衙前镇凤凰村、坎山镇三盈村、闻堰镇黄山村和祥大房村、临浦镇大庄办事处下头坞村等实施现代农业科技示范园区建设。1999年，许贤乡潘山村实施现代农业示范区建设。是年，又确定宁围镇丰二村"城郊型高效设施农业示范基地"、新街镇"花卉苗木开发示范基地"、围垦"特种水产养殖示范基地"、所前镇"万亩山林综合开发基地"、云石乡"生态示范基地"5个农业科技示范基地。经过5年建设，成为全市农业产业化、集约化、设施化、商品化和信息化的示范点。是年，还实施工厂化高效农业示范工程项目，该项目是科技部"九五"重大科技产业工程。萧山承担浙江项目部分任务。通过项目实施，建立农业工程示范区100亩（约66667平方米）、示范辐射区1000亩（约666670平方米）、产品加工基地1个。至年末，百亩示范区良种覆盖率达100%，千亩辐射区良种覆盖率在95%以上。萧山速冻厂成为农产品加工基地，并于2000年上半年通过验收，参加科技部在北京举办的"工厂化高效农业示范工程"成果展示会。

2000年3月18日，省政府发文（浙政发〔2000〕64号）批准在萧山建设浙江省农业高科技示范园区，园区总占地面积3000～5000亩，其中一期建设1000亩（约666670平方米）。随即萧山市政府宣布浙江传化集团为该园区的运营主

①1955年，萧山分区建立10个综合性农业技术推广站，配备业务干部49人，选定22个基点乡、28个基点村作为试验、示范和推广农业技术的场所。1958年人民公社化后，从农村选拔一批农业生产骨干充实区农技站。1965年，每区设1个农技站，全县有农业专业技术人员93人。是年起，在棉麻地区的28个公社各配备1名农科员。70年代初，全县63个公社和瓜沥镇建立农技推广站，每站有农民技术员2～4人，多数生产大队相应建立农科队，生产队配植保员。至1979年，全县768个生产大队（村）有560个建立农科队，农技人员7300人，试验基地15694亩；全县6368个生产队，配有技术员、植保员等14700人。至此，逐步形成县、区、乡（公社）、村（生产大队）四级农科网。1980年，农村实行家庭联产承包责任制后，四级农科网中的乡、村两级逐步改革成乡农科员、村农民技术员和专业户、科技示范户为基础的农业技术推广网络，并与县、区两级农业科技组织串联结合。1984年，全县农业专业科技人员中，有农艺师22人、助理农艺师57人、农业技术员110人。

②农业科技园区示范建设目标：硬件达到田块成方，路渠成网，绿化成行，排灌分系，水旱两宜，机械配套；软件建设以提高先进适用技术到位率和经营者素质为目标，统一服务功能，健全农技服务体系，最终实现园区吨粮田或亩产值超2000元。每个园区规模在1000亩（约666670平方米）以上。

体。是年，各园区加大建设步伐，各级投入建设资金累计3093万元，其中省级20万元、杭州市级以奖代补40万元、萧山市级2533万元、镇乡级500万元。至是年末，全市建成现代农业科技示范园区36个，占地面积54920亩（36613516.40平方米），其中粮食示范园区10个、综合型9个、设施型17个。城厢镇城南办事处犁头金村示范区、衙前镇山南村示范区和湘湖农场示范区分别于1999年和2000年通过省级考核验收，成为省级示范园区；义桥镇民丰村示范园区、闻堰镇黄山村和祥大房村示范园区、衙前镇凤凰村示范园区分别于1999年和2000年通过杭州市级验收，成为杭州市级农业科技示范园区。

1997~2000年，列入各级农业科技项目193项，有70%以上项目完成任务。如出口商品鳖分割保鲜，2001年起批量出口日本等地；酱腌菜综合防腐技术研究课题在其门堂蔬菜食品有限公司试点应用成功，解决长期以来困扰萧山酱腌菜生产企业的防腐剂超标问题。

科普示范基地

1998年，全市有11个市级农业科普示范基地，总产值12814.84万元，净收益5844.34万元。其中萧山棉麻研究所的锦科花卉园艺示范基地，以省农科院花卉研究开发中心为技术依据，集科研、开发、生产、经营于一体，占地面积80余亩（53333.60平方米），设施面积2.50万平方米，有现代化的连体型供热温室1.20万平方米，有工厂化的普乐格育苗车间、规范化的组织培养实验室、夏季高山育苗基地等先进科技设施。每年可向社会提供各类盆花100余万盆（株）、鲜切花50万支以及南方观叶植物，并可提供种子、种苗、播种土及花卉生

图35-3-861 党湾镇大棚蔬菜生产基地（1995年5月摄，萧山区地方志办公室提供）

产的全程技术服务。宁围镇丰二村建立的50亩（33333.50平方米）无公害蔬菜示范基地，已有钢管标准大棚69套，全部应用防虫网、遮阳网、微型喷灌、滴灌等新设施。并引进蔬菜新品种、新栽培技术和新农药。新街、进化、云石、瓜沥等镇乡苗木、青梅、茶叶、淡水鱼养殖等科普示范基地，均具备对农业新技术的吸引推广和创新发展能力，成为全市特色优势产业，是当地农业产业化的支柱和龙头企业。2000年2月，为配合全市农业重点园区建设和种子种苗工程的实施，对原农业科技示范基地作了适当调整，新增"神龙牧业萧山鸡开发"、"进化青梅产业化"2个基地。各个基地都按年度计划建设，引进推广苗木、水产、畜禽、青梅等新产品20余项、适用技术30项。如进化青梅产业化示范基地，新建梅园1030亩（686670.10平方米），并从日本引进白加贺青梅等新品种和栽培技术及加工流水线，产品出口翻一番，利润翻两番。至是年末，全市已建农村科普示范基地35个，其中市级农村科普示范基地11个，镇乡（场）级农村科普示范基地24个。

农业科技示范户

1997年开始，市政府要求有关部门陆续选择一批基础较好的承包大户、专业经营户作为农业科技工作的联系户和科技示范户，以解决农村农业新技术推广断层问题。1999年1月，市政府命名101户为萧山市级农业科技示范户，其中粮油43户、畜牧20户、林业特产（包括花卉苗木、蔬菜）26户、水产12户。后各镇乡相继建立镇乡级农业科技示范户。1998~2000年，评出并表彰市级农业先进科技示范户44户，其中城厢镇湘湖村吴土良（水产）被评为省级农业科技示范户。承包大户推广新技术的做法和经验，对周边农民群众推广和应用新技术起到很好的示范作用。

表35-3-632　1998～2000年萧山市市级农业科技示范先进户名单

年份	序号	户名	单位	类别
1998	1	汪金安	城厢镇祝家桥村	主体农业
	2	鲁国民	临浦镇王村村	主体农业
	3	汪阿木	瓜沥镇横埂头村	主体农业
	4	潘先恩	义桥镇横筑塘村	主体农业
	5	韩松坤	党山镇单木桥村	主体农业
	6	章观凤	党湾镇团结村	主体农业
	7	施文根	农业综合开发办东风农场	主体农业
	8	姚正祥	城厢镇姚家畈村	畜牧
	9	沈建刚	新街镇盈中村	畜牧
	10	汤永裕	进化镇大汤坞村	林特
	11	於海康	义桥镇峡山头村	林特
	12	杨明法	萧山围垦指挥部	水产
	13	徐金宝	城厢镇涝湖村	水产
1999	1	俞水杨	戴村镇石马头村	主体农业
	2	田灿祥	许贤乡田家村	主体农业
	3	沈静良	云石乡沈村村	林特
	4	赵祖尧	进化镇石柱头村	林特
	5	王发萍	进化镇下章村	畜牧
	6	谭洪波	义桥镇上埠村	畜牧
	7	於海康	义桥镇峡山头村	林特
	8	鲁国民	临浦镇王村村	主体农业
	9	王建祥	所前镇三泉王村	主体农业
	10	赵茂康	宁围镇东江围垦	主体农业
	11	王国昌	宁围镇丰东村	林特
	12	何志荣	新街镇沿江村	水产
	13	韩松坤	党山镇单木桥村	主体农业
	14	陈德信	党湾镇新梅村	畜牧
	15	沈忠久	新湾镇创建村	水产
2000	1	於志明	头蓬镇春园村	主体农业
	2	章观凤	党湾镇团结村	主体农业
	3	戎伯寿	河庄镇建一村	主体农业
	4	汪金安	城厢镇祝家桥村	主体农业
	5	孔迪明	临浦镇张家畈村	主体农业
	6	王建祥	所前镇三泉王村	主体农业
	7	於海康	义桥镇峡山头村	林业特产
	8	汤永裕	进化镇大汤坞村	林业特产
	9	王国昌	宁围镇丰东村	林业特产
	10	陆永富	新湾镇宏波村	林业特产
	11	谭洪波	义桥镇上埠村	畜牧
	12	吴才根	新塘乡一都孙村	畜牧
	13	陈德星	党湾镇新梅村	畜牧
	14	吴土良	城厢镇湘湖村	水产
	15	王德坤	农业开发区	水产
	16	金恩忠	义盛镇白浪村	水产

第二节 工业科技应用

工业技改

80年代初开始，萧山逐步实行经济体制改革，扩大企业自主权，注重企业技术改造。1985年，全县计划内竣工工业技术改造项目41项，总投资1733万元，其中投资50万元以上的项目11个。是年，实现工业总产值7513万元，创利润761万元，上缴税金474万元。

"七五"期间（1986~1990年），全市（县）工业技术改造总投资27.40亿元。建成投产技术改造项目853个，其中竣工项目总投资25.81亿元。引进先进技术和关键设备项目61项，实际用汇5024万美元。其中机械行业的技术改造项目总投资9.87亿元，占全市技术改造投入总量的36.02%。纺织行业贯彻国家压锭改造政策，在控制总量的前提下，合理调整内部结构。"七五"时期，开发新产品的投资为11.50亿元，占全市技术改造总投资的42.33%；"四新"（即新技术、新工艺、新设备、新材料）产品产值率达到10%以上。5年间，全市共开发省级以上新产品850只，其中30只被列为国家级新产品，55只产品获得萧山市级以上名牌产品称号。

"八五"期间（1991~1995年），全市工业技改投入157.01亿元，建成投产技术改造项目2264项，竣工项目总投资107.75亿元。引进先进技术和关键设备项目344项，实际用汇34887万美元。这一时期技术改造的主要特点是：单项投资规模逐年扩大；投资增长幅度较快；传统产业高新化趋势明显；初步建立企业技术创新体系；开发区发展成为萧山工业经济的新增长点；工业发展的优势开始显现。形成纺织印染、机械汽配、羽绒服装、网架钢构等一批制造基地和行业龙头企业。

"九五"期间（1996~2000年），全市工业技改总投资105.77亿元。在工业技术改造项目中，出台一系列扶持政策，1996年2月28日，市委印发《关于鼓励工业企业上规模增效益建强队的若干政策》（市委〔1996〕46号）。1998年全市工业技改投入22.88亿元，1999年为32.48亿元，2000年为50.41亿元。在工业技术改造中压缩一般加工工业项目，优先支持发展外向型经济项目、名优产品为龙头的集体企业配套改造项目、基础原材料生产项目、适销对路产品项目及一些投资省、见效快的"短、平、快"等项目为重点项目。其间，共争取到国家、省、杭州市安排企业技术改造财政贴息7015.27万元。

CAD技术应用

1998年5月20日，市政府出台《萧山市CAD技术应用工程发展规划》（萧政办发〔1998〕86号），确定第一批CAD试点示范企业和到2000年推广应用工作目标。同年下半年，召开全市CAD技术推广工作演示会。会后有31家单位得到应用。宁围镇江宁丝绸制衣有限公司在服装行业不景气状况下，应用CAD技术，实现利税656万元，比上年增长24%，跃居全国同行百强行列。示范企业万向集团所属8家工业企业已全部用上CAD技术，计算机出图率达到95%以上。新产品开发周期从原来的一周左右缩短到18个小时之内；提高了新产品的开发速度，进一步稳定产品质量。是年，万向集团成功打入美国通用公司的汽车生产线，成为首家进入美国汽车生产领域的中国企业。1999年，市政府加大对CAD技术的推广应用力度，编写小册子，举办机械、电器、服装等行业的CAD技术推广应用现场会和技术培训班，投资30万元，为企业引进设备、培训人员、选择软件等提供帮助。是年，全市拥有CAD技术应用示范企业8家，推广应用企业70余家。其中CAD技术应用示范企业之一的浙江远翅塑料有限公司，计算机软件从二维到三维，设计效率成倍提高，开发1套模具时间从原来14个月缩短到6个月~8个月，生产成本降低40%。

2000年，市CAD技术推广应用工程协调小组确定新的CAD技术应用示范企业，邀请全国著名软件厂商进行演示,进一步扩大CAD技术的普及和应用。全市CAD技术应用示范企业总数达到10家;列入杭州市三维CAD应用试点企业7家,应用CAD技术的企业累计150多家。CAD技术普及性、应用性培训累计达3000多人次。投入资金2000多万元。在重点骨干工业企业中,CAD适用企业的应用率达79.50%(杭州市考核要求为60%)。其中机械电气企业覆盖率为86.83%,服装行业企业覆盖率为60%,建筑设计单位覆盖率为100%。杭州万向集团和浙江金首水泥有限公司CIMS(计算机集成制造系统)技术示范工程一期建设已通过省CIMS专家鉴定,标志着全市计算机技术应用水平上升到一个新台阶。11月25日,市CAD技术推广应用工程以总分95分通过杭州市CAD应用工程协调小组验收,被命名为杭州各县(市、区)唯一的CAD技术推广示范县(市)。萧山被推荐为全国CAD应用示范工程先进示范县(市)。

第三节　网络应用

90年代初期,全市信息化建设迅速崛起,计算机信息网络建设渐具规模。一些部门和单位相继建立局域网,并进行数据库和计算机信息管理系统的开发与应用。

1998年,市信息化工作领导小组成立,先后出台鼓励发展高新技术产业的政策和措施,同时组织力量拟定《萧山市信息化发展"十五"规划》,明确在"十五"期间,重点发展政府宏观管理、统计、科技、教育、金融、财税、城市建设与管理、社会保险、医疗卫生、公安、电子商贸、工商监督管理、农林牧渔业、档案管理14个信息系统,并投入使用和管理。2000年,萧山被省信息化工作领导小组列为全省5个信息化试点城市之一。

政府办公自动化网络

1999年9月,建成以萧山电信现有光纤宽带为基础,搭建从市行政中心到各镇乡政府、各部委办局、社会团体、各村与居委会的政府办公自动化计算机网络——萧山信息港,统一网络交换和信息交换平台,港内共有28个市属机关上网,25个栏目近10000张网页可供浏览。政府信息及时发布,内容隔日更新,机关之间开始电子政务办公。经过1年的筹划,市信息中心正式建成并开通运行。内容主要有政府信息网的注册域名登记、网上信息发布、市"四套班子"内部联网、21个行政事业单位在网上设主页,开辟信息专栏26个,制作网页2000多页。2000年,在信息化建设基础上,进一步完善软、硬件设备,提高网络运行的安全性和可靠性。萧山信息港和政府信息网紧紧围绕全市重大事件和发展重点,适时推出一批栏目,使网络时效性和上网效果有明显提高。是年9月30日,市政府办公室和电信局签订萧山市政府信息网二期建设合作意向书,二期信息化建设开始启动。

部门信息化网络

从1995年起,市供电局通过3年多的努力,于1998年11月30日通过浙江省和杭州市电力局信息中心验收。初步建成具有综合信息处理能力、实现办公自动化和为领导提供决策查询功能的计算机管理信息系统(简称MIS系统)。到1999年5月17日,全市所有的110千伏及以下变电所实行无人值班,达到运用科技手段减人增效的目的。

2000年,萧山基本建成以光纤通信为地面主要传输网络,卫星通讯和微波通信为有效补充的现代通信网络,其规模、容量、适用技术等方面居国内先进水平,具有较强的信息设备提供能力、信息传输能力和信息服务能力。市广电系统实现全市各镇乡的光纤联网,形成星形布局的HFC(混合光纤同轴电缆网)双向数字及模拟传输网络,可为全市30余万台电视机提供高质量电视信息,并达到村村通广播的要求。市电力系统100Base-Tx快速以太网为主干的电力计算机管理信息系统基础网络覆盖全市各供电所、变电所，并配有5000门交换设备，其规模性能名列全省县（市）同行前茅。

2000年4月25日，萧山经济技术开发区建成信息化工业园区。9月22日，市电信局与市教委签订《萧山市教育信息网建设合同》；9月30日，与市政府办公室签订《萧山市政府信息网建设合同》；12月1日，与萧山市高新科技产业园区管理委员会签订创业中心智能化园区信息化建设合同；至年末，与泰和小区等6个小区签订信息化小区建设合同。这些合同已逐步付诸实施。

是年，市公安局应用高科技手段，在网上开设语音追逃系统。局110指挥中心与全市各派出所联网，通过网上追逃信息缉捕罪犯，共抓获犯罪嫌疑人35人。利用信息技术破案10多起。国税萧山分局信息化建设投入资金2000余万元，建成内通外联的高速信息网络，实现电子报税、经营户销售发票等计算机管理，被全国税务系统列为信息化试点单位。金融部门信息系统起步早、推广快，整个行业计算机应用普及，城厢镇范围内有ATM机（自动柜员机）45台。社会保险部门电子屏查询系统已向公众开放，可通过触摸查询有关事项。教育系统建成萧山市教育信息网络中心站点，开通全市57所学校，其中由市教委编写印发的小学《自然》第九册多媒体电子教材，成为全省第一套由县市编写的电子教材。建设局开发主域区1：500"地理信息系统（GIS）"。医卫系统的各主要医院已普及应用计算机网络系统进行业务结算、远程教育及管理。统计局统计数据已在网上报送，提高了数据及时性和准确性。档案馆实现内部管理联网，并逐步向公众开放，成为省档案馆信息化试点。市科委、外经委、人事局、团市委等部门也先后上因特网，为萧山各行业提供网上信息服务。农业信息网粗具规模，第一期建设的72家市级有关部门、市农业龙头企业和种植、养殖大户的电脑设备安装完成，并举办操作应用培训班2期，受训83人。

网　站

至2000年末，全市已建成各类网站30余个，其中较有影响的网站11个。至2000年末，萧山较有影响的网站有萧山政府信息港、萧山农业网、中国化纤信息网、萧然在线、浪潮商务网、萧山商务网、中国汽车网、中国传化网、中国萧山经济之窗、萧山对外贸易信息、萧山经济协作信息网等。如中国化纤信息网，在3年时间内发展成为集信息咨询服务、软件应用集成开发、网站建设、网络营销、电子商务等服务项目于一体的高科技软件企业，是国内最早、最成功的专业类互联网站之一。其经营规模、技术实力及影响力都已经得到国内化纤行业的广泛认同，被誉为"中国化纤第一网"，拥有会员2500多个，网站页面的访问量在8万人次左右，高峰期达13万人次以上。所提供的各类信息已成为国内主要化纤供应商和纺织企业把握化纤市场脉搏的重要依据，同时也吸引世界部分500强企业会员，成为杜邦、美孚石油、壳牌石油、东丽、日棉、伊藤忠、韩国三星等企业了解中国化纤市场行情的窗口。并将投资5500万元建设华东地区最大的全电脑化纤原料仓储配送中心，是集网络、电子商务与物流配送于一体的高效率的电子商务体系。

是年，全市有近300家企业在网上拥有主页，1000多家企业上网展示企业形象；通过电信局163注册登记拨号上网用户4000多户。通过上网，不少企业取得较好经济效益，如永磁集团在2年中产品出口交货值均保持在5000万元，其中通过因特网交易额占70%以上。企业信息化开发应用力度不断加大，利用因特网招商、拓展市场。

第四章 科技普及

80～90年代，萧山结合各个时期的中心工作，运用各种宣传工具，面向农村广泛开展科学知识的宣传和科学实验农技下乡活动。90年代，面向广大市民群众，通过编印科技资料，举办科技讲座、科技展览，开展科技培训、学术交流、科技咨询，放映科教电影，举办科普广播，进行技术创新等活动，推广应用新工艺、新技术、新材料、新产品，提高人民群众的科技知识，促进地方经济发展。1998年7月22日，萧山市被中国科学技术协会命名为全国首批100个科普工作示范县（市）。

第一节 科普宣传

科普宣传除平时渗透在各行各业、各条战线中外，市（县）科协还集中时间举行科普宣传周等多种形式的科普宣传活动。

科普宣传周

1985年，萧山群众性科普宣传活动在全县广泛开展。[①]1986年，举办科普讲座920次、学术报告会54次、学术讨论会59次，举办科普画廊（窗）230框次、科技广播1278次；组织科技培训750期，参加人数40800人，联系农村科技示范户1284户。1987年6月22～28日，举办县首届科普宣传周，有28个单位的专业科技人员412人参加，接受科普教育的干部群众48.80万人次。1988年10月24～29日，举办第二届科普宣传周，有36个委、局、公司和30个专业学会、协会上街下乡开展科普宣传；开辟10年科技成果黑板报展，接受科普教育万余人次。1989年4月28日～5月4日，举办第三届科普宣传周活动，有15个单位、32个学（协）会参加，推广农村适用技术27项，接受群众技术咨询3560人次，提供名医诊治1710人次，发放资料2200余份。1990年5月2～9日，举办第四届科普宣传周活动。组织学术报告会、信息发布会6场；下乡举办科技报告会5场；760余人次的高、中级科技人员走上街头或下乡参加技术咨询服务，接待群众8280人次；编写印发科普资料61种。

1991～1995年的科普宣传周，每年均由市政府办公室发文，要求镇乡人民政府、市政府各部门、各直属单位结合工作实际积极支持配合，分工负责自己所在系统或单位开展科普宣传周活动。每年都有活动主题和活动地点，并深入农村、基层。1996年后，科技部门每年数次组织科技人员下厂下乡，以资料、咨询、讲座、图版、录像、演示实验、实物展览等多种形式帮助群众学习科学知识，了解生产过程，掌握增产规律，推动生产发展。

1987～2000年，共举办科普宣传周14届。[②]

图35-4-862 宁围镇家庭科普知识竞赛（1999年8月摄，萧山区科协提供）

①1985年，举办科普讲座1133次，举办学术报告会36次，学术讨论会60次，参加人员10553人次；举办科技广播1868次；组织技术交流和培训540次，参加人员38452人（其中乡镇科协467次、21982人）；展出科普画廊（窗）266框次；举办科技巡回展览1次，开展现场咨询服务，赠书2730册；联系科技示范户1204户。

②2000年，第十四届科普宣传周有22大类237个项目，全市35个市级机关，101个学会、协会、研究会和企事业单位科协，8个街道和镇乡2500余名领导干部和科技人员，参加了在城厢、河上、闻堰、党山等地举办的科普宣传活动，受教育群众29.91万人次。其中参加义诊的医务人员105人次，受诊市民1474人次；举办各种学术讲座、科普报告会等77场次，受教育群众3.89万人次；发放科技图书1377册，展出科普图板365块，发放各种宣传资料161种2.49万份。

表35-4-633　1987～2000年萧山科普宣传周活动情况

年　份	届　别	时　　间	主　　　题	主要活动镇乡
1987	一	6月22～28日	科学普及	城厢镇及周边地区
1988	二	10月24～29日	科学普及	城厢镇及周边地区
1989	三	4月28日～5月4日	依靠科学进步为夺取农业丰收作贡献	城厢镇及6个区重点镇乡
1990	四	5月2～9日	科技推广	城厢镇及6个区重点镇乡
1991	五	4月23～29日	质量、品种、效益	城厢、浦阳、云石、浦沿、河庄
1992	六	4月6～11日	科技、人才、效益	城厢、所前、楼塔、党湾、宁围
1993	七	10月5～11日	科技、开发、效益	城厢
1994	八	4月27日～5月3日	科技、改革、发展	城厢、头蓬、西兴、河上、临浦、党湾、益农、欢潭
1995	九	9月21～26日	意识、投入、效益	城厢、围垦指挥部（头蓬）
1996	十	9月18～23日	科普、文明、创新	城厢、临浦、瓜沥
1997	十一	9月9～15日	科普、文明、创新	城厢、义桥、宁围、新街
1998	十二	9月17～23日	科学技术与跨世纪发展	城厢、益农、楼塔
1999	十三	9月7～13日	科学、文明、创新	城厢、坎山、南阳、浦阳
2000	十四	9月19～23日	树科学精神　创文明城市	城厢、河上、闻堰、党山

科普读物编写

80年代，科普读物的内容以基础科学技术知识和科学技术最新成就为基础，面向市民、农村和基层，根据各个不同时期进行重点推广介绍。形式有汇编资料、通俗读物、快报、通讯、简报等。较有影响的有《萧山科普》《萧山电子》《萧山旅游》《地震与动物》《魔力食品——魔芋》《萧山中医验方》《萧山科技》[①]《萧山农科报》等。

科教电影放映

萧山放映科教电影始于60年代后期。[②]1986年8月，由县爱国卫生运动委员会、卫生局、文化局、教育局、科学技术协会5单位联合举办"卫生科普电影宣传月"活动。3个月中放映《家鼠》《高血压》《预防近视》《食品卫生法》《预防农药中毒》等41部科教片，共放映1735场，观众119.28万人次。1987年3月，为配合全国举办首届"农村科教电影汇映月"活动，县科协和农业局、文化局、广播电视局、科委等单位联合组织汇映，放映《蓖麻》《农村省柴灶》等124部科教片，先后在城厢、临浦、瓜沥和其他镇乡影院放映科教电影1886场，观众113.20万人次。1989年，市科协会同文化局、计划生育委员会、卫生局等10家单位联合举办"人口与健康"科教电影汇映活动，放映《人口与经济》《计划生育》等影片62部，放映单位58个，映出1247场，受教育群众近80万人次。1990年4月，市农业局、文化局、科协3家单位联合举办"农业科技推广年"科教电影汇映月，选映《棉花虫害综合防治》等33部科教片，放映734场，观众31.50万人次。90年代中后期，随着电影市场的滑坡，放映科教电影也呈下降趋势。1991～2000年，共放映科教电影186场，受教育观众68万余人次。

①《萧山科技》创刊于1972年，是县科委、科协合编科技刊物。期发行量最多为3300份。除发放县内有关单位外，有外市（县）资料交换单位1200余个，至1990年停刊。其间共发行57期9.445万份。

②1968年，建立县科教电影队，到全县各地农村、厂矿、学校及边远山区巡回放映，至1978年6月，先后在58个公社225个大队放映科教电影780多场，接受教育观众52万多人次。

① 1982年，县科协、教育局联合举办全县中小学科技、园艺种植活动经验交流会和盆景花卉展览。展出科技作品127件、工艺作品39件、盆景5件。是年，举办全县中学生物理科技作品表演，参加作品39件，有萧山中学制作的遥控机器人、电子发射机、音乐彩灯，袁江中学制作的怕光龟、电子算术狗，浦沿中学的延时电子门铃、临浦中学的电子秋千，西兴中学的防盗警报器等。1984年，城厢镇育路小学获中国科协、全国少工委、《我们爱科学》杂志社联合发起的"爱科学·动手动脑竞赛"先进集体（全国共3所学校获此殊荣）。

② "八个一"活动即参观一次展览，读一本科普书刊，做一件科技作品，听一次科普报告，写一篇科学观摩日记，看一部科普影视，出一期科普报刊，搞一次科普竞赛。

青少年科技活动

1982年起，萧山有组织地开展青少年科技活动。①1985年12月、1988年1月，萧山理学会协同教育局、市（县）团委在青少年宫举办中小学第二课堂活动成果展览。其中瓜沥中学小发明"自动畚箕"获1990年杭州市青少年小发明一等奖。此外，青少年航空模型培训与比赛、教育仪器与科技制作学习班先后在城厢镇、农垦系统以及城北、戴村、义蓬、城南、临浦、瓜沥等区有关学校开设19期，直接受训400余人次。市教委、教育学会通过各种主题班会、队会、团日和课余时间，让学生参加"八个一"活动②。1996年4月，市教委、科协共同组织青少年5000余人去浙江科技馆参观"美国旧金山自然科学探索馆"杭州展。1997年，邀请杭州市科普作协负责人分片为全市中小学生作"现代科技发展与创造发明思维"学术报告12场，听众1.20万人。至2000年末，全市有青少年科技辅导员150余名，百余所学校组织电脑、小论文、小制作、空模、车模、海模、无线电测向、生物百项等兴趣小组。1991～2000年，萧山青少年参加科技竞赛获全国奖719名（其中一等奖63名、二等奖206名、三等奖330名、其他奖120名），浙江省级奖94名、杭州市级奖352名、萧山市级奖2941名、其他奖57名，累计获奖4163名。

群众性科研活动

1985年起，全县（市）各行业群众性科研活动蓬勃开展。工业方面，有1×3毫米辊式自动送料装置、储粮用集气箱机械通风降温技术、定扭矩电动扳手、渗铝钢技术、智能钢丝测力仪、颜料透明苯胺黄、轻质高强度低导热节能耐火钴、ABS（防锁死刹车系统）整体汽车仪表板、手机结合花边工艺伞、利用回毛生产麦尔登及系列产品、医用瓷手模的研究与开发、谷氨酸高产菌2X-507菌株选育、仿南宋官窑莹青金丝纹片釉瓷开发、蜂王浆冻干粉、航远牌螺旋桨节能改造等。农业方面，有棉花省工节本高产高效配套技术研究，蜜蜂定地饲养技术及蜂产品综合开发利用，外荡水域河蟹养殖技术研究，麦、豆、稻高产技术探索，黄、红麻综合高产技术研究，青梅良种"8701"优株选育，全光照自动喷雾扦插杨梅，青梅育苗、杨梅、大青梅提纯复壮技术研究，小包装萝卜干防止胀袋工艺研究，开发制茶节能灶，火鸡饲养繁殖技术研究，利用山洞环境培育中药天麻，围垦盐碱地连作栽培技术摸索等。盐碱地种植实现当年围、当年垦、当年获高产。利用海涂大规模发展养殖河蟹、甲鱼、基围虾等特种水产品技术。在围垦及水利建设方面，有围垦小凸体保护江塘堤脚研究、临江建闸技术探讨与实践、海涂利用高压水泵挖河技术、钱塘江水下防护工程的研究与实践等技术。

图35-4-863　萧山中学学生在校天文馆进行科研活动（1996年10月，寿健摄）

农技下乡服务

1996年始，市科协会同农业局、科委组成农技下乡工作领导小组，坚持每年春播前，用一周时间组织各行业科技人员巡回下乡开展技术服务，通过科普图展、科普讲座、技术培训和专家实地咨询活动，提高农民运用科技致富的本领，普及与群众日常生活密切相关的医疗卫生、科学健身知识。翌年春播期间，农技下乡服务在河庄、许贤、浦阳、临浦、城厢、党山、前进等镇乡进行。参加活动的科技人员153人，接待咨询农户6147户，播放录像19次，受教育1.60万余人次。就地帮助头蓬镇仓北村村民冯和睦解决280棵梨树"轮纹病"防治难题。帮

图35-4-864　市科技部门在浦沿镇开展科普宣传（1991年6月摄，萧山区科协提供）

助闻堰镇推广种植水稻"嘉育948"2200亩（约1466674平方米），当年粮食优质优价部分增收13万余元。

1998年3月，省农科院、省农业厅、省科协和杭州市农科所等单位的专家学者178人到瓜沥镇，传授和交流科技生产知识，接受技术咨询5000余人次。同月，在宁围、戴村、进化、城厢、闻堰、衙前、头蓬等镇乡接待农户12875户，发放资料65855份，供应良种3128千克、农药5057包、肥料987千克、农机具4台。2000年春播期间，农技下乡服务人员64人，在临浦、瓜沥、河庄、新街等镇乡进行农技咨询服务。活动期间，农技人员以农技、法律、法规咨询，现场技术指导和农资、新特优产品供应三结合的方式开展服务。现场咨询5000余人次，供应优质稻种和蔬菜良种600余千克、各类化肥农药210包，发放农技资料154种1.25万份、日常科普小册子460份，举办专题讲座，受教育群众2.50万人次。

论文选编

1985年始，市（县）科协所属学会、协会、研究会，多数都自办会刊，坚持经常出版的会刊有34种。县科协和人事局每年联合组织一次优秀论文评选活动，在组织形式上，成立由40多名专家组成的市优秀学术论文评审委员会，建立工科、农科、医科、理科、社科和经济6个专业评审组，进行归口评议。经专业评审组的一致同意才能决定入选等级。被评为市级优秀学术论文的，给予授证发奖外，再择优选送一批优秀论文参加杭州市科协、社会科学联合会等上一级优秀学术论文评选。

1986~1999年，税务学会先后编辑《会员论文选编》8册。1992年，会计学会在学会成立10周年时，编印《开拓发展的十年》一书。粮油储藏协会成立10周年时，编辑《坚持走科技与经济结合之路》一书。1999年冬，科普摄影协会精选55位长期活跃在一线的会员作品100幅，编辑出版《萧山市摄影艺术作品选》。科普美术协会为纪念协会建立20周年，出版大型画册《献给新世纪——萧山市科普美术协会创建20周年作品集》。市医学会编辑《临床检验·正常参考值·常用药》一书，发行量达13.50万册。市中医学会组织市内外学术交流活动，发掘萧山近代名中医治方精髓，开展学术研讨和争鸣，先后整理出版《陈佩永学术专辑》《萧山竹林寺妇科评释》《周岐隐妇科不谢方评按》《周明道医稿选编》《内辑邵氏医案评议》《萧山竹林寺女科类编评考》《萧山华氏医传·医案》等专著。市科协与人事局还将2000年度获优秀学术论文一等奖的作品汇编成优秀论文集。

1985~2000年，萧山市（县）参加评选的学术论文累计6255篇，获杭州市级优秀论文267篇，其中一等奖16篇，二等奖88篇，三等奖163篇；获萧山级优秀论文2890篇，其中一等奖214篇，二等奖762篇，三等奖1914篇。

表35-4-634　1985~2000年萧山优秀学术论文评选情况

单位：篇

年　份	参评论文	杭州市级优秀论文				萧山市（县）级优秀论文			
		总计	一等	二等	三等	总计	一等	二等	三等
1985	378	0	0	0	0	104	12	36	56
1986	982	27	8	19	0	97	4	39	54
1987	611	37	5	32	0	134	15	43	76
1988	752	0	0	0	0	155	12	55	88
1989	269	28	2	26	0	146	13	42	91
1990	303	0	0	0	0	211	16	50	145
1991	348	0	0	0	0	242	14	61	167
1992	272	39	0	3	36	189	14	51	124
1993	280	0	0	0	0	182	10	37	135
1994	290	35	0	2	33	170	12	44	114
1995	279	0	0	0	0	178	14	44	120
1996	242	44	0	2	42	163	12	39	112
1997	265	0	0	0	0	186	12	46	128
1998	291	48	0	3	45	223	13	65	145
1999	344	0	0	0	0	239	17	54	168
2000	349	9	1	1	7	271	24	56	191

第二节　科技咨询

1987年始，市（县）科委、科协组织所属学会、协会、研究会，利用自己在本学科的智力优势，有计划地开展科技咨询服务活动。主要形式有技术开发、技术转让、技术咨询、技术服务、技术培训、技术中介等。

咨询机构

科技咨询服务公司　80年代中期，创办县科技咨询服务公司。[①]90年代初，邀请核工业部265大队、浙江大学地质系钻井队、省区域地质调查大队等专业打井队为钱江啤酒厂、萧山第二酒厂、萧山冷气制品厂、杭州药厂萧山分厂、萧山青梅酒厂等单位寻找地下水资源1.90平方千米，打深井20余口，其中100米以上深井4口。同时，发挥地处萧山的杭州齿轮箱厂和杭州发电设备厂科技人员的技术优势，与两厂的科技咨询部合作，共同开展技术咨询。1988年1月至1989年3月，公司共承接科技咨询项目300余项，科技咨询成交合同额130余万元，咨询收入10余万元。

1989年4月，市科技咨询服务公司由市科协单独经营。组织科协系统咨询服务网络，把机械、建筑、电子、农机水利、粮油贮藏、能源、畜牧兽医、养禽、科普、美术、会计、税务、物资供销等学会、协会的科技咨询、技术服务工作纳入公司业务，实行"三统一"（统一技术合同登记、统一收费标准、统一财务票据管理）。一批服务项目通过市科协评审验收。[②]1990~2000年，市科协科技服务部门承接科技咨询及技术服务项目4193项，技术合同成交额5310

①1984年，县科委、科协联合创办县科技咨询服务公司。帮助企业进行技术和经济论证、预测、决策，承包土建工程设计，译印外文资料，推荐科技人员，举办电子电镀培训班等工作。

②通过市科协评审验收的有：市水产学会的萧山市围垦第三养殖场技术服务、市电子学会的萧山市显像管厂技术服务、市粮油储藏协会的钱江啤酒厂储粮库技术服务、市第二广播电视器材厂科协的诸暨石壁水库管理局机组砺磁装置设计、市农垦科协的萧山之江鳗鱼综合养殖场、市环境科学学会的浙江万达集团公司电镀五金厂、市科学技术协会的萧山市金桥五金制钉厂、萧山市汽车离合器厂技术开发等技术服务项目，符合中国科协帮扶项目验收标准。

余万元。

1985~1999年，科技咨询服务公司被杭州市科学技术协会连续15年评为科技咨询先进集体。

科技开发中心　1989年3月，市科委成立市科技开发中心。当年，共接待各行各业咨询360余人次，洽谈技术项目60余个，落实21个，并开办1期有70余人次参加的白肉蜗牛养殖技术培训班。1990年，市科技开发中心进行技术开发91项、技术转让9项、技术咨询84项、技术服务361项。还在云石乡创办"再生毛纤厂"扶贫项目。是年，科技培训8869人，其中省和杭州市下达的"星火"培训计划775人。此外，还举办种植、养殖、纺织等实用技术培训班4期，共80余人参加培训。1992年，配合市科委在萧山商业城举办'92全国适用技术展览交流会。此后，协助科技主管部门开展科技事务工作；开展技术中介，帮助解决企业技术难题，联络大专院校、科研单位牵线搭桥做"红娘"，为企业服务；帮助企业引进人才，进行科技攻关。至2000年底，科技开发中心一直按照需求服务项目广泛开展工作。

咨询服务

1987年，县科委、科协围绕全县经济建设中的重大课题开展决策咨询活动。先后组织全县19个学会、协会有关科技人员237人次，对新围5.20万亩钱塘江滩涂开发方案等重大课题进行专题的可行性研讨和超前论证，多项论证成果先后被县委、县政府及各主管部门采纳。科委、科协组织科技人员先后对全县的机械工程、电子、建筑、建材、化工、纺织、食品6大支柱行业开展全面调研，县科协组织开展"双增双节千项建议活动"。当年共征集科协工作者建议106条，并专函转送各有关部门，据统计，获得经济效益1310余万元。浙江工艺鞋厂技术人员通过预测国际市场的发展趋势，提出增产软质羊皮为面料的旅游鞋，是年生产15.20万双，增产值156.40万元，创利17万元。县会计学会征集到建议32条，据其中21条建议统计，即增加产值1000万元，节约支出60余万元，提前收回贷款175万元。至2000年底，科技咨询机构已发展到42个，其中镇乡科协咨询服务机构11个。科技咨询通过"四技"（技术开发、技术转让、技术咨询和技术服务）服务，为企业的技术引进、技术改造、产品开发、扭亏为盈作出贡献。

"金桥"工程

1993年6月，市科协发挥科技系统人才荟萃、知识密集、信息灵通和组织网络健全的优势，在科技与经济之间架起相互连通的"金桥"，以推动科技成果的应用和推广。至2000年底，全市列入"金桥"工程重点项目7批109项，其中省重点项目3项、杭州市重点项目9项。市科协对实施"金桥"工程成绩突出、效益显著的单位和个人，及时进行总结奖励。第一届（1994~1995年度）表彰组织奖单位6个，项目奖18个，鼓励奖4个。第二届（1996~1997年度）表彰组织奖单位6个，项目奖26个。前后两届获奖科技人员221人次。市科协在两届"金桥"工程评奖中，对47项重点项目完成情况作了统计：每年新增产值43943.80万元，节约资金4889.30万元，降低成本消耗708.65万元，新增利税4391.40万元，新增出口创汇3703.20万元；开发应用新技术34项，开发新产品品种35个；搭桥单位收取服务费46.28万元，服务单位收益473.55万元。

表35-4-635　1993~2000年萧山市"金桥"工程立项情况

年份	科技成果转化(项)	技术开发、攻关、承包(项)	调研论证(次)	其他
1993	8	12	1	4
1994	7	4	1	3
1995	5	6	0	1
1996	6	3	1	1
1997	1	17	1	0
1998	6	10	1	0
1999	4	7	0	0
2000	6	12	2	0

注：1993~2000年合计数中，工业79项，占61.24%；农业29项，占22.48%；医药卫生1项，占0.78%；其他20项，占15.50%。

第三节　创模活动

全国科普示范县（市）创建

90年代中期，市创建全国科普示范县（市）领导小组根据上级要求，结合萧山实际，制定《萧山市创建全国科普示范县（市）活动实施方案》和科普示范镇乡（场）及科普示范村考核标准，下发各镇乡贯彻执行。1998年7月，萧山市被中国科协列入全国首批100个科普示范县（市）创建单位，城厢、临浦、瓜沥、宁围、义桥5个镇被列为全国首批500个科普示范镇乡创建单位。至1999年6月，城厢、临浦、瓜沥、宁围、义桥5个全国科普示范镇的创建工作已粗具规模。全市各镇乡（场）积极创造条件，开展创建农村科普示范基地，培养农业科技示范户和建立各类农业技术协会活动。为巩固创模成果，至2000年末，全市已建农村科普示范基地35个，其中市级农村科普示范基地11

图35-4-865　市科技部门人员在科技展览会期间向农民提供科技资料（1998年3月摄，萧山区科协提供）

个、镇乡（场）级农村科普示范基地24个。以市政府名义命名萧山市首批农业科技示范户101户，其中主体农业43户、畜牧业20户、林业特产26户、水产养殖12户。在农业、畜牧、水产、蔬菜、果树、花木等专业中，建立专业技术协会28个，会员1896人。

全国科技工作先进县（市）创建

1995年，萧山市建立科教兴市领导小组，制订全面开展创建全国科技工作先进县（市）活动的实施计划，把"创先"工作的10个方面27项工作分解成98项具体任务，下达落实到28个委、办、局和镇乡（场）、村及市级骨干企业，分期组织实施。28个镇乡、6个农垦场都建立了科教兴镇乡（场）领导小组和基层科委，7个主管部门也建立科技工作管理机构，767个村及市重点骨干企业确定分管科技工作的村主任、厂长（经理），制定完善镇乡（场）和市级机关有关部门科技工作目标考核责任制。全市制订科教兴市规划和"九五"科技发展规划，增加科技投入，加强科技管理力度。1996年12月24日，以总分1031分的优异成绩，通过国家科委科技工作先进县（市）的验收，萧山被评为全国科技工作先进县（市）。

第五章　科研单位

　　萧山科研机构按门类分有农业科技推广、水文勘察、气象测报、地震测报、病虫害预报等科技研究所（站），按所有制性质分有市属全民事业科研机构、厂办科研机构、民办科研机构，还有省、杭州市驻萧科研机构，形成功能齐全、层次多样的科技机构网络。

第一节　研究机构

市属科研机构

　　民国时期，萧山有两个县级科研单位，至中华人民共和国成立前夕撤销。[①]

　　现市（县）属科研机构主要有：

　　萧山市（县）农业科学研究所[②]　　1985年，农科所与火鸡场分设，时有水田88亩（约58666.96平方米），水面180亩（约120000.60平方米），建筑面积2581平方米。至2000年底，有在编干部、科技人员7人，其中高级职称2人，中级职称3人；职工14人；用房面积1839平方米。

　　1985～2000年，先后承担浙江省、杭州市和萧山及有关单位各类科研课题和试验项目200余项。其中独立主持完成的科研课题12项：1985年开展小麦杨麦4号引种试验示范推广、1986年选育抗黄花叶病大麦新品种437、1989年开发研究粮油作物应用增产菌技术、1992年引进筛选早稻优质米品种和研究推广新型麦田除草剂甲黄隆的使用技术、1995年引进示范早粳稻新品种和筛选优质蚕豆品种、1998年研究开发早晚连作水稻直播栽培综合技术与小麦93-63引种试验示范、1999年引种晚稻新品种91鉴8试验示范和鲜食大豆翻秋留种栽培技术研究、2000年引进早籼优质米297-391及栽培技术研究。这些项目分别获得萧山市（县）人民政府科技进步奖。是年，与省、杭州市及有关单位协作课题20余项，分别获得农业部、省、杭州市和萧山市的农业丰收奖、科技进步奖。其间，该所共为萧山和外单位提供早晚稻、大小麦和蚕豆优质良种39万千克。其中早稻12万千克，晚稻20万千克，大小麦和蚕豆7万千克。

　　浙江省萧山棉麻研究所[③]　　1985年以来，该所先后承担全国棉麻区域试验，红麻种质资源和麻类抗性鉴定，棉花和红麻优质高产栽培、促控技术，棉麻病虫害防治，钾肥在主要经济作物上的应用，这些科研成果均获得省级以上科技进步奖。其中棉、麻新品种"浙萧棉1号"和"浙萧麻1号"分别获得1986年和1987年省人民政府科技进步三等奖。1995年起，开始栽培花卉项目，引进盆花、切花新品种、研究优质栽培、病虫防治、基质栽培、优质种苗生产技术和主要花卉的留种技术及快速繁育技术。同时进行较大规模的切花与盆花产业

　　① 民国时期，萧山仅有两个规模较小的、单一的农业科研单位。一是民国22年（1933）由浙江大学在湘湖设置的校办农场（后为华东良种繁育场）改设的省农业推广人员养成所，民国36年下放萧山县管辖，民国38年春停办；一是民国35年由北干山林木苗圃农场改设的县农业推广人员养成所，1949年4月撤销。

　　② 简称县农科所。1958年9月创办，所址在城北农场（县种畜场前身）。有技术干部3人，工人5人，试验地160亩。1961年1月撤销。1977年10月在原址恢复，有干部、技术人员各2人，工人17人。1984年，有工作人员40人（其中技术人员5人），用房3465平方米（含火鸡场），试验基地113亩（其中水田88亩）。先后承担省、市、县科研课题10余项，提供稻麦良种11.90万斤。

　　③ 简称棉麻所。始建于1963年5月，所址在新街公社山末址大队，隶属浙江省科委。1970年划归浙江生产建设兵团二师，1974年改名为二师棉麻研究所。1975年兵团撤销后，移归萧山县管辖。1979年底，业务领导改属省农科院，人事、行政仍归萧山县领导。是年，所址迁至长山公社新庄大队。1984年底，有职工74人（其中棉麻科技和辅导人员16人，专职科技干部13人），试验基地120亩，用房4212平方米，并有棉花纤维检验、棉麻新品种选育、黄红麻种子贮藏等各种精密仪器52件。曾与省农科院协作育成陆地棉"协作2号"；自繁自育成红麻品种"73-80"。80年代中期，繁育成"浙萧棉1号"。

图35-5-866 萧山棉麻研究所（省农科院花卉研究开发中心）温室花圃（2006年4月，傅华生摄）

的开发与示范。1997年，确立花卉产业作为该所今后研究、开发主业。1999年，仙客来、球银海棠的培育和高山育苗技术已处于全省领先地位，凤梨、一品红、非洲紫罗兰等高档盆花研究填补省内空白。巴西铁、发财树、绿萝等南方阴生植物繁育和养护技术及市政通用盆花工厂化生产技术研究也取得明显进步。2000年，研究"一品红"的促成栽培技术已居国内先进行列，"蝴蝶兰"与"观赏凤梨"批量生产进入试种，"仙客来"等几个高附加值拳头产品开始形成气候。已引进花卉新品种80余个，筛选有开发前景品种30余个。至2001年3月25日止，该所有科研人员和职工54人，其中高级职称科研人员3人、中级职称12人，占地150亩（约100000.50平方米），办公及研究用房4000余平方米，建有温室4万余平方米，其中配有蒸气供热、弥雾喷滴降温及外遮阳设施的提高型连栋温室2.50万平方米，拥有专业育苗车间及占地近20亩（约13333.40平方米）的高山越夏育苗车间。

1985～2000年，共承担各项课题93项，主持获奖成果10项。其中"七五"期间承担国家、部（省）、市级科研、推广项目29项，有4项科技成果获部、省级奖励；"八五"期间承担课题38项，有4项成果获部、省级奖励；"九五"期间承担课题26项，有2项获部、省级奖励。

萧山市（县）科技情报研究所[①] 1985年初，有基层科技情报组17个，兼职情报员285名，分布在部分局、公司和6个区乡农技站，基本形成科技情报网络，并与省内外800多个单位建立了信息交换。1986年，举办萧山县科技成果展览会，展出新产品80余件。1988年，组织有关科技人员对全市的机械、化工、电子、轻纺、食品、建筑建材6大行业进行调研，提交市政府有关部门作决策参考，获得杭州市科技情报调研成果二等奖。是年，举办萧山市科技成果展，展出重要科技成果60余项。1990年，组织技术交流，邀请杭州40余家大专院校、科研所来萧山技术交易，促成浙江大学与萧山长河无机化工厂、戴村化工二厂的技术合作，并有20余个项目达成意向。1993年，全市形成12个科技情报组，有260多名兼职科技情报员，参加浙江省科技情报网络。此后，依托省网，每年网上发布科技信息1000余条。经常组织一些企业去北京、广州、南京等地参观参展，实施科技信息交流。至1996年，共建立各有关局、公司科技情报组18个，拥有兼职科技情报员673人。编写科技情报刊物《萧山科技》，编印《科技信息》；组织信息发布会92次，与会1000余人次，提供信息5000余条。开展科技情报调研课题22项。1997年起，该所职能逐渐消退。

厂办、民办科研机构

中华人民共和国成立后，萧山部分工厂在推广、应用、引进新技术、新工艺、试制新产品过程中，逐步建立各种"攻关小组"、"诸葛亮小组"等。[②]1985年起，企事业单位创办研究所日趋发展，有关单位聘请大专院校、专业科研所的教授、专家、高级工程师担任企业专职或兼职技术顾问，

①始建于1981年，是省内最早创建的县级科技情报机构之一。所址设在县科委内，负责县内外科技信息、科技情报交流。

②1982年7月，萧山动力机厂（后改名为杭州柴油机总厂）建立动力机械研究所。至1984年底，全县有厂办研究所（室、组）11个（不含驻萧省、市属工厂）：杭州柴油机总厂的动力机械研究所、萧山花边厂的花边研究所、萧山水泵厂的水泵研究所、萧山汽车配件厂的科研组、杭州万向节厂的万向节研究所、杭州瓷厂的陶瓷研究所、萧山麻纺织厂的麻纺研究所、萧山汽车齿轮箱厂的齿轮箱研究所、萧山冶金特种水泥厂的特种水泥研究所、萧山汽车制动器厂的汽车制动元件研究所、萧山城北乡经联社的摩擦材料研究所。

研究国内外同行业产品发展趋势和现状，开发新产品。是年，有25家厂办研究所。1991年，全市共有企事业单位办的研究所122家，其中国营工业系统9家、二轻工业系统26家、农场管理局系统10家、乡镇工业系统61家、商业系统6家、教育系统3家、供销社系统2家、粮食系统2家、城厢镇工业系统2家、卫生系统1家。此外，尚有民办科技机构29家。1999年，高新技术兴起，一批实力较强的企业开始形成集团公司，招聘高层次、高学历人才，成立企业"高新技术研究发展中心"、"技术开发中心"等部门取代厂办研究所。至2000年，全市有企事业单位办研究所175家、技术中心78家。

驻萧科研机构

杭州环境保护研究所　1958年成立，在城厢镇拱秀路288号，属中国煤炭科学研究总院和浙江省政府双重领导。主要从事环境保护、节能和综合利用等技术的研究、开发和应用。全所现有科研人员和职工105人，其中研究员2人，高级工程师33人，工程师40人。涉及燃料化工、采煤、煤化工、市政工程、环境工程、环境生物、环境化学、有机化学、分析化学、物理化学等多种专业。拥有固定资产1000余万元，固定资产评估价4000余万元。建有中心实验室和水处理、洁净煤、大气治理、噪声治理、自动控制、综合利用等重点实验室20余个，配备优良工艺模拟试验装置、监测分析仪器和计算机辅助设计手段，有各种设施、仪器373台。可进行废水处理和利用、锅炉烟气脱硫除尘等试验研究和水、大气、煤炭综合分析研究。科研范围主要有：水处理及废水资源化技术研究；大气污染防治技术研究；废弃物处理、处置及利用技术研究；噪声控制技术研究；环境保护自控技术研究；环境监测、评价与分析化验技术研究。1999年，被国务院列为全国首批改革的242个科研院所之一，为中央直属国有重要骨干企业。已建成集科研、设计、设备制造、工程承包、环境监测和影响评价、信息服务于一体的科技经营型经济实体。

1978～2000年，该所共完成科研项目122项，其中属于国际合作1项、国家攻关（子课题）2项、重点科研项目12项、一般科研项目107项。有20项科研成果获得原煤炭工业部、能源部及浙江省政府的奖励。1986～2000年，共获专利17项，已实施15项，实施率88.24%，专利实施实现产值超过1000万元。在国内外学术刊物及会议上发表科技论文300多篇，其中有32篇论文获各种奖励。同德国、波兰、日本、法国、澳大利亚、韩国等科研机构建立了关系。

浙江省地质调查院　建立于1959年6月。[①]1999年，在浙江省区域地质调查大队的基础上组建浙江省地质调查院。现址萧金路508号。实有科研人员和职工210人。主要从事区域调查工作，先后用1：500000、1：200000、1：50000三种比例尺开展广泛的区域地质矿产调查，完成区域地质矿产调查面积15.40万平方千米、检查矿产地3209处。完成专项地质调查、地质科学研究项目63个，其中有10项获得部、省科技成果奖。成立地质调查院后，主要承担浙江省基础性、公益性地质调查评价，矿产资源远景评价工作；战略性矿产资源勘查工作；环境地质调查评价及防治，并承担全国第一个部、省合作的浙江

表35-5-636　1985～1998年萧山厂办、民办科研机构情况

单位：家

年　份	厂　办	民　办
1985	25	0
1986	29	0
1987	31	0
1988	34	12
1989	112	22
1990	116	22
1991	122	29
1992	128	42
1993	130	73
1994	126	80
1995	125	76
1996	126	83
1997	133	94
1998	60	43

注：1999年以后不再统计。

①初名浙江省区域地质测量大队，队部地址在建德县梅城镇。1970年底撤销，并入浙江省第五地质大队为区测连，1973年恢复并更名为浙江省区域地质调查大队，1974年迁址萧山县城南公社联华大队。

省农业地质环境调查项目，取得国内领先成果。其地质调查及矿产资源勘查新技术、新方法、新工艺得到广泛运用推广。

　　杭州粉末冶金研究所　建立于1963年。①历经隶属关系变更，至2000年仍隶属于杭州前进齿轮箱集团有限公司。该所从事各种铜基、铁基、纸基摩擦制品，粉末冶金结构零件及复合减摩制品的开发研究与制造，享有自营出口权，企业通过国家ISO9001、ISO2000质量管理体系认证。建所38年来，主持制定"烧结金属摩擦材料技术条件"、"粉末冶金机油泵齿轮技术条件"等10余项粉末冶金国家标准、专业标准，完成部、省、杭州市下达的科研项目和新产品300余项。多项研究成果获国家、部委、行业和省市科技成果奖。是中国摩擦材料和粉末冶金行业的主要科研机构之一。拥有系统的科研和生产设备、检测手段，为国内外400多个用户提供产品、技术和服务。产品远销美国、泰国等30多个国家和中国香港地区。该所拥有场地10252平方米，有各种加工、检测、设备250多台（套），其中拥有国内唯一进口的喷撒烧结摩擦片生产线，压制烧结摩擦片生产线，粉末冶金零件生产线，金属切削、齿轮加工和电加工设备100多台（套）。

第二节　推广机构

　　农业技术推广中心　1986年11月，经省农业厅批准，建立县农业技术推广中心，与县农业局合署办公。具有科研、教育、推广三位一体的职能。下辖粮食、棉麻、植保、土肥、林业特产、畜牧、水产、科教、农村能源9个专业技术推广站和县种子公司、县农科所及县农业技术学校。1996年4月，粮食与棉麻站合并为农业站。1998年6月，土肥站并入农业站。2000年9月，设花卉苗木管理办化验室。是年，有农技员和职工77人，其中技术干部65人（中级以上技术职称46人）。

　　农业技术推广站　始建于1955年，设有10个站，配有技术业务干部49人。1990年，全市设有临浦、戴村、城北、城南、瓜沥、义蓬6个区农技站。1992年，在撤区扩镇并乡中，成立城厢、西兴、戴村、临浦、瓜沥、义蓬6个综合性地区性农技推广中心基层站。1994年9月撤销。其中42名农技人员充实到镇乡农技推广站。

　　镇乡农技推广站　建立于1955年。②1985年，全县有67个镇乡农技站597个农业技术推广人员。1989年，招聘乡级从事粮、棉、麻生产技术推广人员67名（属全民事业性质）。1992年，撤区扩镇并乡，镇乡农技站减至44个（其中31个镇乡农技推广站、13个办事处农技推广站），农技人员218人，比1990年减少199人。1994年，原6个区农技站撤销，镇乡农技推广站人员作相应调整。至2000年底，几经变动的31个镇乡农技推广站只剩下农、林、牧、渔专业技术人员100名；聘用全民事业农技人员77人，其中国家正式编制农技人员23人。此外，743个村配有不脱产农民技术员795人。

①1963年，杭州齿轮箱厂建立粉末冶金车间，1965年设立第八机械工业部粉末冶金研究室，1976年升级为农业机械工业部粉末冶金研究所。

图35-5-867　新塘乡农民技师胡官生（右二）在田间分析水稻长势（1994年6月摄，萧山区科协提供）

②1955年，以各区农技站为核心，从区到镇乡都建立农业技术推广网。1964年起，各公社开始有农业技术员、植保员组成的农技站。各大队（村）也相应配备专职农林技术员和植保员。70年代初，全县63个公社和瓜沥镇普遍建立农业技术推广站，形成县、区、公社、大队四级农科网。

第三节　测报机构

气象测报站　1952年，萧山棉麻试验场办起简易气象测报站。[①]1954年4月，由省财政经济委员会气象科接管，改名为浙江省萧山气候站。1987年，引进微机。1989年，改为萧山市气象局，由省气象局和萧山地方政府双重领导。1991年起，先后开展避雷工程、"168"气象信息服务台、"121"自动气象咨询台等服务项目。1995年12月，在城厢镇柳桥村建成新业务办公楼，占地面积644平方米，1996年1月正式启用，开始进行地面气象观测。主要工作是进行大气探测，提供农业气象观测和服务，发布常规天气预报和天气警报，从事雷电灾害防御及低空飘浮物管理等。建设市级气象服务现代化系统，同年8月，引进卫星云图系统。气象服务效益以每年增长15%的速度递增。

地震测报站　萧山是杭州市最早开展地震群测群防工作的县（市）。[②]"九五"时期以来，推进市内地震测报站点的优化调整和现代化数字化技术改造工作，实现"由土到洋"的根本转变。1997年12月，市科技局会同杭州市地震局定址在气象局内设立市地震（前兆）测报站，投入手段有地震电磁波观测、地震钻孔应变观测。借助气象台人才、环境和管理优势，已成为全省"天地合一"的地震监测范例。1998年底，在楼塔镇岩门村建立数字化地震监测台，作为省、杭州市数字地震网的一个重要子台。1999年10月，经中国地震局专家组验收合格，为国内网中先进水平。并达到可实时监测市内1级左右（含爆破）地震发生的能力。至2000年，已连续4年获杭州市优秀地震测报站称号。

水文测报站　1949年6月14日，萧山闻家堰、南阳仓前水文站恢复正常观测。1956年增设临浦水文站，1957年增设方迁娄水文站、河上雨量站。至2000年，全市有45处水文（水位、雨量）观测站[③]，负责钱塘江、浦阳江、永兴河、楼塔溪、云石溪、进化溪、黄石垄水库的潮位、水位、降水量的观测。其中闻家堰站属国家级水文站；临浦站、仓前站、萧山站属省级水文站；方迁娄站属杭州市级站；河上站、永兴桥站属萧山市级站；其余均为镇乡或局部地域级站。至2000年，各水文站向省、市发送水情电报981份，测得含氯度水样803只，测得高低潮位各2078次，提供省局分析水样5次，同时每天向杭州市水文站及萧山市气象局汇报当天的潮水位和预报第二天的潮水位，使杭州电视台和萧山电视台能及时预报第二天相关地点的潮水位情况，无缺测、漏报和迟报。

病虫测报站（棉麻病虫测报站和粮食病虫测报站）　棉麻病虫测报站和粮食病虫测报站分别成立于1960年、1962年。1984年，棉麻病虫测报站迁址长山镇塘湾村，下设测报点10个。1985年，粮食病虫测报站迁址城南区农业技术推广站，设测报点6个。1996年后，棉麻面积大幅度减少，粮食病虫测报站和棉麻病虫测报站合并为市农业局病虫测报站，负责测报全市粮食、棉麻病虫害。

①气象测报站的主要工作任务：1.进行地面气候观测和积累气象资料。观测项目有气压、气温、湿度、云状、云量、能见度、降水、天气现象、风向风速、蒸发、雪深、地面温度、地中温度、直管地温冻土及日照等52项。1961年起增加灾害性天气预报、气温、雨量实况报、台风补充天气报、临时航危天气报、省危险天气报、重要天气报等。1981~1983年，参加国际台风业务试验。至1995年，已积累44年正规连续的气象资料。2.农业气象测报和服务。观测土地湿度、棉麻、油菜等作物各生育期气象要素，制作农业气象报表，分析农业病虫害发生气象条件。平均每年编报农业气象资料20多期，为萧山农业生产提供情报资料。3.天气预报。这是一项重要常规工作。除了根据省、市气象台发布长、中、短期预报外，还结合本地气候特点开展气象服务。

②1975年，萧山县科委会同杭州市地震办公室组建3个地震群测站：萧山衙前中学站、萧山中学站和城厢镇体育路小学站。投入手段为土地电观测、地磁偏倾角观测。1996年11月，萧山市政府成立市防震减灾工作领导小组，办公室设在市科委，科委主任兼任办公室主任。1997年3月，萧山市发生"萧山4月××日要发生7级以上地震"的谣传，一度在市民中引发恐慌，并且出现了一系列社会异常现象。萧山市科技局会同省、市地震局用科学测定方法及时分析研究，报告市政府，并在《萧山日报》等媒体上撰文辟谣，很快平息地震谣传风波。同年5月，萧山市政府正式批准下发《萧山市地震应急反应预案》，首次对萧山市域内发生地震的预警级别、应急机构（含12个责任分组）、应急启动处置、奖励和处罚等作出明确规定。

③即萧山、下湘湖、青口、方迁娄、头蓬、益农、楼塔、河上、大桥、云石、永兴桥、戴村、河口、黄石垄、蛟山、欢潭、径游、新江岭、桃源、桃北、临江、进化、茅山、临浦、峙山、下桥、碛堰山、新坝、小砾山、闻家堰、浦沿、江边、闸站、钱江、五堡、大治河、赭山、仓前、一工段、四工段、外六工段、外八工段、外十工段、十五工段、二十工段。

第六章 科技队伍

改革开放以来，随着萧山经济建设和社会事业的快速发展，科技人员需求量大幅度上升，人才需求档次相应提高。市（县）委、市（县）政府大力引进技术人才，培养技术人才，开展多层次的技术培训、学术交流和进修考察。至2000年末，全市有各类专业技术人员46794人。

第一节 人员构成

80年代初，萧山恢复科技干部职称评定工作。①

1985年，全县有工程、农技、医卫、经济、统计、审计、会计和其他科技系列（档案、图书、翻译等）专业技术人员（不包括教师）1666人。其中具有中级技术职称145人、初级技术职称1521人，尚无高级专业技术人员。

1988年6月至1989年6月，全市有4708名企业专业技术人员取得了各级各类专业技术人员任职资格，涉及14个专业技术职务系列。与此同时，对事业单位科技人员在定编、设岗的基础上进行聘任工作。至1990年底，全市共有16563名专业技术人员获得各级各类专业技术职务任职资格，涉及19个专业技术职务系列，其中高级177人、中级2097人、助师级7735人、员级6554人，形成高、中、初比例较为合理的技术人员结构。在获得任职资格的专业技术人员中，有15924人被聘任相应技术职务，尚有部分未被聘的则去外单位任职。

1995年，全市有各类专业技术人员25153人，其中具有高级技术职称428人、中级技术职称3984人、初级技术职称20741人。在各类专业技术人员中，有工程类3734人、卫生类2987人、教师类6753人、农业类426人、会计类4438人、经济类3481人、统计类1207人、其他类2127人。1989年开始，对农民技术人员进行技术职称评定，全市先后在农业、畜牧、蚕桑、果树、蔬菜、农机、经济、会计、水产、林业、园林、农电、水利、能源和土管6个系列15个专业中开展。至2000年末，全市评定和晋升各类农民技术人员累计11012人，其中高级技师78人、农民技师1506人、农民助理技师3579人、农民技术员4643人、农民助理技术员1206人；全市累计评定专业技术职称46794人，其中高级职称671人、中级职称8038人、初级职称38085人。

第二节 技术培训

中华人民共和国成立后，技术培训特别是农业技术培训工作从未间断，培养了一批经济建设急需的技术人员。②

①1980年4月，县人事局与县科委组织工作班子，在萧山树脂厂开展工程技术职称整改工作试点。6月，成立县科技干部技术职称整改、晋升领导小组。8月，建立县工程、农业、统计、会计4个科技干部技术职称评定委员会。后改名县科技干部职称评定工作领导小组，下设办公室。共复查、评定、晋升技术职称1640人，占当时全县专业技术干部总数的39%，其中中级技术职称111人、初级技术职称1529人。1983年9月，根据中央通知，职称评定工作暂停。1986年开始，事业单位恢复职称评定工作。

②中华人民共和国成立后，农业技术培训的重点对象是农民技术员。1955年2月以后，主要培训农技基点乡的农民技术员。是年，全县举办各种技术培训班58期，培训农民技术员7379人次。1957年，先后培训畜牧兽医员、会计辅导员和农机手等21976人次。建立农业技术夜校138所，参加学习农业技术的农民9298人。1958年10月，全县农业技术夜校发展到300多所。其中城山公社傅家墩大队技术夜校有学员40余人，晚上学习农业生产技术，白天应用，县里曾派代表在全国科普工作经验交流会上介绍了该大队的经验。是年，浦沿公社新生大队创办"红专"学校，招收住宿生40人，实行半农半读，中央、省、市有关领导和越南、阿尔巴尼亚等国的代表曾到该校参观。1965年后，技术培训工作趋向专业与业余结合，出现7所半农（工）半读的技术学校。"文化大革命"期间，专业技术培训停止。1976年10月后，各种短期技术培训班逐渐恢复，数量有所增加。1980～1984年，参加培训人数125000人次。1984年，由单位或部门自己出钱，选送去大中专院校定向代培的人员有500余人。

1985年以后，本着"实际、实用、实效"的原则，各单位、部门开展全方位、多层次的技术培训。1989年，市科协、劳动局和职工教育办公室联合组织全市机械工人参加中央电视台《机械制图》电视讲座学习。工业系统报名听课者626名，占全省总报名人数的50%。采取分组定点安排学员听课，划分为城厢、临浦、瓜沥、农场4个片，聘请专业老师逐章组织辅导和总复习等方法，612名学员在结束时参加全省统考，359名学员获得结业证书。1990年，全市共举办各类技术培训班1681期，培训7.65万人次。其

图35-6-868 市首届"科技英才"赵春光（左）在观察鳖蛋孵化情况（1995年7月摄，萧山区科协提供）

中，市会计学会先后举办会计函授辅导班1个、专业证书教育班1个、中专班2个、大专班3个。全市有899名财会人员参加学会举办的全省会计证统考前培训，辅导参加统考的镇乡企业会计2200人。市农村经济学会对全市797个村的村主任组织轮训，系统学习村合作经济组织、村办企业年终审计、财务管理及农业技术知识。浦南乡联合市成人教育办公室等单位有计划地开展实用技术培训班，先后举办各种培训班100多期，培训近6000名"土专家"。

80年代后期，市建筑学会举办建筑刊授中专，组织全市建筑行业技术骨干轮流参加建筑预决算、建筑施工、建筑水电施工等培训。市电子学会受工商、劳动、商业、科技等部门委托，举办全市家用电器维修人员培训班，10多年中，结业350多名学员，大多数走上家用电器维修工作岗位，有的还到外地发展。

90年代中期起，市科协集中全市的科技人才，跨行业跨系统组织技术培训。企业领导干部通过全面质量管理、企业管理等培训学习，提高业务水平，增强企业经营管理能力。曾先后举办CMOS集成电路、微电脑、科技英语班、BASIC语言、吨粮工程建设及会计、统计、计量标准化、安全生产等现代化管理知识培训班。企业职工通过参加各类专业学会举办的技术培训，丰富了理论知识，提高了操作水平。青年农民通过实用技术培训，获得科技致富本领。1997年，市科委举办应用CAD技术改造传统产业培训班。市劳动局对上岗职工进行技能培训，考核合格发证上岗。市妇联每年把技术培训作为一项常规工作，2000年举办实用技术培训班182期，受训13634人次；农函大办女子培训班9期，培训妇女539人次；在岗女职工业务培训37期，受训6247人次；下岗女工培训班11期，受训816人次。共青团萧山市委围绕农业产业化，结合农村青年成才致富要求，成立科技星火带头人协会，开展科技培训服务活动。市工商联、总工会等部门根据工作需要，不定期地举办各类技术培训班。1985～2000年，有关单位根据社会和生产发展需要，选准课题，有针对性地适时办班。先后举办柴油机发电机组维护与保养、建筑预决算、化工安全生产、立窑热工测试、心电图、临床检验质控、农村高压配电技术、农村粮油保管适用技术、农村电工、外荡与网箱配套养鱼精养技术、稻田养鱼技术、浙江龙井茶炒制技术、种鸡饲养、活拔鹅鸭毛、高产模式栽培、食用菌栽培等一大批专业技术培训班。

据统计，1985～2000年，全市（县）共举办各类科学技术培训班17972期，受训86.65万人次。

表35-6-637 1985～2000年萧山科学技术培训情况

年份	期数（期）	培训人数（万人次）
1985	540	3.84
1986	750	4.07
1987	2187	7.76
1988	1053	5.36
1989	1585	6.53
1990	1687	7.65
1991	1420	7.79
1992	1270	6.61
1993	1252	6.30
1994	1936	8.70
1995	1302	5.97
1996	1037	6.41
1997	501	2.32
1998	455	2.42
1999	483	2.41
2000	517	2.51

第三节　学术活动

学术交流

1991年，市政协办公室、市科协和建筑学会联合组织"振兴萧山建筑业研讨会"，向市政府提出进一步加强对建筑业的领导，依靠科技进步，开拓建筑业市场，积极参与外地建筑市场竞争的建议。是年，参与对西山风景点的规划与建设、萧山市总体规划、杭州萧山机场前期工程规划、住宅厨房烟气排放建筑标准设计的应用与推广等13项的调研论证。1993年初，市政协办公室、农业区划委员会和市科协联合组织农林科技人员深入农村、深入实际进行调查研究。8月27~28日，召开发展"一优两高"农业会议，为市委、市政府建言献计。会后编印《萧山市发展"一优两高"农业研讨会论文集》。

1996年4月11日，市科协与南阳镇政府联合举办浙江南阳经济开发区发展精细化工区域研讨会。会议通过实地勘察，对开发区发展的现状、环境和进一步发展精细化工的条件作了分析论证。会议纪要主要内容已被杭州市经委、计委、化工公司和萧山市政府采纳。几年后，实践证明化工企业对周围环境严重污染，2000年起逐步开始迁移。

1998年9月，市科协会同市农经委、市农业区划研究会召开萧山市农业可持续发展战略研讨会。围绕牢固树立农业基础思想，稳定发展生产；珍惜土地资源，切实保护耕地；加强生态保护，营造良好农业生态环境；加强农业科技队伍建设；实施产业化经营，推进农业现代化进程；加强农业资源综合立法管理；加强以水利为重点的基础建设，提高防洪抗灾能力；发展以鳖、蟹、虾、鳜鱼和黑鱼5个品种为主的名优特水产养殖；发展农业机械化；加强农业开发区建设10个方面的问题，深入开展科学务实的研讨，提出了许多宝贵的意见。市农机水利学会组织会员参与全市农机水利"八五"、"九五"时期发展规划的制定与实施。做好全市有关重大项目规划决策的认证；开展对50万亩围垦现代化开发规划、城市防洪规划、两江一河的防洪（潮）预案、围垦标准塘建设规划等技术论证献计献策，做好领导决策参谋。市医学会针对新的医学科研领域，对护理行为规范和审美准则、彩色多普勒超声的电脑应用、心功能及整体护理与护理美学、神经外科国内外新进展、艾滋病的预防与控制、灾后疾病预防与控制等学术课题开展交流和研究。

1991~2000年，全市举办学术报告会、研讨会等465次，参加人员36826人次。

考察与进修

国内考察交流　80年代起，市（县）级学会根据各自专业学术活动的需要，组织科技骨干参观考察，吸取外地先进科技成果和管理经验。市农业资源区划研究会先后组织会员去北京等地考察学习农业区域综合开发、主体农业、创汇农业及规模经营等经验，结合萧山实际为市政府制定农业可持续发展战略和农业产业化提供科学依据。市教育学会先后去江西等地考察，开展学术交流和研讨，还多次接待杭州市中学语文组等来萧山考察。市农村卫生协会多次派员参加全国及省市召开的学术会议，在做好镇、村两级卫生组织一体化管理，稳定农村医疗预防保健网络和农村卫生队伍建设的同时，还承办全国村卫生室管理人员研讨会暨全国优秀乡村医生表彰会的工作。

出国考察访问　90年代开始，通过科协系统国际民间交流渠道，出访美国等国共12批、24人次：湘湖农场丁志传、农一场包晓民、红山农场陈成惠等人赴日本考察水产养殖和加工，学习日本在捕捞、加工、养殖等方面的先进工艺和技术设备，探讨中国水产品在日本市场的前景、价格趋势、进口需求，并就新品种引进开发等双方感兴趣的问题进行探讨。市土地管理局金志桥随省科协赴欧洲，对土地利用、规划与测绘技术进行交流考察，在德国、法国两国考察土地利用规划测绘、城市规划和测绘技术的发展情况。同时，考察自动化地籍测量、数字化成图、航空投影测量加密像控点、正射投影技术绘制立体影像图、建立地理信息系统等先进技术。

选派科技人员出国进修　1987年，8名科技人员到日本对口企业进修。在进修期间，经过2/3时间的工作实践，1/3时间脱产学习工艺、技术和管理，参观行业展览、技术交流等活动，学习对口专业先进知识、技能。回萧山后，进修人员多数成为行业与单位的技术骨干或业务领导。如杭州油泵油嘴厂许勇，到日本群马县理根经济株式会社进修1年后，于1995年2月受市国营工业总公司派遣，到中日合资友成模具公司担任副总经理，使上年亏损400余万元的企业于当年10月扭亏为盈。1998年，公司获利120万元，被评为"浙江省先进技术型企业"、萧山经济技术开发区"十佳纳税大户"、萧山市"百强企业"。

表35-6-638　1991～2000年萧山市科协系统学术活动情况

年份	报告会		研讨会		年份	报告会		研讨会	
	次数（次）	参加人数（人）	次数（次）	参加人数（人）		次数（次）	参加人数（人）	次数（次）	参加人数（人）
1991	56	5460	20	496	1996	34	2170	2	75
1992	65	6320	17	184	1997	41	2950	11	258
1993	40	2490	10	146	1998	48	4510	15	380
1994	31	1730	12	161	1999	4	2560	2	135
1995	13	2760	9	121	2000	19	3470	16	450

第四节　荣誉称号

1985～2000年，萧山科技工作获全国级表彰的有5项，获浙江省级表彰的有2项；获国家级表彰的科协先进集体有10项，获浙江省级表彰的科协先进集体有19项，获杭州市级表彰的科协先进集体有43项；获全国级表彰的科协先进个人有10人次，获浙江省级表彰的科协先进个人有30人次，获杭州市级表彰的科协先进个人有61人次。

表35-6-639　1995～2000年萧山市获国家级和省级表彰的科技工作先进集体

年　份	称　　号	表　彰　机　关
1995	全国科技实力百强县（市）	中华人民共和国国家科学技术委员会
1996	全国科技工作先进县（市）	中华人民共和国国家科学技术委员会
	浙江省"星火"技术密集区创建单位	浙江省科学技术委员会
1996～2000	国家"星火"技术密集区建设单位	中华人民共和国国家科学技术委员会
1999～2000	全国科技进步先进单位	中华人民共和国科学技术部
2000	"火炬"计划实施15周年省级先进管理单位①	浙江省科学技术厅
	全国科技管理系统先进集体	中华人民共和国人事部、中华人民共和国科学技术部

注：①"火炬"计划从1988年开始实施，至2003年，计15周年。颁奖时超过市志下限，但2000年前的12年在市志时段范围内。
②资料来源：萧山市科技局。

表35-6-640　1985~1998年萧山获国家级表彰的科协先进集体

年份	称　　号	获表彰单位	表　彰　机　关
1985	全国农村科普工作先进集体	浦沿乡科协	中国科学技术协会
1990	全国农村科普工作先进集体	浦沿镇科协	中国科学技术协会
1992	全国"奉献奖"先进集体	市科协咨询服务公司	中国科学技术协会
	中国科协第二届"金牛奖"先进集体三等奖	市科协咨询服务公司	中国科学技术协会
1993	中国农民函授大学重点分校①	农函大萧山分校	中国科学技术发展基金会、中国农民技术培训奖励基金
1995	中国农函大重点分校（重新确定）	农函大萧山分校	中国科学技术协会
	中国农函大先进分校	农函大萧山分校	中国科学技术协会
	全国农村科普工作先进集体	市科协	中国科学技术协会
1996	全国"金桥"工程优秀组织单位三等奖	市科协	中国科学技术协会
1998	全国农村党员基层干部实用技术培训工作先进单位	农函大萧山分校	中共中央组织部、中国科学技术协会

注：①中国农民函授大学简称农函大。

表35-6-641　1987~1999年萧山获浙江省级表彰的科协先进集体

年份	称　　号	获表彰单位	表　彰　机　关
1987	浙江省先进科普宣传车	县科协	浙江省科学技术协会
	浙江省农村青年实用技术培训先进集体	浦沿镇科协	浙江省科学技术协会、省农业厅、团省委、省妇联、省教委
1988	浙江省科协工作先进集体	市科协	浙江省科学技术协会
1989	浙江省首次农民技术人员职称评定工作先进集体	市农民技术人员职称评定领导小组	浙江省农民技术人员职称评定工作领导小组
	浙江省农村科普工作先进集体	市科协、临浦区科协、浦沿镇科协、石岩乡科协	浙江省科学技术协会
1990	浙江省科普宣传周活动先进集体	市科协	浙江省科普宣传周活动指导小组
1991	浙江省农村科普工作先进集体	市科协、临浦区科协、浦沿镇科协、石岩乡科协	浙江省科学技术协会
	浙江省科普宣传周活动先进集体	市科协	浙江省科普宣传周活动指导小组
1992	浙江省首届科技咨询服务"奉献奖"先进集体	市科技咨询服务公司	浙江省科学技术协会
1993	浙江省农村科普工作先进集体	市科协、宁围镇科协、浦沿镇科协	浙江省科学技术协会
1994	1993~1994年度浙江省农村科普工作先进集体	市科协	浙江省科学技术协会
1995	1993~1994年度浙江省农民技术人员职称评定工作先进集体	市农民技术人员职称评定工作领导小组	浙江省农民技术人员职称评定工作领导小组
	'95浙江省科普宣传周先进集体	市科协	中共浙江省宣传部、浙江省科学技术协会
1996	1993~1995年度浙江省"金桥"工程组织奖	市科协	浙江省科学技术协会
1997	1995~1997年度浙江省科普工作先进集体	市科协	浙江省科学技术协会
	浙江省农村科普工作先进集体	市科协	浙江省科学技术协会
1998	'98全省领导干部百场科技报告会活动组织工作先进集体	市科协	中共浙江省委组织部、中共浙江省委宣传部、浙江省科学技术协会
1999	浙江省农民技术人员职称评定工作先进集体	市农民技术人员职称评定办公室	浙江省农民技术人员职称评定工作领导小组
	'99浙江省科普宣传周先进集体	市科协	浙江省科学技术协会

表35-6-642　1990~1996年萧山市获国家级表彰的科协先进个人

年份	姓名	称　　号	所在单位	表彰机关
1990	叶国珍	第二届青年科技奖	杭州陶瓷厂	中国科学技术协会
1991	傅国蓉	"七五"期间全国"星火"计划管理先进工作者	市科委	国家科学技术委员会
1992	赵一凡	中国科协第二届"金牛奖"先进个人优秀奖	市粮油储藏协会咨询部	中国科学技术协会
1993	黄美潮	1993年度中国农民技术培训奖	市科协	中国科技发展基金会、中国农民技术培训奖励基金
1995	杨仲彦	中国农函大荣誉奖	市委	中国科技发展基金会
	黄美潮	中国农函大先进工作者	市科协	中国科学技术协会
	黄美潮	中国农民技术培训奖先进工作者	市科协	中国科技发展基金会
	傅葆龙	中国农民技术培训奖先进工作者	市科协	中国科技发展基金会
	沈鸿章	中国农民技术培训奖先进工作者	市科协	中国科技发展基金会
1996	傅葆龙	中国科协第二届先进工作者	市科协	中国科学技术协会

表35-6-643　1989~1999年萧山市获浙江省级表彰的科协先进个人

年　份	姓名	称　　号	所在单位	表彰机关
1989	沈鸿章 姜元仁	首次农民技术人员职称评定工作先进个人	市农民技术人员职称评定工作领导小组	浙江省农民技术人员职称评定工作领导小组
	王初定 吴张友	科技示范能手、科技致富能手	大庄乡科技示范户 宁围乡科技示范户	浙江省科学技术协会
1990	黄美潮 褚木根 沈月辉	浙江省农村科普工作先进工作者	市科协 城北区科协 云石乡科协	浙江省科学技术协会
1991	黄美潮 褚木根 沈月辉	浙江省农村科普工作先进工作者	市科协 城北区科协 云石乡科协	浙江省科学技术协会
1993	黄美潮 沈鸿章 孔松标	1991~1992年度浙江省农村科普先进工作者	市科协 市科协 浦沿镇科协	浙江省科学技术协会
	洪德兴 傅张同 徐云纪	1991~1992年度浙江省农村科技示范户	(个体养蜂) (个体粮油) (个休麻桑)	浙江省科学技术协会
	王少华	浙江省优秀青少年科技辅导员	市青少年宫	浙江省科学技术协会、省教委、团省委、省体委、省妇联
1995	傅葆龙	1993~1994年度浙江省农村科普先进工作者	市科协	浙江省科学技术协会
	傅葆龙 沈鸿章 陈继祥 何锡仁	1993~1994年度浙江省农民技术人员职称评定工作先进工作者	市科协 市科协 市农业局 市供电局	浙江省农民技术人员职称评定工作领导小组
1996	何筱雷	1993~1995年度浙江省"金桥"工程组织奖(个人)	市科协	浙江省科学技术协会
	何筱雷	在组织实施"金桥"工程中工作积极、成绩显著荣誉证书	市科协	浙江省科学技术协会
	傅国蓉	浙江省"星火"计划先进工作者	市科委	浙江省科学技术委员会
1997	褚益民	技术市场管理先进工作者(技术合同法实施10周年)	市科委	浙江省科学技术委员会
1999	刘蕴	浙江省农民技术职称评定工作先进个人	市科协	浙江省农民技术人员职称评定工作领导小组
	顾忠贤 陶条凤	浙江省百名优秀农民技术人员	临浦镇 宁围镇	浙江省农民技术人员职称评定工作领导小组
	韩松坤	浙江省农函大学员"双十佳"致富能手	党山镇	浙江省科学技术协会

第七章 科技成果

1985～2000年，萧山共获得科技成果827项（包括其他同级奖项），其中国家级奖6项，浙江省级奖83项（包括四等奖），杭州市级奖133项，萧山市（县）级奖605项。本章仅记述获省级（含）以上各项奖励之科技成果项目，对重点成果项目作选介。

第一节 省级以上获奖项目

1985～2000年，萧山获得省级（含省）以上科技成果进步奖89项，其中国家级科技进步奖6项、省级科技进步奖83项（包括二等奖9项、三等奖40项、四等奖〈优秀奖〉34项）。

表35-7-644 1985年、1990年萧山获国家级科技奖项目

年 份	获 奖 项 目	完 成 单 位	奖励类别与等级
1985	萧山县综合农业区划报告	萧山县区划办公室	全国农业区划优秀科技成果二等奖
1990	钱塘江水下防护工程的研究与实践	萧山市农机水利局等	国家科技进步二等奖
	用杭州紫金土仿南宋官窑	杭州南宋官窑研究所	国家发明二等奖
	高级翠青釉及尖晶石型Fe-Cr发色技术	杭州南宋官窑研究所	国家发明三等奖
	手编机织手绣相结合抽纱产品开发	萧山花边总厂	国家级"星火"集体三等奖
	蜂王浆冻干粉	萧山市蜂产品研究所	全国"七五"计划"星火"成果博览会金奖

表35-7-645 1987～2000年萧山获省级科技进步奖项目

年份	获 奖 项 目	完 成 单 位	奖励类别与等级
1987	ABS整体汽车仪表板	萧山第一塑料厂	浙江省科技进步三等奖
	谷氨酸高产菌ZX-507菌株的选育	杭州钱江味精厂	浙江省科技进步三等奖
	红麻新品种"浙萧麻1号"	萧山棉麻研究所	浙江省科技进步三等奖
1989	高抗冲聚氯乙烯拉料	萧山第二化工塑料厂	浙江省科技进步三等奖
	ZK135汽车空调压缩机	萧山汽车空调压缩机厂	浙江省科技进步三等奖
	火鸡饲养、繁殖与研究	萧山市火鸡良种场	浙江省科技进步三等奖
	"星火"科技先进集体	萧山花边总厂	浙江省科技进步二等奖
	"星火"科技先进集体	浙江省中药研究所制药厂	浙江省科技进步二等奖
1990	GRC低钙水泥	萧山冶金特种水泥厂等	浙江省科技进步三等奖
	特低扬程水泵系列产品开发	萧山水泵总厂等	浙江省科技进步三等奖
	YXSZ-10型防爆溶剂尾气冷冻回收装置	萧山油脂化工厂	浙江省科技进步三等奖
	软土地基处理技术研究及装配式预引力空心桩	萧山建筑构件厂等	浙江省科技进步三等奖
	苯酸再生障碍性贫血的临床及防治对策研究	萧山市卫生防疫站	浙江省科技进步三等奖
	利用回毛生产麦尔登及系列产品	钱江毛纺厂	浙江省"星火"集体三等奖

年份	获 奖 项 目	完 成 单 位	奖励类别与等级
1991	农田水利工程中沉井基础的研究实践与应用推广	萧山市农机水利局	浙江省科技进步二等奖
	螺栓球节点网架	杭州东南网架厂	浙江省科技进步三等奖
	WSL1050、EQD1061、AQ6600汽车制动总成	萧山汽车制动机厂	浙江省科技进步三等奖
	速冻蔬菜开发设备国产化配套成龙	萧山速冻厂	浙江省"星火"集体二等奖
	万亩胡瓜高产高值栽培配套技术应用	萧山市蔬菜办公室	浙江省"星火"集体三等奖
1992	网箱培育鳜鱼种并养成技术研究	萧山市农业局	浙江省科技进步二等奖
	桑塔纳轿车车速里程表磁钢	萧山磁钢厂	浙江省科技进步三等奖
	衣原体基因的分子生物学检测技术研究	萧山市人民医院	浙江省科技进步三等奖
	农村实用系列培训	中国农函大萧山分校	浙江省"星火"集体三等奖
1993	纯啤酒生产技术	浙江钱江啤酒集团公司	浙江省科技进步三等奖
	A220耐光大红粉和永固红F2R	萧山市江南颜料化工厂	浙江省科技进步三等奖
	轮状病毒持续感染研究	萧山市第一人民医院	浙江省科技进步三等奖
	高级刚性PVC塑料粒料及管子附件系列开发	萧山第二化工塑料厂等	浙江省"星火"集体二等奖
	蜜蜂定地饲养技术及蜂产品综合开发利用	萧山蜂产品研究所	浙江省"星火"集体三等奖
1994	BS8系列全密封阶梯叠铁心变压器	杭州钱江变压器厂	浙江省科技进步三等奖
	农村节水型卫生户厕推广应用研究	萧山市爱卫会办公室	浙江省科技"星火"三等奖
1995	三环唑原料生产工艺改革	杭州南郊化工厂	浙江省科技"星火"二等奖
1997	L75、R75左右等速驱动轴总成	浙江省万向机械有限公司	浙江省科技进步三等奖
	鳜鱼苗种培育及成鱼养殖规模生产示范	萧山市农业技术推广中心水产站	浙江省科技"星火"二等奖
	粮食生产大中型农业机械大面积推广应用	萧山市农机水利技术推广中心	浙江省科技"星火"三等奖
1998	JS-6000建筑用硅酮结构密封胶及生产技术	杭州之江有机硅化工有限公司	浙江省科技进步三等奖
	捷达（CA7160）轿车后制动器总成	浙江亚太机电集团	浙江省科技进步三等奖
	浙江省红麻高产优质高效综合栽培技术研究与应用	浙江萧山棉麻研究所等	浙江省科技进步三等奖
	GHK7060云雀微型轿车左、右等速驱动轴	浙江万向机械有限公司	浙江省科技进步三等奖
	除氧器水位和凝汽器水多变量智能控制系统的开发和应用	萧山发电厂等	浙江省科技进步三等奖
	日本养鳖技术引进示范	萧山市蜂产品研究所	浙江省科技"星火"三等奖
1999	JS-8000双组分建筑用硅酮结构胶	杭州之江有机硅化工有限公司	浙江省科技进步二等奖
	HSW1-2000四极智能型万能式低压断路器	杭州之江开关厂	浙江省科技进步三等奖
	PT513075、E51307、L513011汽车轮毂轴承单元	浙江万向汽车轴有限公司	浙江省科技进步三等奖
	中国青釉定位定型开片裂纹瓷及其制造技术	浙江萧山宋代名瓷研究所	浙江省科技进步三等奖
	邻氰基氯卡研究与开发	杭州南郊化工厂	浙江省科技"星火"三等奖
2000	CA6440（CA620）型汽车前钳盘式制动器总成	浙江亚太机电集团有限公司	浙江省科技进步三等奖
	一次性润滑免维护新结构万向节十字轴总成	浙江万向钱潮股份有限公司	浙江省科技进步三等奖
	HSW1-3200四极智能型万能式低压断路器	杭州之江开关厂	浙江省科技进步三等奖
	GM-601环氧树脂型建筑结构胶	杭州之江有机硅化工有限公司	浙江省科技进步三等奖

注：按获省三等奖（含）以上入表。

第二节　科技成果选介

萧山的科技成果遍布各行各业，主要集中在汽车配件、轻纺、化工、包装、农业等萧山经济的主导行业，以及医疗卫生系统等。现筛选有一定代表性的科技成果作简介。

图35-7-869　第十三届国际激光光谱会议在萧山召开（1997年6月，来坚摄）

汽车防抱死制动系统　又名ABS产品，该成果由万向钱潮股份公司研制。主要装备在重量小于3.50吨的轿车，轻型客、货车的液压制动器上。它能保证汽车在各种路面上进行紧急制动时，既能保持较高的制动效能，又能防止车轮抱死，可以大大降低汽车交通事故发生。2000年1月至2001年3月完成。成功地开发压力调节器及电子控制单元，设计上采用整体式模块结构，将液压控制单元集成于一体。采用高级语言（C语言）编写的控制程序以模块方式加密固化在电子控制单元中，不同车型可根据自身技术参数任意调用和组成程序模块以获得最佳制动效果。产品体积小、重量轻、成本低。产品主要性能指标达到国家GB13594-92"汽车防抱制动系统性能要求和试验方法"及欧洲ECER13汽车制动法规要求，接近国外90年代中后期水平。

CA7180（捷达王）轿车盘式制动器总成　成果由浙江亚太机电股份有限公司自主开发完成，并拥有知识产权。采用创新独特、自动放气螺钉的专利技术。产品经中国第一汽车总公司大众汽车有限公司和上海奇瑞汽车有限公司使用证明：性能稳定、质量可靠。经专家鉴定，其各项技术指标达到国际同类产品的先进水平，填补了国内空白，可完全替代进口产品，为捷达王轿车和奇瑞轿车国产化配套。成果经转化，经济效益和社会效益十分显著。

HFJ1010减震器总成　该成果是哈尔滨飞机制造集团汽车制造有限公司为降低汽车成本，提高整车性能，委托浙江万向钱潮减震器有限公司开发的新产品。1999年，公司根据委托要求，自行设计并反复试验，研制成功双筒不可拆式液压减震器总成。其主要技术是确定合理的阀系结构，改善阀系的灵敏性和可靠性，进而改善产品性能，延长产品寿命。HFJ1010前后减震器的耐久试验按QC/T545-1999（汽车筒式减震器台架试验）方法，通过400万次试行，性能表现良好。各档速度特性的阻尼力完全能满足主机厂的整车匹配要求。得到委托方认可，并为公司带来良好的经济效益。

年产10000吨HCFC141b/HCFC-142b　国家贯彻落实环保政策，化工行业CFCS（氟利昂）产品整体将被淘汰出局，一些生产CFCS产品的厂家因找不到相应替代产品，生存和发展遇到困难。1999年，杭州富时特化工有限公司开始研制HCFC-141b-142b（过渡的替代品）项目，2000年试制成功。有助于国内ODS（消耗臭氧物质）替代品的研究。专家鉴定认为，该项目以偏氯乙烯为起始原料，采用液相催化剂具有选择性好、效率高、产品收益高等优点。工艺具有新颖性和创造性，已获国家发明专利权。该产品开发成功，成为CFCS的理想替代品，年产量10000吨，社会和经济效益显著，受到科技部中小企业创新基金赞助。

环保型全息防伪真空镀铝纸　该成果是浙江爱迪尔包装有限公司于1999年研制开发的新一代绿色包装材料，具有独特的环保性、防伪性，科技含量高，工艺较复杂，完全能替代传统复合铝箔纸。其整个工艺无"三废"污染，净化率达到国家卫生标准。且其单位耗铝量为传统铝箔纸的1%以下，填埋后容易被土壤吸收。该绿色包装材料能适应各类凹印、凸印、胶印、柔印、丝网印刷等工艺，还能加工成卷烟软硬壳包装纸、内衬纸和酒类标贴、礼品食品包装等精制包装品。

水性PU织物涂层剂 2000年，浙江传化股份有限公司研制的水性PU（聚氨酯）织物涂层剂，以有机合成理论为基础，设计适合织物涂层的水性PU分子结构，采用不同官能度聚醚嵌段共聚技术和PAMAM(聚酰胺-胺)新型纳米材料作为水性聚氨酯的固化剂，解决国内许多厂家尚未解决的刮涂一次水性聚氨酯耐水压＞800毫米水柱、耐皂洗达4～5级的关键技术难题。研究利用制造纳米材料的设备进行乳化，发明反向乳化法新工艺，以绿色环保型水性聚氨酯涂层替代溶剂型PU产品，技术达到国内先进水平，市场前景良好。

供港沪规模猪场OWD防治技术工程研究 2000年，由萧山农业技术推广中心畜牧站开发的技术工程研究，通过应用OWD（OWD是一种发病率高，不易控制和消灭，危害较大的急性高度传染性烈性生猪病）正向间接血凝免疫抗体监测技术和临床考核办法，对母猪、乳猪母原抗体以及不同免疫次数、不同免疫剂量、不同免疫日龄的抗体进行监测，证实高水平母猪抗体对主动免疫效果的影响，首次确定在高母原抗体水平下，仔猪60日龄首次免疫的有效性。同时明确有效免疫剂量和免疫次数，在此基础上建立了符合当地规模猪场OWD的免疫程序。推广后，使全市猪场OWD疫情得到有效控制，保证供港沪猪场安全，取得显著的社会效果和经济效益，获萧山市2001年科技进步一等奖。

豆秆黑潜蝇发生规律及防治技术 2000年，萧山市农业技术推广中心对豆秆黑潜蝇发生规律及防治开始技术研究，是浙江省内首次进行的系统试验研究，技术创新点主要有三个方面。（1）在发生规律上：豆秆黑潜蝇在萧山一年可发生6代～7代。越冬蛹羽化率较低，有滞育现象。第一、二代危害较轻，第三至第六代危害加重，第四至第六代世代重叠现象十分严重。（2）在危害损失上：豆秆黑潜蝇的寄生范围为除花生以外的夏秋豆科作物，不同类型的大豆受害有很大差异，春大豆基本上不受危害，秋大豆受害重于夏大豆。单株虫量越多，受害时期越早则受害越重。受害后一般减产30%左右，严重的达50%。（3）在防治技术上：采取"以夏秋大豆为主，以幼苗期防治为主"的防治策略，以防治幼虫为目标，筛选出高效低毒的对口农药"阿维菌素"以淘汰高毒有机磷农药，获萧山市2001年科技进步一等奖。

对不同固定方式治疗颈椎骨折或脱位的生物力学实验研究 颈椎爆裂骨折或屈曲—牵张型脱位是临床较常见的病种，由于其部位特殊，损伤严重，常伴有脊髓损伤，临床治疗比较复杂。术者的经验不同，治疗方法也不一，疗效也不一样。本课题由萧山市中医院开发研究，采用爆裂性骨折模型（前、中柱损伤，后柱完整），屈曲—牵张型脱位（后、中柱损伤）用不同内固定方式固定，来探讨每一种损伤的最佳固定方式，为临床选择内固定方式直接提供依据。成果采用目前世界上较先进的光弹性模型，它可直接提供颈椎内固定术的力学谱，模拟在颈椎前后分离和同时前、后分离情况下，对这些前路、后伸及左右旋转运动稳定性差进行弥补，以达到临床治疗颈椎爆裂骨折手术预期目的。

第三十六编
文　化

江声草堂

元·萨都剌

卜居西陵下，门临大江浔。江声自朝夕，岂独喧波涛。海潮作波浪，山岳俱动摇。万籁俱澄心，何必丝竹音。

海潮有时息，逝水去无极。惊风吹浪花，喷溅射崖堂。

月明欸乃调，惊起蛟龙吟。

萧山历来为人文荟萃之地，人才辈出，人文积淀丰厚。中华人民共和国成立后，萧山文化事业得到迅速发展。至1985年，县级文化机构设置齐全，活动频繁。县、区（区公所）、镇乡、村四级"文化网"、"通信网"和"广播网"基本形成。

1985年以来，在改革大潮驱动下，萧山文化事业得到快速有序发展。文化机构、文化队伍和文化基础设施建设得到加强，文化工作和文化活动更显时代特色。至2000年末，全市各镇乡、农场都建立文化中心，有29个镇乡、农场文化站达到等级站，其中省特级文化站9个、省一级文化站6个、省二级文化站3个、省三级文化站11个；有5个镇、农场被评为"浙江省东海文化明珠"；7个镇乡被评为"杭州市东海文化明珠"。新建或改造市青少年宫、老年宫、文化馆、图书馆、新华书店、电影院等，设施更新，规模扩大。图书馆、新华书店、博物馆、档案馆等都已实现计算机管理。群众性文化活动形式多样，内容丰富。元宵灯会、节庆文艺演出、文化广场活动、文化下乡、文化沙龙等一系列群众文化活动，繁荣了群众的文化生活。区域文化交流和中外文化交流活跃，增进了友谊，加强了合作。新兴的文化市场逐渐成为萧山一项新的产业，呈现健康、规范、有序的发展局面。文艺创作繁荣，尤其是1986年6月萧山县文学艺术界联合会成立以来，新人辈出，成果丰硕。史志、档案、图书工作齐头并进，成绩斐然，多次在全国和全省获奖。

1995年2月，浙江省文化厅、人事厅命名萧山市为"文化模范地区"。同年5月，文化部命名萧山为"全国文化先进县（市）"。

第一章　群众文化

解放后，萧山各级文化机构逐步建立，①文化设施不断完善，县、区、乡（人民公社）、村（生产大队）四级文化网逐渐形成。80年代始，群众文化事业发展迅速。1986年设县文化局，与县广播电视局合并，成立文化广播电视局。1996年，文化与广播电视分开，文化局与体育运动委员会合并，称"文化体育局"。在创建浙江省、杭州市"东海文化明珠"工程中，群众文化活动更趋丰富，文化设施建设加快，文艺队伍得到壮大，农村文化中心遍布全市镇乡。至2000年，国有文化机构均被评为省级文化系统先进集体。全市有29个镇乡文化站达到等级站。文化市场活跃，管理有序。

第一节　文化馆（站）

萧山文化馆

位于城厢镇文化路60号，前身为建于民国时期的民众教育馆。中华人民共和国成立后正式建馆并发展起来。②1981年10月，新建面积1148平方米的4层办公楼。1987年9月，临浦、瓜沥分馆先后设立，各配1人，属县文化馆编制。1993年，经省文化厅考核评估，定为浙江省二级文化馆。1999年初，市文化馆进行"向社会公开招聘馆长，各部室负责人通过竞争上岗，一般干部双向选择岗位"为主要内容的人事和分配制度的新一轮改革。至2001年3月，文化馆下设演艺部、综艺部、办公室和萧山画院。有正式工作人员18人，其中副研究馆员3人，馆员10人，助理馆员3人，管理员2人；大专以上文化程度13人，国家级协会会员4人。在声乐、舞蹈、器乐、美术、摄影、文学创作等艺术门类都有专业辅导干部。主要组织全市（县）性的演出、展览，开展各项宣传活动，举办培训班，辅导各类文艺骨干，搜集整理和继承发扬民族民间文化遗产，指导开展群众文化活动等。

镇乡（场）文化站

中华人民共和国成立后，各镇乡相继建立文化站和民办文化站。③至1987年，全县有镇乡文化站67个，工作人员86名。主要从事文化、体育、科学普及、业余教育、广播宣传等工作。改革开放后，随着经济建设的发展，镇乡（场）文化站建设也得到发展。2000年末，经省文化厅第五次文化站考评定级验收，瓜沥、临浦、义桥、党山、靖江、衙前、宁围、闻堰8个镇和红山农场文化站通过省特级文化站考评；坎山、益农、义盛、河庄、城厢、云石6个镇乡文化站通过省一级文化站考评；南阳、河上、许贤3个镇乡文化站通过省二级文化站考评；新街、进化、所前、戴村、头蓬、楼塔、党湾、浦阳、欢潭、

①1949年5月萧山解放，6月，县人民政府设立文教科，负责全县文化教育工作，各区配文教助理员。1956年撤销县文教科，建立文教局。1966年9月以后，由县军管会文卫组主管文教工作。1968年建立县革命委员会文教革命办公室。1970年10月改称为县革命委员会文教局。1977年11月，重建县文教局。

②民国18年（1929）3月，在城厢镇市心桥下街东仓弄大庵设萧山县立民众教育馆（以下简称民教馆）；抗日战争时期一度迁河上店。1949年5月萧山解放，6月30日，人民政府接管县民教馆。12月，以民教馆为基础，在仓桥下街（今文化路）建立萧山县人民文化馆，编制4人。次年，馆内设文艺宣传、群众教育、图书阅览3股。1952年易名为萧山县文化馆，人员增至10人，由省文化厅评定为甲等馆。初时，全县群众体育、职工业余教育、群众科技等工作均由县文化馆统揽；后县文教局设工农教育股，县体育运动委员会、县科学协会先后建立，上述工作逐步析离。1962年机构调整后，体委、电影管理站、剧团等由县文化馆代管，一年后各自独立。1970年，县文化馆改名为县毛泽东思想宣传站，1973年恢复原名。1979年被省文化厅评为省级先进文化馆。

③1952年，继瓜沥、临浦镇建立文化站后，浦南乡建立民办文化站。1958年，各"大公社"均建有文化站，1961年机构精简时撤销。1964年，有瓜沥、临浦、河上、西兴、蜀山5个民办公助文化站。翌年，义蓬、楼塔、党山相继建立，后几经变更。"文化大革命"期间，文化站全部瘫痪。1971年，瓜沥镇建民办公助文化站。1977年，浦沿、新围、坎山公社文化站先后建立。1978年，县委常委会通过建立全县文化网的方案，并转发浦沿文化站活动经验。1979年上半年，全县61个公社均建立文化站。后，随着南片大同、岩山和东片围垦区新乡的增建，至1984年，全县文化站增至66个，工作人员74名。

石岩、来苏11个镇乡文化站通过省三级文化站考评。新湾、前进、新塘3个镇乡文化站因活动场地面积和图书室未达标等因素未能上等级。

城厢镇文化站　建于1992年5月，设在城厢镇政府大院内，有工作人员2人，指导城南、城北、城东、新塘、裘江、石岩、来苏7个办事处的文化工作。时7个办事处都设有农村文化室和部分体育活动设施。其中裘江、城南、来苏3个办事处把大会堂改建成电影院，不定期地为当地群众放映电影、演出戏剧和举办文艺活动。1994年12月，城厢镇设立通惠、江寺、城西3个街道办事处，镇文化站增加了街道、居民区文化工作内容。1995年10月，城西街道办事处成立文化艺术团；2000年3月，通惠街道办事处成立文化艺术团；4月，江寺街道办事处成立百花艺术团。3个艺术团多以离、退休人员为主组成，有民乐队、戏曲队、舞蹈队、秧歌队、腰鼓队、合唱队等文艺队伍，常年活跃在城厢镇的大街小巷、居民区及各个公园，成为极具特色的文化活动景观。其中城西街道办事处文化艺术团每年在"五一"、"国庆"等节假日组织大型文艺演出，举办"金秋联欢会"。1999年5月开始，每月举行一次广场文艺演出，还到镇乡、场进行演出。2000年末，城厢镇文化站被省文化厅评为省一级文化站。

临浦镇文化站　始建于50年代初期。[①]1984年，在临浦镇中沙潭新建文化站大楼，面积519平方米，1987年9月开放。时有藏书5000册的图书馆和阅览室、多功能大厅、乒乓球室、棋类室、培训室等设施。1992年5月，原通济乡、大庄乡、浦南乡并入临浦镇改为办事处，原各乡文化站改名为办事处文化站，至1998年撤销。合并后，文化站拥有综合大楼、影剧院、台球场、田径场、灯光球场等室内外活动场地7000多平方米，每年活动经费7.90万元。图书馆藏书13420册。2000年下半年，租用临浦工人文化宫房子，组织培训文体骨干，有文艺创作队、影评队、摄影队、书画社、戏迷队、秧歌队、木兰扇队等16支队伍，常年开展活动，并承办全国女篮四强（八一、上海、四川、浙江）邀请赛事。文化站曾先后编印《龙潭》《郭母峰》《苎萝湖》等刊物。其中《苎萝湖》12年出刊48期，被评为萧山市文化站办优秀刊物。文化站注重挖掘临浦古镇文化内涵，保护"西施古迹群"、"蔡东藩临江书舍"、"觉海寺碑"等文物古迹，编纂11万字的《临浦民间故事·歌谣·谚语三集成》。1993年，文化站被省文化厅评定为"浙江省特级文化站"；1996年，临浦镇被农业部、国家体育运动委员会和中国农民体育协会联合授予"全国亿万农民健身活动先进乡镇"称号；1997年，临浦镇被国家体育运动委员会授予"全国群众体育先进集体"称号；1998年12月，临浦镇被杭州市东海文化明珠工程领导小组命名为"杭州市东海文化明珠"。在临浦镇的这些创建活动中，文化站发挥了积极的作用。2001年开始新建临浦镇文化中心，计划投资3000余万元，占地面积50亩（约33333.50平方米）。

村文化室（中心）

农村文化室的前身为农村俱乐部，始于1952年。[②]1986年，中共萧山县委宣传部与县人武部、文化局、团县委等单位联合举办"农村俱乐部、青年之家

①1951年4月1日，在中沙潭附近建立临浦区人民文化馆；1957年后，改名为临浦文化站。"文化大革命"期间，文化站关闭。1980年重建。

②1952年，全县试办农村俱乐部3个。1953年底，以村为单位设的俱乐部有25个，一般由副村长任主任，下设文娱组、书报组、宣传组等。1955年5月，全县有农业生产合作社俱乐部35个。因农业社扩并，到年底缩至18个，但不少俱乐部活动规模相应扩大，其中临浦大庄高级社俱乐部有活动骨干60余人。1956年，中共萧山县委制订《萧山县农村俱乐部发展规划》，俱乐部数很快回升。至1965年达812个。1959年和1965年，党山梅林大队俱乐部和城山下邵大队俱乐部先后被评为浙江省先进俱乐部。"文化大革命"期间，俱乐部统称"文宣队"，1976年恢复原名。至1980年，全县有俱乐部324个。1983年，有俱乐部的生产大队占全县生产大队总数的51.80%。翌年，全县配有生产大队一级文化员718名。

巩固提高问题研讨会"，推动了农村俱乐部的健康发展。农村俱乐部的名称几经更改，即民兵之家、青年俱乐部、老年活动室、文化室等。戴村镇的18个村文化室均称老年活动中心，宁围镇新华村等村文化中心具有一定规模。各镇乡把创建村文化室（中心）作为建设新农村的重要内容之一。至2000年末，全市90%以上的村建有文化室（中心），做到有场地、有设施、有活动、有专人管理，丰富了农民的业余文化生活。其中瓜沥镇航民村文化中心在全市具有一定知名度。

1996年12月，瓜沥镇航民村投资1700万元，建成占地面积10.50亩（约7000平方米）、建筑面积5651平方米的村文化中心，拥有集文化、娱乐、体育于一体的多功能活动中心。有影剧院、室内游泳馆、俱乐部3部分。其中影剧院2728平方米，888个座位；游泳馆1452平方米，泳池长36米、宽15米，8条泳道；俱乐部1471平方米，内设歌舞厅、录像室（兼早茶室）、图书馆（藏书1万余册）、阅览室、创作室、培训室、老年活动室、乒乓球室、台球室、棋牌室、羽毛球场等。文化中心实行村民、职工福利型和对外开放型相结合的管理方式，常年开放，有管理人员30名。年放映电影200余场，组织戏剧等各类文艺演出100余场，年均接待30余万人次。是萧山市花园式单位、公共场所管理先进单位。

图36-1-870　航民村文化中心阅览室（1996年12月摄，萧山区文广新局提供）

① 民国时期，县城演出场所有上海铁路局浙赣戏院、东门茶店、南货会馆、火神庙、城隍庙等；临浦镇有大庙、万圣庵等。农村祠堂、庙宇也大多建有供演出的"万年台"。

② "五化"，即声音立体化、放映自动化、光源氙灯化、座椅软席化、夏天冷气化。

第二节　文化设施

民国时期，民间演出多在庙宇、宗祠等场所。①中华人民共和国成立后，新型影剧场所陆续兴建。至1987年，县城有萧山电影院、萧山人民剧院、工人文化宫电影院和萧山人民会堂以及杭州齿轮箱厂、杭州第二棉纺织厂、杭州发电设备厂、浙江建筑材料厂等影剧院。全县1000座以上、设备较为完善的新型镇乡影剧院有17个，共有影剧院和开放会堂94个。

市级文化设施

萧山电影院　位于城厢镇市心南路155号。建于1978年，总投资81万元，占地面积5亩（约3333.35平方米），建筑面积5232平方米，1981年1月24日正式开业。门厅可容纳千人，观众厅1660席座（其中楼座420席座），时为全省县级影院中座位最多、设备比较先进的影院。1985年8月1日，追加投资35万元，建造冷冻机房229平方米，装置20万大卡制冷机两台，实现夏季冷气化。1990年10月，又投资120万元，进行全面改造（以道尔贝DIOBY4-2-4兼容立体声的要求进行改造），更新放映设备。观众席座换成1358座软席（其中楼座355席座），达到国家"五化"②和甲级（三星级）电影院的标准。1991年1月31日重新开放。1995年7月，与省电影公司合作，在萧山电影院二楼建造"电影明星厅"。该厅设情侣包厢56个，单人座41席。1996年1月由萧山电影院接管。1997年，影院又新改造有238席座的"大众电影厅"，当年5月18日开业。该厅推出低价票（以复映片为主，2部电影票价为5元），2000年12月11日

图36-1-871　萧山电影院（90年代，来坚摄）

停映。萧山电影院1993~1998年连续6年被省文化厅评为"浙江省电影放映先进单位"，1994~1998年连续5年被省文化厅评为"浙江省文明电影院"。至2001年3月，有职工32人，其中有专业技术职称的放映技师3人、美术师1人、助理经济师2人、放映技术员6人。

萧山人民剧院 位于城厢镇文化路86号（原火神庙址），前身是50年代初的私营人民戏院。[①]1989年，萧山人民剧院在原有基础上投入维修费10万元，添置消防设施，调换新椅等，使剧院面积增至2034平方米。是年，接待演出表演团体47个，演出128场，被省演出管理站评为"重合同、守信用先进单位"。翌年，再获此誉。1991年起，戏剧演出市场开始滑坡，平均每年接待演出团体不到20个，剧院以放映录像和开办招待所、台球、棋牌等项目收入弥补正常开支。其间，市党代会、人代会、政协会以及较大型的集会和活动，常安排在萧山人民剧院举行。至2001年初歇业。

图36-1-872 建于60年代的萧山人民剧院（萧山区文广新局提供）

萧山市青少年宫 位于城厢镇人民路125号。始建于1984年，占地面积1800平方米，总投资200余万元，建设资金大多由地方财政拨款，团省委投入部分，社会各界及青少年捐助部分。1985年10月5日建成并对外开放。建筑面积2215平方米，设办公室、培训部、图书室、艺术幼儿园等部门。在编职工19人。开设美术、书法、音乐、器乐、舞蹈、计算机、英语、文学创作、航空模型、航海模型等特色培训班，先后设立宫外教学点8个，构成一个校外教育网络。每年举办受青少年欢迎的、具有特色的文化活动。1990年，被团省委、省文化厅评为"浙江省先进青少年宫"；1994年，被团省委、省教育厅、省文化厅评为"浙江省青少年文化教育工作先进集体"；2000年9月20日，被评为"全国先进青少年宫"。

图36-1-873 萧山市青少年宫（1999年摄，萧山区文广新局提供）

萧山市老年宫（萧山市退休干部活动中心） 位于城厢镇人民路185号。1992年1月28日落成，建筑面积3160平方米，与市退休干部活动中心合署办公，编制15人。同年6月18日正式对外开放。1998年6月扩建，新增建筑面积2124平方米。内设舞厅、象棋室、围棋室、乒乓球室、阅览室、图书馆、理发室、医疗点、排练室、室外门球场等，常年面向全市退休干部和退休职工开放，可同时接纳千余人参加活动。1991年被全国总工会老年保障部、《中国老年报》社评为"首届全国老同志先进活动室"；1998年被杭州市退休干部管理委员会、杭州市人事局评为"杭州市退休老干部管理服务先进集体"；1999~2001年，连续3年被市委、市政府评为"萧山市十佳敬老服务先进集体"。

萧山市工人文化宫 位于城厢镇文化路44号。前身是县工人俱乐部。[②]1980年10月，县总工会收回"文化大革命"期间被占的工人俱乐部的房屋和部分财产。1981年10月，动工兴建工人文化宫大楼，1983年4月竣工，5月1日开放。新

①1954年改为公营萧山剧院；1955年改为国营萧山剧院，省文化局拨款5000元，县政府拨一部分材料，改草棚为瓦房。1964年扩建观众厅，面积增至1300平方米，座位1080个。1974年增建三层楼演员宿舍、食堂等附属设施。1984年下半年起，增设放映录像等项目。

②1953年，县总工会将上海铁路局萧山铁路机厂工会所赠的浙赣戏院改建为县工人俱乐部会堂，1954年3月3日，举行县工人俱乐部开张典礼。"文化大革命"期间，县工人俱乐部停止活动。

楼高6层，面积2100平方米，设小剧场、图书室、阅览室、展览室、排练室、讲座室、游艺室、棋类室、宣传窗廊和灯光球场等活动场所。配备宣传、摄影、文艺、电影放映员、图书管理员等专职人员，在编职工19人。

工人文化宫常年面向职工群众开放，通过举办书画、摄影展览，组织职工文艺调演，开展舞蹈培训和组建"萧山市工人文化宫业余艺术学校"，开展职工体育比赛等活动，丰富和充实职工群众的文化生活。1989年实行主任招标承包责任制，做到活动经费自给有余，自我发展能力增强。1999年10月，进行正副主任及中层干部竞岗、职工双向选择上岗为主要内容的人事制度改革。1983～2000年，工人文化宫先后7次被杭州市总工会评为"杭州市先进工人文化宫"；5次被浙江省总工会评为"浙江省先进工人文化宫"；1989年被全国总工会评为"职工文化工作先进集体"。

工人文化宫下设电影院（原为萧山县工人俱乐部会堂，1970年改建为"工农兵电影院"，设960座椅；1983年更名为"萧山工人文化宫电影院"）。1992年进行装修，安装中央空调。80年代和90年代初，为缓解看电影难，与萧山电影院跑片，成为全市（县）除萧山电影院外放映电影场次最多的电影院。1991年放映电影2495场。1996年，电影放映市场普遍萎缩，全年仍放映电影1170场。

镇乡文化设施

镇乡文化站、文化中心　始建于中华人民共和国成立初期。①1983年底，全县有镇乡文化中心17个，专职人员68人。至1987年，发展到19个。1992年5月，全市撤区、扩镇、并乡（以下简称"撤扩并"）后，31个镇乡文化中心随之变更，得到扩充发展。镇乡文化中心普遍设备齐全，有综合性、多功能的文化活动楼；有藏书5000册～15000册的图书馆和具有一定规模、特色的文化广场；有5支以上文艺团队，每年开展较大型文化娱乐活动6次以上。一些镇乡文化中心注重发掘当地传统文化资源，开展具有地域特色的民间艺术活动。在管理上，逐渐科学规范，建立健全工作目标责任制和规章制度，内外环境整洁美观，有浓郁的文化氛围，是当地人民群众学习、娱乐、休闲的好去处。②

镇乡影剧院　始建于70年代，有些由过去的公社大会堂改建而成，80年代后全面普及。90年代起出现档次较高、规模较大的镇乡影剧院，其中建筑面积最大的南阳影剧院为3020平方米，座位最多的云石乡农民文化宫影剧院为1450个。至90年代末，随着各镇乡文化中心的建立，一大批设施齐全、设备先进、环境优美的影剧院成为文化中心的主要活动场所，有的已成为当地镇乡的标志性建筑。

①1952年，瓜沥、临浦镇建立文化站，浦南乡建立民办文化站。1958年"大跃进"时期，大公社均建有文化站，1961年机构精简时撤销。1965年，有瓜沥、临浦、河上、西兴、蜀山、义蓬、楼塔、党山8个民办集助文化站。后几经变更。"文化大革命"中，文化站全部瘫痪。1971年，瓜沥镇建民办公助文化站。1977年，浦沿、新围、坎山公社文化站先后建立。至1983年，全县有文化站65个，工作人员68名。1980年开始，镇乡文化中心接连出现。是年初，浦沿公社创立全省第一个农村集镇文化中心。随着镇乡经济的迅速发展，至1982年末，城北区9个公社有8个建立了文化中心，其他公社开始兴建文化中心。

②详见本章之附《创建"东海文化明珠工程"》。

图36-1-874　建成于1996年的瓜沥镇航民文化中心（1998年5月，陈国龙摄）

图36-1-875　云石农民文化宫（1999年摄，萧山区文广新局提供）

表36-1-646　2000年萧山市镇乡影剧院情况

序　号	名　　称	地　　址	建造年份	建筑面积（平方米）	座位（个）
1	临浦影剧院	临浦镇萧山直街	1972	1093	1339
2	宁围会堂	宁围政府大院内	1975	1000	666
3	新街影剧院	新街镇长山工人路	1978	1200	
4	新围影剧院	河庄镇新围村	1979	755	1050
5	盈丰影剧院	宁围镇盈一村	1980	880	750
6	裘江影剧院	城厢镇裘江大通桥	1980	1410	1070
7	坎山会场	坎山镇同泰当	1980	880	750
8	瓜沥影剧院	瓜沥镇东灵路	1981	1321	1149
9	河庄影剧院	河庄镇城隍庙	1981	1600	1167
10	闻堰影剧院	闻堰镇文化路27号	1982	2400	1285
11	益农镇文化中心剧院	益农镇新东公路口	1982	2250	960
12	光明影剧院	坎山镇梅仙村	1982	1300	867
13	南阳镇会堂	南阳镇政府大院内	1982	1800	1193
14	义桥影剧院	义桥镇江滨路	1982	1700	1250
15	义盛影剧院	义盛镇新镇路	1982	1697	1339
16	赭山影剧院	南阳镇赭山永利路	1983	1800	1193
17	党山影剧院	党山镇车路湾桥北	1984	2067	1325
18	戴村影剧院	戴村镇凌溪路	1984	1862	1192
19	浦南文化楼	临浦镇原浦南乡政府内	1985	1200	800
20	红山影剧院	红山农场红山文化娱乐中心	1994	2500	700
21	衙前影剧院	衙前镇文化中心	1996	2770	800
22	云石农民文化宫	云石乡响石桥村	1996	1620	1450
23	靖江影剧院	靖江镇商贸街	1996	2630	838
24	宁围文化中心影剧院	宁围镇生兴路	1997	1500	885
25	南阳影剧院	南阳镇南虹路	2001	3020	747
26	党湾影剧院	党湾镇文化中心	2001	1240	1018

注：①按建造时间先后排列；②资料来源：萧山区文广新局。

第三节　文艺队伍

演出团体

明清时期，萧山民间已经有演出团体。中华人民共和国成立后，农村业余剧团数以百计；专业剧团主要有萧山绍剧团、萧山越剧团等。

萧山绍剧团　位于城厢镇西河路27号，总面积2405平方米（含排练厅和家属宿舍）。1961年，杭州市实验剧团撤销，该团的绍剧队划归萧山，易名萧山绍剧团。1968年12月，萧山绍剧团撤销。1978年下半年重建，演职员63人。1988年更名为萧山市绍剧团，编制60人，属全民事业单位。至2001年3月，有正式职工51人，其中副高

图36-1-876　萧山绍剧团演出的现代绍剧《家教多重奏》获1999年度杭州市精神文明建设"五个一工程"奖（1999年6月，傅宇飞摄）

职称3人，中级职称11人，初级职称31人。1985年1月至2001年3月，演出2600场，大多在市内农村巡回演出。并多次参加电视剧演出拍摄，承办市内大型文艺演出活动。1988年12月和1991年7月，在浙江省专业艺术表演团体考核定级中，先后被浙江省文化厅评为一级剧团。1991年12月，被浙江省文化厅、人事厅评为"浙江省文化工作先进集体"。

萧山越剧团　原为杭州市民间职业剧团联友越剧团，1955年划归萧山县后易名萧山联友越剧团，翌年改名为萧山越剧团。"文化大革命"期间被解散，服装、道具悉被烧毁，演职员或下乡、下厂、下农场劳动，或遣散回家。1978年重建，陆续落实有关政策，恢复演出，一批传统剧目重现舞台。建团以来，上演古装剧40个、现代剧30个，主要保留剧目有《梁山伯与祝英台》《梁秋雁》《双贵图》等。1985年8月撤销，部分演职人员并入萧山绍剧团。

萧山曲艺团　1962年，由个体民间艺人组成萧山曲艺队。"文化大革命"期间被解散。1979年重组，队员16人。1985年，下属民奋、警啼两个越剧说唱小分队，表演说书、莲花落等。1987年改建为萧山曲艺团，演职员37人。至90年代末，仍活跃在萧山境内，演出曲目有《真情假意》《野菊花奇案》《晦气鬼告状》等。

萧山演出组织中心　位于城厢镇市心南路448号。1994年6月成立，专事演出经营，并为各级党政机关、群众团体、企事业单位承办、组织各类文艺演出和庆典活动。是萧山市唯一具有主办、承办（承接）国内各类文艺演出经营活动资格的演出经纪机构，隶属萧山市文化局。中心在由演出管理型向演出组织型转变的过程中，先后成功策划、组织和承办各类大中型文化活动、庆典和演出，多次接待国内演出团体。1998年10月，在市第十三届运动会开幕式上，组织演职人员11000人，演出了一台反响热烈的大型文体表演——《奔向新世纪》。并为城厢、义桥、义盛、宁围、头蓬、闻堰、临浦等镇策划和导演全民运动会开幕式大型文体表演。

文艺协会

民国时期，萧山曾出现过多种文化社团。[①]80年代后，萧山的文艺协会、学会得到迅速发展。除市文联下属8个文艺协会外，在基层还有各类学会、协会、文学社等。[②]

萧山市作家协会　1986年成立，原名萧山县文学工作者协会，2001年改为今名。第一届理事会1986～1989年，有会员57人；第二届1990～1994年；第三届1995～1998年；1999年开始的第四届理事会，有会员98人，其中省作协会员15人，杭州市作协会员29人。协会团结和组织文学爱好者进行文学创作，发现和鼓励文学新人，不断拓展创作思路和提高写作水平，努力发展和繁荣萧山的社会主义文学事业。

萧山市美术书法家协会　1986年6月成立，原名萧山县美术书法工作者协会，设第一届理事会，有会员53人。2001年改为今名。1989年、1994年、1998年分别为第二、第三、第四届理事会。至2001年3月，有会员112人，其中中国

---

①民国时期萧山主要文化社团有：

蕺社　社址在临浦茅山闸。民国3年（1914）成立，意在纪念曾在此讲学的明朝学者刘宗周（蕺山）。民国8年曾出版《麻溪改坝为桥始末记》。社长汤农先。

任社　社址在瓮山镇。民国11年（1922）由社会主义青年团杭州地委委员徐白民等创办，是当时影响较大的进步文化团体。

萧山青年书画研究会　民国13年（1924）2月成立，会员30余人。同年8月14～15日，在仓桥小学举办书画展览，展出作品200余幅。

萧湘文艺社　20年代后期由章达庵、许勉（继纲）、钱笑吾等人发起成立。社员10余人，社长章达庵。曾借民国《萧山日报》副刊《湘湖》（周刊）发表作品。出10余期后终止。

秋阳文艺社　20年代后期，由萧湘文艺社副社长另组，与萧湘文艺社对全，也在民国《萧山日报》副刊《湘湖》发表文章。后因日报社不提供两社出刊便利而自行散伙。

萧山县名胜管理委员会　民国23年（1934）曾编印《萧山县名胜纪略》。

萧山戏业工会　民国28年（1939）成立。时绍兴戒严司令部禁演戏剧，伶人失业、生活艰难，故组此会，呼吁开禁，演剧救济。

省战时剧人协会萧山分会　民国28年（1939）9月，抗建剧团为谋团结全县剧人，推进戏剧运动而发起组织，并在《萧山日报》辟有"戏剧特刊"专栏。

国乐研究社　民国28年（1939）9月，县民众教育馆为倡导正当娱乐，研究国粹音乐，于是月26日发起筹组，征求社友。

萧山文学协会　民国35年（1946）4月在长河乡成立，旨在反对奴化教育，研究文学，增进知识。

②例如浦沿小草文学社、长河乳泉文学社、闻堰三江书画学会、浦沿映山红音乐之友协会、湘湖书画研究会等。

书法家协会会员5人，浙江省美术家协会会员10人，浙江省书法家协会会员19人。协会主要从事组织和举办美术书法学术研讨、创作、交流、展览及咨询服务等活动。

萧山市摄影家协会 1986年成立，原名萧山县摄影工作者协会，有会员22人。2001年改为今名。1986年、1990年、1994年、1998年分别为第一、第二、第三、第四届理事会。1998年时有会员68人，其中国摄影家协会会员3人，省级会员12人，杭州市级会员18人。协会主要从事摄影艺术创作、作品研讨、信息交流、举办影展、培养摄影新人等。

萧山市音乐舞蹈家协会 1986年成立，原名萧山县音乐舞蹈工作者协会，2001年改为今名。第一届时有会员31人。下设声乐委员会和钢琴委员会。1989年、1994年和1998年分别为第二、第三、第四届理事会。1998年有会员86人，其中国音乐家协会、中国舞蹈家协会会员各1人，省级协会会员15人，杭州市级协会会员27人。协会主要开展音乐舞蹈方面的创作、培训辅导和组织文艺演出及参加比赛等活动，为广大群众提供丰富多彩的音乐舞蹈节目。

萧山市戏剧家协会 1986年6月成立，原名萧山县戏剧工作者协会，有会员39人。2001年更今名。1998年第四届时有会员50人，其中国戏剧家协会会员1人，省级协会会员15人，杭州市级协会会员29人。协会主要从事戏剧演出、创作、研讨，参与群众文化活动等。

萧山市民间文艺家协会 1986年6月成立，原名萧山县民间文艺工作者协会（含曲艺工作者），有会员36人。1990年，曲艺工作者（10人）从民间文艺工作者协会析出。1998年第四届时，有会员30人，其中国民间文艺家协会会员1人，省级会员2人，杭州市级会员14人。2001年改为今名。协会主要搜集、整理民间故事、传说、笑话、民谚俗语，创作新故事，调查民俗民风，帮助传承民间工艺等。

萧山市曲艺家协会 1990年从民间文艺工作者协会析出，单独成立萧山市曲艺工作者协会，时有会员10人。1994年和1998年分别为第二、第三届理事会。至2000年末有会员38人，其中国曲艺家协会会员2人，省级协会会员9人，杭州市级会员9人。协会主要进行曲艺创作、表演、理论研究和学术交流活动。

萧山市电影电视家协会 成立于1986年6月，原名萧山县电影电视工作者协会，2001年改为今名。协会有省、杭州市级会员各1人。主要从事影视（录像）艺术研究和工作经验交流，开展影视（录像）文学创作和制作，组织开展群众性的影视评论活动。

文艺沙龙

越剧之友联谊会 1984年，县文化馆根据个人自愿、寓教于乐的原则，组成有业余越剧爱好者200余人参加的萧山越剧之友联谊会，时为全省第一家。会员中有部队复员军人、在校大学生，年龄最大的82岁，最小的11岁。常年在市区的公园、居委会及镇乡自费进行演出活动，也参加县（市）、镇组织的节日演出。同年6月，越剧《祥林嫂》获杭州市文化局、杭州电视台、杭州市群艺馆金奖；1996年8月，"'96大家唱纳凉晚会"获杭州电视台金奖；1998年8月，会长韩彩娟获杭州市文化局优秀辅导奖。

湘湖书画研究会 1986年10月成立，为城厢镇青年美术书法工作者自发组建的艺术团体，会员16人。艺术大师陆俨少任名誉会长。研究会定期进行艺术交流和创作活动，举办过会员作品展览和会员藏书画作品展，曾出版8开4版的《湘湖艺报》。

晚霞艺术团 1992年初由萧山市社会劳动保险公司创办，由具有一定文艺专长的离、退休人员60多人组成。该团自编自演舞蹈、小品、独角戏、越剧清唱等文艺节目。几年来，深入城乡各地，为社会各界献演百余场；在杭州市级文艺会演中，获一、二等奖6次。1994年10月，该团代表萧山市赴北京参加全国中老年健身舞蹈会演，演出节目分获菊花奖（二等奖）、荷花奖（三等奖）。

金秋合唱团 由市退休干部活动中心和市老年宫于1994年12月创办，有团员80余人。设指挥、团长、助理各1人，是以离退休干部为主体的老年群众性业余组织。坚持每周练唱，以中外歌曲为主。在不断提高自身演唱水平的基础上，积极参加各种演出活动，逐步发展成具有一定水准的老年合唱团。1996年10月进京演出，获"光辉的历程"全国老年人合唱节兰花奖和优秀组织奖；1997年6月获"迎回归、颂中华"'97浙江省"中华杯"合唱大赛二等奖；1998年10月获中国老龄协会、中央电视台主办的"裕兴杯""夕阳红"全国老年电视合唱比赛优秀奖。2000年9月获第二届中国老年合唱节优秀奖。

青年文学沙龙 1995年6月成立，全市青年文学爱好者20余人参加。沙龙坚持文学创作活动，形式有异地采风、名著赏析、名家讲座、成员作品研讨等。萧山电视台曾作跟踪采访，并摄制专题节目片播出。1996年《湘湖》杂志第1～2期发表成员作品专辑。至2000年底，沙龙成员在全国各地报刊发表作品500余篇。

浙江传化艺术团 1996年成立，原名传化集团业余文艺队。2000年3月改名传化艺术团，团员26人，由传化集团公司董事长徐传化兼任团长（后改任顾问）。年演出200余场次，常年活跃在萧山市各镇乡，并多次应邀赴省内外巡回演出。内容以该团创作的曲艺、戏剧小品、歌舞等群众喜闻乐见的文艺节目为主，多为反映党和国家的中心工作、计划生育、安全生产、反腐倡廉、敬老爱幼等题材。

浦发女子管乐队 1996年12月成立，由市妇联组建，上海浦东发展银行萧山支行资助并冠名，队员50人。至2001年3月，演出282场，其中公益性演出145场，成为萧山市各种大型活动中一支经常亮相的业余管乐队。

枫林文学沙龙 1997年7月成立，由市作家协会中年龄在50岁以上的10人组成。沙龙坚持定期采风活动，交流创作体会。1997年《湘湖》杂志第4期系该沙龙成员作品专辑。

萧山市声乐专业委员会 1998年3月成立，隶属萧山市音乐舞蹈家协会，有会员98人。每2个月邀请声乐界专家来萧给会员上课，每年都参与举办大型文艺演出活动，为音乐艺术院校输送人才16人。至2000年，有478人通过萧山市声乐考级得到相应的级别证书。在组织会员参加全国、省、市级声乐比赛中，获得较好名次。

萧山文化馆京剧沙龙 1999年7月成立，有京剧爱好者30余人参加。坚持每周培训、排练或观摩一次，并挖掘出许多传统戏的精彩唱段。至2001年3月，在萧山电视台亮相演唱4次，组织广场纳凉晚会1次。

萧山市文化艺术团 1999年11月成立，有团员126人，属萧山市文化馆。下设歌咏队、舞蹈队、乐队、曲艺队、戏剧队、模特队和舞美队等。经常参加企业庆典、地方节庆等文艺演出活动。2000年1月，成功承办"奔向新世纪"大型文艺晚会。

第四节　文化活动

境内城乡文化活动形式多样，以自编自演的戏剧、曲艺、歌舞、说唱为主，河上、楼塔等镇乡保留舞板龙，新塘等地保留龙舟等传统文化活动。专业、业余剧团不断推出群众喜闻乐见的新剧目。政府和宣传文化部门举办形式多样的专题文化活动。80年代初，电影、录像深入农村。90年代后，节庆送戏、送电影、送科技图书、送春联下乡。中外文化交流和区域文化交流日趋频繁，群众文化生活丰富多彩。

日常文化活动

中华人民共和国成立后，农村一些老艺人和戏曲爱好者自愿结合，组建业余剧团，走村串乡，频繁演出，以演古装大戏或连台本戏为主，也演出一些现代小戏，常年活跃在广大农村。"文化大革命"期间全部解体，演职员星散。1978年后，业余剧团逐渐恢复和发展，被禁锢的传统剧目重现舞台。80年代初，浦南、坎山、新江岭、新街、长河等地恢复或新建民间半职业性越剧团、绍剧团。1988年1月，大庄乡组建萧山第一支农民轻音乐队，有队员18人，配有电子琴、电吉他、爵士鼓等乐器。萧山绍剧团、越剧团、曲艺团等专业团体经常在城乡巡回演出。至90年代末，境内仍有注册民间职业剧团15个，年演出1000余场。

放映电影一度是城乡的主要文化活动。尤其在70~80年代，镇乡都有放映队轮流至各村放映，一月数次。1985年，全县有电影放映单位87个，各类电影放映点800余个，年放映3.12万场次，观众2341万人次。有的农户逢祝寿、生子、新居落成等喜事，个人也包上几场戏剧、电影。镇乡文化站（中心）常年安排组织文艺演出、放映电影和录像，举办各类文艺培训。1987年，党山镇举办家庭演唱会，有30个家庭参赛。90年代时兴演唱卡拉OK和举办卡拉OK比赛，为群众提供演唱表演的舞台。后随着电视、网络文化的兴起，群众文化活动呈现家庭化、多样化、个体化倾向。至2000年，电影放映处于逐渐滑坡状态。

企事业单位等基层工会、俱乐部是开展群众性日常文化活动的主体。60~70年代，县属主要工矿企业和基层工会均建有俱乐部，拥有一批文艺骨干，常年开展文化娱乐活动。80年代后，重视企业文化建设，文娱活动更趋丰富多彩。较大的一些企业组建职业或业余艺术团、文宣队。钱江啤酒厂每周举办两次舞会，还组建大鼓、铜管等乐队。平时，各企业还经常举办歌舞、曲艺、演唱等文艺比赛。萧山市总工会经常组织全市职工文艺调演或单项文艺比赛。90年代末，随着企业经营机制转换，企业日常文娱活动逐渐减少。

城镇街道和居委会注重开展居民文化活动，经常组织文艺晚会、家庭演唱会、亲情文体比赛、节庆文艺演出、联谊等活动。多以离退休人员为主体，以节假日、早晨或晚上为活动时间，在公园或广场开辟戏曲、舞蹈、歌咏等活动角，文化活动丰富多彩。

配合中心工作进行日常文化下乡活动，用群众喜闻乐见的文艺形式，宣传中心工作，丰富群众的文化生活。1995年11月，市文化局从文化馆、绍剧团等单位抽调一批业务骨干，组成文艺轻骑队，赴20余个镇乡演出22场。1996年1~3月，市文化局和市社会治安综合治理委员会联合组织了一台法制戏，下乡巡回演出21场。同年8月13日至9月2日，市演出公司和市曲艺家协会组织"萧山市文化下乡演出团大篷车"，由翁仁康领衔，在镇乡、场、村演出绍兴莲花落、滑稽独角戏、小品等20场。9月2日至10月5日，由萧山市万隆黄金珠宝商城赞助，市演出公司承办萧山市送戏下乡演出活动，在27个镇乡、工厂、农场巡回演出33场。1997年，市委宣传部、市文化局组织宣传党的十五大精神文艺下乡宣传队，于11月10~20日在11个镇乡演出11场。1998年，配合社会主义道德年活动，举办"道德之光"巡回专场演出23场。1999年6月初，送戏下乡到革命老区和偏远山区，历时2个月，演出35场。11月底起又历时1个月，到各镇乡巡回演出30场。

【附】

萧山民间剧团敢与"正规军"试比高

近日，萧山市文化局组织15家民间职业剧团在农村进行戏曲会演，事前没有张贴告示，连演3天，场场都有4000余名农民从四面八方赶来观看，轰动一时。

据统计，萧山市这15家民间职业剧团，去年以来已演出1600多场，观众达48万人次以上，几乎占领了整个乡村戏曲舞台。

活跃于萧山农村舞台的民间职业剧团兴起于80年代初。当时，为戏曲艺术影片着了魔的观众，迫切希望剧团送戏下乡。于是，一些从专业剧团退休或停演多年的老演员牵头发起了民间职业剧团，后来逐步充实一大批年轻人。

民间职业剧团为什么在农村能大显身手？出场费低是一个重要因素，演一场戏从300元到2000元不等，根据经济条件灵活掌握。这样的收费，农村可以接受。请他们演戏，有时是个体户包场请乡亲们看；有的由村办企业包场；较多的是由村民集资，选一个热心人挨家挨户收钱，少的2元，多的几十元，困难一些的农家就量几升米或在地里摘上几个南瓜、葫芦送去，给演员们当小菜。

民间职业剧团剧目多也是受欢迎的原因之一。这些剧团一般都有五六十本戏，村民们可根据自己的偏爱点戏。据行家说，民间职业剧团演出水准有的相当于县级剧团，流派纷呈。像惠英越剧团、浦南越剧团等，今年5个多月未停演过，每天两场，已演近300场。

据悉，这些民间职业剧团挟带着它们的优势，有意进军城市剧场，想争取更多的观众。

（原载《钱江晚报》1997年7月11日第5版）

节庆文化活动

萧然灯会　正月十五闹元宵是萧山传统的节庆活动。城乡广大群众自发组织在镇乡或会集到县城进行舞龙、赏灯等活动。河上、临浦、楼塔、义桥、闻堰、云石、浦沿、长河等地的龙灯、马灯久负盛名。

1988年元宵节起，由政府文化部门组织，举办一年一度的萧然灯会，时间在元宵节前后3～5天，地点大多设在城厢镇人民路和市心路。是年，在城厢镇举办"元宵彩灯一条街"活动，数以百计、形状各异的彩灯吸引众多观灯者。此后，萧然灯会规模逐年扩大，镇乡自办灯会逐年增多，临浦、楼塔、云石、许贤、河上、浦南等镇乡也相继举办"彩灯一条街"、"火树银花一条街"和舞龙等活动。彩灯制作更趋精致，广泛应用电动、机械等现代工艺和科技手法。如萧山无线电厂的"机械人"灯、萧山水泥厂的"金龙腾飞"灯、杭州柴油机总厂的"黑猫警长"灯等，都具有一定的科技含量和创新意识。

1995年起，萧然灯会一改以往传统，着重在"闹"字上做文章。是年，城厢镇举行"欢天喜地闹元宵"大型化妆游行，20多个单位800多名文艺骨干参加。游行队伍由四龙闹春、狮子滚绣球、老年秧歌队、大头娃娃队、腰鼓、链响、旱船等15个方阵组成，沿路观众云集。1997年"萧然之光"灯会，有1000余人组成的彩旗、铜管、大鼓、扇子舞、花轿等10余个方阵，沿市区主要街道进行表演。彩灯、串灯、落地灯，异彩纷呈，萧山绍剧团和市广告公司还推出京剧脸谱、动物脸谱等灯。1998年，萧然灯会从正月初一亮灯，1998只大红灯笼高悬在人民路两边，10座巨大的拱形牌楼横架在人民路上，灯会一直延续到正月二十。1999年3月1～3日，"百花迎春"大型元宵灯会在城厢镇人民路举行，1999盏形态各异、形象逼真的彩灯与霓虹灯交相辉映，10余万市民参观了灯展。2000年2月19日，在人民广场举行元宵灯会，近万名市民冒雨闹元宵，营造出喜庆和热闹的氛围，使萧山新、老城区呈现一派龙腾狮跃、莺歌燕舞的欢乐景象。2001年萧然灯会在市人民广场举行，有赏灯、猜谜、舞龙、表演、游园等活动。来自市级机关的21辆彩车满载萧山"九五"建设成就图表和行业造型灯，于正月十五至十八，分别到义盛、瓜沥、临浦等地巡游5次。

观潮节文化活动　1994年开始，萧山每年举办集旅游、经贸、文化、招商于一体的"中国国际（萧山）钱江观潮节"。首届观潮节于是年9月22～24日（农历八月十七至十九日）在南阳镇乌龟山巅的钱江观潮城开幕，888羽信鸽、888只彩色气球腾空而起，21响礼炮后，进行舞狮舞龙等民间文艺表演和水上技巧表演。省电视台通过卫星向全世界作实况转播。国家体改委和浙江省、杭州市领导出席开幕式。来自美国、日本等国家和中国香港地区的来宾，以及1万余名国内游客观看开幕式表演。1995年第二届观潮节开幕式上，朝鲜族、蒙古族、景颇族等6支民族风情展演队，以各自独特的民风民俗载歌载舞地进行表演。浦沿和长河等镇的舞龙队、绍剧团的舞狮队、农垦中学的彩旗与腰鼓队等演职员500多人参加了演出。来自美国、日本、法国等20多个国家和地区的500多名来宾及国内万余名游客观看演出。1997年观潮节，在萧山市体育馆举办大型文艺晚会，著名京剧表演艺术家童祥苓、李炳淑和歌唱家蒋大为等同台献艺。1999年观潮节现场，著名京剧表演艺术家杨春霞及航空航天歌舞团、江苏射阳杂技总团的文艺工作者表演了精彩节目。9月26日观潮节开幕当天，市体育场举行"与祖国同行"大型文艺晚会，参加'99中国国际（萧山）钱江观潮节暨萧山经济贸易博览会的中外来宾

图36-1-877　观潮节上演出萧山自编、自导、自演的大型文艺节目《古越浩歌》（2000年10月，蒋剑飞摄）

数千人观看演出。在城区西河公园，有6000把红伞作"大地走红"展示，萧山电影院组织新片汇映，萧山人民剧院分别举办杂技、驯兽专场表演。2000年观潮节文化活动，有萧山自编、自导、自演的"古越浩歌"大型文艺演出，城厢、欢潭、进化、衙前、楼塔等镇乡及红山农场和市属文化单位组台演出。中央电视台对观潮节活动首次作现场直播。

专题文化活动　多配合重大纪念、庆祝活动进行，形式多样，场面盛大。1987年12月31日，在萧山电影院、萧山人民剧院、工人文化宫分别举办庆祝萧山撤县设市专场文艺晚会。1994年6月30日，在萧山人民剧院举办纪念中国共产党成立73周年歌咏大会，300余人参加演出。同年9月底在庆祝中华人民共和国成立45周年时，市演出公司特邀越南民主共和国胡志明市歌舞团来萧演出。1996年10月8~9日，在市体育馆举行纪念红军长征胜利60周年组歌音乐舞蹈晚会。1997年6月27~28日，举行"迎回归、爱祖国"大型文艺晚会，全市9个系统队和28个镇乡队1500余人在萧山电影院登台角逐。7月1日，萧山举行大型化妆踩街活动，庆祝香港回归祖国。1999年5月2日、5月4日，以"五月的鲜花"为题，在萧山体育馆举行庆祝萧山解放50周年及纪念五四运动80周年大型文艺晚会。9月26日，在萧山体育场举办庆祝中华人民共和国成立50周年大型文艺晚会——《与祖国同行》，6000余人参加表演。12月20日，迎澳门回归大型踩街活动在城厢镇人民路举行。2000年2月3日午夜（农历大年三十），在千年古刹祇园寺举办敲响太平大钟庆典活动，迎接新年。

镇乡艺术节　90年代，一些镇乡开始举办艺术节。1990年4月27~29日，南阳镇首届文化艺术节有舞龙、化装舞会、时装表演、文艺演出、游园会、书画展览、电影夜市等8项活动。1995年，浦沿镇于国庆节期间举办为期1周的首届艺术节，推出文艺晚会、摄影展览、演唱大奖赛等活动。艺术节期间，有文艺骨干600余人参加"我为浦沿添光彩"系列活动。1997年10月，宁围镇举办首届文化艺术节，有300余人的大型文体表演及花环舞、腰鼓舞、军乐队方阵演奏、民间舞龙舞狮等广场文化艺术表演和各

类展览。1998年，靖江镇、红山农场分别举办首届文化艺术节，除文艺演出外，还举办书法、美术、摄影艺术等展览。2000年，城厢镇、党山镇、闻堰镇等相继举办文化艺术节。党山镇历时58天，每天都有文化活动，参赛和表演者1100余人；闻堰镇在为期38天的艺术节期间，有新组建的竹马舞蹈队80人及女子腰鼓队77人亮相；城厢镇在9月25日晚首届文化艺术节暨全民运动会开幕式上，演出大型歌舞、团体操《世纪交响》，由"欢腾"、"奔腾"、"升腾"和"奔向未来"4部分组成，有1000余人参加演出。

节庆文化下乡　90年代中期开始，每逢春节，文化部门均组织文艺工作者开展文化下乡服务。1996年春节，市文化局组织"文化大篷车"①队，到进化、闻堰、党山等镇，演出文艺节目10场，放映电影7场，展出美术作品40余幅、爱国主义教育图板40块，写春联600余幅，送书籍2500余册。2月13日，《人民日报》以"萧山人喜迎'文化大篷车'"为题报道这次活动。1997年春节，开展"迎春"百场电影下农村和送戏下乡活动。1998年春节，市文化局组织送戏下乡500余场，遍及193个村。1999年春节，市文化局组织百余名文艺工作者赴革命老区许贤乡进行文化慰问。

在此期间，群众文化理论研究也取得一定成绩。②

第五节　文艺调演

50年代开始，萧山不定期举行全县文艺调演。③1986年起，逢双年举办一次全县群众文艺调演，分镇乡、企事业单位、学校3个专场，有声乐、舞蹈、器乐、戏曲等形式。是年，有71个节目，其中创作节目25个。1992年12月25～27日，萧山市举办群众文艺调演，有18个镇乡、32个单位参加，演出53个节目，780余人登台表演，自编自演的节目占全部节目的40%。其中市检察院小品《电灯泡与飞毛腿》等3个节目获特别奖，临浦镇舞蹈《银铃舞》等6个节目获一等奖。2000年萧山市举办的群众文艺调演，主要表演形式有舞蹈、戏曲清唱、小戏、曲艺、器乐合奏、独奏、配乐诗朗诵、独角戏、独唱、合唱、表演唱等。是年，有65个节目参加调演，其中镇乡专场16个、城区专场25个、教委专场24个。评出表演一等奖5人、二等奖11人、三等奖19人、特别表演奖4人。

市宣传、文化部门每年举办一些文艺专项调演或比赛。1985～1987年连续3年举办"萧山县新故事赛讲会"；1985～1988年连续4年举办"萧山青年歌手大奖赛"和"萧山越剧清唱大奖赛"；1989年4月举办"萧山市首届农民歌手大奖赛"；1993年和1995年分别举办"'萧山宾馆杯'卡拉OK大奖赛"、"'沸点杯'群众声乐大赛"、"'凤凰山庄杯'卡拉OK大奖赛"等。80年代初至2001年3月，全市（县）举办文艺调演和单项比赛活动29次，承办浙江省和杭州市各类文艺比赛和演出6次。其中1990年9月承办"浙江省第二届曲艺大奖赛"，1995年10月承办"杭州市第三届戏剧小品比赛"，1999年1月承办"杭州市农村文化年乡村舞蹈大赛"。

①"文化大篷车"是市文化局举办的一项送文化下乡活动。"大篷车"队由10余辆汽车、七八十名文艺工作者组成，是一支集合戏曲、歌舞、电影、录像、书画、图片等多种形式的立体型文化小分队，他们自带道具，自付餐费，免费为农民服务。

②萧山群众文化理论研究活动始于90年代初。1996年1月21日，萧山市群众文化研究会成立。至1999年12月，共撰写群众文化论文180余篇，在省、市以上报刊发表及研讨会宣读100余篇，有28篇论文被编入杭州市级以上群众文化论文集。该会方晨光参与编写的《群众文化辅导学》，于1993年12月获全国群众文化论著评比二等奖。

③1951年春节，萧山县举办首届戏曲会演，21个农村剧团、362名演员参加演出，其中城厢镇东方红剧团演出的越剧《小二黑结婚》被评为演出甲等奖。1956年举办的农村业余剧团会演，有21个剧团参加（时有98个业余剧团），其中鸡鸣剧团演出的《雷雨夜》等5个节目获演出一等奖；坂里朱剧团演出的《芦花记》等8个节目获演出二等奖。是年11月还举办了萧山县首届民间音乐舞蹈会演，选拔楼塔乡"细十番"等节目参加浙江省第二届民间音乐舞蹈会演。1978～1984年，全县举办群众文艺会演6次，有歌舞、曲艺、器乐等综合门类的艺术表演形式。

第六节 文化交流

中外文化交流

80年代初以来，萧山中外文化交流活动日渐频繁。①1985年，韩祖耀的小篆对联参加中日青年书法联展；大篆《观鱼胜过富春江》参加浙江友好书画展览，在日本静冈等4城市展出；小篆《王维诗〈九月九日忆山东兄弟〉》获中日青年友好交流首届高野山竞书大会"每日新闻社奖"。1987年夏，萧山县文学工作者协会在杭州西湖国宾馆举办笔会，并与民主德国文化代表团交流。1989年4月28~29日，联邦德国不伦瑞克体育舞蹈团一行35人在萧山体育馆作专场访问演出。同年11月，民主德国歌舞团一行90人访问红山农场。

1990年，市摄影工作者协会、市工人文化宫、市文化馆和上海松江、日本岐阜摄影家协会组织"异乡情"摄影作品交流展，于10月30日至11月15日在萧山工人文化宫展出，12月1~15日在上海松江科技馆展出。1992年5月4日，以大西良匡为团长的日本摄影访华团11人访问萧山，与萧山业余摄影工作者进行座谈交流，并观看萧山作者的60余幅作品。1994年，市外事办公室组织选送10多位作者的60多幅摄影作品赴日本山梨市展出。1997年5月23日至6月3日，微雕艺人冯耀忠应邀赴马来西亚吉隆坡举办"天石微雕书法艺术收藏展"；骆献跃应邀赴马来西亚参加"'97中国水彩画大展"，并在吉隆坡举办以"中国水彩画及艺术收藏"为题的学术讲座。同年9月，萧山电视台制作的《高关悟和他的雕刻艺术》专题片，在美国一家电视台播放。1998年，日本山梨市市长高田清一率政府文化代表团来萧山进行友好访问。市文化界人士、文化团体成员先后出访美国、日本、新加坡、法国、德国等国家和中国香港、澳门地区。1999年11月，冯耀忠在新加坡举办个展，并在新加坡国际会议中心举办"中国微雕艺术"讲座。2000年6月27日至7月12日，萧山图书馆派员作为中国图书馆学会访美代表团成员，访问考察美国公共、大学、社区和国会等不同类型图书馆，并参加美国图书馆协会2000年年会。

随着萧山经济的迅速发展和文化生活的不断提高，国外一批文化艺术表演团体应邀来萧参加一些大型文化活动。一些港、澳、台地区艺术团体和艺人常年活跃在萧山的宾馆、娱乐场所和旅游景点，从事商业演出活动。

区域文化交流

萧山与周边县、市的民间文化交往，大多在传统节日进行。其中有南片的彩灯，东片的龙舟、戏曲等。同时，诸暨、绍兴、上虞、富阳、桐庐等地的民间剧团、彩灯队等也进入临近的萧山镇乡、村演出。与省内外一些市、县的文化交流活动也日渐活跃。1987年12月8~14日，"萧然山美术书法作品展览"在江苏省苏州市展览，展

①1982年6月5日，美国驻上海领事馆馆员史莱克到浦沿公社参观公社文化中心。同年10月朝鲜群众文化工作者代表团一行5人，1983年9月联邦德国杜尼约克电影公司一行4人，先后到浦沿公社文化中心考察。1984年5月，由朝鲜文化艺术部副部长金俊汉为团长的朝鲜文化工作者友好参观团，访问浦沿、长河文化中心和楼塔文化站。

图36-1-878 日本山梨市民友好访问团访问萧山（1999年11月，陈燕郸摄）

图36-1-879 省职工创作歌曲会演在萧山举办（90年代，来坚摄）

出42位萧山业余美术书法作者的94幅作品。翌年5月1～15日，应海宁市文联邀请，"萧然山美术书法作品展览"在海宁市工人文化宫展出。1993年5月，在北京中国美术馆举办"萧山市书画展"。1999年9～10月，萧山、余杭、富阳、海宁、平湖、桐乡6市联合举办书画联展，分别于国庆节前后在6市巡回展出作品124件。展出期间，6市还组织书画作者观摩交流。

2000年11月25～26日，在杭州市和萧山瓜沥镇隆重举行纪念晚清杰出画家、海派巨擘任伯年诞辰160周年暨"四任画派"学术研讨会。25日上午，在省博物馆、省展览馆分别举行"四任画派"作品展览开幕式和纪念任伯年诞辰160周年暨浙江省当代中国人物画邀请展开幕式。下午，任伯年纪念碑揭幕仪式在瓜沥镇航坞公园隆重举行。纪念碑高2.50米，正面刻有任伯年手迹"任伯年"3个大字，背面为任伯年生平及艺术成就介绍。26日上午，纪念任伯年诞辰160周年暨"四任画派"学术研讨会在瓜沥镇航民宾馆举行。研讨会展示在市内首次发现的任伯年父亲任鹤声的画，填补了任伯年研究中的一项空白。出席本次活动的有中国美术家协会、省美术家协会领导以及100多位专家学者，任氏后人任昌垓、任克陆应邀到会。

区域间文艺演出交流更为频繁，萧山经常邀请余杭、富阳、杭州等地的艺术团体来萧同台献艺。益农镇和绍兴马鞍镇的联谊活动，自1987年至2000年从未间断。

第七节　电影　录像

萧山电影放映始于民国20年（1931）。①中华人民共和国成立后，城乡放映电影逐渐普及，至80年代中期出现鼎盛景象。②

电影发行与放映

1985年，县电影公司实行企业内部计分评奖，与49个农村放映单位签订发行承包合同。是年，全县放映电影31194场，观众2341万人次。1986年起，县电影公司致力于实现"三个过渡"（即从16毫米"小放映机"过渡到35毫米"大放映机"，从室外看过渡到室内看，从站着看过渡到坐着看）。至1987年底，业务属县电影公司管理的企事业电影放映单位有省地质局修配厂、杭州瓷厂、杭州龙山化工厂、杭州油脂化工厂、浙江建筑材料厂、杭州东升丝厂、杭州砖瓦厂、萧山汽车齿轮箱厂、萧山树脂厂、县工人文化宫、县教育局、县精神病医院、红山农场、湘湖农场、钱江农场、红垦农场、第一农垦场、第二农垦场18个单位。

1988年，萧山市电影公司已拥有库存16毫米影片1062部（包括故事片、艺术片及纪录、科教、美术短片等）。1990年共发行新片110部，其中港台片11部、外国片15部、国产片84部（不包括短片）。注册的35毫米放映单位18个、16毫米放映单位67个。是年，萧山农村有各类电影放映点800余个，坐席2.80万个，观众1625万人次。1995年与1985年相比，放映收入增加290万元，发

①民国20年（1931）9月25日，省教育厅电影巡映团队在县城城隍庙放映国产影片《白芙蓉》。民国28年6月，省教育厅第三电影教育巡回施教团先后在县城、西兴、龛山、瓜沥、临浦、义桥、河上等地放映《台儿庄歼灭暴敌》等抗日影片。

②50年代初，由省电影教育工作队来萧放映电影。1956年，省驻萧电影队下放萧山管理，当时全县有放映点80个，电影队采取"两人工作法"，即两人一队，队长兼宣传、放映，队员负责票务、机器押运和发电，以解决人员不足的问题，并在放映点组织义务管理员，一般10人左右，帮助宣传、售票、维持秩序。1958年9月开始，随着区办电影队的先后建立，放映面逐步扩大，城北、义盛、靖江、戴村等地区也陆续放映。人民公社化以后，农村看电影大都由社队包场。1974年，县电影院放映朝鲜宽银幕故事片《卖花姑娘》，盛况空前。1979年，全县有放映点836个。进入80年代后，乡镇普遍办起电影队。1980年电影观众达4347万人次，年人均看电影40.90次。1981年7月，县电影公司加强影片发行工作，设专职排片员、检片员和发片兼保管员3名。建立片库120多平方米，逐步添置有防潮、防火功能的铁片架、倒片机、湿润箱等设备。1984年，全县人均看电影32.60场。

行收入增加103万元。1996年放映收入为490万元，创历史之最。

在电影放映活动中，采用专题、专场放映，农户、企业包场，电影夜市，文企联映①，学生专场，大片放映和重点放映等多种形式。1986年10月，萧山县电影公司在省卫生厅、省文化厅、省科协等联合举办的"全国卫生科教电影、电视片评奖"活动中，被评为全国卫生科教电影放映先进单位；1987年被评为全省影片技术管理"五好"单位；1989～1998年中有6年被省文化厅评为全省电影发行放映先进单位；1997年，被省文化厅评为"浙江省文化系统先进集体"。

随着电视的普及和文化娱乐业的迅速发展，电影市场逐渐萎缩。1995年有200多个村未放电影。1999年，电影放映的四项指标急剧下降，全年放映6598场，观众43万人次，放映收入112万元，发行收入55万元。萧山市注册登记的电影放映单位有61个（35毫米电影放映单位18个，16毫米电影放映单位43个），实际有放映活动的只有37个。2000年，电影放映的四项指标继续出现新低，全年放映3625场，观众16万人次，放映收入110万元，发行收入55万元。不少放映单位被迫停映，坚持放映的35毫米放映单位仅有萧山电影院、临浦影剧院、宁围镇文化中心、瓜沥镇航民村文化中心等8个，16毫米放映单位有浦阳镇等10个队。

幻灯宣传

中华人民共和国成立后，幻灯作为宣传工作的内容之一，在萧山城乡广泛放映。②80年代，各电影放映单位配合各类专题电影放映自编自绘的幻灯片。1984年，县选调观摩的7个单位就有幻灯片234套。其中梅西电影队周德耿的《廿亩园》获省计划生育委员会创作二等奖、省电影公司会映创作一等奖。1986年1～3月，全县放映单位仅法制宣传一个专题就编绘幻灯片500多套，全年编绘各种幻灯片2188套，放映12199场，观众983万人次。其中配合法制教育的612套，放映3548场，观众225.80万人次；配合计划生育宣传的785套，放映5080场，观众354.60万人次。1987年，全县制作幻灯片2158套、27750张，放映24330场，观众135万人次。其

①文化部门与企业联合举办的电影放映活动。

②1952年，县文化部门购置幻灯机10架，绘制画片，分发到各区放映。是年，萧山县宣传教育幻灯片《农民邱关兴当选副县长》由省文化局幻灯组编绘制作，并在全省放映。翌年，全县专设幻灯宣传站3个，全年放映幻灯片113次。1957年，制作幻灯节目23套，艺术质量也有提高。1974年，县电影管理站四队创作的幻灯片《小粮仓的故事》（王伯谦绘制），在省展览会和全国第四届美术作品展览会展出，《工农兵画报》予以刊载，省幻灯制片厂复制后在全国发行。

表36-1-647　1985～2000年萧山电影发行放映情况

年　份	放映单位（家）	放映场次（次）	观众（万人次）	放映收入（万元）	发行收入（万元）
1985	87	31194	2341	113	50
1986	89	28791	2015	126	59
1987	89	31215	2110	150	71
1988	89	35000	1915	186	87
1989	82	29424	1734	236	109
1990	87	27162	1625	260	120
1991	83	28035	1568	330	132
1992	84	23458	1191	273	113
1993	70	19644	739	292	120
1994	70	16226	553	375	146
1995	72	13070	376	403	153
1996	72	12331	272	490	221
1997	61	15117	275	445	190
1998	61	10707	109	294	132
1999	61	6598	43	112	55
2000	58	3625	16	110	55

资料来源：萧山区文广新局。

中配合普法教育的345套，放映3900场，观众25万人次；配合计划生育宣传的530套，放映6130场，观众32万人次；配合科技知识宣传的190套，放映1900场，观众12万人次；配合职业道德教育的380套，放映4200场，观众28万人次；配合其他宣传任务的730套，放映8200场，观众38万人次。

90年代，各电影放映单位配合各个时期的中心工作，继续重视幻灯片制作和幻灯放映，内容涉及计划生育、土地管理、殡葬改革、环境保护及市内外重大新闻等诸多方面。90年代后期，随着电影放映市场的逐渐冷落，幻灯宣传与放映工作也随之淡化。

录像发行放映

萧山城乡录像放映始于80年代初期。1984年，市广播电视局建立萧山市录像制品发行站，负责全市录像制品的发行管理工作。是年末，萧山有6台录像机从事放映业务。1985年，有录像放映队39个。年末，为规范放映市场，开始对录像放映队进行全面整顿。1986年，首批批准公开放映的录像放映队16个，有夹灶、临浦等6个镇乡文化站录像放映队，楼塔、瓜沥等6个镇乡广播站录像放映队和县文化馆、工人文化宫等4个录像放映队。第二批批准录像放映队3个，同时，开设对内放映单位15个。1987年9月起，实行录像放映许可证制度。

1990年8月，市广播电视局确定城厢、瓜沥、临浦3个录像制品发行站负责经营周边地区录像节目带出租业务。1992年，有录像节目带出租点22个，发行、出租录像节目带12.24万盒（次）。1993年，新建录像带出租点9个。是年末，全市有录像节目带出租点34个，录像放映队（点）53个，全年发行、出租录像节目带17.50万盒（次）。经省广播电视厅考核，萧山市音像管理发行站被评为一级音像站。1995年末，全市有录像节目带出租点65个，录像放映队40个，非经营性录像放映单位25个。至2000年末，全市有录像制品零售、出租、放映、发行点37个。

第八节　文化市场

中华人民共和国成立后，政府文化部门管理各类文化活动。"文化大革命"结束后，被禁锢的文化活动、文化市场得以复苏。1979年后，萧山逐渐形成以演出、娱乐、音像、书刊、电影、美术、文物、艺术培训、对外交流等为内容和形式的文化市场，出现了国家、集体、个人等所有制形式并存、协作发展的文化经营新格局。文化市场崛起和发展，逐步成为萧山一项新兴产业。

1985年5月1日，萧山县工人文化宫舞厅对外开放。1988年2月，市文化馆、青少年宫等单位相继开设经营性舞厅，全市先后出现以舞厅、卡拉OK厅、电子游戏室为主的各种文化娱乐场所。据1999年末统计，全市文化市场经营单位的资产为4235万元（不包括非独立核算单位），经营场所面积43475平方米，上缴国家税收208万元。至2000年末，全市共有文化经营单位813家，其中打字、复印单位208家，录像制品零售出租、放映发行单位37家，演出娱乐单位447家，球类、棋类等体育活动经营单位116家，其他文化类经营单位5家。

1985年，萧山县人民政府组建全县文化市场管理协调机构——萧山县社会文化管理委员会，下设办公室，与县文化局文化市场管理委员会办公室（以下简称"文市办"）合署办公，负责协调公安、工商、文化、物价、卫生等文化市场管理相关机关部门以及开展"扫黄打非"（扫除黄色淫秽活动，打击非法出版物和音像制品）等整治活动。1988年8月，市人民政府明确文化市场管理组织、管理范围和管理办法。10月，市社会文化管理委员会设立市社会文化市场稽查队，由市公安局副局长兼任队长，公安、工商、文化、卫生、物价等部门临时抽调12人组成。1991年，各镇乡也相应成立文化市场稽查队，全市共有文化市场稽查人员305人（均为兼职人员），由各镇乡党委分管文化的委员、文化站站长、派出所民警、工商管理人员等组成。市社会文化市场稽查队在城厢镇范围内开展经常性活动，并到镇乡进行检查。镇乡文化市场稽查队在节假日或大型活动时集中进行检查，平时文化市场的管理工作由各镇乡文化站站长负责。自1992年开始，各稽查队每年开展1～2次"扫黄打非"集中行动。1993～1994年共开展"扫黄打非"集中行动6次，出动稽查人员11149人次，收缴打火机淫秽贴画1883张、非法及淫秽书刊2104册、非法录像节目带1651盒、非法出版录音带777盘、非法出版年画1751张、违规经营电子游戏机电路板46块、非法激光盘497盘，取缔无证经营点213家。至2000年末，对全市录像放映队、录像带出租点进行"扫黄打非"稽查820次，收缴非法或淫秽录像节目带6952盒、VCD23934盒、录音带3427盒，查扣激光视盘906张，处罚违规场所26家，停业整顿2家。

1994年12月，组建萧山市文化市场稽查队（2001年初改称萧山市文化体育市场稽查队）。1997～2000年共出动1368次、6000余人次，收缴大批非法、淫秽出版物，取缔无证经营摊点220个。1997年吊销违规经营户5家，停业整顿4家，限期改正57家。至2000年，连续4年被省文化厅评为"浙江省文化市场规范执法优秀稽查队"。

1998年，市文市办和全市音像市场经营单位签订《音像制品守法经营责任书》。是年4月和2000年9月，分别在萧山电影院广场、新世纪广场举办文化市场管理法律、法规宣传咨询活动。1999年7月6日起，连续5天在萧山电视台编播移动字幕，宣传国务院《娱乐场所管理条例》有关章节。是年，对全市371家印刷企业重新审核登记；2000年，与各演出场所签订《守法经营责任书》；翌年，又对全市274家电子游戏经营场所进行专项清理，有101家验收合格，并停止新办电子游戏经营场所和录像放映场所的审批，暂停对发展过快的棋牌娱乐场所的审批。

从1994年起，市文市办和市稽查队联合下镇乡现场办公，对文化市场经营单位（户）进行年检年审。2001年以后，文市办在市政府办事中心设立服务窗口，由经营单位（户）前往办理年检年审手续。日常稽查以文市办、稽查队人员为主，集中突击检查时由市委、市人大、市政府、市政协的有关领导带队，文化、公安、工商、卫生、物价等部门有关人员参加，各自履行文化市场管理职责。

1993年，市文市办被省广播电视厅评为"浙江省音像制品管理工作先进集体"；1994～1997年连年被浙江省文化厅评为"浙江省文化市场管理先进集体"。

表36-1-648　1988～2000年萧山市文化市场经营单位

单位：家

年　份	总数	出版物	音像	演出娱乐	体育类	其他
1988	447	207	203	29	8	0
1989	865	422	236	24	105	78
1990	866	423	236	24	105	78
1991	528	254	104	52	75	43
1992	644	277	134	92	95	46
1993	929	452	135	194	85	63
1994	1034	390	183	309	96	56
1995	1309	473	228	450	95	63
1996	1477	582	249	472	94	80
1997	1328	554	257	388	129	0
1998	1494	585	311	354	239	5
1999	1186	637	48	358	141	2
2000	813	208	37	447	116	5

注：①1988年1月至2000年6月30日，"其他"栏包括打字、复印、印刷企业等经营单位。
　　②2000年的数据截至2000年6月30日。
　　③资料来源：萧山区文广新局。

【附】

创建"东海文化明珠工程"

1995年，文化部提出创建"全国万里边境文化长廊工程"活动，随即省、杭州市文化主管部门相应提出创建"浙江省东海文化明珠工程"和"杭州市东海文化明珠工程"活动。是年4月，萧山市人民政府在全市各镇乡、场部署创建活动，提出今后一个时期萧山市文化发展的具体目标和措施。

各镇乡、场由党委副书记或副镇（乡、场）长负责，成立由工、青、妇等群众组织和文化站负责人组成的创建工作领导小组。根据各镇乡、场实际情况，在调查摸底的基础上，制订计划，组织力量，筹集资金，分工负责，全面开展创建工作。

图36-1-880　红山农场文化娱乐中心（1992年2月摄，萧山区文广新局提供）

设施设备齐全　各镇乡、场在创建过程中，从硬件建设入手，建造或改建建筑面积在1000平方米以上的综合性、多功能文化活动楼；建立建筑面积不少于100平方米、藏书10000册以上的图书馆（室）；建设有一定规模、特色的文化广场或文化公园；有条件的镇乡、场配置省文化信息资源共享工程要求的设施设备；并因地制宜建设规模不一的影剧院、影剧场。红山农场投资1000万元，建成占地面积10亩（约6666.70平方米）、建筑面积3600平方米的文化娱乐中心。中心集影剧院、歌舞厅、录像室、棋室、图书阅览室、电子游戏室、台球室、溜冰场、摄影室等文体设施于一体，属多功能、全方位的活动场所。是场员、职工业余学习和培训的教育基地，也承办上级组织的大型文体活动。地处边远山区的云石乡，属经济贫困乡，乡党委、政府放弃乡政府大楼新建计划，于1994～1995年投入150万元，建造建筑面积1620平方米、1450个座位的农民文化宫。文化宫内有戏剧演出、电影放映、溜冰场、图书馆、乒乓球室、篮球场等功能齐全的文体设施，坚持活动经常化，解决了山区人民群众文化生活枯燥的状况。各镇乡、场在加强镇乡级中心文体设施建设的同时，加强村级文体设施的建设和文体活动的普及工作。宁围镇把文化阵地延伸到工厂和村，在新华村建立全镇第一个村级文化中心。义盛镇6个村创建为文化村。靖江镇农村俱乐部、活动室普及率达85%以上，一些村和企业建成"文化书库"。

队伍稳定活跃　在创建活动中，各镇乡、场普遍健全基层文化工作机构，解决文化站（中心）工作人员编制和生活待遇问题，稳定文化工作队伍，加强业余文体团队建设，使之成为活跃群众文化生活的重要骨干力量。义盛镇建有文学创作、文艺演唱、书法美术、腰鼓、秧歌等10支文体队伍，文体骨干150余人，坚持常年开展活动。靖江镇建有摄影组、文学创作组、书画组、演唱组、球类组、棋类组等文体骨干队伍，每支队伍每年正常活动在6次以上。其中文学创作组的陆亚芳先后在省、市级报刊发表文学作品38篇，她的第一部长篇小说《沙地》于1998年3月由浙江文艺出版社出版发行。书画组张承汉创作的扇面画作品在全国、省、市级报刊发表100余幅。摄影组沈锦煜在国家级、省级、市级报刊、展览中发表、入选摄影作品100余幅，其中作品《专业户上镜头》获全国农村新貌摄影大赛一等奖。

活动丰富多彩　各镇乡、场组织开展群众喜闻乐见、形式多样的文化活动。本地有一定规模和影响力的活动每年一般举办6次以上，跨区活动每年2次以上。宁围镇每年接待外来演出团体30个以上，演出40余场次。元旦、春节、五一、国庆期间均举办大型文艺晚会。文学作品、家庭卡拉OK、演讲、大型团体体操艺术、太极拳、乒乓球、篮球、羽毛球、台球、象棋、自行车慢骑和老年运动会等赛事长年不断。1996年，衙前镇承办浦沿、党山、衙前3镇青年歌手大奖赛。益农镇与绍兴县马鞍镇毗邻，联谊活动自1987年至2000年从未间断，共举办文艺联欢8次16场，两镇领导班子联谊活动10次，中小型体育比赛13次。区域间的文化交流增强了友谊，促进了双方经济发展。通过整顿建设，各镇乡、场文化站（中心）在群众性文化活动中，发挥导向性、示范性作用。各图书馆（室）开展经常性读书活动，引导群众多读书、读好书。宁围镇图书馆有各类藏书1.50万册，坚持每天开放，全年图书流量2万余册次，每年用于新增图书经费1万元左右。各镇乡、场文化站（中心）注重发掘当地传统民间文艺资源，开展具有地域特色的民间艺术活动。老龄委开展老年文化活动，采取多种形式，活跃和丰富老年人的文化生活。

管理科学规范 各镇乡、场根据建设好、管理好、利用好现有文化设施的要求，建立健全工作目标责任制、岗位责任制、艺术档案制等有关规章制度。各文化站（中心）加强自身思想建设、作风建设，做到站容站貌整洁美观、文化氛围浓郁。衙前镇文化中心的新颖建筑与喷泉、绿地、鲜花形成一体，成为群众参加文化娱乐、健身休闲、学习科学文化知识和交流信息的好去处。

图36-1-881 衙前镇文化中心（1996年10月摄，萧山区文广新局提供）

市场繁荣有序 各镇乡、场将培育和发展文化市场，作为创建工作重要任务。通过改进管理手段和管理方法，加大文化市场执法力度，促进文化市场健康发展。靖江镇文化市场管理班子健全，制度完善，对全镇28家文化经营户开展经常性检查、指导。每年会同人大、公安、工商等部门联合组织突击检查6次，平时检查12次，收缴各类非法出版物1673件、盗版音像制品127件。

市有关部门及时总结先进经验，查找薄弱环节，用先进典型指导面上工作。通过开展全面的创建活动，各镇乡、场在文化设施、文化队伍、文化活动、文化管理和文化市场建设等方面取得显著成效。1996年4月，浦沿镇（1996年5月后划归滨江区）和红山农场被命名为浙江省第一批"东海文化明珠"。至2001年3月底，全市已有省级"东海文化明珠"5个：红山农场、衙前镇、宁围镇、靖江镇、瓜沥镇；杭州市级"东海文化明珠"7个：云石乡、临浦镇、党山镇、义盛镇、河庄镇、闻堰镇、益农镇。

（资料来源：萧山区文广新局；傅华生整理）

第二章　文艺创作

萧山历代文人为后世留下大量的文学艺术作品。至清末，有资料表明，文学作品集至少在714种以上。《四库全书》中，萧山籍学者毛奇龄著作就有27种，是入选著作数量最多的学者。① 以任伯年为代表的"萧山四任"，为海上画派之翘楚，画艺卓绝，名闻遐迩。民国初期，蔡东藩独立完成1040回、600余万字的鸿篇巨制《中国历代通俗演义》，开创了演义作品的新局面。中华人民共和国成立后，文艺创作日益活跃，文艺新人不断涌现，优秀民间文化艺术得到挖掘、保护和弘扬。90年代后，全市文学艺术事业日趋繁荣，一批文学、艺术作品在全国、全省的各类比赛中或展览会上屡获殊荣。1998年，楼塔镇被浙江省文化厅命名为首批"浙江省民间艺术之乡"。

第一节　文　学

萧山历朝文学作品集以诗集居多。民国时期，随着衙前农民运动兴起，一批具有先进思想的作家、诗人和文学青年大声疾呼，以文字的方式唤醒国民，开展反帝反封建活动，文学创作随之全面活跃。中华人民共和国成立以后，萧山的文学创作进入一个新时期，作品数量可观，但总体艺术价值和社会影响不大。80年代后，一批文学作品脱离旧有形式束缚，思想性与艺术性都有提高。据不完全统计，1979～1985年间，萧山作者在省市以上报刊发表的作品有600余篇。90年代，文学创作呈现蓬勃发展之势，小说、诗歌、散文等各有佳作涌现，一些作品走出萧山、杭州、浙江，在全国占有一席之地。一大批文学新人成长起来，创作水平与时俱进，文学创作进入全面繁荣的新时期。文学创作主管单位市文联连年被省文联评为先进文联。

小　说

民国时期，萧山小说创作最著名的当数蔡东藩和他的《中国历代通俗演义》，后又出现一批白话小说作家。② 中华人民共和国成立后，小说创作呈现新的局面。③

80年代，小说创作一直处于平稳发展时期。前期，施加勇的短篇小说《那边有个"快活林"》在《青年作家》发表后，被《作品与争鸣》转载，后分别被收入《有争议的爱情》及《五角丛书》，具有一定的影响。后期，小说创作题材有所拓展，单篇数量上有所增加，并诞生了长篇小说。1986年4月，楼云和编写的43万字的章回体小说《金台三打少林寺》由浙江文艺出版社出版，是解放后萧山第一部长篇通俗小说，该小说在民间故事、民间传说的基础上予以加工、编撰成书。在短篇小说创作上，1985年，金阿根的小小说《乡

① 林久贵《〈四库全书〉收录个人著述最多的人——毛奇龄》（载中华书局出版的1997年第7期《文史知识》杂志）说："《四库全书》收录书籍3461种，另'存目'6793种，'基本上包括了乾隆以前中国古代的重要著作'（中华书局影印《四库全书总目》出版说明，1964年）。据《四库全书简要目录》（以下省称为《简目》）统计，收录个人著述在10种以上的有11人，他们是：吴澄（10种）、杨慎（11种）、王应麟（12种）、江水、梅鼎祚（各13种）、吕祖谦、顾炎武（各14种）、司马光、李光地（各16种）、朱熹（22种），最多的是清初著名学者毛奇龄，其著述被收录27种，另'存目'36种，共计63种。所以，《四库全书总目》评论说：'奇龄著述之富，甲于近代。'（卷一七三，《西河文集》条）"

② 民国10～11年（1921～1922），白话小说兴起，这一时期的小说主要有沈玄庐的《梦懂与苦痛》、杨之华的《我不去，叫太太去》、潘垂统的《可怜，这是普通的哭声》等。抗日战争时期的小说，主题多为抗日救国。作品主要有唐成中（中共党员，时为《萧山日报》编辑）的长篇连载《伪保长》；车马炮的章回体长篇连载《死里求生》；王闻毅的长篇连载《联欢夜》；王斯苇的《叫她到那里去》；邱兴宝的《逃兵和一个农夫》；谷叶的《一年》等。

③ 中华人民共和国成立后，涌现不少新的小说作者。1959年欢潭农民阮未青创作的《一分田》在《杭州日报》发表后，受到文艺界好评，《人民日报》《文汇报》《东海》等全国6种报刊转载。倪树根50年代开始从事儿童文学创作。1957年，他的第一部儿童小说《把花边送给毛主席》，先后印有6次，印数达640余册。《铁轮子》曾被选送去德国莱比锡参加国际图书展览，被译成外文在国外出版。之后，他又写了《守鱼篓》等8个儿童小说集和大量童话，总数达400余篇。50年代，丁蝉声与来小钦先后创作的短篇小说《新六担的故事》《阿娟妹妹》，分别在《浙江文艺》和《东海》发表。

下老头》在《新农村》发表，获全国"当代农民"小小说征文"友联杯奖"。1989年，陈涛的短篇小说《酒旗临风》在《西湖》发表，该小说在文本形式上有了一定的创新，体现一种探索精神。1989年，徐晓明的小小说《新居第一夜》在《杭州日报》发表，后被《小小说选刊》转载。

90年代，萧山的小说创作开始全面活跃，题材取向、语言特色、文本形式都有各自的发展，一些作者开始思考更为深远的东西。尤其是90年代后期，创作视野渐渐增大，创作的小说注重人性化，注重细节描述，富有感染力，小说作品开始在全国核心文学刊物上发表。1990年，徐龙渊的短篇小说《酒殇》在《江南》发表，该小说营造了一种悲凉的社会氛围。1992年，徐晓明的短篇小说《那件事的起因和结果》在《萌芽》发表，揭示文化人在市场经济冲击下困惑不安的心情。1997年，虞敏华的短篇小说《拥有一片蓝天》在《文学报》发表，该小说情节布局较为丰富，弥漫一种淡淡的忧伤。同年，邵刚亮的小小说《水鬼》和夏雪勤的小小说《亮子》分别在《西湖》发表，后被《小小说选刊》转载。1998年，陈雪敏的短篇小说《逝》在《东海》发表，该小说刻画人性的善与恶，细节独特，语言优美，是萧山众多小说中的佳作。同年，俞梁波的小小说《热线电话》在《小小说月报》发表，小小说《阿英》获中国小小说学会举办的"全国精短小说大赛"优秀作品奖。1999年，钱峰光的童话《蚯蚓》获《西湖》杂志社举办的全国童话故事征文大赛一等奖。王惠林的短篇小说《在炎的办公室》在《东海》发表，该小说揭示了都市中人与人复杂、矛盾的关系。2000年，陆亚芳的中篇小说《野鸭洲》在《当代》发表，该小说触及社会转型期人的思想变化过程。同年，俞梁波的短篇小说《狗事》在《西湖》头条发表，后被北京的《作品与争鸣》（并配发两篇评论文章）、《中华文学选刊》转载。之后，俞梁波在《山花》等10多家文学期刊发表10多篇中短篇小说，其中短篇《死了一棵树》被《小说选刊》转载，编辑部特地加了评语。

90年代，萧山长篇小说创作有了突破。1998年，陆亚芳的长篇小说《沙地》由浙江文艺出版社出版。该小说先后获杭州市"五个一工程"①奖和浙江省"五个一工程"入选作品。后，市文联与市文化局联合举办一次长篇小说研讨会。萧山作家的长篇小说创作开始呈现多样化，先后有俞梁波的长篇小说《一个人的路》（杭州市委宣传部签约作品）和周无江的长篇神话小说《天池传奇》问世。

2000年，董惠铭翻译的小说《美国人》由大连出版社出版。

诗　歌

萧山籍文人以诗言志者较为普遍，至清末，萧山留有个人诗集152部。民国时期，涌现了一批新诗作者。②中华人民共和国成立后，诗歌创作队伍逐渐壮大，创作水平不断提高。③

80年代，萧山的诗歌创作进入黄金时代，管思耿等6人诗歌集《密密的

①即：一本好书、一篇好文章、一台好戏、一部优秀影片、一部优秀电视剧。由中共中央宣传部组织的精神文明建设"五个一工程"评选活动，自1992年起每年进行一次，评选上一年度各省、自治区、直辖市和中央部分部委，以及解放军总政治部等单位推荐申报的精神产品中五个方面的精品佳作。1995年度起将一首好歌和一部好的广播剧与一部优秀理论专题片列入评选范围，"五个一工程"的名称不变。杭州市和浙江省也相应组织"五个一工程"的评选活动，并向中宣部推荐申报这五个方面的优秀作品。

②自"五四"新文化运动开始，萧山新诗创作势头一直旺盛。到20年代初衙前农民运动时期，写新诗更是异峰突起，代表性的作者是发动和领导这场革命运动的沈玄庐（沈定一）、刘大白等。沈的诗作《十五娘》，是"五四"以来中国第一首用白话写成的新叙事诗，被选入《中国新文学大系》；他的《起劲》《农家》等10余首诗作，被选入"五四"后最早一部《分类白话诗选》。刘大白1921～1922年间写于萧山衙前、白马湖等地的诗作，仅发表在《民国日报》《越铎日报》和《责任》的就有47首。内容多为反映工农大众身受剥削，贫困难忍，起而反抗的心声。衙前农民运动受到反动派镇压，李成虎牺牲狱中后，刘大白在《责任》等刊物上发表《每饭不忘》《成虎不死》等诗篇。抗日战争期间，县民众教育馆《大众看》期刊和《萧山日报》"大家看"副刊，发表了大量通俗战歌，作者采用山歌田谣、时调小曲等形式，用"旧瓶装新酒"的方法，反映工农大众抗战救国的决心，如《不杀鬼子誓不休》《七七抗战到今朝》等。

③50年代后期，诗歌创作形成"群众运动"，赛诗会、赛诗台、赛诗亭、赛诗墙等名目繁多，出现了昭东等"诗歌之乡"。中共萧山县委宣传部曾编有《萧山大跃进歌谣选》，县文化馆编有《萧山诗歌选》。1959年，欢潭农民阮未青的《共产主义诗画集》由浙江人民出版社出版。60年代以后，诗歌创作开始向较高层次发展。1960年，沈璧的《喜悦》先后被杭州市文联的《诗歌画》《杭州日报》和省《东海》杂志转载。1964年，张成龙的《办民校》在《人民文学》发表。70年代，萧山的诗作者已经成为杭州地区一支较强的诗歌创作队伍，主要作者有管思耿、杨敏生、蒋荫炎、沈璧、魏德平等。一批质量较高的诗作陆续在省、市级报刊发表。

小树林》由浙江人民出版社出版，被评为1986年浙江省优秀诗歌集。魏德平等人的合集《三棱镜》由浙江工人出版社出版。萧山的一批年轻作者成立萧山青年诗社等民间诗社组织，开展活动，使诗歌创作队伍的活力增强。陈涛、王舒、孙跃庆等一批青年，及他们创作的一批山野之风般清新的诗歌作品，令诗歌界注目。另外，北极光诗社、苎萝山诗社等一批民间诗社成立，《萧然山》《苎萝诗荟》《紫罗兰》《三原色》《新潮》《星光》等一批民间刊物创办，推动了诗歌创作。1985年，孙跃庆的诗作《酸意》在《当代诗歌》发表，老诗人苗得雨为之写了评论，称该诗立意较深，富有活力。后，陈涛、孙跃庆等人的诗作陆续在上海《萌芽》杂志发表。1987年，县文联创办文学季刊《湘湖》，为萧山诗歌创作提供了一个阵地，诗歌创作呈现出第二个勃发期。1987年、1988年，两次在《萌芽》杂志上刊出萧山诗人专辑。陈涛的组诗《列车，进入峡谷》在《萌芽》发表后，被入选《青年诗选》一书，获1989年度上海"萌芽文学奖"。同期，大量诗作在《文学港》杂志、《杭州日报》等报刊发表。王舒的诗《你，静坐于我的房间》获由共青团浙江省委、浙江省青少年活动中心、杭州市青少年活动中心联办的1989年浙江省"青年诗歌"大奖赛一等奖。1989年，陈涛出版诗集《青铜时代》，以其纯粹之质与清新之气获得诗歌界好评。

90年代，萧山诗歌创作发展平稳，王国平的《云》、王舒的《仅为一种声音》、方平的《二十五岁》、许也平的《晚钟》、孙跃庆的《想起昨天》、陈仕传的《算命瞎子》、漏金华的《一夜飘零》、夏雪勤的《子夜时分》等诗作在《萌芽》发表；毛品磊的《洗马池》《精卫鸟》，管思耿的《森林在雾中》在《江南》发表。1992年，陈涛参加由《诗刊》杂志社主办的全国第十届青春诗会。后，在《诗刊》《中国作家》《人民文学》等期刊发表诗作。他创作的诗多以山野、村庄、风雨等自然物景为依托，然后赋予其灵动性，不局限于简单地描摹人在物象前的所思，而是让人与物景融为一体，使诗的内在美学得到极大提升。1995年出版第二本诗集《加入大时代》。90年代中后期，萧山诗歌的创作数量有所下降，一些诗作者开始转向散文创作。年轻的诗作者开始成长，陆红燕的《玫瑰书签》在1995年的《萌芽》杂志发表；陈晓旺的组诗《描述现实》在1997年的《诗歌报》发表。另有陈默、谷耕等人的作品在《人民文学》《浙江日报》等发表。

散　文

抗日战争时期，萧山散文创作较为活跃。中华人民共和国成立后，尤其70年代后期开始，萧山散文创作队伍逐渐形成一定的规模，作品质量也有所提高。①

80年代，萧山的散文作者及散文质量与数量都突破以往。②1985年，杨敏生、魏德平等人在《书林》《东海》等杂志发表一批研究现代作家作品的文章。1989年，陈涛的散文《糖果，并不是越甜越好》获由《浙江日报》、浙江人民广播电台联合举办的"开拓者掠影"散文征文二等奖，杨敏生的《踏在这块土地上》、徐亚平的《老卒》、金阿根的《乐趣，在苦中寻觅》等散文获三等奖。杨敏生的散文集《羚羊集》汇聚了作者10多年的创作成果，作品特性在

图36-2-882　萧山籍作者部分文学作品（2001年1月摄，萧山区文广新局提供）

①抗日战争时期，萧山作者在《新青年》《民国日报》等报刊发表散文随笔，宣传抗日。民国28年（1939），中共党员秦其寿、唐戍中等在《萧山日报》和《战时萧山》等报刊连续发表文章，推动抗日文艺创作活动。《萧山日报》曾辟有多个副刊栏目，其中《大家看》在不到半年时间就出50期。

②1979年9月后，管思耿在《浙江日报》《人民日报（海外版）》、香港《大公报》等报刊发表了不少抒情散文。1982年11月17日至12月26日，《杭州日报》副刊分7期连载王长生颇具地方特色的散文《钱江渔猎图》。金阿根自1983年开始，先后在《人民日报（海外版）》等报刊发表《天池，雪山上的明珠》《哦，神秘的竹筒》等具有浓郁乡土气息的散文。

于说理释道，获得浙江省新时期（1979~1989）优秀作品奖。

80年代中期，萧山的文学评论开始起步，作者不多，但成果较大。截至1987年，徐龙渊已在全国各种报刊发表评论20余篇，他的《象征蕴涵：当代小说的艺术追索》在《文学自由谈》发表后，被中国人民大学书报资料中心收入复印报刊资料《中国现代、当代文学研究》。《历史印记与时代波澜的交织》在1985年获浙江省首届文学评论奖。

90年代，萧山的散文创作进入高峰期，杨敏生、虞敏华、徐亚平、郭亮、张剑秋、李乍虹、徐龙渊、沈青松、陆红燕、夏雪勤等一批作者在《人民文学》《江南》等报刊发表，形成一支老、中、青三结合的散文作者队伍，在全国、省、市诸多比赛、征文中获奖。

90年代后期，萧山散文作者结集成书者增多，徐龙渊的《三色土》、李乍虹的《听雨》、徐亚平的《纤夫》、沈青松的《牛拖船》先后出版；另有作者由市文联牵头，以"湘湖丛书"的方式结集出版；也有《一窗风景》等以多名作者作品合集的方式出版。由于散文创作活跃，激发了一批年轻作者的创作热情。1995年，成立萧山青年文学沙龙，以讨论名人名家作品为起点，参与各种笔会活动，创作了一批质量较高的散文作品，成为萧山散文创作队伍中的一支重要力量。市文联于1999年编撰《萧山文学五十年》书系（小说卷、散文卷、诗歌卷、报告文学卷），整体全面地回顾萧山的文艺创作成果，获杭州市"五个一工程"奖。

报告文学与杂文作为散文分支，也得到发展。萧山作者先后参与撰写由市文联主编的《钱江冲浪》《萧然风云录》《先锋谱》等报告文学文集。来载璋、沈青松、徐亚平等分别采写《鲁冠球少年时》《大堤巍然》《满园春色关不住》等作品。1999年，萧山部分作家讴歌时代、讴歌锐意改革进取的企业、企业家，编撰成《世纪快车》一书。在杂文创作上，朱华贤、李维松等作者都有文章在省、市报刊发表。

至2000年末，萧山的散文创作步入多元化时期。《萧山日报》和《湘湖》文学季刊以扶持本地作者、培养本地新人为宗旨，推出了一批作品。钱金利、张剑秋、康景丽等一批更为年轻的散文作者脱颖而出。

第二节 美术书法

清代，萧山出现以任伯年为代表的活跃在上海画坛的"四任画派"。①民国时期，特别是抗日战争时期，涌现不少鼓舞抗日斗志的画作。②

美 术

现代来楚生，是继艺术大师吴昌硕、齐白石之后集金石、书、画技艺于一身，并都达到一流水平的为数不多的著名书画家之一。

中华人民共和国成立后，萧山县群众美术发展较快，业余美术作者不断涌现。③

①任熊（渭长）、任薰（阜长）、任颐（伯年）和任预（立凡）合称"萧山四任"，系中国清代著名画家。任熊善画人物，笔法圆劲，形象夸张。任伯年被誉为"画坛巨擘"，擅长写照，笔墨不多而传神，所作花鸟，形象活泼生动，别具一格。"四任"作品被国家珍藏，北京故宫多有展出。详见《人物》编。

②民国12年（1923）办过一次书画展览，展品200件。抗日战争时期，唐戍中等发起创建浙江省美术协会萧山分会，会员34人，曾举办抗战漫画展览。会员庞渔艇、楼浩白等先后办过个人画展。庞曾辑《抗战装饰画》1集。唐戍中的《敌寇阴谋图》《危险交易》等巨幅作品，"对于现阶段敌我经济战之情形阐明甚详，洵属特色"。该会还根据战时环境和出版条件，提倡、推广木版画。其间，唐戍中作有木版画《守卫钱塘江》。

③"文化大革命"前17年，先后举办县级美术展览5次，展出作品320余件。1980~1984年，先后举办县级美术展览7次，展出作品850余件，送省、市展出50余件，地方报刊发表30余件，出国展出2件。其中陆秀竟的国画《古镇新貌》、胡国荣的《春风雏步》分别获浙江省庆祝中华人民共和国成立35周年美术作品展一等奖、二等奖；陈水江的《抢在立秋前》、鲍仙木的《花乡》分别获省农民画展二等奖、三等奖。

1986年，萧山县美术书法工作者协会成立。会员较多的镇乡相继成立"江峄书画社"（临浦）、"之江书画学会"（浦沿）、"湘湖书画研究会"（城厢镇）等组织，后者还出版8开4版的《湘湖艺报》。是年，苏州市美术家协会、书法家协会与萧山县文联联合举办萧山籍苏州著名画家楼浩白遗作展览。1988年，"萧然山美术书法作品展览"赴苏州市和海宁市举办交流展，展出作品近100件。1989年，杜觉民在澳门举办个人中国画展。

90年代，萧山市美术创作活跃，作者深入生活，坚持外出写生，请专家来萧指导，举办展览，开办艺术沙龙，大量作品参加杭州市、浙江省、全国画展等，涌现了一批优秀作品和人才。1991年1月至2001年3月，全市共举办美术展览18次，展出作品500余件。其中萧山市庆祝建党

图36-2-883 胡国荣《故园的歌》入选全国第二届花鸟画展（1998年作，萧山区文广新局提供）

70周年美术书法展览、'93萧山市美术书法家协会会员作品展、萧山市庆祝中华人民共和国成立45周年美术作品展、'95中国（萧山）钱江观潮节美术书法作品展、杭州七县（市）风情画展、'96萧山元宵书画展、萧山市革命老区和爱国主义教育基地写生作品展、萧山市迎香港回归祖国美术书法展览、'98萧山花鸟画展、萧山市迎接新世纪书画展览等。个人画展相继涌现，有孙慰耆家庭画展、胡国荣工笔画展、张炳浩山水画展、胡建龙山水画展、徐铁岚工笔人物画展、李燕玲花鸟画展、唐仰圣书画篆刻展、张承汉扇面画展8个展览先后在萧山展出。此外，1993年，邵观松画展在杭州展出；1998年，孙慰耆中国画展在美国展出；2000年，张承汉扇面艺术展在北京展出。

90年代后期，不少作品在省级展览中获奖及入选国家级展览。1998年在浙江省第四届花鸟画展上，萧山有8位作者的8件作品入选，创下萧山在同一届省级美术展中入选作品数量之最。王一范的中国画《听雨》获浙江省首届中青年花鸟画展优秀作品奖；管庆伟的中国画《逝冻》获浙江省第三届花鸟画展优秀作品奖；胡国荣的中国画《故园的歌》入选全国第二届中国花鸟画展；骆献跃的水彩画《作品一号》《作品二号》入选全国第五届水彩、水粉画展；楼有刚的中国画《夏阴》入选2000年全国中国画作品展。

1993年5月4～9日，市政府在北京中国美术馆举办"萧山市书画展"，有43位作者的108件作品展出。国家有关部门60余位领导和文艺界著名人士参观了展览，中央电视台等20余家媒体作了报道。2000年11月25～26日，由市政府、浙江省美术家协会主办的"纪念任伯年诞辰160周年暨'四任画派'学术研讨会"系列活动在杭州和萧山两地举行。

书 法

书法艺术在萧山有一定的积淀，善书者众多。有唐代贺知章的草书，清代毛奇龄、汤金钊的行楷书，现代来楚生的篆刻和隶书等。

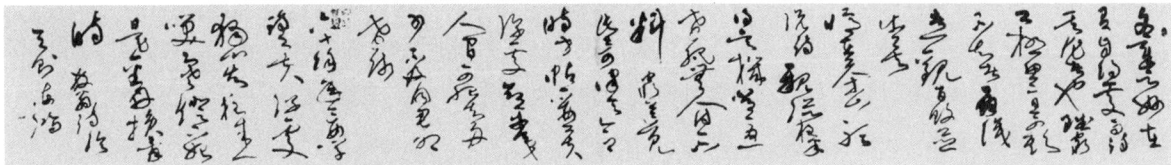

图36-2-884 来海鸿草书获全国第一届行草书法大展妙品奖（萧山区文广新局提供）

中华人民共和国成立后，群众书法得到发展，业余作者不断涌现。"文化大革命"前的17年中先后举办书法展览5次，展出作品140余件。1981年曾举办全县书法比赛，入选作品60余件，获奖者13人。1980～1985年，先后举办全市性书法展11次，展出作品400余件，其中送省、市展出60余件。

1986年11月，县文联和县文化馆联合举办萧山书法大赛。大赛设老年、中青年和少年3组，分毛笔和硬笔两项，有400余位作者的近千幅作品参赛，评出一等奖6名，二等奖10名，三等奖18名。1987年7月，湘湖书画研究会会员作品展在文化馆展厅展出，展出书法作品16件。有些作品入选省级和国家级展览，其中孙慰耆的《隶宗秦汉　楷法晋唐》和王一范的《鲁迅先生诗》入选浙江省庆祝中华人民共和国成立40周年书法展览；邵观松的《金华双龙洞诗》入选全国第三届书法篆刻展；魏东海的《泉石激韵》入选全国首届篆刻艺术展。

90年代，书法事业进入繁荣期。不少作品入选全国和省市级展览并获奖。在1998年第二届全省书法大展中，萧山入选作品12件，展出10件，创萧山历史上在同一省级书法展中入选作品数量之最，市美术书法家协会被浙江省书法家协会授予优秀组织工作奖。萧山作者还参加中国书法家协会举办的全国书法篆刻展、全国中青年书法篆刻家作品展、中国书坛新人新作展、全国楹联书法大展、全国正书大展、全国行草书大展、全国扇面书法艺术大展、全国篆刻艺术展、全国妇女书法展等。入选全国展的作者有：邵观松、王一范、魏东海、来海鸿、金小萍、韩祖耀、旷雄白、戴世成、赵剑胤、蒋再鸣、胡铁军等。其中来海鸿的作品获全国第一届行草书法大展妙品奖。1991年1月至2001年3月，举办全市性书法展览18次（与美术作品一起展出），展出作品500余件。

① 详见《人物》编。

② 1954年《萧山报》创刊后，始有照片见报。50年代后期起，董光中等专职摄影人员深入工厂、农村拍摄照片，并向省内外报刊发稿。1971年为庆祝中华人民共和国成立22周年，举办摄影和美术合展。1978年，在杭州市以上各级摄影展中展出作品60余件。1982年，有镇乡摄影组16个，成员37人，出作品441件，其中260件投寄给县文化馆，县办展览选用40多幅，选送省、市展出14件。1983年，全县镇乡文化站拍摄照片1923件，县选展其中26人的75件，后选送省、市展出13件。是年，全县农村文化站有摄影组7个，成员19人，在县展出作品197件。1984年，制作萧山县庆祝中华人民共和国成立35周年成就摄影图版7套，每套23版、照片90余幅，图表6版，到7个区巡回展览。后评出优秀作者10名。是年，在省、市展出和在报刊发表摄影作品200余件。

第三节　摄　影

萧山是中国当代著名摄影家高帆①的故乡。境内摄影创作，在中华人民共和国成立后逐步兴起。②1984年，县科普摄影协会成立。1985年10月，62个镇乡文化站拥有照相机70架，县办《萧山风貌》摄影展览的展品中，有130件从文化站拍摄的照片中选出来。1986年，全县文化站照相机增至87架，摄影组成员217人。是年，县成立摄影工作者协会。1987年，全县文化站照相机增至102架。1971～1987年，全县举办摄影展览80余次，作品4000余件，选送浙江省、杭州市参展200余件，作者100余人。其中县文化馆董光中发表了大量摄影艺术作品，他的《黄麻外运》和《抓好晚间管理》2幅作品入选1977年全国摄影展览；《狮舞》《萧山花边》等10余幅作品被选送到美国、英国、日本、科威特等国家展出；1986年，由北京、西安等城市联合举办的"六大古都摄影艺术联展"上，《百花竞放春满园》《农民企业家鲁冠球》《争分夺秒》等获优秀作品奖；在参加浙江省《走向大市场》画册拍摄中，有11幅作品入选，该画册获中共中央宣传部1992年度精神文明产品"五个一工程"入选作品奖；2000年，《春到富春江》入选《浙江摄影作品集》。这一时期，董光中始终把镜头聚集萧山，作品采用对比手法，视角冲

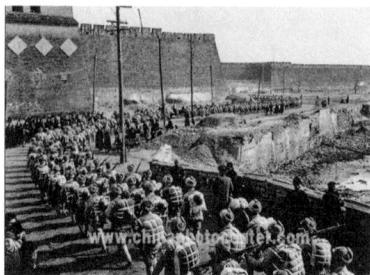

图36-2-885　1949年1月31日12时30分，我东北野战军第四纵队十师在北平入城接防，北平宣告和平解放（高帆摄，资料来源于中国摄影家协会网）

击力强烈，还言传身教培养了一批年轻的摄影作者。

1990年以来，萧山摄影工作者协会和工人文化宫每年举办"钱塘潮"摄影比赛并举办摄影展览。1991年7月，王锦荣、纪传义、寿健、朱玉龙、蒋剑飞5人赴西北摄影创作，拍摄了一批反映藏民生活的摄影作品。1992年和1994年分别举办萧山市摄影展览和首届江南明珠——萧山摄影展。1995年，王和吉、寿健、孔万杭、韩赞中、黄东海5人赴大西北摄影创作，拍摄反映藏民生活劳作的情景和优美壮丽的高原风光，回萧后举办"西北风情"摄影作品展览。是年9月，吕耀明赴宁夏拍摄当地群众生活和教育事业情景，回萧后举办"在同一片蓝天下"摄影展，呼吁萧山人民向宁夏地区希望工程捐款。翌年2月，纪传义、寿健、王和吉3人赴陕北革命老区创作，历时15天。1997年5月，杨荣鑫参加杭州市摄影家协会组织的喜迎香港回归赴港摄影创作团，在香港进行为期1周的创作活动。7月，市委宣传部、市文联共同举办"迎回归，爱家乡"摄影展览。同月，组织6名会员到浦阳抗洪救灾第一线拍摄，及时反映萧山人民奋力抗灾和人民子弟兵在抗洪救灾中的感人情景。1998年7月，王锦荣赴四川达县藏民区创作，历时12天。2000年10月，杨荣鑫赴北京参加长城专题创作。

90年代，萧山摄影界新人辈出，他们感悟人生，用敏锐的眼光发现美、创造美，用摄影艺术独特的纪实手段，深刻反映当代社会生活，反映真、善、美，创作了一批优秀摄影作品：1990年，章关法的摄影作品《闹春》入选第十六届全国摄影艺术展览；1991年，蒋剑飞的《顶天立地》入选第二届"华美杯"全国摄影大奖赛；1992年，王锦荣的《夜潮》入选日本亚太地区第十六届摄影比赛；1994年，王和吉的《呕心沥血》入选上海第四届国际摄影艺术展览；1995年，盛仁昌的《丰收的喜悦》获首届"理光杯"全国摄影大奖赛三等奖；1997年，纪传义的《城市美容师》入选第九届全国人像摄影艺术展览；寿健的摄影作品《雨中情》获2000年世界华人摄影艺术展铜奖；1999年，市摄影家协会精选55位作者的100多幅作品，编辑出版画册《萧山市摄影艺术作品选》，集中反映这一时期的摄影艺术成就。

第四节　音乐舞蹈

音　乐

萧山音乐有文字记载的见于晋代。[①]抗日战争初期，抗日救亡的歌声遍及萧山城乡，学校歌咏活动尤为活跃。[②]中华人民共和国成立后，群众音乐活动蓬勃兴起。[③]

80年代后，萧山歌坛活跃，涌现出一批优秀歌手和作曲新秀。韩琪获1985年、1986年两届杭州市声乐比赛通俗歌曲演唱一等奖，陈祥云获1986年浙江省职工声乐比赛演唱二等奖。1986年，全县镇乡举行音乐演唱会75场。1987年，县举行第二届青年歌手大奖赛，选手400余人参加。是年，县第九届音乐会在萧山人民剧院举办。同年，还举办家庭演唱会，有30多个家庭登台演唱。

①晋代，县内夏仲衔善唱《乡土间曲》；作慕歌，颂夏禹治水；作《河女之章》，以纪念曹娥；作《小海唱》，褒扬伍子胥直言争谏而死。清康熙间，毛奇龄为此重新填词谱曲。流传至今的民间传承音乐主要有《丝竹》《吹打乐》《小调》等。

②湘湖师范学校"嗒嗒歌咏团"以南阳小学为核心，吸收近50名当地失学青少年组成两个歌咏团，坚持在南阳及附近农村宣传演唱抗日歌曲。民国28年（1939）6月19日在县城举行音乐会，节目有《救亡进行曲》《大家一条心》《保卫中华民族》等。

③50年代初期，从老解放区传入的革命歌曲广泛受人喜爱，逢会必唱。县文化馆专配音乐干部，培训骨干教唱。1960年，王开文作曲的《毛主席来到我们家》在县内广为演唱，并在全国业余歌曲创作比赛中获三等奖。1963年在城厢镇成立萧山县职工业余艺术团，演唱革命歌曲。1983年以后，群众歌曲创作作品逐渐增多，县出刊《湘湖歌声》2辑，共选创作歌曲71首，其中8首在杭州市级以上报刊发表，5首曲子分别获省、市创作奖和演出奖。1983～1984年，县文化馆先后举办乐理、声乐和器乐专题培训班9期，学员234人。1984年，县举行第六届音乐会。

1994年10月，由李麟与王强作曲的儿歌《小山雀》获浙江省"爱我中华、爱我浙江"创作歌曲评选一等奖，同时获第一届"中国广播奖"新歌征集优秀作品银奖，并获全国第五届"群星奖"优秀节目奖。是年，市文化馆业余艺术团成员吕薇在第六届"通业杯"全国青年歌手电视大奖赛中，获业余组民族唱法二等奖，后被海军政治部文工团特招为演员。1995年，市文化馆举办"颜莉娅师生音乐会"专场演出。1997年，萧山劲松小学表演的民乐合奏《小号手主题变奏》获杭州市新剧目调演创作二等奖和演出奖。1998年3月23日，萧山市音乐舞蹈协会声乐专业委员会成立，群众声乐水平上了一个新的台阶。是年，湘湖师范学校学生表演的二胡齐奏《良宵》，获杭州农村文化年"新民电梯杯"民乐比赛一等奖、笛子独奏三等奖。由颜莉娅作曲的《大禹颂》参加1998年浙江省新作品演唱大赛，获创作银奖，并获第八届全国城市职工歌手邀请赛二等奖；另一作品《开路先锋》获浙江省"大红鹰杯"工人歌曲征集一等奖。2000年9月16日，颜莉娅作词作曲的《潮头抲鱼》，在中国音协《歌曲》编辑部等单位组织的渔歌新作大赛中，被评为三等奖；姚丝怡的二胡独奏《牧羊女》获2000年浙江省第三届民乐"中天杯"比赛演奏二等奖。

1987年8月起，市文化馆每年组织全市业余声乐爱好者参加浙江省音乐家协会组织的业余歌手考级。至2000年9月，共有478人通过考级，获得相应的级别证书。

舞　蹈

早在晋朝，境内就有舞蹈出现。[1]50年代初，老解放区秧歌舞、腰鼓舞传入萧山，群众性舞蹈活动逐步开展。[2]1986年，全县举行舞蹈演出15场。此后，舞蹈更趋普及，表演水平日渐提高，在参加全国、省、市的比赛中频频获奖。1987年，仅镇乡演出场所，就举办舞蹈专场10场次；音乐舞蹈等综合性演出（以流行歌曲为主）63场。是年，县举办"三八"妇女节家庭演唱会，有30多个家庭150多人次登台演唱，并举行决赛公演。

1988年，由桑叶菁作曲、吕薇编舞及表演的舞蹈《笛》在全省中等师范学校音乐舞蹈比赛中获作曲、编舞、表演3个一等奖。1992年，吕薇等人合作的三人舞《乡柳》获全国民族音乐舞蹈比赛二等奖。翌年，由张宇才创作并和胡艳表演的双人舞《情绿麻乡》获浙江省第四届音乐舞蹈节创作三等奖、表演二等奖；少儿群舞《开心女孩》获创作、表演三等奖。1994年，由社会保险公司艺术团表演的群舞《生命的旋律》获全国中老年健身舞蹈会演银奖。1997年，体育路小学表演的《山里娃》获浙江省教育系统首届少儿舞蹈大赛一等奖；红山农场舞蹈《耕海》、临浦镇舞蹈《扭呀扭》在杭州市"东海文化明珠工程"达标镇乡文艺会演中分别获一等奖、二等奖。翌年，在杭州市乡村舞蹈大赛中，舞蹈《绣春光》和《海童》分别获得创作演出一等奖和二等奖；由张宇才编舞的《古越琴韵》入选1999年度杭州市精神文明建设"五个一工程"奖。2000年，闻堰初中表演的广场舞蹈《马灯舞》获浙江省广场文化艺术节"六一"少儿歌舞会演优秀节目表演奖及"五好"表演团队奖。

图36-2-886　金秋合唱团迎"五一"文艺演出（1996年4月摄，傅华生提供）

[1]西晋时，县内章丹、陈珠两女子善于在钟鼓伴奏中"轻步徊舞"。明、清两代，流行女子"罡头旋"（又名喜鹊罡头旋），起舞时"击鸡娄鼓"，"若旋风然"。民国时期，主要有龙舞和调五殇等。龙舞有浦沿、长河、南阳、瓜沥等地的布龙舞，袁江乡一都韩的箴龙舞，瓜沥、长河等地的拗龙舞。迎神赛会中出现的调五殇，系由古之《目莲救母》戏中穿插带故事情节的舞蹈析变而来，含有针砭时弊、劝人为善之目的，伴以杂耍和恐怖、迷信色彩。1956年曾组织参加省会演，后因糟粕过多而逐渐淘汰。

[2]1953年，萧山县成立青年舞蹈队。1956年，举办县民间传统歌舞会演。1979年，《花边舞》获杭州市创作演出奖。1983年后，"迪斯科"等流行舞蹈相继传入境内。翌年，体育路小学的儿童舞蹈《茉莉花》在省群众舞蹈调演中获奖。

第五节　戏　剧

萧山民间戏剧演出历史悠久。①中华人民共和国成立后，戏剧演出走上健康发展之路。②

绍　剧

绍剧形成于明末，原称绍兴乱弹，或绍兴大班，是绍兴地方戏剧之一，流行于绍兴、萧山、宁波、杭州等地，为浙江省主要地方剧种之一。萧山一直是绍剧的流行县市，民间历来多有演出。1961年，萧山绍剧团建立，至1985年，上演古装绍剧29出、现代绍剧21出，其中《孙悟空三打白骨精》《龙虎斗》《焦裕禄》《南方来信》等剧目演出后得到好评。

1987年11月，绍剧新编神话剧《狮驼岭》在浙江省第二届戏剧节上获创作、导演、演出、作曲、舞美、灯光、道具、演员等15个奖，其中郭骏获演员一等奖，来黎明、金玉毛获二等奖。1991年7月，新编现代戏《古洋湖波》参加全省现代戏调演，获演出一等奖，其他个人奖14个。1995年元月，《孙悟空三打白骨精》参加杭州市新剧目调演，获演出一等奖，又获"重新演名剧，弘扬精品"荣誉奖。1997年6月，由徐萍苏创作并导演的绍剧现代戏《新来的女局长》参加杭州市新剧目会演，获创作二等奖、乐队伴奏奖、集体演出奖和个人奖等8个大奖。1999年6月，现代绍剧《家教多重奏》获杭州市新剧目会演（专业组）优秀剧目奖、优秀演出奖、优秀舞台美术奖和10个个人大奖，并入选1999年度杭州市精神文明建设"五个一工程"奖。

小　戏

50年代初，农村业余剧团兴起，自编剧目数以百计。③1979年，徐士龙创作的小戏《拍照相》在浙江省群众文艺会演中获优秀创作奖后，由浙江人民出版社出版；80年代，他的《前哨战》《跳龙门》分别发表于上海《文艺轻骑》和浙江《文化娱乐》，先后由浙江人民广播电台录制播放。1994年，赵新高创作和表演的小品《瞌睡女醉老板》获杭州市职工会演创作二等奖；1995年，徐士龙创作，单月琴、赵新高表演的《杀猪佬卖肉妻》获杭州市第四届"邮电杯"戏剧小品赛二等奖。1996年，赵新高创作的小品《钟点工》获浙江省曲艺作品创作二等奖和'96浙江省戏剧小品征文大赛二等奖；1997年参加华东六省一市春节联欢晚会演出。1998年，单月琴、叶子表演的小品《心灵之约》获杭州市"近江杯"戏剧小品比赛表演一等奖。2000年，由徐士龙创作，陈辰作曲，施兴娟、来黎明等表演的绍剧小戏《邻里之间》获浙江省2000年小戏曲会演二等奖、创作三等奖；2001年在"中国曹禺戏剧奖·小品小戏奖暨中国剧协百优小品"大赛中获剧目三等奖。

①旧时，农闲多以演戏为娱乐，兼为敬神祈福、繁荣市集。按性质分有会头戏、社戏、寿戏等；按时序分有年规戏、清明戏、大戏（夏秋间）、重阳戏等。剧种有绍兴乱弹、女子的笃班、鹦哥班等。雇班串演的费用，由堂中会头的公产收入开支，或农户自筹解决。民国时期，城厢、临浦、瓜沥等大镇早有固定戏场卖票演出，过境名班落脚公演向来频繁。民国16~26年（1927~1937）间，越中著名调腔班社绍剧牲牲舞台常以萧山为中心巡演。40年代，县城有一新月票社，设在牌坊下，由一定文化程度的人自愿组成，称为票友，唱京剧。演出收入按"票"分成。

民国28年（1939），在抗日救亡运动推动下，新旧艺人和失学青年纷纷组织话剧团。时在西兴、江边和南乡一带较为活跃的有"抗建"、"业余"、"民众"、"政工"、"欣民"、"社训"等剧团。上演的话剧有《原野》《保卫大浙江》等，戏曲有《失地上的斗争》《太湖怒吼》等。

②1950年，各地剧团纷纷举行义演，募款支援抗美援朝。1951年春后，县举办首届戏曲大会演，有21个剧团、362名演员参加。到1951年10月止，全县有业余剧团204个，上演剧目不断推陈出新。主要剧目有《祥林嫂》《白毛女》等。1954年，全县业余剧团发展到137个，大部分能演大型古装戏。1956年，农村业余剧团演出633场。至1965年，全县业余剧团激增到472个（农村461个、工矿11个）。"文化大革命"期间，业余剧团有的停止演出，有的被"文艺宣传队"所代替。1983年前后，出现了一批半职业的戏曲剧团。

③50年代初，较好的小戏剧目有义盛剧团的《陆有成》等。1952~1954年，陈志放创作的《婚姻对象自己找》《性命塘》《高小毕业生》3个小戏相继由浙江人民出版社出版；接着，又发表了《土地还家》《一个晚上》等小剧本。1960年，蒋毅、沈璧、来祖德合写的3场越剧《揭红榜》在省《俱乐部》杂志发表。

50~60年代，萧山越剧团和萧山绍剧团曾创作或改编过许多剧目。萧山越剧团导演徐萍苏自1964年以来，共编写《终身大事》等现代戏、古装剧10余个。1982年，她将印度同名小说改编成大型越剧《梁秋雁》。萧山绍剧团曾编有《焦裕禄》《南方来信》《游园吊打》《茌旗泰山》《龙女闹海》等现代戏、古装戏多个。

第六节　曲　艺

民国时期，萧山有多种曲艺在民间演出。[1]中华人民共和国成立后，萧山曲艺以评话和说唱两大类为主。[2]

莲花落

旧时，萧山民间流行绍兴莲花落。[3]中华人民共和国成立后，演唱艺人多出入城镇茶馆酒肆和广大农村，上演的新节目有《送鸡蛋》《一把茶壶》等。

80年代后，由优秀故事改编或创作的绍兴莲花落接连获奖。1985年，翁仁康根据韩贯中同名故事改编的绍兴莲花落《晦气鬼告状》，获浙江省首届曲艺大奖赛创作一等奖；翌年，获全国曲艺新曲（书）目比赛创作、表演、伴奏、音乐设计4个二等奖。1987年，徐士龙的《寿堂对课》获浙江省"双鱼杯"莲花落大赛创作一等奖。1990年，由徐士龙、翁仁康创作，李麟作曲，翁仁康表演的绍兴莲花落《糊涂村长》参加第二届中国艺术节演出，获全国"长治杯"曲艺表演二等奖、创作和伴奏三等奖。1991年，由徐士龙创作、翁仁康表演的绍兴莲花落《新乡长上任》在天津首届中国艺术节上献演，获全国第二届"群星奖"铜牌。1992年参加浙江省第三届绍兴莲花落调演，《俩姐妹》获创作繁荣奖；《三个巴掌》获创作一等奖。1995年，《萝卜裤》《割肉还娘》《青松岭》等分别获浙江省第四届绍兴莲花落比赛创作二、二、三等奖。1998年，在第三届中国曲艺节上，翁仁康赴内蒙古自治区唱莲花落《分爹》，由于方言问题，首场演出时，观众一边听一边看字幕，效果不佳。后来经大胆创新，改用带有萧山腔的普通话演唱，效果很好。以后，他在温州、宁波，远至新疆、广东演出，都将绍兴方言的莲花落用普通话演绎，使原先局限于小范围观众的绍兴莲花落获得更多观众的欢心。1999年，翁仁康表演的《说也说不清楚》获浙江省曲艺评选一等奖、新作展演优秀创作奖、全国第十届"群星奖"曲艺比赛金奖。2000年，由盛勇武、翁仁康创作，翁仁康表演的绍兴莲花落《分爹》，获中国曲艺牡丹奖[4]"文学奖"、"表演奖"，并获杭州市精神文明建设"五个一工程"奖。

新故事

60年代初，萧山农村普遍开展讲故事活动，新故事创作渐趋繁荣。1964年，头蓬公社故事员巡讲《传家宝》《雷锋

[1] 民国时期，萧山民间曲种有文书、滑稽、小热昏、莲花落、双簧、校书、口技、独角戏、评话等。艺人三五不等，串乡走户，进出于集镇茶楼酒肆。著名的萧山曲种文书源于宋代民间流行说唱会艺陶真。明清时期，文书流行于浙东、浙西。清光绪二十六年（1900），县城有文书灯谜之类活动，时称什景文书，有娘娘调等，以三角板、响铃、扁鼓等伴奏，一领一和；考究的用琵琶、三弦等伴奏。唱词以七言为多，通俗易懂，曲调舒缓和谐、优美。曲目有《珍珠塔》《双珠凤》等。经常献艺的有王宝庆、文书阿牛等。王宝庆的说唱名闻遐迩，其曲种曾风靡苏州、上海。绍兴文戏——女子的笃班兴起后，文书逐渐衰落。

[2] 中华人民共和国成立后，萧山曲艺大致分评话、说唱两类。单档评话大都说传统书。孟剑秋在城厢镇设有家庭书场，坐场说书几十年。1961年11月至"文化大革命"前夕，余铁波以说"三国"为主，蜚声一方评话艺林。他说"后三国"，从进两川到刘备为汉王止，每晚两小时，可连说65天，有"活张飞"之称；说《江南红》（苏州地下革命斗争故事）能说25夜。余铁波还整理旧本，创编新作。1984年，其新编的10回本《血战长坂坡》在湖北省《今古传奇》杂志刊连4回，计4万余字。

1979年，说唱组恢复活动后，通过整顿扩充，说唱种类增多，质量有所提高。上演的主要节目有莲花落《送鸡蛋》《一把茶壶》，独角戏《各派越剧》《看电视》，滑稽戏《相亲记》，小锣书《水果成亲》，越剧走书《方卿见姑》《何文秀》等。1984年，人康莲花落队（领衔翁仁康）共演出193场。

[3] 宋代已有关于乞者唱莲花落的记载，内容多宣扬佛教思想。清乾隆后出现专业演员，演唱内容多为民间传说。传统曲目有《闹稽山》《游龙传》《珍珠塔》《何文秀》等。绍兴莲花落与宁波走书、金华道情、温州鼓词并称为浙江四大曲种。是绍兴地区土生土长的一种曲艺形式，原基于民间多种莲花落调，经艺人撷取提炼，形成于清末民初，流行于杭州、萧山、绍兴、嘉兴等地。以方言说唱的形式，或端庄或诙谐，勾勒了社会生活的方方面面，是萧绍一带老百姓较喜爱的曲种之一。早先，莲花落为一人击板自唱，无弦乐伴奏；现在发展为一人主唱，另有两人用四弦胡、琵琶伴奏。主唱者或按节击板，或以纸扇作道具，有说有唱，一人多角，能表演小段故事，也能演绎两三个小时的大型书目。这种曲艺形式有着浓郁的绍兴地方特色，语言生动有趣。音乐上虽只有一种基本曲调，但演员善于运用节奏和声调的变化来表现各种人物的神情音容。以翁仁康为代表的莲花落曲艺家不断推陈出新，莲花落在萧山受越来越多的市民喜爱。

[4] 为中国曲艺界最高层次的奖项。

的童年》等故事40余个。1965年，全县举行新故事会讲943场。1973年，浙江人民出版社出版了萧山县文化馆编辑的《闪闪的红星故事集》。1974年开始，以"阶级斗争为纲"和"评法批儒"为主要内容的故事一度充斥故事阵地。1979年后，一批讴歌新时期新人新事的故事脱颖而出。1981年，韩贯中的《捕蛇姑娘》和《石头村新闻》分别获《解放日报》《采风报》《故事会》举办的新故事大会串创作二等奖和首届浙江省曲艺作品比赛二等奖。1985年，韩贯中的故事《晦气鬼告状》获首届江浙沪新故事大会串创作一等奖。翌年，《晦气鬼告状》及王炳铨的《粮站风波》分别获全国新故事学会创作奖。1987年，徐士龙的《糊涂村长别传》获第三届江浙沪新故事大会创作二等奖。至此，萧山作者在地（市）级以上全国各种报刊发表故事作品100余篇。1988年，选编长河民间故事集《冠儿镇妖》；1994年，选编《楼塔民间故事集》；1996年，编纂《通济民间故事集》。徐士龙的作品集《乐土屐痕》由百花文艺出版社出版，1997年获杭州市精神文明建设"五个一工程"奖。至1996年6月，"桑梓故事沙龙"已内部出刊故事专辑15辑、个人专辑2辑，有105篇故事在全国地（市）级以上刊物发表。其中王炳铨的《老鼠哭猫》获北京《民间文学》杂志1999年度故事三等奖。

第七节　影视剧

1985年7月，萧山电视台（筹）和萧山县卫生局合拍的反映萧山创建全国初级卫生保健示范县的专题片《这里人人享有初级卫生保健》，被世界卫生组织录用。90年代后，萧山创作的电视剧作品开始出现在电视荧屏上。

萧山电视文学剧本的创作，最早为1991年文学季刊《湘湖》第2期刊登的署名李一强的《燃烧的生命》。作品描写裘江乡残疾青年李一峰、李一强兄弟两人顽强拼搏，为精神文明建设作出贡献的生动故事。

业余作者赵东方、唐海祥创作的4集电视连续剧《命运不是梦》，由杭州电视台和萧山电视台联合摄制。是第一部由萧山作者编剧，在萧山实地拍摄的电视剧。该剧以长山镇娃哈哈幼儿园创办人、肢残女青年钱江瑶为原型，讴歌主人公身残志坚、顽强奋斗的感人事迹。除几名主要演员外聘外，其他演员均在市内挑选。1994年12月在萧山电视台与观众见面后，相继在杭州电视台、浙江电视台播出，1995年3月23日又在中央电视台第一套节目播出。

1996年1月，由业余作者俞幼生编剧、萧山绍剧团演出、南京电视台和萧山塑料化工总厂联合录制的国内第一部绍剧电视艺术片《济公新传》（上下集）在萧山首播，并先后在浙江电视台、中央电视台播出。

徐士龙、夏雪勤与人合作的电视剧《亭亭咸青花》（上下集），以党山镇全国劳动模范尚舒兰为原型，塑造了一个中原大地的女青年，为爱情而放弃舒适的工作，来到陌生的钱塘江畔，扎根围垦海涂，历经磨难，艰苦创业，终于取得丰硕成果的动人形象。该电视剧由中央电视台、浙江省电视剧制作中心、萧山电视台合作摄制，1997年11月10日举行首播式，11月13日在中央电视台第一套节目播出。

1999年2月12日，首次举办电视直播萧山春节联欢晚会。至2000年，萧山创作的电视作品先后多次在全国、省、市评比中获得较好奖项。

第八节 民间文艺

民间文学

萧山民间文学创作历史悠久，民间遗闻谣谚历来有人采编。[①]1987年，县民间文学集成办公室成立，经广泛发动、全面普查、搜集整理，编纂出版集民间故事、传说、民歌、谚语于一体的《中国民间文学集成浙江省萧山县卷》。全集50万字，其中有近百篇故事、传说、神话等入选《中国民间文学集成杭州市卷》和《中国民间文学集成浙江省卷》。该书获省文化厅颁发的优秀集成奖。此后，民间文学工作者如徐士龙、祝灿章等，根据手头掌握的资料，先后出版了一些民间故事集。不少作者积极向全国报刊投稿。其中吴忠富的《谢迁智服番使》1999年8月由北京《民间文学》发表；吴忠富的《萧何斩韩信》1999年11月在《西江文艺》发表；吴桑梓的《孤儿发迹》等150篇作品陆续在《山海经》等刊物发表。

民间风俗的采编工作主要配合上级协会进行。1998年协助杭州市、浙江省编辑《风俗大观》，萧山的《半年节》《临浦米市》《红包习俗》和《点树灯》4篇入选。其中吴桑梓的《临浦米市》由《民俗》杂志发表，民俗研究《巾帕风俗》等10余篇发表在《杭州文艺》等杂志。

1996年6月，桑梓故事沙龙成立，以沙龙为中心开展新故事创作区域交流活动：请福建《故事林》、浙江《山海经》、上海《上海故事》、辽宁《故事报》等故事杂志编辑前来讲课，探讨故事创作经验；和余杭塘栖故事沙龙、杭州上城区故事沙龙、桐乡故事沙龙、河南新乡故事沙龙等举办故事沙龙经验交流活动；到宁波、杭州、临安、淳安等地参加笔会10余次。1998年以后，桑梓故事沙龙网站创办，开始与网上的兄弟沙龙进行交流。

民间艺术

萧山民间艺术绚丽多姿，流传下来的有百余种。80年代后，又挖掘开发出一些新的民间工艺制品，具有浓郁的民间艺术特色。

河上板龙 南宋时由北方传入萧山。[②]河上、楼塔、义桥、长河等地流传较广，制作板龙须运用"拗、结、扎、刻、画、糊、裱"等技法。板龙分3部分制作：龙头、龙身和龙尾。龙头、龙尾原由"老龙胜会"（民间组织）扎制。龙身各段木板按统一尺寸由参加者自制，要求精制彩扎，龙段（板）上装置各色彩灯。参加龙段越多，龙身就越长（民国35年〔1946〕的义桥板龙长达500多节，约1000米）。龙头龙尾用竹篾和纱布包扎成骨架，糊上桃花纸。鳞片用红、金、白3色油光纸剪成扇形、三角形粘贴。头上插上八仙，安上灯珠等，再贴上吉祥之意的莲花，制作十分讲究。龙头和龙尾制毕后安置在长2米、宽0.8米的木板上，每块木板前后凿2个洞，用凳柱锁牢，锁牢后两板仍可左右活动。制作材料为：木板、毛竹、灯珠、纱布、彩纸、铁丝、红穗等。起舞时，引者挥动珠灯，合着粗犷的锣鼓节奏，引

①明代长河来英山集有110余卷，后毁于火。清代康熙年间（1662~1722），毛奇龄编《越语肯綮录》1卷。民国24年（1935）刊行的《萧山县志》收录《遗闻轶事》《方言谣谚》各1卷，统名《琐闻》。

中华人民共和国成立后，民间文学搜集工作从未间断。1956年，曾采集并向省有关部门推荐一批民间歌谣，其中《长工谣》等6首入选《浙江民歌选》。1958年，县文化馆编辑出版新民歌3辑。1981年，又从采风中筛选出传承民歌38首，录音记谱，汇成一册。1983年，县文化馆编辑出版《珍珠蚌传说》一书，内收各种民间故事253篇。1987年新编的《萧山县志》辑录谚语、歇后语1000余条，分类编印。

②南宋时，舞板龙习俗随北方望族南迁而传到萧山。相传，这一习俗始于唐朝，唐太宗李世民曾向一条"泾河老龙"祈雨，老龙悲悯人间，终于降了雨，却触犯了天条，被天庭斩成数截。百姓为缅怀老龙，家家户户用板凳一节节连起来扎灯，祭起了板凳龙。"龙灯（板龙），以河上、义桥著称，楼塔、长河次之。"（萧山县志编纂委员会：《萧山县志》，浙江人民出版社，1987年，第857页）河上舞板龙在每年元宵节前后，一般从正月十三上灯，至正月十八落灯，巡舞四乡八村，观者人山人海，而尤以元宵正灯为盛。

"龙"抢"珠"，逗"龙"游"舞"。盘舞阵式有："如意阵"、"元宝抽心"、"柴爿扣"、"反柴爿扣"、"跑马阵"等。

抽屉高照　始于明代，流行于戴村、临浦、云石一带。[1]"文化大革命"时期一度停止活动。1986年恢复灯会活动，出现高照，其中云石乡制作的高照参加萧山县元宵灯会获一等奖。制作时用两根3丈余的竹竿，连以横档数十根，档两端（隔档）挂圆灯（西瓜灯），形似抽屉，档中挂方灯，中间挂一条长绸，贴有吉祥图案和"国泰民安"、"风调雨顺"、"五谷丰登"、"年年有余"等文字。一共挂灯76只，顶端扎上两张毛竹条，四角各挂一盏（形似蜈蚣），顶端还立一个用毛竹片制作的"方天戟"，再在里面拴上2根柱竿和4根牵绳。灯用彩纸和桃花纸装裱，内点亮蜡烛或灯泡，竖起，高及10米；卧倒，状似金龙，由一人独耍。

东山陈马灯　元代从蒙古族传入，主要活动地在闻堰镇东山陈村一带，故名。[2]马灯原比较单一，现已出现群体表演。表演阵式由10多个发展成72个，主要阵式有：龙门阵、五梅花阵、八卦阵、剪刀阵、夹进夹背阵等。乐曲由原来的锣鼓经又配合音乐曲谱。制作时，用竹篾扎成骨架，糊以桃花纸，有红、白等色，分马头和马臀前后两截，马头和马尾分别点上蜡烛，中间由年龄在12岁~14岁的男女孩童各8人（称娜子、娜婆）扮成古装剧人物或草原姐妹，前后两截系在每个表演者腰上，形如骑马状。另外还有帅旗、红旗前2道锣鼓队和4个吹鼓手，活动时有40余人参加。所着服装以红绿为主，表演时根据节奏变换各种马灯阵式，动作轻快活泼、热情奔放，所到之处热闹非凡。云石乡顾家溪，河上镇桥头黄、魏塔，大桥乡板桥，临浦镇横山傅等村均有扎马灯习俗。

背炉子　南宋时传入萧山，有背毛铁炉、纸扎炉之分，皆因形似香炉而得名。昔时曾有纸炉内点燃油灯，背着飞旋，夜观特妙。毛铁炉子炉膛的八角栏板，木雕精制，挑角挂彩，内装毛铁，鼎足而立。背时一是贴背，手托两足，四人手持柱棍相随，起背与歇下由柱棍顶托。按力气大小，添减毛铁，力大为"王"。转动且能飞旋，卸掉出露毛铁而抢走炉子算有本事。[3]制作时先用2厘米厚的木板锯成八角形的底盘（80厘米见方），中间放直径30厘米的圆盘，上面制作3层70厘米见方的塔顶。八角形周围用50厘米宽度的竹片做栏板，在栏板上插上8根拱形的竹竿，每根竹竿挂1盏西瓜灯，塔的中间挂1盏走马灯。栏板上有切纸，跳角上有彩球和纸花。戴村、河上、楼塔等地在元宵节时盛行，延续至今。

狮子灯　南宋时传入萧山，流传于戴村、云石、楼塔、义桥、长河等地。制作时，先用毛竹片分4部分扎：一是扎头；二是用直径35厘米的竹圈扎身；三是用竹竿扎成脚；四是用竹篾扎尾巴和屁股。狮子高1.50米，身子可伸缩。造型后，再在每个毛竹圈上粘由皱纹纸切成的细纸丝做狮毛，装裱后头上安装灯泡，系上杨梅球和铃铛。制作材料为：毛竹、皱纹纸、灯泡、大绣球和铃铛。狮舞有文武之分，文狮温驯，武狮勇猛。舞动时，有搔痒、舔毛、打

[1]明代以来，戴村、临浦、云石等地在元宵灯节出现高照，以祈求丰年。旧时瓜沥赛会的高照，顶端绑一竹椅，椅上坐一女童，旁挂一篮子，戏耍时，女童从容取食，悠闲自乐，观众惊服。中华人民共和国成立后失传30多年。

[2]相传，明代闻堰一带常遭潮水侵袭。有一年，有两个姑娘顺潮水漂到东山陈村，在当地居住下来，从此潮水不再侵袭。她俩去世后，人们在其居住地建起"仙姑庙"以作纪念。并请人制作马灯祈求平安、盼望丰年，逢春节时进行马灯表演，渐成村规。

[3]民国初年，楼塔楼海月在义桥背起重达千斤的炉子，飞旋起来，乘机卸掉毛铁，夺路背回本村，人皆传为美谈。

滚、抖毛等动作。

裘江龙船 是湘湖水网地带一项文化、体育相结合的活动。[①]船长2丈8尺、宽5尺4寸，龙头双角如叉，触须高翘，红唇白牙，口含金珠；龙身为船身，用蓝白油漆漆成龙鳞状；龙脚配6对画上各种图案的划桨；4杆小门枪上，分别写着"五谷丰登"、"六畜兴旺"、"风调雨顺"、"国泰民安"等字。船上高照矗立，彩旗如林，高照上写"孝感动天"几个大字。船上载22人，其中划船手12人、

图36-2-887 裘江龙舟（2004年2月，李维松摄于南门江）

吹鼓手7人、舵手2人、龙头1人。有时由童男童女扮演孝女曹娥、《白蛇传》里白素贞等人物。裘江龙船是一种既供竞渡又供观赏的龙船，于每年农历五月二十至二十二日举行，一般为3天。

泥鳅龙船 从绍兴传入，因船身窄长穿梭如泥鳅而得名。民国时期活动于新塘、裘江的龙船竞渡和瓜沥迎神赛会之中。由于在竞渡中有抢坝和划舟人为逗观众而故意翻船的惊险表演，至今仍被当地群众广为传颂。

长沙拗龙 为长沙乡独有，用人体连接而成，故又称接龙，是一种民间技艺。形式是：以仰天一人的双脚架于前一直立者双肩上，双手抱住后一直立人的脖子为一节，节节相连，环环相扣，形成一个整体。活动人数可多可少，以节数多、活动时间长为壮观。形式简单，无装饰道具，只要有小块场地和简单的锣鼓即可。活动时，若有顽皮之人搔活动人之痒，整条龙便会顷刻倒地，观众捧腹大笑，气氛异常热烈。

翻九楼 系民间杂技（耍），需经师傅传授，据传浦阳镇后山村的钱小占是翻九楼的行家之一。表演时，选择一块平地，中间竖起2根杉木杆，上面吊上铁葫芦。然后，将9张八仙桌一张张地往上叠高，再放上2张小桌子，放毕后开始表演。表演者先在下面第一张八仙桌上翻跟头，接着从第二张八仙桌依次翻到第八张八仙桌，再翻到上面的小桌子上，进行金鸡独立、童子拜观音、老鹰扑翻、向上磨豆腐等表演动作，然后做2个跌立石动作，再依次翻跟头到地面。表演时配有唢呐和锣鼓伴奏，具有高、惊、险的特点。1998年，《中国电视吉尼斯》摄制组专程来萧采访，并赠锦旗一面，上书："翻九楼翻上云层惊险奇绝，入银屏传遍五洲天下闻名。"

细十番 由江南"十番鼓"变析而来，流行于楼塔镇。[②]"细十番"以弦为主，由板胡、二胡、琵琶、三弦，配以笙、箫、笛、十番鼓、木鱼等。传统乐曲有《望妆台》（望庄田）、《八板》（八畈）、《一条枪》（一条溪）等，在年节大庆、迎神赛会时演奏，曲调文静幽雅。其乐曲《梅花三弄》源于晋代，逐

①相传为纪念孝女曹娥而作，俗称"孝女龙船"，因船上搭彩棚配以锣鼓，亦称"敲棚龙船"。中华人民共和国成立前夕，萧山水网地带共有4艘龙船互相竞渡，以新塘乡塘里陈的青龙舟为最好最快。表演阵式：一是大面积的转圈子；二是进行快慢比赛；三是相互穿插，在穿插中有青龙点首致意、四季吉庆等。其中有姚江岸村的黄龙摆尾，寓意人寿年丰；有东河村的金龙吞云吐雾，寓意风调雨顺；有车家埭的银龙喷水，寓意百业兴旺。表演中充满激情和悬念，以观赏性和娱乐性深深吸引观众。

②"十番"是中国最早的音乐门类之一，分为"细十番"和"粗十番"。楼塔镇流传的为"细十番"，始于明代。相传明代楼塔宫廷御医楼英辞官返乡，与当时楼塔一批善音律的文人墨客，一起演奏古典套曲，曲目大多为歌颂大禹治水，反映治水劳动场面、表达人们欢庆胜利的喜悦和对美好生活的憧憬，以自娱自乐，楼塔"细十番"由此产生。由于"细十番"曲目以口传为主，多有失传。清光绪年间，楼岳堂从日本留学返乡，会同乡贤用"工尺"记谱法记录了《望妆台》《一条枪》和《八板》等多首曲牌。从此，楼塔"细十番"演奏古典套曲被固定下来。

"细十番"的乐器配置有吹奏乐器、拉弦乐器、弹拨乐器、打击乐器4组近20个种类，一般采用笙、箫、笛、琵琶、二胡、碗胡、中胡、三弦、月琴、鼓板等，一支完整的乐队需要30多人。演奏有"行姿"和"坐姿"两种。"行姿"演奏人员身着长衫，模仿古代士大夫的风度和书生的儒雅气质，随着音乐节奏，踏起四方步，是一种边演奏、边行走的形式。"坐姿"是一种地点固定的演奏方式，演奏人员操着笙、箫、笛、琴、鼓等乐器，进行多重演奏。

渐成为江南丝竹名曲，历来谱此曲者，有各家各派。楼塔镇现已成立江南丝竹乐队，逢年过节或重大庆典时有演出活动。1998年，楼塔镇被省文化厅命名为首批浙江省民间艺术之乡（细十番）。

小调　1981年，萧山从民间采录的曲调中筛选出38首小调，录音记谱，集成一册。同年，《浙江民歌汇集·第一分册》入选28曲。旧时，农村普遍传唱的时调小曲有五更调和四季歌。前者多为表达女性思夫盼郎的心情，后者借唱四季、十二个月的物事表达情怀。[1]主要曲调有：《抬石号子》，采自瓜沥方迁溇采石场；《对侧杠》《四侧杠》，1981年获杭州市民歌赛唱会一等奖；《放牛调》，曲调出自欢潭等地，牧童放歌，清脆悦耳、旋律流畅；《采茶曲》，是清明时节乡人在"赞年词"活动中必唱的小调，而茶乡妇女在劳动时传唱的《采茶随口调》，内容因时因地而异，曲调欢快，情绪活跃。此外，尚有《卖猪肉》《卖白鲞》《舞彩歌》《高郎》《湖丝阿姐》《催眠调》等。

西兴灯笼　流传于西兴（今杭州市滨江区）一带的民间工艺，相传已有千余年历史。[2]90年代初，西兴尚有200多人编织灯笼，后只剩数十位老人，零星编织的灯笼壳被上虞客户收购去加工销售。西兴灯笼样式多，品种全。旧志称有"广壳、香圆、单丝、双丝、方、圆、大、小、便行诸品"。龙凤灯大可两人合抱，供寺院用；高灯、子孙灯、白洋灯为红白喜事用；家用的有纱灯和纸灯，一般富裕人家用纱灯，贫困人家用纸灯；还有祭祖拜佛时与纸钱一起焚烧的佛灯等。至90年代，主要编制3个品种：一是8寸小高口圆形灯壳，这种灯笼为节庆欢乐之用；二是大四样品种灯壳，也就是大红灯笼；三是便亮灯笼，用于行路照明。

西兴灯笼选料讲究，制作精良，先用竹篾丝精心编织框架，外糊薄而坚韧、透光性能很好的"桃花纸"，涮上几遍桐油，内置插蜡烛的底座，顶端挑出1根细铁链，供挑、提、挂之用，笼内点上蜡烛，便是一盏盏供作照明或挂于檐下表示吉祥喜庆的灯笼了。第一道工序劈竹篾丝，竹篾丝又叫灯笼壳丝，西兴一带俗称"灯丝"，即用江南上好的毛竹劈出薄而细的竹篾，竹篾以靠近青皮的一层韧性最佳，因劈出的竹篾细长柔软，状如美人发丝，故名竹篾丝。第二道工序编灯壳，将竹篾丝按设计的用途、尺寸和用料的不同，编织成各种规格的灯笼壳。第三道工序糊灯笼纸，要熨帖、平整、严合，接缝口牢靠而不凸肚。第四道工序刷桐油，将桐油均匀地、不润不燥地吸附在纸上，刷两三遍，使纸壳锃亮金黄，不怕风雨。有的在刷桐油前，用毛笔在纸壳上书写"四季发财"、"万事如意"、"生意兴隆"等吉语，或画上花鸟、山水、人物等图画，以添喜庆气氛。

棉花画　80年代，党山镇出现以棉花为质材的棉花画。初时，在当地结婚、进屋、开业等民俗民风中作为礼品赠送，后远销欧洲、美洲、中东等地。

图36-2-888　楼塔"细十番"演奏场面（1999年11月30日，丁力摄）

①楼塔乡俞志耀传唱的《活望郎》1980年曾在杭州市赛歌中获奖。

②西兴濒钱塘江，古为南北要津，官宦商贾过往频繁，投宿者夜间需照明用具，沿江多风，西兴灯笼业便应运而生，代代相传，沿袭至今。民国《萧山县志稿》载："西兴相近各村，妇女皆以此营生……通销全省。"

图36-2-889　编灯笼（2000年10月，李维松摄于西兴）

制作时，在底板上画出底纹，用喷枪喷颜色后备用；用棉花制作各种飞禽、走兽；用络麻制作树叶、枝干、花草等；将制成的动植物染上各种相应颜色；用剪刀修剪整理动植物造型，按设计图案要求粘贴出色彩鲜艳、富有立体感的画面，然后再整理颜色结构；最后对画面进行玻璃框安装。棉花画不变形、不褪色，具有永久保存价值。代表作有：《大展宏图》《松鹤延年》等。

木纹拼嵌画 80年代初，新塘乡裘仲甫潜心研究木纹拼嵌画，画面素洁、淡雅、古色古香，融国画、版画与装饰画于一体，在省、市民间工艺品大展中多次获奖。制作时，第一步进行样稿设计，并做好三夹板的割块、选材的准备；第二步开始拼嵌木纹板；第三步是染色和油漆。材质要求上等的木质底板和三夹板的刨片。作品有：《红楼十二钗》《琴棋诗画四友图》《任重而道远》等。

剪纸 流行于楼塔、河上、西兴等地，剪刻刀法精细，有人物、走兽、花卉、虫鱼等，花色繁多。

民国时期，楼塔楼初衡，河上楼洁生、张朱贵等的凿花艺术曾为人们称赞，年节灯彩凿花，多出自他们之手。他们运用圆、方、尖之类刀具，按自己设计的样本，精凿细琢，作品细微生动。楼初衡擅长戏剧人物，如《双阳公主追狄青》《三英战吕布》等凿花，神形逼肖、刚劲有力。1956年，萧山剪纸《西厢记》一组获全省一等奖。翌年，傅关衡的凿花《毛主席会见伏罗西洛夫》在传统技术上有所创新。1987年，剪纸《优生优育》在杭州市科普美展展出；《奔向科学新纪元》发表于同年7月5日《科技之家》。

雕瓷印章（钮） 瓷印产生于唐代，宋代最为盛行，以青白瓷居多，元明已呈衰微之势，自清至民国，萧山已近湮灭。城厢镇蔡履平从90年代起，钻研雕瓷印章（以下简称瓷印），经多年刻苦努力，成功烧制出风格独特的各式瓷印精品200余方。其瓷印作品有好几类：传统人物类的以罗汉、佛像为主；花鸟鱼虫类的以佛手、灵芝为主；兽类的以龟、龙、蛇、狮虎为主；还有的刻着"自古风流"、"心空自安"等篆书。蔡履平的瓷雕印钮还被列为杭州市首批25项重点保护技艺之一。制作工艺流程为：选泥（高岭土、紫砂泥）、炼泥、成形、雕钮、上釉、刻字、烧制（1400℃以上）、打磨。其代表作有：《蚕钮》（影青釉）、《佛手灵芝钮》、《元鳖钮》（紫砂）、《蟹》（双色利用）、《虎龙钮》（影青巧色）等。

微雕 1992年，冯耀忠首创成功在直径0.03毫米的人体汗毛上雕刻"为国争光"等10个字。后，又独创7大系列200余种各具特色的微雕精品，其中有5项被列入吉尼斯纪录，即毛发意雕之最，蒙眼微雕之最，最小（0.056平方毫米）的可铃塔象牙印章《王充》，凸字微雕之最《张学良怀乡诗》，最小（0.098平方毫米）、最轻、最薄的可翻阅的象牙微雕书《心经》。此外，还成功创作10余件超世界纪录的微雕精品，如汗毛两行字、头发七行字等绝品。1996年4月，第十一届亚洲摔跤锦标赛组委会指定冯耀忠的象牙微雕《西湖山水诗画》系列作为国礼赠送给参赛的25个国家代表团。1999年昆明世博会上，其《历代诗人咏萧山》整支象牙竖向微雕大件和人体汗毛微雕《天下为公》分别获得首届"中国微雕艺术展"组委会颁发的最佳创意奖和特殊贡献奖。

图36-2-890 微雕艺人冯耀忠在创作（1994年4月，董光中摄）

第九节　工艺美术

萧山花边　萧山花边始于民国初期。[①]20年代，俗称抽纱，又称花缘、格子等，构图严谨，工针精巧，色泽素雅大方。是一种日用和欣赏相结合的手工抽纱工艺品，也是中国传统出口产品。60~70年代，萧山常年有10万名妇女从事花边生产，素称"花边之乡"。

萧山花边由千百人集体制作，用千丝万缕挑织而成，故亦称为"万缕丝"。其图案大多取材于花卉，设计对称，富有层次。萧山花边的艺术特色是简朴中求繁复、素雅中求华丽，线条流畅，匠心别具，针法精细，光洁整齐，把它覆罩在有色的木器家具、床毯等上面，通过镂空的花纹，好像庭院建筑中花窗的"借景"，相映成趣，引人入胜。90年代以来，萧山花边总厂又把花边的艺术特色与新颖别致的服饰结合，创制出麻布绚带工艺绣衣和万缕丝女装，以独特的艺术风格和雅致的款式风靡意大利、美国、日本等国家和中国香港地区。

萧山花边品种齐全，花式繁多，产品畅销50多个国家和地区，受到外国朋友的喜爱。[②]

仿南宋官窑瓷　1973年，杭州瓷厂（今杭州民生陶瓷有限公司）邀请省内陶瓷专家与厂内科研人员、制瓷工人进行仿南宋官窑瓷[③]的探索和研制。工艺美术师叶国珍及其他工艺美术人员通过查阅大量资料，对杭州乌龟山一带的古窑遗址进行反复考察、挖掘，搜集残瓷碎片和窑具，探索南宋官窑瓷的成因与流变，对南宋官窑瓷的胎、釉化学成分及配方进行严格的计算，模拟南宋官窑

图36-2-891　仿南宋官窑瓷产品（2000年6月，董光中摄）

瓷的施釉方法和烧制工艺，严格掌握南宋官窑瓷的原料加工和窑温火候进行烧制。1978年，经过上万次反复研试，仿南宋官窑瓷终于制作成功，并通过专家鉴定。南宋官窑瓷和真品不仅形似，而且神似，足以达到以假乱真的程度。1981年，失传700多年的南宋官窑宫廷御品——官窑莹青金丝纹片釉瓷，经过8年多的发掘、研究，重放异彩，并通过国家级鉴定。全国11个省、市的25位陶瓷专家、考古学家对产品品位给予高度评价。

杭州民生陶瓷有限公司下属的南宋官窑研究所在继承传统工艺的基础上，不断开发、创新，采用刻画、浮雕、堆塑、镶嵌等新工艺，开发了许多如《越王句践》《钱江潮神》《生肖挂盘》等融官窑特色与历史文化、人文景观于一体的新产品，多次被指定为馈赠外国元首和国际友人的专用礼品。仿制的菊瓣碗、葵口碗、果盘、圆钵、渣斗等南宋官窑制品已被北京故宫博物院、台湾故宫博物院等收藏。

①清末，法国、意大利的花边织造法传入中国，与中国的花边技艺融为一体。据《萧山县志》（浙江人民出版社，1987年第1版，第344页）载，民国12年（1923）秋，上海商人徐方卿来到坎山镇，组织起24名妇女，向她们传授花边的挑织技艺，使坎山成为萧山花边的发源地。中华人民共和国成立后，党和政府对民间工艺采取"保护、发展、提高"的方针，花边生产迅速发展。萧山花边历经80余载市场风雨，自成一体，已创出区域性产业品牌，饮誉海内外。

②在巴西和意大利，人们把萧山花边作为女儿的陪嫁品，花边的多少被视为嫁妆是否丰盛的重要标志。在日本和墨西哥，每逢孩子的生日、升学、结婚等喜庆日子，家长和朋友用萧山花边作为馈赠礼品。在摩洛哥王宫里，萧山花边被作为礼物送给外国元首。1972年，美国总统尼克松在杭州机场贵宾室看到以西湖全景为主题的大型花边窗帘时，惊叹不已。这幅宽6米、长19米的萧山花边，充分体现花边工艺的挑织特点，共用线12万支，手工挑织达3000万针。它以细腻的工针，挑织出明山秀水、亭亭宝塔、芳草长堤、烟柳画桥、亭台楼阁、湖中游船，精巧地描绘出西湖的绮丽景色，惟妙惟肖，巧夺天工。

③南宋官窑列宋代"官、哥、汝、定、钧"五大名窑之首，系世界碎纹艺术釉瓷之鼻祖，在中国陶瓷史上占有重要地位。"靖康之难"后，宋室南渡，建都临安（今杭州），北方一大批制瓷名师巧匠云集杭州凤凰山南乌龟山和万松岭一带，建造了"郊坛下"官窑和"修内司"官窑，故称南宋官窑。烧制艺术瓷和日用瓷，专供皇宫内院使用。南宋官窑瓷以四大特征著称于世，即"紫口铁足"、"粉青釉色"、"薄胎厚釉"、"文武纹片"。"紫口铁足"是指器物口是紫色，底足呈黑褐色；"薄胎厚釉"是指胎薄釉厚，釉层丰富，色如美玉；"文武纹片"是指器物表面呈现如冰裂、蟹爪、梅花、蜘蛛网等的金丝纹线、银丝纹线和铁丝纹线。官窑瓷有七大釉色：蜜蜡黄、月白、粉青、淡粉青、深粉青、蟹青、油灰，其中以"粉青"为最佳。造型端庄秀丽，独具一格。宋王朝覆灭后，官窑被毁，工匠失散，技艺失传。

红石雕刻 萧山红石又名珍粟红石、西山石，质地凝练、厚重，品性典雅古朴，色泽暗红如酱，作为印章石和雕刻石久负盛名。[①]

萧山红石雕刻工艺始于1963年。当时，利用珍粟红石为原料，办起萧山石雕厂，聘请杭州工艺美术研究所专家前来指导。1971年，河上公社重新办起河上蜡石艺雕厂，聘请青田县艺雕师傅作指导，后因经营不善又倒闭。其间，涌现了叶瑞堂、王泉元、朱尧平、俞加春、高关悟、徐志炳、朱祖良等一批民间石雕艺人。其中叶瑞堂以薄意雕手法著称，作品以传统题材为主，模仿青铜器皿中鼎纹雕刻出的佛像、龙角杯、印纽等深受行家好评。王泉元以本土红石做原料，雕刻的红石茶壶可与紫砂壶乱真，还对古鼎纹进行研究和临摹，借用古代艺术家的雕刻手法雕刻出盘、牛角杯、瓢等。高关悟独创的简雕[②]艺术形成自己的风格。他用简雕创作的《古越山阴人物组雕》获浙江（中国）民间艺术展金奖、西湖博览会工艺美术大师精品优秀创作奖。至2000年末，萧山红石雕刻已开发出红石印章（对章、套章）、红石茶壶、红石摆件等石雕艺术珍品，显示出独特的艺术风采。

【附】

萧山市优秀文艺成果[③]

文学类：

1. 马晓才《陈酒》（中篇小说）

   《西湖》1988年第1期

   萧山市首届文艺成果奖（1986～1990）一等奖

2. 虞敏华《项链》（散文）

   《人民文学》1991年第9期

   萧山市第二届文艺成果奖（1990～1992）一等奖

3. 徐龙渊《雅舍》（论文）

   《杭州师范学院学报》1991年第5期，《中国人民大学学报》转载

   萧山市第二届文艺成果奖（1990～1992）一等奖

4. 董惠铭《美国人》（长篇翻译小说）

   金陵书社出版（1992—10）

   萧山市第三届文艺成果奖（1992～1994）一等奖

5. 虞敏华《何师母》（短篇小说）

   《人民文学》1992年第12期

   萧山市第三届文艺成果奖（1992～1994）一等奖

6. 徐龙渊《三色土》（文学作品集）

   贵州人民出版社出版（1997—03）

①珍粟红石是萧山特有的一种石头，为雕刻的上品之石，仅存于河上镇伟民村西山上。这种石头暗红色，其貌不扬，经过石雕艺人精心打磨，能够雕琢出圆润的石雕作品。70年代，青田石雕工艺美术大师留岳川、林耀光先后用珍粟红石雕刻作品《塔楼》和《群马》，国家领导人作为国礼分别赠送给美国总统尼克松和朝鲜国家主席金日成。

②"简雕"是一种集民间传统雕刻、根艺、简画、泥塑造型之精华于一体，既保持传统雕刻工艺，又有现代变形艺术风格的雕刻技艺。

③《萧山市优秀文艺成果》入选标准：在地（市）以上公开发表、出版、转载、入选、展览、表演、播出、获奖，并获萧山历届文艺成果奖特等奖、一等奖的文艺创作、艺术表演和文艺评论作品。

　　萧山市第四届文艺成果奖（1995～1996）一等奖

7．徐士龙《乐土屐痕》（文艺作品集）

　　百花文艺出版社出版（1996-01）

　　1997年杭州市"五个一工程"奖

　　萧山市第四届文艺成果奖（1995～1996）一等奖

8．徐亚平《纤夫》（散文）

　　《美文》杂志1997年第6期，收入《美文》珍藏本，太白文艺出版社出版

　　萧山市第五届文艺成果奖（1997～1998）一等奖

9．陆亚芳《沙地》（长篇小说）

　　浙江文艺出版社出版（1997）

　　杭州市"五个一工程"奖，浙江省"五个一工程"入选作品（1997）

　　萧山市第五届文艺成果奖（1997～1998）特等奖

10．钱峰光《蚯蚓》（童话）

　　获《西湖》杂志社、杭州少儿公园主办的"全国少年儿童文学大奖赛"一等奖（1998-05）

　　萧山市第五届文艺成果奖（1997～1998）一等奖

11．陆亚芳《野鸭洲》（中篇小说）

　　《当代》2000年第3期

　　萧山市第六届文艺成果奖（1999～2000）一等奖

美术书法类：

12．邵观松《金华双龙洞诗》（书法）

　　中国书法家协会（以下简称中国书协）第三届全国书法篆刻展览（1987-10）

　　萧山市首届文艺成果奖（1986～1990）一等奖

13．魏东海《泉石激韵》（篆刻）

　　中国书协首届全国篆刻艺术展（1988）

　　萧山市首届文艺成果奖（1986～1990）一等奖

14．旷雄白《旷达》《弄潮》（篆刻）

　　中国书协全国第二届篆刻艺术展（1990）

　　萧山市第二届文艺成果奖（1990～1992）一等奖

15．魏东海《沉海一珠》（篆刻）

　　中国书协全国第三届篆刻艺术展（1994-08）

　　萧山市第三届文艺成果奖（1992～1994）一等奖

16．骆献跃《河畔》（水彩画）

　　中国美术家协会（以下简称中国美协）全国第二届水彩画展（1992-10）

　　萧山市第三届文艺成果奖（1992～1994）一等奖

17．韩祖耀《清冯念祖论印诗》（书法）

　　全国第一届正书大展（1994）

　　萧山市第三届文艺成果奖（1992～1994）一等奖

18．来海鸿《草书陆游诗论三则》（书法）

中国书协全国第一届行草书法大展（1996-05）妙品奖

萧山市第四届文艺成果奖（1995~1996）一等奖

19. 旷雄白《印屏》（篆刻）

全国第七届书法篆刻展（1995）

萧山市第四届文艺成果奖（1995~1996）一等奖

20. 骆献跃《红栅栏》（水彩画）

入选中国美协第三届全国水彩、粉画展览（1996-04）

萧山市第四届文艺成果奖（1995~1996）一等奖

21. 李仲芳《任伯年论》（美术评论）

《上海文化》1995年第5期

萧山市第四届文艺成果奖（1995~1996）一等奖

22. 骆献跃《秋风起时》（水彩画）

入选中国美协第四届全国水彩、粉画展览（1998-08）

萧山市第五届文艺成果奖（1997~1998）一等奖

23. 来海鸿《杜甫诗一首》（草书）

入选中国书协全国第七届中青年书法篆刻家作品展（1998-02）

萧山市第五届文艺成果奖（1997~1998）一等奖

24. 魏东海《寸纸不遗》（篆刻）

入选中国书协第四届全国篆刻艺术展（1998）

萧山市第五届文艺成果奖（1997~1998）一等奖

25. 李仲芳《百年篆刻》（书法评论）

《江南》1999年第6期，《新华文摘》2000年2月转载

萧山市第六届文艺成果奖（1999~2000）一等奖

26. 来海鸿《〈庐山谣〉节选》（草书）

全国第七届书法篆刻展（1999-12）

萧山市第六届文艺成果奖（1999~2000）一等奖

27. 胡国荣《故园的歌》（国画）

入选全国第二届中国花鸟画展（1999-09）

萧山市第六届文艺成果奖（1999~2000）一等奖

摄影类：

28. 章关法《闹春》

文化部、中国摄影家协会（以下简称中国摄协）主办的第十六届中国摄影艺术展览（1990-10）展出

萧山市首届文艺成果奖（1986~1990）一等奖

29. 蒋剑飞《顶天立地》

入选第二届"华美杯"全国摄影大奖赛（1990-12）

萧山市第二届文艺成果奖（1990~1992）一等奖

30. 章关法《我俩的冰棍钱》

中国摄协第六届国际摄影艺术展（1992-10）鼓励奖

萧山市第三届文艺成果奖（1992~1994）一等奖

31．章关法《秋之韵》

中国摄协第七届国际摄影艺术展览（1995-10）

萧山市第四届文艺成果奖（1995~1996）一等奖

32．纪传义《城市美容师》

入选中国摄协、中国人像摄影学会、天津市东风婚纱摄影公司主办的第九届全国人像摄影艺术展览（1998-09）

萧山市第五届文艺成果奖（1997~1998）一等奖

33．寿健《雨中情》

获文化部艺术中心、中国文联艺委会、人民画报社2000世界华人艺术组委会主办的2000年世界华人艺术展铜奖

萧山市第六届文艺成果奖（1999~2000）一等奖

音乐舞蹈类：

34．王强、李麟《小山雀》（歌曲创作）

文化部"群星奖"优秀奖，中央人民广播电台银奖（1994-10）

萧山市第三届文艺成果奖（1992~1994）一等奖

35．吕薇《登高一望》（民族歌曲演唱）

第六届"通业杯"全国青年歌手电视大奖赛（1994-04）业余组民族唱法二等奖

萧山市第三届文艺成果奖（1992~1994）一等奖

36．马亚囡中小学音乐教师基本功（音乐）

首届全国中小学音乐教师基本功金奖（1996）

萧山市第四届文艺成果奖（1995~1996）一等奖

37．颜莉娅《大禹颂》（歌曲创作）

浙江省文化厅'98浙江省歌曲新作演唱大赛创作银奖

杭州市"五个一工程"奖（2001）

萧山市第五届文艺成果奖（1997~1998）一等奖

38．颜莉娅《潮头㧪鱼》

获中国音乐家协会（以下简称中国音协）《歌曲》编辑部、浙江省音协主办的第三届中国开渔节"天安杯"全国华夏渔歌新作大赛（2000-09）三等奖

萧山市第六届文艺成果奖（1999~2000）一等奖

39．张宇才、林卿卿《古越琴韵》（舞蹈创作）

获浙江省文化厅主办1999年浙江省群众舞蹈大赛创作三等奖，并被评为杭州市"五个一工程"入选作品

萧山市第六届文艺成果奖（1999~2000）一等奖

戏剧类：

40．徐萍苏《新来的女局长》（绍剧现代戏剧本创作）

获杭州市文化局'97杭州市新剧（节）目会演创作二等奖；杭州市文联1997年度优秀文艺创作成

果奖

　　萧山市第五届文艺成果奖（1997~1998）一等奖

　41．杨晓灵、余咪娜《家教多重奏》（戏曲表演）

　　获'99杭州市新剧（节）目会演演员一等奖（专业组）

　　萧山市第六届文艺成果奖（1999~2000）一等奖

曲艺类：

　42．翁仁康《晦气鬼告状》（莲花落表演、创作）

　　1986年省首届新曲目调演创作表演一等奖，全国曲艺新曲（目）比赛创作、表演二等奖

　　萧山市首届文艺成果奖（1986~1990）特等奖

　43．李麟《糊涂村长》（莲花落伴奏曲）

　　1986年全国曲艺新曲（目）比赛音乐设计二等奖

　　萧山市首届文艺成果奖（1986~1990）一等奖

　44．翁仁康《新乡长上任》（莲花落表演）

　　首届中国曲艺节（1991）上表演

　　萧山市第二届文艺成果奖（1990~1992）一等奖

　45．徐士龙《新乡长上任》（莲花落创作）

　　省第三届曲艺会演（1990-10）创作一等奖

　　萧山市第二届文艺成果奖（1990~1992）一等奖

　46．翁仁康《阿哼的故事》（单口独角戏）

　　1996年省曲艺新作展演表演一等奖

　　萧山市第四届文艺成果奖（1995~1996）一等奖

　47．翁仁康《分爹》（莲花落表演）

　　代表省参加中国第三届曲艺节（1998-07）表演

　　萧山市第五届文艺成果奖（1997~1998）一等奖

　48．俞德琪《王阿狗抢座》（莲花落表演）

　　获省曲艺家协会、群艺馆、绍兴有线广播电视台主办的浙江省"国土之声"绍兴莲花落演唱大赛（1998-09）一等奖

　　萧山市第五届文艺成果奖（1997~1998）一等奖

　49．盛勇武、翁仁康《分爹》（莲花落创作、表演）

　　获中国文联、中国曲艺家协会（以下称简中国曲协）主办的牡丹奖"文学奖"、"表演奖"（2000-11）

　　萧山市第六届文艺成果奖（1999~2000）特等奖

民间文艺类：

　50．韩贯中《晦气鬼告状》（新故事）

　　首届江浙沪新故事大会串创作（1986）一等奖

　　萧山市首届文艺成果奖（1986~1990）一等奖

　51．徐士龙《糊涂村长》（新故事）

1987年第三届江浙沪新故事大会串（1987）创作二等奖

萧山市首届文艺成果奖（1986~1990）一等奖

52. 吴桑梓《珍珠蚌》（故事集）

上海文艺出版社出版（1992-02）

萧山市第二届文艺成果奖（1990~1992）一等奖

53. 徐云泉《意外的结局》（新故事创作）

浙江省新故事大赛二等奖（1992-12）

萧山市第三届文艺成果奖（1992~1994）一等奖

54. 吴桑梓《重返菱花镇》（新故事）

《民间文学》1997年第2期

萧山市第五届文艺成果（1997~1998）一等奖

55. 高关悟《古越山阴人物组雕》（雕刻）

获杭州市文联1999年度优秀创作成果奖，'99浙江中国民间艺术展金奖，2000年杭州西湖博览会首届工艺美术大师作品暨工艺美术精品博览会优秀创作奖

萧山市第六届文艺成果奖（1999~2000）一等奖

影视类：

56. 赵东方、唐海祥《命运不是梦》（电视剧本创作）

中央电视台播出（1995-03）

萧山市第三届文艺成果奖（1992~1994）一等奖

57. 黄宪荣、朱伟民、徐凌《难忘的48小时——东江围垦抗台抢险纪实》（电视专题片）

获杭州市广播电视局、广播电视学会（以下简称广电局、广电学会）1997年度政府电视作品二等奖

萧山市第五届文艺成果奖（1997~1998）一等奖

58. 陈晖《南宋官窑》（电视专题片）

获2000年度中国广播电视学会"中华荟萃"节目评比一等奖，浙江省对外宣传"金鸽奖"三等奖

萧山市第六届文艺成果奖（1999~2000）一等奖

59. 赵岳松、陆伟岗、张月、张力、张家和《龙舞萧山——萧山市2000年春节联欢晚会》（电视综艺节目）

获浙江省广电局、广电学会2000年度政府电视文艺类节目二等奖，杭州市广电局、广电学会政府文艺类节目一等奖

萧山市第六届文艺成果奖（1999~2000）一等奖

（资料来源：萧山区文联）

第三章 史 志

萧山地方党史研究和新编地方志工作始于1981年。20年来，地方党史工作在资料征集、专题研究和组织史编写等方面取得显著成绩，出版了一批地方党史书籍和专题研究资料汇编；地方志工作完成了《萧山县志》《萧山围垦志》等志书的编纂出版，指导编纂一批镇乡志、部门志和专业志；从1986年起，每年编纂出版《萧山年鉴》。萧山地方党史研究和地方志工作，多次荣膺全省和全国先进。

第一节 党 史

1981年8月，中共萧山县委党史资料征集小组建立。1986年4月，改名为中共萧山县委党史资料征集研究委员会，下设办公室。1993年2月，更名为中共萧山市委党史研究室，编制6人，设主任、副主任各1名。

萧山地方党史工作主要从事党史资料的征集整理、专题研究、宣传教育，以及完成省、杭州市党史部门下达的任务，承担萧山市（县）党的组织史资料征编。1989年、1993年、1999年3次被评为浙江省党史系统先进集体，1993年起连年被评为全省党史书刊发行和党史宣传先进集体，1996年被评为全国党史系统先进集体；研究室成员朱淼水于1991年被评为全国党史系统先进个人。

资料征集

1981年10月起，县委党史资料征集小组开始征集民主革命时期萧山地方党史资料。1982~1984年，为征集全国重点专题之一的衙前农民运动史料，先后到县内和绍兴、上虞等县市的120多个村庄进行调查，访问200多位知情人；到绍兴、杭州、上海、南京、北京等地图书馆、档案馆、纪念馆搜集摘抄有关资料近100万字。于1985年整理完成专题报告《衙前农民运动》，并编印自编本《衙前农民运动》。后在省委党史研究室的直接指导下，在自编本的基础上增删内容，修改综述，报中央党史研究室审定，《衙前农民运动》一书被列入"中国共产党历史资料丛书"，于1987年由中共党史资料出版社出版。

1988年，征集整理民主革命时期萧山地方党史的13个专题资料和12位党史人物传记。是年底，完成民主革命时期中共萧山地方党史资料《萧山革命斗争史略》《专题选编》《人物传》的编写和内部印行。1989年又整理编辑成《中共萧山地方史资料》一书。1990年在《中共萧山地方史资料》的基础上，经修改和充实内容后编辑为《中共萧山地方党史》，由浙江大学出版社出版。

1991年后，在继续完成民主革命时期萧山地方党史征编的同时，逐渐将工作重心转向社会主义革命时期。是年，完成反映萧山围垦和乡镇工业的专题报告《造福子孙的事业——萧山围垦纪略》《永恒的追逐》《艰苦奋斗 克己奉献》等5篇，被选入由省委党史研究室主编的《创业路》《丹心谱》两书。1992年，为省委党史研究室主编的"浙江革命斗争故事选丛书"提供稿件18篇，并负责编辑丛书之一《两浙风烟》。同期为浙江省军区党史办公室主编的《浙江农民武装暴动》一书，征集提供有关萧山民主革命时期的三次农民武装暴动史料。1994~1995年，着重征集中华人民共和国成立头7年萧山的剿匪反霸、土地改革、整党建党、妇女运动、青年运动、抗美援朝、"三反五反"、镇压反革命运动、基层政权建设、私营工商业的社会主义改造、第一次党代表大会等专题资料。1995年，征集编写《萧山党政要事录》（1949～1992）。同年为配合纪念抗日战争胜利50周年，在广泛搜集历史资料的基础上，与政协文史委共同编辑《抗日战争在萧山》一书。同时参与编辑《浙江省战时政治工作队》《浙江党史人物小传》《杭州人民革命斗争史》《杭州抗战纪实》等省、市党史资料书籍。1996年，完成反映中华人民共和国成立初期党在萧山的重大政治活动的内部资料《历史的回顾》等。

根据省委党史研究室的部署，于1996年起开展征集改革开放以来的地方党史资料，选择新街镇为试点，征集新街镇"撤扩并"以来的党政建设资料。是年，在全市第四次党史工作会议上部署落实镇乡、场征编社会主义革命时期党史资料的任务，先后完成《新时期农村变革（浙江卷）》中有关红山农场、航民村和万向集团改革开放后发展简史3个专题的资料征集。1998年起，征集1979～1998年间萧山的重要会议、活动、决策、"两个文明"建设、上级领导来访和反映20年间萧山巨大变化等资料，并编辑出版《萧山改革开放20年纪事》《萧山镇乡村概览》和《当代萧山镇、乡、农场简史》等书。1999年，编写《20世纪萧山百年大事记稿》。是年12月，为纪念萧山籍女革命家杨之华诞辰100周年，编印《妇运先驱杨之华》。同年起又参与《中共浙江党史》第一卷的编写。

专题研究

80年代以来，萧山党史研究机构把衙前农民运动专题作为重点课题。1985年，在初步完成这一专题时，即由省委党史资料征集研究办公室牵头，召集全国的一些党史专家和著名革命纪念馆的专家学者，对衙前农民运动的地位、作用等问题进行为期3天的专题讨论。1991年，市党史资料征集研究委员会与省、杭州市党史研究室联合举办"衙前农民运动70周年学术研讨会"，与会专家学者共49人，会上宣读18篇论文，对衙前农民运动发生的时代背景、条件、斗争性质、社会影响和运动领导人沈定一（号玄庐）的思想等，进行了全面系统的分析论述，对于搞清楚中国共产党领导的全国最早的农民运动史实是一个突破。1994年8月编写成《沈玄庐其人》一书。为了进一步加深对衙前农民运动史的研究，1997年10月，市委党史研究室与衙前镇党委联合召开"浙江早期革命者与衙前农民运动学术研讨会"，中共中央党史研究室、中国人民大学、浙江大学、杭州大学等单位的领导和专家30余人到会，宣读论文12篇，在此基础上编辑出版《衙前农民运动论文集》。

结合党的中心工作开展党史研究活动，撰写的《萧山的小康之路及其启示》《试论八大前后中国的无产阶级与资产阶级矛盾的特殊地位》《论有中国特色的社会主义价值观的建构》《异军突起的萧山乡镇企业》等10余篇论文，入选省市有关论文集。1989年和1999年，分别召开纪念萧山解放40周年和50周年的学术研讨活动。1999年，组织全市性的"学党史展望新世纪"理论研讨会，编印《学党史展望新世纪论文集》。另外，先后举办纪念红军长征胜利60周年、纪念萧山建党70周年、迎接香港回归、纪念中共十一届三中全会召开20周年等活动。

组织史编写

1985年10月，县委研究决定编写组织史，由县委组织部牵头，县委党史资料征集小组负责资料收集整理工作，县档案馆负责提供资料。同时成立组织史资料编辑组。1986年4月，省委组织史临时领导小组决定萧山县为全省组织史征编试点单位。5月，完成为省、市组织史提供资料的"上报本"。5月31日，省委组织史临时领导小组派人到萧山宣布，萧山组织史上报本经中央组织史临时领导小组审定，将印发给全省各县、市作为范本。1988年7月，省委党史资料征集委员会在萧山召开各地市和部分县、市中共组织史资料自编本业务研讨会。1991年12月，完成《中共萧山组织史资料》第一卷；1996年，完成《中共萧山组织史资料》第二卷。

表36-3-649   1987~2001年公开出版的萧山党史书目

书　　　名	出版时间	主　编	开本	字数(万)	出版社
衙前农民运动	1987-10	杨福茂、周仁水、高三山	32	14	中共党史资料出版社
中共萧山地方史	1990	周仁水	32	25	浙江大学出版社
中共萧山组织史资料(1921.7~1987.12)	1991-12	周仁水	16	58.7	浙江大学出版社
先锋谱	1993	许迈永	32	10	新华出版社
萧山党政要事录	1994-03	韩吾松	32	38.8	浙江大学出版社
沈玄庐其人	1994-09	朱淼水	32	10.8	成都科技大学出版社
创业历程	1996-12	韩吾松	32	27	杭州出版社
萧山镇乡村概览	1999-12	熊德利	16	82.6	内蒙古人民出版社
当代萧山镇、乡、农场简史	2001-03	熊德利	16	74	中共党史出版社

资料来源：中共萧山区委党史研究室。

第二节　地方志

萧山编纂县志历史悠久。从明永乐二十年（1422）第一部《萧山县志》成稿，至1987年8月社会主义时期第一轮志书《萧山县志》出版的566年间，先后编纂10多部《萧山县志》。①

1981年2月，萧山县志编纂领导小组成立，社会主义时期第一轮修志工作全面展开。1985年初，县志编纂领导小组改名为萧山县志编纂委员会，下设编辑部和办公室。《萧山县志》编写完成后，县志办公室改名为地方志办公室。1986年12月16日，萧山县志编纂委员会改为萧山县地方志编纂委员会，下设办公室，县地方志办公室的主要任务转向编年鉴、编围垦志、出丛书、指导基层修志等工作。至2000年底，公开出版志书13部、年鉴15部、内部印行志书29部。

《萧山县志》

1981年2月，中共萧山县委常委会决定编纂一部社会主义新县志《萧山县志》，并成立萧山县志编纂领导小组，由县长金其法任组长。随即调集人员、外出学习，开始着手搜集资料，在此基础上制订《萧山县志编纂规划》和篇目初稿，确定志书的下限为1982年。12月，县委发文批转《萧山县志编纂规划》，号召"全县各级党组织，发动群众，提供史料，撰写文稿，共同努力，用三至五年时间写出新的《萧山县志》"。

①明永乐《萧山县志》，永乐二十年（1422）修，书成未刊，稿已佚。宣德《萧山县志》，宣德三年（1428）修，刊本已佚。弘治《萧山县志》，弘治元年（1488）修，刊本已佚。正德《萧山县志》，正德二年（1507）修，未见传本。嘉靖《萧山县志》，嘉靖二十二年（1543）修，三十六年续增，刊本，6卷。万历《萧山县志》，万历十七年（1589）修，刊本，6卷。天启《萧山县志》，万历间创修，至天启时完成，刊本已佚。清康熙《萧山县志》，康熙十年至十二年（1671~1673）修，刊本，21卷。乾隆《萧山县志》，乾隆十四年至十六年（1749~1751）修，刊本，40卷。民国《萧山县志稿》，民国3年（1914）创修，24年续修告成，铅印本，32卷及首1卷、末1卷。来裕恂《萧山县志稿》，民国时期成稿，未刊手稿，14卷及志余1卷，1991年天津古籍出版社出版。

图36-3-892　部分萧山县志及其他志书（2000年1月摄，萧山区档案馆提供）

要求县级机关各局、院、行、社编纂部门志，各部、委、办和各民主党派、群众团体编写专题史料，城厢、临浦、瓜沥镇编纂镇志，然后再总纂成县志。各修志编史单位陆续配备人员组成编写组，全县共220余人，并各有一名领导干部分管此项工作。

1982年3月，县委召开第一次县志编纂工作会议。会后，修志工作进入搜集资料阶段，先后查阅各种档案4000余卷、报刊和史籍37000余册（张），复制旧志11种，搜集口碑资料13万字，征集来稿411件（68万字）、文物20余件、图片50余幅，共计文字资料2500万字。1983年4月，县委召开第二次县志编纂工作会议。修志工作转入试写阶段。年底，多数单位完成初稿。1984年春，《萧山县志》进入总纂阶段，由周仁水、费黑负责。5月，县委召开第三次县志编纂工作会议，部署总纂工作。至是年底，县志初稿基本完成。为了使县志能体现时代特色，反映改革新貌，更好地为社会主义物质文明和精神文明服务，1985年初，县委决定将志书下限从1982年延至1984年。并进一步健全机构，将县志编纂领导小组改为萧山县志编纂委员会，金其法任主任。下设编辑部和办公室，由费黑任主编。7月，县志第二稿形成，约110万字。经修改、补充，1986年4月，县志第三稿完成。4月23日，县委在萧山围垦指挥部召开《萧山县志》审稿会议。5月18日，中国地方志指导小组、浙江省社会科学院、浙江省地方志编纂室和萧山县志编纂委员会在萧山联合召开《萧山县志稿》评议会。汇总两次审稿会议意见作修改后，县志于10月定稿送出版社。1987年8月，由浙江人民出版社出版。

《萧山县志》记述萧山建县至1984年止近2000年的自然、社会的历史和现状，共95万字，分概述、大事记、人物传、附录和建置、自然地理、人口、农业、水利、围垦、工业、交通邮电、能源、商业、工商管理、财政金融、城乡建设、党派群团、政权政协、司法、民政、人事劳动、军事、教育科技、文化、卫生体育、社会23编专志，辅以照片130余张，表格、地图170余种。该书一经出版，在全国方志界获得普遍好评，认为全志结构合理、体例得当、资料翔实、观点正确、文字精练、装帧典雅，具有时代特点和地方特色。尤其是对围垦编的设置，对历代以来有关西施出生地的争议如实辑录备查，受到普遍赞许。它所开创的志书体例为各地编修方志提供了一种新的模式，全国20多个省、市、自治区的修志单位前来取经，从而推进了全国社会主义时期的第一轮修志工作。1987年12月，在华东地区首届优秀政治理论读物评选中，《萧山县志》是唯一获奖志书，获二等奖。1988年1月14日，中国地方志指导小组召集全国社会科学界10位教授进行评议，一致认为《萧山县志》在体例、内容等方面有新的突破，是一部很好的县志。是年，《萧山县志》获浙江省优秀科研成果一等奖；1993年9月，获全国新编地方志优秀成果一等奖。

《萧山年鉴》

1986年12月16日，县委决定将原县志编纂委员会改为县地方志编纂委员会，下设办公室。是年开始转入年鉴的编纂工作，每年一册，记载全县当年发生的事物。萧山第一部年鉴《萧山年鉴·1986》于1988年10月刊印，全书设类目17个、分目70个、条目260个，16开本，内部发行，共计21.20万字。从《萧山年鉴·1988》起正式出版发行。1997年开始，年鉴的出版速度加快，从过去的隔年出版变为当年出版。1998年，《萧山年鉴》增设索引。2000年，《萧山年鉴》进行全面改版，采用大16开本，条目内容、装帧设计、版面安排、印刷装订进行全面调整，改变过去单调、粗放的版面，显示庄重典雅的个性。全书设类目37个、分目199个、条目1148个，共计85.60万字。至2000年止，《萧山年鉴》先后出版发行15部，近800万字，成为中共萧山市委、萧山市人民政府重要的资料性年刊。同时，《萧山年鉴》质量也稳步提高。1999年在全国第二届地方志评比中，《萧山年鉴·1998》获一等奖，还获年鉴框架设计、装帧版式设计一等奖和条目编写二等奖。

《萧山围垦志》

1989年，围垦志修编工作开始起步。是年8月，在萧山围垦指挥部召开编写《萧山围垦志》座谈会。10月，着手研究篇目提纲。时间下限定在1990年。1991年11月19日，又召开《萧山围垦志》恳谈会，听取各方面意见和建议。由于萧山围垦历史悠久，资料丰富，内容繁多，1992年8月，市地方志办公室讨论决定，尽可能延长下限。但下限延长受到1992年萧山市"撤扩并"的制约，垦区6个乡除前进乡外均与内地乡镇合并，这5个乡的各项经济和社会发展数字已不作单独统计，故下限只能定在1991年。1993年，萧山首次采用机械化围垦1.30万亩。为记录围涂方式的历史性转折，又鉴于可围滩涂按钱塘江治理规划的要求已总体完成，为求得资料的丰富和围垦过程的尽可能完整，将第二编第一章"围涂沿革"及大事记延伸至1995年。1997年8月，完成全书的送审稿。1997年12月和1998年3月，中共萧山市委、市人民政府分别邀请水利、方志、历史研究等专家学者及萧山围垦有关的市（县）历任领导进行审稿。1999年1月，由上海人民出版社出版发行。全书分南沙成陆、新围滩涂、自然环境、建乡设场、基础设施建设、垦区开发、自然灾害、人物8编及概述、大事记、附录，共55万字。

其他志书

在《萧山县志》编写出版的同时，不少部门、镇乡开始着手编修专业志和镇乡志。为了加强对基层修志工作的指导，1994年2月18日，市人民政府办公室萧政发〔1994〕14号文件转发市地方志办公室《关于加强对方志工作管理的意见》。市地方志办公室工作人员加强与修志单位的沟通，及时进行行业务辅导，努力提高志书质量。至2000年末，全市出版《萧山农业志》等专业志5部，内部印行专业志25部；出版《临浦镇志》等镇志6部，内部印行镇村志2部。市地方志办公室还编写《修志实践》《历史名人和萧山》《萧山人物概览》《萧山百年百事》等专著，编印《编史修志通讯》《话说萧山》等内部刊物。此外，市地方志办公室还加强对旧志的抢救和整理，先后整理翻印民国《萧山县志稿》、来裕恂《萧山县志稿》、明嘉靖《萧山县志》、清康熙《萧山县志》、清乾隆《萧山县志》。

《萧山临浦镇志》 1982年末，中共临浦镇委、镇人民政府决定编纂《临浦镇志》，成立由傅毅、杨德盛、楼南山、蒋增权4人组成的编纂小组，当年开始查阅历史资料，走访知情老人，搜集整理资料160余万字。1985年末完成第一稿。1986年末完成第二稿。同年末，浙江省第二次地方志工作会议确定《临浦镇志》为全省"十五"时期5部重点镇志之一。镇党委、镇人民政府调整人员，由朱云秋、楼南山、俞月祥、吴志霓、蔡官林5人组成编纂小组，聘请杨觉农、杨觉凡、陈志放3人为顾问，再度修订篇目，搜集补充资料，重新编纂。经一年多努力，完成第三稿。1988年12月由浙江人民出版社出版。该志上起1911年，下讫1985年，有些事物记其发端适当上溯。全志由概述、大事记以及建置、交通邮电、商业、工业、水利、市政建设、金融税务、党派群团、政权、文化教育、卫生体育、社会生活、人物、杂记14卷组成，共计20万字。

《萧山城厢镇志》 1982年4月，中共萧山县城厢镇委、镇人民政府成立城厢镇志编纂委员会，抽调徐树林、沈壁等成立镇志编纂办公室，开始拟定编纂方案，着手编写镇志，历时5年，至1988年3月定稿。1989年4月由浙江大学出版社出版发行。该志上限为1911年，下限为1985年，个别事物适当上溯和下延，以体现事物发展的连续性和完整性。全志由概述、大事记以及地理、市政建设、政治、军事、文化、人物、社会8编专志组成，并辅以图、表、照片，共计40万字。

《萧山县农业志》 1982年6月，萧山县农业局成立编写组，开始编写《萧山县农业志》。编写人员先后查阅档案及有关文献资料850多卷，摘录各类资料80多万字，汇编成作物、林业特产、畜禽、渔业4个长编初稿，约44万字。后因机构变动等原因，编写工作于1984年底中止。1987年初，农业局再次成立编写组，重新开展编志工作。至1988年上半年完成9编40多万字的征求意见稿，至年底形成《萧山县农业志》送审稿，向省、杭州市有关单位和个人征求意见。1989年3月，邀请浙江省、杭州市及萧山有关单位及专家近30人，对送审稿进行集体评议，5月定稿。7月，由浙江大学出版社出版。全书由概述、大事记以及地理环境、土地、农业、林业特产、牧业、渔业、农村能源、经营管理、组织机构、杂录等编所组成，共计45.70万字。

《红山农场志》 1995年3月，红山农场党委决定编修《红山农场志》。5月，成立由场党委书记、场长丁有根任组长的场志编纂领导小组。6月起，编纂人员开展资料搜集工作，摘录文字资料20多万字；召开各种座谈会及走访调查60余次。1996年底形成初稿，1997年底完成第二稿。1998年7月15日召开志稿评审会。会后，由闻家盈、陈先信负责修改统稿。1999年10月由浙江人民出版社出版。全书由概述、大事记以及建置人口、自然环境、农业、工业建筑业、商业金融税务、村镇建设、经营管理、组织机构、教育科技、文化卫生体育、场员生活、来宾接待、先进集体人物名录13章组成，共计41.50万字。

《尖山下村志》 1986年6月，云石乡尖山下村党支部和村委会决定编修村志，村里组织几位老同志开始搜集资料，由朱敏、陈商执笔，至9月编撰了2万余字的资料长编。此后，一度搁置。1993年2月，聘请洪雅英为尖山下村编撰村志，重新开始编志工作。编撰人员先后查阅档案及历代萧山县志、家谱、文献等100余卷，摘录各类资料20余万字，汇编成12余万字的村志初稿。经过反复考查，核实史料，于6月底形成送审稿，8月由团结出版社出版。全志按条目式编排，除序言、概述、大事记和照片外，分村庄、村民、村区组织、土地、农副业、工业、社会文化、村规民约8类，各类目设若干细目。全志贯穿古今，详今略古，下限为1992年，个别事物作必要延伸。

表36-3-650 1987～1999年萧山公开出版的志书

书　名	出版时间	主　编	开本	字数（万）	出版社
萧山县志	1987-08	费黑	16	95	浙江人民出版社
萧山临浦镇志	1988-12	方荣根	32	20	浙江人民出版社
萧山城厢镇志	1989-04	徐树林 沈璧	32	39.90	浙江大学出版社
萧山长河镇志	1989-06	王炜常	32	25	光明日报出版社
萧山县农业志	1989-07	楼天育	16	45.70	浙江大学出版社
萧山卫生志	1989-12	方顺泉	16	26.70	浙江大学出版社
萧山文化志	1990-06	沈枝根	16	22	中国卓越出版公司
尖山下村志	1993-08	洪雅英（编撰）	32	12	团结出版社
浦沿镇志	1994-12	王炜常	32	20	中国商业出版社
浦联村志	1996-05	王志邦	16	80	中国书籍出版社
萧山交通志	1998-08	孙作佳	16	35	杭州出版社
萧山围垦志	1999-08	费黑	16	55	上海人民出版社
红山农场志	1999-10	闻家盈	16	41	浙江人民出版社

注：① "主编" 栏中，《萧山临浦镇志》方荣根为领导小组组长，《萧山卫生志》方顺泉为主审。
②资料来源：萧山区人民政府地方志办公室。

表36-3-651　　1986～2000年萧山年鉴编纂情况

书　　名	出版时间	主　编	开　本	字数（万）	出　版　社
萧山年鉴（1986）	1988-10	陈传忠	16	21	（内部印行）
萧山年鉴（1987）	1989-04	陈传忠	16	45	（内部印行）
萧山年鉴（1988）	1989-11	陈传忠	16	50	上海社会科学院出版社
萧山年鉴（1989）	1991-02	陈传忠	16	41	上海社会科学院出版社
萧山年鉴（1990）	1992-09	陈传忠	16	47	上海社会科学院出版社
萧山年鉴（1991）	1993-10	陈先信	16	65	浙江大学出版社
萧山年鉴（1992）	1994-04	陈先信	16	53	成都科技大学出版社
萧山年鉴（1993）	1994-08	陈先信	16	58	北京师范大学出版社
萧山年鉴（1994）	1996-03	陈先信	16	60	浙江大学出版社
萧山年鉴（1995）	1996-11	陈先信	16	64	杭州出版社
萧山年鉴（1996）	1997-08	沈青松	16	55	方志出版社
萧山年鉴（1997）	1997-12	沈青松	16	55	方志出版社
萧山年鉴（1998）	1998-10	沈青松	16	58.80	中华书局
萧山年鉴（1999）	1999-11	沈迪云	16	68.80	浙江古籍出版社
萧山年鉴（2000）	2000-09	沈迪云	大16	85.60	浙江大学出版社

　　注：①每部萧山年鉴记载的为前一年内容。
　　　　②资料来源：萧山区人民政府地方志办公室。

表36-3-652　　1990～2001年萧山旧志整理情况

书　　名	编　　纂	成　书　时　间	整理年份
萧山县志	姚莹俊纂，杨士龙续纂	民国24年（1935）刻	1990
萧山县志	张烛纂，魏堂续增	（明）嘉靖二十二年（1543）修，三十六年（1557）刻，万历三年（1575）增刻	1992
萧山县志	蔡时敏、蔡含生纂	（清）康熙十二年（1673）刻	1998
萧山县志	黄钰纂修	（清）乾隆十六年（1751）刻	2000
湘湖水利志（3卷）	毛奇龄撰	清康熙年间	2001
萧山湘湖志（8卷）	周易藻编	民国16年（1927）铅印	2001

　　资料来源：萧山区人民政府地方志办公室。

第四章 图 书

萧山经营书画的书铺（肆）和私人藏书起源甚早。[①]中华人民共和国成立后，县新华书店成为国营图书发行的主渠道，至1985年，占全县图书发行总量的90%以上。

80年代中期以来，重视和加强图书发行、图书馆（室）建设、图书利用等方面的工作。以萧山图书馆为中心，联合基层各类图书馆（室）构建的图书馆网，以及家庭藏书氛围的形成，促进了"学习型社会"的建立。

第一节 图书发行

50年代初，萧山新华书店开始图书发行工作，发行业务不断发展。[②]1988年1月，萧山新华书店兼办萧山市图书公司（1993年8月，图书公司析出）。1991年9月由体育路67号搬入市心南路86号。2000年10月，国有企业改制，更名为萧山新华书店有限公司。设直属门市部6处，单位批发、教材发行、代发站各1处，有职工56人。企业实行自收自支、自负盈亏。至2001年3月，共有资产4777万元。

萧山新华书店一直坚持主渠道进货原则，直接从浙江省新华书店、新华书店北京发行所、新华书店上海发行所等大型发行单位进货。货源以省新华书店和北京、上海发行所为基础，毗邻省为补充。经销网络遍及境内各镇乡，采取门市部零售、委托代销、流动供应、系统发行、邮购代办和批发经销等方式进行。较大业务的中小学教材发行一直为供销社代发，1997年改由各镇乡中心辅导学校代发。

1988年，新华书店开始实行经营责任制，采用内部二级责任制形式，以销售指标定任务，以销售额决定职工收入。1995年，改为按销售、折扣、税金、各项费用占人员编制数和取得的半净利进行分项考核，并用协议形式确定责、权、利关系。是年，全店实现销售2014万元，利润80万元，成为全省第一个销售超过2000万元的县（市）级店。2000年，全店完成销售4297万元，实现利润201万元，获"中国图书发行行业双优单位"称号。

第二节 图书馆（室）

萧山图书馆始建于民国初期。[③]中华人民共和国成立后，县图书馆及镇乡、学校和其他图书馆（室）得到发展。[④]

[①]南宋已见文字记载，至清末，藏书蔚然成风，有文字记载的藏书楼30余处。清代光绪年间，县城赵元顺书坊开业，出售木刻手工水印古籍、课本等。民国时期，萧山图书、杂志发行主要通过个体书铺进行，有吴裕书店、什古书店、前哨书店等经营发行图书。集体发行单位有临浦民众教育馆、前哨书店等。

[②]1950年7月，新华书店萧山支店在明月坊（今城河街）开业，人、财、业务均由省新华书店统管。1958年下半年下放萧山县管理，易名为萧山县新华书店。1950~1987年，县新华书店共发行各类图书8670余万册。1978年后，出现了一批集体和个体图书、报刊零售商，但销售额不大。

[③]民国11年（1922）初，孔庙藏书楼划归县劝学所，改为萧山县立通俗图书馆。民国18年改名萧山县立图书馆，附设在县民众教育馆内。民国29年，县城沦陷，县图书馆停止活动，翌年迁至河上店，改名书报阅览室，藏书850册。民国34年迁回县城东仓弄大庵（江寺西侧），改由县民众教育馆兼办，藏书1641册。

[④]中华人民共和国成立后，萧山县人民文化馆接收民众教育馆藏书2053册，购新书426册，设图书阅览股，开展内阅外借工作。1956年，以县文化馆图书阅览股为基础，建立萧山图书馆，与县文化馆合署办公，藏书14259册，有科技、普通和少儿3个阅览室，1个阅报处。1964年，县文化馆西侧新房建成，作为县图书馆用房。"文化大革命"初期停止借阅活动，1971年5月恢复开放。1974年迁入祇园寺后大殿。1981年单独建制，有工作人员7名。是年被评为省公共图书馆先进集体。

图36-4-893 萧山新华书店开设的萧山籍作家著作专架（2000年8月，丁力摄）

萧山图书馆

1984年1月，在城厢镇文化路83号动工兴建图书馆大楼，翌年12月竣工。总面积2151平方米，有阅览座位240多个；书库9层，可藏书35万册。1986年5月17日开放，1987年藏书14万册。有采编、参考资料、少儿、阅览、外借、辅导6个组室。是浙江省第一批建立的市（县）图书馆。

馆藏以地方文献见长，包括方志、年鉴、谱牒、舆图、手册、史料、地域专著、本地出版物和本籍人士著作等900余种、3000余册。并运用复印、摘录、剪辑等方式搜集萧山地方文献资料5000余册（篇）、萧山报刊50余种、资料卡片1.70万张（条）。馆藏家谱30部411册（较齐全的有9部296册）；古籍7500册，其中善本14部117册。清代萧山陈氏所刊《湖海楼丛书》尤其珍贵，为海内外多种文献所收辑。至2000年，先后购置影印本《四库全书》《四库全书存目丛书》《四库全书存目丛书续编》《古今图书集成》《古本小说集成》等珍贵典籍，还收藏各类工具书1万余种。阅览室自1956年起库藏《人民日报》《杭州日报》等18种报纸合订本5145册；期刊11305册，较完备的有《小说月报》和《新华文摘》等。2000年，新增藏书6060册，订阅报刊382份，采集地方文献69种、118册，全年接待读者64418人次，借阅图书83049册次。至2001年3月，藏书24万册。在编人员21名，其中正副研究馆员各1人，馆员16人。1989年，省文化厅授予首批"浙江省文明图书馆"称号；1991年被省文化厅和省人事厅评为"浙江省文化工作先进集体"。1994年和1998年，经文化部考核，两次被评定为"国家二级图书馆"。

镇乡图书馆（室）

民国初期，衙前办起全县第一个乡村图书室。[1]中华人民共和国成立后，瓜沥、临浦镇率先办起图书室。[2]1985年，全县66个镇乡均办有图书室，至1987年，镇乡图书室总面积2073.50平方米，藏书8.95万册；全县村办图书室684个，藏书28万册。1991年，全市66个镇乡图书馆（室）已基本完成按《中国图书馆图书分类法》分编，市图书馆在戴村、临浦、城北3个区分别举办图书管理员培训班，镇乡图书馆（室）业务工作基本规范，其中靖江镇、浦沿镇图书馆藏书已达万册。1995年，随着创建农村文化中心和省、市"东海文化明珠工程"活动的开展，先后涌现出党山镇、义桥镇、红山农场、衙前镇、宁围镇、瓜沥镇、闻堰镇、南阳镇、党湾镇、临浦镇10个镇、场万册图书馆。其中衙前镇、靖江镇、宁围镇、红山农场、临浦镇等图书馆采用计算机管理和辟有电子阅览室。至2001年3月，全市有镇、场图书馆18家。[3]

学校图书馆（室）

1977年以来，镇乡中心小学和普通中学普遍建立图书室。1986年起，县教育局每年下拨8万元图书专项资金，以学校自负50%、局补助50%的办法逐年增加图书册数。1994年，市教育局对当年考核合格的学校图书馆（室）给予专项经费奖励。1995年，会同萧山图书馆举办中小学图书馆管理员上岗培训，110名管理员经过培训取得上岗证书。全市152所中小学图书馆（室）中

①民国10年（1921），衙前沈定一办的龙泉阅书报社为全县第一个传播新思想、新文化的农村图书室。民国15年，临浦、瓜沥两镇商界先后集资办过"求实"等图书馆。抗日战争时期，省图书馆流通部在西兴、长河、闻堰、义桥等7处设立书报巡回文库，定期换书。民国31年，设在临浦镇的萧山文化推广站巡回供战区民众阅览书报。

②1952年，临浦、瓜沥两镇由镇工商联发起，有关单位及个人资助，先后办起图书馆。1958年"大跃进"时期，不少公社办起图书室，不久大多自行消失。1974年底，浦沿公社创办图书室。至1977年，全县有公社（镇）图书室27个，占公社总数的43%。1978年后，不仅公社（镇）图书室迅速发展，许多大队（村）也办起图书室。1980年有公社文化站图书室51个，大队（村）图书室200余个。

③即：闻堰镇、靖江镇、临浦镇、义桥镇、衙前镇、党山镇、河上镇、宁围镇、瓜沥镇、南阳镇、党湾镇、益农镇、义盛镇、河庄镇、坎山镇、头蓬镇、云石乡、红山农场图书馆（室）。

111所验收合格，占总数的73.03%。其中一级图书馆18个、二级49个、三级44个。是年，全市中小学总藏书169万册（比上年增50.90万册，比1990年增108万册）；生均藏书：小学16.20册，初中19.20册，普通高中、职业高中27.30册。至2000年末，全市学校图书资料费累计投入1088.65万元，藏书290.33万册。中心小学以上学校176所中有149所建立图书馆（室），藏书达标的学校有130所。萧山中学等高级中学图书馆不仅实现计算机管理，而且设有电子阅览室，馆舍面积超过2000平方米，馆均藏书2万～7万册。①

其他图书馆（室）

浙江湘湖师范学校图书馆　位于城厢镇西河路206号浙江湘湖师范学校内，始建于民国17年（1928）。②1987年藏书13.30万册、期刊500多种。至2000年末，馆藏图书17万册。每周开放5天，供全校师生借阅。

萧山市工人文化宫图书馆　位于城厢镇文化路44号萧山工人文化宫内，建于1953年。③1987年有馆舍280平方米，藏书1.60万册、期刊123种、报纸20余种。至2000年末，藏书2.10万册，每周开放42小时。另外，市内企、事业单位和基层工会大多建有图书室，但规模较小、藏书较少，仅对内部职工开放。

萧山市青少年宫图书馆　位于城厢镇人民路125号市青少年宫内，建于1985年10月。1987年馆舍110平方米，有少儿读物0.50万册、期刊218种、报纸28种，管理员4人。2000年，藏书增至2.30万册，常年开放。2001年，因青少年宫扩大培训班规模而关闭。

萧山市第一人民医院图书室　位于城厢镇市心南路199号市第一人民医院内，建于1964年8月，时藏书500册。1987年，图书室面积150平方米，藏书1.40万册、期刊207种，多为医药卫生类图书和期刊。1997年实现计算机管理，并建立电子阅览室，供医院工作人员检索查询。至2000年末，藏书2万余册，订阅期刊400余种，其中医学期刊300余种；每周开放5天半，实行全天候服务，有管理人员3名。

李一峰家庭文化室　位于城厢镇裘江办事处文里头村。李一峰、李一强兄弟系该村残疾人，1983年3月，创办"家庭图书室"，时有书刊650册。1989年李一峰去世后，由弟弟李一强管理。由于其事迹感人，经常有单位或个人向其捐款捐书，使图书室书刊不断增加。图书室全天候向社会开放，至2000年末，有书刊1.12万册，已接待读者40万人次，借阅书刊上百万册次。1987年，被浙江省文化厅授予"繁荣群众文化，传播精神文明家庭文化户"；1990年3月，被评为"浙江省学雷锋树新风先进集体"；1999年获"萧山市十佳藏书家庭"特别奖；2000年12月，被文化部、全国妇联评为"全国城市优秀读书家庭"。自1997年起，先后成为湘湖师范附小、朝晖初中、回澜初中等8所中小学校的德育教育基地。

①萧山市中小学图书馆（室）建设概况详见《教育》编。

②民国17年（1928）湘师创建时，即建图书馆，藏书数千册。两年后，通过秘密渠道，从上海搜集到一批马列主义著作和进步书刊供师生阅读。抗日战争和解放战争时期，校图书馆成为该校中国共产党组织传播革命思想的秘密阵地。1961年藏书3.20万册。1981年新建图书馆大楼1200平方米，有书库4层。

③1955年有藏书0.36万册、连环画0.38万册。"文化大革命"中，书刊流失。1983年重建文化宫大楼时，新购图书0.50万余册。

图36-4-894　李一峰家庭文化室，图中为李一强（汇宇小学"李一峰李一强文化传承馆"提供）

第三节　图书利用

读者服务

萧山图书馆设图书外借、报刊阅览、少儿阅览、少儿外借、参考资料阅览、地方文献阅览等服务窗口，读者服务工作以书刊借阅为主，常年接待读者。1985年7月1日起，原填充式卡片目录改用白卡，按全国统一的《文献著录总则》著录，并编就全馆库藏目录3套。1993年起，采用《中国图书馆图书分类法》第三版类分图书，并参用详本。1994年新增新书预订目录和地方文献目录各1套。1996年实现计算机管理后，不再制作卡片目录，可直接通过电脑检索。馆藏古籍按经、史、子、集四部分类法分类。

为开展专题服务，先后编印过书本式目录。[①]1980年起，为萧山编史修志工作提供5000多条数十万字的卡片资料。其中馆藏革命史料——衙前农民协会宣言、章程以及当时报纸上的有关报道，农民协会的组织，领导人的照片等50多种文献史料，提供给省、市党史办公室。1998年，闻堰镇为治理境内钱塘江西江塘堤坝，先后3次派员查阅馆藏明清时代有关西江塘史书4部，以及解放后具有较高史料价值的西江塘文献资料，为修复江塘找到可靠依据。平时还开展预约借书、电话续借、集体借阅、送书上门、代借代还、建立流通站点等为内容的服务。1987~2000年，全馆共接待读者140.59万人次，借阅图书268.24万册次。[②]每周开放时间48小时，实行图书报刊全开架，敞开发放借书证，节假日照常开放。2000年8月1日起，计算机读者管理系统全面升级，与浦东发展银行联合发放具有借书功能的"东方卡"，以此取代萧山图书馆借书证。

80年代起，萧山图书馆先后独办或和工、青、妇等群团组织联办"振兴中华"读书活动多次；组织儿童故事会、智力竞赛、阅读辅导、古典诗词讲座、新闻采写、文学写作知识等学术讲座。1990年起，每年5月的最后一周是全国图书馆服务宣传周。宣传周期间，市图书馆与读者联动，召开不同类型的读者座谈会；推出方便读者举措；组织读者参加读书征文活动；举办专题书展和专题图片展；开展送书下乡；评选优秀读者等活动。1995年9月，萧山市第九届科普宣传周期间，市图书馆在位于头蓬的市围垦指挥部举办"科教兴农——专家咨询"活动，邀请中国水稻研究所、省农业科学院和浙江农业大学等单位的8名教授专家分别到萧山农业对外综合开发区、市围垦农牧渔业场、市水产养殖实业公司现场进行咨询指导，并建立长期协作关系。1999年，成功承办"萧山市十佳藏书家庭"评选活动。次年6月，又推荐6户家庭参加杭州市首届"十佳藏书家庭"的评选。10月，推荐李一强和赵建杨家庭分别参加文化部、全国妇联等部门联合组织的全国优秀读书家庭和全国科技读书示范户评选，其中李一强家庭当选为"全国优秀读书家庭"。

学术研究

90年代以来，图书馆职工学术研究气氛逐渐浓厚。1995~2000年，在省

① 主要专题目录有：《历代萧山籍人士著作传略提要目录》《农村多种经营图书目录》《学习〈邓小平文选〉报刊资料索引》《衙前农民运动有关资料篇目》《〈文史资料选辑〉1~40期主要篇目索引》《萧山图书馆养殖类图书专题目录》《萧山图书馆馆藏地方文献书目》等。

② 其中2000年，萧山图书馆接待读者13.07万人次，借阅图书33.93万册。

图36-4-895　萧山图书馆送书到楼塔镇（2001年1月15日，赵荣伟摄）

级以上图书馆专业性报刊上发表论文65篇。其中张炬的《谈谈怎样当好图书馆长》获中国图书馆学会优秀论文二等奖；《萧山市中小学图书馆的现状和发展》入选《中国"八五"科学技术成果选》；1995年，郑文珍的《走向21世纪的少儿图书馆》获华东地区少年儿童图书协会优秀论文一等奖。

自1990年起，参加图书馆界的学术交流也渐趋活跃，已有50余人次参加国内外或省内各类型的学术交流研讨会。1995年4月11日，美国耶鲁大学博士吴一立为撰写《中医发展史》，来萧山图书馆查询萧山竹林寺中医妇科产生、发展、演变、影响等相关资料。1996年8月，张炬作为公共图书馆代表参加在北京召开的第62届国际图联会议。1998年10月15日，日本学者大西博子（原上海复旦大学中国语言文字研究所留学生，博士生，现在日本大学任教）专程来萧山图书馆，为撰写的《萧山方言研究》查阅相关资料。地方文献室向她提供清嘉庆年间萧山陆凝瑞堂刊刻的《毛西河合集》（493卷）中有清代萧山籍学者毛奇龄专论越语关键要点的《越语肯綮录》和张文蔚撰写的《螺江日记》内有关越语音义的系统论述。1999年7月25日，香港中文大学学者邓国荣为撰写《任熊和他的绘画艺术》，要求提供相关材料。图书馆经查阅，提供清同治年间刊刻的《任氏家谱》（16卷15册）。同年8月19日，日本学者大西博子再次来到萧山图书馆，亲手把已刊印的著作《萧山方言研究》赠送给该馆，全书共23万字，系萧山方言史首部专著。同年10月23日，美国华盛顿大学教授郝瑞和博士王丹宇来萧山图书馆，查阅有关萧山家谱。据称，他们从1972年接触萧山家谱，已研究现存于美国的萧山家谱11部150余册，对其中的文化、人口内涵十分感兴趣，并列入重点课题。2000年底，郝瑞、王丹宇再次来馆查询有关萧山家谱。至2000年末，萧山图书馆共接待外国和香港来访者6批8人次。

第四节　民间藏书

萧山民间藏书具有悠久的历史。①80年代以来，民间藏书的人越来越多。1999年6月，由市委宣传部、文化局、广播电视局等8家单位主办，萧山新华书店和图书馆承办的"萧山市十佳藏书家庭"评选活动启动。通过宣传发动、推荐、自荐、报名和深入参评家庭访问、调查、核实，根据藏书数量、质量和读书成果等情况，由市评选组委会讨论评比、审定，历时5个月，在24户参评家庭中产生"萧山市首届十佳藏书家庭"，评选李一强家庭文化室为"十佳藏书家庭"特别奖。这些家庭的藏书特色是为用而藏，与专业和爱好一致。2004年，又评出萧山第二届"十佳藏书家庭"。②

2000年6月，杭州市开展评选"十佳藏书家庭"活动，萧山市将评选出的首届萧山市"十佳藏书家庭"中的项宝泉、韩凤鸣、周凯波、章水祥、朱淼水、楼守忠6户推荐参加"杭州市十佳藏书家庭"的评选，其中周凯波家庭当选为"杭州市十佳藏书家庭"，韩凤鸣家庭被评为"杭州市藏书读书优秀家庭"。

①据史料记载，宋代，萧山境内就已出现藏书楼，明代发展较快，清代已蔚然成风，民国时渐趋衰落。至清末民国初，境内有30余处藏书楼。因种种原因，这些藏书楼的藏书保存下来的甚微。中华人民共和国成立后，随着人民物质文化水平的提高，民间藏书风气又逐渐形成。

②2004年5月"萧山区第二届十佳藏书家庭"：谢伟国，浦阳镇谢家村，藏书2000册；陈志根，工作单位萧山区地方志办公室，藏书3675册；方晨光，工作单位萧山图书馆，藏书3500册；朱华贤，工作单位萧山区教育局，藏书5565册；施加农，工作单位萧山博物馆，藏书2814册；叶志强，城厢街道育才新苑，藏书1280册；王兴珑，工作单位萧山区劳动和社会保障局，藏书10047册；申屠勇剑，城厢街道潘水小区，藏书2900册；李维松，工作单位萧山区交通局，藏书2100册；胡解民，城厢镇永泰弄，藏书1160册；王华炎，临浦镇浴美施路，藏书1309册；陈勇，钱江新村二区，藏书2230册；夏雪勤，萧山文化馆，藏书3300册。

表36—4—653　1999年12月萧山市"首届十佳藏书家庭"

姓 名	年龄（岁）	职 业	单位（住址）	藏书（万册）	藏书特色（类别）
项宝泉	60	中医	瓜沥万隆食品厂	1.10	医药、中医
韩凤鸣	55	律师	临浦商海律师事务所	0.60	法律
周凯波	39	教师	萧山市第三高级中学	0.60	教学、化学
章水祥	53	设计	深港广告公司	0.50	美术设计
朱淼水	55	干部	市委党史研究室	0.40	历史、方志
楼守忠	55	律师	平安律师事务所	0.40	法律
姚 俊	52	干部	市委宣传部	0.25	政治理论、工具书
孔福林	53	工人	杭州第二棉纺织厂	0.25	历史、钱江晚报（全）
骆献跃	40	干部	市文化馆	0.22	绘画、艺术
许绍雄	59	农民	党山镇	0.20	文学、农业

资料来源：萧山区文广新局。

【附】

古代藏书楼

宋 代

儒学尊经阁　在今城厢镇百尺溇。藏经3间，后屋坍，"典籍废缺"。明嘉靖三十八年（1559）重建"尊经阁，贮五经"。

万卷阁　盛子充，家藏书甚富，有阁，曰"万卷阁"。

元 代

市隐斋　在县城。"贾君性之，居越之萧山，筑室一区，集古今图书，以为燕游接宾之所"（明刘基《贾性之市隐斋记》）。

明 代

藏轩　在县城南。楼主任碧潭广搜经史子集入藏，时已"汗牛而充栋"〔成化四年（1468）二月何舜宾《藏轩记》〕。

碧仙楼　在湘湖杨龟山祠邻近。明嘉靖间，丁伯耕"破千金积书万卷"，咸求善本，校雠而批评之。

弘正阁　王洪元教子蓄书如聚沙，富藏此阁。

御书楼　在县城何家弄。楼主何汝尹，家传积书贻后，其子之裕"读书如其父，家藏书数万卷"（何汝尹墓志铭）。

南楼　在治南。连楼3间，匾额"万卷"、"积墨"。清初，楼主王久达搜罗古今典籍，充实祖传家藏，分列箱架，吸引四方之士，登楼观览（慈溪郑梁《王氏南楼记》）。

志雪堂　楼主周荆山"为书舍于西村南园"（西山南麓），"实古今图书（多秘籍、写篇、刻板）于其中"（《永兴往哲记》）。

清 代

何静之藏书楼　明末清初，楼主何静之于此楼列书数千卷，"皆经史子集之纯粹"。编有《何静之书目》，"精简不泛，得其要矣"。蔡仲光曾按目求书，为己学术研究之助。

王氏藏书楼 王钺平生甚爱书，曾致力搜集古籍。王钺死后，其妻汪氏嘱子说："遗金满籝，曷若传一经以成父志"。陆续积书，遇有秘本即行购藏，终得数万卷藏于一楼。清初尚保存完好。

偁湖小筑 长河来元成（集之）藏书处。当时"吾邑之聚书，则唯元成与静之"（蔡大敬语）。来曾编藏书目录《樵书博检记》。

书留草堂 毛奇龄藏书楼。毛氏生平收藏宋元善本甚多。其妻陈何不满他终日摩挲翻阅，不顾生计，终将他大批珍版善本付之一炬。

梅花楼 原址县城，世传收藏书画颇富。至清初，新主沈之先"发毕生所好之书聚于一楼"。

医书楼 乾隆年间（1736～1795），名医张应椿内足于财，广储古今医书，为己治病治学参阅。

寓赏楼 在县城南。又名"三间草堂"。楼主陆芝荣"藏抄影善本之富，为邑中冠。四方书贾云集其门，他不惜工资，尽行购藏。插架之书，初印元明版本极多"。

仲遹家藏 清初，韩仲遹"家有藏书数千卷，朱墨几偏，论著颇富"。子泰青，承父业，凭家藏，学有成就。

环碧山房 汪辉祖"采书不倦，每得善本，辄举示人"。"积书数万卷，手自校雠"。子继壕，继父志，仍"拥万卷藏书，功邃瑶函，神怡锦轴"。

十万卷楼 王宗炎藏书甚富，在西河下筑"十万卷楼"储藏，多抄本、旧写本，亲自校雠。如16卷写本《靖康要录》，楼主于嘉庆四年（1799）八月十七日至九月十六日，花1个月时间用朱笔批校。道光八年（1828），宗炎子分家，典业分给端蒙，藏书楼归端履。

许郑学庐 王绍兰藏书于此，"不亚于南面百城"。陈春辑刊《湖海楼丛书》大都借他之家藏善本。道光五年（1825），庐毁书烬。

湖海楼 乾隆嘉庆间（1736～1820），涝湖（在今城东乡）陈春"富藏人间至宝"。如卢抱经氏手校殿本《十三经》《二十四史》及马氏绎史等（李慈铭语）。宣统三年（1911），楼遭火灾，书尽毁。

二如草堂 在县城，韩螺山祖，"遗书千万卷"。传言"文化大革命"中，其后裔亲戚运走3船线装书。

雄书屋 故址在今县城西河下。同治间，探花郁崑"家藏书万余卷"。收藏明、清两代名人书画甚多，有董诰、汪由敦、王士祯、戴熙、何绍基、林则徐、翁同龢、王文治、胡仙锄、蒲作英、恽南田、汤金钊、毛奇龄、任熊父子、吴昌硕、张宗祥、陆润庠等名家的墨宝。"文化大革命"中被横扫，下落不明。

林氏家藏 县城南药桥，清林国柱"藏书甚富"。至抗日战争时期，林妾怕遭兵毁，多变卖，仅一次即售得2000元。传书贩销往上海某馆，总值2万余元。

祇园寺藏经阁 雍正初，"藏经阁崒颎"。咸丰元年（1851），僧廷焕重建，僧应律请经归藏。后兵毁。光绪七年（1881），僧普勒重建，并赴京求来大批经书。藏3间（今屋存大殿后），全用红漆金龙大柜储藏。解放初，经书由省有关部门接收。湘师图书馆藏有几册。

隆兴寺藏经阁 光绪十七年（1891），寺僧莲溪奋募建经阁于西山北坡，并赴京"晋谒王公"，求得大批佛经归藏此阁，以壮浮屠。

朱鼎煦藏书楼 原址在城厢镇金家桥13号（9楼9底今在）。抗日战争时期，将明代方志、清初禁书及本县先哲未刻遗著等移藏在夏履桥（租用3楼3底民房），不久尽毁于火。朱另在鄞县有"别宥斋"藏书楼。

（原载萧山市文化局编：《萧山文化志》，中国卓越出版公司，1990年6月第1版，第47～51页）

第五章 档 案

中华人民共和国成立后，萧山档案馆和基层档案室建设日趋规范。1985年以来，档案工作注重接收、征集、整理、企业达标活动及信息化建设，开展档案编研、开放、利用等服务工作。

第一节 档案馆（室）

萧山档案馆

始建于中华人民共和国成立初期。[①]1987年7月，萧山档案馆新馆在城厢镇体育路36号建成，建筑面积2361平方米，库房面积1454平方米，1988年1月22日正式启用。1990年11月建立市档案局，局、馆合署办公，主管全市档案事业，行使监督指导、行政执法、征集收集、保护利用、人员培训等职能。1998年安装防盗报警系统，并与市公安局110报警中心联网。1990～2000年，累计接待查阅43157人次，利用档案59875卷、资料18624卷（册），复印证明47462页。1996年，市档案馆晋升省二级馆，1998年成为杭州地区首家达省一级标准的县（市）级档案馆。至2000年底，馆藏179个全宗，档案75393卷、资料11725册；照片档案3214张、光盘100张、录音录像带73盒、缩微胶卷380米；案卷级条目13381条，文件级条目848937条。2000年被评为"浙江省综合档案馆管理现代化第二名"，初步形成一个法制健全、管理科学、行政管理和保管利用两种职能相结合的档案事业体系。至2001年3月，有局（馆）干部16人，其中有专业技术职称的13人（副高职称1人，中级职称8人，初级职称4人）。

基层档案室

档案管理机构实行市（县）、镇乡、村（居委会）三级管理体制。[②]1979年，县级机关、区镇（社）、县属单位相继建立档案室。从1990年初开始，用2年时间，全市6个区公所、67个镇乡（除螺山）、51个市级机关全部建立综合档案室。全市机关各类档案实行集中统一管理，逐步实现机关档案工作规范化、科学化（至2001年，全市共有档案室138个，专业档案馆2个）。

城乡建设科技档案室　1984年建立，隶属于县城乡建设局，由县城乡建设局和县档案馆双重领导，对成册的档案，仍由城乡建设局收集、整理、保管。1991年6月，市人民政府批准建立萧山市城建档案馆，归属城乡建设局领导，定编3人，实际在编4人；库房面积300平方米，配有复印机、晒图机、照相机等必备用品。馆藏基本工程施工档案1204卷、竣工档案195卷、航测地形图597张。至2000年末，有档案库房面积400平方米，馆藏档案25000卷、地形

图36-5-896 萧山市档案馆馆藏清代和民国时期部分档案（2000年1月摄，萧山区档案馆提供）

图底图8300幅。

公安局综合档案室　室藏各类档案70807卷（册），收藏实物档案512件。22个基层派出所档案室保存档案107547卷。

教育局档案室　1986年起全面整顿，在全市学校开展清理建档工作。至1990年，全市有155所学校完成建档工作，其中110所学校建立综合档案室，共建档案69000余卷。

文化馆群众文化艺术档案室　1986年5月建立，共整理档案288卷。

村级档案室　1995年7月，开始建立村级档案室，至2001年3月，全市745个村建立档案室。

第二节　档案管理

接收、征集与整理

1963年开始档案资料进馆接收工作。1979年开始整理档案工作，至1980年8月，大部分镇、公社和县级机关部门完成档案资料整理，共整理档案33867卷。1984年10月，萧山档案馆开始征集中华人民共和国成立以来历任中共萧山县委、县人民政府领导人的简历、照片。1985年接收馆藏全宗69个，档案23292卷，资料2159种、7607卷。1988～1990年接收进馆档案14232卷（包括国民政府档案1886卷）、资料8221册、照片657张、地籍丈量图3187张，编制案卷目录70册、全引目录131册，并建立萧山第一个个人档案——省特等劳动模范鲁冠球个人档案和一批有利用价值的印章档案。

1992～1994年，市档案馆接收全市6个区、36个镇乡（除螺山、衙前）机关全部档案。1994年，接收1992年全市29个撤并乡镇机关档案，共有各类档案4505卷，累计馆藏档案5万余卷，党政印章188枚、照片4483张和一批有保存价值的奖状、奖杯等。编制萧山市（县）委与市（县）政府干部任免、基建项目审批文件专题索引、各类全引目录和卡片114379张，制成文件分类卡片3247张，全市20多万户房产证分户索引120册。完成市委、市政府1949～1991年2个全宗4189卷的制卡工作，文件卡片5.77万张；对1811卷著录市委、市政府长期卷文件卡片1.60万张，累计制作卡片11.43万张，其中民国档案人物卡片1.71万张。

1996年，市档案馆接收原西兴、长河、浦沿3镇（现属杭州市滨江区）在1981～1990年期间形成的档案1084卷。完成31个市级机关和28个镇乡在1981～1990年期间形成的永久档案移交接收工作，有各类档案9327卷。1998年，接收12个二、三级单位的815卷档案。2001年，接收23个镇乡、街道、区级机关行政区划调整和机构改革前形成的1401卷档案，以及对原撤销、调整机关的273枚印章。

1999年，征集到江泽民、李鹏等党和国家领导人在萧山视察的照片45幅；反映萧山历史的报刊200多册；反映重大政治、经济文化活动的照片、录音录像带50余件；《萧山岳山张氏宗谱》等2种16卷；与中国家谱资料研究中心合作，征集到萧山家谱13种、缩微9盒。2000年，市档案局（馆）尝试涉农科研单位、种植与养殖专业大户及移民的建档工作（2001年征集到苎萝王氏、萧邑崇化潘氏家谱等6种、44卷。是年，配合镇乡档案员做好土地承包、延包过程中的文件、资料归档工作，共有档案3148卷）。

达标活动

1987年11月起，萧山市（县）开展企事业单位档案管理达标活动。至1990年，全市档案管理达标升级企业126家，其中国家二级2家、省级24家、杭州市级56家、萧山市级44家。1991年，杭州万向节总厂档案管理由国家二级升为国家一级，钱江啤酒厂档案管理由省级升为国家二级，浙江工艺鞋厂等

4家档案管理升为省级，另有杭州市级的25家、萧山市级的9家。1992年，企业综合档案室档案管理达到国家、省、杭州市、萧山市级标准的累计444家，行业涉及机械、化工、纺织、建筑等10个方面。1994～1997年，市供电局综合档案室档案管理通过国家二级企业目标管理认定，市人民法院、文化馆、图书馆、电影公司分别通过省二、三级档案管理验收考评，市卫生防疫站通过国家二级档案管理考评，市粮食局加工厂等19家企业通过杭州市级档案管理复查认证。1998～1999年，市供电局、邮电局分别通过国家一、二级档案管理考评，市公安局下属8个派出所分别通过本系统省级档案管理达标活动。市第一人民医院等4家单位通过国家二级档案管理标准。50所中小学档案室达到规范化、标准化要求。10所中小学通过萧山市级档案管理标准，萧山中学通过省级目标管理考评。村级档案工作按照"四有"（有兼职档案员、有档案保管箱柜、有档案管理制度、有效开展档案利用）标准开展，全市743个村中，有720个村建档，299个村通过萧山市级达标，至2000年，有400个村达到萧山市级标准。

信息化建设

1998年4月，市档案局开始制订1999～2005年档案信息化建设规划，是年，完成市委和市政府的档案数据库计23万多条。1999年建立萧山档案信息网站（http://www.archives.xs.zj.cn），可在网上查询30万多条开放档案（1973年前已鉴定开放的档案）。局域网上建立局馆办公自动化网站，可进行文件的存储与检索。至2000年末有8个专题数据库全面建成，馆藏文件及条目输送达90万条，档案查询由计算机检索，代替了传统的手工检索。现有数据库服务器、文件服务器和WEB服务器各1台，电脑60台，电子教室1个，数字化加工室1间。政务网、英特网和局域网三网联通。

1999～2001年，组织50余个市级机关、镇乡、学校和企事业单位进行电子目录建设和电子档案管理试点，3年内共进库50万余条。市委、市人大、市政府、市政协的纸质档案和馆藏照片档案开始数字化扫描工作，市档案局（馆）与各进馆序列单位均可在网上开展档案的采集、管理和提供利用等。

第三节 档案服务

档案编研

表36-5-654 1985～2000年萧山档案馆编研情况

名 称	年 份	字数（万）	获 奖
中共萧山县委书记名录	1985	1.02	
萧山县组织史资料	1986	5.20	
萧山市档案馆指南	1989	6.50	1990年获浙江省档案局优秀编研成果（1979～1989）二等奖
萧山市档案馆指南续编	1990	8.64	1992年获浙江省档案局档案编研成果二等奖
改革开放文件汇编	1992	4.30	1993年获杭州市档案系统优秀编辑成果（1987～1992）二等奖
萧山市优质产品汇集	1992	1.00	1993年获浙江省综合档案馆优秀编研成果（1990～1992）一等奖；1993年获杭州市档案系统优秀编研成果（1987～1993）一等奖

续 表

名　　　称	年　份	字数（万）	获　　　　奖
萧山历代诗作汇编	1994	11.44	1995年获杭州市档案系统优秀编研成果（1993～1994）三等奖；1995年获杭州市档案局优秀编研成果（1993～1994）二等奖
档案工作文件资料汇编	1995	26.00	1998年获浙江省第四届档案优秀编研成果（1995～1996）三等奖；1998年获杭州市档案部门优秀编研成果（1995～1996）二等奖
亲切的关怀——党和国家领导人在萧山	1998	4.80	2000年获杭州市档案部门优秀编研成果（1995～1996）二等奖
档案连着我和你——萧山市档案馆1997年度档案利用效果实例选编	1998	2.10	2000年获杭州市档案部门优秀编研成果（1997～1998）三等奖
电子文档管理手册	1999	6.00	
百家姓系列·来——南迁萧山的来氏	1999	3.50	
历代诗人咏萧山（与市委宣传部合编）	1999	3.00	
依法治档、保护和利用人类的历史财富——1998年度利用效果实例选编	1999		2001年获杭州市档案部门优秀编研成果（1999～2000）三等奖
萧山市档案馆指南	2000	21.00	
萧山姓氏漫话——王炜常姓氏文章汇编	2000	7.00	
电子文档管理手册（修订本）	2000	12.50	

资料来源：萧山区档案局。

萧山档案编研工作始于1962年1月。至2000年末，市档案局（馆）共编研汇集20本（册）。

档案开放

1988年6月1日至1998年7月1日，市档案馆先后向社会开放档案和资料4批，应开放25275卷/册，实际开放档案24408卷/册、资料1948卷/册，开放全宗218个。

表36-5-655　1988～1998年萧山市档案馆开放档案情况

时　间	批次	档案所属时期	全宗（个）	应开放（卷册）	已开放（卷册）	资料（卷册）	限制卷（册）
1988-06-01	第一批	清康熙～1950年代初	23	8709	8404	1948	305
1988-12-01	第二批	1949～1957年	25	3571	3367		204
1993-01-01	第三批	1958～1963年	85	8195	8145		50
1998-07-01	第四批	1964～1968年	85	4800	4492		308

资料来源：萧山区档案局。

档案利用

萧山档案馆和基层档案室重视档案的利用，为落实政策，编史修志，企业技术改造，企业重组，人事劳动工资，计划生育，解决土地、房产、户粮、山林、婚姻等方面纠纷提供了大量的依据性资料。

表36-5-656　1984～2000年萧山档案馆查阅利用情况

年　份	查阅（人次）	档案（卷）	资料（卷）	复印证明（页）	年　份	查阅（人次）	档案（卷）	资料（卷）	复印证明（页）
1984	2075	2042	96	682	1993	2074	5812	670	6530
1985	2322	2601	187	2057	1994	2059	3265	215	2230
1986	2595	3269	486	3159	1995	1432	2950	164	2657
1987	3005	3061	292	709	1996	667	1386	31	1641
1988	3197	7339	769	1110	1997	808	2744	238	3057
1989	3420	8636	2503	1400	1998	2347	7230	886	9742
1990	2773	3610	6651	2003	1999	1741	4580	480	6200
1991	3709	5045	4093	4344	2000	2574	3261	102	5526
1992	2789	5682	4125	4731					

资料来源：萧山区档案局。

第四节　宗　谱

　　萧山民间编修宗谱历史悠久，尤其在明清以后，聚族而居的宗姓村落，每隔二三十年便有一修。①萧山各姓宗谱是一个巨大数字，但由于种种原因，多遭毁坏散失。据不完全统计，萧山及外地收藏的萧山各姓宗谱，尚有368部。其中保存在市档案馆14部，市图书馆17部，市地方志办公室及文物管理委员会、地名办公室4部；收藏在浙江图书馆34部；收藏在国家图书馆5部、中国社会科学院历史研究所等单位9部、上海图书馆83部、山西省社会科学院中国家谱中心35部、宁波天一阁及杭州图书馆各1部；散落海外被日本、美国图书馆收藏的22部；散藏在萧山民间144部。从编修时间看，绝大多数属清代和民国时期编修（详见本编之附《萧山各姓宗谱收藏简表》）。

　　萧山宗谱是研究萧山社会、经济、文化、人口的珍贵资料。市档案馆通过征集和代管等途径，使一些濒于散失的宗谱得到妥善保护。其中档案馆收藏的长河《萧山来氏家谱》59册（其中散失1册），内容丰富，质量上乘，堪称重要的地域历史文献（该谱2003年被列为首批浙江省档案文献遗产）。80年代以来，地方文史工作者重视对家谱的研究和利用，市档案馆编印《萧山姓氏探源》等书籍，收录萧山主要姓氏77个，另有大姓分支36个（详见《萧山姓氏探源》）。

①例如楼塔镇管村章氏，明弘治十八年（1505）始修《萧山章氏宗谱》，明正德十二年（1517）、清康熙二年（1663）、雍正二年（1724）3次重修为抄本；清乾隆二十年（1755）、乾隆五十四年、嘉庆十二年（1807）、道光五年（1825）、道光二十六年、同治七年（1868）、光绪十四年（1888）、光绪三十四年、民国17年（1928）、民国36年先后10次重修为活字印刷，至中华人民共和国成立前，共修宗谱14次。

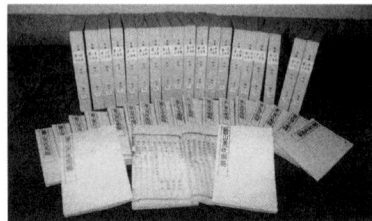

图36-5-897　萧山市档案馆馆藏的《萧山来氏家谱》（2000年1月摄，萧山区档案局提供）

【附一】

萧山各姓宗谱收藏简表

　　以下各表以收藏地分类，类下则按姓氏笔画从少到多排列。若某姓宗谱不止一部时，又依编纂时间早迟为序。表中所列资料由萧山区档案局提供。

表36-5-657　萧山有关单位收藏的萧山各姓宗谱

姓氏	家谱名称	堂号	编修时间	数量	保存地（人）
孙	萧山湘湖孙氏宗谱	映雪堂	民国戊辰年（1928）	2册	萧山档案馆
朱	黄阁河朱氏宗谱	贻穀堂	民国壬申年（1932）	1册	萧山档案馆
许	萧山桃源许氏宗谱	世德堂	民国丙戌年（1946）	9册	萧山档案馆
全	全氏家谱（册页）		1994年铅印	1册	萧山档案馆
张	岳山张氏宗谱		（清）光绪十八年（1892）	16册	萧山档案馆
沈	萧山长巷沈氏续修宗谱（抄本）	承裕堂	（清）光绪十九年（1893）	17册	萧山档案馆
来	萧山来氏家谱	会宗堂	民国壬戌年（1922）活字本	59卷	萧山档案馆
陈	萧山湘左陈氏宗谱	崇本堂	（清）宣统己酉年（1909）	10册	萧山档案馆
陈	萧山马谷陈氏宗谱	聚星堂	民国癸酉年（1933）	1册	萧山档案馆
章	萧山章氏家谱	树德堂	民国庚午年(1930)活字本	1册	萧山档案馆
章	萧山章氏宗谱	永思堂	民国丁亥年（1947）	19册	萧山档案馆
龚	龚氏宗谱	端本堂	（清）咸丰三年（1853）	1册	萧山档案馆
许	萧山桃源许氏宗谱	世德堂	民国丙戌年（1946）续修	10册	萧山档案馆
来	来氏族谱			8册	萧山档案馆
孔	孔氏宗谱	诗礼堂	民国戊午年（1918）	28册	萧山图书馆
王	萧山王氏宗谱	三槐堂	（清）乾隆二年（1737）	7册	萧山图书馆
王	萧山车里庄王氏家谱	三槐堂	（清）光绪十二年（1886）	12册	萧山图书馆
王	山阴天乐王氏家谱	三槐堂	民国癸亥年（1923）	3册	萧山图书馆
任	萧山任氏家乘	永思堂	（清）嘉庆丙寅年（1806）	15册	萧山图书馆
许	萧山史村许氏宗谱	孝思堂	（清）宣统三年（1911）	4册	萧山图书馆
孙	萧山孙氏宗谱	守正堂	民国甲子年（1924）	5册	萧山图书馆
孙	萧山湘湖孙氏宗谱	映雪堂	民国戊辰年（1928）	22册	萧山图书馆
张	岳山张氏宗谱		民国丙寅年（1926）	22册	萧山图书馆
吴	萧邑临浦吴氏宗谱	余庆堂	（清）同治十年（1871）	2册	萧山图书馆
周	萧邑兰萝周氏宗谱	爱莲堂	民国庚申年（1920）	2册	萧山图书馆
钟	山阴天乐藏山钟氏宗谱	懋修堂	民国辛巳年（1941）	2册	萧山图书馆
徐	萧山县前徐氏宗谱	承德堂	民国丁卯年（1927）	22册	萧山图书馆
蒋	萧山蒋氏宗谱	燕翼堂	（清）光绪二十七年（1901）	17册	萧山图书馆
蒋	临浦蒋氏宗谱	忠雅堂	（清）光绪三十四年（1908）	8册	萧山图书馆
韩	湘南韩氏宗谱	昼锦堂	民国辛巳年（1941）	68册	萧山图书馆
楼	仙岩楼氏宗谱	务本堂	民国戊辰年（1928）	91册	萧山图书馆
朱	萧山桃源朱氏宗谱	追远堂	（清）光绪丁酉年（1897）	6册	萧山区地方志办公室
陈	绍、萧陈氏宗谱	世德堂	民国乙卯年（1915）	11卷	萧山区地方志办公室
赵	浚仪赵氏世谱	孝思堂	（清）光绪四年（1878）	11卷	萧山博物馆
黄	萧山埭上黄氏宗谱	萃涣堂	民国时期	10册	萧山区地名办公室

注：“编修时间”按宗谱写法记载。下同。

表36-5-658　民间收藏的萧山各姓宗谱

姓氏	家谱名称	堂号	编修时间	数量	保存地（人）
丁	古越萧南丁氏宗谱	思本堂	（清）宣统辛亥年（1911）	24册	戴村镇丁村
马	萧山板桥马氏宗谱	永思堂	民国丙戌年（1946）	6册	河上镇板桥
万	萧山万氏宗谱	隆顺堂	（清）光绪二十五年（1899）	6册	坎山镇万家坞
孔	萧山孔氏家谱	诗礼堂	民国戊午年（1918）	28册	临浦镇前孔村
王	萧山苎萝王氏宗谱	三槐堂	（清）光绪十年（1884）	44册	临浦镇王村
王	山阴天乐王氏宗谱	敬爱堂	（清）光绪三十年（1904）	10卷	所前镇三泉王村
王	王姓家谱摘抄	三槐堂	（清）道光十八年（1838）	1册	所前镇三泉王村
王	山阴天乐王氏宗谱	三槐堂	民国35年（1946）	8册	进化镇墅上王村
王	苎萝王氏宗谱	三槐堂	民国甲寅年（1914）	64册	浦阳镇王家村
王	下曹坞王氏宗谱				浦阳镇下曹坞村
王	萧山王氏宗谱	三槐堂	民国甲子年（1924）	4册	浦沿镇河东王村
方	萧山方氏宗谱	永思堂	民国丁亥年（1947）	5册	戴村镇前方村
田	欢潭田氏宗谱	荆茂堂	（清）光绪三十年（1904）	49册	进化镇欢潭村
田	道源田氏宗谱	紫荆堂	（清）宣统元年（1909）	8册	城厢镇道源桥
卢	萧山卢氏宗谱	积庆堂	民国丙子年（1936）	5册	戴村镇溪河村
朱	萧山翔凤朱氏宗谱	敬爱堂	（清）宣统元年（1909）	16卷（残）	衙前镇翔凤村
朱	萧山黄阁河朱氏家谱		民国壬申年（1932）	10册	城厢镇黄阁河村
朱	天乐朱氏族谱	百福堂	民国丁亥年（1947）	16册	浦阳镇朱家塔
朱	萧山朱氏宗谱	积庆堂	民国23年（1934）	4册	戴村镇上门村
朱	萧山朱氏宗谱				河上镇西山脚村
孙	萧山孙氏家谱				进化镇涂川村
孙	萧山孙氏家谱	春晖堂	民国己未年（1919）		浦阳镇小湖孙村
孙	萧山孙氏家谱	富春堂	民国丁亥年（1947）	4卷	临浦镇孙家村
孙	萧山孙氏宗谱	守正堂	民国甲子年（1924）	5卷	闻堰镇燕斗孙村
华	萧山华氏宗谱	寿和堂	（清）光绪己丑年（1889）	14册	城厢镇龙王塘
华	萧山渔临华氏宗谱	本仁堂	民国丙辰年（1916）	8册	城厢镇渔临关村
许	萧山许氏家谱				城厢镇老屋村
许	萧山桃源许氏家谱	追远堂	民国丁丑年（1937）	6册	浦阳镇许家村
许	萧山子湖许氏宗谱	聚顺堂	民国戊子年（1948）	4册	浦沿镇山二村
汤	夏孝汤氏宗谱	勤俭堂	民国18年（1929）修	1册	长河镇河斗村
汤	萧山汤氏宗谱	敦睦堂	（清）光绪十五年（1889）	6册	长河镇汤家桥
汤	萧山汤氏宗谱	存著堂	民国戊辰年（1928）	18册	临浦镇白鹿塘村
汤	萧山汤氏宗谱	水木堂	民国戊子年（1948）	14册	进化镇大汤坞村
刘	萧山刘氏宗谱	善继堂	（清）乾隆年间	4册	城厢镇庙东金村
刘	萧山刘氏宗谱	合莫堂	（清）宣统庚戌年（1910）	11册（残）	许贤乡金坞村
刘	萧山刘氏宗谱				临浦镇瓦窑金
李	天乐李氏家乘	芳庆堂	民国丙辰年（1916）	66册	所前镇大小坞村
来	萧山来氏家谱	会宗堂			长河镇长二村
汪	桃源汪氏宗谱	种玉堂	民国丁亥年（1947）	9册（残）	浦阳镇汪家埭村
何	萧山何氏宗谱	世恩堂	民国己未年（1919）	12册	戴村镇何童埠村
沈	萧邑长潭沈氏宗谱	爱存堂	民国丁亥年（1947）	1册	戴村镇沈村
沈	山阴天乐沈氏宗谱	永思堂	民国20年（1931）	8卷（缺3卷）	进化镇沈家渡村
沈	萧山沈氏宗谱				浦阳镇沈家村

续表一

姓 氏	家 谱 名 称	堂 号	编 修 时 间	数 量	保存地（人）
沈	萧山沈氏宗谱				临浦镇汀头沈村
沈	山阴天乐沈氏宗谱	敦厚堂	民国甲寅年（1914）	6册	所前镇池头沈村
杨	萧邑八都孝悌杨氏宗谱	四知堂	（清）光绪二十七年（1901）	2册	戴村镇杨家桥村
杨	萧山杨氏宗谱	四知堂	民国癸酉年（1933）	4册	临浦镇坂里杨村
杨	萧山长潭杨氏宗谱	四知堂	民国丁亥年（1947）	8卷	戴村镇尖山下村
杨	萧山桃源杨氏宗谱	四知堂		5册	临浦镇新联村
邱	萧山邱氏宗谱				临浦镇邱家桥村
邵	萧山邵氏宗谱	崇本堂	民国丙戌年（1946）	10册	进化镇邵家塔村
邵	山阴天乐邵氏宗谱	安乐堂	民国丙戌年（1946）	8册	进化镇下邵村
张	萧山张家桥张氏宗谱	宗德堂	民国戊辰年（1928）	7册	临浦镇张家桥村
张	天乐岳山张氏宗谱		（清）同治癸酉年（1873）	16册	进化镇杜家弄村
陈	萧山陈氏家谱	崇本堂	（清）宣统己酉年（1909）	10册	石岩乡陈村
陈	山阴天乐陈氏宗谱	世德堂	（清）道光甲辰年（1844）	5册	进化镇富家墩村
吴	萧山吴氏家谱	式榖堂	民国5年（1916）	4册	许贤乡塘坞村
周	古越萧邑周氏宗谱	爱莲堂	（清）同治庚午年（1870）	4册	戴村镇马谷村
周	萧邑苎萝周氏宗谱	爱莲堂	民国时期	1册	临浦周家湖村
郁	萧邑郁氏宗谱	文盛堂	民国丁亥年（1947）	10册	戴村镇郁家山下
郁	萧山崇化乡郁氏宗谱	中和堂	（清）道光二十年（1840）	4册	城厢镇郁家河头村
赵	浚仪赵氏家谱	会宗堂	（清）光绪丁酉年（1897）	6册	城厢镇杜湖村
赵	山阴天乐赵氏宗谱		民国癸酉年（1933）	10册	进化镇石柱头村
赵	浚仪赵氏玉牒世谱	孝思堂	（清）光绪四年（1878）	11册	义桥镇赵家坞村
赵	所前赵氏宗谱				所前镇赵坞村
施	萧山苎萝施氏宗谱	让德堂	民国己丑年（1949）	7册	临浦镇施家渡村
钟	萧山钟氏宗谱	懋修堂	（清）同治七年（1868）	2册	戴村镇佛山村
钟	绍兴天乐钟氏宗谱	琴书堂	民国乙亥年（1935）	15册	进化镇钟家坞村
姜	萧山长潭姜氏家谱	赐履堂	民国戊子年（1948）	6册	戴村镇尖山下村
祝	萧山桃源祝氏家谱	告孝堂	民国戊子年（1948）	10册	浦阳镇下定村
胡	萧邑竹桥胡氏宗谱（残）	孝思堂	民国丙戌年（1946）	9册	临浦镇胡家弄村
胡	所前胡氏宗谱	滋德堂	民国己巳年（1929）	4册	所前镇岭下胡村
俞	萧山石盖坞俞氏宗谱	余庆堂	（清）光绪十六年（1890）	4册	戴村镇石盖坞村
郭	萧山郭氏宗谱	敬爱堂	（清）宣统元年（1909）	10册	戴村镇张家弄村
洪	萧山洪氏宗谱	三瑞堂	民国壬申年（1932）	20册	戴村镇石马头村
倪	古越萧邑桃源倪氏宗谱	勤乐堂	民国庚午年（1930）	14册	临浦镇后倪村
倪	萧山倪氏宗谱	世德堂	民国戊午年（1918）	4册	戴村镇石马头村
徐	萧山井亭徐氏宗谱	南州草堂	民国癸亥年（1923）	5册	城厢镇井亭徐村
徐	所前徐氏宗谱	石麟堂	民国戊午年（1918）	4册	所前镇徐家村
徐	萧山徐氏宗谱				新塘乡船舫徐村
夏	绍兴山栖圈夏氏宗谱	敦本堂	民国乙卯年（1915）	8册	所前镇东山夏村
席	萧山席氏宗谱				浦阳镇新河口村
高	南阳高氏草谱（手抄）		（清）光绪丙午年（1906）	1册	赭山初中
顾	萧山桃源顾氏宗谱	承厚堂	民国丁亥年（1947）	2册	临浦镇顾家埭村
顾	萧山长潭顾氏宗谱	承厚堂	民国丁亥年（1947）	22册	戴村镇顾家溪村
郭	萧山郭氏宗谱	敬爱堂	（清）宣统元年（1909）	22册	戴村镇张家弄村
诸	山阴天乐诸氏宗谱	积德堂	民国乙亥年（1935）	6册	进化镇诸坞村
黄	萧山埭上黄氏家谱（一房）				所前镇塘下金村

续表二

姓 氏	家 谱 名 称	堂 号	编 修 时 间	数 量	保 存 地（人）
黄	萧山黄氏宗谱				进化镇新垫黄村
曹	萧山曹氏家谱				城厢镇曹家桥
曹	萧山史村曹氏宗谱	惇叙堂	民国甲寅年（1914）	25册	浦沿镇曹家埭村
章	萧山章氏家谱	永思堂	民国丁亥年（1947）	19册	楼塔镇管村
章	萧山章氏宗谱	树德堂	民国庚午年（1930）	12册	长河镇长二村
戚	萧山戚氏宗谱	诗教堂	民国戊午年（1918）	4册	义桥镇戚家山下村
屠	萧山屠氏宗谱	存德堂	民国丁亥年（1947）	残	临浦镇通济二村
谢	高都谢氏支谱（手抄）			1册	河上镇高都村
傅	萧邑四都傅氏宗谱	敦本堂	民国乙丑年（1925）		临浦镇横山傅村
傅	萧邑长山傅氏宗谱	聚敬堂	民国辛酉年（1921）	16册	河上镇溪头村
韩	萧山韩氏宗谱	昼锦堂	民国午子年（1948）	68册	义桥镇韩家汇村
韩	萧山一都韩氏宗谱	昼锦堂	民国18年（1929）	16册	新塘乡紫霞村
彭	萧山彭氏宗谱	余庆堂	（清）光绪十八年（1892）	6册	石岩乡彭家里村
葛	萧山苎萝葛氏宗谱	读书堂	民国丙寅年（1926）	8册	临浦镇西葛村
蒋	萧山涝湖蒋氏宗谱	燕翼堂	（清）光绪辛丑年（1901）	18册	城厢镇涝湖村
鲍	萧山长潭鲍氏宗谱	承启堂	民国丙子年（1936）	6册	戴村镇尖山下村
裘	山阴天乐城山裘氏宗谱	孝义堂	民国35年（1946）	35册	进化镇裘家坞村
虞	萧山虞氏家谱	承裕堂	民国甲子年（1924）		浦沿镇楼下虞村
缪	萧山缪氏家乘	崇德堂	民国己丑年（1949）	11卷	所前镇缪家村
颜	山阴天乐颜氏宗谱	德行堂	民国癸亥年（1923）	6册	进化镇下颜村
戴	萧邑苎萝戴氏宗谱	荣席堂	民国癸酉年（1933）	5册	临浦镇下戴村
戴	萧山凌桥戴氏宗谱	源远堂	民国丙子年（1936）	8册	戴村镇凌桥村
魏	萧邑长山魏氏宗谱	崇礼堂	民国己丑年（1949）	残	河上镇魏塔村
瞿	萧山瞿氏家谱			残1册	浦阳镇中央坂村
瞿	萧山大桥瞿氏家谱	永思堂	民国丙戌年（1946）	55卷	河上镇大桥村
马	萧山马氏宗谱	永思堂	民国丙戌年（1946）	6册	申屠勇剑
王	绍县山栖圈王氏宗谱	三槐堂	民国乙卯年（1915）	4册	申屠勇剑
刘	萧山刘氏宗谱	合莫堂	民国辛未年（1931）	11册	申屠勇剑
许	山阴许氏宗谱	明贤堂	（清）道光甲辰年（1844）	1册	申屠勇剑
许	山阴许氏宗谱	明贤堂	（清）光绪癸巳年（1893）	1册	申屠勇剑
杨	萧山八都孝悌杨氏宗谱	四知堂	（清）光绪辛丑年（1901）	2册	申屠勇剑
杨	萧邑孝悌杨氏宗谱	四知堂	民国辛酉年（1921）	2册	申屠勇剑
何	萧山何氏宗谱	世恩堂	（清）光绪癸巳年（1893）	13册	申屠勇剑
陈	萧邑陈氏宗谱	树德堂	民国丙寅年（1926）	18册	申屠勇剑
郁	萧邑郁氏宗谱	文盛堂	（清）道光丁未年（1847）	4册	申屠勇剑
郁	萧邑郁氏宗谱	文盛堂	（清）光绪辛巳年（1881）	4册	申屠勇剑
郎	萧山郎氏宗谱	诒穀堂	（清）光绪壬寅年（1902）	7册	申屠勇剑
金	萧山金氏宗谱（写本）	孝义堂	（清）乾隆二十九年（1764）	4册	申屠勇剑
夏	所前东山夏氏宗谱	思本堂	（清）咸丰丁巳年（1857）	6册	申屠勇剑
夏	所前东山夏氏宗谱	思本堂	民国戊午年（1918）	10册	申屠勇剑
徐	萧山徐氏宗谱	积庆堂	民国己未年（1919）	4册	申屠勇剑
徐	萧邑徐氏宗谱	聚宗堂	（清）光绪三年（1877）	5册	申屠勇剑
徐	萧邑徐氏宗谱	聚宗堂	民国戊午年（1918）	6册	申屠勇剑
盛	萧山盛氏宗谱	聚斯堂	（清）光绪辛丑年（1901）	10册	申屠勇剑
章	萧山管村章氏宗谱	永思堂	民国丁亥年（1947）	19册	申屠勇剑
章	萧山长河章氏宗谱	树德堂	民国庚午年（1930）	12册	申屠勇剑

姓 氏	家 谱 名 称	堂 号	编 修 时 间	数 量	保存地（人）
魏	萧山魏氏宗谱（写本）		（清）光绪甲申年（1884）	1册	申屠勇剑
郑	山阴天乐郑氏宗谱	永思堂	民国乙卯年（1915）	4册	申屠勇剑
俞	百官俞氏宗谱（西兴村）	思成堂	民国乙卯年（1915）	10册	申屠勇剑
许	山阴许氏宗谱（进化大岩）	明贤堂	（清）道光甲辰年（1844）	3卷	杭州陈雪年
郑	山阴天乐郑氏宗谱	永思堂	民国丁亥年（1947）重修	6卷	杭州陈雪年
陈	山阴天乐陈氏宗谱（纪家汇）	追远堂	民国丁亥年（1947）重修	6卷	杭州陈雪年
陈	萧山陈氏宗谱（马谷）	聚星堂	民国癸酉年（1933）	8卷	杭州陈雪年
周	萧山周氏宗谱	爱莲堂	（清）乾隆四十四年（1779）	4卷	杭州陈雪年
曹	萧邑桃源曹氏宗谱（曹家埭）	贻燕堂	（清）嘉庆丁丑年（1817）	4卷	杭州陈雪年
金	萧邑金氏宗谱	善继堂	民国丙子年（1936）	6卷	城厢镇城郊村

注：“保存地”一栏各镇（乡）后一般直接跟注自然村。

表36-5-659　国内外有关单位收藏的萧山各姓宗谱

姓 氏	家 谱 名 称	堂 号	编 修 时 间	数 量	保存地
王	萧山芦萝王氏宗谱	三槐堂	民国4年（1915）	53册	浙江图书馆
王	萧山车里庄王氏宗谱	三槐堂	民国6年（1917）	12册	浙江图书馆
王	萧山庙后王氏宗谱	三槐堂	民国16年（1927）	5册	浙江图书馆
王	山阴天乐王氏宗谱	三槐堂	（清）道光十八年（1838）	8册	浙江图书馆
王	山阴天乐三泉王氏宗谱	三槐堂	（清）同治八年（1869）	8卷	浙江图书馆
王	萧山新发王王氏宗谱	世德堂	（清）光绪十年（1884）	8册	浙江图书馆
田	萧山田氏宗谱	紫荆堂	（清）道光年间	6卷	浙江图书馆
冯	赭山冯氏家谱		（清）宣统元年（1909）		浙江图书馆
史	萧山史氏宗谱	八行堂	民国7年（1918）	16册	浙江图书馆
汤	萧山夏孝汤氏家谱	良善堂	民国18年（1929）	10册	浙江图书馆
朱	萧山朱家坛朱氏宗谱	敦伦堂	（清）道光二十五年（1845）	18册	浙江图书馆
华	萧山渔临华氏宗谱	本仁堂	民国5年（1916）	8册	浙江图书馆
孙	萧山孙氏宗谱	宗正堂	民国13年（1924）	5卷	浙江图书馆
李	萧山石板弄李氏宗谱	致和堂	（清）嘉庆十八年（1813）	4册	浙江图书馆
周	萧山来苏周氏宗谱	爱莲堂	（清）道光二十年（1840）	14册	浙江图书馆
周	萧山新林周氏宗谱	敬思堂	清代	15册	浙江图书馆
沈	萧山长巷沈氏续修宗谱	承裕堂	（清）道光二十一年（1841）	19册	浙江图书馆
许	山阴碧山（萧山党山）许氏宗谱		（清）光绪十四年（1888）	10册	浙江图书馆
陈	萧山塘里陈氏宗谱	六望堂	（清）同治八年（1869）	10册	浙江图书馆
汪	汪氏宗谱（萧山昭东大义）		民国23年（1934）	14册	浙江图书馆
来	萧山来氏宗谱	会宗堂	（清）光绪年间	10册	浙江图书馆
沈	萧山汀头沈氏宗谱	承肃堂	民国20年（1931）	12册	浙江图书馆
汪	萧山汪氏宗谱		民国23年（1934）	14册	浙江图书馆
张	萧山孔湖张氏宗谱	孝友堂	（清）光绪十五年（1889）	4册	浙江图书馆
张	萧山张氏宗谱		民国17年（1928）	6册	浙江图书馆
赵	萧山赵氏宗谱（抄本）		（清）道光年间	2册	浙江图书馆
施	萧山航坞山北施氏宗谱	余庆堂	（清）同治八年（1869）	8册	浙江图书馆
徐	萧山塘湾井亭徐氏宗谱	南州草堂	（清）光绪二十一年（1895）	10册	浙江图书馆
郭	萧山郭氏宗谱	敬爱堂	民国20年（1931）	12册	浙江图书馆
黄	萧山埭上黄氏家谱		（清）道光六年（1826）	21册	浙江图书馆
傅	萧山马湖傅氏宗谱	敦裕堂	（清）同治十三年（1874）	6册	浙江图书馆

姓 氏	家 谱 名 称	堂 号	编 修 时 间	数 量	保 存 地
傅	萧山傅氏宗谱	敦本堂	民国14年（1925）	24册	浙江图书馆
韩	萧山一都韩氏家谱	昼锦堂	民国18年（1929）	16册	浙江图书馆
蔡	萧山蔡氏墙门支谱		（清）道光二十二年（1842）	1册	浙江图书馆
丁	萧山丁氏宗谱		民国辛酉年（1921）	12卷	上海图书馆
王	萧山新发庄王氏宗谱	世德堂	（清）光绪十年（1884）	8册	上海图书馆
王	浙绍萧山县车里庄王氏宗谱	三槐堂	（清）光绪十二年（1886）	4册	上海图书馆
王	山阴天乐王氏宗谱	三槐堂	（清）光绪三十年（1904）	8册	上海图书馆
毛	萧山毛氏宗谱	爵德堂	（清）道光二十六年（1846）	4卷	上海图书馆
冯	赭山冯氏宗谱	树德堂	记事至（清）光绪年间	1册	上海图书馆
冯	赭山冯氏宗谱	树德堂	（清）宣统元年（1909）	22册	上海图书馆
田	山阴天乐欢潭田氏宗谱	荆茂堂	（清）光绪三十年（1904）	48卷	上海图书馆
孙	湘湖孙氏宗谱	映雪堂	记事至（清）嘉庆年间	1册	上海图书馆
孙	萧山湘湖孙氏宗谱	映雪堂	记事至（清）咸丰年间	5册	上海图书馆
孙	山阴天乐孙氏宗谱	安庆堂	记事至（清）同治年间	12卷	上海图书馆
任	萧山任氏家乘	永思堂	清代	2册	上海图书馆
朱	萧山瓜沥朱氏宗谱	崇本堂	（清）道光七年（1827）	12卷	上海图书馆
朱	萧山朱家坛朱氏宗谱	敦伦堂	（清）同治八年（1869）	5册	上海图书馆
朱	萧山朱家坛朱氏宗谱	敦伦堂	民国甲子年（1924）	9册	上海图书馆
朱	萧邑桃源衢阳朱氏宗谱	玉泉堂	（清）光绪年间	9册	上海图书馆
许	萧山许氏宗谱	孝思堂	民国戊辰年（1928）	8册	上海图书馆
来	萧山来氏家谱	会宗堂	（清）光绪十六年（1890）	32册	上海图书馆
来	萧山来氏家谱	会宗堂	（清）光绪二十六年（1900）	55册	上海图书馆
来	萧山来氏家谱	会宗堂	民国壬戌年（1922）	60册	上海图书馆
汪	萧山（桃源）汪氏宗谱	崇和堂	（清）光绪三十一年（1905）	12册	上海图书馆
何	萧山何氏宗谱		记事至（清）嘉庆年间	1册	上海图书馆
何	萧山何氏宗谱		记事至（清）光绪年间	6册	上海图书馆
李	天乐李氏宗谱	芳庆堂	清代	1册	上海图书馆
李	天乐李氏宗谱	芳庆堂	民国丙辰年（1916）	20册	上海图书馆
李	许贤李氏家谱	衍庆堂	（清）道光二十五年（1845）	2册	上海图书馆
邵	山阴天乐邵氏宗谱	安乐堂	（清）道光元年（1821）	1册	上海图书馆
邵	山阴天乐邵氏宗谱	安乐堂	记事至（清）同治年间	3册	上海图书馆
沈	航坞山沈氏宗谱（抄本）	永思堂	（清）道光十年（1830）	1册	上海图书馆
沈	萧山长巷沈氏续修宗谱	承裕堂	（清）光绪十九年（1839）	30册	上海图书馆
沈	萧山庄里村沈氏宗谱	永思堂	民国丙辰年（1916）	14册	上海图书馆
陈	萧山涝湖陈氏宗谱	推己堂	（清）道光六年（1826）	10卷	上海图书馆
陈	塘里陈氏宗谱	六望堂	（清）道光十六年（1836）	8册	上海图书馆
陈	萧山马谷陈氏宗谱	聚星堂	（清）道光二十六年（1846）	1册	上海图书馆
陈	萧山大同陈氏宗谱	永和堂	民国壬申年（1932）	1册	上海图书馆
周	来苏周氏宗谱	爱莲堂	（清）嘉庆十二年（1807）	1册	上海图书馆
周	萧山新林周氏宗谱	敬爱堂	（清）咸丰七年（1857）	18册	上海图书馆
周	来苏周氏宗谱	爱莲堂	（清）光绪十五年（1889）	12册	上海图书馆
郑	萧山郑氏宗谱		（清）咸丰十年（1860）	10册	上海图书馆
单	萧山西河单氏宗谱	燕诒堂	记事至（清）光绪年间	2册	上海图书馆
於	萧山於氏宗谱	敦叙堂	民国己未年（1919）	22卷	上海图书馆
俞	萧山俞氏宗谱	溯本堂	（清）道光十六年（1836）	1册	上海图书馆
俞	萧山俞氏宗谱	溯本堂	（清）道光二十年（1840）	2册	上海图书馆

姓 氏	家 谱 名 称	堂 号	编 修 时 间	数 量	保存地
俞	萧山俞氏宗谱	溯本堂	民国丁巳年（1917）	3册	上海图书馆
贺	萧山贺氏宗谱	百岁堂	（清）光绪十年（1884）	4卷	上海图书馆
施	航坞施氏宗谱	余庆堂	民国甲寅年（1914）	1册	上海图书馆
施	萧山施氏宗谱		民国丙辰年（1916）	10册	上海图书馆
胡	萧山胡氏家乘		民国壬戌年（1922）	4册	上海图书馆
胡	萧山胡氏家乘		民国丁卯年（1927）	5册	上海图书馆
徐	徐氏宗谱（萧邑长山）	宁寿堂	（清）嘉庆七年（1802）	8册	上海图书馆
徐	萧山塘湾井亭徐氏宗谱	南州草堂	民国癸亥年（1923）	13册	上海图书馆
莫	萧山莫氏宗谱	敬思堂	记事至（清）咸丰年间	7册	上海图书馆
郭	萧山郭氏宗谱	敬爱堂	（清）同治年间	8卷	上海图书馆
郭	萧山郭氏宗谱	敬爱堂	（清）宣统元年（1909）	10册	上海图书馆
高	萧山瓜沥高氏宗谱	敦睦堂	民国乙卯年（1915）	10卷	上海图书馆
章	萧山章氏家谱	永思堂	（清）乾隆二十年（1755）	2册	上海图书馆
章	萧山章氏家谱	永思堂	（清）同治七年（1868）	14卷	上海图书馆
章	萧山章氏家谱	永思堂	（清）光绪三十四年（1908）	14卷	上海图书馆
曹	萧山史村曹氏宗谱	淳叙堂	（清）光绪六年（1880）	25卷	上海图书馆
黄	萧山埭上黄氏家谱	萃涣堂	（清）光绪二十一年（1895）	30卷	上海图书馆
傅	萧山马湖傅氏宗谱	敦裕堂	（清）道光九年（1829）	5册	上海图书馆
傅	萧山傅氏宗谱	敦本堂	民国乙丑年（1925）	21卷	上海图书馆
蒋	萧山蒋氏宗谱	燕翼堂	（清）光绪二十七年（1901）	18卷	上海图书馆
鲍	萧山长潭（外石板溪）鲍氏宗谱	承启堂	民国丁巳年（1917）	8册	上海图书馆
韩	萧山义桥韩氏宗谱	永思堂	（清）道光十七年（1837）	3册	上海图书馆
韩	萧山义桥韩氏宗谱	永思堂	（清）咸丰九年（1859）	3册	上海图书馆
韩	萧山义桥韩氏宗谱	永思堂	（清）同治九年（1870）	1册	上海图书馆
韩	萧山义桥韩氏宗谱	永思堂	民国辛未年（1931）	10卷	上海图书馆
韩	萧山湘南韩氏宗谱	昼锦堂	（清）光绪元年（1875）	2册	上海图书馆
韩	萧邑蒲山韩氏宗谱		（清）光绪元年（1875）	10卷	上海图书馆
韩	萧山一都韩氏家谱	昼锦堂	民国己巳年（1929）	16卷	上海图书馆
楼	仙岩楼氏宗谱	务本堂	（清）嘉庆四年（1799）	1册	上海图书馆
楼	仙岩楼氏宗谱	务本堂	（清）道光十八年（1838）	7册	上海图书馆
楼	仙岩楼氏宗谱	务本堂	（清）咸丰八年（1858）	31册	上海图书馆
楼	仙岩楼氏宗谱	务本堂	（清）同治七年（1868）	4册	上海图书馆
楼	仙岩楼氏宗谱	务本堂	（清）光绪三十四年（1908）	24册	上海图书馆
楼	仙岩楼氏宗谱	务本堂	民国戊辰年（1928）	7册	上海图书馆
裘	山阴裘氏宗谱（手抄）		记事至（清）乾隆年间	2册	上海图书馆
戴	萧山苎萝戴氏宗谱	荣席堂	记事至（清）光绪年间	5册	上海图书馆
瞿	萧山大桥瞿氏宗谱	永思堂	（清）乾隆五十三年（1788）	1册	上海图书馆
瞿	萧山大桥瞿氏宗谱	永思堂	（清）道光二十七年（1847）	12册	上海图书馆
瞿	萧山大桥瞿氏宗谱	永思堂	记事至（清）光绪初	10册	上海图书馆
瞿	萧山大桥瞿氏宗谱	永思堂	记事至（清）光绪末	34册	上海图书馆
王	苎萝王氏宗谱	三槐堂	（清）咸丰十一年（1861）	44卷，首2卷	山西省社会科学院
毛	萧山西河毛氏宗谱	永思堂	（清）光绪二十二年（1896）	20册	山西省社会科学院
冯	赭山冯氏宗谱	树德堂	（清）宣统元年（1909）	22册	山西省社会科学院
朱	萧山朱家坛朱氏宗谱	敦伦堂	（清）同治八年（1869）	20册	山西省社会科学院

续表三

姓氏	家谱名称	堂号	编修时间	数量	保存地
孙	山阴天乐孙氏宗谱	安庆堂	民国己巳年（1929）	22册	山西省社会科学院
来	萧山来氏家谱	会宗堂	（清）光绪二十六年（1900）	54册	山西省社会科学院
来	萧山来氏家谱	会宗堂	（清）光绪二十六年（1900）	44卷，首、末各1卷	山西省社会科学院
来	萧山来氏家谱	会宗堂	民国2年（1913）	50卷，首1卷	山西省社会科学院
沈	萧山长巷沈氏宗谱	承裕堂	（清）道光二十年（1840）	32卷，首2卷	山西省社会科学院
沈	萧山长巷沈氏续修宗谱	承裕堂	（清）光绪十九年（1893）刻本	40卷，首1卷	山西省社会科学院
沈	萧山沈氏宗族谱	永思堂	（清）光绪二十三年（1897）	6册	山西省社会科学院
沈	萧山庄里村沈氏宗谱	永思堂	民国丙辰年（1916）	14卷	山西省社会科学院
陈	绍萧陈氏宗谱	世德堂	（清）光绪十三年（1887）	10册	山西省社会科学院
陈	绍萧陈氏宗谱	世德堂	民国乙卯年（1915）	11册	山西省社会科学院
邵	山阴天乐邵氏宗谱		（清）光绪十八年（1892）	6册	山西省社会科学院
周	萧山来苏周氏前房宗谱		（清）光绪十五年（1889）	6册	山西省社会科学院
周	萧山石盖周氏宗谱	世善堂	民国乙丑年（1925）	6册	山西省社会科学院
林	萧山西陵林氏家谱	问礼堂	民国丁亥年（1947）	8册	山西省社会科学院
贺	萧山贺氏宗谱	百岁堂	（清）光绪十年（1884）	4册	山西省社会科学院
施	萧邑航坞山北施氏宗谱	余庆堂	（清）光绪三十一年（1905）	12册	山西省社会科学院
郭	萧山郭氏宗谱	敬爱堂	民国辛未年（1931）	12卷，首1卷	山西省社会科学院
徐	萧山塘湾井亭徐氏宗谱	南州草堂	民国癸亥年（1923）	12卷，首2卷	山西省社会科学院
高	海宁岩门高氏家谱	报本堂	（清）咸丰三年（1853）	20册	山西省社会科学院
高	海宁岩门高氏家谱	报本堂	（清）光绪三年（1877）	26册	山西省社会科学院
高	越州萧山高氏家谱		民国乙卯年（1915）	10卷	山西省社会科学院
高	海宁岩门高氏家谱	报本堂	民国乙丑年（1925）	38册	山西省社会科学院
傅	萧邑横山傅氏宗谱	敦睦堂	（清）光绪二十八年（1902）	11卷	山西省社会科学院
傅	萧山傅氏宗谱	敦本堂	民国乙丑年（1925）	21卷	山西省社会科学院
韩	湘南韩氏续修宗谱	昼锦堂	（清）光绪元年（1875）	47卷，末1卷	山西省社会科学院
韩	萧山义桥韩氏家谱	永思堂	民国乙卯年（1915）	10卷，首1卷	山西省社会科学院
韩	萧山一都韩氏家谱	昼锦堂	民国己巳年（1929）	16卷	山西省社会科学院
楼	萧山仙岩楼氏宗谱	务本堂	（清）光绪十三年（1887）		山西省社会科学院
潘	萧邑崇化潘氏宗谱	优肃堂	（清）嘉庆年间	6册	山西省社会科学院
戴	萧邑芝萝戴氏宗谱	荣席堂	民国癸酉年（1933）	10卷	山西省社会科学院

姓氏	家谱名称	堂号	编修时间	数量	保存地
戴	萧邑苎萝戴氏宗谱	荣席堂	民国癸未年（1943）		山西省社会科学院
朱	萧山朱家坛朱氏宗谱	敦伦堂	（清）同治八年（1869）		宁波天一阁
赵	萧山赵氏庆源类谱		（清）雍正十一年（1733）	2卷	杭州图书馆
王	萧山王氏泰支谱		（不详）	1册	国家图书馆
朱	萧山翔凤朱氏宗谱		（清）宣统元年（1909）		国家图书馆
杨	山阴天乐杨氏宗谱	四知堂	（清）光绪八年（1882）		国家图书馆
黄	萧山埭上黄氏家谱	萃涣堂	（清）光绪二十一年（1895）		国家图书馆
黄	萧山埭上黄氏家谱	萃涣堂	民国乙丑年（1925）		国家图书馆
王	萧山苎萝王氏宗谱	三槐堂	（清）同治元年（1862）		中国社科院历史研究所
王	浙绍萧山县车里庄王氏宗谱	三槐堂	民国丁巳年（1917）		中国社科院图书馆、美国
刘	萧山崇化刘氏宗谱		民国壬戌年（1922）		中国社科院历史研究所
黄	萧山黄氏家谱	萃涣堂	（清）嘉庆五年（1800）		中国社科院图书馆
张	萧山衡河张氏宗谱	孝友堂	（清）嘉庆二十一年（1816）		中国人民大学
张	萧邑张氏宗谱		民国戊午年（1918）		中国人民大学、河北大学
王	浙绍萧山车里庄王氏宗谱	三槐堂	（清）光绪十二年（1886）	5卷	辽宁图书馆
刘	萧山刘氏宗谱（不分卷）		民国乙丑年（1925）		吉林大学图书馆
李	山阴天乐李氏宗谱	芳庆堂	（清）同治九年（1870）		吉林大学图书馆
王	萧山王氏族谱	三槐堂	（清）乾隆二十年（1755）		美国
王	萧山王氏家谱	三槐堂	（清）道光二十七年（1847）		美国
王	萧山新发王氏宗谱	三槐堂	（清）光绪十年（1884）		日本、美国
王	浙绍萧山车里庄王氏宗谱	三槐堂	民国丁巳年（1917）		美国
王	萧山苎萝王氏宗谱	三槐堂	民国时期		日本、美国
刘	萧山刘氏宗谱（不分卷）		民国乙丑年（1925）		日本、美国
朱	萧山黄阁河朱氏宗谱	贻穀堂	（清）嘉庆三年（1798）		美国
朱	萧山黄阁河朱氏宗谱	贻穀堂	民国壬申年（1932）		美国
朱	萧山朱家坛朱氏宗谱	敦伦堂	（清）嘉庆十七年（1812）		日本、美国
朱	萧山朱家坛朱氏宗谱	敦伦堂	（清）道光二十五年（1845）		日本、美国
朱	萧山朱家坛朱氏宗谱	敦伦堂	（清）同治八年（1869）		日本、美国
朱	萧山翔凤村朱氏宗谱	敬爱堂	（清）同治九年（1870）		日本、美国
朱	萧山翔凤村朱氏宗谱	敬爱堂	（清）宣统元年（1909）		日本、美国
李	山阴天乐李氏宗谱	芳庄堂	（清）同治九年（1870）		日本
吴	萧山吴氏家谱	爱敬堂	（清）乾隆五十八年（1793）		日本、美国
吴	萧山吴氏家谱	爱敬堂	（清）道光十二年（1832）		日本、美国
张	萧山张氏家谱	百忍堂	（清）道光十五年（1835）		日本、美国
张	萧山义门张氏宗谱	六顺堂	（清）光绪二年（1876）		日本、美国
张	萧邑苎萝张氏宗谱		（清）光绪十五年（1889）		美国
郑	萧山郑氏宗谱	永思堂	（清）咸丰十年（1860）		美国
郑	萧山郑氏宗谱	永思堂	（清）光绪二十二年（1896）		日本、美国
郑	萧山郑氏宗谱	永思堂	民国甲子年（1924）		日本、美国

【附二】

萧山部分姓氏探源

丁氏　萧山丁氏尊丁璞为始祖。

丁璞，字良玉，临淄（今属山东）人，唐淮南节度使。黄巢起义期间（875~884），他携眷南来，隐居萧山凌溪之南（今戴村镇丁村）。

丁璞之子重器，字敬之，五代·后晋天福年间（936~944）中进士，历官南台御史；孙子丁上珪，字廷献，宋太平兴国八年（983）进士。

丁氏传至第13世，人口众多，开始分为6房，至1911年续谱时，已延至第31~34世。丁村丁氏有200多人。

万氏　北宋末期，金人南侵，江西人（唐以前，就有万姓人聚居南昌金沙村）万满一（1128~1206）和胞弟满二、堂弟宰一、生一、匡一、通二避难远来萧山，在航坞山北遇到一位"形容古异"的白发老翁。在他的指引下，万氏兄弟进入一处山坞。其时那里"土地平旷"，且无人烟，万氏兄弟"便结庐而偕居"，"乃就其土开垦种植，以给衣食"。此后人口增多，遂名居地为万家坞。传至第17世，分为5房。清光绪二十五年（1899）修宗谱时，已延27世。1994年底调查时，有401人。

800多年来，万氏深居坞中，辛勤农耕，不求闻达，直至民国时期，才出了一位少将万祖章。

万祖章（1900~1991），万家坞万氏第27世，民国16年（1927）毕业于日本士官学堂，民国24年又毕业于中国陆军大学，民国时期曾任军令部高级参谋。80年代，参加萧山市人民政协活动。

板桥马氏　明朝时，扶风（今属陕西）马氏寿五公辗转迁来萧山板桥（今属河上镇），今已传21世，有300多人。

板桥马氏第13世马从龙（1714~1801），字呈河，号勉斋，"博通韬钤之学，与门下士谈经论文之余，往往兼及挽强（弓）击剑"。清乾隆丁卯年（1747），得中武举人。

苎萝王氏　始迁祖王性（1111~1187），北宋兵部侍郎王祐第6世孙，南宋建炎戊申年（1128）省元，举博学宏词科第一。由汴州城（今开封市）扈跸南渡，"因恶秦桧之奸"，隐居萧山苎萝村（今临浦镇大庄王村一带）。朝廷先后授他潮州知州、国子监直讲，均未赴，而是去嵊县（今嵊州）金庭观教书。

城厢镇车里庄（原市心桥下街、北街弄一带）、文里王、西兴、湫上王和浦阳镇鹊竿王家、楼塔镇大黄岭的王姓人，都是王性的后裔。

王氏今已传40世，世代书香，仅车里庄就有进士、举人、贡生15人。

庙西王氏　世居会稽。第1世王仲仪，北宋仁宗朝谏议；第4世赞卿，浙江提举，"经萧山，喜桃源山水之胜，遂家焉"；第6世汝楫，入赘苏潭莫氏，居城隍庙东；第7世竹祖，移居庙西。

是族人文鼎盛：

王三才，明万历辛丑年（1601）进士，南京应天府府尹、工部右侍郎。其子命伊，累官至广南知府；王命禹，明万历丁未年（1607）进士，工部郎中。

王先吉，清康熙九年（1670）进士，内阁中书舍人。

王宗炎，清乾隆四十五年（1780）进士。其子端履，清嘉庆十九年（1814）进士，翰林院庶吉士。其族弟王绍兰，清乾隆五十八年进士，福建巡抚。

三泉王氏 南宋时，工部尚书王俣扈驾南来，定居余姚城东。

王俣之孙王中立（一作"道立"），于绍兴二年（1132）中进士，官兵部郎中，因目击政局动荡，便"拜表乞归"，自余姚西迁山阴天乐乡永义里定居。王氏第9世孙永康，在青化山南觅得"虎泉"、"小泉井"、"大泉井"，遂名居地为三泉王。至今已传31世，有900多人。

毛氏 余姚、萧山两地毛氏尊毛玠为远祖。

毛玠，字孝先，陈留（今属河南）人，三国魏右军师、尚书仆射。

北宋靖康末年，毛玠后裔、述英殿学士毛惟瞻之孙、进士、侍御史毛度扈驾南渡，安家于临安（今杭州）。绍兴中，因他反对和议，谪调余姚县丞，遂居是县邓巷口。

明洪武初，毛度后裔、福建都转运使同知毛贞，在萧山建造别墅，之后自余姚迁居萧山，是为萧山毛氏第1世。传至大学者毛奇龄，已是第10世了。

萧山毛氏有3000多人，散居于今城厢镇和衙前、义桥、河庄等镇。

方氏 戴村镇前方村的方姓人尊固始（今属河南）籍方纮为第1世。

西汉末年，方纮任汝南（今属河南）尹，为避王莽篡权之乱，移居新安郡歙县东乡（今属浙江淳安）。传至第30世晚唐诗人方干，又自东乡隐迹桐庐白云源，后转徙鉴湖梅花岛，笑傲林泉，卒葬斯岛。他是越郡（今绍兴市及所辖县、市）方姓人的始迁祖。

第32世方教，于北宋太平兴国二年（977）由鉴湖梅花岛迁至诸暨花山白门里。

方教后人方度，于南宋淳祐元年（1241）入赘诸暨汤家垫（今属高湖乡），称高湖派。

明朝后期，方纮第53世孙方魁，排行富二，自高湖迁至萧山晾冈山麓、八都溪畔（今名前方村）安家。

第63世国学生方小筠，尊父方筠卿之命，求师学医。后得同朝前辈名医径游俞汶溪（一作"文起"）医学秘籍，朝夕揣摩，医术大进。小筠后将医术传给儿子竹轩、孙子秉杰。

前方村方氏已传至第69世，有300多人。

孔氏 北宋末年，儒学创始人孔子的第48世孙端友和弟弟端思等扈驾南来，端友定居衢州，袭衍圣公，肇开"南孔"之基；端思则任杭州儒学教授，移家钱塘县定南乡，传至第53世孔沁，字心一，于明洪武初年迁至萧山县砾山之阳（今义桥镇双桥头、孔家埠一带）。孔沁长孙克启与弟克创，又转徙天乐郑家塘（今属进化镇）发族。民国7年（1918）续谱时，已延至第71世。今孔氏有13000多人。

第64世孔尔熠，字子明，清康熙庚午年（1690）武举人，授象山昌国卫守备。12年后，谢职研习祖国医学，擅长小儿科，求治者门庭若市。今已传11世，其裔尚在义桥、闻堰、河上等地继续行医。

卢氏 卢本姜姓。3000多年前，姜子牙辅佐姬发兴周灭纣，功勋卓著。他的曾孙俣为齐国正卿，食采于卢（今山东长清县），后人便以卢为姓。

秦时，博士卢敖隐居庐山避难，将子孙安家于涿水（今河北涿州）。延至东晋，卢敖后裔卢邈任范阳（今属河北）太守。

至唐代，诗人卢照邻、画家卢鸿、监察御史卢钧、郑滑节度使卢群等都是范阳人，所以范阳成了卢氏发祥地。

北宋天禧元年（1017），翰林学士卢琏提督江南，为避朝中权臣，东来天台县山口（今属白鹤镇）隐居。

北宋治平年间（1064~1067），卢琏后裔、天台县主簿卢实由山口徙居东阳卢宅。

明宣德年间（1426~1435），卢宅人卢顺三入赘萧山七都邵氏，其地在云石乡石牛山东麓，称卢家础

（今属沈村，但无卢姓人）。

顺三生3子：长宗一，次宗五，幼宗十。宗一的第6世孙思启，排行焕三，于天启年间（1621~1627）迁来溪河（今属戴村镇）发族。民国25年（1936）续修《萧山卢氏宗谱》时，已传18世（今延至第20世），有近300人。

欢潭田氏　北宋太宗朝（976~997），河南陈留县田家庄有一位名叫田锡的人，官居左拾遗，后任相州（今属河南）知州。南宋建炎年间（1127~1130），田锡的曾孙田晟守蜀（四川）有功，得到抗金名将张浚的保举，官至大司徒，受封鲁国公。田晟的儿子田秩，为司空。他扈跸南渡后，因"爱山阴欢潭山水之胜"，遂卜居那里肇基发族。田姓宗谱尊田晟为第1世，田秩为第2世。田秩有2子，长名田思忠，幼名田思信，都当了大将军。思忠居欢潭，思信迁四卦（今称泗化）。清朝光绪三十年（1904）重修宗谱时，欢潭田姓已延至第34世。如今，欢潭乡田姓人有1400多。从欢潭析居于许贤乡田家及新街镇田家村的有1200多人。

欢潭田姓，名人辈出，明朝时有南京云南道监察御史田麟，清朝时有成都知县田轩来，他们都是进士出身。

道源田氏　今城厢镇道源桥河之北岸，居住着20多位田姓人。这里原有一座竣工于清雍正朝（1723~1735）的田氏宗祠和一尊表彰明弘治辛酉年（1501）解元、正德戊辰年（1508）进士田惟祐"天府先登"的"道源钟秀"坊。

道源田氏和欢潭田氏"同姓不关族"。道源田氏的远祖叫留封人，是西周时期卫国的大夫。卫国先后建都于今河南的淇县、滑县、濮阳和沁阳，后为秦所灭。

延至南宋，留氏族中出了一位名叫留正的著名人物。他字仲至，绍兴年间（1131~1162）中进士，宁宗朝官拜左丞相。庆元年间（1195~1200），宁宗赵扩当政，宗室丞相赵汝愚和外戚韩侂胄争权。赵联合理学家、焕章阁待制兼侍讲朱熹等攻击韩，韩乃斥理学为"伪学"，于是朱熹等59人（留正也在其中）被戴上"伪学"帽子，均遭罢逐，史称"庆元党禁"。当时留正一怒之下，渡过钱塘江，到绍兴隐居。明洪武初期，他的后代留伯成（1363~1430）、留贵和由绍兴迁居萧山道源桥，去卯留田，改姓田了。

《道源田氏宗谱》尊留正为始祖，以田伯成孙辈田士贤为第1世，至清宣统元年（1909）续谱时，已传16世。半爿街60多位田姓人，也属道源田氏。

族人田惟祐，明正德戊辰（1508）进士，广西浔州府知府。

史氏　史氏在"溧阳以前，世远难稽，故后世皆以溧阳为始祖"。

溧阳今属江苏，是东汉史崇的封地。东汉建武二年（26）春，杜陵（今属陕西）人史崇因军功累官青（青州，今属山东）、冀（冀州，今属河北）二州刺史，加封骠骑将军、溧阳侯。史崇是溧阳史氏的第1世。

至北宋，溧阳史氏第30世惟则迁居四明（今宁波市鄞州区），为四明史氏第1世。

四明史氏，南宋时期最为辉煌：第6世史浩、第7世史弥远，父子两人，均系进士出身，受任宰相，权倾一时；之后，父封忠定王，子封忠献王，声名赫然。

元朝时，四明史氏第11世、史弥远的第5世孙朝奉郎公亨，为避兵乱，"入赘山阴天乐田氏。因爱萧山风俗淳美，遂卜居县东昭明里"。故址在木桥巷内，与芹沂桥（今属城厢镇百尺溇社区）相隔里许。

民国7年（1918）续修宗谱时，萧山史氏已传22世。现有2000多人，分别聚居于今城厢、新街镇和杭州滨江区长河街道。

冯氏 赭山是赭山（今称红山）、禅机山（又名狮子山）、文堂山（也叫美女山）的总称，今位于钱塘江南岸东侧。清嘉庆十八年（1813）以前，这里属海宁县时和乡，后因钱塘江改道，才划归萧山县。

萧山冯姓人1万多，大部分定居于赭山及赭山附近的村落。

据先秦史料《世本·姓氏篇》所载，冯姓人是春秋时期郑国大夫冯简子的后代。郑国建都于今河南新郑，所以冯氏以新郑为发祥地。

唐朝时，冯简子的后代冯旦始迁浙江慈溪。明永乐朝，慈溪人冯柏四、冯柏七至海宁赭山，爱禅机山一带风光宜人，便在山之南麓卜宅定居，至清宣统元年（1909）续修宗谱时，已延至第18世了。

冯氏在这里亦耕亦读，历史上出过几位著名人物：

冯瓘，明嘉靖二十三年（1544）进士，累官至福建按察使。他的儿子冯有翼，万历二十年（1592）举人，上犹县（今属江西）知县。

冯大山，清雍正八年（1730）进士，婺源县（今属江西）知县。

当代摄影艺术家高帆，本名冯声亮，民国27年（1938）秋赴延安，后为《解放军画报》总编辑、社长。

吕才庄吕氏 4200多年前，夏朝封炎帝神农氏后裔于吕（今河南南阳西部）；西周宣王时，吕改"甫"国；春秋时，"甫"为楚所灭，其裔姓吕。

延至北宋吕海（1014～1071），开封人，登进士第，官殿中侍御史、御史中丞。他的儿子由诚，靖康元年（1126）由温州知府调任袭庆府（今山东兖州）知府。当时金人已攻陷京师开封，他昼夜守城，使金人望而却步。之后，金人增加兵力，强攻入城，由诚被抓殉国。

由诚儿子吕亿，官大理寺评事，负父骨南渡，家于越州新昌县。吕亿是新昌县吕氏的始迁祖。

至明朝，佛一（排行）自新昌迁来萧山，择址南门江东岸安家。日久，人众族旺，这片土地取名吕才庄（今属新塘街道）。如今，这里的吕氏已传27世，有260多人。

翔凤朱氏 翔凤村今属衙前镇。

翔凤朱氏尊东汉太尉、钱塘侯朱隽为始祖。清宣统元年（1909）续谱时，已传64世，现有300多人。

第50世朱仲安（1371～1433），明洪武二十三年（1390）举人，官至交阯郡（郡治在今越南河内）郡守、河南按察使，是位"吾惟留清白以遗子孙"的廉吏。

第65世朱执信（1885～1920），是杰出的民主革命家。

朱家坛朱氏 朱家坛朱氏尊偏将军朱瑰为第1世祖。他是吴郡（今苏州市吴县一带）人，于唐天祐中（905～907）带3000士兵去婺源（今属江西）戍守，并在那里安了家，成为婺源朱姓人的始祖。

第9世为朱熹，南宋著名哲学家、教育家。

第15世为朱寿，元朝时，为避战乱，自婺源迁来萧山城东里（今名朱家坛，属城厢镇），入赘金氏。

第29世（朱家坛朱氏第15世）朱凤标，清道光十二年（1832）榜眼，官至体仁阁大学士。其子其煌，咸丰七年（1857）以二品荫生应试，取一等第二名，官至山东布政使，授中宪大夫。其孙有基，历官江西九江府知府、四川川东道，卓有政声。其曾孙翼厂，游学英、法，辛亥革命后历任财政部参事、盐务署厅长等职。其玄孙家济、家濂、家源、家潘，多从事学术研究。

黄阁河朱氏 "朱氏世居沛国（今安徽睢溪县与江苏沛县一带）"，后周时，朱浮后裔、殿中大夫朱涔为避"十国之乱",迁居吴郡;南宋时,朱涔后裔朱纯之徙家浙江临海;元初,朱纯之后裔朱克信出任浙东肃政廉访使,遂居山阴。之后,他的儿子荣一移家白洋(今属绍兴安昌镇)。

"朱氏为萧山望(大)族,当元至元(1271~1294)间,有福三公者(名字、生卒年月失考),自白洋徙居越寨(今城南鸭水张),传至第四世德三公,复迁黄阁河。"德三公坟茔至今犹存。朱姓人今已延至第25世,有200多人。

黄阁河朱姓第14世廪贡生朱文炳(属公六派曾七房)于清初寄籍顺天府大兴县(今属北京市)。他有4个儿子,除长子朱堂是大兴县监生外,其余3子——朱垣、朱筠、朱珪都在乾隆朝中了进士,其中朱珪还是嘉庆帝师,官至体仁阁大学士,追赠太子太保。

黄阁河朱氏发迹于大兴,但不忘故土。乾隆五十四年(1789),置"圭田"百亩于萧山,作为族中祭祖、维修宗祠及培养族人之用。

鹳竿里朱氏　鹳竿里今称朱家塔,属浦阳镇。这支朱氏属西汉大司马长史朱诩后裔。朱诩生子朱浮。朱浮是镇江丹阳派朱氏始祖。

朱浮后裔进二,南宋末年迁此发族,今传27世,有800多人。

族人朱叶华(第17世),清乾隆癸酉年(1753)武举人,候补副将。

叶华之弟叶衡,乾隆壬辰年(1772)武进士,官御前侍卫、琼州府儋州(今属海南省)营游击将军。

任氏　任氏原籍河南,始祖任钥,北宋徽宗元年(1101)进士、监察御史,因得罪权贵,远谪山阴县知县,遂移家山阴县桑盆里(今属绍兴县斗门镇)。南宋嘉熙元年(1237),任氏第5世祖任定翁"乐萧山境土饶沃",自桑盆里奉父任绪衡灵柩来萧山,埋父骨于北干山南,自己则于昭明乡凤堰里筑室守墓。此后生息繁衍,蔚为大族。凤堰里在今城厢镇凤堰桥上、下街一带。

萧山任氏从第8世起分房(一族中的分支),有升二、升三、升五房和奇大房至奇十一房,散居于城厢、义桥、戴村等镇,人口已超过6000。

萧山任氏尊任钥为始祖,任绪衡为迁萧第1世,"世以读书、积善闻"。

任定翁之子任宝,南宋时出任京仓副使。

任宝的玄孙任源,字原礼,元朝末年出任萧山县儒学训导。积德行善,仗义疏财,好交游,人称"长者"。

任氏一族,人文鼎盛:

明永乐九年(1411),任澂作《萧山八景图诗》。"萧山八景"的提出,此为最早。弘治年间(1488~1505),任鉴受知县刘俨聘请,编修《萧山县志》。

清康熙六年(1667)进士、大理寺丞任辰旦是位廉吏,有《介和堂集》;道光三年(1823)进士、山东德平县知县任洼有《求是居诗稿》;道光、咸丰间,任熊、任薰兄弟(第22世)及任熊之子任预,是名噪一时的大画家。

渔浦华氏　始迁祖华镇,字元仁,北宋元丰二年(1079)进士,朝奉大夫,自会稽迁居萧山渔浦(今属义桥镇)。传至第11世华克勤(闻堰镇潭头华氏始祖),字无逸,以贤良方正举为山西布政使,后奉明太祖诏书,出使日本。

渔浦华氏今已传26世,有700多人。

华家垫华氏　始迁祖华振吾(一作"能五"),官提领。先世居婺州(今金华),元末战乱,避居绍兴肇桥村,后迁华家垫(今属进化镇),有《华氏世系图》,止于第18世。现有1100多人。

渔临华氏 始迁祖华绰，提举，属无锡华氏第30世（无锡华氏第1世为汉代华良）。

南宋时，鉴于政局动荡，华绰携幼子华埏，隐居于西小江西岸的渔临关（今属所前镇），"世以耕读为业"。民国5年（1916）修谱时，已传29世。现有400多人。

全氏 全氏尊全柔为始祖。全柔，钱塘人，东汉灵帝时举孝廉，补尚书右丞。因不满董卓擅权，弃官回乡。孙策入吴，他率部归附，任丹阳（今属江苏）都尉。孙权为车骑将军时，全柔任长史，后调桂阳（今属湖南）太守。

北宋太平兴国年间（976~984），全柔后裔全权，累官至侍御史，和弟弟全兴一起，迁居绍兴西郭门外虹桥里。

全权生二子：长名全鼎，任明州（今宁波）学录，定居鄞县（今宁波市鄞州区）桓溪，是桓溪全氏的始祖；次子全组，因叔父全兴无后，便过继给他做嗣子，迁家绍兴东浦，成为东浦全氏的始祖。

东浦全氏第8世全份，乐善好施。

南宋时，全氏族中出了两位皇后（理宗之母，度宗之妻），显赫一时。宋朝灭亡后，全氏族人纷纷外迁，顿趋衰微。直到明朝初期，全兴的第11世孙全安仁复回东浦，重开基业。之后，东浦全氏中的一支徙家立岱大桥（今属绍兴嘉会镇）。清嘉庆年间（1796~1820），立岱大桥的全大忠兄弟俩来到大和山和镇龙殿北（今属党山镇和益农镇）开荒种地，生息繁衍，并成为该地的始迁第1世。如今，该地全氏已延至第8世。

萧山全氏有600多人，多数从事农耕。

汤氏 萧山汤氏有10000多人，尊汤鹏举（一作"汤举"）为第1世。

鹏举，字万里，号致远，谥肃敏，河南人。南宋时，扈从高宗南渡，居杭州白马庙侧。绍兴二十七年（1157），官参知政事。

鹏举生9子，唯3子可考：

汤亿，字盛卿，婺州岐王府郡马，与郡主住诸暨汤家垫；

汤兆，字至卿，生1子，名思谦，居山阴天乐大汤坞（实迁该地者，为第9世汤贵）。该族第33世汤寿潜，清光绪十八年（1892）进士，光绪三十一年（1905）浙江全省铁路公司成立，被公推为总理；辛亥革命时期，任浙江都督。

汤京，字嘉卿，中省元，历赠太师。生1子，名思退，官绍兴府知府时，建别业于萧山夏孝乡双庙前河斗里（今属杭州滨江区长河镇），为该地始迁祖。民国18年（1929）续谱时，已传29世。第25世汤金钊，清嘉庆四年（1799）进士，官至协办大学士。

河斗里汤氏第7世改三，再迁汤家桥（今属长河镇）发族，清光绪己丑年（1889）续谱时，已传28世。

第15世承德郎汤腾，字适仪，明朝时，由汤家垫入赘萧山道源桥顾氏，娶弘治十四年（1501）举人、福建长乐县知县顾通之妹为妻。后迁萧山祇园寺西（汤家弄），为城内汤氏始祖。汤腾生5子，4子安家萧山：

第16世汤本，洪武癸酉年（1393）举人，故城（今属河北）县学教谕，自城内迁居塘湾（今属城厢镇）。

第16世汤杰，大名府长垣（今属河北）县学教谕，自城内迁居西兴关里。

第16世汤本名，乡大宾，自城内入赘白鹿塘杨氏。

第16世汤中，居县城。

许氏 许询,字玄度,高阳(今属河北)人。父亲名归,"以琅琊(今属山东)太守随中宗(东晋元帝司马睿)过江,迁会稽内史,因家于山阴"。

中宗了解许询才华,征他为"议郎",他辞不受职;肃宗(明帝司马绍)征他为"司徒掾",又不就。他"隐于永兴(今萧山)西山,凭树构堂,萧然自致"。和当时的大书法家王羲之、诗僧支遁等寄情山水,烧药炼丹。

许询后人在萧山已超过16000人,分布于城厢、义桥、党山、浦阳等镇。

萧山许氏在唐朝出过一位孝子许伯会(许询第12世孙),举孝廉。母亲亡故,他负土成坟。为了纪念他,北宋太平兴国三年(978),萧山县设许贤乡。

党山许氏 党山许氏也是许询后裔,明嘉靖间,绍兴塔山许氏第39世许承一(1469~1564)自绍兴马鞍亭山小娄移居党山,成为党山许氏第1世祖。党山许氏今传15~17世,有1000多人。党山许氏第13世许在衡,字笈云,号寿平,清光绪十五年(1889)进士,官翰林院侍读学士。

梓(子)湖许氏 明朝中叶,绍兴塔山许氏第40世许通,自钱清移至萧山梓湖(今杭州市滨江区浦沿镇许家里)。梓湖许氏今传15~17世,有300多人。

第11世许鉴川,清嘉庆十三年(1808)武举人,浙江提标左营右哨二司把总。第14世许廑父,现代演义作家。

湖里孙孙氏 湖里孙(今属城厢镇)孙氏始迁祖为富阳龙门孙氏第11世孙应鹏,元初避兵乱,徙居萧山湘湖北岸肇基。

湖里孙孙氏第10世孙学思,明嘉靖十八年(1539),由楷书考选儒士,授中书舍人,累官至吏部主客清吏司郎中;其弟孙学古,嘉靖二十三年(1544)中进士,出任东莞县(今属广东)知县。兄弟两人,有"湖中双凤"之誉。

湖里孙孙氏今已传28世,有600多人。

燕斗孙孙氏 燕斗孙(今属闻堰镇)始迁祖为龙门第12世孙表,字伯田,明朝初期迁来,现已延至第26世,有1100多人。

小湖孙孙氏 元朝末年,龙门孙从三,兄弟9人,归葬父母之后,从三同仆人"游至萧邑地(今浦阳镇小湖),见其山明川秀,土厚泉长,居民鲜少",遂迁此定居。

该族第3世孙完,明建文二年(1400)进士,福建佥事。

小湖孙孙氏已传25世,有700多人。

杜氏 所前镇杜家杜氏尊杜有亮为始迁祖。

杜有亮为北宋进士、集贤殿大学士兼枢密使、赐太子太师、封祁公杜衍的第15世孙。杜衍居山阴永昌乡(今绍兴兰亭镇)。

明永乐年间(1403~1424),杜有亮入赘山栖颜氏家。之后,杜兴颜衰,命其居地为杜家(今属所前镇)。

杜家杜氏今已传24世,有900多人。

杨氏 续修于民国22年(1933)的四知堂《萧山杨氏宗谱》尊西周武王姬发幼子叔虞为第1世,至第76世杨宪,始由开封迁浙江上虞。齐王杨忠(一作"杨藩")为第79世,杨忠之子、冀王杨次山(南宋恭圣仁烈皇后之兄)为第80世,均埋骨于萧山杨岐山南麓。

萧山杨氏属两王后裔,聚居于闻堰、西兴、临浦通济一带。其中闻堰镇杨家湾一支(守墓)已传32世,有100多人。

李氏　唐天复元年（901）十一月，朱温（即后来的梁太祖）进占（陕西）凤翔，汝阳郡王李琎的曾孙李庶，避难南来，流寓绍兴锦鳞桥。天祐四年（907），李庶次子继宗守父墓，徙居天乐乡胥里（今所前镇大小坞村）。这里地处青化山北麓，环境宁静，风景秀丽。

继宗第5世孙李吉，宋元丰四年（1081）中进士，官至严州（今建德）节度使；第8世孙显忠，孝宗隆兴年间（1163～1164）屡破金兵，官至太尉，卒赠陇西郡开国公，还葬绍兴城南秦望山北麓。

民国5年（1916），天乐乡胥里重修家乘时，李氏已繁衍至第32世。

全市李氏已达36000余人。

来氏　萧山来氏尊河南鄢陵人来廷绍为始迁祖。

南宋嘉泰二年（1202），廷绍以直龙图阁学士出知绍兴府事，岂料未到府治而病逝于萧山祇园寺僧舍。其长子师安为守父墓而筑室夏孝乡（今杭州市滨江区长河镇）冠山之阳；幼子师周则回鄢陵老家。

来氏今已传30余世，有17000多人，分别居住在长河、西兴、浦沿、闻堰等地。

明、清两朝，来氏出进士26人，武进士3人；举人47人，武举人17人，所以民间有"无来不出榜"之谚。

油车桥吴氏　《萧山吴氏宗谱》（残）尊仲雍为第1世，吴王夫差为第21世。

明朝中期，吴氏第84世吴珍，字鼎全，自山阴迁居萧山，成了油车桥（今属临浦镇）吴氏的第1世。

油车桥吴氏至今已传18世，有近200人。

此外，石岩乡沙里吴、蜀山村的吴姓人也自山阴迁入。两地吴姓人共有500多，和油车桥吴氏同属一脉。

临浦吴氏　临浦吴氏由山阴州山迁入。州山第1世为吴均礼，字慎直，元朝时人。传至第17世吴成明，清同治初来临浦开"吴正元银楼"，遂定居斯地。现已传至第5～6世，有40多人，散居镇上。

芹沂何氏　何姓人本为封于韩国（今河南中部、山西东南部）的周武王姬发次子唐叔虞的后代，以国为姓。

至晋朝，隐士何准的第7世孙何昌龄，自庐江郡（今属安徽）迁居今浙江浦江。传至第33世何宗矩，南宋时受封朝奉大夫。元灭宋后，他不愿继续任职，遂移家萧山，始居西河（今西河路桥下达），继迁芹沂（今属城厢镇百尺溇）。何宗矩为芹沂何姓人的始祖。他的两个弟弟——宗文和宗继依然留住浦江。

芹沂何姓第6世何善，明永乐十六年（1418）举进士，正统八年（1443）出任交趾道监察御史。此后人文鼎盛，出了8位进士。清光绪十九年（1893）重修宗谱时，芹沂何姓已延至第22世。

铜埠何氏　戴村镇境内的铜埠（今名何童埠），北依锦山（即后马山）。

明永乐年间（1403～1424），诸暨善溪人何良五，名文业，字德基，"慕萧山之风景，择土地之平旷，遂卜筑于锦山之阳，为铜埠第一始祖"。

铜埠第12世何异兰，字周木，号锦山，清朝乾隆四十年（1775）在武科殿试中，得中二甲第一名传胪。这是萧山历史上唯一的武传胪。他历任御前侍卫、山东台庄参将，43岁时卒于任所。

何异兰的第二个儿子可烜，在乾隆五十四年（1789）的乡试中，得中武举人。

铜埠何姓人，今已繁衍至第23～24世，有400多人。同镇的后马湖、溪河村、戴家山、墙头以及临浦镇的沃山何的何姓人，都是从铜埠分迁出去的。

大义、汪家埭汪氏　萧山大义、桃源两地汪氏尊春秋时期鲁成公黑肱的次子姬汪为始祖。姬汪有功于王室，封上大夫，食采颍川（今河南境内）。之后，子孙以祖先之名改姓汪。传至第44世汪华，字茂昭，安徽绩溪人，唐初任歙州刺史，总管歙、宣、杭、睦、饶、婺6州军事，封越国公。

第62世汪顺，字延皓，后晋天福三年（938）任会稽刺史，遂由绩溪徙居四明（今宁波）。

第67世汪大辨和弟弟大伦，南宋时由四明同迁大义村（今属瓜沥镇）。之后，大伦入赘刘氏，大辨"慕桃源名胜"，又迁汪家埭定居。

大义和汪家埭共有汪姓人4000多（其中汪家埭600多），已延至第30世。

大义村人汪楷，习法家之言，清雍正、乾隆两朝任河南淇县典史8年，有惠政。其子辉祖，在苏、浙一带做了34年幕僚（师爷），为14位府、州、县官办过刑案。乾隆四十年（1775），他中了进士，官至湖南道州府知府。

汪谦（1864～1935），字益寿，号天南游子，汪辉祖第6世孙，善画，出游欧、亚5国，有"皇朝第一画家"之誉。清光绪甲午年（1894）为慈禧召见，献《九老图》。著有《六法大观》《画谱》等。

汪家埭汪氏"世以耕读传家"，也出过两位举人：

汪烈，清康熙五十二年（1713）举人；

汪树基，清光绪十八年（1892）举人。

东汪汪氏　东汪汪氏始祖汪煦，字日初，号柏山，是黟县（今属安徽）的一位秀才。明朝中期游学萧山，见闻堰小砾山一带青山如屏，江流不息，便做了韩姓人家的入赘女婿，定居汪家堰（该地今无汪姓人）。

汪煦之子汪魁（1487～1549），字斯禄，排行第六，相中"前开湖镜，后听江潮"的河墅里，于是筑宅肇基，子孙繁衍，蔚为大族，同时改河墅里为东汪村。

在科举时代，东汪村出了4位举人、1位贡生：

汪文炳，清康熙三十九年（1700）文元；

汪寅，清道光十九年（1839）举人；

汪镇雄，清道光二十年（1840）举人；

汪黼文，清光绪九年（1883）举人；

汪鸿钧，清光绪二十八年（1902）举人。

汪坤厚，原名坤元，字渔坨，20岁中秀才。清同治年间（1862～1874），受邻村相国汤金钊次子、太常寺卿汤修引荐，入淮海道道台特赫纳幕府。之后，又蒙东阁大学士左宗棠、江苏巡抚丁日昌等赏识，以同知衔出任江苏江阴、丹徒、娄县、常熟知县。

如今，东汪村汪氏已传20世，有900多人。东汪汪氏与瓜沥镇的大义汪氏和浦阳镇的汪家埭汪氏根同枝异，只是迁萧时间晚于上述两支汪氏。

长巷沈氏　长巷（今属瓜沥镇）沈氏自苏州迁来。始迁祖沈衡，字公持，北宋景祐元年（1034）进士，官至兵部职方郎。

沈氏族中十分重视教育，那些满腹经纶的老人（包括辞官归里者）把教授子弟作为大事，因而族中甲科不绝，代有人文。

据《萧山长巷沈氏宗谱》记载，沈氏自宋至清，有进士10人，武进士4人；举人33人，武举人5人；贡生61人。

明末道州（今属湖南）守备沈至绪及其女云英将军，当代经济学家、翻译家沈志远，都是长巷人。

清光绪十九年（1893）修谱时，沈氏已繁衍至第35世。如今单是长巷一地，沈氏已有2300多人。

池头沈氏　所前镇池头沈沈氏尊沈炼（1507～1557）为第1世嫡祖。沈炼，字纯夫，号青霞，居会稽。明嘉靖十七年（1538）进士，官溧阳（今属江苏）、荏平（今属山东）县知县，因多次弹劾严嵩父子而惨遭杀害。第3世惠斋，赐进士出身，迁山阴山栖。第6世望原，始迁池头，如今已传22世，有400多人。

池头沈沈氏与长巷沈氏同出一脉。

云石沈氏　南宋初期，伊洛（今河南洛阳）人沈文锡出任秘书省正字。他的顶头上司是秦桧的养子、秘书少监兼领国史院的秦熺。

秦熺作风专断，篡改历史。文锡常常义正词严地与他争辩，不肯低眉俯首。为防不测，文锡悄悄地把家眷迁至与京师杭州仅一江之隔的萧山许贤乡境内一个幽僻的山村（今名沈村，属戴村镇）。后来文锡为秦熺所害，被贬泉州（今属福建），客死异乡。

文锡的子孙们在这个山沟里耕读为生，不求闻达，如今延至第34世（以文锡为第1世），有800多人。

民国初期，沈村人沈廷杰（1865～1921），字翔郭，号云石山樵，因家境贫寒，少年时代即外出谋生，后来参加维新运动，获交于乡贤汤寿潜。辛亥革命后，当过浙江都督府秘书和镇海县知事。著有《云石山房诗草》。

城南张氏　张姓为中国当代大姓，仅萧山已超过3.20万人。

萧山张姓支脉纷繁，其中城南一支迁萧始祖为北宋末年吏部尚书张善伯。

善伯，字文业，世居河南大梁（今开封），后随高宗赵构南渡，不久即退隐萧山崇化里（今城区西南）。

善伯玄孙张复初，南宋时任安远（今属福建）节度使、枢密院副都承旨，后晋司徒，封永国公。其妻赵氏系理宗赵昀皇姑。复初住宅在城南（今城厢镇苏家潭），由理宗下旨敕建，称张家府。

复初次子称逊，字秋岩，理宗朝为端明殿大学士，嘉熙间（1237～1240）督兵江淮，拜太师平章军国重事，封祁国公。称逊"性耿直，不附权贵。因与贾似道（理宗朝右丞相）有隙，遂谢事归"。

延至明朝，有张谊、张试、张谅兄弟3人，各有功名，称"同胞三俊"。他们住宅门额也题"同胞三俊"，遗址在今永兴公园附近。

崇化里张氏至今星散，唯有其中一支（第14世张辅）于明成化间（1465～1487）迁居于今临浦镇境内的张马桥。民国17年（1928）修宗谱时，已繁衍至第31世，现有200余人。

衡河张氏　萧山衡河（今城厢镇里横河）张氏是南宋状元张九成嫡裔。

张九成（1092～1159），本范阳（今河北涿州）人，后迁开封（今属河南），自祖父张士寿始，才定居钱塘。绍兴二年（1132），他状元及第，官至礼部侍郎兼侍读学士，赠太师，封崇国公，谥文忠。

元至正十二年（1352），元人占领钱塘，他的第10世孙、两淮真州（今江苏仪征）批验所提领张兴甫，字起隆（其妻屠氏，萧山人），由钱塘移家衡河，是该地张氏第1世。

这一支张氏，腾蛟起凤，人文鼎盛：

第7世张愤，字时俊，明成化二十三年（1487）进士，累官至两广总督，封荣禄大夫；

第13世张朝琮，清康熙年间（1662～1722）由国学生授鸿胪寺主簿，官至永平府（今河北卢龙县）知府；

第14世张文瑞，张朝琮之子，以太学生选授青州府（今属山东）同知，是研究萧山水利的专家；

第17世张百揆，字吟舫，清道光二十年（1840）探花，广东惠（惠州）、潮（潮州）、嘉（嘉应州，今称梅州）道，广东学政，封资政大夫；

张兴甫生4子：长思正，次思道，三思贤，幼思古。明朝中期，思古的第7世孙张善土（1543~?）迁至孔湖东岸（今大路张、挑网张，属所前镇）卜宅定居。

清光绪十五年（1889），孔湖张氏续修宗谱时，已传22世。现有500多人。

富家墩陈氏　三国·吴赤乌初年，吴枢密院事陈筒避世隐居义乌大陈。之后，陈筒长子陈苔由大陈迁居山阴县天乐乡郁坞（今属进化镇）。至元朝，陈苔的第11世孙陈节恩、陈节则，又由郁坞迁至富家墩（今称富墩）。

富家墩陈氏，今已传27世，有2000多人。第22世族人陈得明，"乐水乐山成癖"，在教书、行医之余，编成《天乐乡富家墩村志》。这是萧山历史上第一部村志。

塘里陈氏　南宋绍兴年间（1131~1162），绍兴府太守陈守迎，字宾之，别号唐里先生，东阳人，"因爱萧山山佳水秀，民风淳厚"，年老卸任之后，便在这里卜宅定居。清同治年间修谱时，已传23世。现有900多人。

塘里陈氏第8世陈崇学，迁居湘左（今石岩乡陈村）发族，清宣统元年（1909）续谱时，已传29世（以陈守迎为第1世）。现有400多人。

涝湖陈氏　始迁祖陈瑗，字伯玉，是南宋末年宰相陈宜中长子。

陈瑗自杭州迁居萧山石板弄（今属城厢镇）。

传之第15世敦朴，字惠清，始家涝湖。

第22世锤，字克权，杭州丝线店学徒，后为账房。某年，康熙帝万寿，宫中灯索、灯须均需换新，内臣来江浙采办，丝线店获利不少，店员也因此占润。

第25世陈以咸（1830~1883），同治七年（1868）进士，户部云南司郎中。

第25世陈以晋（1832~1885），字秋渔，在县城内创办"安仁当"。

第26世陈光淞（1872~?），字根儒，号藻芬，诸生，官江苏补用道，兼理苏州关监督、江苏洋务局总办。其妻为晚清湖南按察使，出使英、法、意、比4国大臣薛福成（1838~1894）之第3女。

邵氏　北宋开宝末年（约975），黄门侍郎邵嗣的第4世孙邵大受，宋政和八年（1118）进士，以兵部侍郎出任绍兴府太守，遂在山阴天乐乡邵家塔（今属进化镇）择址建宅。传至第10世百七（名寿六），又从邵家塔迁居萧山县七都狼岭（今属义桥镇）。至明初，邵百七之孙邵宁一，出任松江府太守，再迁至天乐乡茅潭下邵（今属进化镇），成了该地邵姓人的始迁祖。

邵姓人在下邵，今已延至第25世，人口在500以上，其中：

邵伯棠，上海会文堂新记书局编辑，有《高等小学论说文范》印行。他是蔡东藩的好友。

邵燕祥，曾任《诗刊》编辑部主任。其诗激情饱满，格调欢快；其杂文反思历史，关涉现实，评说世事，匡正时弊，也颇得好评。

范氏　萧山范氏尊唐礼部尚书范履冰为第1世，仲淹为第11世，居吴县（今属江苏）。

北宋末年，范仲淹曾孙范直愚徙家绍兴，后又回吴县。

南宋时，范直愚玄孙范宗尧，由吴县迁绍兴九节坊。

明朝初期，范氏第22世范大林，又辗转迁居绍兴前桑盆里，成为该地范氏第1世。传至第10世范庭富和第11世范天木，于清康熙五十四年（1715）从前桑盆里来到萧山坎山北部垦种。

如今，这里称为前范家（农新村）和后范家（永新村），两地范姓人已分别延至第20~22世，有500多人。

郁家山下郁氏　春秋时期有鲁相郁贡（也作"郁黄"，为郁氏始祖），居今山东曲阜；至汉朝，郁歆任河南刺史，建宅于黎阳郡（今河南浚县东北）；宋节度使郁绵护驾南来，先居临安（今杭州），后因"奸臣秦桧议和误国……遂率昆季子弟隐迹于余杭梁朱（今作'良渚'）"。

元朝时，郁绵曾孙郁明笙经商路过萧山燕窝山，见这里"地势宽平，龙脉峥嵘"，便"卜居其麓。不数世，子孙繁盛，便名其山为郁家山"，名其村为郁家山下。这位郁明笙便是郁氏迁萧山的始祖。至明朝，郁明笙之孙郁义安"迁富邑（今富阳市）城内满家弄"，开基发族。民国36年（1947）第4次修谱时，两地郁氏子孙都已延至第19世。郁达夫为富阳郁氏第19世。

郁家河头郁氏　郁家河头原属崇化乡。

明朝中期，乡大宾郁景自郁家山下迁入此地。今传20世，有300多人。

郁景之弟郁仰，郁仰幼子郁毓，又自郁家河头迁入县城西河下（今存"郁家弄"地名）。

清同治辛未年（1871），族人郁崑（1840～1880，字漱山）得中探花，任翰林院编修、广东乡试主考官。

北坞金氏　金氏为汉高祖刘邦后裔。

公元281年，司马炎建立晋朝，他们为避"诛刘之诏，乃去卯刀，改姓金"。公元420年，晋朝灭亡，又恢复姓刘。明弘治十八年（1505），宦官刘瑾专权，镇压异己。正德五年（1510），瑾被凌迟。"朝廷又欲诛天下金、刘二姓，我祖不得已而散隐他乡。"

其中一支金氏，明朝后期由四川辗转而至浙江钱塘县六和塔下，然后再迁北坞（今属义桥镇）。始迁祖金茂，是位秀才。

传至第13世金石声，清嘉庆二十五年（1820）进士，累官至湖北施南府、襄阳府知府，诰授朝议大夫。

北坞金氏已传24世，有1000多人。他们活着姓金，死后姓刘。

庙东金氏　庙东金村今属新塘乡。金氏系汉景帝第8子中山郡王刘胜后裔。由江西弋阳迁天台县孟岸，再迁东阳县巍山。明朝时，有金邦立、行兴一者，自东阳卜宅于萧山城东陈墅庙之东。清乾隆甲申年（1764）初修宗谱时，已传15世。现有200多人。

来苏周氏　周为萧山大姓，有3万多人。

萧山周氏为北宋哲学家周敦颐（1017～1073，字茂叔，号濂溪）的后裔，世居道州营道（今湖南道县）。宋室南渡时，随驾迁居临安（今杭州），再迁诸暨、绍兴。移家萧山时，已是南宋之后了。

来苏（今属所前镇）周氏始迁祖周副，字元赞，是周敦颐的8世孙。其父周文实，为周家湖（今属临浦镇）周姓人始迁祖周文乔的弟弟。元至正间（1341～1368），周副从诸暨"沿浦阳江而下，见来苏乡，心甚爱之"，隐居此地研究《周易》。

来苏周氏，在清朝出过2位进士（周之麟、周滨），1位举人（周岐彦），1位明经（周起莘）；还有4位通过引荐、考选，做了知县（周作梅）、布政使经历（周元浤）、巡检（周骥）和兵马副指挥（周连）。

清道光二十年（1840），来苏周氏重修宗谱时，已延至第31世。现有500余人。

马谷周氏　元大德年间（1297～1307），诸暨人周牧（字崇谦）始迁今戴村镇马谷发族，已传28世（以周敦颐曾祖周从远为第1世），有300多人。后，又迁同镇丁村。

周易藻，字芹生，号璐琴、遁叟，丁村人，清光绪十五年（1889）举人，内阁中书，著有《萧山湘湖志》传世。

郑氏　3000多年前，西周宣王姬静即位，封同母弟姬友食采于郑，建立郑国（今河南郑县一带）。

姬友即是郑国国君郑桓公。

战国时期，郑国被韩国所灭。郑桓公的子孙，从第21世君乙之子聿公开始，便以国为姓，改姬姓郑。

北宋时，聿公后裔郑嘉言世居萧山芹沂桥北郑家弄（今称陈家弄）。他有两个儿子，长子公麒，早殇；幼子公麟，任长江判簿。公麟也生两子：道之和通之。道之字知微，北宋熙宁六年（1073）得中进士。

明洪武初年，道之的第9世孙郑祢（字以诚）自郑家弄入赘于天乐乡越王峥西南麓的山栖（今所前镇郑家）王氏。如今，那里的郑姓人已传至第25世，有600多人。

於氏 於氏远祖於则，是5000多年前黄帝时代的大臣、鞋子的发明者，世居山东青州。

於则后裔於岳，春秋时期受封京兆侯，迁家西安。

於岳后裔於善（1304～1375），字世魁，号国平，西安人。元至正八年（1348）中进士，当了杭州府的推官；至正十一年（1351），调任萧山县县尹。

於善曾孙於垣（1361～1413），字民怀，行礼二，明朝初期入赘峡山（今属义桥镇）侯氏，是萧山於氏第4世、峡山於氏第1世。如今峡山於氏已延至23世，有近300人。

至清朝，峡山於氏族中出了两位著名人物：

於士达，清嘉庆朝国学生，著有《湘湖考略》一书（有嘉庆三年木刻本传世）。是书早于清周易藻的《萧山湘湖志》和《萧山湘湖续志》，是研究湘湖文化的早期专著。

於灿文，清嘉庆二十五年（1820）进士，出任兵部武选清吏司主事。

郎氏 第一个以"郎"为姓的人是3000多年前鲁懿公的孙子费伯。他迁居郎城（今山东曲阜市郊）后，子孙遂以邑为氏。因此，费、郎本是一家人。

萧山郎氏于元至正间（1341～1368）自睦州（隋仁寿三年即603年置睦州于贺城——淳安老城。又据1984年6月版《淳安县地名志》，淳安里商公社郎家村有郎姓人107户449人）迁来，始迁祖为承事郎郎永一。初居裘江高桥老河西岸浜兜边（后名郎家浜）。此后子孙增多，再迁长山西南、北干山东（其地也叫郎家浜，今属城厢镇）发家。

明崇祯末年，有郎奉泉者，知晓兵书战策，懂得行军布阵，而且臂力超人。当时义军攻北京，清军打山海关，朝廷想聘他为将军。但他目击大明国祚将尽，谢绝出山，依然隐居乡间，教育两个儿子：郎中岳和郎中鼎。后来，郎中鼎举明经，出任杭州府府学训导。

如今，两地郎氏已分别延至第22～25世。有400多人。

杜湖赵氏 始迁祖赵与涨，字深渊，曾任京西北路招抚使，与南宋理宗赵昀同为赵匡胤第11世孙。自富阳渔山迁萧山渡湖（今称杜湖，属城厢镇）定居，清光绪二十三年（1897）修谱时，已传24世。今有600多人。

石柱头赵氏 始迁祖赵孟冶，号梅泉，系理宗赵昀堂侄，任提干（四品），受命守护理宗生母明懿夫人全氏之墓，自临安（今杭州）迁来辅孤尖（俗称皇坟尖）东麓筑室安家，后成村落。因村前立有两根石华表，乡民称石柱，村遂名石柱头，今属进化镇。民国22年（1933）修谱时，已传26世。现有300多人。

赵家坞赵氏 始迁祖赵仲睦，字旺益，明朝中期自绍兴东关迁来湘湖之南苎萝赵家坞（今属义桥镇）定居。

清光绪戊寅年（1878）修谱时，已传14世。现有200多人。

赵坞赵氏 始迁祖赵荣七，庠生，明嘉靖二十七年（1548）由山阴（今绍兴）华舍迁来赵坞（今属所前镇）定居。今已传18世，有600多人。

大弄赵氏 元至正十二年（1352），宛平县（今属北京市丰台区）人赵诚"以进士官萧山主簿，有惠政，殁而葬焉（北干山之阳），子孙依墓者莫居大弄里（今属城厢镇）……"

该支赵氏后裔中，兼资文武，名人辈出：

赵之鼎，清顺治十四年（1657）武解元；

赵文璧，清康熙十二年（1673）武探花，台湾南路参将、福建漳州总兵；

赵文永，康熙二十年（1681）武举人；

赵文清，康熙三十五年（1696）武举人，宁夏卫左屯千总；

赵文勋，康熙三十五年（1696）武举人；

赵铭，清雍正二年（1724）武举人；

赵钜，雍正七年（1729）武举人。

岭下胡氏 所前镇岭下（十里岭下）胡氏尊山阴江桥园里胡人胡谈（987~1037）为第1世。

第2世继光，字守元，由进士任丽水县知县。

第3世珪，字时佩，由明经应贡举，任漳州（今属福建）学正。

第22世宏我（1595~1647），明天启间（1621~1627）进士，任江西泰和县知县。

民国18年（1929）续谱时，已传33世。现有150多人。

赭山胡氏 赭山胡氏来自婺源（原属安徽，今归江西），尊胡学为第1世。胡学娶2妻（李氏、赵氏）3妾（程氏、安氏、任氏），生8子，其中第4子胡文，是杭州刺史（后来的吴越国王）钱镠女婿。

胡文这一支的第24世源海、源澧兄弟，"正德间仰视浙之海宁，山川俊秀，（遂）由歙之清华迁徙（于此），与从叔（应为从叔祖）大泉同时开辟赭山，逸居耕读"。《赭山胡氏家谱》尊源海、源澧祖父大韶（清华胡氏第22世）为第1世，父亲文俨为第2世，源海、源澧为第3世。至清光绪间（1875~1908）续谱时，已延至第19世，有600多人。

紫霞胡氏 紫霞今称胡家，属河上镇。

宋时，永康方岩胡则后裔胡宜，由永康胡仓塘迁诸暨美仁里；明洪武年间（1368~1398），胡隐圃自诸暨美仁里迁紫霞发族。后又析居浦南胡家弄（今属临浦镇）。两地胡氏今已传21世，有800多人。

紫霞胡氏第14世胡元灯，清道光八年（1828）举人。

钟家坞钟氏 进化镇钟家坞钟姓人的始迁祖名钟傅，字世荧，号弱翁，居饶州乐平县（今属江西），北宋末期任龙图阁学士。他有3个儿子，都是朝廷大臣：长子廷珪，为御史中丞；次子廷璋，官太常寺卿；幼子廷瑞，任敷文阁学士。南宋"建炎间，金人犯阙，俱随驾居越"。廷珪逝世后，"卜葬天乐，次子钟江，字永定，守墓尽孝，即家屏山（太平山）之阳"。今天，钟家坞钟姓人已延至第33世，有500多人。欢潭乡的泗化、汇头钟，进化镇的横路头，临浦镇的塘头钟，都是从钟家坞分迁出去的。

钟氏族人钟宝华，清咸丰六年（1856）殿试中二甲一名传胪，官至侍读学士、陕甘学政。

佛山钟氏 佛山旧称上堡、洪村，属长潭乡，今隶属戴村镇。明朝时，这里设有旅店、酒肆，俨然是个码头。

据清同治戊辰年（1868）重修的懋修堂《萧山上堡钟氏宗谱》记载，这里的钟姓人尊春秋时期楚国精于音律的钟子期为远祖。子期后裔迁饶州乐平县（今属江西）。北宋末年，京城开封陷落，枢密副使钟襟"随驾至浙江临安（今杭州），隐于越之萧山临浦（钟家坦）"。明朝初期，钟襟后裔钟世绶"始居上堡"，尊其父钟臣英（千七公）为上堡钟氏第1世。

70多年前，村民钟阿马在上堡领导群众举行"砍竹暴动"，与地主、槽户展开斗争。钟阿马为上堡钟氏第20世。

上堡钟氏和钟家坞钟氏同属一脉，两地有钟姓人1000多。

俞氏　俞为萧山大姓，有3万多人。

石盖俞氏尊青州（今山东益都）人俞诚为第1世。北宋宣和年间（1119~1125），他南来浙东，入籍新昌；其子俞敬，官内省给事中，自新昌徙居暨阳义安（今诸暨枫桥镇）。

第4世俞刚，举乡进士，任迪功郎。他有3个儿子：长子国平，行曾九，秀才，居义安；次子行曾十，为余杭苦竹墩俞氏始迁祖；幼子国亮，行曾十一，南宋时官节度使，因"与奸党（指秦桧一伙）不睦"，遂迁居萧山县南黄岭（今属楼塔镇）。

传至第16世，有位排行武五的俞姓人，明朝时由黄岭迁居石盖坞（今属戴村镇）。至修谱时，该地俞姓人已延至第34世。

又据清道光十六年（1836）古邘堂《暨阳次峰俞氏宗谱》记载：邘，姬姓，周武王姬发第3子，受封邘国（故址在河南沁阳县西北邘镇），称邘叔。之后，其中一支南迁浦江。

唐天祐三年（906），居住浦江的邘姓人为避难改姓俞，外逃至萧山路下院（今属楼塔镇）。后因人口增多，渐向诸暨境内的螺峰东南转徙。浙江有两座螺峰，诸暨境内的螺峰属第二座，故名次峰。俞姓人居住在次峰的一个坞内，名次坞，属诸暨。之后，又自次峰回迁楼塔、河上一带。

苎萝施氏　4000多年前，夏朝有个诸侯国叫施国，位于今湖北省恩施县。后来施国灭亡，它的子民便以国名为氏了。

3000多年前，鲁国诸侯鲁惠公的儿子施尾，字施父，当了鲁国大夫，住在今山东曲阜。施尾生施伯。施伯被施姓人尊为始祖。

至东汉，施伯的第26世孙施延，字子君，顺帝刘保拜他为太尉。之后迁家吴兴（今浙江湖州），人众族旺，吴兴成了施氏的发祥地。

北宋神宗朝，施伯的第54世孙施颐，字希文，官居大理寺评事，后由汴（今河南开封）析居富阳渔山，成为渔山施氏第1世祖。

明朝中期，渔山施氏第17世施东曙，字福成，行仁一，为了寻访西施、范蠡的遗踪，凭吊越王句践"十年生聚，十年教训"的故地，又移住萧山县苎萝乡西施里（今属临浦镇施家渡），成为这里施姓人的第1世。至续谱时，已延至第18世。1994年底调查，施家渡行政村有施姓人90名，坂里杨行政村有施姓人62名。

航坞山北施氏　航坞山北施氏尊施父为第1世。施父第71世孙施有志、排行万一者，为航坞山北施村第1世。

西汉初始元年（8），元帝皇后之侄、大将军王莽篡位，天下兵争，施氏子孙遂散居四方。至东汉，太尉施延南迁吴兴（今浙江湖州），嗣后成为东南大族。

北宋宣和年间（1119~1125），中书舍人施坦（字维蕃）南渡后安家于金华。其子施锐后来当了会稽县知县，卒后理骨于丰山（今余姚市西丰南、丰北两乡之间）。

南宋开禧初（约1205），施锐之子施霆（字伯霆）得中进士，官至大理寺卿，谢官后隐居丰山。

南宋咸淳间（1265~1274），施霆后裔施有志，"性好山水，经游此地（航坞山北）……（见）其间隐隐有吉壤在焉，寻揽不返，遂卜筑于航坞山之北，皂山池畔"。航坞山北施姓人已传25~27世，有1000多人。

姜氏 明洪武初，三国·蜀汉名将姜维后裔安三，带着长子聚六，自富阳方家墩迁来长潭（今戴村镇尖山下），设馆课徒，遂定居于此。今已传21世，有600多人。

洪氏 洪氏第1世为东汉豫章北平都尉恪公。唐朝时，洪氏第37世斌卿公以肃州节度使驻节瓜州（即古敦煌郡，今属甘肃）。

洪氏第43世皓公，字光弼，江西鄱阳人，北宋政和五年（1115）举进士，南宋建炎三年（1129）以礼部尚书出使金国，不屈，被扣留了15年。他"抱印符卧起"，大节凛然，回来后，任徽猷阁直学士，赐宅葛岭。

洪氏第49世攀龙公，字秋江，号晋斋，元朝时由葛岭迁居陶唐弄（今城厢镇西河路）。他的第5世孙如本（1378~1457），字至大，再自陶唐弄迁居石马头村（今属戴村镇）发族。

石马头村洪氏延至清光绪二十六年（1900），已传68世。现有1000多人。

祝氏 萧山祝氏源于安徽歙县。第1世祖祝谏，北宋庆历年间（1041~1048）进士，敷文阁学士。传至第5世祝清臣，官刑部尚书，扈驾南渡后，定居山阴。再传至第13世祝谌，受封朝奉郎，迁天乐涂川（今属进化镇）。

族人祝瀚，成化二十三年（1487）进士，历官刑部郎中、南昌府知府。

涂川祝氏今已传30世，有700多人。

第22世祝湘，明成化年间（1465~1487）迁居桃源下邓阁（今浦阳镇下定村）。

下定祝氏今已传27世，有400多人。

骆氏 骆氏先世居陕西。东汉时，尚书郎骆雍临为避梁冀（东汉顺帝、质帝、桓帝时的宰相，为人奸诈凶残）擅权，徙居乌伤（今义乌市）。至唐朝，他的后裔骆卫淇在住宅周围广植梅树，蔚然成林，人称"梅林骆氏"。"初唐四杰"之一的骆宾王，便是骆卫淇的儿子。

北宋后期，金人南侵，"梅林骆氏"中的骆文明迁家诸暨枫桥。

明万历间（1573~1620），骆存诚（1561~1625）自枫桥入迁瑞莲桥北（今属新塘乡）肇基，成为该地骆氏始迁祖。传7世至骆廷元，于清乾隆四十九年（1784）考上岁贡生，开启了骆氏的科举之门。

第13世骆奎祺，字莲桥，清道光十五年（1835）进士，出任四川南部县知县，著有《莲桥文稿》。

如今姑娘桥骆氏已传25世，约有100人，多数从事农耕。

夏氏 山阴夏山埭（今属萧山所前镇）夏氏，"系出大禹"，今已传35世，有5500多人。

始迁祖夏正清，由岁贡生授文林郎，出宰衡山（今属湖南）。其第5世孙夏竦，北宋天圣中（1023~1032）任枢密副使，自衡山迁居临安（今杭州）；第7世孙夏兴，补授苍梧县（今属广西）知县。暮年偕弟铨衡，东游于越，爱山水之胜，迁居福原（今所前东山夏），至第16世夏孟斌，始迁夏山埭。

顾氏 萧山顾氏尊顾雍为第1世。

顾雍，吴郡（治所在今苏州市）人，在三国·吴当了19年宰相，知人善任。

传9世，至南朝·齐，出了一位顾欢，字景怡，居天台，开馆授徒。顾欢第13世孙顾临，北宋时任龙图阁学士。其幼子廷美，迁居常熟（今属江苏）。

南宋时，廷美曾孙顾炳、顾煜、顾焕及曾任孙顾杉渡过钱塘江，各自择基肇族：顾炳是许贤、云石一带顾姓人始祖；顾煜是绍兴塘下顾氏始祖；顾焕是道源桥（今属城厢镇）顾姓人始祖；顾杉是临浦浦南一带顾姓人的始祖。

顾姓人已延至第26世。南片有1500多人。

顾观，道源桥人，明洪武十八年（1385）进士，大理寺评事。

顾鸿逵，顾家溪（今属戴村镇）人，清道光二十五年（1845）进士，如皋（今属江苏）、萧县（今属安徽）知县。

钱氏 五代十国时期的吴越王钱镠，有妻室6房，子30人。

南宋时，钱镠第7子元璙的第7世孙钱浩，任诸暨县枫桥驿丞，之后归隐江藻（今为诸暨市建制镇）。

明朝时，江藻立高公、荣十六公迁来蓬山前和山后头（两地今属浦阳镇）。今已传22世，有1000多人。

蓬山前有"一门三举人"之说。三举人者，即清道光十一年（1831）武举人钱国桢，道光十七年武举人钱国祥，道光十九年武举人钱国标。

桃源倪氏 倪姓第1世倪宽，字仲文，西汉武帝时为御史中丞，世居山东青州。传至第26世倪盈，于后晋天福年间（936~944）迁浦江石陵。浦江第5世倪五，再迁富春（今富阳市）紫阆。富春第22世倪源，字碧山，号来峰，排行千五，北宋咸平间（998~1003）去诸暨贩牛，途经萧山，入赘桃源（今临浦后倪）韩氏家。民国19年（1930）续谱时，已传23世。现有500多人。

后倪倪氏析居邻村梅里，其第13世倪朝宾（1563~1629），字初潭，号翼元，明万历戊戌年（1598）进士，刑部湖广清吏司主事、福建延平府知府、四川威茂道道台。著有《桃源初集》等。

石马头倪氏 倪源生2子：祥、祯；倪祥生3子：傅、求、时；倪求生3子：浩二、浩三、浩七；浩三名仕，字子祥，北宋时入赘碛堰曹家（今义桥镇新坝），所以宗谱规定：当地倪、曹两姓不通婚。

清康熙间，浩一第10世孙宗德（1691~1742）自萧山芒萝乡（今临浦境内，浩一居地）迁至石马头村（今属戴村镇）肇基开族。

修谱时，石马头倪氏已延至第22世。

暨山徐氏 暨山（今简化作"吉山"）今属进化镇。该地徐氏尊汉代徐良为第1世。

徐良第29世孙徐珍，北宋政和年间（1111~1118）任兵部左侍郎。其子徐绵，南宋绍兴年间（1131~1162）为行军参军、京西北路招讨使。当时北方大片土地已被金兵占领，宋室南渡后又偏安一隅，使徐绵感到"大厦之将倾"，遂将子任8人散处各地，"以存后嗣"。绍兴笔飞坊徐氏始迁祖徐袍便是徐绵之子。

明朝时，笔飞坊徐氏第5世徐礼，字彦迪，号肃庵，因感"笔飞坊民居稠密，宅近市嚣，殊非隐逸之所"，于是迁来天乐看怕岭下，几年后，迁七岅坪。一年后，经暨山之麓，见山环水绕，土地平旷，遂"筑室而居焉"。

清咸丰戊午年（1858）续谱时，已延至第15世。今有1000多人。

井亭徐氏 4000多年前，黄帝的嫡系后代伯益（嬴姓），因帮助大禹治水有功，大禹封他的儿子若木在徐地（今江苏泗洪）建立徐国。徐国传至第32代徐偃王，以仁义著称。当时周穆王日日嬉游，江淮36国诸侯跟着偃王抗周。周令楚国伐徐。偃王为了避免百姓受到伤亡，便退到武原县（今江苏邳县西北）东山一个山谷中。之后，徐国终为楚国所灭。周穆王不咎既往，又封偃王之子宗为徐子（子爵），成为周的诸侯国之一。传至宗的第11世孙章禹，已是春秋时代，徐国又为吴国所灭。于是，徐的后裔一部分留在淮河流域，一部分逃入越国。

徐偃王第54世孙徐奭，北宋大中祥符五年（1012）廷对第一，钦点状元及第，官拜礼部尚书，后自汴梁（今河南开封）迁居山阳（今江苏淮安）。

萧山城厢镇塘湾井亭徐氏的始迁祖徐本一，是徐奭第15世孙。当时正是元末明初，战争频发，社会动荡。本一和两个弟弟——本二和本三为了躲避"三丁抽戍"之役，即从绍兴下方桥搬来萧山：本一初居北门外朱家埭（今城北永久村），后来入赘于塘湾闻氏；本二居杨树溇（今所前镇杨树下）；本三住长河冠山下（今属杭州滨江区）。

民国12年（1923）重修宗谱时，塘湾、井亭徐氏已延至第18世。1994年年底调查，两地徐氏有783人。

衙前杨汛村、所前墨汀徐、进化吉山村的徐氏，和塘湾、井亭徐氏同属一脉。

塘湾、井亭徐氏族中清代出过两位著名人物：

第13世徐国楠，字让木，号古梅，清乾隆五十八年（1793）进士，官至湖广道监察御史，嘉庆十四年（1809）出任山东运河兵备道。

第16世徐锡祉，字星舫，号小斋，清光绪二年（1876）进士，先后出任福建的晋江、淡水（今台湾省台北市）、霞浦、古田、永安等县知县，加同知衔，诰授朝议大夫、通奉大夫。

高氏　南阳高氏第1世为高蔫（1170～1241），北宋武烈王高琼第7世孙、南宋文端公世英之孙，居余姚上林乡石人山（今慈溪樟树乡）。南宋时，遨游山水，见海宁白虎山南"襟带吴越，气吞东海"，便于此筑室肇基。如今高氏已历29世，有5000余人。

郭氏　戴村镇的张家弄村，古称石峡村，北宋太平兴国三年（978）属孝悌乡；元至元十六年（1279），改乡为都，属八都。

800多年来，郭姓人在这里生息繁衍，耕读相继，如今已延至第28世，有1000多人。

郭姓是从姬姓派生出来的。3000多年前，西周文王姬昌的第4个弟弟叫虢叔，受封在东虢（今河南荥阳东北），称郭公。古代虢、郭同音，虢叔的后代便姓了郭。其中一支南迁淳安。

南宋建炎三年（1129），为避金兵侵扰，淳安人郭绵又迁诸暨直埠马坞。之后，马坞人郭完（1187～1246）再迁萧山九都（今河上镇卜家），做了卜姓人的入赘女婿。

郭完为求发展，移居石峡村，成为该村郭姓人的第1世。

到了清朝乾隆、嘉庆时期，郭氏出了3位举人：第19世郭伦、第21世郭秋水、第22世郭振声。尤其是郭伦，在史学研究上卓有成就。他花了15年工夫，写成《晋记》68卷，纠正了唐房玄龄等所编《晋书》中错误；又写了《十七朝史论一得》和《萧山赋》。后者是韵文，举凡萧山的历史、地理、名人、特产等，都一一介绍，是珍贵的地方文献。

当代中国戏曲理论家、原中国艺术研究院副院长郭汉城是张家弄人，属郭氏第25世。

诸氏　天乐（今进化镇）诸氏尊春秋时越大夫稽为第1世。稽是琅琊人，封邑在诸（今山东诸城），其子孙便以封邑为氏。

传至第28世诸训，任后周国子监司业，是当时殿前都点检赵匡胤的堂妹夫。诸训反对陈桥兵变，为防不测，逃来绍兴上灶渡隐居。

训次子豪入赘青化山一坞（今名诸坞，属进化镇）中的潘氏。后为该地诸氏始迁祖。

民国24年（1935），诸坞诸姓人续谱时，已延至第53世，现有700多人。

黄氏　石岩乡的老屋、新庄、思（史）家桥、寺下黄一带，古称埭上。埭上黄氏尊东汉尚书令黄香为始祖。

南宋绍兴年间（1131～1162），两浙提举黄槩途经埭上，"见大江（钱塘江）北绕，文峰（文笔峰）南翔，山明水秀，土厚风淳"，遂自诸暨孝义迁此定居发族。

埭上黄氏重教尚学，科举兴盛。据不完全统计，明、清两朝中，黄氏经乡试中举者有29人，其中10人经会试、殿试又得中进士。

黄氏族人，著述不少：经学方面有清黄瓒的《汉易通义》8卷、《春秋长历补正》6卷；文学方面有明黄九皋的《竹山文集》10卷和清黄元寿的《南强文抄》1卷；医学方面有清黄镐京的《医学程式》4卷和黄维熊的《太古瘄科》2卷，等等。

晚清秀才黄本岑费时20年，行程千余里，收集有关《红楼梦》的题咏、评论，汇辑成《红学丛抄》，受到了红学界的重视。当代作家黄亚洲是埭上人。

萧山黄氏已延至第28世，人数超过1.40万。

曹氏　曹彬（931~999），河北灵寿人，助宋太祖赵匡胤统一中国，官拜枢密使，封鲁国公，谥武惠王。

曹彬有一位侄子叫曹光庭，曾出任山阴县知县，后升越州通判，去世后，埋骨越地。他的儿子曹美韶为守父墓，留居山阴县礼宾坊。

美韶之子曹炁，奉父命守桃源下邓（今浦阳镇有"下定"，与"下邓"谐音）别墅，是曹氏迁萧的始祖。

曹炁之孙曹夔，受职瑞昌县（今属江西）教谕，之后定居史村（今属石岩乡）。

据《萧山史村曹氏宗谱》记载，明、清两朝，是族有进士2人，举人5人，武举人5人（其中2人为武解元）。

曹氏族人中，曹之升于清乾隆四十六年（1781）中进士，任《四库全书》馆分校；曹东阜著有《见山真稿》；曹祖诚有《两浙赋》《小有仓斋诗文稿》；曹祖佺有《翠屏诗抄》，后采入《两浙辅轩录》，等等。

萧山曹氏已传35世，人口近万名。

戚家山下戚氏　北宋末年，怀宁（今属安徽）人戚骏升官至太尉。金兵占领开封之后，他随康王赵构南渡至临安郡。当时，年事已高的骏升谢职游浙东。岂料渡钱塘江时，适逢潮涨，船倾身亡。于是，他的儿子戚思孝把父亲的遗体就近埋葬在杨岐山下，自己筑庐守墓。嗣后子孙繁衍，遂命居地为戚家山下（今属义桥镇）。

《萧山戚氏宗谱》尊戚骏升为第1世，戚思孝为第2世。传至第9世，因人口日渐增多，便分迁于城厢、义桥、大路张和富阳里山等地。1995年10月，戚家山下戚姓人已传至第27世，有340多人。

梅林戚氏　南宋建炎三年（1129）二月，戚纶之孙日方扈从高宗赵构南渡至临安（今杭州），遂安居。南宋景炎元年（1276）正月，元军元帅伯颜陈兵皋亭山，胁迫宋廷。谢皇太后与宰相陈宜中秘密商议之后，遣监察御史杨应奎奉表投降。戚氏合族随端宗赵昰出奔建瓯（今属福建），"舟至海盐，值风浪大作，扈从舟舰，漂泊散逸"。当时戚日方后裔亚卿，任职工部，正运载军粮，随船漂流至湖地（今余姚临山镇），被当地一张姓人救起。之后，与其女结为夫妻，"置田数亩，筑室数间，与泉石为邻，与贤士为友"，过起了隐居生活。传至第16世鸣岐，自湖地迁白鹤（今衙前）；第17世炜如，又迁白洋西塘下（今梅林）。

湖地、梅林均尊亚卿为戚氏第1世，传至第20世戚扬，清光绪十五年（1889）中进士，累官至松江府（今属上海市）知府；民国5年（1916），出任江西省省长。

如今梅林戚氏已延至第25世，有近百人。由梅林析居附近山北、开源、沙北、八里桥诸村的戚氏姓人有500多人。

盛氏 3000多年前，西周武王灭纣之后，封功臣召奭后代于盛（今河北境内）；战国时，盛为齐所灭，改奭氏；西汉时，为避元帝刘奭名讳，以封地为氏。

北宋崇宁五年（1106），召奭裔孙盛章得中进士，官浙东提刑、扬州太守、枢密使、右丞相，由河南迁家富阳（富阳上官乡有盛村），是盛氏迁浙的始祖。

明朝初期，富阳盛氏第8世盛葬迁家义桥西庄。

如今义桥盛氏已传30世，有100多人。

族人盛浣，明正德三年（1508）进士，官至南宁府知府，为人正直无私。

管村章氏 楼塔镇管村章氏，是从福建浦城迁入的。《萧山章氏家谱》尊唐康州（今属广东）刺史章及为第1世。唐末黄巢举义，章及避居浦城（今属福建）。之后，其孙章仔钧向闽王献攻、守、战3策，受任西北面行营招讨制置使，屯戌浦城西岩山。

章仔钧的第7世孙章衡，北宋嘉祐二年（1057）状元及第，官宝文阁待制，卒后埋骨于钱塘龙井寺前。其子章允文为守父墓，不再返回浦城，遂卜宅富阳，卒葬章村。允文之孙章览（第12世），官温州知府，后迁家"背山面溪，土沃而田腴"的管村定居。民国36年（1947）重修家谱时，已繁衍至第43世，现有2000多人。

族人章钰，清光绪辛丑（1901）、壬寅（1902）恩准并科进士，钦点刑部主事。章守默，清光绪朝奖励拨贡，后又考取国立法政大学，毕业后任海参崴外交委员会华盛顿会议的中国代表团秘书，中国驻古巴大使馆秘书、总领事等。

长河章氏 明正统间（1436～1449），浦城章氏第29世章正四迁居长河（今属杭州市滨江区），长子辛一，为蓝田（今长河镇章家里）章氏第1世祖；次子公一，为冠山（今长河镇章苏村）章氏第1世祖。

两地章氏今已传21世，有1000多人。

屠氏 元初，南宋监察御史屠子茂曾孙屠绰，自诸暨紫岩琴坞途经萧山，"见其山（苎萝山）蠹蠹，其水（浣纱溪）濙濙，其地（苎萝村）若云蒸霞蔚"，便迁苎萝乡界塘（今临浦临东）定居。

屠氏今传32世，有3000多人。

族人屠佩环，清光绪二十四年（1898）进士，发放陕西任知县。

彭氏 彭氏是颛顼的后裔。颛顼是黄帝轩辕氏之孙。颛顼的曾孙名吴回。吴回的儿子叫陆终。陆终生6子，第3子即篯铿，就是彭祖，殷商时为大夫，世居彭城（今江苏徐州）。

彭祖的直系孙子名孚，西周时期任"钱府上士"，专管朝廷财政。于是，他的后代中有一支把祖上的官职当作姓。所以，彭和钱实是一家人。

唐玄宗时，礼部侍郎彭景直的儿子彭构云，为避安史之乱，迁居袁州宜春（今属江西）。彭构云的第5世孙彭玕任吉州刺史，定居庐陵（今江西吉安市）。明朝中期，吉安府安福县人彭肃志（排行寿三）迁居萧山金秀桥南之西侧（今属石岩乡），养鸭为生，是为第1世。第2世彭仁厚、彭仁义，迁义桥，居地也称彭家里。第3世彭开源，迁长河庄（今属杭州滨江区）。

清光绪十八年（1892）重修宗谱时，金秀桥彭氏已传16世。现在已延至第21世，有2000多人。

葛氏 元承德郎、侍仪司副使张招（字宗定，号竹窗）自定兴（今属河北）迁居萧山县城南街。他有3子：素、寿、焘。为了抵制当时"三丁抽戌"之役，素从岳父改姓葛，先迁萧山苎萝乡（今临浦镇东葛、西葛），后迁山阴天乐乡山头埠（今属进化镇）；焘顶了徐真葆户籍，更名徐福，定居萧山县前；寿保留姓张，住萧山南门。所以萧山"徐、葛、张为一姓"，同尊张招为始祖，"三姓至今不通婚姻"。

近代史上的民族英雄葛云飞，便是素的后裔，属山头埠葛氏第20世。

山头埠葛氏今已传27世，有近900人。

蒋氏 西汉时，兖州（今属山东）刺史蒋诩反对外戚王莽篡夺帝位，借病归隐杜陵（今西安市东）。东汉时，其裔渡江，安家于阳羡（今江苏宜兴）。

唐高宗时，阳羡蒋氏族中出了一位殿中少监、蒲州（今属山西）刺史蒋俨。传至第22世蒋蕃，以明经出宰诸暨，便将家属迁至义安（今枫桥）三塘。传至第28世蒋茂四（1314~1380），生5子：次子蒋佛二，明洪武初来萧山涝湖肇基；三子蒋佛三，迁家四都（今滨江区浦沿镇蒋家里）。两地蒋氏分别延至第21世（以佛二、佛三为第1世），共有800多人。

湘南韩氏 北宋末年，宰相韩琦曾孙、饶州府（今属江西）知府韩膺胄（1096~1176）安家于峡下里（今义桥峡山头），是为湘南（湘湖之南）韩氏第1世祖。如今，韩氏已传31世，有2300多人。

湘南韩氏一族（含由湘南析居别地）有进士11人。当代金石家韩登安，中国科学院院士韩祯祥，浙江大学人文学院教授、博导韩泉欣，都是族中俊彦。

一都韩氏 北宋末年，韩膺胄曾孙竣，字曼英，官临安府（今杭州）功曹，迁居巨塘（今衙前镇吟龙闸）。曼英长子德元，入赘一都（今属新塘乡）冯元式家，成为该地韩姓第1世祖。

民国18年（1929）续谱时，已传32世。现有700多人。

洞桥头韩氏 洞桥头（今属义桥镇义一村）韩氏，堂名"永思"。

其第1世祖韩逊之，元大德年间（1297~1307）自婺州（今金华）来任萧山县县尉，遂安家洞桥头。今已传27世，有400多人。该族第16世韩慕嵘，清嘉庆十三年（1808）副贡，著有《春帆集》；第21世韩拜疏，清光绪十五年（1889）举人。

傅氏 傅氏以商代宰相傅说为始祖，他的后代把清河郡（今属山西）作为傅氏的发祥地。

东晋隆安五年（401），傅说的第66世孙、殿中侍御史傅熹受谗降调乌伤（今义乌市）令。之后，因平孙恩之乱有功，受封东宁将军。

五代后期，义乌人傅衍，字六翁，迁家山阴。

傅衍的第6世孙傅崧卿，字子骏，北宋政和五年（1115）中进士，南宋建炎四年（1130）当了绍兴府太守。

傅衍的第7世孙傅国兴，由山阴移家诸暨直埠。

傅衍的第11世孙傅巍，南宋嘉熙四年（1240）由直埠迁至"萧山桃源横山之阳"（今临浦镇横山傅村）。

傅衍的第15世孙傅黻，迁"北干山之阳"（原萧山城内北街弄）。

至元朝，傅巍的第7世孙傅仕，自"萧山北街（弄）迁马湖北畔（今杭州滨江区西兴镇马湖村）"。

直埠傅氏第16世孙傅珪，字廷信，行俨一，"值元季兵乱，萍踪四方，自东阳转迁长山，入赘凤山萧氏，世居溪头庄（今河上镇溪头傅村）"。

明朝时，傅衍的第20世孙傅舍，自"北干山之阳析居中沙荷溪（今杭州市滨江区浦沿镇十间楼村）"。

萧山傅氏是大姓，有近2万人，大部分聚居在临浦镇横山傅村、河上镇溪头傅村和西兴镇马湖村、浦沿镇（今属杭州市滨江区）十间楼村、长河镇（今属杭州市滨江区）祠堂前傅家。其中横山傅村的傅姓人已传37世，有近千人。

清朝时，萧山傅氏出过3位进士、8位举人。

当代著名学者傅彬然（1899～1978），横山傅村人，1927年加入中国共产党，同年6月任中共萧山独立支部书记。中华人民共和国成立后，任国家出版局副局长，中华书局副总经理、副总编辑。

童氏 临浦镇通二村湾里童自然村的童姓人尊黄帝轩辕氏之孙颛顼高阳氏之子老童为远祖。

老童后裔以童为姓，以渤海郡（今河北、辽宁两省的渤海湾沿岸）为童氏发祥地。

唐大（太）和（827～835）中，老童的裔孙、袁州（今属江西）教授童宗说因居南城（今属河南），号南城先生。他的第14世孙童颐，字元养，南宋淳祐四年（1244）以朝奉大夫、直华文阁学士出任绍兴府知府，占籍会稽。

童颐后升刑部尚书，其孙童薪，官至提领，始由会稽郡城（今绍兴市）迁居山阴县舍浦（今绍兴县江桥竹院童），为舍浦童氏第1世。

明朝末期，舍浦童氏第10世勤耕、勤善兄弟俩，因那里"族盛支繁，遂分迁至萧邑苎萝乡之湾里村而肇族焉"。勤耕住湾里，勤善住西施庙前（按：今存2户）。

湾里童也尊童薪为第1世，今已传27～28世，有200多人。

谢氏 河上谢氏始迁祖为祠祭郎谢贞甫。南宋绍兴年间（1131～1162），他自诸暨义安（今枫桥）迁来高都。今已传34世，有230多人。

谢氏族中出过两位皇后：

谢仲斌（贞甫之父）之女于淳熙三年（1176）秋册立为皇后；

贞甫堂兄深甫之孙女于宝庆三年（1227）冬册立为皇后。

楼氏 楼塔楼氏是大禹后代。

禹姓姒。商灭夏后，大禹的子孙易姒为娄，隐居不仕。直到西周成王姬诵追封前朝皇室后裔时，发现大禹第36世孙娄云衢在会稽，便把他召来，赐"木"为"楼"，封东楼公，食邑杞国（今河南杞县）。此后，云衢的子孙便姓了"楼"，并将杞国作为楼氏的发祥地。

东汉时，大禹第77世孙日乞，字重玉，号雄樵，官至三军总都尉，加授麒麟阁护军都宪，进位太师，卒谥"忠成"，御葬于乌伤（今义乌市）之香山。他有2子：长子良骥，字德卿，仍回会稽；幼子良骊，字秀卿，为守父墓，留居乌伤。

大禹第102世孙楼晋（853～950），字彦孚，号指城，自乌伤迁仙岩（今楼塔一带）。他是楼塔楼姓人的始祖。

楼晋是唐末战将，追随杭州都知兵马使、太子宾客兼侍御史、两浙节度使、天下兵马都元帅钱镠（后为吴越国国王）东征西讨，屡建勋业，累官至礼部尚书同平章事、兵部尚书。他多次在仙岩一带活动，认为这里山环水绕，人居环境优越，便于唐乾宁四年（897）由乌伤迁此肇基发族。至今已传39世，有8000余人。

据统计，自南宋至清代，楼氏有举人4名，武举人2名，贡生7名；在清朝一代，有22人分别出任知县、县丞、典史、训导和参将、守备、巡检等文武官职。自元末名医楼英始，楼氏族中业操岐黄、仁术济世者代有传人，如明代的楼淇霆、楼宗望，清朝的楼全、楼邦源等，不唯医名播于吴越间，且有著作问世。

裘氏 南宋时，优牧（春秋时期宋闵公时大夫）的第48世孙裘贵（避仇改裘）带着两个弟弟至山阴天乐隐居。

裘贵,字肇宗,排行寿六,任翰林院孔目,自感"孤落无所用而徜徉于山水间",乃由会稽郡城迁来山阴天乐(今进化镇裘家坞)。其弟寿九居慈姑裘村,寿十一居东坞。

民国35年(1946),裘家坞续谱时,裘姓人已延至第26世。今进化镇境内的裘姓人有2700多人。

虞氏 商人虞芽,字承裕,号龙山(一作"隆山"),元代义乌五都华溪里(今华溪乡)人。元至正二十三年(1363),在兵荒马乱中,带着安氏夫人和两个儿子元亨、元贞来杭州,途经萧山,一病不起。其二子葬父于回龙山南坡,并就近筑屋,伴着母亲守护父墓。

如今虞氏已延至第24世,有5000多人,分布于浦沿、闻堰、义桥等地。

詹氏 白马湖之西岸(今属杭州市滨江区西兴镇)聚居着400多位詹姓人,他们是詹骙的后裔。

詹骙(1145~?),字晋卿,会稽人。南宋淳熙二年(1175),孝宗御笔亲点他为状元。

詹骙由校书郎、著作郎、中书舍人而至龙图阁学士。他的幼子詹纯移家萧山,筑宅于白马湖边。

至今,詹姓人已延至第25世,他们以种植水稻为主业,副业则是糊灯笼、编草包、制砖瓦等。

鲍氏 萧山鲍氏有近3000人,主要分布于城厢、戴村和进化3镇境内。其中戴村镇尖山下村的鲍姓人已传21世。

春秋时期有位鲍敬叔,是以治水闻名的夏禹的后代、杞国的公子。他的儿子鲍叔牙当了齐国大夫,因为德才兼备,齐桓公准备拜他为相,但鲍叔牙推荐了管仲。桓公为了答谢鲍叔牙举贤有功,就把鲍城(今山东历城东部)封给了他。

西晋时,山东鲍氏由丹阳(今属江苏)迁入歙县(今属安徽),始迁祖为鲍弘。

明朝初期,歙县人鲍元祖出任余杭县知县。他有5个儿子:懿宗、文显、仁德、全道、继德。

懿宗当了新昌县的儒学教谕,任满之后,经过萧山,"因爱萧湘莼鲈之美,遂居萧邑"。数十年后,(明嘉靖间)因倭寇猖獗,遂各星散。其弟文显、仁德因爱尖山耸秀,遂定居下来。

尖山下村的鲍氏聚居地分别为上鲍和下鲍。上鲍的始迁祖是鲍仁德之子鲍良善;下鲍则是鲍文显之子鲍仕华。

鲍懿宗之子鲍钢因爱长潭石板溪"山环水绕,霞蔚云蒸",于明正统间(1436~1449)徙居那里。

蔡氏 萧山蔡氏尊新昌蔡岙蔡氏第14世蔡悌字直夫者为始迁祖。

元朝时,他自蔡岙迁来萧山南街(今城厢镇蔡家弄一带)和戚家池头(今属城南)发族。

蔡氏今已传27世,有700多人。

明、清两朝中,萧山蔡氏出过10位进士(其中3位为武进士)。戚家池头人蔡以瑺,于清同治七年(1868)中会元,官翰林院庶吉士、刑部主事。

缪氏 春秋时期,秦国国君秦穆公(?~前621)在位时,称霸西戎(黄河上游及甘肃西北部),为后来嬴政统一全国奠定了基业。

穆公姓嬴,名任好,谥号"缪"(宋朝以前,"穆"、"缪"相通)。传至第17世景公,以谥号为氏。景公后裔中的一支自西北高原徙居绍兴柯桥小查。

明朝初期,景公第32世孙缪迈,生了4个儿子,第4子黉,"丰姿俊雅,颖悟绝人",但中了秀才之后,举人、进士都没考中,于是受聘来萧山渔临关当塾师。

缪黉把家安顿在渔临关西北的舒家畈。此后子孙增多,遂名居地为缪家。

《萧山缪氏家乘》尊缪黉为第1世。1994年年底,缪家的缪姓人已延至第22世,有748人。

颜氏 颜回(前512~前481),字子渊,世居今山东兖州。宋室南渡时,兖州颜氏一支迁至义乌大陈。元朝时，大陈颜氏族中一位名体备、字用周、号四八秀才的人来天乐游览，"见绣壤相错，左临渚，右溢湖，山秀水清，恋不忍舍"，于是筑室颜家塔（今进化镇）。体备有2子：长子昱一，迁今下颜；次子昱二，迁今墈头颜。

民国22年（1933）续谱时，颜氏已传19世。现有500多人。

戴氏　南朝·齐戴僧静，永兴（今萧山）人，居道源里（今属城厢镇）。他弓马娴熟，破北魏军有功，累官淮南太守，受封建昌侯，是萧山戴氏第1世。

南宋时，戴僧静第24孙戴纲，"迁居苎萝乡蒋桥村西肇基焉"。至明朝，戴纲第8世孙同知戴志轩、州司马戴志江兄弟俩，又分迁至临浦镇的上戴和下戴。如今，两村戴氏已延至第26世（以戴纲为第1世），有400多人。

县城魏氏　魏文昌，光州固始（今属河南）人，南宋江淮总制司制干。存问堂《萧山魏氏宗谱》尊他为第1世。

魏文昌的儿子魏有声，曾任常德路（今属湖南）判官；孙子魏应元，当了临平务副使；曾孙魏毅，元朝时出任广东盐课司提举。以上4代人，都在临安（今杭州）建宅定居。

魏毅的儿子魏希哲，当过上高县（今属江西）知县，因相中"萧山俗淳"，遂于明洪武庚戌年（1370）自临安迁萧山城西肇基。今西河路的魏家弄便是他始居之地。

魏希哲长子魏骐，明永乐甲辰（1424）中进士，官至刑部主事；次子魏骥，曾过继给希哲长兄伯雅为嗣。

魏骥（1373～1471）属"存问堂"（区别于河上镇魏塔村的"崇礼堂"魏氏）魏氏第6世，明永乐乙酉（1405）中举人，丙戌年（1406）参加会试得副榜，先任松江府儒学训导，继则奉召修《永乐大典》，最后官至南京吏部尚书。

"存问堂"萧山魏氏分4房，散居于城厢、西兴、义桥一带，已传25世，有近200人。

河上镇魏氏　北宋天圣九年（1031），浙江德清人魏源初（字绪川）"欲另辟宏基，遍历越州（绍兴地区），爱萧山山明水秀……长山（北宋太平兴国三年至公元978年，萧山设长山乡，今魏塔村属此乡）土沃风淳……遂立业而家焉"。重修于民国38年（1949）年的《萧邑长山魏氏宗谱》（崇礼堂），尊魏源初为第1世祖。

至1994年年底，魏家塔的魏姓人已延至第39世，有384人。青年时期留学印度、受教于大文豪泰戈尔的魏风江（1912～2004），属河上魏氏第31世。

瞿氏　河上镇大桥是瞿氏聚居地。

瞿氏由河南高平迁浙江永康。南宋乾道年间（1165～1173），永康人瞿善以举人出任萧山县儒学教谕。瞿善之父瞿元，当时随子来萧山，"择孝悌乡玉泉溪而居之，即今所称大桥村者"。

瞿善后来从军甘肃张掖，因军功累官至兵部左侍郎。

萧山瞿氏尊瞿元为第1世，瞿善为第2世，民国35年（1946）续谱时，已延至第32世。现有5000多人。

族人瞿昂，清嘉庆七年（1802）进士，官至翰林院编修、河南陈州府知府。瞿绩凝，清道光二十五年（1845）进士，官至福建汀州归化知县。

（资料来源：萧山区档案局提供）

第六章　出版物

据不完全统计，1985年1月至2001年3月，萧山籍作者、在外地工作的萧山籍专家、学者在全国50多家出版社出版文学类和其他类著作180多种。

表36-6-660　1985～2001年萧山籍部分作者出版物情况

书　　　名	作者（主编）	出版单位	字数（万）	开本	出版时间	印数（册）
林则徐年谱（增订本）	来新夏	上海人民出版社	45	32	1985-07	12000
天津近代史	来新夏	南开大学出版社	28	32	1987-03	50000
中国古代图书事业史概要	来新夏	天津古籍出版社	5	32	1987-10	3000
中国近代史资料丛刊·北洋军阀	来新夏	上海人民出版社	77	32	1988-08 2000-12	3000
中国地方志综览	来新夏	黄山书社	76	32	1988-10	5000
史记选	来新夏	中华书局	26	32	1990-02	2500
外国教材中心工作研究	来新夏	南开大学出版社		32	1990-06	500
图书馆学情报学档案学简明辞典	来新夏	南开大学出版社	89	32	1991-01	8000
古典目录学	来新夏	中华书局	19	32	1991-03	2000
薪传篇　明耻篇（《中华文化集粹丛书》之两种）	来新夏	中国青年出版社	26	32	1991-10	10000
志域探步	来新夏	南开大学出版社	15	32	1993-09	2000
古籍整理散论	来新夏	书目文献出版社	13	32	1994-06	800
中华幼学文库	来新夏	南开大学出版社	70	32	1995-09	4000
中日地方志比较研究	来新夏	南开大学出版社	27	32	1996-01	1200
清代目录提要	来新夏	齐鲁书社	37	32	1997-01	1700
冷眼热心	来新夏	东方出版中心	20	32	1997-01	10000
古典目录学研究	来新夏 徐建华	天津古籍出版社	28	32	1997-03	1000
林则徐年谱新编	来新夏	南开大学出版社	67	32	1997-06	3000
路与书	来新夏	中国青年出版社	16	32	1997-07	5000
依然集	来新夏	山西古籍出版社	21	32	1998-02	5000
史记选注	来新夏	齐鲁书社	37	32	1998-04	5000
枫林唱晚	来新夏	南开大学出版社	17	32	1998-10	2000
邃谷谈往	来新夏	百花文艺出版社	17	32	1999-03	4000
一苇争流	来新夏	广西人民出版社	20	32	1999-05	5000
天津通志·旧志点校卷	来新夏	南开大学出版社	247	32	1999-10	1500
中国近代图书事业史	来新夏	上海人民出版社	30	32	2000-12	5100
天津大辞典	来新夏	天津社会科学院出版社	285	32	2001-03	2000
岁月与酒	邵燕祥	浙江文艺出版社	12.4	32	1985-05	20500
邵燕祥抒情长诗集	邵燕祥	花山文艺出版社	11.6	32	1985-04	3450
晨昏随笔	邵燕祥	生活·读书·新知三联书店	8	小32	1985-12	10000
蜜和刺	邵燕祥	江西人民出版社	12.7	32	1986-08	2000
忧乐百篇	邵燕祥	作家出版社	20	32	1986-10	7000

书　　名	作者（主编）	出版单位	字数（万）	开本	出版时间	印数（册）
邵燕祥之卷（《当代杂文选粹》）	邵燕祥	湖南文艺出版社	6.9	32	1986−11	10300
绿灯小集	邵燕祥	人民日报出版社	8.3	32	1987−05	10000
也有快乐 也有忧愁	邵燕祥	作家出版社	10.8	32	1988−06	6300
小蜂房随笔	邵燕祥	百花文艺出版社	13.6	32	1989−09	1000
无聊才写书	邵燕祥	内蒙古人民出版社	8.7	32	1992−10	10000
捕捉那蝴蝶	邵燕祥	花城出版社	12	32	1993−10	2270
改写圣经	邵燕祥	中国华侨出版社	12.5	32	1993−11	5000
自己的酒杯	邵燕祥	群众出版社	13	32	1993−11	21000
大题小做集	邵燕祥	上海文艺出版社	21.7	32	1994−06	2200
真假荒诞（江有生画）	邵燕祥	湖南文艺出版社	1.4	32	1994−08	3000
杂文作坊	邵燕祥	成都出版社	11	32	1994−10	10000
邵燕祥诗选	邵燕祥	百花文艺出版社	21.6	32	1994−11	3000
热话冷说集	邵燕祥	宁夏人民出版社	22.2	32	1995−10	5300
邵燕祥随笔	邵燕祥	四川文艺出版社	31	32	1995−11	15000
超越痛苦	邵燕祥	中原农民出版社	10.5	32	1996−01	5000
你笑的是你自己	邵燕祥	甘肃人民出版社	16.2	32	1996−01	8200
沉船	邵燕祥	上海远东出版社	14.5	32	1996−02	15100
明天比昨天长久	邵燕祥	吉林人民出版社	23	32	1996−03	15400
邵燕祥杂文自选集	邵燕祥	百花文艺出版社	20.1	32	1996−11	10000
红尘小品	邵燕祥	敦煌文艺出版社	14.5	32	1996−11	7000
史外说史	邵燕祥	作家出版社	50.6	32	1997−03	10100
人间说人	邵燕祥	作家出版社	48.8	32	1997−03	10100
梦边说梦	邵燕祥	作家出版社	47.1	32	1997−03	10100
旧时燕子	邵燕祥	河北教育出版社	18.3	32	1997−06	8000
乱花浅草	邵燕祥	山东画报出版社	11.6	32	1997−08	10000
检阅天安门	邵燕祥	时代文艺出版社	25.4	32	1997−08	8000
人生败笔	邵燕祥	河南人民出版社	28.8	32	1997−11	8000
酸辣文章	邵燕祥	东方出版社	13.6	32	1998−04	10000
忧郁的力量	邵燕祥	作家出版社	19	32	1998−07	5000
一窗四季	邵燕祥	中国文联出版社	23.4	32	1998−10	2000
诗与面包与自由	邵燕祥	华东师范大学出版社	38	32	1998−10	5000
邵燕祥卷（《中华散文珍藏本》）	邵燕祥	人民文学出版社	14.7	32	1998−12	5000
非神化	邵燕祥	花城出版社	25	32	1999−08	6000
夜读抄	邵燕祥	福建教育出版社	14.9	32	1999−08	3200
旧信重温	邵燕祥	武汉出版社	25	32	1999−10	5000
远在天边	邵燕祥	大象出版社	8.7	40	2000−04	3325
谁管谁	邵燕祥	广东人民出版社	10	32	2000−10	5000
也无风雨也无晴	邵燕祥	河南人民出版社	23.8	32	2000−12	5000
夜读札记	邵燕祥	广东人民出版社	32	32	2001−01	5000
自然观与科学观	金吾伦	知识出版社	36.3	32	1985−05	15000
物质可分性新论	金吾伦	中国社会科学出版社	10.7	32	1988−11	3000
科学变革论	金吾伦	科学出版社	14.8	32	1991−12	2300
跨学科研究	金吾伦	中央编译出版社	27.4	32	1997−05	3000
塑造未来	金吾伦	武汉出版社	14	32	1998−03	20000
吴大猷文录	金吾伦	浙江文艺出版社	23.5	32	1999−05	

续表二

书　名	作者（主编）	出版单位	字数（万）	开本	出版时间	印数（册）
从界面到网站	金吾伦	上海科技教育出版社	17.8	32	2000－07	5000
生成哲学	金吾伦	河北大学出版社	20.4	32	2000－11	3000
知识管理	金吾伦	云南人民出版社	15.8	32	2001－01	5000
中国戏曲通论	郭汉城	上海文艺出版社	50	32	1989－09	2540
郭汉城诗文戏曲集	郭汉城	中国戏剧出版社	35	32	1993	2500
现代经济写作	孙沛然	浙江大学出版社	15.4	32	1988－07	43500
电视与文化论丛	孙沛然	浙江大学出版社	20	32	1992－10	1000
影视文化导论	孙沛然	浙江大学出版社	20	32	1995－11	1500
现代秘书之道	孙沛然	浙江大学出版社	18.2	32	1996－12	3000
现代经济写作（修订版）	孙沛然	浙江大学出版社	23.5	32	2000－06	61500
方志学两种	来可泓	岳麓书社	13.8	32	1984－01	5900
李心传事迹著作编年	来可泓	巴蜀书社	18.5	32	1990－06	1690
中庸今译	来可泓	三秦出版社	3.2	32	1990－11	17000
中国政治制度史	来可泓△	生活·读书·新知三联书店	37	32	1993－12	1750
左传名句选译	来可泓	中国青年出版社	10	32	1994－08	10100
论语注译	来可泓	陕西人民出版社	18.8	32	1996－02	35000
大学直解·中庸直解	来可泓	复旦大学出版社	21.6	32	1998－02	6000
《资治通鉴》新注（第十九册）	来可泓	陕西人民出版社	730.8	32	1998－10	5000
左传·战国策·国语精言妙语	来可泓△	中州古籍出版社	70.8	32	2000－05	3000
国语直解	来可泓	复旦大学出版社	68.5	32	2000－06	3000
论语直解	来可泓	复旦大学出版社	40.7	32	2000－07	3000
《资治通鉴》精言妙语	来可泓△	中州古籍出版社	73.8	32	2001－01	3200
神奇的贝壳	邵　焱	安徽少年儿童出版社		32	1986－09	
鲁冠球少年时	来载璋等	浙江少年儿童出版社	10	16	1988－03	2000
生活教育之花盛开在湘湖师范	湘湖师范学校	四川教育出版社	34	32	1988－09	3000
钱江冲浪	陈　涛△	学林出版社	18.9	32	1989－06	10000
羚羊集	杨敏生	学林出版社	7.8	32	1989－07	3000
青铜时代	陈　涛	学林出版社	4.3	32	1989－07	3000
未竟之旅	陈　涛△	学林出版社	16.7	32	1989－07	1000
交际能力与技巧	曲　渊	新世纪出版社	20	32	1986－05	805100
八十年代演讲词集锦百例	曲　渊 戴晓雪	东北师范大学出版社	26	32	1987－12	20000
口才与交际艺术	曲　渊	学林出版社	8.7	32	1989－03	60100
写自春天的报告	曲　渊	中国展望出版社	17.2	32	1990－07	3000
口才锻炼与运用	曲　渊	杭州出版社	18	32	1997－07	7000
香烟·毒害你我他	曲　渊 雪环山	学林出版社	19.7	32	1998－04	3000
萧山乡土史	王作仁 潘祖芳 陈志根	浙江教育出版社	5.8	32	1990－09	25000
语　言	来迪权	海南摄影美术出版社	图文	32	1990－10	1000
浦阳江下游防汛与管理	陈志富	浙江大学出版社	18.6	32	1991－06	2000
珍珠蚌	吴桑梓	上海文艺出版社	11.2	32	1992－02	2000
先锋谱	许迈永△	新华出版社	17.5	32	1993	2000
如烟往事	徐亚平	金陵书社	8	32	1992－04	1000

续表三

书　　名	作者（主编）	出版单位	字数（万）	开本	出版时间	印数（册）
满园春色关不住	徐亚平	成都科技大学出版社	7.6	32	1994	1100
加入大时代	陈涛	百花文艺出版社	7.5	32	1995-08	2000
张承汉扇面书画集	张承汉	中国美术学院出版社	（画册）	12	1995-12	
文明之光	熊德利	红旗出版社	19.25	32	1996-02	3000
乐土展痕	徐士龙	百花文艺出版社	20.8	32	1996-07	2000
文化步履	方晨光	杭州出版社	19	大32	1996-12	2000
沧桑云	章耀海	贵州人民出版社	26.2	32	1996-12	2000
创业历程	萧山市委党史研究室	杭州出版社	27	32	1996-12	1500
我的第一个先生	任大星	花山文艺出版社	16	32	1997-01	10000
听雨	李乍虹	贵州人民出版社	18.1	32	1997-03	2000
三色土	徐龙渊	贵州人民出版社	21.3	32	1997-03	2000
百位名人与萧山	陈志根 朱淼水	大连出版社	15	32	1997-07	3000
历代著录法书目	朱家潜	紫禁城出版社	40	16	1997-10	
沙地	陆亚芳	浙江文艺出版社	36	32	1997-12	3000
家庭律师	沈迪云	浙江人民出版社	31	32	1997-12	15000
十年足迹	李仲芳 张冠明	杭州大学出版社	28	32	1998-01	2000
野妹子	任大星	上海少年儿童出版社	13	32	1998-02	8000
钱江魂	来载璋	亚太国际出版社	30	32	1998-02	2000
湘湖师范学校校史	湘湖师范学校	浙江教育出版社	28.8	32	1998-08	4000
孙慰耆山水速写	孙慰耆	上海书店出版社	图文	24	1999-03	3000
杏坛撷英——中学教育论文集	裘国祥	贵州民族出版社	38	32	1999-03	3000
萧山乡土社会	王永祥△	浙江教育出版社	8	32	1999-06	13000
山青花欲燃	刘宪康	杭州出版社	26	大32	1999-10	1000
燃烧的汪洋	苏叔阳 石侠	中国电影出版社	39	32	1999-10	5000
世纪快车	萧山市经委、文联	杭州出版社	20	32	1999-10	
脊梁	蒋增平	海潮出版社	15.7	32	1999-10	500
认识你自己——中学生自我意识心理问答	陈胜良△	浙江人民出版社	11	32	1999.11	15000
萧山文物	萧山市博物馆	西泠印社出版社	图文	16	1999-12	3000
开启心灵之窗	郭鹤鸣	浙江人民出版社	31	32	2000-09	3100
红叶集	楼永祥	浙江文艺出版社	23.2	32	2000-06	1000
萧山百年百事	陈志根	浙江大学出版社	32.6	32	2000-02	3080
健康教育处方	孙国铭	杭州出版社	23	32	2000-03	2000
天下奇观钱江潮	褚云皎	内蒙古人民出版社	28.2	32	2000-08	8000
县（市）教育科研管理概论	汤鉴澄等	浙江人民出版社	21	32	2000-08	3100
小学生心理健康教育自助读本	陈胜良△	浙江人民出版社	15	32	2000-08	15000
中学生心理健康教育自助读本	俞晓东△	浙江人民出版社	15.5	32	2000-08	15000

书　名	作者（主编）	出版单位	字数（万）	开本	出版时间	印数（册）
萧山文学五十年作品选（小说、诗歌、散文、报告文学）	萧山市文联	杭州出版社	63.2	32	2000-09	
可爱的萧山	汪柏遂△	浙江人民出版社	11	32	2000-09	53285
防癌抗癌有道	陈道瑾	人民卫生出版社	14.1	32	2000-09	4050
纤　夫	徐亚平	浙江文艺出版社	22.1	32	2000-10	1000
牛拖船	沈青松	浙江人民出版社	18.6	32	2000-10	3000
任伯年史料专辑	萧山市政协	西泠印社出版社	33.2	32	2000-12	
名人咏萧山 萧山涌名人	萧山市文化局	南方出版社		12	2001-01	1000
听雨楼看画	李仲芳	西泠印社出版社	15.1	32	2001-01	1000
提前到来的春天	董洁心	西泠印社出版社	11.5	32	2001-01	1000
文艺辅导心理学	方晨光	西泠印社出版社	22.5	32	2001-01	1000
萧山古今谈	陈志根	西泠印社出版社	18.8	32	2001-01	3000
箫声剑气	萧　然	西泠印社出版社	15.2	32	2001-01	1000
远　方	马毓敏	西泠印社出版社	18.8	32	2001-01	2000
苇叶芦花	萧　然	西泠印社出版社	20.6	32	2001-01	500
青春作伴	朱华贤	西泠印社出版社	19.2	32	2001-01	1000
多彩的萧山方言	刘宪康	西泠印社出版社	18.9	32	2001-01	1000
今日萧山	朱党其 马晓才	浙江摄影出版社	图文	大16	2001-02	
教育让科研更现生命力	楼乐兴	人民日报出版社	18.9	32	2001-03	1000
金海观与素质教育	湘湖师范学校	人民日报出版社	31.9	32	2001-03	4000
小花朵集	虞诵南△	人民日报出版社	25	32	1985-07	3000
盘旋在你的领空	陈涛	中国文联出版社	17	32	1988-08～1993-04	1000
学校教育科研组织建设的理论与实践	汤鉴澄等	浙江教育出版社	10	32	1988-10	5000
教育实践探索	沈海尧△	人民日报出版社	19.4	32	1990-02	1000
教坛求索录	高志康△	人民日报出版社	17.5	32	1990-06	1000
阳　光	陈继光	山东少儿出版社	12	32	1987-05	5000
抒情诗和她的十八个诗人	陈继光	现代出版社	25	32	1992-09	2000
故国月色	陈继光	中国文联出版社	15	32	1999-10	5000

　　注：①作者（主编）栏中，加"△"者为"主编"。

　　　　②资料来源：萧山图书馆、萧山区文联等单位及部分作者个人。

第三十七编
文物 胜迹 旅游

登越王台

唐·宋之问

江上越王台，登高望几回。

南溟天外合，北户日边开。

地湿烟常起，山晴雨半来。

冬花采庐橘，夏果摘杨梅。

逾类虞翻枉，人非贾谊才。

归心不可度，白发重相催。

萧山历史悠久，文物丰富。跨湖桥文化遗址的发现，表明距今8000～7000年前的新石器时代较早期，萧山已有人类生息。茅草山遗址、蜀山遗址、眠犬山遗址、傅家山遗址等，都是新石器时代中后期文化遗址。进化镇、欢潭乡一带为春秋战国时期越国烧造印纹硬陶的集中区，越王城遗址则是吴越战争留下的古迹。汉置余暨县以后，历经2000余年沧桑，先民留下陶瓷器、玉石器、金属器、书画等许多文物精品，以及老街、寺院、宗祠、宅第、桥梁、墓葬等大量不可移动的文物。至2001年3月，萧山有省级文物保护单位4个，萧山市级文物保护单位25个、市文物保护点101个。

　　萧山钟灵毓秀，人才辈出，人文积淀丰厚。境内有西施古迹群、湘湖、萧绍运河、衙前农民运动旧址等著名胜迹。

　　萧山旅游资源丰富。20世纪80年代中期，萧山旅游业开始起步，钱江观潮度假村、杭州东方文化园、杭州乐园、杭州山里人家等一批旅游景点陆续开发推出，观潮节、杨梅节等节庆活动年年出新，旅游服务设施不断完善，逐步确立萧山旅游的品牌、特色和风格。

第一章　文　物

　　萧山文物集中体现在遗址、窑址、城址、老街、宅第、桥梁、寺庙、宗祠、戏台、碑表、墓葬等许多不可移动文物，以及陶瓷器、玉石器、金属器、书画等馆藏文物珍品上。文物工作者通过文物普查、征集、收缴、考古发掘、文物保护单位维修、文物宣传、展览等工作，有效地保护和利用了文物。

第一节　遗　址

新石器文化遗址

　　境内有跨湖桥文化遗址（详见《跨湖桥文化》编）、蜀山遗址、茅草山遗址、眠犬山遗址、傅家山遗址等新石器时代文化遗址，文化内涵丰富。

　　蜀山遗址　新石器时代良渚文化时期和商周时期。位于河庄镇蜀南村蜀山。1956年发现遗址，有青铜矛、纺轮、稻谷、鹿角等100件器物和数十筐陶片。1982年9～10月间，省、市、县文物部门进行抢救性考古发掘，发掘面积514平方米，分3个文化层。第一、二两层为商周时期（距今3300～2700年间），以大量的印纹陶片堆积物为主要内容；第三层为良渚文化时期（距今5200～4000年间），出土的陶器以夹砂陶为主，典型器物有鱼鳍形足鼎、黑皮豆、贯耳壶及滤器等。1989年，又出土玉璧、玉琮、石钺等7件良渚文化时期的典型器物。1983年5月，萧山县人民政府公布为萧山县文物保护单位。

　　茅草山遗址　新石器时代良渚文化晚期。位于欢潭乡泥桥头村的茅草山麓。90年代已采集到陶鼎、陶罐等器物。2001年初，由于建设03省道东复线，对遗址进行抢救性考古发掘，发掘面积为200平方米，文化层堆积厚1米，出土器物以夹砂红陶、泥质灰陶为主，器型有鼎、豆、杯等，还有石器锛、镞、有孔斧、刀、纺轮等。

　　眠犬山遗址　新石器时代。位于许贤乡丁家庄村东500米左右的眠犬山。遗址面积约3万平方米，采集的陶片以夹砂红陶为主，有鱼鳍形及丁字形鼎足。出土石器有纺轮、刀、有孔刀、锛、有段锛、钺、镞、锤等，对于浦阳江流域史前遗存的研究有重要价值。

　　傅家山遗址　新石器时代。位于义桥镇东北500米的傅家山（虎爪山）。1958年建畜牧场时发现遗址，范围约5000平方米，包括鸟珠土凹等地，出土石锛、石凿、石斧等文物。

窑　址

　　萧山已发现从春秋战国到南朝各个时期的陶瓷窑址30处。春秋战国时期窑址以烧造印纹硬陶、原始瓷为主，东汉至南朝时期为越窑青瓷窑址。主要分布于浦阳江流域和永兴河流域，均依山而设，春秋战国时期窑址多为印纹硬陶与原始

图37-1-898　茅湾里春秋战国时期印纹陶与原始瓷窑址
（2003年6月朱倩摄，图中椭圆形图片为萧山博物馆提供）

瓷合烧窑。

茅湾里印纹硬陶窑址　春秋战国时期。位于进化镇大汤坞村。是烧制印纹硬陶和原始青瓷的窑址。[①]1956年发现。窑址面积约2万平方米。采集的陶片有印纹硬陶罐、坛等，胎多呈紫褐、红褐色，烧结坚硬，饰米字、网格、方格、云雷纹等。原始青瓷片有盘、盅、碗等。胎灰白，施青黄色薄釉，内底多为螺旋纹。1961年4月，浙江省人民政府公布为省文物保护单位，1981年4月又予重新公布。[②]

城隍山印纹硬陶窑址　春秋战国时期。位于欢潭乡钟家坞村。面积约1万平方米，堆积层厚1米~2米。采集的印纹硬陶片，纹饰有米字、网格等多种，部分罐肩部饰S形纹。器型有瓮、罐等，胎薄且多呈紫褐色、红褐色。原始青瓷有碗、盘、钵、杯、盅等，胎质致密、均匀，釉呈青色或青中泛黄。1983年5月，萧山县人民政府公布为萧山县文物保护单位。

纱帽山印纹硬陶窑址　春秋战国时期。位于欢潭乡泗化村纱帽山。面积约6000平方米，堆积厚2米~3米，采集的印纹硬陶片纹饰多样，部分小陶罐拍印布纹，并在肩部贴饰S形堆积纹。器型有瓮、坛、罐等。胎壁薄且多呈紫红色、红褐色。同时采集有原始青瓷碗、盘、钵、杯、盅等残片。胎质细腻，釉薄，呈青色或青中泛黄，器内底常有螺旋纹。1983年5月，萧山县人民政府公布为萧山县文物保护单位。

沿池山印纹硬陶窑址　春秋战国时期。位于欢潭乡泥桥头村。原始瓷和印纹硬陶合烧，原始瓷产品以碗居多，有盘式和钵式。纹饰有水波纹，多饰于碗内底部。印纹陶的类型有罐、坛等。纹饰有粗方格纹、回纹、细方格纹和网纹等。1998年4月，萧山市人民政府办公室发文（萧政办发〔1998〕70号），公布为萧山市乡镇文物保护点（下同）。

马面山印纹硬陶窑址　春秋战国时期。位于欢潭乡涂川村，沿马面山山势分布，面积约6000平方米，文化层堆积厚0.50米~2米。主要为印纹硬陶，有红褐色和黑色，胎呈砖红色，火候较高。器型有罐、坛等。纹饰以方格纹、方格纹与圆窝纹组合、小方格纹与米字纹组合为主。为萧山市乡镇文物保护点。

西山印纹硬陶窑址　春秋战国时期。位于欢潭乡涂川村西南，分布范围约1000平方米，文化层堆积厚1.20米~1.80米。印纹硬陶胎质有灰褐色、红褐色等。纹饰有席纹、斜格纹、米字纹、小方格纹、水波纹和S形堆贴纹于一体的组合纹饰。器物有罐、瓮等。用泥条盘筑法制作，慢轮修整。原始青瓷有碗、杯、碟等器型，釉色以酱褐色或淡酱黄色为主。为萧山市乡镇文物保护点。

牛面山印纹硬陶窑址　春秋战国时期。位于欢潭乡邵家塔村。文化层厚约1米。印纹硬陶胎色以灰褐色为主，红褐色、紫褐色次之。纹饰为米字纹、席纹和方格纹中填交叉纹等。器型以罐为主，瓮次之。原始瓷有钵式碗、壶等。壶底微凹，厚重，内底有水波纹，釉色有淡酱黄色等。为萧山市乡镇文物保护点。

①《中国美术辞典》载："所产原始瓷碗里有螺旋纹，浙江地区战国墓葬出土的不少这类器物中，即有茅湾里的产品。"

②2006年5月25日，茅湾里印纹陶窑址与跨湖桥遗址一起，被国务院公布为全国第六批重点文物保护单位（国发〔2006〕19号）。

图37-1-899　印纹硬陶残片标本（2006年10月，崔太金摄）

图37-1-900　原始瓷残片标本（2006年10月，崔太金摄）

太公堂印纹硬陶窑址　春秋战国时期。位于欢潭乡邵家塔村后山，分布面积为1500平方米，文化层堆积厚约2.20米，原始瓷与印纹硬陶合烧。印纹硬陶器型较大，有罐、坛、瓮等。纹饰有米字形纹等。原始瓷有盘式碗、钵式碗等。纹饰有水波纹或素面，胎呈灰白色。为萧山市乡镇文物保护点。

前山印纹硬陶窑址　春秋战国时期。位于欢潭乡邵家塔村东南。①有龙窑窑床2座，窑室前段摆烧原始瓷，后段则烧印纹硬陶。采集物分两期，即春秋中期和春秋晚期至战国初期。器型有盅式碗、盘、弧腹碗、罐、坛等。窑具有托珠。为萧山市乡镇文物保护点。

唐子山印纹硬陶窑址　春秋战国时期。位于欢潭乡泗洲村。文化堆积层厚约1.40米，分布范围为750平方米，印纹硬陶与原始瓷合烧。印纹硬陶的器型有罐、坛、瓮等。纹饰有方格圆印纹、米字纹等。原始瓷器型有碗等。为萧山市乡镇文物保护点。

安山印纹硬陶窑址　春秋战国时期。位于进化镇席家村，分布于250平方米的范围内，文化层的堆积厚1米~1.50米，窑床已有部分暴露。采集的标本有印纹硬陶和原始瓷，印纹硬陶的胎质以灰褐色为主，红褐色次之。器型有瓮、罐等。纹饰有填线方格纹、米字方格纹、交叉方格纹、席纹等。原始瓷器型有盏、碗、杯等，在碗等器物底饰有螺旋纹。为萧山市乡镇文物保护点。

后山印纹硬陶窑址　春秋战国时期。位于进化镇席家村，在100平方米的范围内，有厚0.80米~1米的堆积层，分印纹硬陶和原始瓷两种。印纹硬陶的胎质以灰褐色为主，器型有罐、瓮等。纹饰有方格米字纹等。原始瓷的釉色为青黄色，器型有碗等。碗底饰有旋纹和水波纹。为萧山市乡镇文物保护点。

茅草山印纹硬陶窑址　春秋战国时期。位于欢潭乡泥桥头村，沿山势而建，堆积层分布范围约300平方米，厚1米~1.80米，采集的标本主要为印纹陶，器型有罐、瓮等。纹饰主要有方格内填米字形纹等。

馒头山印纹硬陶窑址　春秋战国时期。位于欢潭乡泥桥头村，窑床和堆积层已暴露，堆积层厚约1米，分布范围约100平方米，采集的标本主要有印纹陶，也有原始瓷。器型主要有罐和瓮，纹饰主要有方格内填交叉纹。

上董越窑青瓷窑址　东晋至南朝。位于戴村镇上董村西北圆盘庵山，面积约2万平方米，堆积厚2米。1982年文物普查时，在其周围采集到盘口壶、鸡首壶、灯盏等青瓷器和锯齿式窑具；不少瓷器有褐斑及划花莲瓣纹装饰；采集到的瓷片有壶、罐、砚、灯盏、碗、盘、盏、钵等；胎色灰白。釉色青或青中泛黄，纹饰有箭羽纹、刻划莲瓣纹及点褐彩等；窑具有锯齿状盅形间隔具、喇叭形及钵形垫具等。属越窑系青瓷窑址。1983年5月，萧山县人民政府公布为萧山县文物保护单位。

孔湖窑址　东汉。位于来苏乡孔湖村，文化堆积

图37-1-901　春秋原始瓷三足鼎
（2008年11月，张学惠摄）

图37-1-902　春秋曲折纹硬陶
（2008年11月，张学惠摄）

图37-1-903　上董越窑窑址（2003年5月，李维松摄）

层分布的范围有300平方米，厚约1米，部分被扰乱。从采集到的标本来看，该窑址生产的器物器形较大，主要为罐、瓮等，部分器物上有釉，呈黄绿色，纹饰有方格纹、水波纹等，另有长筒形窑具和红烧土发现。

除以上简介的16个古窑址外，还有古窑址14处。[①]

古城址

越王城遗址　位于城厢镇湘湖村越王城山山巅。[②]城垣依山脊而建，东西向略呈梯形，四周高、中间低，周长1091米，面积约36000平方米。由泥土夯筑而成，内缓外陡，四角高隆。城中低洼地面和城墙夯土中，多次发现印纹硬陶、原始青瓷和夹砂陶片等遗物，为春秋末至战国时期的文化遗存。1991年初，萧山市文物管理委员会会同省考古研究所对越王城遗址进行局部试掘，出土省内罕见的战国大板瓦、筒瓦等建筑构件。1992年，又对越王城城垣遗址进一步试掘，出土春秋战国时期大板瓦、筒瓦、杉树纹瓦当等。1989年12月，浙江省人民政府公布为浙江省文物保护单位。

县城城址　位于城厢镇。南宋嘉泰《会稽志》卷十二载："县城周一里二百步，高一丈八尺，厚一丈二。"明嘉靖三十二年（1553）十一月，为抵御倭寇侵扰，知县施尧臣重建县城城墙。城墙周长9里120步，高2丈5尺，宽2丈2尺，置陆门4座、水门3座，四周围有护城河。清代曾对城墙、城楼5次整修加固。民国14年（1925）至民国27年间，先后因修筑萧绍公路、杭江铁路和沪甬铁路，大部城墙相继拆除。民国29年，日军侵占城厢镇，拆除尚存城墙以修碉堡。80年代初，在西门西山山头和北干山西部白鸽山上尚可见到城垣残迹。今不存。

戍城遗址　位于南阳镇白虎山北麓，占地约6000平方米。始建于明代，为抗倭防地，南设烟墩以报警，卫戍杭城。1956年，残存的部分城墙被台风毁圮。在遗址建有仓前水文测报站，为萧山市乡镇文物保护点。

第二节　古代建筑

萧山现存的老街、宅第、桥梁、寺庙、宗祠、戏台、碑表、墓葬、井泉等古代建筑，多为明清时期之作，主要分布在南片和中片地区。

老街

萧山现存较为完整的镇乡老街有临浦、楼塔、河上、戴村、义桥、进化的山头埠、欢潭、所前、浦阳的径游、衙前、坎山、瓜沥、党山、南阳的赭山、头蓬等老街。[③]

临浦老街　在临浦镇。宋代形成集市，称临浦里；明代谓临浦市。至清末民国初，街巷纵横，俗呼"饭架街"，为萧山最早的三大建制镇之一，有"小上海"之誉。[④]现存老街主要有山阴直街、山阴横街、扇面街、萧山直街、萧山中街、中沙街、西市街等，总长2000余米，惜局部街面已经改建。山阴直街旧时有裕昌盐行、太和堂药店、同福堂药店、同协和酒店、同心酱园、

①其中1998年列为萧山市乡镇文物保护点的窑址还有10处，即：欢潭乡祝家村尖湾印纹陶窑址、傅家村石浦湖印纹陶窑址、泗化村冯家山印纹陶窑址、泥桥头村后山印纹陶窑址、进化镇下畈辰村大坟山印纹陶窑址、大汤坞村梅园印纹陶窑址、大汤坞村狮子山印纹陶窑址、大汤坞村蜈蚣腿印纹陶窑址8处春秋战国时期窑址，欢潭乡钟家坞村茶叶山东汉窑址、戴村镇戴家山西晋至南朝窑址。未列入乡镇文物保护点的窑址4处：浦阳镇横塘倪春秋战国印纹硬陶窑址、城厢镇桥头陈东汉窑址、临浦镇白鹿塘马面山汉代窑址、欢潭乡钟家坞汉代窑址。

②为春秋战国时期越王句践屯兵拒吴城堡。越大夫范蠡所筑，又名固陵城。《吴越春秋》载："越王句践与大夫文种、范蠡入臣于吴，群臣皆送至浙江之滨，临水祖道，军陈固陵，即此。又名敦兵城。"《越绝书》载："浙江南路西城者，范蠡敦兵城也。其陵固可守，故谓之固陵。"

③民国《萧山县志稿》卷一"市镇"载："旧志市三：县市、临浦市、龛山市；镇三：西兴镇、渔浦镇、钱清镇。按：今市镇除上述外，城北乡有茬山市、长河乡有长河市、长安乡有浦沿市、闻堰市，所前乡有所前市、龙泉乡有衙前市、瓜沥市，浦南乡有戴村市，义桥乡有义桥市，河上乡有河上店市，长山乡有楼家塔市，桃源乡有尖山市、径游市。沙地各乡有头蓬、赭山、靖江殿西隆兴店、新湾底小泗埠各市。"

④民国7年（1918）4月18日《民国日报》载："临浦商务繁盛，年交易额不下百万金。"民国22年《中国实业志》载，浙江6大米市，临浦为其中之一。临浦市兴隆，1949年有米厂、盐市、木材行、南货店等30业501家，从业人员1699人。

楼聚新香店等数十家商店，仅米店就有汤裕记、宏大利、协丰成、鼎裕丰等多家。南端有建于清同治年间的万和锅厂。山阴横街上有著名的万成南北货店。萧山中街呈"L"形，有赵鼎新棉百货店、恒春生瓷庄、裕和盐行等名店，与山阴横街一起成为古镇商业繁华地段。山阴街旧时地处山阴、萧山两县交界处，素有"山阴不管、会稽不收"之说。

楼塔老街 在楼塔镇。旧时为萧山、富阳、诸暨三县交界处商贸集散中心。老街从"下埠井头"至"上落埠头"，长300米左右，分上街与下街。昔日卵石街路改为水泥路面，排门店铺犹存，老街格局基本未变。

河上老街 在河上镇，俗称河上店，形成街市已近千年。民国19年（1930）始设镇，为南部商品之集散地。抗日战争时，县政府机关曾迁驻此地。土纸是河上大宗土特产，清末民国初，河上一带造纸槽户达千家，形成土纸店特色一条街。百年老店徐同泰酱园位于井泉街，饮誉萧绍地区，至今不衰。现老街井泉街和惠民街呈"X"状，长约400米，加上许多小巷，街市纵横交错，旧貌尚存。

戴村老街 在戴村镇。旧时戴村水陆交通较为发达，街市兴旺。现存老街西起西池头，东至蒋家埠头，长200余米，宽2.50米。临街两层楼房为清末民国初建筑，下店上宅，前楼板壁大多挑出0.50米，使楼下店铺有"廊"之感。位于西池头老街的丁介丰米店旧址，店铺设在拐角处，紧挨自家住宅高墙大院。

义桥老街 在义桥镇。老街紧傍浦阳江，南北走向一条街，分上埠（上街）、大庙前（中街）、下埠（下街），长约200米。店铺以两层楼房为主。旧时设有浦阳江义桥大码头和内河里河兜码头，交通比较发达，培育义桥兴旺的竹木行和过塘行。老街有条"羊肉弄"，昔日羊肉摊鳞次栉比，为古镇一大传统特色。

山头埠老街 位于进化镇山头埠村。长100多米的老街穿村而过，老街东西走向，两旁均为清代木结构建筑的小店铺，街北有小河与街并行。葛云飞故居"宫保第"和葛氏宗祠就在老街近旁。

图37-1-904 临浦西市街（1999年9月，李维松摄）

图37-1-905 河上老街（2002年8月，李维松摄）

欢潭老街 位于欢潭乡欢潭村。东西向，长100多米，尚存部分石板路面，两侧建筑多属晚清至民国时期，大多为前店铺、后住人。个别建筑尚存当时商铺的字号及经营范围等字样。

所前老街 在所前镇。相传南宋始成街市，明朝设绍兴盐务批验所衙门，明清直至民国初期，所前一直是食盐转运地。清末民国初，所前老街从下街盐地至上街老河埠头，有500多米长，依傍西小江开市。水果上市季节，村民挑着担子一摊挨一摊，形成所前街市一大特色。今存200余米，店面平房为主，有少量楼房。大多属抗日战争时期被日寇焚毁后重建。

径游老街 在浦阳镇径游村。形成于明末清初。民国时期，老街从大成弄至上街詹家，长200余米。抗日战争时期，大部分被日寇烧毁。现存老街100余米，大多为战后重建，仍是老式格局。寿材、风车、水车等作坊店铺为旧时老街特色，荣达风车店生产的风车曾走俏杭州南星桥和湖墅一些米店。径游地处萧山、诸暨交界，昔日游商甚多，诸暨籍著名老中医陈佩永曾在径游街行医20多年。

衙前老街　位于衙前镇东萧绍运河北岸。东西走向，长约100米，宽约3米左右，石板街面，两侧分布有清代及民国时期的砖木结构建筑，前店后宅，临街店铺大多砌筑1.50米高的矮墙，上装活动排门，排门和两边墙上店名依稀可见，较完整地保留着当年商贸集市的状况。为萧山市乡镇文物保护点。

坎山老街　位于坎山镇。沿塘而筑，南北长约2750米，分上街、中街、下街3段，为萧山现存最长的老街。店面保留着清代建筑风格，街宽3米~4米，两侧多为一层木结构店铺，木板排门，矮墙排窗。旧时以中街与下街店铺最为集中。

瓜沥老街　位于瓜沥镇。瓜沥与绍兴县毗连，为萧山东部重镇。清末民初，市肆之繁盛，为南沙一带首埠。老街有塘头街和南街，约300多米，分东、中、西3段。其中西街多半是民居，商店集中在中街和东街，以中街为最繁荣。中街两层楼房为主，多为清末民国初建筑，已部分拆除。

党山老街　在党山镇。现存老街有两段，一在北海塘上，名党山街，宽4米，长近100米；一为与党山街相交的新街，宽3米许，长约30米。店面房除个别经过改造，基本保持清末民国初格局，难得的是街上仍保留石板路面。

赭山老街　在南阳镇赭山。相传隋唐时期已有集市，宋代为食盐集散地，明代为汤镇税课局驻地。至清末民国初，赭山为南沙地区土布、土丝、棉纱、蚕茧、绵绸、食盐等重要集散地，市面十分兴旺。现存老街约200米，大致东西走向，主体成于清道光年间。塘下街徐源盛附近为赭山老街最完好段，清代古宅店铺犹存。

头蓬老街　在头蓬镇。形成于清中叶，至民国时期已为东沙大镇。老街在南沙大堤内侧，东西走向。原长200多米，有恒泰昌南货店、天元堂药店、李成彰酒酱店、振泰杂货店、大昌运输行等老店。今存100余米，街面宽2.50米~3.00米，店铺以平房为主，局部店面房已改建。

宅　第

许家南大房　在党山镇。名"尊让堂"，为党山望族许氏宅第，始建于明代，历经修葺。[1]坐北朝南，前后4进，两侧厢房，除头进外其余均为二层楼房。墙门纵深70.40米，横宽40.80米，占地面积2480平方米。第一进和第三进有砖雕门楼，第二进从梁架结构分析，为明代建筑遗存，面宽22.10米，进深9.40米，5开间台梁式建筑构架，前有轩，前后边置月梁。南大房布局合理，前后对称，主次分明。门楣、梁架、雀替、窗棂用木、砖、石3种不同质地的材料雕刻而成，十分精美。西、南两面开挖人工河道与北面河道相通，以方便船只进出。北门外河上有石梁桥，名永禄桥。2000年，经省文物局专家认定，为省内保存完整、规模较大的明、清、民国三代合一的民

图37-1-906　衙前老街（2002年5月，李维松摄）

[1] 据《许氏宗谱》记载，始建于明万历年间（1573~1620），初为两进宅院。清道光十四年（1834）增建第三进，民国时期又建后楼。

图37-1-907　许家南大房（1999年6月，施加农摄）

居院落。

世进士第（遗址） 位于城厢镇西河路。[1]原占地面积3000多平方米，是由若干座墙门相连组成的建筑群。正屋坐北朝南，大门朝西，临西河。过明间通道，隔小天井，有一精美砖雕门楼。过大天井，坐东朝西为享堂，是族内供奉和祭祀王氏祖先的场所。大天井南面有两个墙门，走马廊相连，内有若干小天井。大天井北面又是一个墙门，正屋5间，东、西厢屋各5间，廊檐斗拱、挂落雕刻精湛。1995年拆建为花鸟市场。今存东厢屋5间、东北角正屋2间。

朱凤标故居 位于城厢镇城郊村朱家坛自然村。俗称"榜眼墙门"[2]，坐北朝南，由东、西并列两个墙门组成，占地3000平方米。每个墙门从南到北分别有仪门、正厅、主楼、后楼4进，两侧厢房，除正厅外，全部都是二层楼房。原东墙门正门高悬"榜眼及第"及"道光十二年壬辰科"金匾，门前立旗杆石。东墙门第一进门楼额篆书"福禄寿禧"，第二进额"乐善好施"。西墙门第一进门楼额"绍闻衣德"，第二进额"绳其祖武"。门楼、门窗有精美砖雕、木雕。现榜眼墙门局部破损严重，但总体格局保留完整。1999年8月，萧山市人民政府公布为萧山市文物保护单位，由故居、万寿庵、万寿桥、船道及朱氏洞桥等组成。

顺昌当门楼 位于城厢镇涝湖村。建于清代。为陈声扬的当铺，原3进9间，今存3间改建过的楼房和1座完好的砖雕门楼。门楼青石门框，硬山顶，三层檐，皆砖制深浮雕。正面额框内镌楷书"垂裕后昆"，两侧对称各书有50个形态各异的篆体"寿"字，背面额镌楷体"恭俭维德"，两侧均饰以花卉。为萧山市乡镇文物保护点。

陈家墙门群 位于临浦镇柏山陈村。清末民国初建筑，由大小7个墙门组成。为陈朵如兄弟、族人建造，以陈朵如、陈蔼如墙门为最。50年代后做粮库、幼儿园和村民居所。为萧山市乡镇文物保护点。

临江书舍 位于临浦镇戴家桥达弄12号。是蔡东藩在辛亥革命至抗日战争初期的租住地，蔡东藩在此教授学生，并撰写了大部分历代通俗演义。旧居有3间楼房和两侧厢房，清末民国初建筑。此屋业主后裔是兰州大学教授金宝祥。为萧山市文物保护单位。

蔡东藩故居 位于所前镇张家坂村。坐北朝南，正屋3间，东、西及南三面靠墙设廊，大门开东南侧。20年代中期，蔡东藩因慕所前青山绿水，为便于晚年写作和养病，亲自择地建造。抗日战争时临浦沦陷，蔡东藩逃难到此居住，完成了历代通俗演义写作。现由其后裔居住。为萧山市乡镇文物保护点。

娄家墙门 俗称"九十九间半"。位于所前镇娄家湾村，为清末民国初建筑，占地面积近2000平方米。由3个四合院组成，北侧设小巷沟通各院。西边有池塘和2个小花园；东南角建侧门，旁有河流、河埠，以供出入。为萧山市乡镇文物保护点。

王国桢故居 名"留德堂"，位于浦阳镇朱家塔村。[3]坐东南朝西北，原有台门和旗杆石，今圮。3进5开间，两侧厢房各6间，面宽30米，纵深33米，宅

①为清朝进士王宗炎、王端履父子宅第。

②朱凤标于清道光十二年（1832）进士科一甲二名"榜眼"及第，故其宅又称"榜眼墙门"。

图37-1-908 朱凤标故居（2001年2月，李维松摄）

图37-1-909 蔡东藩故居（1999年9月，李维松摄）

③为明朝嘉靖十七年（1538）进士王国桢建，王官至福建布政使，故其宅俗称"布政墙门"。

图37-1-910 王国桢故居（2003年6月，李维松摄）

基高2米余，第二、三进为重檐，天井两侧置水池，设吊桥和护栏。基本完好。

耕德堂　在浦阳镇朱家塔村。俗称"三透"，清乾隆年间建筑。坐北朝南，四合院式，3进3间，东、西厢房各10间，共36间屋。横宽36.80米，纵深50米。墙门口原有抱鼓石1对、旗杆石2对，今圮。正屋3进均宽16.20米，纵轴线为明间过道，第一、二进各有3道大门，前后天井深分别为8.20米。东、西厢房漏墙相隔，南、北以第二进为界分成5间1单元，四周环廊相连。前进大门南面门额镌"光照领德"，北面门额镌"歌颂美轮"。第二进正厅挂"耕德堂"匾，前后有廊，系举办红白喜事场所。第三进正厅不设楼板，供祖宗牌位、挂像，原有金匾及抱联。第三进北面两端开2后门，东、西厢房中间分别开东门和西门。西门额镌"其益无万"。西厢房外侧有一排附房，今存北端2间，门口有镇西桥。整座建筑两层砖木结构，硬山重檐，屋脊饰瓦神宝件，马头墙三叠，砖、石、木雕刀法圆熟精湛，颇见功夫。

葛云飞故居　位于进化镇山头埠村。名"宫保第"，为民族英雄葛云飞诞生之地。清代建筑，三合院式小墙门，坐西朝东，5开间，二层砖木结构，门楣额"宫保第"，意为御赐太子少保的府第。为萧山市文物保护单位，由宫保第、葛氏宗祠组成。

汤寿潜故居　位于进化镇大汤坞村。包括祖宅和新宅两处，均为清代建筑。祖宅为3间西向木构建筑中的北端一楼一底，是汤寿潜出生之屋。新宅相对于祖宅而言，系汤寿潜建造，位于祖宅以南，四合院，前临池塘。正屋3间，东、西厢房各3间，中为天井。两处建筑合为一起，1999年8月，萧山市人民政府公布为萧山市文物保护单位。

务本堂　在欢潭乡欢潭村。为清代镇江府台田祚故居。前后3进，东、西厢房，二层砖木结构。头进9间，面宽28.30米，大门设5级踏跺，门厅内凹；第二进3间2弄，宽15米，进深8.80米，廊设卷棚；第三进3间，正厅大门6扇，两侧厢房，廊檐回环，梁、枋、栱、廊、门、窗木雕精美。

图37-1-911　汤寿潜故居（出生地）（1999年6月，李维松摄）

瞿缦云故居　位于河上镇大桥村，清代建筑。坐北朝南，四合院式。横宽25米，纵深30米。正屋3间，侧厢各7间，有隔墙将天井一分为二，以墙门、拱门相通，门楼砖雕花卉瑞兽，镌额"盛世安居"、"驷载兼容"、"绳武贻谋"、"业广惟勤"、"积善"等。

同泰当　位于坎山镇老街。为清代南沙地区著名典当行。原有4进9间，面宽47米，纵深近100米，有房屋106间。抗日战争时期，大部分被毁，今存第三进9间及西厢屋数间。2层砖木结构，硬山顶，卷棚轩廊，牛腿饰透雕狮子。为萧山市乡镇文物保护点。

徐源盛　在南阳镇赭山塘下街38号。坐北朝南，背靠禅机山，占地面积2000余平方米，为清代赭山徐氏聚族而居的前店后宅式大院。主建筑前、后两进，东、西各7间厢房，被4道隔墙分割成4个相对独立又互相贯通的院中之院，别有洞天。从前进沿纵轴线明间过道到后进正厅，需过3道墙门。第一道墙门临街，两翼对称，各有6间店铺，为清末民国初赭山古镇最繁华市面。过小天井，便是第二道墙门，有精美砖雕台门，北面门额镌"耕读家风"，南面门额毁于"文化大革命"时期。第三道墙门开在后进前围墙正中。第二、三道墙门间隔1.80米，形成一条20米长的石板小巷，两端小墙门通东、西厢房。后进正屋5间，宽约22米。正脊两端递次飞翘，廊檐雕花，廊顶饰回纹格及彩绘。堂前不设窗，向天井敞开，显得高深庄重。正屋后面有很大的灶间。堂前石板天井。东、西两端砌漏墙，原有月洞门与厢房相通，镌"得其环中"等门额。整座建筑为两层砖木结构，依山而筑，三面围有石壁萧墙，房顶皆设防火墙。建筑风格具有海宁一带民居特色。今部分被改建。

桥　梁

萧山是水乡，境内桥梁众多。①关于桥名，多有出典。②据明代萧山县城图载，时县城有15座桥梁，另有4座护城河吊桥。至2000年底，全市有石拱桥30余座，石梁桥100余座。其中列为萧山市文物保护单位的桥梁4座，列为萧山市乡镇文物保护点的桥梁68座。

梦笔桥　俗称江寺桥。③位于城厢镇文化路江寺前，跨城河（萧绍运河），为单孔石拱桥。历代屡经修葺，现桥为清代重修。桥长14.50米，面宽2.50米，桥孔跨径5米。拱圈以纵联分节并列砌置，桥上设栏板、望柱，两端设踏跺6级。1984年，在桥畔立一石碑，镌“古梦笔桥”，祝遂之书华镇咏桥诗。1993年4月，萧山市人民政府公布为萧山市文物保护单位。

惠济桥　位于城厢镇文化路竹林寺弄口的城河上，始建于五代·后晋天福八年（943），历代多有修葺。明嘉靖《萧山县志》载：惠济寺前曰“惠济桥”。为单孔石拱桥，纵联分节并列法砌成，通长17.90米，跨径6.75米，宽3.40米。桥面北短南长，踏跺分别为12级和18级。北端有高1米的石台，东西方向设踏跺各7级，呈“八”字状。桥顶栏板石外沿隆起，无望柱间隔。西侧北块有落成碑记，有“大清同治六年八月吉日重建”字样。东、西两侧额镌“惠济桥”。现桥为清同治六年（1867）竹林寺（原称惠济寺）僧善缘重修。为萧山市乡镇文物保护点。

真济桥　又名市心桥，位于城厢镇市心路，跨城河。南宋嘉泰《会稽志》有载。明嘉靖《萧山县志》载：“仓桥西为‘真济桥’，一曰‘都亭桥’，俗名‘市心桥’。”　为单孔石拱桥，通长11.50米，跨径6.30米，宽3.50米。桥两侧设高0.50米的石栏板，无望柱间隔，抱鼓石仅存东南角1处，局部受损。东侧栏板石镌“古真济桥”，西侧栏板石镌“市心桥”。现桥为清道光十九年（1839）重修。为萧山市乡镇文物保护点。

图37-1-912　真济桥（2003年5月，李维松摄）

永兴桥　位于城厢镇西门文化路，跨城河。④为单孔石拱桥，通长11.20米，跨径5.20米，宽3.30米，两端各设踏跺9级，栏板石间以4根望柱。东侧桥额镌阳文“永兴桥”3字。现桥为清代重建。为萧山市乡镇文物保护点。

仓桥　位于城厢镇文化路，跨城河。系单孔石拱桥，纵联分节并列法砌成，通长15.40米，跨径5.60米，宽3.50米。南、北两端设踏跺15级，栏板石无望柱间隔。东侧石栏镌“城中第四桥”，西侧石栏镌“古仓桥”。清康熙《萧山县志》载：“城中便民仓前曰‘仓桥’。”现桥为清道光十六年（1836）重建，1998年作过修复。桥东侧南、北两端嵌有重修碑记两通，上刻有“道光丙

①民国《萧山县志稿》卷二“桥梁”载，时全县有桥名的桥梁559座。

②清光绪年间流传于萧山民间的《龙图宝卷·花枷序》中，载有“廿四桥名诗”。诗云：“立春雨水节节高，与民同乐太平ября；惊蛰春分敬神好，西陵到有小仓桥；清明谷雨财源到，金银藏园屋侧桥；目莲救母孝心重，唐僧取经和尚桥；五里官塘十里浦，中度（途）蒙山岳庙桥；当今天子銮驾到，庆贺君王万寿桥；一年四季皆茂盛，生意兴隆永兴桥；保安许愿今已了，胸中怀于市心桥；太公运粮封神道，寸寸节节大仓桥；多少童生并秀士，枯竹生花蒙（梦）笔桥；燕王山中找猎去，百鸟朝凤凤雁（堰）桥；前世爹娘修得好，爱惜儿孙保寿桥；一朝发达身荣贵，开锣喝道三彭（碰）桥；皇都得意归故里，奉旨还乡思家桥；粮船驶出大洋海，顺风相送东阳（旸）桥；抱出太子寇承女，天下全仗陈公桥；九江八河并四海，满载而归回澜桥；沿江十里无桥过，水上撑船接度桥；年小郎君向行善，一片好心延生桥；名表青史千金女，玉洁冰清姑娘桥；人生若要回头早，及早回头念佛桥；事亲为大忠孝重，忍耐三思小心桥；世人但look朱子贵，才高学广大通桥；男女万般都是命，贫富由天八字桥。”

③始建于南朝·齐建元二年（480），取“江淹梦笔”意，故名。北宋文人华镇对此桥曾题诗：“绿波照日情无奈，碧草连天恨未消。欲问梦中传彩笔，柳丝低拂曲栏桥。”

④南宋嘉泰《会稽志》称“西桥”，明嘉靖《萧山县志》称“永兴桥”。清康熙《萧山县志》载：“市心桥又西曰‘永兴桥’，一曰‘新桥’，又称‘西桥’。”

申桂月重修"字样，下为捐助修桥人名录。为萧山市乡镇文物保护点。

东旸桥 位于城厢镇东门文化路，南北跨城河。为单孔石拱桥，全长24.50米，跨径8.40米，宽4米。拱券用并列砌筑法，肩部有饰龙形的锁石各一，东、西桥栏饰仰覆莲石柱为间隔，金刚墙上有题刻。桥面北长南短，踏跺分别为14级和9级，上设宽0.30米、间距0.50米的平石板两条，供双轮车通行。西侧桥额镌"东旸桥"3字。始建年代不详，清康熙《萧山县志》载，明嘉靖癸巳年（1533）筑城墙时此桥已存在。[1]明嘉靖丁巳年（1557）县令魏堂督民重建。清顺治和乾隆年间两次重修。为萧山市乡镇文物保护点。

回澜桥 位于城厢镇东门外，南北跨城河。清乾隆五十七年（1792）建，曾名回龙桥。为单孔石拱桥，孔呈环洞状。桥长21.40米，面宽3.80米，跨径8.80米。拱券以纵联分节并列砌成。桥面两端各设踏跺21级，两侧有栏板9块，末端设抱鼓石，以8根望柱间隔。桥额镌"回澜"，东、西两侧镌相同的桥联[2]。该桥为城区最高大的石拱桥，1993年4月，萧山市人民政府公布为萧山市文物保护单位。

万缘桥 位于城厢镇半爿街，东西走向，因该桥附近原有明代修建的文昌阁（已毁），又名文昌桥。建于清道光十七年（1837），为单孔石拱桥，通长16.50米，跨径4.50米，宽3.60米。南北两侧均有桥栏，拱顶镌有盘龙饰图。北侧桥额镌"万缘桥"，镌有桥联。该桥现为旱桥，久废。

毓秀桥 位于城厢镇涝湖村永思堂前，南北向跨前宝河。建于清道光十年（1830），为单孔石拱桥，纵联分节并列法砌筑，通长21米，跨径4.20米，桥面宽2.40米。南、北两端设长1.80米~2.40米的踏跺17级，两侧置石栏板，无望柱间隔，桥栏与岸栏相呼应，富有美感。东侧桥额镌刻有"毓秀"两字。[3]为萧山市乡镇文物保护点。

莫家桥 在城厢镇涝湖村，单孔石拱桥，南北跨长林河。桥长4.70米，宽1.47米，跨径1.60米。两侧砌栏石条，两端踏跺各10级。东、西桥额分别镌"福缘"、"善庆"。东侧桥脚勒碑："道光二十年七月吉立，莫维金重建莫家桥"。桥身小巧玲珑，富有韵致。

万济桥 在城厢镇涝湖村萧绍运河边，东西跨半东江，又名涝湖闸桥。建于清道光年间（1821~1850），单孔石拱桥，通长10.50米，宽2.30米，跨径3.60米，两端置踏跺，望柱石狮及石栏已不存。桥额刻"万济桥"，镌桥联3副，各联镶嵌鳌鱼锁石。该桥损坏严重，今废。

万寿桥 位于城厢镇城郊村朱家坛自然村，石拱桥。建于清道光六年（1826），纵联分节并列法砌筑，桥长8.50米，宽2.30米，跨径2.70米。东西走向，石板护栏，两端各有12级石阶，面北两侧设龙头吸水兽4个，龙嘴含珠，龙须微翘。1999年，该桥与朱凤标故居一起列为萧山市文物保护单位。

朱氏洞桥 坐落在城厢镇城郊村朱家坛自然村朱凤标故宅后，跨后门口小河。为石拱桥，建于清乾隆年间，系朱凤标前辈建造。无桥额，村民俗称"环洞桥"。桥长6.30米，宽1.50米，跨径2米，两端各有6级踏跺，北堍有一

图37-1-913 东旸桥（2003年4月，李维松摄）

[1] 清康熙《萧山县志》载："城东门外曰东旸桥。明嘉靖癸巳筑城，民多借用桥石。乙卯虑倭人直扑城下，拆毁。丁巳令魏堂督民重建。"

[2] 回澜桥楹联："半市七桥足证东土人烟聚；一河六巷汇使南流地利兴。"上款为：乾隆壬子年（1792）秋孟月；下款为：陈春题。

[3] 2003年金城路东伸工程建设时拆除，移建于杭州西湖赵公堤，仍名毓秀桥。

图37-1-914 毓秀桥（2002年10月，李维松摄）

小石凳。1999年，该桥与朱凤标故居一起列为萧山市文物保护单位。

古毕公桥　位于衙前镇老街西端面，跨坎山河。建于明代，为单孔石拱桥，桥长7米，宽2.70米，跨径2.30米，矢高2.50米，南侧桥额镌"古毕公桥"4个阳文大字。为萧山市乡镇文物保护点。

螺山大桥　在衙前镇螺山村，跨西小江，连接萧、绍两县。始建于明代，历经修葺。1949年后修整一次，曾改名"群益桥"。全桥由石梁桥和石拱桥组成，通长72.30米，石梁桥6墩7孔，长29.90米，与江岸同高。主桥为3孔石拱桥，长42.40米，两端踏跺各37阶，石拱高8.20米，中孔跨径9米，边孔跨径各6米。桥面两边设有对称石栏，平头望柱间隔。是萧山现存唯一的石拱与石梁组合桥，今局部改建。为萧山市乡镇文物保护点。

图37-1-915　螺山大桥（1998年11月，李维松摄）

锁秀桥　位于瓜沥镇长巷村，坐落在航坞山东南，跨张家河。建于清道光十八年（1838），单孔石拱桥，纵联分节并列法砌筑，长5.60米，宽2.20米，高2.60米。额镌阳文"锁秀桥"。为萧山市乡镇文物保护点。

通济桥　位于瓜沥镇长巷村，又名东升桥，跨窑前河。建于清代，单孔石拱桥。桥长16米，加上两端各20米的"桥堤"，通长50多米，桥堤与拱桥浑然一体，端庄古朴。桥面宽2.70米，跨径5.30米，矢高5.50米。桥南、北两侧有对称桥栏，以12只狮头望柱间隔，现存8只。两侧桥额镌桥名"通济"2字，两端各设22级踏跺。桥的西南角原有凉亭，今圮。为萧山市乡镇文物保护点。

图37-1-916　通济桥（2002年1月，李维松摄）

三祝桥　位于进化镇华家垫村华氏宗祠前，跨进化溪。为单孔石拱桥，长8.50米，宽3米，跨径3.20米。石栏板、望柱和抱鼓石完好。桥额镌刻"三祝桥"，落款"民国十一年十月立　合村重建"。

麻溪桥　在进化镇鲁家村，跨进化溪。民国2年（1913）6月，首任浙江都督汤寿潜主持改麻溪坝闸①为桥。为单孔石拱桥，纵联分节并列法砌筑。桥长10.60米，宽3.80米，跨径4.60米，矢高4米。桥身与坝堤连为一体，北侧额镌"麻溪桥"。

①麻溪坝闸，汉太守马臻筑，以御浦阳江水害。明天顺年间，知府彭谊补筑。成化九年（1473），郡守戴琥复加筑。万历时，县令刘会加石重建，下开灵洞，广4尺，引浦阳江水以溉田。学士余煌修建。崇祯十六年（1643）加大。清康熙二十一年（1682），福建总督姚启圣改为3洞，各广6尺。康熙五十六年（1717），郡守俞卿重修。

济远桥　在河上镇大桥村，跨玉泉溪。始建于明代，明万历《萧山县志》有载，清代重建。为单孔石拱桥，桥长11米，宽3米，跨径3.50米，矢高3.80米，弧拱。桥顶4根狮头望柱，桥栏镌盘龙，置吸水兽，雕工精细。有桥联。近年修复。

罗波桥　在城厢镇文里头村，跨罗波河，系无踏跺石梁桥。桥长30米，4墩5孔；宽2米许，由5块石梁组成。清康熙《萧山县志》载：道源桥又4里为罗波桥，明万历年间（1573～1620）建成，桥头有罗波寺（2002年3月中孔倒塌）。

黄家大桥　在石岩乡前章村蒋家自然村，南北跨埭上黄河。明嘉靖二十九年（1550）进士黄九皋始建，清嘉庆年间（1796～1820）黄际泰重修。为4墩5孔石梁桥，桥梁镌有"龙门浴日"、"黄家大桥"题额。1971年改建为3墩4孔石梁桥，全长47.30米，主桥长23.50米，宽2.80米，由4块石梁并列组成，中孔石梁长6.20米。已成危桥。

图37-1-917　罗波桥（1998年11月，李维松摄）

思家桥　在石岩乡史家桥村，东西跨埭上黄河，石台石梁桥，建于明代。[①]通长12.60米，宽1.68米，高3.30米，由3块石梁组成，中间1块石梁抗日战争时期被毁，后补上。桥额镌"思家桥"3字。

泰安桥　坐落在石岩乡严家埭村，跨横河，建于清嘉庆年间（1796～1820），原为石台石梁桥，由3块石梁并列组成，90年代拆除踏跺为石平桥。通长11.70米，宽2米，跨径2.30米，高2.50米，桥西北石坎嵌有建桥碑记1块。

跨湖桥　在城厢镇湘湖村，因横跨湘湖，故名。始建于明嘉靖三十二年（1553），清雍正六年（1728）重建，为板桥。嘉庆十二年（1807）六月改建为洞桥。光绪三十年（1904）九月重修。抗日战争期间，桥被日军毁坏，抗战胜利后重建为石板桥。1961年改建为钢筋混凝土公路桥，跨径6米，宽4米。90年代后，跨湖桥西侧3次发掘出土大量距今8000～7000年前的史前文物，以该桥命名为"跨湖桥遗址"。

道源桥　在城厢镇文里头村，系古石桥，始建于元代。清康熙《萧山县志》载，道源桥，元戴成之建，宋时戴集与邑令杨子游曾讲学于此，因以"道源"名。80年代改建为石平桥，桥长17.50米，宽3.20米。

雄鸡庵桥　在城厢镇城郊村，因位于雄鸡庵旁边，故名。跨蜈蚣河，原为台阶式石梁桥，建于清道光年间。桥长12米，宽3米，高2.80米。今改为无踏步石梁桥。南岸石坎嵌碑，有"丁卯春重修"等字。

上元桥　坐落在城厢镇涝湖村，跨独断河，建于清道光十年（1830），原为单孔石拱桥，桥长9米，宽2.30米，跨径3米，矢高2米，东侧桥台嵌有"道光十年陈潼源重建"石碑。90年代改建为水泥平桥，可通拖拉机，拱桥栏石及抱鼓石仍立在改建后的水泥平桥两侧，护栏石雕完整清晰。为萧山市乡镇文物保护点。

吉庆桥　在城厢镇涝湖村，跨半东江，原为石台石梁桥，建于清道光九年（1829）。民国《萧山县志稿》载："吉庆桥，在涝湖，清同治间，桥上建文昌阁。"长4.70米，宽2.10米，高2.30米。桥壁嵌有建桥碑记一方。90年代改建为石平桥。为萧山市乡镇文物保护点。

乐善桥　在衙前镇南庄王村，跨蜈蚣河，原为石台石梁桥，始建年代不详，重修于清光绪三十二年（1906），因附近有乐善庵而得名。桥长13.50米，跨径3.20米，宽4.10米，高1.90米，2000年底改建为水泥桥面。桥北端的石凳和石碑[②]尚存。南、北桥壁西侧各嵌有1块石碑，记有重修乐善桥捐款人名单及开支情况。为萧山市乡镇文物保护点。

八字桥　在衙前镇，跨萧绍运河。明万历《萧山县志》载："八字桥，毕公桥差折而南。"原为石拱桥，故又名洞桥。沈定一有《洞桥》诗以咏其貌："锁岸高桥石洞深，山林小市两边陈。西来一片涟漪水，曾照湘湖带笠人。"60年代后改为石台石梁桥，南岸桥台仍可见弧形桥拱圈半个。桥长16.50米，宽3.80米，高3.50米，南、北各有踏步14级和22级。

渔庄第壹桥　位于瓜沥镇渔庄村，跨池上河。始建于宋代，清乾隆元年

图37-1-918　跨湖桥（2003年4月，李维松摄）

图37-1-919　乐善桥（2000年6月，李维松摄）

①清乾隆《萧山县志》载："明初里人黄寿康建，嘉靖间黄九皋重建。"

②碑文为"公禁：南北桥堍河埠，概不堆积，如违议罚"。

①民国《萧山县志稿》载："宋，沈龙光建木桥，乾隆元年，其后裔沈德佑、沈埴易石重建，因地为渔庄水口，故名曰第壹桥。"

②清乾隆《萧山县志》载："益秀桥，在芙蓉庄，邑人沈邦通建。"

③据民国21年（1932）《萧山南乡建筑星拱石桥征给录》载："星拱新桥，山屏两岸，水泻一江，汇诸、富之奔流，达绍、杭之孔道。七孔连环应北斗，故名星拱桥。"

④星拱桥引用汤绍恩和济公的联句作桥联。南面桥联为："利涉大川白燕受风曾化石，吉占既济彩虹压水不扬波"，落款："明汤太守乱笔"。北面桥联为："从地涌莲华出阵潜蛟应缓渡，横江留砥柱望洋过客快徐行"，落款："宋济公佛祖乱笔"。

图37-1-920 星拱桥（2001年10月，高柏林摄）

图37-1-921 洲口桥（1999年9月，李维松摄）

（1736）重修。民国《萧山县志稿》有载。①为踏步式石梁桥，桥长5米，宽2米，由3块石梁并列组成。两侧有高0.60米、宽0.30米的石栏，桥栏镌"渔庄第壹桥"5个阳文隶书大字。为萧山市乡镇文物保护点。

益秀桥 在瓜沥镇东湖村，跨西大湖河，石台石梁桥，建于清代，清乾隆《萧山县志》有载。②桥长30米，宽2米，高3.70米，3墩4孔，主孔桥面已改成水泥桥，桥台和桥墩条石多处开裂，年久失修。为萧山市乡镇文物保护点。

飞腾桥 在瓜沥镇渔庄村，石台石梁桥，建于清代。桥长7.20米，宽1.70米，跨径3.10米，高2.60米。该桥有两个特别之处：其一，两侧栏石高低不同，西侧栏石高0.56米，东侧栏石高0.30米。东侧栏石置在厚0.26米的石梁上，而西侧栏石与石梁并齐置于桥台，使左右栏石水平面相同，桥梁结构更为坚固。其二，南北踏跺级数和方向不同，南端踏跺5阶与桥头方向一致，北端由于房屋挡路，下去4阶后90度向西又是5阶，形成曲折，故俗称"歪桥"。

永禄桥 在党山镇南大房附近，跨内白洋河，为石台石梁桥，建于清代。桥长11米，2墩3孔，宽2.50米，高3米，由3块石梁组成，8个望柱顶雕有8只石狮，额镌"永禄桥"，石栏、踏步完好，是萧山难得的保存完好的石梁桥。

星拱桥③ 位于河上镇，东西向跨永兴河，桥东为众利村，桥西为下门村，下门村旧称白堰村，故该桥又名白堰桥。原为木桥，清初俞懋元、俞之球等人首创义举，为修筑石桥募资置产。清乾隆五年（1740）为运输械炮车马，由官府督工，改为石桥。后倒坍。民国21年（1932）重建。为石结构环洞平面7孔桥，桥长68.80米，净宽3.75米。中孔高5.40米，跨径9.50米；两端孔7.50米，其余各孔8.20米。桥拱以圈石构建，纵横分节，并列砌筑。南、北两侧镌有桥联。④桥面两边置钢质栏杆。桥西端与杭金公路相接，建有六角翘檐桥亭一座，名星拱亭。亭内置"兴建星拱石桥落成碑记"等石碑6通，有联云："两岸翠屏山色秀；一溪绿绕水轩奇。"1997年1月，萧山市人民政府公布为萧山市文物保护单位。

洲口桥 位于楼塔镇楼塔村，南北向跨洲口溪，故名。始建于五代，初为木桥，清同治间（1862~1874）楼宗鹤等改建为石桥，后屡坍屡建。民国9年（1920），楼履蛟重建，至民国17年竣工。为石结构平面5孔石梁桥，桥长47.80米，净宽3.53米。中间3孔各孔跨7.70米，边上2孔各孔跨7.30米。桥孔呈六角形，墩西设分水尖，以减弱山洪冲力。桥面栏板有14个仰覆莲瓣和4个狮头望柱间隔。桥势端庄，古朴美观，集石拱桥、石梁桥之优点于一体。1997年1月，萧山市人民政府公布为萧山市乡镇文物保护单位。

田村桥 在楼塔镇田村，跨洲口溪，为石梁桥，建于清光绪三十三年（1907）。桥长30米，2墩3孔，宽2.80米，桥墩用条石砌筑，上游面成尖棱状，桥孔呈六角形，孔距相等。桥头有建桥捐助碑亭1座及古银杏、古樟树各1株，相处自然和谐。

渔临关桥 在来苏乡渔临关村，跨西小江，为萧山、绍兴界桥。始建于明永乐间（1403~1424），初为木桥。嘉靖十一年（1532），工部主政林公朝改建石桥。清道光七年（1827）重建，经近年重修。桥5孔，长40余米，石墩梁架，桥面置对衬石栏5联，以狮头望柱间隔。桥栏上有"道光七年九月重建"题刻。近年东端3孔已拆并为1孔，西2孔仍为石梁。明田惟祐有"渔临关桥记略"碑记。

王家吊桥 在浦阳镇朱家塔村，在明代古宅留德堂内。吊桥在一、二进之间的一个长方形水池中间，左、右两边水池面积均为7.60米×6.40米，以拱桥相通。桥长7.60米，桥面宽4.80米；拱径2米，高3.60米。两侧石栏高0.65米，宽0.20米。6个望柱间隔，现存4个。该桥为萧山唯一的宅院内古拱桥，今基本完好。

万安桥 在浦阳镇径游村南街头，跨径游江，为无踏步式石梁桥，2墩3孔，长12米，宽1.60米，始建年代不详。清光绪十九年（1893），蒋松卿倡募重建为木桥。民国37年（1948），萧山著名老中医陈佩永改木桥为石桥，并建凉亭1个。今江河改道，桥废。

待诏桥 在临浦镇张家畈村，民国《萧山县志稿》载："待诏桥，一名王家钓桥。在县南四十里，为梅里河水出口处。"始建于明万历间，清道光二十六年（1846）重建，为石梁桥。桥头旧时有慈善君子施茶，有清末"茶汤会碑记"2通。1960年后，改建为机耕路桥。

行宜桥 坐落在进化镇山头埠村葛氏宗祠旁，跨进化溪，为2墩3孔石梁桥，全长8.80米，中孔孔径3.60米，边孔孔径2.60米，宽1.20米，由3块石梁并列组成，高1.70米，额镌"行宜桥"3字。该桥与葛氏宗祠同为清代古建筑，葛云飞儿童时代在葛氏宗祠读书，此桥为必经之路。

镇东桥 坐落在进化镇吉山村，跨进化溪，为无踏跺石梁桥。始建年代不详，清光绪辛丑（1901）仲秋重建。桥长12.10米，宽1.40米，高2.30米，桥面并列3块石梁，2墩3孔，孔径分别为3.10米、3.20米、2.80米，东侧石梁镌"镇东桥"及重建时间。

古凤仪桥 位于义桥镇义一村，东西向跨里河。始建于清道光二十二年（1842）。系单孔石梁桥，长6.20米，高3米，宽2.30米，由3块石梁并列构成。桥墩用条石错缝平砌，桥面铺石板，两侧原有对称栏板，北侧桥栏和望柱已毁，南侧有3个狮头望柱。南侧石梁镌"古凤仪桥"和"道光壬寅年"字样。

朱村桥 坐落在义桥镇朱村桥村，跨永兴河。原为木桥，明隆庆年间当地人华实改建石桥未成，由其孙华陛继续完成，故俗称"公孙桥"。清康熙和乾隆年间两次重修。现桥是在民国17年（1928）建造基础上，经50年代末局部改建。长64米，宽2.30米，高4.50米，4墩5孔，两侧置钢管扶栏。桥西塊塘脚埋设建桥碑记1通。

德由桥 在义桥镇横筑塘村，建于清代。为石梁组合平桥，长7.50米，宽1.45米，由3块石梁并排组成，蠢立两排条石做桥墩，跨径4.20米，高2.50米，西侧石梁额镌"德由桥"名。

响石桥 位于云石乡响石桥村，跨响石溪，建于清代。单孔石梁桥，桥身呈弧平状，长6.30米，宽1.60米，高3.20米，由3块石梁并列而成。两侧桥栏由两块石板砌叠而成，望柱间隔，西端桥塊栏板作"八"字状护设。

黄泥桥 又名"黄鹂桥"，俗称"环洞桥"，坐落在云石乡顶山村，跨里石板溪。民国《萧山县志稿》载："乾隆元年陈越泉建，旁有社庙。"这类卵石拱桥最具山区特色，由卵石辅以黏性黄泥砌叠而成，故名"黄泥桥"。桥长7.90米，宽5.50米，跨径3.10米。今局部改建。

杨霄桥 在戴村镇后马湖村，跨外河，又名"高湖桥"，建于清宣统庚戌年（1910）。为无踏步石梁桥，长5.10米，宽1.80米，高1.30米，由3块石梁并成，北侧石梁刻有"高湖桥"3字，落款"宣统庚戌里人重建"。南侧石梁已断，刻有"杨霄桥"3字。

溪河桥 坐落在戴村镇溪河村，跨七都溪，建于清代。为无踏跺石梁桥，全长11米，宽1.75米，高

1.20米，1墩2孔。桥面两侧石梁分别长5米，宽0.60米，厚0.35米，中间石梁已缺，经20世纪90年代补建。桥墩有闸槽两条，可插板挡水。

古戴家桥　位于新塘乡十间楼村与霞江村之间，南北向跨里横河。由1座主石梁桥和2座副石梁桥及桥堤组成，全长67米。主石梁桥长5米，宽1.70米，跨径4米；南、北副石梁桥约长3.60米，条石错缝砌筑，引出南、北桥堤。桥南有螺峰亭。桥和亭均建于清光绪二十一年（1895）。该桥面对"萧山八景"之一"螺山叠翠"所在的螺峰山，故又名"螺峰桥"。今成危桥。

寺　庙

萧山现有经宗教管理部门批准的寺庙100多座，大都历史悠久。虽历经沧桑，少数寺庙仍保留着明清建筑风貌，有的寺庙还有碑、匾、祭器等旧物，具有一定文物价值。1983年列为萧山县级文物保护单位的寺庙3座，即祇园寺、江寺、白龙寺；东岳庙（遗址）作为衙前农民协会旧址，列为省级文物保护单位。1998年，列为萧山市乡镇文物保护点的寺庙74座。1999年，万寿庵作为朱凤标故居组成部分，列为萧山市文物保护单位（详见《宗教》编）。

祇园寺①　初名崇化寺。位于城厢镇体育路9号。现存建筑包括天王殿、大雄宝殿、钟楼、西厢房、藏经阁、僧房等，均为清光绪年间重建。大雄宝殿平面呈"凸"字形，5开间，面宽19.42米，进深21.83米，重檐歇山顶。前廊卷棚轩，明间五架梁抬梁式，石板墁地，梁枋尚存彩绘。1983年5月，萧山县人民政府公布为萧山县文物保护单位。

江寺②　位于城厢镇文化路104号。现存建筑有天王殿、大雄宝殿、观音殿、藏经阁、厢房、偏殿、僧房等。其中大雄宝殿5开间，面宽18.16米，通进深15.85米，重檐歇山顶。明间七架梁抬梁式，石板墁地。1983年5月，萧山县人民政府公布为县级文物保护单位。2001年，萧山市人民政府决定，将一度占用大雄宝殿后北区（包括观音殿、藏经阁、功德堂等）的单位及居民全部迁出，并加以修葺，复归江寺。

白龙寺　坐落在瓜沥镇航坞山巅。相传北宋熙宁年间（1068～1077），龙光和尚云游至此，见岭上有白龙现，遂结庐静修；南宋绍兴三年（1133）始募建佛宇，取名白龙寺。此后，历经修葺。现前、中、后三殿主体为明、清建筑，经1985年修复，并扩建两厢。白龙寺按照规范的中国寺院建筑布局，采用均衡对称方式，天王殿、观音殿、大雄宝殿建在纵轴线上，左右厢房形成横轴线。前殿9间，中殿3间，后殿亦为3间，依山坡高低梯级而建。中殿和后殿内都有卷棚月廊，画梁雕栋，门窗用拼格和浮雕，细巧雅致，为萧山保存最完好的古寺庙之一。白龙寺人文古迹颇丰，观音殿佛座西边有一龙湫，又名白龙井，常年不涸。元萨都剌《登航坞山》诗"龙池浸白云，泉声彻夜闻"，即咏此。观音殿东墙嵌清同治八年（1869）《白龙寺重建碑记》，为进士出身的兵部车驾司主事沈成烈撰书。大雄宝殿西侧外墙嵌有光绪间"寺产碑"、"舍产碑"各1通。殿柱镌沈成烈撰书的"华雨注龙湫只在此山便成香海，昙云来鹫岭试看兹坞即是慈航"等楹联。1984年5月公布为萧山县文物保护单位，1997

①据南宋嘉泰《会稽志》记载，该寺为东晋咸和六年（331）许询舍宅而建。唐会昌（841～846）时，寺废；北宋建隆元年（960）重建，治平三年（1066）改名"祇园寺"。元至正三年（1343），寺僧道奉建佛殿，当时寺广36亩。明代极盛，有"江南第一山"之称。后经多次毁建，至光绪年间，其规模为全县寺宇之冠。正殿前有方塔2座，为梁岳阳王萧詧始建，内有舍利铜塔（详见本编第一章第三节"祇园寺舍利铜塔"）等，毁于"文化大革命"期间。天王殿前有圆塔2座，为五代显德间建，毁、拆于50年代。

②南宋嘉泰《会稽志》载：南朝齐建元二年（480），江淹子昭玄舍宅建寺。唐会昌间废，唐大中二年（848）重建，名"昭玄寺"；北宋祥符中改为"昭庆寺"，治平三年（1066）名"觉苑寺"。北宋熙宁元年（1068），沈辽（沈睿达）书寺额"觉苑寺"，撰大悲阁记；画家胡舜臣画山水于阁四壁。寺额、阁文、壁画，时称江寺"三绝"，后毁。南宋书法家张即之以该寺为江氏舍宅改建，题"江寺"两字，匾于山门，遂称"江寺"。江寺前有2座"尊胜经幢"。历经多次毁建，现存建筑系清光绪十五年（1889）重建。中华人民共和国成立后曾一度改建为"萧山县人民大会堂"。

图37-1-922　白龙寺（2002年11月，李维松摄）

年恢复开放。

万寿庵　在城厢镇城郊村朱家坛自然村，俗称"雄鸡庵"，来裕恂《萧山县志稿》有载。始建年代不详，现存建筑为清道光六年（1826）重建，2进3间，四合院式。殿宇低矮，落披较深，正脊置砖花瓦饰，中有瓦神。大门口额镌朱凤标行书"金绳觉路"4个大字，洒脱而俊逸。后门临水，有考究的石砌河沿和踏步。正殿有石碑2通，一为乾隆六十年（1795）经文造像碑，即"文昌帝君阴骘文""关圣帝君觉世经"，并雕文昌君关帝君线刻像；二为清道光十六年（1836）朱凤标撰书的《永远碑记》①。朱凤标青少年时候，曾寓寄万寿庵苦读。清晨雄鸡啼了，朱凤标便展卷读书，天天如此。后来，他中了殿试第二名榜眼。乡人为纪念他，把万寿庵又叫做"雄鸡庵"。1999年8月，萧山市人民政府将万寿庵作为朱凤标故居之一，列为萧山市文物保护单位。

宗　祠

萧山中片、南片聚族而居的村庄多有宗祠②。1998年列为萧山市乡镇文物保护点的宗祠有25个。

昼锦堂　在义桥镇峡山头村，俗称"烂田畈韩家祠堂"。元代，由韩氏始祖膺胄公故居改建为宗祠。明代一度暂迁于"峡山之东北隅"。清乾隆间，"仍迁旧址"。民国丁卯年（1927），宗祠经过翻建。为3进7间，面南，占地面积2000多平方米。头进与二进之间天井有一石拱桥，桥头置上马石，两侧小池。祠前立多对旗杆石。60年代，一、二进被拆除。至2000年只存第三进7间，内有吴昌硕、周易藻书写的石刻柱联3副③，祠前残存"道光甲申恩"、"咸丰壬子年科"、"道光戊子"、"咸丰乙卯"等9通旗杆石。

孝思堂　在义桥镇赵一村，面南，四合院式，3进3间，横宽14米，纵深46米。为清代建筑，经近年修葺。前厅正中为大门，两端包廊，额匾"赵氏家庙"，大门口置栅栏。左右边门额镌"入孝"、"出悌"。大门内侧为戏台，前厅与中厅之间为深8米的石板天井，东、西两壁开边门，置砖雕门楼。中厅与后堂间置屏门和板壁，镌柱联："义取孝思堂历代宗亲敦谊明伦敬祖睦族，分派浚仪郡赵氏子孙兴工乐业耕读传家。"过中厅屏门，有阁廊与后堂相连，两边石凳设美人靠。后堂额匾"孝思堂"。有楹联二："俎豆千秋秀水绕门蓝作带，山光万叠远峰对护翠为屏"；"东关发脉溪山秀丽钟灵地，赵坞开基世族簪缨锦绣天"。宗祠全部为石柱构筑，明间圆石柱，两壁及戏台方石柱。前后3进依次升高，瓦脊置龙吻兽和戏剧人物。前厅瓦脊南面镌"孝友传家"，北面镌"光前裕后"；中厅瓦脊南面镌"敬宗睦族"，北面镌"智礼其中"；后堂瓦脊南面镌"报本追远"，北面镌"垂裕后昆"。祠内存清道光六年（1826）"赵氏祠堂田亩碑记"和光绪十六年（1890）"杭州派梦祥公舍田于云林寺碑记"。

合莫堂　在许贤乡北坞村，为金氏宗祠。始建于明万历至天启年间（1573～1627），清乾隆年间（1736～1795）重修。坐北朝南，3进3间。前厅两边门额书"入孝"、"出悌"，大门口旗杆石按原貌修复，内设有戏台。中

---

① 《永远碑记》："万寿庵创始以来，规模卑隘，香火罕稀。渐至房寮倾侧，垣壁欹颓。自乾隆四十一年，叔曾祖朱方载公延济文师来住持，凭藉无资，一仍前陋。迨四十三年石云进庵受法，师徒苦行，茹清食淡，忍困肩劳，寒夜一灯，暑窗半几，看经礼讖，力振宗风。乾隆五十一年间，置得率字号田四亩二分零，济师独力不能办，同里护法者捐金足成之。由是逐年修整殿庭，稍拓基址。乾隆五十九年，石云又于庵边买迤字号田二亩九分零，耕作以助薪水而济。文师殁于嘉庆三年圆寂。嗣后一力支持，愈形劳顿。十九年二月修造大殿两厢，又建大楼七间供养观音大士。二十一年买田三丘计三亩零，又买庵后田二亩零当观音殿基。二十五年造山门七间，供奉韦驮佛像。三堂是备历艰辛，得有此粗粗规范，后裔承受衣钵，当作披剃常住，谨守成规，无废先业。此外，各支各派不准来庵承值第作客师可也。""道光十六年三月，里人朱凤标撰记并书谨立。"

② 宗祠，俗称祠堂，有堂号，是旧时合族聚会和祭祖的场所，一般前厅设有戏台，后堂供列祖列宗的牌位。其建筑考究，萧山许多宗祠的雕刻、绘画、书法等，凝聚着艺人和能工巧匠智慧，具有一定的文物价值。

③ 其一："维我祖考，来格来歆若忾，有闻倓有见；宜尔子孙，以似以续俾寿，而富炽而昌"；其二："骑湖上驴，驱潮州鳄，射蒋山虎，化朋家鸳，宿将大孺壮夫烈妇；输未中粟，种会稽瓜，飞春城花，卖长安药，忠臣孝子名士神仙。"上述二联上款"民国丁卯季夏之月"，下款"安吉吴昌硕书"，系著名金石书画大师吴昌硕墨宝。其三为韩氏二十三世孙绍湘撰，周易藻书："家世诵清芬，湖吏部文章相州勋业；族居饶胜景，看峡山月色湘水波光。"

厅额"合莫堂"匾，明间抬梁式，五架梁，前后廊，其中后廊牛腿分别雕成"渔、樵、耕、读"，前廊牛腿为鹿、狮等。后堂前有卷棚顶月廊，廊柱上有"承祖训克勤克俭，教尔曹只读唯耕"等抱对。

玉泉堂 位于浦阳镇安山村，系朱氏宗祠。始建于清代，经民国初年重修。坐北朝南，四合院式，前厅后堂各5间，横宽21米，纵深27米。前廊3个门堂，正门天花板有方形福寿图案，边门天花板木条拼出"福、禄、寿"3个方形字。前厅内为戏台，石板天井两侧看楼各3间。后堂悬挂匾额"玉泉堂"。硬山顶，抬梁式构架，前加轩，牛腿、雀替、挂落等构件雕刻精美，明次间均为圆石柱，计16根。柱上镌对联一副："检点身心，升此堂兴此祭；操持德范，刊于谱列于行。"落款"柴慕福敬书"，钤"萧山"、"柴慕福印"两印。

图37-1-923 玉泉堂（2000年5月，李维松摄）

敦睦堂 在浦阳镇舜湖村，为俞氏宗祠。建于民国初年，近年修葺。坐北朝南，四合院式，前厅后堂各5间，横宽16米，纵深32米。前厅两端包廊，廊前立2根方石柱。进大门，正中原有戏台。前厅后堂间为石板天井，两侧看楼各3间。后堂中3间为明间，从外往内立圆石柱3排，两端包间。明间前置轩，卷棚，砖璜封顶，雕刻莲瓣式挂落。两边石柱镌联："水源木本，春露秋霜。"其建筑亮点是牛腿、挂落等各种木雕，刀法圆转流畅，仙人神兽栩栩如生。

追远堂 在浦阳镇纪家汇村，始建于清嘉庆庚午年（1810）。清咸丰七年（1857）被毁，同治七年（1868）重修。近年经修复。坐北朝南，四合院式，前厅后堂各5间，横宽21米，纵深32米。大门额匾"陈氏家庙"，为章其炎书写。前廊两端包廊，卷棚廊顶。内有石板天井，两侧看楼各3间。后堂额匾"追远堂"；神堂正中额匾"太邱遗泽"，此额原为蔡元培先生题书，"文化大革命"中毁，现为仿制。神堂下壁嵌清嘉庆年间《捐资建祠记》石碑1通。

孝义堂 在进化镇裘家坞村，为裘氏宗祠。清乾隆四十二年（1777）重修。坐东朝西，前厅后堂，四合院式，横宽20米，纵深30.50米。前厅有廊檐卷棚，廊檐枋拱有上乘木雕，两侧8个橼头雕"长命富贵"、"金玉满堂"8个镏金篆体字。北侧大门挂"裘义门"匾。前厅原有戏台，两侧看楼，中为石板天井。后堂额匾"南渡世家"、"天地政亲师"，联云："春祀秋堂世代精神日月光，左昭右穆一门忠气山河壮。"后堂正脊微翘，中饰瓦神，两端四叠马头墙，气势恢弘。

图37-1-924 孝义堂（2003年5月，李维松摄）

读书堂 在进化镇山头埠村，为葛氏宗祠。清代建筑。前厅后堂，两侧厢房，四合院式，中为石板天井。葛云飞少年时曾在宗祠塾学读书。据老人回忆，宗祠门口原有18对旗杆石，悬额"大夫家庙"匾，另有"忠荩可风"、"太子少保"、"进士"、"翰林"等20块匾额；以及葛云飞用过的4面龙虎旗，穿过的盔甲战袍等文物，可惜毁于五六十年代。1999年8月，宗祠与"宫保第"一起作为葛云飞故居，列为萧山市文物保护单位。

水木堂　在进化镇大汤坞村，为汤氏宗祠。汤寿潜少年时曾在祠内塾学读过书。清代建筑。坐东朝西，前厅后堂各5间，横宽22米，纵深30米。前厅置轩廊，牛腿木雕精美，戏台已拆除。寝堂原悬堂额"水木堂"匾，两侧有"进士"、"文魁"等匾额多块，毁于1966年。

思成堂　在进化镇华家垫村，为华氏宗祠。始建于清乾隆癸未年（1763），光绪十五年（1889）重修。坐北朝南，四合院式，前厅后堂各5间，两侧厢楼，前厅有伸出庭院的万年台。后堂两端墙壁嵌有"重修家庙碑记"2通。卷棚式轩廊，戏剧人物壁画栩栩如生。宗祠列为进化历史文化保护区内容之一。

奉思堂　在进化镇吉山村，为徐氏宗祠，建于清康熙四十六年（1707）。四合院式，横宽23米，纵深31米。前厅后堂各3间，左右厢房，中为石板天井。前厅中间开大门，两侧包廊，万年台伸出天井。后堂廊顶砖璇勾缝，枋、拱木雕精致，正中挂"奉思堂"匾，另有"百岁堂"匾，今两匾均移置别处。祠内有光绪三十三年（1907）夏和民国15年（1926）夏重修宗祠碑记各1通。

全璧堂　在进化镇石柱头村，为赵氏宗祠。始建于南宋，现有建筑为清乾隆己亥年（1779）重修。四合院式，坐西朝东，背靠宋明懿夫人之墓，面对古泥马庙。前厅后堂，两侧厢房，横宽18米，纵深26米，中有小天井。前厅5间，中为戏台，80年代拆毁。后堂3间。祠内存乾隆年间"尖后石宕禁碑"1通，祠旁有古银杏树2株。今宗祠毁损严重。

永思堂　为进化镇沈家渡村沈氏宗祠，四合院式，2进5间。前厅两端包廊，开3座大门，里为戏台。两侧边门顶端穿斗各浮雕一位武士，畅怀舞拳，神采飞扬。寝堂额"永思堂"匾。东、西两端墙壁嵌有清嘉庆十三年（1808）"兰盆会捐田碑"和光绪年间（1875～1908）"兰盆会碑记"各1通。墙壁上部有壁画《三国演义》和《说唐全传》故事，画面基本清晰，为光绪年间重修宗祠时所绘。今宗祠基本完好。

荆茂堂　为欢潭乡欢潭村田氏宗祠，额匾"大司空"。①现为清代建筑。南向，3进3间，两侧厢楼，占地面积近1000平方米。前厅戏台已拆，今宗祠做厂房和仓库。

琴书堂　在欢潭乡钟家坞村，为钟氏宗祠。晚清建筑。坐西朝东，2进5间，两侧厢房各2间。前厅正中为戏台，两边天花板彩绘戏剧故事和吉祥动植物。大门绘门神，左秦叔宝，右尉迟恭，画面清晰人物传神。厅前小道地砌有围墙，开南北边门，置门楼，镌额"启后同源"、"承先一本"。门上原有直式"金殿传胪"匾，落款"咸丰丙辰科二甲一名，钟宝华"。祠内有"进士"匾、"文魁"匾、"旌星节孝"匾、"闺阃完人"匾、"宝书纪德"匾等功名节孝匾多块，毁于60年代。宗祠大门外原置点将台、旗杆石及上马石，今圮。该宗祠的独特之处在于设置南、北门楼，建筑布局有别于一般宗祠。

继序堂　位于河上镇金坞村，为金氏宗祠。建于清代，前后3进3间，两

图37-1-925　奉思堂廊檐（2002年6月，李维松摄）

① 南宋建炎年间（1127～1130）大司徒田晟护驾南渡后，因爱"山阴欢潭山水之胜"，遂卜居欢潭发族，田晟被尊为欢潭田氏始迁祖。田晟子田秩，官至大司空，田氏后裔便以"大司空"做宗祠匾额。

图37-1-926　继序堂（2005年6月，李维松摄）

侧看楼，第一、二进之间建阁廊相连。进深32.90米，面宽17.50米。曾建有戏台，"文化大革命"期间被拆除。

聚敬堂　在河上镇溪头村，为傅氏宗祠。始建于明万历年间（1573～1620），历经修葺。四合院式，3间3进，横宽15米，纵深36米。构制紧凑精巧，粉墙黛瓦，古色古香。从远处观望，前厅、中厅到后堂第次升高，封火墙从1级、3级到5级逐步增多，错落有致。大门朝南，不设廊檐，门与墙壁齐平，砖砌门楣，额"傅氏家庙"，两侧镌门联："源流直埠家声远，支派长山宅地新。"前厅深4米，朝南开圆洞形窗户2扇。中厅挂"聚敬堂"匾，镌对联两副："堂势威肃惇奕代祖宗功德，孙枝繁衍承万年春祀秋尝"；"光前裕后遵圣贤礼乐，左昭右穆序亘古源流"。后堂立有"傅氏先高祖严一太公之位"等先祖神位，两侧墙壁分别书黑色大字"忠孝"、"信弟"。

永思堂　在河上镇大桥村，为瞿氏宗祠。始建于清康熙四十六年（1707），俗称下祠堂。乾隆己亥年（1779），经充拓重修。四合院式，3进2院，占地面积约1000平方米。二进原有戏台，今圮。三进为寝堂，两侧墙上有"永垂祀典"碑等3通。祠堂旁边有树龄900多年的古樟一株。雍正牌楼及凉亭五六十年代拆除。近年在原址重建。

孝思堂　在河上镇紫东村，为胡氏宗祠。始建于明万历三十三年（1605），清雍正元年（1723）重修（2002年修葺）。四合院式，横宽18米，纵深30米，前厅后堂各3间，占地面积约1200平方米。前厅两端包廊，大门额匾"胡氏家庙"，旁书"入孝"、"出悌"，边门额书"规行"、"矩步"。大门口立一对仿制的清"道光戊子科"旗杆石。进大门为门屏，门屏后面即伸出庭院万年台，卵石天井两侧为看楼。后堂供奉先祖胡则胡公大帝像，额"孝思维则"匾。

崇礼堂　为河上镇魏家塔村魏氏宗祠，2进5间。寝堂横宽23米，进深11米许，高森肃穆，额"崇礼堂"匾，为1949年重修宗祠时所立。廊前撑拱透雕"仙人骑雄狮"，精美生动。祠后有一棵树龄600岁以上的樟树，古意浓浓。

务本堂　在楼塔镇楼一村，俗称楼塔（下）祠堂。重建于清乾隆年间（1736～1795），后堂墙壁嵌有重修碑记1通。3进3间，享堂、寝堂间阁廊相通。1986年5月，村民集资修缮，辟为楼英纪念堂。上挂"医学泰斗"、"青囊妙术"等匾额，堂中塑楼英坐像。

思本堂　为戴村镇丁村丁氏宗祠，位于"凌溪后山之阳"，3进3间，前有照壁墙门。前进原建有戏台，二进为享堂，三进则是供奉祖宗牌位的寝堂，硬山单檐，梁架粗放，不施雕琢，具明

图37-1-927　务本堂（1999年11月，李维松摄）

代建筑风格，横宽15米，而纵深则达60多米，占地面积1000余平方米。这种狭长的结构不同于常见宗祠近于正方形四合院式。祠宇右侧有唐末千年古银杏一株，系萧山银杏王。今屋宇颓败。

爱莲堂　为戴村镇马谷村周氏宗祠，位于云门山麓，背山面溪。四合院式，2进5间，面宽18米，纵深27米。今仅存前厅5间，卷棚轩廊，月梁撑拱饰木雕，两端包廊，廊壁黑底白线几何图案，较为少见。寝堂额匾"爱莲堂"，另有功名节孝匾多块，惜毁于20多年前一场火灾。关于堂名，马谷周氏尊北宋理学家周敦颐为先祖，周敦颐爱莲花之"出淤泥而不染"，写有名篇《爱莲说》，周氏便以"爱莲"做堂号。

文在堂 为临浦镇自由孔村孔氏宗祠，坐北朝南，2进5间。现存建筑为清乾隆年间（1736～1795）遗存，民国36年（1947）经过修葺。50年代后改作他用，前厅戏台拆除，寝堂局部改建，但仍能看出孔氏宗祠具有与众不同的儒学沉积。正门门梁饰涂金龙凤木雕，寝堂檐前斗拱透雕峨冠博带的儒士，正脊饰龙吻兽与瓦神，祠前石桥置"源远"、"流长"2石碑，今存"流长"2字。大门前原有1对旗杆石，大门口额匾"圣门"，寝堂额匾"文在堂"，另有"进士"匾2块、"太和元气"匾1块、"忠孝节义"匾1块。今仅存清乾隆二十四年（1759）"文魁"匾1块，余均在1966年被毁。今辟为村卫生院和老年活动室。

永思堂 位于城厢镇涝湖村，为陈氏宗祠，俗称三房香火。为清乾嘉间（1736～1820）建筑，相传由陈氏先人舍宅改建，所以保持着清代官绅府第建筑风格。坐北朝南，四合院式，横宽纵深各30米，占地面积近1000平方米。大门面临前宝河，上有精巧石拱桥毓秀桥。前厅后堂各5间，中为天井。其独特之处在于正堂设走马楼，长方形，宽4米，长8米，四周环合，围栏、吊顶、梁枋各处木雕精美，为萧山宗祠所仅见。

善继堂 在新塘乡会郎曹村，为曹氏宗祠。始建于清道光二十一年（1841）。四合院式，前厅后堂各3间，东、西两侧设看楼。大门口原悬额"曹氏家庙"匾，廊下立清咸丰五年（1855）九月代理萧山县正堂关于保护曹氏宗祠的"禁碑"。从前厅通往后堂的石板天井中有一条隆起的宽5米多的石板过道，凿有石榫眼若干，旧时每逢庆典祭祀，搭建活动戏台。后堂单檐歇山顶，抬梁式构架，前加轩、撑拱、挂落及大门裙板雕刻精美。前廊两端各立一碑，为道光二十一年、道光二十五年的建祠捐田、捐钱碑记。

承裕堂 在瓜沥镇长巷村，为沈氏宗祠。始建于明永乐年间（1403～1424），景泰年间（1450～1457）遭火灾，在旧址重建，里人称绣衣祠。崇祯年间（1628～1644）遭潮患，又圮。乾隆辛酉年（1741）重建，现存宗祠即乾隆年间之作，经过光绪年间（1875～1908）修葺。道光年间（1821～1850）曾添造万年台（今圮）。宗祠坐北朝南，横宽16米，纵深56米。3进5间，前进低矮，无轩廊。第二进稍高，为族内聚会的享堂。第三进构建高大，原为寝堂，明间立方、圆石柱26根。堂内现存乾隆年间《萧山沈氏重建祠堂碑记》《家庙修约》等碑记10通、匾2块、沈云英将军讲学处石刻1块，具有一定文物价值。今宗祠辟为村老年活动室。

余庆堂 在坎山镇工农村，为施氏宗祠。始建于清康熙四十六年（1707）二月。乾隆二年（1737）毁于风雨，乾隆三十八年重建。嘉庆二十二年（1817）隔岸建照壁，并于祠东建侧楼5间。道光二十八年（1848）修葺。近年再次修复。四合院式，前厅后堂各5间。前厅廊前设木栅门，大门内置木质屏风。寝堂为石板铺就，前加翻轩，额匾"余庆堂"，联云："尊先祖沐儒学礼义传承，仰世德裕后昆源远流长。"前厅狮子戏绣球和花卉祥瑞2对牛腿、寝堂2张石祭桌、祠前3对旗杆石①均为清代原物，具有一定文物价值。

图37-1-928 门神（2003年5月，李维松摄于所前镇池头沈沈氏宗祠）

图37-1-929 涝湖永思堂（2000年3月，李维松摄）

图37-1-930 余庆堂（2008年10月，李维松摄）

①旗杆石镌中举时间和姓名：

道光戊子科，讳文周，字锡岐（1800～1830），道光丁亥仁和科试拔入杭郡庠生。学讳，章文，戊子科副车。

道光己酉科，讳武衡，字寿山，号镇南（1819～1865），己酉科武举人，已选卫千总，衢城解围，升守备（正五品衔）。

同治乙丑科补行，咸丰辛酉正科并同治壬戌恩科举人，讳发光，榜讳耿光，字觐徽，号显卿（1836～1868），拣选知县，例授文林郎。

图37-1-931 敬诚堂（2008年10月，李维松摄）

① "龙凤花厅"始建于明万历年间（1573～1620），由当地的王姓大族20世王蔿修建，4进5间，正厅原挂万历皇帝御赐"乌台嘉奖"匾。清咸丰年间（1851～1861）毁于大火，只剩前殿及戏台等3间，河边栏杆基本完好。

图37-1-932 平阳戏台（1999年6月，李维松摄）

图37-1-933 华家垫戏台（2000年3月，李维松摄）

敬诚堂 在坎山镇工农村，为沈氏宗祠。始建年代不详。明弘治十八年（1505）十月初五毁于火灾。清中叶移址重建。近年对宗祠进行整体修复。宗祠背靠鱼青山，为四合院式，横宽14米，纵深34米。前厅后堂各3间，两侧围墙。前厅廊前置木栅门，大门绘门神一对，门楣雕有龙凤，门档雕刻"金玉满堂"字样。寝堂额匾"敬成堂"，左"伍有堂"匾、右"文肃堂"匾。联云："祖功宗德设祭祀以笃孝思，光前裕后崇礼义振兴家业。"有清代石祭桌1张。民国10年（1921）9月23日，中共早期党员、衙前农民运动发起人沈定一为沈氏宗祠题书"天下一家"，今仿制匾额一块挂于寝堂。

怀德堂 在坎山镇工农村，为万氏宗祠。始建于清光绪二十三年（1897），近年按原样修复。四合院式，前厅后堂各3间，两侧走廊。横宽14米，纵深25米。前厅廊前有木栅门，绘门神一对，门档雕刻"金玉满堂"，置木质屏风。寝堂由石板铺就，额匾"慎终追远"。祠内立有清光绪二十九年（1901）七月《宗祠公产捐款给例》碑记2通。

贻毅堂 在城厢镇黄阁河村，为朱氏宗祠。清代建筑。背西山，面黄阁浜兜，四合院式，2进3间。寝堂存乾隆五十四年（1789）朱珪撰写的《黄阁河朱氏圭田记》碑、乾隆四十八年《祠田记》碑。祠前原有功名牌坊、万年台和旗杆石数对，均毁于1966年。今宗祠经局部改建，石板道地及祠前河埠有残存的旗杆石。

戏 台

萧山古戏台有宗祠戏台和庙宇戏台两类，是旧时演社戏的场所。私家戏台只有王村"龙凤花厅"①1个。

王村戏台 在临浦镇王村村。建于明万历年间（1573～1620），为王篑宅第"龙凤花厅"的一部分。戏台坐南朝北，面宽5.40米，深5米，台高2米，台面至桁枋高2.30米，屏风后厢房深3米。戏台在檐内与廊柱（台柱）齐平，石质台柱下方上圆，牛腿浮雕回纹及戏剧人物。八角藻井基本完好，内有彩绘。中间台板活动，抽掉可做通道，架上便是戏台。今戏台局部受损。

平阳戏台 位于进化镇平阳村葛氏宗祠内。始建于明代，歇山顶，正脊无龙吻，中饰半圆瓦件，翼角上挑，檐口置木板瓦筒。八角藻井绘戏剧人物及松柏鹤鹿图案，前台牛腿透雕母狮抚幼和戏剧人物，桁枋雕以回纹图案。坐北朝南，两侧看楼。戏台面宽5米，进深5米，高1.60米，台面至桁枋高3米。台口有2方柱穿桁支撑，柱头高出台面，雕有花纹，屏风后厢房进深2米，与台面同宽。戏台三面伸出庭院，两侧厢房有看楼，正面戏坪宽11.80米、深6.80米。为明末建筑，今基本完好。

华家垫戏台 坐落在进化镇华家垫村华氏宗祠内。戏台坐南朝北，歇山顶，无吻兽，正脊原置五色宝瓶，今改为五角星，飞檐挑角，青瓦滴水，简朴紧凑。天花为八角藻井，牛腿雕刻回纹，石质台柱下方上圆，外柱镌楹联："虚弄干戈原是戏，又加妆点使威文。"台宽5米，深4.90米，台高1.70米，台面到檐口高2.60米，木桁穿石柱，上置台板，台口2根木柱高出台面。屏风后设厢房，为演员化妆和休息之所，两侧有厢房看楼，戏台伸出庭院，三面可看戏。据碑记，该台为清光绪十五年（1889）十月重修家庙时所建。

　　吉山戏台　在进化镇吉山村宗祠"奉思堂"内。建于清光绪丁未年（1907）夏。歇山顶，正脊无吻兽，垂脊无瓦件。天花为八角"鸡笼顶"。台宽5米，深5米，高1.85米，台面至台框高3.20米。四柱通体石质，下方上圆，外柱镌楹联："先祖是德以绥后禄，□阁戾止道现厥成。"内柱镌楹联："做戏何如看戏乐，下台更比上台难。"前区两小石柱顶饰回纹，无台狮。牛腿为回纹木雕，两侧厢房设看楼，台前天井和正厅为看戏处。

图37-1-934　吉山戏台（2002年6月，李维松摄）

　　紫东戏台　位于河上镇紫东村胡氏宗祠内。清代建筑，经修葺。歇山顶，正脊饰鸥吻，翼角起翘，青瓦筒筒。台宽与深均5.20米，高1.50米，台口框高2.60米。台口置2只狮头望柱。石柱下方上圆，镌联："舞台小天地，天地大舞台。"牛腿除常见的正面2只，伸出庭院的东、西两侧各设2只，均雕戏剧人物，为别的万年台所少见。"鸡笼顶"绘八仙图。戏屏绘仙人，额"想当然"，上下场额"归去"、"来兮"。

　　安山戏台　坐落在浦阳镇安山村朱氏宗祠内。清代建筑。坐南朝北，台宽4.80米，高1.60米，深4.40米，台框高2.80米。石质台柱下方上圆，木桁穿柱，上铺台板而成，台板中间能活动，拆卸后可做通道。戏台屏风仅存框架，其回纹雕刻饰件十分精美。上下场口书"奏其乐"、"思无邪"。天花为八角"鸡笼顶"，局部已损坏。前台柱镌联："饮蜡吹豳须妙舞，睦姻任恤乐成书。"

　　沈家渡戏台　在进化镇沈家渡村沈氏宗祠内。为清光绪年间建筑。以宗祠前厅中间4根石柱做台柱，穿以木桁，上铺台板而成，台口在廊檐之内。石质台柱下方上圆，外柱楹联："晋代衣冠唐代曲，今人形容古人妆。"内柱楹联："细腰舞落三竿月，古调声传万世文。"台宽5.20米，深5米，台高1.30米，台面至桁枋2.30米。屏风两侧开上下场口，后厢房进深2米，与台同宽。前柱牛腿雕刻回纹图案。天井为戏坪，两侧厢房有看楼。

　　涂川戏台　坐落在欢潭乡涂川村孙氏宗祠内。明代建筑。该台三面伸出庭院，除柱础和台口桁下2根方石柱外，通体木结构。台宽4.60米，深4.80米，台高1.45米，台面至檐口2.90米。屏风两侧开上下场口，后厢房进深2.90米，与台同宽。台柱、桁枋均无雕饰，朴实无华。台顶正面作梯形状，两侧披檐合拢，高于"梯形"上边，形成一个三角形，造型独特。两侧厢房看楼完好，戏坪为石板道地。惜2000年遭火灾，戏台原貌已遭破坏。

　　白鹿塘戏台　在临浦镇白鹿塘村土地庙内。建于清同治年间（1862~1874），2000年请杭州市园文局工匠作过修葺，上部及"鸡笼顶"按原貌修复，台基台柱等框架为原件，较好地保留着古越万年台韵味。坐东朝西，歇山顶，龙吻兽，正脊饰宝瓶瓦神，翼角飞翘。台深5.10米，深4.60米，高1.25米，台面至桁枋2.40米。戏台天花置八角藻井，内绘八仙过海及塔亭山水图。石库式台基。石质台柱下方上圆，前柱牛腿透雕狮头，浮雕回纹。台联为清同治十三年（1874）进士汤鼎烜所撰：

图37-1-935　白鹿塘戏台（2003年3月，李维松摄）

①荻径、玉峰分别为当地堤塘、山峰。

②元大德三年（1299）十月立。张伯淳撰，赵孟頫书，贾仁篆额；碑阴为"萧山县新文庙碑阴记"，胡长孺撰，鲜于枢书，谢杞刻。碑文楷书25行共760字，除10余字受损外，余皆清晰完好，记述元至元二十九年（1292）至大德三年（1299）间修建大成殿诸事。

③《敬施永源茶汤会碑记》：

有以施茶汤名者矣，未闻以会名也。往来城市中，每当盛夏，慈善君子间有为之，以便行人者，或独力而肩之，或随缘而助之。然无机关，无□籍，事必不易成，成亦不足以持久。是会也，发起于胡君文均、傅君调梅，与其闻者十有六人。而机关由是立会中，则有田焉，岁置十亩之收入，出之纳之，以存息而积储。由是□集会以置田，以生息贮息以惠群，或亦慈善事业中之易于有成，经久远而不敝者乎？是不可以不记，其田之户名、坐落与亩分号数以及会中之发起赞成各员，并附志于后，夫亦曰纪寔云尔。

敬施永源户九都三图，坐落东山坟，土名庵前七亩，其田三号合丘。

岗字五百五十号，田乙亩六分六厘三毫。又五百五十一号，田乙亩七分乙厘二毫。

十四都四图，坐落里畈下傅王门前，重字乙千三百三十二号，田四亩乙分二，共田十乙亩乙分八厘。

亭西筑屋三间，为施茶之所。

发起人：胡文均、傅调梅。赞成人：大昌升、孔炎记、倪容佐、金庆记、陈蓉纪、倪炳□、单有三、倪土金、傅仁记、隆盛号、倪炳煌、沈昌增、何土林。

临江夏锡玑先生撰□同学郑皆唐沐手敬书

宣统二年岁在庚戌仲春月金浣日刊

"荻径与玉峰并峙，弦歌偕潭水同清。"①戏屏额"其然"，两侧上下场口额"入相"、"出将"，屏后为后台。

西施庙戏台 在临浦镇通二村西施庙内，名"同春台"。现存主建筑系清乾隆甲子年（1744）所建，光绪二年（1876）重修。50年代后，一度被拆除，近年按原貌恢复。台高1.66米，宽5米，深5.50米，框高2.50米。台柱镌联两副："看舞台前古后今盍归三尺天，听演曲出经入史胜读十年书"；"既云戏矣何必认真着眼，乃曰文也还宜仔细留心"。

前坛庙戏台 坐落在义桥镇牌轩下村前坛庙内。建于清道光丙午年（1846）。戏台位于前殿正中，坐南朝北，台口与廊檐齐平，木榫穿凿石圆柱，上铺台板而成。中间台板平时拆除，作为殿门通道。台宽4.10米，高1.50米，深5.10米，台面与檐口高3米。镌台联3副，内柱联："古今事从来相像，善恶人到底分明"；中柱联："旁观者清即此可知天下事，到头是假何妨唤醒世间人"；外柱联："离合悲欢安知人间非戏，忠孝节义是谓天地之义"。

关帝庙戏台 坐落在临浦镇屠家埭关帝庙内。清代建筑。坐南朝北，在前殿中间。台宽4.80米，高1.30米，台板至桁枋高2.50米，深4.50米。外台柱呈正方形，通体石质，牛腿浮雕回纹透雕苍鹰，雕工精美。石板天井及后殿为看戏区。

碑 表

"萧山县学重建大成殿记"碑 位于城厢镇西河路浙江省湘湖师范学校内，为元代碑刻。②太湖石质，高2.60米，宽1.30米，厚0.25米。1979年，杭州市文管部门曾运往杭州，拟藏碑林，1981年运回原处。1987年由湘湖师范学校建亭护之，当代书法家沙孟海书"赵碑亭"额。1983年5月，萧山县人民政府公布为萧山县文物保护单位。现保存完好。

城山怀古坊 在湘湖越王城山南麓。始建于民国13年（1924），额题"城山古道"，为"湘湖八景"之一，后毁。1992年重建，改额"城山怀古"，面宽9.80米，高6.34米，4柱3门，云头压顶，为前后抱鼓的冲天式石坊，郭仲选题坊名。有楹联两副："群峰叠翠盛传尝胆事，众志成城常忆卧薪人"；"雍容赠答缓报一双文锦鲤，制胜多门坐归十万水犀军"。

待诏桥茶汤会碑记③ 在临浦镇张家畈村待诏桥畔。一立于清宣统二年（1910），一立于民国12年（1923），两碑记述茶汤会发起、易名、拥有的田产、施茶的资金来源，以及助田人名单等，记载了20世纪初存在于民间的这一乐善好施群众团体的概况。萧山民间向有建亭施茶的习俗，但成立茶汤会却是前所未有。正如碑记云："有以施茶汤名者矣，未闻以会名也。"成立茶汤会是将捐田收入以"生息贮息"办法，用于施茶开支，这样，施茶便"经久远而不敝者"，所以起名"永源茶汤会"。后重建茶汤会碑记，称两次捐田7笔，累计17.72亩；又把永源茶汤会更名为待诏桥茶汤会。

独超法师塔铭碑 在浦阳镇太平山宝寿禅寺旧址旁，立于清康熙四十三年（1704）。汉白玉碑石，高3.50米，宽1.25米，厚0.32米。碑四周共有12条栩栩如生的雕龙：碑顶2条，碑座2条，碑沿8条。碑顶正中"独超法师塔铭"6个篆体字非常清晰。碑文记述独超法师生平及宝寿禅寺的发展历史，今字迹模糊，难以卒读。

汤寿潜纪念碑　位于进化镇大汤坞村。民国25年（1936）6月，天乐乡民在临浦茅山建汤寿潜纪念碑，后毁。1994年迁今址重建。占地450平方米，四边锥形，碑通高8.25米，座高2.75米。碑正面是浙江省文史馆原馆长、汤寿潜女婿马一浮题写的"汤蛰先先生纪念碑"8个镏光大字，下端是丰子恺所作的以黑色大理石为底的汤寿潜白描阴刻肖像，题字和肖像均按原碑复制。为萧山市爱国主义教育基地。1997年公布为萧山市文物保护单位。

葛壮节公故里表　位于进化镇山头埠村。民国27年（1938），乡人为纪念葛云飞而建。平面呈正方形，表高4.18米。正东方向镌刻隶书"葛壮节公故里表"7字，底座四面刻"民族英雄"4字。建有壮节亭。1983年5月，萧山县人民政府公布为萧山县文物保护单位。

节孝承恩石牌楼　位于义桥镇上埠村的西江塘北侧。清雍正八年（1730）七月奉旨建造。坐北朝南，石质仿木结构。4柱3门3重檐，高约9米，宽8.27米，明间宽3.04米，次间宽1.30米。第一层刻有"奉旨旌表已故儒士倪润妻金氏"横匾；第二层大梁正中浅刻"节孝承恩"4字；第三层为牌楼顶部，正中一块立匾镌"圣旨"2字。中柱刻楹联："矢节独怜江草碧，旌题高并碛山青"，歇山顶，龙吻兽，翼角四翘，檐下均有6组3层象鼻昂斗拱组合。东西对称，中间栏杆式装饰，通身以镂雕、浮雕、浅浮雕等手法刻出天官赐福、狮子、仙鹤、麒麟、鹿、梅花等图案，四柱底脚前后置石狮8只，稳固庄重，建筑结构紧凑，用料考究，雕工精美。1983年5月，萧山县人民政府公布为萧山县文物保护单位。

中山林表　位于坎山镇凤升村航坞山西南支脉山脊上。民国17年（1928）为纪念孙中山先生逝世3周年而建。钢筋混凝土结构，地基高3.30米，宽2.10米。表体通高9米，下宽上窄，水磨石贴面。朝西阴刻"中山林"，朝东刻"总理逝世三周年纪念"，朝北刻"中华民国十七年三月十二日"等。

"松柏坚贞"碑　位于南阳镇龙虎村白虎山南麓的高氏宗祠旧址前，又名安节亭。清道光四年（1824）奉旨建造。碑亭通体石结构，高约3.50米，占地面积3.20平方米，四周砌石栏，正脊龙吻兽，飞檐饰凤尾，坚固精美。亭内立高2.06米、宽0.75米、厚0.13米的石碑。碑阳面刻"奉圣旨旌表已故太学生高敬修之妻冯氏"等字，碑阴刻篆书"松柏坚贞"，由"兵部侍郎兼都察院右副都御史、巡抚浙江等地方兼理全省营务、兼管粮饷、管理盐政帅　题"。前后横匾题："名世清风，令誉重光。"碑亭四周石柱镌6副对联。①

墓　葬

萧山名人墓葬，其中葛云飞、朱凤标、蔡东藩、魏骥、李成虎、钟阿马等墓列为萧山市文物保护单位，岩将老太、明懿夫人、楼英、张岱、黄伯夫、

图37-1-936　葛壮节公故里表
（2003年7月，李维松摄）

①南向前柱联：一片冰心教育儿孙绵百世，三朝阃德旌褒史册耀千秋。

前柱内侧东西向联：安节亭甘节吉节捬东流并洁，立贞干持贞心贞风南国同休。

后柱南向联：金石勒仪型邦家有典，吞秋书姓氏草木皆香。

东向前后柱联：铁石心肠惟与青灯为伴，松筠节操可同白日齐光。

西向前后柱联：彤管留名华衮袖扬一辙，柏舟矢志诗歌先后同揆。

北向东西柱联：凛若冰霜永矢贞心型渤海，坚于松柏高标劲节冠岩门。

郑振庭、蒋英武等墓列为萧山市乡镇文物保护点。

葛云飞墓 位于所前镇三泉王村王湾寺后。建于清道光二十一年（1841）。葛云飞（1789～1841）详见《人物》编。墓呈半凹圆形，四周底部块石砌成，坐北朝南，背依王湾寺岗。墓面5间，宽7.50米，高4.20米。墓碑正额"忠荩可风"4字，系咸丰帝御笔；两旁联云："泉台光宠泽，抔土奠忠灵。"墓碑阴刻"道光二十一年八月，诰授振威将军追赠太子少保葛壮节公之墓"，为道光朝御史、山阴宋稷辰书。碑两侧有鹿、鹤、麒麟、鸾等石雕，望柱镌石狮。前设祭桌，石板铺地。1961年4月，浙江省人民政府公布为浙江省文物保护单位，1981年4月重新公布。1994年被确定为杭州市青少年德育教育基地。

图37-1-937　葛云飞墓（1996年6月，方晨光摄）

朱凤标墓 位于所前镇山里沈村越王峥西麓山坞。朱凤标（1799～1873）详见《人物》编。朱凤标墓始建于清同治十二年（1873），原有墓道、牌坊、华表、碑亭及石人石兽4对，构筑气派。同治十三年四月，浙江绍兴府正堂在墓旁立碑告谕，保护坟墓。"文化大革命"时期，墓毁，仅存石虎1尊、雕有花纹图案的华表柱1截。1994年9月，由浙江省博物馆出资重修。墓西向，半圆形，墓宽8米，高2.50米。墓面花冈岩构筑，间以狮头望柱。朱凤标玄孙朱家溍题书碑文："太子太保体仁阁大学士、武英殿总裁管理史部朱文端公凤标之墓"。旁立朱凤标生平简介碑。1997年1月，萧山市人民政府公布为萧山市文物保护单位。

蔡东藩墓 位于所前镇池头沈村。蔡东藩（1877～1945）详见《人物》编。墓为块石垒筑，圆锥形，宽5米，高2.30米，中立"蔡东藩先生之墓"碑，前设供桌。1985年修复。1983年5月，萧山县人民政府公布为萧山县文物保护单位。

李成虎烈士墓 在衙前镇凤凰山，详见本编《胜迹》章。

钟阿马烈士墓 位于云石乡佛山村。钟阿马（1894～1930）详见《人物》编。初建于民国19年（1930），1961年10月重建。坐西向东，半圆形，周围块石驳砌，围有护手。1999年11月，经省文物局批准，迁建至朱箐公路旁的克茶墩山。坐北朝南，占地面积近3亩，建筑面积1100平方米，由墓基、台阶、墓前地坪3部分组成。墓呈圆锥状，周长约17米，锥身高1.60米。2001年清明节对外开放。1983年5月，萧山县人民政府公布为萧山县文物保护单位。1995年4月，萧山市委、市政府公布钟阿马烈士墓等5处为萧山市首批爱国主义教育基地。

图37-1-938　钟阿马烈士墓（1999年8月，李维松摄）

郑振庭烈士墓 位于戴村镇石马头村马鞍山（俗称鸡笼山）麓。郑振庭（1927～1947）详见《人物》编。民国38年（1949）8月，郑振庭烈士牺牲后由当地群众自发建造，墓碑书："郑振庭烈士永垂不朽"。1973年12月，戴村公社进行重修。2000年3月由萧山市财政局、地方税务局、国有资产管理局全体干部职工捐款，戴村镇人民政府组织重修。方块石砌筑，呈圆柱状，直径5米，高1.50米，水泥圆拱顶。前立花岗石墓碑，碑文为："青少年爱国主义教育基地　郑振庭烈士之墓　萧山市戴村镇人民政府　二〇〇〇年三月重修"。墓前有50余平方米水泥地坪，踏步接坡，石栏护卫。1998年4月，萧山市人民政府公布为萧山市乡镇文物保护点。

图37-1-939　郑振庭烈士墓（2001年11月，李维松摄）

蒋英武烈士墓　位于楼塔镇桥头村。蒋英武，新四军战士，民国33年（1944）5月在楼塔镇桥头村与侵华日军的遭遇战中牺牲，当地群众将遗体就地掩埋。1961年移葬桥头村口。1984年，楼塔镇政府出资重修。1991年再度修葺。墓呈圆柱状，水泥浇筑，直径3米，高1.60米，墓碑镌："一九九一年楼塔镇人民政府立　蒋英武烈士之墓"。1998年4月，萧山市人民政府公布为萧山市乡镇文物保护点。

抗日阵亡将士之墓　在所前镇夏山埭村。民国29年（1940）建，2001年8月重修，墓碑为原物。墓面由方形块石砌筑，呈圆弧状，嵌3块墓碑，中间一块镌"抗日阵亡将士之墓"，左侧一块镌"中华民国二十九年五月吉旦　陆军步兵上尉　程烈士之墓　陆军第一九〇师……"[1]右侧一块为"墓志铭"。[2]墓前矗立粗0.88米、高3米多的石圆柱，上镌"抗日阵亡将士纪念碑"、"陆军第十军一九零师第五七〇团第三营建立"。

图37-1-940　抗日阵亡将士之墓（2001年11月，李维松摄）

岩将老太墓　位于楼塔镇管村纪贤山上。为后唐管氏三兄弟及舅董戈合墓。相传四人合力制伏土匪，里人德之，呼为"老太"，号曰"岩将"，赐惠民侯，立祠祀奉。墓为清乾隆三十八年（1773）重建，墓碑与石供桌齐平，嵌于墓面，碑文："大宋敕赐太尉府惠民侯管村岩将老太尊神公祖之墓　乾隆三十八年三月立"。1998年4月，萧山市人民政府公布为萧山市乡镇文物保护点。

王佐墓及石雕　位于所前镇山里沈村东山南麓。王佐（1126~1191），字宣子，号敬斋，绍兴华舍人，南宋绍兴十八年（1148）中戊辰科状元，累官至工、户部尚书。墓已毁，存武士石像及石马残件各2尊，雕刻精细逼真。

明懿夫人墓　位于进化镇石柱头村笔峰尖，又称皇坟尖。明懿夫人即南宋理宗赵昀生母全氏。墓道从村口一直延伸到半山腰，村口原立一对石柱，半山腰矗立一对华表，均毁于60年代初。墓道两侧今存香枫、古樟10多棵。

楼英墓　位于楼塔镇楼一村元宝山之乌珠荡。楼英（1332~1401），明代太医官（详见《人物》编）。明代古墓，朝南偏东，墓面宽3米、高1.60米。前设供桌。墓碑长1.60米、高0.50米，碑文："一十六世祖号楼公全善府君祖妣张氏安人合墓"。1989年，楼氏后裔集资修葺，两侧坟肩碑镌重修坟墓乐助芳名。1997年建"楼英墓志"碑及"全善亭"。1998年4月，萧山市人民政府公布为萧山市乡镇文物保护点。

张嵿墓及石雕群　张嵿（1457~1530），萧山人，明南京工部尚书、两广总督（详见《人物》编）。原墓位于临浦镇峙山南麓，民国《萧山县志稿》载：峙山"南坡有张都堂墓，系明朝南京工部尚书张嵿之墓"。清咸丰

①省略号为字迹不清。

②墓志铭："盖有非常之时，必有非常之人，如忠勇师之阵亡将士程礼科，英雄气概矣。今观其西周，围东蜀，振军威，卫敌阵，前仆后继，冒雨吞烟，变色风云，争光日月，卒至敌寇奔败，我军凯旋，洵抗战之奇兵，军国之荣史也。爰志其墓铭曰：

卫我民族，为国牺牲，冲锋杀敌，众志成城。威灵气壮，不死精神，丰功伟光，青史光荣。

前清钦授知州街道　□□□□"

① 韩惟论（1517~1564），字仲
文，号玉吾，义桥镇金山村韩家汇自然
村人。曾任山东省汶上县知县，为官清
正。与海瑞意气相投，交谊甚笃。明万
历《汶上县志》卷五"官迹志"为其立
传，民国《萧山县志稿》有传。

② 碑文为："先祖杨公秀清之
墓"，"太平天国左傅正军师东王杨秀
清 原籍广西桂平东旺街，一八五六
年九月二日凌晨，在天京事变中惨遭韦
昌辉杀害，尸骨无存。幼子丙昭被人救
到杭州，由屠德林收养，并为其父造此
衣冠冢。"落款："子丙昭 同治初年
建坟 孙孝根（道本）一九五五年修墓
曾孙天恩、天宏、恩美、天锡、天雄、
丽美、天潮、天浩、静美、亚美率五代
孙、六代孙。"

十一年（1861）毁。今尚存石刻翁仲、狮、马、羊各2件，陈列于峙山公园南入口。

魏骥墓 在石岩乡湖山村徐家坞山麓（详见本编《胜迹》章）。

韩惟论墓 在义桥镇金山村的待诏山麓。明代墓葬①，坐北朝南，四周茶园，墓碑镌："明山东汶上令玉吾韩公之墓 万历四十年三月吉 男持僵立"。持僵是韩惟论第四子。四周另有4座坟墓，是韩惟论四个儿子的墓葬，俗称"拥父葬"。

朱氏始祖墓 在石岩乡黄阁河村西山东麓。明代古墓，面朝东，墓碑高1.40米、宽0.64米、厚0.13米，上镌"朱氏始祖德三公墓"8个隶书大字，碑前置长1.45米、宽0.84米的石祭桌。德三公被尊为黄阁河始迁祖。

杨秀清衣冠冢 在临浦镇塘郎孙村白曹公路旁边，建于清同治初年。1998年9月，杨氏后裔修墓立碑。②杨秀清（1820~1856），太平天国东王。墓碑左上角镌有1998年4月21日《人民日报》华东新闻和新华社同年5月21日电讯："浙江发现太平天国杨秀清衣冠冢及其后裔。"

黄伯夫墓 位于许贤乡潘山村。黄伯夫，生前行商，有义行。墓宽2.50米，高1.50米，墓前置祭桌，两边有靠手，狮头望柱1对。墓碑碑文："皇清显考乡谥诚直黄公伯夫府君暨显妣慈仁韩太孺人之墓 嘉庆十一年四月立"。

盛练心墓 位于坎山镇荣新村。盛练心（1886~1948）详见《人物》编。墓前立镌有"盛邦彦之墓"的隶书墓碑和狮形望柱。

井 泉

丹砂井 位于南阳镇龙虎村白虎山南麓。相传东晋葛洪用此水炼丹，故名。井圈石上刻"丹砂井"、"咸丰元年重建"等字。井壁鳞牙叠砌，井水清冽，久旱不涸。

陆家泉 位于南阳镇红山北麓。建于南宋乾道四年（1168），系孝宗赵昚在赭山射猎时的专用泉，后为吏、工、户、兵、刑、礼六部尚书射猎用泉，始名六官泉，又叫六家泉。水味称南沙第一，为萧山南沙珍泉。

大井 位于南阳镇赭山老街中端、狮子山南麓。明朝永乐六年（1408）由赭山巡检司开掘。长、宽各1.50米。水质清冽，蕴含矿物质。

三泉井 位于所前镇三泉王村。由虎泉井、小泉井、大泉井3泉组成，三泉相距数十米。明朝已有。所前王氏先民视三泉为宝，故村以泉名。

祖师净水盅 在所前镇传芳村，位于高家岭脚下，1.30米见方，四周条石砌筑，深约2米，相传为龙泉寺性鉴祖师所建。性鉴祖师本传芳村人，祖师成佛后，见此处伏流汩汩，便建此井，以报答乡恩。后人为纪念祖师，取名祖师净水盅。

御史井 位于进化镇大汤坞村，俗称"八角井"。由该村明朝永乐年间任过河南道监察御史的汤守云所建，故名。井口有6块条石砌筑，外径1.65米，内径1.15米。

井泉井 在河上镇井泉街115号小巷口，街以井名。为清代建筑，内径0.50米，外径0.70米，深约3米。附近居民仍乐于汲用此水。

图37-1-941 丹砂井（2002年5月，李维松摄）

图37-1-942 大汤坞御史井（2002年5月，李维松摄）

昳雨井　在进化镇华家垫村，清代古井。井沿外方内圆，镌"昳雨井"3字，井壁卵石砌筑，井水清纯鲜洁。

欢潭　位于欢潭乡欢潭村。建于民国23年（1934）。潭呈七边形，六边栏石护围，口开于北。栏板上镌"宋武穆行军经此，饮潭水而欢"。

洛思泉　位于坎山镇航坞山西南支脉洛思峰下的地藏寺内。泉呈长方形，泉壁卵石砌叠，踏跺接水，壁上石碑镌双龙戏珠图及楷书"洛思泉"3字，落款"乾隆廿伍年桂月吉立"。

龙泉　在所前镇龙泉寺，呈长方形，面积1平方米多，深不及米。水底岩石斑驳如龙鳞，故称龙泉，寺也因此得名。

狮虎涎泉　在浦阳镇太平山宝寿禅寺遗址后的狮虎坪，为双潭，相距不到1米。潭周蛮石围砌，潭水无进无出，终年盈满，砾石可数。相传狮虎坪曾蹲伏一只狮子和一只老虎，狮虎口中流出涎水，滴涎成潭，所以刘伯温取名"狮虎涎泉"。

第三节　馆藏文物

1991～1992年，杭州市园林文物局文物鉴定小组对萧山馆藏文物进行鉴定，有国家三级以上珍贵文物1448件。1995年，馆藏文物2767件。1997年，馆藏文物2800多件，其中一级13件，二级48件，三级1412件。2000年，有馆藏文物近3000件，其中三级以上珍贵文物1450件。

石　器

萧山迄今已发现史前遗址及遗物采集点30余处，大多为新石器时代，集中分布在浦阳江流域的海湾湖积平原和低山丘陵地带。除跨湖桥遗址出土的石器外，其余馆藏石器择要予以简介。

石锛　新石器时代晚期。1994年在浦阳镇径游出土。为原始砍伐工具。长16.30厘米，肩宽8.00厘米，刃宽9.40厘米；灰泛青色，体较大，梯形；单面刃，磨制精细，表面光滑而有光泽。

石凿　新石器时代晚期。1958年在许贤乡眠犬山遗址出土。为原始穿凿工具。长11.50厘米，宽2.20厘米，厚2.10厘米，刃宽1.70厘米；色淡米黄，长条形，上部一侧及背面有段，弧背，单面刃。

石钺　新石器时代晚期。有二：一为1958年在许贤乡眠犬山遗址出土。为原始砍伐工具。长13.80厘米，肩宽10.30厘米，刃宽12.30厘米。色青灰，间黄斑。刃部一孔，系对钻而成。上端平直，弧刃，未开刃；一为1998年在蜀山遗址出土，新石器时代良渚文化时期，为原始砍伐工具。长15.50厘米，肩宽9.50厘米，刃宽12.00厘米。黄褐色，梯形，刃部最宽，上部一孔系对钻而成。上端略弧凸，圆弧刃，无明显刃角，未开刃。磨制精细，表面光滑。

陶瓷器

陶瓷器是萧山市博物馆主要藏品之一。时间跨度从新石器时代至民国时

图37-1-943　欢潭（1996年6月，施加农摄）

图37-1-944　春秋原始瓷鉴（2006年8月，施加农摄）

图37-1-945　战国印纹硬陶粮仓（2006年8月，施加农摄）

图37-1-946　战国原始瓷錞于（2007年4月20日，萧山博物馆提供）

期，最具代表性的则集中在周、两汉、两晋、南朝时期。青釉豆是长河镇塘子堰西周土墩墓出土的70件原始瓷中最精致的一件。原始瓷双系带环罐是战国原始瓷中的精品。黑釉五管瓶其釉似堆脂，光亮如漆，是东汉黑釉瓷器的典型佳作。青瓷猪圈是西晋厚葬风行明器中的上品。西晋越窑青瓷武士俑、仕女俑则国内仅有，为萧山市博物馆的镇馆之宝。青瓷大洗、耳杯、勺为同出一墓的成套酒具，是西晋晚期至东晋早期越窑青瓷中的精品。隋唐时期，越窑中心东移甬地，本地墓葬出土瓷器逐渐稀见，收藏的多为查没品，如唐越窑青瓷注子、五代越窑青瓷粉盒，后者系上林湖越窑"秘色瓷"。还有宋代景德镇窑中非常少见的樵夫担柴青白瓷碗，元代龙泉窑青瓷中的上乘之作青瓷折沿盘，清嘉庆瓷质鼻烟壶中的精品龙凤纹珊瑚红釉鼻烟壶。

原始瓷豆　西周。1989年6月在长河镇塘子堰村出土。高6厘米，口径14厘米，底径7.20厘米。圆唇、束颈、折腹，足根外撇，足底内凹。胎体较厚，胎质粗松，胎色浅灰。内外施青釉，通体有缩釉现象。内底聚釉处呈墨绿色，并伴有细纹开片。颈部饰一周斜条锥刺纹。为目前萧山境内发现最早的原始瓷。

原始瓷双系带环罐　战国时期。1991年1月在长河镇塘子堰村出土。高18.80厘米，口径14厘米，底径13.20厘米。矮直口，丰肩，上腹丰盈，下腹收敛，平底。肩置二带环系。肩、腹部饰二周竖条纹。胎色青灰，胎壁较薄，器形规整。通体施青黄色釉，伴有缩釉现象。整器造型丰满，装饰亦精，工艺水平与成熟青瓷已十分接近，是战国原始瓷中的精品。

黑釉五管瓶　东汉。出土于衙前镇凤凰山。高49厘米。瓶为葫芦形，3层。上层中部为盘口壶，四小壶立于二层肩部。五管口皆通瓶腹。瓶中部置3头立式熊，形象生动，憨态可掬。下腹略鼓，有旋坯痕。收下腹，平底。黑色胎。釉色黑褐，光亮均匀。造型挺拔。为东汉黑釉瓷中罕见之佳器。

越窑青瓷鸡首壶　东晋。1989年9月18日，在衙前镇山南村航坞山麓出土。高21.70厘米。盘口，束颈，鼓腹，平底，略内凹。肩部前置高冠鸡首，珠状目，圆形嘴，中空通腹。后部弯形壶把与壶口相接。桥形双系。胎色灰白。施满釉，色青灰，釉层莹亮而透澈，并伴有细小开片，是东晋越窑鸡首壶之佳器。

越窑青瓷武士俑　西晋。1991年6月出土于城南乡联华村西山南麓砖室墓。高28.90厘米。头扎高巾，尖顶，后部翻盖，巾沿内卷，后有系扎之飘带2束，形状酷似绍兴乌毡帽。身着斜襟宽袖大袍。右手执剑，左手扶盾。双膝跪地。珠状目，隆鼻，嘴部为两小孔，唇上阴刻翘须。目光炯炯，神情肃穆。灰青色胎，露胎处氧化呈褐色。身中空，巾翻盖内侧，双耳皆有通腹之孔，系竖烧时的出气孔。通体施青釉，局部釉层较肥厚且光亮。巾沿、衣袖、背部多处有条状斜方格锯齿纹，具有明显的西晋特征。局部釉色莹润，为西晋越瓷所少见。其造型国内仅见，尺寸亦为同时代出土人物俑之最，是十分难得的珍品，为萧山市博物馆镇馆之宝。

越窑青瓷仕女俑　西晋。1991年6月出土于城南乡联华村西山南麓砖室墓。高26.30厘米。头挽发髻，用阴线划出发际，卧蚕眉，珠目，隆鼻，小嘴，耳垂有珠状耳饰。脸部丰盈，神情安详。双膝跪地。身着斜襟长袍。右手握一把长方形扇子，左手怀抱一小孩。小孩头挽双髻，着宽袖衣，左手抱一瓜棱球形玩具。胎色青灰，身中空，头顶部、双耳皆有竖烧出气孔，中空露胎处氧化呈褐色。通体施青釉，头部釉质尤佳，莹润而光亮。衣袖、背部有若干条状斜方格锯齿纹。此俑与武士俑同出一墓，两俑的出土对研究西晋时期的服饰、丧葬习俗等方面都有重要的价值，同属萧山市博物馆镇馆之宝。

越窑青瓷双系盘口壶　西晋。1991年6月在城南乡联华村出土。高21.40厘米，口径13.50厘米，底径11厘米。盘口，束颈，溜肩，鼓腹，下腹斜收，底略内凹。肩饰带状斜方格纹，两侧置箭羽纹双系，前后贴模印衔环铺首。青灰色胎，施青黄色薄釉，未及底。造型丰满敦实，是西晋典型器。

越窑青瓷猪圈　西晋。1991年6月在城南乡联华村出土。高9厘米，口径13.80厘米。圆筒形。前部开一方形送食窗，右侧上端有一长形清扫缺口。圈外口沿饰一道弦纹，一周竖条纹表示栅栏。圈内站一猪，面对送食窗，竖耳，睁目，神形毕肖。通体施青釉。是西晋时期典型的越窑明器，也是同类器中的佳品。

越窑青瓷大洗、耳杯、勺　晋代。70年代在城厢镇北干山南麓出土。系整套酒具。洗高8.30厘米，直径33厘米。卷唇，浅腹，平底。胎体较厚，造型规整，修底精良，包底施青釉，仅露两圈支烧痕。器型宽大，为晋瓷所罕见。两耳杯尺寸、造型一致，口沿微凹，深腹，平底，双耳半圆细长。内外施青釉，底部露胎。勺子尖底，半圆形把，通体施釉，仅在尖底处露胎。整套器皿均素面无纹，从修底、釉色等现象分析，其时代可能在西晋晚期到东晋早期之间。

越窑青瓷唾壶　东晋。1975年1月在城厢镇北干山南麓出土。高18.80厘米，口径12厘米，底径13厘米。盘口，束颈，垂腹，平底。造型稳重，通体施釉，底部仅留两周支烧痕。釉色青黄，色泽光亮，釉面布满细小开片，壶身素面无纹，仅见腹部有零星褐斑点彩。此壶尺寸之大，在同类器中尚无二例。

越窑秘色瓷粉盒　五代。1990年萧山市公安局查没。高2.60厘米，口径9.50厘米，底径5.30厘米。扁圆形。平面盖，子母口，浅腹内收，平底。青灰胎。素面无纹。施满釉，釉色湖绿，属"秘色瓷"，为上林湖越窑产品。

龙泉窑青瓷折沿盘　元代。1995年萧山市公安局查没。高4.90厘米，口径17.60厘米，足径3.90厘米。折沿，花口，弧形腹壁，平面底心。胎体厚重，色灰白。施粉青厚釉。纹饰繁密，底心贴饰葵花纹，边刻波浪纹，腹壁刻划如意云纹，折沿处刻饰曲折纹，外腹壁饰一圈菊瓣纹。工艺精致，是元代龙泉窑青瓷的上乘之作。

龙凤纹珊瑚红釉鼻烟壶　清嘉庆年间（1796~1820）。通高7.90厘米。半圆形盖，下连扁形象牙匙。平口，斜颈，溜肩，椭圆腹，卷沿矮足，底心略凹。颈部和足沿均饰一周乳钉纹，颈下部为回纹。肩饰如意纹。壶身浮雕，以火焰云纹衬底，一面为三爪龙，另一面是飞凤。雕工精良，动物形象生动。施珊瑚红釉。底部金字"嘉庆年制"篆书款。为瓷质鼻烟壶中的精品。

玉杂器

1989年，河庄乡蜀山的采石场一座墓葬被炸毁，出土2件玉璧、2件玉钺和玉琮、锥形玉饰等，这是钱塘江南岸首次发现的良渚文化贵族墓葬，为研究良渚文化的分布范围提供新的证据。出土于浦南田头庄的白色玉斧，十分少见。东汉玛瑙耳塞、鼻塞是反映当时丧葬习俗的典型物品。明代传世木雕钟馗摆件，人物形象栩栩如生。清代的翡翠三阳开泰摆件、翡翠双鱼挂件利用翡翠不同色质而精致镌刻，实乃精品。

玉璧　新石器时代良渚文化时期。1989年在河庄乡蜀山出土。有二：一为直径19.80厘米，厚1厘米。深绿色玉料，布满云母片杂质。板状圆体，中心为双钻圆孔，通体素面无纹。一为直径17.90厘米，厚1.10厘米。用绿色玉琢磨而成，局部有云母杂质。板状圆体，中心为双钻圆孔，素面无纹。

玉琮　新石器时代良渚文化时期。1989年在河庄乡蜀山出土。高5.40厘米，孔径0.80厘米~1厘米。透闪石料琢磨而成。外方，上下圆口，中心为圆穿孔。器分上、下两节，中以横向凸槽为隔。两节皆以委角为中轴线，琢出两小圆圈为目，以一折角的长方形为口，用两组横凸棱加刻阴线弦纹为额，组成上下一致的4组简化变形兽面纹。

有孔玉斧　新石器时代晚期。1976年在浦南公社田头庄出土。高17.70厘米，肩宽6.50厘米，刃宽9.10厘米。牙白色玉质。双钻单孔。斜肩，刃部稍宽，中心最厚，两侧渐薄。无使用痕迹，属礼器。

玉璜　东汉。1991年1月在来苏乡来苏周村出土。长13.30厘米，宽3.10厘米。面为长方形，背略拱。面向下往里弯曲，微收，下部一端有供穿挂用的穿孔。面刻云纹，一端又饰蝉纹。玉色青白，一端呈黄色。

玛瑙耳塞、鼻塞 东汉。1980年征集。高2.30厘米～2.90厘米。耳塞、鼻塞各2式2件，均为圆形。耳塞较细，首尾平，中部细，两端宽。鼻塞略粗，首尾平，中细，两端宽。

木雕钟馗摆件 明代。传世品。高16厘米，宽12厘米。钟馗骑驴，头扎朝天巾，着宽袖长袍，佩剑。左手握缰绳，右手持破扇贴于唇齿间。怒目圆睁，若有所思。驴耳直竖，略回首，状态警觉。左立一跣足小鬼，躬身端酒盘，与钟馗上下呼应。底部刻成山石状，将四驴蹄与小鬼之足相连。构图巧妙，刻工亦精，人物栩栩如生，施以荸荠色漆，古雅凝重。

琥珀桃形摆件 清代。高8.50厘米。以寿桃为主形，上伏一蝙蝠，寓意福寿，下衬桃树枝叶。中空，底中央有一圆形小孔。色朱红，表面光洁莹润，雕琢精致。

翡翠三阳开泰摆件 清代。高3.80厘米，宽6.50厘米。顶部一太阳，色橘黄，中刻"日"字。下有祥云。三羊跪地，分置左、中、右；形态各异，中部羊为黄色，后两羊为翠绿色。构思巧妙，布局得当。

翡翠双鱼挂件 清代。直径5.30厘米。双鱼均为鲇鱼，首尾相接，呈圆形。翡地，色朱红。两鱼之目皆呈黑色。鲇鱼成双，意为"年年有余"。

金属器

馆藏品金属器中，出土于湘湖压湖山的新莽大泉五十叠铸铜母范，是研究新莽货币制的重要物证，它印证了《汉书·王莽传》中王莽"又遣谏大夫五十人分铸钱于郡国"的记载。祇园寺出土的舍利铜塔，是五代吴越国钱弘俶时期祇园寺方塔中的一对重器。宋代好古成风，仿器频现，衙前出土的宋代窖藏仿古铜器有钟形镜等多种器皿，其纹饰精美，铸造讲究，不失其珍贵。义桥镇出土的7只清代银元宝上均铸有年号、地名及工匠名，对清代货币制度的研究具有重要价值。

云雷纹青铜矛 春秋时期。1982年在河庄公社蜀南大队之蜀山出土。为春秋时期吴越地区常见的矛。长19厘米。狭叶，长骹，凹口，单系。骹尾较粗，中空，直抵矛尖，外可做血槽，内能装矛柄。狭叶靠内两侧均饰以云雷纹。

青铜矛 汉代。1982年在来苏公社东蜀山出土。长15.50厘米。狭叶式刃，头较尖，锋利依旧，往下渐宽，底部骤收。前后有微突的血槽，与刃并收。骹为圆筒形，中空，上敛下肥，便于装柄。骹的一侧置环形系。

青铜弩机 汉代。1991年1月在来苏乡来苏周村出土。通高17厘米，郭长142厘米。整机由郭、望山（瞄准用）、牙（钩弦用）、悬刀（扳机）和右侧两颗连接固定木弩用的销子组成。出土时木弩已朽失。此为东汉时期的典型兵器。

大泉五十叠铸铜母范 新王莽时期（西汉末年）。1994年4月下旬在湘湖压湖山发现钱范与铜镜及大量钱币同盛在一只陶罐内，被采石场石炮炸散，仅有5方钱范和此模所铸的70余枚钱币，由湘湖农场职工和当地村民上交给文物部门。"大泉五十"钱范，铜质，方形抹角。按其钱纹笔画粗细，

图37-1-947 新莽时期，大泉五十叠铸铜母范（2006年8月，施加农摄）

可分为两式①，其制范之模上下方有两个凸凹圆头，为泥范的榫卯定位销，模中心凸起的圆柱，即泥范的浇铸口，圆柱引出分浇道通向四面母钱。

龙柄鐎斗　晋代。1986年在昭东乡长巷村出土。高17.10厘米，口径15.80厘米。鐎斗，亦称"刁斗"，汉晋时期的一种炊具。盆形口，折腹，下腹壁垂直，饰两周弦纹。平底。锥形三足，细高微曲。把上的龙头，增添了鐎斗的灵气。

祇园寺舍利铜塔②　五代后周显德五年（958）。1966年拆毁祇园寺石塔时，出土于东西石塔之顶层。东塔出土的通高33.50厘米，西塔出土的通高43.50厘米，均由塔座、塔身、塔刹3部分组成。除塔刹外，二者的尺寸、造型、纹饰及铭文完全一致。塔为方形，须弥座式塔座，下枭处饰覆莲纹。束腰部四壁各刻佛像4尊、菩提树3棵，上下缀以两排连珠纹。座面四周刻有信徒夏承厚之发愿文共59字③，款落"戊午显德五年十一月三日记"。塔身瘦挺，四壁镂雕四佛传故事图像，四角置迦楼罗（金翅鸟神），上部斜壁，四围刻有兽面纹和卷草纹。顶部四角为蕉叶山花，向里一面刻有四金刚立像。向外部分的两个侧面雕有14个佛教故事图，塔刹矗立于覆莲纹上。东塔出土的舍利铜塔塔刹为五重相轮，中镂若干孔，边刻锯齿纹。刹顶残，仅剩实心刹柱杆。刹身与塔座塔身均布满完全一致的铜锈。西塔出的舍利铜塔，塔刹高于前者10厘米，底部加有仰莲，五重相轮；覆钵形，未镂孔，亦无锯齿形边饰。刹顶置一仰覆莲，上为葫芦形宝珠。刹杆中空，底有一铅制活络榫头。此刹并非青铜所铸，只是涂了一层仿铜色漆，且略偏红，与塔身古铜色不相吻合，脱落处便可见银灰色原身。又因刹身过高，遂在塔身顶面钻4孔，用细铜丝将其栓固。

花口银盒　宋代。1975年在东方红公社（西兴）马湖大队出土。高3.60厘米，直径18.40厘米。银质，八瓣花口。平面盖，子母口，矮足，平底。盖面、盖口及腹壁外皆打印团形双鸟纹。

钟形铜镜　宋代窖藏。1972年出土于衙前。高20厘米，肩宽11.50厘米，底宽14.50厘米。钟形。顶置方钮，丰肩，撇足。镜背置半圆形钮。钮下为三足炉，香烟袅袅，有"匪鉴斯镜，以妆尔容"及"李道平造"篆书印章款。

青铜提梁盉　宋代窖藏。1975年出土于衙前，系仿古器皿。长圆形提梁，前端为兽头，上饰两变体龙纹，可活动。半圆形盖，兽形钮，下端有一周夔龙纹。兽头壶首，缄口不通腹。直口。肩部亦饰夔龙纹。腹部鼓圆，回纹衬底，两侧有4条夔龙纹作为主体纹饰，3条锯齿形脊棱连接三象首形足。

青铜象耳瓶　明代。1989年在螺山乡螺山村出土。高14厘米，口宽4.60厘米，底宽4.80厘米。斜方口，象首双耳，四方形长颈，垂腹，两侧尖，底部收敛，斜方形圈足。腹中部两面皆饰有团形蟠螭纹，外圈缀饰连珠纹。造型较为别致。以象首做瓶耳，有"太平有象"之寓意。

银元宝　清道光二十九年至咸丰年间（1849～1861）。1981年10月在义桥公社峡山头窖藏出土。共7只，同出土的还有13枚银锭。每只元宝上均铸有年号、产地和工匠名。④

铜嵌金铺首三足炉　明代。传世品。高6厘米，口径10.10厘米。钵形。

①一式3方。纵8厘米，横7.85厘米，边宽0.60厘米，厚1.10厘米，内有母钱4枚，正反各二，母钱直径2.70厘米，额轮，阳文正书，钱文直读"大泉五十"，字体规整、优美，笔画粗壮。系新莽（公元9～23年）前期铸钱模。二式2方。纵7.70厘米，横7.70厘米，正方形，边宽0.50厘米，厚1毫米，体积略小于一式，内有母钱4枚，正反各二，母钱直径2.65厘米，额轮，阳文正书，字体与一式一致，但笔画纤细、秀气，为新莽后期铸钱模。

图37-1-948　祇园寺舍利铜塔
（1997年8月，施加农摄）

②参见1998年11月22日《中国文物报》载施加农《历经坎坷，三度面世——祇园寺五代舍利铜塔记》。

③59字为："弟子夏承厚并妻林一娘阖家眷属舍净财铸真身舍利塔两所恐有多生罪障业障并愿消除承兹灵善愿往西方净土。戊午显德五年十一月三日记。"

④最早一只为清道光二十九年，产地是江海关，工匠钱名元。其余依次为"咸丰，会昌县，匠永康"；"咸丰，太原县，匠天成"；"咸丰，汾阳县，匠信来永"；"咸丰，太丰县，匠连升"；"咸丰六年，阳曲县，匠冯滋林"；"咸丰十年，江海关，匠唐立"。

口沿、底部均饰三周弦纹，间饰珠纹。腹壁椭圆，两侧置铺首。三角形矮足，上刻波浪纹。外壁镶嵌若干不规则金片。底铸长方阳文"大明宣德年制"楷书款，做工讲究，系明代中后期仿宣德炉的上品。

蟠螭纹镏金铜带钩 明代。传世品。长7.70厘米。曲线形钩体，蘑菇形钩扣，螭首形钩头。通体镏金。相对两螭，尤其面部小螭，似在步步爬行，静中有动，十分传神。

海兽葡萄纹铜镜 唐代。1978年10月征集。直径17.30厘米，边厚1厘米。兽钮。纹饰分为内、外区和边3部分。内区为海兽葡萄纹，外区为飞鸟葡萄纹，边饰卷草纹。

书 画

萧山市博物馆收藏书画1400多件。时代从明代至民国。有明代"吴门画派"四大家之一文徵明的扇面书法；明末清初吴观、史颜节、章声等名家的墨竹、山水、人物图轴；清中晚期的刘墉、陈鸿寿、包世臣、赵之琛、林则徐、汤金钊，晚清"海上画派"任熊、任薰、任颐以及赵之谦、吴昌硕、丁文蔚、翁同龢、陶浚宣、张謇、梁启超、朱文钧、郑孝胥、弘一、于右任、何香凝、朱家济等近现代名家字画。

文徵明 行书扇面 明代。纵17.50厘米，横48厘米。纸本泥金。文徵明，长洲人，书画俱精，为明代"吴门画派"四大家之一。扇面行书七言诗，笔意纵逸。落"徵明"款，钤"文徵明印"白文、"徵仲"朱文两方。

吴观 墨竹图轴 清顺治四年（1647）作。纵107.50厘米，横40厘米。绢本。吴观，江苏吴县人，善墨竹。画面由山坡、竹石组成。左下为山地斜坡，中下部画一奇石，数竿修竹出其左右，前浓后淡，挺拔飘逸。跋"丁亥秋九月从子又如来吴乞笔"，署"天都有饷薇居士吴观"款，下钤白文"吴观之印"、"饷薇居士"印两方。

史颜节 山水图轴 清康熙十八年（1679）作。纵186厘米，横96厘米。绢本。史颜节，山阴人，善画墨竹。画面布满筱竹。竹荫中，掩映一舍，一叟端坐其中，一童侍其右，情意恬然。舍边山涧，溪流涓涓，极富情趣。山体以线条勾勒，浓淡相间，远山重峦叠嶂，气势雄伟。款署"己未夏日写和翁老年台粲史颜节"，钤朱白文相杂的"史颜节"印。

章声 仿王摩诘笔意山水图轴 清初。纵196.70厘米，横96厘米。绢本。章声，杭州人，工山水。此图布局严谨，山中部一巨石，上端树木苍翠。右侧为小峡谷，潺潺溪水径流而出。左边有居舍楼阁掩映于绿荫丛中，山间小道上有两老者神情恬然，谈笑风生。画面中段，左、右两山对峙。用墨浓淡相间，既表现出画面的空间感，又是远近山景的巧妙过渡。远山以淡墨勾画，山头突兀，间有瀑布飞泻。此图尺幅硕大，画面气势磅礴，山势错落有致，疏密得当，用笔染墨十分细腻，为章声的代表作。画首右侧题有"仿王摩诘笔意于鹤年堂，俭斋章声"。钤两印，上印为白文"章声之印"，下印是朱文"子鹤"。

俞龄 文姬归汉图轴 清康熙庚寅年（1710）作。纵145厘米，横68.50厘米。绢本。俞龄，杭州人，工山水、人物。此轴为俞龄之精品。画面共有38个人物、20匹马。人物个性鲜明，无一雷同，汉人与匈奴人男子的特征明显。主人公蔡文姬刻画得尤为成功，面对将要作别的夫君和子女，满面悲戚，眉宇间透露出几分无奈和对亲人的愧意。款署"康熙庚寅岁葭冬月写，安期俞龄"，钤白文"俞龄印"和朱文"大年氏"印两方。

林则徐 行书七言联 清代。纵130厘米，横28.50厘米。纸本。林则徐，近代中国禁鸦片之民族英雄。联句为："客因不速来常密，诗到无题句转佳。"上联钤白文"管领江淮河汉"引首章，题"鸿轩三兄属"。款署"少穆林则徐"。下钤白文"臣林则徐少穆印"和朱文"河东节师江左中丞"。字体流畅飘逸，气势雄强。

汤金钊　楷书六言联　清代。纵132厘米，横29厘米。纸本。汤金钊（1772～1856），萧山人，官至吏部尚书。联曰："修德自求多福，积善必有余庆。"系为颖山三兄而书，款署"汤金钊"，钤印两方，上为白文"汤金钊印"，下为朱文"敦甫"。笔墨粗劲，丰盈沉稳，系汤氏晚年遗墨。而其内容又是汤氏晚年笃信佛教的写照。

赵之琛　成佛图轴　清代。纵160厘米，横42厘米。纸本洒金。图中心有两僧和一信徒立于山坡，前僧左手直指，回首与两人眼示，信徒似会意而拱手行礼。题"直指人心，见性成佛"，款署"宝月山人赵之琛写于□庵"。钤朱文"琛"印和白文"赵之琛"印。人物衣纹飘洒，十分传神。山石、枯树、秋叶，工写相间，均现功力，是赵之琛晚年之佳作。

任熊　晚妆初卸图轴　清代。纵126厘米，横31厘米。纸本。任熊（1823～1857），字渭长，萧山人，系"海上画派"创始人之一。此图题材别致，画面由发饰、镜子、烛架、妆奁组成，表示天已入夜，人已去妆。无款。有陈璞长跋："任渭长先生与丁蓝叔先生为诗画交，常下榻丁氏银藤花馆中。兴酣落笔，日画数纸，多不署款。此纸系丁氏所遗藏者，画法、画意不落恒蹊，望而知为先生手笔也。爰题数语以志之。后学陈璞。"下钤"陈璞印信"白文印。

赵之谦　篆书七言联　清代。纵142厘米，横36厘米。纸本。赵之谦，"海上画派"著名画家，擅金石书画。此联篆书："高人自与山有素，老可能为竹写真。"自跋："憩亭六兄画精六法，名满浙东西，余心识之久矣。同治庚午居杭州始与想见，作竟日谭，并为余写照。形似神似，见者咸赏，叹称妙技。因书楹帖贻之，且识颠末。会稽赵之谦拗叔甫。"下钤白文"赵之谦印"，朱文"长陵旧学"。

任薰　人物图轴　清光绪五年（1879）作。纵106厘米，横39.50厘米。纸本。此图所绘为孔子。任薰（1835～1893），字阜长，萧山人，"海上画派"代表人物之一，与兄任熊、侄任预、族侄任颐被后人合称"海上四任"。学陈洪绶画法，神态肃穆，面部夸张，须髯细密，衣纹飘逸。系任薰人物画代表作。款署"己卯春仲弟子任薰敬写"，下钤"任薰"白文印。

任颐　花鸟扇面　清光绪十三年（1887）作。纵18.50厘米，横52.50厘米。纸本。任颐（1840～1896），字伯年，萧山人，"海上画派"巨擘。此扇以"没骨法"绘疏枝秋叶，笔墨洒脱。双鸟并栖，极为传神。款署"霁青仁兄大人雅正，光绪丁亥秋八月山阴任颐写于海上"，钤白文"颐印"一方。

翁同龢　仿青藤道人风鸢图卷　清光绪十七年（1891）作。纵16.50厘米，横124厘米。纸本。翁同龢（1830～1904），汤金钊（萧山人）的孙女婿，清户部尚书，曾为光绪帝之师。此卷画有七童，着墨不多，却十分传神。首题："寄语小孩儿，寒温杠不知。春风如此大，吹破妆红衣。读书岂不好，为恁放风筝？线断犹能续，书生到底生。"款落"辛卯二月七日，戏仿青藤道人笔，是日雪大风。瓶居士"，下钤朱文"龢"字印。卷尾压印朱文"翁瓶生"印。作此图时，翁尚居要职，传世之画十分稀少，又自题咏，弥觉珍贵。

陶浚宣　隶书轴　清光绪二十三年（1897）作。纵144.50厘米，横39.20厘米。纸本。陶浚宣，清末民国初书法家。此轴以北碑体书写，笔力峻厚，丰而不肥，颇具气势。款署"光绪丁酉八月，心云陶浚宣"，下钤白文"陶浚宣印"和朱文"陶迹冲五十以后书"。

蒲华、吴俊卿、高邕　合作竹石菊花图轴　清末。纵132厘米，横53.30厘米。纸本。画面由山、

图37-1-949　清·朱凤标行书七言联（1997年12月，施加农摄）

石、竹、菊组成，浑然一体，神形相合。有蒲华题写陶渊明诗句："采菊东篱下，悠然见南山。"款署"晴川仁兄大人嘱，仿陈道复本，即博一粲。邕之写石，仓硕画菊，作英补竹"。侧钤朱文"高"、白文"昌硕"、白文"蒲华诗书画印"3章。三人均为清末书画大家，合作十分罕见，此画尤显珍贵。左下钤有白文"组云过目"章。

梁启超　楷书七言联　晚清至民国时期。纵144.50厘米，横37厘米。纸本。梁启超（1873~1929），广东新会人，近代著名政治家、文学家。联曰："古今大年老彭合契，宇宙崇抱管乐相期。"题"海观先生雅令"，落"梁启超"款，钤白文"梁启超印"、朱文"任公"。上款所题"海观先生"即为湘湖师范学校第六任校长金海观，是位颇具声望的教育家。

朱文钧　行书七言联　晚清至民国时期。纵132厘米，横32厘米。纸本。朱文钧（1882~1937），萧山人，故宫博物院书画碑帖鉴定专家。联曰："明月倒悬书幌上，跳波源入枕屏前。"钤"翼厂"、"御赐介祉堂"朱文印。

弘一　行书札　民国时期。纵23.50厘米，横14厘米。纸本。弘一（1880~1942），即弘一法师，俗名李叔同，浙江平湖人，最善书法。此信札系弘一写给弘济，署"演音，末伏末日"，钤白文"演音"印两方和朱文"弘一"印一方。是弘一入空门后所书。此帖笔意，如同诵经，疾徐有致，持重而又清朗，浸透着禅意。

于右任　行书轴　民国时期。纵172厘米，横46.50厘米。纸本。于右任，国民党元老，早年加入同盟会，追随孙中山。清末以来杰出的书法大家。此轴录"放翁"陆游五言诗句。题"德琳先生正"，署"于右任"款。下钤"右任"朱文印。

何香凝　仿宋人牡丹图轴　民国22年（1933）作。纵80厘米，横27.30厘米。纸本。何香凝，廖仲恺夫人，曾任全国人大常委会副委员长、政协全国委员会副主席。能诗，善画。画面绘数枝牡丹，上下错落，笔墨工细，色彩艳而不俗。题"癸酉春月仿宋人法，何香凝"。钤"香凝女史"朱文印。

朱家济　行书横披　民国时期。纵34厘米，横131厘米。纸本。朱家济（1902~1968），萧山人，浙江美术学院教授，现代著名书法家。此幅题"书为元方老友"，未署款。后纸有朱家溍跋语。

第四节　文物保护

至2000年末，萧山有博物馆、纪念馆4家，省级历史文化保护区（镇）2个，省级文物保护单位4个，市级文物保护单位25个，乡镇级文物保护点101个。文物保护利用工作得到全面加强，考古发掘、文物普查、文物维修、文物征集与收缴、文物宣传、文博展览等工作已日趋规范，文物保护已成为大多数萧山市民的共识。

历史文化保护区

省级历史文化名镇——衙前　民国10年（1921），沈定一回到老家衙前，以祖宅"光禄第"为基地，一面兴办农村小学，免费招收贫苦农民子女入学，一面酝酿农民运动。9月27日，在东岳庙成立中国共产党领导的全国第一个农民协会，发布《衙前农民协会宣言》，制定《衙前农民协会章程》。受衙前农民运动的影响，短短一两个月，萧山、绍兴、上虞等县82个村相继建立农民协会，开展减租反霸斗争，农协会员达10余万人，衙前成了这场农民革命风暴的中心，并在东岳庙组成衙前农民协会联合会。12月18日，轰轰烈烈的衙前农民运动被反动当局镇压。12月27日，李成虎被捕入狱，后被刑虐死于狱中。1989年12月，衙前农民协会旧址被浙江省人民政府公布为浙江省文物保护单位；1991年，衙前镇被浙江省人民政府公布为历史文化名镇。保护对象，共有省、市文物保护单位1处：包括衙前农民运动协会旧址、李成虎墓、农村小学、成虎故居等；文物点8处：衙前老街、八字桥及官河沿、凤凰山农协墓葬群和古毕公桥、乐善桥、杨公桥、会龙桥、螺山大桥等古桥梁；遗址4处："精神不死"碑、沈定一墓、沈定一遇难处、成虎坊等。

浙江省历史文化保护区——进化 进化镇是民族英雄葛云飞和辛亥革命浙江军政府首任都督、浙江铁路公司总理汤寿潜故里，有多处古村落、宗祠和古戏台等。春秋战国时期，进化为越国辖地，是烧造印纹硬陶与原始瓷窑址密集区，现有近30处印纹硬陶窑址和汉代窑址。南宋理宗赵昀葬生母明懿夫人全氏于辅孤尖，当地人称"皇坟尖"，石柱头村尚存遗址。明永乐年间（1403~1424），任过河南道监察御史的大汤坞村人汤守云在村中挖井一口，俗称"御史井"，今完好。境内青化山、大岩山风景佳秀，旧有云峰石屋、天乐琴石、青化书屋、溪桥夜月、洪井清泉、泥马古庙、名刹传灯、诸坞梅香等景点。2000年2月，进化镇被浙江省人民政府公布为历史文化保护区。保护对象，共有文物保护单位7处：浙江省文物保护单位茅湾里印纹陶窑址，萧山市文物保护单位葛云飞故居、汤寿潜故居、葛壮节公故里表、汤寿潜纪念碑、城隍山印纹硬陶窑址和纱帽山印纹硬陶窑址；市文物保护点24处：包括平阳、华家垫、吉山等为代表的宗祠和古戏台，大坟山、安山等多处古窑址，山头埠古街区等。

文物保护单位（点）

浙江省文物保护单位 1961年4月，葛云飞墓、茅湾里窑址被浙江省人民政府公布为浙江省文物保护单位。1981年4月，又重新公布为浙江省文物保护单位。1989年12月，浙江省人民政府公布越王城遗址、衙前农民协会旧址（包括李成虎墓）等为第三批浙江省文物保护单位。至此，全市有浙江省文物保护单位4个。

萧山市文物保护单位 1983年5月，萧山县人民政府公布越王城遗址、衙前农民协会旧址、蜀山遗址、上董窑址、纱帽山窑址、节孝承恩石牌楼、白龙寺、蔡东藩墓、城隍山窑址、葛壮节公故里表、"萧山县学重建大成殿记"碑、钟阿马烈士墓、祇园寺、江寺14处为第一批萧山县文物保护单位。1993年4月，萧山市人民政府公布梦笔桥、回澜桥、西施古迹群和浙东运河之头为第二批萧山市文物保护单位。1997年1月，萧山市人民政府公布汤寿潜纪念碑、朱凤标墓、洲口桥、一览亭及遗址、星拱桥为第三批萧山市文物保护单位。1998年4月，萧山市人民政府办公室公布334处萧山市乡镇文物保护单位（点）。1999年8月，萧山市人民政府公布葛云飞故居、朱凤标故居、汤寿潜故居、临江书舍、魏骥墓为第四批萧山市文物保护单位；次年又公布保护范围和建设控制地带。至此有萧山市文物保护单位25个。其中古遗址4处、古窑址3处、古桥梁4座、古墓葬（烈士墓）5处、古建筑（名人故居）9处、纪念建筑2处、碑刻1处、革命遗址1处。至1996年，全市有树龄在100年以上的古树名木335棵（详见《农村 农民 农业》编），由市人民政府发文视同萧山市乡镇文物保护点加以保护。

乡镇文物保护点 1987年，萧山县人民政府公布第一批12个萧山县乡镇文物保护点。1989年，对21个镇乡的128个文物点进行检查和调查，新发现文物点8处。1998年4月，萧山市人民政府办公室公布"萧山市乡镇文物保护单位（点）"334处，其中文物保护单位29处、文物保护点305处。按镇乡分，新街4处，衙前20处，瓜沥20处，党山3处，益农4处，云石15处，戴村9处，临浦16处，欢潭20处，义桥13处，所前9处，进化15处，城厢镇60处，来苏5处，新塘9处，石岩7处，楼塔7处，河上11处，许贤9处，浦阳14处，南阳8处，坎山17处，闻堰10处。1999年，萧山市人民政府办公室重新核准公布全市101处文物点，其中有古遗址5处、古窑址15处、古桥梁25座、古墓葬（烈士墓）11处、古建筑（名人故居）34处、纪念建筑8处、碑刻1处、古井1处、古海塘1处。

表37-1-661　2000年萧山市省、市文物保护单位

序	名　称	所在地	时　代	类　别	责任镇乡	公布时间	保护等级
1	葛云飞墓	所前镇三泉王村	清道光二十一年（1841）	纪念墓	所前镇	1981-04	省级
2	茅湾里印纹陶窑址	进化镇大汤坞	春秋战国	古窑址	进化镇	1981-04	省级
3	越王城遗址	城厢镇湘湖村	春秋战国	古遗址	城厢镇	1989-12	省级
4	衙前农民协会旧址及李成虎墓	衙前镇凤凰村	现代	革命遗址	衙前镇	1989-12	省级
5	蜀山遗址	河庄镇蜀南村	良渚至商周	古遗址	河庄镇	1983-05	市级
6	白龙寺	瓜沥镇东恩村	明末、清初	古建筑	瓜沥镇	1983-05	市级
7	钟阿马烈士墓	云石乡佛山村	现代	烈士墓	云石乡	1983-05	市级
8	上董瓷窑址	戴村镇上董村	东晋至南朝	古窑址	戴村镇	1983-05	市级
9	城隍山印纹陶窑址	欢潭乡钟家坞村	东周	古窑址	欢潭乡	1983-05	市级
10	纱帽山印纹陶窑址	欢潭乡泗化村	东周	古窑址	欢潭乡	1983-05	市级
11	节孝承恩石牌楼	义桥镇上埠村	清雍正八年(1730)	古建筑	义桥镇	1983-05	市级
12	蔡东藩墓	所前镇池头沈村	现代	纪念墓	所前镇	1983-05	市级
13	葛壮节公故里表	进化镇山头埠村	现代	纪念建筑	进化镇	1983-05	市级
14	祇园寺	城厢镇体育路	清光绪十年(1884)	古建筑	市博物馆	1983-05	市级
15	江寺	城厢镇文化路	清光绪十五(1889)	古建筑	市博物馆	1983-05	市级
16	萧山县学重建大成殿记	城厢镇西河路	元大德三年(1299)	碑刻	湘湖师范学校	1983-05	市级
17	西施古迹群	临浦镇通济	清代	古建筑	临浦镇	1993-04	市级
18	梦笔桥	城厢镇江寺前	清代	古桥梁	城厢镇	1993-04	市级
19	回澜桥	城厢镇东门	清乾隆五十七年(1792)	古桥梁	城厢镇	1993-04	市级
20	朱凤标墓	所前镇山里沈村	清代	古墓葬	所前镇	1997-01	市级
21	汤寿潜纪念碑	进化镇大汤坞村	现代	纪念建筑	进化镇	1997-01	市级
22	一览亭及遗址	石岩乡金西村石岩山巅	清代	古建筑	石岩乡	1997-01	市级
23	洲口桥	楼塔镇楼一村	近代	近代建筑	楼塔镇	1997-01	市级
24	星拱桥	河上镇白堰村	近代	近代建筑	河上镇	1997-01	市级
25	葛云飞故居(宫保第、葛氏宗祠)	进化镇山头埠村	清代	古建筑	进化镇	1999-08	市级
26	朱凤标故居（故居、万寿庵、万寿桥、船道及石拱桥）	城厢镇城郊村	清代	古建筑	城厢镇	1999-08	市级
27	汤寿潜故居（故居、旧居）	进化镇大汤坞村	清代	古建筑	进化镇	1999-08	市级
28	临江书舍	临浦镇戴家桥达弄	现代	现代建筑	临浦镇	1999-08	市级
29	魏骥墓	石岩乡湖山村	清代	古墓葬	石岩乡	1999-08	市级

注：本表所列至2000年萧山市文物保护单位，不含1993年4月公布的萧山市第二批文物保护单位西兴"浙东运河之头"。

表37-1-662 1999年萧山市乡镇文物保护点

序号	文 物 点	所 在 地	年 代	类 别	责任镇乡
1	市心桥	城厢镇市心路	清道光十九年（1839）	古桥梁	城厢镇
2	仓桥	城厢镇文化路	清道光十六年（1836）	古桥梁	城厢镇
3	永兴桥	城厢镇文化路	清 代	古桥梁	城厢镇
4	东旸桥	城厢镇文化路	明嘉靖三十六年（1557）	古桥梁	城厢镇
5	惠济桥	城厢镇文化路	始建于后晋天福八年（943），清同治六年（1867）重建	古桥梁	城厢镇
6	跨湖桥遗址	城厢镇湘湖村	新石器时代	古遗址	城厢镇
7	东岳庙	城厢镇蒙山	清光绪年间(1875～1908)	古建筑	城厢镇
8	金泉井	城厢镇湘湖村	明 代	古 井	城厢镇
9	文昌桥	城厢镇半爿街村	清道光十七年（1837）	古桥梁	城厢镇
10	富一山庄	城厢镇溪头黄村	民国时期	近代建筑	城厢镇
11	顺昌当门楼	城厢镇涝湖村	清 代	古建筑	城厢镇
12	永思堂	城厢镇涝湖村	清 代	古建筑	城厢镇
13	上元桥	城厢镇涝湖村	清道光十年（1830）	古桥梁	城厢镇
14	会元桥	城厢镇涝湖村	清道光十年（1830）	古桥梁	城厢镇
15	毓秀桥	城厢镇涝湖村	清道光十年（1830）	古桥梁	城厢镇
16	吉庆桥	城厢镇涝湖村	清道光九年（1829）	古桥梁	城厢镇
17	来苏周大墙门	来苏乡来苏周村	清 代	古建筑	来苏乡
18	曹氏宗祠	新塘乡会郎曹村	清道光二十三年（1843）	古建筑	新塘乡
19	戴家桥及螺峰亭	新塘乡霞江村	清 代	古桥梁	新塘乡
20	"甲科济美"石牌楼	石岩乡史家桥村	明 代	古建筑	石岩乡
21	思家桥及河沿	石岩乡史家桥村	明 代	古桥梁	石岩乡
22	郑文甫墓	石岩乡湖山村	宋 代	古墓葬	石岩乡
23	衙前老街	衙前镇老街	清 代	古建筑	衙前镇
24	古毕公桥	衙前镇老街口	明 代	古桥梁	衙前镇
25	八字桥及官河沿	衙前镇运河	清 代	古桥梁	衙前镇
26	乐善桥	衙前镇南庄王村	清 代	古桥梁	衙前镇
27	杨公桥	衙前镇吟龙村	清 代	古桥梁	衙前镇
28	会龙桥	衙前镇东庄王村	清 代	古桥梁	衙前镇
29	螺山大桥	衙前镇螺山村	明万历年间（1573～1620）	古桥梁	衙前镇
30	凤凰山农民协会墓葬群(沈定一墓旧址、沈仲清墓、陈晋生墓、陆元屿墓)	衙前镇凤凰村	现 代	名人墓葬	衙前镇
31	张赟墓石雕群	临浦镇峙山	明 代	石雕	临浦镇
32	东岳行宫	临浦镇峙山	清乾隆五十三年(1788)	古建筑	临浦镇
33	陈家墙门群	临浦镇柏山陈村	清、民国时期	古建筑	临浦镇
34	王村戏台及栏杆	临浦镇王村	清咸丰年间（1851～1861）	古建筑	临浦镇
35	大爿山碉堡群	闻堰镇东山陈村	现 代	战争建筑	闻堰镇
36	玉泉堂	浦阳镇安山村	清 代	古建筑	浦阳镇
37	春晖堂	浦阳镇小湖孙村	清、民国时期	古建筑	浦阳镇
38	永思堂	浦阳镇江西俞村	清 代	古建筑	浦阳镇
39	灵山寺	浦阳镇高庄里村	清道光二十三年（1843）	古建筑	浦阳镇
40	眠犬山遗址	义桥镇眠犬山	新石器时代	古遗址	义桥镇
41	傅家山遗址	义桥镇傅家山	新石器时代	古遗址	义桥镇

序号	文物点	所在地	年代	类别	责任镇乡
42	牌轩下牌坊	义桥镇牌轩下村	明代	古建筑	义桥镇
43	前坛庙	义桥镇牌轩下村	清代	古建筑	义桥镇
44	古凤仪桥	义桥镇义一村	清道光二十二年（1842）	古桥梁	义桥镇
45	蔡东藩故居	所前镇张家坂村	现代	纪念建筑	所前镇
46	王佐墓石雕	所前镇山里沈村	南宋	石雕	所前镇
47	汤金钊谕葬碑	所前镇东山夏村	清代	碑刻	所前镇
48	茅草山遗址	欢潭乡泥桥头村	新石器时代	古遗址	欢潭乡
49	沿池山窑址	欢潭乡泥桥头村	春秋战国	古窑址	欢潭乡
50	后山窑址	欢潭乡泥桥头村	春秋战国	古窑址	欢潭乡
51	马面山窑址	欢潭乡涂川村	春秋战国	古窑址	欢潭乡
52	尖湾窑址	欢潭乡祝家村	春秋战国	古窑址	欢潭乡
53	西山窑址	欢潭乡涂川村	春秋战国	古窑址	欢潭乡
54	牛面山窑址	欢潭乡邵家塔村	春秋战国	古窑址	欢潭乡
55	太公堂窑址	欢潭乡邵家塔村	春秋战国	古窑址	欢潭乡
56	前山窑址	欢潭乡邵家塔村	春秋战国	古窑址	欢潭乡
57	冯家山窑址	欢潭乡泗化村	春秋战国	古窑址	欢潭乡
58	石浦湖窑址	进化镇傅家村	春秋战国	古窑址	进化镇
59	茶叶山窑址	欢潭乡钟家坞村	东汉	古窑址	欢潭乡
60	欢潭	欢潭乡欢潭村	民国23年（1934）	纪念建筑	欢潭乡
61	大岩寺	欢潭乡欢潭村	明代	古建筑	欢潭乡
62	大坟山窑址	进化镇下畈底村	春秋战国	古窑址	进化镇
63	梅园窑址	进化镇大汤坞村	春秋战国	古窑址	进化镇
64	安山窑址	进化镇席家村	春秋战国	古窑址	进化镇
65	后山窑址	进化镇席家村	春秋战国	古窑址	进化镇
66	宋明懿夫人墓	进化镇石柱头村	南宋	古墓葬	进化镇
67	天王殿	进化镇肇家桥村	清道光年间（1821～1850）	古建筑	进化镇
68	风水庵	进化镇肇家桥村	清代	古建筑	进化镇
69	葛氏宗祠	进化镇平阳村	明代	古建筑	进化镇
70	奉思堂	进化镇吉山村	清代	古建筑	进化镇
71	汤氏宗祠	进化镇大汤坞村	清代	古建筑	进化镇
72	施家山土墩墓	戴村镇大湖头村	春秋战国	古墓葬	戴村镇
73	茶亭伤科	戴村镇墙头村	清代	纪念建筑	戴村镇
74	郑振庭烈士墓	戴村镇石马头村	现代	烈士墓	戴村镇
75	云门寺	戴村镇马谷村	清代	古建筑	戴村镇
76	金氏宗祠	河上镇金坞村	清代	古建筑	河上镇
77	织履庵	河上镇紫东村	清代	古建筑	河上镇
78	楼英（下）祠堂	楼塔镇楼一村	近代	纪念建筑	楼塔镇
79	楼英墓	楼塔镇楼一村	明代	古墓葬	楼塔镇
80	岩将老太墓	楼塔镇管村	清乾隆三十八年（1773）	古墓葬	楼塔镇
81	蒋英武烈士墓	楼塔镇桥头村	现代	烈士墓	楼塔镇
82	合莫堂	许贤乡北坞村	清乾隆年间（1736～1795）	古建筑	许贤乡
83	黄伯夫墓	许贤乡潘山村	清嘉庆十一年（1806）	古墓葬	许贤乡
84	东吴桥	云石乡佛山村	清代	古桥梁	云石乡
85	响石桥	云石乡响石桥村	清代	古建筑	云石乡

续表二

序号	文物点	所在地	年代	类别	责任镇乡
86	沈氏祠堂及碑记四通	瓜沥镇长巷村	清代	古建筑	瓜沥镇
87	锁秀桥	瓜沥镇长巷村	清道光十八年（1838）	古桥梁	瓜沥镇
88	益秀桥	瓜沥镇渔庄村	清代	古桥梁	瓜沥镇
89	通济（东升）桥	瓜沥镇长巷村	清代	古桥梁	瓜沥镇
90	渔庄第壹桥	瓜沥镇渔庄村	清乾隆元年（1736）	古桥梁	瓜沥镇
91	同泰当	坎山镇政府内	清代	古建筑	坎山镇
92	东薯草庵	坎山镇东社村	清嘉庆十年（1805）	纪念建筑	坎山镇
93	地藏寺舍利塔	坎山镇地藏寺内	清代	古建筑	坎山镇
94	中山林表	坎山镇凤升村	民国17年（1928）	纪念建筑	坎山镇
95	周家祠堂	坎山镇凤升村	清代	古建筑	坎山镇
96	许家南大房	党山镇	明、清、民国时期	古建筑	党山镇
97	"松柏坚贞"碑亭	南阳镇龙虎村	清道光四年（1824）	古建筑	南阳镇
98	戍城抗倭遗址	南阳镇龙虎村	明代	古遗址	南阳镇
99	镇海殿	南阳镇红山村	清光绪十三年（1887）	古建筑	南阳镇
100	灵岩寺及观音、二童子像	南阳镇岩峰村	清代	古建筑	南阳镇
101	北海塘	城北、新街、城东、衙前、坎山、瓜沥、党山、益农	明代	古海塘	所在镇乡

资料来源：萧政办发〔1999〕136号《转发市文物管理委员会关于要求调整文物保护点的请示的通知》。

考古发掘与清理

萧山文物考古发掘与清理始于50年代[①]，改革开放后随着城乡基本建设步子的加快，抢救性考古发掘与清理工作逐渐增多。90年代以后，先后有跨湖桥遗址、越王城遗址、昭东长巷古墓葬、城南西山隧道古墓葬、长山商周石室土墩墓、金山遗址、田螺山遗址、茅草山遗址等考古发掘与清理工作。据省考古专家称，金山遗址考古发掘创下4个省内第一。[②]考古发掘工作大多由萧山市文物管理委员会办公室、萧山博物馆与省、杭州市等文物考古部门合作完成，考古清理工作主要依靠萧山自己力量完成。出土的文物大多留在萧山，丰富了萧山的馆藏文物，为萧山历史文化的研究提供大量的实物证据。

城南古墓葬群考古发掘 1984年6～12月，杭州市、萧山县文物部门在城南乡黄家河提花布厂和溪头黄湘湖啤酒厂基建工地，先后抢救性清理古墓葬128座。[③]这次发掘共出土随葬品1394件。陶器除几件春秋战国时期的原始瓷豆、印纹陶罐、陶纺轮外，大多为两汉时期的，出土的釉陶器有壶、鼎、瓿、罐、灶、井、五管瓶及麟趾金等，还有少量红陶罐、罍；铜器有釜、盆、盂、鐎斗、带钩、铜镜、钱币等；铁器有釜、刀、剑、鐎斗等。此外有六朝的鸡首壶、青瓷碗、滑石猪、盘口壶，唐代的瓷罐、铜镜，宋代的影青瓷盒、银钗，元代的龙泉窑青瓷炉、银耳扒，明代的釉陶罐和万历通宝钱等。

西山东麓等地考古发掘与清理 1985年，杭州市、萧山县文物部门在城厢镇西山东麓，当时湘湖啤酒厂、鱼跃电扇厂基建工地和黄家河、溪头黄、西蜀山5个点进行考古发掘，发现从春秋战国时期到元、明代的古墓葬125座，出

①50年代发现蜀山遗址，70年代在北干山南麓化肥厂工地发现古墓葬群，80年代在城南提花布厂和溪头黄湘湖啤酒厂等基建工地清理古墓葬群。

②即第一次在山腰发现良渚文化遗迹、第一次发现省内仅见的斗拱陶制配件、第一次发现绝无仅有的唐代带销式半环青铜扣、第一次发现号称"浙江第一网"的16枚新石器时代石质网坠。

③其中西周墓1座、战国墓4座、汉墓92座、六朝墓14座、唐墓1座、宋墓8座、元墓4座、明墓4座。较完整的有81座，其中土坑墓50座、砖室墓31座。

土文物1250件。1986年8月8~11日，县文物管理委员会在城南乡西蜀山村清理古墓葬2座，出土编号器物17件。

瓜沥航坞山古墓葬考古清理　1989年9月，对瓜沥航坞山东晋太元十二年（387）砖室墓进行考古清理，完成测绘制图工作。这是萧山考古首次发现的纪年墓。

昭东长巷古墓葬考古清理　1991年10月，在昭东乡长巷村砖瓦厂取土处发现古墓葬，清理结果表明，系东晋砖室墓，结构精巧，保存完整，共出土青瓷器8件、滑石猪1件。

城南西山隧道古墓葬考古发掘　1998年，对西山隧道工程的古墓葬进行抢救性考古发掘，历时21天，共发掘墓葬19座，出土器物59件，并逐一进行清洗、修补、绘图和摄影。

田螺山考古发掘　1999年5月，省、市文物考古工作者联合在临浦镇施家渡村杭金衢高速公路工地的田螺山路段进行抢救性考古发掘。发现春秋中期的石室墓，出土15件随葬品，其中9件为原始瓷盅式碗，6件为仿青铜器的原始瓷簋，腹饰有网格状划线和戳印重圈组合纹，极为少见。

金山考古发掘　1999年5~7月，省、市文物考古工作者在所前镇张家坂村杭金衢高速公路工地进行抢救性发掘，在金山(沉湖山)东南山坡中段、山麓及坡下水田3个不同的垂直高度，揭露出良渚文化时期的文化堆积，尤其在海拔20多米的山坡中段，发现以残存柱洞为主要形态的建筑遗迹及一座小型土坑墓。出土陶器以鱼鳍形、T字型鼎足为主要特征，以鼎、罐、盆、豆为基本器物组合；石器有镰、刀、钺、犁、镞、纺轮、砺石、有段锛等多种器型。另外，还有唐代砖室墓葬2座，出土有青瓷盘口壶1件，属国家三级以上文物，此外还有唐代土坑墓1座、宋代砖室墓1座；在山脚下的探方中出土石器60余件。

长山商周石室土墩墓考古发掘　2000年5~6月，对位于海拔151米、延绵1200多米的新街镇长山山顶古墓葬群进行考古发掘。墓室大多东西向，与山脊走向一致，只有少数与山脊走向垂直。从15个墩中，发掘出商周时期193件原始瓷、青铜器、石器、印纹硬陶等器物。其中，最长的一个达3米，由30多块巨石和无数小块石垒成。南方从商周时期保存下来的青铜器较少见，仿青铜器的原始瓷鼎也很有特色。

图37-1-950　长山商周土墩石室墓遗址（2002年12月，李维松摄）

文物保护利用

1986年3月8日，县人民政府办公室转发县文物管理委员会《关于加强地下文物保护工作的报告》，要求各地宣传执行《中华人民共和国文物保护法》，在基本建设中做好文物保护管理，坚决制止文物非法买卖。是年，县政府先后两次听取县公安局、县文物管理委员会关于检查落实文物和古建筑防火安全措施情况的汇报，并就此处理江寺等古建筑的防火问题。1987年4月18日，在萧山县第九届人民代表大会第一次会议的《政府工作报告》中指出，全县范围进行文物普查，并公布第一批12个萧山县文物保护点，落实保护措施，修建、重建李成虎墓、葛壮节公故里表等一批重点文物。1993年11月4日，市文物管理委员会、文化局、城乡建设局、土地管理局联合转发《国家文物局、建设部、国家土地管理局关于当前在开发区建设和土地使用权出让过程中加强文物保护的通知》。11月14日，市人民政府发布《关于加强我市文物管理工作的通知》。是年，市人大常委会围绕宪法、法律的实施，组织检查《中华人民共和国文物保护法》等法律、法规的执行情况。1995年后，衙前农民协会旧址、葛云飞墓、葛壮节公故里表等先后被杭州市委、萧山市委命名为爱国主义教育基地。1996年，市人大常委会对《中华人民共和国文物保护法》等法律的贯彻执行情况进行有重点的检查。1999年8月，市政府制作17通文物标志碑，立于各文物保护单位中，划定保护范围和建设控制地带，分发14只灭火器。在随后的大规模平坟迁坟中，保护了杨之华母亲墓、盛练心墓等具有一定文物价值的墓葬。2000年，市委召开常委扩大会议，专门听取文物部门《关于保护利用历史文化，开发历史文化名点的实施建议方案》。

图37-1-951　城厢镇荣星村发现汉代木椁墓葬（1996年10月，傅宇飞摄）

文物保护队伍　主要由市文物管理委员会成员单位的分管领导、文物保护专职人员、镇乡文化站干部和业余文物保护员组成。市文物管理委员会由分管文化的副市长、政府办公室副主任牵头，协调文化局、公安局、工商行政管理局、计划委员会、财政局、建设局、农机水利局、人民银行等成员单位，对全市文物保护工作中的重大问题进行协商落实。至2000年，增加旅游局、民族宗教事务管理局、海关、环境保护局、土地管理局等成员单位，文物管理委员会委员增加到13个。文物管理委员会每年都要召开全市文物工作会议，总结经验，表彰先进，布置任务。每年都进行《中华人民共和国文物保护法》宣传周，分别用举办展览、电视讲话、分发小册子、悬挂横幅等形式向市民作宣传。专门负责文物保护工作的专职人员，1976年前由文化馆干部兼任，1984年在文化馆设专职文物干部2人；1991年，设立文物管理委员会办公室，1993年9月设立萧山博物馆，与文物管理委员会合署办公，编制6人；1995年，有文物专业技术人员3名，其中馆员2名，管理员1名。1997年成立市文物监察中队，与文物管理委员会办公室、萧山博物馆合署办公。2000年，有专业工作人员6名，设馆长、副馆长各1人，专业人员4人。

图37-1-952　考古人员在纱帽山窑址（2008年11月，于芳摄）

镇乡文物保护队伍由文化站站长（或文化干部）和聘请的业余文物保护员组成，归镇乡分管文化的副镇长领导。1985年底，镇乡文物保护人员有116人，签订县级文物保护单位保护使用合同14份。镇乡文化站人员为当地文物保护的工作人员，一般与当时镇乡数相同；业余文物保护员受当地人民政府委托，负责文物保护单位的日常保护与管理，一般与文物保护单位数相同。1998年，有文物保护员25人。到2001年3月，全市文化站有文物保护人员35名，另有业余文物保护员29名。

图37-1-953　宫保第（2005年3月，李维松摄）

文物保护经费　萧山市级财政用于文物维修专项经费逐年递增，1986年为8万元，2000年为105万元；若遇抢救性考古发掘，则予以追加。1986~2000年，累计拨款891万元。主要用于文物保护单位维修、文物征集、文物修补、文物宣传、文物稽查、文物安全及文物测绘、考古发掘等。另外，还发动社会捐资，先后维修、重建了一批文物古迹。①

①维修或重建的文物古迹包括祇园寺、江寺、城山怀古坊、古越亭、望湖亭、欢潭、白龙寺、西施庙大殿、楼英纪念堂和墓、蔡东藩墓、李成虎墓、衙前农民协会旧址、衙前农村小学、葛壮节公故里表、蟹先亭等。

文物保护单位维修　衙前农民协会旧址及李成虎墓维修。1986年，重建李成虎墓。1990年，对衙前农民协会旧址进行修缮。1998年，投资60多万元的衙前农民运动纪念馆土建工程基本完工，1999年9月25日正式开馆。2000年，衙前农村小学旧址等进行清理与原貌分析，维修工程正式启动。

白龙寺维修。1987年，对航坞山白龙寺后殿明代建筑及部分清代建筑进行加固修饰后向游人开放。1988年，维修白龙寺中殿。1994年，瓜沥镇东恩村林场出资120万元维修白龙寺，兴建上山石级道路等。

祗园寺维修。1987年8月，对祗园寺前殿进行大修。1988年9月，总投资17万元，祗园寺后大殿维修工程动工，于年底竣工。1994年，经政府协调，由房管部门安置，对住在祗园寺的居民全部动员搬迁。①1991年，对祗园寺钟楼进行维修，增铺该寺天井石板地坪200余平方米等。1992年修复东碑廊、钟楼等，重建鼓楼。1996年，对藏经楼、僧房和厢房作加固抢修。1997年，在前后大殿安装玻璃和铺设石板。1999年，在西厢房建立文物库房、修复室、摄影室、档案室等，加固了钟楼。2000年，对藏经阁、僧房等进行清理、维修。是年，集资13.80万元，铸就2吨重的太平大钟，设于钟楼。

越王城遗址古迹维修。1990年，萧山市文物管理委员会和城乡建设局联合举行越王城遗址保护规划研讨会，当年清理通道，修复上山石级。1991年，对越王城洗马池进行疏浚和维修。1992年，重建句践祠；江南印染厂出资兴建古越亭。1993年11月，萧山石材有限公司出资建造望湖亭。1996年、1999年，先后对句践祠作了屋面修漏。

江寺维修。1995年，江寺大雄宝殿、天王殿的修缮工程动工，至1996年，拆除"人民大会堂"门额，完成天王殿复原工程。②1998年，完成江寺山门重建工程和其他附属配套设施建设。1999年完成东偏殿修复。2001年，江寺北区保护工程启动，拆迁近200户住户，回归土地面积6000平方米，使观音殿、藏经楼、功德堂等古建筑得以保留，并另拨专款880万进行全面维修。

图37-1-954　越王城遗址（2000年6月，傅华生摄）

墓、表、坊、亭维修。1986年，修缮葛壮节公故里表等一批重点文物。1988年，增建葛壮节公故里表的花坛，修复西施庙苎萝亭。1992年4月25日，省重点文物保护单位葛云飞墓被盗，同月30日修复。1993年，浙江省博物馆出资8万元在所前镇山里沈村重建朱凤标墓，4月5日落成，故宫博物院研究员、朱凤标玄孙朱家潜等到墓地祭扫；是年，李成虎烈士墓排水工程竣工。1994年10月，坐落于进化镇大汤坞村的汤寿潜纪念碑重建工程竣工；12月，浙江亚太机电集团公司出资5万元，重建石岩山一览亭；是年，加固位于义桥镇的1956年、1992年先后两次被台风刮破的节孝承恩石牌楼，清理周围环境，并植树6棵。1995年，在葛云飞墓前铺设130平方米的石板道地。1996年，完成朱凤标墓第二期工程扫尾工作；将王湾寺改建为葛云飞事迹陈列室。1997年，出资24万元（其中社会募集13万元多）完成葛壮节公故里表公园的扩建工程；蔡东藩墓重修工程竣工。1998年，兴建进化蛰先亭，完成汤寿潜纪念碑场地铺设、围墙砌筑工程；修复河上星拱亭。1999年，拓宽葛云飞墓墓道，完成节孝承恩石牌楼的维修和临浦西施庙大殿的设计。2000年，完成钟阿马烈士墓的迁建工程。

图37-1-955　节孝承恩石牌楼（1999年10月，李维松摄）

文物普查　萧山文物普查共进行4次。

第一次文物普查。1982年4月12日，杭州市文物普查工作队一行10人来萧山，历时20天进行文物普查，勘查古建筑5处，名人墓5处，古窑址8处，农民协会旧址1处，古遗址3处，塔、碑、坊3处。

第二次文物普查。1984年8月起，对全县67个镇乡的797个村进行文物普查；参加普查的共有366人。实地勘查文物点821处，新发现文物点284处，其中古遗址6处，古窑址3处，古建筑175处，古墓葬12处，石雕石碑42处，艺术品（含美术品）29件，与重大历史事件、革命运动和著名人物有关的建筑物、遗址、纪念物9处（件）。征集流散文物13件。经检查验收的文物点有322处，向萧山县人民政府推荐萧山县文物保护单位25处，其中第一批公布14处萧山县文物保护单位。文物管理委员会与县文物保护单位所在的镇乡签订文物保护使用合同，落实保护措施。

第三次文物普查。1999年8月开始，针对全市文物点小、散、破和许多文物点不复存在的情况，以305个文物点为基础，对全市历史文化遗迹开展全面普查，最后确定101处文物点，由萧山市人民政府发文公布，并按照等同于文物保护单位的要求加以保护。

第四次文物普查。从2001年初起，对16个镇（办事处）70多个行政村的120多处历史文化遗迹进行普查。新发现20多处遗迹，包括进化镇的10多处春秋战国时期的印纹陶窑址和所前镇孔湖的汉代窑址、党山镇的南大房、所前镇娄家湾村的娄家墙门、进化镇的华家祠堂等古建筑。

文物发现、征集与收缴 1987年8月上旬，河庄乡蜀南村开石炮时，发现碧绿色玉璧2件、石钺2件及玉琮等文物，据专家考证属良渚文化器物。1989年，长河镇塘子堰村发现来集之墓志铭，系清康熙十四年（1675）来集之自撰自书；该村赵家坞山发现西周土墩墓遗址，出土原始青瓷70件。是年，西兴老街发现清康熙四十四年(1705)"启闭永兴闸，开浚河碑记"，由毛奇龄等48人署名，同时发现明代民居1间和明代古井1口。戴村镇戴家山村发现晋至南朝青瓷窑址；城东乡转坝发现清代建造的会龙桥；长山镇发现明代古纤道2处。1990年，长河镇塘子堰村山林队发现战国墓1座，出土文物25件。是年，全市共征集流散文物13件。1991年11月中旬，城厢镇韩家弄建筑工地发现六朝砖砌和汉代陶圈古井各1座；是年，在湘湖越王城山周围发现土墩墓、土坑墓20多处，又在来苏、城南、戴村、昭东、浦沿等地征集出土文物73件，其中被定为三级品的有28件。1994年4月下旬，在闻堰镇定山村压湖山采石场发现一只陶罐内有钱范、铜镜及大量钱币，据鉴定为新莽（9～24）时期的铜质"大泉五十"钱母范。1995年，抢救清理衙前山南村的东晋墓1座，出土越窑青瓷器（残）6件。1996年，共征集文物22件，考古清理15件，接收捐赠223件。是年，城北荣星村发现东汉木椁墓，其木椁保存完整。瓜沥航运公司一退休职工主动捐赠自己珍藏的200多枚毛泽东像章和1只铜香炉。1998年，征集文物82件。1999年，征集文物40余件，其中义桥韩永标主动上交16年来采集的新石器时代石器22件；从来苏乡征集石刻造像3座。

1989年，公安部门缴获国家三级文物10件。1990年，公安部门处理坎山非法收购古瓷器案，没收古瓷器150件；文物部门全年动员和收缴出土、传世文物75件；查获贩卖文物案3起，收缴文物45件。1994年，收缴出土文物5件。1996年，公安局移交查没文物4件。1997年，共收缴、征集文物38件。1999年，征集、收缴文物80件。2000年，发掘、收缴、采集文物近300件，其中在城厢镇涝湖村收缴长山商周时期土墩墓出土文物35件。

展览宣传 1987年10月，县文物管理委员会、县文化馆举办"萧山出土文物展览"，展出出土文物260件，分石器、陶器、铁器、玉器、金器等8个部分。1993年7月6日至8月26日，杭州市文物精品展在深圳举行，萧山有46件文物参展。1994年9～10月，在祇园寺举办"秦始皇兵马俑展"，参观者万余人次。1995年国庆期间，在祇园寺举办爱国主义教育基地图片展和恐龙标本实物展览，展出葛云飞、汤寿潜、李成虎、钟阿马、傅永先5位人物的史迹图板49块、实物20件，展期30天，参观者1.50万人次。

1996年，市文化部门利用文物进行爱国主义教育，制作葛云飞等4位名人史迹陈列图板33块；是年，共举办8期展览，参观者2.50万人次。1997年，市博物馆利用祇园寺古建筑，举办书画展7次，还精选陶瓷器12件、古钱币百余枚参加杭州市园文局举办的文物精品展，又在所前镇王湾寺举办葛云飞塑像和名人史迹展。1998年，利用祇园寺场地举办各种展览11次；还专门制作"萧山历代文物"图片展板40多块，下镇乡巡回展出。1999年3月2日，江寺修复开放，举办"萧山首届大型文物精品展"，共展出新石器时代到晚清时期的陶器、瓷器、石器、铜器和骨、木、牙雕、书画作品等馆藏文物136件，展期15天，参观者6200人次。是年，市博物馆与省自然博物馆签订为期1年的租展协议，首次进行市场化运作；从7月份起，博物馆常年向市民开放。在'99文化下乡活动中，利用40余块文物精品图板先后3次下乡展出。2000年5月12～23日，毛泽东遗物展在江寺展出，参观者3万余人次。

博物馆 纪念馆

萧山博物馆 1958年，成立萧山县博物馆，设于文化馆内，工作由文化馆人员兼任，曾办过展览，不到一年撤销。1972年成立萧山县文物管理委员会。1976年9月，由县政府、财政局、工商局、城建局、文教局、公安局及文化馆等相关部门领导7人组成文物管理委员会，业务由文化馆负责办理。1984年配备文物工作人员2名。1986年，祇园寺前后两大殿划归文物管理委员会。1987年，县文化馆设文物组。1991年改为文物部。1993年9月，萧山市编制委员会批准建立萧山博物馆，与文物管理委员会办公室合署办公，办公地点在祇园寺、江寺。业务范围包括全市文物管理、保护、收藏、考古、维修、普查、展览等。1999年7月，萧山博物馆在江寺正式挂牌。至年底，该馆有专业技术职务人员5人，其中副研究馆员1人，馆员3人，管理员1人。

衙前农民运动纪念馆 坐落在衙前镇凤凰山南麓李成虎墓前百米处。1997年动工兴建，次年初落成。坐北朝南，为5开间仿古建筑，占地面积1000平方米，建筑面积250平方米。由老一辈无产阶级革命家薄一波题写"衙前农民运动纪念馆"馆名。1999年5月，开始布展，陈列衙前农民运动领导人沈定一、李成虎、宣中华、刘大白、唐公宪、杨之华等人从事革命活动的百余幅历史照片和40余件展品，并设有汉白玉雕像两座，序厅为汉白玉农民运动聚会群像，再现中国共产党领导的全国最早的农民运动全过程。同年9月25日，在纪念衙前农民协会成立78周年之际，举行开馆仪式并正式对外开放，正式设立日常管理机构。至2001年3月，共接待观众约4万人次。

革命烈士纪念馆 位于城厢镇北干山南坡烈士陵园山腰处。坐东朝西，二层建筑，面积694平方米。于1995年4月5日（清明节）动工兴建。1996年4月5日，萧山革命烈士纪念碑落成。1998年4月5日，萧山革命烈士陵园暨革命历史纪念馆落成开放。纪念馆为革命烈士陵园的组成部分，馆内陈列新民主主义革命时期和社会主义革命时期萧山烈士们进行革命活动及在战场上牺牲的英雄事迹。为杭州市和萧山市的爱国主义教育基地。

青年运动纪念馆 坐落于来苏乡缪家村。原为缪氏宗祠，坐东朝西，由前厅后堂、两侧厢房等组成，占地约500平方米。民国17年（1928），共青团浙江省委选派裘古怀等共产党员到设于缪家宗祠内的缪家小学，建立共青团萧山县委，是裘古怀与许多共产党员一起开展革命斗争的地方。2000年夏，缪氏宗祠经过修葺，正式辟为萧山青年运动纪念馆。主陈列室设有裘古怀烈士雕像，四周展板内容为"萧山青年运动的兴起"、"共青团萧山县委的创建及活动"、"在抗日的烽火中"、"黎明前的战斗"、"为实现社会主义现代化而奋斗"5个部分；两侧厢房布置为当时的课堂和现代各界人士的书画陈列，大门口一侧耳房布置为当时办公室，放置手推油印机及当时的宣传品等。

第二章　胜　迹

　　萧山有西施古迹群、湘湖、萧绍运河、衙前农民运动旧址等胜迹，它们已成为萧山的历史文化遗产和旅游资源。

第一节　西施古迹群

　　临浦是春秋战国时期越国美女西施的故里。西施古迹大都分布于临浦镇施家渡村周围，有苎萝山、浣纱溪、苎萝湖、洗脚潭、西施里、西施庙、苎萝亭、后江庙、范蠡庵、浴美施闸和西施亭等处，形成西施古迹群。1993年4月，萧山市人民政府公布西施古迹群为萧山市文物保护单位，明确西施庙、苎萝亭、浴美施庙、日思庵、浴美施闸等的保护内容。

自然遗迹

　　苎萝山与红粉石[①]　苎萝山海拔127米，在施家渡村以东，系会稽山余脉。山上有红粉石，相传为西施妆罢将胭脂水泼于石上，日久积红而成。另说，系西施告别故乡时泣血所致。山顶有天然石面盆，传为西施净面处。今开宕取石，多有损伤。

　　浣纱溪　从南流向东北，入西小江，长约2.50千米。沿岸有西施古迹多处。相传西施未入越都前常在此溪浣纱。[②]

　　苎萝湖、洗脚潭　苎萝湖又称西施湖，在苎萝山西麓。宋代后，由于浦阳江泥沙渐淤，遂成水田，改称苎萝畈、西施畈。唐宋之问《浣纱篇》有"山薮半潜匿，苎萝更蒙遮"句。洗脚潭在苎萝畈，相传当年西施劳动后常在此潭洗脚，故名。今不存。

　　田螺山　在苎萝湖中。相传西施入越都前，把家中所养田螺和河蚌倒入湖中，乡人为了纪念西施，在西施投螺处垒土成山。另说，为西施与东村青年田和青梅竹马定情之处和下葬处，故称田螺（和）山。1999年5月在田螺山进行考古发掘，发现有春秋战国时代的石室墓，出土随葬品15件。

　　西施里　即苎萝村，今临浦镇通二村、施家渡村，旧称东、西苎萝村。据明嘉靖《萧山县志》记载，北宋太平兴国三年（978），萧山就有苎萝乡西施里的建置。西施即出于此。

人文古迹

　　西施庙[③]与苎萝亭　西施庙在浣纱溪西岸，坐西朝东，面对苎萝山。相传此庙原为西施宅，西施亡故后，乡人为纪念她，改为西子祠。南宋淳熙年间（1174~1189），西施受封为苎萝乡48村的土谷神。后改祠为庙，当地称娘娘庙。原有殿宇5楹，余屋3楹，有戏台，北厢为僧舍。今前殿、北厢、

①清初诗人单隆周《苎萝山》诗"石留红粉延朝旭，江带春纱绕绿芜"即咏此。

②唐代范摅《云溪友议》载："王轩游西小江，泊舟苎萝山际，感国色埋尘，怆然题西施石，曰：'岭上青峰秀，江边细草青。今逢浣纱石，不见浣纱人。'"明代崇祯朝进士、兵部主事来集之《题苎萝西子祠》诗有"泉石流素香，昔年浣纱处"句。

③南宋嘉泰《会稽志》载："苎萝山，在县东南三十里，有西施庙。"

图37-2-956　苎萝亭（1998年12月，李维松摄）

苎萝亭等，为清代遗存。前殿有"西施庙"门额，为石刻阳文，系清光绪二年（1876）四月重修时所留。联曰："万千女，休效颦，但看沼吴棘手；二十春，重设像，无遗霸越苦心。"2000年，经省文物局批准，西施大殿在原址动工重建，于次年完工，前殿及北厢亦作维修清理。苎萝亭在西施庙前，庙亭合一，东濒浣纱溪。亭梁上有"清嘉庆二十三年重修"等墨书，清晰可辨。

图37-2-957 范蠡庵（2003年5月，李维松摄）

后江庙 又称"起埠庙"，在西施庙南，背浣纱溪。悬山单檐，石柱青瓦。相传越灭吴后，西施与范蠡归越隐居，在此起埠上岸。明萧山诗人来集之《题苎萝西子祠》诗"还顾旧时伴，布裙招晤语"即咏此。

范蠡庵 俗称"日思庵"，滨浣纱溪。相传越大夫范蠡于此访得西子，实现了句践沼吴计划，有功于越，乡人为纪念范蠡，故称日思庵。又称娘家庙、梳头庵，因西施入越都前，在此梳头换装，告别乡亲。今存戏台及北厢。附近原有古渡口，相传为当年西施入越都时的下船处。

浴美施闸和西施亭 在屠家埠村的两河交汇处，距施家渡村1千米。相传西施赴越都前，曾在此洗手（另说洗裙）。明万历年间（1573～1620），开拓河道，此处建闸，为纪念西施，立石碑称"古浴美施闸"，今存。清道光间（1821～1850），闸西建有永宁桥，桥边立有"西施亭"。今亭圮，桥改闸，闸存。清毛奇龄有"西子湔裙处，行人唤美施"诗句，即咏此。

图37-2-958 浴美施闸桥（2003年5月，李维松摄）

妆亭 又称樟亭。在西兴镇（今属杭州市滨江区）。公元前483年，西施北上入吴时，临水阻道，便在江边小亭整妆待渡，故后人称为妆亭。"妆"、"樟"谐音，亦唤做樟亭。唐代大诗人李白、白居易、张祜等著名诗人，在入越途经西陵时，均留下了关于樟亭的诗歌。明万历《萧山县志》："妆亭今改为西兴驿。"明弘治间（1488～1505），县令邹鲁觅迹至此，在该驿亭上题"妆亭古迹"。

第二节　湘湖景区

湘湖历史悠久，自然与文化资源丰富。跨湖桥遗址的发现，表明早在新石器时代较早期就有先民在这里生活。春秋战国时期，这里有越国屯兵抗吴的城堡。北宋政和二年（1112），邑令杨时[①]始筑湘湖。南宋以降，湘湖为佛家所青睐，四周先后建起净土寺、隆兴寺、湘云寺、城山寺等20多所寺庵。湘湖风景佳秀，吸引历代众多文人墨客。他们或结伴而游，即兴而咏，留下几百首诗作；或在湖畔结庐舍，开书院，创造出湘湖风雅厚重的历史文化。

湘湖为钱塘江入越之要津，战略地位重要。历代皇家视湘湖及周边地域为要塞和风水宝地，踪迹不止，争战不断。吴越对阵于白马湖、范蠡拒吴于越王城、"秦始皇欲置石桥渡浙江"[②]、东汉孙策跨江击王朗于西陵、五代吴越国王钱镠西兴战董昌、南宋康王赵构避难、徽宗衣冠葬于蒙山、宋皇戚葬于杨岐山、明朱元璋战张士诚、清康熙和乾隆两帝下江南到萧山，无不发生在湘湖

①杨时（1053～1135），福建将乐县人，宋熙宁九年（1076）中进士，政和二年（1112）补萧山县令。在任期间，首开湘湖，成就萧山水利史上一大事，并开启兴学之风。详见《人物》编。

②引《会稽方志》卷九夏侯曾先《会稽地志》。

及周边地域。

自然景观

距今7000年前，即地质史上的全新世卷转虫海侵之初，湘湖一带是个浅海湾。由于上承山洪，下纳海潮，海湾逐渐淤积成一个潟湖，又称西城湖，最早见于北魏郦道元的《水经注》。西城湖的湖盆浅平，后逐渐淤积被开垦。至北宋终于湮废，影响四周农田排灌。北宋政和二年（1112），邑令杨时顺应民意，以山为界，筑土为塘，废田3.70万亩，蓄水为湖，周长约40千米，可灌溉9乡14.68万亩农田。这个初为水利而筑的人工湖，不仅气质独特，而且风景秀丽。因其"山秀而疏，水澄而深，邑人谓景之胜若潇湘然"，遂取名"湘湖"。

湘湖波光粼粼，青山环抱，而且湖中有山，山中藏湖，湖光山色相得益彰。东南岸一列山脉，从西山起，蜿蜒经柴岭山、碑牌岭山，至石岩山；西北一列山脉，从龟山起，逶迤经至坞岭、王家坞山、扳罾山、越王城山、万罗伞山、狮子山、美女山、青山（连山），至老虎洞山。两列山脉状若"八"字，东北小缺口有菊花山、蒙山点缀；西南大缺口有历山、杨岐山、糠金山、瓜藤山、木尖山等小山遮挡。湘湖就像一个长颈葫芦，被大小群山护卫。湖中有9座小山，沉浮在碧波之中。它们是压湖山、定山、眉山、珠山、荷山、箬山、木碗山、蛤蟆山、邋遢山。有的像美人发髻，有的似玲珑翠螺，有的若少女黛眉，千姿百态，各领风骚。压湖山一作压乌山，"秀立湖中，竹树苍翠，幽胜之区也"。相传楚汉相争时，项羽谋士范增早年曾在此隐居读书，故又叫"亚父山"。湖北连山亦称青山，相传为秦始皇驱山塞海之处。还有星罗棋布的点点湖墩、片片水渚，蒹葭丛生，野趣无限。湖岸曲折，浅水入坞，形成一湾湾坞中之幽湖。著名的有水漾坞、井山湖，似两颗璀璨明珠，质朴自然，幽景清淳。明代张岱在《陶庵梦忆》中写道："盖西湖止一湖心亭为眼中黑子，湘湖皆小阜、小墩、小山，乱插水面，四周山趾，棱棱砺砺，濡足入水，尤为奇峭。"张岱把湘湖与杭州西湖、绍兴鉴湖作比较，称湘湖为未嫁之处子，湘湖自有其天然去粉饰的妩媚与韵致。

湘湖景色四时不同，各有千秋。春日，山花烂漫，莺飞草长，湖面渔舟荡漾，湖岸嫩柳拖烟。少女村妇欢歌笑语，荡舟湖中，采摘莼之卷叶新芽，成为湘湖一景。莼是湘湖特产，清毛奇龄《湘湖采莼歌》有"画竿十尺挑碧丝，香莼宛转生华滋"句。夏日，群山滴翠，湖面水鸟翻飞。荷花含苞欲放，菱叶青碧恬静。最是幽坞浅坡的杨梅枝头，挂满了深红浅紫的粒粒杨梅。清黄元寿有诗，盛赞湘湖杨梅时节的风光："千林红绽火含珠，熟到杨梅夏至初。风味品评何处好？南山数过是湘湖。"秋日，蓼红蘋白，杏黄枫丹，湖边的野草色彩斑斓，湘湖打扮得分外绚丽。夜晚，一盘明月落在湖中，跨湖桥畔赏月另有一番野趣。冬日，南飞的大雁落在湖中，优哉游哉，乐不可支。一场大雪过后，群山玉树银妆素裹，湖面若隐若现，声声晚钟从古刹传来。

湘湖美景历来为文人雅士所称道，他们钟情湘湖，纷至沓来，饱尝湖光山色之余，纵情笔端，留下许多脍炙人口的诗文，为湘湖添彩增色。

人文景观

湘湖人文古迹丰富，包括寺庙、宗祠、墓丘、砖窑、书院与学校、亭子、牌坊、井泉、湖桥、涵闸等。

寺 庙

据民国周易藻《萧山湘湖志》记载，有湖头庙、止水庵、复兴庵、永平庵、城山寺、句践寺（祠）、寨岭庵、柳塘庵、湘云寺、莲花庵、后黄寺、张神殿、关帝庙、甘乐庵、崇福杨寺、红庙、金山庙、先照寺、关王庙、慧照庵等。这些寺庙历经毁建，有的已圮，现择要简介，其中先照寺、崇福杨寺

（杨岐寺）、复兴庵（复兴寺）、莲华寺、东岳庙在本志《宗教》编中介绍。

句践祠　位于城厢镇越王城山山顶。始建于宋代。《萧山湘湖志》有载。[1]毁于清朝咸丰十一年（1861）战火。1992年重建，有正殿和两侧耳房，正殿供奉越王句践坐像和范蠡、文种立像，祠边有春秋战国时期越国城垣、洗马池、佛眼泉、马门等古迹，从山脚到山上分别建有城山怀古坊、城山古道、古越亭、望江亭等。

隆兴寺　坐落在城厢镇西山北麓，与净土寺相邻。晋将军隆吉所建，故称"隆兴"。后改名为接待院，南宋乾道五年（1169）复称隆兴寺。数度毁建。清同治初年，建观音殿、库房。光绪七年（1881）建禅堂，八年建眠云堂，十年复建大殿、山门、斋堂，十七年建藏经阁。后僧莲溪赴京求得经籍，归藏此阁。隆兴寺至民国时期，已具相当规模，沿中轴线依山递升而上为：山门、金刚殿、大雄宝殿、斋堂、报本堂、藏经阁等，气势壮观。山门内有池，积水不涸。方丈室左为报本堂，堂后崖壁雕有石龙头，水自龙嘴流出，终年滴沥，下凿方形石池承之。后年久失修，寺宇多处坍塌。中华人民共和国成立后改设粮仓，1955年拆大殿。今遗迹尚存。历代诗人游隆兴寺，多有诗作留传。[2]

德惠祠[3]　原称杨长官祠、龟山祠，位于城厢镇湘湖东岸。明成化元年（1465），魏骥儿子魏完率邑之尚义者捐资，重修杨长官祠于净土山麓。绍兴郡守彭谊念杨时之功惠及于民，民不忘其德，赐额改称德惠祠。翌年元月，彭谊至该祠祭谒，下令扩大，次年六月竣工。扩建后的德惠祠西向面湖，依山而筑，有正殿、仪门、外门；仪门内还有池，四周青砖围墙，殿外左侧为道南书院。今圮。

净土寺　亦名善明寺、弥陀寺。坐落在城厢镇西山支脉、海拔154米的净土山北麓，离县城西1里。北宋开宝五年（972），在善明寺遗址上建弥陀寺。宋太平兴国七年（982），改名净土寺。地处湘湖南岸，有净土山的茂密森林和湘湖清纯的湖水为背景。明朝徐渭（文长）在湘湖净土寺的廊柱上写下"千家郭外西天竺，万顷湖边小普陀"楹联。在净土寺背后的山上，曾建有白塔。南宋陆游在《萧山》诗中写道："入港绿潮深蘸岸，披云白塔远招人"；清毛奇龄亦有"高峰万仞前朝塔"的诗句，皆咏此塔。净土寺侧有"金泉古井"。今圮。

曹林庵　在城厢镇西门外浙东运河南岸、湘湖北岸。南宋咸淳年间（1265～1274）建，清同治年间（1862～1874）废。民间称"剥衣亭"。明、清时期，一些学者曾到此游览，留有诗作。[4]今不存。

湘云寺　坐落在湘湖农场压湖山南侧，始建年代不详，明末清初已存在。[5]"湘云寺"的名称，取自许多诗人描写湘湖的"湘湖云影"诗句，由此亦成为"萧山八景"之一的景名。周易藻《萧山湘湖志》载，清咸丰十一年（1861），湘云寺被毁，同治年间（1862～1874）又重建，民国12年（1923）重修。湘云寺是汇聚文人的地方，曾是晚清"湖贤会"和"湘湖吟社"两个文人团体[6]的活动场所。今不存。

---

①《萧山湘湖志》载："句践寺：在城山寺右偏，今废；清毛奇龄《城山大拙禅师语录·序》：萧山城山为越王保栖之地，旧名越王城，以山椒有墙蜿蜒如沿盂，因名城山。向为比丘所居，筑橼盖茅而祠，句践于其中，不知几年月矣。"

②盛唐山水田园派诗人孟浩然（689～740）曾到此一游，作《登隆兴寺阁》诗："闻道乘风出，披轩远目开；逶迤见江势，客至屡缘回。兹群何填委，递山复几哉；苍苍见草木，处处尽楼台。骤雨一阳散，行舟四海来；鸟归余兴远，周览更徘徊。"唐朝綦毋潜有《宿隆兴寺》，清朝王人麒有《宿隆兴寺》、陶元藻有《隆兴寺》等诗。

③《越中杂识》云："德惠祠，在西门外净土山麓。宋县令杨时开湘湖，民感其惠，立祠祀之。明邑人尚书魏骥，亦有功于湖，有司请于朝以配享。后又祔祀邑人御史何舜宾、孝子何竞于左楹，春秋致祭。"

④明代理学家、教育家王阳明及好友洪钟、徐爱曾到过此地，各留下《曹林庵》诗。王阳明《曹林庵》诗："好山兼在水云间，如此湖须如此山。剩有卜居阳美兴，此身争是未能闲。"清代徐子熙、陈杲等到过曹林庵，都写了诗。陈杲七律《曹林庵》有"寻幽湖上叩禅扃，路绕青山入画屏"句。

⑤清朝以前写压湖山的诗歌中，未曾见有湘云寺的记载。清初著名经学家、文学家毛奇龄有《吞上人还归西陵》诗曰："道人九月渡西陵，闲看湘云杖古藤。六十年来三藏法，万千山里一归僧。"

⑥清朝嘉庆年间，湘云寺设"湖贤会"，专祀有功于湘湖的先贤。清光绪二十七年（1901）秋，黄元寿等人在湘云寺成立"湘湖吟社"，留下一批吟唱湘湖的诗篇。

后王寺 一作后黄寺,在闻堰镇老虎洞村。面南临河,2进3间,有戏台。清光绪二十四年(1898)重修。明代长河人来康顺《游后王寺》诗曰:"鹤驯自识巢边树,僧老浑忘世上埃。"20世纪70年代,寺宇被毁,90年代初村民重修前殿。寺前存2棵古樟。

宗 祠

戚氏宗祠 位于义桥镇建新村戚家山下自然村。戚骏升为南宋康王赵构的护卫将军,官至太尉。据《萧山戚氏宗谱》记载,戚骏升死后葬于杨岐山麓,为守墓,戚氏后裔居住戚家山下,至今已传29世,繁衍成村。戚家山下村原有戚氏宗祠,内塑戚骏升像,峨冠博带,白面长须,其貌伟然。至清道光时,栋宇残损。今圮。

孙氏宗祠 位于城厢镇湘湖村。宋元间,湘湖孙氏曾五公为避兵燹,从富阳龙门迁居湘湖。明嘉靖年间(1522~1566),湘湖孙氏十世孙、在礼部任职的春溪公建宗祠于越王城麓。后圮。孙氏十二世孙谋嘉,于清乾隆癸酉年(1753)春,发起宗人集资建祠,十月动工,于次年十一月落成。据民国17年(1928)《萧山湘湖孙氏宗谱》记载,孙氏宗祠坐北朝南,有头门、二门,共3进,堂名"映雪堂",西有义塾2间,并有小园。楹联曰:"湘水长抱,越山高环,介其间筑室栖神以妥先祖;孝子种瓜,忠臣植梓,愿后昆读书励节勿坠家风。"今存。

墓 丘

《萧山湘湖志》记载,"湘湖山水灵秀,坟墓所在棋布星罗。"有南宋宝章阁待制张称逊[①]墓、杨冀王墓、杨齐王墓、通判知州权三司监铁判官王丝[②]墓、龙图阁直学士绍兴太守来廷绍墓,元代红毛将军墓,明代山西布政使华克勤墓、南京吏部尚书谥文靖公魏骥墓、孝子来衡墓、礼部郎中孙学思墓、鲁府长史黄九皋墓、诏褒耆德郡大宾曹福庆墓、常州府丞何世学墓、太常寺丞何汝敷墓、江西右布政使来三聘墓、太傅来宗道墓、福建右布政使来斯行墓,清代两浙博物君子来鸿雯墓、云南巡抚何煊墓、一品封职汤尔恭墓等。

张称逊墓 位于城厢镇湘湖东龟山南麓,俗称"王坟头"。50年代墓和墓前石人、石马尚存,"文化大革命"期间毁。

王丝墓 位于城厢镇碑牌岭西侧山麓。山麓原建有石牌坊,岭以碑牌名,称碑牌岭。墓久圮。

郑文甫墓 在石岩乡湖山村,1988年发现。郑文甫为宋户部尚书。墓碑系明永乐十五年(1417)二月立,清嘉庆十二年(1807)二月重修。碑文:"宋郑氏始祖 户部尚书宝谟阁学士文甫府君子 诰封一品夫人裴氏太君 明永乐十五年二月十四世孙 清嘉庆十二年二月二十世孙 重修"。今存。

汤尔恭墓 位于城厢镇湘湖北岸扳罾山。据《萧山城厢镇志》载,在水漾湖山麓有清一品封职汤尔恭墓,墓前亭柱有自题联云:"烟霞为友,泉石为邻,我入山来非寂寞;诵读立身,农桑立业,尔归家去莫嬉游。"旁柱联云:"一湾湘水藏幽坞,半壁城山枕乐邱。"

①张称逊,南宋理宗宝章阁待制兼端明殿大学士,逝后封靖王,谥忠献。其父张复初为驸马都尉,长兴县主,封永国公。张称逊逝世后葬湘湖龟山,其后裔留此守墓,子孙繁衍,遂成村落,名龟山张,亦称居山张。

②王丝系宋代兵部员外郎,与范仲淹同科进士,又为挚友。王丝病故时,范仲淹知杭州府,亲扶灵枢过江安葬,并题墓志铭,碑有"既及于民,复通于神"等语。

图37-2-959 李成虎烈士墓(1999年11月,李维松摄)

图37-2-960 郑文甫墓(1999年12月,李维松摄)

①《萧山湘湖志》载："杨岐岭在杨岐山,杨齐王、杨冀王之墓在焉。"

图37-2-961　魏骥墓道(1998年12月,李维松摄)

②魏骥(1373~1471),萧山人,官至南京吏部尚书。告老还乡后,对萧山湘湖、堤塘等水利建设多有贡献,著有《萧山水利事述》。详见《人物》编。

③周易藻《萧山湘湖志》:"沿湖各村大半以陶为业,故砖瓦为湖中大宗出品。""红黑泥,黑者出水漾坞、黄家坞两处,红者北边诸山均有之,而以九里墩为最佳。"

图37-2-962　湘湖沈王家窑址(2002年11月,李维松摄)

杨齐王、杨冀王①墓　位于义桥镇建新村戚家山东、西坞。《萧山杨氏宗谱》载:杨冀王,名次山。河南人,护驾南渡后移家上虞。南宋宁宗赵扩之妻杨氏与次山联宗,认他为兄(宗谱称杨次山是杨皇后胞兄),所以称"国戚"。杨齐王叫杨忠(墓碑及寺内牌位均作"杨藩"),为杨次山之父。杨忠、杨次山死后,均葬于此山,后人称"杨岐山"。两墓旧有守护人,经800年生息繁衍,守护人子孙已成村落,即闻堰镇小砾山村杨家湾自然村。杨家湾有杨姓100多人,至今已历33世,相传村人为"守护杨王坟"迁居于此。杭州东方文化园首期施工时,发现两墓石马、石羊残件数个。

宋徽宗衣冠冢　位于城厢镇城西蒙山。南宋初,自中原迁来萧山的赵宋宗室赵不衰,为纪念死在五国城的祖先宋徽宗,集徽宗衣冠葬于蒙山,并经南宋皇帝同意,造徽宗庙供奉。后元兵打来,为免遭毁损,赵氏族人遂改称为东岳庙,把宋徽宗像改装成东岳大帝,庙得以保留。明代来励有"蒙山遗迹几千年"的诗句。今不存。

魏骥②墓　位于石岩乡湖山村徐家坞山麓。由墓及墓道、人兽石像等组成。墓为明代土石坟茔。墓道是朝廷拨款按其官职规格修建的,长130米,宽4米,从下而上有一对石立马、一对石跪羊、一对石蹲虎、一对手握朝笏的石人像,雕刻精美,风格朴实,今保存完好。墓道口原有一座石牌坊,1966年被毁。1999年8月,萧山市人民政府公布为萧山市文物保护单位。

砖　窑

明弘治年间(1488~1505),湘湖已有人"填湖置窑,烧制砖瓦"。清康熙年间(1662~1722),蔡惟慧在《湘湖记》中云:"湘湖岸可桑不可农,散落而居人家,大抵以陶为业,浚湖取泥,则水益深。"民国14年(1925),据沿湖11个村统计,有砖瓦窑63座。如湘湖的定山、汪家堰、跨湖桥、湖里孙、窑里吴诸村,均有制砖瓦为业者。③当时湘湖出产砖瓦有"尺八方、尺六方、尺四方、太堂、主富、灶面、双堂、老大延陵、大延陵、中延陵、五斤头、四斤头、棒槌砖、双开、砖璜、洋砖、板瓦、筒瓦、定瓦、时瓦、长梢、尺筒、半升向筒、天沟筒、止水筒、狗头瓦、钉套、龙腰、筷储筒、墙札、菊花盆、狮子、瓦将军、花边滴水等"。清代汪继培有《湘湖窑烟》诗:"茆屋濒湖三百家,抟泥弄瓦作生涯。窑中火候炉中诀,细看浓烟几缕斜。"光绪年间举于乡的黄元寿,也有《湘湖杂咏》诗云:"范泥作瓦叠湖渍,赤埴青黎水底分。日暮窑头添新火,轻烟散作半山云。"由于环湖砖窑遍布,窑烟袅袅,"山脚窑烟"成为旧时湘湖一景。1990年,湘湖尚有砖瓦厂10家,至2000年只剩2家。

书院　学校

道南书院　位于城厢镇净土山北麓漱口处。明成化二年(1466)由萧山县知县窦昱创建。北宋政和初年,杨时任萧山县令,在治区内传播程氏理学。杨时为宋代理学家程颢、程颐的弟子,程颢得悉,高兴地说:"吾道南矣。"书院因以"道南"名,以程颢、程颐的学说授人。据明正德年间修的《萧山县志》，"萧山八景"中有"书院遗香"一景。书院门对湘湖，原有正厅3间、门厅3间、左右厢堂各1间，建有围墙，自成院落。久圮。

石淙书院　位于城厢镇，明代建。《萧山湘湖志》载，"在连山黄竹山公墓前，匾题'隆庆戊辰，长至立'。仅存门楼3间、东偏侧屋3间。"久圮。

湘湖师范学校　详见《教育》编。

亭　子

周易藻《萧山湘湖志》记载，时有江湖一览亭、一览亭、湫口亭、三湖亭、憩息亭、跨湖亭、跃鲤亭、湖山第一亭、小湖亭、蒙山茶亭等。

江湖一览亭　位于城厢镇。《萧山湘湖志》记载："今废。藻按，亭为韩枢密公所建，初称着戴亭。公之孙德麟始匾其上，曰'江湖一览亭'。蔡攀龙有记。"80年代重建于老虎洞山。

一览亭及遗址　亭处石岩乡金西村石岩山巅。明嘉靖十年（1531），绍兴郡守洪珠建。民国6年（1917）亭毁，僧戒鐩募建。民国10年被风刮倒，14年来贾氏重建。29年日军侵占萧山，毁亭建碉堡。1995年，浙江亚太机电集团公司出资重建。现新亭、残迹并存。一览亭是远眺湘湖的好去处，"览亭眺远"旧为"湘湖八景"之一。清乾隆时，此亭是文人会聚之地。清王宗炎有联："立定脚跟，不怕石头路滑；放开眼界，且看江上峰青。"周易藻亦有联："陟足千里，仙境佛场尘世外；凝眸四顾，江潮湖水画图中。"1997年1月，萧山市人民政府公布为萧山市文物保护单位。

憩息亭　《萧山湘湖志》记载："在老虎洞山下莲花庵。登岸处近年陈康氏新建半山路，旁亦有一亭，本无名，壁间绘有一虎，土人呼为半路虎亭。"久圮。

湖山第一亭　《萧山湘湖志》记载："在横筑塘之东关帝庙外，旧有是额，今已剥蚀。"久圮。

跨湖亭　在跨湖桥北，为过路凉亭。系清嘉庆十二年（1807）六月，邑人任己任改建环洞桥之时建。今重建于石岩山麓。

蒙山茶亭　位于城厢镇，亦名少憩亭。清乾隆《绍兴府志》引南宋《会稽志》及明万历《萧山县志》："在县西三里蒙山，前有蒙山茶亭。"为5楹建筑，明嘉靖年间县令欧阳一敬建造于萧绍运河南岸。久圮。

牌　坊

甲科济美石牌楼　位于石岩乡史家桥村。明嘉靖四十年（1561）奉旨敕建，以表彰本乡黄九皋等举人进士。牌坊坐落于横河以南，面朝文笔峰。3门3重檐，顶呈"品"字形，高约8.50米，明间宽3.50米，次间宽1.90米。中间凸出部分及两侧分别由8组和4组象鼻昂斗拱组合。南北横额镌"甲科济美"4字。[①]上下横梁饰以镂雕双龙戏珠及卷草纹样图，次间横梁浮雕吉祥动植物。惜年久失修，檐顶及镂雕多处损坏。1998年4月，列为萧山市乡镇文物保护点。

陈氏牌坊　位于闻堰镇黄山村西江塘内侧。清乾隆十七年（1752）奉旨敕建。坐南朝北，石质两柱单门。柱高4.50米，阳文柱联为："圣德褒贞，千

图37-2-963　一览亭遗址（1999年11月，李维松摄）

①上款："钦差太子太保兵部尚书总制军务右都御史胡宗宪、巡按浙江监察御史崔栋、钦差巡按浙江监察御史袁淳、浙江布政使司左布政使胡尧臣、浙江布政使司左参政杜拯、浙江布政使司左参议唐□、浙江按察司按察使胡松、浙江按察司副使李侨、浙江按察司金事钟大道。"

举人进士名单："永乐癸卯科黄琮、成化丁酉科黄鼎卿、正德庚午科黄懿、正德癸酉科黄怿、嘉靖戊子科黄德贤、黄九皋、嘉靖丁酉科黄世显、嘉靖戊戌科黄九皋、嘉靖丙午科黄世科、嘉靖丁未科黄世科、嘉靖戊午科黄世厚、隆庆丁卯科黄应奎、隆庆丁卯科黄世雍、万历丙午科黄世贤、万历丙辰科黄可师、天启辛酉科黄希元。"

下款："绍兴府知府邵龄、绍兴府同知王近诗、绍兴府推官张士佩；萧山县知县欧阳一敬、萧山县主簿吴枭、萧山县典史张奎、萧山县儒学教谕陈偐、萧山县儒学训导黎仲时、池钟庆。"

"礼部主□□清吏司郎中孙学思书，嘉靖肆拾年岁次辛酉贰月吉旦立。"

图37-2-964　甲科济美石牌楼（1999年12月，李维松摄）

载万麻怀北极；坤仪著范，一生清节表西江。"明间宽3.40米，高2.40米，上有4层石板横穿。一层正面镂雕10位仙人石像，反面为凤凰祥云浮雕；二层正反面小楷阴刻建坊缘由；三层正反面阴刻大楷"为儒士华海西之妻陈氏立"；四层正面镂空雕龙狮，反面为盘龙。正面柱底置2石狮，与柱同宽，既作稳固，又添装饰。该坊造型别致，结构严谨简朴，雕刻精美。惜坊顶已无，雕刻局部损坏。

湖中双凤坊　位于城厢镇。《萧山湘湖志》载："孙学思、孙学古建，坊在西门外数十步。孙氏为湖中翘楚，故编列之。"《萧山湘湖孙氏宗谱》毛奇龄序载："明世宗朝，有礼部春溪公以文章为世指名，而其弟东莞公登嘉靖甲辰进士，当时榜之为湖中双凤，比之云间之两龙，而不为过。"久圮。

井　泉

香泉　在石岩乡石岩山顶，位于先照寺后面。《萧山湘湖志》有载。①泉呈多边形，约5平方米，深米许，终年不涸，水质甘洌清香。今泉存。

佛眼泉　越王城山巅西南处一岩石上。两穴，状如佛眼，故名。今存。②

乾姜泉　在湘湖乾姜山北，冬夏不竭，清洁殊异，越王以之造姜。《萧山湘湖志》有载。今无存。

金泉井　净土山脚。民国《萧山县志》有载。③80年代重现，并开发作"湘湖泉"。今废。

白龟井　在西山北麓隆兴寺旧址东。明万历《萧山县志》有载。④井呈长方形，深约2米，井壁为岩石砌筑，清澈见底，底有石头状如乌龟。

龙井　在湘湖村越王城山南麓山脚。有两口，一在城山古道口，一在孙氏宗祠后。两井合称"龙井双涌"，旧为"湘湖八景"之一。

赵婆井　亦作朝罢井。在徐家坞村。《萧山湘湖志》有载。今存。

洗马池　位于越王城内，紧靠马门处，西有放生池和句践祠。呈长方形，周砌垒石，为越王句践屯兵拒吴取"嘉鱼"之处。

湘溪　在漱口坝之南，净土寺之西。乡人呼为雌雄溪。《萧山湘湖志》有载。清毛奇龄有《乔上人还住湘溪》诗。

湖　桥

跨湖桥　位于上、下湘湖间的葫芦腰上。始建于明代。⑤抗日战争时期，被日军毁坏，后重建为石梁桥。1984年，改建为水泥板桥，桥墩依然是旧时条石。90年代，跨湖桥附近发现新石器时代遗址，址以桥名，称跨湖桥遗址。

三善桥　位于城厢镇湘湖西北隅。明崇祯元年（1628），云南布政使长河人来斯行建。清同治四年（1865），西江塘坍，洪水泛滥，桥圮。光绪十七年（1891），里人重建。曾误其名为三喜桥。

仙人桥　位于城厢镇大黄坞山口。宽4尺～5尺，其后面岩石上镌有隐语。⑥今石刻剥蚀难寻。

涵　闸

北宋政和二年（1112），杨时筑湖塘于湘湖南北，留霤穴18处⑦，蓄水可闭，需水可启，灌溉周围9乡⑧81村的14.68万亩田地。穴口工程几经整改，南宋淳熙九年（1182），以石铺护；明崇祯年间建湫口闸；清乾隆三十三年（1768），石家湫等8处要穴改建石闸，历时3年。

湘湖八景

有两组"湘湖八景"，一见于《萧山湘湖孙氏宗谱》（映雪堂珍藏，民国17年重修），成于清乾隆年间，每景由孙氏先贤撰诗一首；一见于《萧山城厢镇志》（浙江大学出版社，1989年4月版）。另有周易藻的"辛庐八景"。现分别介绍。

孙氏宗谱所载"湘湖八景"　龙井双涌、跨湖春涨、水漾鸣蛙、湘湖秋月、尖峰积雪、越城晚钟、柴岭樵歌、湖中落雁。

龙井双涌　龙井，即越王城山南麓的两口井。井水清澈甘洌，富含矿物质，历来为村民所饮用。其独特之处是平时满而不溢，雨后山泉汩汩涌出，成为奇观。诗云："汩汩争趋双孔收，龙蟠凤翥此间求。百年名世应谁是，须向宗家堂畔流。"

跨湖春涨　跨湖桥堤像一条玉带，沉浮在湘湖碧波中。桃花汛时，湖面盈满，烟波浩渺，环湖青山葱茏，万物生机盎然。站在跨湖桥上，观环湖草木葱茏，青山如黛；可见沙洲隐约，新苇淡绿，渔帆片片，水鸟翻飞，让人流连忘返。诗云："春涨湖桥水接天，波涛汹涌势难言。渔翁办饵钩休下，舟子招招绝渡船。"

水漾鸣蛙　水漾坞是坞中之湖，湖水与湘湖贯通，三面环山，水草丰茂。春夏之夜，成群青蛙在此产卵，蛙鼓阵阵，充满湖乡野趣。诗云："水漾青草满芳池，游子停车听鼓吹。无数蛙鸣群和应，公私两为却谁知。"

湘湖秋月　中秋之夜的湘湖，皓月当空，银辉泻湖，荷香幽幽。远处，青山幽静深邃，朦朦胧胧；近处，院庭之中，桂花树下，农家小坐桌前，供着老番瓜品茗赏月。诗云："冰轮遍照绝无尘，魄落湘湖色倍新。不怕凉秋为爱月，洗杯更酌酒千巡。"湘湖秋月最佳观赏点在跨湖桥，桥在湖心，月在水中，四周幽寂，群山隐约，置身其间，顿生飘飘欲仙之感。

尖峰积雪　湘湖南岸的木尖山顶，形似笔架，俗称文笔峰，湘湖诸峰数它最高。隆冬时节，此峰积雪难化，皑皑白雪，银装素裹，湘湖景色更加妖娆，为"湘湖八景"中唯一的冬季景象。诗云："尖峰渐见雪渐渐，顷刻堆成白玉脂。仰望云霄频射眼，且烧热火莫敲棋。"

越城晚钟　相传春秋时，越王句践曾在此建立城堡，屯兵拒吴，留下千古佳话。山顶建有城山寺，祀奉越王句践。千年古刹，晨钟暮鼓，在湖面回荡，撩起人们绵绵的思古幽情。诗云："闻说当年句践都，越城高耸沼吴图。僧归山刹日之夕，忽听钟声响满湖。"

柴岭樵歌　柴岭为湘湖东南的西山一峰，挺拔峻秀。山上有曲折小径，系村民砍柴踩出。小径西通窑里吴村，东通柴岭下村，为湘湖通往外界的捷径。诗云："腰插勾刀背扁挑，三三两两尽吾曹。归来信口无腔唱，勿引宫商曲弥高。"这恰如一幅淳朴的风俗画，写出了樵夫怡然自得的生活。

湖中落雁　湘湖是鸟类栖息的理想场所。尤其秋末冬初，环湖枫叶霜醉，芦苇叶枯絮飘，正是群雁光顾之际，或盘旋湖上，或小憩觅食，或傍沙而眠，成为湘湖一景。诗云："月落湖中霜满船，惊寒雁阵傍沙眠。飞鸣饮啄皆天趣，谁许时人世纲牵。"

《萧山城厢镇志》所载"湘湖八景"　城山怀古、览亭眺远、光照晨曦、跨湖夜月、杨岐钟声、横塘棹歌、湖心云影、山脚窑烟。

城山怀古　城山本是湘湖的核心景点，风景佳秀，人文积淀丰厚。有城垣、马门、洗马池、佛眼泉等遗址古迹，有经明代重修的城山古道，更有"缓报一双文锦鲤，坐归十万水犀军"的传奇故事。城山怀古是个永恒主题,历代诗人写下吟咏诗篇。唐代宋之问《登越王台》诗云:"江上越王台,登高望几回。"登临城山,凭吊先贤,追忆历史,不由得让你思绪万千,久久忘了归程。

览亭眺远 览亭,即位于石岩山巅的一览亭。登亭西望,千顷湘湖尽收眼底,两岸青山历历在目,远处钱江如练,渔浦烟光依稀;回首东望,富饶的萧绍平原流翠飞金,河流纵横,村落点点,一幅鱼米之乡的锦绣图画。览亭为全景式观赏湘湖的最佳位置,明代黄九皋《登石岩》诗云:"锦绣江山百二重,东南面面着芙蓉。"

光照晨曦 一览亭旁的先照寺,一名光照庵,系南宋古刹。每当旭日东升,万道霞光最先照亮古刹的黄墙飞檐,因"旭日之光先照此寺",寺名由此而来。明代魏骥诗云:"兰若岩山巅,凌虚依寥穴。阳乌忽东升,流光每先得。"晨曦中的先照寺,掩映在绿树丛中,紫烟缭绕,与暗绿色的石岩山一起,倒映在湘湖中,煞是好看。

跨湖夜月 跨湖桥堤一虹卧波,横断湘湖葫芦腰,白天景色固然迷人,月夜更有一番韵致。无论春夏秋冬,与湘湖对话,跨湖夜月都是风情万种,而尤以秋夜为最。秋夜坐在跨湖桥亭内,看千顷平湖似镜,一轮皓月如盘,月色朦胧,山暗林疏,波光闪烁,秋清气爽,偶尔飘来一阵丹桂的清香,此情此景,使人尘虑尽消。

杨岐钟声 湘湖西南的古刹杨岐寺,有巨型铜钟。晨昏之际,铜钟敲响,声音沉雄洪亮,在湖面回荡。清代王勉《湘滨秋泛》诗"借问霜天何处钟,船娘遥指杨岐寺"即咏此。湘湖四周寺庙众多,不乏铜钟之声,因杨岐寺钟声最为悠扬久远,故名。

横塘棹歌 横塘即横筑塘,位于湘湖西南,传说早先有黄竹(芦竹一种)栽于塘上,婆娑成林,因"横""黄"谐音,故俗称黄竹塘。魏骥诗句:"黄竹依稀范蠡塘",即指此。横筑塘在湘湖边缘,内外皆河道,旧时芦苇丛生,是捕鱼捉蟹的好去处。夕阳西下,渔舟唱晚,一派诗情画意。

湖心云影 早先压湖山像一颗绿宝石镶嵌在湖心,四周微波荡漾,轻轻拍打山脚。登临山顶,但见湖面似镜,蓝天白云倒映在湖面,水草游鱼在云朵间穿行,疑是蓝天落湖中。云影四时不同,晨昏有别,如诗如画,变幻无穷。文人见此,多以"湘湖云影"为题吟咏,"湖心云影"一景由此得名。明代来曾奕有《湘湖即事》诗称:"湖山四顾渺无涯,几度低回幽兴赊。水底烟峦云影簇,桥旁渔艇柳阴遮。"

山脚窑烟 湘湖黏泥是制作砖瓦的好材料,乡民历来就地取材,以陶为业,环湖窑所林立。暮色苍茫或晨曦初露之际,湖边山脚窑烟缥缈,成为湘湖特有的景色。清代黄元寿《湘湖杂咏》有"日暮窑头添新火,轻烟散作半天云"句,即咏此景。

湘湖"辛庐八景" 载于《马谷周氏宗谱》(爱莲堂珍藏,民国21年重修)。民国10年(1921)是农历辛酉年,这年周易藻在湘湖下孙村附近建了一住宅,取名"辛庐"。周易藻自拟了"辛庐八景",即跨湖桥泛棹、寨岭庵闻钟、越王城玩月、缸窑湾听涛、至湖岭踏雪、水漾坞采莼、九里墩戏鹭、三善桥观鱼。

跨湖桥泛棹 跨湖桥是湘湖的标志性景观,每当春水盈盈,玉带一般的桥堤沉浮在碧波之中。一叶扁舟,三两友人,举桨荡舟,纵论诗酒,跨湖桥便有了动态美、人文美。无论春夏秋冬、花开花落,与湘湖山水作零距离拥抱,人在舟中,船在画里,别有一番情趣。

寨岭庵闻钟 寨岭庵在湘湖北岸的万罗伞麓,明孙学思建,今圮。湘湖四周寺院环列,晨昏之际,古刹钟声,回荡山谷湖面,声音沉雄洪亮。故两组"湘湖八景"中分别有"越城晚钟"、"杨岐钟声"。周易藻不专美于古刹名寺,却把身边一座极普通的小寺院揽入"辛庐八景",由此可以看出他的随遇而安和平民化的一面。

越王城玩月　越王城之胜，首数人文古迹。而"辛庐八景"蹊径独辟，一个"玩"字，置句践屯兵拒吴的千古佳话于不顾。越王城确是赏月好去处，登高观望，天上之月与水中之月交相辉映，相得益彰。宋代释如兰《湘湖》诗有"僧梵悠悠出薜萝"、"今夜湖中好明月"之句。夜凉，月皎，湖平，人微醉，眼前是一轮玉盘落碧波，背后是千古兴亡悠悠事。临风邀月，把盏举杯，好一个"越王城玩月"。

缸窑湾听涛　"夜乌啼断已三更，湖上风高波浪生。"（清代沈堡《湘湖竹枝词》）想来听涛需在夜深人静之时，非住辛庐而不能。夜半醒来，听湖面风起浪涌，涛声阵阵。不寐之人或心潮澎湃，在涛声中回忆着历历往事和人生的坎坎坷坷；或在摇篮曲般节奏中，什么也不想，如一叶扁舟随风飘荡，仿佛享受着母爱的温馨，又不知不觉进入梦乡。听涛的妙处，大约有此二端。

至湖岭踏雪　至湖岭，在龙头山。岭不高，逶迤平缓，可品咂湖山四时美景。若遇雪后，漫步至湖岭，白雪皑皑，望远处"文峰积雪"银妆素裹，观眼前"冻云藻影淡，残雪草痕融"（清代包启祯《湖行》）。雪中湘湖，端的别是一番风韵。

水漾坞采莼　莼，湘湖著名特产，环湖的幽坞、浅滩水面多有种植。湘湖采莼，是湘湖的一道亮丽风景。在春风拂柳的季节，姑娘少妇荡舟湖中，嬉笑着，歌唱着。她们采摘莼叶，采摘希望，采摘美好生活。于是，湖面升腾起鲜活的人气。这情景，成为历代文人吟咏的永恒题材。南宋大诗人陆游写下《新晴马上》一诗，"此生安得常强健，小艇湘湖自采莼"，坦言也想加入采莼行列。

九里墩戏鹭　墩为湖中小洲，水草丰茂，是野生鸟类栖息的理想之地。春燕、夏鹭、秋雁、冬鸥，湘湖四时飞鸟不绝，充满野趣。清代黄元寿《湘湖云影》诗："鹭鹚飞起蓼花湾，万顷琉璃夕照殷"，即咏此景。

三善桥观鱼　三善桥有水经塘子堰通白马湖，水是流动的活水，清澈见底，鱼儿随水欢快畅游，正是观鱼极佳位置。湘湖鱼类有数十种，其中的杜父鱼，又名土步鱼，为湘湖特产，其味鲜美。该鱼圆滚滚、黑乎乎的，游动不快，呆头呆脑匍匐在水底，张合着鱼鳃，甚是可爱。三善桥观鱼，观到的是鱼乐，是真趣。

保护开发

自建湖以来，由于自然和人为等原因，湘湖面积日渐缩小。至1984年底，只剩零星水面约1460亩（约973338.20平方米）。鉴于一些砖瓦厂黏土资源已挖掘将尽，萧山县城建部门于1984年制订逐步恢复湘湖景观的规划，规定凡黏土已取尽的泥塘，应灌水复湖。80年代中期，将湘湖东岸的西山辟为公园。进入90年代，全市上下高度关注母亲湖——湘湖，要求保护、恢复和开发湘湖的呼声越来越高，湘湖的保护与开发工作正式启动。1995年9月12日，浙江省人民政府批准建立省级湘湖旅游度假区。1997年9月建立湘湖旅游度假区管理委员会，负责湘湖旅游度假区的规划、开发和管理工作。1998年，杭州宋城集团投资，在湘湖风景区下湘湖区块建设杭州乐园，占地面积2360亩（约1573341.20平方米），于1999年4月25日开园。

湘湖旅游度假区区域范围：东侧以山脊线为界，北起西山、柴岭山，南至城厢镇徐家河村；南侧东起徐家河村、跨湖村，西至长河镇汤家井村；西侧南起汤家井村、海山桥村，北至西白马湖；北侧西起西白马湖、东白马湖、里黄家坞、湫上王、松毛山、菊花山，东至西山，规划面积9.25平方千米。度假区依托古湘湖和越王城文物遗址，首期开发水上运动、休闲度假和娱乐旅游等项目。湘湖开发远期规划面积51.70平方千米，基本定位以湘湖自然生态、历史文化为基础，以杭州国际风景旅游城市为依托，把湘湖建设成为一个集湖光山色于一体、风格古朴、气质独特、历史积淀深厚、人文景观丰富、在长江三角洲地区较具魅力和活力的旅游休闲度假胜地。进入新世纪,湘湖开发全面启动。①

【附】

湘湖研究资料

文献资料 明洪武初,知县张懋撰有《湘湖水利图》《湘湖志略》。明临海金贲亨辑《萧山道南书院录》5卷。清来旦纂《冠山志》9卷,顺治初刊印。清毛奇龄撰《湘湖水利志》3卷。清嘉庆三年(1798)於士达撰、王煦参订《湘湖考略》,道光二十七年(1847)刊印。民国周易藻编《萧山湘湖志》8卷,民国16年(1927)刊印。民国17年《萧山湘湖孙氏宗谱》24卷,映雪堂木活本,孙树笙修,孙保纂。

80年代新编《萧山县志》附录三《湘湖记略》,详细述说湘湖的形成及历史效用、主禁主垦之争、侵占与反侵占、民国时期开发湘湖计划意见书的要点、湘湖物产、湘湖名胜古迹、湘湖的变迁与现状等。《萧山文化志》第九编第三节为"湘湖景点"。周明道辑《萧山诗选》,第十部分为《湘湖》诗,收录111首诗;另在《渔浦》《坛庙》《赠答》《其他》部分中辑诗50余首。洪献耕主编《名人咏萧山·萧山涌名人》,辑录名人咏湘湖诗70余首。中共萧山市委宣传部编《历代诗人咏萧山》,辑录历代诗人咏湘湖诗120首。王炜常辑录萧山风景名胜文章汇编《越山湘水识萧然》,有关湘湖文章共17篇。王炜常选注《萧山地名诗》,收录历代诗人咏湘湖诗33首。萧山档案馆编《历代萧山诗作汇编》,收录百余篇吟诵湘湖之诗作。

研究活动 1990年8月21日,由浙江省社会科学院、省文物局、中国百越民族史研究会、省国际文化交流协会、绍兴市人民政府、萧山市人民政府、余姚市人民政府、绍兴市社会科学联合会联合举办的"百越文化国际学术讨论会"在杭州召开。23日,与会的海内外专家、学者120余人,莅临萧山考察越王城山上的城垣遗址,确认该地是越拒吴的军事城堡。同年9月5日,日本东京大学东洋文化研究所教授斯波义信在杭州大学教授陈桥驿和当地有关领导、专家的陪同下,到湘湖、麻溪坝等地考察古代水利工程。1991年7月12~13日,萧山市文物管理委员会、市文化局召开越王城遗址保护规划论证会,省市领导、专家30余人参加论证。会议认为,规划提出"重点保护、合理利用、远近结合、逐步实施"的方针是可行的,有利于保护遗址和旅游开发。

(资料来源:方晨光整理 萧山区文广新局提供)

①2002年8月12日,世界休闲理事会决定在杭州湘湖举办"2006年世界休闲博览会"。2003年3月3日,萧山区十三届人大第一次会议通过的《政府工作报告》决定,"编制湘湖风景区规划,确定保护范围并严格进行规划控制,启动湘湖保护和开发工作",作为区政府2003年为民办10件实事之一。同年12月,《萧山湘湖区块控制性规划》通过评审。湘湖区块的规划范围:北至萧杭铁路,东至蜀山路,西至钱塘江,南至杭州绕城公路,总面积51.70平方千米。2004年12月,《浙江湘湖保护与开发启动区块修建性详细规划》通过评审。湘湖启动区面积为4.64平方千米,将恢复湖面1200亩(约800004平方米)。2005年2月,"浙江湘湖启动区块一期湖堤、湖岸工程设计"通过评审。2月17日,通过招标确定工程施工企业。3月8日,湘湖启动区块一期湖堤、湖岸工程开工。2006年4月,湘湖启动区块建成"一湖、两堤、五大景区、十六个景点"的新景象。两堤即湘堤和越堤;五大景区为湘浦景区、湖上景区、城山景区、越楼景区、跨湖桥景区;十六个景点是下孙涵远、湘堤卧波、湘浦观鱼、忆杨思贤、绿岛掬星、湖心云影、湖中落雁、城山怀古、越亭春色、湖桥拾梦、王桥望胆、越堤夕照、浣月涤心、纤道古风、越楼品茗、跨湖问史。同月,世界休闲博览会在萧山举办,"一湖三园"即湘湖旅游度假区、杭州世界休闲博览园、杭州世界休闲风情园、杭州东方文化园为休博会主园区。同年5月1~7日,在"五一"黄金周期间,"一湖三园"共接待游客53.47万人次,实现营业收入11.64亿元,创造利税1.75亿元,实现增加值2.33亿元。促进和带动了全区的旅游业、商贸业、住宿餐饮业和交通运输业。(《萧山日报》,2006年5月10日,第1版)

第三节　萧绍运河

萧绍运河[①]又称官河、西兴运河、浙东运河。全长78.50千米，萧山境内长21.60千米，流经城厢、新塘、衙前等镇乡。河床面宽30米左右，西与湘湖、白马湖、小砾山输水工程相连，南与南门江、西小江相通。古代，凡到越中为官、经商、运货、访友、寻迹，无不从钱塘江上的西兴、渔浦等渡口过渡，而后坐上运行于浙东运河的船只入绍、甬、剡等地，返程大抵相同。历代水利与争战事迹，帝王与文人行踪等，都为浙东运河两岸留下了众多的人文古迹，亦成为历代诗人争相咏唱的题材，被称为"浙东唐诗之路"的起点。

运河两岸，向来为萧山经济繁荣之地，有县城、衙前等多处集镇。街内店铺林立，前店后宅，甚是兴旺。县城南北向有市心街，运河东西向穿城而过，两岸两条古街，南面的称城河上街，北面的称城河下街，均临水而筑。元代张招《萧山四咏》诗中的"古市直通南北路，官河不断利民船"，即指此。萧绍一带为水网地带，百姓出行、运货多用船载，因此运河上各种商船、货船、客船往来不断，非常繁忙。随着铁路、公路等现代交通的发展，运河的交通功能日渐衰退。运河现存的河床、官塘、桥梁、堰闸、河埠等古迹，已成为一道古朴景观。

驿　站

据《唐六典》载，唐朝开元、天宝时，"钱塘江已有水驿之役"。越州至杭州设浙江渡，有驿船。唐朝杜甫《解闷十二首》有句："商胡离别下扬州，忆上西陵古驿楼。"白居易《宿樟亭驿》有句："夜半樟亭驿，愁人起望乡。"从唐诗中可知，西兴古有樟亭驿。南宋嘉泰《会稽志》载："萧山县有梦笔驿，在县东北三十步；渔浦驿，在县南六十里；钱清驿，在县东北五十里；日边驿（即西兴驿），在县西十里。"明嘉靖十八年（1539），萧山有递铺（同驿站）6个，即：总铺、十里铺、新林铺、白鹤铺、凤堰铺、沙岸铺。递铺沿萧绍运河而设，经水路可直达明州。明万历年间（1573~1620），递铺均废。至清康熙年间（1662~1722）仅存西兴驿，清宣统三年（1911），西兴驿亦被裁撤。今有遗迹可考的驿站存3处，即西兴驿（不同时期叫固陵驿、妆亭驿、日边驿、西陵驿等），在西兴镇；梦笔驿，在今江寺旁；渔浦驿，位于浦阳江、富春江、钱塘江三江汇流处东岸。

堰　闸

南朝齐永明五年（487），西兴运河置堰埭，即西兴堰，萧绍运河粗具蓄水、排水和灌溉的功能。唐元和十年（815），会稽观察使孟简修整运河沿塘涵闸，自萧山到山阴迎恩门（西郭门）凡百里，运河流域数十万亩农田均受其利。宋政和二年（1112），萧山县令杨时主持修筑湘湖，其湖北之漱口穴（闸名）与萧绍运河相通，湖河相济，泄灌两宜。到明清，萧绍运河已建成较为完备的闸坝节制系统，在萧山段有永兴、清水、凤堰、陈公桥、转坝、霪头、

[①]1987年版《萧山县志》载，西晋永康年间（300~301），会稽郡内史贺循在会稽主持凿渠，即今萧绍运河一段，后又延伸，西至西陵，东与上虞曹娥江合流。唐代，运河的渡、河、塘、站4项工程均纳入官办范畴，呼名为官渡（浙江渡）、官河（运河）、官塘（纤道）、官站（驿站）。南宋迁都临安（今杭州）后，为漕运需要，曾多次整治、疏浚西兴至萧山县城段河道。南宋乾道元年（1165）开挖西兴至江边段新河，因有北海塘相隔，未与钱塘江接通。乾道三年（1167），疏西兴至大江沙河10千米，浚闸内运河6.50千米；嘉定年间（1208~1224），萧山县令汪纲主持西兴通江段工程的疏浚，在通江口建了节制闸。此后，运河又经过多次疏浚，其主干河道一直基本稳定。

图37-2-965　浙东运河之头（2003年1月，李维松摄）

图37-2-966　位于萧绍运河畔的衙前农民协会旧址——东岳庙（1996年6月，方晨光摄）

涝湖、吟龙等25座闸坝，逐步形成河网蓄泄格局。其中明万历十五年（1587），邑人萧山县令刘会建永兴闸（一名龙口闸）于浙东运河西兴铁岭关处，可以航运和泄洪。清康熙四十四年(1705)，毛奇龄等48人具名"启闭永兴闸，开浚河碑记"。民国时期，对西兴闸至钱清堰计22.50千米运河，进行护岸整治和利用。1960年，小砾山翻水站建成，引富春江淡水入萧绍运河，从此"久雨泄水快，旱时水更满"，运河水常年稳定在合理水位上，不仅有利排灌，而且方便运输。衙前镇吟龙村有"杨公第一桥"遗迹，就是明万历年间萧山县杨铎将吟龙闸改建而成的6孔石桥。

官 塘

官塘，为古代漕运背纤而筑。因是官修，故名，亦称纤道。唐宪宗元和十年（815），浙东观察使孟简主持创筑于运河南岸，自山阴西郭门起至萧山共百余里，其中萧山境内22千米。至明朝弘治间，改土塘为青石板砌筑，使河岸、纤道浑然一体。今西兴、转坝、涝湖、行头、和平桥、新发王、新林周、衙前等镇、村河段，尚能看到古纤道旧迹。其中，城厢镇和平桥附近仍保留着一段相对完整的、处于河道中间的双连石驳坎与纤桥结合的纤道。在衙前镇还有沈家堰桥、沙湖桥等运河纤道桥。

桥 梁

萧绍运河在萧山县城内曰城河，今完好的桥梁从东到西依次为：回澜桥、东旸桥、惠济桥、梦笔桥、仓桥、市心桥（真济桥）、永兴桥等。萧绍运河与城内西河和护城河相通，在西河上从北到南曾有凌家桥、清风桥、寺前桥、金带桥、北药桥、南药桥、三碰桥等。护城河上有吊桥4座。还有可通舟楫的3座水门，东曰"派入三江"，西曰"越台重镇"，南曰"清比郎官"，今遗迹可寻。在西兴有太平桥、屋子桥、资福桥、会馆桥、板桥、小岳桥等。在衙前境内，有明弘治七年（1494）就已存在的新林周桥和建于清朝的八字桥。

水 港

西兴古代曾有驿前码头、大埠头、日船埠头等船埠，直到萧绍公路和萧甬铁路建成，运河的运输才逐渐冷落。中华人民共和国成立后，萧绍运河上还有"萧山港"，作为货物中转重要集散地。

图37-2-967 北海塘长山段镇海兽（2000年6月，王建欢摄）

图37-2-968 北海塘衙前镇新发王村段（2000年11月，李维松摄）

图37-2-969 运河纤道和平桥段（1999年1月，李维松摄）

【附】

萧山是"浙东唐诗之路"的起点①

在浙江历史上，曾有过一条旅游热线——"浙东唐诗之路"。它从萧山开始，沿浙东运河，经绍兴镜湖向东南，沿曹娥江、入剡溪，溯源而上，过新昌的沃州、天姥，最后至天台山。众多唐朝诗人行进在这条"应接不暇"的

①根据陈志根《萧山："唐诗之路"的起点》（《浙江档案》杂志，1998年第1期）、刘宪康《萧山——"浙东唐诗之路"从这里开始》（《山青花欲燃》，杭州出版社，1999年10月第1版）以及有关地方文献，由李维松整理。

"山阴道上"，一路探幽，一路吟咏，留下大量诗篇，因此当代学者将其称为"浙东唐诗之路"。

萧山位于钱塘江南岸，唐代浙东、浙西两道的划分，以钱塘江为界将萧山（唐代名永兴）划归浙东。唐代的政治文化中心在长安，文人名士为追慕魏晋遗风、探寻古越文化而南下浙东（唐称越州），萧山是必经之地。当时萧山有两处著名的古渡、古驿——西陵（今杭州市滨江区西兴镇）和渔浦（亦称渔浦潭），是南下越州的"首埠"。因此西陵的樟亭和渔浦的赤亭，频频出现在唐诗中。孟浩然有《登樟亭驿观潮》，白居易有《答微之泊西陵驿见寄》《樟亭双樱树》《樟亭》《宿樟亭驿》和《樟亭见杨旧诗》5首。皇甫冉在樟亭观潮后感慨不已，他写道："樟亭待潮处，已是越人烟"（《送薛判官之越》）。李白数次到越州，他把入越州留下的印象"西陵绕越台"、"涛白雪山来"通过诗告诉友人，并建议从这里开始向东南尽情游赏，"此中多逸兴，早晚向天台"（《送友人寻越中山水》）。钱起渡钱塘江前，在北岸吟咏"渔浦浪花摇素壁，西陵树色入秋窗"（《九日宴浙江西亭》），渡江后在西陵和渔浦都写了诗。罗隐一到西陵，为能目睹"怒涛汹汹势悠悠，罗刹江边地欲浮"（《钱塘江潮》）的涌潮而惊喜万分。储光羲送友经过萧山，为"落潮洗渔浦，倾荷枕驿楼"（《京口送别王四谊》）的经历欣喜不已。常建的《渔浦》诗则记述了他在渔浦"碧水月自阔，安流静而平"月夜泛舟的情景。可见，众多的唐代诗人一踏上西陵、渔浦，忍不住诗兴大发，他们用脍炙人口的西陵诗、渔浦诗开始了浙东唐诗之旅。

萧山有秀丽的西城湖（湘湖前身）和越王城山，有位于西小江沿岸的西施古迹群，有建于东晋的祇园寺等。面对萧山如画的自然景观和厚重的人文古迹，这些唐代诗人怎会不踏歌而行！他们观涛、送友、访古、览胜，写下数量可观的传世佳作。"初唐四杰"之一的诗人王勃探寻东晋名士许询的仙岩遗踪，写下"巍巍怪石立溪滨，曾隐征君下钓纶"（《题镜台峰仙人石》）的诗句。宋之问面对越王城山，发出了"江上越王台，登高望几回"（《登越王台》）的感叹。据不完全统计，唐代诗人在萧山写的或与萧山有关的诗歌有80余首，诗人包括李白、杜甫、贺知章、王维、王勃、王昌龄、吴融、孟浩然、白居易、元稹、宋之问、常建、李绅、刘禹锡、綦毋潜、罗隐、戴叔伦、刘长卿、皇甫冉、钱起、方干等40余人。绍兴邹志方对始于萧山西兴、终于天台山的"浙东唐诗之路"，共搜集到唐诗600余首，其中"按景点选诗"，全线共搜集到207首唐诗（见1997年5月8日《钱江晚报》）。萧山有90多首唐诗，在整条"浙东唐诗之路"中，所占比重是不小的。萧山无疑是"浙东唐诗之路"的起点。

第四节 衙前农民运动胜迹

民国10年（1921）9月27日，衙前爆发中国共产党领导的全国第一次农民运动。衙前农民运动在中国革命史上具有重要地位，其旧址、旧物等成了对青少年进行革命传统教育的胜迹。1983年5月，萧山县人民政府公布衙前农民协会旧址为萧山县文物保护单位。1989年，浙江省人民政府公布衙前农民协会旧址为第三批浙江省文物保护单位。1994年，浙江省人民政府公布其保护范围和建设控制地带。衙前农民协会旧址胜迹分布于萧绍运河衙前段的两侧及凤凰山麓约1千米的范围内，包括东岳庙旧址、农村小学旧址、李成虎故居、成虎桥、衙前老街、凤凰山墓葬群、农运碑坊遗址等。1995年4月25日，中共萧山市委、市人民政府命名衙前农民协会旧址及李成虎烈士墓为萧山市首批爱国主义教育基地之一。

旧 址

东岳庙 清代建筑，位于衙前镇凤凰村。坐南朝北，门对萧绍运河，前有纤道和船埠。占地面积592平方米，分前殿及东西厢房。前殿五架梁、前后廊、穿斗式建筑，上有卷棚，顶用庐斗，屋顶为硬山式。

柱上撑拱为木雕狮子，立额，寮檐坊均有木雕图像。门柱镌楷书抱对："龛赭锁重门，屏藩叠障；东西分两浙，吴越通衢。"东岳庙为衙前农民运动领导人沈定一演讲和农民协会办公、聚会之场所。民国10年（1921）9月27日，中国共产党领导的全国第一个农民协会在这里成立，选举农民协会委员，发表衙前农民协会宣言和章程，拉开了中国共产党领导的最早的农民运动的序幕。12月，军阀部队包围东岳庙，抓走农协委员单夏兰、陈晋生及"龙泉阁书报社"负责人孙继民。李成虎牺牲后，曾设灵堂于此。中华人民共和国成立后，一度改做他用；1990年，市政府拨款修复。1989年12月，浙江省人民政府公布衙前农民协会旧址东岳庙为浙江省文物保护单位；1990年8月20日，萧山市人民政府立碑保护。

衙前农村小学　为沈定一祖宅"光禄第"的一部分，位于运河北岸官河路32号，西距成虎桥百米。现存建筑坐北朝南，为清代木构二层楼建筑，面宽4间。民国10年（1921），沈定一出资在自己的寓所创办农村小学，先后邀请革命知识分子俞秀松、刘大白、宣中华、徐白民、杨之华等讲学。9月26日，农村小学正式开学，免费招收贫苦农民子女66名入学。夜晚、农闲开办成人班，是中国共产党领导的早期宣传马列主义、培训农民运动骨干的场所。楼上最西间曾为杨之华居室，楼下辟为"龙泉阁书报社"和教室。民国17年，沈定一被暗杀后，改名为定一小学。抗日战争爆发后停办。中华人民共和国成立后，重新开办学校。2000年恢复"衙前农村小学"名称。

李成虎故居　位于东岳庙西300米的萧绍运河北岸。清代建筑，坐北朝南，原祖宅有3间平屋，后由成虎、成蛟兄弟分居。清咸丰四年（1854），李成虎出生于此。李成虎幼年丧父，随母乞讨长大，至民国10年（1921）12月27日被捕前一直居住在此。现存1间。

成虎桥　位于衙前凤凰山南麓，为纪念李成虎烈士而命名。南北向，跨萧绍运河，原系双孔木梁石墩桥。1974年因公路建设，改建成钢筋混凝土双曲拱桥。2001年重建。

墓　葬

李成虎墓　位于衙前凤凰山南坡，坐北朝南，由墓、祭台及墓道组成，占地面积625平方米。民国11年（1922）1月24日，李成虎在县狱中被刑虐致死，归葬于凤凰山，沈定一主持安葬仪式，并书墓碑："李成虎君墓　衙前农民协会委员之一　十一年一月二十四日害于萧山县狱中　其子张保乞尸归葬"。原墓毁于1972年。现墓系1983年重建，墓呈半球状，底径5米，高3.30米，青石墓碑。墓地三面砖墙围砌，石板铺地，墓前设祭台，左右分立4块标志碑与说明碑。从纪念馆到墓地为5米宽的墓道，条石砌筑，青石柱头，周围花木成荫。

陈晋生墓　民国11年（1922）5月建，位于衙前凤凰山西北麓公墓场。墓碑为尖状柱形石条，沈定一题书，正面镌："农民陈晋生墓"，左侧镌："为群众谋利益而牺牲者"，右侧镌："晋生为农民协会委员之一　民国十年在军警包围中演说被捕入绍狱刑虐致病出狱寻殁"。墓前设祭台，隐于荒草丛中。2000年底，衙前镇政府迁建于凤凰山西南坡。

沈定一墓　位于衙前镇凤凰山北麓公墓场，民国17年（1928）11月建。坐南朝北，墓制为中西合璧式，采用当时新材料钢筋混凝土结构建造。墓穴长、宽、高各3米，其棺木用铁链悬挂其中，外用厚约半米的混凝土浇封，墓道采用彩色鹅卵石铺成。墓前竖立高大墓碑，上镌时任浙江省省长张静江手书"沈定一先生之墓"。西南角建一墓亭。"文化大革命"期间，墓毁。

表　坊

成虎坊　位于衙前凤凰山麓李成虎墓道口，建于民国11年（1922）。沈定一题书两楹联于柱上，正面联："中国革命史上的农人这位要推头一个，四山乱葬堆里之坟墓此外更无第二支"；反面联："吃苦在我，成功在人。"坊毁于"文化大革命"期间。

　　"精神不死"碑　位于衙前凤凰山巅。李成虎被刑虐致死后，上海工商友谊会闻讯特派代表前来祭奠，并捐资立碑一座。民国11年（1922），"精神不死"石碑落成，沈定一题写碑文："李公成虎因集同志，组织农民协会，要求田主减租，被捕，遂死狱。同人佩公为谋公众幸福而牺牲，爰立此碑，以作纪念。"今存遗迹。

　　"沈定一先生被难处"纪念碑　建于民国17年（1928）11月。钢筋混凝土结构，通高约10米，碑前立铜像一座。戴季陶题"沈定一先生被难处"。民国24年，著名南社诗人柳亚子游浙东，途经此地，题诗一首："一塔巍然踞道旁，玄庐才气不寻常。恩仇牛李成何事，化鹤归来费忖量。"碑于1953年被毁。遗址位于原104国道南侧、今交通村傅家自然村村口。

　　"妇女解放万岁"坊　衙前农民运动期间，改原节孝坊上"钦旌节孝"匾额为"妇女解放万岁"，加书柱联："那部历史当中，不鼓吹吃人礼教；这种牌坊底下，有多少妇女冤魂。"

【附】

衙前农民运动资料

　　民国22年（1933）版的《萧山乡土志》载有"领导革命的沈玄庐"等内容。1985年12月，中共萧山县委党史资料征集研究委员会办公室编辑《衙前农民运动》，周仁水主编，大32开本。1987年7月，中共萧山县委党史研究室编辑《衙前农民运动论文集》，大32开本。同年8月，浙江人民出版社出版的《萧山县志》载有"衙前农民运动"专题。同年10月，中共党史资料出版社出版《衙前农民运动》，杨福茂、周仁水、高三山主编，大32开本。1989年12月，中共萧山市委党史资料征集研究委员会编印的《中共萧山地方史资料人物传》有李成虎、沈定一、杨之华传。1990年4月，浙江人民出版社出版的《不朽的战士》一书中，载有反映衙前农民运动"穷人总有一天会出山的"的内容。同年6月，中国卓越出版社出版的《萧山文化志》有关于农民运动为主题的"衙前景区"介绍。1991年6月，香港正之出版社有限公司出版的《萧然风云录》载有"衙前风云"的内容。1992年4月，中共萧山市党史资料征集研究委员会编写的《中共萧山地方史资料专题选编·新民主主义革命时期》，收录关于衙前农民运动播种基地"新型的农村小学"内容。同年6月，香港正之出版社有限公司出版的《萧然英杰录》载有"烈士墓碑的诉说"的内容。1994年9月，成都科技大学出版社出版《沈玄庐其人》，朱淼水主编，小32开本。1998年7月，政协萧山市委文史工作委员会、中共衙前镇委员会合编《衙前农民运动论文集》，熊德利主编，大32开本。1999年1月，亚太国际出版社出版《英雄梦——衙前农民运动纪实》，旭峰、淼水著，小32开本。同年6月，浙江人民出版社出版的《浙江省爱国主义教育基地概览》中，有关于"衙前农民协会旧址暨李成虎烈士墓"的内容。同年9月，江苏人民出版社出版《血路——革命中国中的沈定一（玄庐）传奇》，[美]萧邦齐著，大32开本。同年12月，西泠印社出版社出版的《萧山文物》图录中，收录"衙前农民协会旧址"图片一套。2000年8月，大连出版社出版诗词集《农运先声》，大32开本。2001年3月，萧山市博物馆制作一套《农运先声　精神永存——中国共产党领导的全国最早的农民运动衙前农民运动纪实展》图板63块，有衙前农民运动爆发的背景、衙前农民运动的发动、衙前农民运动的爆发、衙前农民运动的影响、农协精神永励后人5个部分内容。

（资料来源：方晨光整理　萧山区文广新局提供）

第三章　旅　游

　　萧山山川秀美，文化积淀深厚，旅游资源丰富。明清时期，方志、宗谱多处载有"萧山八景"、乡村"十景"之类风景诗。80年代中期，萧山开始发展旅游业，逐步注重旅游资源的开发和旅游品牌的打造。90年代以后，钱江观潮度假村、杭州东方文化园、杭州乐园、杭州山里人家、云石生态旅游景区等景点陆续推出，吸引大批中外游客；观潮节、杨梅节等旅游节各具特色；围垦观光、生态农业观光丰富了萧山的旅游内涵。湘湖旅游度假区的开发建设正式启动，前景诱人。众多潜在的旅游资源，是萧山旅游事业进一步开发利用的厚实基础。

第一节　旅游景点

钱江观潮度假村

　　位于钱塘江南岸南阳镇乌龟山，据山临江，气势雄伟，是观赏举世闻名钱塘江大潮的最佳地点之一。最初由萧山湘湖风景旅游开发办公室及萧山市商业网点办公室联合投资600多万元建造，1994年9月10日竣工。景区占地面积60亩（约40000.20平方米），建筑面积2436平方米，有普通席观潮看台座位1万多个、贵宾席看台座位2000个。9月22日，'94中国国际（萧山）钱江观潮节在此举办。1996年12月，浙江省计划与经济委员会和萧山市计划委员会联合追加投资3650万元，对观潮城设施进行改建，新增土地面积40亩（约26666.80平方米），建筑面积6365平方米，于1997年7月重新开业。设施有观潮看台、餐饮、客房、多功能厅、KTV包厢、垂钓中心、网球场、保龄球馆等。至此，钱江观潮度假村集观潮、休闲、娱乐、度假、会议于一体，当年被国家旅游局评定为旅游涉外饭店，是浙江省30家游客喜爱的美景乐园之一。萧山每年都在此举办观潮节。

杭州东方文化园

　　位于义桥镇，在浦阳江、富春江、钱塘江三江汇合处，属杭州市人民政府的重点文化旅游项目之一。由浙江中强建工集团、浙江广通房地产开发集团、杭州市城建综合开发总公司、香港陈国忠先生分别按47.70%、30%、7.30%、15%的比例联合投资5亿元兴建。（2004年，后3家撤股。）公司注册资金8200万元，员工116名，总面积2700亩（约1800009平方米）。第一期景区杨岐寺、万佛金塔地宫等工程于1999年8月25日奠基兴建，翌年9月25日举行开光典礼。第二期道家、儒家景区2001年初竣工开放。园区以周易八卦布局，融儒、释、道于一体，集园林文化、宗教文化、养生文化等东方文化之精华，具有食、住、旅游、养生、休闲等多种功能。并配有青少年教育中心、东方疗养院、江南水乡等区

图37-3-970　东方文化园彩绘文化艺术长廊（2002年11月，李维松摄）

块。主要景点有杨岐寺、三江塔、万佛金塔、彩绘文化艺术长廊、钟楼、烽火台、道苑、太虚湖等。至2000年底，接待游客10万人次，营业收入200万元。

杭州乐园

位于湘湖风景区内，由杭州宋城集团于1998年投资近5亿元建造。占地面积2360亩（约1573341.20平方米），其中陆地（包括山岭）面积1600亩（约1066672平方米），水面面积260亩（约173334.20平方米），氡温泉度假村500亩（约333335平方米）。全园由荷兰村主题公园、马可·波罗之旅、生态公园、高尔夫球场、网球场、索道、蹦极、滑水等旅游项目和氡温泉度假村组成。从1999年4月25日开园至2000年底，共接待国内外游客166万人次，成为萧山市著名新景点。

杭州山里人家

位于湘湖农场大湾山，是杭州宋城集团投资建设的以农耕文化为主题的旅游景区。占地面积600亩（约400002平方米），投入资金800万元，1999年9月9日正式对外开放。该园依托自然山水，把农家田园风光与农业生产活动及传统民俗风情结合起来，以山村为主题，展示农家生态环境。园区内有青山绿水、枯藤老树、古宅民居、亭台阁榭。山上有抗日战争时期遗留的炮台壕沟；有当年知识青年上山下乡时居住的知青屋。山下有粉墙青瓦、小桥流水、参天古樟。2000年2月，中共萧山市委宣传部、萧山市教委、共青团萧山市委联合授予其"青少年教育活动基地"牌子。

云石生态旅游景区

位于云石乡狮山，1999年11月经省环境保护局批准设立。是以优美的自然风光、良好的生态环境为背景，以及生态旅游与休闲度假为主题的省级综合生态旅游区。景区面积12000亩（约8000040平方米），森林覆盖率85%。区域内，有传说女娲炼石补天的地方，有森林密布的石牛山，有千年古刹云门寺、三清殿，有位于海拔600米的响天岭水库，青山、绿水、瀑布、竹海，构成得天独厚的大自然景观。景区内的云石度假山庄于2000年8月开业，有24间客房、可供150人用餐的餐厅包厢，建有高山垂钓、云顶茶廊、棋牌室、多功能室等休闲活动设施。

省农业高科技示范园区

位于萧山经济技术开发区，是浙江省第一家省级高科技农业示范园区。占地面积5000亩（约3333350平方米），由浙江传化集团控股投资建设。第一期投资2.50亿元，建有3000平方米的国内一流组培大楼（植物克隆中心），年产组培苗3000万株；从法国、荷兰引进面积达3公顷的国际一流智能化育苗温室。园区利用现代生物技术和植物转基因开发成果，以花卉苗木、蔬菜、芳香植物和中草药等植物种子、种苗工程为主，是一个集生产、科研、培训、加工、销售、观光于一体的新型生态区。由丰收广场、锦绣农业科技园、江南人家、中国耕读书院、天湖休闲区、百草园等16个景点组成。于2000年11月批准，2001年2月初动工（2002年4月28日开园）。

杭州生态园

位于所前镇境内杨静坞，1998年12月经省林业厅批准，由浙江登峰交通集团有限公司投资建设。2001年1月前称杭州杨静坞森林公园。园区范围东至杨静坞，西至杜家坞，南至龙角尖，北接越山村，总面积11平方千米，森林覆盖率62%。规划区面积4.89平方千米，建有入口广场区、四季花果区、花溪景观带、青少年生态教育基地、萧山植物园、中心接待区、水上活动区、景观房产区8大区块。园区以杨梅为特色，四季花果和茶、竹为主题，依托好山、好水、好空气，是一个集休闲、观光、旅游于一体的生态型都市后花园和近郊旅游度假区。

第二节　旅游节

中国国际（萧山）钱江观潮节

南阳镇赭山沿江一带，历来为观看钱江大潮的胜地之一，原先游客常于农历八月十八前后自发集结于此观潮。1993年10月2日，南阳镇人民政府在赭山举行"'93南阳首届观潮节"。①1994年，在钱江观潮城举办首届"中国国际（萧山）钱江观潮节"。至2000年，已举办中国国际（萧山）钱江观潮节7次。

1994年9月22～25日，在南阳镇乌龟山巅的钱江观潮城举行"'94中国国际（萧山）钱江观潮节"。来自美国、日本等国家以及我国香港和内地1万多名游客参加开幕式并观看钱江潮。开幕式上，举行了舞狮阵和水上技巧表演等。省电视台通过卫星，向全世界实况转播"一线潮"、"潮中潮"、"船斗潮"和"回头潮"等壮观情景。

1995年9月11～13日，举行"'95中国国际（萧山）钱江观潮节"。此次观潮节文艺活动一大亮点是，来自纳西族、佤族、彝族、景颇族等的14支少数民族风情展演队表演了"民族大游行"。

1996年9月29日至10月1日，举行"'96中国国际（萧山）钱江观潮节"，有20多万人次一睹钱江潮风采。其间组织了萧山市第九届工业产品展销会和"今日萧山大型图片展"。

1997年9月18～20日，举行第四届"中国国际（萧山）钱江观潮节"，此次观潮节被列为"'97中国旅游年"全国21个重点旅游项目之一。开幕式上，著名歌唱家蒋大为专程为观潮节献艺演出。观潮节期间，中外游客达到52万人次。

1998年10月7～9日，举行第五届"中国国际（萧山）钱江观潮节"，共接待海内外游客54万人次。

1999年9月26～28日，举行第六届"中国国际（萧山）钱江观潮节"。这次观潮节暨经贸洽谈会在钱江观潮度假村和新世纪广场举行，共接待海内外游客56万余人次。观潮节将旅游文化与经济活动有机结合，有观潮旅游、贸易展销、投资洽谈、成果展示等活动内容，拍摄制作VCD音乐风光片。位于湘湖旅游度假区的"山里人家"和杭州生态公园在观潮节期间向游客开放。

2000年9月13～17日举行的"中国国际（萧山）钱江观潮节"，是历届观潮节中人数最多的一次，中外游客达60万人次，其中海外游客5000余人次。中央电视台和浙江电视台对观潮盛况进行现场直播，在中央一套（综合频道）、四套（国际频道）向国内外现场直播4小时。观潮节除传统的观潮外，增加摩托艇追潮、船斗潮、冲潮等活动内容。观潮节期间，全市10家涉外饭店接待观潮旅游团队95个，客房平均出租率达到81%，其中杭州乐园接待旅游团队157个。这次观潮节将观潮旅游、招商引资、人才交流、商品展示、战略研讨、食

图37-3-971　观潮节（1994年9月，来坚摄）

图37-3-972　杨梅节采杨梅（2003年6月，周少伟摄）

图37-3-973　中华啤酒节（2000年，来坚摄）

品博览、中秋联谊、啤酒狂欢、工程奠基等内容有机结合，投资招商项目签约50个（外资36个，资金1.41亿美元；内资14个，资金8.50亿元人民币）。钱江观潮节的成功举办，为世纪之交的萧山增添了亮丽的风采。

2001年后，萧山每年继续举办"中国国际（萧山）钱江观潮节"。①

杜家杨梅节

杜家杨梅为萧山特产之一，主要产于所前镇杜家村一带，故名。杜家杨梅已有1200多年种植历史，南宋时曾作为朝廷贡品。明朝王象晋《群芳谱》载，"杨梅，会稽产者天下冠。"中华人民共和国成立后，浙江省多次组织杨梅评比，杜家杨梅均名列前茅。80年代以来，杜家杨梅远销韩国、日本及东南亚一些国家和港澳地区，颇受青睐。2000年，全市种植杨梅9200亩，产量797吨。

1999年6月20～25日，由市旅游局和所前镇人民政府在所前镇杜家村联合举办首届萧山杜家杨梅节。全省名品杨梅聚集展出，游客可上山采摘尝鲜、选购，游农家乐、品农家菜，还有大型文艺演出和传统地方戏剧专场。杨梅节期间，接待上海、杭州等地的观光、商务客人4万余人次，对"以梅促旅，以梅引资"作了有益尝试。《人民日报》《文汇报》、上海电视台、浙江电视台等多家媒体从不同角度进行相关报道。

2000年6月12～25日，由浙江省国内旅游协会、萧山市旅游局主办，所前镇人民政府承办的第二届萧山杜家杨梅节在所前镇杨静坞森林公园举行。其间安排开幕式、文艺演出、投资签约、书画笔会、花卉盆景、科技咨询、上山品尝杨梅等活动。杨梅节接待游客4.50万余人次，外地游客数量明显增加，其中上海、杭州等地的游客超过1万人次。有市内外工业、农业、旅游开发等6家企业前来杨静坞签约投资，投资总额1.97亿元。

2001年后，萧山每年均举办杜家杨梅节。②

啤酒狂欢节

浙江钱啤集团股份有限公司生产的中华啤酒、钱江啤酒闻名遐迩。1999年9月30日至10月17日，萧山市第一届啤酒狂欢节在新落成的杭州乐园举行。中华、青岛、喜力、百威等品牌啤酒厂商进园参展。其间，举办大型烟花晚会、喝啤酒、沙滩排球、拳击、掰手腕等比赛活动，共接待游客14万人次。2000年在市新世纪广场举行第二届啤酒狂欢节。啤酒节期间举办文艺演出活动，吸引了700多客商云集萧山，受到市民特别是青少年的欢迎。

①1994～2009年，已举办16届中国国际（萧山）钱江观潮节。2001年"中国国际（萧山）钱江观潮节"于10月1～6日举行，5天时间观潮者达68万人次。2002年观潮节由浙江省旅游局主办、萧山区人民政府承办，于9月22～26日在钱江观潮城举行。观潮系列活动包括萧山籍华人乡贤会、工业产品展销会、对外贸易洽谈会、杭州乐园狂欢节、东方文化园金秋文化艺术节以及浙江花卉博览会等，共接待70余万海内外游客前来观潮。2003年观潮节于9月12～16日举行，共接待游客40万人次。2004年观潮节于9月28日至10月3日举行，共接待来宾近50万人次。其中10月1日（农历八月十八）观潮人数20万人，创下萧山有史以来单日观潮人数最多的纪录。2005年观潮节于9月20～22日举行。2006年观潮节于10月8～10日举行。2007年观潮节于9月27～29日举行。2008年观潮节于9月13～17日举行，其间首次进行惊险刺激的冲浪表演，公布"萧山十景"评选结果，并推出"萧山十景"旅游线路。

②至2009年6月，共举办11届萧山杜家杨梅节。第三届杨梅节于2001年6月18～24日在杭州生态园举行，接待游客5万余人次。其间，开展以生态环保为主题的书画展览，举行野生动物放归山林等活动。第四届杨梅节于2002年6月20～23日举行，浙江省首届杨梅精品展在所前亮相，来自省内24个县（市、区）的18种杨梅精品进行集中展示。第五届杨梅节于2003年6月18～20日举行，推出游客自行采摘杨梅活动。由上海文汇新民报业集团和浙江登峰交通集团共同创办的"中国东方记者村"在杭州生态园挂牌。第六届杨梅节于2004年6月16～20日举行，在"山水所前、生态家园"大型演唱会上，宋祖英、潘长江等著名演员前来助阵，7位来自美国、英国、加拿大、哥伦比亚的记者，首次将杜家杨梅摄入镜头，传到海外。第七届杨梅节于2005年6月18～20日举行，除了越剧演出、武术表演等丰富多彩的文艺活动外，还有汽车展示、书画笔会等活动。开幕式当天，所前杜家杨梅喜获国家质检总局颁发的"地理标志注册保护"。第八届杨梅节于2006年6月18～22日举行，此届杨梅节被列入杭州世界休闲博览会的系列活动之一，吸引游客逾10万人次。第九届杨梅节于2007年6月17～24日举行，12万游客走进"农家乐"，中央电视台七套"乡村大世界"栏目报道开幕式盛况。第十届杨梅节于2008年6月13～22日举行，萧山区首届精品杨梅评比活动在所前镇举行，6个镇街13家单位的18个杨梅品种参加评比，"杜家杨梅"获得金奖。杭州电视台知名栏目"开心茶馆"走进萧山杜家杨梅节。第十一届杨梅节于2009年6月18～27日举行，开幕式上，著名歌手毛阿敏、阿宝等倾情献演。"杜家杨梅——中国红·走近世博"是本届杨梅节的主题。

【附】

萧山古代观潮点

历史上，钱塘江江道3次变迁，萧山境内观潮点亦随之变化。明末以前，钱塘江走南大门，南岸江堤在西兴、长山、龛山、党山等北海塘一线，站在西山、北干山之巅即能观潮。当时，西兴、龛山是南岸最佳观潮点，赭山则是北岸著名观潮点。明末清初开始，钱塘江改走狮子山与白虎山之间的中小门，狮子山成为观潮胜地。清康熙后，中小门淤塞，江水海潮尽归北大门出入，赭山、河庄等地改处钱塘江南岸，位于南沙大堤一线的赭山、头蓬、新湾成为观赏钱江潮的好景点。众多观潮点中，最佳当属赭山美女坝和乌龟山。古代萧山观潮点主要有以下4处：

西陵观潮 西陵（今杭州市滨江区西兴镇），明代以前为钱塘江边观潮胜地。西兴古有驿楼、樟亭、望海楼、镇海楼、慧济寺、西陵渡等观潮胜迹，历朝数十位著名诗人写有西陵观潮诗篇[①]。

渔浦观潮 渔浦，位于钱塘江、富春江、浦阳江三江口东岸，为六朝时重要津渡。渔浦亦是观潮点，尤以傍晚之潮最为迷人。历代诗人留下不少渔浦观潮诗[②]。

赭山观潮 明末前，钱塘江在龛山与赭山之间出海，赭山为观潮胜地。赭山古时地处海门，赭山潮亦称海门潮。明代胡奎《海门洪涛》"碧海有山都是雪，青天无雨只闻雷"句[③]，即咏此。

龛山观潮 龛山，附近有航坞山，又称王步山。越王句践曾设军港于此，故有"王步"之称。明代以前，龛山为钱江南岸观潮胜地。明代徐渭《龛山观潮》诗云："海门不可测，练气白于捣。望之远若迟，忽焉过如扫。"[④]明末清初，钱塘江改走中小门后，龛山观潮才结束。

（资料来源：方晨光整理 萧山区文广新局提供）

第三节 旅游服务

萧山旅游业于80年代中期起步。1997年9月，萧山市人民政府建立市旅游业发展领导小组，负责全市旅游业的规划、开发和管理。同年12月，市委十届十次全体（扩大）会议提出，把培育和发展旅游业作为全市经济新的增长点之一。[⑤]此后不断规划、开发萧山的旅游景点，编制完成湘湖旅游度假区总体规划和所前镇、云石乡的旅游规划。1999年4月，在原萧山市旅游业管理办公室的基础上，成立萧山市旅游局，作为市政府开发、管理旅游业的职能部门，加强旅游业的规划、管理和服务。

随着旅游业的发展，萧山的旅游中介、旅游宾馆、旅游交通、旅游购物等旅游服务行业随之发展，旅游服务设施不断完善。

---

①如晋苏彦《西陵观涛》云："洪涛奔逸势，骇浪驾丘山。訇隐振宇宙，溜磕津云连。"唐罗隐《钱塘江潮》云："任抛巨浸疑倾底，猛过西陵似有头。"唐姚合《杭州观潮》云："楼有樟亭号，涛来自古今。"

②如宋苏轼《瑞鹧鸪·观潮》云："西兴渡口帆初落，渔浦山头日未敧。"宋苏舜钦《观潮》云："支肘听潮声，逐飐久未停。随风过渔浦，伴月出沧溟。"

③原载《海昌外志》，见杜永毅选编《萧山古诗五百首》第134页。

④原载《徐文长文集》，见杜永毅选编《萧山古诗五百首》第178页。

⑤中共萧山市委十届十次全体（扩大）会议提出："全市各级政府必须进一步统一认识、形成合力，把旅游业作为萧山经济新的增长点来培育"。

旅游中介

80年代中期至2001年3月底，经过10多年发展，萧山有旅行社5家，省、市旅游公司萧山营业部6个，票务中心1个。有多家旅行社获"杭州市优秀旅行社"、"浙江省50强旅行社"和"全国百强旅行社"称号。

萧山市职工旅游公司　位于城厢镇文化路158号，1984年8月8日成立，原系萧山县总工会直属的职工旅游服务中心，是萧山最早的旅游中介机构。注册资金50万元，拥有3辆菠罗讷茨轿车、1辆鞍山旅游大客车。1989年12月更名为萧山职工旅行社，1992年7月变更为萧山市职工旅游公司，1997年转为股份制，有职工16人。2000年接待游客3万人次，营业额300万元左右。1998年以来，多次获"杭州市优秀旅行社"、"浙江省50强国内旅行社"、"浙江省公众形象优秀旅行社"等称号。

萧山开元旅行社　位于城厢镇市心南路146号，1995年7月成立，注册资金60万元，当时称萧山开元旅行社，属开元旅业集团。主要经营国内旅游业务、旅游出租车、航空与铁路票务服务。公司有员工50人，拥有豪华型大、中、小旅游车12辆。2000年接待游客5万多人次，营业收入1893.73万元。1998年被评为"浙江省50强国内旅行社"，1999年被评为"杭州市最佳旅行社"、"全国百强国内旅行社"。

萧山湘湖旅游有限责任公司　位于城厢镇育才路428号，1999年成立，现址绿都世贸广场写字楼八楼。注册资金50万元，员工20名。到2000年底，接待游客2万多人次，营业额1000万元。曾获"杭州市最佳旅行社"、"浙江省创建诚信服务优胜单位"等称号。

杭州萧山票务中心　位于城厢镇市心中路325号星都花园，1996年9月成立，注册资金150万元，固定资产700万元，职工25名。主要经营民航国内、国际客运代理业务。到2000年底，为旅客服务8万人次，营业额9000万元。2000年被评为萧山市"百佳文明窗口"单位。

表37-3-663　2000年萧山市主要旅行社（营业部）情况

名　　称	成立时间	注册资金（万元）	员工数（人）	年接待游客（万人次）	年营业额（万元）
萧山市职工旅游公司	1984-08	50	16	3.0	300
萧山市旅行社	1988-10	30	19	1.5	1500
萧山开元旅行社	1995-07	60	50	5.0	1894
萧山邮电旅行社	1997-12	50	12	1.0	500
杭州森特假日旅游萧山营业部	1998-03		6	0.5	350
省中旅萧山营业部	1998-10		20	0.5	500
省中青旅萧山营业部	1998-01		7	0.5	300
萧山湘湖旅游有限责任公司	1999	50	20	2.0	1000
杭州招商国际旅游萧山营业部	1999-08		7	0.5	300
省海外旅游萧山营业部	1999-10		7	0.8	400

旅游宾馆

改革开放后，萧山相继落成钱江饭店、贸易大楼、农垦大楼等具备住宿餐饮的饭店。1987年和1988年，新建的萧山商业大厦和萧山宾馆先后开业。90年代起，萧山国际酒店、金马饭店及一批高、中档次宾馆建造并投入使用。到2001年3月底，萧山有四星级旅游涉外宾馆2家（金马饭店、国际酒店），三星级2家，二星级4家，旅游涉外饭店3家，共有床位3549个，客房、餐饮、泳池、保龄球、卡拉OK、舞厅、棋牌室、旅游接送车辆等服务设施齐全。各宾馆进行优良服务、操作技能比赛、微笑大师评比，不断改善服务质量。

旅游交通

交通便捷是萧山发展旅游的优越条件。至2000年，全市各镇乡村村通公路，县道以上道路的技术指标均达三级以上。境内初步形成以城厢镇为中心的40分钟车程的主干线交通圈。有浙赣、萧甬过境铁路线，客运火车站有萧山站、萧山西站、临浦站。每天有37对客运火车经萧山站通往全国各地。境内有已建成的沪杭甬高速公路和104国道、03省道等高等级公路主干线，有1999年动工兴建的杭金衢高速公路、杭州绕城南线等在建高速公路。每天有300余辆面包车、791辆出租小轿车在境内运行；杭州市公交公司3条公交营运线及萧山市46条客运线路的130余辆客运汽车进出萧山。客运汽车站有萧山长途汽车站、萧山东站、萧山西站。2000年12月30日，新建的杭州萧山国际机场已经通航。

旅游购物

萧山有杜家杨梅、萧山萝卜干、高山云雾茶、大青梅、大红袍板栗、萧山霉干菜、萧山三黄鸡、义桥羊肉、楼塔狗肉等丰富的土特产，以及萧山花边、仿南宋官窑陶瓷、古籍印刷等传统工艺品。市内已形成市心广场、新世纪广场、杭州解百萧山商厦、金马大厦、联华超市、家友超市及商业城等一大批高、中档次商业网点，可满足游客的购物消费需求。

第四节　旅游资源

萧山有山有水，地貌多样。著名的山有越王城山、老虎洞山、狮子山、石岩山、塔山、北干山、西山、大螺山、青化山、大岩山、峙山、狮山、云门寺山、石牛山、云峰山、仙岩山、道林山、航坞山、赭山、青龙山、白虎山、凤凰山等。这些山山体不高，植被很好，大都风光秀丽，蕴含丰富的历史文化传说和名胜古迹。萧山的江、河、湖、塘纵横交叉、星罗棋布，钱塘江、浦阳江、西小江、萧绍运河等自古适宜旅游。除湘湖外，还有云石乡的响天岭水库、楼塔镇的东纪坞水库、进化镇的盛家坞水库等，以及狮山、岩山、寺坞岭等飞瀑。这些山水自然资源皆具旅游开发价值。

萧山各地独特的地理位置和不同的区域特征，构成了南部、中部、东部不同的民情风俗和人文景观。南片民居多顺溪两侧沿山脚而建，村民以大姓为主构成自然村落，旧时一般都建有宗祠。中部俗称"里畈"，以长河头（今属滨江区）方言为代表，多"头"一类的助词。民居常建在湖、河、池塘边，喜坐北朝南，以大族为中心向四周延伸。东、北部的镇乡俗称"沙地"，风土人情、方言更接近绍兴。萧山较有代表性的古建筑有：进化镇葛云飞故居、平阳村葛氏宗祠、欢潭乡务本堂、所前镇娄家墙门、城厢镇朱凤标故居、党山镇南大房、坎山镇老街、衙前镇古纤道及老街等。这些古建筑与河流、湖泊、池塘、水库、桥梁、街道、河埠、石板路以及风土人情相融合，形成特有的江南情趣。另外，楼塔的细十番、河上的板龙、新塘的龙船、坎山的祭星乞巧、浦阳的翻九楼、进化的放河灯、南阳的民乐等民间艺术，也颇具旅游开发价值。

萧山境内的名胜古迹众多，有省级文物保护单位4处，市级文物保护单位25处。有待开发的人文景点、一级旅游资源点45处；二级旅游资源点118处；三级旅游资源点134处。其中属地文景观类6项，景点48个；水域风光类4项，景点41个；生物景观类3项，景点15个；古迹与建筑类23项，景点144个；休闲求知健身类7项，景点23个；购物类3项，景点26个。

以萧山全市旅游资源分布的密度计算，每10平方千米的土地上有2个（处）资源点，不少镇乡拥有5个以上比较有价值的旅游资源点。如瓜沥镇有风景秀丽的航坞山，凝重古朴的白龙寺，社会主义新农村航民村等一系列古典和现代特色显著的旅游资源。千年古镇衙前是中国共产党领导的第一个农民运动的发源地，有东岳庙、农村小学、农民运动纪念馆、李成虎墓等一系列革命历史景点。进化历史文化保护区内有葛云飞故居、葛氏宗祠、葛壮节公故里表、汤寿潜故居和纪念碑、茅湾里印纹陶窑址等一系列景点。

【附】

"萧山八景"与镇村"八景"

萧山建县历史悠久，自然环境优美，文化积淀丰厚，先后有5组"萧山八景"以及数组镇村"八景"。它们多收载于地方志书和宗谱中，是对萧山自然景观、人文景观的高度概括，因采用四言偶句表达，平仄协调、易诵易记，得以长期流传。

萧山八景

明永乐九年（1411），萧山八景为：航坞龙湫、湘湖秋水、西陵古渡、柳塘春晓、菊山秋霁、钱清暮潮、北干茅亭、渔川晴雪。①

明正德（1506～1521）时，萧山八景为：湘湖云影、罗刹潮声、书院遗香、文峰拱秀、北干松风、西村梅雨、清江月色、渔浦烟光。②

明嘉靖《萧山县志》载萧山八景为：湘湖云影、海门潮势、北岭烟光、西山月色、祇园霜钟、谯楼小阁、渔浦歌声（原缺一景）。③

明万历年间（1573～1620）萧山八景为：湘湖云影、罗刹潮声、文峰豹雾、航坞龙湫、书院流芳、笔花遗迹、西山霁雪、北干松风。④

民国《萧山县志稿》载萧山八景⑤为：渔浦烟光、清江月色、北干松风、西村梅雨、罗刹涛声、湘湖云影、书院遗芬、文峰拱秀。

渔浦烟光 渔浦在今义桥镇境内，富春、浦阳、钱塘三江之水汇流于此，又称渔浦潭，为古代著名津渡。每当夜幕降临，点点渔火与闪闪星光交相辉映；江面轻雾如烟，景色迷离。唐崔国辅《宿范浦》有"村烟和海雾，舟火乱江星"句；宋陆游《渔浦》有"渔浦江山天下稀"句，赞美有加。

清江月色 清江即钱清江，又名西小江。清江月色景点位于西小江中段北岸的新林周一带。南宋咸淳六年（1270），新林周决堤，重修后在塘边建祠，祠前植柳万株，祠额悬匾"万柳堂"。明、清时期，这里是儒士会文赏月观景的好地方。清汤金钊爱这里的风景，有一年春天，他到万柳堂前观看杏花，并和诗僧觉上人品茗唱和，事后作诗云："扶游龙杖坐驴车，万柳堂前看杏花。自携顾渚春茅去，唤来诗僧共吃茶。"

北干松风 北干山是萧山县城的一道绿色屏障。古时山上苍松参天，一片青翠。风过处，树梢摆动，远观犹如大海波涌。北干山南麓古迹众多，有东晋名士许询的"萧条北干园"，有纪念秦末项羽部将、原山阴县县令厉狄的"北岭将军庙"，有宋景德四年（1007）县令杜守一在玉顶峰筑的"知稼亭"

①柳塘：古时钱塘江渡口两岸，多植杨柳固堤，明任激有诗："钱塘江头天欲旦，杨柳万株排两岸。"又，南宋时，北海塘植柳万株以固，称万柳塘。菊山：菊花山，为湘湖东岸小山。唐永泰（765～766）中，萧山县令李萼、县尉丘丹登此山，见山多甘菊，遂名菊花山。钱清暮潮：钱清原为萧山县所辖，明代钱清西小江也有潮。渔川：即今义桥镇境内的渔浦。

②罗刹：即钱塘江古称。西村：指西山脚下村落。清江：即西小江，又称钱清江。

③海门：龛山、赭山之间，古为钱塘江出海口。北岭：即北干山。谯楼：古时建在城门上用以瞭望的楼阁。

④原载《萧山梅里倪氏宗谱》，八景作者为明万历二十六年（1598）进士倪朝宾。

⑤民国《萧山县志稿》，民国24年印行，见卷三十三《艺文》所载清杨绳祖《萧山赋》。

（元代易名"吴越两山亭"），有清代大画家任渭长的住宅"怡怡山堂"和清代萧山文士吴征吉的"听松楼"，等等。清黄元寿《吴越两山亭》诗有"玉顶高峰峙，江山一望收"句。

西村梅雨　西村梅雨也作西山梅雨。古代西山顶上多梅树，且有"望湖亭"和"梅雨亭"等古建筑点缀其间。每逢"黄梅时节家家雨"时，文人墨客三三两两，登山赏景："雨濯万木鲜"，"山崖洗更青"。他们吟诗作文，咏写自然秀色，抒发爱乡情怀。

罗刹涛声　古时钱塘江风波险恶，常有舟覆人亡事件发生，所以叫它"罗刹江"。"罗刹涛声"一景指钱塘江观潮。钱江大潮为世界奇观，历代诗人咏潮的佳句不少。如唐刘禹锡《浪淘沙》云："八月潮声吼地来，潮高数丈触山回。"宋范仲淹《江城》云："海面雷霆聚，江心瀑布横。"

湘湖云影　湘湖"山秀而疏，水澄而深"。堤岸曲曲，蒹葭丛丛；湖中9座小山，宛如青螺浮水，十分秀美。一到夏秋季节，"云影映波波作镜"，"清流近漾白云多"，平静的湖面，把云彩的变幻反映出来了。

书院遗芬　书院是指道南书院，位于净土山北麓，濒临湘湖，明成化二年（1466）由萧山县知县窦显创建。书院以北宋理学大师程颢、程颐的学说授人，培养了一批学子，为发展萧山文化作出了贡献，所以称"遗芬"。二程弟子杨时于北宋政和二年（1112）出任萧山县知县。他把老师的学识在治区广为传播。程颢得悉后很高兴地说："吾道南矣！"据说道南书院的院名，源于程颢的这句话。

文峰拱秀　文笔峰在石岩乡境内，海拔257米。在湘湖周围的群山中，数它为高。峰北、峰南一片平畴，秀色满眼。文笔峰北麓有始建于宋乾德二年（964）的崇福院，即今百步寺。寺前有水一潭，清澈明净，为宋时遗物。明赵缙有诗云："文笔千仞费攀援，崩石巅崖骇梦魂。"

镇村八景

河庄八景　云停绝顶、天际观帆、马蹄秋月、烟臬平林、滩头渔火、龟背夕阳、中门麦浪、北院松涛。①

赭山十景　南峰云插、北坝潮平、东山花幪、西院松琴、石马嘶风、岩狮吐烟、钓台春绿、笠岫秋红、月湖添碧、陆井留香。②

石岩十景　刘基遗踪、石岩秋色、山顶览亭、乐丘魏墓、香泉烹茗、鹅鼻采药、文峰积雪、石壁飞瀑、平桥卧波、甲科流芳。③

①载民国《萧山县志稿》。河庄八景分布于今南阳镇临江一带。马蹄：马蹄泉，在白虎山巅，因形似马蹄而名。龟背：指乌龟山，又名葛岙山。中门：又称中小门，位于禅机山与河庄之间，为钱塘江古道之一，清康熙十九年（1680）通流，五十四年流塞，垦为耕地。北院：即白虎山麓的甘露禅院，也称茶亭。

②载《新安胡氏家乘》。赭山十景位于赭山坞里一带。

③据《萧山埭上黄氏宗谱》及口碑资料整理，景在今石岩乡。刘基遗踪：元朝末年，刘基（刘伯温）曾登上石岩山，留有《石岩山》等诗。乐丘：在石岩山北的徐家坞里，青山如屏。明永乐朝南京吏部尚书魏骥生前选中这块宝地，作为长眠之所，并命名为"乐丘"。鹅鼻：象形山，俗称雄鹅鼻，为石岩山主峰。传说八仙之一的吕纯阳曾到此采药。飞瀑：文笔峰东麓有"石船坞"，俗称"石壁坞"，雨后飞瀑数丈。

图37－3－974　湘湖全景图（2005年6月，王锦荣摄）

池头沈八景 蟹沟春涨、双池印月、舟山积雪、坞滨渔唱、鱼山樵歌、社刹晚钟、湖塘瀑布、越峥映秀。①

玉溪六景 金山耸翠、花园涌泉、玉溪曲水、双凤参朝、倒挂壶瓶、青墩社火。②

仙岩八景 镜台秋月、道林旭日、黄辅松涛、石牛雪嶂、奎阁晨钟、溪桥晚钓、钱镠斧迹、玄度仙踪。③

梅里十景 郭墓春晓、龙潭夕照、普寺疏钟、横江飞帆、丽湖云影、梅井泉声、滩头夜月、洞口桃花、苍松叠翠、古梅遗香。④

桃源十景 仙桃春醉、前山枫叶、灵山晚钟、庙山古社、关王圣迹、新桥玩月、童山夕照、郭峰球带、古坞闻歌、峰剪云裁。⑤

小湖八景 郭母晴云、桃源春涨、小湖秋月、非相晨钟、尖山积雪、临浦归帆、后山夕阳、谷中怀古。⑥

图37-3-975 渔浦晚归（2003年12月，李维松摄）

开善八景 玉洞奇景、云峰灵鹫、坟花现瑞、仙井回春、月涌鸳溪、霞飞凤坞、六和宵梵、慈云晚钟。⑦

长潭十景 长潭钓月、枫岭樵云、洪村市饮、和庆闻梵、石牛陇耕、尖山晴眺、青山题竹、南坞同梅、响石听泉、响铁雪行。⑧

进化十二景 天乐琴石、鹤池垂钓、云飞故里、蛰仙遗迹、洪井清泉、溪桥夜月、名刹传灯、城山览古、春秋窑址、石柱宋陵、诸坞香海、青化书屋。⑨

溪川八景 溪塘古木、石坞乔松、大桥晓行、独山晚眺、灵山塔影、兔沙晓月、豪岭春云、广寺钟声。⑩

照山十景 郭墓秋月、石峡凉风、玉屏拱秀、峻壁飞泉、三河曲水、双尖晚霞、云峰积雪、普寺晨钟、西溪红叶、兔岭松声。⑪

独山八景 老子仙庙、大桥书声、山峰石笋、玉溪清泉、百亩春耕、独山晚眺、古老君庙、郭巨古宅。⑫

萧园十景 河上春晓、源潭秋月、道林紫气、仙岩彩霞、金坞泉声、玉溪水色、松亭积雪、竹院回风、东山夕照、西院晨钟。⑬

（资料来源：据有关宗谱及王炜常编《越山湘水识萧然》等，李维松整理）

①原载《山阴天乐沈氏宗谱》。八景位于所前镇池头沈、赵坞一带。

②原载《萧山瞿氏宗谱》。玉溪六景位于今河上镇大桥一带。

③原载《仙岩楼氏宗谱》。景在今楼塔一带。黄辅：黄辅山，楼塔镇境内，古时山上遍栽松树，可闻松涛作响。奎阁：文昌阁，遗址在楼塔镇洲口桥头，旧时阁内悬钟，晨间撞击。钱镠斧迹：在楼塔洲口山，吴越国王钱镠留有斧痕，俗称"十八斧头"。玄度仙踪：东晋许询（字玄度）曾隐居镜台山。

④原载《古越萧邑桃源倪氏宗谱》。景在今临浦镇梅里村一带。

⑤原载1947年《桃源新村计划》。景在今浦阳镇一带。

⑥原载《桃源小湖孙氏宗谱》。景在今浦阳镇一带，小湖即浦阳镇小湖孙村。元朝末年，富阳龙门孙氏一支迁此发族。非相：庵名，今改寺，移建于羊角尖山。

⑦原载《萧山刘氏宗谱》。景在今许贤乡北坞一带。

⑧原载《萧山长潭顾氏宗谱》。景在今云石乡境内。庆寺：和庆寺。唐天祐二年（905），丁村始祖丁璞舍基而建。

⑨据《天乐志》《天乐富家墩村志》等资料整理。景在今进化镇境内。琴石：在傅墩村东琴石岗上，有石如琴。相传是仙人弹琴的地方，天乐之名，源于此石。洪井：指御史井，俗唤八角井。明永乐监察御史汤守云（进化镇大汤坞人）建。城山：在大汤坞，山上有始建于后晋天福七年（942）的资教寺，祀句践，今圮。宋陵：即皇坟尖，在石柱头村，南宋理宗赵昀生母明懿夫人全氏之墓。

⑩原载《萧山卜氏宗谱》。景在今河上、戴村镇一带。灵山：灵山寺，后周显德六年（959）初建，有塔。今寺存塔废。兔沙：山岭名，在戴村镇境内。豪岭：一作壕岭，山岭名，在河上镇境内。广寺：广惠寺，梁大同三年（537）建，久废。

⑪原载《萧山郭氏宗谱》。照山：在戴村张家弄村。景在今戴村镇一带。郭墓：山名，也作郭母。普寺：即普惠寺，始建于唐天祐二年（905），今存残基。

⑫原载《萧山长潭孙氏宗谱》。景在云石乡境内。

⑬原载《萧山朱氏宗谱》。景在今河上镇一带。

第三十八编
卫　生

登石巖山

清·王宗炎

重老来登第一山，

近山如峡远山叠。

养苗破土松千尺，

布衲围田水几湾。

石泾穿云寻苹确，

霜林徐叶缀朱殷。

归途预作重游计，

野菜花青荠锋斑。

萧山医药源远流长，名医辈出，但旧时百姓缺医少药。中华人民共和国成立后，萧山医疗卫生事业得到快速发展。1983年11月，萧山被卫生部和世界卫生组织列为中国6个农村初级卫生保健示范县之一。至1984年底，县、乡、村三级医疗卫生保健网日趋完善。[①]

随着医疗卫生改革的逐步深化和不断发展，萧山医疗卫生事业迎来了蓬勃发展的春天。1985年以来，市（县）政府加大对医疗卫生事业的投入，同时吸引民营资本的融入。新建扩建一批医院、卫生院，医疗设施不断更新。形成了国有、集体医疗机构与部门医院、企事业单位保健站（医务室）、村卫生室、民营医院、私人诊所共存和发展的医疗新格局，中医、西医、中西医结合的医疗体系。坚持以人为本，把加强医疗队伍建设、全心全意为病人服务作为办好医院的宗旨，医疗技术明显提高，医风医德不断改进，医患关系更加和谐。贯彻"预防为主"的卫生工作方针，加强疾病控制，促进了妇女保健、儿童保健、老年保健。境内长期流行的姜片虫病、血吸虫病等地方病已消灭或基本消灭，传染病得到有效控制，人民健康水平进一步提高。重视抓好健康教育、村卫生室建设、合作医疗、改水改厕等卫生工作体系中的"四大难点"，公共卫生、爱国卫生工作取得显著成绩，城乡卫生状况明显改善。建立和健全萧山市农村合作医疗保健制度、城镇职工基本医疗保险和大病医疗社会统筹办法，医疗保险体系逐步完善。

1992年，萧山成为全国农村初级卫生保健达标先进县（市）。1995年，萧山成为国家卫生城市。至2001年3月底，有18个镇乡（场）成为浙江省、杭州市及萧山市的卫生镇乡（场）；全市有各级医疗、保健机构749个。病床2993张，医务人员5136人（其中卫生技术人员4182人），平均每千人有床位2.54张、卫生技术人员3.67人。

①1984年，全县有县属医院7所，乡（镇）卫生院63所，工厂、学校等企事业单位医疗机构92个，共有卫生技术人员2366人，病床2141张，平均每万人已有卫生技术人员22人、病床20张；婴儿死亡率已下降到20.2‰。（资料来源：萧山县志编纂委员会：《萧山县志》，浙江人民出版社，1987年8月，第899页）

第一章　医疗卫生改革

改革开放以来，萧山在卫生体制、医疗制度等方面进行一系列改革，卫生事业得到进一步发展和加强。

第一节　卫生体制改革

人事制度改革

1987年，萧山卫生系统试行人事制度改革。是年，在临浦医院、县妇幼保健所开展院（所）长负责制的试点工作，实行党政分开，进行民主管理。1988年1月，市中医院公开竞选院长，李茂才成为萧山卫生系统第一位通过竞选上岗的医院院长。1989年，市卫生主管部门在市人民医院、市卫生防疫站、市中医院、瓜沥人民医院、市精神病医院实行院（站）长负责制。1996年5月，市妇幼保健院实行院内职工代表民主选举医院行政领导，实行中层干部竞争上岗、一般职工双向选择、未聘人员下岗待聘。1997年，在大庄、衙前、头蓬、长沙、昭东5个卫生院进行人事制度改革试点。①1998年，对17个卫生院进行人事制度改革，市第三人民医院进行行政后勤人员人事制度改革试点，通过定编定岗，实行中层干部竞争上岗、一般职工双向选择；采用达到一定年龄内退，工作不到位实施试聘、待聘等办法；精简行政后勤人员，提高工作效率。2000年，市卫生主管部门规定新进卫生系统的人员一律实行人事代理，医疗卫生单位行政领导（院、站、校、所长）全部实行任期聘任制，局机关及各医疗卫生单位一律实行中层干部竞争上岗，打破干部与职工的身份界限，实行全员聘用合同制。是年，各单位相继完成职工双向选聘，分别实行试聘、正式聘用、解聘、离岗回家、内退，优化人员结构，逐步建立"有责任、有激励、有竞争、有约束、有活力"的内部运行机制。市卫生主管部门还界定非卫生技术人员与卫生技术人员的界限，规定非卫生技术人员不得在卫生技术岗位上岗，并进行人事督查，对122名在卫生技术岗位的非卫生技术人员分别作出清退、内退、待岗、转岗、离岗培训5种方式处理。

分配制度改革

1979年，萧山卫生系统试行分配制度改革。是年，县人民医院推行"五定一奖"②试点。1988年6月，市卫生局在浦南卫生院进行承包经营改革试点。1989年，在市人民医院、瓜沥人民医院、临浦人民医院、头蓬人民医院、市中医院、市卫生防疫站、市精神病医院、市妇幼保健所和市凤山防治院实行"四定一奖"③技术经济责任制，并对50个乡镇卫生院实行"一明、四包、两挂"④承包经营责任制，实行"分配比例不突破、单位之间不拉平、职工收入不封顶"的考核分配制度和"六四开纯盈余分配法"①。对工作突出的承包者，年终可拿到职工平均奖4倍的奖金；对完不成任务的承包者，按合同扣除院长的奖金或基本工资，当年，50名卫生院院长全年平均奖为1980元。是年，市人民医院、瓜沥人民医院、临浦人民医院和市中医院4家单位率先实行以"科室业务收支与奖金挂钩"为主要内容的院、科两级核算管理办法。1990年，全市65个镇乡卫生院与市卫生局签订为期两年的技术经济责任制承包合同。1991年，市卫生局对各医疗卫生单位实行责任制管理，每年由局长与各单位法人代表签订目标管理责任书，责任书内容包括行政管理、医疗质量管理、医德医风建设、教育科研、业务数量与质量要求等工作指标，奖金设定以及考核办法3个方面，医院根据责任书目标要求，分解落实到具体科室和个人进行考核。是年，市卫生局对镇乡卫生院实行技术经济目标管理责任制。1996年，在市妇幼保健院实行工资制度改革，打破医院职工原有的固定工资结构，制定由基本工资、岗位技能工资、效益工资组成的院内工资制，并逐步完善岗位工资与绩效工资相结合的工资分配制度。

2000年，卫生系统试行院内岗位固定工资和效益工资制相结合的分配制度，护龄津贴、10%护士工资、医疗保健津贴必须在相应岗位的人员方可按规定发放，效益工资在绩效优先、兼顾公平的原则下，按劳和按技术要素进行分配。并实行目标责任制考核，奖优罚劣，各级、各类医疗卫生单位均程度不同地调整分配方案，按市卫生局指导意见将工资根据学历、职称、岗位及所承担的责任和风险大小划分类别和档次重新分配，打破分配上的"大锅饭"，拉开分配档次，调动医护人员的积极性。是年10月开始，市第一人民医院实行新的分配制度改革方案，对效益工资的分配，进一步体现向贡献大的倾斜、向一线倾斜、向知识倾斜、向责任重风险大的人员倾斜的原则。方案规定，院内固定工资占工资总额的40.74%，效益工资占工资总额的59.26%（效益工资由岗位技能工资、护士浮动工资、劳务工资组成）。其分配办法是：

岗位技能工资。按岗位技能及承担责任大小，分为5类、12档。

护士浮动工资。按岗位工作量大小、业务技术要求高低、值夜班多少、工作时所承受的心理压力程度等因素，将全院护理岗位分为5个等级。

图38-1-976　市中医院与各科室签订承包合同（1988年1月摄，市中医院提供）

① "六四开纯盈余分配法"：卫生院产生的盈余，60%作为单位积累，40%可作分配（其中25%用于职工奖金，10%用于集体福利，5%作为院长基金）。

表38-1-664　2000年萧山市第一人民医院岗位技能工资分配情况

分类（档）	系数	岗　　　　　位
一类	1.10	有执业医师证，实际从事医疗第一线的医务工作者
二类	1.05	在护理岗位，实际从事第一线护理工作者
三类	1.00	各医技科及职能科副职以上管理人员
四类	0.95	职能科干事、行政后勤技术岗位人员（具备专业职称并岗位对口）
五类	0.90	其他工勤人员（门卫、托儿所、仓库、工友、洗衣房）
一档	2.00	院长、正高职称
二档	1.80	副院长、副高职称
三档	1.60	职能科正职、大科主任
四档	1.40	职能科副职、临床科主任、大科护士长
五档	1.30	护士长、临床科副主任
六档	1.20	其他小科主任、副护士长
七档	1.10	中级职称
八档	1.00	职能科干事
九档	0.90	师级（本科3年、大专4年、中专5年），后勤班组长，财务、信息、档案、文印、车队、总机人员
十档	0.80	士级、挂号、收费、水电、锅炉人员
十一档	0.70	食堂、仓库、洗衣房、门卫、消防、保卫、收发和其他工勤人员
十二档	0.60	见习期、特殊照顾岗位人员

注：职称与岗位对口，不相符或未达到下浮一档，为不突破原开支总额，采用调节系数（调节系数=原工资津贴总额/技能工资总额），分档和分类遵循一致原则。

劳务工资（奖金及加班费）。实行总量控制，拉开档次。

分配原则：体现按劳分配，效益优先，兼顾公平；实行院、科室两级核算，科主任（护士长）有科内（部门内）分配权。

核算基础：参考前一年完成的工作量，结合当年医院目标责任书、年度预算，核定工作量基数；经济指标以工作量为基础，按医院收费标准予以测算；药品收入与奖金脱钩，并实行超比例累进扣奖，以控制药品比例；取消各种形式的劳务积分补贴；按完成各项指标应得额与行风建设得分率的积分，作为可分配额。

2001年初起，市级医疗单位均实施岗位固定工资加效益工资相结合的院内分配制度。

管理体制改革

1986年，萧山卫生系统试行管理体制改革。是年11月，县卫生主管部门与宁围乡政府签署联合文件，在"三个不变"①的前提下，卫生院下放给乡政府管理，成为全县第一个乡管卫生院。1987年，欢潭、大桥、来苏、新围、昭东5个乡卫生院移交给当地乡政府管理。1988年，市卫生局又在浦沿、城北、新塘、城东、前进、头蓬、大园、光明、许贤、新江岭和城山11个镇乡试行以镇乡政府为主管理卫生院的工作。1999年9月，经市卫生主管部门批准同意，萧山激光医院（城东卫生院）成为全市首家股份制医疗机构，按股份制管理要求，分别成立医院董事会和监事会。2000年，农场系统医疗机构实行体制改革，其中湘湖农场职工医院采取所有资产公开投标转让，红垦农场、第一农垦场、第二农垦场、钱江农场职工医院采取动产拍卖、不动产租赁的体制改革实施方案，农场系统5个农垦场职工医院全部改由个人经营。体制改革的内容主要是：退出公有（国有/集体）资本；全面转换职工劳动关系；全部落实社会养老保险政策。

第二节 医疗制度改革

公费医疗

萧山公费医疗制度始于1952年②。1984年，县公费医疗办公室在对各享受单位实行定额拨款的基础上加强管理，推广县人民医院、戴村区教育办公室关于对公费医疗享受人员进行挂钩的试点办法。县人民医院建立公费医疗管理领导小组，指定一名领导专门负责公费医疗管理，对享受人员指定保健医院就诊，门诊医药费用每日3.50元，核定到人。住院治疗，工龄在20年以上和退休人员由医院全额报销，20年以下10年以上报销95%，10年以下5年以上报销80%，5年以下报销50%；重大疾病和特殊情况，经医院领导审批后报销。戴村区教育办公室对经费采用包干到下属单位，单位再核定到人的办法进行管理。每月每人3元，超支部分报销80%；重危病人经个人申请，所在单位报送，区教育办公室批准后报销。

子女统筹医疗③经费，1980年以前同公费医疗经费合并统一使用，经费超

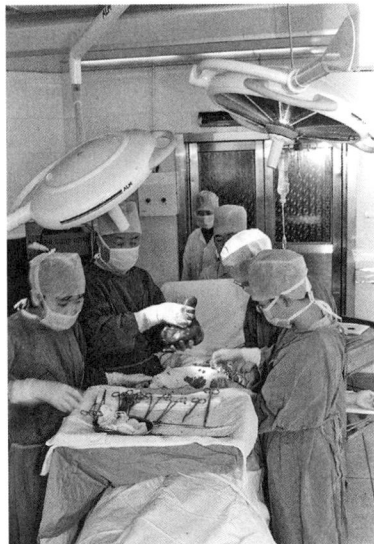

图38-1-977 市一医院施行门奇静脉断流术（2000年3月，方圆摄）

①"三个不变"：卫生院所有制性质不变，现有卫生院正式职工编制性质和待遇不变，卫生院承担的工作任务不变。

②1952年9月21日，建立县公费医疗委员会，经费由县财政预算拨款。1952年9月至1981年5月期间，经费由县公费医疗办公室统一使用。1981年6月起，县公费医疗办公室对经费使用采取定额拨款，享受单位自行管理控制的方法。

③子女统筹医疗是国家工作人员子女保健的一种形式。属于个人、单位出钱自筹联办，医药费超支向地方财政部门申请补助的大合作医疗性质。享受对象为父母一方享受公费医疗待遇，年龄在16周岁以下、城镇户口（供应商品粮）的国家干部子女。参加统筹医疗由单位证明，缴纳经费，县公费医疗办公室同意，发给国家干部子女统筹医疗证，进行定点治疗，医院记账。

支不向享受者和子女家长单位摊派，不足部分向地方财政部门申请补助解决。1981年起，统筹医疗和公费医疗经费分开单独建账核算，超支部分由地方财政补助平衡。

1999年9月，市公费医疗办公室由市卫生局成建制划归市社会保险管理局（简称"社保局"）。经费来源、经费使用等不变，进一步完善"包干使用、节约归己、超额根据年龄报销"这一医疗费使用办法。每年组织人员对医疗费超支较多的单位审核检查，对财会人员进行医疗费审核培训，使公费医疗制度比较平衡地向基本医疗制度转换。至2001年3月，仍实行这一制度。

农村合作医疗

1969年起，萧山实行农村合作医疗。是年，有151个生产大队建立合作医疗站。至1984年底，全县787个村中设置医疗点的有743个，其中村或群众办的669个，镇乡卫生院设点7个，其他67个。有111个村医疗站医药费实行不同程度减免。

80年代中期后，村保健站逐步由集体改为个人承包，合作医疗日趋萎缩。1989年，只有44个村坚持合作医疗。1990年，实施以镇乡为单位的农村初级卫生保健达标活动，恢复合作医疗，根据各镇乡实际和农民合作医疗资金筹集的能力，出现合医合药、合医不合药、合药不合医、单项保偿①和乡镇企业职工统筹医疗等多种形式的合作医疗方式。是年，参加合作医疗11.53万人。1991年9月，市政府发出《关于在全市推行合作医疗保健制度的通知》，至年末，共有621个村实行不同形式的合作医疗制度，参加人数57.94万人，其中实行合医合药报销制度的村有463个，实行合医不合药、合药不合医或单项保偿的村158个。1996年，参加合作医疗人数又有所回落，参加人数下降至26.84万人。1997年9月，市政府下发《萧山市农民合作医疗保健制度管理暂行办法》，要求各镇乡全面推行合作医疗保健制度。是年，杭州市人民政府组织开展以镇乡为单位的初级卫生保健达标活动，推动合作医疗发展，参加合作医疗人数又有所回升。

至2000年末，有237个村坚持合作医疗，参加人数43.02万人，其中参加单项保偿人数8.56万人。

镇乡企业统筹医疗

1985年，昭东乡卫生院在全县率先实施乡、村企业职工统筹医疗制度，具体做法是：卫生院与所在地的乡或村企业签订协议，把乡或村办企业按月发给职工的医疗保健费集中起来，由卫生院统一管理、统一使用、统一报销，以解决乡、村企业职工的医疗保障问题。1986年，全县有10个镇乡卫生院参照昭东乡卫生院的做法，与80多家乡镇企业的1.35万名职工签订统筹医疗协议。1987年，增加到156家企业、1.75万名职工。90年代初，最多时约有5万名职工参加乡镇企业职工统筹医疗。乡镇企业转制后，参加乡镇企业职工统筹医疗的企业和职工逐渐减少。至2000年末，仅有6894名乡镇企业职工参加乡镇企业职工统筹医疗。

①合医合药，指医疗费和药费都可按一定比例报销；合医不合药，指医疗费按比例报销，药费自负；合药不合医，指药费按比例报销，医疗费自负；单项保偿，指某个医疗服务项目给予经费补偿，如妇幼保健保偿等。

图38-1-978　衙江公社合作医疗管理委员会挂牌（1976年5月摄，区卫生局提供）

图38-1-979　农村保健员在围垦工地为民工治疗（80年代摄，区卫生局提供）

第二章　医疗单位

中华人民共和国成立后，萧山医疗卫生保健机构逐步建立①。1988年1月，市、镇乡、村三级医疗预防保健网络基本完善。至2001年3月底，有各级各类医疗、保健机构749个，其中市直属医疗机构9个、卫生保健机构2个，集体卫生院50家，经正式登记注册的工业和其他部门办医疗机构103个，村卫生室505个，民营医院、私人诊所80家。形成国有、集体医疗机构与部门医院、企事业单位保健站（医务室）、村卫生室、民营医院、私人诊所共存和发展的医疗新格局。

第一节　综合性医院

至2001年3月底，萧山有市卫生主管部门直属的综合性医院5家，即市第一人民医院、市第二人民医院、市第三人民医院、市第四人民医院、市中医院。

萧山市第一人民医院　坐落在城厢镇市心南路199号，始建于民国时期②。1983年11月，萧山县被列为全国6个初级卫生保健（简称"初保"）示范县之一，该医院被定为"初保示范县"的医疗中心。1985年底，被授予省文明医院称号。1987年7月20日，医院核定病床360张。1989年6月8日起，医院实行院长负责制。1990年5月21日，被评定为二级甲等医院。1993年7月13日，改名萧山市第一人民医院（简称"市一医院"）。1994年2月，定为浙江医科大学教学医院。1996年1月，新建的11层病房大楼投入使用。1998年6月，医院被省卫生厅确定为杭甬高速公路急救"绿色生命卡"诊疗医院。1999年7月1日，医院成立"萧山市儿童潜能开发中心"。2000年4月3日，被省卫生厅评定为三级乙等医院。至2000年底，医院占地面积56亩（37333.52平方米），建筑面积42262平方米，系全民差额拨款事业单位、浙江省高等医学院校的教学医院。工作人员991人，病床608张，职能科室8个，门诊科室14个，医技科室16个，住院部病区

① 1951年，县人民政府把医务工作者组织起来，走联合道路，先后建立了西医联合诊所和中西医联合诊所，年底，全县有全民、集体以及工业和其他医疗机构31个，西医技术人员132人。1958年，全县共有医疗机构123个，西医从业人员636人。1976年，全县750个生产大队有743个办起合作医疗站，"赤脚医生"1322人，平均每村有1名～3名"赤脚医生"，西医西药遍及城乡。至1958年，乡乡建起卫生院。

② 民国24年（1935）8月15日建立，初名县立医院，院址在城厢镇城隍庙旁（今江家弄）。工作人员12人，设简易病床10张。1949年6月3日，改名县人民政府卫生院。1950年，迁至仓桥下街西仓弄口（今文化路87号处）。1956年，更名县人民医院。1960年，在县城南门陆家河头建造新院舍（今市心南路199号），1962年5月正式启用，有工作人员94人，病床125张。1980年，医院被定为浙江医科大学杭州分校（后改名杭州高等医学专科学校）教学医院。

图38-2-980　60年代的萧山县人民医院（萧山区卫生局提供）

16个。主要设备有：磁共振、螺旋CT机、DSA（计算机数字减影血管造影）、X电视透视系统、腹腔镜、人工肾、全自动生化分析仪等，万元以上医疗器械531台（套），其中单件在5万元以上的有139台（套）。医疗器械固定资产原值7554.86万元。医院固定资产总值为11420.56万元。

萧山市第二人民医院　坐落在瓜沥镇东灵路47号，建于1955年[①]。1988年，改名萧山市瓜沥人民医院。1990年3月11日，迁至现址。1991年10月，被评定为一级乙等医院和省文明医院。1993年7月13日，更名为萧山市第二人民医院。1997年，急诊综合楼投入使用。至2000年底，医院占地面积22.78亩（15186.74平方米），建筑面积11300平方米，系全民差额拨款事业单位。工作人员336人，核定病床250张，实际开设200张，职能科室6个，门诊科室23个，医技科室10个，住院部病区6个，主要设备有：螺旋CT机、彩色B超、X电视透视系统、腹腔镜、全自动生化分析仪、全自动呼吸机等。固定资产原值2146.95万元。

萧山市第三人民医院　坐落在临浦镇峙山北路，建于中华人民共和国成立初期[②]。1986年2月7日，更名为萧山县临浦医院，同年经省卫生厅批准，升格为县级医院。1988年6月6月，成为杭州市第一人民医院等医院的协作医院。1989年，被评定为一级乙等医院和省文明医院。1993年1月7日，搬迁至临浦镇峙山北路，新院址投资800万元，占地45.20亩（30133.48平方米），工作人员321人，病床增至226张。7月13日，更名为萧山市第三人民医院。至2000年末，医院占地面积48亩（32000.16平方米），建筑面积14000平方米，系全民差额拨款事业单位。有工作人员426人，病床250张，职能科室6个，门诊科室16个，医技科室9个，住院部病区6个。主要设备有：螺旋CT机、腹腔镜、膀胱镜、电切镜、彩色B超、500毫安X光遥控胃肠机、全自动血凝分析仪、全自动生化分析仪、纤维胃镜等。固定资产原值2905.43万元。急诊科、内科抢救治疗心跳呼吸骤停病人和有机磷农药中毒病人成功率高，内科运用补阳还五汤加减Ⅰ、Ⅱ号胶囊治疗流行性出血热较有特色，外科腹腔镜微创治疗胆囊疾病、肝肾囊肿、胃肠疾病走在萧山市前列。医院与上海华山医院联合创办神经内科临床基地，吸取上海华山医院技术和经验治疗脑中风、头痛、头晕、脑瘫等疑难杂症。

萧山市第四人民医院　坐落在义盛镇义盛路284号。1996年1月1日，由头蓬人民医院[③]和义盛镇中心卫生院合并，更名为萧山市第四人民医院，院址设在原义盛镇中心卫生院，占地面积16亩（10666.72平方米），医疗用房7000多平方米，开设病床100张，工作人员147人。有门诊科室11个，医技科室6个，后勤科室3个。住院部设内儿科、骨外科、妇产科三大病区。系全民差额拨款事业单位。至2000年底，医院占地面积39.60亩（26400.13平方米），建筑面积10280平方米，工作人员189人。设职能科室6个，门诊科室13个，医技科室3个，住院病区4个。特色专科有潘氏儿科第3代传人潘柏堂主持的儿科、滕玉良副主任医师主持的中医内科和中医骨伤科。主要设备有：螺旋CT机、呼

①1955年上半年，筹建萧山县瓜沥医院，位于瓜沥镇任家溇。1957年3月20日，正式对外应诊，有工作人员22人，设病床20张。1969年5月，改名县人民卫生防治院瓜沥分院。1971年2月，改名为萧山县瓜沥人民医院。

②前身为1951年11月17日成立的临浦中西医联合诊所和妇幼保健站，医务人员8人。1952年1月，由5名中西医生组成成立临浦镇第二中西医联合诊所。1956年，两所合并成立临浦联合医院。1958年，改称临浦人民公社卫生院。1962年，建筑面积480平方米的门诊楼建成，改建了住院部，设病床（包括产科）45张，人员增至45人。1969年，改名为县人民卫生防治院临浦分院。1971年6月，改名为临浦人民医院。1979年，建筑面积2112平方米的住院大楼竣工。1983年7月，增设急诊观察室，设有观察床10张。

③头蓬人民医院：1972年5月13日对外应诊，坐落在头蓬镇，隶属县卫生局，系全民差额拨款事业单位。主要因江涂新围土地及内地移民增加，由杭州市级医疗机构医务人员下放而建，设60张床位。

吸机、全自动生化分析仪、500毫安X线机、纤维胃镜等设备，固定资产原值3102.7万元。

萧山市中医院　坐落在城厢镇育才路152号，建于1956年[①]。1981年8月17日，更名为萧山县中医院，工作人员94人，核定病床60张，是萧山第一家中医综合性医院，为县属集体所有制事业单位。1989年12月31日，转为全民所有制事业单位。1990年12月20日，被评定为一级乙等中医院。1993年，成立萧山市创伤骨科中心。1995年3月18日迁至现址，有工作人员355人。9月20日，医院成立萧山市牙病防治中心。10月14日，被确定为浙江省中医关节病治疗建设基地。1996年8月2日，成立萧山市中医院透析移植中心。1997年2月14日，被评定为二级甲等中医院，并被省卫生厅授予"文明中医院"称号。10月22日，被确定为浙江省重点建设中医院。1999年5月，增挂"萧山市口腔医院"牌子。同年6月11日，医院病房大楼落成使用。2000年9月13日，被确定为"杭州市中西医结合防治儿童哮喘建设基地"。11月9日，成立萧山手外科中心。至2000年末，占地面积49.15亩（32766.83平方米），医院用房17137平方米，工作人员437人，病床300张，职能科室6个，门诊科室15个，住院病区7个。主要设备有：螺旋CT机、中心监护站、C臂X线机、全自动生化分析仪、金卫网络设备。固定资产原值7707.41万元。医院集医疗、预防、保健、教学、科研为一体，是全市中医医疗中心、浙江省中医关节病医疗中心、杭州市儿童哮喘建设基地、萧山市手外科中心、市牙病防治中心、市创伤急救中心、市脑血管病防治中心。

图38-2-981　80年代的萧山中医院
（萧山区卫生局提供）

第二节　专科医院

至2001年3月，萧山有市卫生主管部门直属的专科医院4家，即萧山妇幼保健院、市第五人民医院、市中医骨伤科医院、市皮肤病防治院。

萧山市妇幼保健院　坐落在城厢镇萧然东路19号，建于50年代初[②]。1990年1月，建立萧山市妇幼保健院。工作人员102人，产科床位53张。同年4月，市精神病医院东门门诊部划给市妇幼保健院，占地面积扩大到11.68亩（7786.71平方米）。12月，建筑面积1666.68平方米的产科大楼投入使用，医疗用房面积增至5600平方米，床位增至83张。1993年，成为上海医科大学妇产科医院协作医院。1994年，设施齐全的病房大楼投入使用，工作人员增至220人，核定床位220张，实际开放160张。1995年10月，成为中英妇幼保健合作项目实习基地。1996年，开设全省首家产科慰视室、全市首家乳腺科。1997年5月，成立上海、萧山男性医疗协作中心。7月，建立生殖健康科，通过一级甲等妇幼保健院评审，设立市心广场门诊部。1998年，通过二级甲等妇幼保健院评审。1999年8月，建立首家医学遗传中心，在城厢镇北干小区设立北干分院。2000年1月，成立萧山市妇科内窥镜诊疗中心、萧山市生殖健康中心。9月，成立中英妇幼保健合作项目培训中心。11月，建立婴儿抚触中心。12月，

①前身是城厢镇中心联合诊所，1956年6月建立，院址在城厢镇大弄口6号（今城河公园），工作人员22人。1958年10月，更名为城厢镇联合医院。1962年，迁至城厢镇体育路52号。1969年4月撤销。1971年5月复建，定名为城厢医院。

②1953年，在县人民政府卫生院妇产科的基础上建立县妇幼保健所，设住院部和门诊部，推广新法接生，指导各区、乡开展妇幼保健业务。1961年，并入县卫生科，组成县卫生科妇幼保健组，承担全县的妇幼保健工作。1971年1月，由萧山县革命委员会卫生局计划生育办公室兼管全县妇幼保健工作，工作人员10人。1980年1月，恢复萧山县妇幼保健所建制。1982年12月，城厢镇环城东路新建的县妇幼保健所竣工投入使用。

在全国医疗单位中首家通过ISO9001：2000质量管理体系认证。是年，获浙江省文明单位称号。至12月底，在编工作人员332人，开放床位160张。拥有胎儿监护网络系统，胎儿中央监护仪、电子阴道镜等各类诊疗设备92台，总价值1556.86万元（其中拥有10万元以上的医疗设备26台，价值为994.68万元），医院固定资产总值3543.39万元，为萧山市妇女儿童医疗、保健、急救中心和妇幼保健业务培训指导中心。

萧山市第五人民医院　坐落在城厢镇回澜路66号，建于50年代后期[①]。1988年8月，医院由集体所有制转为全民差额拨款事业单位。1989年被省卫生厅授予"省文明医院"称号。1993年7月，医院更名为萧山市红十字医院。1995年11月，增挂"萧山市肿瘤康复医院"牌子，开展肿瘤康复工作。1996年12月，增名"萧山市第五人民医院"。至2000年底，医院占地面积20.40亩（13600.07平方米），建筑面积12561平方米，工作人员228人，核定病床300张，设职能科室9个，门诊科室14个，医技科室7个，住院部病区5个。主要设备有：直线加速器、螺旋CT机、深部X线机、钴—60放射治疗机、全套计算机心理测验软件等，医院固定资产总值1393万元。是一家以精神卫生和肿瘤防治为特色，兼具其他医疗服务功能的市（县）级医院，萧山市精神卫生领导小组办公室和萧山市抗癌协会附设在医院内。

萧山市中医骨伤科医院　坐落在戴村镇锦绣路1号。前身是戴村镇卫生院，建于1952年10月26日。1985年7月1日，成立戴村伤骨科医院，成为境内第一家中医专科医院，设床位80张，有工作人员60人。1993年5月，接管原永兴乡卫生院，工作人员增至69人。1994年4月，经省卫生厅批准，更名萧山市中医骨伤科医院，单位性质由集体所有制转为全民差额拨款事业单位，核定病床100张，有工作人员86人。1997年，医院搬迁新址。至2000年底，医院占地面积33.66亩（22440.11平方米），建筑面积10778平方米，工作人员96人，床位150张。设职能科室4个，门诊科室11个，医技科室4个，住院部病区3个。主要设备有：B超、尿液生化分析仪、麻醉机、500毫安X光机、监护仪等，每件5万元以上医疗设备总价值132.14万元，固定资产1277.65万元。医院于50年代起以戴村骨伤手法复位、小夹板固定、传统秘方研制的中药内服外敷特色疗法为基础，吸收现代医疗技术，走中西医结合道路。70年代初率先在全县开展骨折内固定手术及人工关节置换手术。医院骨伤科形成以戴村骨伤传统手法闭合复位治疗骨折、中西医结合治疗各类关节疾病两大特色。

萧山市皮肤病防治院　坐落在城厢镇五七路口，建于70年代[②]。1982年迁至五七路口扩大门诊，设制剂室、药房、检验室、皮肤科、性病科等科室。自制"皮炎灵"、"神经性皮炎药水"等专科外用药42种，成为境内唯一的皮肤科门诊。1988年1月，更名为萧山市凤山防治院。1993年5月27日，更名为萧山市皮肤病防治院，同时增挂"萧山市性病防治中心"牌子。至2000年底，工作人员42人，麻风病区1个，设病床80张，实际开设15张，设职能科室2个，门诊科室1个，医技科室2个。是一家专门治疗皮肤病、性传播疾病的专科医院和法

[①]前身是城东公社卫生院，建于1958年10月。1961年初，医院迁至回澜桥南端。1961年9月，改名萧山县蜀山区联合医院。1966年8月，增设精神科，有床位30张。1974年11月，改名萧山县精神病医院。1979年，精神科病区设床位100张。

图38-2-982　萧山市中医骨伤科医院（2002年摄，《戴村镇志》编辑部提供）

[②]前身是1976年9月30日建立的萧山县凤山防治院，院址设在朱村桥公社五星大队，开展境内麻风病人的收治。1977年4月，在城厢镇小南门开设皮肤病门诊，开展常见皮肤病诊治。1981年12月13日，在现址建造皮肤病门诊部，增挂"萧山县皮肤病防治站"牌子。

定的性病防治机构，系浙江省性病、艾滋病防治协会团体会员。

第三节　镇乡卫生院

①萧山镇乡卫生院是由联合医疗机构演变而成。1951年2月，各地个体医生在县医务工作者协会与中医师协会的组织和县人民政府卫生院领导下，根据个人投资、自愿结合的原则，组建联合医疗机构，是年底，有联合医疗机构23所。截至1956年，全县有联合诊所46所。1957年，全县开始乡乡办医院，有乡医院59所。1958年10月，全县建立13个人民公社卫生院。1969年2月，更名为人民公社卫生防治院。1971年，更名为人民公社卫生院。1975年，公社卫生院改为县属大集体事业单位，人权、财权、行政管理权属县卫生局领导。

1984年5月，全县有镇乡卫生院①63所。1988年1月11日，香港庆丰纺织印染有限公司董事长魏天钦（祖籍萧山党湾），出资100万港币，迁建党湾乡卫生院，并以其父魏传关名字命名为萧山传关医院，卫生院集体所有制性质不变。1992年"撤扩并"后，撤销新江岭、朱村桥卫生院。镇乡卫生院为57所。是年，杭州市卫生局批准确定城厢、义盛、河庄、靖江、党山、瓜沥、坎山、西兴、浦沿、义桥、大庄、戴村、河上13家镇乡卫生院为中心卫生院。1994年，戴村镇中心卫生院升格为市级医院，改称萧山市中医骨伤科医院。1996年1月，义盛镇中心卫生院与头蓬人民医院合并升格，改称萧山市第四人民医院。5月，浦沿、长河、西兴3镇划入杭州市西湖区（滨江区建立后又划入滨江区管理）。至2000年底，全市有镇乡卫生院50所，医务工作人员1342人，总建筑面积102688.65平方米，固定资产原值9477.15万元。

第四节　村卫生室

②1958年，首次出现生产大队（村）卫生室。次年，增至73个，并有1372个生产队建立卫生室，农村保健员达4300余人。1968年，农村保健员、卫生员改称"赤脚医生"。1969年2月，全面实行合作医疗制度后，有731个生产大队建立了151个合作医疗站。至1976年，全县有队办合作医疗站743个，社队联办22个，公社办5个。有"赤脚医生"1322人（一般1个大队有2人~3人），"赤脚医生"的待遇以记工分为主，其收入相等或略高于一般社员，有的大队视具体情况作适当补贴。1982年，全县有队办合作医疗站747个，占总村数的96.30%；有"赤脚医生"1437人。1983年，全县进行乡村医生考试，获乡村医生证书的有611人，其余改称村卫生员。

1984年底，全县有村卫生室740个②，经考核获乡村医生证书的有545人，村卫生员577人。1985年，绝大多数乡村采取多渠道、多形式办医。义蓬区成立区、乡两级乡村医生工作者协会，全区有188名村卫生人员和15名个体开业医生参加了协会。1990年，全市642个村设有卫生室，配备手提式高压灭菌锅244只。村级卫生人员1270人，其中乡村医生727人，市卫生主管部门对其中143名乡村医生进行为期3个月的业务培训。1995年7月，推行镇、村两级卫生组织一体化管理，全市村卫生室在镇乡初级卫生保健委员会的领导下，委托镇乡卫生院对行政、人事、技术、药品、财务、资料等实施全面管理，规范报酬分配，建立奖惩制度，并开始建立乡村医生养老保险制度。1996~1998年，通过考试取得浙江省乡村医生执业证书的有532人。

图38-2-983　活跃在乡村的"赤脚医生"（1978年10月，董光中摄）

至2001年3月底，全市有村卫生室505个（其中注册卫生室375个），村级卫生人员759人，镇乡卫生院在村设置的医疗点64个，均实行镇、村两级卫生组织一体化管理。

第五节 职工医院 保健站

1984年底,萧山有省、杭州市属及县属工厂、农场、学校等企事业单位医疗机构92个,其中省属8个、市属9个、县属75个。有床位412张,从业人员557人,其中卫生技术人员499人。1986年5月,建立县企事业单位医疗卫生管理委员会(简称企事业医管会),对81家企事业单位保健站进行整顿,对验收合格的76家保健站颁发合格证书,并建立统一的门诊病历、处方、门诊日志、职工健康档案、药品消耗账和财产账等,改变了企事业单位保健站长期缺乏卫生行政监督、医疗业务管理不善的状况,并逐渐由传统单纯医疗型向预防保健型转变。90年代后,企事业医管会主要做好对各保健站医疗业务、药品管理、消毒隔离、卫生防疫、职称评审、继续教育、执业资格考试、执业注册、机构校验等指导服务工作。1993年,企事业医管会首次统一组织对全市2.77万名职工进行健康体检,其中职业病体检5151人;儿童预防接种9260人,健康教育4800人次,举办各类短训班14期,受训人员1093人。1997年医疗机构登记注册时,企事业单位保健站统一更名为医务室。至2000年末,经正式登记注册的企事业单位医务室103个,其中职工医院3个。

杭州二棉职工医院 建于1958年,前身是萧山棉纺织厂保健站,工作人员3人。1959年设厂卫生科后,有工作人员30余人,治疗职工的常见病、清创缝合术等。1961年起开设观察床,设有内、外、妇产科。1975年,新增心电图、B型超声波室和放射科。1976年增设传染病房。1982年6月24日,撤科建院,医院有工作人员100余人,病床120张,年门诊量30万人次,住院900余人次,开展各类手术近700人次。80年代中期起,医院向社会开放。1999年1月,改名为杭州中兴纺织厂职工医院。2001年3月,工厂进行体制改革,建立杭州第二棉纺织厂离退休人员服务中心,恢复杭州二棉职工医院,有工作人员34人,其中主治医师1名、医师11名、护师6名、护士12名。有业务用房7500平方米,固定资产150万元。内科能开展脑血管意外、心脑血管、上消化道大出血等危重病人救治。外科能实施胃大部切除,胆囊、脾、甲状腺、前列腺切除,直肠癌、乳腺癌手术,四肢多发性骨折内固定,膈疝修补等手术。

杭州前进齿轮箱集团有限公司职工医院 建于1960年10月,前身是杭州齿轮箱厂医务室,有工作人员5人,院址设在该厂生活区内。1981年4月,建立厂卫生所,工作人员38人,设住院部,有病床20张。1996年1月,建立职工医院,工作人员50余人,设病床40张。2000年,医院全年门诊70911人次、住院109人次。设行政、临床、医技科室23个,医疗业务用房1180.10平方米,辅助用房208平方米。内科能诊治较重的急慢性疾病及高血压、冠心病、脑血管意外、有机磷农药中毒等疾病。外科开展过断指再植手术。医技科室开展透视、摄片、造影和肝功能、血糖、电解质测定及尿、便、血三大常规化验等项目。

杭州杭发集团公司职工医院 前身是浙江电机厂保健站。建于1956年,有工作人员5人。1960年初开设病房,设简易床位20张。1970年,新建建筑面积400平方米的保健站大楼,病床增至30张。1980年,有工作人员40人,设病床40张。1984年,升格为卫生所。1996年,改称职工保健院。2000年,改称职工医院。2001年3月,医院有工作人员27人,其中副主任医师1人、主治医师3人、主管护师1人;核定病床床位15张。医院内科主要开展常见病防治,能开展急性心肌梗死、脑血管意外、各类心衰、心律失常、上消化道出血的救治工作。外科开展外伤清创缝合、骨折外固定和重大工伤事故病人的急救和护送工作。医技科室开展各类摄片、透视、造影、B超、心电图等影像物理学检查和肝功能、乙肝三系、甲胎蛋白、血糖、血脂等生化检查。

第六节　民营医院　私人诊所

改革开放以后，萧山出现民营医院。至2000年末，有民营医院2家。其间私人诊所大批涌现。

民营医院

萧山登峰医院　建于1998年12月，前身为萧山协和医院。院址设于城厢镇拱秀路999号，为萧山首家民营医院，由顾林定投资兴建，医院占地面积15.50亩（10333.39平方米），建筑总面积12952平方米，医疗用房6848平方米，核定床位99张，有工作人员128人。设有内科、外科、骨伤科、眼科、耳鼻喉科、中医内科、针灸科、口腔科等临床科室和检验、放射、心电图、B超等医技科室，配有救护车2辆。2000年6月，医院转让，由浙江登峰交通集团有限公司接收，更名为萧山登峰医院，继续开展医疗业务工作。

萧山经济技术开发区医院　1995年10月建院，院址设于萧山经济开发区通惠北路1号。1998年1月，由戚顺庆出资，迁址至萧山经济技术开发区宁税路68号续办医院，更名为萧山经济技术开发区医院。医院占地面积12亩（8000.04平方米），建筑面积3500平方米，设病床50张。2000年末，有工作人员68人，设科室31个，收治骨科、普外科、内科、妇科、五官科病人，年门诊量37922人次，年收治住院病人490人次，主要担任萧山经济技术开发区的医疗、预防、保健任务。

私人诊所

萧山私人诊所历史悠久，发展曲折①。80年代，县卫生局对申请要求个体行医的人员进行医学基础理论考试和实践技能考核，合格后发给"个体开业行医执照"。至1985年，全县有个体行医人员61人，以牙科和中草药科为主。1989年8月，市卫生局规定外地来萧行医人员必须办理审批手续，获得临时行医许可证后方能行医。1990年，市物价委员会、市卫生局对个体医生诊疗项目、诊疗收费作出明文规定。1992年，市卫生局对个体行医人员重新进行申请登记、考核和颁发行医执照，经过考试考核，有68名个体医生取得新的行医执照。1993年7月，萧山市个体开业医生管理委员会成立。1996年，首次开展对个体行医执照的审核验照，对24名个体中医人员进行一技之长考核认证。1996~1997年，境内有101名个体行医人员参加浙江省中医、牙医一技之长考试和西医士考试，有33名个体牙医取得"牙医一技之长证书"，16名个体中草药行医人员取得"中医一技之长证书"，2名个体西医人员取得"医士证书"。1999年，开始国家执业医师资格考试。至2000年，全市个体行医人员中有7名牙科医生取得口腔执业助理医师资格，7名中医人员取得中医执业助理医师资格，4名中医人员取得中医执业医师资格。

图38-2-984　登峰医院门诊楼
（2000年11月，傅华生摄）

①民国时期，境内医务人员大多为个体行医，中医尤甚，私立的西医医疗机构，主要设在城厢、临浦、瓜沥三大镇。1949年，全县302名医务人员中，有个体行医者291人，占96.40%。1951年起，逐步发展中西医联合诊所。至1960年，个体行医减少至5人，占全县医务人员总数的0.40%。1962年，县卫生局允许符合条件的医生个体开业，并重新登记发证。至年底，个体行医人员增至232人，占全县医务人员总数的23%。1966年，个体行医人员减至30人。"文化大革命"开始后，全县禁绝个体开业行医。1980年后开禁。

第三章　医疗技术

萧山医事始自中医①。清末，西医传入。民国时期，民间仍以中医为主②。中华人民共和国成立后，逐步形成中医、西医、中西医结合并存的医疗体系。1985年以来，传统中医进一步继承和发展，中医专科世家后继有人；西医扩展诊疗领域，医疗技术得到迅速提高；中西医结合医疗技术取得新成果。

第一节　中　医

中华人民共和国成立后，萧山中医事业得到振兴和发展③。

1985年，全县有中医247人，其中中医师73人、中医士94人、其他中医80人；中药剂人员122人，其中中药师1人、中药士29人、中药剂员92人。补发中医学徒"出师证书"56人，其中中医师4人、中医士52人。1988年1月，全市共有各类中医药人员330人。1989年，市卫生局制定《中医（药）人员带徒管理办法》，恢复中医（药）师带徒，首批核准中医（药）学徒16人。是年，杭州市卫生局发文，确认长山镇卫生院退休中医陈寿椿为杭州市19位名（老）中医之一。1994年3月30日，杭州市卫生局发文确认萧山市第一人民医院王福仁、瓜沥镇卫生院马锡泉为杭州市名中医。2001年3月，全市有综合性中医医院、中医专科医院各1家，各类中医药人员411人。中医业务遍及内、外、妇、儿、伤、针灸、喉、眼、痔、推拿等科。

医疗技术

中医内科　50年代，萧山主要医院始设中医科④。1983年，萧山县中医院创制补肾养血法治疗慢性苯中毒。1988年，开设支气管炎专科门诊。1989年，自拟退黄合剂防治病毒性甲型肝炎，自拟益肾宁络化瘀泄浊法治疗慢性肾病。1990年，自拟干咳饮治疗慢性咽喉炎。1991年，创制羌英合剂治疗流行性感冒。同年，市人民医院中医科采用滋阴降火法治疗慢性咽喉炎，采用益气养阴解毒汤治疗病毒性心肌炎。1993年，市中医院设中医肾病专科。同年，市一医院中医科用中药涤痰疏肝降脂汤治疗脂肪肝。1996年，市第四人民医院中医科用中药五参饮治疗乙肝，用柴胡疏肝散治疗胆汁返流性胃炎及萎缩性胃炎，市中医院自拟止咳合剂治疗急慢性支气管炎。1998年，市中医院自拟复方乌芪口服液治疗糖尿病。1999年，自拟化痰消脂益肝汤治疗酒精性脂肪肝。开展对干部、学校教师脂肪肝患病状况和中医辨证分型的研究。是年11月，开设失眠门诊。2000年，市第一人民医院中医科以活血化淤法治疗药物流产后遗症，用疏肝消脂汤治疗脂肪

①据史籍记载，萧山中医最早数东晋名士许询，在楼塔镜台山采药炼丹，为乡人治病。元末明初有名医楼全善（楼英），曾治愈明太祖痼疾，著有《医学纲目》等巨著。明清两朝出了楼宗望、魏直、俞文起、绍钟、道本、法禅、孔子明、孔广宾、华钧珊等医家。楼宗望医著极丰，治愈永乐皇帝重症而闻名。清康熙时，竹林寺僧绍钟治愈晚期姜片虫病人，为萧山史籍中最早治愈姜片虫病的记载。相传孔子六十四世孙孔子明弃官从医，在义桥孔家埠立足，专治婴疾，病人以"再世卢卢"视之。至孔子七十一世孙孔广宾，著有《幼科大成》，起沉疴，决生死，名播钱江两岸。

②民国时期中医行医，有在家里开设诊所的，有受聘于药店"坐堂"的，有几处挂牌、轮流坐诊的，有以售药为主、兼行医务的，还有一些走江湖、跑码头、设摊施诊。全县较有名望的中医有陈根儒、黄镐京、潘心如、汤定熙、孔赏斋、李萧帆、陈佩永、许智法、陈祖尧、陈寿椿、华留青、李汝安等。

③1951年2月17日，成立县中医师协会。是年起，中医从业人员由自由开业加入中医联合诊所或中西医联合诊所。1956年，县人民医院建立中医科，招聘社会名中医陈佩永主诊，开设针灸、伤科，兼治内科杂症，内外并治，针药合用。是年7月7日，县人民委员会任命陈佩永为县人民医院副院长，主管境内中医工作。是年，城厢镇中心联合诊所开设中医科，招聘社会名中医陈寿椿、华留青、陈子良等主诊，开展中医内科、儿科、妇科、骨科、推拿诊疗工作。全县先后聘请7名中医和5名中药人员到县、区两级医院工作。1958年，开展"采风访贤"的献方活动，共搜集秘、验、单方65.90万余张，经整理，编辑出版《萧山县中医验方集锦》和《萧山县中医妇科经验专辑》。1980年开始，通过考试考核以后，共有121人取得士级以上技术职称。

④1956年，县人民医院和城厢镇中心联合诊所开设中医科。1958年，县人民医院中医科开展割脂法治疗小儿疳积症。1961年10月，为培养境内中医人才，由陈佩永以师带徒5名。1962年，用中药治疗肝炎、乙型脑炎等。1975年开始，用益气温肾活血祛风中药治疗慢性肾炎。1979年，以枯明矾为主，自拟方剂分型试治慢性肾炎、溃疡病等。1982年，以四参汤为主，治疗心律不齐症，用口服或配以中药灌肠相结合方法治疗慢性非特异溃疡性结肠炎。

肝。至2001年3月底，境内多数医疗单位设有中医内科。

中医骨伤科 50年代，境内一些医院始设立中医骨伤科[①]。80年代起，中医骨伤科呈现以李氏[②]弟子分散各地行医，引领中医骨伤科的新局面。其中义桥镇卫生院、宁围镇盈丰卫生院、瓜沥镇昭东卫生院的中医骨伤科仍以李氏伤科传统手法应用临床。不少卫生院也相继开设来自李氏一脉的传统中医骨伤科。1998年，市中医骨伤科医院坚持发挥传统中医骨伤科特色，进一步吸收现代新技术，开展人工髋关节置换术、髋臼粉碎性骨折手术治疗、AF固定治疗、四肢骨折治疗、脊椎和腰椎压缩性骨折治疗、腰椎间盘摘除术、AD系列内固定和骨折定架使用新技术。是年，收治住院病人1272人次，门诊病人42647人次。至2000年，以中医骨伤科医院为中心的骨伤科医疗技术已成为萧山特色医疗技术之一。

针灸 50年代，一些医院始设针灸科[③]。1985年，县中医院运用针灸进行内科、儿科疾病治疗，如胃痛、震颤麻痹症、近视眼、小儿遗尿、小儿脑瘫、小儿疳积等症。1993年7月，市中医院开展针灸冬病夏治治疗气管炎，督脉经辅灸治疗气管炎、风湿病。1996年11月，市中医院开设瘫痪病、类风湿病专科门诊，运用针灸开展对截瘫、类风湿性关节炎、强直性脊柱炎治疗，用钩针治疗关节性疾病。至2000年，针灸还是一种常用的医疗方法。

推拿 70年代，一些医院始设中医推拿科室[④]。1985年，县中医院开展推拿治疗青少年近视眼，推拿治疗婴幼儿腹泻。是年3月5日，瓜沥人民医院开设针灸推拿理疗科门诊，治疗内科、外科、五官科、口腔科、妇产科、神经科慢性病及腰腿疼痛等疾病。是年，县精神病医院开设针灸推拿科，治疗各类骨科、肌肉扭伤等疾病。1993年，市第三人民医院开展针灸推拿非手术治疗腰椎间盘突出症。1997年，市中医院开设颈椎病专科门诊，开展颈肩腰腿疾病的推拿治疗、小儿推拿治疗和内妇杂症的推拿治疗。至2000年，推拿治病还是一种常用手法。

中医世家

竹林寺妇科 竹林寺旧址位于城厢镇东门惠济桥北堍，建于南齐（479～502），始名古崇寺。五代后晋天福八年（943），寺僧高昙"得异授，兴医业"，遂振兴寺院，传《女科秘方》一书。南宋绍定六年（1233），医僧静暹（晓庵和尚）治愈理宗赵昀皇后谢道清的重病，理宗封竹林寺医僧为"十世医王"[⑤]，并赐"晓庵"、"药室"两匾。从此医名著称全国。至清光绪三十二年（1906），竹林寺妇科已传107世。1988年，第108世传人陈寿椿获"杭州市名老中医"称号。1995年，萧山市卫生局、中医药学会确定陈拯民（陈寿椿之长子）为"竹林寺妇科第109代传人"，并在市中医院增设"萧山竹林寺妇科"专科门诊。1997年10月，市中医院承办全国竹林寺妇科暨中医妇科学术研讨会。

竹林寺僧人注重实践，别具特色。中医诊断素重望、闻、问、切，而竹林寺医僧独以问为主，然后依据患者病史、症状，对症处方。医僧用药以3味、5味、7味者居多，而在3味之内的处方占1/3，有的竟只1味，方药简便，

①1956年，城厢镇中心联合诊所设骨伤科，继承陈氏骨伤科传统，以手法正骨复位、柳枝夹板固定、小夹板固定和膏药贴敷、推拿、针灸等方法主治跌打损伤、陈伤疯气、接骨上髁。1959年，戴村卫生院设立骨伤科门诊，以李氏伤科传统手法正骨复位、柳树夹板固定和自制中药内服、膏药外敷等方法治疗跌打损伤、四肢骨折。

②指萧山著名骨伤科医师李汝安。

③1956年，城厢镇中心联合诊所设立针灸科，诊治跌打损伤疾病；临浦联合医院设立针灸推拿科，主治肩周炎、坐骨神经痛及各类跌打筋伤等。县人民医院也开展针灸业务。1968年，县人民医院设针灸科，开展快刺入、强刺激、不留针、快出针的新针疗法。60年代后期至70年代初期，针灸成为社、队两级卫生人员必须掌握的医疗技术，大多数公社卫生院开设针灸科。1972年起，县人民医院开展针灸防治脊髓灰质炎后遗症疗法，并在全省推广。1976年，县人民医院头针疗法治疗中风、脑血管意外、脑瘫痪等疾病。1977年，县人民医院开展针刺麻醉工作。1980年，县人民医院派针灸医师何祥妹参加中国支援中非医疗队，运用针灸为中非共和国总统达柯治愈腰腿痛病。

④1977年，县人民医院设推拿室以传统中医推拿手法为主，结合牵引物理疗法，康复器配合治疗及中西药物治疗等辅助手段，治疗颈肩腰腿病。1983年8月，县中医院开设推拿科，开展颈腰痛的常规推拿治疗。

⑤"十世医王"，即从静暹上溯4代，下延5代，依次是：涵碧、广严、志坚、子传、静暹、大有、华玉、道印、德宝、性坚。

易于对症施治。剂型有内服、外用之分，内服有汤剂、丸剂、散剂、酒剂；外用的有洗剂、熏剂、搽剂、药熨等。寺僧不但擅治妇科，而且治药精细，所需药物制法精良。如回生丹的配制，所用大黄必须去筋皮，桃仁必须水洗去皮尖，黑豆熟透取皮，蒲黄隔纸炒，此外又有酒洗、酒煮、酒蒸、醋炒、米水浸等。在浙江省中医药研究所整理出版的《萧山竹林寺妇科秘方考》所录的111方中，尤以"太和丸"和"生化汤"著名。太和丸冠有"宋敕萧山竹林寺妇科秘制"字样，凡妇女月经不调和各种杂症则以此为通治之方。

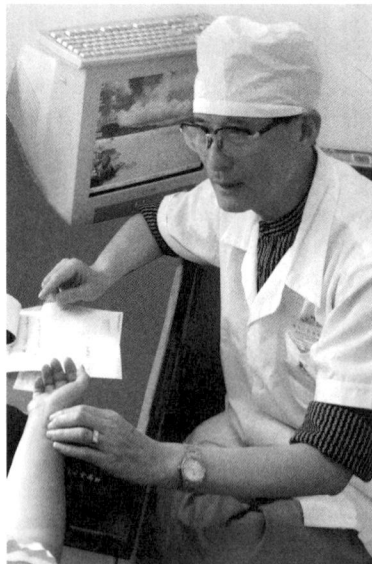

图38-3-985 竹林寺妇科第109代传人陈拯民（2006年6月摄，区中医院提供）

何家桥伤科 出于李氏一脉，始于明朝崇祯年间（1628~1644），清初正式挂牌开业。清末传至李钦堂（1882~1911）为第11代传人。李钦堂临诊时，让其夫人侍诊左右，随时指点传授。李钦堂英年早逝，李夫人继承李氏伤科，并将医术传授其子李汝安。民国9年（1920）起，时年12岁的李汝安随母行医。1956年，李汝安加入许贤联合诊所。1958年，调入戴村卫生院（萧山市中医骨伤科医院前身）。经过几代人的临床实践与不断探索，李氏伤科形成了一套牵、拉、折、顶、抖的梳筋正骨法，一帖独特的祖传中药秘方，一服治骨伤的祖传末药（散剂）和一张精制的治伤膏药。李汝安治学严谨，打破门户之见，传授异姓弟子滕大庆、周壮秋、陈如江、蒋梦麟、余金良、汤寅初、金杰、倪永民等，分别在义桥卫生院、盈丰卫生院、昭东卫生院、市中医院和市中医骨伤科医院执诊，如今均成为当地名医。

华氏内科 从医始于清乾隆二十年（1755），迄今已历经9代，其间名医迭出。华氏内科始祖华国仪放弃仕途，学高僧所传医术，精通内科。华钧珊（1878~1961）为第6代传人，清光绪二十八年（1902）举人，湖北候补知县。30年代初，弃政回乡从医，创办萧山国医馆，自任馆长，造就中医人才。抗战时期，寓居杭州行医，众口皆碑。1957年，受聘为浙江省文史馆馆员。著有《壶隐医案》2卷（未出版）。其弟华庚珊（1884~1939）亦通内科，擅长伤科。民国元年（1912）起悬壶萧山城厢镇，门庭若市，盛极一时。曾编《临诊医案》2卷（后佚）。庚珊之子华留青为第7代传人，浙江中医专科学校毕业后在上海、萧山等地行医。擅长消化系统、心血管系统疾病，为中华人民共和国成立后萧山地方名医之一。华氏医门后继有人，留青之子凤炎自幼跟父从医，现任长山卫生院副主任中医师，为华氏第8代传人。

图38-3-986 华氏内科第8代传人华凤炎（2009年12月，李维松摄于长山卫生院）

戴村茶亭伤科 传自永春和尚。永春俗称柳名溪，台州人，会石工，会武技，精医术。清同治九年（1870），萧山后溪人汤怡林头患疮疡，经永春治愈，便于同年11月邀永春来后溪做客。后汤氏舍田2亩，留永春在静修庵中行医。永春擅长伤科，自制丸散膏丹，对跌打损伤有独特疗效，在萧、绍一带享有盛名。永春医德高尚，对求诊者总是悉心医治，负责到底；且又怜贫恤老，凡病人家境困难的，不收诊金，少收药费。此外还在静修庵前设点施茶（茶亭的名字源此）。光绪三十四年（1908），76岁的永春圆寂，医务由其徒瞿迪夫主持。民国20年（1931），瞿病故，18岁弟子陈德谊继承医业。茶亭伤科以秘制伤科膏药①闻名于世。中华人民共和国成立后，茶亭伤科传人陈德谊参加戴

① 秘制伤科膏药其法用白芷、川芎、牛膝、生地、没药、乳香等34种中药，洗净切碎，浸入麻油中，时时搅拌，冬季浸2个月，夏季浸1个月，然后入锅，文火煎熬，去渣滤清，再埋入地下，去其火毒，三五年后方可使用。

村联合诊所。1979年，在云石卫生院退休。陈的长子锦昌、次子迪昌成为茶亭伤科第4代传人。90年代后期，陈锦昌经市卫生局批准，在戴村镇墙头村办起茶亭伤科私人诊所，已成当地著名的特色诊所，慕名求医者络绎不绝。

潘氏儿科　始于潘世亳（1865～1915），人称世毛先生，祖籍绍兴，幼年随父迁居萧山城南，曾于塘西拜师学医。对小儿疾病有研究，治病时用药、推拿、针刺并施，疗效显著，有"拯婴疴疾，世毛先生"的赞誉。其子潘永森（1898～1981），又名传松，继承父业，钻研《小儿药证直诀》《金鉴儿科》《活幼心传》等儿科专著，审症用药，皆合法度，瘟疫杂症应手即验[①]。小儿热症、惊风，兼施针挑，搐者立止，昏者即醒。夏月高热者众，皆置病儿于屋后竹园以降温，后按序接治，日诊百余人，险症重疾一一灵验。较早走中西医结合之路，昔日沙地卫生状况甚差，疟疾、肠虫病众多，择宝塔糖、无味奎宁等宜小儿服用之西药，其疗效远优于纯中药制剂，治愈率提高，声名大振，享誉东沙。潘氏儿科第3代传人较多，长孙潘志盈，继承父业达54年之久，对痘痧之疾颇有研究。曾当选萧山市（县）第七届人大代表，第五、六、七届政协委员，任坎山综合医院院长20余年。有《惊风》《痧积》等6部专著留世。四孙潘柏钦，继承医业40余年，供职于坎山镇卫生院，1997年晋升为副主任中医师，每周四上午在萧山名医馆坐诊；五孙潘柏堂，早年随父学医，后改学西医，现为市四医院儿科医师。

章氏眼科　始于章浩水。祖籍上虞东关，受业于绍兴县安昌镇光明斋眼科，学成后迁居该镇行医。子养生（1922～1982），得父真传，先后在绍兴安昌、萧山城厢镇开业。中华人民共和国成立后，曾任瓜沥镇联合诊所所长。章氏眼科取法于传统的中医眼科，擅长金针拨瞳术[②]。此外，章氏尚有采用祖传秘方自己配制的眼药，供病者点眼。60年代起，章氏眼科第3代传人在瓜沥镇六里桥卫生院开设中医眼科。在运用章氏祖传"银针挑拨术"的基础上，于90年代初开始结合现代医学技术，实行白内障囊外套出术加人工晶体植入术，使众多白内障和青光眼患者术后重见光明。1993年，被省残联评为残疾人三项康复治疗先进个人。六里桥卫生院被萧山市定为残疾人三项康复治疗点，萧山市卫生主管部门批准，增挂"萧山市中医眼科医院"牌子。

韩氏儿科　清嘉庆年间（1796～1820），韩鼎祚（韩氏儿科第8代传人）由义桥镇白虎墙村迁至城厢镇大南门苏家潭，创建"韩氏医室"，从事中医儿科兼内科各种疾病的诊治，擅长天痘麻疹。韩寅三为第12代传人，自民国33年（1944）初随父韩春耕在萧山城厢镇东门天生堂药店坐诊，37年5月坐堂行医，专治儿科兼内科疾病，擅长小儿麻疹、哮喘、痧积及婴儿初生疾患如胎黄等。其子韩岳忠为第13代传人，1981年进萧山市中医院，经萧山市卫生主管部门批准跟父学医，签订5年学徒期，在萧山市中医院韩氏儿科坐诊。韩氏儿科经过13代的传承和发展，逐步形成有自身诊治特色的中医小儿专科。

马氏妇科　始于马锦祥（1865～1932）。锦祥原姓倪，后从母姓马，仅读过私塾3年，以摇萧山至瓜沥航船为业。因在船中得到一位老中医的启发指

图38-3-987　潘氏儿科第2代传人潘永森（70年代摄，潘建初提供）

①应手即验：其诊治特色为四诊侧重望切，而切诊尤重弹压指甲，察其色泽，观其充盈以决病之深浅、虚实、寒热。

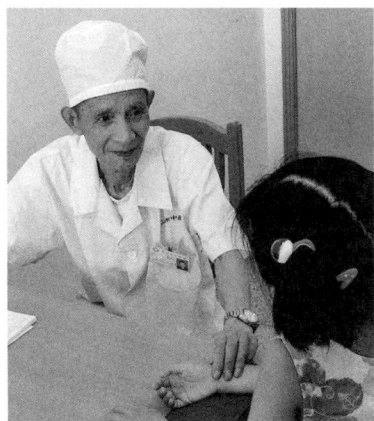

图38-3-988　韩氏儿科第12代传人韩寅三（2006年6月摄，区中医院提供）

②金针拨瞳术：此术先用井水拍击病眼达到局麻效果，然后施术，在20分钟内使白内障移位，从而使之重见光明。

导，与中医妇科结了缘，并孜孜不倦地阅读《胎产心法》《济阴纲目》等妇科医籍，经常为乘船客人提出治病方案，取得一定效果，于是开业行医。马氏对月经病、白带病、产后病有所研究，治愈率高，因此在境内东沙地区享有声誉。民国19年（1930），其18岁的儿子马锡泉跟父从医，继承中医妇科。中华人民共和国成立后，瓜沥镇中心卫生院设中医妇科专科，马锡泉以历代妇科医籍为理论基础，运用"寒者热补、热者寒补"的中医辨证施治手法，治疗妇科疾病和不孕不育之症。1994年3月30日，被杭州市卫生局授予杭州市名中医称号。马锦祥孙马夫阳，1971年拜父马锡泉为师，从事中医妇科，90年代起主诊瓜沥镇卫生院中医妇科，并任副院长。为马氏妇科第3代传人。

孔氏儿科　孔子第64世孙孔子明，为清康熙二十九年（1690）武生，授象山县昌国卫守备，在任12年后，归隐萧山孔家埠，专心研究医药，为乡人治病，被誉为"再世卢扁"。尔后，在萧孔氏第2世衍左、衍斌，第3世兴仪、兴枢，第4世毓潜、毓怀，第5世传熊、传甲、传襄，第6世雨丰，都有医名。第7世继林、继儒、继庸，"精医术而济群生"，其中继庸还著有《慈幼心传》《儿科准绳》《麻痘汇补》等书（未出版）。第8世广宾，筑室双桥，著作有《幼科大成》（未出版）。孔氏儿科自在萧第1世传至第11世庆余、庆福（士元）、庆均，历史悠久，在萧山南部享有盛名。

第二节　西　医

晚清，西医传入萧山。[1]民国时期建有1家西医医院，医疗技术十分落后。[2]中华人民共和国成立后，西医事业得到迅速发展，医疗技术逐步提高。[3]至2001年3月25日，全市医疗机构166个，绝大多数为西医，有病床床位2993张，西医从业人员3771人。

医疗技术

80年代初开始，县人民医院外科开展肺、食道、膀胱、肾和肝等手术，内科能开展内窥镜检查、心脏起搏器安装、心脏电击复律等。部分基层医疗单位能开展上、下腹部手术和计划生育手术。

90年代，市第一人民医院不断扩展诊疗领域，手术难度向纵深推进：肾内科开展肾活检术；消化科开展ERCP（经内镜逆行胰胆管造影术）；神经内科开展脑梗塞超早期溶栓治疗；内分泌科先后应用放免法、发光法测定各种激素，并开始同位素测定甲状腺摄碘工作；心血管科开展球囊扩张、冠脉造影、射频消融术；呼吸科开展纤支镜对肺癌的介入治疗术；儿科开展新生儿末梢静脉留置针穿刺术和对农药中毒儿童采用同步换血治疗术；骨科开展经皮穿刺椎间盘切吸术和颈椎间盘前路摘除改良术；泌尿科开展巨大前列腺瘤摘除术和同种异体肾移植术；脑外科开展脑动脉肿瘤摘除术和颅窝巨大脑膜瘤摘除术；胸外科开展心肌外伤修补和巨大肺大泡切除术；普外科开展全胃切除术和胆总管十二指肠吻合术；肿瘤科开展肝、肺癌介入治疗术和胰十二指肠切除术；妇产

[1]清光绪三十年（1904），县保婴局首次接种牛痘，是为境内西医之始。宣统年间（1909~1911）始有西医从业人员。

[2]民国2年（1913），瞿缦云在县城内大弄口创建境内第一家民办公助的西医医院，有西医生、护士5人。之后，城厢、临浦、瓜沥等镇有了西医诊所。至1949年5月5日萧山解放时，县城仅有1家卫生院，全县西医从业人员59人。当时，境内西医医院、诊所仅设内科、外科，以体温表、听诊器、血压计诊治一般常见疾病，县城医院没有一个能做外科手术。

[3]中华人民共和国成立初期，乡、镇基层医疗单位开展西医综合性门诊，诊治常见病、多发病。县人民医院设内、外、妇产科病房。1954年，萧山县人民医院施行全县第一例阑尾切除手术，始行下腹部手术。60年代初，少数基层医疗单位开展阑尾炎、疝气等外科手术，县人民医院开展胃、胆囊和子宫悬吊等外科手术。

科开展人工授精术和外阴癌根治术；口腔科开展人工种植牙和烤瓷镶牙术；眼科开展角膜移植术；耳鼻咽喉科开展水平喉切除术；放射科施行DSA下栓塞活检术，成为萧山医疗中心。

内科 1985年前后，综合性医院内科领域中的二级学科在原来的普内科、普儿科、传染科基础上，拓展了心血管、呼吸、消化、神经、内分泌、血液、肾内科等学科。

心血管内科 1979年3月，县人民医院在内科分设心血管专业组，开展电击除颤治疗房颤、窦房结功能激发试验、心电图二级梯运动试验检查等。1981年，县人民医院内科为一例心跳骤停76分钟的风湿性心脏病患者复苏获成功。1985年下半年，临浦人民医院开展电击除颤，1986年开展心包穿刺术。1988年，市人民医院、临浦人民医院、瓜沥人民医院相继设体外反搏室，运用体外反搏技术开展对脑血管、心血管等疾病的治疗。1993年，市一医院心血管内科独立建科，开展锁骨下穿刺安装永久型埋藏式心脏起搏器。1994年，设立心血管专科病房，开展溶栓术治疗急性心肌梗死，床边经静脉安装临时心脏起搏器。1995年，市中医院设心血管专业组，是年9月，开展电击除颤治疗室性心动过速、心室颤动和心电图二级梯运动试验检查；11月，对一例心跳骤停患者进行持续120分钟的抢救，使其复苏成功。1999年，市一医院在治疗冠心病、大面积心肌梗死、顽固性心衰、严重高血压病、严重心律失常、重度心肌炎等技术方面取得突破。是年3月，市中医院开展24小时动态心电图和24小时动态血压检查，全面开展对心血管、脑血管等疾病的治疗。5月，对一例急性心肌梗死患者进行静脉溶栓治疗取得成功。2000年，市二医院采用尿激酶溶栓术治疗急性心肌梗死；11月25日，应用溶栓术成功抢救一例大面积急性心肌梗死病人；采用溶栓术超早期治疗脑梗死；采用深静脉留置改良胸腔闭锁引流术治疗气胸；对心跳骤停20分钟病人除颤复苏成功。

呼吸内科 1981年，县人民医院在内科分设呼吸专科门诊，开展呼吸系统疾病的诊断和治疗工作。1987年，对呼吸衰竭病人进行高频呼吸机的临床治疗，开展呼吸肌疲劳、呼吸衰竭、膈肌麻痹及慢性阻塞性支气管肺炎的肺功能康复治疗。1988年，市人民医院开展气管插管及多功能呼吸机的临床应用。1992年，开展肺功能测定。1993年，市一医院呼吸科开展支气管镜检查。1997年起，先后开展了肺癌全身化疗、胸膜活检术、小导管引流术后局部注射药物治疗癌性胸水、纤维支气管镜对肺癌的介入治疗术。2001年初，开展支气管哮喘分级治疗PSB（保护性毛刷检查术）、BAL（肺泡灌洗术）、TBNA（经气管镜纵隔淋巴结针吸活检术）、经皮肺穿刺检查术。

消化内科 1980年，县人民医院始设消化专科门诊。1986年，开展乙状结肠镜检查。1988～1989年，市人民医院开展纤维胃镜诊疗术、纤维胃镜下胆道蛔虫取出术、胃内异物取出术、胃柿石破碎术、急诊胃镜床边检查术及孟氏液喷洒止血术。1993年，开展胃镜下上消化道息肉高频电切术，应用硬化剂栓塞疗法治疗肝硬化食道静脉曲张破裂出血以及ERCP（经内镜逆行胰胆管造影术）相关技术的开展。1995年，开展胃癌、食道癌内镜下抗癌药物治疗，开展消化性溃疡的短程治疗和长期抗复发治疗，开展脾动脉栓塞术治疗肝硬化脾功能亢进。是年11月，市中医院设立消化专科，开展大剂量垂体后叶素抢救肝硬化引起的门脉高压，食道、胃底静脉曲线破裂大出血，开展内镜下取异物及急诊床边胃镜检查术等。

神经内科 1980年，县人民医院在内科分设神经内科专科门诊。1992年，市人民医院开展境内首例脑出血床边钻颅引流术。1993年，市一医院神经内科独立建科，应用锥吸钻颅抽吸术治疗脑出血和抗凝及溶栓治疗脑梗死。1995年，开展脑血管病的早期康复指导和肠内、肠外营养支持加快脑血管病人的康复研究。1996年，开展H2受体拮抗剂预防治疗脑血管病并发应激性溃疡。是年3月，市中医院开设神经内科门诊，运用中西结合治疗脑血管常见病、多发病。1998年，市一医院开展境内首例颞动脉炎颞动脉活检术，首例采用弹簧圈栓塞治疗蛛网膜下腔出血，率先开展应用静脉溶栓治疗急性脑梗死。1999年，市一医院开展脑血管造影和周围血管造影。2000年，市一医院开展超早期脑梗死栓溶治疗新技术。

内分泌科　1987年6月，县人民医院在内科分设内分泌科，并开设内分泌专科门诊。10月，开展甲状腺激素放射免疫测定。1989年下半年至1996年，市人民医院相继开展放射免疫法、糖化血红蛋白（HbAIC）、口服葡萄糖耐量试验（OGTT）以及血、尿β2微球蛋白测定和胰岛素C肽释放试验。先后诊断并抢救大量的糖尿病酮症酸中毒、高渗性昏迷和嗜铬细胞瘤、原发性醛固酮增多症、肾小管性酸中毒、变应性亚败血症、垂体瘤等疑难杂症病人。1998年10月，市中医院设立内分泌专科。2000年下半年，市一医院成立市糖尿病防治中心，进一步开展糖尿病治疗——以饮食控制、合理运动、药物治疗、糖尿病教育、血糖监控（即糖尿病治疗"五驾马车"）为内容的糖尿病教育，与国内先进的和国际上治疗糖尿病的重要模式相接轨。

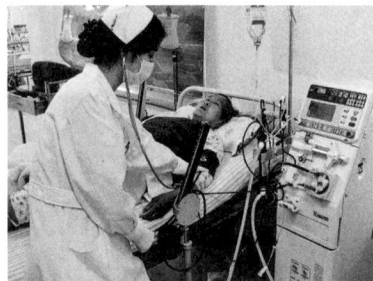

图38-3-989　血透机（2006年6月摄，区中医院提供）

血液病科　1987年5月，县人民医院在内科分设血液病专科和血液病学组。1990年，市人民医院开展再生障碍性贫血、白血病的临床治疗工作。1995年，市中医院设血液专科，开展骨髓穿刺、骨髓培养、骨髓活检术；开展了淋巴结、肿块直接穿刺细胞学检查。1996年，设立血液科专家门诊，应用VP16、阿克拉霉素、威克治疗难治白血病及长期生存病人的强化治疗。1997年，市一医院开展重症再生障碍性贫血治疗。2000年，开展骨髓活检术。

肾内科　1990年3月，市人民医院在内科分设肾病专业组，开展治疗肾脏疾病、尿毒症。1991年4月，开展境内首例腹膜透析术。1992年10月，开展血液透析术；12月，完成境内首例动静脉造瘘术。1995年1月，市中医院设肾病科，开展治疗肾脏疾病。是年，市一医院为一例糖尿病并发尿毒症患者施行境内首例血液透析滤过（HDF）术。1996年，市一医院成立肾内科病房，开展清洁中段尿高渗培养对"L菌"细菌感染诊断，中西医结合治疗糖尿病、肾病。1998年8月，开展境内首例血浆置换术。1999年1月，完成境内首例经皮肾穿刺活检术。2000年7月，为1名重症坏死性胰腺炎患者进行连续肾脏替代治疗（CRRT），持续时间达22昼夜，创当时省内时间最长纪录。

传染病科　1962年，县人民医院始设传染病房。1985年，设立传染科。1989年起，传染科自拟成茵赤黄汤结合西药，治愈10余例重症肝炎病人，并开展亚急性黄疸性肝萎缩、急性流行性出血热、肺结核、病毒性肝炎、重症乙脑的治疗。1995年，市一医院开展肝乐宁治疗慢性肝炎的疗效观察，应用胸腺肽治疗乙肝表抗转阴的观察。1996年，开展施他宁、善得定抢救肝炎后肝硬化食道胃底静脉破裂大出血的疗效观察。1999年，对肺结核大咯血病人进行肺血管栓塞治疗术获得成功。2000年，开展肝癌介入治疗，采用DSAF小灶性肝癌（小于0.5厘米）临床诊断新技术。

外科　中华人民共和国成立后，萧山综合性医院均设西医外科[①]。80年代起，萧山外科系统建立了胃癌协作组，积极开展胃癌手术研究和探讨。综合性

①50年代初期，县人民医院只能诊治一般创伤疾患，进行缝合、包扎、取弹片等。临浦联合诊所医生详智法以徒手检查深层脓疡见长，在当地享有声誉。50年代末期起，一些公社卫生院始行阑尾炎、疝气、包皮切创等下腹部简易外科手术。

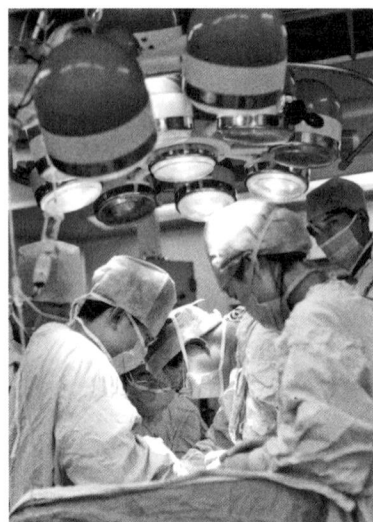

图38-3-990　市一医院进行同种异体肾移植手术（1997年6月，董光中摄）

医院外科中的泌尿、骨科、脑外、胸外、肿瘤等专科技术进展迅速。

泌尿外科　始于70年代初期。①1984年4月10日，县人民医院施行首例肾上腺嗜铬细胞瘤和精索静脉曲张高位结扎加腹壁深静脉转流术。1985年，开展输精管再通（吻合）术、右肾修补+大网膜填塞术、尿道带蒂皮管隧道术等。1986年，开展多发性肾结石行半肾切除术、肾挫裂伤行肾脏部分切除术等。1987年，开展阴茎癌行阴茎全切+尿道移植术、右输尿管下段癌行输尿管部分切除+输尿管再植术等。1988年，开展左睾胚胎癌行后腹膜淋巴结清扫术、右睾丸扭转整复术、右附睾腺癌行后腹膜淋巴结清扫术等。1989年，开展膀胱镜下膀胱结石碎石术、输尿管下段结石行体外震波碎石术，并为82岁高龄患者施行前列腺切除术。1990年，开展膀胱巨大憩室切除术、右肾癌伴腔静脉癌栓行根治性肾切除+腔静脉取癌栓术等。1991年，开展左肾巨大鹿角形结石行肾盂肾实质切开取石术、单纯右肾囊肿行B超定位下穿刺术等。1992年，开展左肾多发性结石（84粒）原位冷冻肾实质切开取石术、右输尿管子宫内膜异位症行输尿管膀胱再植术等。1993年，开展肾上腺巨大（重176.50克）嗜铬细胞瘤切除术、76岁患者前列腺（重185克）切除术、肾盂输尿管交界处狭窄行肾盂输尿管整形术、应用射频仪治疗前列腺等。1994年，开展慢性肾小球肾炎、尿毒症行同种异体肾移植术，输尿管阴道瘘行输尿管阴道瘘修补术等。1995年，开展膀胱癌行膀胱全切+可控膀胱术、前列腺增生症尿道内记忆合金网状支架植入术等。是年，市中医院设泌尿外科，8月，开展首例同种异体肾移植术，先后完成4例，其中2例的存活时间已超过8年。1996年，市一医院开展膀胱癌行膀胱切除+回肠原位膀胱术进行尿流率的测定等。1997年，开展膀胱肿瘤经尿道膀胱镜下膀胱肿瘤电切术、前列腺增生症行经尿道膀胱镜下前列腺电切术等。市中医院开展全膀胱切除、回肠代膀胱术、肾脏部分切除术、肾窦内肾盂与肾下极联合切开取石术、肾癌根治术、后尿道断裂一期膀胱颈和会阴部牵引固定术、经腹股沟淋巴结穿刺淋巴管造影，并应邀去上海胸科医院开展该方法造影。1998年，市一医院开展右肾囊肿行腹腔镜下肾囊肿去顶术。1999年，市中医院开展对双侧输尿管引流耻骨上经膀胱前列腺切除术的临床研究，获萧山市科技进步一等奖、杭州市科技进步四等奖，并在省内推广应用。2000年，市中医院开展经尿道等离子双极电切治疗前列腺增生，已治疗60例。市一医院开展肾动脉狭窄、高血压行肾动脉扩张术。

骨科　始于70年代中期。②1985年，县人民医院对股骨颈骨折病人施行切开复位三翼钉内固定术，并对股骨骨折病人施行V型髓内钉内固定术及梅花针髓内固定术。是年5月，瓜沥人民医院开展首例半髋置换术。10月，开展股骨延长、胫骨延长、骨盆延长、先天性髋关节脱位的复位、三关节融合、跟腱延长等手术。1986年，县人民医院完成因拇指机器轧伤缺损，取第二足趾移植再造拇指；因拇指脱套伤，取拇趾甲皮瓣再造拇指；手背皮肤缺损，取足背皮瓣移植术。开展带血管蒂肌骨瓣移植治疗股骨颈骨折，并对胸腰段脊柱骨折伴截瘫病人采用脊柱前外侧减压取自体肋骨植骨固定术。1988年，市人民医院对脊

①1972年，临浦人民医院始行膀胱切除术、回肠代膀胱术等泌尿外科手术。70年代末，通过开展动物实验，成功施行多例狗肾移植术。1981年8月，县人民医院在普外科内建立泌尿组，开设泌尿专科门诊，开展膀胱肿瘤部分切除术、尿道断裂会师术、肾肿瘤行肾脏切除术、膀胱镜检查、尿道扩张术等手术。

②1975年，县人民医院开展腰椎结核病灶清除术。1976年，该院开展髌骨骨折——肌腱迁移髌骨内固定术、胫骨软骨瘤切除术等；1979年，开展四肢骨折切复内固定术。70年代至80年代初，临浦医院骨科及瓜沥医院骨科先后开展四肢长骨骨折内固定术、骨结核病灶清除术及诊治四肢外伤、开放性和闭合性骨折、骨病病灶清除术。1981年7月，县人民医院设立骨科专业组，开展四肢开放性及闭合性骨折和脊柱骨折等手术。1982年，县人民医院开展脊柱外科手术，对脊柱骨折伴截瘫之病人，采用椎板切除、脊髓减压、复位加棘突钢板内固足术，并开展路肯氏棒固定、人工股头置换术、四肢良性巨大骨肿瘤取髂骨植骨术和腰椎间盘手术。1983年，县人民医院开展腰椎结核病灶清除术及胸腰结核伴截瘫病人病灶清除加取肋骨植骨术。

柱骨折采用哈氏棒固定，开展椎弓根螺钉固定。1989年，对一例一侧锁骨下动脉被刀刺伤断裂、严重失血性休克的生命垂危病人，首次施行血管吻合抢救成功。并对股骨颈骨折不愈合病人施行国产人工关节全髋置换术。1990年，对下肢骨折病人在闭合复位的情况下，借助c臂机应用单侧外固定支架外固定。是年，临浦医院骨科从外科中分离独立设科，成功开展骨科股骨骨折切开内固定手术及腰椎骨折切开减压内固定手术。1991年，市人民医院对一侧膝关节前侧皮肤巨大缺损病人采用小腿腓肠肌岛状皮瓣移植修复膝前缺损获得成功。是年11月，瓜沥人民医院单独成立骨科病区，开展脊柱、骨盆骨折、颅脑开放伤、口腔贯通伤、小儿麻痹症后遗症矫治手术。1993年，市一医院骨科单独建科，开展对腰椎间盘突出症应用经皮穿刺腰椎间盘切口的微创手术、开展颈椎骨折前路减压植骨融合术、颈椎骨折后路减压术、第二颈椎齿状突骨折施行环枢钢丝捆扎取髂骨融合术及颈枕融合术。是年11月，市二医院又成功抢救昏迷22天的车祸骨伤病人。是年，市三医院骨科开展脊柱外科手术。1994年，市二医院成立萧山市小儿麻痹症矫治中心。1996年，市四医院开展截肢、髓核扎除术、颈胸椎压缩性骨折手术。是年，市三医院成功开展一例断趾再植。1999年，市三医院骨科开展显微技术进行血管及神经吻合术。是年8月，市四医院设立骨科病区。2000年，市一医院开展颈前路多节段椎体大部切除、钛网加植骨钢板固定、颈后路椎板切除侧块钢板固定、进胸前路钢板固定及脊柱骨折钉棒系统内固定治疗多节段颈椎间盘突出压迫脊髓胸椎骨折病人。是年，市三医院骨科成功施行断掌再植手术。

脑外科（神经外科）　1985年6月，县人民医院开展脑外科业务。8月，完成境内首例全麻下硬膜外血肿伴脑疝患者开颅血肿清除术，并先后开展颅内血肿清除、颅骨修补等手术。1989年，临浦医院开展颅内血肿清除术、开放性颅脑外伤清创术等脑外科手术。1990年初，成功施行颅内胶质瘤切除术和椎管探查手术各1例。1992年3月1日，市人民医院设脑外科，开展巨大脑膜瘤摘除术和垂体瘤、矢状窦旁脑膜瘤切除术。1993年，市三医院开展高血压脑出血手术，并开展脑积水脑室腹腔分流术取得成功。1994年9月，市二医院开设脑外科。10月，成功救治一名神志不清20天的脑外伤患者，无后遗症。1995年11月，市中医院开设脑外科，开展脑胶质瘤、各种类型颅脑损伤、脑出血手术，并成功救醒一名昏迷长达195天的颅脑损伤的患者。1996年，该院开展不同部位的脑膜瘤、颅内转移瘤、听神经瘤、蛛网膜囊肿、颅骨肿瘤、脑积水分流手术。1998年，成功施行巨大矢旁脑膜瘤切除术，率先在省内开展游离颅骨瓣牵拉复位技术。是年，市一医院开展《重型颅脑损伤后血钠血糖变化与预后关系》《重型颅脑损伤后各营养支持途径临床价值评价》，获杭州市医药科技三等奖。1999年，市三医院开展超早期微创穿刺治疗高血压出血的临床研究，应用钻颅微创血肿清除技术治疗脑出血。市二医院开展颅骨修补术、V—P分流术、胶质瘤切除术、后颅窝血肿清除术、高血压脑内血肿清除术、脑室穿刺引流术等手术。2000年3月，市四医院设立脑外科，开展颅骨缺损修补术和硬脑膜外与硬脑膜下血肿清除术。是年9月，市中医院进行脑动静脉畸形切除术，应用翻转颞深筋膜修补硬脑膜。

胸外科　1982年，临浦医院开展食道癌根治术、肺叶切除术。1985年，县人民医院外二科内设胸外科病床，开展肺叶、食道中下段和纵膈肿瘤切除术、心脏和大血管外伤等胸外科手术。1988年8月22日，市人民医院开展一例被尖刀刺伤致心包心肌伤口达1厘米的患者的心脏修补术，使心跳骤停30分钟的患者得以复苏。1995年6月3日，市一医院经7个多小时，运用脾、胃底食管下段切除和心肺缝合等手术，抢救一例被一根直径22毫米的钢筋穿胸而过，脾、心包、左肺、胃底食管下段破裂，肋弓及第10后肋粉碎性骨折，出血5000毫升，处于休克状态的患者。1996年1月26日，市一医院用电视腹腔镜顺利施行一例巨大肺大泡切除术。4月1日，对一例左肺癌患者打开心包，在心包内对左肺动、静脉血管根部实施结扎处理，成功地切除左肺。1997年，市一医院在上级医师指导下，开展肺袖式切除术和保留肌肉、小切口下肺叶切除术。2000年，市一医院开展肺动脉壁部分切除血管成形术、食道下段肿瘤侵入双肺行双侧肺叶部分切除等新技术。

肿瘤科 1972年，萧山人民医院设肿瘤科，开展乳腺、直肠癌、食管贲门癌切除术。1983年，成功施行十二指肠和肝肿瘤切除术。1985年，瓜沥人民医院开展肿瘤病人手术治疗，施行乳腺癌、胃癌、直肠癌根治术和结肠肿瘤、膀胱癌、甲状腺癌、肾癌切除术。是年，临浦人民医院开展胃癌、乳腺癌、直肠癌手术及肺癌、食道癌开胸手术。1990年起，市人民医院自行开展肝、肺癌的介入治疗术和贲门癌记忆金属支架扩张术，并在上级医院指导下，开展肠系膜上静脉人造血管替代术、结肠癌根治术、甲状腺癌颈淋巴清扫术、半喉切除术、胸大肌皮瓣转移术。1995年3月，市中医院开设中西医结合肿瘤内科，在浙江省中医院肿瘤科部分资深专家指导下，进行定时的专家门诊及疑难病人的查房，开展对乳癌、肺癌、肝癌、甲状腺癌、卵巢癌、膀胱癌、恶性淋巴瘤等恶性肿瘤的静脉化疗，对恶性胸、腹水进行腔内化疗及免疫治疗。1996年起，市红十字医院通过引进和培养专业人才，购置设备，形成集手术、放疗、化疗、中医药调理和心理治疗于一体的肿瘤综合治疗模式。陆续开展头颈部肿瘤、鼻咽癌、食道癌、乳腺癌、肺癌、血管瘤、甲状腺瘤等良恶性肿瘤的综合治疗。是年，市二医院开设肿瘤外科门诊。市四医院开展乳腺癌、大肠癌、胃癌、甲状腺癌根治术。90年代中后期，市中医院开展胃癌根治术、乳癌根治术、甲状腺癌根治术、直肠癌根治术、胰肿瘤切除等三、四类高难度手术。2000年，开展肝癌介入治疗、DSA下小灶性肝癌（小于0.5厘米）临床诊断新技术。

妇产科 1951年，县卫生院组建妇产科。随后，各医院相继建立妇产科、室。①1985年，县人民医院施行萧山第一例腹膜外剖宫产术及次广泛子宫切除术。是年，临浦人民医院开展子宫全切术、阴式剖宫产术。1986年，县人民医院施行县内第一例输卵管吻合术以及盆腔恶性肿瘤切除+淋巴清扫术。1989年，市人民医院完成市内第一例广泛子宫切除+盆腔淋巴清扫术。1990年8月，市妇幼保健院开展经腹子宫下段剖宫产术工作。9月，市人民医院成功施行境内首例横切口腹膜外剖宫产术。10月，市妇保院开展经腹子宫切除术。是年，瓜沥人民医院开展阴式子宫切除术、腹腔镜手术治疗宫外孕等。头蓬人民医院开展子宫下段剖宫产术。1991年，市人民医院成功抢救2位妊娠合并心衰患者。是年10月，市妇保院开展阴式子宫切除术。1992年8月，市妇保院开展宫腔镜检查。1993年，市一医院开展首例腹壁横切口皮内缝合手术。1994年7月，市妇保院开展阴道B超检查项目、输卵管介入疗法。同月，市一医院成功抢救一名多胎妊娠合并急性脂肪肝的患者。1996年2月，市妇保院开展输卵管吻合术、妇科恶性肿瘤盆腔淋巴清扫。1997年，市一医院完成市内首例外阴癌广泛性外阴切除+双侧腹股沟淋巴清扫术。是年2月，市妇保院开展介入放射学技术盆腔静脉造影。1998年3月，市妇保院开展新式剖宫产术。4～5月，市一医院、市妇保院先后设人工授精实验室，开展人工授精业务获得成功。10

①1950年3月，县人民政府卫生院设产科门诊及接生业务。1951年，县卫生院组建妇产科，司管全县妇幼保健工作，负责院内外接生和妇产科门诊，进行产前检查，宣传新法接生，开展平产接生，接受少数妇产科病人住院治疗。1958年，县人民医院开展臀位、产钳、头吸、剖宫产等难产手术，并在境内施行首例人工流产、取放环、中期妊娠引产、女子输卵管结扎等计划生育手术。1962年，县人民医院设妇产科病房；临浦区联合医院开展妇产科门诊及设妇产科病房，主要开展平产接生和门诊人工流产术，诊治妇产科常见病和多发病。1963年3月，县人民医院开展子宫下段剖宫产术、子宫破裂修补术、子宫黏膜下肌瘤经阴道摘除术、雷佛诺尔羊膜腔内注射引产、近端系膜结扎包埋法绝育手术。1964年上半年，临浦人民公社卫生院开展放环、取环、绝育手术。1965年4月，瓜沥人民医院开展妇产科门诊、住院接生手术和外院会诊，诊治妇产科各种常见病和多发病。1969年，县人民医院开展子宫次全切除术、子宫全切术、宫颈糜烂电灼术、输卵管通液术等。1970年，瓜沥人民医院开展子宫肌瘤切除（子宫次切、子宫全切术）、剖宫产、宫外孕、卵巢囊肿切除等手术。1975年，临浦医院独立开展剖宫产术、卵巢囊肿切除术、宫外孕手术、子宫次全切除术、子宫全切术。1978年，瓜沥人民医院成立妇产科，收治盆腔炎、子宫肌瘤、卵巢囊肿、葡萄胎、功血及产科病人。1979年，县人民医院施行境内第一例阴式子宫切除术。是年，在境内开展妇女两病（子宫脱垂、尿漏）普查期间，临浦人民医院开展阴式子宫次全切除术、阴式子宫全切术、阴式宫颈部分切除+会阴阴道修补术。1983年6月，县人民医院设婴儿室；同年11月，县妇幼保健所开设病房，设产科观察床15张，分娩床2张，开始收治产妇，开展住院分娩业务和计划生育手术。

月，市妇保院开展电视腹腔镜妇科手术。是年，市一医院独立完成市内首例腹腔镜下卵巢畸胎瘤剥除术。1999年，市一医院施行市内第一例未脱垂子宫肌瘤阴式子宫切除术。2000年1月，市妇保院成立萧山市妇科内窥镜诊疗中心，并开展腹腔镜下子宫切除术。11月，市妇保院建立杭州市内首家婴儿抚触中心。是年，市一医院开展境内首例用子宫动脉栓塞术治疗子宫肌瘤和宫腔镜检查等项目；开展的"健康育龄妇女与阴道炎患者阴道pH值测定研究"通过省级评审，达到国内先进水平。

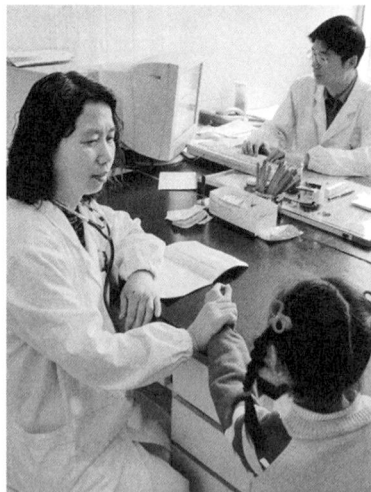

图38—3—991　杭州市名中医、市中医院儿科专家洪佳璇在看病（2006年6月摄，区中医院提供）

儿科　1978～1985年，临浦人民医院、城厢医院、县人民医院、头蓬人民医院、县妇幼保健院相继设立儿科门诊。①1985年，县人民医院对一例新生儿重症窒息吸入性肺炎并发呼吸衰竭的患者，使用自制的持续气道正压供氧装置，经36小时应用，抢救成功。是年，县妇保所开展儿科门诊。1986年，县人民医院成功抢救1例1200克的早产儿，随访10年，生长发育正常。1987年，县中医院外聘浙江大学医学院附属儿童医院丁培植主任医师，开展儿科专家门诊。是年，县人民医院设新生儿监护中心，抢救各种危重新生儿。是年10月，对一例新生儿重症窒息吸入性肺炎并发呼吸衰竭的患者，使用自制的持续气道增压供氧装置，经36小时应用，抢救成功。1988年，临浦医院开展了小儿重症肺炎的抢救。1990年6月，市人民医院设立哮喘支气管炎专科门诊，率先采用雾化吸入和穴位脉冲敷贴法治疗哮喘病。是年，瓜沥人民医院也开设儿科门诊。1991年9月，市妇保院建立高危新生儿室和儿科病房，并成立儿科。1992年，市中医院开设儿童哮喘专科门诊。是年4月，市人民医院开展创建适合中国国情的新生儿围产保健模式科研项目。1993年1月，市三医院成立儿科病房，开展中毒性菌痢、败血症、化脓性脑膜炎、病毒性脑膜炎、肾病综合征、重症肺炎、呼吸衰竭、难治性心衰等病儿的治疗。1995年6月，市妇保院成立新生儿重症监护病房。1996年，市中医院完成0岁～14岁儿童支气管哮喘发病现状的研究。是年底，市三医院开设新生儿病房，开始处理新生儿各种重症及急症。1997年，市一医院儿科首次采用同步换血治疗术，成功抢救16例食物中毒的危重患儿，其中包括5例毒鼠强中毒患儿。是年5月，市三医院成功抢救早产儿呼吸窘迫综合征和一例小于1500克的极低出生体重儿。1998年6月，市一医院开设小儿发展专科，在浙江省率先设立0岁～3岁育儿沙龙。市妇保院开展唇裂修补、隐匿阴茎矫正、斜颈矫正等小儿外科手术。1999年，市一医院在普外科病房设小儿外科，开展小儿外科的诊治工作，并与美国民间健康基金会（中国总部设在浙江医科大学）合作开展围产保健项目。是年7月1日，市一医院成立萧山市儿童潜能开发中心。11月，市二医院成立小儿科病区，建立新生儿病房，进行呼吸衰竭、难治性心衰、多脏器功能衰竭、肾病综合征、乙型脑炎、脓毒败血症的抢救，并成功救治5例极低体重新生儿（1250克），治愈6例重症新生儿缺血缺氧性脑病、严重颅内出血病人。是年，市四医院成功抢救哮喘持续状态和特发性血小板减少症病儿。市三医院儿科主任汤书晶等人开展的1997～1999年"萧山市中小学生矮身材儿童情况"调查和"微循环变化"对婴

①1978年，临浦医院开设儿科门诊，诊治儿科各种常见病和多发病。1980年，城厢医院分别设立中医儿科和西医儿科门诊，开展诊治儿科常见病和多发病。1981年3月，县人民医院开展儿科门诊。1984年1月，县人民医院建立儿科病房，采用酚妥拉明治疗毛细支气管肺炎、喘憋性肺炎、新生儿出血性坏死性结肠炎、新生儿硬肿症等。1984年，头蓬人民医院开展儿科门诊治疗，诊治儿科常见病、多发病。

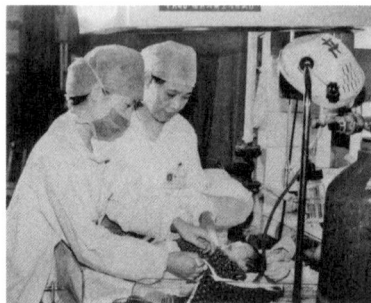

图38—3—992　市一医院护理新生儿（1997年6月，董光中摄）

幼儿喘息性疾病的研究治疗分别达到省内、国内先进水平。2000年2月，市二医院成功治愈腹泻重度脱水伴抽搐，重症过敏性紫癜，持续高热17天的变应性亚急性败血症。是年，市四医院开设婴幼儿哮喘、小儿腹泻特色门诊，并成功抢救一例心脏复杂畸形伴心衰患儿。市妇保院成功救治一例体重1060克早产儿。

五官科（耳鼻喉科） 境内五官科始设于60年代。[①]1985年，瓜沥人民医院开展白内障摘除术、声带息肉摘除术、上颌窦根除术、乳突根治术。同年，临浦人民医院开展上颌窦开窗术、鼻中隔偏曲纠正术等手术。1993年，市三医院专设隔音暗室，电测听检查骨传导听力。1996年1月，市一医院开展鼻内筛窦开放术、改良乳突根治术＋鼓室成形术、喉显微外科手术、显微支撑喉镜下声带息肉摘除术、上颌骨切除术、全喉切除术、垂直半喉切除术、水平半喉切除术、颈淋巴结清扫术、咽旁间隙肿瘤切除术。1997年10月，市一医院实施用支气管镜检查术取出儿童支气管异物，获得成功。同年11月，市一医院开展功能性鼻内窥镜鼻窦手术。1999年，市中医院设五官科，成功开展2例耳廓大部撕脱伤缝合术。2000年，市一医院开展鼻内窥镜下鼻中隔矫正术、鼻内窥镜下腺样体切除术。

口腔科 50年代初起，萧山一些医院开始口腔科普通门诊。[②]1985年起，县精神病医院开展光固化补牙。县人民医院开展口腔正畸及颌面外科小手术。是年，临浦人民医院开展口腔内科、口腔外科、口腔修复和牙齿畸形矫正术等门急诊工作，还开展颌骨囊肿摘除术、根尖囊肿摘除术、大面积口腔颌面部清创术、牙槽骨修正术、单纯性颌骨骨折颌间颌内结扎固定术等口腔科一、二类手术。1988年1月，市中医院开展整畸、前牙美容修复、根尖囊肿切除术、上下颌骨骨折切开复位内固定术、唇腭裂修补术。1990年5月起，瓜沥人民医院开展光固化树脂补牙、根尖囊肿摘除术、颌面部囊肿摘除术、甲状舌骨囊肿摘除术、三叉神经剥离术、延腺混合瘤摘除术、上下颌骨骨折固定术和唇腭裂修补术。1994年2月，市一医院开展口腔科一、二类手术并收治外伤等病人。同年5月，市中医院开展钛与生物陶瓷复合二段式圆柱状种植体人工种植牙技术。是年，市三医院开展外伤性前牙断冠、自体断冠再接技术。1995年，市一医院开展牙种植术。是年6月，市中医院开展后牙修复、牙周病的龈上龈下洁治术、烤瓷牙修复、口腔颌面部创伤的急救。9月，成立萧山市牙病防治中心，开展在校学生窝沟封闭工作。1995年后，市精神病医院开展口腔内科业务。1996年，市一医院开展烤瓷铸造镶牙技术。市三医院设口腔正畸专科门诊，开展口腔固定矫正技术。1997年，市一医院开展牙科美容脱色、托盘、牙弓夹板、腭护板一次成形。1998年，市一医院开展头颅定位侧位全景摄像；市三医院和市中医骨伤科医院开展烤瓷牙修补技术。是年，萧山市成为全国牙防先进县（市）。1999年4月，市卫生局批准在市中医院设萧山市口腔医院。11月，市二医院开展固定正畸技术。2000年，市一医院开展颈淋巴清扫术。是年2月，市二医院开展烤瓷牙技术。9月起，市中医院开展后牙根管治疗技术、根尖切除术、下唇癌扩大根治术，并成功抢救一位双侧下颌、口底、颈部蜂窝组织炎合并坏死性肌筋膜炎的病人。

眼科 80年代初始设眼科。[③]1986年，临浦人民医院开展白内障囊外摘除术、

①1966年，县人民医院设五官科门诊，开展五官科一般疾病的诊断和治疗工作。1974年，县人民医院始设耳鼻喉科，与眼科组合成五官科，开展上颌窦根治术、乳突根治术、扁桃体剥离术、挤切术、鼻息肉摘除术、鼻中隔矫正术、食道镜检查、食道异物取出术、声带息肉摘除术。其中耳前瘘管切除术和听力检测工作能开展耳鼻喉、眼科一、二类手术。1978年，瓜沥人民医院开设五官科门诊，开展鼻息肉摘除术、扁桃体切除术、眼科赘肉切除术。1983年，义盛卫生院设立五官科，开展鼻息肉摘除术。

②1952年，县人民政府卫生院（今市一医院）设民办公助牙科部，开展牙科业务。1952年，临浦中西医联合诊所设口腔科，主要开展口腔科普通门诊，如拔牙、镶牙。1956年5月，城厢镇中心联合诊所开展牙科门诊，开展拔牙、补牙、镶牙、整畸。1961年11月9日，城厢医院开设口腔科。1963年，县人民医院设口腔门诊，开展拔牙、补牙业务。1980年12月，瓜沥人民医院设立口腔科。

③1983年，县中医院设立眼科，用中西医结合治疗眼科疾病。1984年，县人民医院设立眼科，开展眼睑重睑术等眼科一、二类手术。

青光眼小梁切除术等眼科手术。1987年，开展水平肌斜视矫正术。1988年，成功开展一例眼球摘除手术和一例眼球玻璃体内磁性异物取出术。1992年，市中医院开展胬肉切除、垂睑术、睑内翻等一、二类手术，同时对小儿屈光不正进行中西医结合治疗的探索。1995年，开展青光眼小梁切除术、晶体囊外摘除＋人工晶体植入术。1996年，开展水平肌斜视矫正术。是年，市一医院开展白内障囊外摘除＋人工晶体植入术。是年9月，萧山激光医院（城东卫生院）设激光近视治疗中心，投资600多万元，从美国、德国引进国际上先进的近视治疗技术——激光板层、屈光矫正术（PRK、LASIK）的成套设备，聘请省、杭州市著名眼科专家施行近视矫正技术。1997年，市一医院开展显微眼科手术及青光眼小梁切除术、眼外伤手术、胬肉切除＋干细胞移植术、泪道手术、斜视手术、角膜移植手术。1999年，市中医院开展泪道搭道＋中药灌注治疗泪道疾病。市三医院开展白内障囊内摘除＋人工晶体植入术。1998～2000年，市一医院全面开展斜视、泪道、角膜移植、角膜显微外伤、胬肉角膜显微、眼部肿瘤、羊膜移植、下睑肌缩短治疗痉挛性睑内翻等三、四类眼科手术。

皮肤科　1977年4月，县凤山防治院在城厢镇小南门开设皮肤病门诊，为早期发现麻风病人开展常见皮肤病诊治。1981年12月，县皮肤病防治站开设皮肤病门诊，开展常见皮肤病诊治。1984年6月，县人民医院开设皮肤科门诊，确认境内各类麻风病患4例。1985年1月，县皮肤病防治站在杭州市一医院皮肤科专家的带教下，开展皮肤活检，对鲍温丘疹、系统性红斑狼疮、盘状红斑狼疮、银屑病等病的治疗。1986年6月起，城东卫生院在境内率先采用二氧化碳激光机、氦氖激光机治疗各种皮肤疾病。1987年，县人民医院药剂科开始自制各种皮肤病酊剂、软膏等，治疗各类盘状红斑、皮肤炎、硬皮病、淋病、尖锐湿疣、结节性红斑等各类皮肤常见及少见疾病，开展寻常疣、疤痕疙瘩的切除、磨削手术。1988年2月，市卫生局批准建立城东激光医院（1991年又改名为萧山激光医院）。7月，市皮肤病防治站首次发现和诊治2例淋菌性尿道炎病例。1989年，市皮肤病防治站应用中药肝经辨证的方法治疗痤疮，改良“消银方”治疗银屑病，用金黄散洗剂治疗湿疹、皮炎等。是年2月，瓜沥人民医院开设皮肤科门诊，开展皮肤科的各种常见病和多发病的诊治。1990年，市皮肤病防治站采用二氧化碳激光机液氮冷冻治疗仪治疗尖锐湿疣和各种皮肤赘生物。是年5月，瓜沥人民医院建立激光室，对皮肤科相关的赘生物、皮肤溃疡、色素性皮肤病、性病进行治疗。1993年1月，市三医院设立皮肤科，开展各类常见皮肤科疾病的诊治。1994年，市皮肤病防治院开展医疗美容治疗痤疮、黄褐斑等。市三医院开展液氮冷冻激光点痣、除疣、消疤痕等小型手术。1996年，市一医院设皮肤科床位，开始收治皮肤病病人。1998年，市二医院开展性病检查。是年5月，市中医院设立皮肤病专科，开展常见皮肤科疾病的诊治，并采用高频电子治疗仪治疗尖锐湿疣、寻常疣等各种皮肤赘生物。1999年11月，市皮肤病防治院开展中药熏蒸治疗仪治疗痤疮、季节性皮炎、面部类固醇皮炎、寒冷性多形红斑等8种皮肤病，并采用微波治疗尖锐湿疣和皮肤色斑。

精神科　1966年8月，县精神病医院开设精神科，采用电休克、氯丙嗪、胰岛素开展各类精神病门诊及住院治疗业务。1986年起，对长期住院精神病人实行开放性治疗。1990年起，市精神病医院为拓展服务范围，增设心理测验室、心理咨询、生物反馈室和失眠门诊、癫痫门诊。开展代币制治疗、工娱疗法、无抽搐电休克治疗、开放性治疗、生物反馈治疗、音乐治疗、催眠治疗等综合治疗。1992年，市精神病医院开展的科研课题《农村精神病患者管理模式探讨》通过杭州市级鉴定，并获杭州市医药卫生科技进步二等奖。1994年，市红十字医院开展的两个科研课题《安度利可对社会关锁精神病人的治疗及维持治疗》和《重点中学高考生心理状态与高考成绩相关性研究》，分别通过杭州市鉴定，并获得杭州市医药卫生科技进步三等奖。1998年，市五医院开展的科研课题《消化性溃疡患者心理防御机制及其相关社会心理因素研究》，通过省级鉴定，获浙江省医药卫生科技进步三等奖。

男性科 1995年，市中医院在市内率先开设男性科，阴茎勃起测量带开始在临床上应用。是年12月，《阴茎勃起强度测量带的研制与临床应用》通过省级鉴定，获萧山市科技进步一等奖、省卫生科技三等奖。1996年，开展阴茎海绵体造影诊断血管性阳痿，采用中西医结合的方法对继发性勃起功能障碍进行治疗取得较好的疗效。1997年5月，市妇保院开设男性病生殖健康科，主要针对男性性功能障碍、男性不育、性传播性疾病、前列腺炎、睾丸炎、附睾炎的治疗。1998年，开展丈夫精液人工授精（简称AIH）业务。2000年，市一医院设男性科门诊，诊治男性不育、性功能障碍、前列腺炎、附睾炎、性病等。

检验科 民国时期，县立医院已有普通检验项目。①中华人民共和国成立后，医院检验科相继建立，检验技术不断提高。②1985年，瓜沥人民医院开展乙肝三系检查（乙型肝炎表面抗原、表面抗体，核心抗体，E抗原、E抗体）检测，胆固醇、甘油三脂测定、胆碱脂酶测定、血清电解质（钾、钠、氯、钙）测定。是年，县妇保所建立化验室，开展血液、尿液和粪便三大常规检验。1986年，临浦人民医院开展对流免疫电泳测定AFP，乙肝三系、甘油三脂和胆固醇测定；细菌室检测到Elort（霍乱）弧菌。1987年，县精神病医院开展钾、钠、锂盐的仪器测定和供应室的细菌培养。1987～1998年，市中医院相继开展血气分析、乙肝三系、甲肝丙肝抗体测定，梅毒试验，抗核抗体、免疫球蛋白、细菌培养与药敏试验等项目。90年代起，市级医疗单位的临床检验项目日益增多，市人民医院每年新增检验项目在10个以上。1990年，临浦人民医院成立免疫室，开展T3、T4、HCG、AFP定量测定。1994年，市妇保院成立分子生物学实验室。1995年，市红十字医院能做18项血常规检查、5项尿液检查和5项电解质检查。市二医院开展产妇血清乳汁中抗HCV检测结果研究。1996年，市三医院增加肝炎系列、艾滋病抗体、丙肝等放免检测项目，细菌室分离到O139菌株。市妇保院开展放免检测。市四医院开展血气、肝炎系列的测定。1997年，市五医院配合肿瘤专科的发展，开展癌胚抗原、甲胎蛋白、碱性磷酸酶测定等新项目。1998年8月，市妇保院建立全市首家医学遗传中心。1999年，市中医院开展血总胆汁酸、微量蛋白、载脂蛋白、衣原体、支原体及艾滋病抗体测定，CEA、AFP定性，T3、T4、TSH定量测定，IgE、凝血谱、幽门螺杆菌抗体试验等项目。市四医院开展甲状腺激素、肿瘤标志物测定，市五医院开展凝血酶原等4项功能的测定。2000年，市中医院增开骨髓常规、血液流变测定和AFP、CEA定量测定等项目。

病理科 70年代开设病理科③。1987年，瓜沥人民医院开展胃镜活检病理切片检查。1988年，临浦人民医院设立病理科，开展常规活检及脱落细胞检查。1992年，临浦人民医院开展各类特殊染色、快速冰冻切片及尸体检查。市人民医院开展冰冻快速切片。1995年5月，市中医院开设病理科，开展活体组织（含胃镜检查、穿刺标本）和骨伤科、妇科、普外科、泌尿外科常规石蜡切片，以及脱落细胞检查。6月，义盛卫生院开展病理切片检查。8月，市一医院

①民国24年（1935），县立医院始有单目普通显微镜，全县检验员仅1人。

②1951年，县人民政府卫生院建立化验室，开展血、尿、粪便三大常规及血沉、疟原虫、血吸虫毛蚴孵化检验等项目。1956年，临浦联合医院、城厢镇中心联合诊所建立检验科，开展血、尿、粪便三大常规及大便孵化查血吸虫、寄生虫检验、血沉等项目。1957年3月，瓜沥人民医院设立检验科，开展血、尿、粪便三大常规检验。1958年，临浦联合医院开展血液、脑脊液、精液常规检查和尿妊娠试验。1964年，临浦联合医院自配培养基进行细菌培养，开展肝功能、血糖、血K+检测、血型鉴定和抗"O"测定。1965年，县人民卫生防治院临浦分院检测出Elort弧菌。1966年，县人民政府卫生院开展尿三杯试验、本周氏蛋白试验、酮体检验、乳糜尿检验、隐血试验、血纤维蛋白原测定、血清钙测定、红细胞比积测定、红细胞渗透脆性试验、VCA-IGA测定。70年代起，县人民医院开展抗"O"测定、骨髓细胞检验、甘油三脂测定、乙肝表面抗原检测、免疫球蛋白G（A、M）测定、类风湿因子检验等近30个项目。80年代起，县人民医院开展碱性磷酸酶测定、抗核抗体检验、乙肝三系检验、C-反应蛋白检验、出血热抗体检验等10余个项目。70～80年代，其他各医院检验科根据医疗需要，先后开展数十项检验项目。

③1973年3月，县人民医院始设病理科，开展活体组织常规石蜡切片、脱落细胞检查。1975年，瓜沥人民医院设病理科，开展外科、妇产科、常规病理组织切片检查，常规涂片检查。1979年起，县人民医院在境内开展快速石蜡切片业务；1982年，开展特殊组织化学染色；1983年，施行首例尸体解剖。

建立免疫组织化学室和原位杂交实验室，开展各类单克隆抗体测定和原位杂交新技术。10月，市妇保院设立病理科，开展病理石蜡切片检查和细胞学检查。1996年，市中医院开展脑外科、口腔外科、肝胆外科、皮肤科、五官科等病人的病理组织标本的常规石蜡切片检查。1997年，市五医院设立病理科，开展活体组织常规切片检查业务。市中医院开展各科标本快速石蜡切片。1998年，市二医院开展外、妇、骨、脑外、五官科常规病理切片检查和内窥镜活检病理切片检查，以及鼻咽部活检病理切片检查。1999年，市一医院开展HPV原位杂交项目。市中医院开展特殊组织化学染色。市五医院随着肿瘤专业业务的发展，开展肿瘤快速冰冻切片检查、针吸细胞检查、病理免疫组化检测等业务，主要有：活体组织检查，包括常规切片、快速冰冻切片等；脱落细胞检查，包括胸水腹水检查；穿刺液检查；痰液涂片和宫颈涂片检查等。2000年，市一医院开展部分癌基因测定的新项目。

　　放射科　放射　1958年8月，县人民医院始设X光室^①。1985年1月，瓜沥人民医院设X光室，开展一般透视检查、普通拍片检查、食道钡餐造影、胃及结肠钡影、口服胆道造影、胆道"T"管造影、静脉肾盂造影、小儿肠套空气灌肠整复造影。是年，戴村骨伤科医院开展食道及胃造影。1987年，临浦医院开展支气管造影检查、胃肠遥控摇篮检查和X光断层摄影。1988年起，市人民医院开展断层摄影检查，临浦医院开展子宫腔造影。瓜沥人民医院开展重危病人床边拍片检查。1989年，市人民医院开展结肠双重造影检查。90年代初，市人民医院配备隔室电视透视机、500毫安北京产"东方红"X光机和400毫安X光机，开展介入放射疗法治疗肺癌、肝癌、肠癌等肿瘤项目。1990年3月，瓜沥人民医院开展胃、结肠气钡双重造影，腮腺碘剂造影，下肢静脉血管造影，子宫、输卵管碘油造影，瘘道、窦道碘剂造影，逆行碘剂肾盂造影。市妇保院设放射科。临浦人民医院开展椎管造影。1993年，市一医院购置1台国产低场MRI，开展头颅、脊柱及部分腹部疾病的检查，配备美国产AFP自动洗片机1台，结束手工洗片的历史，提高了洗片的质量和速度。是年8月，市中医院配备上海产XG501双床双球管500毫安电视遥控摇篮胃肠X线机1台，开展电视透视、电视透视下取异物以及骨折整复、胃肠气钡双重造影等。1995年起，市妇保院运用美国COOR公司生产的导管导丝开展介入疗法，即经宫颈治疗输卵管阻塞的新技术。1995年8月，市红十字医院放射科完成了将原来的单床单球管200毫安X线机，改装成双床双球管联动的多功能X线机的设备改造工程。1997年，市一医院配备日本产口腔全景摄影机，开展口腔全景摄影检查。是年8月，市中医院添置飞利浦床边机1台，全面开展床边术中摄片。2000年9月，市二医院开展电视透视、电视遥控胃肠气钡双重造影、小儿肠套摇空气灌肠整复造影、电视透视等检查和电视透视下取异物以及电视透视下骨折整复。11月，市一医院增加"岛津"500毫安X光机1台，购置德国西门子公司产计算机数字减影血管造影机（DSA）投入使用。12月，开展食道支架术、经桡动脉穿刺插管造形术。

①1958年8月，县人民医院设X光室，有美国产GE30毫安X光机1台，开展透视，头颅、胸腹及四肢摄片，食道、胃肠造影项目；60年代后配置200毫安单床单球管X光机1台。1959年，临浦人民公社卫生院设X光室，配置300毫安X光机1台，开展门、急诊一般透视检查；70年代初配置200毫安单人双球管X光机1台。1960年，城厢镇中心联合诊所设X光室，有国产30毫安X光机1台，开展透视、食道胃肠造影及四肢摄片项目。1962年，县人民医院放射科配备上海产KF200毫安X光机（单床单球）1台。1969年，县人民医院开展稀钡灌肠、空气灌肠、四肢静脉造影、泌尿系逆行造影、胆囊造影等项目。1972年，城厢医院增置北京产"东方红"F30－ⅡC型200毫安X光机1台，开展全身各部位X光摄片及透视，消化道和泌尿系统等造影。1973年，县人民医院引进1台半自动空气灌肠机，开展小儿肠套诊断与整复。1975年，城厢医院增加牙科X光机1台，开展牙科摄片。1976年，临浦医院配备50毫安X光机1台，开展四肢拍片检查。1978年，该院添置200毫安X光机1台，开展肾盂、胆囊造影；1980年始开展小儿肠套叠诊断与整复。80年代起，各乡镇卫生院相继添置30至200毫安X光机，开展一般的透视或拍片工作。1981年，县人民医院增加400毫安X光机1台。1982年，临浦人民医院增加400毫安X光机1台，开展支气管造影检查及透视下取异物。1983年，县人民医院引进匈牙利产500毫安X光机1台，开展消化道、泌尿系统、脑血管、上颌窦、腮腺造影等新项目。

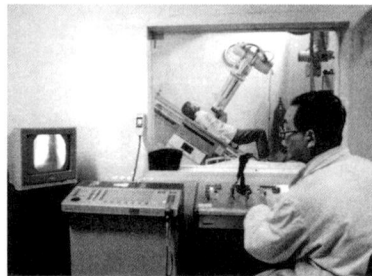

图38-3-993　"西门子"1000毫安遥控X线机落户市第一人民医院（1996年1月，方园摄）

螺旋CT 1991年8月，市人民医院设螺旋CT室，配备美国产的GE800型全身螺旋CT机1台，开展头颅、胸、腹、盆腔、四肢关节及脊柱等全身各部位疾病的扫描检查和诊断业务。1993年2月，市人民医院购置威达公司生产的400高斯超低场磁共振1套，开展以头颅、脊柱为重点的磁共振检查。1994年7月，市一医院购置德国西门子公司产SOMATOM·ARC型全身螺旋CT机1台，开展胸部CT高分辨扫描术，CT定位下肺、肾等脏器穿刺活检术等新项目。8月，市二医院开设螺旋CT室，开展全身各部位的CT平扫检查和增强扫描检查。

图38-3-994 市一医院进行脑CT片会诊（1996年6月，董光中摄）

1995年，市三医院购置美国Picket-1200SX型螺旋CT机1台，成立CT室，开展断层扫描和诊断技术。是年3月，市中医院购置美国PK1200全身螺旋CT机1台，开展全身各部位检查。1996年，市四医院也引进1台德国西门子公司生产的全身螺旋CT机，开展全身CT检查业务。

磁共振 1993年2月，市人民医院购置威达公司生产的400高斯超低场磁共振1套，开展以头颅、脊柱为重点的磁共振检查。

放疗 1996年，市五医院设立肿瘤放射治疗（简称放疗）室。该室配置中国核动力研究院生产的GMGP钴-60放射治疗机和贵州产深部X线机等放射治疗设备，填补萧山肿瘤放射治疗的空白。1998年12月6日，省肿瘤医院援助市五医院德国产MEV-12西门子直线加速器投入使用。2000年1月，市五医院又投资54万元购置北京产模拟定位机，进一步完善放射治疗设施，至2000年末，共接诊放疗病人16393人次。

特检科 心电图 1974年11月，县人民医院设门诊心电图室。80年代中期，直属医院、卫生院相继开展心电图检查。90年代，市一医院心电图从单导心电图发展为三导、同步12导心电图检测，并开展动态心电图、动态血压、心功能、心电多相信息、心室晚电位、高频心电图、心房食道调搏、心率变异测定、心电电话传输、活动平板运动试验等项目的检测。1994年，市三医院开展动态心电图检查，市妇保院开展单导心电图检查。1995年，市中医院心电图机由单导更新为三导，开展心得安实验、阿托品实验、危重病人床边心电图检查，购置心功能检查仪，开展左右心功能检查。1996年4月，市一医院设病区心电图室。市中医院购置美国动态心电图、动态血压检查仪，开展24小时心电图及血压检测，并从1997年3月起实行24小时值班。1999年，市一医院引进美国产活动平板仪。是年4月，市四医院购置动态二导心电图仪及动态血压监测仪，开展24小时动态心电图、血压的监测。2000年，市一医院配备美国产动态心电图机1台，开展24小时心率变异分析、心房食道调搏终止室上速等项目。市三医院动态心电图检查由磁带式记录更新为闪光卡（芯片）记录，并开展24小时心率变异分析。

B超 1984年7月，县人民医院始设B超室，配备日本产SSD-280B型超声波诊断仪（简称B超仪）1台，开展肝、胆、脾、胰、肾、前列腺、膀胱、子宫附件、胎盘胎儿羊水、腹部肿块等疾患的检查。至80年代末，各卫生院普及B超仪。1990年，市人民医院装备SSD-630B型超声波机1台，开展二维及M型心超检查。瓜沥人民医院引进美国产RT2800型超声波仪，开展心脏、脏器功能、静脉内血栓、各种类型的宫内胎儿畸形的B超检查。市妇保院添置EUB-240型B超仪、aloka-SSD-630型B超仪、aloka-SSD-210型B超仪、aloka-SSD-1200型B超仪、acuson128XP彩超仪、aloka-SSD-1100型B超仪和2台

LOGIQ400MR3型彩超仪，开展子宫附件、肝、胆、脾、胰、肾超声波检查。临浦人民医院添置美国产RT-2800多功能大型黑白B超仪，开展二维心超检查。1993年，市一医院购置"日立"EUB-450型B超仪1台，开展乳腺、甲状腺等体表器官疾病的诊断。1994年，市中医院购置惠普7330彩色B超仪，开展应用彩色多普勒对心脏、腹部、甲状腺、乳房及体表小器官疾病的检查；购置海鹰-RT黑白B超仪，开展经阴道对妇产科疾病的检查。是年9月，市一医院购置美国ATL-超九彩色多普勒超声波仪1台，开展应用彩色多普勒对心脏、腹部及四肢等血管疾病的诊断。市妇保院开展经阴道的超声波检查。1997年，市一医院添置SSD-630型超声波仪1台，开展肾活检、肾囊肿穿刺等检查和治疗，同时开展经阴道对妇产科疾病的诊断。市二医院引进美国百胜的AU4彩色多普勒超声波仪，开展心脏瓣膜疾病的关闭不全、先天性心脏病的分流、双氧水声学造影和甲状腺、乳腺、关节、体表小器官、后腹膜淋巴结检查和血管检查。市三医院引进美国ATL彩色多普勒超声波仪1台，开展小脏器、心脏彩色多普勒及经阴道超声波检查。市五医院配置日本阿洛卡B超仪，并配有高频探头，为诊断肿瘤病变提供方便。1998年5月，市一医院引进HDI-3000型彩色多普勒超声波诊断仪1台，开展前列腺腔内彩色多普勒检查。市妇保院开展小儿头颅、心脏、甲状腺、乳房等超声波检查。1999年，市二医院引进麦迪逊B超仪1台，开展阴道、肛门B超检查。市五医院增购韩国麦迪逊B超仪。是年9月，市四医院添置美国产百胜Au-4彩色多普勒超声波诊断仪1台，开展心脏、甲状腺、乳房、浅表小器官、周围血管、阴道等超声波检查。

脑电图 1981年6月，县精神病医院设脑电图室。1982年4月，县人民医院设脑电图室。1989年，临浦人民医院设立脑电图室，开展癫痫、脑炎等疾病的常规检查，并代替CT检查脑血管病。1992年起，市人民医院增设睡眠脑电图检查新项目；开展床边脑电图检查。是年8月，市精神病医院购置苏州产脑地形图仪1台，与十六导联脑电图仪配套，用彩色图像取代原来的脑电图，开展脑地形图检查。1993年，市三医院开展睡眠脑电图、床边脑电图检查。11月，市红十字医院添置上海产脑血流图仪1台，开展脑血流检查业务。1995年8月，市二医院开设脑电图室。1997年8月，市五医院添置美国产经颅多普勒诊断仪1台，全面提供颅内动脉各血管血液动力学状况。1999年3月，市四医院设立脑电图室，开展脑电图检查。

脑彩超、液晶 1993年，市一医院设脑彩超室，开展脑血管痉挛、脑血管狭窄、椎—基底动脉供血情况、先天性血管畸形等脑血管内科系统疾病的检查；同时，设液晶室，开展乳腺炎、乳腺小叶增生、乳腺良恶性肿瘤等女性乳腺疾病的诊断。

心理测验室 1991年1月，市精神病医院设心理咨询门诊，开展的心理测验项目有MMPI、WAIS、YG、16PF、TAT等。1995年，市红十字医院心理测验室开展儿童智力测验新项目。至2001年3月，心理测验室配有全套心理测验计算机软件，检测项目增至19个，能准确分析正常人的性格与就业的关系，开展智力测验，检测病态心理障碍类型及程度。

理疗科 1964年，县人民医院设理疗科。70年代起，县人民医院运用高、中、低频直流电等治疗仪器，以及蜡疗、光疗、拔火罐、针灸等方式，治疗腰肌劳损、颈椎病、肩周炎、骨质增生、坐骨神经痛、各种风湿病、胃炎、小儿肺炎、急性肌扭伤、慢性溃疡等慢性疾病。1988年，临浦人民医院设理疗科，运用治疗机、音频、冷疗、红外线、神灯、激光、超短波治疗仪等仪器治疗腰、颈、肩及四肢疼痛等慢性疾病。90年代初，市人民医院先后开展胆结石治疗、中药离子导入、骨质增生治疗、电脑腰椎牵引、电脑颈椎牵引、五官超短波治疗、冷疗、氦氖激光治疗、体外反搏、红光治疗、神灯（TDP）治疗等物理治疗。2000年，市一医院开展电脑机按摩，脑偏瘫治疗，低图波治疗，多功能前列腺治疗，心脑血管疾病的康复治疗，脑外伤恢复期、运动损伤、手外伤的康复治疗，骨关节、颈、腰、肩、腿退行性病变的治疗，手术后切口感染、硬结、肠粘连的治疗，急性软组织扭挫伤的治疗等。

其他科　内窥镜　1981年8月，县人民医院始设膀胱镜室，开展膀胱冲洗化疗、更换膀胱造瘘管、尿流率测定等；是年，设纤维胃镜室。1985年，临浦人民医院开展胃镜常规检查。1992年，市人民医院开展重症消化道出血的胃镜检查和胰胆管造影取石术。1993年，市一医院开展胰胆管逆行造影检查。1994年，开展内镜下消化道息肉高频电切除术、食道静脉曲张硬化治疗、内镜下上消化道出血止血术。1995年，市中医院成立胃镜室，开展常规胃镜检查技术。是年4月，市一医院开展内镜下空肠营养管置放术、胃癌及食道癌内镜下抗癌药物的注射治疗新技术。1996年5月，市一医院开展内镜下食管狭窄扩张术、内镜下吻合口狭窄扩张术。1998年5月，市三医院购置电子纤维胃镜，开展内镜下消化道出血止血术；10月，市一医院开展肠镜下大肠息肉切除术。1999年6月，市一医院开展内镜下胃造瘘术。至2001年3月，市一医院能开展食道、胃、十二指肠、结肠和逆行胰、胆管造影，胰、胆系统等病变的检查诊断，在内镜下进行上下消化道息肉摘除、上下消化道出血治疗、消化道狭窄的扩张治疗、食道静脉曲张硬化治疗、消化道异物取出术，消化道肿瘤、胆总管结石和胆道蛔虫病的治疗，手术床边肠镜引导结肠病变切除术等。

高压氧　1994年9月，市一医院始设高压氧治疗室，为单门单舱、1卧5坐的6人舱，开展血栓闭塞性脉管炎、中心性视网膜炎、冠心病、缺血性脑血管病、脑炎、脑外伤、脑水肿、一氧化碳中毒、突发性耳聋、多发性硬化等疾病的治疗。

重症监护（ICU）　1984年下半年，县人民医院设立重症病人监护室。1989年10月，成立重症监护中心，收治成人呼吸窘迫综合征、大面积心肌梗死、严重复合伤等危重病人。1990年，市人民医院率先开展深静脉置管术，并开展无创伤机械通气。1995年，开始进行肾移植病人的术后护理，抢救重症颅外伤、严重复合伤、重症胰腺炎、重症农药中毒、急性药物中毒、各种术后重症、各种休克、多脏器功能衰竭、各型呼吸衰竭、肾移植、大面积心肌梗死、急性心功能不全、急性肾功能不全、成人呼吸窘迫征等多种危重病人。1996年8月，市二医院设立重症监护室。2000年2月27日，市中医院设立创伤急救中心重症监护室，收治多发伤、各类中毒及全院的危重抢救病人，至2001年3月已能开展亚低温治疗、各种模式呼吸支持、血液净化治疗、有创及无创血液动力学监测、特色中医治疗，成功抢救各种多发伤、严重复合伤、重症胰腺炎、重症农药中毒、急性药物、毒物中毒、各种术后重症、各种休克、全身炎性反应综合征、多脏器功能不全、多脏器功能衰竭、大面积心肌梗死、严重呼吸衰竭、急性心功能不全、急性肾功能不全、重症颅脑外伤、急性胃肠道衰竭等危重病人。

医疗护理

民国时期，萧山医疗单位始有护理人员。[1]中华人民共和国成立后，护理工作逐渐得到发展。[2]1987年以前，医院实行的是以疾病为中心的功能制护理模式。从1987年4月起，县人民医院外一科病区率先实行责任制护理，至90年代中期，各家医院都实行了责任制护理模式[3]。1993年11月18日，全市举行护

①民国2年（1913），西医瞿缦云在县城包桥上街西首创建的萧山医院仅5名工作人员中，始配有护士。1949年5月5日萧山解放后，县人民政府接管的县卫生院仅7名工作人员，其中护士1名。

②1953年，县卫生院增加护理人员，始设护理小组。50年代初期，护理工作主要是病房管理、注射、输液和妇幼卫生工作。1958年10月，浙江医院手术室护士长王桂卿调入县人民医院，境内有了首位护士长。50年代中期后，护理工作扩大到门诊和手术室。1962年，县人民医院有护理小组5个，护理人员21名，初步形成医院护理管理体系。"文化大革命"期间，医院一度实行"医、护、工"一条龙体制，护理管理体系混乱。70年代后期起，护理人员数量增加、素质提高。1978年年底，县人民医院正式建立护理部，全院实行护理部主任、护士长两级护理管理体系。后各医院相继恢复、建立和健全护理工作制度、护士交接班制度、护士长查房制度、查对制度、三级护理制度、隔离消毒制度、供应室工作制度、注射室工作制度及外科换药室规则、护士长职责、护士职责、病房工友职责等，加强护理工作管理。

③责任制护理模式是一种从以疾病为中心的护理转向以病人为中心的护理，护理病人从入院到出院全面负责，使护士增强责任感、病人增强安全感、护患关系更加密切的护理工作模式。

理技术操作比赛,有500余名护理人员参赛,有10名护士获"萧山市护理技术操作能手"称号。1996年12月,市第一人民医院在十病区试点开展整体护理①模式。1998年8月27日,市卫生局召开萧山历史上首次护理工作会议,全面推广应用整体护理管理模式。2000年,市五医院青年护士何幼红获"杭州市第三届优秀青年岗位能手"称号。至2001年3月,全市有专业护理人员1095名,其中副主任护师1名、主管护师115名、护师400名、护士555名、护理员24名。

麻醉科 境内临床麻醉始于50年代。②1985年,临浦人民医院开展氯胺酮麻醉和锁骨下静脉穿刺术。1986年,县人民医院单独设立麻醉科,开展硬麻、腰麻、局麻、静脉复合麻醉、骶麻、臂丛麻、颈部神经丛阻滞麻醉和氯胺酮麻醉。1987年,瓜沥人民医院开展气管插管麻醉,颈丛神经阻滞麻醉,并开展气管插管抢救。1988年,市人民医院开展双腔支气管插入麻醉。1989年,临浦人民医院开展气管插管全麻术。1991年,开展无痛分娩术。是年10月,瓜沥人民医院单设麻醉科。1992年,临浦人民医院成立境内第一个疼痛门诊,开设麻醉复苏室,开展鼻腔盲探插管术、快速诱导气管插管术。1993年7月,市二医院开展吸入麻醉、机械呼吸,开展脑外科、胸外科、外科、骨科、妇产科手术麻醉,同时开展深静脉穿刺技术。市三医院发明的"一次性口咽通气道",获萧山市科技成果三等奖,并获国家专利。1994年,市一医院开设疼痛门诊。1995年,市中医院成立麻醉科,开展气管插管静吸复合全身麻醉、颈内静脉穿刺测中心静脉压、桡动脉穿刺测平均动脉区、重症监测、急救复苏。市红十字医院开展头颈部肿瘤、鼻咽癌、乳腺癌、食道癌、肺癌、血管瘤、甲状腺瘤等良恶性肿瘤手术麻醉。1996年5月,成立萧山市麻醉质控中心,挂靠市中医院。9月,市二医院开展重危病人、大出血复合伤病人麻醉。12月,市妇保院设麻醉科。是年,市中医院设立疼痛门诊,开展椎间盘突出、肩周炎、网球肘、腰腿痛、神经性头痛等顽固性疼痛病人的治疗,并开展心脏手术病人的麻醉,成功地实施1例二尖瓣分离术,成功地抢救心脏贯穿伤2例。1997年,市三医院开展桡动脉穿刺监测术、硬脊膜外腔神经阻滞麻醉+全身麻醉术、硬脊膜外腔神经阻滞麻醉+单次腰髓麻醉。市中医骨伤科医院开展全身麻醉工作。1998年11月,市二医院开展手术病人术后止痛技术,开展鼻腔插管、逆行插管技术。1999年,市三医院开展无痛人流术和低温降压麻醉。2000年2月,市中医院成立ICU兼麻醉苏醒室,确保全身麻醉病人术后的安全性。10月,开展急性等容量血液稀释结合控制性降压麻醉技术的课题研究并广泛应用于临床,大大减少手术出血量和库血的输入量。市二医院开展动脉有创监测,并开展门诊病人疼痛治疗和住院病人无痛分娩技术。市三医院开展术后镇痛术、癌症止痛术。市中医骨伤科医院开设疼痛治疗门诊。市四医院开展颈内静脉穿刺置管、气体吸入麻醉。

①整体护理是指以病人为中心、现代护理观为指导、护理程序为基础框架,把护理程序系统地应用到临床护理和护理管理的思想和方法。其体系包括护理程序在内的护理哲理、护士职责与行为评价、病人入院及住院评估、病人标准护理和教育计划、护理记录、护理品质保证等内容。

②50年代,县人民医院通过开展局部浸润麻醉、蛛网膜下腔阻滞麻醉,进行各种普通外科手术。1959年,临浦人民公社卫生院设手术室,开展视网膜下腔阻滞麻醉下的下腹部手术。60年代,县人民医院开展持续外阻滞麻醉、乙醚气管插管麻醉、静脉复全麻醉。1964年,瓜沥人民医院成立手术麻醉科,开展门诊小手术及蛛网膜下腔阻滞、针刺麻醉、臂丛神经阻滞、硬膜外阻滞麻醉、乙醚吸入麻醉等,并开展甲状腺瘤、胃溃疡等手术麻醉。1967年,临浦人民公社卫生院开展胃次全切除、乳房切除等上腹部手术麻醉。70年代,县人民医院开展骶管阻滞麻醉、臂丛神经阻滞麻醉、中药麻醉、针刺麻醉。80年代起,开展呼吸、心跳骤停病人的抢救。1982年,头蓬人民医院设麻醉科,开展全麻、腰麻、硬麻、神经阻滞麻醉。

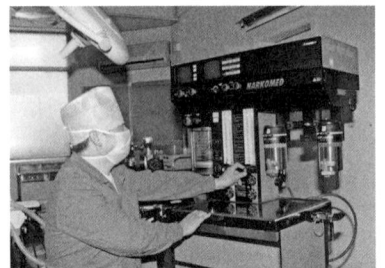

图38-3-995 北美最佳2B多功能麻醉机落户市一医院(1997年12月,楼颖摄)

第三节　中西医结合

中华人民共和国成立后，县人民政府提倡西医学习中医，用中西医结合治疗各种疾病。①1986年，县中医院开展腰椎间盘突出症的中西医结合规范化治疗。1989年，市人民医院传染病房自拟成茵赤黄汤结合西药治疗重症肝炎病人。1991年，施行中西医结合非手术治疗外伤性脾破裂。1994年，市一医院脑外科运用益气健脾、养血化淤、消热化痰、开窍醒脑等中西医疗法治疗重度脑外伤、昏迷伴高热病人。1996年，市中医院开设中西医肝胆内科。1996年1月至1997年10月，市第三人民医院采用由黄芪、川芎等中草药组成的"补阳还五汤"，按出血热不同病期进行加减的中西医结合方法治疗出血热，于1997年11月25日通过浙江省中医管理局组织的专家鉴定，研究成果达国内先进水平。

20世纪中后期，市中医院、市中医骨伤科医院相继成为综合性中医医院和中医专科医院后，运用中西医结合疗法开展骨伤科、脊椎外科、肛肠科、脑血管病专科疗效显著，手外科、关节科、儿童哮喘专科成为省、杭州市级中西医结合重点建设的学科基地。

重点学科

手外科　2000年8月，市中医院开展手外科专业工作。10月，成立萧山市手外科中心，设病床床位43张，开展断指、断肢再植手术，进行第二足趾移植再造拇指术，小儿游离皮瓣移植术，组合组织瓣移植术，骶1、2前根移位重建自立膀胱功能等手术。

关节科　1995年5月，市中医院设关节病专科。是年，该院被省卫生厅批准为浙江省中医关节病治疗建设基地，石仕元为学科带头人。1996年，设置病床34张。1997年，配置关节镜1台，开展关节镜下治疗膝关节疾病。1998年，开展对前后交叉韧带万向瞄准器的研制和临床应用的研究，于2000年12月27日通过省级课题评审，达到国内领先水平。2001年3月，关节科病床床位增至43张。

儿童哮喘专科　1992年，市中医院开设儿童哮喘病专科门诊。1999年，市中医院中医、西医儿科合并为儿科，洪佳璇为学科带头人。设立以传统韩氏儿科、儿童哮喘专科和中西医结合治疗为特色的综合性科室，运用传统中医及中西医结合方法治疗各种儿科常见病和多发病，并成功抢救高热惊厥、毒鼠强中毒、哮喘持续状态、中毒性菌痢等急重症病人，成为杭州市中西医结合儿童哮喘防治基地。2000年，市中医院的儿童哮喘防治建设基地成为浙江省中医临床重点建设专科。基地开展项目有中西医药物综合治疗儿童哮喘、肺功能检测、变应原检测、中西药物雾化吸入、免疫脱敏疗法、火罐疗法等。

特色专科

骨伤科　始于70年代末期。②1985年，戴村伤骨科医院开展螺纹钛钉股骨颈骨折内固定。1990年，开展脊柱椎间盘脱出手术、脊椎压缩性骨折伴瘫痪哈佛氏棒手术治疗、脊柱滑移横突间融合术等手术。1991年，市中医院开展

①1952年2月，进行中西医的组织合作。1958年，中西医开始医疗合作，西医人员采用一病一方入门，掌握中医随症加减和辨证施治各种疾病的手段。1970～1976年期间，开展中草药采集、种植、使用活动，多数大队合作医疗站和"赤脚医生"办起中草药种植园地，各公社卫生院采集中草药标本。1975年底，县人民医院开设中西医结合病房，设床位12张。分别对胆石症、胆囊炎、胰腺炎、肠粘连、蛔虫性肠梗阻、急性阑尾炎、阑尾脓肿、急性感染、烫伤、肾病、急腹症、上消化道出血症、胸膜炎、宫外孕等疾病，开展中西医结合的方法治疗。1976年4月至1978年，在城北、瓜沥、河上3地举办3期"赤脚医生"中医基础知识普及班，推广中西医两法治疗。1978～1979年，为普及中医中药知识，县人民医院先后举办3期在职西医学习中医学习班。1980年，全县选送11名中级职称在职西医参加省、市举办的西医离职学习中医班深造。

②1979年，戴村卫生院在继承李氏伤科传统的基础上，引进现代西医技术，相继开展四肢骨折切开复位内固定、先天性胫骨假关节植骨内固定、股骨干骨折开放正骨V型钉梅花钉内定术、闭合性桡骨干骨折髓内钉固定术、胫骨S形畸形截骨矫正术、马蹄足三踝关节融合术、胸大肌替代肱二头肌、胫后肌替代胫前肌、腓总神经损伤、臂丛神经损伤等手术。1981年，县中医院设骨伤科病床床位10张，以中西医结合方法开展慢性骨髓炎死骨摘除肌瓣充填术及四肢骨折钢板固定术等治疗；开展中药熏洗法治疗关节粘连。

Dick钉复位内固定术，填补了萧山市医学界的空白。1992年，开展CPM关节功能锻炼仪在关节骨软骨骨折中的应用研究、自制三点加压矫正器在长骨干骨折中的应用研究。1993年，开展自行设计发明的单翼双头加压螺纹钉治疗股骨颈骨折，开展椎间盘摘除术、闭合复位多枚钉治疗股骨颈骨折、外固定支架在治疗骨折上应用。1995年，开展断肢再植术和闭合复位经皮超低角螺钉、加压钉内固定治疗股骨粗隆间骨折。1996年，开展股骨头坏死、缝匠肌骨瓣植入术、胫骨骨不连半环式外固定架一次性加压延长术、腰椎后路全椎板切除、反转植骨、椎管成形术。1997年，开展三环式外固定架应用于骨不连接一次性延长压缩、TFC椎体内固定术、跟骨撬拨外固定术。1998年，开展前路BAK融合治疗颈椎间盘突出症、应用Gamma针治疗股骨粗隆间骨折、带锁髓内针固定治疗股骨骨折、哈迪氏棒固定治疗脊柱多节段骨折、背阔肌皮瓣转移修复同侧肩关节大面积软组织损伤、利用静脉搭桥重建肢体血液循环挽救毁损肢体、膝关节镜治疗关节病手术。市中医骨伤科医院开展张力带治疗髌骨粉碎性骨折、滑槽式角形钢板治疗粗隆骨折。1999年，市中医院开展带血管带皮瓣转移术、胎儿骨移植术，施行颈椎前后路一期减压融合前路自锁钢板固定术治疗颈脊髓压迫症、人工肱骨头置换术治疗肱骨头粉碎性骨折、关节镜下交叉韧带重建等高难度手术。2000年，市中医院开展萧山市首例拇指再造术（即取右第二足趾移植再造左拇指手术）、双侧全髋一期置换术治疗双侧髋关节病变、加压空心螺钉固定治疗颈椎齿状突骨折手术。市中医骨伤科医院开展长骨干骨折带锁髓内针内固定术、脊椎骨盆寒性脓肿病灶切除术、人工髋关节S-P氏改良切口早期下地行走手术等。

脊椎外科 1999年，市中医院设脊椎外科，开展颈枕融合、环枢椎融合、颈2齿突前路空心螺钉内固定、颈椎后路钢板内固定手术，胸腰椎一期前后路脊柱侧弯矫治手术及脊柱肿瘤切除重建手术等4类重大疑难手术。是年5月27日，对肌肉萎缩的患者李某施行用背阔肌皮瓣替代三角肌的手术获成功。2000年9月，市中医院单独设立脊椎创伤科病区，以中西医结合疗法促进脊柱功能的康复，其中颈椎一期前后路内固定、胸腰椎一期前后路手术属省内领先。还开展重症骨盆骨折、严重多发伤、ARDS患者、重危脊柱等手术。2001年3月，市中医院成功开展腰与骶1滑移后路前椎板切除减压、Steef钢板内固定前路椎体间取髂骨植骨术。

肛肠科 1984年，县中医院开设中西医痔瘘科门诊，运用中西医结合疗法，诊治痔瘘科常见病和多发病。1988年，在综合病区设痔瘘科床位，开展内痔、外痔、混合痔、肛瘘等的中西医结合疗法及手术。1989年，临浦人民医院开设肛肠专科门诊，开展痔疮、肛瘘等的保守和手术治疗。1994年，市一医院设肛肠科门诊。1996年，在外科病区设肛肠科床位，开展内痔、外痔、环状混合痔、痔瘘等的中西医结合治疗及手术。1995年3月，市中医院单独成立肛肠科，在外科病区设肛肠科床位，开展环状混合痔、复杂性肛瘘手术治疗，使用肛肠治疗仪，采用中西药治疗痔瘘等疾病。

脑血管病专科 1999年10月，市中医院成立中西医结合脑血管病专科。2000年，研制出中药中风1号液，广泛应用于临床，并在市内率先开展了以脑脊液置换术和缓慢脑脊液放液术治疗蛛网膜下腔出血和脑室出血，降纤、抗凝治疗早期脑梗死，中风病人的早期康复及光量子血液疗法在中风病人中的运用等。

第四章　医生与病人

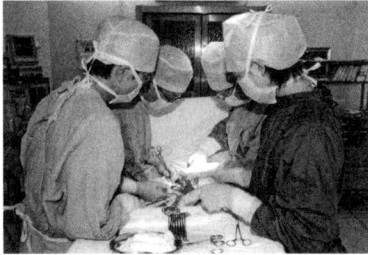

图38-4-996　市一医院医生进行胸外科手术（蒋剑飞摄）

①1949年4月，全县仅有卫生技术人员246人，其中中医（药、护、技）187人，西医（药、护、技）59人，每千人口中卫生技术人员仅0.5人，且大部分在城厢、临浦、瓜沥三大集镇私开诊所或受聘于药店"坐堂"行医，也有一些走江湖、跑码头设摊行医。

80年代后，萧山卫生系统坚持以人为本，把加强医护队伍建设、全心全意为病人服务作为办好医院的根本宗旨，医生与病人的关系更为和谐。

第一节　医　生

数量与分布

旧时，萧山缺医少药①。中华人民共和国成立后，萧山在发展中医队伍的同时，大力发展西医队伍，使医护人员队伍日益扩大。至1985年底，全县有卫生技术人员2270人，其中中医（药、护、技）369人，西医（药、护、技）1901人。1988年1月，全市有卫生技术人员2516人，其中中医（药、护、技）372人，西医（药、护、技）2144人。至2000年末，全市有卫生技术人员4182人，其中中医（药、护、技）411人，西医（药、护、技）3771人，分布于全市各级医疗卫生单位中的医、药、护、技等各类卫生技术工作岗位上，每千人口中有卫生技术人员3.67人、医生1.81人。

表38-4-665　1985～2000年萧山卫生技术人员队伍分布情况

单位：人

年份	总计	中医师	西医师	护师	中药师	西药师	检验师	其他技师	中医士	西医士	护士	助产士	中药剂士	西药剂士	检验士	其他技士	其他中医	护理员	中药剂员	西药剂员	检验员	其他人员
1985	2270	73	263	19	1	20	16	3	94	351	279	106	29	45	46	33	80	139	92	122	66	393
1986	2329	78	265	17	2	21	16	7	93	398	289	98	28	49	49	24	43	152	102	138	68	392
1987	2395	81	284	19	1	23	19	10	96	398	314	111	31	51	49	24	23	132	99	144	56	430
1988	2516	141	559	168	24	48	52	22	69	356	297	69	79	106	63	29	7	55	52	53	21	246
1989	2598	142	589	174	22	53	55	30	68	308	298	92	88	99	52	57	5	72	53	64	20	257
1990	2737	182	603	195	25	49	62	38	53	301	322	110	91	108	58	32	5	54	39	58	22	330
1991	2949	159	682	197	26	51	60	36	54	352	367	136	88	123	69	39	6	96	47	62	23	276
1992	3122	187	702	191	28	52	56	41	51	369	407	160	88	125	68	31	9	90	40	52	29	346
1993	3313	198	833	275	54	93	77	83	41	309	338	130	65	76	53	48	15	88	50	63	32	392
1994	3565	192	838	270	55	98	75	63	45	407	394	175	67	80	59	46	45	89	60	65	40	402
1995	3792	209	1076	307	71	103	86	31	52	471	532	136	52	72	72	13	60	75	39	46	25	264
1996	3761	184	1149	288	58	92	78	32	51	470	535	128	48	73	73	22	46	62	33	43	20	276
1997	3840	206	1158	403	72	114	85	31	53	485	500	88	49	85	94	23	46	48	29	35	11	225
1998	3649	158	940	446	75	133	85	86	38	388	524	104	42	94	95	77	9	44	46	50	29	186
1999	3675	181	1197	483	76	135	92	46	26	367	464	77	43	87	85	31		28	24	37	16	180
2000	4182	198	1376	540	78	146	104	56	25	418	507	84	52	103	102	57	40	27	18	29	10	212

注：1996～2000年有中西医结合医师45人。

业务培训

医务人员业务培训主要采取：举办村医培训班、日常业务学习、临床进修教育、继续医学教育、卫生学校教育、自学考试和函授学习等。

村医培训 50年代初起，卫生主管部门通过举办村医培训班，为农村培养卫生保健人员。[1] 1992～1998年，对全市699名在职乡村医生采取自学与集中面授相结合的培训方法，开设课程如下：45岁以上乡医培训药物学、内科学、外科学、中医学、预防保健学、急救医学、农村卫生事业管理；45岁以下乡医培训政治、语文、化学、正常人体、病理、药理、中医、急救及护理技术、内科、外科、妇儿科、预防保健、农村卫生事业管理、操作考核。通过1年～2年半的培训教育，经过考试，有686人毕业，其学历相当于中专水平。

业务学习 日常业务学习从80年代初逐步上轨、升级，做到制度健全、形式多样、内容不断拓展。各直属医疗卫生单位的业务学习年有计划，季有安排，每年至少组织4次以上。学习内容，以加强"三基"（基本理论、基本知识、基本技能操作）教育和训练为主。学习方法，除专题讲座外，还有学术报告、现场练兵、知识竞赛、操作比赛、业务考核等。为配合医务人员职称晋升，80年代初起，通过举办英语学习培训班提高外语水平。90年代后期起，通过举办电脑操作培训班提高电脑操作水平。1995～1997年，共举办心电图、口腔、骨伤科、护理、B超等培训班和新知识专题讲座70余期，受训人员5000余人。2000年3月，萧山市金卫远程医学教育中心在市中医院成立并开通课程。4月，市一医院也开办远程教育，医务人员可直接收看北京、上海等地卫星远程医学教育中心专家的授课。

临床进修 坚持"干学结合、补缺拓项"的原则，以更新医务人员的业务知识，拓展医疗卫生的服务范围，促进新技术、新项目的开展和应用，不断提高业务水平为目的。进修时间，短的3个月，长的1年多。进修科目：西医有内科、外科、妇产科、儿科、检验、放射、CT诊断、心电超声诊断、病理、物理诊治、重症监护等，中医有内科、妇科、儿科、痔瘘、骨伤、针灸、推拿、理疗等，卫生防疫有流行病学、地方病、传染病防治和卫生监督、细菌卫生分析等。镇乡卫生院一般到市（县）级医疗卫生单位进修；局直属医疗卫生单位一般到省、杭州市级医疗科研教育单位进修，少数还到上海等地医疗单位或部队医院进修。据市一医院统计，1988～2000年，全院有60名护理人员到上

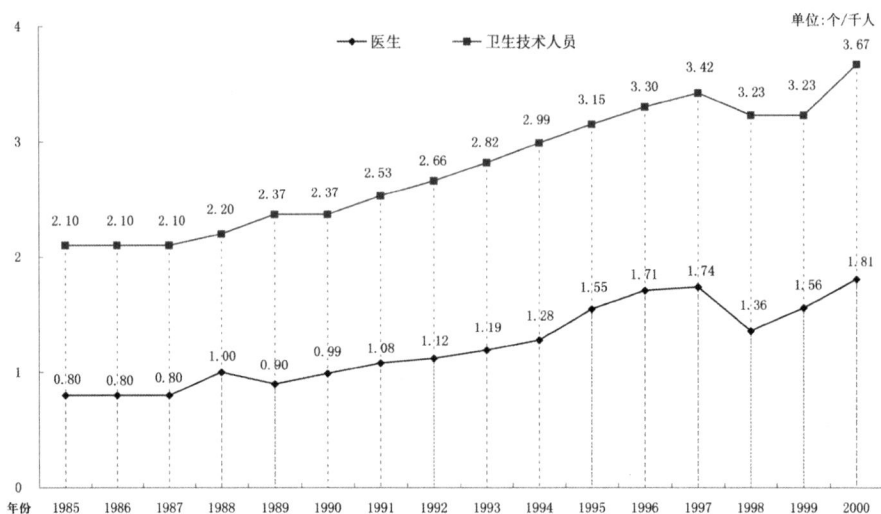

图38-4-997 1985～2000年萧山平均每千人口卫生技术人员情况

[1] 1951～1953年，通过举办初级卫生知识培训班，共有497名乡村卫生员、97名学校保健指导员、1181名卫生检查员、464名接生员、48名妇幼保健员培训成为农村基层卫生保健骨干和积极分子。1958年，通过举办农村保健员培训班，有300余人结业后成了境内第一代农村保健员。1965年，全县共办16个保健员培训班，有800余人结业后回原大队担任保健员，成了境内农村第二代保健员。1971～1972年，通过举办新针、中草药学习班，有236人学习结束后，在当地推广新针疗法和使用中草药。1974～1978年，通过分期分批对已有的"赤脚医生"进行复训，共办复训班16期，计1265人，提高了"赤脚医生"的业务水平。1980年春，对全县1163名"赤脚医生"由省统一命题进行考试，904人获颁"赤脚医生"证书。1982年12月，全县有1048人报考全省统一的"乡村医生证书"考试，611人获颁"乡村医生"证书。

图38-4-998　市一医院医生在作病例分析（2000年11月，方园摄）

①1958年8月，县卫生科创办县卫生学校，首批招收医士班35人，毕业于1961年10月；护理班20人，结业于1961年5月。1965年3月，县人民医院附设卫生学校，进修班18人于1968年4月结业；农村医生班36人于1968年10月结业。1965年12月，瓜沥人民医院附设卫生学校，32人于1967年4月结业。1974年4月，县人民医院附设2年制护士中专班，学员20人，于1976年秋毕业。1978年8月，临浦医院设杭州卫生学校萧山分校，3年制医士班40人于1981年9月毕业。1979年2月，县精神病医院设3年制护士班，30人于1982年2月毕业。

②1954年9月20日，经县人事科批准，县人民医院西医师谢寿民提任为主治医师，是全县第一位由人民政府提任的主治医师。1979年3月，省卫生厅发出《卫生技术人员晋升考核办法（试行）》，具体规定了晋升考核的办法和程序。萧山卫生技术人员的职称评定和晋升工作全面启动，资格任用有序开展。当年全县有13名医师被晋升为主治医师，其中西医12人、中医1人。

海、杭州等地医院和医学院校进修、读书，时间均在3个月以上。其中护理部副主任王新霞于2000年10月赴美国纽约州立大学北部医学院附属医院进修护理专业，历时半年。

继续医学教育　80年代后，卫生主管部门重视抓好医护人员的继续医学教育。1993年起，在职医护人员在士升师、师升中级卫生技术职称前，必须接受继续医学教育。教育方式是参加上级有关部门举办的继续教育培训班。1990～1997年，市卫生局同省内医学院校协作，委托培养大专生183名、中专生231名，通过萧山卫生进修学校培养中专生442名、卫生职高生700余名。其间，有2650人参加继续教育，占卫生技术人员总数的75%，已取得继续教育合格证书的有1086名。至2000年末，全市多数初级医护人员取得继续医学教育合格证。

1999年8月起，在中高级卫生技术人员中开展继续医学教育工作。教育的对象为具有中级或中级以上卫生专业技术职务、正在从事专业技术工作的卫生技术人员。教育以学分制形式进行考核。学分项目，分Ⅰ类学分和Ⅱ类学分。学分的计算，以5年为一周期，5年中应获得Ⅰ类学分25分～50分，Ⅱ类学分75分～100分。每年必须获得Ⅰ、Ⅱ类学分25分，其中Ⅰ类学分5分～10分，Ⅱ类学分15分～20分。学分的确定和认可，按《萧山市中高级卫技人员继续医学教育学分授予试行办法》执行。

卫生学校培训　卫生学校培训始于50年代末期。①1979年11月，萧山县卫生进修学校成立。至1982年底，举办医士班、护理班、药剂班、防疫班、中医班、妇幼班、"赤脚医生"妇幼班、新职工学习班，共8班，计学员290人。1996年，招收乡村医生培训班4个。1997年，招收乡村医生函授班4个，镇乡卫生院临床医生强化培训班1个，员士级继续教育班2个。1998年，共培训45周岁以下乡村医生253人，培训率为93.40%；培训45周岁及以上乡村医生362人，培训率为86.40%，均达到并超过省卫生厅要求的80%以上指标。乡村医生培训工作也顺利通过杭州市及省卫生厅的复查和验收。1998～1999年，还举办成人学历教育班5期，招收卫生系统在职人员354人，为临床医学、中医、护理专业，文凭为中专。

资格任用

萧山卫生技术人员资格任用始于50年代。②1988年，全市有13名主治医师晋升为副主任医师。1992年12月，市人民医院院长、副主任医师王仁德和市卫生防疫站副站长、副主任医师金以森晋升为主任医师，成为全市最早获得正高级职称的卫生技术人员。1979～2000年，全市（县）先后晋升高级卫生技术人员280人，其中主任医师63人，副主任医师、副主任护师、副主任技师217人；中级卫生技术人员1538人，其中主治医生850人、主管护师295人、其他中级卫生技术人员393人。

第二节 病 人

旧时，萧山病人以传染病、地方病为多见。[①]中华人民共和国成立后，境内传染病得以控制，地方病消灭，疾病谱发生变化。从80年代后期起，病人以慢性非传染性疾病为主。

从病员结构看，50～60年代，病人以本地城乡居民为主，多为自费医疗。药费较为便宜，少有开大处方现象。70年代以后，干部享受公费医疗，企业职工享受劳保医疗。公费和劳保医疗采用记账单结算医药费用，或开发票回工作单位报销，医疗活动中一度存在"小病大看"或"一人看病，全家吃药"现象。农村病人和城镇无劳保医疗的病人仍以自费为主，医疗费用持续增长。80年代，乡镇企业发展较快，外来民工日趋增多，病人中外来民工的比例随之增加。90年代，改革干部公费医疗和企业职工劳保医疗制度，实行费用控制，病人节约费用意识增强，一般小病小痛不进医院门，看病也要求医生用药价格要便宜。2000年，医院采取集中招标采购药品为病人让利，医药费用持续增长的势头有所遏制。是年，全市诊疗337.41万人次中，外来民工约占四分之一，主要来自四川、安徽、江西、湖南、河南等地。

从病种变化看，80年代后期起，境内病人以慢性非传染性疾病为主。2000年，据市一医院对住院病人疾病构成情况的统计，依次为：妊娠分娩和产褥期并发症、消化系病、损伤和中毒、循环系病、呼吸系病、肿瘤、传染病。与1975年统计[②]相比，住院病人中消化系病从第1位退至第2位，呼吸系病从第2位退至第5位，传染病从第3位退至第7位，肿瘤从第4位退至第6位，原先排位较后的损伤和中毒上升为第3位。

门诊病人

70年代以前，境内医院门诊科室较少[③]。从80年代起，门诊科室逐渐增多，门类越分越细，例如市人民医院外科相继设立神经外科、泌尿外科、骨科、烧伤外科、整形外科、胸外科、肿瘤外科、普外科、耳鼻喉科等；内科相继设立内分泌科、消化科、血液科、肾内科、神经内科、心血管内科、呼吸内科等。妇产科划分为妇科、产科，有了婴儿室等。各综合性医院、专科医院病人就诊程序发生了很大变化。

1985年，萧山各医院、卫生院（不包括村卫生室）诊疗245.42万人次，其中门诊病人237.42万人次；1990年，诊疗302.88万人次，其中门诊病人280.12万人次，急诊病人9.63万人次；1995年，诊疗347.20万人次，其中门诊病人324.38万人次，急诊病人14.05万人次；2000年，诊疗337.41万人次，其中门诊病人312.50万人次，急诊病人

①萧山最早有记载的传染病大流行为明代嘉靖二十四年（1545），"民多疾疫，死者盈路"。地方病以姜片虫病、血吸虫病流行于南乡、南沙，尤以姜片虫病流行之烈而闻名全国。

②1975年起，县人民医院对住院病人疾病构成情况进行统计，按占住院病人数的百分比，依次为：消化系病、呼吸系病、传染病、妊娠分娩及产后病、肿瘤、循环系病。

③60年代前，境内医疗机构均未设急诊室，急诊病人由门诊医师接诊。1968年，县人民医院建立急诊室，门诊与急诊开始分诊。70年代后期，门诊只分内科、外科、妇儿科，不分设两级科室，病人就诊程序较为简便，一般患者只要挂号→门诊→相关检查→处方→付款→配药→治疗，即可。

图38-4-999 县人民医院成功救治心脏骤停76分钟的病人李亚香（1981年5月，董光中摄）

24.91万人次。

从80年代到90年代，各综合性医院、专科医院病人就诊程序发生变化。门诊就诊程序一般为：预检处→分诊→挂号→诊室→接受问诊、体检→持检查单、化验单→付款→相关检查完毕→回诊室→医生初步诊断→开药→付款→中药房或西药房取药→治疗。

90年代后，急诊患者的就诊程序，能行走病人一般为预检处分诊→挂号→诊室→接受问诊、体检→持检查单、化验单→交款→相关检查完毕→回诊室→医生初步诊断→开药→付款→中药房或西药房取药→治疗；不能行走病人一般为急救车接病人→一边嘱家属挂号，一边作相关检查→付款→外伤者清创缝合止血→诊断明确需住院者开出住院单→付款→送入病房→治疗。

住院病人

据统计，1985年萧山各医院、卫生院实有病床1702张，收治入院病人3.18万人次，治愈率为67.19%，平均住院11.08日；1990年，实有病床1769张，收治入院病人4.08万人次，治愈率为70%，平均住院10.61日；1995年，实有病床2672张，收治入院病人5.42万人次，治愈率为65.73%，平均住院10.52日；2000年，实有病床2993张，收治入院病人5.80万人次，治愈率为60.36%，平均住院9.30日。

至2000年，市一医院设立临床服务中心，住院期间由中心工作人员送各种化验标本、陪同检查、送报告单等。

90年代后，病人住院的程序一般为：门诊或急诊处医生开具住院单→去住院处付款（夜间在急诊室付款）→去病区→护士站→交住院单→称体重→测体温→去病房→接受护士、医生问诊→做相关检查→接受治疗或手术→病情稳定或痊愈→出院。

图38-4-1000　1985～2000年萧山平均每千人床位情况

【附】

萧山市抗癌协会

1998年12月6日，萧山市抗癌协会成立，下设癌症康复俱乐部，以癌症患者为主体，属自愿性质、群防群治的群众团体。至2001年3月，市抗癌协会有团体会员64个、会员60人，癌症康复俱乐部有会员275人。协会组织会员参加各种抗癌学术报告活动，对医务工作者及有关人员进行抗癌知识教育，开展抗癌科普宣传和义诊咨询活动，并以"群体生命"为主题，围绕"心理、生理、社会、职业"组织指导癌症康复俱乐部成员，开展形式多样的康复活动，增强癌症患者的抗癌信心，提高生活质量，延长生存期。癌症康复俱乐部由市第五人民医院作为依托单位，免费提供办公室、活动场地，免收癌症会员挂号、诊疗费，每年为会员免费体检，开展早期监测病情，防止复发转移。俱乐部注重抗癌健康教育，每年邀请肿瘤专家、心理卫生专家为癌症病友讲课、咨询，患者与专家直接接触，使癌症病员学到抗癌防癌知识。还组织会员到外地进行康复旅游和康复交流。并通过评选"抗癌明星"、"癌症康复活动积极分子"、为5年癌龄的病友举行"五年生日祝寿"、"回报社会奉献爱心"为民服务、为病友排忧解难、帮贫扶困、"送温暖"慰问等活动，使癌症病员把癌症康复俱乐部视为人生第二个家。

（资料来源：萧山区卫生局）

表38-4-666　部分年份萧山市第一人民医院住院病人疾病构成（ICD—9分类）

疾病名称	1989年		1995年		2000年	
	例数	构成比（%）	例数	构成比（%）	例数	构成比（%）
传染病	787	10.37	799	6.79	1027	5.77
寄生虫病	39	0.51	40	0.34	20	0.11
肿　瘤	594	7.83	1037	8.81	1601	9.00
内分泌、营养和代谢疾病免疫疾病	63	0.83	142	1.21	322	1.81
血液和造血器官疾病	60	0.79	126	1.07	200	1.12
精神病	10	0.13	41	0.35	43	0.24
神经系病	79	1.04	72	0.61	130	0.73
眼及附器疾病	25	0.33	10	0.08	99	0.56
耳和乳突疾病	19	0.25	22	0.19	39	0.22
循环系统疾病	670	8.83	1487	12.63	2340	13.15
呼吸系统疾病	858	11.31	1228	10.43	1741	9.79
消化系统疾病	1455	19.18	1914	16.26	2810	15.80
泌尿系统疾病	222	2.93	259	2.20	450	2.53
男性生殖器官疾病	54	0.71	222	1.89	374	2.10
乳房疾病	24	0.32	17	0.14	24	0.13
女性生殖器官疾病	98	1.29	159	1.35	342	1.92
妊娠病、分娩和产褥期并发症	1480	19.51	1589	13.50	3074	17.28
皮肤和皮下组织疾病	32	0.42	43	0.37	81	0.46
肌肉骨骼系统和结缔组织疾病	60	0.79	125	1.06	143	0.80
先天异常	31	0.41	50	0.42	100	0.56
起源于围产期的情况	242	3.19	184	1.56	339	1.91
体征、症状和不明确情况	27	0.36	62	0.53	92	0.52
损伤和中毒	657	8.66	2142	18.20	2399	13.49

　　注：①1989年患疾病总数7586人，1995年11770人，2000年17790人。
　　　　②"构成比"栏指该疾病占该年份患病总数的比例。

第三节　医患关系

　　医疗机构在医疗实践活动中，通过落实医护便民措施，加强医德医风建设，妥善处理医患纠纷与医疗事故，以提高服务质量，缓解医患之间矛盾，改善医患关系。

医护便民措施

　　方便门诊　以方便病人为宗旨，服务范围为：内科常见病的诊断、治疗、配药、申请检查和医疗咨

①1958年，县人民医院为解决病人住院难的问题，开设家庭病床。1984年4月，县人民医院制订家庭病床收治范围、管理方式及费用标准等。

②50年代起，主要通过下派医疗队（组）深入农村，组织医务人员上山、下乡、下厂开展预防保健和治病工作，树立起新中国白衣天使的形象。1964年，通过巡回医疗，为工人、农民服务。1977～1978年，学习雷锋精神，开展社会主义劳动竞赛。1980～1983年，开展"五讲、四美、三热爱"活动和学习模范军医吕士才活动，进行"假如我是一个病人"的大讨论，开展"优良服务月"活动。

图38-4-1001　退休干部汪炳辉获国家级无偿献血银质奖状（1999年8月，傅宇飞摄）

询。实行诊断、处方、收款、配药一条龙服务。1993年2月18日，市人民医院率先在市内开设方便门诊，有医师3人，年就诊者均在3万人次以上。

家庭病床　始于50年代。①1985年，县人民医院正式成立家庭病床组，隶属于防保科，配备专职人员3人。医院规定对家庭病床实行"五优"（优先划价、优先记账、优先收款、优先取药、优先入院）。是年末，有病床110张，撤床病人80人次，年龄最大90岁、最小2岁。1990年，市人民医院家庭病床组被杭州市卫生局评为杭州市家庭病床先进集体。1985～2000年，市一医院每年开设家庭病床均在100张以上，诊治病人5.85万人次。

120急救中心　1968年，县人民医院建立急诊室，承担全县急诊急救工作。1986年，升格为急诊科。1992年，在急诊科基础上，成立萧山市急救中心。120急救中心实行24小时值班，负责全市急诊抢救工作。急救中心配有专用救护车、专职驾驶员和随车医生，车上配备车载电话、来电显示及必要的急救药品和器械，能做到出车快速、随叫随到、高效服务，为病危患者赢得宝贵的抢救时间。急救中心还是浙江省高速公路交通事故急救协作组定点医院，中国人寿保险"绿色通道"定点抢救医院。

孕产妇抢救中心　1985年下半年成立，县人民医院妇产科主任任抢救中心主任。农村产妇分娩时发生危急情况，电话告知孕产妇抢救中心，中心当即出动产科专家、救护车和抢救设备，赶往当地乡镇卫生院进行急救，以降低孕产妇的死亡率。1995年，市妇幼保健院建立产科抢救小组，负责全市各乡镇卫生院高危孕产妇的抢救工作。自成立孕产妇抢救中心（小组）以来，全市孕产妇死亡率由1985年的44.88/10万下降至2000年的17.50/10万。

中心血库　1985年建立，由县人民医院检验科工作人员轮流进血库做采血工作。1989年，血库工作人员增至3名。是年，建造血库综合楼。1991年3月，血库从检验科划出，改名为中心血库。1994年开展成分输血，建立萧山市稀有血型档案。1995年11月，市一医院中心血库更名为市中心血库，负责全市医疗单位的采供血工作，仍属市一医院管理。1996年，开展梅毒和艾滋病病毒抗体检测项目。推广成分输血，全年成分输血增至6869人次。1998年，中心血库配备送血车1辆。是年，共采血7300人次，受血4896人次，供血量3045719毫升。血供应品种包括全血、浓缩红细胞、红细胞悬液、洗涤红细胞、浓缩白细胞、新鲜冰冻血浆、富含血小板血浆等。2000年4月，市中心血库划归市献血办公室管理，配置广州产大型献血车1辆，每逢双休日，献血车及随车医务人员在城区新世纪广场设点采血，接受城乡居民自发无偿献血。是年，共采血12654人次，受血6683人次，成分输血19822人次，总供血量为3769592毫升。是年12月底，市中心血库有工作人员12人。

医德医风建设

医疗机构以救死扶伤的人道主义精神、坚持社会效益第一和为人民服务为宗旨，使医疗卫生行业建设成为党和政府联系群众的重要窗口②。1984～1989年，持续开展"争双优、创文明、上等级"活动。由于改革措施不配套，医疗卫生机构自我约束机制不完善，少数医疗单位出现片面追求经济效益，少数医务人员利用工作之便，"开大处方"、"开人情方"、"拿药品回扣"等现象，向病人和家属索要财物等时有发生，有损医务人员的形象。

90年代起，卫生系统开始抓医德医风建设。1992年上半年，市人民医院一名外科医师因收受病人800元的手术答谢费在社会上引起不良反响，是年8月10日，市卫生局首次公开通报批评这一反面典型。1993年，市一医院开展"医疗质量好、服务态度好、安全医疗好"的"三好"竞赛活动，树立10名三好标兵和30名三好积极分子。市二医院开展"强化职业道德教育，重塑医院新形象"活动，使医院走出了低谷。是年10月3日，发生钱江观潮惨案，该院承担并圆满完成主要抢救任务，得到社会各界赞誉。市三医院开展评选"微笑天使"活动，改变医德医风。据统计，当年卫生系统拒收病人"红包"493起，金额80829元。1994年，卫生系统围绕"病人红包"、"药品回扣"两个热点，开展以纠风倡廉为中心内容的医德教育活动。全市有近千名医护人员归还或上交"病人红包"，金额达15万余元，一度遏制了"红包"现象。市卫生局纪委共收到人民来信21封，查处3起医德医风违纪案件，对当事人分别进行记过、记大过、留院察看、开除等处分。

1995～1997年，全市各医疗卫生单位继续围绕社会关注的"看病贵、出院难"、"集资分红"、"以物代药"、"开单费"、"乱办联合体"、"药品回扣"、"病人红包"等热点问题，开展行风专项整治，着手改变过去"病人围着医生转"的不正常现象，逐步建立"医生围着病人转"的新局面。市卫生局实施局长查房制度，建立局长查房工作班子，聘请市内12名医学专家参加查房，并按内科、外科、妇儿科3个学组，采取不定期、不通知等抽查方式对全市三级卫生院以上的各医疗单位进行现场查房。同时，聘请市纠正不正之风办公室（以下简称"纠风办"）、市级机关党委、市委老干部局、萧山日报社和临浦、瓜沥、义盛3镇7家单位负责人担任卫生行风监督员，赋予他们对全市各级医疗卫生单位进行明察暗访的权利，听取和收集社会各界群众对卫生行风的意见，定期、不定期向卫生局反馈信息，以推动卫生系统医德医风建设。1997年底，市卫生局组织医疗服务满意度问卷调查，从市一、市二、市三、市四医院，市中医院，市红十字医院，市妇幼保健院和市中医骨伤科医院8家市级医院中，抽取580份病历，对580名出院病人进行卫生行风问卷调查，发出问卷调查表580份，收回320份，有效252份，据统计分析，医疗质量、服务态度、医疗环境和费用情况4项内容综合评价满意率为56.40%，较满意率为38.90%，不满意率为4.70%。

1998～2000年，市卫生局分别开展"法制教育年"、"形象建设年"、"医德建设年"等活动。对内、对外全面推行政务公开制度。对内涉及人事制度、分配制度、奖惩制度、财务制度、添置大型设备及基本建设项目内容公开；对外公开服务承诺、医务人员身份、医疗收费标准和病历等。还全面推行系统化整体护理，推行菜单式"电脑收费"，对住院病人的费用实行三天核对制度等，有效遏止乱收费、错收费、漏收费现象。为表达卫生系统对社会的爱心，市卫生局把全市70周岁以上的老人、残疾人员、特困职工和5000余名城乡居民确定为救助对象，向他们实施医疗扶助措施，免收挂号费、门诊费，优惠住院治疗费，每年让利40余万元。同时，通过取缔无证明或证明不全的药品生产、经营者；纠正出租或转让证照、超范围生产、经营的违法行为；及时曝光抽查不合格药品；在医疗单位中建立起医疗收入和药品收入两本账；实行医药分开核算、分别管理和成本核算；切断药品营销与医疗机构、医务人员之间的直接经济联系，统一建立起卫生系统药品购销采购程序等措施，狠刹药品购销活动中的不正之风，使全市医疗费涨势有效得到遏止。据统计，2000年全市医疗单位接受门诊诊疗312.50万人次，病人人均门诊费为76.43元；收治住院病人5.80万人次，平均住院日为9.30天，住院病人人均住院花费为2898.09

元，全市的门诊费和住院日均低于全国平均水平。

医患纠纷与医疗事故处理

80年代初期，医疗争议事件逐步增多，大多为产科产妇、新生儿死亡和外科急症的误诊、漏诊等。处理方式以医院和患者及其家属协商为主，予以适当的经济补偿。1980年11月5日，县卫生局建立医疗事故鉴定委员会，负责萧山医患纠纷与医疗事故的调查，为患者与医院提供协商处理的意见。90年代初起，医疗争议事件发生率逐年增多，患者从医疗质量、服务态度、医德医风等多层面向医院提出异议，对造成身体损害、功能障碍、残疾、死亡的，要求院方进行经济补偿。根据1987年6月29日国务院发布的《医疗事故处理办法》，最高补偿额不超过4000元。1995～2000年，医疗争议事件继续呈上升趋势，大多发生在产科、骨科、外科、儿科、医技等科室，医患矛盾较为突出，成为社会关注的焦点之一。市卫生主管部门采取"三条措施"解决医患纠纷：一是医患双方协商，行政主管部门调解处理；二是申请医疗事故技术鉴定委员会进行鉴定（病员死亡后由尸体解剖中心进行尸体解剖）；三是向当地人民法院提起诉讼。由于患方对医疗争议处理知识缺乏了解，对医疗技术鉴定、诉讼存在认识障碍，故医疗纠纷处理常陷于被动，致使有些医疗争议事件矛盾激化，影响医院正常医疗秩序的事件时有发生。2000年6月，市卫生主管部门成立卫生系统医疗纠纷评析委员会，并出台《医疗纠纷评析制度》。

【附一】

"红包"现象

境内病人向医生送"红包"的现象起于70年代末。初时，产妇分娩后，家属作为喜庆及表示感激之情，送助产或施术者红鸡蛋、农家土货等。至80年代末，逐渐从红鸡蛋发展为"红包"示谢，少则20元，多则上百元，并从妇产科扩大到外科、内科、肿瘤科等。至90年代，"红包"现象一度盛行，原因有社会大环境影响，也有医院体制、机制和管理问题。病人和家属送"红包"给医生，出于"送了红包，医生就会负责"的心态，也掺杂着"别人都在送，我不送不好，怕医生不负责任"的思想顾虑，也有极个别医务人员向病人和家属暗示索要财物。"红包"现象都是暗箱操作、私下沟通的个人行为，卫生行政部门明文规定禁止，并每年通过卫生行业作风的整治、用人制度和分配制度的改革，来制止这种不良行为。逐步实行病人选择医生由"暗"改为"明"。至2000年，病人送医生"红包"的现象大为减少。

(资料来源：萧山区卫生局)

【附二】

药品"折扣"现象

药品"高折扣"、"回扣"现象始于80年代后期（通常药品折扣率为15%，中折扣率为30%左右，而高折扣率则在50%以上）。90年代起，"以药养医"成为境内医疗单位的主要经营方式。追求药品"高折扣"成为境内医疗单位卫生经济管理的重要内容，药品"折扣"高低还成为医疗单位经济利润和职工工资奖金分配多少的标尺。与此同时，药品生产经营企业在药品营销工作上采取促销，经常派医药代表到市内各家医院，直接向医生推销各种药品，采取药品"回扣"贿赂医生，使部分医院出现"开单提成"、"处方费"等不正当谋利行为。药品给医院的"高折扣"、给医生的"回扣"一度成为90年代后期群众反响强烈的社会热点之一，也是卫生行政部门力图攻克的卫生行风难点。对此，市卫生主管部门通过抓行风整顿，采取集中招标采购药品、降低药价等措施，各医疗单位建章立制，抵制医药代表，监控药品使用情况，对用量突然增大的药品停止采购，对医生接受药品"回扣"加大行政处罚力度，并加强社会舆论的监督。至2000年末，全市医疗单位药品"折扣"基本控制在合理范围之内，药品"回扣"现象基本得到遏制。

（资料来源：萧山区卫生局）

【附三】

典型案例

粗钢筋穿胸外科手术 1991年8月31日下午，萧山弹簧垫圈厂绸伞分厂女工施国英在搭乘土电梯时，由于升降钢丝绳索断脱，被抛至电梯外面而落地，不幸被一根长750毫米、粗15毫米的钢筋从右腋刺入，并经胸、颈，从左耳前穿出，顿时血流不止，生命垂危。负责抢救的萧山市人民医院领导迅速召集胸外科、脑外科、五官科和骨科的骨干医生，商讨确定抢救方案，并请来浙医一院、浙医二院胸外科和五官科专家现场指导。经过4小时紧张手术，至深夜12时，终于将穿入胸、颈的钢筋取出，女工生命得救。事后，《健康报》《中国卫生信息报》作了报道，并加了编者按。

观潮惨案抢救 1993年10月3日是农历八月十八日，为观看天下奇观钱塘江大潮的最佳日期。这天，在围垦20工段，众多观潮者不幸被突如其来的钱塘江大潮卷入江中。萧山市第二人民医院在接到萧山市卫生局的通知8分钟后，就立即派出由业务副院长带队的抢救队直奔惨案现场。下午2时40分，第一批落水伤员接回医院，立即送去拍片、检查、住院、手术。不管伤者有钱无钱、生人熟人，医院要求医务人员尽心尽责，减少死亡，降低致残。10月3日还是国庆假日，在家休息的院长立即赶到医院，亲自部署、指挥抢救工作；在家休息的医生、护士闻讯后回院待命，医技科室及后勤人员也积极投入抢救，出现电工抬担架、后勤人员为伤员办住院手续的情况……在已增加床位的基础上，又挤出文具仓库和走廊搭病床，满足抢救的需要。当天接来伤员13人，手术从下午一直做到次日凌晨4时。伤者多为脑外伤、胸外伤、四肢开放性骨折等，抢救费用少则千元，多则逾万元，由于不少是外地民工，医院从人道主义出发给予挂账。10月15日《解放日报》、10月16日《健康报》等多家媒体均就此事件进行追踪报道。

献血救产病妇 1996年5月9日，益农镇农妇朱仁香因产后两次大出血，住进萧山第二人民医院。当晚再次发生大出血，出血量达1500毫升，医院立即组织抢救。第二天，又有一位宫外孕病人和两名剖腹产孕妇入院。而医院血库O型血的贮量只存1200毫升。正当医院为这几位病人准备手术时，妇产科却又告急——朱仁香再次大出血。根据会诊，确定为剖腹产子宫缝合处严重感染，必须立即做子宫全切除手术。此时，血库里的O型血已经全部用完，市中心血库的血送来起码要半个小时，病人危在旦夕。医院院长果断决定：抽我们自己的血！他到走廊上大喊："O型血的同志，赶紧到血库献血！"仅仅几分钟，献血者就排成一队。6位年轻医护人员的热血，救活了27岁产病妇的生命。

（资料来源：萧山区卫生局）

第五章 疾病控制

旧时，境内疫病流行频繁，传染病、地方病和寄生虫病危害严重。中华人民共和国成立后，尤其是改革开放后，贯彻"预防为主"的卫生工作方针，落实以免疫接种和疫情控制为主导的综合性防治措施。80年代起，卫生防疫站①全面开展疾病预防控制、卫生监督监测、健康教育、科研培训等工作。至2000年末，全市免疫接种、传染病、地方病、寄生虫病、精神病防治等工作不断加强，疾病控制成效显著。

第一节 免疫接种

境内免疫接种始于清代晚期②。中华人民共和国成立后，大力推进免疫接种工作，取得良好效果。③80年代中期以后，众多新疫苗相继问世，免疫接种的内容更加丰富。1992年，基本消灭脊髓灰质炎。2000年，全市有免疫接种点55个，计划免疫工作人员228人。

免疫疫苗

四苗 1975年，"四苗"即卡介苗、脊髓灰质炎疫苗（以下简称脊灰疫苗）、百白破三联疫苗、麻疹疫苗，计划免疫接种在长河公社试点，1978年上半年起在全县普遍实行。④1985年以后，儿童计划免疫制品发放的程序更加完善。脊灰疫苗剂型从Ⅰ+Ⅱ型、Ⅲ型2种变成Ⅰ+Ⅱ+Ⅲ型混合疫苗，减少服苗次数；在18月龄时增加1次加强服苗。1993年冬季开始，实施脊灰疫苗的强化免疫。百白破三联疫苗在18月龄时加强一次；7岁时用百白破二联菌苗进行加强接种。对"四苗"提出接种及时率的要求，强调基础免疫的及时性。1998年起，境内停止小学一至六年级学生的卡介苗复种工作。

流行性脑脊髓膜炎菌苗（以下简称流脑菌苗） 1970年开始接种。1976~1980年增加到每年接种20余万人次。1982年正式纳入儿童计划免疫；1985~2000年，每年12月为1足岁的儿童注射1针流脑菌苗。

流行性乙型脑炎疫苗 简称乙脑疫苗。1961年开始接种⑤，1981年起正式纳入计划免疫，每年5月上旬为3个年龄组的5万余名儿童进行乙脑疫苗的初种或复种。

乙型肝炎疫苗 简称乙肝疫苗。1987年，萧山开始在疾病监测点义盛、瓜沥、浦沿、戴村、城东、浦南等镇乡对新生儿接种乙肝疫苗。1989年9月，市卫生局在全市新生儿中推广应用乙肝疫苗。1991年，市卫生防疫站制订《萧山市乙肝疫苗接种工作规程（试行）》。1992年起将乙肝疫苗正式纳入儿童计划免疫，接种对象开始限于新生儿，在出生24小时内、1月龄、6月龄各注射1

①萧山县卫生防疫站成立于1956年6月。1988年，在城厢镇崇化小区建成建筑面积为1600平方米的实验楼。1996年，在市卫生防疫站内设立萧山市卫生局公共卫生监督所、萧山市结核病防治所。是年12月，位于城厢镇通惠南路227号、建筑面积为8715平方米的新站楼建成使用。至2000年底，内设质量控制督查、疾病控制、防病监督、卫生监督、预防性卫生监督、预防医学门诊等14个科室，工作人员98人。1983~1993年，先后3次被卫生部授予全国卫生先进集体称号。2001年3月，被省委、省政府命名为浙江省文明单位。

②清光绪三十年（1904），县保婴局首次接种牛痘。嗣后，民国18年（1929），县政府首次组织开展霍乱预防接种。但当时接种人数很少，预防效果十分有限。

③1950年，县政府在境内实行牛痘全民普种，推广应用霍乱、伤寒、鼠疫、百日咳、卡介苗等疫苗和白喉类毒素的接种，使相应传染病的发病率有较大幅度下降，经常发生和流行的天花、古典型霍乱和回归热在境内绝迹。60年代，开始应用脊髓灰质炎活疫苗（脊灰疫苗）、钩端螺旋体菌苗（钩体菌苗）和破伤风类毒素。70年代，广泛推行儿童计划免疫，应用牛痘、卡介苗、脊灰疫苗、百白破三联疫苗、麻疹减毒活疫苗（麻苗）、乙脑疫苗、流脑菌苗来预防相应的传染病取得良好效果，发病率逐年降低。1978年，境内控制了白喉。1982年，全县停止接种牛痘。

④具体做法是：每年年底由县卫生局发文，向各级医疗卫生单位下达翌年的预防接种任务，包括各项预防接种对象、接种时间和接种要求；各镇乡卫生院组织村卫生室的乡村医生按上级要求实施预防接种；县卫生防疫站负责计划免疫实施的组织和技术指导。1983年4月起，境内实行儿童计划免疫按月接种制度，把接种单位由村卫生室改成镇乡卫生院，每种疫苗由一年接种一次改为每月接种一次，缩短接种的间隔时间。

⑤1961年开始，每年接种数千人次，逐渐发展到每年接种数万人次；1978~1980年，增加到每年接种20余万人次。

表38-5-667　1985~2000年萧山免疫接种情况

年份	卡介苗 实种人数	卡介苗 接种率(%)	脊灰疫苗 实种人数	脊灰疫苗 接种率(%)	百白破混合疫苗 实种人数	百白破混合疫苗 接种率(%)	麻疹疫苗 实种人数	麻疹疫苗 接种率(%)	白破类毒素 实种人数	白破类毒素 接种率(%)	流脑菌苗 实种人数	流脑菌苗 接种率(%)	乙脑疫苗 实种人数	乙脑疫苗 接种率(%)	乙肝疫苗 实种人数	乙肝疫苗 接种率(%)	钩体菌苗 实种人数	钩体菌苗 接种率(%)
1985	31965	94.72	56799	86.28	33979	83.83	143763	98.00	25847	93.73	14053	96.48	76984	94.55	0	0	243511	90.50
1986	40726	99.06	83854	98.75	48900	98.21	51970	98.56	28993	96.33	57398	94.46	60668	95.96	0	0	2225149	91.50
1987	41065	97.90	80819	94.86	68987	93.80	2055	97.07	13748	99.71	10370	94.13	66891	95.98	0	0	0	0
1988	39998	98.63	87294	97.75	80797	97.60	19099	98.50	13496	99.40	15329	95.07	71364	95.82	0	0	0	0
1989	40323	99.25	89665	96.80	95325	96.67	31726	98.44	14064	99.57	18669	94.65	72502	96.25	0	0	0	0
1990	27281	98.82	69509	97.08	69165	97.12	31891	98.24	13666	99.68	17650	96.91	75349	96.53	40423	83.19	0	0
1991	38928	97.90	97421	96.31	67605	97.01	30366	98.12	14307	99.32	17486	95.27	77928	96.24	42138	84.78	0	0
1992	35414	99.62	191531	93.42	56847	97.43	30743	98.48	15361	99.26	15078	95.06	76145	96.82	41721	95.13	0	0
1993	32892	99.87	314477	97.72	54331	98.68	30392	99.16	16622	99.31	15188	95.64	73232	96.34	42467	96.64	0	0
1994	38174	98.05	156626	98.08	57200	96.42	34738	99.15	19840	99.40	13241	95.72	70399	95.33	181535	90.27	30548	91.80
1995	38707	98.84	162488	98.16	64203	98.14	34033	98.94	18743	99.33	14346	96.26	56753	96.61	43922	98.91	39140	93.87
1996	35158	99.94	12684	98.45	55555	98.47	31476	98.67	16778	99.38	13975	96.46	43290	96.15	68920	97.71	38981	95.90
1997	33318	98.89	81862	98.43	59559	97.75	28506	99.17	4955	99.50	14282	97.12	38893	96.68	39864	99.24	1143	100.00
1998	12610	96.79	118955	97.65	55364	97.56	27574	97.40	13427	97.48	1365	97.35	401.58	96.48	39584	98.57	0	0
1999	12273	99.39	37614	99.42	46992	99.41	24990	99.39	13432	99.38	13205	97.08	13430	96.82	32778	99.88	0	0
2000	11044	98.57	122604	99.01	46304	99.56	26059	97.83	14179	99.49	12873	96.43	35933	96.90	32205	98.49	0	0

注：1985年伤寒接种人数38174人，接种率75.81%。

表38-5-668 1985～2000年萧山儿童计划免疫接种率调查情况

年份	总人数	建卡		卡介苗		脊灰疫苗		百白破混合疫苗		麻疹疫苗		四苗全程		乙肝疫苗		五苗全程	
		人数	建卡率(%)	人数	建卡率(%)	人数	建卡率(%)	人数	建卡率(%)	人数	建卡率(%)	人数	建卡率(%)	人数	建卡率(%)	人数	建卡率(%)
1985	210	207	98.57	204	97.14	196	93.33	166	97.04	171	81.43	137	65.24	0	0	0	0
1986	210	209	99.52	208	99.05	202	96.19	201	95.71	201	95.71	189	90.00	0	0	0	0
1987	210	210	100.00	209	99.52	201	95.71	203	96.67	205	97.62	192	91.43	0	0	0	0
1988	210	210	100.00	210	100.00	208	99.05	206	98.10	205	97.62	202	96.19	0	0	0	0
1989	469	467	99.57	463	98.72	462	98.51	461	98.29	460	98.08	454	96.80	0	0	0	0
1990	210	210	100.00	209	99.52	202	96.19	202	96.19	204	97.41	192	91.43	0	0	0	0
1991	210	210	100.00	209	99.52	207	98.57	207	98.57	205	97.62	204	97.14	0	0	0	0
1992	210	210	100.00	209	99.52	204	97.14	205	97.62	204	97.14	202	96.19	0	0	0	0
1993	210	209	99.52	209	99.52	204	97.14	206	98.10	209	99.52	202	96.19	185	88.10	180	85.71
1994	210	210	100.00	210	100.00	208	99.05	207	98.57	209	99.52	205	97.62	205	97.62	201	95.71
1995	210	210	100.00	210	100.00	210	100.00	208	99.05	209	99.52	207	98.57	196	93.33	196	93.33
1996	210	210	100.00	210	100.00	209	99.52	209	99.52	207	98.57	207	98.57	203	96.67	203	96.67
1997	210	210	100.00	210	100.00	209	99.52	209	99.52	209	99.52	208	99.05	208	99.05	206	98.10
1998	210	210	100.00	210	100.00	209	99.52	209	99.52	209	99.52	208	99.04	209	99.52	207	98.57
1999	213	213	100.00	212	99.53	211	99.06	211	99.06	211	99.06	210	98.59	211	99.06	209	98.12
2000	210	210	100.00	210	100.00	210	100.00	210	100.00	210	100.00	210	100.00	208	99.05	208	99.05

注：1989年为全市调查数据，其他年份均为抽查。

针，以后接种对象逐渐扩大。1994年，对1987～1989年出生的学龄前儿童普遍接种乙肝疫苗。1996年起，停用血源乙肝疫苗，改用基因乙肝疫苗。1999年起，又对乙肝表面抗体阴性的中学生接种乙肝疫苗，还推广到其他容易感染乙肝的重点职业人群。

狂犬病疫苗　50年代起，使用羊脑制备的狂犬病疫苗。1980年起，改用浓缩地鼠肾狂犬病疫苗。1985年起，县卫生防疫站开设犬伤专科门诊，负责配注狂犬病疫苗。1986年，配注狂犬病疫苗1575人/份。1987年，增至3518人/份。1991年，市卫生防疫站实验室开展狂犬病抗体检测，并对注射1人/份疫苗后尚未产生足够抗体的人员再加注2支疫苗。1991年后，境内未再报告发生狂犬病。1999年，市卫生防疫站门诊部共配注狂犬病疫苗4683人/份。2000年起，开始使用纯化的细胞培养狂犬病疫苗。

图38-5-1002　防疫站工作人员检测狂犬病疫苗（1986年6月，王锦荣摄）

甲型肝炎疫苗　简称甲肝疫苗。1996年开始应用，当年接种2917人。1998～1999年，共接种93820人，适龄对象疫苗接种率达90%以上。

风疹疫苗　1998～2000年，接种1～2岁的幼儿33771人。

麻腮风三联疫苗　用于预防麻疹、风疹和流行性腮腺炎3种传染病。1998年，开始应用麻腮风三联疫苗。1999～2000年，共接种4～5岁的儿童32792人。

接种管理

接种率考核　1984年起，县卫生防疫站运用世界卫生组织提倡的组群抽样方法，每年1～2次对12月龄儿童"四苗"基础免疫接种率进行调查。是年，全县12月龄儿童"四苗"接种率为60.95%，1986年为90%，1988年后一直保持在95%以上。1989年、1991年和1996年，萧山先后通过卫生部组织的以省、县、乡为单位的儿童计划免疫接种率达标考核，"四苗"接种率分别为99.05%、97.14%和94.37%，均超过85%的国家规划目标。1993年起，又将乙肝疫苗纳入接种率考核，当年萧山的"五苗"接种率为85.70%，次年即达到95.71%，以后一直保持在95%以上。

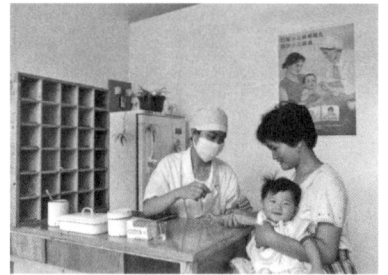

图38-5-1003　县妇幼保健院医生为婴儿打防疫针（1986年6月，王锦荣摄）

计划免疫保偿制度　1988年7月，开始实施儿童计划免疫保偿制度，向参加保偿的7岁以下儿童收取一定数额的保偿费，用于对接种疫苗后仍患相应疾病儿童的赔偿，还用来添置计划免疫设备，开展计划免疫知识的宣传培训等。成立市计划免疫"六病"[①]诊断小组，负责对参加保偿后患"六病"儿童的疾病诊断。当年，全市计划免疫保偿入保率达93.54%。1989年起，一直保持在97%以上。2000年1月，市卫生局修订下发《萧山市儿童计划免疫保偿实施细则》，进一步规范该项工作。

①六病：指结核病、脊髓灰质炎、百日咳、白喉、破伤风、麻疹6种传染病。

凭证入托入学[②]　从1998年开始，在每年9～10月幼儿园及小学新生入托、入学时查验预防接种证，对无证的儿童补发预防接种证，对未按规定接种的儿童及时补种疫苗。1998～2000年，全市补发预防接种证11739人，补种疫苗1162人。1998年9月新入托、入学的25410名儿童中，补证4174人，占16.43%；补种疫苗419人，占1.65%。

外来流动儿童管理　90年代中期以后，一些免疫基础较差的外地流动

②旨在执行《中华人民共和国传染病防治法》第十二条规定，完善免疫屏障。

儿童随父母进入萧山。从1998年开始，市卫生防疫站加强了流动儿童的管理，要求各镇乡卫生院在每年5月和10月各开展一次流动儿童的调查摸底工作，发现未按规定接种"五苗"的儿童都要进行补种，并将结果统计上报。1999～2000年，共登记流动儿童3510人，建免卡的2959人，建卡率84.30%。对未建卡的儿童及时补建。脊灰强化免疫期间也特别重视做好流动儿童的服苗工作。

接种室规范化建设　1997年3月，市卫生主管部门对各接种点医院的防疫办公室、计划免疫接种室的硬件设施等作出明确规定，并将这项工作列为基层卫生防病目标任务的重要内容。市卫生防疫站组织人员进行落实情况的督查，还从经费上给予支持。2000年8月，市卫生主管部门明确考核验收标准，由市卫生防疫站组织对全市55个接种点的规范化建设情况进行考核验收，达到示范接种点7家、规范接种点30家、合格接种点18家，次年，由市卫生主管部门根据验收结果统一命名。

计免智能卡网络管理　1999年3月，市卫生防疫站设计开发计划免疫管理软件《儿童计划免疫智能卡网络管理系统》。至11月中旬，完成市内55个计划免疫接种点的电脑和《系统》软件的安装调试以及操作人员的培训工作，于2000年1月1日起正式投入运行。该《系统》使用智能卡和微电脑网络管理取代原来的手工管理，使免疫接种工作更加程序化、规范化，便于建立中心数据库，也为接种对象提供了预约接种和异地临时接种等多种便利。

冷链装备　80年代初，全县基本完善计划免疫所必需的冷链装备。当时各区卫生工作站和城厢镇卫生办公室各有1台200立升电冰箱，每个镇乡卫生院有1台80立升电冰箱，同时配备冷藏包各2只，用于在适宜的温度条件下存放和运送疫苗。1990年以后，上述冷链设备因老化而逐步更新换代。2000年，全市用于疫苗冷藏及运送的冷藏设备共有冰盒速冻器11台，冷藏箱2台，普通冰箱62台，冷藏包199只。市卫生防疫站设有专门贮存疫苗的冷藏仓库。各级卫生系统都建立冷链管理制度，有专人监测记录冰箱的温度和运转情况，负责维护保养。

第二节　传染病防治

萧山历史上传染病流行频繁[①]。中华人民共和国成立以后，传染病仍有流行，通过贯彻"预防为主"方针，开展爱国卫生运动，改善城乡卫生面貌，落实以免疫接种和疫情控制为主导的综合性防治措施，传染病的发病率和病死率大幅度下降，部分传染病逐渐被控制或消灭[②]。1989年《中华人民共和国传染病防治法》颁布实施后，传染病防治工作通过依法监督管理取得新的成绩。90年代以来，传染病构成发生新的变化：肝炎、痢疾等传染病逐渐减少，淋病、梅毒、肺结核等一些已被控制的传染病死灰复燃，发病率迅速上升，近年新发现的传染病如艾滋病也在境内出现。从1996年起，全市传染病发病率一直控制

①明万历《萧山县志》载：万历十六至十七年（1588～1589），"瘟疫流行，邑无宁居，死者相藉于道"。清康熙《萧山县志》载：康熙二十二年（1683）"瘟疫流行，死者枕藉"。民国时期，全县有记载的传染病流行有：霍乱大流行16次，喉症大流行5次，脑膜炎6次，伤寒4次，斑疹伤寒2次，回归热3次，猩红热2次。

②中华人民共和国成立后，境内发生的传染病有霍乱、麻疹、脊髓灰质炎（脊灰）、流行性脑脊髓膜炎（流脑）、白喉、流行性乙型脑炎（乙脑）、痢疾、病毒性肝炎（肝炎）、伤寒、流行性出血热（出血热）、钩端螺旋体病（钩体病）、百日咳、疟疾、猩红热、炭疽、狂犬病、流行性感冒（流感）、斑疹伤寒、肺结核、新生儿破伤风、淋病、梅毒22种。50年代，传染病是境内居民疾病和死亡的首要原因。境内在1950年根绝了古典型霍乱、天花和回归热，1965年消灭了斑疹伤寒。白喉自1977年后，脊灰和狂犬病自1991年后，钩端螺旋体病自1993年后都没有新病例发生。

在350／10万以下。2000年居前5位的传染病依次为肝炎、痢疾、淋病、肺结核和梅毒。曾流行的主要传染病有：

霍乱　俗称"瘟膈痧"、"吊脚痧"[①]。1985～2000年，共有19个镇乡报告霍乱病人89例，其中1994年发病29例；流行方式以散发为主，也发生过几次小爆发。[②]市卫生防疫站在每年的5月和10月开展疫源检索，分别在疫区采集粪便、水源水、食品、水生动植物、苍蝇等标本25份检验霍乱弧菌。80年代以来，每年5～10月霍乱流行期间，卫生主管部门都发布文件，要求市（县）级综合性医院、企业职工医院、发生霍乱疫情的镇乡卫生院开设肠道门诊，专门诊治腹泻病人，并采集病人大便进行霍乱弧菌培养，以便早期发现和隔离治疗霍乱病人。在此期间，市卫生防疫站和设有肠道门诊的医院均建立防疫机动队，实行24小时值班。一旦接到霍乱病例（包括疑似病例）报告，防疫机动队白天要在1小时内、晚上要在2小时内奔赴疫区，调查处理疫情。疫点内接触者给予预防服药，对疫点饮用水、污染物品、环境进行严格消毒，对疫点的苍蝇用药物进行快速灭杀，做到24小时后疫点内见不到苍蝇。疫区党委和政府十分重视霍乱防治工作，除迅速建立霍乱防治领导小组，落实疫点封锁和防疫措施外，还大力宣传防治肠道传染病的知识，发动疫区群众做好饮用水消毒、食品卫生、环境卫生、消灭苍蝇等工作，防止疫情的扩散蔓延。

病毒性肝炎　1959年起，萧山开始记载肝炎疫情，是年肝炎发病率为10.79/10万，无死亡。70年代后，报告发病数明显增多。80年代后期，肝炎在传染病中的位次一直高居第一位。1985年，肝炎的发病率急剧上升，发病率为143.98/10万。1988年，受上海甲肝大流行的影响，肝炎发病率上升到365.11/10万。1989年起，开始在免疫水平较低的少年儿童中开展甲肝疫苗预防接种，发病率逐年下降。是年，在义盛、瓜沥、城东、浦沿、戴村5个镇乡疾病监测点的新生儿中自费接种乙肝疫苗。1990年，开始对献血员开展健康检测，加强血液、血制品的传染病监测和管理，并在新生儿中推行乙肝疫苗预防接种。1991年，市卫生防疫站开展全市肝炎流行情况抽样调查，结果为：普通人群甲型、乙型、丁型肝炎病毒的感染率分别为50.12%、71.30%和1.09%，乙肝表面抗原阳性率为14.50%。1992年，新生儿接种乙肝疫苗纳入儿童计划免疫，当年在新生儿中的接种率达到95.13%。1986～1992年，市（县）卫生防疫站共调查处理甲型肝炎的爆发疫情64起，合计发病775人。分析其中37起发生在农村的疫情，有2/3发生在8～10月；35起因饮用水污染引起，另2起因食品污染造成。1996年起，市卫生防疫站对乙肝表面抗体阴性的中学生接种乙肝疫苗。1997年，肝炎发病率低于100/10万。2000年10月起，对新生儿实行乙肝疫苗免费接种。是年，肝炎发病率为84.62/10万。据市卫生防疫站疫情统计，1991～2000年，萧山累计报告发生肝炎14458例，死亡4例。其中甲型占47.46%，乙型占39.84%，丙型占0.30%，戊型占0.09%，未定型占12.30%。9岁以下儿童的乙型肝炎发病率，1991年为22.73/10万，2000年下降为7.24/10万。1985～2000年，死于肝炎疾病的15人。

[①]民国元年（1912），境内发生过古典型霍乱。中华人民共和国成立之初发生过霍乱，被迅速扑灭。1962年，在第七次世界性霍乱大流行波及我国后，党湾公社发现第一例副霍乱（埃尔托生物型霍乱，以下统称霍乱）。1963年起，境内开始设立肠道门诊。至1984年，共报告霍乱病人36例。

[②]1987年10月初，瓜沥镇一家农户3人先后发病，罹患率约23.36‰。1989年9月中旬，所前镇一家农户办上梁酒引起霍乱食物型爆发，参加酒宴的120余人中有20余人腹泻，确诊霍乱病人3人，检出带菌者3人，罹患率达25‰左右。1994年9月上旬，衔前镇某厂发生霍乱爆发，确诊霍乱病人10人，罹患率达38.46‰。1995年7月下旬到8月上旬，浦沿镇冠三、浦联、新生村出现小川型霍乱食物型爆发疫情，共确诊霍乱病人18例，检出带菌者1人。

①1955年进化乡傅家墩，1961年所前公社山里王，1962年袁江公社文里头、曾家桥，1965年长河公社孔等地，发生过伤寒病局部流行，多因饮用水受到病菌的污染而引起，病人多为儿童和青壮年。

②1984年5～9月，城厢镇沿城河一带伤寒流行，共发病101例。病人年龄最小10个月，最大69岁，15～40岁占67.26%；工人和学生较多，分别占病人总数的53.98%和26.55%；男女病人之比为0.74：1。县卫生防疫站通过流行病学调查证实，城河水受到了严重污染，两岸居民又习惯以河水作为洗漱的日常生活用水，从而导致这次伤寒的严重流行。县、镇政府采取了完善城厢镇自来水网络、加强饮用水卫生管理、疏浚城河等措施，控制了伤寒的流行。是年，全县共发生伤寒252人，发病率为23.22/10万。

③民国35年（1946），发生梅毒、淋病和其他"花柳病"168人。

④1961年，首次使用脊灰减毒Ⅰ、Ⅱ、Ⅲ型混合活疫苗滴剂，服苗儿童8778人。60年代中期后，在儿童中普遍应用脊灰糖丸预防脊灰。1976年，脊灰糖丸被列为儿童计划免疫常规生物制品。1983年，实行按月接种。

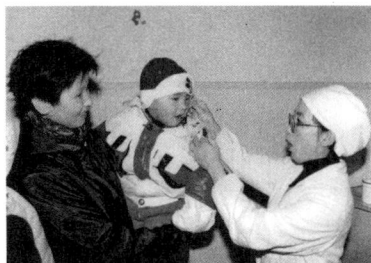

图38-5-1004 医生给儿童喂服脊髓灰质炎免疫糖丸（1992年12月，傅宇飞摄）

痢疾 境内痢疾以细菌性痢疾为主，发病终年不断，多为散发。1985年，发病率为281.27/10万。1988年10～12月，位于闻堰镇老虎洞村的省水产学校痢疾爆发，发生痢疾病人261例，罹患率为90.31%，无死亡。1994年，发病率为263.37/10万。1997年9月，瓜沥镇幼儿园发生58例，罹患率为9.16%。1998年起，未接到痢疾爆发疫情报告。2000年，发病率下降至78.22/10万。

伤寒 中华人民共和国成立初期，每年都有伤寒流行，以秋季较多。①根据疫情资料记载，1984年是1950年以来发生伤寒最多的一年②。1985年，全县发生伤寒132例，发病率为12.11/10万。1992年，伤寒的发病率下降至3.08/10万，以后一直保持在5/10万以下。2000年，发生24例，发病率为2.10/10万。

性病 艾滋病 民国时期，境内性病猖獗③。中华人民共和国成立后，对性病采取综合防治措施，至60年代初，性病已基本消灭。80年代，性病在境内再度流行，发病率逐年上升。1988年，市皮肤病防治站开设性病专科门诊，在门诊中首次发现2例淋菌性尿道炎患者。1989年《中华人民共和国传染病防治法》颁布实施后，市卫生局依法加强全市性病门诊的规范管理，健全性病、艾滋病的登记报告工作，预防性病、艾滋病传播。1990年，淋病发病增多，流行范围扩大；是年，报告境内首例梅毒病人。1993年5月，市皮肤病防治院被确定为市性病防治中心，成为全市唯一的法定性病防治机构。1996年后，淋病的年报告发病率均超过5/10万，1999年高达90.36/10万，位居当年甲、乙类传染病之首。2000年7月起，市中心血库对无偿献血均进行艾滋病抗体、梅毒抗体等传染病指标的检测。9月30日，市中心血库在对所采血样进行艾滋病抗体常规检测时，发现一名男性义务献血者的血样呈现阳性，经省疾病预防控制中心艾滋病实验室确认，为萧山首例艾滋病病毒感染者（患者42岁，已婚，原籍河南，1986年前后在河南有多次有偿供血史，1998年来萧打工后有不洁性史）。11月30日，市卫生防疫站对其妻子进行艾滋病抗体检测，结果亦为阳性，并经省艾滋病实验室确认。是年，全市梅毒的报告发病率达到15.26/10万，居当年甲乙类传染病第五位。

脊髓灰质炎 俗称"小儿麻痹症"。中华人民共和国成立以前，流行较广。1957～1984年，萧山共报告脊髓灰质炎病人402例，死亡7人，病死率1.74%④。1985～1991年，仅发生脊髓灰质炎病7例，无死亡，经调查发现，7例病人均未服脊灰糖丸或未全程服。1991年，制定《1991～1995年萧山市消灭脊髓灰质炎规划》，规定糖丸的首次服用时间从3足月提前到2足月，基础免疫从2次增加到3次，基础免疫完成时间从12足月提前到6足月，年龄18个月时增加加强服苗1次；每年春季开展脊灰疫苗查漏补种，减少漏服现象；在发生脊髓灰质炎病例或疑似病例的镇乡及其毗邻地区，对0～4岁的儿童进行强化免疫；开展"零病例"报告；对15岁以下的急性弛缓性麻痹病例都作为疑似脊髓灰质炎报告和调查处理。1992年10～11月，对全市0～47个月的儿童开展大规模脊灰糖丸强化免疫，两轮服苗60281人次，服苗率达91.30%。1993年12月5～6日和1994年1月5～6日，根据全国统一部署，继续对0～47个月的儿童全面开展脊髓灰质炎糖丸强化服苗工作，全市共设立服苗点102个，有1046名医务人员参加，适龄儿童服苗率分别为96.52%和98.06%。1993~1999年，进行5次10轮强化免疫，对象均为0~47个月的儿童，时间均定在上一年的12月5~6日和下一年的1月5~6日，累计服用糖丸498554人次，各轮的服苗率均在95%以上。2000年3~4月，又组织城厢镇等13个镇乡开展0~47个月龄的儿童消灭脊灰"扫荡式"强化免疫活动，两轮强化免疫服苗达70743人次，服苗率为98.41%。自1992年至2000年，萧山没有报告发生脊髓灰质炎病人，达到基本消灭脊灰的水平，并进入消灭的监测阶段。

麻疹　俗称"痧子"，流行广泛，历史久远[1]。80年代后，病人以中小学生较多，1985年起，对小学一年级学生复种麻疹疫苗。90年代，发病率一直低于3/10万。其中1987年、1994年、1995年未发生麻疹；1982~1999年无麻疹死亡病例。1993~1994年，市卫生防疫站在长河镇和螺山乡开展"人工免疫母亲所生婴儿母传抗体消长动态观察"研究。1996~1998年，市卫生防疫站开展"育龄妇女麻疹疫苗接种后所生婴儿母传抗体消长动态观察"研究。1997年4月，位于新街镇的萧山速冻厂发生1起麻疹疫情爆发，发病26人，全部为外来打工人员，年龄为18~30岁。2000年，麻疹发病有较大回升，当年发病率为7.99/10万，其中有1例病人因并发肺炎死亡。麻疹病人中，年龄小于8足月的婴儿和大于15岁的青壮年增多，未接种过麻疹疫苗的外来流动儿童增多。

流行性脑脊髓膜炎　民国时期，较大规模的流脑流行有6次。[2]中华人民共和国成立初期，每年都有流脑病例发生，并在1957年、1959年、1963~1968年出现较大的流行[3]。80年代，流脑的年发病率除1980年为12.21/10万外，其余年份均降低到10/10万以下，但流脑的病死率仍然较高，年均达5%以上。1990年以后，萧山流脑的发病率进一步下降到1/10万以下，1992~1995年和1998~2000年，未发生流脑病例，亦无流脑病人死亡。

流行性出血热　1977年12月，萧山确诊第一例出血热病人，为大桥公社的一名乡村教师，当年全县发病率为0.29/10万。此后，发病率逐年上升，1986年达到46.15/10万。发病地区也从南部地区扩大到全县31个镇乡，但仍以南部山地丘陵地区的发病率较高，超过30/10万。80年代初，县卫生防疫站对出血热开展系统的流行病学调查和监测，发现黑线姬鼠和褐家鼠为主要的动物传染源，此后，开展以灭鼠为重点的出血热防治工作。1985年秋季，在出血热流行地区开展灭鼠，共配制毒饵6万千克，灭鼠农田面积50万亩（33333.50万平方米），开展室内灭鼠20多万户，经测定，鼠密度从灭前的8.33%下降到灭后的3.33%。1992年，市卫生防疫站配合省卫生防疫站，在通济乡邱家坞村开展出血热疫苗免疫效果现场评价工作，为研制疫苗提供科学依据。1985~2000年，全市（县）年平均发病率为11.90/10万，其间发病率最高为1986年（46.15/10万），最低为2000年（6.49/10万），属杭州地区出血热高发县（市）。流行镇乡间发病率的差异已不很明显。

[1]中华人民共和国成立初期，麻疹每隔1年周期性流行1次。发病率、死亡率最高的年份为1959年，分别达2979.68/10万和82.12/10万。1967年，开始用麻疹减毒活疫苗（麻疹疫苗）预防麻疹。1975年，实施麻疹疫苗计划免疫，对年龄满8足月的儿童注射一针麻疹疫苗，以后不再复种，麻疹发病率大幅度下降，死亡人数明显减少，流行规律发生改变。

[2]据民国33年（1944）县卫生院疫情统计，当年全县流脑患病207人，死亡35人，当时采取注射血清的方法进行治疗。

[3]1957年发病248例，死亡37例，病死率14.92%。1959年发病555例，死亡70例，病死率12.61%。1967年春季，更因"文化大革命"大串连、人群大流动而引起流脑的爆发流行，全县共发病6796人，发病率高达767.13/10万，死亡251人，死亡率为28.33/10万，病死率为3.69%。是年，全县设立流脑临时隔离病院22所，抽调百余名医护人员参加防治，还广泛采用药物喉头喷雾、口服中草药煎剂和磺胺类药物进行预防，使急剧上升的疫情得到遏制。1970年，境内试用流脑菌苗，提高人群免疫力。1972年开始，流脑菌苗在境内得到广泛应用，控制了流脑的爆发流行。

①1983年，县卫生防疫站调查狂犬病疫苗的预防效果，在115名被狂犬咬伤后注射狂犬病疫苗的人员中，除1人可能因发育不良、免疫缺陷而发病外，其余114人均未发病，而同期另外8名遭狂犬咬伤而发病的人员均未注射狂犬病疫苗。1984年，萧山县人民政府要求在全县开展突击灭犬工作，除公安机关批准饲养的犬，须注射防疫针并领取"家犬免疫证"外，其余犬只一律捕杀。当年全县养犬18732只，至10月20日已扑杀5289只。城厢镇还建立常年灭犬队伍。

②1953年8～12月，河上、进化、戴村3个区10余个乡的60余名青壮年农民发生肺炎样的疾病，有6人死亡。同年，上述地区部分乡村发生类似病人，死亡3人，当时误诊为流感、肺炎。1958年夏，杭州大学106名教职员工来欢潭乡支援夏收夏种，发病60余人，死亡2人，经浙江医学院尸体解剖和血培养证实为钩端螺旋体病（简称"钩体病"）。1959年夏收夏种后期，在河上、临浦、蜀山3个区的21个管理区发生钩体病人763例，发病率为106.92/10万；死亡26人，病死率为3.41%。以后每年6～9月农忙时节尤其夏收夏种后期均有发病，病人多为青壮年农民，直接影响水稻收种进度，对农业生产造成严重威胁。60年代起，境内全面开展钩体病的防治工作，主要预防措施是对流行区农民接种钩体菌苗和发动群众灭鼠，加强疫情报告和积极抢救重危病人。1961年，初次接种钩体菌苗65888人次。1965年，发病率高达417.31/10万。1976年，普遍接种钩体菌苗进行预防后，发病率才降至1.93/10万；是年起，每年接种20万人次以上，最多的1979年达628646人次。为有效预防和控制钩体，卫生防疫部门还开展了多次专题流行病学调查。

③1953年，全县发生乙脑病人11例，其中死亡1例。1955年，对儿童接种乙脑疫苗，但接种面小，未能有效控制发病。1963～1972年，除1967年无疫情资料和1971年乙脑发病率为8.67/10万外，其余8年境内乙脑的发病率均超过10/10万，1965年和1966年发病率分别高达47.02/10万和71.95/10万，病死率高达13.82%和9.62%。乙脑的发病具有明显的季节性，境内的乙脑流行季节在6～9月，高峰为7～8月份，全年90%以上的病人发生在这两个月。在乙脑高发年份的流行高峰季节，卫生部门集中精干医务力量，办好乙脑临时病院（房），使乙脑病人及早发现、诊断、治疗。还采取中西医结合的治疗方法，把好抢救危重病人中的高热、惊厥、呼吸衰竭三关，使病死率有所下降。在预防上采取消灭蚊子、处理疫点和在学生中服用中草药煎剂等措施。1973年以后，10岁以下儿童全面开展乙脑疫苗接种，接种率一直保持在95%以上。1973年，全县乙脑的发病率降到3.91/10万，以后保持在5/10万以下。

④1978年5～9月，杭州市结核病防治院派出防治队到坎山镇普查肺结核病，共检查当地1.54万名15岁以上人口，发现活动性肺结核病人178例。1979年6月，县人民医院巡回医疗队在西兴镇普查肺结核病。是年，县卫生局组织开展全县肺结核病普查，受检33.71万人，发现肺结核病人3459例，其中新病例1657人，患病率为491.55/10万。

狂犬病 1957年，发生2例狂犬病。1980年，再度从南部邻县传入，当年报告5例。是年起，县卫生防疫站开始为被犬咬伤的人员注射狂犬病疫苗进行预防。①1985年，萧山未发生狂犬病例。是年起，县卫生防疫站开设犬伤专科门诊，负责配注狂犬病疫苗。1980～1990年，除1985年外，其余年份均有狂犬病人发生，共发病29例，均遭狂犬咬伤致病，全部死亡。其中男性23人、女性6人，15岁以下8人、15岁～60岁16人、60岁以上5人。其中1/3病人被自家养的犬咬伤后发病。发病最多的1984年有11例。1991～2000年，无狂犬病例。

钩端螺旋体病 50年代，曾经有过发病和流行，常被误诊。②1977～1981年，年均发病率为0.40/10万。1984年、1985年、1987年、1990年仅有个别病例发生，疫情得到基本控制。1987年起停止接种钩体菌苗7年。1993年，疫情稍有回升，报告发病3例。1994～1995年恢复接种钩体菌苗，迅速控制了发病。钩体病在境内分布广，据1984年统计，发病地区涉及30个镇乡的372个村。

流行性乙型脑炎 根据全国乙脑疫区划分标准，萧山城区及周围属中发区（平均发病率5/10万～10/10万），其他地区为低发区（平均发病率2/10万～5/10万）。从1953年起有乙脑疫情报告③。1991年起下降到1/10万以下，1998年和1999年，全市未发生乙脑病人。

肺结核病 肺结核病防治工作始于70年代④。1985年，县卫生防疫站设立结核病防治科；是年7月，培训防痨医生和痰检人员115名，初步建立了县、镇乡、村三级防痨网，开始实行肺结核病登记报告制度，同时对登记治疗的病人实行管理；当年，活动性肺结核病人登记率为38.70/10万，涂片阳性病人登记率为6.70/10万。1987年，县人民医院、临浦人民医院和瓜沥人民医院均开设肺科门诊，活动性肺结核病人的正规服药率为85.46%，痰菌阳性病人治疗后的痰菌阴转率为91.73%。1989年，全市登记上报新发肺结核病人528例。1990年6月开展的全国结核病流行病学抽样调查中，没有发现涂片阳性的传染性肺结核病人。1991年3月，市卫生防疫站设立肺结核病专科门诊，为全市结核病登记管理中心，对全市的肺结核病人实行发现、登记、诊治、管理一条龙的归口管理，还确定市卫生防疫站肺结核病专科门诊为全市肺结核病定点诊治单位。为提高正规服药率，还对家庭经济困难的肺结核病人减免15%～30%的药费。1996年，市卫生防疫站建立结核病防治所，实施以直接面视下短程督导化疗为中心的现代结核病管理模式。2000年，活动性肺结核病人登记率达39.32/10万，涂片阳性病人登记率13.66/10万。1991～2000年，市卫生防疫站累计为459名肺结核病人减免医药费56878.65元。

表38-5-669　1991~2000年萧山市新登记肺结核病人痰检情况

单位：人

年份	新登记病人	痰　检　人　数			查痰率（%）
		数量	痰菌阳性数	排菌比（%）	
1991	545	532	154	28.95	97.61
1992	518	496	162	32.66	95.79
1993	455	429	124	28.90	94.29
1994	300	294	92	31.29	98.00
1995	379	379	120	31.67	100.00
1996	449	449	157	34.97	100.00
1997	316	316	114	36.08	100.00
1998	390	390	147	37.69	100.00
1999	451	451	160	35.48	100.00
2000	449	449	156	34.74	100.00

　　麻风病　麻风病危害萧山人民的历史较久。中华人民共和国成立后，通过普查、治疗，麻风病得到有效遏制。①1980年起，萧山确定为期10年实现基本消灭麻风病的奋斗目标。经普及麻风病防治知识，落实专业医生分片包干责任制，建立县、镇乡、村三级麻风病防治网，实施报告麻风病发现者有奖和治愈麻风病人有奖等激励政策。1990年，现症病人从1980年的683人降至10人，全市麻风病患病率首次降到1/10万以下。1991年11月，通过省级基本消灭麻风病的考核验收。1995年12月，又通过国家级基本消灭麻风病的考核验收。1996年6月，萧山市皮肤病防治院被省卫生厅授予"浙江省麻风病防治工作先进集体"称号。1998年，市皮肤病防治院医师高宜云被授予"全国麻风病防治工作先进个人"称号。至2000年底，全市累计麻风病发病954人，治愈667人，死亡222人，外迁14人，排除39人，失去联系9人，复发19人。尚有现症病人5人（复发2人），尚存活的治愈人员425人。

　　新生儿破伤风　民国时期土法接生盛行，新生儿破伤风病十分常见。中华人民共和国成立后，推行新法接生，新生儿破伤风几乎绝迹。90年代后，流动人口中计划免疫工作薄弱，土法接生复燃，新生儿破伤风疫情回升。1996~2000年，报告发生新生儿破伤风8例，其中本地2例、外省流动人口6例，分别在出生后4~8天发病，死亡1例。8例病儿的母亲均未接种破伤风类毒素，只有3名母亲按规定接受产前检查。8例病儿全部在家中由未经过培训的人员接生，所用接生器具均未消毒。

第三节　地方病和寄生虫病防治

　　民国时期，萧山地方病以姜片虫病、血吸虫病、疟疾和钩虫病为主。尤以姜片虫病流行之烈而闻名全国。中华人民共和国成立后，党和政府重视地方病和寄生虫病防治工作。1980年，基本消灭姜片虫病②。1982年，基本消灭血

①50年代，境内麻风病防治工作由省武康疗养院直接管理。1959年，首次进行麻风病调查，查到病人490人。1965年，进行第二次麻风病普查，查明病人717人。1976年10月，县凤山防治院住院部在朱村桥公社陈家大队（现义桥镇陈家村山坞里自然村）正式建成；11月6日，收治境内首例现症麻风病人。1980年，开展全县第三次麻风病普查，在5岁以上的人群中受检84.70万人次，发现疑似病人65人，确诊麻风病人7人，是年年底共有现症病人683人。70年代末、80年代初，县凤山防治院麻风病住院病人最高时64人。1982年后，应用联合化疗，采取化学隔离的方式，住院病人逐年减少，住院的目的也从隔断传染源转为收治畸残病人和无家可归者。

②萧山曾是姜片虫病严重流行地区，故姜片虫病又有"萧山虫病"之称。清初，竹林寺妇科第37世医僧绍钟记有类似姜片虫病医案。民国19年（1930）9月，中央卫生实验所来萧山检验小学生粪便，受检小学28所，学生1508人，发现南乡儿童患病率为58%，最高的学校患病率达93%。1951年春，东蜀乡吕才庄村出现大批姜片虫病患者，有40余人死亡。1952年开始，全县以吕才庄村为重点，开展综合性防治工作，有力地控制姜片虫病的流行。1958年以后，结合除害灭病运动，经过15次反复普查普治，先后检查200余万人次，发现感染姜片虫的1.30万人次，治愈病人9057人。1971~1975年，跟踪普查5次，使姜片虫病流行区逐年缩小。经1976年、1978年、1979年、1980年4次对姜片虫病流行区进行普查，仅在裘江乡发现病人10例。至此，全县基本消灭姜片虫病。1984年、1988年又两次对原姜片虫病流行区进行复查，仅长沙乡发现1例。

①民国25年（1936），临浦籍名医谢诵穆著的《温病论衡》中，有描述乡人"腹大如鼓，四肢羸瘦"的病案。中华人民共和国成立前，血吸虫病给流行区人民带来家破人亡、断户绝代的深重灾难，大桥乡孙桥头、镇桥江和进化乡童家坂村都毁于血吸虫病。1952年，对该病开始全面的调查和防治工作，查明进化、桃源、城山、永兴、戴村、大桥、河上、楼塔8个镇乡的81个村为流行区；钉螺面积累计有1772919平方米；流行区共检查60.44万人，查出病人累计11018人，其中晚期血吸虫病人259人；非流行区共检查45.82万人，查出病人累计1822人；检查耕牛累计11660头次，查出病牛416头。1955年，建立血吸虫病防治领导小组。1958年、1964年、1970年掀起3次群众性防治血吸虫病的高潮，消灭钉螺累计136.50万平方米，治疗病人15983人次，治疗病牛319头，淘汰病牛97头。1971年9月，境内基本消灭血吸虫病，血吸虫病防治工作转入巩固阶段。1982年，经浙江省吸虫病防治领导小组考核，达到《消灭血吸虫病施行标准》。1982年后，依据《浙江省消灭血吸虫病地区监测巩固方案》和《萧山县血防监测工作实施方案》，制订"七五"、"八五"血防监测规划，继续做好螺情、病情和保虫宿主等的监测工作。1983年4月20日，中共萧山县委召开了消灭血吸虫病庆功表彰大会。

②民国24～31年（1935～1942），Momma氏发现萧山等地有马来丝虫病。1952年，在对529名应征青年的血检中首次发现微丝蚴阳性者37人，阳性率为6.99%。同年，中央卫生调查团在境内血检500人，检出微丝蚴阳性34人，阳性率为6.80%。1956年，以镇乡为单位抽取总人口的10%采血作镜检，对丝虫病进行全面摸底调查，在61个镇乡的7.73万居民中检出微丝蚴阳性2641人，阳性率为3.41%。1956年确定67个镇乡中，11个镇乡属丝虫病无病区，56个为丝虫病流行区。1958～1971年，共血检500245人次；1972～1978年，共血检365023人次，查出微丝蚴阳性335人；1979～1982年，共对48个镇乡、566个村的371892名1周岁以上人口作血检复查，采用硼砂－美兰染色法，查出微丝蚴阳性211例，阳性率为0.06%；还查出下肢象皮肿421例，流火622例，患病率为0.26%。1984年，浙江省、杭州市地方病防治领导小组考核组对境内进行基本消灭丝虫病情况的考核，抽检14个村10415人，检出微丝蚴阳性1例，阳性率0.0096%，以村为单位的阳性率0.09%，达到基本消灭的标准（0.09%～0.45%）。

③据民国19年（1930）11月《萧山教育》记载，境内"疟疾流行几乎遍地皆是，年年不断，间日疟、三日疟、恶性疟3种，其中以恶性疟死亡率为高"。50年代初期，疟疾发病率居境内传染病第二位。60年代，疟疾发病率上升成为传染病首位。1961年，发病率达2517.99/10万，发病率超过1000/10万的有53个镇乡，占镇乡总数的84.13%。1963年，县委、县人民委员会制订疟疾防治规划，培训医务人员800余人、各种不脱产的送药员5500人投入疟疾防治工作。1963～1969年，累计预防服药19.72万人，抗复发治疗43万人，抗治率达84.68%。70年代，疟疾发病率居传染病第四位。1970～1979年，推行以控制传染源为主的预防措施，累计预防服药3.20万人，抗复发治疗1.42万人，抗治率达98.15%。70年代中期，疟疾发病率明显下降。80年代后，疟疾得到有效控制。1982年，发病率下降到7.40/10万。1983年，被确定为全省12个疟疾监测县（市）之一，开展连续5年的疟疾监测。

吸虫病。1988年，基本消灭疟疾。1997年，达到消除碘缺乏病和消灭丝虫病标准，其他地方病和寄生虫病得到有效控制。

血吸虫病　是萧山南部丘陵地区流行历史较长的地方病，至1982年基本消灭①。1982～1986年，以23个原血吸虫病流行村为监测点，开展螺情监测。1987～1988年，在其余58个原血吸虫病流行村开展查螺。1989～1990年全面复查有螺地区，重点为原来螺情较严重的桃源、大桥、进化、河上4个镇（乡）的水系。1991年后按每年轮查1/5的方案开展春季查螺。1985～2000年，累计查螺8096298平方米，未发现钉螺。

丝虫病　萧山流行已久，分布较广。②1956年后，开展多次丝虫病普查普治工作。1985年，省卫生厅发文宣布萧山基本消灭丝虫病。后，开展人群监测和蚊媒监测。1986年8月，按总人口3%的比例抽查5个乡47个村，用双耳双片法或单耳双片法，染色后一片双检。应检3.78万人，实检3.71万人，发现微丝蚴阳性9例（4例为既往阳性未治），阳性率0.02%。1992年8～9月，在长河、义桥镇进行按蚊带虫率调查，对捕获的567只中华按蚊解剖镜检，全部阴性。1996年再次开展人群与蚊媒监测，共监测17个镇乡、18个村15000人，未检到微丝蚴阳性者。1997年，随机抽取南阳、党山、闻堰、衙前、河上、浦阳6个镇5100人，采血片10200张，镜检结果未发现微丝蚴阳性者。是年8月，在闻堰、河上、衙前镇捕捉中华按蚊1025只，解剖镜检未检到各期感染性幼虫。1997年，经上级考核验收，萧山达到消灭丝虫病标准。

疟疾　民国时期，境内民众深受疟疾之害。中华人民共和国成立后，逐年加大预防、治疗力度，疟疾得到有效控制。③1987年7月至1988年10月，开展基本消灭疟疾的自行考核，达到基本消灭疟疾的标准。1988年11月4日至12月2日，杭州市卫生局进行基本消灭疟疾考核验收。对西兴（现属杭州市滨江区）、螺山、义盛、河上4个镇乡3022名7岁～12岁小学生测定疟疾免疫荧光抗体，阳性1人，阳性率为0.03%；在全市抽取阴性血片253张，阳性血片3张，复检结果相同；调查4个乡、160户的689名居民，拥有蚊帐444顶，完整和基本完整432顶，人均有蚊帐0.60顶，人群防护率96.80%。各项指标均达到卫生部提出的基本消灭疟疾的标准，未发现疟疾病例，是萧山第一个无疟年。是年12月28日，浙江省卫生厅批准萧山为基本消灭疟疾市（县）。1989年起，开展灭疟后期的监测管理，各医疗单位每年开展"三热"（疟疾、疑似疟疾和不明原因发热）病人血检疟原虫工作。至2000年，共检测24576人，发现28名疟疾病人。在疫点实施病人个案调查和正规治疗、密切接触者预防服药、灭蚊等措施，未出现二代病例。对发现的疟疾病例全部进行2年的抗复发治疗。

钩虫病　俗称"黄胖病"，在沙地区曾广为流行。[①]1988年，被省抽中为钩虫病调查县（市）之一。市卫生防疫站结合各镇乡不同地理方位、经济状况和卫生条件，随机抽取大桥乡祥利村、盈丰乡盈一村、长沙乡长沙村、瓜沥镇明朗村为调查点，开展钩虫等人体寄生虫分布状况的抽样调查。确定4个村的检查对象2232人，实际检查2061人。调查采用改良加藤氏厚涂片法，检到钩虫卵和钩蚴培养阳性者655人，感染率为31.78%。对钩虫感染者，全部采用噻嘧啶治疗。2000年后，农民改变赤脚下田劳动的习惯，感染率逐年降低，感染程度明显减轻。

肺吸虫病　1980年4月至1981年11月，县卫生部门组织医务人员先后4次开展肺吸虫病流行情况调查，重点调查肺吸虫第二中间宿主——石蟹的分布和感染情况[②]。1996年1月，市卫生防疫站首次报告2例肺吸虫病病例，均为城厢镇居民，有典型临床症状，肺吸虫皮试呈阳性（++），病前1月余曾食用自制的醉石蟹，石蟹从当地农贸市场购入，产自市内西南部地区。病人经吡喹酮治疗后痊愈。萧山未被确认为肺吸虫病流行区。

碘缺乏病（地方性甲状腺肿大病）　萧山属碘缺乏病轻度流行地区，防治工作始于80年代。[③]1985年，县地方病防治领导小组制订《萧山县三年内基本控制地甲病方案》和"七五"规划，并对普查出的病人采用碘油丸治疗。是年，对患病率大于3%、甲状腺肿大率大于20%的24个镇乡进行普查，按《全国地甲病病区划分标准》，确定楼塔、岩山、大同、戴村4个镇乡为中病区（患病率在10.00%～14.60%之间），河上、大桥、永兴、云石、朱村桥、许贤、桃源、欢潭、新江岭、进化、通济、所前、大庄、义桥、临浦、径游、来苏、石岩18个镇乡为轻病区（患病率在3.46%～9.26%之间）；其余44个镇乡患病率均小于3%，属非病区。病区人口27.14万人，占全县总人口的23.75%。是年，按浙江省统一监测方案，确定中病区的戴村镇、岩山乡和轻病区的大庄乡为观察点，进行防治效果的纵向动态观察。1986年，对中病区30岁以下、轻病区15岁以下的全体人员进行口服碘油丸及碘油微囊冲剂预防，共服药7.76万人，服药率86.38%。1987年4月，在临浦镇建立杭州市第一个碘盐加工厂，县卫生防疫站定期、不定期对加工厂、销售单位进行碘含量采样检测。1989年10～12月，组织开展基本控制碘缺乏病的考核，达到卫生部颁布的标准。至1990年，患病率由1985年的10.18%下降到2.38%，儿童甲状腺肿大率由1985年的24.03%下降到4.52%，人群尿碘均值由1985年的21.09微克/克肌酐逐年上升到248.21微克/克肌酐，尿碘含量大于50微克/克肌酐的样本由1985年的26.32%上升到1990年的100%。追踪观察的249名病人中，有159人的甲状腺恢复到正常或呈生理性肿大，治愈率为63.85%。是年6月3～8日，浙江省、杭州市联合对萧山进行基本控制碘缺乏病考核验收，各项指标均达到基本控制地方

①1956年，开展寄生虫病调查，抽查7.26万人，检出钩虫卵阳性者1.09万人，感染率为15.07%。1957年冬，在浦沿公社新生大队用饱和盐水漂浮法检查1294人，钩虫卵阳性968人，感染率为74.18%。经过对驱虫治疗后获得的虫体的鉴定，确定境内为美洲钩口线虫和十二指肠板口线虫的混合感染地区。1959年冬季，又在棉麻地区抽查4个镇乡，粪检8111人，阳性3251人，感染率为40.08%。1959年冬和1960年春，对棉麻地区8岁以上人群开展四氯乙烯胶丸普治，累计服药133865人。1972～1980年（除1977年外），均在调查地区对感染者采用灭虫和驱虫净小剂量每年一次疗法进行治疗。

②在18个公社115个大队的溪沟中捕捉石蟹7521只进行解剖，从河上、楼塔、所前、城山、许贤、戴村、欢潭、进化8个公社的14个大队16条溪沟中捕捉到的石蟹中，查到肺吸虫囊蚴。阳性率最高为河上公社新联大队川坞溪沟中的石蟹，检查232只，阳性210只，阳性率为90.50%。该大队328人作肺吸虫抗原皮试，阳性204人，阳性率为62.20%，其中15岁以下儿童皮试85人，阳性50人，阳性率为57.60%；调查到有食生蟹史者88人，饮用溪水者260人。县卫生防疫站的防疫人员进行动物染虫试验，用检出的囊蚴感染家犬4只（每只犬感染200只囊蚴），65天后处死的检查肺部，在2只犬的肺部发现肺吸虫囊蚴。为进一步摸清流行情况，探索肺吸虫病的免疫诊断方法，1982年，县卫生防疫站与杭州市卫生防疫站一起，在河上公社新联大队用免疫方法开展肺吸虫感染情况调查。调查401人，结果为：皮试、酶标、间接血凝3项阳性或其中2项阳性加有吃生蟹史者共168人，经肺部X线检查和痰检，未发现体征阳性者，痰中亦未检到肺吸虫卵。

③1984年，县地方病防治领导小组办公室组织医务力量，对66个镇乡97个村进行碘缺乏病的抽样调查，患病率为1.97%。检查11.46万名学生，甲状腺肿大率为12.18%。

性甲状腺肿大病县（市）标准。1991年1月，省人民政府地方病防治领导小组发文，宣布萧山市基本控制碘缺乏病。1995年，在赭山镇建立第二个碘盐加工厂。1996年12月，浙江省、杭州市消除碘缺乏病复核验收组对市内碘缺乏病防治工作进行复核验收。1997年，省地方病防治领导小组宣布萧山达到消除碘缺乏病的标准。此后，碘缺乏病防治工作主要转向病情监测和碘盐监测。每年的监测结果表明，供应的碘盐、甲状腺肿大率、尿碘指标等均保持消除碘缺乏病的标准。

表38-5-670　1987～2000年萧山碘盐监测情况

单位：件

年份	加工厂			销售店			用户		
	样品	合格	合格率(%)	样品	合格	合格率(%)	样品	合格	合格率(%)
1987	118	115	97.46	1249	1036	82.95	3805	2263	59.47
1988	830	828	99.76	3729	3604	96.65	6039	5890	97.53
1989	819	817	99.76	4001	3973	99.30	7554	7479	99.00
1990	691	686	99.28	4267	4263	99.91	7818	7778	99.49
1991	691	690	99.86	4596	4596	100.00	7930	7911	99.76
1992	664	664	100.00	4604	4604	100.00	7790	7708	98.95
1993	879	879	100.00	4129	4127	99.95	6790	6646	97.88
1994	1776	1776	100.00	4020	4020	100.00	6459	6426	99.49
1995	2022	2022	100.00	3831	3831	100.00	6270	6265	99.92
1996	252	252	100.00	1325	1300	98.11	7325	6968	95.13
1997	600	585	97.50	350	350	100.00	350	350	100.00
1998	625	605	96.80	350	350	100.00	150	150	100.00
1999	600	583	97.17	350	350	100.00	150	150	100.00
2000	450	433	96.22	350	350	100.00	150	150	100.00

第四节　精神病防治

精神病俗称癫病，中医曰癫狂症，萧山民间古已有之。旧时无有效治疗方法，只能采取一些土法治疗，效果极差。①中华人民共和国成立后，境内精神病患者多送至省及杭州市精神病医院，用西医治疗。60年代中期，境内防治工作自行开展。

精神病调查

1966～1980年，萧山进行较大规模的精神病调查5次。②1987年，县精神病医院与杭州市第七人民医院合作，进行精神分裂症、躁狂抑郁症的遗传家史调查。1988年，在杭州市精神卫生办公室帮助下，市精神病医院对5个镇乡的250户、1000人进行抽样调查，查实精神病患病率为14.28‰。1989年7～8月，市精神病医院赴戴村、进化、坎山、靖江、新塘、浦沿6个精神疾病监测试点镇乡，协助当地精神病防治兼职医生进行精神病流行病学调查。受查12.23万人，查出精神病患者600人，患病率为4.91‰；11～12月，市精神病医

①民国时期，萧山民间有审癫子之法，即将病人以脚镣手铐或绳子捆绑游街示众，或夜半三更将病人五花大绑拉到神佛前跪下受审。扮演神佛者怒斥之，宣判癫子"罪恶"，令其弃邪归正。患者此刻惊恐万状，魂不附体，求神佛开恩，免遭惩罚。人们常以这类办法治疗癫狂之症。

②1966年上半年，对中片、东片地区进行精神疾病普查中，初步发现患者达3000余名。1972年下半年至1973年初，县精神病医院先后赴坎山、戴村、楼塔3个公社和瓜沥镇、杭州第二棉纺织厂、杭州齿轮箱厂、杭州东升丝厂，进行精神疾病调查工作。接受调查的78343人中，发现有精神病患者285名，患病率为3.64‰。1975年，县精神病医院在全县范围内进行精神疾病普查。全县101.33万人中，查出精神病患者7229名，患病率7.13‰。1978年，县精神病医院赴戴村公社、东方红公社、瓜沥镇开展精神疾病复查工作。在5.24万人中，共查实精神病患者474名，患病率9.04‰。1980年，县精神病医院分赴瓜沥、义蓬、城北、城南、临浦、戴村6个区，再次进行精神疾病普查。在104.45万人中，查出精神病患者7738人，患病率7.41‰。

院协助城厢镇开展精神疾病调查工作，城区近10万人群中，初步排查出精神病患者600多人。1996年，市精神病医院与市精神卫生办公室对城厢镇进行精神疾病调查，与镇卫办、各居民委员会干部一起，对线索调查对象逐个上门访视、诊断、建档、立卡。查出各类精神病患者509名。其中精神分裂症364名，占71.51%；精神发育迟滞66名，占12.97%；情感性障碍31名，占6.09%；其他精神障碍者48名，占9.43%。在有工作单位的373名患者中，能坚持上班或在照顾下做些力所能及工作的157名，占42.09%；长期病休的108名，占28.96%；经常要求病休的19名，占5.09%；下岗的10名，占2.68%；病退及退休的79名，占21.18%。

精神病人管治

　　从60年代中期至80年代中期，精神病患者的门诊和住院治疗由县精神病医院①负责。1986年5月，县人民政府成立县精神卫生工作领导小组。1989年1月30日，市精神卫生工作会议提出要逐步建立居民区（村）精神病防治网络，把精神卫生工作纳入基层卫生保健体系。同年6月，市卫生局决定把戴村、进化、坎山、靖江、新塘、浦沿6个镇乡列为首批精神疾病监测试点单位，并把精神病防治工作列为镇乡卫生院目标管理考核指标之一，规定各试点镇乡的卫生院必须配备1名有一定专业知识的兼职医生，负责本镇乡范围内的精神病人管治工作。

　　1990年9月，市精神病医院在城北、城南、戴村、临浦、瓜沥、义蓬6个区，分片举办镇乡精神病防治兼职医生业务培训班，全市67个镇乡的精神病防治兼职医生和镇乡卫生院院长参加培训，建立"三表三卡"②。1991年9月下旬，坎山等6个试点镇乡实施精神病人居民区（村）管理，把当时669名病人纳入分级管理网络，其中一级管理149名，占22.27%；二级管理43名，占6.43%；三级管理477名，占71.30%。是年底，全市67个镇乡已全面推行"三表三卡"管理，纳入管理的精神病人4695名，管治率为90.18%。1993年初，市卫生局、市精神卫生办公室联合发文下达"镇乡卫生院精神卫生工作考核标准"。是年，市精神病医院成立医学心理技术服务中心，开展心理治疗和心理咨询服务300余人次，并把指导基层精神病防治工作的领域拓展至学校。2000年10月，市红十字医院心理咨询中心成立。③至年末，全市纳入"三表三卡"管理的精神病人增至5010名，其中实行分级管理的766名（仅6个镇乡监测试点）。

　　1994年7月起，精神卫生工作全面推行市、镇乡两级管理，纳入管理的病人增至5270名，管治率达到95%。全年通过管治，使病情稳定者4165名，占79.03%；病情得到不同程度缓解者766名，占14.54%；恢复劳动能力者1079名，占20.47%；恢复部分劳动能力者2623名，占49.77%。复发住院及肇祸人次比往年减少，社会效果明显。

　　1999年底，全市纳入管治的精神病人共5034名，其中一级管治270名，占5.36%；二级管治709名，占14.08%；三级管治3189名，占63.35%；追踪管治866名，占17.20%。通过管治，恢复劳动能力者705名，占14%；部分恢复劳动能力者2064名，占41%。

①1966年，萧山县确定把原蜀山区联合医院（精神病医院前身）作为精神病防治基地，开设精神科，收治精神病患者。

②三表三卡：精神病人个案调查表、综合登记表、统计报表；精神病人报告卡、反馈卡、随访卡。

③2000年10月，市内首家心理咨询专业服务机构市红十字医院心理咨询中心正式挂牌成立，并在育才路553号设有心理咨询门诊部，配有心理测验仪、生物反馈治疗仪、高压静电治疗仪等先进的心理诊疗设备，由市红十字医院心理咨询专家定期坐诊。

2000年，全市纳入管治的精神病人共5104名，其中一级管治265名，占5.19%；二级管治619名，占12.13%；三级管治3011名，占58.99%；追踪管治1209名，占23.69%。通过管治，恢复全劳动力的804名，占15.75%；部分恢复劳动能力的3032名，占59.40%。

第五节　居民死因

萧山居民死因调查始于70年代，至1980年先后进行两次死因回顾调查。[①]1980年后，全县建立居民死因登记报告制度。[②]1987年12月至1988年5月，组织由200余名医务人员、市（县）防疫医生和乡镇卫生人员组成的调查队伍，按国际疾病分类方法（ICD—9）进行第三次（1984～1986年）死因回顾调查。调查结果：境内居民年平均死亡率为6.08‰，标化死亡率为4.80‰，较10年前下降15.20%。前5种死亡疾病为：呼吸系统疾病，死亡率为205.83/10万；恶性肿瘤，死亡率为100.92/10万；脑血管病，死亡率为83.28/10万；损伤与中毒，死亡率为58.26/10万；心脏病，死亡率为34.21/10万。其他主要死因有消化系统疾病、肺结核病、新生儿病、泌尿生殖系统疾病、精神病等。死亡率居前5位的恶性肿瘤依次为肝癌（死亡率22.85/10万）、胃癌（死亡率22.45/10万）、肺癌（死亡率15.74/10万）、食道癌（死亡率8.18/10万）、结直肠癌（死亡率6.83/10万）。1988年起，建立恶性肿瘤发病和死亡登记报告制度，由各级医疗单位向市肿瘤防治办公室报告新发和死亡的恶性肿瘤病人，市卫生防疫部门有专人进行登记、统计和分析，并将结果上报省肿瘤防治办公室，使恶性肿瘤资料的收集和统计工作制度化、规范化。2000年，居民年平均死亡率下降到5.98‰，标化死亡率为4.11‰，恶性肿瘤和脑血管病的死亡率分别从1988年的100.41/10万、84.29/10万上升到129.34/10万、100.88/10万。前5位恶性肿瘤依次为肺癌、肝癌、胃癌、食道癌、肠癌。

①1974年末至1975年初，萧山组成以"赤脚医生"为主体的共3000余人的调查队伍，开展1972～1974年死因回顾调查。1977年，在省肿瘤防治办公室指导下，县卫生防疫站组织开展境内1974～1976年死因回顾调查，调查结果：1974～1976年，境内居民年平均死亡率为5.74‰，标化死亡率为5.66‰。死亡原因第一位为呼吸系统疾病，死亡率为135.72/10万；第二位为恶性肿瘤，死亡率为82.32/10万；第三位为心脏病，死亡率为71.43/10万；第四位为损伤与中毒，死亡率为58.64/10万；第五位为传染病寄生虫病（包括肺结核），死亡率为54.35/10万。死亡率居前5位的恶性肿瘤依次为胃癌（死亡率21.51/10万）、肝癌（死亡率15.52/10万）、食道癌（死亡率8.75/10万）、肺癌（死亡率7.79/10万）、结直肠癌（死亡率6.19/10万）。

②1980年，建立居民死因登记制度，由各级医疗单位确定专人负责收集常住户口居民的死亡原因报告县卫生防疫站，县卫生防疫站的专职统计人员汇总分析后按年度上报省卫生厅，并计算居民的平均期望寿命。

表38-5-671　1988～2000年萧山市城乡居民主要死因死亡率

单位：1/10万

年　份	呼吸系统	恶性肿瘤	脑血管病	损伤中毒	心脏病	消化系统	泌尿生殖系病	新生儿病	先天异常	精神病	肺结核	传染病
1988	236.02	100.41	84.29	76.70	40.76	29.46	12.28	20.19	8.52	13.89	10.19	16.49
1989	232.73	96.67	92.86	68.12	41.67	29.11	15.60	14.65	7.61	11.04	6.28	12.75
1990	215.54	102.30	91.75	68.90	37.64	22.46	12.48	10.94	7.29	15.55	7.49	12.67
1991	184.67	108.59	98.51	60.10	34.99	24.91	12.74	14.07	7.99	11.03	6.28	8.75
1992	211.11	104.30	84.48	70.61	39.81	27.19	8.83	10.27	7.57	10.99	3.60	5.76
1993	203.14	113.90	83.64	62.56	40.90	24.60	10.72	8.61	5.27	8.90	5.10	7.20
1994	220.68	117.59	105.16	73.91	32.46	20.89	10.02	9.84	6.22	10.71	5.35	7.43
1995	238.19	130.56	92.41	75.61	40.43	16.61	9.97	9.10	10.44	9.10	2.92	4.59
1996	223.91	116.64	96.03	63.63	40.16	18.16	10.08	8.21	5.89	8.83	2.07	2.76
1997	175.11	124.97	98.05	67.14	38.09	15.77	8.68	6.47	6.82	8.50	2.67	3.65
1998	202.89	127.32	114.01	64.37	48.41	16.31	6.17	4.85	4.15	10.40	1.59	1.68
1999	180.52	129.33	103.43	56.11	45.92	14.84	7.55	4.14	6.06	7.20	1.85	2.11
2000	179.08	129.34	100.88	58.41	46.94	18.39	7.97	3.68	4.73	8.76	1.67	2.10

第六章　卫生保健

中华人民共和国成立后，通过推广新法接生，开展产科质量管理、妇女病查治、婚姻保健、孕产妇系统管理、高危孕妇管理、托幼园所管理，使妇幼保健工作日益加强。儿童保健、老年保健工作取得显著成绩，农村初级卫生保健成果不断巩固发展。1992年，萧山成为全国农村初级卫生保健达标先进县（市）。至2000年末，全市妇幼保健工作的各项指标均达到或超过全国农村甲类地区标准。

第一节　妇女保健

中华人民共和国成立前，萧山卫生保健十分落后，广大妇女深受其害。[①]中华人民共和国成立后，重点推广新法接生，开展产前检查、产后访视、孕期保健、婴幼儿童预防接种等工作。[②]1990年1月起，以市妇幼保健院为龙头，以各片卫生工作站设1名～2名妇幼工作专职人员为枢纽，以镇乡村为基础，形成市、片、镇乡、村四级妇幼保健网。至2001年3月，全市共有专职妇幼保健人员159名，村妇幼保健员大部分由村妇女干部或乡村女医生兼任。

产科质量管理

1984年，开始产科质量规范化管理，对孕产妇进行全方位管理。提倡住院接生，各区、镇乡卫生院均开展接生工作。1985年，全县共有孕产妇11141人，产前检查率为92.70%，人均2.50次，产后42天复查率59.20%。全年有高危孕妇3322人，发生率为29.80%；其中胎位异常1987人，矫治1861人，矫正胎位1527人，矫正率80.90%。1990年，全市有产妇16375人，产前检查率为93.10%，人均9.02次；产后访视率为93.30%，人均2.96次；全市新法接生率为99.89%；住院接生率为99.53%。1992年，市卫生局对产科质量管理提出无孕产妇死亡、无子痫发生、无会阴破裂、无高危漏管、无住院期间新生儿死亡、无死产发生、无产褥感染、无胎盘残留引起的产后大出血"八无"的要求。1993年，逐步推广创建爱婴医院活动，提高产科质量；是年10月，市妇幼保健院创建成为爱婴医院。1995年，全市有产妇16115人，产前检查率为99.80%；产后访视率为97.40%；新法接生率为100%；住院接生率为99.80%。2000年，全市有孕产妇11426人，产前检查率为99.10%；产后访视率为95.40%；新法接生率为100%；住院接生率为100%。孕产妇管理工作注重高危孕妇三级管理，妊娠28周

[①]旧时，妇女生产均沿袭旧法接生，产妇大出血、产褥热、会阴破裂、尿瘘时有发生，新生儿破伤风屡见不鲜，产妇死亡率和新生儿死亡率在民国时期分别高于15‰和150‰。孕妇分娩请当地接生婆，偏僻乡村由自家阿婆或丈夫接生。接生婆无助产科学知识，用相沿已久的土法接生，接生器具不经消毒；如胎盘不下，就将产妇悬空吊起，导致流血过多；产后流血，用多年毡帽煅灰堵贴于产道借以止血；遇到难产胎儿不下，令产妇喝隔夜臭尿、喂食头发，口塞破布片。有的接生婆用手伸入产道乱挖，以此将碎胎取出，产妇有被挖死的；剪脐带之剪刀认为年代越久越好，用后勿洗，久放床下，因而多造成产妇产褥热、婴儿脐带风。据戴村凌溪乡调查，出生204名小孩，活着仅94人，死亡率达54%；死亡的110人中，脐带风占54%。民国12年（1923），境内始有以产科为主的福音医院，施行新法接生，院址在县城米市街西端，两年后停办。民国16年后，县立医院、济民医院、临浦镇的同济医院、妇孺疗养院等先后开设妇产科，其中济民医院设产科床位10张，工作人员12人，为当时规模最大的产院。因费用昂贵，接受新法接生者为数寥寥。据民国29～36年统计，8年中全县接受新法接生者仅162人次。至萧山解放接管医院时，境内公私医院仅有助产士4名，县卫生院无妇产科工作人员，仅有1把旧产钳和1只吸奶器。

[②]1951～1958年，妇幼保健着重推行新法接生，防止产褥热与脐带风，减少妇婴死亡。各区、乡镇妇幼保健站依靠当地党政领导，利用幻灯、图片、土广播等广泛宣传妇幼卫生知识，产婴死亡率明显下降，新法接生全面普及。新法接生率由1951年的7.80%上升到1958年的95.67%；产妇死亡率由解放前的15‰下降至0.93‰；新生儿死亡率由解放前的150‰下降至11.09‰。1959年，境内农村大办产院，提出"3个一百"（要求产前检查100%、新法接生100%、住院接生100%）。历经2年，产前检查达95%以上，新法接生达99.64%，住院分娩者达75.65%。1981年开始，各级医疗保健机构开展围产期保健，建立围产期保健卡。自此，产前检查、新法接生率始终稳定在99%以上。是年4月30日，省人民政府为萧山颁发新法接生合格证。1984年，住院分娩率达到83.50%，产妇死亡率下降至0.26‰，婴儿死亡率为20.20‰，围产儿死亡率为19.70‰。

以上孕妇由市级医院妇产科、内科医师进行疾病筛查，市妇幼保健院、市二医院、市三医院、市四医院分别承担中片、东片、南片基层卫生院高危孕妇筛查工作，全市重症高危孕妇由市妇幼保健院直接管理。是年，全市已有17家医院创建成为爱婴医院。

孕产妇系统管理

1981年，开始孕产妇系统管理。[①]1988年，全市孕妇早孕建卡率达到75%以上，产前检查率在98%以上，产后访视率在92.60%以上。1989年2月，实施卫生部颁布的《农村孕产妇系统保健管理办法（试行）》。1990年，孕产妇管理工作由市妇幼保健院牵头，全面使用统一的《围产保健册》。年底，开展孕产妇系统管理的镇乡覆盖率达到100%，当年建卡率为99.30%。全市孕产妇实行定位管理，并实施"围产保健四大常规"（即孕妇建册常规、产前检查常规、产后访视常规、产后检查常规）开展高危筛选。市妇幼保健院还开设孕妇学校，每半年开办1期。2000年，拟订《萧山市高危妊娠管理办法》，明确市级医院和镇乡卫生院的管理职责，设置和统一孕28周市级高危筛查月报表及重症高危月报表。是年，孕产妇系统管理率为79.83%，各项指标已达到全国城乡孕产妇保健质量标准的城市甲等标准。

高危妊娠管理

1985年，围产儿死亡率为18.85‰，新生儿死亡率为12.40‰，婴儿死亡率为14.70‰。1986年，成立县孕产妇死亡评审小组。1987年，筛选出高危孕妇5312例，其中死亡8例。针对境内孕产妇死亡率徘徊不降的情况，1989年4月起，全市实行高危孕妇分级管理。1990年，对每名孕妇进行3次常规高危评分，做好高危标记和高危登记。是年，市妇幼保健院还开设高危妊娠咨询门诊，开始使用宫高图监护妊娠。其他市级医院先后开设高危门诊，定时、定人、定室，接受基层转诊的高危孕妇，由中、高级技术职称的医师门诊，有专人负责高危门诊的登记、追踪、结案工作。1992年，开始开展高危孕妇月报工作；市卫生局制定《高危孕产妇管理考核检查办法》，规定高危孕妇管理工作每年全市性检查一次。1994年，执行省卫生厅制定的《浙江省高危妊娠管理办法》，全市共设高危孕妇筛查点27个。2000年，制定《萧山市高危妊娠管理实施细则》和《孕28周市级高危筛查要求》，进一步明确一般高危妊娠和重度高危妊娠的范围及处理要求，完善了高危妊娠全程规范管理。是年，孕28周高危筛查率达91.75%，孕产妇死亡率从1988年的47.31‰降至17.50‰。

① 1981年开始，孕妇从确诊早孕开始建立围产保健册，接受定期产前检查、住院接生、产后访视及产后检查，并在建册、妊娠28周、妊娠36周时，分别实行以高危妊娠筛选为主要内容的孕产妇系统管理。1982年，建立和完善县、乡、村三级围产保健网管理制度，村村都配妇幼保健员。

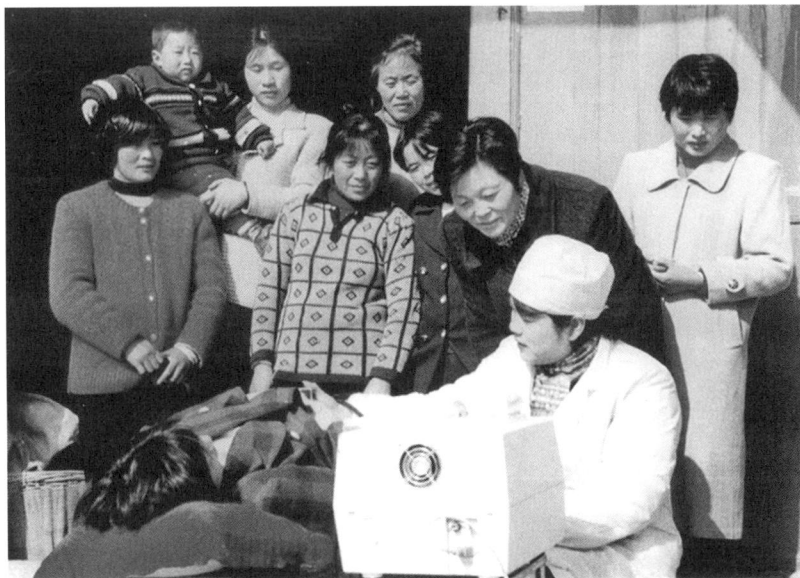

图38-6-1005　市妇幼保健院医生下乡检查妇女病（1999年12月摄，区卫生局提供）

表38-6-672　1985～2000年萧山孕妇围产期保健情况

年份	产妇（人）	孕产妇建卡率（%）	孕12周有建卡率（%）	产前检查率（%）	产后访视率（%）	产后检查率（%）	新法接生率（%）	住院接生率（%）	低出生体重发生率（%）	围产儿		孕产妇	
										死亡（人）	死亡率（‰）	死亡（人）	死亡率（1/10万）
1985	11141	98.40	0	92.70	85.40	59.20	0	0	0	210	18.85	5	44.88
1986	14293	98.80	65.60	93.40	84.70	64.80	99.50	0	9.80	245	17.14	4	27.98
1987	19393	99.10	70.00	98.00	89.30	68.60	99.90	98.20	4.40	293	15.11	8	41.25
1988	16911	98.80	75.00	98.80	92.60	71.00	99.90	98.70	0	227	13.42	8	47.31
1989	17763	98.90	77.50	98.50	93.00	71.90	99.90	99.40	6.50	212	11.93	6	33.78
1990	16375	99.30	77.90	93.10	93.30	77.40	99.89	99.53	0	193	11.79	8	48.85
1991	15536	99.60	80.10	99.60	91.30	76.20	99.90	99.60	2.00	159	10.23	5	32.18
1992	14001	99.00	78.90	99.00	89.10	74.00	100.00	99.80	3.00	170	12.14	5	35.71
1993	14951	99.50	80.20	99.50	95.40	83.30	100.00	100.00	1.90	177	11.84	1	6.69
1994	14629	99.70	80.60	99.00	96.80	85.70	99.80	99.80	2.40	185	12.65	3	20.51
1995	16115	99.80	81.60	99.80	97.40	86.90	100.00	99.80	1.60	165	10.24	2	12.41
1996	13461	98.30	83.50	99.89	-94.40	85.00	100.00	99.80	2.00	158	11.74	2	29.72
1997	14176	99.30	84.20	99.30	98.10	87.10	100.00	99.80	2.00	177	12.49	2	14.11
1998	13037	99.50	82.30	99.00	96.10	84.50	100.00	99.80	2.00	158	12.12	1	7.67
1999	12451	98.00	82.30	98.00	95.80	86.50	99.90	99.90	2.00	152	12.21	4	32.13
2000	11426	99.30	83.70	99.10	95.40	89.90	100.00	100.00	1.90	128	11.20	2	17.50

妇女病查治

　　萧山于50年代开始进行妇女病查治[①]。90年代起，境内妇女保健工作重视乳腺疾病的查治，并在更年期妇女保健中广泛应用雌激素替代疗法。1996年4月，市卫生局、社会保险局、人事局、财政局、妇女联合会、总工会联合下发《萧山市妇科常见病筛查工作管理办法》，同时批准市妇幼保健院成立妇女病普查队。1997年起，市妇幼保健院每年出资约20万元，免费为境内35周岁以上农村妇女、外来女性和无业女性开展妇女病普查。1998年，女性青春期保健工作开始深入中小学校。至2000年底，共普查49906人次，发病率高的依次为：宫颈疾病、生殖道炎症、乳腺疾病。

妇幼保健保偿

　　1988年，全市有49个镇乡卫生院和5个市属医疗单位试行"母婴安康保偿制"，向每位入院至出院期间的产妇收取20元的保偿费后，新生儿发生破伤风及产妇因产科、内科、外科原因或其他意外造成产妇外伤、死亡，均由医院（卫生院）给予一定的补偿费。1993年4月，市卫生局制定《萧山市妇幼保健保偿实施办法》，在全市分别以孕产妇和7周岁以下的儿童为保偿对象。在早孕建卡时收取孕妇保健保偿金20元，产后42天婴儿建立儿童健康档案时收取儿童保偿金14元。入保者按孕产期系统保健程

　　①1955年，县妇幼保健所先后2次在坎山丝厂（浙丝三厂）和第一、第二棉麻场进行妇女病查治工作，建立妇女卫生室、月经卡登记制度。在对经期、孕期、哺乳期妇女适当照顾的同时，对女中学生开展青春发育期卫生指导。在农村逐步推广妇女"四期保护"制度，在劳动和工作中实行"三调三不调"（月经期调干不调湿，孕期调轻不调重，哺乳期调近不调远），产褥期休息30～40天，推行各种形式的月经登记制度。1957年，全县53个乡302个村实行月经排队制度。1959年10月，协同省妇女保健院，分别对萧山棉纺织厂（后为杭州第二棉纺织厂）2173名女工和临浦镇100多名女职工进行妇女病检查，对查出的42名患者作了重点治疗。是年，全县普查妇女子宫下垂、尿瘘2种疾病，全县查出患者1383人，分别情况进行治疗。1960年，对1346名子宫下垂患者采用无水酒精局部注射，尿瘘用中草药、针灸等法治疗，其中23个公社353人集中治疗，效果达98%。1972年，全县57个公社、3个县属镇对10.63万名妇女进行以肿瘤为重点的普查，查出4781名妇女患有妇女病，其中患子宫颈癌者32名，分别作了治疗。1978年下半年开始，再次进行妇女子宫脱垂及尿瘘2种疾病的调查治疗工作。至1981年底，全县592名子宫脱垂病人中有538名得到治疗，其中533名子宫脱垂Ⅱ度以上的有490名落实了治疗措施，治疗率为91.90%。手术治疗158名，治愈率94.30%；上子宫托371人，有效率92.40%；中药治疗9人；总有效率94.60%。9例尿瘘病人，除1例先天性尿瘘使用集尿器和2例高龄（年龄均在70岁以上）不能手术外，其余6例均经手术治疗，治愈率83%。基本达到卫生部提出的"Ⅱ度以上患者治疗率达90%以上，有效率达80%，手术治愈率达90%"的防治要求。

序，定期安排产前检查，及时进行高危筛查，对高危孕产妇列入专案管理、追踪、监护、治疗（治疗费、仪器检查费自理）。产后28天内对产妇和新生儿进行3次家庭访视，产后42天对母婴做1次健康检查，为儿童提供11次健康检查，并作儿童健康评价、疾病和缺点矫治（访视费、检查费、矫治费均自理）。对孕产妇的死亡、高危孕产妇未及时筛选造成不良后果，肺炎、腹泻等致婴儿死亡6大类病种进行妇幼保健保偿。至2001年3月，参保率达100%。

婚姻保健

1988年，市妇幼保健院及25个卫生院确定为婚检定点单位，市妇幼保健院开设新婚学校。1990年，全市有53个卫生院开展婚姻保健工作。1997年，各婚检单位开设优生咨询室、门诊宣教室。1999年，取消原定的婚检单位，重新确定市二医院、市三医院、市四医院、市妇幼保健院4个定点婚检单位；11月，统一婚检医师职责、工作守则、业务工作报表和资料归档。至2000年末，定点婚检单位均开设新婚学校，累计举办新婚保健知识培训班614期。

第二节　儿童保健

婴幼儿系统管理

萧山新法育儿指导始于50年代初期，后，逐年开展儿童保健工作。[①]

1985年"六一"儿童节前夕全县第一次儿童保健工作会议召开时，63个镇乡卫生院中已有59名儿童保健医生，都配备两用磅秤、儿童体检测量床等设施，0～3岁儿童有66.20%受到体检。是年出生的婴儿75.30%得到系统保健，4岁～7岁儿童健康体检率为76.76%。1986年，儿童保健试点经验推广到每区一个点，儿童保健门诊受检率为69.20%。1987年，全县把每月1次2天的儿童保健日改为每月3次4天，城厢镇设常年儿保门诊，全县有19个医疗单位成立儿童保健专室。1988年，全市儿童保健门诊超过10万人次，受检率为86.70%，各地对发现的体弱儿做好登记、预约、拟订治疗方案及随访工作。1989年，全市有85%的医疗单位开设每月3次以上的保健门诊，接受儿童保健门诊11.23万人次，受检率89.90%，0～3岁儿童系统管理率为76.70%，4岁～7岁儿童系统管理率为85%。1990年，在新塘乡进行儿童呼吸道感染监测试点。1992年，统一儿童系统管理各类簿册及工作范围，并逐步完善体弱儿管理办法，儿童系统管理率由70%提高到85%左右。1993年，对集居儿童进行保健管理。1995年，对1万名儿童进行佝偻病发病情况调查，并推广骨碱性磷酸酶检验方法，配合治疗。成立市儿童保健协作小组。1997年，市妇幼保健院在开设日常儿童保健门诊及计划免疫的基础上，又先后开设儿童营养、心理咨询、听力筛查、智力测定、儿童铅中毒筛查等服务项目。2000年1月，城厢镇建立预防保健中心，将城区红十字卫生院、妇幼保健院、防疫站、杭二棉职工医院4个儿童保健体检点集中到预防保健中心。是年，全市有7岁内儿童90173人，筛查并管理体弱儿童1251人；婴儿死亡率由1990年的10.78‰降至10.23‰，5岁内儿童死亡率

①1951年，萧山开始新法育儿指导。次年，首次为237名婴幼儿接种卡介苗，预防结核病。条件较好的医院均建立卡介苗接种点，并为新生儿种痘，预防天花。1959年，在12个公社开展幼儿蛔虫病普查，阳性率为90%，及时进行了治疗。同年，在浦沿公社新生大队建立幼儿保健室和儿童健康档案，实行"三分三消"（分食、分巾、分被，消毒碗筷、毛巾、玩具）的卫生制度。1960年，在幼儿中以口服胎盘粉、脐带粉、紫草糖片预防麻疹。1961年，杭州医学院师生与县妇保所一起，在大庄公社三庄大队对200名儿童进行有关营养性浮肿、贫血、佝偻病调查，查出患者115人，其中I度营养不良65人，II度营养不良46人，均作了治疗。1978年9月，配合省儿童保健院，在宁围等20个公社开展儿童保健试点，为2.70万名儿童作健康检查，开设农村第一个儿童保健门诊，并给9.80万名7岁以下儿童普服驱虫药。是年，还通过隔离与治疗，控制了河上、浦沿、裘江一带儿童肝炎的流行。1980年开始，境内每年为独生子女、入托儿童健康检查约5万人次。1983年起，县妇幼保健所与县卫生防疫站配合，把儿童"四苗"（百白破三联疫苗、卡介苗、麻疹活疫苗和脊灰疫苗）接种与儿童保健结合，实行儿童保健日制度，每年对7岁以下儿童按免疫程序进行预防接种20次、体检6次。是年，在省儿童保健院的指导下，在浦沿乡杨家墩村开展儿童保健试点工作。1984年，各基层卫生院培训兼职或专职儿科医生，实行儿科分诊，建立农村基层儿童保健网络。

为14.69‰。至2001年3月，设儿童保健门诊54个，儿童保健工作人员63人，其中中级职称11人，已获得执业医师或助理执业医师资格的50人。

托幼园所保健管理

1994年，市卫生局、教委、总工会、妇联联合制定《萧山市托幼机构卫生保健管理办法》，下发市内各级托幼园所，对托幼园所实行年度合格考评制。并在托幼园所内实行带量食谱及饮食营养分析、开展口腔氟离子透析防龋、儿童铅中毒筛查等托幼儿童保健工作。2000年起，托幼园所实行星级等级制。至2001年3月，全市共有星级托幼园所79个，其中达到四星级5个、三星级33个。

表38-6-673　1992～2000年萧山市儿童健康管理情况

年份	建卡率 (%)	0～2岁系统管理率（%）				3～6岁 体检率（%）
		0岁	1岁	2岁	合计	
1992	98.95	87.10	84.60	80.30	84.00	83.70
1993	99.30	88.50	86.90	84.60	86.67	86.30
1994	98.74	87.78	87.40	81.86	85.68	86.41
1995	99.30	92.60	91.70	88.80	91.03	87.50
1996	99.30	92.50	91.90	89.20	91.20	88.60
1997	99.70	92.40	90.60	89.60	90.87	88.10
1998	97.49	92.75	90.16	87.26	90.06	88.74
1999	97.29	91.98	90.18	90.68	90.95	87.92
2000	98.07	93.54	90.40	89.48	91.15	91.15

第三节　老年保健

60年代初期，萧山开始实行以老干部为主的老年保健工作。[①]1985年，县人民医院设干部病房，有床位15张。1986年12月起，县人民医院定期派专家到萧山老年大学为老年学生授课，内容涉及人体解剖、中医中药、老年防病、各种老年常见病的防治、老年心理卫生等各种保健知识。1987年，中国医学科学院浙江分院、浙江医科大学老年医学研究所与县人民医院协作，建立老年医学萧山研究室。1988年，市人民医院成立老龄管理服务小组，深入居民村、老年大学等开展老年保健咨询和义诊服务，对全市老年人来医院就诊的免收挂号诊疗费，实行优先就诊、治疗等服务；每年为市敬老院的老年人免费体检；每两年为市内各级劳动模范进行一次"献爱心"活动。1989年，为全市离休干部、高级知识分子建立健康档案600余份，以后每年进行一次健康体检。1995年8月，市第一人民医院先后派出医务人员60余人次，历时1个月，对衙前、浦沿（现属滨江区）等镇的2262名60岁以上老人进行健康状况调查，内容包括：老人的劳动状况、收入来源、供养情况；居住和生活料理情况；保健、医疗、营养状况；需要解决的困难和问题等。1996年3月，市第一人民医院与城厢镇江寺街道办事处签订《开展健康社区服务协议书》，负责定期派医务人员到所辖的居民村，开展形式多样的老年健康保健工作，如测血压、血糖、义诊及宣传各种老年保健知识，发放各种老年健康指导资料等。1997年，干部保健门诊配高年资医师4名，负责离休干部、高级知识分子的疾病诊治和健康咨询服务；安排高年资医师去干休所为离休干部上卫生保健、常见病的防治知识课。是年，老年医学萧山研究室更名为浙江省老年医学研究所。先后与省老年医学研究所合作开展农村、城镇老年流行病学调查，共调查3600人次；为老年人义诊

①1962年9月，由县人民医院保健科负责承担，开展以老干部为主体的老年保健工作。1983年5月，县人民医院保健科开设干部保健门诊，设内科、外科、中医科。选派高年资医师为全县离退休干部、高级知识分子和各级劳动模范轮流坐诊，门诊时间为每周一至周六下午。1984年，干部保健门诊医师由轮值改为固定，时间由半天改为全天。

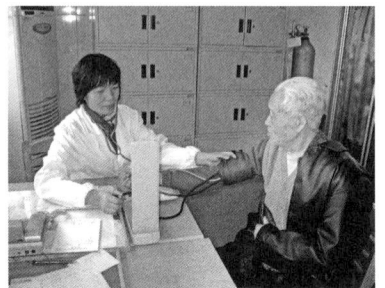

图38-6-1006　市老干部医疗站为老干部体检（2005年11月，傅华生摄）

10次，举办老年科普讲座16次；多次开展老年临床医学总结研究和临床实践，撰写学术论文。

第四节　农村初级卫生保健

1983年11月，萧山承担全国农村初级卫生保健示范县建设工作，坚持政府组织、部门协调、全民参与。1983年11月至2001年3月底，先后经过试点、普及、达标、巩固等几个阶段的工作，推动了全市（县）农村卫生工作的发展，并为全国作出了示范。

全国农村初级卫生保健示范县建设

1983年11月25日，萧山被卫生部和世界卫生组织列为初级卫生保健示范县。1984年4月6日，县成立领导小组，下设办公室，组织人力、财力、物力进行卫生示范县建设。1985年，农村初级卫生保健示范县近期目标在萧山基本实现。

1983~1985年，为实现"示范县"建设，国家和地方财政投入经费累计1129.18万元，平均每年376.40万元，用于改善饮用水条件和增添卫生设施等。全县共培训各类卫生技术人员1652人次，其中送外地短训或到上级医疗卫生单位进修441人次，各单位自办短训学习班671人次，县集中培训840人次。萧山县人民医院、县卫生防疫站、县妇幼保健所和县卫生进修学校被列为县初级卫生保健的技术指导中心。根据地理位置和病员流向，确定义盛、靖江、坎山、戴村、义桥5所镇乡卫生院为中心卫生院，给予重点扶持，使之基本达到人员、房屋、设备配套。联合国国际卫生组织也援助给萧山价值7万美元的医疗器械设备。中国预防医学中心组织指定萧山为疾病监测点，确定5个镇乡和1个农场的10万人口为监测对象，由县卫生防疫站和所在地卫生院负责进行疾病登记、流行病调查和人口死亡原因分析，为制订疾病防治规划提供科学依据。

1985年8月，世界卫生组织顾问杜尼博士对萧山初级卫生示范县建设情况进行实地考察，杜尼博士对萧山初级卫生保健示范县建设工作予以肯定，并作了题为《健康》的学术报告。1983~1985年，萧山接待来自菲律宾、泰国的医学代表团和国内17个省、市、自治区63个县的744名代表参观访问，并交流经验。1987年11月17~21日，卫生部在萧山召开"中国初级卫生保健合作中心和示范县工作会议"，世界卫生组织官员和来自全国各省、市、自治区的75名代表参加了会议。

农村初级卫生保健达标管理

1988年，萧山市初级卫生保健列入浙江省"示范县"目标管理。按照中国农村实现"2000年人人享有卫生保健"规划试点阶段的目标要求，市政府提出提前进入"2000年人人享有卫生保健"的目标。是年，市政府确定浦沿镇（现属杭州市滨江区）为萧山第一个建设"初级卫生保健示范镇乡"。成立由镇政府主要负责人牵头，工业、农业、供销、财政、卫生、教育、宣传等有关部门参加的初级卫生保健委员会。在市卫生局指导下，根据13项评价指标，制订《浦沿镇初级卫生保健工作目标和分阶段行动计划》，把当地社会经济、卫生政策、卫生保健、人民健康等纳入初级卫生保健工作轨道。1989年，市政府确定西兴镇（现属杭州市滨江区）、裘江乡、瓜沥镇、坎山镇、义盛镇、戴村镇、义桥镇为第二批建设"初级卫生保健示范镇乡"。

1990年起，市政府把初级卫生保健纳入镇乡政府的工作目标和镇乡社会经济发展规划，并在各镇乡建设1个以上的初级卫生保健示范村，试行初级卫生保健示范户建设。是年3月，各镇乡都建立初级卫生保健委员会。6月，制定初级卫生保健规划目标和本年度初级卫生保健行动计划，并围绕村级卫生组织建设、农村合作医疗、改水与改厕、健康教育四大重点与难点实施初级卫生保健；解决沙地区41万人口饮用自来水问题的"西水东调"一期工程开工。1991年7月，靖江镇率先恢复合作医疗。是年，义蓬区对全区113个村卫生室进行全面整顿验收；市卫生局实行村卫生室"三证"（行医许可证、卫生保健员证、静脉输液许可证）核发制度。至12月底，城南乡犁头金村和进化乡马家垫村90%以上的农户安装三格式无害化卫生户厕，成为杭州市农村首批卫生户厕普及村。1992年2月19日，市政府与城建、教育、土管等13个有关部门和区、镇乡签订初级卫生保健目标管理责任书。嗣后，市卫生局从局机关和各医疗卫生单位中抽调130余名人员组成23个初级卫生保健工作组下乡下村，指导和督促各镇乡的初级卫生保健达标进程。3月，河庄镇实现村卫生室由个体转为集体的转制率为100%；所属8个村卫生室全部符合卫生部颁发的7项标准，甲级村率达100%；全镇1.73万人参加合作医疗保健制度，享受覆盖率达100%；全镇中小学全部开设卫生课，农村健康教育覆盖率达100%。5月6～8日，省初级卫生保健达标验收评估团一行42人，随机抽样考核靖江、新湾、进化3个镇的9个村、60户农户和8所村小的100名学生，以及市卫生局、市卫生防疫站、市妇幼保健院、市爱卫办、市改水办、城厢镇的公共厕所、食品生产经营单位等，认定萧山市初级卫生保健工作得分为94.27分。同月，全国初级卫生保健抽查团对萧山市进行复核，确认萧山市初级卫生保健达标。1992年10月24日，萧山市被评为全国农村初级卫生保健达标先进县（市）。

表38-6-674　1992年萧山市实现"2000年人人享有卫生保健"达标考核评价情况

指　标　内　容	小康地区指标	实际达标
1.把"2000年人人享有卫生保健"规范目标纳入政府工作目标和当地社会经济发展的乡（镇）所占的比例（%）		
①有初级卫生保健领导协调组织和办事机构的比例（%）	100	100
②制定"2000年人人享有卫生保健"概略规划及年度计划的比例（%）	100	100
③经人大审议通过或地方政策发布文件，将"2000年人人享有卫生保健"规划纳入政府工作目标和当地社会经济发展规划的比例（%）	100	100
④对初级卫生保健工作定期检查考核的比例（%）	100	100
2.县（市）、乡政府年度卫生事业拨款占两级财政支出的比例（%）		
①县（市）、乡政府年度卫生事业拨款占两级财政的比例（%）	8	6.41
②县（市）、卫生事业拨款用于乡、村两级卫生事业的比例（%）	30	32.38
3.健康教育普及率（%）		
①县有健康教育机构，乡有健康教育专（兼）职人员，村有健康教育资料（%）	100	100
②中小学校健康教育开课率（%）	100	100
③基础健康知识知晓率（%）	90	居民92.13 学生95.02
④基础健康行为形成率（%）	80	居民96.17 学生80.76
4A.行政村卫生室覆盖率（%）		
①行政村卫生室覆盖率（%）	100	100
②集体办村卫生室覆盖率（%）	80	79.20
③村级卫生人员报酬得到合理解决的村卫生室比例（%）	100	100
④定期对村卫生人员进行业务考核和培训的乡（镇）比例（%）	100	100
4B.甲级村卫生室占集体办村卫生室比例（%）	80	67.13
5.集资医疗保健覆盖率（%）		
①集资医疗保健覆盖率（%）	60	77.79
②合医合药的集资医疗保健覆盖率（%）	50	58.47
6."安全卫生水"普及率（%）	90	91.00
7."卫生厕所"普及率（%）		
①公共"卫生厕所"普及率（%）	100	100
②居民户"卫生厕所"普及率（%）	80	40.00
③粪便无害化处理率（%）	50	0.84

续 表

指 标 内 容	小康地区指标	实际达标
8.食品卫生合格率（%）		
①食品卫生合格率（%）	85	80.87
②食品生产经营单位受检合格率（%）	90	100
③食品从业人员体检率（%）	100	99.34
9.婴儿死亡率5年下降百分比（%）		
①婴儿死亡率5年下降百分比（%）	5	12.56
②儿童系统管理率（%）	90	78.06
10.孕产妇死亡率5年下降百分比（%）		
①孕产妇死亡率5年下降百分比（%）	15	3.20
②新法接生率（%）	100	99.99
③高危孕产妇住院分娩监护率（%）	99	99.93
④孕产妇系统管理率（%）	95	93.05
11.儿童"四苗"接种率（%）		
①儿童"四苗"单苗接种率（%）	95	98.96
②儿童"四苗"接种率（%）	100	100
12.法定传染病管理制度化、规定化的乡（镇）比例（%）		
①法定报告传染病总发病5年下降百分比（%）	10	335.67/10万
②传染病管理制度、规范化的乡（镇）比例（%）	100	100
13.地方病患病率（/10万）或地方病患病5年下降百分比（%）		
①碘缺乏病患病率（/10万）	3000	／
②血吸虫病患病率5年下降百分比（%）	20	消灭

注："小康地区"是指经济水平分类，共分为：贫困、温饱、宽裕、小康。

农村初级卫生保健巩固与发展

1993年4月7日，市政府率卫生、教育、广播电视等部门和各镇乡分管领导赴江苏省江阴市易地召开全市初级卫生保健工作会议，实地参观学习江苏省江阴市的社会大卫生工作经验。5月1日，萧山市政府与杭州市政府签订1993～1995年的杭州市农村初级卫生保健目标管理责任书。9月23日，卫生部主持的大型系列电视片《中国初级卫生保健》，由北京科影音像出版社在萧山开机拍摄。10月，根据省初级卫生保健委员会要求，与温州市龙湾区进行为期3年的初级卫生保健对口挂钩支援。1994年6月，省卫生厅对省级卫生保健示范县（市、区）开展初级卫生保健单项指标追踪评审，结果表明：萧山市仍然保持"初级卫生保健示范县（市）"称号。10月24～28日，中国南方农村改厕粪管讲习班在萧山举办，全国爱卫会、中国预防医学科学院和上海等9省（市、自治区）的50多名代表参加学习，并实地考察城厢镇犁头金村、长河镇（现属杭州市滨江区）汤家桥村的改厕粪管工作，为中国南方农村未来改厕粪管提供科学依据。全国爱卫办在讲习班上，决定将萧山市列为世界卫生组织中国南方改厕粪管示范县（市）。至12月，萧山推广"农村三格式节水型卫生户厕"（甲类卫生户厕）累计10242户。同月，杭州市科委组织的专家对萧山市推广的"农村三格式节水型卫生户厕"进行鉴定验收，认为达到省内领先、国内先进水平。1995年，全市实行村卫生室的行政、人事、技术、药品、财务、资料等一体化管理。1996年，杭州市开展以镇乡为单位的农村初级卫生保健达标工作，坎山、新湾、衙前、宁围、靖江等镇成为杭州市首批达标镇。是年，完成省和杭州市下达的与武义县和淳安县枫树岭镇初级卫生保健结对支援任务。1997年，市政府下发《关于萧山市农民合作医疗制度管理暂行办法的通知》。至2001年3月，全市有27个镇乡通过杭州市初级卫生保健委员会以镇乡为单位的初级卫生保健达标验收工作。

第七章 公共卫生

民国时期，萧山公共卫生管理薄弱，卫生设施落后，经常发生时疫。[①]

中华人民共和国成立后，贯彻"预防为主"的方针，公共卫生与除害防病工作同步进行。[②]80年代起，贯彻实施《中华人民共和国食品卫生法（试行）》《公共场所卫生管理条例》等一系列卫生法律法规，卫生行政部门和卫生防疫部门建立相应的卫生监督员队伍，食品卫生、饮用水卫生、职业卫生、放射卫生、公共场所卫生、学校卫生等监督监测工作依法全面展开。90年代以来，通过创建国家卫生城市，政府对公共卫生的投入增加，卫生设施得到改善，公众卫生意识增强，公共卫生水平提高。

第一节 食品卫生

1985年，萧山有县卫生监督员7名。县卫生局又在区卫办和镇乡卫生院聘任119名食品卫生检查员，初步形成县、区、镇乡三级食品卫生监督网络，并健全"镇乡初审、区复审、县会审"的三级预防性卫生审查制度，使新建、改建食品企业的建筑设施、工艺流程、车间卫生等条件，在开业前达到卫生要求。当年审查新开业的食品生产经营单位2135家。1986年，县卫生防疫站对食品生产经营户实行食品卫生知识考核制度，核发卫生知识培训合格证，对新开业的食品生产经营单位从业人员进行卫生知识培训。1987年，县卫生防疫站和各冷饮厂签订协议，实行冷饮食品卫生合同制。1988年，加强对酒类、卤味、冷饮等食品的卫生监管力度。1989年开始，推行食品从业人员健康检查分级管理和定点体检的新办法，由市卫生防疫站承担城厢镇及全市大型重点食品企业从业人员的体检工作，负责对基层体检点的审核，报卫生局批准。全市共设立体检点40个，占镇乡医疗单位数的59.70%。1986~1989年，举办各类食品从业人员卫生知识培训班212次，参加人员1.80万人次。1990年4月，市卫生防疫站和浙江广播电视大学萧山分校合作，对全市的1224名食品生产经营单位负责人进行培训，培训合格率达100%。1991年，市卫生防疫站设立专门培训室，负责对新上岗食品从业人员进行培训，有1.36万名食品从业人员参加卫生知识培训，合格率为99.96%；8月，市卫生防疫站报请市人民政府同意，销毁杭州钱江食品厂仓库内存放的55吨已潮解、结块、霉变、生虫的面粉，成为实施《中华人民共和国食品卫生法（试行）》以来首起由市人民政府批准的行政处罚案件。是年，市卫生防疫站开展对劣质酱油的专项整治工作，至1994年，共销毁劣质酱油9.66万千克。1992年，市卫生防疫站在饮食店推行电子消毒柜消毒餐具，并

① 民国17年（1928）冬起，萧山县政府筹设"卫生委员会"，规定每年夏、冬两季举行卫生运动大会。县政府责成警察局设卫生警，巡视督导卫生工作，但因地方财力不济，贯彻不力，收效甚微。

② 中华人民共和国成立初期，食品卫生工作列为爱国卫生运动的主要内容，由县公安局主管，设有2名卫生警，负责监督管理菜场、饮食店（摊）的卫生工作。1954年起，食品卫生工作由县人民政府卫生院兼行。1956年6月起，改由县卫生防疫站主管；7月，县人民委员会颁发《萧山县处理不洁饮食食品暂行办法》，对饮食店和摊贩以及制作、销售、贩运的食品、饮料、瓜果、禽蛋鱼肉的卫生质量作了明确规定，并赋予县卫生防疫站监督管理权，提出不洁食品处理范围和处理原则。1962年，开展以预防急性肠道传染病为中心的爱国卫生运动，实施卫生部、商业部颁发的《食品加工、销售、饮食卫生"五四"制》。1963年5月，县人民委员会颁发《萧山县饮食和服务行业卫生管理暂行办法》，加强饮食卫生监督管理。

1979年5月，县人民政府颁发《萧山县饮食服务行业卫生管理试行办法》，组织食品卫生检查、改善卫生设施和食品从业人员全面体检。1980年起，以冷饮食品卫生管理作为重点，加强产品卫生质量检测。1981年，境内10家冷饮食品厂相继建立检验室。1982年，对597家食品生产、加工、零售单位和集体食堂进行食品卫生检查，培训化验员23名，设置简易化验室23个，对1.3万余名从业人员进行健康检查，并加强对水产、酒类等食品的监测管理。

1983年7月，《中华人民共和国食品卫生法（试行）》正式实施，县卫生防疫站建立了食品卫生监督科，依法承担食品卫生监督工作，有计划地对境内外生产的冷食、饮料、熟肉及其制品、酱油、味精、豆制品、乳制品、蒸馏酒、配制酒、发酵酒、水产品、粮食、植物油、糕点、糖果蜜饯、酱腌菜、保健食品等进行卫生质量监测，同时对餐饮单位的餐具进行消毒效果监测。有331家食品生产经营单位建立卫生管理组织，有企业自身食品卫生管理员273名；建立检验室84个，培训检验员99名，仪器设备投资78万元。是年起，境内实行食品卫生许可证制度，当年为150余家食品生产经营单位和2900多户个体食品摊贩发放卫生许可证，对境内16137名从事食品生产经营的从业人员进行健康体检和发放《健康证》。1984年4月，县人民政府任命首批食品卫生监督员5名。是年，共抽检各类食品2249件，合格率为81.60%。

在城厢镇建立餐具消毒站，对全镇尚未落实餐具消毒的饮食店实行集中蒸气消毒。

1995年10月30日，《中华人民共和国食品卫生法》正式施行，将执法主体调整为县级以上卫生行政部门。是年，市人大、政协组织视察食品卫生工作7次，市卫生局聘任45名食品卫生监督员，卫生监督部门加大对食品卫生的监督处罚力度。1996年起，每年对已上岗的食品从业人员进行一次卫生法规和卫生知识复训。是年8月，市卫生局实行执法责任制度，规范食品卫生监督执法工作；并做好在市内举办的亚洲摔跤锦标赛的食品卫生安全保障工作。1997年5月，市卫生防疫站下发《关于加强酱腌菜加工自身卫生管理的通知》；7月，在义盛镇召开全市萝卜干生产企业食品卫生管理工作会议，并采用蹲点监督指导和控制关键危害点等方法，确保在市内举办的全国中学生田径运动会的食品卫生安全。1998年9月，结合国家卫生城市的复评要求，市卫生防疫站进一步细化食品生产经营单位卫生许可证的发证条件，明确规定经营点心店、饭店和副食品零售店等必须具备的面积、卫生设施和人员等具体要求；并加强城区食品生产经营单位的卫生监督管理，开展卫生监督检查，首次推行卫生不合格单位挂"黑旗"制度，有16家不符合卫生要求的单位被挂"黑旗"；10月上旬，对饼干生产企业、大型食品商场和专业饼干批发部展开检查，共查获3个批次80箱214千克非食用级"喷涂油"饼干，予以销毁处理；10月起，卫生、教育两部门联合开展一年两次的学校食堂卫生监督检查。1999年，市卫生防疫站成立6个食物中毒应急处理小分队，实行24小时值班，负责食物中毒等突发性事件的调查处理工作。1983年1月至2001年3月，萧山共发生食物中毒45起，中毒人数1050人，死亡1人。

图38-7-1007 市卫生防疫站工作人员检查食品卫生（1999年11月摄，区卫生局提供）

至2000年末，萧山有食品卫生监督员52人，其中专职14人。有食品生产经营单位12929家，食品从业人员27240人。1985～2000年，累计对2.60万家新开业的食品生产经营单位进行开业前预防性审查，并发放卫生许可证。市卫生防疫站累计培训食品从业人员17.28万人次、食品从业人员健康体检40余万人次，检出痢疾、伤寒、病毒性肝炎、活动性肺结核、化脓性或者渗出性皮肤病以及其他有碍食品卫生的"五病"患者4916人，均按规定调离工作岗位。累计监测各类食品10926件，合格9598件，合格率为87.85%。采集12118件餐具进行消毒效果监测，其中合格11346件，合格率为93.63%。执行行政处罚4104起，罚没款累计188.64万元；销毁伪劣食品329401千克；取缔无证食品生产经营单位2974家次，吊销卫生许可证2家。

表38-7-675 1985～2000年萧山食品从业人员体检情况

单位：人

年份	应检	实检	体检率(%)	检出"五病"	检出率(%)	年份	应检	实检	体检率(%)	检出"五病"	检出率(%)
1985	23063	22526	97.67	486	2.16	1993	29734	29488	99.17	150	0.51
1986	17068	16794	98.39	568	3.38	1994	29271	29074	99.33	175	0.60
1987	25315	24976	98.66	312	1.25	1995	29338	29294	99.85	184	0.63
1988	27693	27281	98.51	695	2.55	1996	27932	27880	99.81	178	0.64
1989	28657	28207	98.43	870	3.08	1997	27589	27437	99.45	95	0.35
1990	26979	26602	98.60	351	1.32	1998	30314	30269	99.85	175	0.58
1991	25286	25022	98.96	294	1.17	1999	23363	23337	99.89	137	0.59
1992	26054	25887	99.36	152	0.59	2000	25610	25584	99.90	94	0.37

表38-7-676　1985～2000年萧山食品卫生与餐具消毒检测情况

单位：件

年份	食品卫生检测			餐具消毒效果检测			年份	食品卫生检测			餐具消毒效果检测		
	采样	合格	合格率（%）	采样	合格	合格率（%）		采样	合格	合格率（%）	采样	合格	合格率（%）
1985	1626	1487	91.45	1088	1061	97.52	1993	654	582	88.99	120	114	95.00
1986	510	305	59.80	60	31	51.67	1994	519	483	93.06	98	94	95.92
1987	516	406	78.68	87	69	79.31	1995	748	705	94.25	249	239	95.98
1988	442	327	73.98	70	54	77.14	1996	537	499	92.92	1583	1461	92.29
1989	337	287	85.16	206	165	80.10	1997	673	621	92.27	1107	1102	99.55
1990	319	261	81.81	154	139	90.26	1998	890	822	92.36	1713	1517	88.56
1991	752	640	85.11	123	116	94.31	1999	949	866	91.25	2519	2250	89.32
1992	578	507	87.72	125	118	94.40	2000	876	800	91.32	2816	2516	89.35

第二节　饮用水卫生

1984年底以前，萧山饮用水卫生质量的日常检测工作仅在萧山自来水厂开展。1985年起，县城建局、县卫生防疫站、县环保办公室（后为环保局）联合组织对萧山自来水厂和镇级自来水厂进行一年一度的自来水卫生质量监督检查。县卫生防疫站对城厢、临浦、瓜沥3镇自来水末梢水的卫生质量开展定点、定时、定项目检测。是年，共采集水样115件，检测460个项次，其中合格341个项次，合格率为74.10%。1986年，县卫生防疫站对新建的义桥、戴村、尖山、闻堰、党山5镇的自来水厂开展水质卫生检测，项目总合格率为56.50%。是年起，每年在丰水期和枯水期，由县卫生防疫站对萧山第一自来水厂以及瓜沥、临浦镇自来水厂的水源水和出厂水进行水质全分析。1987年起，每年对镇级自来水厂的末梢水卫生质量开展检测，1987～1994年，共计采集水样1432件，检测5834个项次，合格率为67.70%。1994年后，市卫生防疫站重点对镇级自来水厂的消毒和检验工作加强监督管理。1997年起，开始实行集中式供水单位卫生许可证制度，是年，市卫生局向萧山第一、第二、第三自来水厂以及瓜沥等5家镇自来水厂核发卫生许可证。1998年起，市卫生防疫站将城区的末梢水水质监测点从5个增加到10个，每月采样检测浊度、色度、锰、游离余氯、细菌总数、总大肠菌群等项目，至2000年底，共检测样品510件，总合格率为98.04%。1999～2000年，市卫生防疫站还对市内72个农村简易自来水站的水质进行一次全面调查，发现普遍存在水源不足、水处理工艺简单、抗污染能力弱以及浊度、细菌总数和总大肠菌群严重超标等问题。丰、枯水期检测项目总合格率分别为49.13%和56.31%。

第三节　职业卫生

1954年，萧山实施职业卫生管理，县人民政府卫生防疫股配备职业卫生专职人员，与劳动部门、工会共同负责工业卫生的监督检查，开展防暑降温、防寒保温及职业病的防治工作。60年代，开始对接触粉尘的工人开展尘肺病检查。1972年，县卫生防疫站开始对粉尘、苯及铅作业点进行检测和评价。1978年，县卫生防疫站设立劳动卫生科。1983年，县内103家省、市、县属企业和949家乡镇企业全面建立劳动卫生档案。1985年，检测208个作业点，合格率为29.81%。1987年12月3日起，依据《尘肺病防治条例》，对尘肺病防治进行管理。1988年，市卫生防疫站开设职业病门诊，开展劳动卫生监督监测、预防农药中毒及职业病防治工作。1989年，市卫生防疫站设计出一种新的保温式通风防护罩，用于制鞋工艺中预防苯中毒，在浙江工艺鞋厂、东风工艺鞋厂试点，取得良好效果。1990年，萧山被列为农业部、卫生部《乡镇工业职业卫生需求与对策研究》调研项目的试点县（市）。市卫生防疫站组成调查组，共调查镇、村及个体工业企业2695家，有1931家存在各类职业病危害，占71.65%；有15.48万名生产工人，接触各类职业病危害的占41.46%。1992年，对市属及乡镇企业重新建立劳动卫生档案。1993年4月6日，市卫生局、劳动局联合颁发《关于萧山市工业企业劳动卫生有关规定的通知》，进一步明确劳动卫生管理的工作要求。是年，劳动卫生档案建档对象扩大到村级企业，全市2131家工业企业建立劳动卫生档案，建档企业占全市企业总数的90%。1985～1994年，全市（县）体检接触粉尘的工人累计37151人次，检出尘肺病人25例，检出率为0.07%，前3位尘肺病种是矽肺、陶工尘肺和水泥工尘肺，涉及的行业主要有石料开采、陶瓷品生产和水泥制造业。体检接触苯、铅、汞、铬、氯乙烯等化学毒物的作业工人累计19184人次，发生职业中毒77例，其中硫化氢中毒死亡2例。据统计，前3位职业中毒病种是苯、硫化氢和铅中毒，主要涉及工艺鞋加工、造纸、蓄电池生产以及染料、颜料化工行业。1995年，检测1153个作业点，合格率为62.27%。1998年，市内首次发现2例噪声性耳聋职业病人；8月25日，开展贯彻执行《杭州市职业病卫生防治办法》宣传活动，市卫生防疫站印发法规和宣传资料各2000册，举办培训班5期，参训500余人。1995～2000年，体检接触粉尘工人累计16843人次，新发尘肺13例，检出率0.08%，据统计，前3位尘肺病种是矽肺、水泥工尘肺和陶工尘肺，涉及的行业仍然以石料开采、水泥制造和陶瓷品生产为主。体检接触化学毒物工人累计6403人次，发生职业中毒42例，无死亡。2000年，检测2230个作业点，合格率为72.15%。是年5月，萧山蔡伦造纸厂在冲洗纸浆池时，造成5人硫化氢中毒；8月，戴村供销社塑料厂使用毒性高的混苯作清洗剂，导致8名工人苯中毒，其中重度2人、轻度6人。是年，针对上述2起职业中毒事故，组织对化工、造纸、制鞋、喷彩印等企业的职业卫生监督检查，并将检查结果和职业中毒事故通报全市。市卫生防疫站重点管理的482家职业病危害较严重的工业企业中，共有职工82229人，接触有害因素的工人占27.11%。在职业健康体检中确诊的职业病人都进行及时治疗，并按规定调离原工作岗位，对查出的职业观察对象也定期复查或调离岗位，减少职业病的发生。2001年3月，对萧山经济技术开发区95家企业进行职业卫生工作检查，发现有59家企业存在职业病危害，接触工人占21.66%。

1985～2000年，检测职业病危害作业点累计19791个。1998年8月至2000年末，有423家企业申请办理《职业卫生审核登记证》，共有职工72904人，其中接触有害因素的职工占23.96%。至2001年3月，市卫生防疫站能检测的职业病危害项目有粉尘类8项、化学毒物类39项、物理因素类4项，确诊尘肺病人59例。

表38-7-677　1985～2000年萧山职业健康体检情况

单位：人

年份	接触粉尘工人			接触化学毒物工人		
	体检	体检率(%)	尘肺	体检	体检率(%)	职业中毒
1985	1331	20.58	2	1024	18.29	15
1986	2878	43.42	7	1582	58.99	16
1987	2574	14.06	2	1067	20.83	8
1988	11765	60.06	4	2901	44.50	1
1989	2235	11.67	0	5203	97.12	6
1990	2535	21.16	1	1729	62.35	10
1991	3303	46.85	4	1776	59.48	0
1992	3040	34.03	2	2304	65.53	0
1993	4145	43.33	3	669	20.37	13
1994	3345	35.12	0	929	28.33	8
1995	3826	40.88	2	1734	51.64	12
1996	2710	31.70	2	1015	32.27	4
1997	3959	63.28	3	697	29.47	2
1998	1869	69.84	3	1073	87.74	6
1999	3342	65.44	2	732	35.35	5
2000	1137	30.51	1	1152	41.19	13

表38-7-678　1985~2000年萧山职业病危害监测情况

单位：个

年份	总监测点		粉尘监测点		化学毒物监测点		物理因素监测点	
	数量	合格率（%）	数量	合格率（%）	数量	合格率（%）	数量	合格率（%）
1985	208	29.81	126	24.39	79	36.71	3	0.00
1986	639	37.40	244	38.93	274	51.82	121	16.50
1987	521	50.67	270	45.19	218	63.30	33	12.12
1988	995	56.78	261	45.59	632	67.41	12	19.61
1989	1489	28.81	299	63.21	320	45.31	870	10.92
1990	2012	59.09	523	59.08	264	76.52	1225	55.35
1991	858	65.97	320	49.69	229	77.29	309	74.43
1992	911	61.03	357	61.06	254	66.93	300	56.00
1993	786	55.09	380	59.21	175	7371	231	34.20
1994	1315	48.75	553	58.95	195	73.85	567	30.16
1995	1153	62.27	608	56.74	314	79.62	231	53.25
1996	1298	55.93	648	65.43	363	48.48	287	43.90
1997	1540	62.79	822	63.50	289	85.81	429	45.92
1998	17499	71.76	666	71.62	734	86.51	349	40.97
1999	2087	74.03	776	78.61	810	86.17	501	47.31
2000	2230	72.15	645	72.09	961	86.80	624	49.52

第四节　放射卫生

　　1983年，开始对放射卫生进行管理。1985年，县卫生防疫站选择放射监测点26个，测定结果：萧山天然辐射外照射致居民年有效剂量当量（宇宙射线和地球 γ 辐射的总和）为0.922mSv（全国平均水平为0.857mSv）；居室内放射性氡是居民接受内照射可能造成身体危害的主要放射性同位素，居民居室内氡浓度平均为15.7Bq·m−3（全国平均水平为24Bq·m−3）。1986~2000年，重点对医院和工厂的放射卫生进行监督和监测。

医院放射卫生

　　1988年，市卫生防疫站开始进行医用诊断X线机及其机房的放射防护检测工作，并建立放射工作单位档案。1989年，全面开展放射卫生监督工作。对7家医院的12台X线机进行放射防护监测，每年按一定比例抽查。开始对直属医院29名放射工作人员发放监测元件（TLD），进行X线个人累积剂量监测，未发现超标。1991年，市属医疗卫生单位共有X线机25台，有医用放射工作人员107人。是年6月，市卫生防疫站对全市65家卫生院放射科的机房面积、机房防护、X线装备和放射工作人员个人防护用品等进行全面的检查和监测，对符合放射卫生要求的56家医疗卫生单位核发《医用X线使用许可证》。是年起，医用诊断放射工作单位档案每年复核一次。1993年8月至1994年底，依据《浙江省射线装置工作许可证发放管理办法》，对符合要求的56家医疗卫生单位重新核发《射线装置工作许可证》。1995年，完成34台医用X线机和放射室外环境的X线辐射监测，监测率为40.20%；全市60家医院X线机房，有59家已达到国家卫生标准，发放《射线装置工作许可证》；为29名应体检的放射工作人员进行职业性体检，对新上岗及原射线超标的15名工作人员开展一年6次的个人剂量元件测试，以保障放射人员的身体健康。

　　1991~2000年，市内医疗卫生单位共有螺旋CT机6台、医用X线诊断机334台，放射工作人员156

人。市卫生防疫站累计监测测试点总数为3167个，合格率为83.99%；累计监测个人累积剂量678人次，检出超标者8例；累计体检642人次，查出异常67人次，未发现放射性职业病。

工厂放射卫生

1986年，县卫生防疫站开展工业探伤X线防护工作，对杭州齿轮箱厂、杭州发电设备厂、义桥之江船厂工作场所进行放射剂量监测，均在标准范围之内。1990年，对萧山化工厂、萧山第二化肥厂、萧山第四化工厂、萧山磷肥厂、萧山精细化工厂进行磷肥放射监测，结果均在500Bq.Kg-1的卫生标准以下，由省卫生防疫站向合格工厂发放卫生许可证。1996年1月，市卫生防疫站首次采集16家水泥厂18个不同标号的水泥样品送省卫生防疫站放射卫生监督检测所检测，检测结果除萧山冶金特种水泥厂标号为425号的水泥样品的放射性核素比活度超过国家卫生标准外，其余17个样品均为合格。2000年，将管理内容扩大到放射性同位素装置。12月，市卫生防疫站、市公安局联合对9家水泥厂的41枚密封型放射源的安全防护情况进行专项检查，发现少数单位擅自安装使用放射源、放射源存放场所无防盗设施和放射性标志，立即进行处理防护，加强督促管理力度。

第五节　公共场所卫生

1985年，县卫生防疫站在城厢、瓜沥、临浦、坎山、西兴5镇开展服务性行业卫生基本情况调查，完成13家旅馆、4家理发室、1家浴室、6家影剧院的调查建档工作。1986年，扩展至24个建制镇，全年共建档245家，并首次对城厢镇的3家影剧院进行空气质量和微小气候监测，监测项目为二氧化碳、细菌总数和致病性溶血性链球菌，设监测点18个，监测项次90个，监测合格率为100%。1987年4月，《公共场所卫生管理条例》颁布实施后，开始依法管理公共场所卫生，严格进行公共场所的开业前审核。是年，发放公共场所卫生许可证596家；体检公共场所从业人员1454人，体检率为76.80%，查出患有"五病"人员30人。1991年起，每年对全市公共场所经营单位至少监督检查1次以上。重点为旅店业、理发美容业的公共用品用具消毒工作。每逢春节、"五一"、国庆等节日，均组织全市性的公共场所卫生检查，夏天和冬天分别针对游泳池和公共浴室开展专项检查；在大型活动开展前，对宾馆饭店、娱乐场所进行突击检查；卫生城市大检查前夕，对城区公共场所进行地毯式检查。1999年，市卫生防疫站开展公共场所卫生全项目监测，包括发放卫生许可证前的监测，监测范围

表38-7-679　1987～2000年
萧山公共场所卫生监督监测及从业人员体检情况

年份	卫生监督监测				从业人员体检				
	监督检查（户）	处罚（户）	监测项次	监测合格率（%）	应体检（人）	实体检（人）	体检率（%）	检出病（人）	检出率（%）
1987	596	4	7236	85.89	1894	1454	76.77	30	2.06
1988	267	53	1316	74.62	2694	2535	94.10	75	2.96
1989	280	55	514	65.18	2681	2619	97.68	91	3.47
1990	1813	117	540	71.11	4368	4347	99.52	110	2.53
1991	1013	22	576	91.10	3563	3525	98.93	16	0.45
1992	1227	16	1302	92.24	2483	2453	98.79	4	0.16
1993	1093	26	612	94.28	3221	3180	98.73	8	0.25
1994	1335	15	442	95.70	4084	4073	99.73	3	0.07
1995	1172	23	503	95.83	4157	4154	99.93	3	0.07
1996	1198	13	1193	96.23	3906	3906	100.00	0	0.00
1997	1318	8	6376	91.58	4719	4719	100.00	6	0.13
1998	1648	2	2691	95.21	4612	4609	99.93	23	0.50
1999	1519	0	6831	96.71	5768	5765	99.95	28	0.49
2000	2024	2	6002	95.87	5360	5360	100.00	21	0.39

从城区扩大到农村。至2001年3月底，全市有旅店、理发美容、公共浴室、影剧院、体育场（馆）、商场、候诊室7大类2162家公共场所单位领取卫生许可证。

1987年4月至2001年3月，共监督检查公共场所经营单位16503家次，对356家违反《公共场所卫生管理条例》的公共场所经营单位实施行政处罚。监测各类公共场所卫生样品29621项次，合格27438项次，平均合格率为92.63%；公共场所从业人员健康体检累计52699人次，体检率为98.48%，共检出患有"五病"人员418人，平均检出率为0.79%，均按规定调离直接为顾客服务的岗位。

第六节　学校卫生

1979年，萧山贯彻卫生部《中小学卫生工作暂行规定（草案）》，学校卫生工作全面开展，部分中学配备校卫生室、校医，大部分学校配有保健老师，设保健箱。至2000年，全市有校医15人、保健医师120人。

卫生监督检测

1985年，县卫生防疫部门在13所学校开展学生学习环境等卫生监督检测工作，以后每年监督检测全市（县）5%～10%的学校。1986年，省教委、省卫生防疫站在体育路小学开设卫生课试点。是年，学生健康体检和常见病防治扩大到镇乡以上中心学校，并建立一人一卡的学生健康档案。1987年起，学生健康体检由6区1镇卫生办公室组织力量，统一时间、项目和标准后分区开展，县卫生防疫部门负责培训和技术指导。1992年，全市中小学普遍开设卫生课。是年，根据卫生部颁发的学校卫生监督内容和标准，对全市学校卫生工作进行检查，存在的主要问题是课桌椅不配套和少数学校食堂卫生差。市教育主管部门即责成有关学校进行整改。

眼病防治

1984～1985年，县卫生防疫部门向学生免费提供"解痉"眼药水、4%麦德林眼药水共2.80万支，并配合激光仪、小孔眼镜等方法开展近视眼矫治。1991年，市卫生防疫部门选择西兴小学、裘江小学和临浦镇中心小学为近视眼矫治观察点，使用五孔眼镜和双星明眼药水治疗近视眼。1998年，市卫生防疫部门抽样调查8所学校243名学生所戴的眼镜，卫生质量不合格率高达32.10%。1999年，市卫生防疫部门与省卫生防疫部门合作，在萧山中学、回澜初中、体育路小学进行"好视觉"滴眼液治疗近视眼的试点工作。

服药驱虫

1986年，全县有59所学校4.08万名学生统一服用左旋咪唑驱除肠道寄生虫，以后每年10月、11月在全市（县）中小学生中集体服药驱虫。1996年，市卫生防疫部门开展《学生集体驱虫频次与效果关系探讨》的研究，发现学生的肠道寄生虫、蛔虫感染率已分别降至10.25%、3.18%。后，学校实施间隔1～2年驱虫的新方案。1986～2000年，全市（县）学生累计服药驱虫40余万人次。2000年后，学校停止集体驱虫。

灭虱爱牙

1987年经调查，学生头虱的寄生率高达65.93%，农村、城区学生分别为68.92%、12.39%，经高效灭虱剂治疗，有效率达85%。此后4年，每年均在学生中集体防治头虱。1991年，经复查，学生头虱寄生率已降至2.60%。1989年起，每年的"爱牙日"，全市以学校为重点，开展保护牙齿的宣传活动。

第八章　爱国卫生

萧山民间向来有传统卫生习俗。[1]中华人民共和国成立后，在爱国卫生运动推动下，着重治理环境卫生，实施农村改水、改厕，开展"四害"消杀和健康教育等，使城乡卫生面貌逐步得到改善。[2]90年代初开展创建卫生城市、卫生镇乡（场）和卫生村（单位）的活动后，城乡卫生面貌发生巨变。1990年10月22日，萧山被全国爱国卫生运动委员会命名为"全国十佳卫生城市（县级市）"。

第一节　环境卫生

1984年，城厢、临浦、瓜沥3镇开始推行"门前三包"[3]制度，并发动132个单位治理环境脏、乱、差。

1986年3月，环境卫生重点落实"门前三包"责任制，城厢镇沿街单位配备108名专职管理员，每天检查，按月公布，奖罚分明。1987年7月1日起，城厢镇开展"三优四禁"[4]活动。1988年，在顺坝围垦建成占地面积67亩（约44666.89平方米）的垃圾处理场（1996年增加到117亩，约78000.39平方米），修缮垃圾水运码头，购置推土机、运输船、汽车等环境卫生专用设备。1990年4月，城厢镇清除西片地区城郊接壤地带垃圾500多吨，被评为全省卫生百件好事之一。8月，突击封闭城区658只楼幢直通式垃圾箱，17只垃圾箱全部换上水磨石垃圾箱，并在居民住宅区和非主要街道增设垃圾收集房，在道路两侧设置果壳箱。对城区的道路、人行道、下水道、窨井全面进行整修。1991～1993年，每年4月，城厢镇都开展"爱国卫生月"活动，重点解决城区道路两边堆积物和违章建筑。1993年10月，省城市市政管理和环境综合整治考核组对城区的市政管理和环境综合整治进行考核验收，得分获全省县级市第一名。1994年，对7条总长6200多米的城区河道进行全面疏浚和清污，清污总量5.80万立方米；对城区道路、人行道及下水管网再次进行全面整修；在城区周边设置垃圾收集房（箱）300只，由市环卫处按城市垃圾箱要求进行管理，提高城区垃圾无害化的处理水平。1996年2月1日，城区全面推行生活垃圾袋装收集管理，并加强"门前三包"责任制；3月起，实行机关干部每月参加一天的卫生义务劳动制度。1998年，开展局（机关）居（委会）共创卫生城市活动，机关干部定期到结对居委会参加卫生义务劳动。推行市容卫生"路段长"责任制，在全市重大活动和节庆日前后，各"路段长"单位都能按照市政府的统一部署，协助市城建管理监察部门，向沿街商家和单位作市容环境卫生宣传，协助搞好"门前三包"，定期开展督促检查等。是年，设立城市卫生投诉电话，

① 详见《民俗》编之《生活习俗》章。

② 1952年4月，萧山发起以反对美帝细菌战为目的的爱国卫生运动，开展卫生宣传，并以扑灭苍蝇、老鼠、蚊子、虱、臭虫"五害"和实行饮水食物净、身体衣服净、家具房屋庭院净、厨房厕所阴沟净、牛栏猪圈鸡舍净为内容的"五净"爱国卫生运动，治理环境卫生。1953年，县爱国卫生运动委员会成立。1958年以后，城厢镇人民委员会先后颁发《环境卫生管理暂行条例》《关于粪便统一管理的意见》，全县集镇环境卫生逐步走向规范化。

1981年10月，县人民政府颁发《城镇卫生管理条例（试行草案）》，治理环境的"脏、乱、差"。1982年，各镇建立、健全14个环境卫生机构，专业环境卫生队伍发展到240人。新增痰盂、果壳箱等卫生设施1863处，新建公厕407座。1983年起，开展争创"文明一条街"、"文明单位"活动。

③ 门前三包：包卫生、包绿化、包秩序。

④ 三优四禁：优质服务、优良秩序、优美环境；禁止随地吐痰、禁止乱倒垃圾、禁止乱丢果皮纸屑、禁止家庭养狗和散放家禽。

市爱国卫生运动委员会办公室对所接到的300多个投诉电话逐个进行登记，派员调查核实，协调有关部门及时处理解决。1999年，市政府确定为"环境综合整治年"，发出"洁美家园"、大力开展农村爱国卫生的动员令，临浦、许贤、闻堰等镇乡还出动巡回宣传车下村宣传。是年，全市34个镇乡场建立38个垃圾填埋场（处），初步解决镇、村垃圾处理这一难题。镇乡（城厢镇不计入内）集镇环卫人员平均达到15人，村环卫保洁人员达到1585人。2000年，进一步开展"洁美家园"活动，城乡环境卫生面貌得到进一步改观。

第二节 改水改厕

旧时，萧山民众饮用水多不卫生。①中华人民共和国成立后，人民政府重视饮水卫生，采取多种措施，使饮用水卫生状况逐渐改善。②

80年代初，全县开始抓改水工作。③1985年起，农村改水工作出现高潮，至1988年底，共建造自来水站185座，自来水受益人口增至29.80万人。1989年，市人民政府作出"西水东调"的改水决策，以当时已建成投产的第二自来水厂为供水单位，向东北片沙地区延伸管网，解决市内部分棉麻地区"安全卫生水"的问题。1990年，省爱国卫生运动委员会、省财政厅批准萧山第二自来水厂管道延伸工程列入世界银行增益贷款项目。1991年12月底，"西水东调"工程第一期工程竣工，铺设各种口径的自来水管道838.50千米。第一期工程有6个镇乡、54个村、2.47万户、8.65万人受益。1993年10月，"西水东调"第二期工程开始实施。是年，还实施城南地区100余个村改水工程，埋设主管道173千米，受益人口9万余人。1994年，浦沿联合自来水厂被全国爱国卫生运动委员会、卫生部评为"全国农村先进水厂"，闻堰水厂、义桥水厂、新联水厂被评为"省先进农村水厂"。1995年，全市有镇乡级自来水厂12座、村自来水厂（延伸站）485座，农村自来水受益人口76.93万人，受益率为71.23%。2000年，市第三自来水厂第一期工程供水，"西水东调"工程主管道已延伸到东片绝大部分镇乡的村，南阳、河庄等镇已入管到户。是年，市内有自来水厂（站）93个，农村自来水受益人口80.25万人，受益率为80.06%。

中华人民共和国成立前，萧山城乡尤其是农村旧式粪厕（露天粪坑）遍地，卫生状况脏、乱、差。中华人民共和国成立后，粪管改厕工作逐步展开。④80年代中期开始，城镇居民住宅在建造时均建有水冲式卫生厕所，粪便液经三格化粪池无害化处理后，统一排入城镇污水管道。大小集镇除增建公共厕所数量外，加强

①旧时，萧山城乡广大民众多数饮用江、河、塘（池）水，水质差，只有少量石砌水井。中华人民共和国成立时，境内有水井455口，但年久失修，无人管理，污染严重，常常导致时疫流行，危害生命。

②50年代初，农村提倡分塘分段用水，依据江河流向，分为上、中、下三段，上段为饮水、中段为用水，下段为洗涤污物水。池塘也分饮水塘、用水塘和污水塘，塘边竖有标记。有的还订有饮用水公约。城镇提倡饮用井水，修理井台、井栏，加盖保护水源。有条件的集镇和村坊也打水井，以大口井公用为主。1959年7月，城厢镇在西山二坞，以湘湖为水源，建造日产2万吨的自来水厂。1962年12月，开展简易供水，后逐步扩建。到1984年，可供城厢镇和近郊5个镇乡的工业、生活用水。沙地农村，水源少，水质差，加之每年8~10月浸麻，水质发黑，臭不可闻。各级政府发动群众、组织力量，开展打井。瓜沥、义蓬等沙地地区以红砖为主要材料，推广河塘（池）边井、普通砖井及灶边井、手压井、水泥涵管井等，至70年代初，境内共打各种类型水井1662口。

1978年，甘露公社卫生院在总结群众打井经验的基础上，创造水泥结构的"汤锅井"（形似汤锅），上下小、中间大，直径79厘米~80厘米，深不过3.50米。具有水量足、水质较好、造价低（每口30元左右）、使用方便等特点，适合沙地地区群众要求。经多次改进，1980年起在沙地地区推广，1982年出现高潮，1年中共打井2.80万口。1981年底，农村开始建造自来水站，在城南公社溪头黄、义桥公社金山，许贤公社勤丰、浦阳公社横江俞大队进行试点，并逐步推广。

③1982年，县人大常委会把改水工作列为民办十件好事的头一件大事，采取政府补助、集体为主、个人出钱的办法，推进农村改水工作。到1984年底，累计打各种类型水井6.30万口，井水受益人口57万人。共建各种类型自来水站79座，投资319万元，自来水受益人口14.50万人。

④1952年，全县开展粪管工作。先在姜片虫病、血吸虫病流行区和大小集镇街道开展，逐步推广全县。重点将粪缸迁离路旁、河塘（池）边，集中加盖遮阴，并在集镇建造公共厕所。1958年，对血吸虫病流行地区进化、桃源、城山、永兴、戴村、大桥、河上、楼塔8个镇乡实行粪管。由于技术标准较低，实际效果不大。后，各集镇相继成立环境卫生管理所，统一管理当地人粪，取缔私人粪缸，集中贮存粪便，定期出粪，杀蛆灭虫，增建公共厕所，设置专职粪管员等。1962年，城厢镇人民委员会颁发《关于粪便统一管理的意见》，用制度的形式将粪管工作固定下来。是年，城厢镇环境卫生管理所建造两只无害化粪池。"文化大革命"期间，粪管工作遭受严重破坏，境内集镇街道粪缸骤增，血吸虫病流行区的粪管亦趋瘫痪。70年代后期至80年代初，粪管工作除加强粪便统一管理外，在81个生产大队454个生产队中建造无害化三格化粪池589只、轮封池38只、贮粪池230只、公共厕所116座，培训粪管员507人。各集镇的粪便收集运输做到车子化，但农村的粪便无害化处理还未解决。

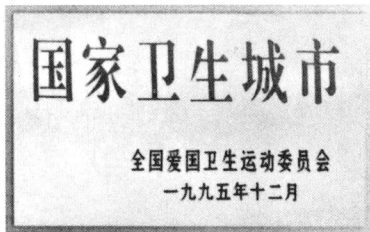

图38-8-1008 国家卫生城市奖牌
（1996年摄，区卫生局提供）

①1952年4月，境内开展以扑灭"五害"（指苍蝇、蚊子、老鼠、跳蚤、臭虫）为中心的治害灭病工作。1958年初，成立以县委书记刘志民为总指挥的县除"四害"（指苍蝇、蚊子、老鼠、蟑螂）指挥部，下设办公室。是年12月，县委、县人委联合发出《今冬明春除四害讲卫生消灭九病的意见》，要求在1959年"五一"节前基本除尽五害（指苍蝇、蚊子、老鼠、麻雀、钉螺），消灭九病（指血吸虫病、钩虫病、丝虫病、疟疾、天花、鼠疫、性病、新生儿破伤风、姜片虫病），调整健全县除害灭病领导小组。60年代，开展大面积灭鼠保粮活动。1965年，城厢镇开展以消灭"四害"为中心的环境大扫除和室内大清洁活动。70年代，开展以灭蚊防疟为重点的治害灭病工作。80年代，在出血热流行的南片地区开展以灭黑线姬鼠和褐家鼠为重点的治害防病工作。

公共厕所改造，厕所内要求无粪迹、无臭味、无蝇蛆，粪便液经三格式化粪池无害化处理后排放。1984年起，配合开展农村初级卫生保健，把粪管改厕列为难点重点工作来抓。1989年6月起，市爱国卫生办公室负责对"三格式卫生户厕"进行技术改造。经市卫生防疫站对三格化粪池的粪液监测检验，寄生虫卵存活率、大肠菌群指数、氨氮等主要监测项目基本达到国家《粪便无害化卫生标准》。7月，在城山乡席家村进行三格式节水型卫生户厕的试点。9～12月，市卫生局组织力量对境内粪管改厕工作进行全面调查，全市66个镇乡（不含城厢镇）有粪坑26.50万只，其中露天粪坑占20%。是年，城厢镇新建和改建23只公共厕所，使水冲式厕所达到80%；新建和维修化粪池10只。1990年10月，全国爱国卫生运动委员会办公室确定萧山市为全国农村10个改厕粪管试点之一。下半年，各镇乡均设三格式卫生户厕的试点村，并有600多个村设试点户。12月，世界卫生组织顾问马赞达博士等专家赴萧山对农村改厕工作进行实地考察。"萧山农村节水型卫生户厕推广应用研究"被列为杭州市星火项目，1994年获杭州市医药卫生科技进步二等奖。1994年10月下旬，受全国爱卫会和省爱卫会的委托，在萧山举办"浙江·中国南方改厕粪管讲习班"。至11月底，全市已建造三格式节水型卫生户厕1.02万户，其中城厢镇犁头金村、进化镇马家垫村、许贤乡潘山村、所前镇钱家湾村等卫生户厕的普及率达90%以上。1995年，全市农村改厕以清除露天粪坑和建设公共厕所为主要内容，并继续推广卫生户厕，改厕率达到25%左右，市爱卫办开展的农村住宅粪便集中排放处理试点工作初见成效。1996年，全市农村新建卫生厕所近万户，改厕率比上年增加6%。1998年，城厢镇在城郊接合处拆除568只露天粪坑，新建公共厕所29座。1999年，有70多个村建造水冲式卫生户厕，共建无害化公共厕所786座，拆除露天粪缸14500只。2000年，全市农村拆除露天粪缸、棚厕10668只，新建公厕472座、卫生户厕2651只，新建房三格式无害化配套率达95.35%。

第三节 "四害"消杀

50年代初，萧山开展除害灭病工作。①1985年起，每年坚持大面积药物灭鼠。是年秋季，在54个镇乡开展灭鼠，共配制毒饵6万千克，灭鼠农田50万亩（约33333.50万平方米），室内灭鼠20多万户，经测定，鼠密度从灭前的8.33%下降到灭后的3.33%。1986年，95%的农户和70%的农田投放灭鼠药物，春、秋两季灭鼠用去敌鼠钠盐114.50千克、磷化锌1143千克，经测定，鼠密度春季由灭前的8.64%下降到灭后的2.36%，秋季由灭前的14.50%下降到灭后的3.73%。是年8月，在城厢镇的所有单位和居民户中开展大规模的灭蟑活动，投放灭蟑药33万余片，使蟑螂密度指数由灭前的10.48%下降到灭后的1.38%。1988年夏、秋季，城厢镇开展药物灭蟑螂活动，投放灭蟑片30多万片。瓜沥镇成立有12人组成的专业消杀队伍，常年负责灭蚊灭蝇工作。11月，市政府拨出灭鼠专项经费1.50万元，各镇乡集资5万多元，在城厢、瓜沥、临浦主要集镇重点开展，同时开展的还有靖江、大桥、大庄、浦阳等流行性出血热高发的镇乡。是年，分级培训灭鼠专业人员和投药员1100多人，印发宣传资料3.50万份，观察点的鼠密度从灭前的38%（粉迹法测定）下降到灭后的4.30%，灭鼠率为88.80%。1989年，春、秋两季在25个建制镇和8个流行性出血热高发乡全面开展灭鼠活动，11月上旬全面投药，观察点的鼠密度从灭前的17.13%（粉迹法测定）下降到灭后的3%。进入90年代，"四害"（苍蝇、蚊子、老鼠、蟑螂）消杀工作成为爱国卫生工作的重要内容。1990年，城厢镇被杭州市爱卫会命名为"灭鼠先进城区"。1992年，城厢镇被杭州市爱卫会命名为"无臭虫先进城区"。1993年7～9月，在城区连续开展3次大规模突击灭蝇周活动，城区蝇密度大为降低。1994年8月，被杭州市爱卫会命名为"灭蝇先进城区"。2000年春、秋两季，全市投放鼠药1.60万千克，靖江、河庄、新湾、党湾、云石5个镇乡成为市级"灭鼠先进镇乡"；瓜沥、临浦、义桥和红山农场被授予"灭蟑螂先进镇（场）"。

第四节　创卫活动

1984年，开始创建卫生先进单位活动。是年，钱江农场、红山农场五分场、浙江包装材料厂被评为首批杭州市卫生先进单位。1985～1991年，又有71个单位被评为杭州市卫生先进单位。1990年，开始创建卫生城市活动。是年，在第一次全国城市卫生检查中，萧山获"全国十佳卫生城市（县级市）"称号。1991年，萧山被评为浙江省首批省级卫生城市。是年8月22日，市政府提出巩固"全国十佳卫生城市"成果，争取1995年跨入国家级卫生城市行列的奋斗目标。1992年起，在第二次全国城市卫生检查中，萧山再次获"全国十佳卫生城市（县级市）"称号。是年，各建制镇开展创建卫生城镇活动。1994年，市政府把创卫活动列为全年要办的10件大事之一。1995年初，市政府与各部门和有关单位签订《创建国家卫生城市目标管理责任书》。5月，萧山通过全国爱卫办组织的国家卫生城市专家调研；9月，在全国第三次城市卫生检查评比中名列浙江省县级市第一名；11月，通过国家卫生城市考核鉴定；12月，被全国爱卫会命名为国家卫生城市。1996年，市政府发出《关于在全市广泛开展创建卫生镇活动的通知》，市爱卫会制定《萧山市创建卫生村检查考核标准实施办法》。至2001年3月，先后有18个镇乡跻身卫生镇行列，其中瓜沥镇、浦沿镇、宁围镇、临浦镇、义桥镇、红山农场6个镇（场）为省卫生镇（场），党山镇等6个镇乡为杭州市卫生镇乡，南阳镇等6个镇乡为萧山市卫生镇乡。

第五节　健康教育

1982年，县卫生防疫站成立卫生宣教科（1989年起更名健康教育科），并配备专职人员。同时，以区卫生联络组、镇乡卫生院防疫医生为基础，吸收各镇乡广播站编辑、乡村医生、中小学教师等人员，组建成县、区、镇乡三级卫生宣教网络。1989年9月20日，市卫生局成立健康教育办公室。1990年，创建卫生城市、镇乡（场）、村（单位）活动开展后，健康教育作为创卫的重要工作项目，得到政府的重视和支持。1995年12月8日，建立萧山市健康教育领导小组，分管副市长任组长。是月，成立萧山市健康教育所，与市健康教育领导小组办公室实行一套班子、两块牌子，构建成市、镇（部门）、单位（行业）三级健康教育组织网络。至2000年末，有健康教育专职人员4人（市健康教育所和市卫生防疫站各2人），医疗卫生单位健康教育兼职人员120人，镇乡健康教育兼职人员322人，机关企事业单位健康教育兼职人员110人。

居民区（村）健康教育

1985年起，县卫生防疫站与团县委、县总工会、城厢镇政府等单位连续7年合办《卫生与健康》黑板报比赛。1986年，卫生部门运用广播、卫生画廊、黑板报、《萧山卫生报》，举办学习班、短训班等形式进行卫生宣传。1989年，卫生部门组织开展"肝炎防治宣传周"、"传染病防治法宣传月"、"戒烟日"、"爱牙日"等一系列健康教育活动。1990年后，在全市开展"初保"和"创卫"健康教育。1992年，"创卫"活动向镇乡延伸，居民区（村）健康教育通过"创卫"，在各"创卫"镇乡（场）实现组织、网络、计划、记录、总结、资料、阵地7个工作环节的规范化管理。1997年，在城区太平弄居民区建设健康教育示范点。1998年，城区普遍建立居民区健康教育领导小组，把居民健康教育纳入街道办事处工作考核评比内容，做到健康教育工作有计划、有记录、有总结检查评比，并推广太平弄居委会的健康教育经验，全面启动城区健康教育工作。农村健康教育以市级以上卫生镇乡（场）为对象，与城区一样实施规范化管理。是年11月16日，居民区健康教育按照《浙江省社区健康教育工作规范（试行）》贯彻落实。至2001年3月底，居民区健康教育规范化管理率以镇为单位达到82%。

医院健康教育

1984年起，各医院健康教育工作纳入初级卫生保健内容之中。1989年，综合性医院健康教育有领导分管，有专兼职人员在院内开展候诊、住院、出院的健康教育，在院外主动参与居民区健康教育。是年，市总工会、市妇联、市妇保所举办新婚夫妇学习班和保育员、妇女干部培训班，开设家长学校等，开展妇幼卫生保健知识宣传教育。1990年，医院健康教育纳入创建卫生城市考核内容。1997年初，市卫生局将医院健康教育内容纳入各医疗卫生单位的目标管理责任制。是年，市卫生防疫站、市妇保院健全健康教育科，分别做好卫生防病知识和妇幼卫生保健知识的宣传教育，市直属医疗机构健全健康教育室，并在院内有一支健康教育队伍。各医疗卫生单位结合本单位特点，向社会提供健康教育宣传咨询服务，重点开展4月7日的"世界卫生日"、4月25日的"中国计划免疫宣传日"、5月8日的"世界红十字日"、5月12日的"国际护士节"、5月31日的"世界无烟日"、9月20日的"全国爱牙日"、12月1日的"世界艾滋病宣传日"、12月最后一天的"国际麻风病人节"等卫生日的健康教育活动。1998年，市一医院创办《萧山一院报》，并与萧山电信局联办"168"信息台医疗热线电话。市内所有医院都将健康教育列入病区常规制度，门诊部及病区都设有固定的健康教育阵地，开展健康咨询并印发健康教育处方，采用多种形式向病人宣传相应卫生知识。1999年起，市一医院组织高年资医师为老年大学、镇乡机关、工厂、居委会、学校定期开展健康教育讲座。2000年4月，市健康教育所组织全市各专业的高年资医师编写《健康教育处方》一书，由杭州出版社出版，在全国公开发行。

学校健康教育

1986年起，体育路小学开设卫生课试点后，各中小学相继开设卫生课。1990年，部分学校定期请医务人员为学生上卫生知识课或卫生知识专题讲座，发送卫生资料。据统计，全县接受卫生知识教育的中小学生为3.46万人。1992年，市内中小学校卫生课开课率达100%。《中小学生健康教育培训手册》作为卫生课补充教材，发放到"创卫"镇的中小学校，人手一册。1997年，市爱卫会、市教委、市卫生局就抓好中小学校健康教育工作提出具体要求，全市中、小学卫生课做到有教师、有课本、有教案、有课时、有评价。至年底，已有4.50万名中、小学生领到《中小学生健康教育培训手册》。瓜沥、临浦、宁围、义桥、新街、钱江农场等创卫镇乡（场）的中小学校还应用《健康知识问卷》《健康行为调查表》，对三至四年级小学生的健康知识知晓率和健康行为形成率进行问卷调查。1998年，市教委及城区中小学校按国家教委的《学校健康教育评价方案》开展学校健康教育工作。城厢职业中专在运用多种形式向学生广泛宣传卫生知识的基础上，注重效果评价，《职高学生心理健康教育的实践研究》通过省级立项。至2001年3月底，有18个镇乡所在地中小学校的健康教育工作达到"创卫"要求。

【附】

航民村开展健康教育情况

被誉为"江南第一村"的瓜沥镇航民村，是萧山市90年代初提前进入小康村行列的典型代表。航民村"两委"在带领村民"奔小康"工作中，采取"知、信、行"的做法，对村民开展健康教育。

在"知"字上做文章。多年来，航民村十分重视文化、教育、卫生等事业的建设，利用文、教、卫阵地推动健康教育工作，解决健康教育第一步"应知"的问题。一是村内设置大、中、小3个班的幼儿园，全村幼儿全部入园；联建瓜沥镇第二小学，全村学龄儿童、少年全部接受九年制义务教育；办起职工业余学校，开设成人初中、机械、机电中专、化工大专4个班。幼儿园、小学、初中及职工业余学校都开设卫生知识课，使全村幼儿、儿童、少年、成人的健康教育普及率达100%。二是办起职工青年民兵之家，内设图书室，藏书4000余册，其中卫生科普书籍占24%；订阅各种报纸、杂志60余种，其中卫生报纸、杂志占11%。三是建起电视差转台，开通闭路有线电视，免费为村民安装有线广播，补贴买电视机费用，使村民通过广播、电视、接受健康教育。四是在全村办起6处墙报、黑板报，除固定1处卫生墙报栏外，其余墙报、黑板报每期内容中卫生知识占7%。

在"信"字上讲实效。航民村通过多种形式、多渠道对村民进行卫生保健"应知应会"教育，使村民在"信"字上呈现成效。一是锻炼有益健康观念深入人心，参加职工青年民兵之家的棋类、球类活动踊跃，村民早锻炼的占50%。二是形成无病早防、有病早治的习惯，村卫生室坚持常年为村民、职工服务，除村里每年组织1次～2次大医院名医上门进行健康体检和咨询服务满足村民保健需求外，村民自费主动去省市医院进行名医咨询和保健服务的日益增多。三是移风易俗的自觉性提高，1984年10月开始殡葬改革以来，火化率一直保持在100%。

在"行"字上下工夫。航民村在普及卫生知识，加强健康教育中，注意引导村民在"行"字上下工夫。村里富了，村民手中有钱，村里就着手改造生活居住环境，使村容村貌发生巨大变化。10多年来，该村对村庄建设采取重规划、重实施、重投入的"三重"方针，做到房、路、水、电、河、桥、绿化、卫生、通信等全面规划，全面配套，综合治理。集体用于包括卫生设施在内的村庄公共设施建设投资达600多万元。90%的村民建起"别墅式"新楼房，人均住房建筑面积达50平方米。村里建造集体公共厕所6所，有90%的农户在家里安装抽水马桶，消除露天粪坑。村里组织卫生清洁队，常年坚持环境卫生一日两清扫。全村普及饮用自来水，普及液化气灶。全村实现村民养老和职工退休制度，每年可得到60元的医疗包干费，全年累计药费超60元部分仍可报销60%，因病碰到生活困难的给予补助。健康教育成果在这里得到真正的体现。1990年，世界卫生组织顾问马赞达博士在航民村考察后，兴致勃勃地写下留言："这里，一幢幢华丽的新住宅以及这些主人们的生活水准，也许可以和世界上任何地方、任何一个最发达的村庄相媲美。"

（节选自孙国铭《小康村健康教育现状、需求及对策》，原载1993年第5期《中国农村卫生事业管理》，标题为编者所加）

第九章　药材　药品

境内野生药材品种多，分布广，药材种植、养殖、加工、经营历史悠久。中华人民共和国成立后，药材资源得到保护，药品管理工作逐步加强。

第一节　药　材

中华人民共和国成立后，人民政府既鼓励农民采集野生药材，又重视发展家种药材，其中"萧八味"①在中药界享有盛誉。至80年代前，县政府有计划开展药材种植、研制、收购、销售、出口等工作②。

资源普查

1987年，进行中药材资源普查，境内有中草药资源562种，其中药用植物524种，药用动物36种，其他类2种。

按资源特点可分为以下几类：

属于地道药材有：麦冬、荆芥、红花、丝瓜络4种。

量大质优的大宗药材有：龟板、鳖甲、鸡内金、蟾酥、天龙、板蓝根、大青叶、墨旱莲、陈皮、丹参、乌梅干、艾绒、淡竹叶、栀子、蝼蛄等35个品种。

珍稀名贵药材有：穿山甲、蕲蛇、铁皮石斛3种。

民间药材有：竹黄。

按中药传统用药习惯，以入药部位不同，可分为以下几类：

以根或根茎类入药的有：前胡、香附、何首乌、射干、天冬、丹参、黄精、玉竹等88种。

以果实种子类入药的有：女贞子、金樱子、无花果、栀子、银杏、乌梅、瓜蒌子、莱菔子等65种。

以藤木类入药的有：夜交藤、忍冬藤、红藤、络石藤等15种。

以皮壳类入药的有：丹皮、合欢皮、椿皮等27种。

以草类入药的有：蒲公英、马齿苋、对坐草、益母草、半边莲、垂盆草等90种。

以叶类入药的有：冬桑叶、枇杷叶、艾叶等16种。

以花类入药的有：红花、月季花、旋覆花等29种。

以菌类入药的有：马勃、茯苓等4种。

以陆生动物类入药的有：天龙、僵蚕、鸡内金等29种。

以水生动物类入药的有：龟板、鳖甲、海螵蛸等7种。

其他类药物有：紫河车、坎㠯2种。

①萧八味：丝瓜络、麦冬、荆芥、板蓝根、丹参、黄芪、生地、红花8种家种药材。

②1956～1975年，安排药材种植面积为650亩～1500亩（约433335.50平方米～1000005平方米）。1976年后，稳定在1120亩（约746670.40平方米）左右。此外，农民利用"杂边地"种植的，每年少则500亩（约333335平方米），多则2000亩（约1333340平方米）。1975年，医药公司与义盛供销社协作试种丹参成功，获省科技二等奖。1977年，试种黄芪成功。1982年，党湾乡被杭州胡庆余堂制药厂定为板蓝根生产基地。植物类药材200余种，动物类药材50余种，列入收购范围的有100多种。1961～1984年，全县共收购野生和家种中药材5505担，年平均229.35吨，其中1984年为535吨。出口品种有荆芥、丝瓜络、蟾酥、红花子等。1978～1984年，累计出口173.10吨，价值56.70万元。用药量较大的有鸡内金、鳖甲、萝卜籽、墨旱莲、鱼腥草等26种。

萧山中草药名录

据1987年中药材资源普查资料显示，萧山有药用植物461种，药用动物38种，其他药用类4种，共计503种。

植物类 蛇足石杉（中药名"千层塔"。以下各植物后括号内为其中药名）、石松（伸筋草）、江南卷柏（岩柏草）、卷柏、伏地卷柏、翠云草、节节草（木贼草）、瓶尔小草、阴地蕨（小春花）、紫萁、海金沙、乌蕨（乌韭）、圆盖阴石蕨、蕨、凤尾、井栏边草（凤尾草）、半边旗、铁线蕨、虎尾铁角蕨、铁角蕨、狗脊蕨（贯仲）、贯众、抱石莲（鱼鳖草）、瓦韦、金鸡脚、水龙骨（青石蚕）、庐山石苇（石苇）、石苇（小叶石苇）、江南星蕨、苹、苏铁、银杏、马尾松（松花粉、松香）、黑松、柳杉、杉木、侧柏（侧柏叶、柏子仁）、蕺菜（鱼腥草）、三白草、及己、草珊瑚、垂柳、银叶柳、响叶柳、杨梅、枫杨、板栗、白栎、榔榆、刺榆、大麻（火麻仁）、柘树、无花果、薜荔（络石藤、木莲果）、葎草、啤酒花、桑树（桑葚子、桑白皮、冬桑叶、桑枝）、苎麻（苎麻根）、蔓苎麻（糯米团）、赤车、楼梯草、黄果槲寄生、马兜铃（青木香、天仙藤）、杜衡（土细辛）、金钱草、野荞麦、荞麦、水蓼、萹蓄、虎杖、何首乌、荭草（荭子）、杠板归、酸模、羊蹄、甜菜、菠菜、牛膝（土牛膝）、刺苋、苋、青葙（青葙子）、鸡冠花、商陆、紫茉莉、马齿苋、瞿麦、漆姑草、莲（藕节、莲须、石莲子、甜莲子、莲心、莲房、荷叶、荷蒂、荷梗、荷花瓣）、芡（芡实）、黄山乌头、威灵仙、湖州铁线莲、单叶铁线莲、白花藤、黄药子、芍药、牡丹、毛茛、天葵（天葵子）、木通、三叶木通、大血藤（红藤）、山荷叶、十大功劳（功劳叶、功劳木）、南天竺（天竺子）、木防己、蝙蝠葛、防己（青风藤）、千金藤、头花千金藤（白药脂）、莽草（红茴香）、长梗南五味子（红木香、紫金皮、大活血、五味子）、玉兰（辛夷）、腊梅、樟（樟梨子）、乌药、山鸡椒（毕澄茄）、檫树、黄堇、延胡索、博落回、白芥（白芥子）、芥菜（黄芥子）、卷心菜（甘蓝）、荠菜（荠菜花）、菘兰（板蓝根、大青叶）、萝卜（莱菔子、地枯蒌）、长萼茅膏菜、瓦松、景天三七、马尿花、凹叶景天、垂盆草、圆叶景天、紫花八宝（紫花景天）、落新妇、虎耳草、枫香（路路通、白胶香）、檵木、杜仲、龙芽草、木瓜（光皮木瓜）、野山楂、蛇莓、枇杷、草梅、石楠（石楠叶）、委陵菜、翻白草、三叶委陵菜、蛇含、杏（苦杏仁）、梅（绿梅花、乌梅）、桃（桃仁、桃干）、李（郁李仁）、樱桃（樱桃核）、豆梨、月季花、金樱子、野蔷薇、玫瑰（玫瑰花）、蓬、高粱泡、茅莓、红腺悬钩子、地榆、狭叶绣线菊、大绣线菊、田皂角、合欢（合欢皮、合欢花）、落花生、膜荚黄芪（黄芪）、云实（云实子）、刀豆（刀壳子、刀豆子）、锦鸡儿（金雀花、金雀根）、山扁豆、望江南（望江南子）、野百合、决明（决明子）、小槐花、扁豆（白扁豆、扁豆花）、皂荚（皂角刺）、大豆（黑大豆）、野大豆、马棘、鸡眼草、中华胡枝子、铁马鞭、马鞍树、南苜蓿、黄香草木犀、赤豆（赤小豆）、绿豆（绿豆衣）、菜豆、豌豆、野葛（葛根、葛花）、苦参、槐树（槐角、槐花）、小巢菜、蚕豆、紫藤、酢浆草、野老鹳草、老鹳草、香橼（香橼皮）、桔子（陈皮、橘络）、吴茱萸（吴萸）、樗叶花椒（海桐皮）、臭椿（凤眼草、臭椿皮）、苦楝（苦楝皮）、香椿、瓜子金、铁苋菜（海蚌含珠）、油桐、斑地锦、地锦草、算盘子、野梧桐、叶下珠、蓖麻、乌桕、一叶荻、盐肤木、野漆树、漆树、冬青、在叶冬青（苦丁茶）、毛冬青、卫矛（鬼剪羽）、扶芳藤、野鸦椿、清风藤、凤仙花（急性子、透骨草）、牯岭勾儿茶、枳椇（枳椇子）、长叶冻绿、枣（红枣）、蛇葡萄、白蔹、乌蔹莓、爬山虎、葡萄、草锦、木芙蓉（芙蓉花）、木槿（川槿皮、白槿花、朝天子）、野葵、梵天花、梧桐（梧桐子）、中华猕猴桃（藤梨根）、镊合猕猴桃（猫人参）、山茶（山茶花）、油茶、茶、木荷、湖南连翘（红旱莲）、小连翘、金丝桃、地耳草、元宝草、柽柳（西河柳）、匍伏堇、紫花地丁、堇菜、仙人掌、仙人球、胡颓子、石榴、白石榴、月季石榴、八角枫、地菍、金锦香、细果野菱、乌菱、五加（五加皮）、楤木、刺茎楤木、中华常春藤、隔山香、杭白芷、毛当归（独活）、芹菜、北柴胡、积雪草（落得打）、明党参（粉沙参〈生用〉、明玄参〈熟用〉）、野胡萝卜（鹤虱）、胡萝卜、水芹、紫花前胡、白花前胡、普通鹿蹄草（鹿衔草）、鹿蹄草、鹿蹄羊（闹羊花、六轴子）、映山红、乌饭树、短茎紫金牛、朱砂根、紫金牛（平地木）、点地梅、泽星宿菜、黑脸珍珠菜、珍珠菜、柿（柿蒂）、连翘、茉莉、女贞（女贞子）、木犀、龙胆、肺形草、络石、徐长卿、柳叶白前（白前）、萝藦（天浆壳）、娃儿藤、金灯藤（菟丝子）、马蹄金（荷包草）、甘薯、牵牛（黑丑、白丑）、梓木草、华紫珠、兰香草、获、臭牡丹、大青、海州常山（臭梧桐叶）、马鞭草、牡荆（黄荆子）、豆腐柴、赤贞桐、藿香（土藿香）、风轮菜、香薷、活血丹（连钱草）、野芝麻、益母草、硬毛地瓜儿苗（泽兰）、薄荷、杭州荠苎、紫苏（苏梗、苏叶、苏子）、夏枯草、香茶菜、石见穿、鼠尾草、南丹参（丹参）、荔枝草、裂叶荆芥（荆芥）、半枝莲、韩信草（疗疮草）、草石蚕（螺蛳菜）、血见愁、辣椒、白花曼陀罗（风茄花）、枸杞（地骨皮、苦蕲）、烟草、白英（白毛藤）、茄（茄蒂）、龙葵、通泉草、鹿茸草、泡桐、松蒿、地黄（生地、熟地）、浙玄参（乌玄参）、阴行草（铃茵陈）、婆婆纳（将军草）、蚊母草（仙桃草）、水苦荬、腹水草、凌霄花（倒挂金钟）、梓树（青桐）、脂麻、石吊兰、白接骨、九头狮子草、爵床（小青草）、车前、水杨梅（水杨柳）、虎刺、猪殃殃（小锯子草）、栀子（山枝子）、白花蛇舌草、黄毛耳草、蛇根草（四季花）、茜草、白马骨（六月雪）、钩藤、忍冬（山银花、忍冬藤）、蒴藋、白花败酱（败酱草）、冬瓜、西瓜、甜瓜、黄瓜、南瓜、匏瓜（葫芦壳）、瓠子、丝瓜（丝瓜络）、王瓜、栝楼（瓜蒌皮、瓜蒌子）、沙参（南沙参）、羊乳（山海螺）、半边莲、桔梗、杏香兔耳风（一枝香）、牛蒡（大力子）、黄花蒿、青蒿、奇蒿（刘已奴、六月霜）、艾蒿（艾叶、艾梗）、滨蒿（棉茵陈）、野蒿（艾绒）、牡蒿、白术、鬼针草（一包针）、红花、天名精、刺儿菜（小蓟）、大蓟、野菊花、菊花、东凤（风）菜、鳢肠（墨旱莲）、一点红、一年蓬、佩兰、泽兰、毛大丁草、鼠曲草、白背鼠曲草（天青地白）、向日葵、菊芋（洋生姜）、旋覆花（金拂草）、马兰（鸡儿肠）、蜂斗菜、千里光、稀莶草、一枝黄花、兔儿伞、蒲公英、蒙果苍耳（苍耳草、苍耳子）、水烛（蒲黄）、泽泻、慈姑、野燕麦、薏苡、牛筋草、画眉草（蚊子草）、大麦（麦芽）、白茅（白茅根、茅针花）、淡竹叶、稻（谷芽）、糯稻、芦苇（芦根片）、粉绿竹（淡竹茹、淡竹沥）、毛竹、甘蔗、粟（北秫米）、狗尾草、蜀黍、小麦（浮小麦）、玉蜀黍（玉米须）、菰（茭白子）、莎草（香附）、荸荠（地力粉、通天粉）、日照飘拂草（水风草）、水蜈蚣、类头状花序薹草（龙须草）、棕榈（陈棕、棕榈子）、石菖蒲、天南星、野芋、芋、滴水珠、半夏、紫萍（浮萍草）、浮萍、谷精草、鸭跖草、鸭古草、灯心草、百部、肺筋草、葱、山蒜（薤白）、大蒜、韭（韭菜子）、天门冬（天冬）、浙贝母、萱草、百合、浙麦冬、山麦冬、七叶一枝花（蚤休）、多花黄精（黄精）、玉竹、万年青（白河车）、菝葜、土茯苓（奇良）、牯岭藜芦、石蒜、水仙、黄独（黄药子）、绵枣藓、薯蓣（淮山药）、射干、芭蕉、襄荷、姜（生姜、姜衣、干姜）、大花美人蕉、白芨、杜鹃兰（毛慈姑）、建兰、春兰、铁皮石斛、铜皮石斛、天麻（明天麻）、斑叶兰、绶草。

动物类 蚂蟥（水蛭）、参环毛蚓（地龙）、少棘巨蜈蚣（蜈蚣）、三角帆蚌、合浦珠母贝、梨形环棱螺（白螺蛳壳）、无针乌贼（海螵蛸）、普遍长脚胡（蜂房）、蜜蜂、长螳螂、蟋蟀（将军干）、中华地鳖（地鳖虫）、蜣螂、绿芫青（青娘）、大斑芫青（斑蝥）、蚕（蚕砂、僵蚕）、红娘、蚱蝉（老蝉、蝉皮）、非洲蝼蛄（蝼蛄）、双斑黄虻（虻虫）、中华大蟾蜍（蟾酥、干蟾蜍）、乌梢蛇（蛇蜕）、五步蛇（蕲蛇）、乌龟（龟板）、鳖（鳖甲）、壁虎（天龙）、麻雀（白丁香）、鸡（鸡内金、凤凰衣）、狗（黄狗肾）、华南兔（望月砂）、蝙蝠（夜明砂）、黄牛（牛角鳃、牛黄）、山羊、绵羊、穿山甲（甲片）、刺猬（刺猬皮）、坎炁、紫河车。

其他药材　金蝉花、茯苓、竹黄、脱皮马勃。

第二节　药品管理

1978年，成立县药品检验所，县卫生局将药政工作委托药检所兼管。1984年起，每年对医药批发部、药店、卫生系统医疗单位、药品生产企业及厂矿保健站、个体行医药人员进行药品质量监督检查，对村级保健站、乡村医生进行药品质量扫描性检查，定期对药品从业人员进行业务培训。

1985年，萧山县成立贯彻《中华人民共和国药品管理法》办公室。先后组织大检查3次，对150种伪劣药品和不符合要求的药品全部没收。9月3日，县政府召开药政工作会议，会议期间在县体育场将查获的大批伪劣、过期药品进行销毁。11月16日，销毁杭州之江药厂生产的72.80万支不合格的鱼腥草注射液。是年，对57家药品经营单位逐个验收，其中对符合条件的53家核发药品经营企业许可证，5家县医院制剂室领到省验收合格的制剂许可证。1987年，建立县、区、乡三级药品监督检查队伍，确定药品监督员5名和检查员71名。是年，为贯彻《中华人民共和国药品管理法》，对5个医药批发部、50家药店、卫生系统的74个医疗单位进行逐个检查，对村保健站、乡村医生扫描性检查253次242个。同年，开展查禁罂粟的活动，先后在党山、夹灶等地铲除罂粟899株，没收罂粟壳和种子各1600克。1989年，对考试合格的510名使用麻醉药品的医师，按规定发给麻醉药品使用常识考核合格证书。

1990年3月，萧山市成立整顿医药市场办公室。是年，全市共查处假劣药品计8.67万元。其中假中药材、饮片27种（次），计208.15千克、1.96万元；劣药2307种（次），计1170.15千克、1.33万元；无批准文号水杨酸450包，每包500克，计0.63万元。1994年，对4家药厂（分厂）、18家药品批发企业按规定要求进行整顿和验收。1995年，全年共查处假劣药品相当正品价格50万元。其中卫生系统3.40万元、商业系统14.88万元、供销系统0.25万元、生产企业30.83万元、村卫生室0.08万元、企事业保健站0.05万元、其他0.58万元。全年共查处违法案例6起，罚没款2.40万元。1997年，查处闻堰镇杭州春荣药业有限公司生产的假药"来氏707健康口服液"，价值183.20万元。

2000年3月，市药检所与全市药品零售企业签订目标管理责任书，对重点条款实行一票否决制。是年，市药检所共完成检品426件，其中不合格检品222件，不合格率52.11%；总检品抽验数376件，抽验率88.26%，不合格215件，不合格率57.18%；属经营部门的162件，不合格111件，不合格率68.52%；属医疗单位的228件，不合格105件，不合格率46.05%；属中药材饮片211件，不合格202件，不合格率95.73%；属中成药90件，不合格10件，不合格率11.11%；属化学药品125件，不合格10件，不合格率8%。1985～2000年，在原有5个批发经营部的基础上增加到8个。零售环节上，在1996年单独成立药品零售公司，新增药店60家，经营网络遍布城乡各地，方便群众买药。市医药公司按照《中华人民共和国药品管理法》的要求进行GSP管理，强化药品质量管理取得成效，并通过GSP认证验收。城厢镇西门药店被评为"全国示范药店"。

至2001年3月底，全市有药品批发企业12家，药品连锁企业26家，药品零售企业81家，药品生产企业8家，医院制剂室14家，厂矿企事业职工医院、保健站114家，村级卫生室505家，个体行医药点101家，药品管理实现全覆盖。

第十章　卫生行政

卫生行政工作在加强医院管理的同时，还对个体医、村医和社会办医进行管理。引导医务人员开展医学科研和对新生力量的培养工作，开展卫生救护培训。

第一节　医政管理

医院管理

1986年，医院管理以完善深化技术经济责任制为重点，纠正偏重经济效益忽视社会效益的倾向，从制度和考核标准等方面强调社会效益为主，适当兼顾经济效益。1988年，市人民医院与浙江医科大学附属第一医院建立协作医院，与昭东乡卫生院联合建立分院；瓜沥人民医院与杭州市第四人民医院建立协作医院，与大园乡卫生院建立分院；临浦人民医院与杭州市第一人民医院及省中医学院建立医疗协作关系，与义桥镇卫生院建起协作关系；义盛镇卫生院与解放军驻浙117医院建立医疗联合体，通过医疗协作，提高市内医疗技术水平。

1990年，市卫生局明确规定：医药费、检查费不能与经济效益挂钩；医疗协作联合体、社会办医都必须由卫生局统一审批。1995年5月，市卫生局下发《萧山市乡镇卫生院管理制度汇编》，主要内容有卫生院工作制度41条、卫生院窗口服务规范10条、卫生院工作人员职责25条、卫生院应建登记簿册30种，以规范卫生院的管理工作。1998年，在全市范围内开展医疗机构执业注册登记工作，对9家市级医院、50家镇乡卫生院通过注册登记。是年8月，市卫生局总结所前、传关、河庄3个卫生院的管理工作经验，在河庄镇卫生院召开卫生院规范化管理现场会。1999年，校验市内医疗机构，市卫生局对具备执业医师和助理执业医师报考条件的322人进行审核，对其中308人进行实践技能考试；对2000名执业医师和助理执业医师进行注册登记工作。

2000年，市卫生局制定《萧山市医疗机构设置及审批规程》，规定医院（卫生院）开设的外延性医疗机构（包括门诊部、医疗点、居民区卫生服务站）、私人诊所、企事业单位医疗机构、村卫生室等都应按照此规程设置及审批，申请取得《医疗机构执业许可证》后，方可执业。是年，市卫生局加强对医疗机构的监督力度，组织执法人员学习《行政处罚法》《行政复议法》等执法规范，举行模拟执法检查，采写现场记录、询问笔录，拟写案件调查终结报告、会议记录等主要的执法处罚文书并进行讲评。对举报和检查中发现的违法行为按查处规范严肃认真地进行处理，并对非法行医、退休人员行医、医院在职人员业余行医情况进行摸底调查，根据调查情况进行执法检查。是年，共执法检查43次，取缔非法医疗机构39家，对医院退休人员行医和在职人员业余行医提出处理意见，医疗市场得到进一步规范。部分直属医院实行医院后勤服务社会化管理。

个体医、村医和社会办医管理

1985年，义蓬区率先成立区、乡两级乡村医生工作者协会，全区12个乡125个村的188名村卫生人员和15名个体开业医生参加协会。1986年，有二分之一的镇乡建立乡村医生工作者协会，对乡村医生和个体医生实行"五个统一"（即门诊处方、门诊日志、收款收据、收费标准、购药凭证实行统一）。是年初，县卫生局完成81家企事业单位保健站的检查验收工作，并对其中的76家保健站颁发验收合格证书。5月，县人民政府办公室批准建立企事业单位医疗卫生管理委员会。8月2日，市卫生局颁发《关于加强对外地个体医来萧行医管理的通知》，全面实行对个体开业行医人员医疗业务报表上报制度，对村卫生室全面实行行医许可证、卫生保健员证、输液许可证制度。

1990年，市卫生局会同市物价委员会制定村卫生室医疗收费标准，10月1日起贯彻执行。是年，市卫生局在各区卫生办公室和24个建制镇卫生院聘用个体医（药）监督员，发给证件，加强对个体诊所的管理，特别是对外来游医的管理。1991年1月1日，市卫生局、市物价委员会制定个体诊所新的收费标准。11月，成立市农村卫生协会，加强对乡村医生和个体行医的管理。1992年起，对个体开业医生进行重新申请登记、重新考试考核，核发执照。是年，全市93名个体医生通过整顿考核，有68人合格发给开业执照。查处无照非法行医人员31人次，没收假药187包（盒），针筒、手术刀、牙钳等行医器械工具30余件，假行医执照3件，行医广告纸170张。1993年，按照杭州市人民政府坚决取缔非法行医的精神，市卫生局全面取缔无证非法行医人员45人次。1994年，取缔无证游医药贩20余起计71人次。1995年，市卫生局印发《萧山市药店坐堂医师管理办法》《关于加强个体开业行医审批管理办法》《关于加强企事业单位保健站开业审批及管理工作的通知》3个文件，加强社会办医管理和监督。是年，依法查处违章个体行医和非法行医人员及游医药贩42人次。1996年，市卫生局配合物价部门开展对私人诊所医疗收费及药品价格的专项检查，查实58家诊所有违规收费，金额4万元；查处非法行医29人次。1997年，市卫生局组织取缔非法行医22次，查处非法行医人员26人次，新增注册登记村卫生室和企业医务室16家。1998年，对1家私立医院、49家私人诊所、400家村卫生室、96家厂矿企事业单位保健站通过注册登记，整治村卫生室一村多室现象，取消不合格村卫生室121家、厂矿企事业单位保健站24家，暂缓注册登记的私人诊所51家、厂矿企事业单位保健站12家。1999年，共组织医政执法活动16次。

至2001年3月末，市内有注册村卫生室375家、企事业单位保健站99家、职工医院3家、私立医院2家、个体办诊所100家，从业人员620人。

医疗质量管理

1988年，直属医院通过上挂省、市医院，下联镇乡卫生院，建立各种形式的医疗协作联合体推动医疗质量管理。1990年，市卫生局对全市7家直属医疗单位、50余所镇乡卫生院的362份住院和留院观察病历进行检查。是年，市临床检验质控中心成立，此后，相继成立放射质控、护理质控、麻醉质控、病理质控、感染管理质控、B超质控和临床医疗质量管理质控7个医技质控小组。1993年11月，"萧山市镇乡卫生院检验质量控制网络化管理模式"通过省级科技成果鉴定，达到国内领先水平。是年，镇乡卫生院开展医疗文书书写和处方书写质量控制活动。

1995年，市卫生局开始实施医疗扶贫计划，由直属医院定期轮转选派具有一定临床经验的医护人员送医疗送技术到对口卫生院。1997年，开展"以病人为中心，以医疗质量为核心"的"医疗质量年活动"。对1855名中青年医护人员进行"三基"（基本知识、基础理论、基本技能）考试，合格率95.70%。1998年，直属医疗单位首次对细菌性肺炎、急性胰腺炎、急性肾盂肾炎、甲状腺瘤、腹股沟疝、股骨干骨折、子宫肌瘤、平产、剖宫产、急性阑尾炎10个病种实施单病种质量管理。是年，市卫生局聘请毛大纬、来挺豪、徐笑狂、郑巧彤、徐希干、王燕君、邹福安7名主任医师为卫生系统主任医师导师，分别负责对市一、市二、市三、市四、市五医院和中医院进行专科指导和专人带教。1999年12月，市卫生防疫站实验室通过ISO/IEC导则25标准的国家实验室认可，取得中国实验室国家认可委员会和国家质量技术监督局颁发的《实验室认可证书》。

2000年，市卫生局对独立处方资格、独立值班资格、手术主刀资格、独立影像报告资格作出规定，将直属医疗单位的768名具有独立处方资格人员和97名独立影像报告资格人员在《萧山日报》上予以公布，接受社会监督，以规范医疗市场管理。是年，市卫生防疫站和市妇幼保健院先后通过ISO9000质量管理体系认证。

表38-10-680　1985~2000年萧山财政投入卫生事业经费情况

单位：万元

年份	总计	日　常　经　费				专　项　经　费			医院人员费用支出	医院正常经费补助占人员费用支出比例（％）
		市（县）属医院	卫生院	其他单位	合计	基建补助	其他专项	合计		
1985	285.15	169.08	20.82	61.03	250.93	0	34.22	34.22	296.36	57.05
1986	389.55	226.30	22.00	131.25	379.55	0	10.00	10.00	377.07	60.02
1987	486.31	194.37	23.00	235.10	452.47	0	33.84	33.84	461.47	42.12
1988	605.80	240.37	31.55	121.82	393.74	0	212.06	212.06	680.37	35.33
1989	1272.46	177.24	35.00	200.63	412.87	293.73	565.86	859.59	31.32	0
1990	799.00	158.00	69.50	263.00	490.50	0	308.50	308.50	705.00	22.41
1991	1747.80	139.50	104.40	326.00	569.90	324.90	853.00	1177.90	16.50	0
1992	904.19	278.40	103.00	237.90	619.30	0	284.89	284.89	1023.00	27.21
1993	2094.05	417.30	103.07	149.80	670.17	1179.00	244.88	1423.88	1627.22	25.64
1994	2097.92	456.95	115.50	158.20	730.65	1092.00	275.27	1367.27	2597.50	17.59
1995	2349.04	575.50	124.16	279.60	979.26	1025.00	344.78	1369.78	3168.17	18.17
1996	1835.40	692.46	164.67	260.21	1117.34	400.00	318.06	718.06	3994.64	17.33
1997	2063.38	791.80	121.91	257.80	1171.51	750.00	141.87	891.87	4581.67	17.28
1998	2396.47	897.40	241.79	322.30	1461.49	610.00	324.98	934.98	5363.59	17.05
1999	2707.17	932.81	245.92	413.64	1592.37	810.00	304.80	1114.80	7640.05	12.21
2000	2963.82	1167.60	220.99	465.01	1853.60	610.00	500.22	1110.22	9738.00	11.99

第二节　医学科研

50年代初期开始，萧山卫生系统根据实际，开展多种形式的医学科研活动。①1984~1986年，县卫生防疫站等开展"萧山县死因回顾调查"，获省医药科技进步二等奖。1991年，市卫生防疫站开展的"萧山市乡镇工业职业卫生服务需求与对策研究"获省卫生厅、省乡镇企业局特殊贡献奖。1992年，市卫生局成立科教科，配备专职人员；下属单位也建立相应科教组织，有专人抓医学科教日常工作。局、院二级均有科教兴医发展规划和年度工作计划，层层落实科教工作管理责任制。并在卫生改革文件中规定：各级医疗卫生单位要按业务收入的1%~2%用于医学教育科研工作。

1995年，完成并通过专家鉴定的科研项目9项，其中与浙江医科大学合作项目3项，独立完成项目6项。鉴定结果：国内领先3项（市中医院1项成果为国内首创），国内先进5项，省内领先1项。获萧山市科技进步一等奖

①50年代初期，卫生系统围绕新法接生，开展科普活动。1958年，革新除"四害"工具，改进医疗器械、方、药，在防治疾病上取得一些成效。1971年，全县医疗机构普遍开展慢性支气管炎调查研究，推广棉花根等土方防治。1972年，县医药卫生科技情报小组以"老慢支"、冠心病、肿瘤防治、中药推广应用、针刺麻醉等为重点开展科研。1976年10月后，县卫生局建立科技组，制定以肿瘤、冠心病防治、计划生育、针刺麻醉、"血防"等为重点的全县医学科研规划。1978年10月，瓜沥人民医院和靖江、城北公社卫生院与省卫生实验院协作，采用小剂量灭虫宁驱虫净合并使用治疗钩虫病，获全国医药卫生科学大会奖状。1981年5月，县人民医院内科抢救心搏骤停76分钟复苏成功，被评为县科技进步一等奖、杭州市科技进步三等奖。

2项，激光医院的CO_2激光在龋洞及根管内灭菌的实验与临床研究被列为杭州市10项推广项目之一。是年，全市医务人员撰写医学论文300篇，其中在国家级杂志上发表及全国学术会上交流90篇、在省级杂志上发表及全省学术会上交流157篇、在杭州市级杂志上发表53篇，比上年增加37.50%。加强学科带头人培养，确定跨世纪学科带头人20名，并落实培养计划，市一医院还从上海引进医学博士研究生1名。1996～1997年，直属医疗卫生单位用于医学科教的经费450余万元。1997年1月，市卫生局制定《科技进步奖励的若干规定》，通过设立卫生科研教育奖励基金，对在实施科技进步和人才培养中作出贡献的单位和个人进行奖励，从直属医疗卫生单位业务收入中按0.50‰提取上缴市卫生局作为"基金"，每年提存1次，由市卫生局科教科提出使用方案，经市卫生局领导审批后，每年奖励1次。是年，市一医院提取科研教育奖励基金20万元；市红十字医院对职工自学或函授从中专达到大专学历的每人奖3000元，从大专达到本科学历的每人奖4000元。2000年，市卫生局对科研课题实施情况加强全过程督导，制定《萧山市医学科研课题申请立项程序规范》，对科研课题立项技术、要求和操作程序作出明确规定。是年，列入萧山市科委计划的项目15项，情报调研项目3项10个课题通过专家鉴定评审，其中国内领先2项，国内先进8项（省内领先2项），7项课题分别获得省、杭州市及萧山市科技进步奖。

1985～2000年，萧山市（县）卫生局、卫生防疫站、妇幼保健院、萧山市第一人民医院、第二人民医院、第三人民医院、萧山中医院、萧山卫生进修学校等共90人次、144篇医学论文，分别在40多种国家医学卫生一级刊物上发表。

第三节　援藏培训

1995年，萧山首次接受省卫生厅下达的援藏培训工作。是年1月，接收10名来自西藏自治区阿里地区的医务人员，分别安排到市第一医院、市第二医院进行为期1年的医疗业务进修学习。两家带教医院派出临床经验丰富的专家亲自传帮带，使藏族进修生学到真正的医疗技术和独立上岗操作的本领。1996年3月18日学员们学成返藏时，西藏阿里地区卫生局副局长巴桑石确代表进修组全体学员向市卫生局赠送锦旗，向带教医院领导和专家敬献洁白的哈达。同年4月，接受第二批来自西藏阿里地区日土、普兰、扎达3个县的8名藏族医务人员，分别安排到市第一医院、市第三医院进修学习外科、骨科、内科、妇产科、放射科和B超医疗等技术。1997年4月14日，接受第三批6名来自西藏的医务人员，根据专业所需，分别安排在市卫生局、市中医院、市第二医院进修卫生管理和医业务。1998年4月4日，接受第四批6名来自西藏的藏族医务人员，分别安排在市卫生防疫站和市第三医院进行为期1年的业务进修学习。1999年2月11日，省卫生厅与萧山市联合组织在萧进修的第四批藏族医务人员欢度藏历年。1995～1999年，圆满完成省卫生厅交给的连续培训4批藏族医疗技术人员的任务。

第三十九编
体 育

登 一 览 亭

清·陆成栋

一览乾坤小，

萋萋草满亭。

危峰邈沙屿，

远岛走沧溟。

地迥云连岫，

天空树列岸。

相将临绝顶，

举手摘明星。

一览乾坤小

逼沙屿远岛

岫天空树列岸

手扎明星

满亭老峰

地迥云连

将临绝顶攀

清陆成栋登一览亭城军

萧山民间体育内容丰富，活动历史悠久。①中华人民共和国成立后，尤其是1985年以来，萧山体育事业得到全面发展。政府用于体育事业的投入不断增加，体育设施不断更新和完善，体育管理趋于规范，体育市场逐步形成。一个由全民健身、群众体育、学校体育、竞技体育等组成的系统完整的体育事业格局逐渐形成，体育队伍不断扩大，体育新人不断涌现。

随着物质生活水平的提高，市民的健身活动和体育锻炼意识增强。机关、企事业单位、农村、居民区把开展群众性体育活动作为构建文明单位、提高生活品质的重要内容。活动形式多样，参与面广，除了传统的灯会、武术、游泳、棋牌以外，篮球、乒乓球等球类活动深受萧山市民的喜欢，太极拳、太极剑及木兰扇、腰鼓舞、老年迪斯科、广场交谊舞等则受到中老年人的青睐。群众体育的广泛开展和全民健身热的兴起，增强萧山市民的身体素质，提高竞技体育水平。1991年、1994年、1999年，萧山运动员在洲际比赛中获得金牌。1985~2000年，萧山运动员在全国各类体育比赛中，分别在武术、田径、乒乓球、举重、羽毛球等项目上获得奖牌22枚，其中金牌7枚、银牌6枚、铜牌9枚；参加浙江省、杭州市级以上皮划艇、武术、田径、篮球、排球、棋类、举重等各项比赛中，获得金牌717枚、银牌519枚、铜牌406枚，奖牌总计1642枚。除每4年一届市全民运动会外，全市性的各项体育赛事累计971次，参加人数18.46万人次。

在萧山体育事业发展中，有两件意义重大的事：一是1988年8月31日萧山体育馆落成，为承办全国和国际体育赛事创造有利条件，先后举办篮球、排球、羽毛球、技巧、摔跤、柔道、健美操等全国和国际赛事20多次，提高了萧山在国内外体育界的知名度。二是1995年起先后建立市、各镇乡全民健身领导小组，构建完整的全市性全民健身网络，实施和指导开展全民健身活动，把开展群众体育活动作为构建文明单位、提高生活品质的重要内容。

1993年9月6日，在全国群众体育先进表彰大会上，萧山市获"全国体育先进县（市）"称号。

①宋代，萧山民间就有自发组织的盘龙灯、跑马灯、赛龙舟、踢毽子、棋类及武术等体育活动项目，用以贺岁、志庆和健身娱乐。清末民国初，萧山开始废私塾，兴学校，现代意义上的体育运动发轫于此时。其后，政府和社会各界先后举办体育比赛和全民运动会：民国4年（1915）举行萧山教育系统第一次运动会；民国10年举办萧山第一届全民运动会。

第一章　群众体育

民国时期，萧山群众体育运动多自发进行，全县性的体育运动会仅举行过7次。中华人民共和国成立后，群众体育活动逐渐发展。①80年代前，群众体育活动主要在农民和职工中开展，80年代后增加了老年人和残疾人体育活动。1991年8月，市体育总会成立。至2000年末，体育总会下属有单项体育协会15个，委员236人，会员4816人。群众体育活动项目以球类、棋类和田径为主，老年体育除上述活动外，还包括适合老年人开展的登山、门球、武术、老年迪斯科、交谊舞、太极拳、扇子舞、腰鼓舞等。

① 中华人民共和国成立初期，群众体育工作由县文化馆兼管，各项群众体育比赛活动由县文教科、县总工会、新民主主义青年团萧山县委联合举办。1952年，县总工会组建县工人俱乐部，开辟球场、棋室、乒乓球室，职工体育逐步归由工人俱乐部管理。1956年，萧山县体育运动委员会（简称县体委）成立，群众性体育活动归由县体委领导，活动项目日渐增多。"文化大革命"期间，群众体育受到严重影响，一些体育项目中断。1977年后，传统的群众体育活动得到恢复。

第一节　全民健身

全民健身组织

全民健身网络　1995年，由市委宣传部、市体育运动委员会、市教育委员会等26个部、委、办、局为成员单位，组建成立萧山市全民健身领导小组，负责指导和推动全市的全民健身活动。1996年，建成完整的全市性全民健身网络，除市设全民健身领导小组外，各镇乡均设有全民健身领导小组，将民间的健身活动纳入组织活动范围之内，并对全市的全民健身活动实施技术和业务指导。至2001年3月，全民健身网络各项活动开展正常。

社会体育指导员　1995年开始，萧山市设置社会体育指导员，主要工作职责是组织和带领群众积极参加健身活动；指导群众科学健身，有效提高锻炼效果；引导群众进行合理的体育消费和健身投资等。是年6月，成立萧山市社会体育指导中心，由社会体育指导员对社会体育项目实行分项管理。1998年、1999年，先后举办社会体育指导员培训班多期，其中1998年举办培训班15期，培训662人次，经考核全部合格，发给合格证书。至2000年，全市有社会体育指导员121人。

公民体质监测　1998年，萧山市开始实施国家体育监测，对公民身体素质进行监测。主要对象为：3岁～6岁的儿童、中小学生，城镇职工、农村居民，60岁～69岁的老年人。后，依据国家《全民健身计划纲要》的要求，每年对不同工种和年龄段的人员实施体质监测，其中1999年监测对象为全市各机关单位，2000年监测对象为学生和老年人。每次监测以后，参与监测的人都能得到一份"运动处方"，可进行针对性体质锻炼。

全民健身运动

中华人民共和国成立前，萧山民间的健身活动，主要有灯会、龙舟、纸鹞、棋类、武术等古老的健身活动项目。中华人民共和国成立后，除保留上述

图39-1-1009　市民在"大操场"晨练（1988年6月，陈菊仙提供）

图39-1-1010　市民在新建的萧山体育场练习太极拳（1998年4月，李晓军摄）

项目外，陆续推出跑步、球类、太极拳（剑）、木兰拳（扇）、迪斯科、交谊舞、腰鼓等项目，开展形式多样的健身活动，组织不同类型、不同群体参加的各项健身比赛。

80年代初开始，城厢镇进行元旦环城接力跑，参加的有机关工作人员、职工、教师、学生、警察、驻萧部队官兵等。环城接力跑活动坚持多年，成为萧山城区的一项传统性群众体育健身项目。

1985年，全县有19个农村文化体育活动中心，开展各类体育竞赛活动339项次，参加活动的共17192人次。县总工会、共青团萧山县委（以下简称团县委）、县教育局、县级机关党委等单位发起组织的棋类、球类和田径等比赛有10余次。

1988年，全市有浦沿镇、浦南乡、长沙乡等镇乡体育协会3个，篮球、乒乓球、羽毛球、足球、田径、武术、棋类、桥牌、信鸽、气功、老年等单项体育协会11个。是年，发展新会员736人，举办比赛7次，参加活动的1332人次。

1989年4月1日，举行市级机关环城健身跑，25个单位的310名员工参加4个年龄组的接力跑。是年，新成立镇乡体育协会17个，组织比赛237次，参加活动的9202人次。至1990年，全市有镇乡体育代表队147个，运动员1814名，投入社会赞助经费11.71万元。是年，为迎接亚运会在北京召开，市总工会、市体委发动全市群众开展"百日锻炼迎亚运"活动，有70个单位、1.84万人次参加健身活动。萧山市被省总工会、省体委授予"百日锻炼迎亚运"先进城市称号，萧山石英化工总厂被国家体委授予"百日锻炼迎亚运"全国先进基层单位称号。

1996年起，市体育主管部门贯彻实施《中华人民共和国体育法》和《全民健身计划纲要》。春节期间，在市心路举行"全民健身一条街"活动，至2000年，累计有5300余人参加新春健身跑、迎春腰鼓表演、健身彩船表演、木兰拳（剑、扇）、太极拳（剑）表演、冬泳和羽毛球友谊赛等活动。

1996年3月8日，市"浦发杯"妇女健身运动会在市体育馆举行，18个单位318名选手参加广播操、健身操、韵律操、腰鼓舞、太极拳（剑）等项目的角逐。是年，为纪念红军长征胜利60周年，市委宣传部、市体委联合举办"沿着红军足迹"新长征纪念性长跑活动，1830名来自工、农、商、学、兵及机关事业单位的人员参加这次活动。1997年迎接香港回归，全市举办"萧然大地千里行"火炬接力活动，历时6天，行程500多千米，途经29个镇乡、场，3.2万人次参加活动。

图39-1-1011 劲松小学教师做早操（1999年10月摄，劲松小学提供）

1998年5月、1999年9月、2000年9月，先后组织全民健身宣传月活动，安排活动83项次，有5万多人次参加。其中城厢镇、瓜沥镇、市电信局、市级机关党委和市老年体协5单位被评为1998年度杭州市全民健身先进单位；萧山日报社、市广播电视局被评为杭州市全民健身优秀报道和宣传报道先进单位；市电信局被评为1999年度省全民健身宣传活动月先进单位。

第二节 农民体育

①1951年初，欢潭乡岳驻村成立群联篮球队，是县内第一支农民篮球队。1952～1954年，径游乡的"青锋"、"力生"、城山乡的"青链"、楼塔乡的"塔峰"等农民篮球队先后成立。70年代中期，城山公社下畈底篮球队、长河公社长二大队女子篮球队和宁围公社女子篮球队相继成立，实力均较强。1956～1984年间，萧山县农民篮球队共参加全省农民篮球赛4次，获亚军2次，季军3次；参加杭州地区农民篮球比赛8次，获冠军5次、亚军2次、第三名、第五名、第六名各1次。其中楼塔农民篮球队在省级比赛中获亚军2次、季军1次；在地市级比赛中，5次夺魁。1980年，欢潭乡岳驻村群联篮球队在该村自备球场上安装5盏1000瓦的碘钨灯，开展夜间训练，成为县内第一个农村灯光球场。

中国象棋也是开展面较广的农民体育项目，楼塔农民象棋爱好者尤多，水平较高，活动经常。70年代后，楼塔农民每逢重大节庆，一般都要举行象棋赛，还经常跨乡、跨县举行友谊赛。曾先后邀请杭州发电设备厂、杭州第二棉纺织厂和富阳、诸暨、余杭等县的棋手交往比赛。1977年、1978年、1980年，楼塔乡先后被评为杭州市文、教、卫、体战线先进集体，浙江省体育先进单位和省"农民体育之乡"。

日常体育活动

中华人民共和国成立后，萧山农民体育主要有篮球运动和中国象棋等活动，在南片尤为活跃。①1988年以后，农民日常体育活动开展的项目增多，在保留赛龙舟、盘龙灯、跑马灯、踢毽子、打弹子、跳绳、武术、棋类等传统项目的同时，还一度流行过台球等活动。

1990年起，全市31个镇乡先后成立体育协会或体育领导小组，组织和带动农民群众开展体育活动。是年，全市有镇乡级篮球场21个、乒乓球室35个，村级篮球场97个，聘用体育联络员74人；有省级体育先进镇乡6个，杭州市级2个，萧山市级29个。1992年，城北区文化站干部邵宝才被评为全国农村优秀体育工作者。1990～1993年，全市农民开展各项体育活动1269次，参加活动的10.23万人次，投入体育活动经费73.07万元。

1994～1998年，全市31个镇乡举办各类农民体育比赛860次，有7.23万人次参加，投入活动经费90.74万元。浦沿、长河、西兴、宁围、衙前镇和云石乡被评为浙江省群众体育先进集体；瓜沥、戴村、进化、闻堰等镇被评为杭州市群众体育先进集体，其中临浦镇被评为浙江省群体工作先进单位，并被命名为"全国亿万农民健身活动先进镇乡"。

镇乡全民运动会

1993～2000年，新街等9个镇乡先后举办全民运动会，参赛队319支，参赛运动员9745人次，比赛项目有田径、球类、棋类、拔河、划船、登山和自行车慢骑等。

表39-1-681 1993～2000年萧山市部分镇乡全民运动会情况

镇乡	时间	比赛项目	参赛队伍(支)	参赛运动员(人次)
新街	1993-10	田径、象棋、围棋、乒乓球、篮球等	17	270
宁围	1997-10	田径、篮球、乒乓球、拔河、象棋等	42	1200
闻堰	1997-10	田径、篮球、乒乓球、羽毛球、象棋、拔河	35	850
瓜沥	1999-08	篮球、乒乓球、拔河、象棋、围棋、田径、划船、自行车慢骑	49	2000
临浦	1999-08	田径、篮球、乒乓球、拔河、象棋、围棋、自行车慢骑	46	1000
衙前	1999-09	田径、篮球、乒乓球、拔河、象棋、划船、障碍跑、登山	32	925
城厢	2000-08	田径、游泳、乒乓球、拔河、象棋、围棋、自行车慢骑、门球、保龄球	21	1600
党山	2000-09	篮球、乒乓球、拔河、象棋、围棋、田径、划船、自行车慢骑	42	1100
义桥	2000-10	田径、篮球、乒乓球、拔河、象棋等	35	800

资料来源：萧山区文广新局、区体育局。

【附】

篮球之乡

　　楼塔镇在萧山享有"篮球之乡"美誉。1951年，一些爱好篮球的农民自筹资金，开辟荒地，建成土篮球场，开展篮球运动。1952年塔峰篮球队成立以后，多次出战获胜，其后形成了一个以"塔峰"队为骨干的楼塔农民篮球队。队员换了一批又一批，篮球活动长盛不衰。1999年10月，镇体育协会集资10万元，拓展镇体育场，浇筑面积为2550平方米的水泥球场2个，其中1个为灯光球场。2000年末，全镇有篮球场43个，其中灯光球场15个；球队38支，正式队员500人左右，能上场打球的人数以千计，爱篮球，喜观战助阵的"球迷"万余人。有的村可随时拉出一支颇具实力的球队上阵参战，个别人口较多的家庭，可以组成一支家庭篮球队上场比赛。管村村的章根祥一家，兄弟5人都是篮球爱好者，2人是镇队的主力，3人是村队的主力，由他们家组成的家庭篮球队曾战胜过邻近好几个村的球队。在楼塔，篮球赛事每年接连不断，有村际、镇乡之间，以及与周边富阳市、诸暨市市（镇）之间的篮球锦标赛和邀请赛。据不完全统计，1992~2000年，共举办规模较大的篮球比赛25次，多的年份在3次以上。当地的企业多次资助镇上的篮球活动，曾经出资赞助楼塔篮球队到福建厦门参加比赛。由于楼塔农民篮球活动广泛的群众性和开展的经常性，加上成绩出色，省、市新闻媒介多次予以报道。

　　50年代中期至2000年，楼塔篮球队先后多次代表萧山市（县）参加省、杭州市（地区）农民篮球赛。在浙江省农民篮球赛中夺取亚军2次、第三名1次；在杭州市（地区）级比赛中夺冠5次。还曾多次代表杭州市参加在杭州、宁波、嘉兴、舟山、绍兴等地举行的市（地区）际农民篮球赛，取得较好成绩。1985~2000年，在连续3届萧山市（县）全民运动会上，楼塔篮球队获得冠军2次、亚军1次。

（资料来源：萧山区文广新局、区体育局）

图39-1-1012　楼塔镇农民篮球赛（90年代摄，萧山区文广新局、区体育局提供）

图39-1-1013　萧山化工总厂职工拔河比赛（1990年11月，傅华生提供）

第三节　职工体育

　　中华人民共和国成立后，萧山企业中的党、政、工、团、妇组织把开展职工体育活动作为增强职工体质、密切干群关系、活跃职工群众业余文化生活、提高职工队伍整体素质的重要内容来抓，职工体育活动开展较为活跃。[①]80年代后，主要有工间操、球类、棋类、武术等活动，形式为厂内竞赛和厂际竞赛等。还专门组织全县性的职工篮球赛、职工乒乓球等级赛、职工棋类赛等。1995年，除传统的球类、棋类外，还增加游泳、拔河、自行车慢骑、迪斯科、交谊舞、太极拳等活动项目。全市企业和机关事业单位有各类体育运动队386支，常年参加各类体育活动的人员达13890多人。1996年后，随着经济体制改

　　① 中华人民共和国成立后，职工的日常体育活动开始有组织地展开，厂矿企业组建工人俱乐部，设有棋牌室、乒乓球室等体育活动场所，较大的企业还开辟篮球场。1953年，萧山县举行第二届人民体育运动选拔大会，职工运动员人数占大会运动员总数的24.20%；1954年，成立县工人篮球队、工人乒乓球队。到1955年，全县已有职工篮、排球队23支。1956年，城厢、临浦、瓜沥3镇的工人俱乐部配备专职管理人员。1957年，县工人篮球队曾经出访绍兴。1960年，萧山县第一届全民运动大会上，职工运动员数占大会运动员总数的37.90%。60~70年代，因受自然灾害和"文化大革命"影响，各种体育活动逐渐减少。

革的深入，城镇国有、集体企业相继转换经营机制，企业体育活动开展受到影响，职工体育活动逐渐呈现滑坡之势。至2000年，基本处于萎缩状态。

球 类

篮球运动是萧山职工体育中开展时间早、活动范围广、参加人数多的体育活动项目。①一般的工厂均建有男子篮球队，规模较大的工厂建有多支，甚至车间、工段均建有篮球队。杭州第二棉纺织厂、杭州东升丝厂、萧山麻纺织厂等女工较多的工厂，还建有女子篮球队，经常开展训练和厂内厂际竞赛。

乒乓球、羽毛球运动不受年龄、性别、场地限制，在职工中广受欢迎，是工厂中较为普及、常见的体育活动项目。据不完全统计，1985~2000年，萧山举办全市（县）职工乒乓球赛和职工等级乒乓球赛5次，参赛队86支，参赛运动员296人次。

80年代后，足球、排球运动在一些工厂兴起。由于受场地限制，这两项运动只在杭州齿轮箱厂和杭州发电设备厂等一些规模较大工厂的青年职工中展开，比赛则在萧山体育场、体育馆进行。

棋类（桥牌）

中国象棋、国际象棋、围棋、军棋、跳棋、康乐棋、西瓜棋等以及桥牌在职工中具有广泛的群众基础。棋类活动不受场地、气候、环境限制，随时随地可以进行，深受职工特别是中老年职工的喜爱。一些企业通过棋类活动，锻炼职工队伍，向上级输送体育人才。1989年，位于萧山城厢镇的煤炭研究总院杭州环境保护研究所职工王萍、施少敏作为国家煤矿体协桥牌队的主力队员，参加全国桥牌比赛，获得女子团体冠军，其中王萍还入选国家桥牌队。1991年，萧山象棋协会成立，由棋协举办的萧山民间和省、市间的象棋比赛频繁开展。1993年开始，由浙江车业有限公司陈春水赞助的萧山民间"皇冠王杯"中国象棋棋王赛，每年举办1次，至2000年已举办8届。历届萧山棋王为单裕元（第一、第五、第八届）、梁国昌（第二、第七届）、蒋明旗（第三届）、董建国（第四、第六届）。1994年开始，由萧山市、诸暨市联合举办的中国象棋友谊赛，每年分别在萧山、诸暨两地举办1次，至2000年已举办7届。1995年开始，由杭州联邦机电物资有限公司徐建勇赞助的萧山"建勇杯"中国象棋赛，每年举办1次，至2000年已举办6届。1997年开始，萧山象棋队每年到江苏省宜兴市参加苏南中国象棋友谊赛，至2000年已参加4届。

武 术

萧山武术具有悠久的历史。②中华人民共和国成立后，武术活动得到发展，武术新人不断涌现。③

1984年1月，萧山县武术协会成立。协会将分散在全县（市）各地的业余武术爱好者聚集在一起，克服经费紧张等困难，刻苦练习，各项活动开展得丰富多彩。武术协会先后整顿、充实并重新成立由60多位业余武术爱好者参加的业余武术队，经名师指点，涌现出一批武术新秀；举办业余武术培训班、青少年武术培训班和少儿武术培训班21期，1000多人次参加培训，还为驻萧部队和

①30年代的"励志"、"乐天"篮球队，是萧山较有影响的篮球队。中华人民共和国成立初期，实力较强的篮球队有：县级机关的"赤旗"、公安系统的"银燕"队、中学教工的"钟声"队、粮食系统的"铁锚"队、银行系统的"银鹰"队和小学教工的"东方红"队。每逢重大节日举行篮球比赛。至1984年，全县职工篮球队中，有男子甲级队8支、乙级队12支、丙级队18支、女子队4支。有职工乒乓球队男队27支、女队9支。其中实力较强的队有县工交女队，杭州第二棉纺织厂男、女队，杭州齿轮箱厂男、女队和城厢镇男队等。少数单位职工还开展排球、足球和水球运动。

②萧山武术源远流长。据传，宋室南迁定都临安（今杭州）后，朝廷为保京师安全，屡派武师南渡钱塘江，在萧山城厢、西兴等地设立武馆，招收乡人传授武艺。时境内习武之风盛行。

明代，倭寇在东南沿海侵袭骚扰，百姓深受其害，境内长河、西兴、长山、螽山、瓜沥一带习武之人自发组成民团，抗击倭寇，保家护园。

清代，临浦、进化等地一些习武青年受定海总兵葛云飞（进化镇山头埠人）招募，守卫海疆。第一次鸦片战争期间的定海保卫战中，在葛云飞指挥下奋力抗击入侵英军，多位萧山籍壮士血染疆场，为国捐躯。

民国时期，萧山民间习武之人呈无组织状态，门派极严，多不外传，一些老拳师隐姓埋名，活动面极窄。有的自成一派以武练身，有的为生计所迫为有钱人家做保镖，有的流落江湖卖"武膏药"糊口，也有的参加中共领导的地下组织或抗日组织，走上革命道路。

③1952年，来苏乡缪家村缪厚安曾在省民族形式体育大会上表演单刀舞、双刀舞和棍舞等节目。60年代初，城厢镇姚俊、何招耿、邱鲁德等人师从浙江省武术大师陈邦达习武练身，间或参加省、市一些武术比赛，取得较好成绩。1983年11月，县武术代表队参加杭州市首届民间武术表演赛，2人获一等奖。

外县（市）培训70多位业余武术人才；举办市（县）级散手、推手、太极拳、太极剑等多种形式的武术比赛、擂台赛、武术表演赛和少儿武术比赛18次；组队、组团参加杭州市、浙江省和全国的武术比赛13次；举办武术裁判员培训和理论考试4次；到工厂、农村、驻萧部队、光荣院和居委会举行慰问演出和武术联欢会11次。

1984年2月，县体委、总工会根据群众要求，聘请名师，多次举办太极拳、气功、少林基本功等各种训练班，在城厢镇建立武术辅导站14处。一些老拳师开始露面授徒，一时习武之风盛行。同年3月，在杭州市散手、推手、摔跤比赛中，县武术代表队分别获70千克级推手第三名、60千克级第四名、52千克级第三名。9月，在黄岩举行的省民间武术表演赛中，邱鲁德的陈式太极拳获得二等奖。1988年3月，在杭州市散手、推手比赛中，萧山武术代表队冯逸民获65千克级散手、推手第一名；许勇获60千克级散手、推手第一名。同月，在浙江省散手、推手擂台赛中，冯逸民获65千克级第一名；许勇获60千克级第二名。5月，萧山市首届武术表演赛在工人文化宫灯光球场举行，陈菊仙（女）获杨式太极拳第一名、杨式太极剑第一名、陈式太极拳第二名；陆建岗获陈式太极拳第一名；卢传华获自选拳术、器械第一名。1988年6月，何招耿发起成立新时期萧山第一家民间武术馆——萧山明磊武馆，馆址设在萧山体育场司令台北侧一房间内。何招耿自筹经费2000余元，组织一批青年武术爱好者习武练身，培养一批武术新人。1994年，市武术协会成员许勇在日本群马县理根经济株式会社进修期间，曾到该县太田市武道馆任教练，为日本武术爱好者作辅导。

1994年9月，在杭州市7县（市）第二届"友谊杯"太极拳（剑）邀请赛中，萧山代表队获团体总分第二名。1995年，萧山组队参加杭州市级以上比赛6次。1999年5月，杨一强在全国武术锦标赛中，获男子推手85千克级第一名。2000年9月，王珏良在杭州市"美达房产杯"首届杨式太极拳比赛中，获52千克级第二名；黄革伟获80千克级第二名。

冬 泳

1980年后，萧山有部分中、老年人自发进行冬泳活动。2000年2月3日，开元旅业冬泳队成立，有队员100余人，坚持开展冬泳活动。先后参加全国、省、市组织的冬泳比赛，其中市工商局干部竺江波在2000年第五届全国冬泳锦标赛中中年男子组50米自由泳比赛中获第四名。在2000年第五届西湖杯铁人三项（游泳、自行车、长跑）比赛中，有5人获铁人证章，这是萧山首次在该项目上参赛并取得了较好成绩，填补萧山在该项目上无人参赛的空白。该队还自建网站，成为市内唯一上网的群众性体育组织。

其 他

1990～2000年，各基层体育组织开展职工田径、球类、棋类、游泳、环城跑等体育比赛活动，累计举办比赛568次，参加的44773人次；举办培训班104期，参加的5047人次。其中1995年参加体育咨询734次，下基层辅导35次；1996～1998年，培训体育教练10人，裁判员455人。2000年，对外体育交流29次。在市级以上的各类比赛中获奖牌71枚，其中金奖29枚、银奖27枚、铜奖15枚。

【附】

篮球之家

萧山有这么一对老人，膝下五儿两女，个个与篮球结缘，有的是国家队队员，有的是省队队员，有的是部队篮球教练，有的担任奥运会裁判。这对老人，就是杭州发电设备厂退休工人朱宝根、梅仙菊夫妇。

朱老夫妇的长女朱瑞珍，17岁时就被省青年女子篮球队选中。长子朱家忠，曾是浙江男子篮球队的主力队员，后任浙江女子篮球队教练，1982年被国际篮球联合会批准为国际篮球裁判，常随国家队出访从事裁判工作，是汉城、巴塞罗那、亚特兰大奥运会的国际篮球裁判，连续执哨3届奥运会及3届世界篮球锦标赛。次子朱家志，1973年被选拔到八一篮球队，还作为国家队队员参加了第七、第八、第九届亚洲男篮锦标赛，后任八一女子篮球队主教练。三子朱家恩、四子朱家息参军后，都是部队篮球队主力队员，退役后则分别担任杭州发电设备厂篮球队主力队员和省财税系统篮球队队长。五子朱家惠从小喜爱篮球运动，现在是杭州发电设备厂篮球队队员。

孩子们一个个都爱上篮球，朱老夫妇也成了十足的篮球迷。只要萧山有篮球赛，朱老先生总是偕夫人前去观看。儿女们也孝顺，尽可能地安排两老到杭州看篮球赛。如果有儿子上场，朱老夫妇是每场必到。朱家的儿媳、女婿中，绝大多数原来也是篮球运动员，连孙辈也爱上了篮球。长孙朱力俊，身高已达2米，在浙江中迅篮球队打球。二孙子朱威虽说还是初中生，业余时也常常跟着八一青年女子篮球队队员们练球。

（资料来源：萧山区文广新局、区体育局）

第四节　老年人体育

中华人民共和国成立前，老年人很少参加体育活动。中华人民共和国成立后，老年体育活动逐渐得到发展，但缺乏老年体育运动场地和运动设施，大多为自发、分散、简单的体育锻炼。

80年代后，随着人民群众物质文化生活水平的提高，老年体育活动也随之兴起。1985～2000年，萧山市（县）老年运动员多次代表杭州市参加省历届老年运动会；参加杭州市老年运动会和杭州市级以上各类老年单项体育比赛，都取得较好成绩。1988年开始，萧山在举办每年一届老年运动会的基础上，全面开展球类、棋类、武术、登山、跑步、舞蹈等多项老年人体育健身锻炼活动。

日常体育活动

"木兰系列"健身活动　包括木兰拳、木兰剑、木兰扇等内容，1988年前后在萧山兴起。开始由几十位爱好者自发组织活动，进行健身锻炼。该项活动姿势优美、动作舒展大方，特别适宜于中老年人强身健体，因此，参与的人员越来越多，成为萧山老年人广泛参与的健身强体项目之一。1991年2月，萧山老年体育协会建立萧山市木兰拳辅导站，下设16个分站。这项活动由起初的木兰拳、木兰剑、木兰扇等系列活动，逐渐扩展到腰鼓、秧歌、无极（健身）球等。1993年，在浙江省木兰拳（第三套）比赛中，萧山老年运动员获木兰剑一等奖、木兰拳二等奖；1996年，在浙江省无极（健身）球保健操比赛中，获一等奖；1997年，在全国木兰拳邀请赛中，获老年组一等奖。

太极系列健身活动　以杨式太极拳、太极剑

图39-1-1014　市财税系统老年队与文卫系统老年队举行门球比赛（2000年，金仲侯摄）

为主，其特点是柔中带刚，刚柔相济，为萧山的习武爱好者所喜爱。80年代以来，这一武术项目得到进一步发扬光大。1994年9月，在杭州市7县（市）第二届"友谊杯"太极拳（剑）邀请赛中，萧山代表队获团体总分第二名。1995年，萧山组队参加杭州市级以上比赛6次，有3名老年人随杭州市武术协会轩德太极拳馆参加"第三届中国太极拳"联谊赛，获42式太极拳第四名。5月，萧山建立太极拳辅导站。至2001年，已设辅导分站7个（锻炼点），活动人员300余人。辅导站还经常组队参加全市性的各类大型群众文体活动表演。1997年8月，在萧山举办的全国中学生田径运动会开幕式上，200名中老年队员进行太极拳表演，成为开幕式上一道独特的风景。

球类活动　1989年7月31日，萧山市中老年门球队成立，由政府机关、学校、医院、企事业单位等不同职业的离退休人员组成，常年开展活动，并参与各类比赛。每年春节、元宵节、"三八"国际妇女节、"五一"国际劳动节、国庆节等节日举办赛事活动，已形成传统。还经常参加省、市和杭州7县（市）组织的各类门球赛。1993年4月，杭州、绍兴、金华地区部分县（市）老年人门球比赛在萧山举行，萧山市老年门球队获第一名；6月，杭州市7县（市）"长寿杯"门球比赛在萧山举行，萧山队又获得第一名；8月，杭州、绍兴、金华地区部分县（市）老年门球比赛在金华举行，萧山市城厢镇老年门球队获第二名。1995年，参加杭州、绍兴、金华三地区门球协作赛，萧山市城厢镇老年队获第一名；参加全国沿海地区"奥野杯"联谊赛，萧山老年门球队获第六名。至2000年，有队员200余人。一些老年人还参加篮球、乒乓球、羽毛球等锻炼和比赛活动。

登山活动　70年代末起，城厢镇的北干山、西山，临浦镇的峙山，瓜沥镇的航坞山等处出现居民登山等晨练活动，以中老年人为主。中秋节前后，进行夜间登山赏月活动，有的结伴而行，有的全家出动，人数众多，场面壮观。1988年，浙江省第七届人大常委会第四次会议决定，每年的农历九月初九（重阳节）为本省的老人节。是年重阳节，萧山市老龄工作委员会和体委组织城区767名老年人进行登山活动。翌年，参加老人节登山活动的增至1800多人，其中年龄最大的为84岁。自此，每年老人节均举行登山活动，至2000年已举办13届，每年参加人数在2000人左右。

其他活动　主要有健身跑、骑自行车、游泳、麻将、桥牌、棋类（国际象棋、中国象棋、围棋）等。1983年，萧山老年长跑队成立（1988年更名为萧山湘湖长跑队），有队员30人，经常与杭州西湖长跑队交往，并多次参加杭州环西湖国际马拉松比赛；至2000年末，有队员100多人。1993年12月，市老龄工作委员会、劳动局、老年人体育协会联合举办"社保杯"体育活动达标比赛。达标项目设有综合太极拳、杨式太极拳（剑）、交谊舞、迪斯科、腰鼓、健身操、健身跑、门球8项。有运动员209人参加，其中获优秀级36人、良好级81人、合格级49人。1994年继续举办达标赛，有109人参加，获优秀级22人、良好级26人、合格级8人。是年9月，市老年迪斯科队赴北京参加全国老年人迪斯科比赛，获二等奖。1995年，参加在建德市举行的杭州市老年人交谊舞比赛，萧山2对运动员获一等奖3项、二等奖2项、三等奖1项。1997年，参加杭州市第四届老年运动会，萧山3名老年运动员被选拔为杭州市代表队成员，参加省第三届老年运动会，获得第四名1个、第五名1个。1990～2000年，市老年人体育协会分别举办太极拳（剑）、木兰拳（剑、扇）、门球、迪斯科、交谊舞、桥牌等培训班112期，参加培训的3585人次；举办健身活动讲座6次，参加的360多人次。

老年运动会

1988年10月18～20日，市老龄委、体委、人事局、劳动局、市委老干部局等单位在城厢镇联合举办萧山市首届老年运动会，162名老年运动员参加太极拳、梅花剑、八段锦、老年保健操、老年迪斯科等项目的比赛。后每年举行1次，至2000年，已举办13届，合计参赛队328支、参赛人员5430人。

表39-1-682　1988～2000年萧山市老年运动会情况

届次	时间	参　赛　项　目	参赛队数（支）	参赛人数（人）	获团体奖前三名单位
一	1988-10	太极拳、梅花剑、八段锦、老年保健操、老年迪斯科	8	162	—
二	1989-10	太极拳、太极剑、健身操、中国象棋、乒乓球、老年保健操、老年迪斯科	12	186	—
三	1990-10	太极拳、太极剑、健身操、中国象棋、乒乓球、门球、老年保健操、老年迪斯科、登山	20	1298	—
四	1991-10	太极拳、太极剑、健身操、中国象棋、乒乓球、门球、钓鱼	20	250	—
五	1992-10	太极拳、太极剑、健身操、中国象棋、乒乓球、门球、钓鱼、老年迪斯科	21	286	城厢镇、市教育局、杭州第二棉纺织厂
六	1993-10	健身跑、中国象棋、乒乓球、门球、钓鱼、老年迪斯科、交谊舞	21	294	城厢镇、市教育局、杭州发电设备厂
七	1994-10	太极拳、太极剑、中国象棋、围棋、门球、网球、乒乓球、桥牌、钓鱼、健身跑	21	302	城厢镇、市教育局、杭州发电设备厂
八	1995-10	太极拳、太极剑、中国象棋、围棋、门球、网球、乒乓球、桥牌、钓鱼、健身跑	22	301	城厢镇、市教育局、粮食局
九	1996-10	太极拳、太极剑、中国象棋、围棋、门球、网球、乒乓球、桥牌、钓鱼、健身跑、"送公粮"、"收西瓜"	26	412	城厢镇、市教育局、杭州齿轮箱厂
十	1997-10	太极拳、太极剑、中国象棋、围棋、门球、网球、乒乓球、桥牌、钓鱼、"送公粮"、"收西瓜"	29	319	城厢镇、市教委、临浦镇
十一	1998-09	太极拳、太极剑、中国象棋、围棋、门球、投篮、乒乓球、桥牌、钓鱼、"送公粮"、"收西瓜"	33	450	城厢镇、市教委、临浦镇
十二	1999-10	太极拳、太极剑、中国象棋、围棋、门球、投篮、乒乓球、桥牌、钓鱼、"送公粮"、"收西瓜"	43	562	城厢镇、市教委、卫生局
十三	2000-09	太极拳、太极剑、中国象棋、围棋、门球、投篮、乒乓球、桥牌、钓鱼、"送公粮"、"收西瓜"	52	608	部门组：市教委、杭州发电设备厂、粮食系统；乡镇组：城厢镇、临浦镇、楼塔镇

注：①第三届老年运动会与登山活动一起开展；第十三届开始，比赛分组进行。
　　②"送公粮"、"收西瓜"为用劳动形式编排的两个简易、活泼的体育运动项目。
　　③资料来源：萧山区文广新局、区体育局。

【附】

萧山中老年篮球队

　　萧山中老年篮球队成立于80年代初，原名萧山常青篮球队，由一批五六十年代活跃在萧山球坛的篮球"宿将"组成。队员地域范围主要在城厢镇，球队隶属于市老年体协，是萧山中老年业余篮球爱好者自发组织的基层群众体育团体。其宗旨是以老年健身为主要目的，放松身心，增进友谊，提高技术战术。

　　至2000年，队员平均年龄62岁，其中年龄最大的72岁。球队常年坚持训练，成立之初为每星期三晚上，1992年以后改为每星期五下午。建队以来，克服无经济来源、无固定场地等各种困难，全队团结一致，不论寒暑从未间断过训练。其间，参加省、地（杭州市）、市（县）级及萧山市内工厂、学校、机关、乡镇友谊赛百余次，曾多次为市内青少年篮球爱好者充当赛前陪练，帮助他们提高技术、战术水平，增强在各类比赛中的夺冠能力。其中3位队员经常担任市内各基层球队教练。萧山中老年篮球队为推动萧山群众体育和老年健身活动的发展、促进全市篮球运动的普及和提高作出了积极的贡献。

（资料来源：徐亚平整理，萧山区文广新局、区体育局提供）

第五节 残疾人体育

中华人民共和国成立前，残疾人社会地位低下，生活困难，受多种条件制约，极少参加体育活动。中华人民共和国成立后，残疾人社会地位逐渐提高，残疾人体育活动有所发展，但缺乏残疾人体育运动场地和运动设施，参加人数不多。1990年，萧山市残疾人联合会成立；1991年，市伤残人体育协会成立，残疾人体育活动逐步开展，并向规范化的道路发展。

图39—1—1015 国家体委主任伍绍祖接见残疾人运动员瞿红飞（1999年1月摄，瞿红飞提供）

1991年6月25～26日，萧山市首届残疾人运动会在城厢镇举行，比赛项目为田径和乒乓球，有7个区的7支代表队90名运动员参加比赛。团体总分名次依次为城北区、城厢镇、瓜沥区、城南区、义蓬区、临浦区、戴村区。10月6～8日，在杭州市残疾人运动会上，萧山9名运动员参加乒乓球和射击比赛，获得第一名3个、第二名3个。同月，在浙江省伤残人运动会乒乓球男子单打比赛中，萧山籍伤残人运动员甘永法获男子单打冠军。1994年7月18日，市第二届残疾人运动会在萧山体育馆、萧山游泳池举行，11个镇乡代表队的35名男女运动员参加乒乓球、游泳两个项目的比赛。同年9月9日，肢体残疾人瞿红飞在北京举行的第六届远东及南太平洋地区残疾人运动会上，荣获女子LBa1级羽毛球单打亚军。1996年12月3日，市第三届残疾人运动会在市委党校举行，来自12个镇乡及民政系统代表队的38名男女运动员参加乒乓球、象棋比赛，市民政系统代表队获得团体总分第一名。1998年，市伤残人体育代表队在杭州市举行的第五届伤残人运动会上，获得团体总分第一名，获得金牌12枚、银牌14枚、铜牌5枚。1999年1月，肢体残疾人瞿红飞在泰国举行的第七届远东及南太平洋地区残疾人运动会上又荣获女子LBa1级女子羽毛球双打金牌、单打银牌。2000年5月13日，由萧山籍运动员组成的浙江省男子坐式排球队，在全国第五届残疾人运动会上，获男子坐式排球第三名。10月13～15日，在富阳市高桥初中举行的第三届杭州市特殊教育学校运动会上，市残疾人代表队获得团体总分第一名，获得金牌21枚、银牌13枚、铜牌5枚。杭州大地网架男子坐式排球队采用残疾人体育与企业相结合的模式，曾获2000年第五届全国残疾人运动会坐式排球赛铜牌及2000年"中残体育杯"全国坐式排球锦标赛银牌。

至2001年3月，萧山已举办3届残疾人体育运动会，比赛项目有田径、游泳、乒乓球、羽毛球、排球等，开展活动的项目还有射击、举重等。在参加各类比赛中，涌现出不少优秀运动员，共获得洲际比赛金牌1枚、银牌2枚；国家级比赛金牌1枚、银牌1枚、铜牌2枚；省级比赛金牌7枚、银牌4枚、铜牌1枚；杭州市级比赛金牌22枚、银牌25枚、铜牌5枚。

第六节 争创全国体育先进县（市）

1991年，萧山市人民政府决定争创全国体育先进县（市），成立以分管副市长任组长、体委主任任副组长的市争创全国体育先进县（市）领导小组。根据全国体育先进县（市）的标准条件，把体育工作纳入国民经济和社会发展计划中，解决当时体育工作中的一系列实际问题：落实少体校体制；落实体育馆专职体育从业人员编制；批准游泳池建设立项和通过体育场搬迁报告；市财政增加对体育经费投入力度。是年末，社会赞助的体育经费累计200820元。

争创全国体育先进县（市）活动促进萧山各类体育活动和比赛的广泛开展，每年一届的幼儿运动会、老年运动会、国庆职工和农民篮球赛、元旦环城跑接力赛，4年一次的全民运动会等比赛项目已形成制度，各项体育比赛既有相关单位联办，又有体育协会举办，推动全市群众体育运动。至1992年4月底，企业常年从事体育锻炼的职工人数占在职职工总数的40%，大多数企业建立业余运动队，有一定的体育设施，年人均体育经费20元；镇乡建立体育组织，聘请体育联络员，镇乡运动场地基本做到有一场一室（篮球场、乒乓球室），有业余运动队伍，有节假日比赛。临浦镇在创建全国体育先进县（市）活动中，竞技类的篮球、乒乓球、羽毛球、田径等项目蓬勃兴起，全镇有田径场4处、健身房1所、篮球场30个（其中灯光球场4个）。常年有3万多人参加体育健身活动。全镇有业余运动队21支，每年春季举办农民运动会，常设比赛项目13个，运动员300余人。镇、村（居民区）、企事业单位、学校等全民健身网络完整。

1992年5月7～10日，国家体委验收组分别对临浦镇、西兴镇、光明乡3个镇乡，峙山中学、西兴镇小、红山小学3所学校，石英化工总厂、花边总厂、临浦锅厂3家工厂等单位进行检查验收，对萧山的群众体育工作予以充分肯定，通过验收。同年12月12日，萧山市被国家体委命名为全国体育先进县（市）。1993年9月6日，在全国群众体育先进表彰大会上，萧山市获"全国体育先进县（市）"称号。

1994年，举行全市性体育比赛61次；在组队参加杭州市级以上各类体育比赛中，获奖牌78枚，在杭州市第十三届运动会上获团体亚军；成功地举办'94中国萧山国际摔跤邀请赛；萧山市被杭州市授予群众体育先进市称号。1995年，举办全市性体育比赛50次；在组队参加杭州市级以上各类体育比赛中，获奖牌80枚；组队参加杭州市第32届中学生暨小学生传统项目学校田径运动会，囊括5个团体总分第一名；成功承办全国性体育比赛4次。1996年，全市共举办各类体育比赛78次，组队参加省、市以上各类体育比赛，获奖牌90枚（金牌48枚、银牌28枚、铜牌14枚）；成功地举办第十一届亚洲摔跤锦标赛；萧山市被国家教委、体委授予推行《国家体育锻炼标准》先进单位。1997年，全市共举办各类体育比赛88次；在组队参加杭州市级以上比赛中，共获奖牌130枚（金牌47枚、银牌47枚、铜牌36枚）。1998年，全市共举办各类体育比赛71次；在组队参加杭州市以上比赛中，共获奖牌141枚（金牌67枚、银牌48枚、铜牌26枚）。1999年，全市共举办各类体育比赛78次；在组队参加杭州市以上比赛中，共获奖牌108枚（金牌54枚、银牌28枚、铜牌26枚）。2000年，全市共举办各类体育比赛90次；在组队参加杭州市以上比赛中，共获奖牌71枚（金牌29枚、银牌27枚、铜牌15枚）。

第二章　学校体育

　　萧山学校体育始于民国初年。[①]中华人民共和国成立后，学校体育活动逐步得到发展。1985年后，贯彻《国家体育锻炼标准》（以下简称"达标"），重视对体育传统项目的锻炼与培训，开展各项体育活动，并组织参与各级各类体育竞赛，取得了较好成绩。

第一节　幼儿体育

　　50年代初，萧山的幼儿园设幼儿体育课，开展以游戏为主的体育活动，每天安排晨间活动，每周2节体育课。1957年6月1日，萧山举办首届幼儿运动会，比赛项目：大班为60米童车、40米迎面接力跑（男女各5名）；中班为60米赛跑、立定跳远、小皮球掷远、60米童车、拔河；小班为20米赛跑、40米童车，15米迎面接力跑（男女各4名）。"文化大革命"期间，全县幼儿体育活动受到严重影响。1976年起，幼儿体育教学得到恢复。每年"六一"儿童节前后，举办全县幼儿运动会。至1984年，已举办9届。

　　1985年后，幼儿园体育教学趋向规范，幼儿体育活动更加丰富多彩，幼儿体育比赛转向更能反映童趣的"家庭小主人"、"我来帮助你"、"哪吒闹海"、"障碍跑"、"智力"、"迎面接力"等项目。从80年代末到90年代初，幼儿体育教学开展比较好的单位有城厢幼儿园、机关幼儿园、高桥幼儿园、临浦幼儿园、瓜沥幼儿园、杭齿厂幼儿园、职工幼儿园、实验幼儿园等。1997年，举办全市首届幼儿团体花样体操比赛，25所幼儿园600多名幼儿参加比赛。1995～2000年，萧山每年组织城厢、临浦、机关、笑笑等幼儿园参加全国、省级幼儿艺术体操比赛，获国家级二等奖2个、省级一等奖3个、二等奖6个。

第二节　中小学、中专体育

　　中华人民共和国成立后，中小学体育历经曲折的发展过程。[②]1985年后，加大对中小学体育设施的投入力度，学校体育场地设施得到全面改善。至2000年，全市学校体育场地完全"达标"的有98所，基本"达标"10所；体育设备完全"达标"61所，基本"达标"58所。通过开展"达标"活动，促进体育人才的培养和输送，萧山中小学运动员在参与各级各类体育竞赛中取得较好成绩。

　　①民国初年，县高等小学堂设普通体操和兵式体操，初等小学堂为运动游戏。民国12年（1923），小学三至六年级设体育课，一至二年级设唱游课，竞技运动逐步开展。由于体育师资严重不足，体育场地狭小，设备简陋，除3所县立小学体育活动较正常外，不少学校体育课形同虚设。

　　②中华人民共和国成立初期，初中和小学高、中年级设体育课，低年级设唱游课。1954～1955年，全县全日制中小学先后推行第一套少年和儿童广播体操，至1984年已推行6套。1956年，实施《中小学体育教学大纲（试行草案）》，开展中学体育教研活动，改进课外、校外体育活动。部分学校推行"准备劳动与卫国体育制度"（简称"劳卫制"），至1958年，参加"劳卫制"锻炼的学生8318人，其中2919人分别获得一、二级证章和证书。是年下半年开始，大部分学校的体育活动为劳动替代。1963年后，实施《中小学体育教学大纲》，部分学校开展游泳训练，组队参加杭州市七县中学生游泳比赛。1976年，全县进行游泳人员普查，中小学、中专、技校在校学生149770人，其中会游泳的50179人。"文化大革命"期间，体育课改为军体课。1977年起，学校体育逐步恢复正常，学生每天至少有1小时的体育锻炼时间。

　　1979年后，全县学校以"达标"、"防近"（防止近视眼的发病率）为中心，开展"两课"（上好每周2节体育课）、"两操"（广播操、眼保健操）、"两活动"（晨间活动、课外活动）。1981年，县文教局配备体育教研员，区教办有专人分管体育工作，县、区、乡、校4级体育教研网逐步形成。1982～1984年，连续多次开展"达标"验收。1984年，全县受"达标"验收的学生83172人，已"达标"的58136人。

"达标"活动

1985年，县教育局、县体委对教育系统"达标"活动进行验收，在全县90687名学生中，合格人数71306人，"达标"率为78.63%。在省教委、省体委公布的全省全日制学校"达标"赛评定结果通报中，萧山中小学被评为集体一等奖，获"达标"先进集体称号，其中城厢镇工农兵小学和新街乡中心小学被授予"全能奖学校"称号。1988年，全市适龄学生中，经"达标"验收合格的86500人，"达标"率为91.50%，其中优秀级14.50%、良好级47.30%，成绩列杭州市第一名。浦南乡中心学校、裘江乡中心学校、城厢镇劲松小学、宏图乡中心学校、盈丰乡中心学校被评为省"达标"先进学校。

1995学年度，全市适龄学生为107705人，达到《国家体育锻炼标准》的有107146人，占99.48%。其中优秀61649人，占57.24%；良好34699人，占32.22%；及格10798人，占10.03%。"达标"工作的实施面达100%，萧山成为浙江省"达标"先进"十连胜"单位，并被评为全国"达标"先进单位。是年，长沙小学、党山小学、径游小学、新塘小学、桃源小学、裘江小学、城北小学、江寺小学、人民路小学、城东小学、长沙初中、大园初中、萧山第九高级中学13所学校被评为省级"达标"先进学校。同时，萧山也被评为杭州市级达标先进单位。人民路小学、瓜沥镇第二小学、城南初中、萧山第三高级中学、临浦镇小被评为"杭州市体育卫生工作先进集体"。

1997～1998年，全市适龄学生113928人，"达标"的113776人，达标率99.87%；其中优秀级80887人、良好级27253人、及格级5636人。综合得分365.34分。"达标"工作实施面为100%，连续12年成为全省"达标"先进单位。其中北干小学、城东初中等20所学校被评为省级"达标"先进学校，城东初中被国家体育总局、教育部评为国家级"达标"先进学校。

2000年，全市适龄学生116917人，"达标"的116744人，"达标"率为99.85%，其中优秀级93721人、良好级18918人、及格级4105人。全市综合得分为373.44分，继续保持在省、杭州市的领先地位。

体育传统项目

1985年，全县有中小学体育传统项目运动队225个，其中校队118个、班队107个，参加人数1839人，分田径、篮球、乒乓球、足球、武术等项目。被定为省级和杭州市级体育传统项目训练点4个：省级为萧山中学（田径训练点）、瓜沥镇小学（田径训练点）；杭州市级为城南小学（田径训练点）、杭州发电设备厂子弟学校（篮球训练点）。1990年，全市有体育传统项目学校34所，其中小学25所、中学9所，属省级和杭州市级的各2所。训练的传统项目主要有田径、篮球、乒乓球3项。其中篮球6所、乒乓球5所、田径23所。1996年，全市有体育传统项目学校38所，其中省级1所、杭州市级3所、萧山市级34所。先后组队参加杭州市小学体育传统项目田径、乒乓球、篮球、"三棋"（中国象棋、国际象棋、围棋，以下同）等比赛，获奖牌16枚，其中金牌4枚、银牌8枚、铜牌4枚；获团体总分第二名1项、第三名1项。

在体育传统项目学校进行检查、验收、评比中，萧山中小学屡获殊荣：1987年5月7～8日，省、杭州市体育验收小组对两所省定点体育传统项目学校分别进行检验，萧山中学得86分；瓜沥镇小得92分，获杭州市7县最高分。是年，瓜沥镇小被评为国家级体育传统项目学校先进集体。1993年，大园小学被评为国家级群体先进集体。被评为省级体育传统项目学校先进集体（单位）的有：瓜沥镇小（1988）、朝晖初中（1989年）；被评为杭州市级体育传统项目的学校有瓜沥初中、靖江中心小学（1995年）；被评为省业余训练先进集体的有西兴中心小学（1995年），杭州市级的有瓜沥镇小（1990年和1992年）、朝晖初中（1994年）、回澜初中（1996年）、萧山中学（1997年）。被评为全国体育传统项目学校优秀体育工作者的有瓜沥镇小体育教师陈志相（1987年）、长河中学体育教师楼焕根（1990年和1991年），全国十佳优秀体育教师陈红儿（1992年）；被评为省体育教育先进（优秀）工作者的有：瓜沥镇小的陈志相（1987年）、萧山中学的骆明、长河中学的楼焕根、瓜沥镇小的沈金华、人民路小学的王力鸣、浦南初中的陈天汉（1988）、长河中学的楼焕根、体育路小学的边华苗、裘江中心小学的曹美康、瓜沥镇小的陈志相（1989年）；另有11位体育教师被评为杭州市级体育教育先进（优秀）工作者。

田径赛纪录

1985年4月，萧山举办首届中小学田径运动会，至2000年，共举办13届（1986年、1994年、1996年未举办），合计参加的代表队有616支，参加的运动员有5773名，其中105项16人次破市（县）纪录。1985~2000年，萧山中小学学生每年组队参加省、杭州市及市（县）内举办的各级各类田径体育比赛。

表39-2-683 1985年4月28日萧山县中小学生田径运动会破县纪录情况

姓 名	单 位	组 别	项 目	大会纪录	原纪录
俞立峰	萧山中学	高中男子	跳高	1.83米	1.79米
陆 逯	衙前中学	高中男子	铅球	12.89米	12.76米
宓红娟	萧山中学	高中女子	800米	2分29秒9	2分30秒8
沈国明	厂校队	初中男子	跳高	1.71米	1.58米
陆玲锋	城北区队	初中男子	跳高	1.59米	1.58米
叶 斌	厂校队	初中男子	跳高	1.59米	1.58米
周 丰	城南区队	初中男子	跳高	1.59米	1.58米
倪中平	戴村区队	初中男子	铁饼	40.90米	39.74米
郭珊红	城北区队	初中男子	800米	2分7秒7	2分10秒3
郭珊红	城北区队	初中男子	1500米	4分29秒9	4分30秒2
沈益平	临浦区队	初中男子	110米栏	18秒	19秒2
金一平	临浦区队	初中男子	110米栏	18秒7	19秒2
孔庆标	城北区队	初中男子	110米栏	19秒	19秒2
楼晓锋	戴村区队	初中男子	100米	12秒	12秒1
蒋旻娜	临浦区队	初中女子	铅球	9.12米	8.91米
钟水平	戴村区队	初中女子	手榴弹	37.14米	36.40米
陈 芳	戴村区队	初中女子	100米栏	17秒8	18秒8
潘 峻	城厢镇队	小学男子	50米（预）	7秒3	7秒4
王永兴	城北区队	初中男子	3000米	10分	10分15秒3
王冬夫	城南区队	初中男子	3000米	10分13秒6	10分15秒3
王玉涛	城北区队	初中男子	标枪	45米	37.06米

资料来源：萧山区教育局。

表39-2-684　2000年4月6～9日萧山市中小学生田径运动会破市纪录情况

姓　名	单　位	组　别	项　目	破纪录时间	破纪录成绩	原成绩
王　芳	城南小学	小学女子二组	1500米	4月6日	5分18秒4	5分25秒5
项雪菲	甘露小学	小学女子二组	1500米	4月6日	5分20秒6	5分25秒5
李建芬	党山小学	小学女子二组	1500米	4月6日	5分21秒9	5分25秒5
卢盈燕	戴村小学	小学女子二组	1500米	4月6日	5分23秒9	5分25秒5
韩利锋	萧山中学	高中男子	铅球	4月6日	14.95米	14.47米
蒋红庆	萧山第九高级中学	高中男子	110米栏	4月7日	16秒1	16秒3
马　飞	长山小学	小学女子二组	跳高	4月7日	1.43米	1.41米
曹　博	高桥初中	初中男子一组	5000米	4月8日	17分19秒6	18分10秒4
陆　庆	靖江初中	初中男子一组	5000米	4月8日	18分01秒1	18分10秒4
俞侃侃	高桥初中	初中男子一组	5000米	4月8日	18分01秒4	18分10秒4
沈蒙恩	长山初中	初中女子二组	铅球	4月8日	10.99米	10.30米
沈　东	云石初中	初中男子三组	跳高	4月8日	1.82米	1.81米
汤欢炯	城山初中	初中男子一组	跳远	4月8日	7.03米	6.66米
汤欢炯	城山初中	初中男子一组	跳高	4月9日	1.85米	1.82米

资料来源：萧山区教育局。

表39-2-685　1991～2000年萧山市小学学生田径赛最高纪录

时　间	组　别	项　目	成　绩	创造者	单　位	运动会名称	地　点
1992-04	男子	60米	7秒6	朱绍红		市中小学田径运动会	萧山市
1992-04	女子		8秒5	沈小平		市中小学田径运动会	萧山市
1998-04	男子	100米	12秒3	朱俞翀	城一队	市中小学田径运动会	萧山市
1998-04	女子		13秒4	余　琳	城一队	市中小学田径运动会	萧山市
1998-04	男子	200米	25秒7	沈鑫杰	临浦队	市中小学田径运动会	萧山市
1999-04	女子		28秒2	陈　敏	来苏队	市中小学田径运动会	萧山市
1998-04	男子	400米	57秒7	沈鑫杰	临浦队	市中小学田径运动会	萧山市
1998-04	女子		1分4秒2	毛晶晶	城一队	市中小学田径运动会	萧山市
1998-04	男子	800米	2分17秒9	沈华忠	坎山队	市中小学田径运动会	萧山市
1992-04	女子		2分32秒3	来一萍		市中小学田径运动会	萧山市
1998-04	男子	1500米	4分50秒6	沈华忠	坎山队	市中小学田径运动会	萧山市
2000-04	女子		5分18秒4	王　芳	城南队	市中小学田径运动会	萧山市
1995-05	男子	4×100米	52秒2	王　刚　俞　剑　田　庆　陈国笑	市队	杭州市小学传统学校田径赛	杭州市
1999-05	女子		54秒7		市队	杭州市三十三届中小学生田径运动会	杭州市
1998-04	男子	跳高	1米55	丁国庆	坎山队	市中小学田径运动会	萧山市
2000-05	女子		1米45	马　飞	长山队	杭州市三十七届中小学生运动会	杭州市

时 间	组 别	项 目	成 绩	创造者	单 位	运动会名称	地 点
1993-04	男子	跳远	5米42	童云波		市中小学田径运动会	萧山市
1991-04	女子		4米36	钟小芳		市中小学田径运动会	萧山市
1997-04	男子	300克手榴弹	55米84	王超佳	城二队	市中小学田径运动会	萧山市
1992-04	女子		45米98	沈 芬		市中小学田径运动会	萧山市
1996-07	男子	4000克铅球	11米66	陈 军	前进队	省第二届县（市）级田径运动会	海宁市
1997-04	女子	3000克铅球	10米60	沈蒙思	新街队	萧山市中小学田径大奖赛	萧山市

注：①"城一队"指1992年撤扩并前原城厢镇范围所组合的队伍，"城二队"指现城厢镇范围内除"城一队"外各周边办事处所组合的队（含石岩、来苏、新塘）。

②资料来源：萧山区教育局。

表39-2-686　1987~2000年萧山初中学生田径赛最高纪录

时 间	组 别	项 目	成 绩	创造者	单 位	运动会名称	地 点
1991-04	男子	100米	11秒4	任建国		市中小学田径运动会	萧山市
1996-07	女子		12秒3	高 玲	萧山中学队	全国中小学生田径运动会	郑州市
1992-07	男子	200米	23秒6	李国刚		省中学生田径运动会	萧山市
1996-07	女子		25秒7	高 玲	萧山中学队	全国中学生田径运动会	郑州市
1992-07	男子	400米	53秒2	李国刚		省中学生田径运动会	萧山市
1999-05	女子		57秒5	王守思	城南初中队	杭州市三十三届中小学生田径运动会	杭州市
1999-04	男子	800米	2分0秒6	沈华庆	益农初中队	市中小学田径运动会	萧山市
1988	女子		2分23秒4	王英萍	浦南初中队	市中小学田径运动会	萧山市
1999-09	男子	1500米	4分11秒8	沈华庆	益农初中队	市中小学田径运动会	萧山市
1997-07	女子		4分59秒9	王英萍	浦南初中队	"中南杯"五城市少年田径比赛	上海市
1987-05	女子	3000米	11分13秒6	王英萍	浦南初中队	杭州市二十四届中学生田径运动会	余杭市
2000-04	男子	5000米	17分19秒6	曹 博	高桥初中队	市中小学田径运动会	萧山市
1999-05	女子	100米栏	16秒1	孙华梅	闻堰初中队	杭州市三十三届中小学生田径运动会	杭州市
2000-05	男子	110米栏	15秒40	傅 君		杭州市三十七届中小学生运动会	杭州市
1996-06	女子	200米栏（高84厘米）	17秒2	葛建红	萧山中学队	省一级重点中学田径运动会	诸暨市
2000-06	男子	4×100米接力	45秒50		萧山中学队	省四届一级重点中学田径运动会	玉环县
1999-06	女子		50秒1		萧山中学队	省三届一级重点中学田径运动会	宁波市
2000-06	男子	跳高	1米91	沈 东	云石初中队	省四届一级重点中学田径运动会	玉环县
1990-06	女子		1米54	金 芳	临浦区队	杭州市十二届运动会	杭州市
2000-05	男子	跳远	7米08	汤欢炯	城山初中队	杭州市三十七届中小学生运动会	杭州市
1999-06	女子		5米97	孙华梅	闻堰初中队	省三十一届一级重点中学田径运动会	宁波市
1997-09	男子	三级跳远	13米66	徐利敏	城二队	杭州市十四届运动会	杭州市
1998-04	女子		11米75	孙华梅	闻堰初中队	市中小学田径运动会	萧山市
1993-05	男子	5000克铅球	14米02	蔡周村		杭州市第三十届中学生田径运动会	杭州市
1996-07	女子	3000克铅球	11米48	宣卓丹	萧山中学队	省二届县（市）级田径运动会	海宁市
1992-05	男子	标枪600克	37米08	楼燕红		杭州市中小学田径运动会	杭州市

续　表

时　间	组别	项　目	成　绩	创造者	单　位	运动会名称	地　点
1993—05	男子	1000克铁饼	49米66	蔡周村		杭州市第三十届中学生田径运动会	杭州市
1988	女子		31米56	王　芳	义盛初中队	市中小学田径运动会	萧山市

　　注：①"城一队"指1992年撤扩并前原城厢镇范围所组合的队伍，"城二队"指现城厢镇范围内除"城一队"外各周边办事处所组合的队（含石岩、来苏、新塘）。
　　②资料来源：萧山区教育局。

表39-2-687　1987～2000年萧山高中学生田径赛最高纪录

时　间	组别	项　目	成　绩	创造者	单　位	运动会名称	地　点
1995—05	男子	100米	10秒6	诸钱江	萧山中学队	省第六届中学生运动会	上虞市
1995—05	男子	200米	22秒3	诸钱江	萧山中学队	省第六届中学生运动会	上虞市
1996—07	女子	400米	59秒2	沈小萍	萧山中学队	全国中学生田径运动会	郑州市
1999—06	男子	800米	1分57秒6	蒋妙伟	萧山中学队	省三届一级重点中学田径运动会	宁波市
1990—09	女子		2分18秒	王英萍	临浦区队	省第九届运动会	杭州市
1999—04	男子	1500米	4分8秒4	蒋妙伟	萧山中学队	市中小学田径运动会	萧山市
1987—07	男子	3000米	9分14秒	王永兴	萧山中学队	省业余体校田径赛	杭州市
1997—09	男子	5000米	16分12秒6	蒋妙伟	萧山中学队	杭州市第十四届运动会	杭州市
1999—06	女子	100米栏	15秒4	葛建红	萧山中学队	省三届一级重点中学田径运动会	宁波市
1999—05	男子	110米栏	15秒2	胡少军	萧山中学队	杭州市三十三届中小学田径运动会	杭州市
1996—06	男子	400米栏	58秒8	胡少军	萧山中学队	省一级重点中学田径运动会	诸暨市
1995—05	男子	4×100米接力	44秒2	徐亚民倪华民何方年童去波	市队	省第六届中学生运动会	上虞市
1995—05	女子		50秒1	钟学颖高　玲华海霞沈小萍	市队	省第六届中学生运动会	上虞市
1996—06	男子	跳高	1米91	向建峰	萧山中学队	省一级重点中学田径运动会	诸暨市
1999—06	女子		1米66	沈英杰	萧山中学队	省三届一级重点中学田径运动会	宁波市
2000—05	男子	跳远	7米20	何建波	萧山中学队	杭州市三十七届中小学生运动会	杭州市
1997—09	女子		5米71	孙茗茗	闻堰初中队	杭州市十四届运动会	杭州市
2000—06	男子	三级跳远	14米71	徐灵明	萧山中学队	省四届一级重点中学田径运动会	玉环县
2000—05	男子	铅球6千克	15米24	韩利峰	萧山中学队	杭州市三十七届中小学生运动会	杭州市
1997—11	女子	铅球4千克	11米28	宣卓丹	萧山中学队	市中小学田径大奖赛	萧山市
1995—05	男子	铁饼1.5千克	44米66	蔡周时	萧山中学队	杭州市三十二届中学生田径运动会	杭州市
1987—05	男子	标枪700克	58米14	杨尧祥	萧山中学队	杭州市二十四届中学生田径运动会	余杭市
1989—05	男子	五项全能	3152分	孙文标	萧山中学队	杭州市三十六届中学生田径运动会	余杭市
1989—05	女子		2628分	戚亚凤	长山中学队	杭州市三十六届中学生田径运动会	余杭市
1990—09	男子	十项全能	5795分	孙文标	萧山中学队	省第九届运动会	杭州市

　　资料来源：萧山区教育局。

第三节　高等学校体育

1987年9月，浙江广播电视大学萧山工作站（详见《教育》编）从参加普通高考的学生中招收全日制专科生。学校按照教育部关于全日制高等专科学校体育课程的有关规定开设体育课，学生的体育锻炼按照"高等教育体育达标标准"要求进行，体育课成绩记入学生毕业总学分。学校根据条件，在学生中组织运动队伍，开展各种体育活动，参加各类校际竞赛。1988年10月，电大萧山分校组队参加杭州广播电视大学第一届田径运动会，获团体总分第一名。1989年10月，电大萧山分校举行首届田径运动会。1996年，该校有3名运动员入选杭州市广播电视大学运动队，参加浙江省大学生运动会。1990～2000年，电大萧山分校（学院）每年组队参加萧山市（县）元旦环城接力赛。

第四节　体育师资

民国时期，体育师资缺乏，学校所开设的体操课、体育课、运动游戏大都由文化课教师兼任。1950年下半年起，湘湖师范学校、严州师范学校体育专修科毕业生及各地体育校院毕业生陆续分配到萧山各学校担任体育教师，体育师资队伍逐渐形成。"文化大革命"期间，学校体育师资队伍受到削弱，体育教育受到严重影响。1977年起，学校体育趋向正常，各地中等师范学校、大专院校的体育专业毕业生分配来萧山任教，体育课教学质量逐渐提高。至1984年，全县有每周任8节体育课以上的专、兼任体育教师548人，其中专任体育教师中有大学本科毕业生6人、大学专科毕业生10人、中专毕业生30人。

1985年9月1日起，全县中、小学体育课教材全面实施省编《体育课本》，统一制定体育教师备课《教案册》和学生体育课考核成绩评定办法（试行）。1989年9月开始，萧山各中学全面实施《中学生体育合格标准》，高中首次举行学生体育理论测试。是年，进行全市体育教师教育、教学论文评选，33篇论文获奖，汇编成体育教学论文集。1992年，全市小学实施《小学生体育合格标准》，中小学全部采用省编九年制义务教材《体育与保健》进行体育教学。同时，举行体育教师教育、教学论文评选，统一制定《体育教研组长（教师）工作周志》。1996年，体育课堂教学实施"教材大容量、运动高密度、组织快节奏"的15字方针，体育教学质量得以提高。翌年，有5位体育教师被评为萧山市教坛新秀。1999年，举行首次中、小学青年体育教师（1995～1999年任教的52名青年体育教师）教学基本功演练考核活动，教学考核项目有广播操、急行跳远、排球、双杠技巧和体育理论表述5项。是年，有9位体育教师被评为萧山市教坛新秀。2000年，萧山市学校体育教学研究专业委员会成立。

至2000年末，全市有体育专职教师405人，中心小学以上均配有专职体育教师，其中高中（含中专、职高、技校）72人，初中154人，小学179人。体育教师中具有高级职称的12人、中级职称的126人。

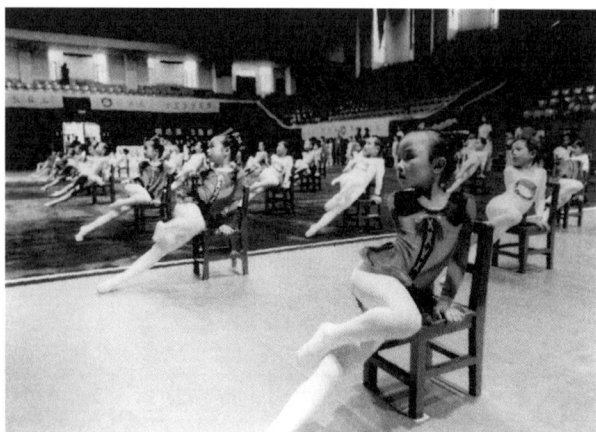

图39-2-1016　萧山体育馆举办"长鼻王杯"幼儿艺术体操表演赛（1999年6月摄，萧山区教育局提供）

第三章 体育竞赛

中华人民共和国成立后，萧山由政府或系统组织的各类体育竞赛不断，并积极组队参加杭州市、浙江省乃至全国性、国际性的体育竞赛。至2000年末，萧山举办全民运动会13届，运动员在各级各类赛事中频频获奖，展示萧山作为体育强县（市）的实力。在各类体育竞赛中，萧山运动员成绩突出的项目有田径、举重、球类、棋类等。

第一节 参加全国和国际比赛

萧山运动员多次参加全国性各类体育比赛取得较好成绩。1961年，汪水娟（女）参加全国皮划艇比赛，获铜牌；1981年，俞佳丽（女）参加全国皮划艇比赛，获银牌；1983年，李宗晓在全国少体校田径比赛短跑项目上获取银牌、铜牌各1枚。1986年8月15日，临浦中学学生胡九中（女）获全国第三届中学生运动会田径赛女子甲组200米金牌，打破此项目全国中学生纪录，这是萧山运动员首次获全国性比赛金牌。同年，胡九中（女）、孙水娟（女）获全国第三届中学生运动会田径赛女子组4×100米接力赛银牌。1987年，高翔获全国少年乒乓球锦标赛铜牌；在"中南杯"五城市少年田径赛上，章也男（女）获女子跳远金牌，王英萍（女）获女子800米、1500米金牌，王永兴获男子3000米金牌。1988年，王英萍（女）获全国少年分龄组田径赛14岁女子中长跑组银牌；孔伟获全国少年乒乓球赛男子单打、男子双打铜牌；杨尧祥获全国首届城市运动会100千克级举重银牌。1991年，杨尧祥获全国第二届城市运动会100千克级举重铜牌；8月，杨尧祥在印度尼西亚举行的亚洲青年锦标赛上，获100千克级抓举、挺举、总成绩3个金牌，这是萧山运动员首次在亚洲比赛中获得金牌。

1991年，章也男（女）获全国中学生田径运动会女子三级跳远铜牌。1993年3月24日，在广东省梅州市举行的第七届城市运动会男子举重比赛暨全国锦标赛上，萧山籍运动员杨尧祥在108千克级举重预赛中打破抓举165千克、挺举201.5千克两项亚洲纪录。1994年9月7日，萧山籍运动员单莺（女）与队友乐靖宜、吕彬、乐滢在意大利罗马举行的第七届世界游泳锦标赛上获得4×100米自由泳接力赛金牌，并以3分37秒91的成绩打破美国选手保持的3分39秒46的世界纪录。1996年7月22日，单莺（女）与队友一起在亚特兰大奥运会上夺得4×100米自由泳接力赛银牌和4×100米混合泳接力赛铜牌。1999年，杨一强在杭州举办的全国武术锦标赛（太极拳、太极剑、推手赛）上获男子推手85千克级金牌。

第二节 参加省级比赛

1985～2000年，萧山运动员先后26次参加省级体育比赛。主要体育比赛项目为跑步、跳远、跳高、举重、皮划艇、乒乓球、足球（女足）、篮球（男篮、女篮）等。先后获得金牌85块，其中代表队获得金牌66块，包括1989年在浙江省第四届中学生传统项目学校田径对抗赛中获得金牌7块，1991年在浙江省中学生田径运动会中获得金牌6块，1999年在浙江省第三届重点中学和试点学校田径比赛中获得金牌14块；运动员个人获得金牌19块，其中来秀春（女）在1988年浙江省第二届青年运动会上，获单人皮划艇300米和500米金牌各1块，诸钱江在1995年浙江省第六届中学生运动会上获100米和200米金牌各1块。此外，共获得银牌57块（代表队51块、运动员个人6块）、铜牌38块（代表队37块、运动员个人1块）。

第三节 参加地（市）级比赛

田径比赛

1986年，在杭州市第十一届运动会上，萧山代表队在田径比赛中，女队获团体总分第一，男队获团体总分第二； 1994年，在杭州市第十三届运动会上，萧山队获总分第二；1997年，在杭州市第十四届运动会上获总分第一；2000年在杭州市第十五届运动会上获总分第三。据1987～2000年不完全统计，萧山中小学参加杭州市（地区）田径比赛，先后获得团体总分第一名31次、第二名3次、第三名1次。

1987～2000年，萧山中小学先后11次组成代表队，参加杭州市（地区）中小学生运动会、田径运动会、传统项目学校运动会田径比赛，获得团体总分

图39－3－1017 萧山代表队获杭州市第十届运动会成年组田径赛团体冠军（80年代摄，吴志达、陈莹提供）

第一名2次，小学男、女团体总分第一名2次，高中男子团体总分第一名7次，高中女子团体总分第一名7次，初中男子团体总分第一名7次，初中女子团体总分第一名5次。

球类比赛

1986～2000年，萧山青少年、中年、老年运动员先后26次组队，参加杭州市（地区）组织的篮球、足球、羽毛球、乒乓球、门球比赛，获得男、女团体总分第一名12次，第二名11次，第三名12次。

棋类比赛

1986～1999年，萧山棋类运动员多次组团参加杭州市（地区）棋类比赛，成绩显著。其中中国象棋：在1986年、1997年杭州市第十一届、第十四届全民运动会上，均取得男子团体第三名、女子团体第二名；在1995年杭州市小学生"三棋"比赛中，取得团体总分第三名；在1997年杭州市传统体育学校"三棋"比赛中，取得女子团体第一名；在1999年杭州市传统体育学校"三棋"比赛中，取得男子团体第二名、女子团体第三名。国际象棋：在1997年杭州市第十四届全民运动会上，取得男子团体第三名、女子团体第二名；在1998年杭州市传统体育学校"三棋"比赛中，取得女子团体第三名。围棋：在1986年杭州市第十一届全民运动会上，取得女子团体第二名；在1997年杭州市第十四届全民运动会上，取得男子团体第一名；在1999年杭州市传统体育学校"三棋"比赛中，男、女团体均取得第三名。

其他比赛

1991年1月5日，萧山7名运动员参加在杭州举行的'91国际友好西湖马拉松赛，吕建华获男子2500米第四名。1992年，在杭州七县（市）"友谊杯"太极拳、太极剑邀请赛上，萧山市代表队获得团体第一名。1994年，在杭州市桥牌锦标赛上，萧山市桥牌队获得团体第一名；同年在杭州市残疾人游泳赛上，萧山市代表队获团体第一名。1995年，萧山市桥牌一队、二队参加浙江省第二届县级（市）桥牌比赛，分别获得团体第一名和第二名。

第四节　萧山市（县）级比赛

全民运动会

①民国4年（1915）11月10日，举办县立高等小学校暨小学教师讲习所联合运动会，举办地点城厢镇，参赛单位有第一、第二国民学校，诚明高、初等女子学校及长河国民学校等校；民国19年3月25日，举办萧山县民众运动会，举办地点城厢镇；民国22年5月20～22日，举办萧山县全县运动大会，举办地点城厢镇；民国26年5月19～20日，举办萧山县第一届全县运动会，举办地点北干山麓体育场，参赛选手有学校组514名，民众组150余名；民国33年10月20日，举办萧山县临时运动会，举办地点河上店，时处抗日战争时期，参加单位仅限于浦阳江以南地区的学校和民众组；民国36年5月4～7日，举办萧山县春季运动会，举办地点县立体育场；民国37年，举办萧山县运动大会，举办地点萧山县立体育场。这次运动会后，曾派出代表队参加省运动会。见萧山县志编纂委员会：《萧山县志》，浙江人民出版社，1987年，第937～938页。

民国时期，萧山曾举办过7次运动会。①其中民国4年（1915）举行的县教育系统运动会，是有资料记载的县内最早的运动会。民国26年举行的萧山县第一届全县运动会，是民国时期规模最大、记载较详的运动会。中华人民共和国成立后，萧山县于1951年5月举办县人民体育运动大会，至1984年4月，举办各类运动会19次，据不完全统计，参加代表队196个，参赛运动员5552人次。1974年起，每隔4年举办一次市（县）全民运动会。在时间安排上，与省、杭州市运动会相衔接。

1986年5月11～14日，萧山县人民体育运动大会在城厢镇举行，全县有25个体育代表团、1180名运动员参加。比赛分中国象棋、乒乓球、田径等项目。田径比赛于5月11～14日举行，分成年男、女，高中男、女，初中男、女和小学男、女8个组。有54人次在32个项目中打破县田径最高纪录。运动会期间，有23个县群众体育先进集体的代表和15名群众体育先进个人出席大会观礼与座谈。

1993年11月25日至1994年4月27日，在城厢镇举行萧山市运动会。比赛分系统（单位）和镇乡两大块，系统块项目有田径、篮球、羽毛球、乒乓球、围棋、象棋、广播操7项；镇乡块除羽毛球未设外，其余6项比赛与系统块相同。比赛结果：系统块前3名分别为杭州发电设备厂、市教育系统、市金融系统；镇乡块前3名分别为城厢镇、浦沿镇、瓜沥镇。这次运动会时间长达5个多月，为历次全民运动会之最。

1998年8月28日至10月13日，萧山市第十三届全民运动会在城厢镇举行，设田径、游泳、篮球、棋类、乒乓球、羽毛球、拔河、广播体操8个大项，共有49支代表队2500名教练员、运动员参加，分镇乡（场）和系统（企事业单位）两大组。这次运动会是萧山市盛况空前的体育运动赛事，运动会第一次选择以萧山特产之一的萧山大种鸡为题材，设计制作名为"喔喔鸡"的运动会吉祥物和题为《生命的交响曲》的运动会会歌。并举行有运动员和演职人员万余人参加的盛大开幕式。浙江湘湖师范学校、萧山中学、浙江乡镇工业学校、萧山城厢职业中等专业学校、城西街道文化艺术团及城厢镇中小学的10300名学生和演职人员，演出了题为《奔向新世纪》的大型团体操。经过紧张角逐，城厢镇、临浦镇、宁围镇获得镇乡（场）组前3名；教育系统、金融系统、供电系统获得系统组前3名。这次运动会上，教育系统的吴庆余以34.68米的成绩刷新萧山市的成年男子铁饼纪录，另有3人次平萧山市纪录。

图39-3-1018　萧山县人民体育运动大会入场仪式（1986年5月，来坚摄）

表39-3-688　1951～1984年萧山县运动会简况

顺序	运动会名称	举办时间	代表队数（支）	运动员人数（人）		
				男	女	合计
1	县人民体育运动大会	1951-05				
2	县第二届人民体育运动选拔大会	1953-06	14	272	113	385
3	县1955年秋季体育运动大会	1955-10				
4	县田径选拔大会	1958-05				
5	县春季运动大会	1959-04				
6	县第一次体育运动大会	1960-05	24	472	302	774
7	县中小学田径运动会	1972-05	11			414
8	县中小学田径运动会	1973-04	12			
9	县田径运动大会	1974-06	11			649
10	县少年儿童田径运动会	1975-04	11	233	216	449
11	县少年儿童幼儿田径运动大会	1976-05	11			
12	县少年田径运动会	1977-05	11			
13	县田径运动大会	1978-06	10	336	294	630
14	县少年儿童田径运动会	1979-05	14	299	263	562
15	县少年儿童田径运动会	1980-04	14	265	262	527
16	县中小学田径运动会	1981-05	13			
17	县田径运动大会	1982-05	15	413	351	764
18	县中小学生田径运动会	1983-05	13			
19	县中小学生田径运动会	1984-04	12	202	196	398

资料来源：萧山县志编纂委员会：《萧山县志》，浙江人民出版社，1987年，第937～938页。

田径运动会

1985～2000年，田径运动成为萧山体育运动中的强项之一，在杭州市的各项田径比赛中，团体名次一直保持在前三位。幼儿、青少年、中小学、各系统和全市（县）的田径运动会每年都在3次以上，其中中小学田径运动会每年举办1次。1985年9月，举办首届教工运动会，有13支代表队、228名运动员参加比赛。11月，传统项目学校田径对抗赛在萧山体育场举行，18所中小学组队参加比赛，有5人破6项县田径纪录。1987年6月，萧山县第二届职工运动会在城厢镇举行，有10支代表队、124名运动员参加比赛。是年，举办高中男子田径对抗赛，11所中学各选派4名运动员参赛，有4名运动员在三级跳远、铁饼等4个项目上6次刷新县最高纪录。1996年11月，市传统学校田径对抗赛在萧山体育场举行，24支代表队、284名运动员参加了4个项目的比赛。1985～2000年，共举行市（县）中小学田径运动会13届。

球类比赛

篮球比赛　50年代初期，萧山县级机关、公安、教育、粮食、银行等系统和企事业单位都成立篮球队，活动不断，赛事频繁。1973年，首次举行全县性篮球比赛，至1984年，共举行39次，其中职工篮球赛11次、学生篮球赛23次、农民篮球赛5次。1991年，萧山市篮球协会成立。

1985～2000年（缺1986年、1989年、1992年、1996年），举办全市（县）性各类篮球赛34次。

表39-3-689　1985～2000年萧山各类篮球赛情况

单位：支

时　间	比赛名称	参加队数	比赛地点	冠　军　队
1985-07	全县职工分等级篮球赛	28	县灯光球场	
	县中小学生篮球赛	27	城厢镇	
1987-09	全县职工篮球甲级赛	7	县灯光球场	杭州发电设备厂队
	全县职工篮球乙级赛	11	县灯光球场	县供销社队
	全县职工篮球丙级赛	14	县灯光球场	浙江钱江啤酒厂队
1987-10	"三八杯"女子篮球赛		县灯光球场	
1988-05	市"保险杯"职工篮球邀请赛	6	城厢镇	杭州齿轮箱厂队
1988-10	市职工篮球锦标赛	21	市工人文化宫球场	
1988-10	萧山市职工篮球等级赛	24	市灯光球场	
1990	市职工篮球锦标赛	24	市体育馆	杭州发电设备厂队
	市中学生篮球赛	15	市体育馆	厂办学校队（男子） 城厢镇队（女子）
	市小学生篮球赛	16	市体育馆	
1991-07	萧山市中小学生篮球赛	25	市体育馆	戴村区队（小学男子、初中女子）、城厢镇队（小学女子）、城北区队（初中男子）、萧山中学（高中男子、高中女子）
1991-10	全市职工篮球甲级赛	8	市体育馆	杭州发电设备厂
	全市职工篮球乙级赛	12	市体育馆	杭州华东无线电厂队
	全市职工篮球丙级赛	15	市体育馆	杭州钱江毛纺织厂队
1993-07	萧山市中小学生篮球赛	24	城厢镇	红山农场学校（小学男子）、湘师附小（小学女子）、衙前镇中（初中男子）、城厢镇中（初中女子）
1993-10	全市职工篮球甲级赛	8	市体育馆	浙江包装材料厂队
	全市职工篮球乙级赛	10	市体育馆	浙江钱江啤酒厂队
	全市职工篮球丙级赛	12	市体育馆	红山农场队
1994-10	萧山市职工篮球等级赛	26	市体育馆	市粮食局（甲级队）、市财政税务局（乙丙级）
1995-06	萧山市中小学生篮球赛	24	市体育馆	湘湖师范学校附属小学（小学女子）、瓜沥小学（小学男子）、回澜初中（初中男子）、瓜沥初中（初中女子）

时 间	比赛名称	参加队数	比赛地点	冠 军 队
1997	萧山市高中（职业）学生篮球赛	20	市体育馆	A组：男子：萧山中学 　　　女子：萧山第五高级中学 B组：男子：萧山第六高级中学 　　　女子：峙山职业高级中学
	萧山市初中生篮球赛	30	萧山中学	男子：城厢镇一队 女子：城厢镇一队
	萧山市小学生篮球赛	48	萧山中学	男子：临浦镇 女子：城厢镇一队
1998	萧山市高中（职业）学生篮球赛	28	市体育馆	男子：萧山第九高级中学 女子：城厢职业高级中学
	萧山市初中生篮球赛	30	萧山中学	男子：回澜初中 女子：石岩初中
	萧山市小学生篮球赛	52	萧山市第五高级中学	男子：临浦镇小学 女子：浦阳镇小学
1999	萧山市高中（职业）学生篮球赛	28	市体育馆	A组：男子：峙山职业高级中学 　　　女子：萧山第三高级中学 B组：男子：城厢职业高级中学 　　　女子：城厢职业高级中学
	萧山市初中生篮球赛	32	萧山中学	男子：云石初中 女子：高桥初中
	萧山市小学生篮球赛	56	萧山市第五高级中学	男子：江寺小学 女子：临浦镇小学
2000	萧山市高中（职业）学生篮球赛	28	萧山中学	普高组：男子：萧山中学 　　　　女子：萧山中学 职高组：男子：乡镇工业学校 　　　　女子：萧山第一职业高级中学
	萧山市初中生篮球赛	32	萧山中学	A组：男子：回澜初中 　　　女子：高桥初中 B组：男子：楼塔初中 　　　女子：河上初中 C组：男子：云石初中 　　　女子：浦阳初中
	萧山市小学生篮球赛	48	萧山中学	A组：男子：江寺小学 　　　女子：临浦镇小学 B组：男子：进化镇小学 　　　女子：城南小学 C组：男子：岩山小学 　　　女子：大同小学

注：①其中1985年、1987年、1988年、1989年、1990年获奖资料不全，1994年的市职工篮球等级赛，乙、丙级合并比赛。
　　②资料来源：萧山区文广新局、区体育局。

①民国23年（1934）4月23日，萧山县民众教育馆举办县级乒乓球比赛，是民国时期唯一的一次县级乒乓球比赛。

②1969年，萧山县举行首次学生乒乓球比赛。1969~1984年，举办学生乒乓球赛15次，参加队数115个，485人次参加。1972年，萧山县首次职工乒乓球赛在城厢镇举行。1973~1984年，举办职工乒乓球赛10次，参加队数337个，1540人次参加。

乒乓球比赛　民国时期，萧山举办过乒乓球比赛。①中华人民共和国成立后，乒乓球运动在机关、企事业单位、中小学和农村普遍开展，各类乒乓球比赛盛行。②1985年2月，萧山县中小学乒乓球比赛在城厢镇工农兵小学举行，参赛队9支，运动员128人。1994年10月，萧山市职工等级乒乓球比赛在萧山公路段举行，其中甲级队5支、乙级队8支，运动员98人，杭州发电设备厂获甲级队冠军，萧山市供电局获乙级队冠军。1996年，萧山市职工乒乓球比赛在萧山市工人文化宫举行，参赛队15支，运动员86人。1997年11月，萧山市职工乒乓球比赛在市乒乓球训练基地举行。1998年6月，萧山市职工等级乒乓球比赛在市工人文化宫举行，其中甲级队8支、乙级队12支，运动员112人。1985~2000年，萧山每4年举办一届市（县）全民运动会，设乒乓球单项比赛，还有各类群众性的乒乓球比赛。

表39-3-690　1985~2000年萧山中小学乒乓球比赛情况

时　间	赛事名称	参赛队数（支）	参赛人数（人）	比赛地点	团体冠军队
1985-02	萧山县中小学乒乓球比赛	9	128	城厢镇工农兵小学	—
1987-01	萧山县中小学乒乓球比赛	10	146		—
1988-02	萧山市中小学乒乓球比赛	9	136	市委党校	—
1990-12	萧山市中小学乒乓球比赛			钱江饭店	
1995-12	萧山市中小学乒乓球分级比赛	12	156	萧山体育馆	男子：城厢一队 女子：瓜沥镇队
1997	萧山市高中乒乓球比赛	14	112	萧山体育馆	男子：萧山中学 女子：萧山第二高级中学
	萧山市初中乒乓球比赛	24	146		男子：城厢一队 女子：城厢一队
	萧山市小学乒乓球比赛	28	152		男子：瓜沥镇队 女子：瓜沥镇队
1998	萧山市高中乒乓球比赛	14	110	萧山体育馆	男子：萧山第二高级中学 女子：萧山第三高级中学
	萧山市初中乒乓球比赛	26	138		男子：朝晖初中 女子：城北初中
	萧山市小学乒乓球比赛	33	158		男子：城厢一队 女子：城厢一队
1999	萧山市高中乒乓球比赛	14	112	北干初中	A组：男子：萧山第二高级中学 女子：萧山中学 B组：男子：城厢职业高级中学 女子：裘江职业高级中学
	萧山市初中乒乓球比赛	24	148		A组：男子：朝晖初中 女子：城西初中 B组：男子：城北初中 女子：城北初中 C组：男子：螺山初中 女子：益农初中
	萧山市小学乒乓球比赛	34	164		A组：男子：靖江小学 女子：人民路小学 B组：男子：城南小学 女子：益农小学 C组：男子：城东小学 女子：临浦四小

续　表

时　间	赛事名称	参赛队数（支）	参赛人数（人）	比赛地点	团体冠军队
2000	萧山市高中乒乓球比赛	14	112	北干初中	普高组：男子：萧山第二高级中学 　　　　女子：萧山中学 职高组：男子：城厢职业高级中学
	萧山市初中乒乓球比赛	28	148		男女团体： A组：朝晖初中 B组：城西初中 C组：大园初中
	萧山市小学乒乓球比赛	36	162		A组：男子：湘湖师范学校附属小学 　　　女子：人民路小学 B组：男子：城西小学 　　　女子：宁围小学 C组：男子：城东小学 　　　女子：临浦四小

资料来源：萧山区教育局、区体育局。

排球比赛　民国时期，全县仅湘湖师范学校等个别单位开展此项活动。中华人民共和国成立后，排球运动在境内中小学校逐渐铺开。[①]1985年后，受国家女子排球队获世界排球锦标赛"五连冠"的影响，排球运动在萧山更受欢迎。1985～2000年，市（县）教育系统每年举办一届中小学生排球赛。

羽毛球比赛　民国时期，萧山羽毛球运动仅限于湘湖师范学校、县立高等小学和县立初中等几所学校。中华人民共和国成立后，逐步在全县铺开。70年代中期，在城厢镇举行首次全县羽毛球比赛。后，除历届县全民运动会上设有羽毛球比赛外，1985～2000年，市（县）级羽毛球比赛共举行22次，其中职工赛16次、学生赛6次。

足球比赛　民国17年（1928），萧山县立体育场竣工，设有简易足球场1个，只有少数市民爱好足球运动。日本侵略军侵占萧山期间，足球场被毁，足球运动被迫停止。中华人民共和国成立后，足球运动仅在少数单位开展。1983年，在职工和学生中各举行过一次全县性的足球比赛，冠军分别为杭州齿轮箱厂队和杭州齿轮箱厂厂办学校队。1985～1989年，接连5届萧山市（县）"湘湖杯"足球比赛在萧山体育场举行。1991年，萧山市足球协会成立，基层足球运动更为活跃。1993年4月28日，市足球协会在萧山体育场举行"医药杯"足球邀请赛，杭州发电设备厂队获得冠军。1994～2000年，职工和学生中多次开展足球比赛。

①1972年，举办首次县级排球比赛。1975～1983年，参加省、市（地区）排球比赛5次，主要参加者为中小学球队。其中1975年在杭州市七县小学生排球赛中，萧山获男队冠军；1977年在浙江省儿童排球分区赛中，获男队冠军。

图39－3－1019　1999年，"永翔杯"浙江绿城队与日本静冈队足球比赛在萧山举行（萧山区文广新局、区体育局提供）

棋类比赛

棋类活动在萧山历史悠久，有广泛的群众基础。其中中国象棋在城乡比较普遍；国际象棋和围棋开展较晚，七八十年代后才在市民中开始对弈。

中国象棋比赛　萧山县级中国象棋比赛始于1956年，至1985年共举办15

届。1983年开始,萧山县职工象棋等级赛每年举办1次,至2000年,已举办16届,每届参赛队伍在30支以上。1985年起,萧山每年举办1次"湘湖杯"象棋赛,参赛队伍在20支以上,至1996年,共举办12届。另外,在历届市(县)全民运动会上,每届均有中国象棋赛项目。

国际象棋比赛 1984年,萧山县举办首次国际象棋比赛。1985~2000年,陆续举办过市(县)级国际象棋比赛,规模不大。其中1995年12月18~20日在萧山市委党校举行的萧山

图39—3—1020 市体委举办的"虫草王胎杯"巨型象棋棋王争霸赛于1998年1月20日在体育馆举行。棋盘长26米、宽23米,棋子圆桌面大,需4个小伙子合抬(1998年1月,姚志涤摄)

市中小学生三棋比赛上,西兴镇队获得国际象棋团体第一名。

围棋比赛 1984年,萧山县举办首次县级围棋比赛。1985年后,围棋被列入4年一届的市(县)全民运动会比赛项目。是年,县棋类协会举办的"人口杯"围棋邀请赛在城厢镇举行。1988年4月27日,萧山市围棋个人赛在市工人文化宫举行, 16个单位42名选手参加比赛。1994年10月25~28日,萧山市围棋等级赛在城厢镇举行,市教育局队获得第一名。1995年12月19~25日,市棋类协会在市老年宫举办萧山市围棋段位赛,其中1人获5段、5人获4段、7人获3段、8人获2段、5人获1段(均为业余段位)。至2000年,共举办16届。

其他比赛

1985年,县首届航模比赛在城厢镇及钱江农场分别举行。1986年,县首届初中生举重比赛在城厢镇举行。1988~1999年,多次举办桥牌双人赛、锦标赛、邀请赛。1994年10月28日,市级机关系统首次在萧山体育馆举办拔河比赛,有18支队伍、216名运动员参加,市供电局获得第一名。至2000年,上述赛事除青少年运动会和桥牌比赛外,其他赛事每年或隔年举行1次。

2000年初,在城厢镇市心路举行"全民健身一条街"活动,有1200多人参加新春长跑、腰鼓表演、门球、羽毛球、木兰拳(剑)、冬泳等表演活动。8月3~27日,城厢镇首届全民运动会在萧山体育馆举行,比赛设田径、游泳、乒乓球、棋类等12大项,共有21支代表队、1600名教练员和运动员参加比赛。9月1日至10月15日,开展全民健身宣传月活动,全市安排18项活动,有2万人次参加全民健身活动。9月10日至10月31日,历时58天的党山镇首届全民运动会共有42支代表队、1000多名教练员和运动员参加8个大项的比赛,场面热闹壮观。10月21日,义桥镇首届全民运动会在义桥中学召开,共有35支代表队近千名运动员参加10个大项的比赛。

第四章　体育管理

民国时期，萧山体育场地缺乏，体育设施简陋，体育管理十分落后。[①]中华人民共和国成立后，市（县）体育管理部门逐渐恢复发展，体育运动委员会和体育总会负责管理体育事业，组织开展各项体育活动。1985年以后，体育场馆的设施、设备逐渐完善，城乡体育事业得到同步发展。市（县）人民政府加大对体育经费的投入，注重体育管理和对体育人才的培养、输送。

第一节　体育设施

市属体育设施

萧山体育场　1956年11月，县人民委员会在城厢镇市心桥南的关帝庙一带，划地44.30亩（29533.48平方米）建造新型体育场，翌年竣工。体育场东部为田径区，设400米半圆式跑道（内为足球场）；西部为综合区，有篮球场4个（含灯光球场1个）、排球场3个，幼儿活动场和50米射击场各1处，并设有吊环、秋千、爬竿、双杠、单杠、举重等辅助器械。1959年，城厢镇进行街道改造，市心路穿越体育场，整个体育场被一分为二，路西建造县委招待所等设施，路东仍保留为体育场，面积缩小到33.60亩（22400.11平方米）。"文化大革命"期间，体育场及体育设施毁损严重。1979年，县政府进行重新整修，恢复原有跑道，跑道圈内有小型足球场1个、篮球场4个、沙坑2处、护笼1处，体育运动比赛的必需器械也相应充实完善。其时的萧山体育场，市民称为"大操场"，除用于举办大型体育比赛和市民日常锻炼身体外，还是政府部门举办大型集会的场所。1982~1988年间，曾用作萧山少体校的专门训练场地。

1993年，萧山体育场易地建造，原地块建为新世纪广场。是年，市人民政府投资2000万元，在市心南路以西沿新开河、南至南门江畔地块重新建造市体育场。新体育场于1994年5月26日竣工，总占地面积78.47亩（52313.59平方米），建筑面积6029平方米。采用400米标准塑胶面层跑道，内含标准足球场，设观众席14074座。主席台、计时台、东看台为两层，底部为风雨跑道，比赛时用作运动员休息和检录。可承办大型体育比赛和文艺演出。

萧山体育馆　位于城厢镇市心南路398号。1986年5月动工，1988年8月31日落成，为小型体育馆。馆体呈等边六角型，造型新颖，结构别致，平面使用合理，空间利用经济，具有南方馆的特色，曾在全国中小型体育馆设计竞赛中获奖。比赛场地内观众席不对称，以东、西两边为主。馆顶设置气楼，采用螺栓球节点网架和铝合金吸声吊顶，视线和通风性能良好。萧山体育馆总体投

①民国初期，萧山没有专设的体育场，遇有体育赛事，靠临时借用。民国12年（1923），在北干山麓（今江寺北面）筹建县体育场，至17年竣工。初名"北干山麓体育场"，旋改称"萧山县立体育场"，仅设有足球场1个、篮球场2个。日本侵略军侵占萧山时，场地遭毁。民国36年全县春季运动会前，做过一些修整，仍较简陋。

图39-4-1021　位于市心中路的原萧山体育场（1994年3月，董光中摄）

图39-4-1022　萧山体育馆举办全国女排甲级联赛（1998年11月，来坚摄）

资721万元，占地面积18.53亩（12353.40平方米），建筑面积5100平方米，观众席3000座，内设贵宾室、记者休息室、男女运动员休息室、裁判员休息室、化妆室、浴室、电影放映室、电视直播室等附属用房约1000平方米。馆内有12台大型空调送风机、12台小型冷风机，并配有专业灯光和音响、机房、水泵房、变电房等配套设施。至2000年末，萧山体育馆共举办各类体育比赛627场，有全国性的大型比赛，也有国外的体育团体来萧比赛。同时，举办各类文艺演出；1993～1994年，曾开设萧山最大的室内交谊舞场。

萧山游泳池　位于体育场西北侧，始建于1991年4月，1992年8月竣工。投资金额261万元，总占地面积19.44亩（12960.06平方米）。主体建筑为多功能露天标准游泳池，长50米、宽25米、水深1.30米～1.88米，设有国际标准泳道8道。游泳池四周池沿平台宽畅，平台底层为水、电管道，西侧为看台，其下为附属房，建筑面积460平方米，设有男女更衣室、淋浴房、卫生间；池北侧为3层工作用房，建筑面积810平方米，设有男女救生员休息室、管理员室、大小会议室、医务室、低压配电房、机修房、水质处理房（双向反冲净化水质处理设备）。每年承接市内机关、团体、企事业单位游泳比赛和游泳训练，并向市民开放。

综合健身馆　位于体育场西侧，1994年5月建成，占地面积2.10亩（约1400平方米），建筑面积2000平方米。分为两层：一层长48米、宽30米，二层长30米、宽16.50米。曾一度作为保龄球运动馆（华钢保龄球馆）。后作为青少年体育运动培训场所，并举办各类小型健身、休闲、娱乐等活动。有大型赛事时，与体育馆及网球、羽毛球馆一起承担体育比赛任务。

网球、羽毛球馆　位于体育场西侧，1995年10月建成，占地面积1.20亩（约800平方米），建筑面积800平方米。馆内长35米、宽22米，屋顶高10.40米。可作为体育馆的配套基础设施，在举办大型赛事时，作热身训练用。同时又自成一体，可独立进行多种体育运动项目的比赛。

门球场　位于体育场南面，1998年建造，占地面积3.15亩（约2100平方米），建筑面积2100平方米。长76.50米、宽27.50米，钢网架顶。门球场建成后，成为老年人特别是离退休干部的运动场所。其规模档次在全省乃至全国县（市）中名列前茅，已举办过多次省、市级门球比赛。

市体育中心东南部环境改造　1999年3～8月，市人民政府投资500多万元，对萧山市体育中心东、南部环境进行全面改造，以绿带为主体，有艺术雕塑、健身路径、风雨门球场、露天篮球场等，成为人们健身休闲的好去处。

学校体育设施

1980年后，政府加大对学校体育经费的投入，学校体育设施得到全面扩充，体育运动器具不断更新充实。1982年，全县中小学有体育活动场地465146平方米，其中室内面积13853平方米，每个学生平均可使用面积3.60平方米（含可利用场地）；学校所属篮球场179个、排球场20个。1985年后，学校体育设施进一步改观，少年儿童体育运动学校建造包括体育运动馆、游泳池、风雨球场、400米标准塑胶面层跑道的体育场。至2000年，按照教育部颁发的学校体育场地标准，萧山市学校体育场地完全达标的98所、基本达标的10所，体育设备完全达标的61所、基本达标的58所。

萧山中学体育场、馆　建成于1995年8月，投资金额1200万元。占地面积42亩（约28000平方米），建筑面积7000平方米。其中运动场10000平方米，内有400米标准塑胶面层跑道，看台可容纳观众2000人；外操场5000平方米；篮、排球场5000平方米；体育（艺）馆4558平方米，有观众席1000座；游泳池1500平方米，有50米泳道8条；另有1000平方米的看台1座。不仅可满足学校体育教学、训练所需，还能从事音乐、美术、舞蹈教学和举行集会、文艺演出等活动。除平时供学生上体育、美术、音乐课及各类训练、课外活动外，已举办1997年的全国中学生田径赛、2000年的第二届全国音乐教师基本功比赛等多次规模较大的体育、音乐赛事，还接待政府机关和企事业单位的体育比赛活动，为邻近居民提供体育锻炼的场地。

萧山第五中学体育场、馆 建于1998年8月，投资金额1016万元。占地面积44.80亩（29866.82平方米），田径运动场内有400米标准塑胶面层跑道，另设有可容纳观众1200人的露天看台；体育运动场建有12个篮球场、4个排球场、4个羽毛球场；体育馆建筑面积为3204平方米，一楼为乒乓球训练房、器械健身房；二楼为篮球、排球场，有400座的观众席看台。

萧山城西初中运动场 建于1997年，占地面积10.30亩（6866.70平方米），内设250米6道环形跑道的田径场，中间铺设草坪，可作小型足球场使用；另建有面积为800平方米的风雨球场，为两层建筑，一层为车库，二层为篮球场兼排球场。

湘湖师范学校附属小学体育场 建于1987年，投资金额90万元。占地面积6亩（约4000平方米）。2000年，田径场改建为塑胶面层跑道。曾多次接待和举办过学校和企事业单位的小型体育运动赛事，并向邻近居民提供体育锻炼场地。

图39-4-1023 萧山中学体育场举办1997年全国中学生田径运动会（1997年8月摄，萧山中学提供）

工厂体育设施

中华人民共和国成立后，萧山县总工会和工矿企业十分重视体育设施建设，尤其是篮球场、乒乓球场等建设，为职工群众提供体育活动场所。[①]

80年代后，随着萧山工会系统创建"职工之家"活动的开展，各企业筹集资金，挖掘潜力，办起工人俱乐部，修整和完善篮球场、乒乓球室、棋类活动室等体育设施。一些企业利用食堂、会议室或空余场所，摆上乒乓球桌、康乐球桌、台球桌、棋类等体育活动设施，供职工在休息和空闲时间活动。

90年代初期，杭州齿轮箱厂、杭州发电设备厂、杭州第二棉纺织厂及萧山的一些较大规模企业将原来的篮球场改建为水泥、灯光球场，有的设有固定座位和看台，篮球场数量增多，有的大厂建有多个篮球场。随着乡镇企业的崛起，一些乡镇企业也建起篮球场、羽毛球场、乒乓球室等，供职工锻炼和比赛使用。90年代后期，由于企业经营机制转换，一些工厂体育设施被闲置、废弃，体育活动场地被改作他用，职工体育活动、体育比赛及厂际竞赛几近绝迹。

图39-4-1024 北干小学学生练习踢足球（2009年5月，王吾尧摄于北干小学）

旅游娱乐业体育设施

改革开放以来，萧山经济建设快速发展，旅游娱乐业也开始设体育设施。至2000年末，萧山有3家宾馆设有游泳池，开元旅业集团建有保龄球中心，邮电宾馆设有保龄球馆。其他旅游娱乐业设有棋牌室、网球场、垂钓中心、健身房等体育设施。

国际酒店游泳池 1996年6月与酒店同时竣工，是年夏天投入运行。位于国际酒店三楼半，区域面积531平方米，游泳池面积124.50平方米，分深水区和浅水区，配套设施齐全，有专人定期检测水质、水温，可一次性容纳50人游泳。

金马饭店游泳池 1996年5月建成，为饭店的附属设施，面积333平方米，主要设备有温度交换器、循环水泵、加药泵等，可一次性容纳60人游泳。

①1964年，萧山县总工会筹款16300元，在城厢镇市心桥北堍西侧新建1254平方米的灯光球场，供职工群众进行篮球比赛和篮球训练，时为全省县级总工会中的第一家。70年代后，杭州齿轮箱厂、杭州发电设备厂、杭州第二棉纺织厂"三大厂"，及杭州柴油机总厂、杭州瓷厂等规模较大的县（市）属工厂相继建起灯光球场；一些中小企业发动职工自己动手，平整场地，建起篮球场。这些篮球场往往一场多用。

蓝天宾馆游泳池　1997年6月建成，7月开放。总投资额201.80万元，占地面积2.70亩（约1800平方米），其中游泳池面积500多平方米，为室外池，深水区深2.20米，浅水区深1.20米，可一次性容纳100多人游泳，每年7~9月对外开放，其余时间供开碰碰船等。游泳池采用国际先进的自动循环水系统，设有儿童嬉水池。

开元保龄球中心　属开元旅业集团，位于拱秀路，建筑面积6000平方米，总投资额2500万元，1998年7月28日开业。分为3个营业区，一楼为保龄球健身馆，采用网架结构，设24条球道，均采用美国宾士域专业设备；二楼为娱乐中心，设17间配置进口全自动麻将机的棋牌室及台球房、乒乓球室等；地下层系餐厅。2000年歇业，转让给杭州三江购物俱乐部。

钱江观潮度假村　位于南阳镇乌龟山，设有4条球道的保龄球馆、占地面积720平方米的网球场1个和可同时容纳30人垂钓、面积2000平方米的垂钓中心1处。

农村体育设施

50年代初，农村体育设施主要是篮球场。后随着农村文化体育事业的发展，其他体育运动场地和体育运动设施增多。1982年，全县农村有篮球场78个。

1985年后，萧山农村体育运动快速发展，各类体育设施、运动器材大量增加。至2000年，全市80%以上的村建有老年活动室、棋牌室、乒乓球室等，有的置有体育健身器械。全市农村有篮球场287个，大多为水泥地面球场，其中可供晚间锻炼比赛用的灯光球场18个。一些经济发展较快的村还建有游泳池、网球场、排球场等。瓜沥镇和靖江镇分别建有正规的运动场和体育馆。

瓜沥镇体育馆　投资金额400万元。1998年开工建设，1999年10月建成，使用面积4300平方米，设观众席1560座，可用于篮球、排球、乒乓球、羽毛球等各类体育赛事及文艺演出。

航民村文化中心游泳馆　位于瓜沥镇航民村，1996年建成，占地面积1.35亩（约900平方米）左右，设有8条泳道。

第二节　体育经费

萧山的体育经费由市（县）财政拨款、镇乡政府投入、企业赞助、门票收入等部分组成，总体以财政拨款为主，其他为辅，其中门票收入只占极小部分。1986~2000年，市（县）财政拨款合计1900.82万元。[①]主要用于体育设施的建造、维修，参加或组织重大体育赛事及体育后备人才的培养等。

第三节　体育人才

运动员培养

中华人民共和国成立后，萧山运动员的培养主要采取少年儿童体育运动学校（以下简称少体校）[②]训练和有关职能部门业余组织训练相结合的办法，

图39-4-1025　建成于1996年的航民村文化中心游泳馆（1998年7月，陈国龙摄）

①分别为：1986年130.19万元，1987年227.20万元，1988年212.07万元，1989年46.27万元，1990年117.54万元，1991年29.10万元，1992年186.27万元，1993年47.92万元，1994年131.36万元，1995年60.65万元，1996年116.36万元，1997年132.53万元，1998年250.43万元，1999年114.22万元，2000年98.71万元。

②萧山市少年儿童体育运动学校，位于城厢镇人民路124号，建于1982年，时称萧山县少年儿童业余体育学校。隶属于萧山县体育运动委员会，设校长室、教（务）训（练）处、总务处，有专兼职教职员工13人。设3个班，首批学员76名，主要有田径、乒乓球、篮球等体育运动训练项目，文化课教学与普通初中段同步，学制3年。

各级各类学校通过体育课培训的形式，发现体育苗子，向专门体育院校推荐体育人才。

少体校培养　少体校依据所开设运动训练项目的学生身体素质各项指标要求，在全县范围内各中小学中招收运动员（学生），后按照学年在每年暑假期间向全县进行招生。其办学宗旨为培养优秀体育运动员后备人才，为上一级学校和省、市体工队输送优秀体育运动员。学校先后培养了一大批优秀的体育运动员，在国际、国内的比赛中创造出色的成绩。①

职能部门人才培养　1985年后，市（县）体委和教育局联合，加强对传统体育项目学校和体育后备人才试点学校的投入和管理，传统体育项目学校先后进行了调整和充实，有田径、篮球、乒乓球、足球等项目，有各类专项运动队225个，运动员计1839人。1993年，传统体育项目学校调整为省级1所、杭州市级3所，其余为萧山市级。1995年，浙江省体育后备人才试点学校（设于萧山中学内）有学生69名，其中初中生43名、高中生26名。是年，萧山中学组队参加浙江省中学生田径运动会，获团体总分第五名及精神文明运动队称号，夺得金牌5枚、银牌4枚，1人达到国家一级运动员标准，8人14项达到国家二级运动员标准。

1995年，全市考入体育院校体育系就读的学生24名（其中试点学校考生7名），输送到杭州市少体校并被正式录取的学生9名。至2000年，全市有传统体育项目运动学校36所，运动员1050人，开设的项目有田径、篮球、排球、乒乓球、举重、足球、"三棋"等。

2000学年萧山传统体育项目运动学校分布情况：

定点训练田径项目的学校：朝晖初中，参训学生30人；宁围初中，参训学生30人；靖江初中，参训学生30人；义桥实验学校，参训学生30人；党山初中，参训学生30人；瓜沥第一小学，参训学生30人；瓜沥第一初中，参训学生30人；长沙小学，参训学生30人；城北小学，参训学生30人；人民路小学，参训学生30人；义盛小学，参训学生30人；临浦小学，参训学生30人。

定点训练篮球项目的学校：江寺小学，参训学生40人；育才小学，参训学生40人；楼塔小学，参训学生40人；城南小学，参训学生40人；市北小学，参训学生40人；实验小学，参训学生40人。

定点训练排球项目的学校：劲松小学，参训学生40人；南阳小学，参训学生40人；瓜沥小学，参训学生40人；进化小学，参训学生40人；光明小学，参训学生40人；城东小学，参训学生40人。

定点训练乒乓球项目的学校：瓜沥第二小学，参训学生20人；靖江第一小学，参训学生20人；宁围小学，参训学生20人；北干小学，参训学生20人；临浦第四小学，参训学生20人。

定点训练举重项目的学校：浦阳初中，参训学生15人；瓜沥第二初中，参训学生15人；坎山初中，参训学生15人。

定点训练"三棋"项目的学校：湘湖师范学校附属小学，参训学生15

①有举重运动员杨尧祥，田径运动员胡九中（女）、孙水娟（女）、王英萍（女）、章也男（女）、孔玮（女），乒乓球运动员高翔等。其中郑伯利曾任浙江省男子篮球队队员，后转入浙江万马篮球队。陈剑利曾任南京军区青年篮球队队员。来春秀曾任浙江省皮划艇队队员。蒋昊娜、俞琳入选省女子足球队。高翔、吴克明、赵子龙、张侃、诸伯芬（女）等均进入省体工队，代表浙江省参加乒乓球、田径等项目的比赛。

图39-4-1026　萧山市中小学田径运动会（1993年摄，陈莹提供）

图39-4-1027　萧山少体校篮球教练到基地学校指导训练（2009年5月，贾常清摄）

人；所前小学，参训学生15人；新街镇盛东完全小学，参训学生15人。

定点训练足球项目的学校：高桥小学，参训学生20人。

1997年起，对等级运动员进行分批测评，至2000年末，萧山有一级田径运动员10名（男7名、女3名），二级田径、篮球运动员223名（男182名、女41名），三级运动员人数较多。全市坚持体育训练或专项运动员培养的学校有143所，设置的项目有田径、篮球、排球、乒乓球、足球、举重、"三棋"等，运动队672个，运动员（学生）1.43万人。

体育人才输送

中华人民共和国成立后，萧山为体育院校、高等院校体育系（科）、上级有关部门输送一批合格的体育新生和优秀运动员。①1982～2000年，由少年儿童体育运动学校直接输送，或委托萧山中学代办的体训班继续培养的学生，进入体育院校及高等院校体育系的有42名。其中为部队输送优秀运动员1名，进入省体工队3名、省少体校8名、杭州市少体校18名。1985～2000年，体育人才输送进展加快，由体委和教育系统联合进行的对体育院校及高等院校体育系（科）的人才输送达到263人。②

裁判员培养

萧山裁判员队伍建设始于50年代。③1985年后，市（县）体育系统重视对裁判员队伍的培养，尤其重视对高级别裁判员的培养，使萧山的裁判员队伍进一步壮大，裁判水平提高，一般体育比赛的裁判工作都能在萧山本地解决。至2000年，萧山有各类体育项目的等级裁判员363名，其中田径裁判员241名、篮球裁判员61名、乒乓球裁判员39名、排球裁判员22名。

表39-4-691　2000年萧山等级裁判情况

单位：人

等　级	田　径	篮　球	乒乓球	排　球	合　计
国家级裁判	2	1	0	0	3
一级裁判	3	2	1	0	6
二级裁判	80	20	12	7	119
三级裁判	156	38	26	15	235

资料来源：萧山区文广新局、区体育局。

第四节　承办全国和国际体育赛事

1988年8月31日萧山体育馆落成后，萧山以先进的体育设施、科学的管理水平和雄厚的经济实力，为承办全国和国际体育赛事创造有利条件。是年8月31日至9月3日，在萧山体育馆举办第一届"萧山杯"男子篮球邀请赛暨试开馆比赛活动。参加这次比赛的有广东、广西、南京部队、浙江、江苏、上海6支球队的70多名运动员。

①著名运动员、教练员有浙江女子篮球队原教练、国际篮球裁判朱家忠；有八一男篮原副队长、八一青年男篮原教练朱家志；有1979年破无线电遥控模型全国纪录的孔柏忠；有南京军区篮球队原队员、浙江省军区篮球教练丁建根；有1984年获全国皮划艇比赛第二名的俞佳丽等。

②分别为：1985年2人，1986年10人，1987年5人，1988年4人，1989年10人，1990年36人，1991年12人，1992年15人，1993年10人，1994年19人，1995年24人，1996年20人，1997年16人，1998年25人，1999年28人，2000年27人。

③1956年，萧山有二级裁判员2名、三级裁判员6名。"文化大革命"期间，裁判员停止发展。"文化大革命"结束后恢复，到1984年有等级裁判员123人，其中国家级裁判1人、一级裁判4人、二级裁判34人、三级裁判84人。

1989年2月23日，泰国北榄府女子排球队一行20人来萧访问，与浙江女子排球队在萧山体育馆进行友谊比赛。4月21日，日本静冈县香松女子篮球队访华代表团一行19人访问萧山，与浙江女子篮球队在市体育馆进行友谊比赛。5月8～19日，在萧山体育馆承办第二届全国城市职工男子篮球邀请赛，来自国内18个城市18支篮球队的307名运动员参加，浙江钱江啤酒厂队代表萧山市参加这次比赛。承办如此大规模的全国性比赛，在萧山历史上尚属首次。

1990年5月3～12日，全国少年男子篮球选拔赛在萧山体育馆举行。9月7日，迎亚运"环保杯"全国女篮四强（浙江队、四川队、上海队、江苏队）邀请赛在萧山体育馆举行。

1991年5月9～11日，全国女排四强（辽宁队、河北队、山东队、浙江队）精英赛在萧山体育馆举行。8月21～24日，全国青少年技巧锦标赛暨世界技巧锦标赛在萧山体育馆举行，21个省（市）及系统体协和体育院校的246名运动员参加比赛。

1992年3月12～17日，"浪潮杯"全国古典式摔跤锦标赛在萧山体育馆举行，来自全国的35支代表队、372名运动员参加比赛。8月15～21日，全国少年儿童（12～15岁）羽毛球比赛在萧山体育馆举行，有24个代表队参加比赛。9月18～23日，全国少年男女柔道比赛男子组比赛在萧山体育馆举行。

1994年4月10～13日，全国男子柔道锦标赛在萧山体育馆举行。4月20～21日，全国女子柔道锦标赛在萧山体育馆举行。5月22～23日，'94中国（国际）摔跤邀请赛在萧山体育馆举行。来自日本、韩国、伊朗、印度尼西亚等国家及中国台北地区的176名运动员、裁判员、教练员参加比赛。国际摔跤联合会副主席马蒂内蒂、国际摔跤联合会执委西米奇、亚洲摔跤联合会主席金昌魁等官员出席。这是萧山第一次承办的国际性赛事。同年11月9～14日，全国古典式和自由式摔跤冠军赛在萧山体育馆举行。

1995年9月17～22日，'95全国古典摔跤冠军赛在萧山体育馆举行，同年，中国男篮四强邀请赛、中国女篮四强邀请赛相继在萧山体育馆举行。

1996年4月4～10日，市体育馆承办"浪潮杯"第十一届亚洲摔跤锦标赛。这次比赛同时为1996年第26届亚特兰大奥运会资格赛。参加比赛的有中国、日本、印度、巴基斯坦、韩国、伊朗、印度尼西亚、越南、哈萨克斯坦等18个国家和中国台北地区。这次比赛以参赛人数多、规模大、竞争激烈为萧山体育馆承办的历次比赛之最。

1997年8月19～23日，全国中学生田径赛在萧山中学田径场举行，来自全国各省、自治区、直辖市的21个代表队参加比赛。这是国内首次由县级市承办的全国中学生田径比赛。11月4～8日，在萧山体育馆举行全国男排宿将赛暨中国女排"五连冠"表演赛，著名女排运动员张蓉芳、陈招娣等在开幕式上作了表演。来自浙江、上海、山东、江苏的球队以及国家队进行角逐。12月28日，全国女排甲级联赛萧山赛区开幕式在萧山体育馆举行。

1998年4月11日，"东南网架杯"'97～'98全国女排甲级联赛闭幕式在萧山体育馆举行。萧山体育馆作为浙江队的主场地，承办浙江队与福建、江苏、辽宁、四川、天津、八一、上海队的比赛。

1999年6月12～14日，"东南网架杯"'99中国国际女子排球赛在萧山体育馆举行，来自中国、古巴、日本、泰国4个国家的女子排球队，共进行3天6场比赛。6月17～19日，'99全国健美操锦标赛在萧山举办，来自全国各地院校和行业体协的24支队伍参加比赛。

2000年1月8日至4月16日，"维达杯"全国排球联赛在萧山体育馆举行，萧山获"最佳赛区"称号。5月9～13日，全国女篮甲级联赛第1～6名决赛在萧山体育馆举行，参加这次比赛的代表队分别为沈阳部队三洋电梯队、八一德亚队、空军联航队、北京首钢队、上海东方队、辽宁东港队。

第五章　体育市场

1992年起，萧山市体委注重对体育市场的培育。1993年，萧山市体委成立萧山体育发展总公司，下设体育场馆服务公司、体育用品发展公司、体育广告公司、天龙经贸公司4个分公司。至1998年，4个分公司先后关、停、并、转，萧山体育发展总公司自行解体。1998年后，以体育项目辅导培训、体育场地经营、体育用品销售为主要内容的体育市场逐步形成，体育彩票市场走上轨道。

第一节　市场培育

体育项目辅导培训

萧山以体育市场形式经营的体育辅导和体育培训，主要有棋类、球类、溜冰、健身、游泳等项目。其中游泳培训开始时间最早，持续时间最长，经济效益和社会效益明显。1992年8月，萧山游泳池竣工后，面向青少年设立游泳培训班，每年7～8月分别举办2期，每期招收学员100余人（其中1996年因故停办）。游泳池开始时票价每场2元，90年代后期，门票价格调整为：早场、下午场各5元，夜场10元。年收入从1992年的2万多元增至2000年的10万多元。

体育场地经营

棋牌室　1995年以前，市社会文化管理委员会只允许三星级以上的宾馆或酒店设立少量的棋牌室，作为配套娱乐设施，其他单位和个人一律不得开设和经营棋牌室。棋牌室以手工麻将为主。

1996年6月，萧山国际酒店首次在娱乐设施中设立4间设有自动洗牌功能的麻将桌（俗称自动麻将）包间，收费为：开间费每次50元，第一小时40元，余下按每小时30元计费。一时生意兴隆，顾客盈门，仿效者众多。至1997年末，全市有10家宾馆、酒店的棋牌室开业，有自动麻将桌64张。

1998年，浙江中大集团萧山商贸公司在新世纪广场中大娱乐城开设棋牌室，设自动麻将桌24张。后，萧然商厦、开元保龄球中心等纷纷开设棋牌室。至2001年3月，全市有棋牌室经营单位51家，麻将桌692张；收费也随之下调，一般每小时10元左右。

保龄球　1995年，萧山宾馆娱乐中心开设保龄球经营项目，时为萧山第一家经营保龄球项目的宾馆，一时宾客云集，生意兴隆。翌年7月，金马饭店也开出保龄球经营项目。后，萧山第一家以保龄球经营为主业的华钢保龄球有限公司开业，有16条球道。1998年7月28日，全市最大规模的萧山开元保龄球有限公司开业，有24条球道，萧山保龄球运动市场达到高峰。1999年后，保龄球市场渐呈衰势，保龄球馆和运动人数锐减。至2000年末，全市尚有保龄球经营单位9家，球道86条，年营业额360万元左右。

旱冰场　80年代中期，杭州发电设备厂建有非营业性的旱冰场，供职工及家属、子女活动。后，一些工厂、单位相继开设旱冰场。1995年，位于江南大厦的江南明珠娱乐城开设萧山第一家营业性的旱冰运动场。至2001年3月，全市有旱冰场13家，可容纳1000余人溜冰，全年经营收入110万元左右。其中萧山体育馆所属旱冰场规模最大，一次能接纳300余人溜冰。

台球　1994年起，台球活动从外地传入萧山，在萧山城乡掀起一阵台球热。初时，台球活动以锻炼身体和娱乐为主，后来演变为经营性的体育项目，参与者往往下注以博输赢，一时吸引了不少人，由此引发了一些矛盾。棋牌室兴起之后，台球活动逐渐趋向冷落。

体育用品销售

90年代后，体育用品销售市场逐渐形成。主要有各类体育运动器材、健身器材、运动服、运动鞋等。至2000年末，除各大商场开设体育运动器材、体育用品专场、专柜外，城厢、临浦、瓜沥等中心集镇还开设多家体育用品专门商店（其中城厢镇5家），以及一些运动服、运动鞋的品牌专销商店，体育用品呈旺销趋势。

体育消费市场

中华人民共和国成立以来，萧山所承办的各类体育赛事均以免票或赠票观看为主，广大市民已习以为常。1988年8月萧山体育馆建成后，所举办的各类国际级、国家级、省级、市级体育赛事，由于赠票太滥、索票成习，故虽有门票出售，但销路不畅，尚不能形成一个消费市场。

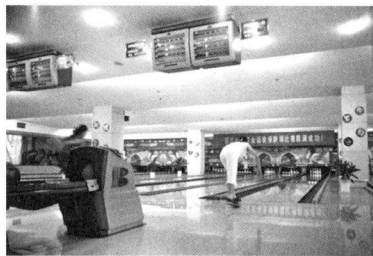

图39-5-1028　华钢保龄球馆（2002年，吴仲良摄）

第二节　体育彩票

1999年初，浙江省体育彩票管理中心批准在萧山发行"中国体育彩票"①，萧山市成立以政府常务副市长为总指挥，市体育运动委员会、公安局等15个部门和单位组成的萧山市体育彩票领导小组，具体由市体委（与市文化局合署办公）组织实施发行销售工作。

①1994年，国务院批准同意国家体委发行体育彩票。中国体育彩票的种类为两种：即开型中国体育彩票（定期、定点发售，可在售票当场对奖、兑奖）和中国体育电脑彩票（由买票人自选一组数字输入电脑，打出票据，定期开奖、对奖，一般每周两次）。

1999年2月5～6日，萧山市第一次即开型中国体育彩票在城厢镇金城路与育才路交叉地段，搭建200多个发售摊点进行销售。按照国务院有关规定，中国体育彩票返奖率为50%，这次在萧山发行的体育彩票以实物形式返奖，以每2000万元为一个开奖（组）单位。当时场面热烈，批准的发行金额为2000万元，结果一售而空，后申请追加发行2000万元，两天发售彩票金额3920万元，创中国体育彩票发行县（市）级销售纪录之最。

2000年2月18～20日，萧山市在城厢镇人民路东端（城河公园处）第二次发售即开型中国体育彩票，批准的发行金额为2000万元，以现金形式返奖，返奖率与第一次相同，两天共发售彩票金额1520万元。自此，萧山的彩票市场渐趋理性。

1999年7月6日，中国体育电脑彩票在萧山设点销售，布设销售机子9台。至年末，售出中国体育电脑彩票金额310万元。2000年，销售点机子增至13台，至年末，售出中国体育彩票1278万元。

中国体育彩票发售金额中，除50%返还作奖金外，余者按国家体育总局彩票管理中心规定，提存一定比率留成，纳入萧山市财政预算外资金专户管理，主要用于萧山的体育设施改扩建及体育运动环境的改善。

图39-5-1029　萧山市第一次体育彩票发行现场（1999年2月摄，萧山区体育中心提供）

第四十编
民　俗

满　江　红　中元夕观放河灯

清·韩　钦

莫是燃犀，帕泽国，鱼龙掀舞。但远望，明明灭灭，参差难数。大地现成星宿海，芝塘渡，似渔火，芝湾聚。

迷津照彻慈堤炬。更僧棚倒影姑排红，波光互。

讶中流荡漾溪，顺风吹去。蟾碧几行先月堕，徐声一串和烟迕。渐白杨隐隐散秋磷，东方曙。

萧山风俗具有吴风越俗的一般特征。萧山风俗与绍兴风俗有许多相同、相似之处，南阳等地因钱塘江改道，保留对岸海宁的一些风俗，南片则受到古睦州、婺州风俗的某些影响。河上板龙等习俗随宋室南迁，从中原传入萧山，保留着北方民俗文化的基因。

　　千百年来，生活在萧山这方土地上的人民，在吸收交融诸多民俗文化元素的基础上，"人相习，代相传"，形成了自己的风俗。这些风俗，有思想观念方面的，也有行为准则和生产、生活方面的。民众向来务本重农，耕织唯勤；尊师重教，不事奢靡；和气诚信，民风敦厚；尚礼仪，笃交亲，重祭祀。更有楼塔的过半年、裘江的五月廿二划龙舟、沙地的正月十四迎紫姑烧蝗虫，以及请"赤卵（裸体）"年菩萨等萧邑独特风俗。1987年版《萧山县志》曾在"社会"编设章记载萧邑风俗，但所载简单，或随岁月流逝有所变化。鉴此，本志设"民俗"编，分岁时、礼仪、生产、生活、信仰诸习俗进行记载，一展萧山民俗文化和社会生活大观。然"十里不同风，百里不同俗"，萧山南片、中片、沙地片风俗同中有异，精彩纷呈，故本编所记民俗只择其大略。

　　改革开放以后，随着经济发展和人民物质、文化生活水平迅速提高，思想观念不断更新，民俗风情发生深刻变化。传统习俗注入了新的时代内容，原有风俗与新兴时尚并存，特设"时尚"一章记之。

第一章 岁时习俗

本章简述自农历正月初一至除夕的主要岁时习俗，按春、夏、秋、冬四时分节，以展示萧山岁时习俗的悠久历史和浓厚地方特色。

第一节 春

春 节

正月初一[①]，俗称"过新年"，人皆穿新衣，为一年中最隆重的节日。[②]清晨早开门，燃放爆竹，寓驱邪、"早升早发"意，俗称"开门炮仗"。供天地菩萨神祃及汤团、水果等供品，由家主主祭，迎春接福，叩谢天地，谓"接神"。在灶司神龛前供汤团3盅、水果3盘，点烛焚香，恭拜，谓"祭灶"。祭灶从初一至初五，初二后仅早晚点香烛。在堂前摆祖宗牌位，挂祖宗画像，陈列供品，点红烛一对，按长幼次第跪拜，敬酒焚锭，放爆竹，谓"家祭"。早餐吃年糕、汤团，取"年年高升，合家团圆"意。然后，家主到村坊走一圈，迎接喜神，保佑一年平安，遇熟人作揖恭贺，谓"走喜神方"。家里晚辈对长辈行拜年礼，致祝福语，长辈则答以教诲和祝愿。有的举族到宗祠，在享堂挂世系图和祖宗画像，拜祭列祖列宗，谓"族祭"。家祭、族祭均称"祭祖"，一般族祭5天，由族中长者专司祭礼，家祭则要到正月十八落灯夜。初二起为清祭，只在堂前供果品、点蜡烛。考究的上坟祭祖，称"上坟年"。傍晚，家家提早吃饭，提早把鸡鸭赶进窝，睡得比平时早，称"腾鸡 "[③]。这一天，穿新衣服，不做客。为求一年吉利，正月初一禁忌甚多。如忌喝稀饭，怕日后粮食困难；忌动刀具快口，怕有"凶"；忌扫地、倒垃圾，怕扫掉财气，倒掉运气；忌倒马桶、夜壶，怕亵渎神灵；忌打骂小孩，忌吵架，忌说不吉利话，忌提"死"、"穷"、"鬼"等。

初二开始，至正月十五止，携礼品走亲戚，俗称"拜年"。一般先外婆家、岳父家，次到姑母、姨母家，再去表亲、继拜亲家等。南片聚族而居的村子，家族或左邻右舍也有互相拜年者。给长辈的礼品如桂圆干、荔枝干、冰糖等，给晚辈的为各种糕点。如长辈已经故世，则带红烛一对。礼品往往用大草纸包裹，形同斧头，上贴红纸，俗称"斧头包"。女婿给岳丈拜年，必备一个糖包，故戏称女儿为"糖包"。长辈给来拜年的小辈送"红包"。拜年不论来得早晚，都先吃"酒盘点心"，继以丰盛菜肴招待中餐，席间畅谈年岁收成、乡情轶闻；下午吃了点心告辞，主人备礼品回送，称"回货"。对客人送来的礼品不能当场翻看搬动，不能将原物回赠，否则有失礼貌。

初一至初五称五日年假，农户停止农作，商店关门。初二、初三，商店有开业半天的。初五财神节，生意人家要接财神、请财神。各业商店晚上聚

① 为简练起见，凡用中文书写某月某日，皆指农历，省略"农历"二字，例如"十月初八"，即为"农历十月初八"的简称。下同。

② 清代范寅《越谚》云："正月初一穿，三十日夜吃。""俗尚勤俭，惟元旦必美衣而游，除夕必佳肴分岁，贫富贵贱皆同。"明嘉靖《萧山县志》载："元日，邑人无贵贱贫富，洁衣服。厅宇设供养，焚楮币，拜天地祖宗，少长序拜。各相祈祝毕，然后出拜神庙先陇，及亲族邻里往来施报，设肴馔以相邀饮。"

③ 腾鸡窝：窝，方音"虽"。《越谚》："羽禽宿必纳喙于翼，越以（窝）名鸡鸭宿也。"乡俗正月初一晚上要睡得早，未能早睡的，家人往往催促其上床，仿佛腾鸡入窝，故用"腾鸡窝"相喻。

图40-1-1030 贴年画（2000年2月，蔡志龙摄）

餐，雇工称"杀头酒"，因饭后店主要定人员去留。初六，商行开业，谓"开市"，农户亦开始下地劳动。初七为"人日"，城厢镇一带有贺喜习俗，用红纸条写上"新春发财"、"大吉大利"俗谚，搓成小纸团，贮筒中，户以家长掐之，用测一年喜气。十三日，各家点香烛祭祖，谓之"上灯"，又叫"灯假"。正月十八，家家再次祭祖后，熄灭红烛。至此春节告毕，谓"了年"。

春节期间，人们谦让有礼。路遇熟人，问安祝福；邻里好友入门，让座待茶，邀席用餐；素有芥蒂之人，互相打个招呼，相逢一笑泯恩仇；乞丐上门，必慷慨施舍；而债主亦不在春节期间索债。

元宵节

正月十五元宵节，又称"上元"，各家祭灶祭祖。民国《萧山县志稿》载，"萧俗元宵祖先像前供炒白果"。白果又叫"银杏"，生长期长，萧山民间有"爷爷种树，孙子吃果"之说，元宵节供炒白果，为的是让祖先尝尝当年亲手栽下的白果滋味，以表孝心。这天傍晚，家家户户吃元宵（汤团），取"团团圆圆"意。

元宵节又叫"灯节"，历代县志有载。[①]从正月十三开始上灯，称"上灯节"，又叫"上灯夜"，街市张灯结彩。楼塔、河上、戴村、义桥、临浦、闻堰一带的龙灯、马灯[②]，走村穿巷舞动起来。有象征丰收的五谷棉花灯，有象征财源茂盛的摇钱聚宝灯，有象征喜庆有余的金鱼灯，还有飞禽走兽等各种象征吉祥富贵的彩灯。正月十五为正灯，灯会进入高潮，其时锣鼓喧天，鞭炮齐鸣，彩灯闪烁，人山人海。正月十八为落灯夜，至此灯会结束。80年代以后，每年在市区（县城）举办一届全市（县）性灯会，各镇乡、街道、企事业单位精心扎制的具有鲜明时代感和生活气息的彩灯，纷纷张挂展示。民间传统龙灯、马灯，制作精美出新，尽情舞耍，杂以扭秧歌、划旱船、舞狮子、猜灯谜活动，万人空巷，热闹异常。新时期元宵灯会从形式到内容都焕然一新。

东片沙地区为正月十四闹元宵，内容与形式独特：炒年糕、舞火把、"迎紫姑"。这晚，吃油菜蕻[③]炒年糕，油菜象征欣欣向荣，年糕寓"年年高"。是夜，男子舞动火把，"哗啦呵"地吼叫着，在田畈里奔跑，焚烧荡边残芦、埂头茅草，或取竹梢、柴草扎成火把，边跑边烧。旧时沙地蝗灾频仍，百姓用火烧蝗虫卵灭蝗，元宵舞火把取消除蝗灾、祈求丰年之意。是夜，姑娘在家焚香烛，接紫姑扶乩。接请紫姑的人家，均在腊月廿三送灶时，加供一只"谢灶鸡"，新年还要保持灶下灰仓干净，否则，谓请紫姑不灵。迎紫姑时，男人须回避。过程大致如下：一女子在灶下手托桶盘，口中念念有词[④]，另一女子手擎米淘箩，把灰紫姑娘请到堂前，问卜有关事项。问卜事项以蚕事为主。扶乩须短促，不问无关紧要之事。相传紫姑原是天上仙女，因为偷偷爱上一个善良的帮灶烧火小伙子，犯了天条，被贬下凡间管理灶下灰床，因此叫做"灰紫姑娘"。请紫姑的习俗，反映沙地人民善良和富于同情心。沙地舞火把、迎紫姑习俗，80年代后逐渐消失。

南片农村有正月十四吃肉丝冬笋炒年糕之俗。迎紫姑活动则在正月十五

①清乾隆《萧山县志》载："上元，邑市通衢，采松竹结棚张灯。十三日试灯，十八日收灯，行游五日，以为丰年之兆。"

②详见《文化》编之《民间文艺》。

③范寅《越谚》云："蕻，菜心长也。此油菜为多，因待籽打油，故起蕻。味美。"

④迎紫姑的祭辞为："正月清来二月明，三月桃花百草青，百草青来百草明，我接灰紫姑娘看龙灯。上轿看龙灯，落轿看马灯，灰紫姑娘上轿说一声。"

图40-1-1031 元宵舞龙（2000年2月，章涤心摄）

夜，紫姑的传说、迎接的方式有别于沙地。^①是夜，妇女们去厕所、猪栏祭请，祈求平安如意，蚕妇则祈求蚕花丰收。

花 朝

花朝节，即百花生日。萧山各地百花生日不同，有农历二月二的，有二月十二的，而以二月十五为多。城厢镇、坎山镇等都是二月半。是日，小孩采野果野菜，烧露天米饭，采撷野花，以为庆贺。旧时，世族大家于花朝生日祀百花仙子，并立竿庭院，竿顶系青、红两布条以测风向，若是东南风，便认为当年花事大好；若是西北风，则认为花事大煞。中华人民共和国成立后，此俗渐废，但萧山人喜爱花木习俗不变。80年代后，农户在原有庭院盆栽基础上，发展到房前屋后、"自留地"上广栽花木。2001年3月，新街镇建起"浙江（中国）花木城"，于百花生日举办规模盛大的"花木节"。

上 巳

农历三月第一个"巳"日叫上巳。此日，古人多用浸泡了香草的水洗沐去垢，以春气祛除病魔和不祥。士人则于此日出游胜地，踏青弃晦，作诗文酒筵之会，名曰"修禊"。萧山旧时三月初三出城踏青的风俗，即由修禊转变而来。民国19年（1930）遂定三月初三为修禊之辰。中华人民共和国成立后，此俗渐废，但部分镇村妇女尚有三月初三洗头发的习俗。谚云："三月三，洗头发，少脱发，迟白发。"

清 明

清明前后，萧俗有祭祖上坟、做羹饭、吃艾饺青团、门口插杨柳、小孩扎柳条圈戴于头上玩耍，也有踏青郊游，谓之"踏青"的。历代县志多有记载。^②清明踏青由来已久，多在近郊，有的结合上坟下乡。^③上坟，即扫墓，在墓前祭祀祖先或受尊敬的人，有的男女老幼合家前往。谚云："正月灯，二月鹞，三月上坟船里看姣姣。"上坟须备三荤三素，随带锄头畚箕。在墓地燃烛焚香供祭，烧银锭，跪拜。祭毕，向坟头抛撒供饭、青饺、蚕豆等，然后挑上几担坟泥。凡亡故于上年清明后的新坟，须在清明节前上坟，以求早发，也有"应清明"即清明当天上坟的，妇女要哭新坟。聚族而居的村落，清明这天开祠堂祭奠，没有"功名"的不得与祭。祭毕，按人头分胙，孩童能分到铜钱和烧饼，读书的孩子能多分，盖用"祠堂田"、"堂众田"作开支。清明这天，农家把吃过的青螺蛳壳撒到瓦片上，哗啦啦作响，能驱赶小虫。"清明过后乱头风"，循俗清明为最后之放鹞日，断其牵线，任其飘飞，称"放断线鹞"，谓可以带走一年晦气。

第二节 夏

立 夏

立夏有"见三新"、称人、小孩忌坐门槛等俗。天气转暖，蚕豆、樱桃、青梅、竹笋上市，故有吃新蚕豆、樱桃、青梅等，人们以尝鲜为乐事，曰"见

①相传紫姑原姓何名媚，是寿阳李景之妾，常被李景大老婆差遣打扫厕所、猪栏的脏活，因不堪鞭笞折磨，于正月十五含恨而死。人们怀念这位善良而身世凄惨的少妇，封其为"厕神"，南片人俗呼其"坑三姑娘"。

②明嘉靖《萧山县志》载："清明，是日插柳于门。家家备牲礼扫坟，祭毕，燕饮而归。"清乾隆《萧山县志》载："清明插柳于门，备牲礼扫坟。祭毕，燕饮而归。"

③《武林旧事》载："清明前后十日，城中仕女艳妆饰，金翠琛缡，接踵联肩，翩翩游赏，画船箫鼓，终日不息。"

三新"。①青梅、樱桃为萧山特产，先百果而熟，营养丰富，口味上佳。新鲜豌豆翠绿清亮，形如眼睛，言立夏吃豌豆会眼目清亮。南片有将火梢笋带壳煨熟，剥壳后让小孩整支而吃，谓食之可以健脚骨，俗称"脚骨笋"。此事最为农家看重，脚健方能体格强健，有利于日后行路挑担干重活。

沙地有吃乌米饭、苋菜、蒜末拌豆腐等俗，儿童结伴于野外烧"野米饭"，自己动手搭灶安锅，以粳米、咸肉、竹笋、新蚕豆和莴苣等煮烧，吃来别有风味。富贵之家及大商铺，排筵席以宴客，谓之"立夏酒"。

是日称人②，即称体重，以称小孩为主。在村口或墙门里挂起一杆大杠秤，秤钩挂一张凳，轮流坐到凳上称体重。小孩坐在大竹篮里称，尤讨人喜爱。小孩忌坐门槛，否则据说会影响健康，其实是天气乍暖还寒，小孩体弱，坐门槛易受寒生病。

萧邑立夏之俗种种，看得出与地处江南、以农耕为主的生产生活方式有关。现时，立夏称人、吃煨笋已经少见，但尝鲜之俗犹存。

小　满

《月令七十二候集解》："四月中，小满者，物至于此小得满盈。"农家由此进入夏收夏种，谚云："小满动三车（即丝车、油车、水车）。"小满乍到，蚕妇煮茧，治车缫丝，昼夜操作；田野油菜亦皆老熟，收籽至油坊榨油，以供一年食用；或涝或旱，则用水车车水。小满前后忽阴忽雨经旬，极易暴寒伤及麦秀，称"麦秀寒"或"倒春寒"。

端　午

农历五月初五谓"端午节"③，又叫"端五节"、"中夏节"。清晨起，撺扫庭宇，洒石灰或雄黄水，焚苍术、白芷、蒜皮等驱杀蚊蝇。门上贴绘有蟾蜍、蜥蜴、蜘蛛、蛇、蜈蚣的"五毒"符，截蒲为剑，割艾为旗④，遍插门户床笫间，堂屋持钟馗或张天师像，谓可驱鬼镇邪。儿童戴五香药囊，用雄黄在额上书"王"字，或以雄黄涂耳孔，以防虫类爬入。用红、黄、蓝、白、黑五色丝线绞股系儿童臂，称"长命缕"。又叫小孩把书有"白鹤"两字的小白纸倒贴在门后，言可以防蛇虫。妇女以茧作虎形，名曰"茧老虎"，少长皆佩之。鲜大蒜切片贴在太阳穴上，或贴在背脊上，用艾灸烧，可以防病。家家裹粽子，称"端午粽"。

中餐食"五黄"，即黄鱼、黄梅、黄瓜（或枇杷）、黄鳝、雄黄酒（或雄黄豆）。正午，有打烟堆的，谓可避邪祛秽，又有将雄黄酒滴洒在角角落落，谓可驱蛇虫八脚。午后，山区农民有采晒青木香（草药）习俗。有些地方演社戏《白蛇传》，村民多有前往观看者。城厢镇东门一带江河常有龙舟竞渡、烟熏及饮雄黄酒等。村民割蒲艾晒干后，既可用作解暑药物，又可用来烟熏驱赶蚊蝇。

端午前，"毛脚女婿"、新女婿、徒弟等备礼品"望端午"，拜望岳长、师傅。

端午的诸多习俗都与驱毒避瘟有关，堪称萧邑民间防疫日。现时，不少

① 民国《萧山县志稿》载："立夏市青梅、樱桃，分饷家众，又摘蚕豆尝新。以秤权人轻重，谓可免疰夏之患。食煨笋，谓可健脚骨。""立夏忌坐门槛，谓不利于脚。"

② 范寅《越谚》云："称人，立夏日称之，可免疰夏。"

③ 明嘉靖《萧山县志》载："端午，是日家供艾及菖蒲于香案，或悬艾人艾虎于门，以祓除不祥。亲戚以角黍礼物相馈。午时杀牲以祭，磨雄黄，切菖蒲，解角黍泛饮，大小胥庆。女子以兰作龙虎，少长皆佩之，欲如龙虎之健。儿女辈彩索缠臂，草粽绣符缀衣。长者簪艾叶榴花以辟邪。"

④ 范寅《越谚》云："菖蒲作剑斩八节之妖魔，艾叶为旌招四时之吉庆。"《本草纲目》载："菖蒲气温味辛，功能解毒杀虫。艾叶气芳香，能通九窍，灸疾病。雄黄能杀百毒。"

①《夏九九》歌："夏至入头九，扇子握在手。二九一十八，脱冠着罗纱。三九二十七，出门汗欲滴。四九三十六，卷席露天宿。五九四十五，炎秋是老虎；六九五十四，乘凉进庙寺。七九六十三，床头摸被单。八九七十二，子夜寻夹被。九九八十一，开橱添衣服。"

②范寅《越谚》云："巧果，七夕油炸粉果，样巧味脆，即乞巧遗意。"

③相传古时候毋岭村一带缺水少雨，尤以六月前后为最，百姓抗旱乏力，眼看水作旱作枯萎，只得跪地求雨。恰巧六月初一这天，下了场透雨，庄稼有救了，绝望中的百姓欢天喜地，便杀鸡宰鸭祭请上天。为了纪念这个日子，以后村里每年像过年一样庆贺，因在六月，故称"过半年"。

相传佳山坞村在抗旱最艰苦的六月十四日，村里来了一位老翁。他说，你们不要整日愁眉苦脸，要像过年一样热闹才是。但村民很穷，哪能像过年一样铺张？于是用纸糊起了鸡、鸭、鱼、肉，祭请天地，在祠堂里热闹了一晚。半夜里，果然下起大雨。第二天，百姓们高高兴兴种下晚稻。这一年收成特别好。为了感谢老翁之恩，第二年六月十四日，村民真的像过年一样，用全鸡全鸭来纪念。

④南宋吴自牧《梦梁录》载："七月七日，谓之七夕节。其日晚晴时，倾城儿童女子，不论贫富，皆着新衣。富贵之家，于高楼危榭，安排筵会，以赏节序，又于广庭中设香案及酒果。逐令女郎望月，瞻斗列拜，次乞巧于女、牛。"

旧俗已废，但端午日裹粽子、吃"五黄"、挂蒲剑插艾草等依旧。端午节后天气转暖，故民间有"吃了端午粽，寒衣远远送"之谚。

夏　至

是日祭祖，称"做夏至"。供茶，称"夏至茶"，又有吃面条之风。谚云："冬至麻团夏至面。"面为农家"杜"（土）做，其时，麦收完毕，农家以新麦磨粉做面；也有将麦粉调糊摊饼，俗称"麦糊烧"；将麦粉调糊，用筷子夹入锅内，和汤烹煮，俗称"著夹头"、"麦夹头"，均有尝新之意。旧有《夏九九》歌，亦称《至后九九歌》。①

半年节

楼塔镇毋岭村、佳山坞村等少数村有过半年节的风俗。毋岭村的半年节为农历六月初一，佳山坞村为六月十四。早先，该镇的塘头村六月十九、上马石村六月廿三也过半年，但已废止有年，而毋岭、佳山坞村这一习俗数百年来延续至今。每到半年节，家家杀鸡宰鸭，裹粽子，炸巧果②（油徽子），有的还杀猪。村落、庭院干干净净，小孩穿新衣服，村民停止农活，外出求学、谋生者一般都赶回家团聚，亲戚上门做客，宗亲邻里以粽子、巧果等互相馈赠，亲朋好友围着八仙桌，或觥筹交错举杯相劝，或喝茶品茗其乐融融。若遇陌生人路过，村民亦相邀入座，茶饭款待，以来客兴旺为荣，布施"叫花子"亦格外大方。堂前案几供奉西瓜、雪梨、桃子、巧果等土特瓜果，及整桶盘的鸡鸭肉熟食福礼，点香焚烛。循俗，这天拂晓祭请菩萨，晚上则祭请先祖。亲戚一般中饭后回去，路远的则过夜。旧时，这天夜里道士敲敲打打；解放后，年年放电影，热闹非凡，其状不亚于过大年。

关于过半年节的来历，毋岭村与佳山坞村说法略有不同，但都与抗旱有关。③另外，浦阳一带农村六月廿三有请灶司菩萨过半年的习俗。

天贶节

六月初六天贶节，书香之家曝书，普通人家晾晒冬衣，洗涤器具，俗称"晒霉"，谓这天曝晒能一年不生蠹。谚云"六月六，晒得鸭蛋熟"，是日起时届盛夏，孩子可以下河游泳。

第三节　秋

乞巧节

七月初七为"七夕"，俗称乞巧节④，传说为牛郎织女鹊桥相会之日，俗多与妇女生活相关。女子以碗盛河水、天落水各半，谓"鸳鸯水"，曝晒使水面生膜，用绣花针投浮，以水面针影形状应验投针者智鲁。针影若呈花朵、鸟物等，为"巧妇"；若直如杠、粗如杵，为拙兆。是日剪去小儿臂上之长命缕，称"换巧"。妇女采集槿树叶泡水濯发去垢，谓头发能清洁光亮。制作"巧果"，即用麦粉绾作芰结状，油炸至脆，言食之聪慧灵巧。入夜，设案庭中，放瓜果糕点，燃香烛祭织女星，妇孺仰观天河双星，姑娘们月下穿针引线，谓

"乞巧"。好事者，或达旦不寐。坎山一带有到地藏寺"祭星乞巧"之俗。

中元节

七月十五为中元节[1]，俗称七月半。旧说七月十二至十八日为阴间鬼魂至人间自由活动之时，故中元节又称"鬼节"。七月十五前后，家家祭祖，俗称"做七月半"。道教于七月十五放焰口超度亡魂，名曰"盂兰盆"。民间演目连戏，家庭以果品供祖。此节由来已久，过法萧邑各地不一。南片七月十二称"鬼节"，家中祭祀祖先，是夜供团子、水果，至次日早上收起。一些土地庙做大戏，中老年妇女即在庙中宿山烧香念佛，夜晚于路旁焚化纸钱，赈济孤魂野鬼。沿江临水村坊，于七月十六夜以大蚌壳或形似贝雷帽的纸船盛油，用灯芯点燃作灯，放于水中漂流，称"放湖灯"，以超度"淹死鬼"。瓜沥一带从七月十三至十七为"盂兰盆圣会"，请和尚、道士诵经；也有男女"善人"念佛，超度亡魂，施粥5天，到十七日夜放焰口一堂，十八日演大戏一台。南阳一带七月十三至二十日为鬼节，俗传阎王赐假，放鬼出门，谓"鬼开门"，野鬼出来自由活动。是夜，小孩不许出门，以免惹鬼。庙宇、村坊演"莽戏"（鬼戏），放大堂焰口，让鬼娱乐，免得与人作对。中华人民共和国成立后，此俗渐废。

中秋节

农历八月十五，正值三秋恰半，故名"中秋"，是一年中与端午并重的一个大节。[2]因这日晚上圆月当空，格外明媚，乃团圆之象征，故又有"团圆节"之称。是日，合家团聚，备丰盛酒菜欢宴，吃月饼，谓"过八月半"。谚云："宁留女一秋，不许过中秋。"旧时回娘家的女儿，须于节前赶回夫家，以示团圆。传说这天为"月亮菩萨"生日，晚间置几案于庭中，供月饼、水果、老南瓜等，燃香烛以祭月神。

节前，亲友互赠月饼，以祝"人月双圆"。新婚女婿及"毛脚女婿"携月饼探望岳家，尤见郑重。旧时商店都办酒赏职工。做生意人平日赊出的货款，到这一天派人去收账；做季节工的工人过了中秋节这一天，就要被回报（解雇）了。中华人民共和国成立后，"祭月"已不多见。随着人民生活水平的提高，中秋佳节过得更为重视，聚餐、馈赠月饼等礼品之风大盛，单位也向职工赠送月饼。

观潮节

钱塘江大潮世称天下奇观。农历八月中旬，大潮渐盛，历来为观潮佳节[3]，其时潮候均在午后。十八日属正节，潮头最齐最盛。始如银线，连接大江南北；继而成玉带，声若闷雷；又成雪岭，惊涛拍岸，撼天动地。钱塘江百里江堤，观者如云。观潮习俗唐代已见记载，至宋代称盛。南宋赵氏小朝廷偏安临安（杭州），定每年八月十三至十八日乘大潮汐操演水军于钱塘江，杭萧之人倾城争观，后相沿成习。俗

① 南宋周密辑《武林旧事》载："七月十五日，道家谓之中元节，各有斋醮等会。僧寺则于此日作盂兰盆斋，而人家亦以此日祀先，例用新米、新酱、冥衣、时果、彩缎、面棋，而茹素者九十八九，屠门为之罢市焉。"陆游《老学庵笔记》中说："故都残暑不过七月中旬，俗以望日具素馔享先，织竹作盆盎状，贮纸钱，承以一竹焚之……谓云'盂兰盆'。"

② 明代田汝成《西湖游览志余》载："八月十五谓之中秋，民间以月饼相送，取团圆之义。"

③ 明代张岱《陶庵梦忆·白洋潮》描写了赭山观潮的壮观奇景："立塘上，见潮头一线从海宁而来，直奔塘上。稍近，则隐隐露白，如驱千百群小鹅，擘翼惊飞。渐近，喷沫，冰花蹴起，如百万雪狮，蔽江而下，怒雷鞭之，万首镞镞，无敢后先。再近，则飓风逼之，势欲拍岸而上……看之惊眩，坐半日，颜始定。"

图40-1-1032　钱江观潮节（2000年9月，周少伟摄）

传，八月十八为潮神诞辰，旧时沿江人家宰牲备酒祭祀潮神，或演戏酬神，祈求不再坍江，俗称"潮会"。中华人民共和国成立后，祭潮神习俗基本消失，但一年一度观潮活动胜于旧时。1994年起，萧山市政府每年组织"观潮节"①，寓经济交流于观潮旅游活动中，请来八方客户，盛况空前。

重阳节

九月初九为重阳节。《易经》把"九"定为阳数，九月初九为两九相重，故称"重阳"，又叫"重九"。越语"九"与"久"同音，因而联想到长久、久安，古人认为这一天是吉祥日子。萧邑过重阳节由来已久。②是日有登高、赏菊、饮菊花酒、吃重阳糕之俗。重阳糕又叫"菊糕"，因"糕"、"高"谐音，故吃重阳糕寓"步步高"意。糕为蒸糕，南乡用米粉，沙地有用米粉加粟粉的，和水拌匀，扣入蒸糕板模，印成或方或圆，放在铺着纱布的饭架上蒸煮，出锅后插上小旗（剪纸作旗，称"重阳旗"），点以胭脂，孩童特别喜欢。市镇亦有出售蒸糕的。今吃重阳糕、登高之俗犹存。

第四节　冬

冬　至

谚云"冬至大如年"。冬至系一年中的大节③，诸多事情皆以冬至为起点。农历推算清明，即以冬至后106日为准，谓"冬至百六是清明"。民间以冬至迟早、晴雨占一冬寒暖与年边晴雨，预报天气，用来安排农事和生活，许多农谚都与冬至有关。④此日白天最短，夜间最长，故又有"困觉要困冬至夜"之说。

萧山百姓旧时十分重视冬至这个节气，冬至日，家家祭祀祖先，请五圣菩萨，曰"过冬至"。有的上祖坟作祭，除草去棘，添加新土，焚化纸钱，祭礼不亚于清明，曰"上冬坟"。出嫁女夜间到娘家土地庙坐夜宿山，尤以老妪为多，烧香诵经，直至晨曦。家家以米粉搓团，煮熟，拌以芝麻、豆粉、炒米粉，名曰麻团。老年人往往对小孩说，吃了冬至麻团就大了一岁。沙地区制作夹子（又叫"格子"、"夹糍"、"夹心饼"），用面粉或米粉搓捏，以糖果蜜饯或鲜肉咸菜作馅，有圆形、方形、三角形多种。城厢镇一带这日吃馄饨，俗称"冬至馄饨夏至面"。党山一带冬至夜有煮赤豆糯米饭，吃酒酿鸡蛋之俗。这日忌讲不吉利话，忌争吵，告诫小孩不得信口乱言，不许打破碗碟。出嫁女不得在娘家过夜，须返回夫家。老人烘隔夜火熜，裹入被内，若至翌晨炭火不熄，谓可兆来年家事兴旺。

冬至后进入腊月，农家所舂之米称"冬舂米"，所酿之糯米白酒称"冬酿酒"，盖因易于保藏。冬至后食"黄芪烧鸡"进补最佳，谓"冬令进补，明春打虎"。流传萧邑民间的《冬九九歌》⑤以冬至起算为头九，记气候变化。

过　年

进入农历十二月，家家户户采办年货准备过年。年货的多寡优劣，关系

① 参见本志《文物　胜迹　旅游》编之《旅游》章。

② 来裕恂《萧山县志稿》载："重九，市中卖粟糕，插五色纸旗于上，文人或为登高燕饮之会。"

③ 明嘉靖《萧山县志》载："冬至，各家用糯米粉、麦面，裹肉馅相馈。杀牲以祭，祭毕而燕。"

④ 农谚云："冬至月初，石板冰酥；冬至月中，赤裸过冬"；"晴冬至烂年边，落冬至晴过年。"

⑤ 《冬九九歌》："头九和二九，相送不出手。三九二十七，棒打不出门。四九三十六，夜眠如露宿。五九四十五，床头把尿尿。六九五十四，笆头出嫩刺。七九六十三，花絮两头摊。八九七十二，黄狗伸阴地。九九八十一，犁耙一起出。"

到年过得是否体面，也是对一年辛苦劳动的检验，乡人历来十分看重。但旧时百姓生活艰苦，虽尽力为之，然年货难办，年关难过。萧俗过年的主要节令活动有掸尘、送灶、祝福、守岁等。

做年酒 一般在冬至过后。先将糯米浸泡几天，上甑蒸煮，冷却，拌入酒药，用棉胎、稻草包裹容器，过三昼夜左右发酵，称"酒娘"。将饮用水兑入盛"酒娘"的缸，水与米重量以1∶1为佳，封盖缸口，30天后即可开缸饮用，俗称"缸头黄"。此酒色泽清亮，略呈乳白，香味醇厚，酒力绵长。旧时粮食紧缺，普通农家只做少量，用以祭祖、请神、待客，却兑水比例大，往往酒淡质差。现时，萧山农家过年备有各种中高档"瓶装酒"，但不少人家年酒大抵仍要做一缸，才显得有过年的气氛。

舂年糕① 又叫撩年糕。年糕为过年必备的传统吉祥食品，寓意"年年高"。一般在十二月初十到廿三之间舂，如果"立春"在年内，俗以赶在"立春"前7天舂年糕为好，因"冬水"浸糕不易变质。先由上甑师傅把1斗米粉（约16市斤，其中糯米、粳米按一定比例搭配）用冷水拌和，经夹筛筛选，入甑蒸烧，需求量大的人家多烧几甑。然后倒入石臼，一人举木槌轻轻舂几下，一人双手在干净冷水里浸一下，将木槌头上的热米粉抓下。舂的人逐渐使劲，舂得满头大汗，由数名壮汉轮换着使槌，如此再三，直至粉团柔韧为止。然后将粉团放在晒箕里，抹上少许菜油，用力搓揉揿压，做成长方形或圆形的糕。考究的用木刻的鲜红蝙蝠印盖在四角，中间再印一个"福"字，表示福从四方来。巧妇乘机把年糕粉团做成元宝、鱼、兔、猪等小品，既供孩童玩赏，又可正月初一用来祭神。沙地农村多用二粟（玉米的一种）、打粟（高粱）、小米（粟）舂年糕，工艺类同，这种年糕质地韧糯，颇具乡土风味。七八十年代以来，萧山农村这种"杜舂年糕"已很少见，大都用米去换"机器水磨年糕"。近年，农村舂年糕之俗有所复苏。

柯年鱼 一般在十二月中下旬，或乘小舟撒网，或用鸬鹚捉，甚或用龙骨车将池塘水车干，来个塘底捉鱼。沙地区河湾开阔，多用大牵网拉捕。此时围观者甚众，无论长幼，见鱼儿捕获，皆指划欢呼。池水车干了，有专捉剩下小鱼小虾者，民间有一种说法叫"柯次"，意即"可耻"。他们间或趁主人不备，顺手捉条大的，主人嘴里斥责着，见"柯次"者的滑稽相，跟围观者一样开心。毕竟临近年关，村里多了一分宽容和友善。

杀年猪 过去"杀年猪"一要看年岁，二要看条件，并不是家家户户都有猪杀。杀年猪这天，一家人天不亮就忙碌起来。先请"猪栏菩萨"。当家女人要烧好几大锅开水，用木桶盛着，准备煺猪毛用。男人们则将两条长凳捆扎在一起，作为杀猪的凳子。"杀猪屠户"一般为两人，挑来的工具担一头是一只大木桶，一头是放着杀猪"家什"的竹筐子。"杀猪屠户"抓住猪耳朵把猪从栏里拖出来，猪挣扎着嗷叫，女人一边"啰啰啰"地唤猪，一边暗暗抹眼泪。在当家男人等的帮助下，"杀猪屠户"将猪放倒在长凳子上，捅进刀子，用盆子接盛猪血。杀猪时的帮手称为"柯猪脚"，俗有以"柯猪脚"一词泛指

①范寅《越谚》载："年糕，浸粳米一石；掺糯米五升为粉，蒸舂……"

图40-1-1033 舂年糕（2005年1月，李维松摄于南阳镇东风村）

图40-1-1034 撒渔网（2004年1月，李维松摄于围垦五万二千亩）

"做帮手"。等候片刻，在木桶里烫猪、煺毛。当猪毛煺得差不多时，"杀猪屠户"在一只后蹄上用刀子切一小口子，捅进一根铁条，在猪身上直的横的捅几下，再往刀口处用嘴拼命地吹气，将猪吹成圆滚滚的一个。然后拿细绳在切有口子的后蹄上扎紧，用刀将剩下的猪毛刮得干干净净。据说经"吹风"后的猪肉，吃起来口感好。接下去是开膛剖腹，清理内脏，把猪头、猪腿、两爿白肉等分割好。杀猪的工钱计算十分简单，只要将白肉称一下，六七十年代一斤白肉1角钱。循俗，外加给"杀猪屠户"一副小肠。有的人家一时拿不出现金，要么暂时欠几天，要么斩几斤猪肉抵工钱。年猪杀好后，夫妻俩按照事先商量好的，卖掉多少、送掉多少、自己留起多少做了安排，一般猪头、猪尾巴、猪血和猪内脏都留着自己过年吃。

图40-1-1035　裹粽子（2000年2月，蔡志龙摄）

腌腊货　一将鸡、鸭、肉、猪头等浸泡在酱油中，放入少许黄酒、花椒等香料，浸泡时日不等，以酱油浸透咸进为度，然后日晒风吹使之干燥，观之通体乌黑红亮，闻之酱香扑鼻，俗称"酱货"；一用盐炒花椒，撒于鱼、肉、鸡、鸭上，待椒盐溶化，反复用盐水浇淋，数日后挂出晾晒，即成，俗称"腌货"。腊货是过年待客的上好冷盘，且放置时间长不易变质，所以年关临近，民间多有腌制，即使贫苦人家，鱼干、酱肉少不了要晒的。

图40-1-1036　腌腊货（2007年2月，李维松摄于河上镇金坞村）

备炒货　主要有南瓜子、葵花子、花生、芝麻番薯片、薯干、蚕豆、六谷（玉米）等，平时舍不得吃，留到年边，经炒、爆后，放入密封容器，备作正月里待客。

掸尘　十二月廿四前后，家家大搞卫生。用竹枝扎在竹竿上作"尘帚"，把积在楼板、梁椽等高处的灰尘掸下来，故曰"掸尘"。不但宅内宅外彻底打扫一番，同时洗涤棉被蚊帐，擦洗桌椅板凳、家具器皿，清理废弃杂物，寓"脱去旧年晦气，迎来新年运气"意。掸尘用的尘帚，要到"祝福"或除夕夜，才能垫在"元宝"纸下烧掉。90年代开始，集镇上经济宽裕的居民，有的请钟点工打扫卫生。

①明嘉靖《萧山县志》载："廿四侵（清）晨，扫屋尘。是夜，男祀灶，女子不至。祀用糖糕，以灶神言人过于天帝，取胶牙之意，名曰送灶。至除夜复祀之，曰接灶。"

送灶　又称"谢灶"，十二月廿三夜，"送灶司菩萨上天"，各家祭请灶神。①祭品3荤3素，有的全素，必供一盘麦芽糖，意在粘住灶神唇齿，在天庭不能言凡间过失。祭请时念念有词，祈求灶神"上天言好事，下界保平安"，然后请灶司神祃出龛，在道地和纸糊元宝一起焚化，放炮仗送行。坎山一带送灶，则将灶神祃放入纸轿内于庭中焚化，主人把轿内烧得正旺之竹节，用火钳夹住送入灶洞内，谓之"元宝进门"。现时随着住宅条件改善，早先设神龛的老式灶台已不多见，但农家送灶的习俗不改，只是送灶程序简化了。

②范寅《越谚》云："祝福，岁暮谢年，谢神祖，名此。"

③据传萧山百姓祭请的年菩萨主要是"黄山西南"，一说他脱衣去救落水者不幸淹死，一说为护西江塘不塌赤身裸体死于江中，所以女人须回避。

祝福　也叫谢年②，俗称"请年菩萨"。时间一般在十二月廿三至除夕前几日，以廿七、廿八日为多。于午夜祭请，也有在黎明的。敞开堂前大门，八仙桌板缝横向，朝里祭请。由家主操办祭请，女眷不得祭拜。③八仙桌上供五牲福礼，用桶盘盛全鸡（或全鹅）1只、条肉1方（或整个猪头），插上4根筷子，缠以鸡（鹅）肚肠，旁边放菜刀1把，两旁放印有"五谷丰登"、"六畜兴旺"之类吉语的年糕（或特制的小铜锣年糕），1串粽子，1条活鱼，1块方豆腐及豆腐干、千张，1盘盐，1盘糖，1盘倒扣半圆形鸡（鹅）血，水果糕点、长寿面等，统称"福礼"，盘中供品皆置红纸1方。桶盘内侧点香1股、大蜡烛1对。跪拜毕，大门外焚太隆元宝，家主奠酒，燃放鞭炮送行。请后合家饮酒，吃白斩鸡、白切肉、汁汤年糕，俗称"散福"。生意人家请年菩萨也有请五圣、关帝菩萨的。

图40-1-1037　请年菩萨（2004年1月，李维松摄于浦阳镇木杓山村）

守岁　除夕[1]，俗称"大年三十"，旧时债主多于这天索债，欠债人还不出的，往往东躲西藏。是日上午，各家在堂前张挂先祖遗像，展示牌位，设供品、点香烛。贴春联[2]，贴倒写的大红"福"字。南乡山区农家春联中，许多字喜欢带有林木，寓新的一年生机蓬勃之意。如："翠竹添新笋，红梅报早春"；"红梅铮骨傲雪，桃李笑颜迎春"；"春夏秋冬春为首，梅桃杏李梅占先"；"柳绿花红春光如画，松青柏翠江山多娇"；"植松植柏无山不绿，栽杨栽柳有岭皆春"；"梅园花蕾凝香雪添姿，竹林枝叶滴翠春增色"，等等。妇女剪贴年纸，即用红纸剪成元宝、"喜"字之类，简单的则用小张的红纸，贴在家具、农具、门窗、猪栏、谷囤之上，曰"贴红"。

沙地农家烧年夜饭前，淘满淘箩白米，放入红枣数枚，置于灶上，称"万年粮"，留到初一至初五期间食用。年夜饭烧煮必多，又以赤豆散饭中，留食至开岁三日，谓之"来年饭"。傍晚，将新的灶司神祃贴好置于灶龛，用竹灯1盏，或燃香3炷，至门外朝天膜拜，接回廿三日上天庭的灶神，在灶台祭请，曰"接灶"。关闭堂前大门，向先祖遗像或牌位祭请，按长幼次第跪拜，酒过三巡，焚银锭纸钱，曰"祭祖"。各家燃鞭炮，置火盆于门外，焰高者喜。然后关门点烛（灯），合家吃年夜饭，曰"分岁"。

分岁有一家团聚之意，客旅他乡者必设法赶回；因故未归，则留出席位，摆放碗筷酒盏，以示团圆和思念。菜肴最是丰盛，一般不少于10碗，其中必有一碗"八宝菜"，考究的有甜点"八宝饭"。菜肴可一任享用，唯"元宝鱼"须留待正月半后动箸，以取"吃剩有余"意。小孩最开心，俗称"大年三十的吃，正月初一的穿"，天天盼过年，盼的就是这个。无论会不会喝酒，每人必斟酒一盏。吃饭时，小辈不盛饭，须由长辈盛。小孩忌哭闹，忌打碎碗碟，若筷子掉地，须散席后捡，不得提前离席。饭后，长辈给晚辈散钱，小孩须将钱压于枕下过夜，曰"压岁"。聚餐后开启大门，邻居方可互相串门道贺。矮个小孩握整枝甘蔗躲到门角后，跳一跳说："我比你高！"言明年个子能长得快。是夜，室内通宵遍点灯烛，谓"长明夜"。一家人围灯而坐，或闲聊，或打牌，至子时鸣放鞭炮迎新送旧，甚至有达旦不眠者，曰"守岁"。新时期，多一家人围在电视机前，收看中央电视台春节联欢晚会。

①明嘉靖《萧山县志》载："除夜换桃符，以采笺书联句以贴于门柱，曰春帖，以见除旧布新之意。至夕，爆竹，各燃火炉于门外，焰高者喜。古谓之糁盆祀。先设席，少长男妇同饮，曰分岁酒。夜分起，爆竹祀瘟神。"

②范寅《越谚》云："元旦书红，万事亨通。"又："新春举笔，诸事大吉。"

第二章　礼仪习俗

萧山本礼仪之乡，在长期的社会生活中，形成具有地域特色的礼仪习俗。本章记述婚嫁、丧葬、喜庆、交往、取名、称谓等礼仪。

第一节　婚　嫁

萧山历史上有过的婚姻类型有：嫁娶婚、招赘婚、童养媳婚、等郎配、表亲婚、调换婚、转房、抢亲、冲喜、外来婚等。旧式婚嫁礼仪繁琐，萧山各地大同小异，大致经过托媒、合肖、定亲、择吉、接妆、迎亲、拜堂、闹房、回门等10多道程序。

婚姻类别

嫁娶婚　一般由媒人撮合，双方父母同意，所谓"父母之命、媒妁之言"，是旧时最普遍也是最受尊重的一种婚姻，有一套规范隆重的嫁娶程序。中华人民共和国成立后，取消了其中包办婚姻、买卖婚姻的成分，简化了迎娶程序，嫁娶婚的内容和形式都有了革新。

招赘婚　俗称"进舍女婿"、"上门女婿"。女方家中没有兄弟，父母为了养老送终，将较为孝顺的女儿留在身边，招女婿入赘。入赘的女婿有改姓的，也有不改姓的。改姓要请族长、房长和主要亲戚到场协商，签名画押，即视其为本族之人，可以入谱入祠堂，岳父母便将其当做儿子。入赘女婿一般家中比较穷，兄弟多，讨不起老婆，父母出于无奈才同意，所以旧时常被歧视，有"倒插门"之称。中华人民共和国成立后，男女平等，男方入赘女方不再像旧社会那样受歧视，改不改姓已无所谓，但女婿的人品、劳动能力是女方家长考虑的重要条件。

童养媳婚　旧时一些穷苦人家女儿较多，抚养困难，或家遭不幸，常把未成年女儿送给人家，长大后做儿媳。从男家来讲，或家穷，或儿子有缺陷，怕将来找不到老婆，及早领养穷苦人家小女孩作童养媳。这种旧式婚姻的最大受害者是女孩，不仅吃穿低人一等，而且常遭公婆虐待，被人歧视，称作"养媳妇头"。有的童养媳比丈夫大十来岁，未成亲时被当做劳动力使用，起早落夜干活，成亲后因年龄悬殊又遭丈夫折磨。假使丈夫夭折，男家有权将其许配给亡夫的弟弟或卖给他人。中华人民共和国成立后，童养媳婚不复存在。

等郎配　由双方父母做主，将未成年的女孩许配给未成年的男孩，无需他人做媒证婚，待女孩成人后，再嫁过去。一般女孩比男孩年龄大，往往男孩尚未成人，女孩已嫁过来了，二十来岁的女子与十四五岁的男孩结婚是常事，既可以料理家务，又可以像照料小弟弟一样伺候丈夫。旧时，穷苦人家多有这种婚姻。

表亲婚　旧时通婚圈子小，俗称"表姐哥妹老婆配"。姑姑的儿女与舅父的儿女结婚，或姨娘之间的儿女结婚，是常有的事。前者称"姑表亲婚"，后者称"姨表亲婚"。双方当事人从小认识，长辈又熟悉，因此被视为"亲上加亲"。这种婚姻有许多不尽如人意之处，无论小辈间的感情，还是长辈间的想法，婚后都不像原先想的那样好，出现"越亲越不亲"的现象。解放后，表亲间结婚者渐少。这类婚姻属近亲结婚，违反科学，已被禁止。

调换婚 又叫"调换亲",即双方家长各自将女儿许配给对方为儿媳。因家境贫困,眼看儿子到了成亲年龄,苦于财力不支,讨不起媳妇,就托媒人寻找有同样境况的人家撮合,也有双方家长自己看中,将女儿与对方交换做儿媳妇。有时两对新人同一天定亲,同一天结婚,借此可以省却彩礼,节约婚礼开支。调亲后,有的往来密切,亲上加亲,但也有终生痛苦的,尤其是双方女儿。

转房 主要有"兄终弟顶"、"弟终兄及"、"姐亡妹续"等几种。其中姐亡妹续者较多,一般出现在富家,民间有"大女婿变成小女婿,大姨夫变成小姨夫"之说。兄亡后嫂嫁其弟、弟亡后弟媳妇转适其兄的情况,多见于贫家,民间讥之为"前客让后客,弟媳妇嫁大伯"。

抢亲 旧时贫困人家较为多见,因双方家境贫寒无力婚嫁,经女方父母同意后,瞒着姑娘"抢亲"。这种婚姻也有婚约,用"抢亲"的形式成亲,实出于经济困难的无奈选择,借此女家不必备嫁妆,男家可节省彩礼,一切从简,且面上光彩,婚后两家和好如常。方法是,女方父母故意支使女儿去河埠头淘米洗衣或上街买东西,男方纠集数人如约在暗中等候,看清姑娘行踪,先由小官人出动,其他人一拥而上,连拖带拉将姑娘弄到船上或轿里,捆绑手脚,塞住嘴巴,快速离去。女家假装呼叫追赶,哭天号地,以免被人耻笑,其实大家心知肚明,见惯不怪。也有真抢婚的,男家得知女家有赖婚之意,劝说无效,便趁女家不备前去抢亲,多遭女家强烈反抗。抢成了,女方父母照认这门亲戚;抢不成,女家可借此退聘毁约。

冲喜 男女定亲后,男家父母或未婚夫病危,便仓促完婚,以借喜神祛患驱病,俗称"冲喜",也叫"霍亲"。冲喜一般不择日,无须大操大办,女家亦可少发或不发嫁妆。冲喜时若新郎重病不起,则由兄弟姐妹代拜堂。若翁姑已暴卒,须举行婚礼后方能入殓,先秘不发丧,新妇娶进门拜堂后,向亡故者请安,由他人在帐后代答。然后,新娘方可卸红装,换丧服,参与举丧。所以有"未闻笑声,先听哭声"之谚,有的新娘甚至出现未入洞房已成寡妇的悲剧。

冥婚 又叫"结阴亲",由父母或亲属为年轻夭折而生前未婚嫁者配婚,并以夫妻名义合葬。男方或为让儿子死亦成家,成为"大人",或为继承家业,延续香火,便于用亡子的名义领养孩子,所以促成冥婚;女方则认为女儿未婚而亡终为憾事,会含怨九泉,况且女子终须出嫁,便同意嫁往冥界。举行冥婚婚礼须挑选吉日,木主(即牌位)代替新郎新娘,仪式如同活人婚礼。接着办葬礼,两棺合一墓,此为红白喜事一起办。中华人民共和国成立后,此俗渐废。

外来婚 旧时因家庭困难、身体残疾、年龄偏大等原因,男子无法娶到本地姑娘做妻子,遇有外来乞讨或流浪的女子,经对方同意,便草草结婚,俗称"捡便宜货"。也有托人寻找投亲靠友的女子结婚的。

婚嫁礼仪①

托媒 民国《萧山概览》载:"旧式家庭尚凭媒妁撮合,唯民国以来,此风稍有变更。"儿子到了婚娶年龄,父母不管有没有看中的女家,都须托媒

图40-2-1038 迎亲(2004年1月,李维松摄于新塘东河村)

图40-2-1039 拜堂(2004年1月,李维松摄于新塘东河村)

①明嘉靖《萧山县志》载:"婚礼必用媒妁,采聘必用宝币。娶而成礼,必用傧相,拜花烛、牵红缠席、坐床、合卺、撒帐、挑兜,皆俗礼也。女行时,母属皆哭而送之。贫者较妆奁,故有生女而不举者。"

①俗传肖蛇、鼠者不宜，谓"蛇拖老鼠"；若虎、羊相配，说是"羊落虎口"；若属鸡者与属狗者结婚，怕鸡飞狗跳，夫妻做不长久；若龙（包括蛇，亦即小龙）、虎相配，说是"龙虎斗"；猪、羊配婚，说"猪配羊，咬断肠"。民间还有生肖不合婚的歌谣，如两虎不同山；白马怕青牛；鸡狗不一家；猪猴不到头；虎鼠不结亲，等等。此外，双方年龄相差6岁谓"犯大六冲"，相差3岁谓"犯小六冲"等，俗宜避忌。

图40-2-1040　民国时期男家请庚帖式（2009年5月，李维松摄于戴村镇佛山村）

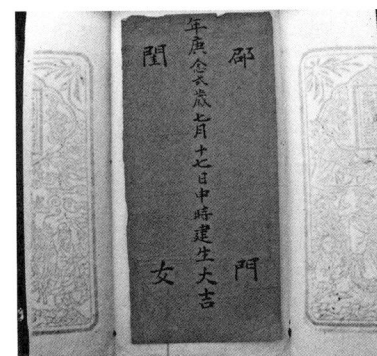

图40-2-1041　民国时期女家回庚帖式（老泉山房藏，2010年11月李维松摄）

提亲。也有媒婆主动上门说亲。旧时乡间专有替人说合婚姻的媒人，见有年龄相仿、门当户对的，就主动撮合。说成一桩婚事，媒人可得一笔"谢媒礼"，有的几乎以此为业。从提亲到成婚，媒人在男、女两家多次请吃，俗称"吃十八顿半"，故"十八顿半"成了媒人代称。媒人以中老年妇女为多，故又称"媒婆"，她们能说会道，尽力说好。但旧社会也有个别坏媒婆，收受其中一方额外钱财，昧着良心欺骗另一方，酿成婚姻悲剧而被世人唾骂。为牢靠起见，男、女双方都请媒人，男方的称"男媒"，女方的称"女媒"，共同促成两家婚事。说成婚事被看成积德之举，所以除媒婆外，其他人也愿意做媒。中华人民共和国成立后，媒人叫"介绍人"，做媒叫"做介绍"，大抵由长者或热心人为之。

合肖　女方父母托人了解男方家庭情况，认为门户相当，同意媒人取女子的生辰八字，称"请庚"或"请帖"。庚帖用大红纸写成，四角分别写"某门闺女"，中间直行写姑娘诞生的年月日时，共8个字，帖面文字要成双数。男家将红帖压在灶神前的香炉底下，静观半月，若半月内家中平安无事，认为大吉，便与男子的生辰八字帖一起，送给算命先生合肖。据说属肖和年龄有诸多禁忌①，若男女"犯冲相克"，由媒人将庚帖送还女家，另行物色女子。若年庚相合，由媒人引荐双方家长见面，称"会亲"。之后，男家便遣媒议聘。

定亲　也叫"订婚"，对男家而言叫"行聘"，对女家而言叫"纳彩"。定亲须用帖子，男家给女家称"求帖"，女家给男家称"允帖"，统称"拜帖"，要求字迹工整，文辞规范。沙地区拜帖一般正面书写"全福"或"正肃"，求帖写有"请求台允"，允帖写有"谨遵台命"等字样。里畈考究的用木制的拜帖盒，上书"文定吉祥"金字，外裹红布，插一丛连根万年青，内装小伙子生辰红帖及议定的聘金礼单，随送聘金、彩礼、点品（即鸡、鹅、糖果、桂圆、荔枝等），以盘盛之，少则8盘，多者可达32盘，连同聘金、彩礼俗称"头盘"，也叫"头把"。女家收下后，须回送喜果、衣衫等礼品，用绿纸书写女庚帖，装入原盒由媒人带转，是为"定亲"。定亲须择吉日，办定亲酒，女家办午宴，男家办晚酒，祈神祭祖，宴请族人亲友和媒人。有的地方由女媒把女家刚孵出的一对雌雄小鸡送给男家，称为"公婆鸡"，养大后只能卖不能吃，用换来的钱买碗盏，表示男家将增加丁口。女方媒人还向男家讨一个小伙子的鞋样，让姑娘做成新鞋，日后由媒人捎给小伙子，表示姑娘心灵手巧。

定亲后，男女青年正式结为未婚夫妻，小伙子作为"毛脚女婿"即可由媒人陪同到女家走动。沙地区有小伙子随同媒人前往女家定亲的，席间，女方长者给小伙子"见面钱"。下午，大姑娘在女伴、女媒陪同下，由小伙子带路到男家，男家办酒宴客。旧时吃过定亲酒，姑娘就是男家的人了。若未婚夫夭折，姑娘要守寡，称"望门寡"。此俗已废。但办定亲酒、送定金彩礼还不同程度存在。

择吉　定亲后，男、女两家即准备儿女婚嫁，少者一年，多则三载，俗称"三年嫁娶"。迎娶日子由男家请算命先生根据双方生辰八字择定，俗称

"拣日脚"。男家将择定的好日子写成红帖，至少提前6个月，请媒人在初一或月半送交女家，俗称送"日脚帖"。红帖正面书写"福"字，内书"喜结良缘"、"百年唱随"、"鸾凤和鸣"之类吉语。

同时挑去篮担，有的带两壶甜酒或糖水，女家将此酒水分赠邻里亲友一盅，以报喜讯。数日之内，男家按商定的数目请媒人送去第二次彩礼，俗称"贰盘"，其零数在上轿前给，称"轿下盘"。倘若女方祖父母健在，男方须再加零数，名"太公太婆盘"。"贰盘"用于置办嫁妆，收下"太公太婆盘"的，嫁妆中须增加一条棉被。此后，女家为女儿制作被褥嫁衣，置办箱、柜、桶、盘及铜锡器皿等

图40-2-1042　民国时期女家收礼后回帖帖式（2009年5月，李维松摄于戴村镇佛山村）

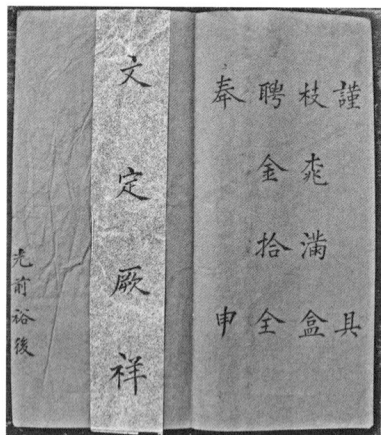

图40-2-1043　民国时期男家送礼帖式（老泉山房藏，2010年11月李维松摄）

注：男家送来礼物，如果女家收下，回帖写"愧领"；如果女家未收，则回帖写"心领"。

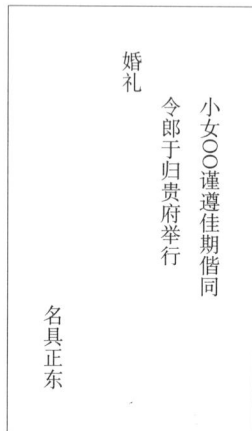

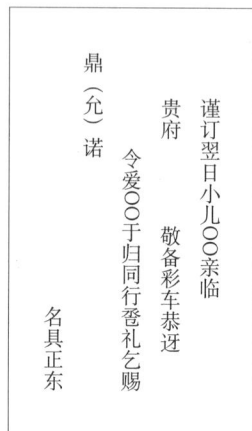

嫁妆。男家则积极筹措钱物，制作床铺等家具，以备迎娶。南乡山区男家婚前制作床铺，喜欢用刺杉、马尾松等常绿树木，寓意日后夫妻"长青"、恩恩爱爱。

接妆　男家在婚前两三天，择双日去女家搬嫁妆，女家用红纸书写嫁妆清单，备酒招待。也有女家于好日子前数日运嫁妆去男家的，《越谚》称"发行嫁"。嫁妆一般为床上用品、房内用具、厨具、家具等，视女家贫富而定。即使再穷，"子孙桶"（红漆马桶）是不能少的。

嫁妆抬到男家厅堂之上陈放，一般由族中辈分最高的一人开启箱柜，任人观看，谓之"亮奁"，唯外贴红签作记号的新娘素衣箱禁开。婚嫁前三日，新郎新娘均须沐浴。于浴盆上置一砻筛，装荔枝、桂圆、胡桃、枣子、松子、桑子、梧桐子、栗子、花生、绿豆、红蛋等果品，淋以温水，新郎新娘分别以此温水沐浴。经温水淋过之果，俗称"浶浴果"，分送亲友邻居。结婚前一日，姑娘穿新嫁衣端坐堂前，由老嬷（俗称"堕民老娘"）用白粉燥擦女面，又用纱线两根切肤绞夹毫毛，称"开面"。开面前，男家送红鸡蛋、糕果等物共8盘至女家，统称"开面盘"。开面毕，由小姑娘取红蛋剥壳，在新娘脸上滚转3次，谓能面容光洁。经开面后，待嫁女便不轻易出门了。

迎亲　结婚前一日夜里，男家用花轿迎亲，称"发轿"。由德高望重、夫妻双全的长者，俗称"福星"或"顺溜公公"，焚香点烛，持尺子剪刀在轿内比划，又用镜子借烛光照映，俗称"搜轿"，以驱逐轿内妖魔。起轿时，鸣锣放炮，仪仗呼拥，新郎向花轿作三揖，以示恭送，俗称"送轿"。媒人在前引路，轿前鸣锣，两人执大红灯笼，罩上书写宗祠堂号和男家姓氏。又红纱灯、子孙灯数对，考究的还牵羊一头，谓"轿前羊"，古代"羊""祥"同字，以取吉祥。花轿左右一执长柄幛扇，一执长柄红罗彩绣平顶伞，轿后火铳手、

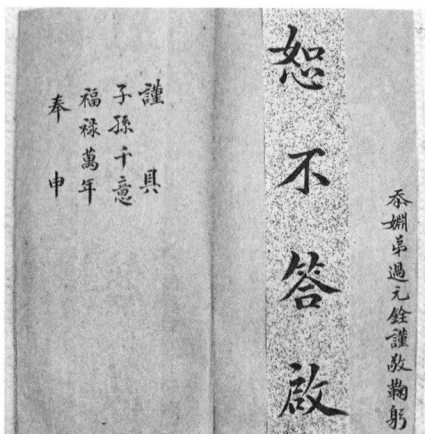

图40-2-1044　女家回帖帖式　图40-2-1045　男家迎亲帖式

乐手若干，另有红烛油柴担、松柏常青担，最后两个压轿先生。这些人统称"行郎"，人数须成双。

花轿到达女家，动乐鸣炮相迎。女方戚族故意用竹竿横陈门前，男方按例出"墙门包"后才放行。花轿停稳后，女家亦由"顺溜公公""搜轿"。迎亲"行郎"由女方戚族陪同饮酒，吃过汤团后，示意允许抬走新娘，俗称"回话汤团"。新娘由大哥从房内抱出，站在堂前铺着红纸的米筛上，叩别祖宗，再抱入轿内，老嫚为其换新鞋，新娘脚不踩地，俗信"土能生万物，地可产黄金"，以免带走娘家财运。老嫚将火熜放入轿内，以备新娘途中方便之用。此时，其母坐于马桶上放声哭唱，词意多为劝教祝颂，如孝翁姑、敬丈夫、友姑嫂、严律己、勤治家之类，俗称"哭马桶"。花轿抬至大门口，新娘的兄弟挽住轿杠三留三放，以示难舍手足之情，谓"留轿"。若滞留太久，男家"行郎"锣声大作，催促快行。抬出大门，鸣锣开道，铳炮并发，鼓乐齐鸣，拥轿而去。女家族人举火把送至村口，与"行郎"交换火把。老嫚、伴娘及新舅爷随轿前往。若同一日另有迎亲队伍，则要在路线上或时间上避开，绝不能两轿相遇。迎亲路线不得走"回头路"，以图吉利。花轿中途不能停息，"行郎"轮换着抬，前行奏乐，转弯鸣锣，过桥放铳，既为驱邪，亦显隆重。

拜堂　花轿快到男家，鸣炮奏乐，族人及早出门恭候，俊童两人执火炬相迎。轿到，新郎向花轿三揖，谓"拜轿神"。花轿进门时，公婆须回避，谓否则日后婆媳不和。抽去轿杠，挽入中庭，新娘在轿内静候吉时，谓"坐稻蓬"。"顺溜公公"将已准备好的五谷撒向轿顶及四周，再行"搜轿"。老嫚掀帘给新娘洗脸、喂汤团。若须等较长时间，可扶新娘先到房中小憩，待拜堂前再进花轿。伴娘将随轿带来的火熜放到男家的灶肚里，放入一些炭火，俗称"和火"。

良辰一到，司仪高呼："请出新人，着花拜堂！"此时鼓乐大作，爆竹隆鸣，伴娘扶出新娘，新娘穿红罗衫，戴红花冠，盖红盖头，伫立中堂。堂前张挂大红"双喜"，两张八仙桌直拼，上供果盘糕点、红线捆扎的甘蔗两支及同心结，燃香点烛。两位"顺溜公公"提子孙灯，与伴郎一起，在堂前转3圈，然后接新郎登堂。点花烛，司仪唱赞礼："花烛合并昌五世，龙凤成双好百年；芙蓉出水花姣好，鸳鸯合谱月正圆；喜结良缘丁财旺，百年好合福禄长；春风堂上新来燕，夜雨庭前开新花……"拜天地、祖宗、高堂后，夫妻对拜。拜毕，"顺溜公公"手持花烛与子孙灯引路，新郎用绾结红绸牵引新娘，谓"牵红"，踩麻袋绕桌3圈，进入洞房，7只麻袋次第传送，取"七子八孙"、"传宗接代"意。

闹房　花烛移至洞房内，新郎新娘于床沿居中而坐，称"坐床"。两旁伴郎、舅佬分别帮新郎新娘用力挤向对方，谓占据位置的多少，可占验日后在家中权力之大小。新郎以红线束腰之甘蔗挑起新娘红盖头，抛至床上，谓"挑盖头红"。老嫚给新人各喂7粒汤团，俗称"子孙汤团"。又让吃甘蔗老头，取白头偕老、越老越甜意。取酒两盏，新郎新娘各呷一口，交换杯子再喝，谓"合卺酒"，又叫"交杯酒"。饮毕，福寿公公念念有词："多福多寿多男子，曰富曰贵曰康宁。"祝福毕，抛撒甘蔗、糖果等，俗称"撒帐果"，小孩及贺喜者竞相捡拾。

入夜，不论长幼均可进入新房，唯戴孝者和寡妇不宜。年轻人说笑嬉戏，对新娘多加调侃，但禁说不吉利话，新娘须笑脸应对，满房欢声笑语，俗称"闹洞房"。童子在新马桶里撒尿后，新娘方能使用马桶，以求子孙兴旺。女家在马桶内放有红鸡蛋，寓托早生贵子，给撒尿童子享用。是夜，新娘由老嫚、伴娘陪宿，舅爷及男宾须连夜返回。翌日早餐，给新娘一碗"稻蓬饭"，堆得高高的如稻蓬一般，故名，上放一只鹅腿，新娘象征性地吃几口。俗谚"新媳妇吃鹅腿——头一遭"，即出于此。

喜宴　完婚之日，男、女两家均操办喜酒。一般女家于送轿日中午办喜酒，男家则于拜堂日中午办"正酒"，晚上办"谢媒酒"。若当日迎亲拜堂，则女家办中午酒，男家晚上办"正酒"，第二天办"谢媒酒"。男家正酒最为隆重热闹，席间，婆母带领新娘按辈分一一介绍男家亲属，新娘递烟斟酒，尊长则给新娘"见面红包"。此外，男方发轿前须办"发轿酒"，花轿迎到的当晚办"暖房酒"。女家须办"回门酒"等。

回门 婚后第三日，新娘由新郎陪同回娘家，俗称"三朝回门"。新人分坐两顶乌壳轿，随带两个糖包、两样干果，新娘轿子在前，新郎轿子在后。岳母以糖佘蛋、麻团作点心，但新女婿不能吃完。女家办回门酒，新女婿坐上首。新郎新娘叩拜祖宗，按辈分拜见戚族尊长。新人务必于当天返回，不能在娘家过夜。回程中，新郎在前，新娘在后。

"三朝回门"之前或之后，还有"望冷"、"望热"，各地略有不同。新郎新娘去看望岳父母，称"望冷"；长河一带有男家长辈看望女家长辈的，也称"望冷"。女家派新舅爷来男家看望，称"望热"；也有岳父、女家叔伯来女婿家"望热"的。"三朝回门"后，旧式婚嫁礼仪方告结束。

第二节 丧 葬

旧时，人到中年后开始准备3件后事，即制寿衣、做寿材、建生圹。[①]寿衣，为死后穿着、携带的单棉衣服、寿鞋、招魂袋、寿被等。寿被须由出嫁女或侄女做。寿材又叫棺材，概用杉木，棺壁有弧型和方型之别，高头顶板刻"福"或"寿"字，外上红漆。俗言女人有"寿"是男人之"福"，故女人棺材刻"寿"字，男人棺材刻"福"字。寿衣、寿材，须于闰月之年择日制作。生圹的建造最是讲究，事关子孙发达、家业兴旺，其坐落和朝向须请风水先生择定。石填墓基，砖砌圹穴，墓土四周条石环筑，墓前置供桌、立墓碑。墓碑分横披、竖立两种，碑文事先刻好，墓主姓名生前红字，死后才填黑。

旧式丧葬礼仪[②]大致为：

送 终

旧式丧葬礼仪颇为庄重、哀切而繁琐。老、病者弥留之际，子女务必到场，为其揩身、洗脸、洗脚、修剪指甲，问其有何话要说，同时呼唤以示挽留，人手点香一炷，守候床前诀别，谓"送终"。送终的人越多，死者福气越好。儿女给父母送终被视为大孝，须千方百计赶到。有的死者弥留久长，待见到等候的亲人，方溘然长逝，是谓有福气；未能盼到亲人，死者口眼不闭，殊为遗憾。人一断气，哭声顿起，焚香点烛。孝子用米筛盛酒菜，到一个三岔路口，叩拜后倒掉酒菜，焚烧纸锭、元宝，及死者草席、草鞋之类，称"送无常"，又叫"烧盘缠"。金刚（亦称"材福先生"）为死者更换寿衣，也有在断气前由亲属更换的，但寿鞋须断气后才能穿。嘴塞"含口钱"，用红纸包经灰和钱币捏于两手。拆除床帐，称"易篑"。丢掉枕头，换用寿枕。亲人给死者在床上调转头足方向，谓此举能加速死者"转世"。脚下点菜油灯一盏，称"脚后灯"、"长命灯"。此灯不能熄灭，入殓后放于棺下，直到出丧后，用长凳将其砸碎。

①生圹，亦作生椁。民国《萧山县志稿》载："萧俗安葬实皆浮厝，厝于地平面，垫以砖石，上叠砖圈之进柩于其中，封固其口，名曰生椁。外加泥以围之，而锐其顶，外复用石以围之，名曰罗圈，冀垂久也。"

②明嘉靖《萧山县志》载："丧仪多具鼓乐，斋酒以燕吊者。备物洗浣，则以为能尽送死之道。然亦各称其家之有无，富而不行者则诮之。"

图40-2-1046 村头祭（2004年10月，李维松摄于浦阳镇木杓山村）

报 丧

人死后，不能直言死了，要说"老了"、"去了"、"没有了"。迅速派家族人员或近邻，用口头形式分头通知亲友，称"报丧"，也叫"报死"。即使亲友已知死讯，仍需前往报丧。无论天晴与否，报丧者都要倒挟"雨伞"（雨伞柄朝前）一把，作为报丧标志。循俗，路遇报丧者须主动让路，不要与其说话，否则有晦气。接到噩耗的亲属，要煮3只糖汆鸡蛋或泡1杯糖茶，报丧者吃后即转奔别处。待报丧者走后，亲属将其用过的碗摔破，以除晦气。

守 灵

灵堂，也叫"孝堂"，一般布置在堂前。挂白布幔帏，称"孝帏"，正中挂遗像，帏前置八仙桌，点白烛，焚安息香。如死者系尊长，应在大门门楣上钉一幅粗麻或白布，称"门孝"，天井竖竹竿挂魂幡。当天傍晚在"金刚"协助下，长子、幼子分别捧死者头脚，将遗体移挺于帏后棺材盖上，沙地区则挺于门板上，女眷哭送，称"移尸"。若独子，由女婿或孙子捧脚。家族至亲披麻戴孝——子辈戴梁冠，穿麻布孝兜；媳妇用白头绳盘发，穿白衣白裙，披麻袋；但女儿不得披麻袋，因"袋"、"代"谐音，有传宗接代意。所有人戴白布头帕，穿白帮面鞋，鞋头缀红线，鞋跟缀红布，颈套"牛绳"即白纱苎麻头绳，守候遗体前。现在大多用黑袖套，插小白花。

守灵不能脱人，女眷断续哭唱，称"哭灵"。富家亦有雇女佣哭唱的，俗称"哭丧婆"。亲友接噩耗后，备银锭、库箱、香烛前往灵堂吊唁，用白纸包裹钱币赠送丧家，俗称"白包"，所赠钱币必须单数。女性吊唁者未及进门便哭喊呼叫。吊唁者至丧家门前，守灵女眷须恸哭举哀以示迎接，若是长辈或平辈，孝子须出门作礼相迎。丧家给吊唁者戴白布头帕、套牛绳。吊唁者向遗体鞠躬默哀，点烛膜拜，有的陪同守灵。入夜，念佛诵经，道士奏乐唱戏，称"坐夜"、"敲夜"。通宵点"树灯"，树灯由49盏菜油灯下多上少盘旋放置于木架而成，僧道诵念并不时添油，女婿跪拜相陪，须跪拜七七四十九遍。点树灯所需经费由女婿或侄女婿出。若死者死于外乡或死于光天化日之下，则遗体不能进入屋内，须搭棚举行丧事。

入 殓

遗体择单日于子夜入棺，称"入殓"。生肖犯冲者须回避。故灵堂门口斜贴角纸，又叫"殃榜"，由道士用白纸按一定格式，上书逝者生卒年月日时、"接煞"时辰，告知与煞神相冲克的生肖等，斜贴丧户外墙显眼处。入殓前，长子身穿死者外衣，另一人为之撑伞，用米筛盛酒菜，至河江池塘边祭水神，投一枚铜钱，舀水回来，称"买水"。进屋时站在门槛上称衣服，"金刚"互相问答："多少重？""一秤稍。"然后用"买"回之水在死者脸部等处象征性擦拭，意为"揩身"，舀水之碗随即摔破。俗言此仪式能避免死者在阴曹地府无水可用，涉河过水免受河神阻拦。子孙按长幼轮流为死者梳头，每人3遍，依次绕圈。每梳一遍后，用棉线缠绕"羊眼瓶"（即五谷瓶）数圈。取下"含口钱"，唯带走手捏之钱币。整理死者寿衣，按入殓要求加以整束。寿衣须逢单数，不能带衣袋和纽扣，每穿一件，须夹入银锭，用带扎缚。如死者穿生前之衣入殓，则须剪去衣袋和纽扣。

入棺时，鼓乐大作，哭声顿起，最是悲哀。女儿、儿媳等号啕顿足作不让入棺状，痛不欲生。长子捧头，小儿子抬脚，里畈有的地方"金刚"用大脚布束住遗体，协助将遗体平放进棺材。遗体须放于棺材正中，不偏不倚，"金刚"请大、小儿子检查后再问有无异议——据说遗体偏左，死者会袒护大儿子，偏右则袒护小儿子——以免日后兄弟不和。棺底放置石灰、衣服、重被，及死者生前喜爱之物。给遗体胸前挂上"招魂袋"，内置3只小粽子、扇子、镜子、毛巾、火柴、银锭及剪下的死者指甲等物，手中握上"打狗棒"，用"九灵索"捆缚，然后盖上寿被。寿被须单数，一般被面用红纱布，被里用白纱布，若女儿侄女较多，则用3两或5两的小被絮，便于棺内容纳。入棺后，由一名道士敲磬引领，长子为首，男女长幼依次环棺材走一圈，向遗体诀别。盖棺，插进盖销，棺材移至孝帏前，架于两条高凳上。

棺前置祭桌，陈供品燃香烛，中间放木主，亲属哀哭跪拜。木主由道士书写，正面为死者籍贯、头衔、姓名，背面为生卒时间、简历、婚配及子女名字、安葬之地等。木主正面写到"某某亡灵主"的"主"时，要先写成"王"字，待正反面全部书写完毕，再用朱笔在王字上加点，俗称"点主"。"点主"由族内长者操笔。入殓至出殡前，棺下长命灯不熄，亲属轮番守护，僧道继续念经敲夜。五更时，女眷须上香举哀，称"叫更"。三餐供饭菜致祭，称"上饭"。

出 丧

一般在入殓后当日上午，起柩前供祭举哀，谓"材头祭"。金刚把灵柩抬至村口，进行"路祭"。考究的举行"走仙桥"仪式，高搭"仙桥"彩棚，道士吹打奏乐，男性送丧人员上下仙桥3遍，祭拜。若中途改船运，上船前还须"船祭"。灵柩之上，覆以棉被，两侧绑定"青龙杠"（棺材杠），两端绞以绳索，插木杠供4人抬行，另有4人替换，其中2人扛长凳，以备路上搁柩换肩。起柩时，亲人要拖住灵柩倒拽3下，表示不忍心将遗体抬去埋葬，称"留材"。上路后，一人边敲出丧锣，边撒纸锭或焚化银锭引领，俗称"引路烧"；数人举竹竿白幡，另有素色"奠"字旗、治丧灯笼、挽联等仪仗。后面是灵柩。长子捧"木主"，次子捧"羊眼瓶"，其余子、媳、孙、女、婿和族人戚友紧随，最后是道士吹打簇拥。送丧者白衣素服，腰缚草绳，手持竹竿丧杖，即"哭丧棒"，人数、仪仗必为单数，俗忌长辈为晚辈送丧。途中灵柩不得停息，换肩时，子孙须下跪膜拜。无论步行还是船运，转弯时均须放炮仗、敲丧锣，女眷哭送。

安 葬

至墓地，先祭山神土地，再举行入圹仪式，一人主祭，送丧者按男女长幼拜别，孝子向送丧亲友回礼答谢。入圹时，棺材须放在正中不偏不倚，以免长辈偏袒，"金刚"——询问死者儿子们，直到全部满意，然后放进"羊眼瓶"，封圹。主祭"金刚"念道："日出东方暖洋洋，浙江是个好地方。左青龙，右白虎，朝个凤凰山，坐个真龙地。""金刚"举锄，掘头锄土给大媳妇，二锄土给二媳妇，依次类推，媳妇用所披麻袋包土，如获珍宝，唯不给女儿。俗谓有了此土，"养猪大如牛，养鸡如凤凰，藏金掘银买田地，子孙发家福延绵"。纸幡、奠旗插于坟头，"哭丧棒"放于坟前，再向四邻旧坟烧纸浇奠，以通"睦邻"。

循原路返回，仍敲锣在前，唯单声锣间隔时间略长，不放炮仗。长子捧木主或遗像，一人为其撑伞，眷属在后。至村口路旁，用死者生前用过之床草等燃起烟堆，送丧者须跨过烟堆，以除晦气。送丧者中如有"五七"无法到场的，此时解开"牛绳"和"白头帕"结头，在烟堆上抖三抖。抵家后，安置木主，祭告祖宗。丧家办素餐招待族人、亲友，俗称"吃豆腐饭"。送丧者回去时，丧家送白毛巾包裹果品等物，称"孝堂果"，南片叫"材头果"，谓食之能顺溜长寿。

做 七

死后每满7天举行一次祭祀，称"做七"，第一个"七天"叫"头七"，依次类推，直到"七七"为止。"五七"是正七，尤其隆重，俗谓"五七头上望亲人"，为死者亡灵省亲日，主要亲戚眷属须到齐，不仅做羹饭，还请僧道念经拜忏。沙地一带，前半夜在门前用桌椅搭成"望乡台"，让亡灵借此望乡，丧家老小则齐聚堂前哀哭。直系亲属穿的白帮孝鞋，所有送丧人员须上套的"牛绳"，至"五七"祭奠时与佛经一起焚化。"五七"以内，不剃头，不买盐，不吃炒蚕豆。"六七"由出嫁女操办。"七七"过后，除去家中灵堂素设，木主入祠堂，丧事告毕，故又叫"断七"。此后是"百日"、"周年"、"三周年"、"十周年"祭祀。

中华人民共和国成立后，移风易俗，破除迷信，在传统丧葬习俗的基础上，改革简化丧葬礼仪，逐渐用送花圈代替送蜡烛、银锭、库箱，以黑纱、袖章、小白花代替披麻戴孝，以开追悼会代替繁琐殡葬旧习，以火葬代替土葬。

第三节 喜 庆

生 育

出嫁女"耽身"（俗指怀孕）后，娘家须于分娩前一月，备一份厚礼择日送往女婿家，谓"催生"。催生的均为头胎，一则对孕妇表示慰问，二则祈求分娩顺利，预祝母子康泰。催生礼物一般为：供产妇食用的红糖、白鲞、火腿、红鸡蛋、活鸡、桂圆、红枣，以及婴儿衣衫、襁褓、尿布和用于烘尿布的篰笼罩等。忌送鞋，谓其形如棺，不吉利。红鸡蛋以红布包裹，送至孕妇床前，解开包布，让红蛋滚落，口中即说"像生蛋一样快"，祈分娩顺利。礼物皆贴红纸，以示吉祥。

婴儿出生后，须向娘家"报生"。若生男孩，要挑喜酒给亲戚家，一担两壶，第一担挑给岳父母。凡接到喜酒的亲戚都要送蛋、糖、面、鸡等补品给产妇，俗称"生妇羹"。生女孩不必送喜酒，亲戚也不送"生妇羹"，一般由岳母去看望一下，反映了旧时的男尊女卑。中华人民共和国成立后，男女平等，无论生男生女，亲戚都会送礼祝贺。

产妇自临盆起一个月内，称"坐月子"，也叫"做产妇"，禁忌颇多。产房须紧闭门窗，称"暗房"，房内忌放铁器快口；门口挂一块红布，提示闲人免入，以防病菌传染。产妇头包纱巾，不出房门，不事劳作。夏天忌扇扇，忌用冷水洗脸刷牙。由婆婆或母亲精心护理，慎防得病，俗谓月子里得病终生难愈。婴儿出生一昼时后，喂以中药"哂癀"少许，谓"放食"，然后方可进食奶水。先由丈夫或邻家孩童为产妇吸出奶水，谓"开奶"。婴儿出生后7天内，须用襁褓包裹，扎以带子，称"蜡烛包"，以防婴儿着凉、压伤或长成罗圈腿。第七天做"七早"，请接生婆吃饭。农家有向亲戚或邻居索要强健孩童穿过的旧衣或零星布片纳成"百家衣"之俗，言婴儿穿之长得顺溜。

满 月

满月前，产妇、婴儿不得到外婆家。婴儿满月要办满月酒，剃满月头。若是长子，满月酒尤为隆重，祀神祭祖，宴请戚族亲朋。席间，抱婴儿与宾客相见，宾客则馈赠礼物。旧时，多以百枚铜钱相赠，俗称"百岁钱"，寓长命百岁意。剃头的日子与时辰由算命先生择定，其时外婆家须送剃头衣。婴儿身着剃头衣，请剃头师傅到家，发型大抵为"瓦片头"，也有脑后留"鸭屁股"的。理毕，抱婴儿拜祖宗。剃下之胎发，揉成圆球，装入布囊，挂于帐钩；也有取少量头发埋入墙头葱盆里，言小孩会长得聪明。婴儿首次到外婆家，外婆须送以红蛋、糕点、水果、老母鸡等。老母鸡羽毛染红，鸡颈束红绳，以取吉利。回家后，糕点、水果等"回货"分赠亲邻。

得 周

小孩满一周岁，称"得周"，办"得周酒"，祀神祭祖，宴请戚族，用糯米粉做成"得周果"赠送亲友邻里。外婆家送来"得周衣衫"、红鸡蛋等，亲戚亦送礼道贺。祀神祭祖后举行"抓周"仪式：在桌上摆放代表士农工商所用器具及玩具等物，任小孩抓取，以先抓到者为日后志趣、前途之象征。得周之日还举行"放脚筋"仪式。沙地区在道地上放几根麦草或稻草，排成一线，置于小孩胯下，搀扶小孩行走，一人举刀将草斩断。南片则放一截稻草绳，扶小孩跨过，随即斩断草绳。俗言此举能使孩子长得顺利,一生平安少坎坷。

上 学

旧时,孩童多以虚岁7岁入学,取"七巧"意。入学定在正月初七即"人日"这天,寓读书为人道张本。母亲预制青鞋、布袜、新布帽,唯长袍须是整洁的旧衣,不能穿新,取朴素为读书人本色。父亲购买《百家姓》《千字文》等启蒙书籍,备笔墨纸砚。书包系舅父或寄拜娘(干娘)所赠。上学之晨,孩子拜祖宗后,空腹由父亲携领入塾,取"虚心好学"之意。路上提灯笼一盏,上书姓氏及红色的"文星高照"字样,提竿高处系天葱一束,寓意"聪明"。入塾,点香烛,拜孔子、魁星、师长,就座翻读,方回家进早餐,待正月十五塾馆正式开课才去读书。早餐须吃红鸡蛋两个,以期学业圆满。沙地有送一篮鸡蛋给先生作见面礼、再将"状元糕"分送同学之俗。家境困难者,只备香烛进塾。先生三餐由各家轮流,学费以若干石米麦充当。中华人民共和国成立后,此俗已废,但尊师重教之风犹存。

上 梁

为建房最隆重庆典,须择吉日。主人张贴"立柱正逢黄道日,上梁巧遇紫微星"和"上梁大吉"、"紫微拱照"之类对联横批。"照"字下面的四点,只写三点,以忌"火"。南乡山区农家上梁时,对联往往与山、林有关,常用上梁对联为"院后紫竹滴翠绿,亭前香樟发新枝"、"背依青青山峰龙盘虎踞,面临淙淙溪水狮蹲凤舞"等。

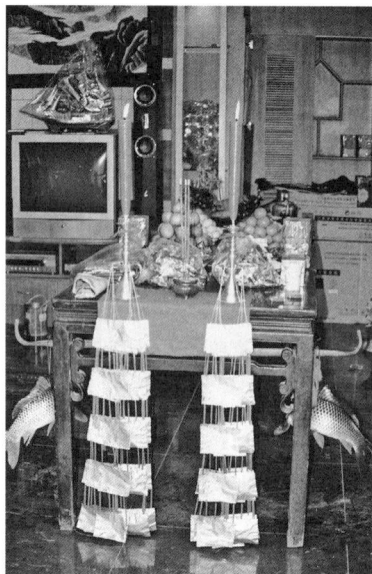

图40-2-1047 请上梁菩萨(2004年1月,李维松摄于浦阳镇木杓山村)

上梁前一天,亲朋好友便挑着猪肉、活鱼、鸡鹅、馒头、糖果等礼品前去庆贺。80年代后通行送绸缎作贺幛,也有送红包的。旧时房屋多为砖木结构,吉日那天立柱架梁,先立中柱,接着穿榀榫头,然后架正梁。待时辰一到,举行上梁仪式,祭请上梁菩萨。供品有三牲福礼、三素菜、馒头、蒸糕、糖果等,还放1个五谷盘,内盛尺1把,树头1个,镜1面,也有把镜挂在大门口的。盘中之物各地略有不同,有的包1枚金戒指、1片梁上锯下的木头、火炭少许、宅基土少许,取"金、木、水、火、土"五行齐全之意。祭请时点红烛1对、香3炷,主人洒酒3遍,燃太阳元宝3副,然后鞭炮齐鸣。木匠师傅把包扎在梁上的红布挂下,将正梁榫头敲实,只准敲3下,随即向房屋四周抛扔馒头糖果,称"抛梁",任围观者争抢,取"兴隆"意。木匠师傅边抛边唱《抛梁歌》。[①]

① 《抛梁歌》各地略有不同,有的唱:"上梁时间到,脚踏云梯步步高。上梁时间到,手攀丹桂采仙桃。仙桃不是凡人吃,鲁班先师走一遭。"有的唱:"金鸡独立,富贵双全,三鼎兴旺,四季发财,五谷丰登,六畜兴旺,七巧玲珑,八面神通,九九艳阳,年年有余。"有的唱:"馒头抛到东,太阳出来满天红。馒头抛到南,太阳照进华堂前。馒头抛到西,金鸡凤凰屋前飞。馒头抛到北,代代儿孙都享福。"

当晚,宴请贺客、工匠、帮工及邻居,称"吃上梁酒",热闹如同婚嫁。80年代后,农村多建别墅住房,梁柱为钢筋水泥结构,无需立柱上梁,但上梁仪式还是要搞的。在屋顶预设"上人口",上置木梁,两端衬垫毛竹箬壳,中间包圈一块红布。往往先建好房屋,再择日"上梁"。"上梁"时,木工抽出箬壳,用斧头在梁上象征性敲3下,挂下红布,便在鞭炮声中抛扔馒头糖果,同样热闹非凡。只是上梁仪式简化了,且"上梁酒"与"迁居酒"合办为多。

乔 迁

《诗经》:"伐木丁丁,鸟啼嘤嘤;出自幽谷,迁于乔木。"乔迁即鸟出谷而迁居高木，取其吉利之意,故须择吉日。房主向亲朋好友发请柬，现时亦有电话告知的。到时亲朋好友前往庆贺，送上贺礼红包，唯族内近亲和邻居不必送礼，多帮助主人张罗。女主人娘家早一天挑来篮担，大抵猪肉1方、鸡或鹅1只、鱼2条（多为鲤鱼，取鲤鱼跳龙门之意）等三牲福礼，还有馒头、蒸糕、水果、炮仗、"元宝"等祭祀用品，锅、碗、瓢、盆、笼帚、饭架等全套灶具，寓新起炉灶之意。另送竹晾竿2根、晾丫叉2支、扫帚畚箕各一。进屋多在夜里，拜神后，男主人执扫帚，女主人拿畚箕（谓金畚箕），儿子捧斗（内盛米和金戒指），族人分别拿绕有帐子的晾竿晾叉（取长子长孙之意），前有两人提灯笼引路，现改用手电筒，路上不许讲话。有族人烧好汤团在新屋等着，待一行人将近，放起鞭炮。男主人在新屋门口扫3下，女主人用畚箕盛，意为扫进金银财帛。进屋吃过糖茶，方可讲话。进毕，祀神。第二天置晚酒，宴请亲友。此俗南片、里畈和沙地略有不同，50年代后一度废止，近年又恢复。城镇迁居较为简单，到时放放鞭炮，象征性地拿两件家具，在新居或饭店宴请亲朋好友。

寿　诞

循俗，生诞庆贺有"过生日"和"做寿"之分。孩童时期，每逢生日换上新衣服，父母给红鸡蛋、糖果等物，以示庆贺，谓"过生日"。10岁时，外婆给外孙（女）过生日，送鸡、蛋等礼物。生日这天，教育孩子忌吵闹"闯祸"，家长忌打骂孩子。成年后，一般不过生日。旧称生辰为"父忧母难"之日，母有难、父有忧而能平安度过，是以为庆，庆必茹素，称"报娘恩"。此俗已废。

"做寿"的起始年龄各地不一，里畈一般从50岁开始，逢十做寿，70岁称大寿。沙地区谚云："三十勿做，四十要叉；五十大庆，七十大做。"衙前一带谚云："做三勿做四，做五勿做六，做九勿做十。"故衙前有29岁开始做寿的，但多在年初正月里，而不是生日做寿；60岁不做寿。做寿比实际年龄须提前一年，谓"做九"，如70大寿在69岁时做，取年龄不足，谓能长寿。逢63岁，谓"六十三，鲤鱼过沙滩"，俗有取2条活鲤鱼放生，以图吉利。逢66岁，出嫁女或侄女须送66块红烧肉，祭供天地祖宗后，由寿者享用，以冲除"六十六，阎王要吃肉"。如果寿者吃素，则用数量相同的素鸡块或豆腐干代替。

做寿由儿孙与女婿等发起操办，于生日前一天，亲朋好友送礼贺寿，出嫁女和媳妇娘家等挑来五牲福礼、长寿面、寿馒头、寿桃、糖果等，寿礼上贴红纸，或用红纸剪出的"寿"字，以示庆贺。出嫁女或侄女须请僧道念一堂"寿生经"。寿礼陈列于中堂八仙桌上，挂福、禄、寿三星像或松鹤图，堂上燃寿烛，寿烛上书写两行金字，如"福如东海，寿比南山"之类。寿翁出拜祖宗后，正坐堂中，儿孙及姻亲晚辈依次拜寿。然后宴请亲朋，谓之"暖寿"。第二日为正寿，考究的设鼓乐吹打唱贺。贺客登堂行礼，寿翁受礼，并按对方辈分或互拜，或以一揖答之。宴请的寿酒叫"桃觞"，最是隆重。吃罢寿酒，

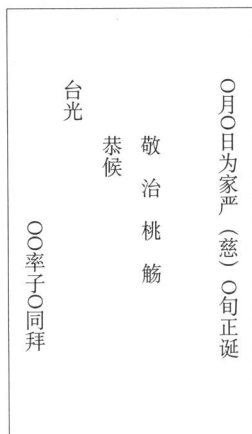

图40-2-1048　寿诞请帖男女通用式

台光

恭候

敬治桃觞

〇月〇日为家严（慈）〇旬正诞

〇〇率子〇同拜

图40-2-1049　母寿帖式

上光

请候

家慈设佳辰深蒙厚贶日桃酌

〇〇〇拜

将馒头、寿桃分予亲戚及近邻。第三日，寿翁答谢亲友及晚辈，筵罢人散，至此做寿告毕。以上为旧时富裕人家做寿的铺张排场，普通百姓家简单得多，大抵由儿孙或女婿买点衣食进献，吃长寿面，做几个菜、买点酒，寿者坐于上首，全家共食为贺。

第四节　交　往

萧俗日常生活、人际交往之间，处处讲究礼仪，尤重辈分。晚辈遇见长辈必先尊呼辈分，如"大爷爷"、"小伯伯"。遇到熟人，问一声："饭吃过吗？""到何地去？"家有客人，邻居串门，要让座、泡茶、敬烟，邀请吃饭，互致问候。端茶、递饭须双手捧送，接茶、接饭须起立，双手接捧。敬茶、敬酒者是晚辈，客人用食指在桌上轻轻点几下，以示感谢；是平辈，用食指和中指并起来点几下；是长辈的，用五个指头同时在桌上点几下，意为五体投地。

吃菜时，不宜随意先动筷，"主不动，客不行。"在家敬重长辈，吃饭时，长辈坐上首，好的菜肴待长辈动筷后才吃，不能把自己喜欢的菜肴移到面前。不能端着饭碗串门，或坐在门槛上吃饭。吃饭时忌咬筷，忌用筷剔牙，忌将菜肴挟住又放下，忌手握筷子、目光盯住菜肴。吃好后，不宜先离座，若有事，要说一声："慢吃，我先走。"新米饭先供祭祖宗，头碗饭盛给长辈吃。

路遇年长者、挑担者主动让路，轻担让重担，男人让女人、儿童，健康人让残疾人。拜访他人须事先有约，准时赴会。做客和拜访要坐在客位，姿势要端正，家长从小教育孩子，"坐有坐相，立有立相，吃有吃相"。见面时主动问候致安，拉拉家常后，才谈正题。主人谈话时不可随意插嘴打断，不可左顾右盼、坐立不安，不能搁脚、抠鼻。告辞时，作揖致谢，请主人留步。

尊长或戚友生病，循俗须持补品、水果等前往探视，以示关切。若是手脚跌打损伤，买猪脚爪相送。女眷生病则送红糖、鸡蛋，考究的送老母鸡。劝慰病人安心休养，祝早日康复。如果患的是绝症，须对患者保密，使其免受绝望之苦。至亲遭受水、火等不测之灾，须前去看望，给予救助。若遭火灾，要送"火饭"，菜必用一条鲶鱼。

第五节　取　名

乳　名

萧俗婴儿多有乳名。乳名亦称"小名"，幼年在家呼唤，成人后一般不再用。乳名一以孩子排行命名，旧时多子女，按孩子出生先后，依次叫"阿大"、"阿二"、"老三"等；二将学名前一字换成"阿"字，如把"兴昌"叫做"阿昌"，把"淑琴"唤作"阿琴"等，表示亲昵；三以婴儿出生时体重名之，如"七斤"、"八斤"等；四将婴儿所取单名字念成双音，如"强强"、"玲玲"等，以示宠爱；五以生肖或其他低贱动物命名，俗谓低贱动物不被妖魔注意，小孩以之为名能免遭暗算，又云穷人孩子命贱，取贱名而得以顺利长大。例如，婴儿肖虎、狗、兔，就叫"阿虎"、"大狗"、"小兔"，也有叫"阿毛（猫）"、"阿糯（猪）"等。有的村"阿毛"好几个，就以某些特征来区别，如"大头阿毛"。南乡山区多林木，为使孩子茁壮成长，便以林、木、根等给孩子取名字，甚至直接有"树根"、"松根"、"竹根"、"柏根"、"樟树"、"木根"、"木林"、"竹林"等名字，取其根深叶茂。

学　名

俗称"大名"，也叫"书名"，系儿童入学时由家长或老师所取，以双名为多，含寓意而涉及甚广。方法有：

以五行取名。根据算命先生所排八字，若金、木、水、火、土五行有缺，即在取名时给予补上，如"龙鑫"、"张根"、"海昌"、"炳发"、"土兴"等。

以宗族辈分取名。旧时宗谱中有世系字母图，用以明确辈分排行，辈分之字常用来取名。如《涝湖蒋氏宗谱》中第二十一世至三十世的排行字母为"永、昌、宁、祖、积、绵、建、久、垂、裕"，凡"建"字辈，取名为"蒋建某"等。

以希冀取名。多用吉祥字，如"永昌"、"祥兴"、"长发"、"炳贵"等；或期望某些方面有发展，如"耀祖"、"崇文"等；或盼子心切，将女孩取名"来娣"、"招娣"等。

以事取名。孩子出生时，适逢值得纪念的大事，即以此取名。如中华人民共和国成立之时，取"建国"、"国庆"等。

以出生时令取名。如"兰珍"、"菊芬"、"梅珏"等。

以出生时父亲或祖父年龄取名。如"廿八"、"五二"等。现今，有的男孩跟父姓，女孩跟母姓，也有的父姓加母姓再取一单名。

第六节 称 谓

社会称谓

同志 原为革命志士相互称谓。中华人民共和国成立后，初为对革命干部的称呼，后发展为人际交往之间一般称谓，五六十年代使用尤为普遍。

师傅 原为对学徒传授某种技艺的手工业者之尊称。七八十年代后，一度广泛使用，以示尊敬。

先生 旧时对塾师、学校教师、店伙之称谓，从事丹青、打卦、吹牌、郎中、账房、朝奉、厨师、道士、算命、风水等职业者亦称"先生"。80年代后，对成年男子多有称"先生"者，亦有称丈夫为"先生"的。

老师 原为学生对教师的尊称。随着教师社会地位的提高，80年代后知识分子和白领阶层中有互称对方"老师"的，以示尊敬。

小姐 旧时富贵大家未婚女子的称呼，民国时期则成为年轻女子的尊称。五六十年代使用较少，一般带贬义，如"资产阶级小姐"。80年代后，使用较为普遍，含尊敬意。但也有称从事色情服务和不健康职业的女子为"小姐"的，含贬义。

老板 俗称私营业主。90年代起，"老板"称谓使用面很广，超出私营业主范围，陌生人为礼貌起见，亦称对方"老板"，类似唤"师傅"。

姓加职务（职称） 一般下级对上级或陌生人对有职务（职称）者的称呼。如，"王书记"、"张厂长"、"李工程师"等。为示亲昵，亦有"姓加职务（职称）简称"的，但多系行政职务者。如，王局长昵称"王局"，金镇长昵称"金镇"等。

领导 人际关系中新出现的称谓，被叫者不论有无职务。如到机关事业单位办事，叫办事员为"领导"，似乎一下子拉近了距离。也有丈夫或妻子向熟人当面戏称妻子或丈夫为"领导"的，如："这件事向我的领导请示一下。"

沙地江师（司） 流行于沙地区一带的尊称。一说原指开垦钱塘江滩涂有经验的师傅，一说原指船老大，后泛指机敏能干、有一定社会影响的人。沈青松《沙地风情》说，"被称作沙地江司的人，一般较有威信，受人尊敬。他们虽然不是工匠，也没有什么职位，但往往有一定的手艺，且见识较广，能撑得住某些场面"。

族戚称谓

详见《方言》编。

第七节 禁 忌

禁忌既是一种民俗信仰，亦是传统礼仪，俗有"入境问俗，入门问讳"之谚。禁忌贯穿日常生活各个领域，表现在行为、语言与文字等方面。现时，一些不合时宜的禁忌日渐消亡淡化，而良好的禁忌仍有生命力，体现了邑人的教养和素质。

日常禁忌

旧时日常生活中禁忌颇多。忌直呼尊者名字，应叫尊长辈分或职称。忌直呼老年人为"老太公"、"老太婆"。做客忌踏主人门槛。忌随意进入产房、蚕室。清晨恶闻鸦噪，出门恶遇僧尼、出丧。忌以活鸭送礼，否则有讥人妻不贞之嫌。男人忌戴绿帽，民间以戴绿头巾为妻有外淫之羞。忌将人死直言"死"，应说"老了"、"谢世"、"呒有哉"。忌直言"拉屎"、"拉尿"，宜说"解大手"、"解小手"。忌人前放响屁。忌在着过火的地基上建造房屋。忌夜间闻狗哭。忌早饭前谈梦中之事。早餐时，饭桌摆的菜盘数要成双，忌单数。忌晚上照镜子。忌女子内裤晒于太阳下。忌男人在女人胯下或裤子下经过。忌在亲戚及熟人家中哭泣。忌赌力、赌食。忌问年老者年龄。老年人身体不适，忌言生病，要讲"不爽快"。忌直言男女生殖器官，称"阳物"、"根"、"阴部"、"下身"。乘车坐船出门，忌说"破船"、"破车"、"倒霉"、"晦气"等话。渔家、船家食鱼忌翻面，忌说"翻身"，忌把筷子搁于碗上。酒坊内忌食橘子、荸荠等水果。

婚姻生育禁忌

忌同姓结婚。忌夫妻生肖、八字相克，忌媳妇与公婆八字相克。女子忌奶大，谓荡妇；忌高颧骨、暴牙、肖虎，谓克夫。忌铺床时生肖相克之人在场。忌迎亲时花轿相遇。忌新娘落轿时与婆婆相遇。忌新娘拜堂前足踏夫家地面。忌闹房时寡妇、孕妇及戴孝者在场。忌"三朝回门"在娘家过夜。忌孕妇同房。忌孕妇吃怪味及形状不雅之物。忌孕妇参与祭祀、婚嫁喜事。忌孕妇动刀剪快口。忌在娘家及别人家做产，忌在床上分娩。忌婴儿未满月到婚丧喜庆之家。忌夜间抱婴儿出行。

丧事禁忌

忌在外地病死，忌临终子女不呼唤，忌在丧事场合谈笑风生，忌入殓时生肖相冲者在场。忌入殓时泪水滴在尸体上。忌出丧抬棺材时说"重"。忌到丧家穿色彩鲜艳的衣裳。忌坟地风水不好。忌死者穿寿衣数、出殡日子、仪仗和送丧人数、赠送"白包"为双数。

节令禁忌

正月初一忌扫地、喝汤、倒垃圾、淘米、挑水、动刀剪，忌杀生，忌打骂人，忌打破碗盏，忌未食而开口说话，忌晚睡。忌新年索债。过年忌说杀鸡，言"活鸡"；忌说打碎碗盏，言"岁岁平"；忌说不吉利话。忌清明戴帽。忌立夏坐门槛。忌七月十二、七月半之夜小孩单独出门。忌男人拜月。忌冬至日讲不吉利话或打骂孩子。忌出嫁女元宵节、中秋节、年三十在娘家过夜。

第三章 生产习俗

萧山人向来以农为主业，兼及林、牧、副、渔、商、匠作等多种生计。千百年来，他们为生存而劳作，为温饱而奔波，培育了"喜奔竞，勤农耕，善商贾"的民性，形成一套具有地域特色的劳作方式和谋生手段。随着社会的发展，传统生产方式渐渐淡出社会生活，却积淀了丰富多彩的生产习俗，成一份宝贵的非物质文化遗产。

第一节 农 耕

耕 制

旧时，水稻区一年两熟制，一熟春花，包括大麦、小麦、蚕豆、油菜等；一熟中稻或晚稻。沙地旧为旱作区，以种植棉花、络麻、甘蔗等经济作物为主，也种大小麦、玉米、高粱、小米、番薯等粮食作物。

50年代后，水稻区由单季稻改为双季稻，变成春花—早稻—晚稻一年三熟制。沙地区则有两熟和三熟之分，两熟制为春花—络麻。春花种植方法：畦中草子，畦旁两行大麦或蚕豆，春花与草子间零星栽种芥菜、大头菜等。络麻先是散播，后发展成条播。条播种植方法：先将草子翻埋入土作基肥，然后播种。络麻收剥后仍种春花，循环往复。三熟制在两熟制基础上，待络麻收剥后再种一熟萝卜或蔬菜，以提高土地利用率。在"畦心草子沟边麦"的传统种植方法基础上，发展成以五路青、四路青、三路青为主的多种间作套种形式：五路青为沟两边麦，中间蚕豆或豌豆，麦内侧各种一行草子；四路青为沟两边麦，中间蚕豆或豌豆，麦内侧种一行草子；三路青为沟两边麦，畦心蚕、豌豆或草子混种。

60年代后，沙地开始种植水稻，推广稻麻轮作制。种田，为纯春花—早稻—晚稻；种地，依旧沟边春花，中间草子。络麻、棉花在4月下旬播种，其中络麻多行，株密；棉花一般两行，最多不超过3行。棉花蓬里间作黄芥菜，两边间作春花。第二年种稻或种棉麻，须在当年春播时决定，若种水稻，改成狭畦，让春花丛多增产。若种络麻，畦中间要种草子或蚕豆，应改高畦，使来年络麻丛多而增产；而若种棉花，其畦略小于络麻畦、略大于种稻畦，适合于每畦种两行，以提高通风透光度。沙地人特别吃苦耐劳，又肯动脑筋，总是想方设法在地里多种东西。故谚云："一亩田，一亩地，翻翻拌（方言音be）拌吃勿及（音齐）。"

肥 料

过去主要使用土杂肥，如人畜禽粪便、草木灰、垃圾、河泥、稻草还田、紫云英等。

紫云英，里畈俗称"红花草子"。晚稻收割前，在稻田里撒下紫云英种子，至来年清明，满田青翠，嫩的可做菜，为穷苦人家度春荒食物之一，亦是上佳猪饲料。待红花盛开后，翻耕入土，灌水发酵。旬日，水面出现一层紫褐色浮泥，此水最肥，农民封堵田缺，不让肥水外流。紫云英过于茂盛的，翻耕前割一部分支援春花田，也可拌入河泥塘作"草子河泥"。沙地区和中片有的地方，采用"畦心草子沟边麦"的种植方法，用草子壮地力。

秧苗返青后，斫来青草，一把把放在空行，用脚踏入泥中作肥。如果间作稻，早稻草大都剩在空行，踩入泥中还田。也有将稻草铡成小段，均匀地抛撒田中作肥。冷水田、板结田常施石灰，既能杀灭虫害，提高水温，又可增加土壤钙质，中和土壤酸性，提高肥力。

河泥肥力好，谚云："人要有力犁耖饭，地要有力河泥田。"过去做河泥是水乡常见的风景。小木船一只，两人向背交错立于两侧船舷，用捻竿将捻兜探入水底夹取淤泥，既为积肥，又可净化水质。待船舱装满，划至岸边用长柄戽斗将河泥戽入田中，堆积干燥后，用畚箕挑开摊平。冬季做河泥，能把藏身淤泥中过冬的小鱼捻起来，小孩最喜到河泥塘里捡鱼虾、拾螺蛳。数月后，河泥塘干了，有时挑河泥还能掘出鲜活的黑鱼来。老辈人说此鱼吃了罪过，须放生回原塘。

沙地人常常撑船到里畈掸烟煤灰壅田。他们身穿破衣裳，头戴破毡帽，浑身被烟煤灰弄得墨黑。用一爿能弯曲的细长竹片，上扎掸帚，转弯抹角地探入烟囱深处，将附积在烟囱内壁的烟煤灰掸落，用蒲草包包裹倒入船舱。烟囱附积烟煤灰太厚，就排烟不畅，又易引发火灾。加之掸烟煤灰的人谈吐极有礼貌，又把弄脏的灶仓清理干净，所以东家乐意让掸，不必付钱，等于免费为东家清理卫生。

六七十年代，一些农民天蒙蒙亮就挑着粪桶担到集镇的街头巷尾收购人粪。听到吆喝声，当家女人把马桶拎至门口，按质论价，一马桶给一两角钱。有的为了多出粪，事先往马桶里掺水，但瞒不过收粪人的眼睛，少不了一番讨价还价。马桶洗涮后，倒扣在墙脚，一家一只长长一排，这是昔日江南小镇的一道民俗风景。收购的人粪用船装回去，此谓"生粪"，当即用了会伤庄稼，须贮存粪窖发酵成"熟粪"后方可使用。生产队还组织社员到城镇，甚至过江到杭州去扫垃圾，那时为积肥料可谓动足脑筋、历尽艰辛。

农 具

犁 由犁冲、犁头、犁壁、犁脚等部分组成。犁头、犁壁、犁脚为铁铸件，其余为木制件。用以翻耕田地。50年代，木质犁冲改为铁铸的，称为"铁犁"。一度使用过双轮双铧犁，终因费时费力而告终。70年代后，拖拉机耕地逐年增多，传统牛拉木犁逐年减少。至90年代，耕牛拉木犁逐渐淘汰。

耙 呈长方形，有刀耙和滚耙之分。刀耙主要用于水田碎土或将长草切短，滚耙则只用来碎土。刀耙有两排铁件制成的耙刀，而滚耙在两档中间有一可旋转的滚木，上面镶有滚齿。耕田师傅在使用耙时，两只脚踩在耙上，一手执牛绳，一手提牛鞭，需要有较强平衡能力才能自如地使用耙。

耖 用铁铸成，俗称"扁几耙"。其状呈"开"字形，下档有一排竹齿，上档为扶手。一人右手扶着耖杠，左手掌着牛鞭，将耖后倾，由牛在前牵拉，可搬动泥土，直立则仅能带动少量的泥土，用以平整土地。

铁耙 有二齿、四齿之分。二齿称"小铁耙"，用于旱地窄行翻削和开挖狭沟。四齿称"大铁耙"，左右两个齿头方形扁粗，中间两个靠得较紧的齿头扁阔，铁耙柄与齿呈45度角。铁耙是水田里用于平整乃至翻耕的主要农具，使用大铁耙的劳动强度比较大。旧时贫穷人家雇不起耕牛，就用大铁耙掘稻田，劳作特别吃力。使用拖拉机翻耕后，水田仍需用铁耙平整，一般农户自留地上翻掘泥土也要用它。

锄头 锄头有山锄、田锄之分。山锄钢质好，厚重，柄较短，用于山地开垦；田锄较轻薄，柄较长，用于掘地、锄草等。

泥锹 形如饭铲而比饭铲大，长竹柄，用于开沟、上泥、铲泥、铲田塍杂草等。

洋锹 丁字形短柄，用于铲土、铲沙石、挖沟、锄草等。

洋镐 俗称羊角，用于开山、筑路、兴修水利。

田丝绳 为插秧提供行距，用时将绳依行距排成直线，两端固定，紧靠绳插秧可防止插偏，至今沿用。

拔秧凳 木凳或竹凳，有长方形、圆形之别，可坐着拔秧。

水车　俗称"龙骨水车"，因水车内槽有一串形如龙骨的刮水叶板而名；又谓龙能降水伏妖，水车冠以"龙骨"，取其顺溜。由车身、龙骨、大小车头、车踏头、车桩等部分组成。车身上下两层，长短有不同规格，一般为丈二车，最短八尺车。踏头有"两踏头"、"三踏头"之分。常见的为"两踏头"，一边一个踏脚，可供两人车水。"三踏头"是池水浅时用长车身，供3个人踩踏的。车头即轮轴，其作用与自行车的牙盘相似。车水前先装车，扎牢车桩，架好车头，车身沿河岸斜置入水。根据池水深浅决定车身放置高低，池水太满须支架将车身抬高固定。车桩要打正、扎稳，否则人站在车踏头上会东摇西晃。两人扶住横竿如走路般踩踏，车头转动，龙骨像链条带动叶板将水刮带上来，在大车头处出水，再从车头高处翻转，沿车身上层向下入水，循环往复。

另有一种牵车，车水原理、形状结构基本相同，可统称"水车"。不同的是牵车用手摇（牵）作动力，比水车多了摇手、牵柄，少了车踏头和车桩，车身比水车短些、窄些，车头要小得多。牵车一般一人手摇。旧时小户人家多有用牵车的，80年代实行家庭联产承包后，牵车再次出现。

水车属大型农具，旧时有独户添置的，也有数家共有的。车壳两边写有户主姓名、购置时间，若是房族共有则写上堂号，例如湘湖下孙村孙氏三房的水车写着"映雪堂三房，大清光绪五年置"。水车妥善保管，及时修理，车身隔一段时间涂一遍桐油，所以能长期使用，虽老旧仍灰黑锃亮。水车不用时，一般搁在堂前或廊檐下，不得随便乱放，不允许人跨越。俗谓若被女人跨过，需祭请"天龙菩萨"谢罪。

吊桶　由拗桩支架、横杆、吊杆组成。横杆一端置石块，利用杠杆原理，从井、河、塘等低处吊水；或用辘轳装置，靠人力摇动横轴，牵动轴上绳索，提桶吊水。主要提吊生活用水，但旧时山区抗旱也用此法。今山乡偶有见之。

粪勺粪桶　原是施浇人粪尿时所用的工具。旧时遇到水旱灾害，有的农户没有水车等排灌机具，只能用粪勺戽水，用以抗旱保苗或排涝之用。粪桶为木制，两侧钉环系绳，一人引绳翻动担水灌溉。

割子　即镰刀，半月形状，刃口长约20厘米，有一排波浪形齿口，木柄，主要用于割稻麦。

谷箩　竹篾编成，是盛放和挑运谷物的传统工具，形状为上圆下方中肚大，口径和高各约60厘米。

畚斗　竹制，是稻桶里和晒谷场上收盛谷物的工具，也可用于簸谷，即扬弃谷中之瘪谷、杂质。

摊谷板　俗称"络谷婆"，由长方形木条、木齿和长柄组成，仿佛大木梳，用于晒谷场上摊晒谷物。今仍在使用。

谷筛　筛选工具，竹篾编成，底如网状，用于筛去稻谷茎叶等杂物。有双人、单人操作之分，用时将谷粒混杂物倒入箅内左右摆动，筛出谷粒，分离杂草。

摘草耙　竹制，头部排列弯钩状竹片，配长柄，用于收拾散落柴叶、草禾、杂物。山乡尤多。

竹簟　竹制，形如篾席，摊晒谷物用，用时摊开，平时卷起。

箩络　有软、硬之分，软络上有活结，可调节络圈大小。

畚斗连枷　系将作物秸秆上的籽脱下的一种工具，由数根木条或竹片用绳子编成板状，再用一根可旋转的环轴装在长柄顶端。

稻桶　用木板制作，口大底小，方斗形，四角棱线与平面成45度角左右，外侧有4个把手，底下钉两根半圆木头，利于在田间拖拉滑行。稻桶外壁一般写有"五谷丰登"之类的吉祥语、户主姓名、购置时间等。打稻时，用竹簟沿稻桶弧型竖立，俗称"遮头"，以防止甩稻时谷粒溅出稻桶外。前沿内壁放一个稻桶栅子，便于甩打脱粒。稻桶栅子为木杠，横格为竹片。一个稻桶可供两人打稻，另需一人捧稻把，以增加脱粒的速度。当稻桶内的谷粒有两三百斤后，就需盛出谷子，放入谷箩，挑到晒场翻晒。农业合作化后开始使用打稻机，起先用脚踏，后逐渐改用电动。

耕作环节

水稻耕作　过去种田靠天吃饭，原始落后，农民脸朝泥土背朝天，终年辛劳。种稻主要有耕田、平田、插秧、耘田、收割等工序，施肥、排灌视水稻长势和天气而定。

耕田　冬闲时节耕田，称"冬耕"。深翻裸露的泥土，经霜雪冰冻，既能冻死钻入地里过冬的害虫，开春后泥块又容易酥化，故谚云："田要冬耕，儿子要亲生。"耕田靠牛，过去没有牛的人家，只得用铁耙翻掘，费时费力。用木犁耕田，牛轭套在牛肩上，在前牵引，耕者右手扶犁，左手执鞭，发出"吁！吁！"之声即命前行，"哗！哗！"则暂停。一头牛一天可耕二三亩。50年代出现过双轮双铧犁，须用两头牛牵拉，因翻土高低、深浅不匀，两牛配肩困难，不久即废弃。农民戏称："双轮双铧犁，小牛看见笑嘻嘻，老牛看见流眼泪。"70年代后，手扶拖拉机广为使用。冬耕田开春后须灌水养田，经耙、滚、耖几道生活，皆用牛拉专门的工具操作，辅以铁耙手工，使泥土变得软而平整，方可种植。

播种　清明前浸秧谷籽[①]，先焚香烧纸，祭"五谷神"。撒谷籽时，在田头请"田公田婆"，田塍上插香，供肉1方、酒1盏、饭1碗，以祈苗好秧壮。秧田须精心翻、耙、滚，用秧耥耥平，一畦畦宽约丈余。撒种后，灌入浅水。田头多立头戴破笠帽、手持小竹竿的草人，以驱吓麻雀等鸟类。

插秧　当年首次插秧称"开秧门"。因拔秧时，左右两手拔起之小秧把，需捆扎成大把，交叉合拢口俗称"秧门"。插秧时解开秧把草，"缺口"便无，故称"开秧门"。开秧门象征一年农事开端，须择吉日良辰，祭请田公田婆。主妇将汤团挑至田头作点心，汤团圆而大，象征年岁大熟。插秧时，解下的秧把草不能乱丢，应放在自己种的一埭里踩入泥中。若秧不够，向邻近要秧时不能用手交接，先丢在田里再捡取。因"秧"、"殃"谐音，俗谓须恪守"插秧不递秧"之古训。

为避免插歪，拉一根田丝绳。从左往右一埭埭插，每埭6株，两脚中间2株，左右两侧各2株，故旧时戏称务农为"摸六株头"。插秧能手不必拉绳，两脚交替后退，插得又快又直，谚云："木匠师傅独只眼，不如种田师傅的屁眼。"插秧上岸时，如手中秧苗有剩，就密密地全插在田塍边，俗称"多秧"，可供耘田时补缺株，亦预祝粮食多收。秧插好后，称"关秧门"。

耘田　又叫"中耕除草"，一般耘3遍。过去水田多蚂蟥，挽裤跪耘最易受蚂蟥叮咬，耘田人随带一节内盛盐卤或烟油的竹管，将叮咬在身的蚂蟥丢入竹管消杀之。第一遍，在秧苗返青后耘，主要将稻垄间高低不平泥块推平捏碎。第二遍耘，主要除草。有的田块板结，多长密密的地毛草，就先浅水用耥耙在稻垄间推拉，既松土又除草，然后满水跪耘，拔除杂于稻棵中的稗草等。第三遍称"耥田"，放干水耘。此时稻叶长高，易触及眼睛，就套一个竹编的"耘田耥"护面。耘好后，在稻田里挖十字沟，即将一行稻禾连土挖起，左右交错放于两边空行，用以排水，表明稻田上岸了。此后适时浅灌、施肥、治

图40-3-1050　耥秧田（2005年6月，李维松摄于进化镇安山陈村）

① 明嘉靖《萧山县志》载："农家清明日始浸种，谷雨撒种，小满始插秧。较之山会特迟，大率避水涝故也。"

图40-3-1051　插秧（2000年5月，李维松摄于浦阳镇上曹坞村）

图40-3-1052　耘田（2006年7月，李维松摄于蜀山街道章潘桥村）

虫。若遇虫害，有的用草绳结成火龙，间隔草把，数人舞火龙于田垄间，以驱虫害。

收割 新谷登场，须选定吉日，以辛卯日为多。从右往左用镰刀一堘堘割，稻秆交错摆放，整齐地堆在割稻人右侧。多为田间打粒，一人捧稻，两人打稻。捧稻多为老人或小孩，将割好的稻一边一把交与打稻人。打稻须青壮年，一人一边，一上一下扬手甩打，发出有节奏的"砰！砰！"声。打稻是力气活，晚粳稻脱粒尤其不易，但收获的喜悦让人忘了劳累。60年代后，农村普遍使用打稻机，初时用脚踏，后逐渐改为电动。

大小麦 为主要春花品种，各地皆有种植。大麦立夏熟，小麦小满熟，大麦比小麦早收半月，有利于套种棉麻，所以沙地区大麦种植尤多。旧时若弟先于兄婚娶，人以"大麦不割割小麦"之谚相讥。

大小麦习惯于点播，一般在晚稻收割后耕田做畦，敲实畦边，耙平畦面，点穴撒种，盖灰（肥），旬日即破土而出。南片也在旱地、山地种播。冬天，须撬麦泥防冻，又能防来春倒伏。春暖花开时节，一场夜雨，南乡小孩常于清晨到麦田沟捉鲫鱼，其乐无穷。麦子割倒后，一捆捆穗朝下、根部朝上，用冲杠挑回门前稻地打粒。南乡人喜做新麦馒头祭祖、烧麦糊、麦夹头尝新，也有用麦饼经发酵做甜酱。沙地人常用大麦做麦粞饭。麦麸是喂猪精饲料，麦芒拌豆荚燃烧可驱蚊虫。女人截上半段小麦草秆，剥壳，漂以淘米泔水催白，用来编织扇子，缀上绣花扇心，自用或赠人。姑娘把精心编织的扇子，悄悄地赠送心上人。麦收后的田里，能将一种叫"鹅噎煞"的草籽，可作枕头心。麦收，喻示农忙开始，乡村弥漫着喜悦和蓬勃生机。

棉花做番 萧山沙地盛产棉花，棉农根据当地特点摸索出一套种植方法。谷雨时节掘地播种。出苗不久，用小刀"做番"，即删苗、除草等，若遇缺株，一并移苗补种。沙地泥土板结，为防移苗断根，用尖薄短小、状如荷花瓣的"花迁刀"插入泥土，沿棉苗周边遛个圈，连根取出鸡蛋大的泥土。补栽之处同样挖个小洞，将"鸡蛋"填入，压紧四周泥土。这种移补方法不伤根苗，又带原配营养土，容易成活，追肥后即能赶上其他棉株。幼苗至结铃间较少施肥，以防倒伏落铃；开花后增施肥料，以延长花期。

剥洗络麻 萧山曾是全国重点络麻产区。络麻能长至丈余，盛夏季节碧绿连片、蓬蓬勃勃的络麻蓬，为沙地独有景观。络麻收获后，可加工成"生麻"和"熟麻"。生麻，即拔起络麻剥出麻皮，直接晒干而成。剥络麻，分拔、夹、剥、晒4道工序，劳动强度大，被称为"拆骨头的农活"。剥麻人腰系围裙，一人用一对尺余长竹管或短铁管夹住麻秆，另一人紧抓麻秆根部，合力夹拉，使络麻的皮、秆脱胶。然后坐在长凳上，将麻秆一根根中间折断，去秆剥皮。麻秆晒干后，是理想燃料。剥麻后，一双手被麻汁沾得黑而粗糙。

熟麻，又叫精麻，须经拔、浸、洗、晒4道工序。络麻拔倒捆好，浸入河里泡烂胶皮。也有在田里挖坑，堆上络麻，灌水浸泡的。洗时，先将麻秆去掉，然后在石块上用力甩打，又用木榔头敲击，在水中漂洗，再甩打、敲击、漂洗，如此反复，直到洗尽胶皮，留下麻筋，经晒干即成。还有一种方法是先去秆，把剥出的络麻一把把浸泡在水中，胶皮烂后洗尽。洗麻同样劳动强度大，且整日站在河里，手脚泡胀，十分辛苦。河水经络麻浸泡，又臭又黑，鱼儿先是浮头，被称作"麻水鱼"而争捕之；继则大批死亡，徒叹可惜。80年代后，络麻种植大面积减少，至2000年仅剩零星种植。

第二节 渔 猎

捕 鱼

捕鱼向为萧山民生之一。过去农家池塘、河湾均有养殖，也有外江捕捞。沿江渔民大都以渔为生，多业并举。内河鱼类以鲢、鳙、草、鲤四大家鱼为主，还有鲫鱼、鲇鱼、土步、黑鱼等。外江鱼类则有鲈鱼、鲥鱼、白条、鲻鱼、鳗鱼等。捕捞方式有撒网、拉网、放罾、放游丝、放弹钓、鸬鹚船、车塘鱼等。另有半为休闲、半为鱼虾的放虾笼、捉河蟹、钓黄鳝、打鳖、叉鱼、钓鱼等。钱塘江里抢潮头鱼、捞鳗苗，惊险壮观，锻炼了邑人"勇立潮头、敢为人先"的特有气质。80年代后，出现专业承包户，始挖掘鱼塘大宗养鱼，继则发展到养鳖、养蟹、养虾、养龟等特种养殖。现时，野生鱼类日渐减少，传统捕捞方式已很少见。

撒（拉）网 为常见的捕鱼方式。撒网，又叫"旋网"。网用苎麻线织成，酱以猪血防烂。上端设活动纲可伸缩，网身上小下大逐渐展开，呈喇叭形，网口挂若干锡锤，底部尺余网圈朝上，以兜牢围住之鱼。撒时，一人坐于船尾划桨，选择合适撒网位置；一人立于船头，将网及盘成圈的网绳挽于手臂，另一手拉住绳头，反方向旋转身体，乘势用力将网撒出。片刻，渔网下沉，小船倒划，起网收鱼。渔民平时在外江野河捕鱼，年边在池塘捉年鱼，都用这种方法。年轻人初次撒网前，须在老师傅指导下练习，先立在酒坛上撒，酒坛不倒方可上船。

拉网，即大牵网，沙地唤作"纤大网"。网长数十丈，高可2丈，上下各以粗绳相串作拉索，下沉锡锤，上浮竹筒，常用于冬季在养殖的大池或河湾捕捞。拉时，将网在岸边张开，两端各七八名壮汉，用力慢慢把网从鱼塘的一边拉向另一边。网的两端靠岸处，各有一人穿长统发袜（头发编织的袜子，防水）趟在水里，用竹竿别住网角免使鱼儿逃走。边走边牵索收网，网圈越来越小。将近池岸时，鱼儿窜跃翻飞、一片沸腾，观者人头攒动、雀跃欢呼，渔民则满怀喜悦地用海兜把鱼一条条捞进竹箩。

放罾 有船罾、扳罾、手罾之分，多在桃花水汛前后捕捞。

船罾 使用方头木船，船头竖一根可升降的木杆，张挂两根弯竹交错撑开的大网。桅杆上系以麻绳，装上辘轳，一头连接船头木杆，一头固定在船尾。两人轮流操作，一人管撑船，一人拉网捕鱼。放下绳子，渔网入水，渔民在船头抽烟静候，估计游鱼入内即收网。拉罾时用长绳将网拖出水面，用长杆海兜捞取网住之鱼。运气好时，一网能捕数斤乃至10多斤，拉空网也是常有的事。这种船流动在钱塘江、浦阳江等江河里，捕捞的多为杂鱼，有银丝鱼、小白条、鲚鱼、箬鳎鱼等，有时也有大鲤鱼。箬鳎鱼形似小棕箬，无鳍、细鳞、小眼，骨细而多，可整条煎食或晒干下酒。

扳罾 其网架和捕捞方式，与船罾大致相同，其区别仅在于扳罾固定在岸边，网更大，支撑的木杆或毛竹更高，捕捞的是内河中的活水鱼。内河有船通过时，扳罾须提前拉网，将网高高地悬挂在空中让行。

手罾 俗称"檠"，一面开口，三面有网帮连接长方形网底，用两根细竹竿弹开做骨架。捕时，沿岸边浅水处趟水慢行，一手提罾，一手握短竹竿，将罾轻轻放于水中，开口一面朝岸边，划动竹竿，驱赶鱼虾入罾，旋即提而取之。

鸬鹚船 过去有的濒水人家养鸬鹚，平时到外江、野塘捕鱼，年脚边被人请去捉年鱼，收受工钱。鸬鹚船较小，陆路可两人扛着走，鸬鹚立在船舷，摇摇晃晃扑愣着翅膀。船一入水，鸬鹚便来了精神。捕时，一人坐于船尾划桨，一人立于船头用竹篙驱赶鸬鹚。鸬鹚脖子上系一根稻草，仅能让叼着的小鱼儿吞进肚里，如果鸬鹚连小鱼都吃不上，捉鱼也就没有了劲头；而稍大一点的鱼被卡住不能下咽，正是渔翁所希望的。待鸬鹚的脖子袋里鼓鼓地装满了鱼，渔翁便用篙竿钩住鸬鹚脚上的细绳，将其拖上船，取出鱼儿装入篓子。鸬鹚发现水中大鱼，往往穷追不舍，专叨鱼的眼睛，使鱼疼痛难逃，其他鸬鹚赶来帮忙，共同对付一条大鱼，活生生将其拖出水面，最是精彩。现在鸬鹚船几近消失。

图40-3-1053　鸬鹚捕鱼（2004年10月，李维松摄于瓜沥镇群合村）

车塘鱼　通常在年底，用龙骨水车将池塘之水车干，起塘捉年鱼，顺便清淤。大的池塘需几辆水车同时车水，三踏蹬、二踏蹬齐出动，日夜不停，轮班作业。有时丈二水车够不着池底，下面还得装八尺水车盘翻。水将干时，鱼儿在塘中起跳挣扎，一片沸腾。围观者指指点点，乐不可支。捉鱼人把箩筐放在塘里，从浅滩往池底捉鱼，当捉起一条大鱼放入箩筐，岸上之人比池中之人更开心。

捉蟹　萧山江河塘湾向来多蟹，邑人用塞、罾、弶等方法捕捉。塞，用稻草塞于蟹洞口，转一圈回来，迅速拔出草塞，那蟹正在洞口苟延残喘。罾，约两尺见方的小网，用两根竹片交错撑住四角，网内放一粟头或稻穗，傍晚用细绳悬于池塘河湾半深处。蟹进网觅食，脚入网眼而不能自拔。清晨，收罾捉蟹，十分轻松。弶，"设计堕人、掘井取兽皆谓弶"（《越谚》）。秋风凉，蟹脚痒，母蟹纷纷爬向钱塘江产卵。此时，在"田缺"或河沟等湖蟹必经之路垒坝，铺上稻草，旁搭草舍供捉蟹人守候。夜间点一盏风雨灯，湖蟹趋光，爬在稻草上沙沙作响。捉蟹人闻声而起，如探囊取物。

打鳖　鳖枪下端的小摇盘上，圈有"羊肠线"，线头穿过枪杆梢上的小铁箍回落，系上带锡锤和钩子的线。钩子通常4只，两头带钩，为不挂食饵的空钩。打鳖人用折叠式小凳坐在岸边，将呈待发状态的鳖枪靠于右肩，聚精会神盯着水面。过去池塘、江河多有野生鳖，主人不会干涉打鳖人。打鳖最好是打"樱桃鳖"，通常麦收至晚稻扬花前后也打，此时天气暖和，水温较高，鳖喜探出水面觅食透气。打鳖的关键是要瞄准方向，正确目测距离，并掌握好甩钩的远近。打鳖人一见水面动静，随即甩出鳖枪，锡锤带着锋利的钩子"呼呼"飞出。锡锤在鳖鱼浮头的外侧落下，鳖枪一收一拉一顿，钩子扎住鳖，随后慢慢摇盘收线，"四脚佬"便被乖乖拉出水面。现时野生甲鱼几乎绝迹，打鳖人亦无用武之地了。

叉鱼　用5根～7根尖端锋利、锉有倒钩的钢针扎成鱼叉，插入竹竿一头固定，另一头拴细绳紧握，"岸边潜鱼，掷镯取之"（《越谚》）。一般于夏秋鱼儿浮头或中午"养清"时叉之。俗忌叉带领幼鱼的大鱼。

狩　猎

过去南乡山民当年第一次上山斫柴或打猎，必随带元宝祭请山公山婆。猎人经常动用快口、火器，容易伤人或被猛兽所伤，所以最崇敬山神，要祈求山神护佑。平时上山干活，脚穿山袜、箬壳草鞋，腰别钩刀，顺便带上鸟枪、火铳、镗叉之类猎具，身后跟一只猎狗。若遇野兔、野鸡等飞禽走兽，捎带着收获之。但不打三春鸟，不打大肚（怀孕）兽。

入冬，有人操起猎枪狩猎，竹狗、麂、獾、狐狸等，都是捕获对象。打到麂可谓皆大欢喜，循俗须用麂之头祭请山公山婆，祭请在后门口进行而不能在堂前。野猪糟蹋庄稼，又很凶猛，"伤枪野猪比虎凶"，须数人合力围猎。猎狗是重要帮手，既能发现目标让猎人围歼，又能追捕打伤的野兽。

此外，在野兽出没之处，用挖陷阱、设弹夹、布网笼等骠的方法捉捕。沙地和钱塘江沿江一带，有靠"媒头鸭"引诱，张网捕获南飞过冬的野鸭的。"媒头鸭"是麻鸭与野生鸭杂交生育的一种家养鸭，长相和叫喊声与野鸭相似，野鸭误认同类，乖乖入网就擒。故萧俗将合谋引诱别人上当吃亏者，斥为"媒头鸭"而轻蔑之。八九十年代后，市民增强了野生动物保护意识，政府亦加强民间枪支收缴管理，狩猎已成往事。

【附一】

抢潮头鱼

萧山地处钱塘江入海口，过去沿江有大片滩涂。涌潮来时，潮头挟裹着许多昏头昏脑的鱼儿，沿江百姓乘机在滩涂捕捞。潮头捕鱼危险性极大，须身手矫健、动作敏捷，捕到就跑，故谓之"抢"。"抢潮头鱼"是最具萧山地域特色、最令萧山人为之自豪的勇敢行为，90年代曾被誉为"萧山精神"的象征。

抢潮头鱼一年四季皆可。农历每月初一至初七、十四至廿一这几天潮水较大，是抢潮头鱼的好时机。而一年中又数中秋前后几天潮头鱼最多，但潮大难博，此时少有冒险的。潮来前，捕鱼者选择开阔滩涂守候，随身只带一个长柄海兜，吸着烟，谈论着可能出现的潮势和应对办法。父子兄弟之间，互相说些关照的话，仿佛临阵出征。听到远处潮声响起，白浪滚滚而来，捕鱼者摩拳擦掌。夏秋季节，浑身一丝不挂，否则衣裤受湿行动不便，危及生命。冬天只穿上衣，且脱出袖子在胸前打个结，以便急时甩衣逃身。

潮头将至，捕鱼者迎上前去。一般身强力壮的老手站在左前方，这个位置叫"青龙头"，鱼最多最大，也最危险，其余的人站在他的下手，次第散开，各就各位。他们两眼紧盯潮头，看见鱼儿便用海兜对着鱼头套过去。鱼喜逆水发威，海兜一碰到它，就会往兜里钻，逮个正着。如果不是套头，潮头鱼无论如何是抢不到的。潮汛较小时，抢鱼人跟着潮水奔跑，手持海兜在浪花间套鱼，有时追随潮水前进二三里，一路往鱼篓装鱼。潮水较大时，抢鱼人须背对着潮头，呈斜线往岸边跑，避免直接被潮水冲击。一边奔跑，一边回头迅速捞鱼。一下捞不着，决不捞第二下，稍一迟缓，也许就难以从大潮中脱身。

抢潮头鱼时千万不可闯进潮头里，否则，即使身经百战的老手亦回天无力。然"常在河边走，哪有不湿鞋"，老辈人讲得出被江潮吞噬者姓名的不计其数。万一潮过腰部，跑动已不可能，唯一脱身的办法是"氽潮"。即将海兜柄朝下，垫在屁股底下作舵，两脚向上，头适当后仰，身体呈"V"字形，顺水而氽，氽到江边浅滩，后脚跟一踏泥地，迅速跳出潮头。氽潮的关键是要掌握方向，千万不能偏向江心。"氽潮"是抢潮头鱼必须掌握的一项本领，初次捕鱼者下水前得反复模拟练习。潮头鱼夜里也可抢，须随带一个火把照明，难度自然比白天大。火把用一根小竹竿凿通第一节，灌入煤油，用破布头或富阳毛纸塞紧封口。潮水将至，把竹竿倒一下，使煤油沾湿破布或毛纸，点燃，左手擎火把，右手握海兜，迎向潮头。

抢一次潮头鱼从出滩守候，迎潮套鱼，到安全撤离，前后需3个小时左右。70年代以前，滩涂开阔，从江塘到江边，需跑几里甚至十几里地，时间大多花在路上。潮头鱼一次能抢数斤至10多斤，运气好时达二三十斤。春季主要是鲢鱼、鲈鱼、包头鱼，夏季主要是鲻鱼、刀鱼，秋冬主要是鲻鱼、鲈鱼、鳗鱼、蟹等。农历九十月份，在钱塘江上游淡水中长大成熟的鳗、蟹，纷纷游向东海产卵，所以抢鳗鱼须日、夜两潮。上面讲的夜里抢潮头鱼，主要就是这一季节。为抢潮头鱼更加安全有效，后来从单人徒步套鱼，发展到小船捕捞。方法是4人一只小船，潮来时3人下水抢鱼，1人船上策应，收获后撑船而回。70年代后，钱塘江滩涂经多次围垦，江面日益缩小，潮势更加凶狠，抢潮头鱼的地理条件逐渐消失，"敢抢潮头鱼"已成为萧山人的美好记忆。

（资料来源：根据高元法等人所撰资料，李维松调查整理）

【附二】

捕鳗苗

鳗鱼喜生活在河江塘湾等淡水中，性成熟后纷纷游入近海，在咸水中产卵繁殖。幼鳗俗称鳗苗，咸水中孵育不久，才1寸多长，通体透明，就成团成抱地绞在一起，随着涌潮流向上游淡水处，急不可待地寻找并返回它们的故乡，开始新一代生活。钱塘江出口处在淡水与咸水交汇点，正是鳗苗返回原生地的必经之路。萧山沿江百姓久有捕捞鳗苗习俗，尤其70年代后，养鳗业大兴，鳗苗身价陡增，贵过黄金，捕捞鳗苗一时称盛。

捞鳗苗有几种方法：

一是在沿江浅水处打桩张网捕捞。因鳗苗性喜沿江浅水，在潮水来临之前，选择合适位置放网入水。网眼极小，否则捞不住鳗苗，而网身极大，长可数十、上百米。有的桩杆能上下活动，类似放罾的支架，但这种网的网身较小。捕鳗人将网入水后，吊起备用的小船高高地悬在支架上，防止被涌潮卷走。江堤外侧吊着的成排小船，是捕鳗时节钱塘江边的一道独有风景。捕鳗人以逸待劳，等潮水过去，江面稍为平静，便起网捞苗。

图40-3-1054　捞鳗苗（2004年2月，李维松摄于南阳镇赭山段钱塘江）

二是在机轮船上支架张网，或一对，或两对，从江岸望去仿佛船的翅膀。机轮迎着江潮开进，两侧大网一路兜将过去，不时起网收苗。前后两对网可以不同时起网，但左右必须同时起网，否则船会侧翻。由于机轮行得快，主动出击，捕捞量比起守株待兔式的设网静候，要大得多。当然，这种捕捞方法出现比较晚。

三是划小舟出击，这是最原始落后的捕捞方式。鳗苗爱结团而浮，尤其喜爱钻入漂着的死猪死猫等动物尸体内，于是捕鳗苗者等江潮稍平，便划船巡游抢捞。运气好时兜住鳗苗团，或捞到一具动物尸体，便能收获三四两乃至半斤鳗苗，这可是价值数千元的一笔收入。过去有的人激流勇进，冒险捕捞，死难事故常有发生。

（资料来源：李维松整理）

第三节 运 输

过去，搬运主要靠挑、抬、背，沿江活水码头多有以挑、抬、背出大力为生的脚夫。小车拉、小船撑已属先进。即便拉车撑船也非常辛苦，谚云："人生三大苦，撑船、打铁、磨豆腐。"

挑

收割稻子挑谷，施肥浇菜挑粪，生活饮用挑水，筑塘固坝挑土，斫草伐木挑柴，砌墙修房挑砖……举凡农家生产生活的许多事情，都离不开肩挑。挑，需用竹箩、畚箕、木桶等工具，更离不开扁担。扁担有竹、木之分。木扁担用檀木等韧性极好的硬木削制，微翘，两头铆铁钉便于挂索。竹扁担式样很多，挑谷等重物的，用经年老竹篰头劈削；挑水挑畚箕担的，竹竿稍细；挑较轻担子的，扁担两头用火烧过，捆扎弯转作钩，俗称"钩子扁担"或"翘头扁担"，挑起来上下颤动，甚为美观舒服，适宜走长路。像"催生"挑篮担、迎亲挑松柏常青担，就用这种扁担。一个合格的农民，家中往往备有多根不同用途的扁担。南乡农民上山，见有合适竹木的，顺便采伐回家，待雨天或农闲，精心制作扁担，好的扁担简直像一件艺术品。挑重物的扁担，中间箍一活动索套，用细绳固定在末端。

南片农民挑重担爱用"跺柱"支在挑担下，以将重量分散到另一肩膀。中途小憩，则用跺柱顶在索套上撑住扁担，前头货物悬空，后头货物着地。这样继续挑时，站起来较为省力。考究的跺柱着地一端包上铁跺，称"铁头跺柱"，既好看又好使。过去生产队挑公粮，一溜长长的几十担谷，支着跺柱，唱着号子，浩浩荡荡，甚是壮观。男孩子长到挑得动200多斤的满箩稻谷，方被视作"大人"。因此，半大的孩子跃跃欲试，而家长总是竭力劝阻，生怕伤肩挫腰，日后留下病根。挑柴草、麦捆，则用两头尖的"冲杠"，也称"柴杠"，直接插进柴草麦捆里挑。

抬

两人或两人以上，而以两人为多。两人以上抬重物须用串杠。两人抬重物时，肩朝里斜着身子并行，两肩之间一根短短的抬杠，刚好呈"A"字形。这样，抬起来省力，力气大的能抬得动千斤重物。抬时，两人"哼唷！""荷唷！"唱着号子，脚步交替前行，很有节奏，否则就会闪腰扭脚伤身子。往船里抬重物，两块跳板并排搁在船舷，抬起来一颤一颤的，最见功力。

背

主要是背米袋谷袋，俗称"背袋头"，大抵路途较短，如进库、装船等。背树背毛竹下山，根据力气大小和技术高低，背的多少大不相同。尤其背毛竹，几根扎成一捆，两捆再参差错落扎成一大捆，肩背在前一小捆篰头处，将竹梢长长地拖在山坡滑行，靠的是巧力，能背下平地上背不动的毛竹。

推（拉）车

无论南片还是沙地，过去常见独轮车装运。这种车只有一个木轮，外圈钉上橡皮之类，嵌在木条制成的车架中，故名"独轮车"。轮子两边的框架装货，横断面状如去掉两短划的"北"字。车子后面设有两根外翘的把手，形同羊角，所以又叫"羊角车"。在把手与车轮连接的车肚，设有可开启的木箱，供推车人

图40－3－1055 独轮车（2006年2月，李维松摄于进化镇华家垫村）

放置零物。两边所装货重量须大致相等，以防侧斜。若送老人或小孩，则另一边须放置分量相当的货物或石头持平。两车把之间扎一根麻筋编织的中间扁平、两端略细的带子，背在肩上，两手握把。推时，上身保持平直，两腿呈外八字，腰和臀不断左右扭动。这种车不受道路宽窄限制，能装数百斤至上千斤货物；推车人手、腰、脚配合并用，既要有力气，又要有驾车掌握平衡的能力。另有一种双轮车，拉货时把带轴的车轮架到铁皮车框下即可。双轮车装货多，拉起来更省力，但对道路要求比独轮车高。

撑 船

萧山本越地，过去百姓出行、运货多靠舟楫[①]，河中船只穿梭往来，十分繁忙。船只种类、式样很多，按用途分，有航船、埠船、渡船、河泥船、运粮船、粪船等；按动力分，有手划船、摇橹船、风篷船、牛拖船、挂桨船等；按船篷分，有乌篷船、白篷船、三明船、满篷船、祖口船等；以水道分，有内河船、外江船、外海船等。撑船，是水乡农民基本功之一，很小就开始学。

埠船　用来载货搭客的日间班船，有相对固定的航线，当天一个来回，沿途停靠若干埠头[②]。船身小巧，一般3个船舱，设有船篷。前舱、中舱乘客载货，后舱为船夫摇橹、搭铺、烧饭之处。若遇逆风，须拉纤助橹。

航船　是一种载货为主兼搭乘客的船只，统身罩以船篷，航程较之埠船更远，船身更大，速度更快。有的专以夜间航行，俗称"夜航船"。航道较宽大，像浦阳江、西小江、萧绍运河等最宜航船通行。旧时有尖山至闻堰、西兴至钱清、瓜沥至绍兴等许多航班，两地往返对开。一般支大小风篷，设两至三支橹。使三支橹时，三人交错穿插，推扳俯仰，来回走动，橹声欸乃，水声哗哗，航速较快。

别竿船　沙地还有独特的别竿船和牛拖船。别竿船，用一根竹竿插在船尾，人在岸上别着竹竿推船前进，常见于沙地的浅湾小河。其船尾较长，有一个中空的倒三角，两边钉上厚板，便于别住竹竿推行。推时，岸上之人将竹竿梢头置于胸前，倾伏身体用力，又将船头稍别向里，船尾略朝外，便于船身吃水前进。

①《越绝书》载，越人"水行而山处，以船为车，以楫为马，往若飘风，去则难从"。清乾隆《萧山县志》载："水行而山处，以船为车，以楫为马。往若飘风，去则难从，锐兵任使，越之常性也。"

②《越谚》云："埠头，市镇街衢泊船起货之岸。"

【附】

牛拖船

图40-3-1056　牛拖船（2005年6月，王锦荣摄）

昔日沙地区常见的一种用牛作动力的船运方式。沙地河湾多，但河道窄浅，稍大的船只便搁浅难行，于是牛拖船应运而生。一般一头牛拖拉6只小船，称"一档"。力气大的牛一档能拖四五吨，船速与步行差不多。每只船长3米多，宽1米多，平头，舱底小而平，船舷较陡。这种小船是专供牛拖的，式样统一，不适宜单独撑划。船与船之间用麻绳或仔竹篾系住船头的栓杆，便于转弯活动。最后一只的船尾有一稻草包，浸在水里很重，当做船舵使。拖时须两人操作，一人在船头持鞭指挥，掌握方向；一人撑杆在船上前后走动，随时矫正船身，间或帮助撑行。牛在近岸一边踏行，只露出头和背。遇到深水踩不着河底时，牛会游着拖，但不宜长时间坚持。游时，牛三只脚努力向前划行，其中一只后脚不动，只在转弯时用力，起到舵的作用。遇到搁浅的河段，牛拖不动，只得套出小船的连接索，化整为零地拖，待过了浅滩再把整档船串起来。牛非常聪明、听话，是船主的好帮手，但有时也会耍牛脾气，往岸上跑，坐在前头的人就用鞭轻轻地抽它，警告它。一到目的地，船主马上卸下牛轭，牵牛上岸休息，喂以豆饼、玉米等，冬天还给黄酒喝，使其尽快恢复体力。70年代后，随着沙地河湾疏浚挖深和轮拖的出现，牛拖船逐渐消失。

（资料来源：根据沈青松《牛拖船》及有关资料整理）

第四节 副 业

养 蚕

俗称"看蚕"，南片和沙地农家均有养殖，尤以沙地为多。[1]蚕户多种植桑树以备采叶自用。早年蚕种大都来自嵊县（今嵊州市），年前上门订购，次年发送蚕户，大抵一户一张。蚕子呈正圆形，横到五六个格子。主要养春蚕，夏、秋蚕较少。清明前夕焐子催青，幼蚕稍长即须分匾，层层叠于蚕架。蚕眠称"幼"，从出种到头幼、二幼、三幼、大幼，直至上蔟作茧，历时月余。夏蚕、秋蚕蚕种不必买，自家拣好的春茧里钻出的蛾娘即能孵育。秋蚕最难养，须关闭门窗，驱赶蚊蝇，勤搞卫生，谨防成批死亡。成茧时须争分夺秒，久了蛹会变蛾，蚕户全家出动，昼夜伺候，还要请人帮忙，故谚云"抢丝夺麦"。

蚕茧一般售给茧行，但不如自家缫丝收益好。蚕户多有缫丝灶和缫丝车，缫出的生丝有客商上门收购。养蚕有不少禁忌，俗称"蚕禁"。[2]养蚕季节，蚕家互不来往，禁止闲人进入蚕室。近期见过死人、进过产房的人，不准进蚕室，即使家人亲属亦不例外，谓避免冲克蚕神，其实也有防止传染蚕病、保护幼蚕健康成长之意。养蚕期间，说话也有禁忌。因蚂蚁会爬上蚕匾咬蚕，故蚕在匾里吃桑叶不能说"爬"，要说"行"。忌说"僵"、"四"、"亮"等词，"僵"、"四"其音不吉利，所以蚕四眠要称"大幼"。鼠、蛇会吃蚕，蚕农最为忌恨，故禁说鼠、蛇，属"鼠"、"蛇"的人不能育蚕，以求蚕事平安。

蚕农大都祭请蚕神，俗称"请蚕花菩萨"，一般祭祀两次，第一次在出种之后、头眠之前，祈求蚕苗生长顺利；第二次在成蚕"上山"之时，祈求蚕茧丰收。许贤旧有蚕花庙，每年正月里，附近5个重点养蚕村被称为"蚕花五村"的，轮流在蚕花庙做大戏。二月初二举行"蚕花庙会"，海盐、桐乡等方圆百里的蚕农纷纷到庙进香，俗称"轧蚕花"。

养 猪

过去农家大都养猪，多的一年养两头。上半年买进苗猪，到年边即可出

[1] 王铭恩《萧山乡土志》（萧山合义和书局，民国11年7月版）载："蚕业以禽、赭为盛，植棉亦以东沙为最著。"

[2] 来裕恂《萧山县志稿》载："育蚕之家，禁忌甚多，甚至闭门，谓之蚕忌。前人诗'三旬蚕忌闭门中'是也，至缫丝乃止。"

图40-3-1057 蚕宝宝（2005年10月，李维松摄于楼塔镇佳山坞村）

图40-3-1058 木雕《看蚕图》（2006年3月，李维松摄于义桥镇北坞村）

栏。条件好的人家杀年猪自用,留下头、脚、内脏等,白肉大部出售,用作家庭开支。少数农户专养母猪,培育苗猪赚钱。也有养种猪的,赶着公猪穿村走户配种。为使养猪顺利,请年菩萨后,要请猪栏菩萨。还用红纸写上"六畜兴旺"等字,贴于猪栏旁边。买苗猪时,要从母猪窝带来一把稻草,叫"顺溜草",以求小猪生长平安、健壮。猪有疾,在猪背剪三刀鬃毛,以求康复。猪出栏销售或宰杀时,主妇手拿饲猪杓,在猪栏边"啰、啰、啰"地呼唤,以唤回"魂灵"。"金华两头乌"和全黑的"本猪",养8~10个月即可出栏,宰后一般白肉约五六十千克,肉质鲜美,这种猪主要自食。全白的"洋猪"长得高大,但肉质不如本猪,用于整猪出售。堂前、灶头、屋后搭个草舍,都可设栏圈养。猪食料"两头精,中间粗",即小猪和出栏前1个月左右的大猪,要喂麸皮、番薯、豆腐渣等精饲料,使其长得壮、多出肉;半大的猪以杂草、番薯藤、谷糠等粗食为主,便于长骨架。

南片楼塔等镇乡有放养习惯,一任猪们满村遍野觅食,早出晚归,"老猪"识途。这种猪吃野草、吃活食,肉质尤佳,卖得出价钱。但猪粪流失,又不卫生,全靠起早落夜的拾粪者。圈养猪的猪栏里,需经常铺垫稻草、草木灰等,既让猪起居舒服,又能囤积肥料,每隔两月起栏出粪一次。猪粪是上好的农家肥,一栏猪能出数千斤肥料,所以六七十年代,强调"猪多肥多,肥多粮多",生产队鼓励养猪,猪粪按质记工分,年终兑付,并参加土肥投售的增产粮分配。那时养猪有指令性任务,生猪须出售给供销社,有的地方称为"爱国猪"。出售一头100千克以上的生猪,能发给5千克肉票,奖售若干精饲料。生产队落实饲料地,猪饲料列入粮食"三定"指标内。80年代后,由专业大户规模养猪,农家零星饲养已很少见。

饲 禽

相传萧山鸡原为越王宫中饲养之鸡,所以叫"越鸡",又因其喙黄、脚黄、羽毛黄,俗称"三黄鸡"。过去农村家家养鸡,城镇也有一些家庭饲养,多则十几羽,少则五六羽。农家习惯于放养,它们活动在房前屋后、竹园树丛、山脚地头,能吃到青草和各种昆虫,形成抗病力强、活泼好动、个体高大等特点。

循俗,2个月内小雄鸡适时阉割,能促进生长,经后期"囤肥",足可长到五六千克,俗称"红毛大鏾鸡",做成虾油鸡,是过年用来待客的佳肴。一只母鸡相当于农家的一个小聚宝盆,平时生蛋当菜,必要时换点油盐酱醋,新女婿来了烧糖籴蛋,孙子、外孙生日染红鸡蛋相赠。长到1千克左右的仔鸡,雄未开啼,母未下蛋,配以黄芪、当归等中药,整只炖酥,是邑人的传统食补佳品。男孩青春发育期,当家男人农忙出大力气前夕,母亲或妻子必用仔鸡给滋补身体。

养鸭的人家不多,养几羽母鸭生生蛋,白天任其在池塘中觅食。养鹅比养鸭的人家多,一般一年两批,即清明鹅和年鹅。清明前后青草多,是放鹅的最佳时节。鹅贪吃,长得快,2个月左右即可宰杀。谚云:"会吃会拉,六十天好卖。"年鹅以喂养为主,能长到四五千克。雄鹅见生人昂脖喊叫,甚至咬人,好像狗一样管家,所以俗呼"白狗"。小鹅和临近年关的大鹅,白色羽毛上常染以"洋红",以图吉彩。

扎扫帚

南部山区农家会扎竹扫帚。霜降后,用钩梢刀钩下毛竹梢,此时的竹枝桠扎成扫帚不会虫蛀。毛竹梢晒白后,削下枝桠作掰丝,选取竹竿作扫帚柄。竹竿下端不齐节,下端齐节的帚柄叫"关门节",俗传用关门节扫帚柄会打死人。空竹筒不宜过长,过长则易开裂。扫帚柄削好后,顺着留下的粗桠斜削一刀,让帚柄上端出现空筒。

扎帚前的掰丝和燎丝,是一把扫帚质量好坏的关键。枝桠掰成一根根长约60厘米的带叶竹枝,用箸壳丝缚成小把,称"毛丝",经火燎成"光丝"方能扎帚。燎丝是项技术活,燎丝者把毛丝放在火墩上反复翻动,让其均匀受燎,燎至叶黄而不焦时,趁热搓揉成又软又韧、散着淡淡竹香的光丝。下一道工序叫"并丝",把1斤半光丝按一定比例,分成5股,分别叫头丝、二丝、三丝、四丝、尾丝。拿来削好的帚柄、浸涨的仔竹篾,就可以缚扎扫帚。先将头丝尾端插入帚柄上端的空竹筒中,缚结后用力下揿,使头丝上翘。然后将竹篾别在帚柄的枝桠上,连枝紧扎3匝。二丝扎2匝,三丝扎1匝,四丝、尾丝扎数匝,直

图40-3-1059 扎扫帚(2006年3月,李维松摄于义桥镇南坞村)

至扫帚篦头。将剩余的篾头在三丝、四丝、尾丝的间隙穿花打结,使四丝、尾丝后仰。扫帚篦头处再打进一个木楔,并用利刃将篦头切平。最后一道工序为斩丝,斩成大刀式或肉斧式,一把结实、耐用、漂亮的扫帚扎成了。

挑花边

花边,是一种日用和欣赏相结合的抽纱工艺品。民国12年(1923),上海商人徐方卿来坎山镇,向24名妇女传授花边挑织技艺,从此,挑花边的技艺一传十,十传百,传遍全萧山。尤其60~80年代,萧山常年有10万人~15万人挑花边,成为一项重要的家庭副业。妇女们从地里干活回来就挑,边串门扯淡边挑,晚上点灯夜挑,有的一家婆、媳、孙女三代同挑。夏日,三五成群的妇女,在廊檐下、墙门头、大树下,飞针走线,谈笑风生,风景独好。农村女孩十来岁始学挑花,如果到十五六岁还不会,会被人瞧不起,而花边挑得快、挑得好的则被视为心灵手巧,备受夸奖。据说小伙子找对象,先看姑娘挑花手艺,再看容貌长相。90年代后,手工挑花工艺逐渐被先进机器设备取代,年轻姑娘已少有挑花的。

搓 绳

过去,农民多有利用早夜、雨雪天气搓绳,所搓的稻草绳和麻绳等主要满足自家生产生活需要。五六十年代,摇绳机、踏绳机代替手搓,出绳快,又减轻劳动强度。除满足自家需要,还出售给供销社,成为一桩副业收入。踏绳主要是中片和南片,将上好的稻草用少量清水喷湿,一人坐在机上,上下踩踏踏板作动力,双手不间断地向两侧状如小喇叭的口子里添加稻草,踏好的绳子随着转动的轴心绕而成圈。摇绳多见于沙地,须两人操作。一人坐在长凳上,摇动凳端的摇索架;一人立于对面,用摇手转轴处的铁钩钩住浸湿的麻皮或稻草,随摇手的转动而添加麻皮或稻草,摇而成绳。

做火柴盒

60年代,南片农家有做火柴盒的。从发货站领取薄木片、纸、商标、糨糊等材料,大致有三道工序。先做盛火柴的小抽屉,将薄木片按刻画好的尺寸折成四方形,粘以糨糊,倒扣在模子上,糊上底片即成。第二步做外壳,将小抽屉放在另一规格的薄木片上,折合,用纸粘连。第三步贴商标。干燥后,按规格捆包,送到发货站,验收合格领取加工钱。做火柴盒费时,质量要求高,需全家人一起动手,妇女、老人和小孩分工合作,流水作业。

做草鞋

过去农家大都会做草鞋,主要满足自家所需。农民下田上山,一年到头大部分时间穿草鞋,遇出远门,有的还带几双草鞋以备替换,草鞋需求量大,所以闲暇时间须自做。除了自用,也有出售的,一些小贩专门上门收购草鞋。取上好稻草,喷水,木槌轻击致软。做时,坐在草鞋凳上,以数股细草绳作

经，草绳一头扣在草鞋凳的顶钩上，一头绷在腰间，以搓过的单股稻草为纬，不断添加稻草，用力扣紧，便做成大小不同的草鞋。用箬壳丝做成的箬壳草鞋，可以防水当雨鞋；若加进些布条，穿起来柔软舒适。

织蒲包

蒲包用来盛装棉花、盐、糖等，过去用量大，沙地妇女多以此为副业，用河滩上割来的蒲草编织而成。

第五节 商 贸

集 市

过去主要有集贸市场、专业市场、庙会集市、物资交流会等几种。

集贸市场 各集镇和大的村庄自发形成，沿街席地而摆，俗称"露天市场"，也有设在桥头的"桥头市场"。主要自产自销农副产品等，一般黎明赶集，近午而散。少数地方晚饭前还有一集，但规模不及早市。

专业市场 在集贸市场基础上发展形成的较有特色的市场。如坎山、头蓬、南阳的茧市，瓜沥、长山的棉市，河上、戴村的土布、土纸市，所前、临浦的盐市，义桥、闻堰的竹木市，临浦的米市，等等。

民国时期，临浦被称为浙江省六大米市之一。临浦米市由米行、米店、牙行、米厂、过塘行等组成，至中华人民共和国成立前夕，有米行、米店、米厂60多家。米行是销售大米的主要场所，有大小之分，大行称"长路米行"，往往与钱庄结合，实力雄厚，拥有栈房、客房、米厂等，在米市中地位最重要；小行只代客买卖，兼行零售。米店主要零售。牙行是小本经营者，兼做买卖双方的中介人。米市流通靠山客和水客来实现。山客从农村中收购稻谷，运至集镇加工成大米，卖给水客；水客从山客中购买大米后，运往别的集镇和缺粮的农村转销。山客、水客两头奔波，使得临浦米市兴旺发达，全盛时期，江南六省都有山客、水客长居临浦。

物资交流会 萧山首次物资交流会是1952年8月12～16日党山（时隶属于绍兴齐贤区）利用原"雷神庙会"会期举办的。来自上海和省内10多个县的近600家供销社、土特产公司，在交流会上设专柜专铺，带来大量农民所需的生产资料和生活用品，同时收购农副产品。每天有1万多人参加，不少农民亦摆摊做生意。5天会期成交额折合新人民币9.62万元，其中农民自产自销的占31.10%。此后，萧山各地竞相效仿。大多利用传统庙会会期举办，而取消庙会祈神迎佛的做法；有的则择春、秋农闲举办。各地交流会以销售生产资料、生活用品、农副产品为主，熔商贸交易和文化娱乐于一体，引来曲艺杂耍、绍兴莲花落、越剧、绍剧的演出，人流、物流两旺。有的扶老携幼举家赴会，不唯购物，亦为"赶热闹"。青年男女相约物资交流会，一道看戏购物，培养感情。后，发展为春、秋、冬农闲时节举办交流会，根据不同季节农业生产和农民生活所需，由商业部门组织物资到各地集中销售。1963年，因党山一带流行疾病，举行多届的党山物资交流会停办。"文化大革命"时期，各地交流会一度停办，70年代末逐渐恢复。物资交流会是农民的盛大节日，至今不衰。

店 肆

店名 商店取名多用吉利字眼，以求生意兴隆。常见的字有泰、茂、隆、盛、发、裕、顺、富、源、大、久、万等。例如：河上徐同泰酱园、聚昌盛南锦店；戴村万盛南货店、源盛南货店；临浦鼎裕丰米店、宏大利米店、乾泰米行、亿茂木行；欢潭四达南货店；长山永裕昌米行；瓜沥永盛利粮棉店、益昌南货店；坎山同兴布店；党山裕康杂货店、永兴棉布店；赭山徐源盛南货绸庄店；城厢镇衡大南货店、久大南货店，等等。

有的商店取名，为体现店主的处世理念和做人追求，常用和、诚、信、正、元、乾、祥、济、善、仁等字眼。如楼塔裕仁酒店；河上中兴茶楼；戴村协和南货店、同余泰布店；临浦同心泰酱园、协兴昌山货行；义桥公泰南货店、恒逸布店；径游广泰杂货店、仁昌肉店；所前德昌米店；长巷和昌杂货店；坎山泰济南货店。

有的店名反映了经营项目和行业特点，浴室常带"池"、"泉"等字；茶食店用"一品斋"、"稻香村"；旅馆取"悦来"、"嘉乐"；照相馆用"青春"、"华美"；鞋店"足千里"；帽店"冠乐"……如：临浦恒春生瓷庄；义桥月来阁茶店、老安惠酒店；所前张半仙卜易馆；赭山赭宝和茧行等。

有的商店用店主的姓名作店名，或用姓加一吉祥字眼组成，例如：河上袁和顺烟店；戴村丁荣兴南锦店；临浦楼聚兴香店、赵鼎新棉百店、张春记点心店；义桥叶天生铁匠店、陆延生羊肉摊；长山富祝年花米店；长巷张鼎记草包站；瓜沥高合兴百货店；坎山李志方南货店；城厢镇丁源和油烛店等。

中华人民共和国成立后，店名带有明显时代特征。50年代，常见店名前缀"公私合营"，或地名直截了当加经营范围，如长山棉麻站、临浦日杂店等。六七十年代，"东风"、"红卫"、"立新"、"大众"等店名最为多见。80年代后，先是求"大"，"钱江"、"江南"、"神州"、"环宇"、"银河"，一家比一家大；继则图"发"，凡能体现店主发财致富、兴旺发达愿望的店名取而用之；随着对外开放的深入，带"洋"字的店名亦琳琅满目。也有少数店名求异求怪，显得心态扭曲，文化底蕴浅薄。但总体来说，新时期店名在继承传统店名文化基础上，推陈出新，五彩缤纷。

招牌与幌子 店家爱用招牌与幌子宣传店铺历史、经营特色等，以兜揽生意，招徕顾客。

常见招牌：南货店有"闽广圆糖"、"南北果品"；酒店有"太白遗风"、"陈年老酒"；布庄有"湖绉南绸"、"湖广云纱"；药店有"参茸饮片"、"丸散膏药"；茶店有"唇齿留香"、"清肺润心"；饭馆有"山珍海鲜"、"南北风味"等。

常见幌子：有的直接书写"药"、"酒"、"当"、"烟"等字，以旗子牌标挑出；有的字画结合，药店画一大膏药，眼镜店画副大眼镜，上书相应字号；有的张挂实物，如酒店挂葫芦，剪刀店挂一把大剪刀等。有的当铺、酱园、镶牙店的墙壁上，书写硕大的"当"、"酱"、"牙"等字，使人远远地一看便知。

有的店家悬挂"童叟无欺"、"百年老店"、"货真价实"等匾额，既是炫耀，亦为承诺。如临浦赵鼎新丝绸布庄立有一块青龙牌，上书金字"童叟无欺不二价"。赵鼎新牌子硬，信誉好，临浦有句俗话叫："若话勿相信，去问临浦赵鼎新。"大店铺还以楹联形式镌于门口或柜台两侧，铺张渲染。

开张 旧时开张第一天，供财神，燃爆竹，接贺联，赏乞丐，择吉时挂匾额。亲朋好友馈送贺礼，主人办"开店酒"招待。开头几个顾客用红纸包少许钱币购物，店家为图吉利半送半卖，俗称"买红包"。开业3天~5天，商品打折优惠。现时，无论商店、工厂开业，还是工程奠基，庆贺更见隆重。发请柬、送花篮、匾画、赠红包相贺。庆典时间一到，鸣炮奏乐、放飞鸽子气球、领导嘉宾致辞、剪彩，礼仪小姐簇拥，记者拍照录像，主人盛宴款待。优惠促销，更是花样繁多。

营业 店铺一般于端午、中秋、除夕三节收账（卖年货除外），腊月二十四封账。正月初二至初四，商店开业半天，中饭后关店。初五正式开市，各业商店晚上聚餐，店员称"杀头酒"，因为饭后店家要决定人员去留。

旧式买卖中核账要唱核，如到南货店买南货，店员要一件件报数核定总价，买者没有异议方向账房付款。卖猪肉的屠户一手提秤称肉，口中高唱几斤几两几钱，几元几角几分，算得分毫不差，唱得抑扬顿挫。米行交易大宗买卖，由"样台师傅"说价格。经他一看、二抓、三嗑，能说出稻谷的干湿度和大米出饭率，说得山客、水客都服帖，俗称"一口价"。还有不用语言用暗号讨价还价，方法是用手指捏七、勾九，俗称"打七头"。买棺材不能讨价还价。买神像不能说买，要说"请"。

药店　中药店皆有堂号，多取"药到病除"、"健康长寿"、"吉祥如意"之类。如：楼塔天元堂、回春堂、万裕堂药店；河上紫和堂、延生堂、长春堂、虞天福堂药店；戴村培生堂药店；临浦太和堂、同福堂、松鹤堂、存德堂、大德堂、大震堂药店；义桥仁寿堂、益生堂、颐寿春堂药店；径游久生堂药店；欢潭德生堂药店；所前紫和堂、大春堂药店；长山天瑞堂药店；瓜沥太和堂、鸿济堂药店；坎山济生堂、天子堂、天生堂药店；赭山宗德堂药店，等等。中药店通常聘有坐堂郎中，大抵有一技之长的老中医，当堂开方抓药，方便顾客。

茶店　过去大小集镇，尤其活水码头，茶店很多。临浦镇民国时期大小茶店就有40多家，有名的有逸园、鸿园、乐园、菊花楼、青莲阁等。大茶店设有戏台，可以演的笃班（越剧）。中档的茶店有一块高出地面的木板，上置一桌一椅，供说大书。茶客大都是客商和本地名流，他们品尝各式茶点，边看戏边谈生意。也有只供吃茶聊天的小茶店，开在小街小弄，一般以店主人姓名作店名，店面狭小，设施简陋，可

图40－3－1060　茶店（2004年12月，李维松摄于靖江镇甘露庵村）

坐十来个人，光顾者大抵小镇平民和近郊农民。若身边缺钱，可以赊账，记在墙上的"水板"上，下次总付。茶是碗头茶，现泡。沙地一些小茶店用陶茶壶泡一大壶，茶客自斟自饮，时间不限，可吃到店家打烊关门。茶叶通常为炒青、大茶婆、红茶等，茶汁浓，香气淡而舒坦，价钱便宜。这种小茶店一般没有演出，客人以海阔天空聊天灵市面为乐。茶店倌天天跟各种茶客接触，见多识广，消息灵通，而被誉为"茶博士"。旧时临浦有在茶店吃茶评理调解纠纷的，俗称"吃评茶"。

【附】

吃评茶

旧时，临浦有在茶店吃茶评理调解民间纠纷的习俗。临浦素称活水码头，外来商贾、近郊菜农、过往客人等常在茶店吃茶聊天。还有一些本埠老茶客，他们"上知天文地理，下懂世故人情"。于是店家之间、邻里之间发生纠缠不清的事，自己无法调解，旁人又劝不好时，就到茶店请茶客们吃茶评理、讲事，所以叫"吃评茶"，又叫"吃讲茶"。方法是，当事人一方征得另一方同意，相约去茶店。为防事先做手脚，去哪家茶店须临时商定。一到茶店，店主便告诉茶客，今天有人请吃评茶。街上行人知道了，可以见空位置就座，有座位的每人一杯茶。循俗，所有茶客都是评判员，他们的茶钱或由当事人中理亏一方支付，或双方都有错按比例承担。站着的虽没有茶吃，但也能发表看法，同样参与评论。先由双方当事人陈述，然后茶客谈看法。茶客们见多识广，能说会道，谁是谁非说得在理，他们的意见一般

较为客观公正，不带个人恩怨，又懂得点"辩证法"，说得当事人心服口服。比如茶客说，这件事虽然起因在对方理亏，但你骂他，使得争吵加剧。现在对方承认了错误，你也应该向他赔个不是。这样，双方和解了。有时，虽然多数茶客批评一方，但他死不认错，或双方都钻牛角尖，评茶吃不下去了，店主即派人去请镇上德高望重的长者来评。长者问清情况，征求茶客意见，说些恰如其分的话，当事人一般都接受得了，愉快地付了茶钱离去。

（资料来源：朱冠右口述、吴桑梓整理《小上海——临浦旧事》）

酒店　过去集镇上有一种小酒店，不炒菜，不备饭，专供熟食老酒，亦零卖散装老酒。一般单间门面，曲尺形柜台，短的一头临街，上装活动排门，长的一头通向屋里。柜内备有大路下酒菜，罩着纱罩，如茴香豆、盐水花生、豆腐干等素菜，也有猪头肉、猪大肠、鱼干等冷荤。置两三张小桌，酒客舀一碗绍兴黄酒，点一盘菜，脚搁长凳，或独酌自乐，或品咂着与别的酒客神聊。冬天，用串筒烫酒，微热，过以冷菜，十分爽口。吃这种点心酒的人，比上不足，比下有余，大抵有几个活络铜板。若囊中羞涩，跟茶店一样，可在"水板"上记账，吃了再说。谚云"走过三江六码头，吃过串筒热老酒"，就是形容这些见过小世面的人。

当铺　旧时，萧山各地皆有当铺。如义桥济泰当、宁泰当、日新当、安吉当等；党山泰升当；坎山同泰当；赭山瑞丰当；涝湖村顺昌当、丰盛当、延庆当、会丰当等。涝湖陈氏还在县城开设安仁当、同福当、洽裕当、咸庆当等。

当铺以收取抵押物放高利贷。一般当规为，金银首饰为实价的8折，丝绸6折，被帐5折，衣服3折；月息2分，最高达3分；有的当铺利息之外还收取栈租费、存箱费、保管费等。当期数天至一年不等，逾期"没当"，不得回赎。临浦有家仁泰衣庄，专门与当铺联合，销售当铺逾期不赎还的典当衣服，卖衣所得由衣庄和典当老板按比例分成。这些衣服八九成新，买衣者为镇上平民和近郊穷人。当铺大院深宅、高柜木栏，令人毛骨悚然。当户受利息、收费、没当三重盘剥，素有"穷死莫去当，屈死莫告状"之谚。

流动生意

换糖担　又叫"兑糖担"，以麦芽糖、小百货换取鸡毛鸭毛、甲鱼壳、破布头等废品，很受农村妇女和孩子的喜欢。换糖担上层一头放一板麦芽糖，另一头的木格里放置针头线脑、儿童玩具、日用小百货等物，下层则盛放收购的废品。他们走村穿巷，一边摇晃货郎鼓，或敲击两块铜片，一边吆喝："鸡毛鸭毛—换糖！""有银锭灰、蜡烛油、鸡肫皮，牙膏壳落破布头—都好换！""有洋钉、洋火、洋碱，纽扣、顶针、铅笔刀—快换哉！"货郎多为堕民（明清时期散居萧山、绍兴等地的一种"贱民"），中华人民共和国成立后，"下萧山"一些勤劳农民利用农闲，亦挑换糖担。据《新塘羽绒志》载，有"中国羽绒之乡"美誉的新塘羽绒业，即从"鸡毛鸭毛—换糖"起的家。80年代后，换糖担逐渐消失。

挑担立卖　另有不少做挑担生意的小贩，如：豆腐担、瓜秧担、馄饨担等，穿行在乡间叫卖。馄饨担一头带风箱的炉子，一头设橱，内盛肉馅、皮子、葱花、油盐酱醋、碗筷等，挑担者手持木棍敲击竹筒，发出"梆！梆！"的声音，沿街叫卖，俗称"敲梆梆馄饨"，是极佳的点心和夜宵。还有一种挑着担子卖"倒笃菜"、萝卜干的，用老酒坛装着，一路吆喝。六七十年代改用自行车，这样行得快、载得多。

船店　沙地人勤劳，一有时间就忙在地头，加之村庄分散，离集市较远，所以平时难得上街。于是出现了"船店"，一种手划的小篷船，装着油盐酱醋、火柴肥皂、棉布五金、日用小百货等，划到家门口、地头边，购买方便，很受欢迎。60年代后消失。

流动服务　有剃头担、拔牙齿的"大雨伞"、阉鸡阉猪师傅、浇水泥缸、做皮蛋、锉镰刀、补碗、凿"缸沙马桶沙"等。算命瞎子一手用小竹竿探路，一手"丁丁笃"、"丁丁笃"敲击金属，听到这种声音，有人便请其上门"算命测字"。俗传被算命瞎子的探路竹竿碰到有晦气，实是替残疾人着想，故路遇算命先生都主动让行。这类流动服务，80年代后已不多见。

第六节　手　艺

学　艺

俗称"学生意"、"做学徒"。旧时，贫家子弟十四五岁时，托人介绍到店铺或手艺工匠处做学徒。拜师须选师，往往拜手艺高、名望好的老师傅为师；收徒亦选徒，看看孩子是否聪明伶俐能吃苦，否则拜师礼再多、担保人面子再大也不收。进门先拜财神，后拜业师，立契约，并要有东家作保，然后向业师进献枣子、红糖等礼物，以表敬意。

学艺期限3年，衣穿自理，膳食店家供给，每月拿少量津贴称"月规钱"作剃头等零用。不得擅自回家，如有特殊情况，须禀告业师并得许可。学徒要做杂务，按时上、落排门，打扫卫生，晚上睡在店堂管店。吃饭时站立一旁，提酒壶为店主、业师斟酒，等他们吃好才能吃，还得倒夜（尿）壶，擦洗水烟壶，所以学徒有"三壶先生"的外号。业师有时不直接授徒，指定店中一人管带。学徒耳濡目染，用心领会经商手段、熟悉店铺规章、接待顾客的礼节等。如有违反或怠慢，就会遭到责罚，轻则受皮肉之苦，重则黜退。

3年期满称"满师"，须办满师酒，请业师和同业前辈。一般须留店帮工4年，拿一半工资，称"半作"。所以旧有"三年徒弟，四年半作"之谚。满师后，也可由业师为其另择店择师做工，叫"过堂"，待遇略高于"半作"，约束也较宽松。自家有店铺的，孩子一般不在自己店中习业，父母希望他在严师管教下习业有成，养成独立生活习惯。有的师徒情同父子，学徒习艺有成，日后不忘恩师，逢年过节携礼拜望。有的师傅有女儿没有儿子，就在徒弟中选婿，日后继承家业。

图40-3-1061　女篾匠（2000年11月，盛仁昌摄）

匠　作

主要有木匠、簟（篾）匠、石匠、箍桶师傅、泥水师傅等几大类，还有雕花、寿材、风车、白铁、铜匠、铁匠、制秤、裁缝、酿酒、锡箔、油漆、穿棕绷、弹棉花、绷纱筛等工匠，统称"百作师傅"。旧时手艺人外出遇见同行，要说行话。如鞋匠的行话是打手势，想搭话者以右手指触额角，对方确认后方可攀谈。木匠的行话用手指斧，进行"盘道"。

图40-3-1062　箍桶（2003年6月，李维松摄于所前老街）

　　木匠，有大木和细木之分，大木以营建房屋为主，细木主要做桌椅板凳、箱柜床橱等家具，少数师傅大、细木皆会。婚娶之家和需做较多家具的，一般请木匠师傅上门做。木材自备，按日付工钱，供三饭两点心，俗称"五顿头"，另给一包香烟，晚餐备酒。做少量家具的，可到木匠作坊"定做"，按件付酬。有的木匠农忙时务农，农闲时做工；有的专业木匠开有木作坊，平时在店里做，下半年多被请到客户家做。

　　篾匠，即篾匠，能编织和修理各类竹制品。生产用具有晒谷的晒箕、"统匾"，囤谷的"领皮"，以及谷筛、谷箩、畚箕、蚕匾、鱼篓、虾笼，等等。生活器具有淘箩、饭篮、团团篮、腰子篮、烧香篮、礼品篮、米筛、夹筛、团箕（做点心用）、竹席、竹榻等。萧山多竹，邑人喜欢各种竹制品，篾匠师傅便有了施展才华的天地。一把篾刀，能将毛竹劈得一片片薄如蝉翼，劈到最后须用牙齿咬着帮忙。灵巧的双手，可以在造型各异的竹编器具上，编织各种图案花纹，简直是精美绝伦的工艺品。

　　箍桶师傅，俗称圆木师傅，能箍脚桶、水桶、饭桶、桶盘、菱桶、马桶、粪桶、蜂桶等。还有越剧《九斤姑娘》里说的"有底无盖桶"（豆腐桶）、"有盖无底桶"（锅盖）等。现时，众多传统的木桶被塑料制品等所取代，但农村新娘出嫁，被称做"子孙桶"的马桶、脚桶却是不能少的。

修　理

　　过去生活水平低，一些日用器具总要修修补补再用。谚云："新三年，旧三年，修修补补再三年。"修理成了日常生活不可缺少的内容。修理的范围很广，包括生产生活各个方面，涉及五行八作各种手艺。除集镇街头设有各种修理摊点，还有挑着修理担走村串巷，吆喝着，或敲击着金属器"叮咚"作声，上门兜揽生意的。常见的有钉碗凿字、补甏修缸、修锁配钥匙、生铁补镬、磨剪刀戗薄刀、修伞补鞋、箍桶绷纱筛、修棕绷补篾席等流动担。吆喝艺术各有千秋，像唱山歌似的动听。[①]

　　修理方式各不相同。铜匠师傅能修各种小五金。补碗师傅在破碗边沿抹上少许瓷泥，用布条将其合拢缚成原状，手拉牵钻沿碎纹钻出两排小孔，然后钉上数枚小铜瓣加固，一只碗就修好了。谚云："补碗师傅——自顾自（吱咕吱）"，盖因钻孔时会发出"吱咕吱咕"的响声。补镬师傅的担子，一头手拉小风箱，一头能熔铁水的小炉子，补时，在锅内壁破碎处衬垫一块铁片，将锅倒扣，取熔化的铁水适量，迅速倒在破碎处，待冷却后铲平磨亮即成。现时，修理担的吆喝声已经渐行渐远。

图40-3-1063　铁匠（2002年8月，李维松摄于所前老街）

图40-3-1064　补碗（2003年11月，李维松摄于城厢街道戚家池）

　　①补碗师傅吆喝："补碗——凿字啰！"补锅师傅吆喝："生铁——补镬！""汤罐——好补！"鞋匠师傅吆喝："橡皮套鞋——好补！"磨刀师傅吆喝："磨剪刀——戗薄刀！"

第四章　生活习俗

衣食住行、家庭器用、保健娱乐等与百姓生活息息相关，从而形成萧邑民众特有的生活习俗。本章所志即以此为重点。

第一节　家　庭

旧时萧俗崇尚大家庭制，以数世同堂为荣。父母兄弟、男女长幼，几代人住在一起，同食共作，认为是门庭兴旺之气象。这种大家庭辈分等级森严，父亲地位高于儿子，男人地位高于女人，妇女不得参加祝福祭祀，不得上桌与男人同餐或陪客，女儿一般不载入家谱，不得继承家产。由辈分最高的男子掌握家庭经济、家务支配和管教后代之权。大家庭受族长管束，族长为本族辈分最高、声望最著者，具有统领全族的权势，负责宗谱的修纂、族规的解释和执行、族内大事的处置等。如族内子孙忤逆或违规，他有权开祠堂门召集族人训话议罚，轻则向祖宗焚香烛跪拜赎罪，重则受鞭笞严惩。

聚族而居的村落一般建有宗祠。每隔二三十年修一次家谱，记载家庭成员世系、生卒时间、行述传赞、祖茔墓地及族规、祭产等，形成一套宗法体系。中华人民共和国成立后，旧式大家庭解体，家长的宗法地位被取消。家庭人口减少，规模趋小。结婚后，兄弟一般分家自立，也有与父母分开居住的。循俗，分家由娘舅主持，邀请亲友长辈参加，分割财产，议立契约。

谚云："积谷防饥，养儿防老。"旧时，老人赡养由子孙负责，出嫁女没有赡养义务。兄弟分家时，商定赡养事宜，倘仅兄弟二人，各认其一，兄弟众多则轮流供膳，平均负担其零用，甚至议定日后丧葬责任等。

中华人民共和国成立后，赡养老人仍然以儿孙为主，有的出嫁女也给予一定帮助。对孤寡老人实施"五保"制度，即保吃、保穿、保住、保烧（燃料）、保葬。有的地方对女儿出嫁而无儿子的老人，也列为"五保"对象；有子孙的老人一部分赡养任务由集体承担，如集体分配给老人基本口粮等。八九十年代后，随着农村集体经济发展，一些村逐步建立养老金制度，但儿女仍然承担着赡养老人的主要义务。

第二节　衣　饰

衣

旧时，无论男女老幼，衣色以青、蓝、灰、黑为主，衣料因家境而异，贫困者多用土布，富家亦有绫罗绸缎。日常所穿便服，式样多为圆直领、布纽扣，衣襟由左掩右之大襟长衫。逢年过节或红白喜事，一般外加马褂，即"长袍马褂"，以示庄重。农人、"百作师傅"劳作时，着对襟衫或短袄，腰系白色土织"大脚布"。女性一般穿齐膝、齐臀大襟衫，老年女性外出时系深色布裙。裤子无论男女均无门襟，裤管肥大，穿裤时腰围须叠起团拢，系以布带，故称"团裆裤"。二三十年代，城镇中青年妇女时兴旗袍，乡村妇女穿套裙。

50～70年代，男子衣式流行中山装、列宁装，女子时兴穿对襟翻领衫和连衣裙等。质料和颜色仍以土布染成青、蓝、灰、黑为主，也有"洋布"。60年代末流行化纤面料，又叫"的确良"；70年代，"涤卡"被视作高档衣料，风靡一时。"辫子红绸扎，身穿尼龙格，搭襻鞋子红洋袜"，算是农家姑娘时髦打扮。"文化大革命"期间，青年男女以军装为时尚。"场面上人草绿色，土老百姓灰黑色"是这个年代的衣着特色。

80年代起，服装发生"革命性"变化，无论面料、款式、颜色，琳琅满目，层出不穷，虽普通百姓亦西装、夹克，难凭衣着判别职业身份。服装的功用由历来的遮体、御寒，逐步偏重于装饰、时髦和个性化。用料除传统的丝绸、毛料外，皮革、化纤织物亦看好，棉织品一度返璞归真，以全棉为高档。色彩、款式日益多样，制作工厂化，以成衣销售为主，价廉物美，丰富多彩，告别了过去自裁自缝服装的习俗。90年代起，时尚一族追求高档、名牌、进口服装。农村中，西装革履的男子、靓装斗艳的妇女到处可见。

帽

一类是劳动用的遮阳草帽和下雨防淋的箬壳帽。遮阳草帽系农妇用麦草编织，有大沿、小沿之分，大沿草帽主要是出客赶路使用，小沿草帽一般劳动时用。箬壳帽又叫"笠帽"，用竹篾编成，里外两层，中间夹以箬壳和棕丝，是70年代以前农家必备的雨具。小箬壳帽顶端尖尖的呈圆锥状，往往配蓑衣，供雨天劳动用。旧时买不起雨伞，用大箬壳帽遮风雨。

另一类是保暖用的帽子。男子大多戴绒帽、狐皮帽、碗托帽，有身份的人在一些礼仪场合戴铜盆帽，一般市民戴鸭舌帽、罗宋帽。老年男子冬天戴猢狲帽①，老年妇女戴包帽②、焐头套帽，以及各式绒线帽，儿童有虎头帽、西瓜皮帽等。

沙地邻近绍兴，务农男人喜戴乌毡帽，它具有冬暖夏凉、牢固耐用的特点，既可当草帽，也可作笠帽，还能翻转盛东西，至今仍有不少人戴。式样有二：一为后边翻起，似畚斗倒覆状，称"小毡帽"；一为整圈边沿翻起，卷边内可放烟嘴等物，称"大毡帽"。一般出畈劳动戴小毡帽，做客、出街戴大毡帽。

50～60年代，春、秋季节戴鸭舌帽、八角帽，冬季戴有护脖与护耳的"大头帽"。60～70年代，军帽一度被青年男女看好。现时，除劳动戴草帽、乌毡帽外，平常戴帽者较少。出门旅游戴太阳帽、运动帽，孩童和女子有戴绒帽、呢帽的，隆冬天气则戴风雪帽、皮帽等。

鞋

旧时山区农民穿箬壳草鞋，外出劳动一般穿草鞋加山袜。水乡则穿蒲鞋，冬天穿用头发纺织的发袜，暖和又不沾水。草鞋，农家一般用稻草自己编织，一双只能穿几天，为耐穿，也有的用碎布条编成。雨雪天穿钉靴，钉靴用牛皮制作，刷上桐油，鞋底钉上密密的泡状铁钉，既防湿又防滑。

50年代初，夏天流行木拖鞋，以后发展为塑料拖鞋。60年代以前，不分男

① 猢狲帽用羊绒制成，平时帽檐上翻，若遇风雪天气，放下帽檐，满脸遮住，只留眼睛、嘴巴两处小孔，状如猴子，故名。

② 包帽用绸缎或平绒缝制，无顶，帽额缀以饰物，主要包住太阳穴、耳朵和前额。90年代后已少见。

图40-4-1065 草鞋（2008年11月，王建欢摄）

女，平时主要穿布鞋。春、夏、秋三季，多为玄色、圆头、圆口的低帮鞋，俗称"夹鞋"，冬季则穿蚌壳棉鞋。鞋底以破布叠纳，夹以布衬箬壳底样，用苎麻线密缝，鞋帮用浆糊将鞋面与"布百"粘结。缝合后，以榾头敲实定型。制作布鞋费时费力，贫困人家一年只能做一双，平时舍不得穿，等到过年才穿新鞋。

做布鞋是旧时女子必会的，人人能做，姑娘相亲时要为未婚夫及公婆做布鞋，以示心灵手巧。六七十年代，流行手工制作"解放鞋"和"松紧鞋"，前者为扁头、方口布夹鞋，后者鞋背呈鸭舌状，用宽紧带连接鞋口。塑料"风凉皮鞋"、回力球鞋一度时髦。80年代后，穿皮鞋、工艺鞋、旅游鞋较为普遍，而且向高档、新颖发展。但一些上年纪的人，出于习惯，还是喜欢穿布鞋和球鞋。

大脚布

简称"脚布"，里畈有的地方叫"垫肩"。即一块宽2尺余、长四五尺的土织白布（俗称"杜布"），有的两端织有黑色格子以为装饰，是农民劳动必随身携带的"万能布"。尤其南片农民，夏天备有两块，轮换着使用。其用途广泛：挑担抬杠，可以束腰，可以垫肩；洗浴洗脚，可揩可围；劳动时候可以遮风挡雨，围在腰间能防止泥水溅脏衣服，可以揩汗；劳动间隙小憩，铺在地上可坐可躺，采摘果蔬，可以包裹，等等。里畈年长者入殓时，用新的大脚布束住死者腰部放入棺材，俗谓年轻人用此大脚布束腰，挑重担不会闪腰，被视为珍稀之物而抢着要。进入90年代，农民使用大脚布已不多见，只少数年长者仍备有此物。

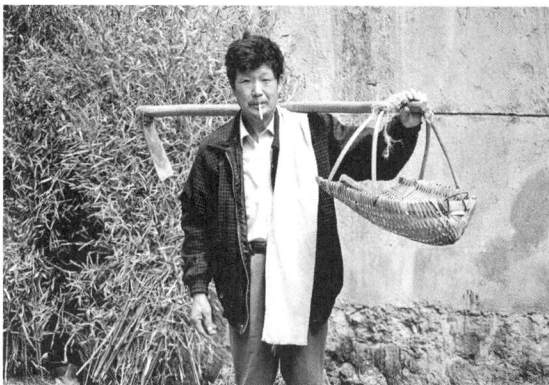

图40-4-1066　大脚布垫肩（2004年4月，李维松摄于浦阳镇木杓山村）

饰　物

旧时，女人除传统的耳环、戒指外，基本别无饰物，而且戴的人很少。五六十年代，农家女人即使有金银耳环、戒指什么的，也只是新婚时戴一戴，以后就珍藏在箱子底下。当时农村青年男女曾流行镶金牙齿，以为时尚。"横扫四旧"时，饰物被当做"四旧"物品禁止佩戴，有的还遭查抄。儿童饰物相对较多，一般用来避邪趋吉，如手镯、脚镯、项圈、长命锁、生肖等物，以银质为主，也有玉器。"文化大革命"时期，人们以佩戴伟人像章为时尚。80年代后，女人饰物从金银耳环、戒指发展到各种名贵材料制作的项链、手镯、耳坠和各式头饰，款式繁多，价格昂贵，数万元的钻石戒也不鲜见。青年人结婚仪式上，常有新郎新娘交换戒指作信物一项。90年代后，中年男子戴金戒指的也多起来。一些个体老板，戴挂粗大的金项链、金手链，招摇过市。

发　型

旧时，男子发式主要有平顶、冲顶、光头、西发等。西发主要为知识阶层、士绅阶层，劳动人民以平顶、光头为主。男孩多为稻蓬头，也叫"瓦片头"。稻蓬头有前稻蓬、后稻蓬之别，即前头顶心留一块，或后发脚留一块。有的父母为儿子养得顺利，特给其剃"桃子五分头"，留一根小辫子。未婚姑娘梳辫子，小姑娘多梳2根辫子，俗称"羊角辫"；大姑娘扎辫，额前留"刘海"即前口发。已婚妇女大多为盘香头，也有梳蓬头的，即将头发用发夹卷起夹牢，俗称"棒棒头"，也叫"高台炮"。中老年妇女直接向后梳成一髻，俗称"田螺头"，也叫"牛屎头"。

五六十年代，男青年多为西发，中老年则平顶为多。女孩多为半月亮式，或养辫子，爱漂亮者用红绿绸缎扎蓬。中年妇女大多为"一刀齐"。80年代，男青年通行"大包头"，留鬓发，女子流行烫发，有的留长披肩发。90年代后，男子多为西发，游泳式；女子为波浪式、菊花头，烫发已少见。时尚女子不但浓妆艳抹，还将乌黑头发染成金黄色、棕红色。

第三节　饮　食

主　食

主食以大米为主，辅以杂粮，一日三餐。旧时粮食紧缺，多数人家三餐难以保证。中华人民共和国成立后，农闲时一干二稀（早晚吃粥，中午吃饭），农忙时二干一稀（即早餐吃粥或泡饭，中餐晚餐吃干饭），上下午增加点心。煮饭一般用籼米、粳米，提前淘米使之发胀，盛饭时必留"饭娘"，即将白米饭留取一部分，待下餐煮饭时铺在大米上，以提高出饭率。除祀神祭祖待客外，盛饭时先盛锅内表层的饭。家庭主妇往往将"新鲜米饭"盛给出力大做重活的当家男人。做客时如若先盛锅心的"新鲜米饭"，会被视作不识相、没教养。

早先沙地区以旱作为主，除逢年过节待客外，平时很少吃白米饭，多用麦㿥（用大麦碾成）掺入籼米煮成"麦㿥饭"。贫困人家则以麦㿥、六谷为主，辅以番薯、南瓜、萝卜等。粮食紧缺时期，番薯丝饭、六谷糊、箸夹头、"瓜菜代"、"草子糊"等当主食充饥。70年代后，沙地区扩种水稻成功，变缺粮为余粮，与里畈和南片一样，大米成为一日三餐的主食。

图40-4-1067　老灶头（2006年4月，李维松摄于义桥镇云峰村俞家自然村）

90年代后随着生活质量的提高，城乡早餐大都为馒头、糕点、面食、油条、豆浆、牛奶等，丰富多彩。出于生活习惯，不少人早餐仍喜欢吃粥，城镇及南片早餐习惯于煮"泡饭"。主食大米选用晚粳米，籼米基本不吃。主食结构由"吃饱型"向"吃好型"、"营养型"转变，肉、禽、鱼、蛋、奶的分量增加，饭量减少，虽体力劳动者也不再用"大海碗"吃饭。间或吃点番薯、玉米、老南瓜，反而受青睐。城乡居民"下馆子"不再是稀奇事，逢年过节亲朋好友在宾馆饭店聚餐成为一种新的时尚。

菜　肴

农家蔬菜向以自己种植为主。中华人民共和国成立后，自留地基本能解决蔬菜需求。农家养有少量鸡鸭，一为下蛋自用，二为过年、待客之需。萧山虽称鱼米之乡，旧时普通百姓吃鱼吃虾也很稀罕。捕鱼捉虾的要卖了换米换衣穿，一般人家又买不起。平时小孩子捉点小鱼小虾，耕田时拣点泥鳅黄鳝，作解馋之荤腥。吃猪肉更是难得，平时无钱买，杀得起年猪的人家很少。杀了年猪的，除了卖掉一半，另一半腌、腊、酱，作为第二年的主要荤菜。

乡民崇尚节俭，习惯于制作能放得较久的"长下饭"，故有腌、霉、晒的传统菜系。一到秋、冬季节，各家都加工储藏腌菜，如腌白菜、苋菜梗、萝卜干、腌芥菜等，有的自制甜酱，作为家常菜。沙地区喜欢制作"霉味"，如霉毛豆、霉竹笋、霉干菜、霉菜梗等，风味独特。若有客来，以自种的蔬菜为主，少量买一点豆制品，如豆腐、千张、臭干等，鱼肉很少，只有过年过节、祀神祭祖时才能吃一点。六七十年代，猪肉凭票限量供应，农忙季节设法购买一点猪肉，以改善营养，劳动有力气。

食油紧缺，又为着省柴省时间，因此炒菜很少，一般家庭习惯于把蔬菜蒸着①吃，挑点猪油算是好的了。80年代以后，由传统的饭架上蒸菜为主，逐步变为炒菜为主，炒煎炸熘，各显神通；菜肴由传统的霉干菜等作当家菜"长下饭"，逐步转为荤蔬菜为主。"无荤不吃饭"已很普遍，鱼、肉、鸡、鸭、蛋已是百姓家庭餐桌上的家常菜。原来盼望霉干菜加点油，吃肥肉更是求之不得，现在反变成肥肉不想吃，要吃精肉（瘦肉）。90年代后，在传统家常菜肴②基础上，讲究色、香、味，讲究营养搭配，一些人为防止血脂高、胆固醇高、血压高，为减肥瘦身，从看好吃荤菜，变得更看好吃时鲜蔬菜了。菜肴趋向清淡，流传"穷人吃肉，富人吃素，老板吃草（野菜）"的俚语。传统节庆菜肴，如红白喜事、生诞寿酒、上梁进屋等置办筵席须上"十碗头"，大抵鸡鸭鱼肉菜之类，泥鳅、黄鳝、黑鱼等视为低贱之物，不在"十碗头"之列，但现时办酒反视为美味佳肴。

点　心

一类是在两顿正餐之间供以少量食品，如麦饼、面条、老南瓜、番薯、糕团、麦糊烧、箸夹头、蛋炒饭等，用以充饥、酬工、待客。农忙季节，当家男人在田间劳动，或家里请百作师傅做工，就要供家常点心。客人临门，点心较为考究，农村一般现做糯米汤团或水磨饼，丈母娘给新女婿烧的点心是桂圆糖氽鸡蛋；过年待客，吃的点心是酒盘、圆团之类。

另一类点心是过年过节或为祀神祭祖而制作的传统糕点小吃，如粽子、年糕、麻团、圆团、清明饺、油炸巧果、重阳糕、豆瓣糕、麻片、酥藕等。点心制作非常讲究。

冬至麻团　先用天落水或井水将糯米浸上几天，磨成粉，晾干。做时，用开水拌和糯米粉作"浆头"，冷却后，在粉盆里用劲地揉呀揉，再搓成一个一个乒乓球大小的粉团。待到锅里的水烧开，放入粉团，等一个个浮出水面煮熟了，捞出锅里粉团，沥干，在炒米粉里滚几下，炒米粉粘在粉团上，就成了香喷喷、软乎乎的麻团。做麻团所需的炒米粉，即把大米炒熟后再磨成粉。条件好些的人家在炒米时，加上一些黄豆、芝麻，磨出来的炒米粉就更香了。麻团可现做现吃，也可隔日蒸后蘸糖作点心。小孩则放在铜火熜里煨着吃，煨过的麻团外焦内糯，味道挺香，为农村小孩美食之一。

清明饺　米粉"打浆头"揉和，分一白一青两段，青的须加入适量艾青或经生石灰镬过的苎麻叶揉成。用芝麻拌糖、咸菜炒笋丝等分别作甜、咸之馅，做成果团，甜果平顶，咸果尖顶，以便识别。咸馅之果有做成饺状的，卷口，名"清明饺"，用以上坟祭祖。

巧果　以麦粉加糖，揉成薄片或纽瓣形，氽入油锅，略黄，迅速捞起，食之香脆可口。因多于农历七月初七炸制，供祭牛郎织女，故又名"巧果"，取巧意。

豆瓣糕　新麦蚕豆上市后，将麦粉拌入鲜豆瓣，揉韧，制成块状蒸熟，清香诱人。

①蒸菜之法，即在饭镬上放一竹编饭架，上置菜碗，若菜碗多，在碗上再置一饭架放碗，罩以木制高镬盖或竹制蒸笼套盖，饭熟菜也熟，省时省柴。

②传统家常菜肴有：腌芥菜煎豆腐、乌干菜蒸肉、清蒸鲫鱼、鱼头豆腐、勒鲞笃蛋、斩碎精肉蒸蛋、腌白菜蒸圆笋片、雪里蕻烧土步鱼、韭芽炒鸭蛋、千张烧肉、干菜蒂头汤等。还有饭焐茄子、饭焐萝卜，即将整个茄子、切成条的萝卜置于锅内和米饭一起煮熟，开饭时拣出，施以调料，老幼皆宜；白切肉，将条肉或五花肉煮熟，亦可作"饭焐肉"，切片入盘，蘸以酱油盐末，油而不腻，香糯可口；炒螺蛳，从河江池塘摸得螺蛳，用清水养过夜，剁去屁股，猛火炒熟，佐以小葱调料，鲜美可口，是农家下酒过饭的一只常年佳肴，尤以清明前后之螺最好。谚云："清明螺，赛只鹅"，"笃螺蛳过酒，强盗追来不肯走。"90年代后，南片流行吃狗肉，尤以楼塔狗肉为最。

图40-4-1068　冬至麻团（2004年12月，李维松摄于浦阳镇木杓山村）

麦糊烧　将小麦粉加水加葱盐，搅拌成糊状，待锅内油沸倒入少许麦糊，摊成碗口大的薄饼，适时翻烤，卷而食之。

箸夹头　也叫"麦夹头"，将麦粉调成面糊，搅拌，使之黏稠适度，以筷子——夹入沸汤中煮成，故名"箸夹头"。汤水中可加佐料，食之有味。

麻片　又叫"番薯片"，番薯去皮煮烂，加入适量芝麻或橘皮，搅匀呈糊状，将抽屉底朝天，铺干净纱布，取番薯糊扣在纱布上，刮平，晒干，剪成片块，储入老酒坛备用，需要时用温火加砂子慢炒，略黄即可，入口香甜脆爽。农家一般备作春节待客之用。

八九十年代，城乡副食品丰富多彩，各种糕饼糖果琳琅满目，然而传统糕点小吃魅力依旧，成为乡人追思以往岁月的回忆。

饮　料

酒、茶为传统饮料。民性多嗜酒，尤喜绍兴黄酒或烧酒，过年时，家酿糯米酒。烧酒，又叫"白酒"，乡间家酿者颇多，以所用原料分，有糟烧、麦烧、玉米烧、高粱烧、番薯烧等。糟烧，又叫"滴烧"，用黄酒糟为原料，经蒸烧而提取蒸馏酒，每吨酒糟出酒仅1千克~1.50千克，口感上佳。萧俗红白喜事、年节大庆、祀神祭祖、上梁进屋、做寿考学，皆离不开酒；有朋自远方来，必沽酒举杯；遇不顺心事，小酌解闷；冬天撑船捕鱼下水，喝几口白酒。然而过去条件有限，喝酒并不容易，办酒更加困难。"粮不够，水来凑"，家酿酒缸里多加些水，以便多出酒。"文化大革命"时期物资匮乏，城乡居民买酒需凭票限量供应。80年代后，喝酒已不成问题，而且家庭喝酒趋于瓶装化。90年代后，喜饮酒精含量低的酒类。葡萄酒颇受青睐，说有活血养颜降压等功能。啤酒成为大众饮料，不饮酒的妇女儿童则喝点"可乐"、"雪碧"陪同。

萧山人喜欢绿茶。南片地区产茶品种较多，用茶较为讲究；北部沙地区不产茶，平时饮茶少，但来客必先泡茶，这是萧山人的待客之道。有的地方茶中加糖，以示客气。春节期间，茶中加金橘或橄榄，称"元宝茶"，寓团结幸福意。若被雨淋，俗以生姜红糖煎茶祛湿。旧时乡间多有茶亭，夏天施茶行善，方便路人。过去泡"碗头茶"较少，夏季往往泡一壶茶全家共享，谁口渴了，倒一碗喝，称"口燥茶"。隔夜茶视同馊饭，忌吃。出畈带一壶茶到田头，所用茶叶大抵为"老茶婆"。80年代后，家庭用茶壶已很少见，要喝就一人泡一杯茶。90年代后，喝茶更为讲究，视"明前茶"、"雨前茶"为馈赠佳品。茶店遍布城乡，内供点心果品，成了休闲、会客、交友、谈生意的好去处。下田干活，大多带上矿泉水，但少数老农仍喜欢拎茶壶，说茶水解渴。

饮用水

旧时，南片和里畈以溪、泉、井、江、池塘之水饮用。临浦、义桥等大集镇有专门挑浦阳江水出售为生的人。一般村落依山傍水而居，用水较为方便，村中大都有池塘，淘米、洗菜、洗衣裳都在这里。挑去的池水江水，倒入水缸，漂以明矾，经沉淀方能烧茶煮饭，井水则直接饮用。雨季，住"四檐齐"墙门的人家，待下过几场雨之后，用水缸接"檐头水"（又叫"天落水"）饮用。南片依山而居的人家，将对劈开的毛竹去节，引来山水到自家水缸，是为山村一景。

90年代后，不少村镇建起自来水厂。过去，沙地区吃水比较困难。乡民在家门口挖"淘米塘"，塘中之水苦涩难吃。若遇旱天，淘米塘干涸，便在塘底挖潭，俗称"挖旱潭"，等待个把钟头才能舀满一桶水，且泥沙浑浊。七八十年代，沙地区拆除草舍建造瓦屋时，各家都挖小井一口，俗称"汤锅井"，但咸涩依旧。为取水方便，农家在屋顶或高平台装大缸、水窖，用水泵将井水抽入，土法装置"自来水"。90年代后，随着"西水东调"工程的建设，沙地区饮水问题得到解决。

【附一】

十碗头

过去萧山人办酒筵，需请民间厨师掌勺，桌菜必达10碗，俗称"十碗头"。家境穷困者怕被别人看不起，不得已用同一种菜盛2碗充数，设法凑足10碗；超过10碗，则视为体面。"十碗头"各地大同小异，主要有：扣肉（红烧蹄膀）、红烧肉（油豆腐烧肉、勒笋烧肉、白鲞烩肉）、白斩鸡（扣鸡、虾油鸡）、醋熘鱼（煎鱼块）、肉丝豆腐、糖醋肉皮萝卜、八宝菜、辣椒酱、腌芥菜炒冬笋、三鲜汤。这些菜今天看来无非是些家常菜，但当时却是难得享受得到的美味佳肴。现摘要简介：

扣肉，取长方形腿肉一小块，肉须有精有皮，从精肉朝肉皮方向均匀切成8片，不可切到底，使外皮相连。将整块猪肉放入油镬，肉皮贴锅，文火煎炸，俄顷肉皮略黄，起锅，精肉朝下、肉皮朝上倒扣入碗，故名"扣肉"。碗底一般垫铺香干、荸荠之类，装入蒸笼蒸酥待用。开筵时端上八仙桌，一人一块，油而不腻，糯而爽口。过去物资匮乏，拜年时家长事先告诉小孩，其他的菜等大人动筷后都可吃，唯扣肉、蹄膀和元宝鱼不能吃，这几碗菜端进端出要做碗头的。现时一些宾馆饭店推出家常菜干菜扣肉，风味独特，颇受邑人喜爱。

八宝菜，一般由腌芥菜、黄豆芽、冬笋、香干、萝卜、荸荠、香菇、千张8样作料小炒而成。作料各地略有不同，也不一定配齐8样，但腌芥菜、黄豆芽、香干、萝卜等主要几样是必不可少的。这碗菜鲜爽素香，尤其油腻吃过，特别对胃口。黄豆芽形似古代的一种玉佩如意，所以这碗菜又叫"如意菜"。年夜饭必上八宝菜，俗称吃过八宝菜，来年如意大发财。

三鲜，用鱼圆、肉丸、蛋糕片3样主料，辅以肉皮、河虾（开洋）、冬笋、青菜、韭黄等烧煮而成。若放入粉丝，增加汁水，盛以海碗，便是三鲜汤了。此菜荤素俱备，老幼皆宜，是筵席上颇受欢迎的一道菜。三鲜的关键在一个"鲜"字，所用的作料除肉皮、开洋、粉丝外，都是新鲜货。鱼圆，须用上好的鲢鱼或草鱼，现剖；肉丸，须用精肉带少许肥肉，现剁；蛋糕，须现打现蒸；冬笋现掘，河虾现捉，更不必说了。由于作料要求高，加之制作工艺复杂，平时是吃不上的。过年待客或合家共餐，上一只什锦火锅，作料大抵从三鲜汤演变，是为经济实惠。80年代后，三鲜或火锅中流行铺上蛋饺包精肉，以取代肉丸与蛋糕片制作的麻烦。

辣椒酱，用肉丁、香干丁、冬笋丁、水发香菇丁、水发黄豆、鸡胗鸭肠、开洋等荤素作料，落油锅小炒，加水，加红辣椒粉，放入酱油、盐、酱、醋、酒等作料，煮熟，勾以芡粉起锅。邑人一般不嗜辣，辣椒酌量放入，以微辣为上。这碗菜既上得筵席，过年又能作酒盘，故年脚边家家做一大钵头，冷食尤其上口。平时若想吃，做起来也较方便，不同季节可用不同作料，如夏、秋可用茭白或萝卜代替冬笋等。辣椒酱基础上，还可演变烧出酱丁来。

90年代后，乡间办筵席在传统十碗头基础上又有发展，先上冷盘，热菜也不止10碗，中华鳖、大闸蟹、河鳗等生猛海鲜亦进入普通家筵，简直与宾馆酒店不分伯仲。

（参阅朱淼水同名文章，李维松整理）

【附二】

萧山霉干菜

　　萧山霉干菜是一种常年食用的大众化传统干菜，不仅萧山人老幼喜爱，还深受杭嘉湖、甬台瓯，乃至苏、沪等地群众的欢迎。霉干菜萧山各地农家皆能制作，尤以党山、益农一带所产最为著名。1956年以前，党山、益农属绍兴所辖，所以外地人习惯于称霉干菜叫"绍兴霉干菜"，其实霉干菜的娘家在萧山，应改叫"萧山霉干菜"。

　　加工霉干菜所用芥菜，有大叶芥和细叶芥之分。芥菜适宜分批披叶，至来年三四月则整株拔起备用。鲜菜披后须经晒瘪、堆黄、洗净、晾晒、切碎堆放等几道工序。晒时避免烈日猛晒，堆时须经常翻动散热。腌时，撒盐拌匀，揉软至微微出水。若大批腌制需入缸脚踏，压实；若腌少量则用老酒坛，因坛口小，脚踩不进，便用木制的"腌菜脚"伸入坛内将菜揿实，封口。数日启封，但见表层出现汁水，深层则色泽黄亮，香气扑鼻，这便是腌芥菜，又叫"水芥菜"。用来滚豆腐、炒冬笋味道特鲜，亦可做作料。用晒箕将其晒干，腌芥菜即变成黄褐色，这就是霉干菜了。其实霉干菜并不霉，只是约定俗成的叫法，发霉的干菜不能吃，所以干菜晒好后须用坛密封贮存，慎防受潮发霉。根据加工工艺不同，霉干菜分为乌心干菜、长条干菜、刀切干菜等，上面讲的就是刀切干菜。制作刀切干菜时若加入煮熟了的淡竹笋，拌和晒干就是"笋干菜"，味道尤佳。

　　党山一带流传关于霉干菜来历的故事。从前有个叫"佩红"的姑娘，在一财主家当丫头。财主将自己吃剩不要吃的菜黄叶给长工们吃，多时黄叶成堆发烂，少时连烂菜叶都吃不上。佩红急得没有办法，便把堆积发黄的菜叶洗净晾干，撒盐腌渍，以便久藏备用。不料经此一腌，烂菜叶竟吃出好味道，长工个个称奇，齐声夸奖佩红。于是制作方法很快在乡间流传开来，大家管这种菜叫"佩红菜"。后经历代改进加工，才有了今天乌黑喷香的霉干菜。直到今天，人们还把腌渍而成的整株小芥菜叫做"佩红菜"，以纪念这位聪明能干的姑娘。

　　过去，萧山人生活艰苦，吃不上新鲜蔬菜，霉干菜成为餐桌上的"长下饭"，实出于无奈。如今条件好了，鸡鸭鱼肉、山珍海味、时鲜果蔬不在话下，可是萧山人对霉干菜情有独钟，依旧离不开它。农家仍然喜欢制作霉干菜，贮在老酒坛里当宝贝，还作为"土货"馈赠。城里人收到乡下亲友送来的霉干菜，比收到时尚礼品还开心。"乌干菜，白米饭"，则是思乡游子的美谈。家里来客人了，或想开胃调调口味，随手抓把霉干菜蒸鞭笋、蒸茄子、蒸油豆腐、蒸河鳗什么的，是理想的选择。"干菜蒸猪肉"，是萧山民间一道传统名菜，久盛不衰，还堂而皇之登上星级宾馆餐桌。制作很简单：选五花肉，切块，铺一层肉加一层霉干菜，每层肉上撒盐、喷黄酒适量，隔水蒸煮，经过一定火候即成。揭锅，但见干菜酥软发黑，猪肉呈水晶状，香气诱人，油而不腻，令人食欲大振。周恩来总理生前十分喜爱这只风味朴实的故乡菜，当年在杭州楼外楼饭店，常点它招待外国贵宾。干菜或干菜蒜头烧汤，再加几只带子虾和鞭笋，此汤汤色黄亮，鲜味称绝。干菜清汤还是体力劳动者的暑天饮料，解渴，解痧气，远比五花八门的瓶装、罐装饮料管用。陈年干菜汤还具有治喉痛、腹泻的药用功能。萧山霉干菜，真是妙处无穷。

（李维松提供）

【附三】

沙地霉味

霉苋菜梗　苋菜是一种生长季节长、种植方便的大众蔬菜。暮春时节，新鲜苋菜炒"臭腌白菜"，俗称"活菜炒死菜"，口碑很好。农家有意疏疏朗朗地留下几棵新鲜苋菜，或在地头田边零星撒一些籽，使其长高开花，等着它的梗派大用场。初夏，选择叶稀茎粗、老嫩适中的苋菜梗，切除根叶，剁成小段，在清水中稍作浸泡，沥干，置入坛内，加盐加水适量，封口。霉苋菜梗霉得好不好，关键是盐和水是否掌握适量。有经验的老人说，菜与盐的比例大致十比一，而水只需略盖过菜梗即可。待坛口泡沫涌现，飘逸出阵阵菜香，时鲜霉苋菜梗便可上桌了。霉苋菜梗可单独清蒸，亦宜与豆腐、南瓜等一起蒸，只需浇点菜油，不必加味精、鸡精之类的调料，保管你满嘴生津，啧啧称鲜。霉苋菜梗是又臭又香，或者说闻起来臭，吃起来香。但初次品尝的人往往说它臭，甚至臭不可闻，掩鼻而逃；对其情有独钟的人说它香，香气扑鼻，妙不可言。实在说，它的臭即是香，香即是臭，而喜欢上它，便只闻其香，不觉其臭。一筷送入嘴里，一口咬来，顿时霉苋菜梗卤汁四射，鲜味喷薄而出，让你觉得原来与菜梗做伴的清淡日子也如神仙一般。最神奇的莫过坛中的霉苋菜梗卤汁，用它泡浸花生就是霉花生，用它泡浸冬瓜就是霉冬瓜，由此调制、蔓延成霉味系列，让人受用不浅。

霉菜蔀头　用料为青菜、芥菜之根，俗称菜蔀头。春末，各种蔬菜收割后，切下成堆菜根。选取老嫩适中者洗净入坛，霉制方法同霉苋菜梗，但密封时间略长。若用霉苋菜梗之卤来霉，只需浸泡三两天便成。其鲜类同霉苋菜梗，别有回味。

霉笋　取三四寸长之春笋嫩芽，洗净，沥干，撒盐揉搓，放入坛中，加适量清水，封口，数日即成。或利用霉苋菜梗之卤，更易霉制。此笋带壳蒸食，浇油少许，味佳。也可与霉苋菜梗、霉豆腐一起蒸煮，俗称"三美（霉）"，奇臭无比，其鲜味妙不可言。

霉毛豆　多在冬、春两季霉制。将毛豆浸胀煮熟，倒入陶罐器皿，封口。气温较低时，置于灶头以利吸取热量，或裹棉絮保暖，促进发酵。待长出霉花后加水加盐，搅拌，再封口。过数天，即可食用。宜清蒸，亦可蒸豆腐、蒸春笋，非常开胃。

霉冬瓜　削皮去瓤，切成薄片，放入霉苋菜梗卤，密封发酵，即可蒸食。

霉花生　将刚挖掘的花生洗净，带壳放入霉苋菜梗卤里，数天即成。

（资料来源：沈青松《沙地风情》）

第四节　居　住

村落格局

萧山中片、南片的村落历史悠久，一姓为主，聚族而居，村落规模较大。村址大抵由风水先生择定，那些土地开阔肥沃、水网密布、浅山低坡之处，饮水、灌溉、耕作、交通都比较便利，有利农业生产，方便生活起居，是村落的首选之地。安全也是选择村址的重要因素，为抵御水旱自然灾害，躲避兵匪和外族势力侵扰，一些村落建在地势较高地方，三面或两面环水，一路出入；另有不少建在青山环峙的山坞，村舍依山而筑，沿山溪次第展开，参差错落，一条大路由高而低通往外界，这类村名大都带"坞"字。有的村落建在圆锥形的"文笔峰"下，或者在3座状如"笔架峰"的山前，据说此峰主文运，子孙能获得科举鼎盛的好运。水乡、平畴地区村落或依水而筑，或沿大道次第展开，于随意中现出一定规矩。石砌河坎，建有石阶河埠。无论哪种村庄，村内都有一条主干道，若干支道小巷与之配套，有的大村还形成街市。有完善的用水系统，池塘、井泉、山潭、溪流，各得其所，有的挖埋管道，将溪河之水引入村内，谓"活水穿村"。河渠与大路或平行或交叉，建起石板小桥，真个是小桥流水人家。

聚族而居的村落一般都建有宗祠，村口、桥头、大树下、墙门头，放置石凳，构成简易休闲场所。有的村口建有"风水埂"，上植树木，以关锁地气、抵御风灾。离村较远的地方建有土地庙、关帝庙等，以求神佑。总之，它们是一个个功能齐全、相对独立闭锁、在农耕社会能够生存发展的自然村落。

由于沙地区村落形成较晚，村民为来自各地不同姓氏的开垦者，住户分散，且村落较小，像一把珍珠撒在络麻蓬中。八九十年代后，沙地区住房别墅化、村庄城镇化，已看不到原有村落的一点影子。中片、南片地区古村落现变成新旧参半，古朴中透着现代气息。一些原先各自独立的村落现已相连成片，难分界线。

住房样式

萧山的老式住房接近徽派建筑，中部、南部地区比较典型。多为二层砖木结构，粉墙黛瓦。样式有四合院（即四檐齐）、三合院、敞开式3种。

四合院 一般前厅后堂，两侧厢房，廊檐回环，中为石板天井，形成"四水归堂"，寓意家族团结、子孙兴旺。正屋明间称堂前，是旧时祭祀祖宗、操办红白喜事的场所。多五开间，也有七开间和小巧玲珑的三开间。气派一点的四合院有三进的，石壁萧墙，台门豪华，门额讲究，石雕、砖雕、木雕构建精美，宅主多为官宦或富绅。

三合院 一般正屋3间，厢屋2间，前砌照墙，中开大门，内有小天井。

最常见的是面对大路小巷、无拘无束的"敞开式"房屋，有楼房也有平房，多为五间二弄、三间二弄，中为厅堂，前有廊檐，两端包廊。也有包廊只包一头、俗称"钥匙头"的，一般只有2间。少数贫困人家也有住草舍、泥墙屋的。

草舍 六七十年代前，沙地区还是成片的草舍，只有少数人家住砖木结构平房。草舍有"火筒舍"、"直舍"、"横舍"、"薄刀舍"之分。"火筒舍"最简陋，又矮又小，它用几根竹竿插入地里，弯成弓形，再横撑几根竹竿，盖上稻草即成。"直舍"南北向建造，比"箍桶舍"略为高大，开有小窗。"横舍"东西向建造，用毛竹片编成篱笆，外抹泥土，刷以石灰，用毛竹和木料搭顶，上盖茅草、稻草、麦草之类。"薄刀舍"在横舍基础上，靠西一端再朝东建一间，状如"薄刀"。后两种草舍旧时在沙地区算是比较高级的草舍了。草舍2年～3年翻盖一次，多年不翻，稻草霉烂，住户苦不堪言，晴天太阳照到屋里，雨天用钵头接水，故谚云："晴天十八个日头，雨天十八个钵头。"七八十年代后，沙地农家告别草舍，由平房和二层楼房、

图40-4-1069 四合院（2008年10月，李维松摄于戴村镇顶山村水坑殿墙门）

图40-4-1070 三合院（2006年4月，李维松摄于义桥镇云峰村邵家自然村）

砖瓦混凝土二层半楼房、联建式三层楼房，到单户别墅式四至五层楼房，历经5代住房变迁，俨然分不清农村还是城市。

建 房

旧时民间建造房屋，先请风水先生选择宅基。一般民宅多从方便生活、有利生产出发，选在背山、面水、向阳、避风之处。然后，根据当家人生辰八字，决定房屋朝向、破土日期和时辰。房屋朝向不宜正东或正南，要有几分偏。动土之日，须请土地菩萨，用锄头锄几下，焚烧元宝，祭毕动工，生肖相冲的人要回避。旧时建房颇多避忌，如破土时妇女须回避，忌门对门、门对弄。动土开工之日，在门前悬挂米筛、蓑衣、镜子、剪刀等物，或贴八卦图、书写"姜太公在此百无禁忌"字样的纸条，以镇凶煞。

旧时南乡山民建造房屋，需采伐金钩、银钩、水沟、火钩（刺桐树）这4种树木作为椽子、门楣、叠楣、穿销等用途，上盖土制小瓦片，意为：金、木、水、火、土五行齐全，福禄寿无边。因"钩"与"够"谐音，"金钩银钩"也即"金够银够"，预示金银财宝足够有余，生活安康。

七八十年代后农村建房，宅基地须严格审批，定点建造，容不得择址，但房屋朝向、动工日期等，乡民仍有讲究。建房户省吃俭用，砖、木、石等建筑材料及早准备。早先南部半山区农家就地取材，以黄泥、砂石、石灰"三合一"夯土为墙，外刷石灰，上覆瓦片筑成，俗称"泥墙屋"。除木匠、泥水师傅需付工钱，一般杂工只供酒饭点心，不付工钱。杂工有两种情况，一是事先商定日后对方造屋等需要还工，称做"伴工"；二是亲友义务助工，循俗，亲友建房应当送礼，或既送礼又帮工。七八十年代后，建筑材料向钢筋、水泥、花岗岩、铝合金发展，杂工也以付工资为主。建房工地插一面国旗，随着楼层升高，国旗亦在脚手架上升高，直到房屋落成，国旗仍插在屋顶。建房工地插国旗，成为萧邑农村新风俗。

第五节 器 用

灶 具

旧时无论农村还是城镇，各家皆建柴草灶。打灶须择日。大户砌三眼灶，一般人家多为二眼灶，人口少的穷苦人家则建独眼灶，甚或是简陋的缸灶头。独眼灶只埋一只锅。大灶高可过腰，设有烟囱。灶角椭圆，灶沿嵌入木条护围，内外两侧砌有灶沟，灶沟尽头置"水陉洞"[①]，可将废水排出屋外。外锅多为"尺四锅"等小锅，供日常使用；里锅则为"二尺"等大锅，为年节、来客，或烧粽子、煮猪头用。两锅中间嵌汤罐。碗柜靠壁，水缸放灶前，形成一定格局。灶顶悬镬盖（盖）架，放置大小镬盖、饭架。灶壁高隆，上建灶梁，可放香烛供品，顶端设灶君神龛并安放神祃。灶肚上面通烟囱，有灰仓可积灰烬。

七八十年代后，城乡灶具随着燃能结构的变化进行了几次重大变革：

图40-4-1071 石雕 石窗花（1999年10月，王建欢摄）

图40-4-1072 砖雕 顺昌当门楼百寿图（局部）（2002年10月，李维松摄于新塘街道涝湖村）

图40-4-1073 木雕 收割图（2006年3月，李维松摄于义桥镇北坞村）

①民间老式大灶的排水设施，老灶灶面四周置水漕，洗碗洗锅之水沿水漕排出屋外。为防脏水侵蚀墙壁和直冲路人，出水洞口装上一个石雕的曲尺形引水嘴，俗称"水陉洞"。

"80年代省柴灶，90年代煤气灶"，并设有排油烟机、换气扇等脱排烟设备，有的家庭还添置电饭煲、微波炉。但农家仍建有柴草灶，平时备而不用，过年过节城里的子女回家来团聚时才烧，盖因柴草灶烧的饭特别香，为一些上年纪的人所留恋。

厨　具

又叫"灶头家生"，有镬、汤罐、镬墈（盖）、饭架、蒸笼、镬刬、铜勺、菜刀、砧板、淘箩、笆帚、盐罐、油瓶、火搀、火锹、水缸、水桶、菜柜、筷箸筒、篾罩等。

镬　即铁锅，按大小分，有淘锅、二尺二镬、二尺镬、尺八镬、尺五镬、尺二镬等。在炉子上炒菜用瓢镬，无翻沿，镬边设两只耳朵作抓手。

汤罐　黄铜或生铁制成，一般置里锅与外锅中间，两只，以炊事余热温水备用。

镬墈　即锅盖，杉木制作，有高镬墈、平镬墈之分。平镬墈与锅沿盖平，不能蒸菜。高镬墈有帮沿，上小下大，如敞口木桶倒置，可置饭架蒸菜。

饭架　竹编，根据锅的大小有不同尺寸，煮饭时放于米水之上，架菜而蒸，里头镬可架两层饭架蒸菜，开锅时饭菜皆熟。

铜勺　状如半球，装短柄，以舀汤罐和水缸之水。

火搀　又叫"火搀叉"，一头有手柄，一头为呈"Y"状的小铁杆，送柴草入灶膛、翻拨柴草用。

水缸　置于灶前，沉淀江河池塘之水以供食用。

篾罩　毛竹编成，上张纱布，罩在剩菜剩饭上防苍蝇。

餐饮具

盛饭之用的有饭篮、饭锡锅、饭桶、铜瓢等。饭篮，细篾编织，有环有盖，造型优美，可挑饭至田头食用，亦可将剩饭挂于空中通风防馊。饭桶，圆形、腰子形木质容器，有盖，两侧木耳朵，外漆红漆，民间戏称光会吃饭不会干活的人为"饭桶"。

吃饭之用的有碗、碟、盘、暖锅、筷、瓢羹（汤匙）等。碗有海碗、大碗、高脚碗、汤碗等。盘按用场，有大中小各式圆盘和腰子盘。饮酒喝茶用的有酒盅、茶盅、茶壶、焖碗①、癫斯壶②、串筒（温酒之器）、锡壶（筛酒之物）等。

此外，还有端菜端饭用的桶盘，有方、圆两形，祝福时，圆桶盘用以盛全鸡、全鸭、猪头等。七八十年代后，各种瓷、陶、金属餐具精致丰富，美观实用，逐渐替代原有餐具。

照明灯具

旧时民用照明灯具主要是菜油灯、煤油灯和蜡烛。

油灯　由油盏和盏台组成，油盛于油盏，油盏置于盏台，盏台用铜、锡、铁或瓷器制成，形式多样，一般呈立柱状，菜油或豆油浸以棉线或灯芯，点燃即可。但灯火昏暗如豆，稍久灯芯结块。

图40-4-1074　民国温酒炉（张学惠、王兴海、蔡敏芳摄，萧山博物馆提供）

图40-4-1075　民国朱漆果子桶（张学惠、王兴海、蔡敏芳摄，萧山博物馆提供）

图40-4-1076　民国锡酒壶（张学惠、王兴海、蔡敏芳摄，萧山博物馆提供）

①焖碗，瓷质茶碗，有盖和托盘。

②癫斯壶，凸肚小圆陶器，形如大茶壶，有嘴与穿绳拎环，农家出畈随身携带茶水所用，因外壳粗糙如癫蛤蟆，故名。

①此灯所用煤油旧时为美孚公司所产，故称。

蜡烛　插于祭祀用的烛台上，点着即可照明。为节约，往往用祭祀所剩的蜡烛头，或专供照明的小蜡烛、矿烛。

煤油灯　清末民国初，煤油传入，始用煤油灯，俗称"洋油灯"，有摆灯、壁灯式样。初铜制，无罩，后改进为玻璃品，加灯罩，设灯芯阀调节亮度，光度比煤油灯亮，称"美孚灯"①。这种灯一直用到60年代初。

汽灯　五六十年代，喜庆、丧事、演戏、开大会等，点汽灯照明。汽灯用铁、铝作灯架，设玻璃灯罩，以煤油为燃料，须打气喷油，又叫"汽油灯"，时属高档灯具。

夜间出门用灯笼，50年代后主要用手电筒。夜间抗洪或其他作业，点松柴灯，或用竹片扎成火把。

卧室用具

床铺有苏州架、八脚眠床、踏步床等。苏州架即单人床。八脚眠床为大床，简易的由两张四脚床拼成，考究的精雕细刻，式样很多。两端及里面围以1尺多高的镂空雕花板，正面两侧及床眉雕以人物、花鸟图案，置有床顶，可挂蚊帐，床内架搁板，放置衣物。床帮可架床板，上铺眠床草，或嵌入棕棚，铺篾席或草席。一般农家还备有竹榻，有大小之别，架在长凳上即可，夏夜可搬到道地上乘凉用。住草舍和平房的人家，床前铺一块2尺多宽木板，俗称"踏脚板"，就寝时放置鞋子。八脚眠床是男子结婚必备之物，家庭主妇享用终生，甚至数代相传。踏步床有"半踏步"和"全踏步"两种。"全踏步"像一间雕花镶玉的小房间，精美豪华，只少数富豪家庭才有。床内设有搁层、抽屉，可放置马桶箱、四仙桌，功能齐全。"半踏步"略小，能放置马桶箱，没有"全踏步"精美。

图40-4-1077　八脚眠床（2003年11月，李维松摄于戴村镇）

卧室用具还有马桶、马桶箱、夜壶、床头柜或小茶几、箱子、箱柜、蚊帐架等。

烟　具

烟具有烟管、水烟管、鼻烟壶、烟斗、烟嘴；盛烟用具有烟袋、烟罐、烟缸等。

烟管　俗称潮烟管、旱烟管，有铜头木身和竹制两种，又有镶嵌与无镶嵌之别。无镶嵌烟管多为竹制，将细竹连根掘起，截取一定长度，捅掉管中竹节，在竹老头凿一孔以装烟丝，即可使用。这种烟管较为普通，60年代前山区吸烟者大多使用这种烟管。镶嵌烟管所选管竹更讲究，以节密脑大为佳，管上雕刻图案诗文。一种在脑头及孔内镶嵌黄铜或紫铜皮，另一种在烟管装烟端嵌有铁、铜质的烟盏，烟管另一端镶有铁、铜或骨质咬嘴。富豪之家有用金、银镶嵌的，以显身份。这类烟管粗细长短不一，粗的似大拇指，细的似小指，长的近2米，短的10多厘米，好事者以吸长管烟展示吐烟舒徐为美。

图40-4-1078　夜壶（2006年7月，李维松摄于河上镇金坞村）

②《清稗类钞》载："截铜为壶，长其嘴，虚其腹，凿孔如井插小管中，使之隔烟，若古钱样，中盛以水，燃火而吸之，吸时水作声，汩汩然，以杀火气。吸者以上中社会之人为多……"

水烟管②　也叫"水烟筒"，一般用黄铜制成，有的用白铜、紫铜制成，烟管长的30多厘米，短的15厘米，有的壶壁刻有图案，烟管与托手烟座相连之处饰挂链。50年代初，县内水烟管较为多见。1959年前后，市场卷烟紧张，供销社从兰州调入水烟，有的消费者用竹管自制水烟管代用。60年代后期，吸水烟者已很少见，水烟管多被当做古玩收藏。

加工用具

砻　木制，形似石磨，但比石磨大得多。上下两层，下层固定，磨时呈40度角左右倾斜，中间有一个磨芯；上层中部凿有一半孔，刚好套在下层的磨芯上，外侧装有一个可上磨胆的一长方形木块。由人力转动砻的上磨，磨出糙米。

捣臼　石制，呈钵形，根据春米、春粉或春年糕的不同用途，有小捣臼和大捣臼之分，上口直径0.40米~0.80米不等。

木杵　由两头粗、中间细的圆形硬木棍制成，木棍底端包上球形齿状铁皮，高约2米，重5千克~8千克不等。春时，双手握住中间细圆处，举起，用力砸打捣臼中的谷物，称"春米"，亦可春米粉。

石磨　石制，由上下磨盘组成，有手推的小石磨和用人力畜力的大推磨两种。是旧时将米、麦、豆等粮食加工成粉、浆的工具。

风箱　木制，多为几家使用。由风扇、外壳、喂入斗、调节门等组成，用时将谷物倒进喂入斗，顺时针方向摇动风扇，开启调节门，使谷物慢慢落下，将杂物随风吹出箱外，半饱谷粒从箱背排出，饱满谷粒从箱口泻出。现为农用排风扇所代替。

水（踏）碓　多在南乡山区，溪边搭一小棚，由石臼、木槌、水轮和传动装置等组成，借用水力春米或捣纸浆。也有脚踏碓春米的，称"踏碓"。

其他用具

桌有八仙桌、四仙桌、三抽桌、二抽桌、小板桌、长条桌、圆桌等。凳有骨牌凳、长凳、烧火凳、小凳、椅子、靠背凳、太师椅等。

梳洗掸扫用具有梳妆台、面盆、面盆架、大小脚桶、扫帚、掸帚等。纳凉取暖用具有麦草扇、芭蕉扇、竹榻、火熜、火钵、铜手炉、烘箩笼罩等。

度量用具有杠秤、提秤、铜盘秤、尺、斗、升箩等。缝纫用具有引线（尼线）、线板、顶针、剪刀、熨斗、烙铁、楦头、扁篮等。雨具有纸伞、油布伞、笠帽、蓑衣等。儿童坐具有火囤、坐车等。

第六节　娱　乐

成人娱乐

看戏文　为旧时主要娱乐方式，多在农闲、庙会、过年时候。尤其聚族而居的大村，每年总要演上几台社戏[1]，所需经费主要由各家临时捐集，也有事先排定，轮流做东。戴村镇方溪村顶山自然村一陈姓村民家中，藏有一本清光绪年间的"报生谱"，上面记有演社戏7年一轮的"七班排"，即演资7年轮流做东这样一种方法。[2]一般在祠堂、庙宇的万年台，也有临时用稻桶翻转上铺门板搭成的"草台"演出。大到绍班，小到"草台班"、"鹦歌班"，演员均吃各家派饭。有演一台的，也有日夜连演数天的。小孩早早地搬着凳子到场

[1] 旧时农村中迎神赛会所演的戏，用以祈福酬神。一说"社"是古代的乡村组织。《隋书·礼仪志》载："百姓二十五家为一社，其旧社及人稀者不限。"社中演戏，即称"社戏"。一说"社"为旧时祀社神之所在，故称。

[2] 该"报生谱"所载的"七班排"，头班起自清光绪五年（1879），由大雅、瑞生等10家负责。第二班光绪六年（1880），由大容、柏仁等10家负责。第三班光绪八年（1882），由菊生、鲁生等10家负责。第四班光绪九年（1883），由来生、宗槐等10家负责。第五班光绪十年（1884），由佳城、大源等10家负责。第六班光绪十一年（1885），由秀生、漫生等10家负责。第七班光绪十二年（1886），由大葵、教仁等10家负责。按此7年一轮。其中第三班因光绪七年（1881）修庙不演社戏，故推迟一年轮值。轮值的户主中若有无力出资的，事先指定其任辈或近房顶替之人。如第一班中大思之份额由镐生顶替，第二班中大琪之份额由云龙、马仁顶替。"七班排"没有载明每轮户名下应承担的演资份额，这是因为不同时间不同剧团所需开支不同，需临时按实摊派。但对演社戏时祀神的供品、物件规格，有详细记载，如神位1座、荤菜素菜各10碗、全鸡全鹅各1只、鱼2条、细面半斤、茶叶半斤，以及馒头、果盘，等等。

上占好位置，脚头勤快的青壮年到处赶看，年老者被亲戚接去观看。其时摊贩云集，人山人海，村民杀鸡沽酒待客。

斗牌 有打扑克、扣"车马炮"、搓麻将、推牌九、打五关、掷骰子等，扑克又有小二、梭哈、接龙、扣乌龟等多种打法。

弈棋 有西瓜棋、十字棋、象棋、围棋等。西瓜棋、十字棋无需专门棋盘棋子，就地画一张棋盘，拣取几颗石子即可对弈，常为田间地头所玩。

此外，有养鸟、斗蟋蟀、养狗饲猫、舞龙灯马灯、走高跷、划龙船、上茶店、串门聊天，冬晒太阳夏乘凉，讲"大头天话"等。

儿童游戏

男孩常玩的游戏有滚铁环、劈水漂、打弹子、拍洋片、抽陀螺、打弹弓、转风车、射水箭、击铜钱、游泳、爬树、骑牛背、放野火、做泥菩萨、打虎跳、翻筋斗、斗蛐蛐等。女孩常玩的游戏有捉石子、跳绳、绷花线、踢毽子等。男女孩一起玩的游戏有造房子、摸乌蒙、放鹞、办家家、跳绳、拍皮球、装大花脸、抬轿、拜堂、寻躲躲、点罗罗、"清兵"捉强盗、老鹰叼小鸡等。

滚铁环 用装有铁丝弯钩的短棒，推动直径1尺多的粗铁丝圈或脚桶水桶上的铜箍铁箍，男孩视作"车子"，常三五成群一起"赛车"玩耍。推铁环向前飞跑，发出"哗唧哗唧"的声音。经常在晒谷场比赛，看谁滚动的时间最长。在游戏过程中有两个技术点，一个是如何越过障碍，地面的坑坑洼洼、小石子，都是拦路的障碍，严重影响长距离奔跑；再一个就是如何减速，你得把铁圈钩回来，但是还不能倒地不起。规则一：听口令，谁在长时间内铁圈不倒下，则为赢；规则二：在发令后，谁将铁圈转动跑得最远，谁就赢。

抽陀螺 乡间流传久远的游戏。陀螺用小杂木削成宝塔形尖角，或用木工机具旋出上圆下尖像个漏斗状的锥形体，在顶尖安有一颗小钢珠。为了转起来好看，亦可在陀螺上画几圈环形色彩。另需用约1尺多长的一小木棒作柄，在棒的一头系上一根绳或细皮条、布条作鞭子。玩时，先将布条缠住木陀螺，向地下拉开，陀螺在地下顺时针转动（左手持杆则为反时针），不时用鞭子抽打陀螺，也可由两人各自抽打陀螺使之相撞，转得久的为胜。陀螺被抽打得越狠，旋得越快。抽陀螺的方法一般有两种，第一种是水平抽法，第二种是垂直抽法。玩陀螺比赛通常是将参赛人分成两组，同时抽打各自陀螺，以陀螺先倒者为败。

打弹子 两人以上就可自由游戏。一种玩法通常是"出纲"或"打老虎洞"。在地上划线为界，谁的玻璃珠被打出去就输，叫"出纲"。在地上挖出3个小坑，谁先打完3个洞，就变老虎，然后打着谁，就把谁的玻璃珠吃掉，这叫"老虎吃山羊"。打时人需蹲在地上，用拇指和食指掐住弹子，瞄准目标，连挤带拨把它弹出去。

另一种方法是在地面共挖6个拳头大的小坑，前5个坑各自间隔1米，最后一个坑与前一坑约隔2米，称为"主坑"。从第一个坑外1米处向第一个坑中弹球，球落入坑中者继续向下一坑中弹球。不中则轮换，一人一次。同一球连进5个坑后，再进主坑，出来后称为"主球"。主球可射杀对方任意弹球，被弹中的球算失败；其他球亦可弹中主球，但需连续击中3次，称为"攻主球"，而后成为新的主球，再继续射杀其他弹球。最后剩下的弹球为赢家。

拍洋片 也叫"拍画片"、打"三角宝"，用各种图案的香烟壳纸折成三角片。七八十年代，则喜欢用一种背面有《恐龙特级》《圣斗士星矢》精美图案的小纸片。双方轮流挑选一张自己的洋片放在地上，让对方拍。拍时，一人先放一张洋片在地上，称"发"，另一人以自己洋片使劲地扔向对方的三角宝，一般瞄准边角，以将对方洋片拍得翻过个而"吃"之，吃得越多，获得花花绿绿一大堆洋片者为赢。

挑花线绷 双人游戏。一根纱线打结成圈，一人以双手拇指、食指，先挑成一长方形。然后由另一人用拇指、食指钩套，将长方形挑成另一图形，两人反复变换各种图形，可绷出"长竿"、"网眼"等变化无穷的形状。直到一方变换不出花样。

捉石子 将5粒小石撒于地上，拣取一粒抛向空中，乘隙迅速把地上一粒石子捉于手中，并接住空中落下的石子，以把地上4粒石子捉完为一轮。第二轮再散5子，取一粒抛接，并捉地上2粒子，以此类推。而每次上抛的石子不得落地，捉地上石子时不得碰摸其他石子，违者即让另一人开始捉，以捉的轮次最多者为胜。云石乡佛山村一带另有两种玩法，动作不外掷、拾、承。一种玩法，每人衣袋中各备一堆子儿，除石子外，还可用李核、杏核、盛沙的小布袋等。出子时，张开手掌，谁多谁先抓。一次决出后，将大家所出子儿归拢一处，撒在桌上，讲好"抓三"还是"抓二"，若抓三，则只能抓那些自然形成的以"三"为一组的，抓完则止。另一种以出子多者先抓，先将子儿全部兜在掌心，然后抛起，翻过手掌，以掌心接住下落之子儿再抛一次，迅速翻过手掌。要求掌背上所有的子必须全部接在掌心，跳出手心者，叫"炸子儿"，则前功尽弃。承得的子儿全部归自己。整个游戏有多种样式，以抓子不落为赢。

敲铜板 铜板即旧时钱币。参加人数不限。先在地上放半截砖，再用一块整砖斜倚在上面，形成斜坡。参加者一个一个站在斜砖的旁边，拿一枚铜板让其借着砖头的斜势滚向远处，谁的铜板滚得远，谁就是头家，其后是二家、三家。名次确定以后，先由头家拿起自己的铜板，前脚站在原铜板滚到处，将手中铜板依次向二、三、四家的铜板处扔去，若碰到对方的铜板，对方的铜板就归自己，倘若能将对方的铜板敲得翻过身来，对方不仅输掉这个铜板，还要再拿出一枚赏给赢家。但头家扔过去或敲过去的铜板未能碰着对方的铜板，则要将自己的铜板放回原所在位置，让别人扔敲。头家玩完了轮到二家，依次进行。若自己的铜板被上家赢去了，只能站在一边看别人玩。最后地上所剩铜板由赢家拾走，重新开始第二轮。

造房子 可数人游戏。在地面画一个长方形大线框，框中划数道等间距横线，每格再画一竖线，使之成为类似房屋"串拼"图案。取碎瓦片一枚置于底角格内，用单脚跳踢方式，把瓦片在方格中逐一踢过横线，最终回到起始格，此为造起一间"房子"。接着将瓦片置于第二格，再逐格踢起，造起第二间"房子"。以此类推，将框内所有格子全部造起"房子"为止。踢时瓦片不能越格，不能压线，不能踢出框外，不能双脚落地。若有一处犯规，就"下台"，轮换另一人。

拨小棒 准备一把竹签，最好是有尖头的，握在手心，竹签一头贴着地面，放手后竹签撒开，这时候可以开始拨小棒了。拨前，先挑一根自己认为合适的拨棒，两人划拳，谁赢谁先拨。首先仔细观察在撒开的一堆竹签中，哪根没有与其他竹签叠加在一起的，就拿着拨棒先拨动这根竹签，将其纳为己有，再一根根慢慢地增加难度。如果拨动竹签时动了其他的竹签就停止，换另一个人继续拨。这样轮流，直到竹签全部被拨完为止。最后比较一下谁手中的竹签多，谁就算赢。游戏过程中，不能用手拿、嘴吹等外力帮忙，只能靠手中的竹签拨动，以不让其他竹签移动为前提。过去，萧山南片及南阳等镇乡小孩经常玩此游戏。

点罗罗 众童坐成排或成圈，一人唱俚辞："点点罗罗，油炒芝麻，清官上任；油官请出"。每念一字点一人，点至辞尽处者为"油官"，出列，再依次循环。

劈水漂 拣取碎薄瓦片向水面劈撒，在水面漂浮成点，以劈的点多者为胜。

第七节　保　健

乡人重视环境卫生，注重美化绿化家园。早先沙地区农家草舍后辟有竹园，南片、中片几乎家家房前屋后种树，村村有大树，不少村的风水埂上，古树森森，环境幽雅。清明前后，插柳种树较为普遍。女儿出嫁，必随迎亲队伍挑去一对松柏栽种，意为松柏长青。常见的树种有樟、松、柏、杨、柳、楝、冬青、梧桐等，还有橘、李、梅、香泡（类如柚子）等水果，唯屋前不种桃树，谓"阴气"太重，于家不利。村内公共场所、道路两旁的卫生也讲究。天蒙蒙亮，年老村民扛着长脚畚箕拿着锄头，沿路拾粪，既图肥料，亦为卫生。旧时乡间露天粪坑林立，不雅观不卫生，八九十年代后，别墅式住宅多起来，加之各村普遍建起公共厕所，陋习逐渐改变。

居家卫生也很重视，除正月初一和冬至外，早晚打扫家室地面。尤其重视堂前及庭院、道地的卫生，每日早晨必先打扫，以示体面。端午节用艾烟熏室，以驱虫豸。梅雨季节过后，将衣服、棉被等置于烈日下摊晒，驱除潮气，俗谓"晒霉"。夏日傍晚，农家常在道地上用豆荚壳、麦草等"打烟堆"，用烟驱蚊。年前，家家掸尘，搞一次室内外大扫除。每餐饭后洗涤碗筷锅灶，擦净餐桌。夏秋在剩菜上罩一纱罩，以防苍蝇叮爬。不吃馊饭，不吃隔夜茶，不喝凉水，剩菜必煮后再吃。出丧后要清扫。①

个人卫生过去限于条件不很讲究，一般冬天不洗澡，只揩身。大的集镇才有大池浴室，俗称"浑堂"，过年前才去洗一次，农民一般不花这个钱。夏天，男子在江河池塘洗澡，妇女不准下水，只能在房内用大脚盆洗。每年下河洗澡的时间，以楝树花谢为标志②。男子剃头间隔一个月左右，以节省开支。没有零钱剃头的，讲好了可挂账，到年底结算。妇女多为互相剪发，很少上剃头店的。不论男女，过年前都要理一次发，俗称"剃过年头"，既为卫生，又有将各种晦气、邪恶赶走之意。男女青年结婚前要洗头沐浴，姑娘上轿前要绞面。

小病小痛，民间用土办法治疗。例如夏日中暑，俗称"发痧"，常在颈背用手扭痧，用瓢刮痧，很有效验。脚腕扭伤，砸碎黄山栀加面粉拌烧酒，用纱布包裹，隔夜即能使瘀血"吊"出。皮肤小出血，常用门槛灰、香灰敷之。生疮化脓，摘取"野甜菜"即车前子叶，揉出汁水贴于伤口。幼儿出天花、发水痘，须头包红布以告知邻家小孩忌避。鱼骨鲠喉，喝醋化之。取乳鼠加入石灰捣烂，敷伤口止血。轻微烫伤，用酱油涂搽。七叶一枝花，可治蛇伤。用富阳草纸浸童子尿贴于太阳穴，治头痛、眼肿。喝童子尿以散瘀。破铜钿草（俗称"田鸡草药"）捣烂敷扭伤处，以散瘀治痛。但旧时也有用迷信方法来保健的。③

①丧家出丧后，通室打扫，清洗衣物，烧掉死者生前用过的床垫草等物。村口打一烟堆，送殡归来须跨过烟堆方能进屋，虽为脱掉晦气，也有杀菌防病之意。

②谚云："楝树花开，洗浴买棺材；楝树花谢，一日洗到夜。"

③来裕恂《萧山县志稿》云："（愚夫愚妇）有病则求签问佛，许愿祈神，开言禳岁。香灰炒米，谓之仙丹，令病者食之。复邀道士敲大土，拜雷忏，安坟，保福借寿。延医服药，置之脑后。此等迷信，若不破除，人民安进化？"

第五章　信仰习俗

　　本章所记之信仰习俗，主要为祀神祭祖、香市庙会、地方神祇[①]、征兆消灾等方面内容，客观反映了萧山民众信仰习俗演变的轨迹。不少含有迷信色彩的习俗，中华人民共和国成立后已经消失。

第一节　祀神　祭祖

祀　神

　　旧时祀神，主要以家庭为单位进行，也有在诸神诞生之期于神庙举行的。祭祀对象有神、佛、道之分。神有太阳神、火神、雷神、灶神、五谷神、潮神、土地神、天地神等自然神，有关公、包公、华佗、岳飞等英雄神，还有张夏、西施等地方神祇；佛有如来、观音、地藏、普贤、文殊等；道有玉皇大帝、东岳大帝、文昌君、城隍、财神、灶司等，循俗统称"菩萨"。

　　家庭祀神，主要是年底祝福请年菩萨，正月初一请天地菩萨，商贾之家正月初五请财神菩萨等，而以请年菩萨最为普遍、最为隆重。请年菩萨时间一般在十二月廿三至除夕前几日，于午夜进行，敞开大门，八仙桌板缝横向，上供五牲福礼等，由家主主祭，女人须回避（详见本编《岁时习俗》章）。农家亦有请年菩萨后，祭请关帝菩萨、五圣菩萨的。年初一敞开大门请天地诸神，用八仙桌或四仙桌，供酒2杯，筷子2双，汤团、年糕等，小蜡烛1对，清香3支，祭告天地菩萨神灵，护佑新的一年太平如意。另外男婚女嫁、小孩出生、长辈做寿、造屋上梁、乔迁移居、家人出远门做生意等喜事，亦择时祝福祀神。八仙桌板缝横向，前桌脚上绑连枝桃子或樟树枝，枝上插季节水果。置香炉，大蜡烛1对，供三牲福礼即全鸡或全鹅1只、条肉1方、活鱼1条（鱼头朝里），素菜4样，干果水果，盐盘糖盘，菜刀1把，13盅酒饭（饭呈馒头状），上供福、禄、寿三星神位，跪拜祀祝，焚烧太隆元宝。开店办厂照以上祝福形式外，再加财神尊神神位，燃放鞭炮，祈求生意兴隆、财源茂盛。

　　一些望族清明上坟祭祖时，同时祭请山公山婆、土地诸神，考究的还诵念祝文。

祭　祖

　　俗称"请大人"，又叫"做羹饭"。祭祖之俗，一为追念崇祖，二为社会孝风传承，三为祈求祖先保佑。祭祖有家祭、庙祭、坟祭之分。[②]

　　家祭　在家中厅堂焚香烛、设酒饭祭祀，故名。除祖先生辰、死忌、周年、三周年、十周年和"阴寿"外，尚在元宵、清明、七月半、冬至、除夕等日子祭祀。祭祀对象主要是"祖宗大人"即直系祖先，也请"外客大人"即旁

图40-5-1079　祀神（2003年8月，李维松摄于进化镇沈家渡村放焰口现场）

图40-5-1080　祭祖（2008年4月，李维松摄于义桥镇韩家汇村）

[①] 神祇，天地神灵之总称，按照佛教的说法，在天为神，在地为祇。《尸子》："天神曰灵，地神曰祇。"《说文解字》："祇，地祇也。"范寅《越谚》："在天曰神，在地曰祇。"地方神祇，就是具有地域性的神灵。

[②] 民国《萧山县志稿》载："今俗乡村皆立宗祠，祖先神主皆藏祠内，亦有不入祠堂在家供立祖先神位者。春秋分荐，食则祭于庙。岁时令节，以及祖先诞日忌辰，则祭于寝。清明祭于墓，俗谓之上坟。十月朔祭于墓，俗谓之扫松。然民间无宗法，不论族服疏远，苟有祖先诞忌日，为其祖若父所尝。致祭者传之子孙，虽百年不祧，未免祭烦则渎矣。"

系祖先，有的还请"地主"即当地亡灵。考究的三者分别祭祀，更易祭品，或将后两者合祭；也有将三者同桌祭祀，银锭、佛经分堆焚烧，唯祖宗的银锭、佛经堆头最大。祭桌前铺草垫或麻袋供跪拜，桌面板缝直向对门，桌外沿置香炉烛台，祭品有荤素菜肴，或6碗、或10碗不等，桌里沿置酒盅、饭盅数只，筷子朝内。沙地区祭请时依桌沿三面分别置酒盅4只、筷子4双，再上满饭2碗。斟酒须三巡，每巡由家长率先，家庭成员次第跪拜，便于祖宗慢慢享用，故有"快菩萨，慢祖宗"之谚。拜毕，焚烧银锭纸钱。

庙祭　春、秋两季在家庙即宗祠举行，春祭在清明或春分，秋祭在秋分前后，费用皆由祠堂田的收益开支。庙祭为族内大事，须开宗祠大门，张挂先祖遗像和功名匾额，有的还演祠堂戏。族长主祭，长、次两房的房长陪祭。族长念诵祭文，祭文有固定文本，一般记入宗谱。庙祭行献爵之礼，必须是族中有官位、有学名的人，无官无学之人虽年高长辈，也不得庖代。致祭时，有官位和有学名的人须穿官服和礼服，不举哀，不用僧道用乐工。祭品有五牲福礼、馒头等。祭毕，由族长把熟肉切成小块，和馒头等祭品一起，分给各房，曰"分胙"，意谓托祖宗之福，子孙才有肉吃。读书的孩子能多分胙，以鼓励读书知礼、耕读传家。中华人民共和国成立后，此俗已废。

坟祭　到祖坟墓地祭祀。循俗，清明、冬至两节上祖坟祭祀，也有正月初一上祖坟的。以清明最为隆重，合家携酒菜、清明果等供品于墓前祭请，然后挑坟泥（参见本编"岁时习俗"章）。

【附录一】

湘湖孙氏祀后土祝文

维

年岁次　夏正三月　朔越二日，信士孙某等，谨以笙簧酒醴之仪，敢致祭于越王城山后土尊神之前曰：唯神，职司坤厚，德配乾元。山号越王城，拱秀则诸峰罗峙；面临湘湖水，朝宗则一色澄清。秀毓灵钟，光被我祖，流光积厚，德佑园陵。兹则节届清明，白飞蝴蝶；时当春暮，红放杜鹃。恭奉瓣香，来省先远祖墓，洁具时食，敬酬高厚，神庥唯祈。护我先祖窀穸，凝祥云，初衍庆。本支百世，绵瓜瓞以克昌；福荫千秋，偕松楸而并茂。神其来格，鉴此微忱。谨告。

（原载《萧山湘湖孙氏宗谱》，民国17年重修，映雪堂藏）

【附录二】

湘南韩氏春秋祭家庙文

维

大清乾隆＿＿＿年＿＿＿岁次＿＿＿月＿＿＿朔越＿＿＿日，宗子＿＿＿合三宅子姓，谨以刚鬣柔毛清酌＿＿＿庶馐之＿＿＿致祭于始祖考金紫光禄大夫庄宣府君，始祖妣冯、赵、周三夫人；二世祖考奉议大夫南庄府君，二世祖妣邱、谢二宜人……以及群昭群穆考妣之神位前曰：

繄唯我祖，扈驾南迁，卜居兹土，肇造于前。历世种德，周或有愆，国步三改，五百余年，岂无颠蓫，族赖以全。簪缨弗替，莫之或先，人尚敦庞，闾里称贤。或勤书史，累牍盈篇；或任稼穑，孝悌力田。要唯我祖，洪训则然，典型式望，恪守弥坚。绍闻衣德，福祚绵绵。今值仲春（秋），敢或勿虔。陈以酒醴，荐以牲牷。神灵烜赫，来格来宣。尚飨。

（原载《湘南韩氏宗谱》，民国戊子年重修，昼锦堂藏）

第二节　香市庙会

香　市

亦称"香会"，以观音香会为盛。俗传观音菩萨为大慈大悲菩萨，能救苦救难、普度众生。故二月十九观音诞生日、六月十九成道日、九月十九涅槃日，民间多举行观音香会，而以其成道日六月十九最盛。自六月十八日起，善男信女便结队上山入寺，焚香祀奉。上山前多斋戒茹素，以示虔诚。亦有彻夜在殿内膜拜诵经者，俗谓"宿山"。或以食品分施香客，称"结缘"。

此外，有正月初五财神会、四月初八龙华会、五月十三关帝会等。七月卅日为地藏菩萨诞辰，家家点烛插香于地，处处香火闪烁，俗称"插狗屎香"；也有的结队于寺庙供香"宿山"，通宵诵经念佛。

图40-5-1081　首届党山庙会开幕式（2004年10月，李维松摄于党山镇）

庙　会

亦称"迎神赛会"，多于神祇诞生日举行。[①]为示隆重，有的在神诞前夕就开始，会期达三五天，而以神诞之日为高潮。有演戏[②]、迎神、赛舟、集贸等活动。各地商贩云集，形成庙会集市。农民借赶庙会的机会，购买各种农业生产用具和生活日用品，像铁耙犁头、耕牛苗猪、水车菱桶、脚箩畚箕、淘箩笓帚、土布日杂等。每逢庙会，香客摩肩接踵，杂耍卖艺、测字算命，蔚为大观。在每年一次庙会基础上，有的寺庙为使"香火旺盛"，每月举行一次"月香会"，时间是神祇的出生日。例如衙前天医殿主供的倪天医生日是七月初七，除七月初七举行一年一度庙会外，每月初七皆举行月香会。有的寺庙除主供神祇的诞日举行庙会外，还于一些侧供神祇的诞日举行庙会，当然场面和会期不如前者，有的只进行一般佛事活动。例如，下水仙庙除二月十四举行隆重的庙会外，还有五月十三关帝会、五月半太平菩萨会、七月天医会、九月廿七财神会等。中华人民共和国成立后，一些庙会已废，一些庙会逐渐衍变成物资交流会，而演戏杂耍等热闹依旧。

图40-5-1082　孝女庙会（2004年7月，李维松摄于新塘街道金家浜）

旧时萧山主要庙会有：

娘娘庙会　在临浦西施庙，旧称"苎萝西施娘娘庙会"。俗传三月初一为西施生日，从初一至初三举行娘娘庙会，届时念佛酬神，庙内同春台演戏，以纪念这位爱国女子。传说九月为西施沼吴纪念日，娘娘庙举行盛大迎神赛会，邀请年轻美貌姑娘扮演西施，抬着行宫在苎萝48村游行。此俗从南宋淳熙年间（1174～1189）孝宗帝敕封西施为苎萝48村土谷神就开始，直到民国37年（1948）停止。

东岳庙会　三月廿八东岳大帝诞辰，各地东岳庙皆举行庙会，以蒙山

①民国《萧山县志稿》载："乡俗岁必祀社公，春秋必演戏以报赛，往往联属各村，敛钱置产以为会者。其他财神、五圣、元帅、火神、张神、文武帝等，亦各置产有会，故纳粮多神会户。"

②来裕恂《萧山县志稿》："《万历志》：俗尚鬼，多淫祀、徼福、浮屠、道场，虽士大夫家亦用之。近有台戏赛神许愿，禁而未革。"

老岳庙盛况为最。蒙山东岳庙会除三月廿八，还有七月十五，参加者除萧山本地信众外，宁绍地区的众多香客坐着乌篷船、带着干粮前来烧香。清同（治）光（绪）时期，长河诗人来又山有《东庙烧香船》诗记其事："蒙山岳庙地灵哉，妇女烧香满艇来。都挂牟尼珠一串，就中还有女僧陪。"鼎盛时候，浙东运河上进香船只排成长队，为方便香客小憩，河边建少憩亭供茶，俗称"蒙山茶亭"。明万历《萧山县志》有载。

庙会期间，除道士礼忏外，还在庙前空地"翻九楼"。用9张八仙桌相叠，表演者从最下面一张桌子开始，每上一张桌子翻跟斗、竖蜻蜓，做些难度很大的杂技动作，直翻到最高的第九张，令观者惊心动魄。"这是道教设坛的一种仪式，为了超度因犯血光而死，特别是难产而死的妇女才举行的。"[①]

孝女庙会 为纪念孝女曹娥[②]，在孝女庙前南门江举行龙舟庙会，会期3天，从五月二十日开始，以五月廿二孝女投江之日为高潮。孝女庙里，老妪老翁围桌念佛，万年台日夜演戏，连演数天。附近几只龙舟经一番装扮，由两三蚱蜢小舟领航，在方圆数十里的水乡周游竞划。

五月廿二清晨，各路龙舟到孝女庙举行起龙仪式，由壮汉将龙头龙尾背到孝女佛像前祭请，道士拜忏开光，揭去龙头上的红绸，用毛笔蘸水洗龙睛。开光后，龙舟先在孝女庙前宽阔的大通河上竞划。从孝女庙至百柱庙，沿江数里，两岸人头攒动，观者云集。划行3遍后，在鞭炮、膜拜和纸钱的焚烧中，几只龙舟分头划向四乡。各地村民早等在河埠头，尤以女性为多，燃香点烛，虔诚地迎接孝女娘娘。龙舟将近，岸上放起鞭炮。旧时沿河人家有向龙舟划手赠送老酒、香烟和红包的，以求吉祥。划手得到馈赠，划得更加起劲，令旗一挥，舟里打起锣鼓、唢呐齐鸣，划手使出浑身解数，有节奏地猛划，把舵的和撑龙头的拨弄得龙舟在窄窄的小河里调头自如。[③]"孝感动天"的高照，"风调雨顺"、"国泰民安"的小门枪，在夏日煦风中飞扬。照例来回3遍，龙舟方悠然离去。老人忙舀河水给孩童洗脸，言小儿会耳聪目明。五月廿二傍晚，孝女庙举行"送榜"仪式，祭请孝女，烧掉佛经、金箍等。至此，为期3日的龙舟庙会结束。

雷公庙会 雷公，党山一带又称"雷祖"、"雷神"。六月廿四雷神诞，党山雷公殿举行庙会，祈雷神，演戏、迎神。一般从六月廿二开始，至廿四日进入高潮，集会者聚众祭祀，供米粿（雷神粿），祈求雷公保佑一方平安。

庙会的重头戏是出巡迎神，是日择良辰给雷神、瘟神、土地菩萨3尊行宫神像穿戴袍服，装进神轿内，点燃香烛，顶礼膜拜后，抬轿巡游。旧时党山谈、鲁、许、吴、王、陈、孙、赵八姓望族皆备会货，隆重列等。各路人马到齐后，塘报为先，校尉次之，然后高照、铳队、调无常、杂耍、神轿，最后"犯人"。"犯人"多为患病时许愿于神，迎神时身着囚服，戴木枷扮作"犯人"，以示还愿。迎神队伍自雷公殿出发，经党山街，折南经鲁家、谈家、倪家浦、高潘、丈午、团前等村，最后回到原地。待神像入座殿内，再行膜拜。庙会期间，商贾、小贩云集，买卖兴隆。[④]

①祝灿章著：《漫话萧山民俗》，2005年5月，内部印刷。

②曹娥，东汉上虞曹家堡村人。父曹盱于汉安二年（143）在舜江主祭伍子胥时落水身亡，曹娥沿江恸哭寻觅17昼夜，于五月廿二这天跳江寻父，相传5天后，曹娥背负父尸浮出水面，孝行感动乡里，后世尊其为孝女。萧山袁江金家浜为曹娥外婆家，历史上建有孝女庙，旧址在大通桥西北侧，民国《萧山县志稿》有载。千百年来，萧山人民出于对这位外甥女孝行的推崇，每于曹娥投江之日，划龙舟以纪念，形成了萧邑特有的民俗。

③清代范寅《越谚》云："龙船转转头，买田买地勿断头。"

④民国8年（1919）7月11日《越铎日报》载："每逢党山雷祖诞辰称庆，非赛会必演戏，而百业之买卖也贸贸然来。近二三十里之居民（沙地最多），虽炎热如火，皆腰缠万贯，汗流浃背，行行重行行，不招自来。"

张神庙会 三月初六,各地张神庙皆举行张神会,演戏、迎神。明清时期,衙前新林周张夏行宫的张神庙会有春、秋两祭。

春祭:正日为农历三月初六张夏诞日,从初四开始至初六,共3天。主要仪式:(一)神前设供,上方摆太师椅两张、黄罗伞两顶,前放案桌;案桌两旁放花瓶和插花,中放四季时果、三牲福礼、牌位、香烛;案桌前放"金山银山",再前放一只纸舟盒(因张神为船上落水而殁),船内盛放经忏和佛度,初六下午由道士读榜致祭焚化。(二)道场3天,由13个道士"拜皇忏"3班。(三)大设佛场,各方信士(以老年女性为主)吃素念佛3天。(四)致祭,信士到庙必先礼拜,并献香烛。至第三天,有司(多为县官)前来公祭,先上供品,再读祭文,后参拜致祭,颂歌一曲。(五)会戏,在张夏行宫南面的"万年台"演3天3夜大戏,剧目必有《目连救母》。

秋祭:正日为农历八月十八日"潮神菩萨"生日,从十六日开始至十八日,内容比春祭多了一项"迎会"(又叫"赛会")。"迎会"是秋祭重头戏,在八月十八举行。抬着"张老相公"木雕神像,从新林周出发到沿塘各村,直至坎山。迎会队伍有固定顺序。第一拨前面"打街癫子"数名,头上绕草绳,手拿劈开的竹竿梢开路,拥挤时打出一条路来;接着"活无常"、"死无常"、"无常阿嫂"(男扮女装)、红脸"鬼王";跟着鼓、钹两样乐器,敲打出"咚咚锵——咚咚锵——咚锵、咚锵、咚咚锵——"的声音。第二拨是"大五丧",由三四十个小伙子扮演,各画鬼脸,手持"糙叉",边走边舞,由"鬼王"压阵。上述两拨队伍是必有的,后面节目酌情而定。先是"龙灯",后面是"高照"即大纛——黄底花边的一块大布上红字直书"张老相公赛会",挂在一根毛竹竿上,顶上有"扬线"4根,向四个方向被人拉着,以防翻倒;毛竹由一壮汉肩扛着,还要随时表演:一会儿将毛竹放在头顶,一会儿托在手心,一会儿换到左肩,一会儿换到右肩。再次是鱼灯、马灯、摇船之类。接下去是"背驴子"、"彩棚"、"戏茶瓶"、高跷队、秧歌队等。此

图40-5-1083 张神庙会(2009年4月,李维松摄于衙前镇新林周村)

后又是必不可少的"皂隶"队伍,约有二三十人,身穿"皂服",腰佩皂刀,持"肃静"、"回避"等牌及罗伞、旗帜、兵器、乐器、火铳、炮仗等,边吹打边放鞭炮。以后是一队身穿道袍的"拜香灯"队伍,他们手拿长柄香炉,炉中点着香,面朝神像,倒退着边拜边走。接着是轿夫打扮的8个强壮青年,抬着"张老相公"神像。最后面是"保镖"队伍,一个个武生打扮,几十人不等,负责压后。迎会每到一村,每个队伍都要表演一番,各村的"五丧"要互相抢打。

关帝会 五月十三,临浦、南阳等处关帝庙举行庙会。旧时临浦一带把关帝视为财神和水神。临浦商界从五月初一至十三日请戏班演戏,轮流做东,以求生意兴隆。头3本往往是镇上最大的商号做东,接下来为各同业公会。五月十三是关帝会正日,举行盛大的"迎关帝"活动,即从关帝庙抬着关帝神像巡街游村。参加的同业公会或村要出行头,即锣鼓、彩船、彩轿等,使得迎神队伍既热闹又好看。传说五月十三是关帝磨刀日,农民祈求关帝菩萨省下一点磨刀水,洒向田间禾苗,以保一年风调雨顺。

天龙会 天龙,即进化大岩一带的天井龙王,被视作水神。旧时上、下盈湖48村每年举行一次天龙会,会上祀龙祭神,但重头戏是"迎天龙",即抬着制扎的龙王,敲锣打鼓,浩浩荡荡在各村巡游。迎

龙队伍最后必到临浦大庙，祭祀张老相公后各归其村。

元帅会　五月十八元帅菩萨诞辰，头蓬、新街等地元帅殿举行元帅会。义桥元帅会迎神3天。迎会队由锣鼓、唢呐、高照、彩棚、滚车、炉子手等组成，抬温元帅像，以消灾防瘟，保一方太平。在山后下坟头村（自然村，下同）塘上摆香案接会，去往孔家埠、大华家、白浒墙、牌轩等10多个村子，最后至亭子头散会。每到一村都摆香案接会，表现特技节目，尤其炉子手背着数百斤、上千斤重的炉子，将生碎铁从炉中旋出，观者称奇。

蚕花会　二月初二，在许贤蚕花庙举行，祀蚕仙姑。旧时萧绍及海宁、桐乡等方圆百里蚕农来庙进香，俗称"轧蚕花"。

潮神会　俗传八月十八为潮神生日，沙地及沿江一带寺庙举行潮神会，迎神、观潮。

青苗会　大多在青苗成长时节举行，故名。一般不定期，主要是遇到水、旱、虫、雹等自然灾害，乡民出于无奈，便根据灾情择时举行庙会，以祈求神佑。先在庙内烧香拜佛礼忏，然后抬着神祇行宫或坐宫，旗锣伞铳簇拥，竖高照，背炉子，有的还扮演黑白无常、牛头马面，迎神队伍沿途敲锣打鼓，爆竹齐鸣，摇旗呐喊。每到一地，善男信女在村口焚香膜拜，如同盛大节日。例如：旧时旱灾，信士抬着大山庙元帅、先锋菩萨神像到所前沿山18村迎会，各村设香案膜拜。迎会队伍竖高照，背上千斤的炉子，每到一村，壮汉争抢炉子。

此外，各地庙会还有：

正月初五，财神诞辰，各地寺庙举行财神会，祀财神。

正月十五，元宵节，各地举行元宵灯会。楼塔、河上等地舞板龙，祈福庆神。

二月初五，进化樟坞庙会，祀越王句践，迎神、念佛。

二月初七至初九，黄山西南庙会，祀宁邦保庆王和保国资化威胜王，迎神、演戏。

二月十四，下水仙庙举行庙会。从二月十三开始至十五日止，4村信士及出嫁女到庙，日夜佛事。

二月廿一，大山庙庙会，祀土地菩萨圣官明王。

三月三日，真武圣帝生诞，南阳、党湾等地举行真武会。楼塔大坝庙亦于这天举行真武会，其间萧山、诸暨、富阳3县邻近村民皆来参加。

四月十一，河上瓴山庙会，祀土地菩萨"石大明王"，演戏、迎神，会期3天。

五月初六，黄老相公会，沿江土地庙演戏、迎神。

五月初六起，瓜沥迎神会，从各庙抬张神、东岳神、温元帅、龙图神、天医神、陛下大神等神像，巡行街头，至塘下殿聚会，八方善男信女上烛焚香，"宿山"念佛。热闹数日，直到五月廿六日才送神像回庙。

五月十六，包公会，各地龙图庙皆举行。

六月廿三，火神诞，县治及临浦等地火神庙举行庙会。

七月初七，天医诞日，衙前天医殿、新街山址庙等举行天医庙会。

七月十五，临浦峙山东岳庙迎神会，从十五至十七日，演戏、迎神。

七月十六，河神会，俗传"河神生日"，是夜沿浦阳江放河灯，祭祖祈龙。

八月十三，戴村上胜庙会，祀胡公大帝。从八月十二开始，至八月半，演戏、迎神。

九月二十七，临浦五圣堂庙会，祀财神五圣。

十月十五，三官圣诞。新湾三官殿于每年正月十五、七月十五、十月十五斋三官，而尤以十月十五三官圣诞为最。

十月廿七，真武大帝诞日，南阳圣帝殿于每年九月十一日提前举行圣帝诞日忏香会。①

第三节　地方神祇

生前造福一方，惠泽百姓者，死后被立庙祀奉，享受香火，尊为地方神祇。祭祀地方神祇，虽夹杂迷信色彩，但体现了乡民淳朴的感恩之情和崇尚名节的价值取向。

禹　姓姒，名文命。相传大禹在今进化镇涂川村一带治过水，深受村民爱戴，亦获得涂川女的爱情，娶其为妻。②禹治水有功，被封为伯禹。今涂川有涂山福主庙，祀奉大禹。

句践　先禹之苗裔，春秋战国时期越国国王。吴越争战时，句践在城山屯兵拒吴，在老虎洞山卧薪尝胆，在苴山种苴励志，"十年生聚，十年教训"，终成复越大业。90年代初，省、市文物部门在城山考古发掘，出土了石刀、印纹硬陶、原始青瓷等文物，证实为春秋末至战国时期的文化遗存。境内寺庙多有祀奉句践，例如湘湖城山原建有城山寺，1991年重修为句践祠，祀奉越王句践；进化城山原有资教寺，始建于后晋天福七年（942），祀奉越王句践，民国初年毁；樟坞庙亦祀句践。

范蠡　字少伯，又叫"范伯"，越国大夫，受命在固陵筑城拒吴。又在苎萝村（今萧山临浦）访得美女西施，设计献于吴王夫差。固陵建有城隍庙，封范蠡为城隍，今圮。苎萝村建有范蠡庙，又叫"日思庵"，祀奉范蠡，今为西施古迹群之一。

伍子胥　文种　潮神，伍子胥为吴国老相国，司涨潮；文种为越国大夫，司退潮。③旧时沙地区多有潮神庙，于八月十八、坍江、发大水等时，祭祀潮神菩萨。

西施　姓施，名夷光，一作"先施"，又叫"西子"，越国苎萝村（今萧山临浦）人。14岁被选送到越国都城学习艺礼，3年后受命沼吴复越。为纪念西施，乡人将其故居改建成西子祠。南宋淳熙年间（1174～1189），敕封西施为苎萝48村土地神，改祠为庙，俗称"娘娘庙"。西施庙今为西施古迹群之一。④

孝女　名曹娥，东汉上虞人。相传曹父殁水，曹娥跳江寻父，孝行感动乡里，后世尊其为孝女。萧山裘江金家浜为曹娥外婆家，建有孝女殿，旧址在大通桥西北，民国《萧山县志稿》有载。每于曹娥投江之日，划龙舟以示纪念。

岩将老太　后唐时，有管氏兄弟3人及其舅董戈，不畏强暴，为民除害。后人颂其功德，立祠并祀管、董4人，尊称"岩将老太"。先在河上店凤凰坞村口建庙，后在管村建庙，以示纪念。

张老相公　张夏⑤，宋萧山人。景祐年间（1034～1038），受命将浙江海塘改筑为石塘，两岸百姓免受潮涌堤塌之灾。相传张夏死于护塘工地，死后被追封为宁江侯、护堤侯、静安公等。俗称"张老相公"，尊为水神，立祠纪

① 与三月初三真武大帝生诞日举行真武会，时间上有矛盾。待考。

② 《越绝书》载："涂山者，禹所取妻之山也，去县五十里。"

③ 《吴越春秋·夫差内传》载："吴王乃取子胥首尸，盛以鸱夷之器，投之于江中……子胥因随流扬波，依潮来往，激荡崩岸。"《吴越春秋·句践伐吴外传》载："越王葬种于国之西山……葬一年，伍子胥从海上穿山胁而持种去，与之俱浮于海，故前潮水潘候者，伍子胥也；后重水者，大夫种也。"

图40-5-1084　越王句践塑像（2002年4月，李维松摄于湘湖城山句践祠）

图40-5-1085　钱镠塑像（2008年7月，李维松摄于闻堰镇黄山西殿）

④⑤详见《人物》编。

念。旧时沿江建有张神庙数十座，以长山北麓张神殿为最，今圮。现有南阳镇海殿、义盛镇静海殿等多座寺庙祀奉张夏。

杨时　北宋萧山知县，任内兴修水利，建筑湘湖。"杨文靖公辟湖利民，泽及万世，宜其馨香俎豆，庙食萧山。"（周易藻《萧山湘湖志》）民感其惠，在湘湖之东建杨长官祠。明成化间重修，敕赐额"德惠祠"。今圮。杨时曾为龙图阁直学士，故濒湖多有龙图庙，今西兴存龙图庙遗址。义桥有潋堰庙，祀奉杨时（详见《人物》编）。

胡公大帝　名胡则，永康人。《宋史·列传》称其"果敢有才气"，"以右谏议大夫知杭州"。范仲淹《祭胡侍郎文》载："惟公出处三朝，始终一德，或雍容于近侍，或偃息于外邦……靡尚威型，积有阴德，安车以谢，正寝而终，老成云亡，荐神兴慕。"胡则后裔析居河上、戴村等地，戴村上胜庙、碛堰山庙祀奉胡公。

刘猛将军　名刘承忠，元代人，元亡，投河自尽。俗传死后执掌蝗蝻，能消除蝗灾。他吞食蝗虫，宁让蝗虫吃自己心肝，也不让蝗虫去吃庄稼，因而受到百姓敬仰，被尊为除蝗之神。清雍正二年（1724），萧邑奉旨庙祀，嘉庆年间（1796~1820）邑绅王宗炎为之塑像。庙在城南岳大桥，今圮。

温元帅　温姓，封"东嘉忠靖王"。传说为去省城乡试的秀才，夜闻鬼下瘟药于井，为救百姓生命，以身投井劝告百姓不饮井水，后被封为神。萧山现有3处元帅殿，各地神庙多有祀奉。

冬福二圣帝　即宁邦保庆王和保国资化威胜王。唐光化二年（899），吴越王钱镠为免遭钱塘江洪灾，追封讨东阳贼有功的隋大业中陈杲仁裨将孔逸为惠仁侯，称"宁邦保庆王"，立庙钱塘江畔之莽山，以求神佑。后汉乾祐元年（948），钱镠之孙吴越王钱弘俶在孝悌乡建南殿，封与孔逸同讨东阳贼的裨将李某为资化侯，称"保国资化威胜王"，予以祀奉。后两殿移址黄山合建，称"黄山西南殿"，一起供奉宁邦保庆王和保国资化威胜王。俗传二王是建造、护佑西江塘有功之神，民间尊其为"冬福二圣帝"，又叫"年菩萨"。每年岁末，各家择吉日祭祀祝福，俗称"请年菩萨"。

旧时乡人对地方神祇中的水神尤为崇拜，水神崇拜有深刻的社会原因。萧山沙地区和里畈是水乡，旧时由于生产力水平低，乡人在长期抗争水灾、追求水利的过程中，产生了水神崇拜。萧山民众崇祀的水神有自然神如龙神、火神、雷神、天地神等；英雄神如女娲、大禹、伍子胥、关公、晏公、妈祖等传说中治水或与治水有关的英雄；地方神祇如张夏、杨时等。萧山沿江、沿塘等濒水地区群众皆崇祀水神，供奉水神的寺庙遍布各地。例如主供水神张老相公的张神庙全县有数十座，几乎所有土地庙都侧供张神。谚云："沿江十八庙，庙庙祀张神。"民众对水神崇祀很虔诚，平时主要在神诞之日举行庙会崇祀，正月初一祭天地菩萨、年终请年菩萨等。祭请用五牲福礼，烧太隆元宝，念佛诵经，祈求来年风调雨顺、五谷丰登。若遇水旱之急，百姓抗灾乏力，则抬出观音菩萨、元帅菩萨、黄山西南等神佛的行宫，巡游迎神，企图借助神佑消灾。萧山民间流传着不少有关水神治水护民的故事，内容不外乎水神的来历、水神的善良、水神的神力、治水的功绩等，千百年来脍炙人口，具有恒久魅力。中华人民共和国成立后，随着科学昌盛和水利事业的发达，水神崇拜逐渐淡化。

第四节　征兆　消灾

征　兆

旧时，民间借自然界怪异现象及梦幻情景，以占验征兆。其中有些征兆有一定的科学道理，如"蚂蚁上墙，兆大水"等。但多有认识误区，还夹杂迷信色彩，然亦可窥见科学不昌明时代民俗之一斑。

天兆　大地震，兆大变动。彗星出，兆灾异。大旱，兆兵燹。大雪，兆丰年。冬月丁卯晴，兆久晴。冬月丁卯雨，兆来年歉收。春风无雨，兆少病痛。秋后见鲎（彩虹），兆歉收。冬季动雷，兆人头脆（易死人）。

物兆　枯树复生，兆兴旺。鸡飞屋顶，兆火灾。喜鹊声声，兆吉利。乌鸦连叫，兆晦气。夜里狗哭，主凶事。蚂蚁上墙，兆大水。灯花连爆，兆客至。萤火入室，或筷子跌落在地，兆客至。竹子开花，兆荒年。老鼠白日搬家，兆地震。

人兆　左眼皮跳，兆有财。右眼皮跳，兆有祸。十指全箕，劳碌命。耳朵发热，兆人颂。印堂发亮，兆财旺。印堂发黑，兆有病。手心发痒，能进财。打喷嚏，一颂，二骂，三记挂。梦见天光，主大吉。梦见落雪，主丧事。梦见风雨，主凶事。梦见雷电，主吉庆。梦见地裂，主大凶。梦见风吼，有远信。梦见粪土，主进财。梦见蛇类，主吉利。梦见茂草，家道兴。梦见梳洗，百忧去。梦见赤身，主大利。梦见出血，主大吉。梦见换衣，兆进禄。梦见棺材，主吉利。

消　灾

旧时科学不昌明，缺医少药，百姓出于无奈，信奉消灾做法，其中不乏迷信因素。民国《萧山县志稿》载："俗遇疾病不讲医药，多信巫卜。如霍乱等症，乡民多谓土祟，延道士数人，鼓乐讽咒，谓之谢土，诚迷信之害也。"

寄拜　旧时孩童夭折者颇多，为使孩子健康成长，民间流行认干亲，俗称"寄拜"，沙地区尤为普遍。根据孩子的生辰八字，由算命先生确定是否需要寄拜，以及示明受寄者生肖。受寄者为已婚女性，称"寄拜娘"。经对方同意，父母择日带领孩子，携礼物至寄拜娘家行寄拜礼。须"请菩萨"、"做羹饭"，祀神祭祖。寄拜娘送寄拜儿女一套衣服，及"关刀"、十二生肖等饰物。行寄拜礼之后，两家即成干亲。逢年过节、寄拜爹娘的生辰，寄拜儿女都要给寄拜爹娘拜年、送礼。农村中有寄拜兄弟、寄拜姐妹、寄拜父女等，也有小孩寄拜观音菩萨做"姆母"，改名"观祥"、"观根"之类。

寄名　旧时小孩体弱多病，父母在求医问药的同时，有携儿前往寺庙"寄名"为弟子的，以消除灾祸，求得吉利。寄名时，拜德高望重的和尚为师。父母将小孩生辰告于神前，然后由和尚给孩子取一法名，赐以刻有"长命百岁"字样的项圈或锁片，戴于小孩颈上。从此，小孩呼该和尚为"师傅"，以示出家得到神佑。

倒药渣　病人煎服中药后，将药渣倒到路上，俗谓能消灾除病，早日康复。又说，药渣倒于路上，遇郎中等识药理者路过，看到药渣知道患的什么病，知道配的药是否合理，可自量医术前去帮助医治或纠正配药不当。此俗部分乡村和集镇尚存。

喊魂灵　旧时，小孩患病呓语，俗以为魂灵丢失，故须将其唤回，方能痊愈。由祖母或母亲手持扫帚，帚柄撑病孩衣服，于傍晚在村口或门外高喊病孩名字："某人好回来啦！"随即回答："哎，回来了。"又喊："某人好吃饭了！"又回答："哎，来了，来了！"然后将衣服盖在病孩身上，表示魂灵已归。小孩夜哭，祷祝床公床婆，或用黄纸书写"天皇皇，地皇皇，我家有个夜哭郎，过路行人看一遍，一觉睡到大天光"，贴于路口。民国《萧山县志稿》载："妇人以婴儿夜卧不宁，辄祷祝床公床婆。"此俗已很少见。

第六章　时　尚

在新旧交替过程中，社会生活里时尚的东西层出不穷。时尚属于人类行为文化模式的范畴。有的时尚如过眼烟云，稍纵即逝；有的时尚经过时间的沉淀，显示出其积极意义，留在社会生活中。因此，可将时尚看作习俗的变动形态，而习俗则是时尚的固定形态。

读书接送　小学生读书天天由家长接送，或父母上班时顺便用自行车、摩托车将孩子带到学校门口，也有汽车接送的，或由隔代长辈专事接送。上学、放学辰光，学校门口人满为患，交通拥挤。接送孩子主要出于安全考虑，怕孩子路上出意外，怕孩子贪玩等。甚至考上大学的，虽已是强壮小伙子、出挑大姑娘，不管路途远近，去大学报到皆由家长陪同。

聘请家教　市民特别重视子女的教育和培养，不惜花重金聘请家教。有学前家教，教给孩子绘画、音乐、舞蹈、外语等方面基础知识或技能；有学习期间的家教，指导孩子家庭作业、补习功课、课外辅导等；也有毕业、升学前，请资深教师帮助孩子对症下药、模拟攻关，使把劲考上重点学校的。家庭富有者在孩子就读的重点学校附近购买或租用房子，雇用保姆照料孩子生活起居，就近得到最好老师的家教。临考大学前，有的包下宾馆房间，作封闭式复习。

同学聚会　80年代后，各种同学会多了起来。先是"老三届"，他们经过十年"文化大革命"和"上山下乡"磨砺，特别珍惜那份同学情义，于是老同学相约相聚，互诉衷肠。后发展到各个年代、大中小学各个学段毕业同学聚会。世纪之交，正如一首歌中所唱的，那些"80年代新一代"，刚好过了20年，便忙不迭地"我们来相会"。

吉庆点歌　每逢生日、寿诞、婚庆、升学、参军、中奖、开业等喜事，或"三八节"、"情人节"、"儿童节"、"母亲节"、"教师节"、"重阳节"、"圣诞节"等节日，在电视上给亲友点首歌，送一句祝福话，以示庆贺。萧山电视台专门开设"点播"栏目，以满足各界需要，黄金时段每首收费38元，至今仍盛行。

鲜花传情　不知什么时候开始，鲜花进入人们的礼仪生活，花店遍布城区大街小巷。商店开业送花篮，明星演唱送花束，自不待言。探望病人送鲜花，寄托了早日康复的美好祝愿；慰问劳动模范送鲜花，表达了对奉献者的仰慕和崇敬。也有探亲访友赠送鲜花，表达亲情和友谊。清明祭祖供一束白花，寄托对先祖的绵长思念。情人节送玫瑰花更是风靡一时，届时价格陡涨，鲜花告罄，非预订预约不行。其中有热恋青年对纯正爱情的追求，也不乏移情旁骛。

购买吉祥　80年代以后，受南方开放城市影响，萧山人装电话、买手机、选汽车牌号，乃至购买住宅的楼幢楼层，喜欢追求吉祥数字。最受欢迎的是"8"和"6"，最避忌的是"4"。"8"谐音"发"，寓意兴旺发达、发财致富；"6"取"六六大顺"意；而"4"则谐音"死"，以为不祥。汽车牌号中若有"168"、"088"、"0588"，视为大吉，"168"寓意"一路发"，"088"、"0588"寓意"汽车一动（你）就发"。僧多粥少，这类吉祥数字一度"按质论价"，买卖双方皆大欢喜。

广告征婚　90年代后出现广告征婚，初见于大龄、再婚者择偶，后扩大到一般婚龄青年。婚介所应运而生，一些人以"红娘"为职业。青年采取"鹊桥会"、"联谊会"等形式觅得佳偶。网上寻觅情侣，成为时尚一族的新招。表情达意的方式悄然发生变化，五六十年代通行的情书日渐式微，而电话、短信、QQ等大行其道。六七十年代较为普遍的经介绍人撮合的婚姻，已不多见。而未婚同居、未婚先孕并不鲜见，美其名曰"试婚"。

车队迎亲 迎亲方式发生变化。农村60年代有用自行车、70年代用拖拉机、80年代用摩托车迎娶新娘的。90年代，城镇始用轿车迎亲，后发展到乡村。长长的一溜车队，再加摄像拍照，好不气派。车牌号码被贴上"百年好合"、"永结同心"之类的金字红纸，其中不乏公车私用者。农村近年返璞归真，放着私家高级轿车不用，有的新娘偏偏爱坐老式花轿，尝一尝"大姑娘坐花轿——第一回"的滋味。

婚纱留影 80年代后，新婚夫妇以拍婚纱照为时髦。新郎西装革履，新娘白色拖地纱裙，经描眉涂唇一番，请专业摄影师拍摄婚纱照。有到影楼衬景前拍摄，有到风景名胜实地拍摄，其间亦更换服饰，由摄影师摆布设计各种姿势，一一拍摄下。婚纱照多为套照，选择其中最佳者为标准婚照，放大装入镜框挂于新房，其余则制成精美影集保存。90年代后，中老年夫妇在纪念结婚20周年、30周年乃至四五十周年（银婚、金婚）时，补拍婚纱照的不在少数。他们没能赶上新时代，有的夫妻连半身并排合照都没拍过一张，于是借婚庆纪念补拍婚纱照。80多岁老太太披上时尚婚纱，重温当年做新娘的感觉，儿孙们拍手相贺。

宾馆办酒 市民到宾馆办酒宴习以为常。最普遍的是婚宴，好日子一拣出，至少须提早半年预订，否则订不到宾馆，只得推迟婚期。星级宾馆人满为患，往往同一天数对新人办喜酒。除夕夜，大小宾馆饭店爆满，在厨房忙碌了一年的城镇家庭主妇大多不必劳累了，举家舒舒服服在宾馆吃团圆饭。家来客人，懒得演奏"锅碗瓢盆协奏曲"，"走，上饭店去！"农村仍以家庭办酒为主，但菜肴已非传统"十碗头"，请来城里宾馆大厨掌勺，菜肴与宾馆不分伯仲。

假日出游 过去萧山人为温饱奔波，没有时间也没有钞票做嬉客。倘有人出差顺便游了什么地方，便用乡谚"吃麦糍饭游西湖"自嘲或被嘲。90年代以来，假日出游成了市民新生活的内容之一。从出游形式看，有参加旅游团的，有散客游的，有举家自驾车出游的，也有骑自行车周游的；从出游内容看，有名胜古迹游、乡村农家游、登山探险游、温馨浪漫游、金秋夕阳游、红色之旅游、佛教圣地游等；从出游地点看，先是本省风景点，继而周边省市，进而海南新疆、草原大漠、港澳台，乃至漂洋过海到欧美；从出游时间看，有春节外出旅游过年的，有婚假旅游度蜜月的，有年休假休闲旅游的。世纪之交出台七日"黄金周"，更是市民出游的大好时机。也有一些人闲暇时间到本市山区、围垦、乡下做客游玩。

棋牌消闲 下棋、打扑克、搓麻将是市民普遍喜欢的传统休闲娱乐方式。随着人口日趋老龄化，农村、居民区都建立老年活动室，供老年朋友和退休职工消遣。有的在村头巷尾下棋或打牌，围观者甚众。在职市民晚上和休息日呼朋唤友，来上几圈，自得其乐。各类棋牌室应运而生，内设自动麻将机，供应茶水点心，按时计费，有的附设床位，供漏夜鏖战者小憩。亲朋好友间搓麻将、玩扑克"小搞搞"来点刺激是有的，也有少数滑入赌博的泥潭。

卡拉OK 90年代初，大小宾馆饭店的餐厅包厢时兴安装卡拉OK，筵未开席，先点唱金曲，放开嗓门来一首。三杯过后，或互相争抢，或假意谦让，一个接一个地，以歌助兴，以酒助兴。一些单位的会议室、接待室和家庭的小客厅也装上卡拉OK，开会或学习前先唱几首或者来客了，宾主同唱同乐。聪明人抓住商机，办起卡拉OK多功能厅，经营商业性演唱，有的内设舞池，载歌载舞，好不惬意。卡拉OK风行一时，工会、街道不失时机加以引导，举办各种类型卡拉OK演唱比赛。进入21世纪，唱卡拉OK的渐见稀少。

晨跑夜走 随着物质生活水平的提高，健身成为居民追求生活质量的新时尚。太极拳、木兰拳、扇子舞、交谊舞、气功、腰鼓、舞龙、划船、棋牌等，健身形式很多。每当晨光初现，公园里广场上一簇簇一群群，都是身着各色健身服的人在十分投入地晨练。而早晨跑步、晚上散步者尤多。许多人信奉"饭后百步走，活到九十九"，每天散步，风雨无阻，且走得很远。体育场跑道上晚间散步者如同竞走比赛，一圈接一圈，乐此不疲。

露天舞会 改革开放后，学习跳舞的人一下子多了起来。连原先认为跳舞拉拉扯扯、搂搂抱抱会"出事体"的人，也跟着"下水"。由于跳舞不受年龄、身份、场地限制，所以青年跳，中年跳，老太老头跟着跳；款爷跳，百姓跳，工作业务横向跳；宾馆跳，舞厅跳，公园广场露天跳。尤其露天舞会，舞曲一放，素不相识的人手拉手"嘭嚓嚓"跳将起来，跳的人多，看的人更多，是为城市一景。

美容美发 美容化妆进入寻常百姓生活。描眉、粉面、涂唇、养颜、护肤、面膜、除皱、祛斑、美发、焗油、染发、染指甲、纹眼线、割双眼皮，乃至隆胸、丰乳、洁齿、装假睫毛等渐成时尚。美容美发业陡然兴起，化妆品商店应有尽有，大街小巷装潢豪华气派、夜晚霓虹灯闪闪烁烁的美发厅、美容院鳞次栉比，打扮入时的发廊小姐倚门招揽生意，其中不乏"打性擦边球"的。

洗脚敲背 兴起于90年代的一种时尚休闲保健方式，生意红火。光顾者多为大小老板、职场人士，也有想得通的普通百姓。大抵酒足饭饱后，有人做东去"放松一下"。

养狗种花 饲养宠物渐成时尚，养猫、养鸟、养乌龟、养金鱼的人多了起来，养狗尤其风靡。每天早晚，一些退休职工、中年女士等手牵爱犬遛公园、逛马路，怡然自乐。穿着入时的女郎抱着小狗逛大街、走亲戚，呼唤着"宝贝"。冬天给狗穿上御寒背心，发情期给狗穿上"贞操裤"，以防"性侵犯"。宠物狗的种类很多，常见中低档西洋狗，也有少数名贵犬。专门出售宠物和提供配套服务的宠物店应运而生，生意兴隆。农村养狗从看家护院，发展到休闲娱乐，养西洋狗的也多了起来。城镇居民阳台上大抵有几盆花卉，农家宅前屋后种花种草的亦不在少数。

夹克走俏 80年代末90年代初，市民以穿皮夹克为时髦。无论男女老少，冬天大都穿一件皮夹克。或黑色，或棕色，而以黑色为多；或拉链，或纽扣，而以拉链居多；或皮领，或毛领，而以皮领为多。还式样翻新，出现轻便猎装、豪华皮大衣等，皮大衣的毛领延伸到前胸腰间。皮夹克一窝蜂现象，到90年代末趋淡。

佳品滋补 80年代后，各种滋补品大行其道。双宝素、龟鳖丸、三勒浆、脑白金、蜂之乳胶囊、青春宝、红桃k补血剂、孕宝、肾宝、太太口服液、雪尔朴血，还有名目繁多的男女性保健品……你方唱罢我登场，各领风骚若干年。拜访亲友、探望病人、孝敬长辈、托人办事，照例送点保健佳品。有人出于长寿、美容、保健需要，长服常换。也有人凑凑热闹，似乎对保健品究竟有多少保健功用并不介意，看重的只是新颖时尚。保健品市场鱼龙混杂，良莠难辨，商家还在不断推陈出新、变换新招，可谓方兴未艾。

电话拜年 信息革命悄然来到身边。80年代末90年代初，风行腰佩"BP机"，"有事呼我！"是那时一句时髦话。与此同时，"大哥大"出尽风头。初为电话听筒般大的长方体，又大又笨，也称"砖头机"，装在特制的皮包里夺人眼球，且价格不菲，"手拿大哥大，必定是款爷"。后来体积越来越小，功能越来越多，价钱越来越便宜，更新换代越来越快，普通百姓几乎人手一只，连小学生也拥有了小灵通。电话经过八九十年代交付昂贵的初装费和长时间排队候装的阵痛，到世纪之交几乎普及城乡，有的家庭安装不止一部。楼上楼下互打电话，千里之外问个吉祥。除夕钟声一响，忙给亲朋好友打个电话，发条短信："新年好！"电话拜年别有一番温馨。

学开汽车 进入90年代，学开汽车蔚然成风。起初以谋职为主，运输市场放开后，农村青年和城镇待业青年若掌握驾驶技能，就扩大了就业范围，所以学驾车的人排成长队。90年代后期，尽管驾校办了很多，依旧爆满，但学车目的已发生变化，随着购买私车的人越来越多，学开汽车主要出于自驾所需，尽管有的暂时尚未买车。

购买股票　90年代初股票上市，市民怀着试试看心情涉足股市，尝到甜头后，购买者渐多，至90年代中后期达到高潮。饭余茶后、电视机前，探讨、争论、交流股市走势的不乏其人。每天上午，交易大厅人头攒动，熙熙攘攘。一些下岗职工上午炒股票，下午搓麻将，收支平衡，乐此不疲。世纪之交，股市出现疲软，股民多有"套牢"者。

窗户防盗　安装防盗窗的始作俑者，或许出于盗贼的防不胜防。此举虽属无奈，却很管用，花钱也省，买个安全，所以居民纷纷仿效。初用钢筋，外涂防锈漆，后发展到用不锈钢；初紧扣窗户沿，后往外突出，占据不小空间，下可放花盆，上能晾衣服；初在低层住宅，后来六层顶楼也装；初在城镇居民楼，后发展到乡村农家。现在治安状况大为好转，而装防盗窗之风依旧。装防盗窗似乎已超出防盗之本意，而成为一种心理防范。

居室装潢　早些年居民的愿望是能够住上套房，哪顾得装潢不装潢，四徒白壁，明线开关，老式自来水龙头，已是巴不得了。90年代后大多住上套房，讲究起三室四室、舒适漂亮、豪华时尚来，居室装潢应运而生。初贴墙纸墙布、喷涂料、装围板，再吊顶、喷聚胶漆、敲墙壁做家具、铺花岗岩、贴瓷砖，后索性换上自己买的电线、电灯、自来水管、抽水马桶等，装潢所用材料越来越新颖高级。买了新房若不装潢，似乎毛坯一个不能住。一些80年代初入住的老套房，那时装潢马虎，不少已在重新装潢。

超市购物　90年代后，传统柜台式购物的百货商店，光顾者日渐稀少，经营萧条，而新出现的超市人气旺盛，生意兴隆。装潢豪华的大超市还在不断面市，其连锁店下伸到镇乡，再后完全取代了前者。超市购物成为市民生活的新内容，节假日、晚饭后举家到超市，乘自动楼梯层层上去，推着小车，大包小包往里装。超市货架的开放、商品的丰富、挑选的自由、价格的实惠等，都受到市民欢迎。一些人不购物也爱逛逛超市，以获取商品信息，盛夏兼作乘凉和休闲消遣。

"洋节"兴起　80年代以来，圣诞节、情人节等外来节日传入境内，很受年青一代欢迎。2月14日称"情人节"，是日给情人送鲜花、约会、出游、聚餐、送礼物等，准新郎准新娘于此日提前拍摄婚纱照，也有在情人节举行婚礼的。节日期间，花店门庭若市，生意兴隆。12月25日圣诞节，平安夜（12月24日）就开始热闹起来。年轻人唱"圣诞歌"，向亲友互报佳音，化妆成"圣诞老人"向孩子们抛赠糖果礼品等。商家乘机推波助澜，大做圣诞节生意。过"洋节"满足了年轻人中外文化交流的心理需求，大有方兴未艾之势。

"围城"现象　乡下人挤公共汽车上城里做生意打零活，城里人（实为农村先富起来的那部分人）开着轿车去乡下自己厂里干活。失地农民千方百计上城里打工；城里国有企业下岗职工，还有"退休工程师"，先是到乡镇企业，后来到农民个体、私营企业上班。90年代以前，城市户口吃香，农民想迁到城里来，须在城里买房子、花钱办"绿卡"；90年代后，农村户口反而吃香，尤其城乡接合部的农民，拆迁后不愿把户口"农转非"。农民在城里买房，城里有钱人设法到山坞、水滨建造别墅。正是：风水轮流转，时尚变化快。

第四十一编
宗　教

江送才华叹寂寥，

江　寺

台城肠断纸鸢飘。

清·陶元藻

一铃常响浮图顶，

犹似声声语六朝。

萧山流传佛教、道教、天主教、基督教、伊斯兰教五大宗教。东晋时期，佛教和道教相继传入境内，历经唐宋元明清和民国时期的兴衰起落。清朝后期，天主教、基督教传入萧山。民国时期，伊斯兰教始传入萧山。

中华人民共和国成立后，人民政府实行宗教信仰自由政策，信教群众的宗教生活得到保障。但在"文化大革命"期间，宗教信仰自由政策遭到破坏，境内宗教活动场所多被占为他用或拆除，正常宗教活动被迫停止，一些宗教教职人员被遣散改行。1978年以后，宗教信仰自由政策重新得到落实，萧山先后建立基督教协会、天主教爱国会、佛教协会3个爱国宗教团体。1982年，县人民政府设立宗教事务科，进一步落实宗教政策，保护正常的宗教活动，被占用或拆除的教堂寺庙开始逐步清退、修复或重建。1996年，市民族宗教事务局成立，宗教事务管理逐步走上规范化、法制化道路。同年，全市开展基督教堂（点）登记工作和整治小庙小庵活动，加强对宗教活动场所的管理。

至2001年3月，全市有宗教活动场所235处，其中佛教、道教场所72处，基督教堂（点）158处，天主教堂5处，伊斯兰教徒参加杭州伊斯兰教会活动；宗教教职人员800余人。萧山市（县）政协第六届至第十届委员会，宗教界人士有28人当选为委员，参政议政。①

① 萧山县政协第六届委员会（1984.11~1987.4），宗教界有3人当选为委员；萧山市（县）政协第七届委员会（1987.4~1990.4），宗教界5人当选为委员；萧山市政协第八届委员会（1990.4~1993.4），宗教界6人当选为委员；萧山市政协第九届委员会（1993.4~1998.3），宗教界7人当选为委员；萧山市政协第十届委员会（1998.3~2001.3），宗教界7人当选为委员。

第一章 佛 教

佛教于东晋开始传入萧山，五代吴越国时期和宋代一度兴盛。明代和清中叶前得到平稳发展，晚清至民国时期出现衰落。中华人民共和国成立后，尤其是改革开放以来，实行宗教信仰自由政策，境内佛教寺院得到恢复和发展。

第一节 流 传

①佛教产生于公元前6世纪～前5世纪的印度，创始人悉达多·乔答摩，后世尊称其为释迦牟尼。西汉时，佛教始由印度传入中国，汉献帝末年至三国吴时期，始在江南传播。经过魏晋南北朝至隋唐时期的发展衍化，逐渐形成"中国佛教"。中国佛教按其传入的地区、时间、民族和社会背景的不同，分为北传佛教、南传佛教和藏传佛教三大体系。

东晋咸和六年（331），高阳名士许询舍宅建寺，初称崇化寺，北宋治平三年（1066）改名祇园寺。祇园寺堪称萧山佛教寺院开山之作，它的建立表明佛教开始传入萧山。萧山佛教属北传佛教①，经过1000多年的兴衰起落，流传至今。

东晋和南北朝时期，南方社会相对稳定，经济较为发达，北方名僧高士纷纷南游，佛教学术重心南移。这一时期，佛教在萧山得到迅速传播，建造了一批著名寺庙。例如东晋时期有许询在楼塔镜台山下建成的重兴寺；有隆吉将军在西山之麓建成的隆兴寺。南朝齐建元二年（480），江淹之子昭玄舍宅建寺，即今城厢镇之江寺。南朝齐时，始建竹林寺。南朝梁大同元年（535），建成崇教寺，遗址在今所前镇杜家村。大同三年，始建广惠禅院。大同年间（535～545），白敏之子舍宅为寺，就是后来的白墅寺。这些堪称萧山历史上最早的一批寺庙，对萧山佛教的传播起到积极作用。

唐朝初期，统治者推崇道教。唐会昌年间（841～846）出现全国性排佛毁寺现象，时萧山被毁坏的寺院有祇园寺、觉苑寺、广化寺、慈云寺、广慈寺、净土院、重兴院等，幸存的寺院亦香火冷落，佛教一度衰落。唐末、五代时期，统治阶级利用宗教安抚民心，这一时期萧山寺庙得到恢复和发展。尤其吴越国统治时期（907～978），采取"保境安民"、"信佛顺天"政策，提倡和扶持佛教。这一时期，萧山兴建了一批佛教寺庙。例如唐天祐二年（905），丁文靖公舍基建和庆寺；后唐同光元年（923），始建广福寺；后唐长兴二年（931），建成太平寺；后晋天福三年（938），建成古等慈寺；天福七年（942），建成资教寺；后晋开运二年（945），始建大岩寺；开运三年，建成螺山寺；后汉乾祐元年（948），在县南的孝悌乡（今戴村镇一带）始建南殿；后周广顺元年（951），陆续建成惠悟寺、资福寺；后周显德元年（954），建成化成禅寺；显德六年，建成灵山寺。

图41-1-1086 曹洞宗第二十九世进化曹山寺开山师净生起祖墓碑（2001年5月，李维松摄）

北宋前期，萧山佛教继续发展。虽然从全国而言统治者崇道排佛，佛教进入衰退时期，但萧山佛教的兴盛之势一直维持到宋末。南宋定都临安（今杭州），促进了江南社会发展和经济繁荣，萧山佛教寺庙建筑仍得到相应发展，佛教和道教呈现同时兴盛景象。祇园寺在北宋建隆元年（960）重建。禅机庵在南宋绍兴年间（1131～1162）重建。宋代重建、扩建了化成禅寺。北宋乾德二年（964），始建百步寺。乾德四年，新建曹山寺。熙宁六年（1073），新建地藏寺。南宋绍兴年间，建成先照寺。嘉定二年（1209），始建崇福杨寺（今杨岐寺）。淳祐元年（1241），建成延庆寺。宋代建成的还有罗峰寺、元兴寺、太平庵等。这一时期还有一大批土谷祠建成，如楼塔回龙庵、临浦西施庙、梅里土地庙、进化泥马庙、义桥潋堰庙等，土谷祠循俗大都供有佛像。

元代统治者以藏传佛教为国教，对佛、道教采取宽容态度。这一时期，萧山许多长年失修、破败不堪的名刹得到修葺，也兴建了一些寺庙，如：元至元年间（1264～1294）新建铁佛寺；元至正三年（1343）重修祇园寺等。

明代，统治者支持传统佛教。萧山许多毁于元末的寺庙，在明初得到整修、重建，还新建一批寺庙。新建的寺庙有：河上兜率禅寺、甄山庙，楼塔管村庙、小村庙，戴村惜谷庙、临浦关帝庙、后山庙，浦阳非相庵，进化樟坞庙、茅山庙，所前王湾庙、下水仙庙，南阳甘露禅院等。重建的寺庙亦不在少数，例如明洪武年间（1368～1398）重建百步寺；永乐初年（约1403）重建隆兴寺，重建、扩建禅机庵；万历年间（1573～1620）重建地藏寺；天启元年（1621）重建螺山寺等。

清王朝在以儒家思想作为精神支柱的同时，也利用佛、道教作为其思想精神统治的工具，因而对佛、道教采取保护、扶植和利用政策。康熙、乾隆等清帝信奉佛教，他们多次南巡杭州，在各处寺庙御题匾额，影响所及，对萧山佛教的发展起到推动作用。城厢镇董家埠原有建于清乾隆年间（1736～1795）的南巡庙，就是为纪念乾隆南巡而建。清代，大批寺庙得到重建或修葺。如清顺治三年（1646）重建曹山寺；康熙七年（1668）重建隆兴寺；康熙二十一年建成瓜沥太平庵；雍正年间（1723～1735）建成戴村祖师庙；乾隆三年（1738）建成甘露庵；乾隆五年建成织履庵；乾隆三十四年重建化成禅寺；乾隆五十三年建成东岳行宫（峙山寺）；乾隆年间建成闻堰隆兴庵、新街福庆寺；乾隆、嘉庆年间（1736～1820）重建地藏寺；嘉庆九年（1804）建成镇海寺；嘉庆年间（1796～1820）建成敬天竺；道光三年（1823）建成吉祥庵；道光二十八年建成接龙庵；同治八年

图41-1-1087　萧山市开放、保留、暂保留寺庙负责人学习班（1997年5月摄，萧山区民族宗教事务局提供）

（1869）建成观音殿；光绪二十年（1894）建成灵岩寺。清代还建成觉斯庵、宝善庵等。清道光朝以后，由于社会动荡、战乱频繁，萧山许多寺庙被战火所焚，佛像被毁，僧尼大为减少，信士无法进行正常佛事活动。方志多有"咸丰十一年毁"、"咸丰辛酉年毁"等记载。如重兴寺、广福寺、宝寿禅寺、龙泉寺、太平寺、山栖崇教寺、杨岐寺、百柱庙、道源禅院、城山寺、隆兴寺、王坞庙、孝女庙、万寿寺、地藏寺等众多寺庙，在这一时期都遭不同程度焚毁。

民国初期，很多寺庙得以重建或修葺。民国21年（1932），萧山佛教界建立县佛教分会，分会长

慧空和尚，时有会员120人左右。抗日战争时期，不少寺庙又毁于日本侵略者战火。其中被侵华日军炮击、毁坏或占为军用的寺庙有竹林寺、先照寺、罗峰寺、化成禅寺、茅山庙等。至中华人民共和国成立前夕，境内有寺院91座、庵堂227座，大多分布于南片、里畈和东片沙地地区。

中华人民共和国成立后，萧山佛教经历一个曲折的发展过程。1950年，萧山县成立佛教小组，组长余大慈。1954年，全县有记载的寺庙47座、庵堂221座，和尚103名，尼

图41－1－1088　云门寺（2001年5月，李维松摄）

姑89名。至1964年，全县有和尚41人，尼姑30人；白龙寺、地藏寺等少数寺庙仍有佛事活动。"文化大革命"期间，寺庙佛事活动被迫停止，法器、佛像遭毁，被拆毁或改作他用的寺庙不在少数。

改革开放后，正确贯彻落实党的宗教政策，恢复了正常佛教活动。经批准，不少寺庙先后得到修葺、恢复、扩建或重建，还新建了像极乐寺这样一些较大规模寺庙。扩建的寺庙有峙山寺、裘江寺、铁佛寺、罗峰寺、东福源禅寺（原里庵坞庙）、灵山寺、曹山寺、白龙寺、延庆寺、宝善庵、灵岩寺、甘露禅院、道源禅院等。重建的寺庙如先照寺、莲华寺、地藏寺、接龙寺、化成禅寺、福庆寺、镇海寺、非相禅寺、龙泉寺、天乐寺（原东湖庙）、太平寺、仪林禅院、螺山寺、瑞丰寺、杨岐寺、元兴寺、沙河沈庙、至湖岭庙等。无论扩建还是新建的寺庙，大都构制恢宏，殿宇高大，建筑精美，为信教群众开展正常宗教活动提供了良好场所。但这一时期小庙小庵有所抬头。据统计，1992年，全市有包括未经批准的小庙小庵在内的各类寺、庙、庵等182处。至1994年，则达到349处。1996年1月，萧山开展治理小庙小庵工作，本着"有堵有疏、疏堵结合"的方针和"适当保留、合理布局"的原则，历经4个月，对全市303处寺庙作了清理，其中批准保留寺庙7处、暂时保留寺庙30处、拆除15处、改作他用169处、暂时封存82处，清理捣毁佛像1468座。1997年1月，萧山市佛教协会成立，一些道教寺庙也加入佛教协会，极乐寺住持清锦法师任第一届会长。萧山佛教进入一个新的发展时期。

第二节　寺　院

萧山寺庙分布广泛，南片、里畈、沙地皆有，而集中分布在植被良好的山坞山丘和沿江沿塘一带，依山傍水，尽占山水毓秀。为方便信教群众进香拜佛，以利于宗教的传播，集镇、大村等作为一地的经济文化中心，往往是寺庙的首选之地。旧时县治及临浦、瓜沥、赭山等地集中了一批著名寺庙。例如明清时期被称作萧山四大名寺的祇园寺、江寺、惠济寺、隆兴寺，就建在县城。出于僧人自我修持的需要，那些远离集镇喧嚣的山林河滨等清净幽雅之所，便成了建造寺庙的理想之地。例如白龙寺、兜率禅寺、云门寺、曹山寺、大岩寺、先照寺等建在山巅，寺宇雄踞，孤高挺拔，俯视群山；百步寺、太平寺、延庆寺、杨岐寺等建在幽雅的山坞或宜人的山麓；而莲华寺、太平庵、复兴寺、罗峰寺等或建在湘湖、三江口等风景名胜区，或建在依山面水的地方，尽得山水之灵秀而更富禅意。

萧山寺庙虽历经沧桑，仍幸存少数古建筑，例如云门寺、兜率禅寺、古等慈寺、圣果寺等寺庙保存着部分清代建筑。白龙寺大雄宝殿是萧山寺宇中少有的明代遗存。不少寺庙存有称得上文物的碑、匾、香

炉、祭案、铁钟、石器等物件，有的还有抱联和名人诗文等。至2001年3月，全市有佛教活动场所（含道教）72处，其中开放寺庙5处，保留寺庙和临时保留寺庙67处（至2005年，经批准，一些临时保留寺庙逐步改为固定宗教活动场所，新增了一批保留寺庙）。

道源禅院 在城厢镇育才路与道源路交叉处，原名百柱庙。相传始建于唐代，初时为祭祀孔子并作讲学论道之所，供奉释迦牟尼等佛像。南宋时，建炎帝敕封浙江土谷之神皆为"明王"，禅院兼祀陈三、陈四明王。元代，乡贤戴诚之发起重建。明代扩建禅院，新建文昌阁，供奉文昌、魁星等道教神像。故道源禅院集释、儒、道三教于一院，含佛经"和光同尘"之义。至清中叶已有正殿、偏殿、僧舍、戏台等数十间建筑，占地面积4.80亩（约3200平方米）。清咸丰十一年（1861）焚毁。光绪元年至四年（1875~1878），住僧弥鉴重建，殿宇栉比，列柱如林，俗称"百柱庙"。

图41-1-1089 道源禅院大雄宝殿（2002年6月，李维松摄）

1956年遭台风袭击，部分殿宇塌圮。1966年又遭人为破坏，文昌阁及附近的陈公塔均被拆除，仅存大殿5间，场地移作他用。随着宗教政策的落实，热心佛事的群众于2001年筹资修葺扩建。新建"道源禅院"牌楼1座，东侧卧佛殿、禅廊，西侧土地殿、关帝殿等，两厢各8间，大雄宝殿在原有基础上扩为5间2弄，修葺一新，总建筑面积700多平方米。2000年，经萧山市人民政府批准（下同）登记为临时保留寺庙。

至湖岭庙 又名复兴庵。在城厢镇湖头陈村，背靠至湖岭。有山门、天王殿、大雄宝殿、地藏殿、土地殿、藏经阁等组成，建筑面积近2000平方米，占地面积约10亩（约6666.70平方米）。

图41-1-1090 至湖岭庙远景（2002年8月，李维松摄）

民国《萧山县志稿》记载："复兴庵，在县西七里至湖岭。明嘉靖间孙学思建。"周易藻《萧山湘湖志·外编》记载："复兴庵在至湖岭，明嘉靖间孙学思建。同治己巳修，光绪乙亥僧觉亮重修，中楹为土谷祠。"而民间传说始建于南宋。[①]清代至湖岭庙多次重修，依旧保持明代以来庵、庙合一和神、佛共处的格局。抗日战争时期，庵宇遭日军烧掠，僧人福田等遇害。50年代初，由住僧永根修复。50年代末，部分庵宇被拆。80年代初，僧觉道和居士钱金水、陈志诚等发起重修。经累年扩建，遂成今日规模。1996年，经批准登记为临时保留寺庙。

瑞丰寺 在城厢镇，位于北干山北坡北干通缆西侧，初名瑞峰庵。始建年代不详，明万历《萧山县志》载，瑞峰庵"僧如本、真忠建，在北干山东，近虎山岭"。原为四合院式，庵旁有约2亩（约1333.34平方米）竹园，尼姑数人。50年代后，庵宇颓废。80年代，清觉法师在原址西边山林队的泥墙屋内逐渐恢复佛事，后搭油毛毡房4间。90年代初，修建通惠路，开通北干山，庵宇属拆迁对象，遂易址重建。1992年建成大雄宝殿，1996年建成药师殿，1997年建成卧佛殿、祖先堂，1999年建成天王殿，另有山门、斋堂、客房等，累计建筑面积3000多平方米。寺院歇山重檐，金碧辉煌，依山就势，递次升高，为北干山一道亮丽风景。1996年，经批准登记为保留寺庙。

① 北宋末年，金兵进犯中原，传说康王南逃到钱塘江边一个叫绿沙的土地庙中，祈求土地菩萨保佑他躲过劫难，以待来日复兴大宋江山。康王从梦中得知，须抬着土地菩萨神像一起走方能脱险。第二天，随从将神像抬到越王城山附近的至湖岭时，怎么也抬不动了，只好将神像放下，盖上茅草保护，康王果然得以脱险。后来好事者在摆放土地菩萨神像的地方，建起3间茅舍，供奉土地菩萨"郭大明王"，因坐落在至湖岭下，故名至湖岭庙。明代，乡人重修至湖岭庙。鉴于康王抬着土地菩萨神像逃难时曾许下复兴江山之愿，遂将至湖岭庙改名为复兴庵，并增供如来、观音等佛像。

①民国《萧山县志稿》载："蜀山寺，在县南十里西蜀山麓。道光间，僧待修募建。"

②《扩建裘江寺大雄宝殿》碑记云：大雄宝殿于1997年9月8日奠基动工，至1998年4月8日全面竣工，历时218天，占地面积1458平方米，建筑面积382.80平方米。其中大雄宝殿宽18.88米，纵深13.68米，高18.88米。该殿设计汇集古今建筑之精华，结构坚固，采光良好，二龙戏珠风调雨顺，八角呈祥国泰民安，四镇九兽确保平安，古钟奏乐威震四方，铜瓦玉楹古色古香，百幅雕刻栩栩如生，庄严雄伟金碧辉煌。总投资68.80万元。

③原名先照寺。1996年，萧山市人民政府办公室文件（萧政办发〔1996〕58号）首次出现"先昭寺"写法。

图41-1-1091　裘江寺（2008年2月，李维松摄）

图41-1-1092　先昭寺圆通殿（2007年8月，李维松摄）

铁佛寺　在城厢镇严家埭村。创建于元至元年间（1264~1294），初名正宗庵，清乾隆《萧山县志》有载，历经毁建。现存大殿3间为清代建筑，其余为近年重建。四合院式，占地面积近3亩（约2000平方米），各种建筑20多间。山门朝东，驼峰式山墙。西侧濒河，有双连石驳成的石坎和踏步。大殿梁架、石柱、柱础、门窗等具有清代建筑风格。方石柱镌"信士李仁洁助"、"信女李赵氏助"等字样。中供释迦牟尼铁佛，重1吨多，佛相慈祥庄严。铁佛寺以铁佛为镇寺之宝，从现有资料看，历史上萧山以铁佛署寺名的仅此一家。原铁佛高大威严，重数吨，惜毁于1958年"大炼钢铁"。50年代后，寺院一度改作他用。80年代，古刹重放光彩（2005年，经批准登记为保留寺庙）。

蜀山庙　在城厢镇蜀山村，清道光年间（1821~1850）建。①原为四合院式，40年代，前殿被侵华日军烧毁。现后大殿、西厢房为清代遗存，东端土地殿系近年新建，占地面积2023平方米。大殿3间，供奉释迦牟尼、观世音、地藏王等佛像。殿宇恢弘，构筑精美。殿内石板地坪，古色古香。石柱镌"送子会敬助"等字样，相传为绍兴人出资所建。18扇大门除1扇系近年重修外，皆为清代原件。门腰的东阳木雕为《西游记》故事图案，美轮美奂。近年将原供在土地庙的"赵大明王"等神像移至东端的土地殿，形成寺、庙合一格局。1998年被定为萧山市乡镇文物保护点（2005年，经批准登记为保留寺庙）。

裘江寺　在城厢镇打纸埭村，濒临西小江，主建筑前、后两进，为天王殿、大雄宝殿②，供奉释迦牟尼、观世音、地藏王诸佛像，另有土地殿、财神殿、龙图殿等，内设戏台，建筑面积1600多平方米。原名裘江庙，始建于明永乐元年（1403）。寺内存清雍正十一年（1733）《重修裘江庙关于田碑记》碑1通。碑称："裘江庙者，吾萧社祠之一也，北枕茌山，南望竹岭，睹峰峦于云表，襟江水以如裙，左堰右闸，形若环抱。""明永乐间（1403~1424），徐君溥公舍基建祠，修复祠旁水闸，故闸即以徐家为名，而溥公长得配享其庙。"至清雍正六年（1728），庙宇倾颓，由社友补葺之。雍正十一年，由徐君溥公之后代及住僧界彬重修并扩建，后历经修葺。1975年，拆庙建厂。80年代末，附近群众发起易址重建裘江寺。1998年4月新建大雄宝殿（2001年12月，建成天王殿）。前后经5期建设，方成今日规模。1996年，经批准登记为临时保留寺庙。

先昭寺③　在石岩乡金西村，位于石岩山巅，始建于南宋绍兴年间（1131~1162），寺名取"旭日之光先照此寺"之意，又名先照庵、光照庵、石岩寺等。来裕恂民国《萧山县志稿》载："先照寺，在石岩山上。宋绍兴中建，又名石岩寺。"历史上几经毁建，清光绪年间（1875~1908）僧福云重修。主建筑大雄宝殿歇山重檐，石柱雕梁，巍峨辉煌。大殿宏伟，四周沿墙壁为走马楼，殿中敬如来大佛和观音大士，佛像周身涂金，佛光闪烁。60年代，寺庙被夷为平地。1989年8月18日，群众自发在原址开工兴建大雄宝殿3间。此后逐年添建，现有天王殿、钟鼓楼、卧佛殿、药师殿、大雄宝殿、广照大殿、斋房、客房等，建筑面积4000多平方米。1998年5月破土兴建金刚宝塔，2000年3月竣工，宝塔占地面积1283平方米，通高30米，净高28.85米。由刹、身、座、基组成，七层八面楼阁式，砖石水泥结构，内有扶梯盘绕而上，每层可临窗眺望，"石岩秋望"又有新的登览之所。为方便信佛群众上山修身供佛，2000年在北坡徐家坞建造泥石公路1条。

先昭寺文化积淀深厚，大雄宝殿前有古井，后有香泉，均为明代遗存。香泉位于山顶，终年碧泉满溢，久旱不涸，掬水品尝，甘冽清香。寺东南的

图41-1-1093　先昭寺金刚塔（2000年5月，蒋剑飞摄）

一览亭，是登高望远的好去处，"石岩秋望"旧为湘湖著名景点。"光照晨曦"为"湘湖八景"之一。[①]历史上，先昭寺是文人雅士向往之地。元朝楼立可《光照庵》诗有"峭壁高攀象纬跻，遥岑叠叠浪痕齐"句。明代刘基、方以规、沈环、来三聘、来日升、黄九皋，清代汤金钊[②]、王宗炎[③]、傅鼎颐、蔡仲光等都留下遗迹和歌咏。1996年，经批准登记为保留寺庙。

百步寺　在石岩乡华汇村湘湖东南的文笔峰下，始建于北宋乾德二年（964），初名崇福寺。北宋治平三年（1066），改名显教寺，铸铁身金装如来。元代至元间（1264～1294），寺院被毁，直到明朝洪武年间（1368～1398）才修复。万历《萧山县志》载其事。后因寺前砌石阶数百步，遂改名"百步寺"。清道光年间（1821～1850），里人黄春寅发起重修寺院。同治年间（1862～1874），僧人惠灵募建斋堂5间。光绪年间（1875～1908），里人黄柏卿重建山门，寺额仍书"显教禅寺"。据年长者回忆，寺额正中上方有"龙蟠"图案，还有"圣旨"二字。经过清末3次修复扩建，百步寺渐成规模。至50年代初，百步寺有殿宇3进，大殿的释迦牟尼佛像仍为铁铸金装，像高数米，庄严慈祥。1958年，百步寺铁佛被砸碎用来炼钢，寺院大殿、斋房被拆，砖瓦木料用于建造乡中心小学，千年古刹遂成废墟。1992年起，善男信女募资重建百步寺，第二年建成大雄宝殿3间、斋房3间，以后逐年建成弥陀殿3间、天王殿3间、祖先堂4间等。为弘扬佛法，振兴百步寺，寺院特聘请江苏江阴市泰清寺永常师傅为住持。

从山麓沿百步石阶上山，两侧山坡绿树叠翠、茶果飘香，山涧溪水淙淙、百鸟鸣啾，如入仙境。百步寺就坐落在山坞中，山门不远处有一清潭，纯净明澈，为宋代古井。仰望文峰，状如笔架，山顶原有一塔，故又名塔山。[④]旧时文人喜欢上百步寺，观文笔峰，以便科举荣身。寺内曾建观山阁楼，专供文人环顾。[⑤]塔与阁楼早圮。2000年，经批准登记为临时保留寺庙。

①详见《文物　胜迹　旅游》编之《胜迹》章。

②汤金钊，清道光朝重臣，年轻时曾在先昭寺苦读。成名后特地重游并夜宿寺院，写下《宿石岩山先照寺》一诗："湖外长江江外山，湖中几点碧烟鬟。篁筜万个松三径，稷稷千畦水一湾。岩下僧归云乍截，楼头钟动日先殿。幽寻一览亭何处，剩有香泉浸藓斑。"详见《人物》编。

③详见《人物》编。

④《萧山地名志》转引清康熙《萧山县志》云：塔山，山顶旧有塔，故名；其峰称文笔峰。"文峰拱秀"为明正德（1506～1521）时"萧山八景"和民国《萧山县志稿》载"萧山八景"之一，详见《文物　胜迹　旅游》编之《旅游》章。

⑤民国《萧山县志稿》载：百步寺"旧有阁，面众山，曰环翠，为士大夫登览之所。寺僧厌庸鄙客数至，乃易为诸天阁，与山相背，无复旧规"。

图41-1-1094 螺山寺（2007年8月，李维松摄）

①民国《萧山县志稿》载，"云门寺，在孝悌乡云门山顶。案：与前名同（指来苏云门寺）而地异。"

②云门寺存历代住持墓碑3块。东侧一块为："大清嘉庆拾捌年伍月立□宗第三十四世上瑞下广陆灵觉之墓、三十五世上觉下禅源和尚之墓、三十七世上静下贤正禅师之墓"；中间一块为："曹洞三十九世云门堂上第七代体性情禅师体辉鹤禅师"。这两块碑均高1.30米、宽0.70米、厚0.10米。西侧一块为残碑，镌刻"曹洞正宗第四十二世云门……民国三十一年七月"等字样。

③明嘉靖《萧山县志》载：上董庙为五代后汉乾祐元年（948）吴越王所建。

螺山寺 在新塘乡桥南沈村，始建于五代后晋开运三年（946），号崇真院。宋大中祥符元年（1008），宋真宗赐号"资教寺"。明天启元年（1621）、清光绪二十年（1894），前后两次重建。明清时期，寺院香火颇旺，在萧绍一带享有盛名，历代《萧山县志》均载其事。原有殿宇3进，禅房数十，寺院门口有石牌坊，抗日战争时期皆被侵华日军夷为平地，仅剩和尚坐化的荷花缸1只。中华人民共和国成立后，寺址建过砖瓦厂。90年代末，热心人开始筹资重建。2000年动土，填埋砖瓦厂取泥坑。次年建成两侧厢房36间（2005年，经批准登记为保留寺庙）。

甑山庙 在河上镇众利村甑山坞自然村。始建于明嘉靖元年（1522），1994年村民集资重建。重建的庙宇拆除前进和戏台，仍设看楼，庙宇3间，基本保留原有格局。大殿居中供奉土地尊神，悬"石大明王"匾额，其余神佛分设3殿。右侧为佛祖、观音、弥勒、地藏；左侧为财神、圣帝、天医、朱天菩萨。左右圆洞门上额"平安赐福"、"惠我无疆"。原为甑山坞土地庙，所属范围包括甑山坞、泉水坞、白堰、下门、溪头、伟民、朱家、凤坞、桥头黄、庾青、大坞朱、张毛坞、道里、金坞14个自然村。农历四月十一甑山庙会，会期3天，庙内演戏，庙外物资交流，人山人海。元宵佳节，各村龙灯马灯必先到甑山庙，拜谒诸神后，在庙前广场盘龙灯、舞马灯，高照耸立，旗锣伞铳开道，场面蔚为壮观。2000年，经批准登记为临时保留寺庙。

云门寺 在戴村镇马谷村，坐落在戴村、河上交界的云门山巅，海拔597米。占地面积10亩（约6666.67平方米）左右，始建于明代①。寺宇四合院式，坐西朝东。山门题额"云门寺"三字，系民国20年（1931）住持福云所书。现有正大殿、西方殿、金刚殿、禅房、厨房等，为晚清建筑。大殿3间，供奉释迦牟尼佛像，额匾"佛国净天"；左供观音大士，额匾"南海慈荫"；右供地藏菩萨，额匾"护复云慈"；侧供弥勒佛、罗汉、金刚、韦驮等佛像。西方殿3间，中间供奉"神仙太公"楼英塑像，额匾"楼全善神像"，侧供财神菩萨等诸路神像。

云门寺外林竹葱郁，茶园茂盛。寺前2株古银杏，寺旁3株古沙朴，苍老而富生气。茶地边立3块和尚墓碑②，表明云门寺属佛教禅宗支脉曹洞宗一派；另有清光绪年间（1875~1908）重修云门寺告示碑1块。西方殿檐下古井，井圈光滑生亮，井壁苔藓丛生，井水清澈。寺门前竹丛中两泓清泉，名曰"龙潭"，古为寺僧汲用。寺西1华里多有一"神仙太公洞"，相传为明代名医楼英静修著书处。2000年，经批准登记为临时保留寺庙。是年7月，列为杭州市文物保护点。

上董庙 在戴村镇上董村。始建于五代。③前后2进，山门额书"主福山庙"，镌抱联。前后殿各3间，前殿供"孔大明王"，后殿供观世音菩萨。主福山庙的前身是"南殿保国资化威胜王庙"。今所供孔大明王，即钱镠立庙黄山西殿的"孔大夫"。方志称："隋大业中，有孔大夫者，为陈杲仁神将，讨东阳贼娄世幹，降之，立庙黄山。"历史上西殿和南殿供奉的二王，都与钱镠封神建殿庙、重视水利建设有关。上董庙联云："前有上胜，后有下洋，斯庙别开一局；西南多山，东北多水，惟王永保七都"，道出了其中缘由。清道光年间（1821～1850），黄山西殿重修，将已圮南殿供奉的"保国资化威胜王"一起供奉在西殿，故称黄山西南殿。清代上董村重修南殿时，将南殿更改为今名，并尊黄山西殿之孔大明王为"土地"，说明南殿与西殿的历史渊源。1993年，由董培兴老人发起再次修葺，158人次（单位）赞助，庙内立赞助碑。[1] 2000年，经批准登记为临时保留寺庙。

灵山寺 在浦阳镇高庄里村。来裕恂《萧山县志稿》载：灵山寺，在孝悌乡。五代后周显德六年（959）建，名郭峰院。宋治平三年（1066），改赐今额。清道光二十三年（1843），里人瞿启华、僧戒忒同修。80年代以来经局部修葺和扩建，包括山门及左厢房等，正殿3楹系清道光间（1821～1850）遗存，石柱上镌"瞿乾一、瞿同贵助"等乐助芳名。殿内供奉释迦牟尼佛像，山门口供奉弥勒佛。寺外原有塔1座。寺内存元代经幢石基座1尊，系住持道因师太80年代在寺前放生池里发现。石基座为圆柱形，周饰云龙纹雕，中间留碑，上覆荷叶，下托莲花。碑文："元至正六年六月，茗渎坞村郑、孙夫妇敬献。"明万历戊戌（1598）科进士倪朝宾作有《灵山寺》[2]诗。1996年，经批准登记为临时保留寺庙。

宝寿寺 原名宝寿禅寺，坐落在浦阳镇朱家塔村东南的太平山狮虎峰下。据嘉泰《会稽志》载，宝寿禅寺始建于唐贞元三年（787），由高僧纯一法师创建。后周广顺三年（953），赐额"永丰院"。北宋大中祥符元年（1008），改名宝寿禅寺。清康熙四十三年（1704），独超法师来寺住持，"重兴殿宇，复振宗风"，寺院极为鼎盛。清咸丰十一年（1861）三月，寺宇焚毁。清末在遗址建有大方庵。1958年改作太平山林场驻地。寺毁多年，尚存3000多平方米寺基、部分石板墙基及韦驮殿残房，另有狮虎泉、古井、被称做"四大金刚"的古银杏树4棵、独超法师塔铭碑及塔盖、临济正宗第三十六世至第三十八世住持和尚墓碑3块[3]、祀神所碑、荷花佛座及佛顶、零碎石雕石柱若干。80年代恢复佛事活动，有殿宇3间（2005年，经批准登记为保留寺庙）。

曹山寺 坐落在进化镇华家垫村海拔400多米的曹山之巅，始建于北宋乾德四年（966），初名弥陀院。大中祥符元年（1008），赐额报恩院。清顺治三年（1646），寺僧启元募化重建，改名曹山寺。现有建筑2进，坐东面西，前进观音殿，后进大雄宝殿。山门朝南，西侧一排厢房与前进平行，粗看似前后3进。除后殿局部外，余皆80年代后重修。曹山寺属佛教禅宗支脉曹洞宗，第一代始祖净生起祖和尚，为曹洞宗第二十九世传人。山门西南茶园中，有僧墓数座[4]，居中墓碑镌"洞山正宗"4个朱红大字。寺内另存葫芦状塔顶1个、莲花座基1个、圆石柱4根，系清代遗存。观音殿后山崖有一潭泉水，长年不涸，系曹山寺宝井。2000年，经批准登记为临时保留寺庙。

古等慈寺 又称天王殿，位于进化镇肇家桥村。面南，背依寺岭岗。始

①碑云："七都社稷，保我黎民。蹉跎岁月，破损不堪，再不修，塑将废墟。依靠万众乐助，庙佛依旧，凡人民币满50元者名刻丰碑。为善必昌，百世留芳。"

②《灵山寺》："招提依列嶂，梵呗出林巅。衣湿松杉翠，幡飘薜荔烟。劚云蒸紫蕨，穿竹引清泉。震旦阗耆窟，皈依大觉山。"（诗见《古越萧邑桃源倪氏宗谱》卷一，民国庚午年重修，勤乐堂珍藏。）

③碑文分别为："乾隆丙戌年夏月立传临济正宗第三十六世宝寿堂上洪远徹和尚之墓"、"传临济正宗三十七世主席宝寿第六代一贯和尚寿堂"、"传临济正宗三十八世宝寿堂上嵩岳光志和尚之墓"。

④中为曹山寺开山始祖曹洞正宗第二十九世净生起祖和尚；左侧为曹洞正宗第三十世至第三十三世僧墓；右侧为成慧祖禅师墓。开山祖师墓为光绪间重修，碑文大楷"洞山正宗"，上款"曹洞正宗第二十九世净生起祖老和尚为报恩开山第一代始祖之墓"，下款"光绪八年十月洞山派下祇园后裔第四十一世孙晋卿全法属等重修"。左侧两块墓碑为："传曹洞正宗第三十世上静下月禅师之墓"，"大清乾隆庚辰年吉立曹洞正宗弁岳遗风 三十一世 圆彰观禅师三十二世 孝先戒和尚 三十三世 舟月宗宾禅师 三十三世 聚宗明禅师 偈云 圆通第一，孝祖承先，月明千古，共聚宗源。法玄孙禅珍立"。右侧墓碑镌："道光二十六年三月立传临济正宗普岩堂上第四十世并兼理曹洞报恩堂上第十七世成慧祖禅师之墓徒定法、法馨奉"。

建于五代后晋天福三年（938），僧道山建，号天长院。北宋大中祥符元年（1008）改名为等慈寺。《绍兴府志》作慈禅寺。《山阴天乐志》称天王殿。现存主体建筑为清道光六年（1826）重修。3进3间，悬山单檐。前殿天王殿，供奉四大金刚、弥勒佛、韦驮。中为观音殿，有莲花石座，两侧石柱镌清道光十二年（1832）榜眼朱凤标书写对联一副："衲衣林中常逊智，莲花座下莫争能"，落款"道光丙申（1836）十一月吉旦"。后殿大雄宝殿，供奉释迦牟尼佛像，两侧为文殊、普贤及十八罗汉。右厢雷公殿，供有真武大帝、闻太师及雷部诸神像。左厢为香客接待室、厨房等，建筑面积1000多平方米。

古等慈寺旧为天乐第一禅寺，殿宇宏大，气势雄伟。曾有得道高僧住持，传多代，至周成焚师后失传。第一代为"智祖下"师傅，第三代为法定，第四代为静。住僧坐化后，在后大殿望海观音佛像右边立有牌位，至1949年毁。寺院历经修葺，清道光六年（1826）重修改换石柱。光绪二十三年（1897），华师父发起募化重修后大殿。抗日战争时期，天王殿及两厢被日机炸毁，里外门窗全部焚毁，只剩佛像。抗战胜利后，八村乡亲募资修复。寺前原有石牌楼1座，毁于50年代。难得的是寺内石柱上存道光间楹联多副，除朱凤标书写的1副外，尚有大雄宝殿楹联2副、中殿楹联4副。[①]另有清光绪年间重修寺院乐助碑记和绍兴府山阴县正堂示碑各1通（2005年，经批准登记为保留寺庙）。

茅山庙　在进化镇，坐落在下颜村的茅山西南麓，现有正殿7间、侧屋10间。始建于明朝永乐三年（1405），祀奉土地菩萨卢大明王，左侧供奉释迦牟尼、地藏菩萨、观音菩萨，右侧供奉文武财神及刘念台公。[②]旧时，每年正月十三举行庙会。茅山庙旧为下颜村、墅上王村、高田村、新石头村、茅潭村、临浦山阴街6村所有，故谓六社土地庙，亦称戴山寺。抗日战争时期，侵华日军建路时拆去北侧庙宇数间。抗战胜利后，六社群众发起修复。1956年遭台风袭击，庙宇倒塌。1986年，群众募捐重修。茅山闸旁原建有凉亭和万年台，春、秋两祭，万年台演戏敬神。50年代扩建重建茅山闸，拆除闸旁万年台、凉亭和供奉刘念台公的神龛。只有茅山土地庙里，仍供刘宗周坐像于土地菩萨右侧（2005年，经批准登记为保留寺庙）。

龙泉寺　坐落在所前镇杜家村茅蓬岗。始建于清代，为性鉴祖师的衣钵传人天台僧隐松募建。历经修葺，清咸丰十一年（1861）太平军攻占萧山时，两侧厢房遭焚，今正殿3间为清代遗存。中供奉阿弥陀佛，左供玉佛，右供性鉴祖师肉身。[③]寺内有一池泉水，水浅且清，斑驳如龙鳞，名龙泉，寺遂以泉名。寺内存清同治三年（1864）住持云鹤所立的捐田碑记1通、"光绪十二年春"铸造的寺钟1口。1997年，经批准登记为临时保留寺庙。从2000年开始募资扩建重建。规划中的龙泉寺4进为天王殿、大雄宝殿、弥陀殿、三圣殿，殿宇依山势递升，飞檐翘角，巍峨壮观。

太平寺　在所前镇夏山埭村，位于两山之间的幽坞，俗呼九里岙。原名慈恩寺[④]，后改称太平庵。始建于五代后唐长兴二年（931）。清咸丰十一年

①大雄宝殿门联："天福初年堂已建，道光六载殿重辉"，落款"道光丙戌年九月"。殿内一联："天乐禅林推第一，冕疏□迹纪无双"。中殿4联："法海均沾万亿洲，慈云遍布三千界"；"佛光照彻禅心成，月色映印道德慧"；"妙法悟三乘是色是空天乐三乡咸托庇，来功成一旦肯堂肯构等慈一寺又增辉"；"法前人殿宇重建，定旧基庙貌貌惟新"。

②即刘宗周。明代，礼部主事、进士刘宗周在茅山石屋讲学，人称蕺山先生。他力主修筑茅山闸，使麻溪之水与浦阳江沟通，并在西小江两岸修建堤塘，解决了天乐百姓的水患之苦。为纪念刘宗周，民众在茅山闸旁设神龛塑像祀奉，尊称刘念台公。

③《天乐李氏家乘》（民国5年重修）载，性鉴祖师俗姓李，名寿生，所前传芳里人，生于清康熙年间（1662～1722），是唐朝汝阳郡王李琎的后裔，自幼茹素崇佛，后去天台山剃度，为守墓，在此结庐静修，修成金刚不化之躯。圆寂后，法身供奉寺中。另据《山阴天乐志》载："龙泉寺，在茅蓬，宋性鉴祖师成佛处，其骸尚存。其座下地斑驳如龙鳞，泉甚清洌。"故龙泉寺始建时间有宋、清两说，《山阴天乐志》的宋说可能有误。

④民间相传从前有位小乞丐，冒着大雪讨饭路过此地，饥寒交迫中，一个有着仙风道骨般的长者给了他一把割稻的破割子，说："孩子，用它去挖吧。"小乞丐挖到一坛金灿灿的元宝，抓了一把回去，从此不缺吃穿。邻居们知道后说他呆，让他带路再来挖，却怎么也挖不到。他不忘长者救命之恩，就在掘金的地方建起一座寺，唤名慈恩寺。

（1861）毁。民国35年（1946）至1950年重建。至"文化大革命"时期，寺院再度被毁，仅剩清嘉庆十年（1805）信士刘还瑞等6人捐铸的大铁钟一口，上镌"皇图永固"、"帝道遐昌"等字。今铁钟尚存。80年代初起在废墟重新募建，先后建起大雄宝殿、天王殿、天医殿、僧房、斋房等。供奉释迦牟尼、弥勒、韦驮、观音、地藏、十八罗汉、四大天王等佛像。历代住持有圣禅、李有全、华旨大、起光、三宏和尚等。1996年，经批准登记为临时保留寺庙。

赵家坞庙　在所前镇赵坞村，旧为赵坞、渔家埭、夏山埭、池头沈、岭下胡、夏家埭、山里沈、上安王8村土地庙，始建年代无考。原为三进二厢，前进1956年被台风摧毁，后改建为山门。现有山门、中殿、后殿、东西厢房等建筑，除山门外，均为清乾隆年间（1736～1795）遗存。后殿中供土地菩萨倪良，左三官大帝、文武财神，右雷祖大帝、张老相公、刘猛将军。左厢天医殿，右厢观音殿。中殿设活动戏台，每年二月初七做戏。三月初七土地菩萨诞辰举行拜忏。赵家坞庙构筑精美，中殿明间方石柱，后殿明间圆石柱，古色古香。后殿廊下"牛腿"，人物鸟兽雕刻精美，栩栩如生。庙内立有清乾隆三年（1738）石碑1通，上镌"八咏一景"。左厢壁画历历可数，内容为戏剧故事等。庙额原为乾隆二年池头沈秀房立，民国8年（1919）沈文炎重修，1990年仿书（2005年，经批准登记为保留寺庙）。

峙山寺　原名东岳行宫，在临浦镇的峙山之巅。始建于清乾隆五十三年（1788），道光三年（1823）修葺。抗日战争时期焚毁，民国35年（1946）重建。1949年后，住持宏参和尚圆寂，其徒弟智浦、智坤还俗务农。1963年，寺内佛像全毁，一度改作林场和学校用房。1969年由县林场管理。1981年辟建峙山公园后，庙内设茶室，逐渐恢复佛事活动。1996年由萧山市政府定为保留寺庙，由僧释光化当家。同年经临浦镇政府批准，成立峙山寺管理小组，募资兴建地藏殿，1997年1月动工，1998年元旦落成。2000年在老殿西端拼建曹娥殿。

经累年扩建，峙山寺形成新老合一格局。民国35年重建的山门、侧厢和大殿组成的小四合院，为现有格局的前半部分，大殿5间，为木结构平房，内供东岳大帝，侧厢依坡上升，风格古朴。西南方向上山石阶路及前殿双连石砌成的殿基，为乾隆年间之作。东侧边门门楣额书"郁纡峙山"四字。新建的地藏殿、龙图殿等建筑为现有格局的后半部分。地藏殿5间，歇山重檐，巍峨壮观（2004年7月，列为杭州市文物保护点）。

梅里庙　在临浦镇梅里村之郭墓峰北麓。正殿5间为清代遗存，山门及侧殿80年代重修。庙内供奉新老两位土地菩萨，"一山两主"，是土地庙中所少有的。相传该庙始建于南宋初年，老土地菩萨为"三大明王"，与康王白马渡钱塘江的传说有关。①新土地菩萨产生在明朝永乐年间（1403～1424），生前为当地一位砍柴青年。②18村百姓认为"三大明王"护驾有功，又能认错让位，令人起敬，便同时供奉新、老两位土地菩萨。梅里庙原有伸出庭院的万年台。每年正月廿四新土地生日举行庙会，演戏，第一折必是打虎戏。庙联云："伏虎成神名闻遐迩，保我黎民恩泽四方。"1996年，经批准登记为临时保留寺庙。

图41-1-1095　峙山寺民国时期老殿（2002年2月，李维松摄）

①相传小康王赵构被金兵一路追杀，逃到钱塘江边，滔滔大江挡住去路，背后追兵逼近，眼看大难降临。这时，在钱塘江边耕作的10位裴姓农民出于对金兵的痛恨，奋勇保护康王，可是无船无渡，怎救康王？一位农民随手用泥捏了一匹马，跪着对苍天说："天若保佑大宋江山，就用这匹马驮其过江去！"说时迟，那时快，那泥马果然纵身跃入江中，驮康王渡向钱塘江南岸。康王脱险了，那10位农民却因为掩护康王而被金兵杀害。后来康王在临安登基，为感谢救命之恩，封10位裴姓农民为十大明王，即裴大明王、裴二明王……分别做江南十大土地菩萨。

②传说附近汪村有位叫汪长志的青年，力大过人，靠打柴度日孝敬母亲。当时山上有老虎出没，常伤人畜。这天，汪长志又上山砍柴。忽然，一只吊睛白额大虫吼叫着扑向汪长志。汪不慌不忙地说："老虎呀老虎，你吃我为饱肚子，我砍柴为了母子俩饱肚子。请允许我把带来这个饭包吃了，你再吃我不迟。"老虎点头同意。汪长志暗地里将一把石砂放进饭包，一边吃饭，一边捡砂子拖延。时间一长，老虎眯眼打盹，汪长志见机猛然跃起，用青楼踝柱朝老虎的腰部狠命打去，把老虎打死了。然后拖着老虎来到土地庙，对土地菩萨说："土地菩萨，你容忍老虎吃善良之人，不会做菩萨，我来做！"土地菩萨自愧不能护佑黎民，自动将泥身化了。第二年正月廿四，汪长志为母亲守孝百日后，被百姓簇拥着迎进重建的土地庙，在佛座上坐化了。从此，汪长志便成为梅里庙的新土地菩萨。

图41-1-1096 杨岐寺（2003年7月，李维松摄）

① 详见《文物 胜迹 旅游》编之《旅游》章。

② 详见《文物 胜迹 旅游》编之《胜迹》章。

图41-1-1097 圣果寺（2006年8月，李维松摄）

③ 相传举行求雨仪式前需择定日子，吃素3天。将佛身置于架子里，用扁柏扎牢，佛像一手挂一只葫芦，一手握白色鹅毛扇。抬时，前面敲锣打鼓，后面为迎雨队伍，清一色男人，穿着清洁衣服，虔诚严肃。女人则在各村设坛祭香膜拜，迎接观音菩萨到来。迎雨行进路线为：从圣果寺出发，大致经石门村（自然村，下同）、朝阳沙、西河埠、罗墓坂、王家桥、田家、下洋桥、华家里等，再回到圣果寺。

杨岐寺 在义桥镇建新村，位于钱塘江、富春江、浦阳江三江汇合处，背靠杨岐山。方志记载，杨岐寺始建于南宋嘉定二年（1209）。当时因有国戚杨氏齐王、冀王分别葬于东坞、西坞，故族人舍宅为寺，初名"崇福杨寺"，有宋宁宗御赐题额。后改名为崇福寺、岐王寺、齐王寺等。明朝易名"杨岐寺"。清咸丰十一年（1861）毁于兵火，清同治年间，由杨华捐资重建。寺院朝东，原为3楹3进，加上一些附属建筑，如大悲阁、妙高楼、城隍殿和僧舍、斋堂等。抗日战争时期毁圮。

1999年，杭州东方文化园①出资按伽蓝规制易址重建杨岐寺。寺宇3进，即天王殿、圆通殿、大雄宝殿，配以牌坊、钟楼、鼓楼、回廊、慈云楼、斋堂、海灯舍利宝塔、中国梵钟文化长廊、三江塔以及万佛金塔地宫等，占地面积16688平方米，总建筑面积8500平方米。

步入东方文化园，穿牌坊，跨"长生桥"，至杨岐寺前殿便是天王殿，大殿正中悬挂"杨岐禅寺"匾额。内供弥勒佛、韦驮菩萨和四大天王。第二进圆通宝殿，大殿正中供奉杨枝观音菩萨，背面是千手千眼观音，两侧是其32个应化身。第三进大雄宝殿，飞檐翘角，金碧辉煌，"大雄宝殿"匾额系中国佛教协会前会长赵朴初遗墨。大殿高27米，中间供奉佛祖释迦牟尼。在杨岐寺中轴线后端，建有一个万佛金塔地宫，塔高29米，宫深19米，占地面积4000平方米。地宫内珍藏着中国最大的佛学巨书《中华佛教二千年》和海灯法师的舍利子等。在金塔地宫广场上还供奉着一尊硕大的玉佛像。寺宇左右两侧各有120米的艺术长廊，展示了佛教文化的丰富内涵。杨岐世纪宝钟位于大殿左前方山上，钟楼飞檐翘角，巍峨耸峙，其内悬挂着重达2100千克的巨型铜钟。"杨岐钟声"为湘湖八景之一。②西北山坡上，三江宝塔耸峙，塔高60米，八角九层，造型优美，巍峨壮观。登塔西望，三江秀色尽收眼底。

杨岐寺殿宇庄严，金碧辉煌，成为集观光旅游、休闲娱乐、宗教文化于一身的新型寺院，被中国宗教学会等机构命名为"中国佛教文化展示中心"、"世界宗教学术研究基地"。2000年，省人民政府批准杨岐寺为开放寺庙。

圣果寺 在许贤乡西山村，取佛经中"圣成真果"意命名。明万历《萧山县志》载："圣果寺，在灵峰山。唐咸通九年建，名灵峰万寿院。宋治平三年赐今额。洪武二十八年毁，永乐元年重建。"后经清初和同治年间（1862~1874）两次重建。80年代初，村民发起修葺。现有建筑四合院式，前为廊，后殿5间，基本保持着清代建筑风格。殿内供奉观音等佛像。寺前原有和尚坟塔5座，内置3大2小共5只荷花缸。有5位和尚圆寂于此。60年代塔毁，90年代找到2只散落民间的荷花缸。旧时圣果寺所在的西山村一带逢旱灾，百姓将观音佛像抬出求雨。③1998年，圣果寺被列为萧山市乡镇文物保护点（2005年，经批准登记为保留寺庙）。

里庵坞庙 在许贤乡塘坞村，又名净修庵，位于峰峦叠翠、景色宜人的山坞里。相传始建于隋朝，因兵燹人祸，屡建屡毁。至80年代，仅存3间破败不堪的庙宇和零星厢屋。1991年，由周和顺、方文仙发起，众善男信女鼎力相助，修葺旧殿，先后在旧殿西侧建起城隍殿，在东侧建起五王殿3间。1999年，经有关方面批准，新建大雄宝殿等。现有山门、五王殿、元帅殿、大雄宝殿、斋房、客房等，建筑面积1000多平方米，庙貌恢弘，神像庄严。山墙环绕着歇山重檐、金碧辉煌的殿宇，倒映在庙前一潭碧水之中。老五王殿3间为清代遗存，方石柱上镌抱联3副①，展示了古庙的悠久历史。1996年，经批准登记为临时保留寺庙。

莲华寺　位于闻堰镇老虎洞村的老虎洞山崖上，原名莲花庵②，始建年代无考。历史上寺院数度毁建，现存建筑大多为80年代后重修。有山门、大雄宝殿、圆通宝殿、三圣殿、天王殿、元帅殿、文昌殿、钟鼓楼、千佛塔及斋房、客房等，建筑面积4000多平方米。殿宇参差错落，层层递升，金碧辉煌。殿内供奉释迦牟尼、观音菩萨、阿弥陀佛等佛像，长年香烟缭绕。寺旁风景秀丽，半山上建三江亭、觉海亭，可观渔浦烟光、三江帆影、湘湖秀色。正如三江亭联云："龙腾潮涌珠溅玉泻三江口，虎去洞留天光岚影一湖中"。观音殿后山的老虎洞，7米～8米深，洞口可容一人上下，内中较宽敞，相传为越王句践卧薪尝胆之地。今洞口建尝胆亭，镌明代刘宗周"此地曾传尝胆事，我来犹忆卧薪人"联句。1997年1月，经杭州市人民政府批准为开放寺庙。

延庆寺　俗称前王寺，在闻堰镇凌家坞村。背依华眉山，面临街塘河，与长河镇（今属杭州市滨江区）相邻。始建于南宋淳祐元年（1241），历史上几经毁建。原址在今寺后山坡，依山而筑，规模宏大。相传前山门在祝山桥，后山门直至后王寺，寺僧300名，大殿有山洞与山南相通。清康熙十年（1671），由来集之等捐资在古延庆寺之钟鼓楼基址重建寺院，改名古竺庵，后复称延庆寺。至50年代初，存正殿3进，外加厢房等。寺宇先后作过食堂、仓库、厂房，一度仅存残破的前、中两殿。寺内保存的2通宋代石碑，毁于70年代。寺前2棵古樟由于在树洞中倾倒炉渣，亦焦枯而死。

80年代后，经批准，延庆寺恢复宗教活动，着手修复寺院。经累年修建，现有山门、丰都殿、东岳殿、关帝殿、平安福主殿、大雄宝殿及附房等，建筑面积千余平方米。其中东岳殿为清代遗存，檐前"牛腿"刀法纯熟，所雕人物神采飞扬。除大雄宝殿塑释迦牟尼佛像外，其余各殿均照原塑神像。

明朝洪武十年（1377）任山西布政使、后出任日本国大使的华克勤③，年轻时曾隐居寺中苦读。今寺前立碑，寺内设纪念堂，以记其事。2000年，经批准登记为临时保留寺庙。

福庆寺　在新街镇，位于长山北坡，掩映在绿树丛中。占地面积2600多平方米，有山门、大雄宝殿、玉皇殿等建筑。始建于清乾隆十六年（1751），初名福庆庵。民国《萧山县志稿》载："福庆庵，在茬山北。"原有正殿3间，厢房各3间，60年代被拆，改作棉麻场养鸭舍。后多次毁建。1995年发起重修，经累年建筑遂成，改今额（2005年，经批准登记为保留寺庙）。

天瑞庵　位于衙前镇明华村。据《衙前镇志》载，天瑞庵始建于清康熙

①联一云："福善祸淫权衡不爽，畏威怀德拜祷维处"；联二云："神灵分戴庙功超千古泽被万方，圣迹显隋朝德禀五行权司四季"；联三云："神游下界五行司职德维馨，坞辟里庵万姓祈思诚勿替"。

图41-1-1098　莲华寺千佛塔（2007年7月，李维松摄）

②相传古时候这一带人迹稀少，野兽出没。在双尖顶峰下的山洞里，栖息着一只"吊睛白额大虫"，经常下山伤害人畜，百姓叫苦不迭。一次佛祖观音大士经过此地，了解到民间疾苦，便打开宝瓶把猛虎收了去，从此虎患绝迹，百姓安居乐业。为感谢观音大士救苦救难，人们在老虎蹲过的山洞前建起观音殿，起名"莲花庵"。那山洞便俗称老虎洞，双尖顶峰山也被叫做老虎洞山。

③详见《人物》编。

图41—1—1099 天瑞庵外景（2006年9月，李维松摄）

①东汉骠骑将军、钱塘侯、大司农朱俦葬此。朱俦为洛阳人，其随行人员见此峰常引发故乡之思，故名"洛思峰"。

②民国17年（1928）6月，以衙前为中心的萧山东片地区开展了一场农村自治运动，时称东乡自治会，发起人沈定一。民国18年底，当局勒令停办。

③每年正月初一凌晨，香客便蜂拥着去烧"头香"。农历二月、九月、十月有水陆法会，全称"法界圣凡水陆普度大斋胜会"，是地藏寺重要法事活动。七月卅日地藏菩萨生诞，宁绍地区乃至外省信教者皆慕名进香，宿山念佛。届时，僧人日夜诵经，拜佛唱赞；香客祈愿求佛，十分虔诚。尤其七月初六至初七，信教群众（尤以女性为多）聚会地藏寺，彻夜举行"祭星七巧"民俗宗教活动，场面称盛。

二十年（1681），乾隆二十二年（1757）重建。原为三合院式，正殿3间，厢房3间，庵内有古桂花树和古柏数棵，庵前有牌坊3座，历代住庵比丘尼坐化的荷花缸10多只。至50年代初，尚有鲍姓、辛姓两位年高师太住在庵院。牌坊与荷花缸毁于60年代，庵宇作过仓库，庵内古树被砍。1990年，释昌仙师傅出家来庵，逐渐恢复佛事。由于年久失修，1999年释昌仙住持发起在原址重建天瑞庵，当年建成大殿。经累年苦心经营，现有山门、韦驮殿3间、大雄宝殿5间、东西厢房各9间、附房若干间，建筑面积1000多平方米，殿宇巍峨，佛相庄严。大殿东侧墙壁置清乾隆年间《天瑞庵记》石碑1通，碑高1.40米，宽0.63米，字迹风化难辨（2003年，经批准登记为临时保留寺庙）。

地藏寺 在坎山镇凤升村，位于航坞山西南支脉洛思峰①山坞，面朝西南，前后3进，依山就势而建。前进天王殿，第二进大雄宝殿，第三进地藏殿，主供地藏菩萨，两侧十殿阎罗大王。另有龙图殿、西方三圣殿、斋堂、客房、宿舍楼等，建筑面积3000多平方米。大殿前面2株树龄近千年的宋代古樟，冠如华盖，挺拔蓬勃，显出古刹的幽幽禅意。

地藏寺始建于北宋熙宁六年（1073），有高僧无能和尚手托钵头四乡化缘，寻觅宝地，苦修3年，遂在洛思峰下结庐为庵。明初，有天台山圆通大和尚与徒寂照来此建茅庵，供奉地藏王菩萨，取名地藏庵。清乾隆五年（1740）七月三十日，天台方光寺法本师、法忠师两位高僧来茅庵，当年改为地藏寺正宗第二十二世、二十三世。地藏寺历经明万历和清乾隆、嘉庆、咸丰4次修葺。清同治元年（1862）被毁，六年修复。民国17年（1928）又毁神像，改东乡自治会②森林局，民国21年修复。1956年遭台风袭击，大部分殿宇被毁，僧人尽走，当家和尚显梅苦守，直到1985年腊月圆寂在寺。1986年起，释本一师由杭州上天竺来此，在宗教管理部门和当地群众支持下，重建古刹，经累年扩建，再现了历史上地藏寺的规模和声誉。

地藏寺文化积淀深厚，历来香火旺盛。③寺内存明代化纸石炉1座，石雕精美完好，为萧山市乡镇文物保护点。另有清乾隆年间寺碑4通，惜近年失散，仅存其一。值得一提的是地藏寺内有两口古井泉，一名"云泉"，一名"洛思泉"，水质清冽，冬夏不涸，为寺僧和信众的理想饮用水。今基本完好。洛思泉位于洛思峰下的斋房前，泉以峰名。泉呈长方形，泉与地面间建有十几级踏步，石壁刻"乾隆廿五年桂月吉立"。1997年1月，经杭州市人民政府批准为开放寺庙。

极乐寺 在坎山镇勇建村，位于航坞山西麓，右上方为地藏寺，对面是宝善庵。1980年4月由佛教临济宗慧南第九代传人海智和尚创建，始名"法海极乐寺"，建起天王殿、观音殿、三圣殿等。1991年，住持海智与上海居士倪世忠等筹募，加层修建观音殿和三圣殿。是年，海智和尚圆寂，其徒增瑞继任。1994年10月，该寺经杭州市人民政府批准为萧山市第一座开放寺院，改名极乐寺。1995年，住持增瑞建大雄宝殿。1996年夏，海智徒清锦和尚应邀从普陀山法雨寺归寺，出任住持。1997年，住持清锦建造大悲阁、山门和僧侣宿舍。极乐寺总占地面积11400平方米，建筑面积2000多平方米，殿宇依山而筑，递次升高，气势雄伟。来极乐寺朝拜者多为上海香客，建寺资金也多为上海居士捐助。

接龙寺　在坎山镇荣新村，位于航坞山西北的盛家坞山岙。始建于清道光二十八年（1848），初名接龙庵。[①]此庵与航坞山巅古刹白龙寺上下呼应，历来香火旺盛。80年代，由于年久失修，面临毁圮。经有关部门批准，易址重建，更名为接龙寺。1998年11月奠基，经累年建造，现有天王殿、圆通殿、大雄宝殿等主殿，有药师殿、地藏殿、三圣殿、祖堂、佛堂、法堂等附殿，以及山门、佛事楼、流通处、客房部、会客厅、宿舍楼、素斋厅等，飞檐翘角，殿宇巍峨，总建筑面积5000平方米。1997年，经批准登记为保留寺庙。

化成禅寺　在坎山镇沿塘村。始建于五代后周显德元年（954），初名三瑞寺，取梅、荷、竹三种祥瑞花卉意。宋大中祥符元年（1008），改名为化成禅寺。宋代是寺院发展的鼎盛时期，有大雄宝殿、圆通殿、天王殿、祖先堂、瑞竹轩、经远堂、僧寮斋房等50余间，占地10亩（约6666.67平方米）。清乾隆三十四年（1769），护法弟子汪福成和大和尚华善重修。民国14年（1925），住持善建、净僧、善祥重修。抗日战争时期，占据长山之巅的日寇炮轰寺院，大部殿宇被毁，住在寺内的抗日军队伤亡惨重。60年代，寺院一度荒废，仅存三大殿轮廓。1989年开始，善男信女着手修复，先后建成伽蓝殿、老天王殿、财神殿、文昌殿等，改建斋堂。大殿前廊墙上砌有民国14年所立《重修化成禅院碑记》，简介寺院发展概况，字迹可辨。殿后立"抗日阵亡将士纪念碑"（2005年，经批准登记为保留寺庙）。

白龙寺　在瓜沥镇航坞山巅。1997年1月，经杭州市人民政府批准为开放寺庙（详见《文物　胜迹　旅游》编之《文物》章）。

观音殿　在头蓬镇益民村。始建于清道光三年（1823），同治八年（1869）张廷相率子道伦、道荣、道兴修复并额匾。原前后殿各3间，东西厢屋各5间，占地2亩多。1964年拆除厢屋，"文化大革命"时期仅保留前后大殿，殿宇改作他用。1980年，善男信女发起募建，恢复观音殿佛事。先后新建平屋14间、前后翻轩6间及戏台等。1998年，因老殿年久失修，拆除老殿，新建天王殿、大悲殿等，殿貌焕然一新。1999年，新殿落成，张廷相七代孙张宝根额匾。殿内存清光绪九年（1883）二月立"舍地碑记"1通；存"观音殿"匾额1块，落款字迹不清，可能为清代原物。另有经油漆涂抹重描题词的原匾额5块。[②]2000年，经批准登记为临时保留寺庙。

甘露庵　在靖江镇甘露村。始建于清乾隆三年（1738），经嘉庆元年（1796）修葺。关于甘露庵来历，民间有一个传说。[③]50年代后，大殿做过供销社仓库，前殿办过工厂。现有殿宇2进3间、厢屋附房若干间。前殿为清代建筑，经过整修，厢屋附房为50年代后添建。殿内供奉观音菩萨等佛像。佛桌底下有一石板，叫圣告石[④]，上刻图案和"嘉庆丙辰仲秋"等字。东侧墙上有半块清嘉庆年间（1796~1820）修庙捐助碑，所捐既非铜钱，亦非田亩，而是

①当时钱塘江水灾频发，百姓深受其害。相传有白龙自天而降，镇治了钱塘江水患，才使南沙大地风调雨顺。百姓感谢天龙，特建庵院祀之，取迎接天龙到来意命名。

②其中"锡杖行义"、"承佛成神"2匾为道光三年（1823）立；"慈航普渡"匾落款为"同治九年荷月吉立"；"同临千洞"匾为"同治拾年巧月吉立"；"九服霈恩"匾为"同治壬申年桂月立"。

③相传钱塘江主航道北移后，瓜沥塘头以北江滩淤积，南沙逐步开垦成田。一日，从里畈来了庞姓父子两人，到此垦荒。他们每天步行数十里，带着干粮茶水，冒着酷暑，一锄一锄翻地除草，十分辛苦。这天父子俩同时昏倒，梦见一清秀女子，手拿葫芦，倒清水给他们喝。父子俩醒来后，知道被观音菩萨所救，纳头便拜。他们在此搭建草舍，张挂观音佛像，因得救于甘霖圣水，便起名"甘露庵"。其后，拆除草舍，建造屋宇，时称"南沙第一庵"。

④旧时善男信女在观音佛像前抽签祷告，将签棒慢慢从筒中倒出，最先落在此石上的签就是抽到的签，然后由迷信职业者为其解签，据说是圣上之意，故名"圣告石"。

"土布某丈"，说明当时靖江一带农村，纺织业已有相当水平（2005年，经批准登记为保留寺庙）。

禅机禅院　位于南阳镇坞里村禅机山阳。相传隋朝初年（约581），文学家徐陵之子徐仪隐居赭山，入山采药，见此地鳖跌蛇盘，竟感悟禅机，遂建禅机院。后山以院名，叫"禅机山"。南宋绍兴年间（1131～1162），冯姓发起重建。明永乐年间（1403～1424），修葺并扩建。清同治年间（1862～1874），明珍女士削发入院为尼，改名为禅机庵。

禅机庵居旧时赭山"九庙十三庵"之首①，香火旺盛。至解放初期，有庵宇3进，建筑面积千余平方米，尼姑8名。60年代中期，禅机庵被夷为平地，尼姑遣散。80年代后，尼姑如林、如愿等发起重建。1986～1991年，信徒集资100多万元，先后建起正殿、佛堂、配殿、禅房楼等，建筑面积1000多平方米。大殿中供释迦牟尼佛像，左东方琉璃世界消灾延寿药师，右西方极乐世界阿弥陀佛，联云："无我无人无众生寿者皆以无为法，如露如电如梦幻泡影应作如是观。"现有尼姑7名，"香七"法事常年鼎盛。

禅机禅院在南宋乾道年间（1165～1173）为赭山十景②之"西院松琴"景点。庵内有宋代禅师井。庵东有古樟1棵（庵西1棵毁于50年代初），树龄800年，为市级保护古樟。旁有元代"普同塔"，系历任方丈、师太骸骨、骨灰塔。1996年，经批准登记为保留寺庙。

甘露禅院　在南阳镇龙虎村，坐落在白虎山阴，又名"茶亭"，始建于明代。时山北有南港河，好心人为给撑船、背纤者施茶，特在此设立茶亭，"茶亭"之名一直延续至今。明成化初（约1465），亭南建有斋屋。成化中期，海宁县尹张宁巡游至此，临听潮轩，作《听潮轩》诗："海濒老禅得幽趣，禅居正近潮来处。"明末，儒士朝阳慧出家为僧，在此开山，扩建为甘露禅院，斋屋数十间，为烧香、品茶、听涛胜地，佛事兴旺，有"小南海"之称。周围松林蔽日，故明代河庄八景有"北院松涛"③一景。清中叶，钱塘江江道北移，白虎山一带归属萧山。数百年来，甘露禅院历经毁建。1990年10月起重修禅院。1991年8月易址重建大雄宝殿。1997年建造观音殿，又名"小南海"，供奉观音菩萨。现有前后大殿、东西厢房楼、禅房、听潮轩等，建筑面积1300平方米。院内有明代九龙井、甘露泉。1996年，经批准登记为临时保留寺庙。

灵岩寺　在南阳镇岩峰村，位于青龙山麓。现由山门、天王殿、大雄宝殿、东西厢房等组成，建筑面积1000多平方米。山门额匾"灵岩禅寺"，"光绪二十年冬月建"。原寺院为硬山式平房，格局同现在一样，50年代后作过林场、麻站用房。从开山祖师云茂至50年代初最后一位住持善堂和尚，历3代，善堂和尚于60年代圆寂。关于灵岩寺的始建有个传说。④今寺院存开山祖师云茂木质寺牌一块。大雄宝殿东侧墙壁嵌有光绪二十年（1894）十一月立的《寺基助产碑记志》，载"信士高明通助寺基田贰亩五分；信士高明陆助寺基田柒亩正（整）；信士周思荣助寺基田叁亩五分，又四亩正（整）"云。2000年，

①赭山当地人认为"九庙十三庵"是指禅机禅院、灵岩寺、闰真庵、敬天竺、一定庵、清净庵、甘露禅院、黄山庙、镇海殿、圣帝殿、关帝殿、白马庙、龙华寺、元帅殿、东岳庙、地母庵、观音殿、财神殿、城隍殿、包公殿、将军殿、安澜殿；也有人在认同前面若干个后，又提出另外几个供参考：南星庵、地皇寺、雨华庵、火神殿、祖师庙、定清寺、总管殿、真武殿、雷山庙、灵官殿等。

②据《新安胡氏家乘》载，赭山十景为：南峰云插、北坝潮平、东山花幛、西院松琴、石马嘶风、岩狮吐烟、钓台春绿、笠岫秋红、月湖添碧、陆井留香。

③"河庄八景"由明成化年间海宁县尹张宁巡游至此时命名，时河庄属海宁县辖。景名详见《文物 胜迹 旅游》编之《旅游资源》节。

④相传清末有位叫柴云茂的人，从小对娘不孝。一次，云茂前往普陀山朝拜观音。普陀山方丈叫他原船返回，说家里有活观音，用不着来南海拜佛。云茂回到家，母亲竟惊吓成病而亡，他痛悔不已，想起自己平时的不孝行为，便出家到杭州灵隐寺当和尚。后云茂将灵隐寺修葺寺宇多余木料买回来，决心在他下海去普陀山朝拜的埠头建一寺院，供奉观音菩萨。乡邻视云茂为孝子，纷纷随缘乐助。云茂为防假冒募捐，特制寺牌为记。历经3年，终于建成寺宇，因寺后青龙山多岩石，而云茂又从灵隐禅寺出来，故取名"灵岩禅寺"。

经批准登记为临时保留寺庙（2004年7月，被列为杭州市文物保护单位）。

　　清净庵 在南阳镇永利村，位于狮子山阴。始建年代无考，庵内存清同治二年（1863）石碑1块。据碑记，历史上庵产曾被不守清规之僧变卖一空。清道光三年（1823）以后，载恩师与其徒弟音圆师相继住持，托钵沿门募化，清苦创业。同治二年，信女冯莫氏等捐山田8亩，加上本庵旧产3亩零寺产共11亩余。住持音圆恐仍蹈前辙，乃邀集十方信众，请勒片石。所记庵产田亩，永禁变卖并没；载恩师葬庵之东，志清师葬禅机庵山西，清净庵祭祀，永承勿替。由此可见，清净庵至少在清道光以前即已存在。庵宇四合院式，大殿5间，两厢各3间。前殿供弥勒佛、韦驮菩萨，大雄宝殿供释迦牟尼等佛像。大殿有联云："世外人法无定法然后知非法法也，天下事了犹未了何妨不了了之。"建筑主体部分系清代遗存，两厢80年代曾有加高（2003年，经批准登记为临时保留寺庙）。

　　白马庙 在南阳镇坞里村。明崇祯年间（1628～1644）始建，庙名出自"泥马渡康王"传说。民国《萧山县志稿》载，"白马庙，在赭山文堂山北麓，明崇祯间建。"相传初建时庙宇五进三院，敕封土地菩萨为"土谷尊神"，敕封白马为"潮中大王"。原址在今赭山热电厂和汽车修理厂一带，由于旧时塌江，至50年代初只剩最后一进大殿。"文化大革命"时期，大殿被拆，原址仅存1口古井。80年代初开始，善男信女逐年重建庙宇。现有土谷殿、五王殿、戏台、斋房等。正月初十、六月廿八为土地菩萨诞日和成道之日，届时举行庙会（2005年，经批准登记为保留寺庙）。

第三节 僧 尼

　　佛教在萧山历经1600多年的传播与发展，产生了一批为后世所传颂的高僧名尼，如竹林寺高昙禅师、宝寿禅寺独超法师等。另外，像唐贞元三年（787）创建宝寿禅寺的高僧纯一法师；后晋天福三年（938）创建古等慈寺并任第一代住持的"智祖下"师傅；北宋乾德四年（966）始创曹山寺（初名弥陀院）并任第一代住持的净生起祖禅师（为曹洞宗第二十九世传人）；北宋熙宁年间（1068～1077）创筑白龙寺的龙光法师；北宋熙宁六年（1073）手托钵头四乡化缘、历时3载始建地藏寺的无能和尚；元代祇园寺僧释泽方，等等，都是萧山历史上的著名高僧。他们或兴筑寺庙、传授佛道，或问禅教化、治病救人，或除恶扬善、济世为民，为萧山佛教文化的发展作出积极贡献。

　　至2000年末，萧山寺庙有僧尼72人，居士100多人。

　　大义（691～779） 俗姓徐，字元贞，唐代萧山人。12岁到灵隐寺学佛法，不久削发染衣，入昭玄寺，受具足戒于吴郡圆律师，又从开元寺深律师学《四分律》。入法华寺师从玄俨门下，佛学大进，深得玄俨律师赏识。后应越州称心寺超律师之请，任称心寺主持。开元年间（713～741），其母谢世，立誓到天台山佛陇峰转读《大藏经》，以报母恩。天宝年间（742～755），避

图41-1-1100 灵岩寺开山祖师木质寺牌（2006年10月，李维松摄）

图41-1-1101 兜率寺松野林禅师塔柱碑（2007年2月，李维松摄）

图41-1-1102 禅机禅院普同塔（2006年7月，李维松摄）

海寇到左溪玄朗禅师处学止观，先后拜服归心的有相国杜鸿渐、尚书薛兼训、中丞独孤峻等一批达官贵人。大历十四年（779），大义示寂，俗年89岁。大义一生登戒坛27次，受戒弟子3万余人，是浙江佛教史上弘传南山律的重要人物。

高昙和尚（生卒年不详） 竹林寺妇科创始人。后晋天福八年（943），高昙和尚集资筹金，在竹林寺原址重建寺院，名"资国看经院"。高昙"得异授而兴医业"，传《女科秘方》一书，成为一代名医，开竹林寺妇科之先河。

静暹（生卒年不详） 一作净暹。竹林寺妇科五世医僧（详见《人物》编）。

元长（1284～1357） 字无明，号千岩，元代萧山戴村人，俗姓董。7岁时经书过目成诵，17岁从师习《法华经》，受具足戒于杭州灵芝寺。在灵芝寺，受元代杰出佛僧临济宗明本禅师教诲，"遂缚禅于灵隐山中，后随顺世缘，将十载"。后到灵隐山修禅，"肋不沾席者三年"。元长遵明本嘱咐，隐居天龙山东庵，不与外缘。中天竺寺住持曾举荐元长住持名刹，元长不应。元泰定四年（1327），元长来到金华伏龙山，在当地僧俗共同努力下，重建已圮的圣寿禅寺。重建的圣寿禅寺重檐飞阁，金碧辉煌，四方禅者慕名而来，连日本、三韩、琉球、罗甸等邻邦，"莫不奔走膜拜，咨决心学"。在禅思想方面，元长倡导看话禅，认为选择话头可以灵活，只要能参究就行。在对待密宗的态度方面，认为密宗与禅、教一样同为佛说，不应有高低之分。元长在佛教界的影响受到官僚士大夫阶层乃至朝廷的赏识，帝师降旨赐元长"佛慧圆鉴大元普济大师"之号，资政院命朝臣制师号并金襕法衣赐之。明代佛教界评价元长，为元代中期与先睹、明本大师齐名的南方禅宗三大家之一。

性鉴祖师（生卒年不详） 俗姓李，名寿生，山阴县天乐乡传芳里（今所前镇）人，为唐朝汝阳郡王李琎的后裔。唐末，李琎的曾孙李庶为避朱温之乱，南下浙江，又于天祐四年（907）徙居天乐乡胥里（即今所前李家村）。李寿生即李庶第二十五世孙，从小茹素。杜家村旧有崇教寺，少年李寿生时常到寺里阅读佛经，渐渐领悟佛旨。后随一游方僧人至天台山，剃度后，法名性鉴。几年后母亲病故，性鉴回故里选择茅蓬岗结庐静修，兼守母亲坟茔。其结庐静修处建成寺院，寺有一眼

图41-1-1103 龙泉寺供奉的性鉴祖师肉身（2007年7月，李维松摄）

状如龙鳞的泉水，取名"龙泉寺"。性鉴独处茅蓬辟谷，炼成金刚不腐之躯。性鉴圆寂后，其弟子将他的肉身置于荷花缸安葬。3年后启缸，发现祖师法身不坏，富有弹性，弟子遂涂火漆于肉身，以吸干水分。今肉身尚供奉于龙泉寺。

无为心禅师（生卒年不详） 俗姓来，明代长河（今属杭州市滨江区）望族来励之女。早年许配同乡汤氏，不幸汤氏夭亡，遂矢志不嫁，持斋礼佛，在杭州六和塔下结庵为尼，静修医术。明成化年间（1465～1487），宫中流行疫病，诏求天下名医入宫。禅师应召赴治，凡宫人有疾病者，禅师运用气功，以手摩掌病人，病人即愈。时孝肃太后引见尼僧，手掷金豆赐之。师往，岸然不动。孝肃太后喜，赐以"无为心"法号，并赠氅衣、珠树、净瓶、金钵等宝物，后归里。临终占偈云："八十六年活计，今朝撒手归宗。受尽先边三味，依然明月清风。"

镜凡禅师（生卒年不详） 释名德清，俗姓来，为长河来氏大支十六世孙。少年时出家杨岐寺为僧，问禅修行，研习诗书，其诗无空门套语、僧家习气。人称其《秋月之曹溪舟遇三峡》颇有晚唐风

味。诗云："万壑奔流远，千山紫气连。帆飞三峡□，人入九秋天。客路浮云外，归心落日前。吾生犹未已，江海是余年。"

蛤庵（1632～1685）　名本圌，别号湘溪道人，清荆州江陵人。崇祯末年为避战乱，随母张氏到浙江，择居萧山之湘湖。16岁时谒隆兴寺僧明然，具戒行，落染，习经论。后到天目山，随报恩通禅师修禅。后来仍回到萧山湘湖，潜心修禅，兼及诗文。他周游各地，朝拜五台山，并应硕安亲王之邀特地到京师，住西山隆恩寺。第二年，圣祖康熙皇帝在玉泉行庄召见他，命其赋诗，问其宗旨，蛤庵应对如流，康熙甚为赞赏。再次寻礼五台山，作20偈。回到京师，患痢疾，康熙诏御医诊视，赐参药。康熙二十四年（1685）十一月三日，蛤庵晨起沐浴更衣，作辞疏谢恩，更书偈微笑而逝，年五十四。康熙得悉蛤庵病逝，感慨万分，命侍臣前往悼念，奠以茶。蛤庵历龙安兜率，凡三坐道场，各有语录。其所著诗文除《湘溪集》外，还有《湘溪别集》《朝台二十偈》等。

季奴禅师（生卒年不详）　明末清初人。长河来氏女。幼工诗，有膂力，曾与女伴泅芳航海，后在海宁白衣庵出家为尼。清顺治初（约1644），今乔司、笕桥一带时有盗贼出没。一次她路过那里，这伙盗贼猖狂地向她行劫，她劝告无效，被逼从袜筒中拔出5寸利刃，刺杀3人，余贼逃逸，才得脱身。随即向官府自首，官府搜捕了盗贼余党，保卫了一方安宁。其渡海赋诗云："浊浪翻天地，微躯付海风。恨他精卫鸟，衔石竟无功。"语似有寄托，非寻常人所能及。

独超法师（生卒年不详）　俗姓沈，江苏武进县人。曾在余杭径山寺坐苦木禅3年，他"高颡深目，虎视鹤行"，对佛学有较高造诣，属临济宗第三十三世。清康熙年间，来到宝寿禅寺住

图41-1-1104　临济宗三十七世浦阳宝寿寺住持墓碑
（2000年2月，李维松摄）

持，修缮屋宇，扩建寺院，广积寺产，收徒传教，时有寺宇99间、寺田90亩、山林千亩，下辖珠墅庙、双龙庵、太平庵、泗洲庵、郑州殿等10多座寺院庙庵，僧人数百，重振宝寿禅寺雄风。法师圆寂后，于清康熙四十三年（1704）在宝寿禅寺侧后立汉白玉"独超法师塔铭碑"。碑今存。

永春和尚（1830～1908）　俗姓柳名溪，台州人。原是石匠，会武功，精医术，平日行侠仗义。有次，他打死了一名横行乡里的恶棍，受到究办。于是削发为僧，游走于绍兴、萧山乡间，替人治病。清同治九年（1870），寄寓戴村凌溪北岸的静修庵，为村民接骨上白，治疗跌打损伤，医术远近闻名。对求诊者悉心医治，疗效奇特，且又怜贫恤老，凡家境困难者不收诊金，少收药费。所积医资，用于修葺静修庵。他还在庵前建茶亭，设普济茶汤会，置会田10余亩，免费供应茶水。茶亭伤科至今盛名不衰。

释祥贤（生卒年不详）　绍兴人。清末至民国时期东坞庙住持。会武功，好打"抱不平"，年轻时因犯"官司"逃至山栖（所前）东坞庙削发为僧。相传轻功了得，人见其爬在毛竹梢头上管竹园。遇有偷挖竹笋者，待其挖数棵后，在竹梢上咳嗽一声，说："好了吧！"吓得偷笋人落荒而逃，而祥贤师傅并不追赶。晚年，鹤发童颜的他每天举起庙前数百斤重的井栏石锻炼臂力。一次庙会，有壮汉挑柴担路遇祥贤师傅从山栖街买回两板豆腐，想试试他的力气，冷不防将柴担猛撞向豆腐担。祥贤师傅连忙对壮汉说"小心"，结果豆腐担纹丝不动，而壮汉却倒向路边。祥贤师傅会写楹联，又有一手好字，逢年过节乐为附近村民写联志庆。今老泉山房藏有释祥贤撰于民国戊午年（1918）的楹联："时雨卿云，斯人所望；金章玉质，盖代之华。"抗日战争前夕圆寂，年逾八旬。

第二章 道 教

东晋时期，萧山境内已有道教活动。1000多年来，萧山的道教与佛教一样几经兴衰起落，曲折发展。

第一节 源 流

东晋时，道教丹鼎派葛洪辞官云游海内，曾在南阳镇白虎山炼丹修道。[①]东晋高阳名士许询在今楼塔境内百药山采药炼丹，为人治病。[②]葛洪和许询在境内炼丹修道，宣传道家思想，播撒了道教的种子，开了萧山道教活动的先河。

萧山寺庙供奉的道教神像，主要有自然神、英雄神和先贤神。明嘉靖《萧山县志》载："俗尚鬼，多淫祀。"萧山历史上盛行自然崇拜与鬼神崇拜，自然崇拜如崇拜日、月、星、斗、风、云、雷、电等自然神，鬼神崇拜主要体现在对祖先神、先贤神的崇拜。跨湖桥文化遗址出土的彩陶镌太阳纹、火焰纹图案，表明距今8000～7000年前萧山先民已经具有原始宗教崇拜。自然崇拜与鬼神崇拜是道教滋生和传播的基础，因而自然神与先贤神等多为道教所吸收，成为萧山道教中尊神。萧山寺庙中尤其土谷祠中普遍祀奉自然神、英雄神、先贤神。自然神如玉皇大帝（天神）、东岳大帝（泰山神）、三官（天官、地官、水官）、雷公、电母、龙王、土地神、潮神、火神、蛇神、花神、蚕神等；英雄神如大禹、关帝、包公、温元帅、华佗、吕纯阳、刘猛将军、冬福二圣帝、城隍等；先贤神如句践、西施、张老相公、杨时、胡公大帝、岩将老太、汤太守、孝女、陆孝子、倪天医等，构成了萧山地方神祇群体。

萧山道教寺庙供奉的主要地方神祇，有的生前本是萧山籍或与萧山有关的杰出人士，功德卓著，死后被百姓立庙当作尊神供奉。例如张夏，北宋萧山人，俗呼"张老相公"。治理过萧山和钱塘两县的海塘，功绩卓著。萧山民众将其尊为水神，沿江多立庙祀奉。[③]岩将老太，后唐时，有管氏兄弟3人及其舅董戈，不畏强暴，为民除害。后人颂其公德，立祠并祀管氏兄弟和董戈，尊称"岩将老太"。先在凤凰坞村口建庙，后在管村建庙，以示纪念。胡公大帝，名胡则，永康人。[④]《宋史·列传》称其"果敢有才气"，"以右谏议大夫知杭州"。胡则后裔析居河上、戴村等地，戴村上胜庙、碛堰山庙祀奉胡公。杨时，北宋政和年间（1111～1117）萧山知县，任内兴修水利，建筑湘湖。"杨文靖公辟湖利民，泽及万世，宜其馨香俎豆，庙食萧山。"（周易藻《萧山湘湖志》）民感其惠，在湘湖之东建杨长官祠。明成化年间（1465～1487）重修，敕赐额"德惠祠"。西兴龙图庙、义桥汊堰庙，皆祀奉杨时。

历史上，萧山的宫观寺庙产生了一批著名道士。例如道士王朝聘，号

①葛洪，号抱朴子，江苏句容人，生于西晋太康三年（282）。晋代道教著名学者，著有《抱朴子内篇》等道教著作，尤其擅长炼丹术。相传葛洪在萧山南阳用丹砂井之水炼丹，今南阳白虎山留下丹砂井等遗迹。他把丹炉中的炉渣倒入钱塘江，所以当地多浮石，浮石呈赭色，赭山之名由此而来。丹砂井附近有乌龟山，《海宁县志》载："乌龟山也名葛吞山，和白虎山一脉相传。山顶有葛丹石。"

②许询，字玄度，为东晋会稽内史许归第二子。信奉佛教和道教，从其热衷于探幽揽胜、回归大自然的恬淡生性和志趣看，似可认为更倾向于信奉道教。他曾在境内百药山隐居，采药炼丹，今百药山存其隐居的石室和炼丹的丹房遗迹。南宋嘉定年间（1208～1224）高似孙所著的《剡录》记载，许询还隐居于今西山与北干山之间的一片小树林，"凭林筑室，有萧然自适之趣"。

③《越中杂识》载："宋兵部郎中张夏，治海塘有功，封宁江侯。雍正三年，敕封静安公，置祠奉祀。"民国《萧山县志稿》载："静安绥佑公庙，在县东北十里长山之麓，宋时建，祀漕运官张夏……一在县东十九里新林周……一在螺山，一在临浦萧绍交界处，一在十都桃里……一在石岩堰，一在长兴乡潭头，一在闻堰，一在沙地正字号。"

④范仲淹《祭胡侍郎文》载："公出处三朝，始终一德，或雍容于近侍，或偃息于外邦……靡尚威型，积有阴德，安车以谢，正寝而终，老成云亡，荐神兴慕。"

蓉城外史，明代嘉靖、万历年间萧山人。青年时考举人屡试不中，遂心灰意冷而罢。于是登泰岱，经洙泗，谒阙里，四处游走。母病，为炼药所误，深自咎责，乡人称其孝。晚年著《识史要语》《道心印》等书，内容为道家修养之术。道士如晓，字萍纵，失其姓，明代萧山人。少年时没有读什么书，20出头游历临安山中，独自栖身古庙。深山月朗，竹影在地，如晓豁然有省，便折桂枝，画炉灰，苦心钻研，遂善书能诗。初栖隐天台石梁下院，晚居杭州西湖。崇祯年间（1628~1644）结茅乌石峰，取名岩艇，处士朱广原与他结为朋友，经常互相酬唱。著有《岩艇诗草》。吴道士，逸名，号万十六，明代嘉靖年间（1522~1566）人，家住萧山吴家渡。幼年时坚定而聪敏。稍长，到江西信州张真人处授箓。真人赐铁印、木剑、令牌，教他驱邪之术。学成回萧，为一代著名道士。其墓在山阴天乐乡之金鸡山（今所前镇辖内）。

萧山宫观寺庙多为散居在家的正一派道士。萧山道士历来尊江西龙虎山张天师为正一派祖师，其道教活动得龙虎山正一派之真传。民国时期，萧山道士曹国政到龙虎山天师府，在六十三代天师张恩夫门下授箓，成为道教界为数不多的张恩夫门下授箓人。中华人民共和国成立后，曹国政任杭州市道教协会散居正一派道士联络组组长，萧山道教得到他的直接指导，因而发展较为规范。

萧山道士除在寺庙宫观的菩萨圣诞设坛拜忏举行法事外，主要从事民间拜忏等宗教活动。东片地区主要拜皇忏①，南片主要做普利道场。②旧时萧山道士以父子相传为业，道士各有"门眷"（指划定属地中的住户），别的道士不能到他人"门眷"内做道场。在"门眷"范围内，凡有招魂、出殡、做七、拜忏、道场、唱夜等，均由他们承办。其活动以降神、祈福、祛灾、祭祀为主，虽迎合民间少数人信奉巫鬼的陋习，也传播了道教祭祀礼仪、布道程式和道教重要节日等知识。

萧山道士与绍兴的一样，做道场时擅长敲锣唱戏，而别地道士不会唱戏，这是因为萧绍一带历史上居有堕民，有的道士受到堕民影响，有的道士本身就是堕民。堕民旧称贱民，社会地位极低，凡遇"门眷"红白喜事，当吹鼓手敲打演唱③。但堕民子孙文化低，学不会，老堕民便将敲打演唱技艺传授给道士，所以萧山道士唱戏唱得好，是从堕民那里演变过来的。

萧山道教建筑虽然数量不少，但一般规模较小。唐代，朝廷诏令各州置宫，道教在萧山方有一定发展。唐光化二年（899），吴越王钱镠在钱塘江边的黄山西殿，奏封供奉的宁邦保庆王孔大夫。闻堰仙姑庙也建于唐代。宋代徽宗皇帝信道，道教在萧山得到一定发展。北宋，建成楼塔回龙庵、河上岩将庙、所前大山庙、义桥潋堰庙、新街（长山）张神庙、城厢镇小城隍庙等。南宋定都临安（今杭州），与临安一江之隔的萧山，此时兴建了一批土地庙，促进了道教的流传和发展。蒙山老岳庙建于南宋绍兴初年，老岳庙原为宋室家庙，它的建造与赵宋皇家直接有关。南宋时还建成进化泥马庙、瓜沥长巷庙、南阳黄山庙和圣帝殿等一批道教建筑。

明代，统治阶级既尊道又控道，道教在萧山有一定发展。兴建一批道教

①萧山东片地区拜皇忏由道教职教人员组坛，以上朝进表为主，读拜文、诵文。拜皇忏时，置花门、桌围、四屏等为坛，设太上老君、三清教主、斗母元君、纯阳道君等神位，室外插红旗、挂红灯，三请教主入位，道士穿道袍、戴道冠，7个道士做一天法事。

②萧山南片地区民间做普利道场，也由道教职教人员组坛，道士13人，两张八仙桌均置桌围，里面的一张挂三清圣图，外面的一张挂欢门，桌上3张笃牌，中间为张天师像。道士吃素食，穿道袍，先请圣，再净坛，每张桌前朝里坐3个道士，6人为一堂，上、下午各3堂，另有一道士值坛，7人轮流。道士或背《太上经》篇，或敲打吹唱，曲目有传统绍剧《龙虎斗》《越虎城》《打太庙》《渔樵会》等。晚上放焰口，两张八仙桌，上欢门，下桌裙，两桌中间供纯阳祖师神位，前供"五方君子"，不置供品。由斋主送法师上坛，法师念太上经课，三上香，放"岩灵宫普度焰口"。拜忏结束，功德圆满，叫回向，疏文与皇榜一起送上天，以祈福祛灾。

③民国《萧山县志稿》载："八家婚丧以堕民司鼓乐，称为吹唱堕民。自称为小唱，堕民妇称为老嫚人家。"

建筑，如楼塔小村坞庙、大坝庙，河上白堰圣帝庙，戴村惜谷庙、五王庙，临浦关帝庙、大庙，所前下水仙庙，城厢镇社坛庙、章村庙，衙前东岳庙，党山雷公殿，益农镇龙殿，南阳镇海殿等。崇祯二年（1629），邑人蔡继曾捐山36亩，在桃源乡建成仙桃山道院，建有八仙殿、文昌阁。

清乾隆朝以前，境内道教总体发展平缓，新建或重修了一批道教建筑。例如：清初建成所前仙师殿，又称聚龙庙，供奉吕祖；雍正年间（1723～1735）建成戴村祖师庙；乾隆年间（1736～1795）始建峙山东岳行宫、靖江镇靖江殿。清嘉庆朝后，由于钱塘江改走北大门，南沙垦区得到开发，四面八方汇聚大批开垦者，艰苦的劳动需要宗教的精神支撑，新开垦的土地发展农业需要神力护佑，于是一大批寺庙应运而生。今沙地区的寺庙大都建于这一时期。例如：嘉庆

图41－2－1105　西施殿忏会（2000年9月，王锦荣摄）

年间（1796～1820）建成瓜沥永兴庙，党山捍沙殿，靖江包公殿、花神庙，义盛总管殿、元帅殿（长红），南阳关帝殿；道光年间（1821～1850）建成党山相公殿（今改建为相公寺）、党湾张神殿；咸丰年间（1851～1861）建成坎山三昧殿、义盛靖海殿、新湾三官殿；同治年间（1862～1874）建成新街山址庙、党湾真武殿等。清代还建成许贤东岳庙，义桥前坛庙，城厢镇五王庙、王坞庙，衙前天医殿，益农包公殿、头段庙，河庄城隍庙等。一些道教建筑得到修葺或重建，如清道光年间和光绪年间（1875～1908）两次重修南阳镇海殿，同治年间重修孝女庙，光绪年间重修南阳圣帝殿、重建临浦火神庙大殿等。清乾隆时期，会稽道士董德宁真人在青化书屋（旧址在进化镇诸坞村东的青化山西坡）著有《道贯真源》，在萧山传播和弘扬了道教文化。

据民国《萧山县志稿》载，民国初年萧山境内有道观13座，即：云石珠山道院，义桥广济道院，长河冠山道院，新塘乡滨浦道院，五峰道院，乾清道院，螺山道院，螺峰道院，城厢镇小止观、元贞观、北山道院、南山道院、东初道院。但实际上道教建筑不止这些。如东岳庙（行宫），除蒙山、大山、峙山、衙前外，戴村、河上、许贤及南沙等地都有。蒙山老岳庙、大山东岳殿、峙山东岳庙，旧时称萧山三大道教建筑，规模较大，香火旺盛。龛山、石牛山的三清殿，赭山的真武殿，白堰圣帝殿等，都是当时有名道教建筑，而旧志均未载入。另有不少供奉道教中神祇的土地庙、山神庙、水神庙、三官殿、天医殿等道教建筑。

"文化大革命"时期，萧山不少道教寺庙被毁、被拆或改作他用，神像捣毁，无法进行正常道教活动。改革开放后，随着党的宗教政策的落实，一批寺庙经批准得以重建或扩建。新时期修复、扩建的道教寺庙有云石三清殿、祖师庙，临浦关帝庙，所前大山庙，义桥前坛庙，瓜沥相公殿、长巷庙、永兴庙，党山相公殿，城厢镇王坞庙、章村庙、小城隍庙等。重建的道教寺庙如楼塔小村坞庙、大坝庙、徐家店庙，河上石马庙、张毛庙，戴村五王庙、惜谷庙，临浦后山庙、柏家山庙，浦阳江西俞土地庙，进化靖江庙，所前下水仙庙，义桥东岳庙，闻堰黄山西殿、仙姑庙，新街山址庙、元帅殿、跨长庙，衙前东岳庙、天医殿，坎山三昧殿，义盛靖海殿，瓜沥陛下庙、东阳庙，益农头段庙、镇龙殿、包公殿，头蓬南街元帅殿和义盛长虹元帅殿、定海殿、总管殿、永兴殿，靖江包公殿、靖江殿、花神庙、东岳庙，南阳关帝殿、圣帝殿、镇海殿、黄山庙，河庄城隍庙、蜀山庙，党湾镇海殿、真武殿、张神殿、众胜殿，

新湾三官殿，宁围顺坝土地庙，城厢镇五王庙、老岳庙、社坛庙、黄湖庙、陈村庙、老龙王塘庙等。

1999年，萧山市民族宗教事务局始筹建道教协会（2005年10月，萧山区道教协会正式成立），将道教纳入正常管理范围。其时，已有9位道士通过杭州市道教协会考核认可。萧山道教进入一个和谐发展的新阶段。

第二节 宫 观

萧山道教建筑一般仍唤寺庙（殿），虽然数量可观，但规模多数不大，而且有的寺庙佛、道难分。现存寺庙有一部分为清代和清末民国初的古建筑（含局部殿宇），闪烁着传统建筑艺术之美。例如楼塔管村庙，云石三清殿、祖师庙，戴村上董庙，临浦关帝庙、西施庙，进化泥马庙，所前赵家坞庙、大山庙，义桥前坛庙，城厢镇老岳庙、王坞庙、章村庙、小城隍庙，瓜沥长巷庙，党湾荣贵庙，等等。

老岳庙 坐落于城厢镇杜湖村东侧的蒙山上，又名东岳庙、东岳行宫，占地面积10亩（约6666.67平方米）。始建于南宋绍兴初年，相传与宋室有关。① 历史上，东岳庙是宁绍地区一座著名宫观，原有4进坐南面北、依山而筑的殿宇，头山门在山麓，最后一进大殿在山顶，两廊建厢房。大殿端坐东岳大帝，各殿供列诸神祇塑像。历代多有毁建。清雍正年间（1723～1735），僧惠木、大济、怀莲先后增修。乾隆二十六年（1761），邑绅黄云、来谦鸣等数十人为同人会维持庙事，邑令梁世际出示勒石于庙。咸丰十一年（1861）毁。同治八年（1869），僧人振生募资复建。光绪二十五年（1899），僧性道重修。50年代后，部分庙宇改作企业职工宿舍。1994年3月28日毁于大火，残存部分建筑。2000年，东岳庙修复工程正式批准立项。旧时农历三月廿八为东岳庙会，场面称盛。② 1998年，经批准登记为保留寺庙（2004年7月，被列为杭州市文物保护点）。

小城隍庙 地处城厢镇半爿街，清道光九年（1829）重建，光绪四年（1878）修葺。前后2进，前殿6间，后殿3间，两侧斋堂及仓库，占地面积1亩（约666.67平方米）多。正殿祀城隍"崇福佑王"及关公、观音、地藏王诸神像。前后殿各有道光九年石供桌1张，正大门镌门联："泽沛群迷依北干，临昭万异向东流。"庙内存清光绪四年重建碑记2通、光绪十三年绍兴府萧山县正堂告示碑1通、莲花残柱1座、状如拱桥的石香炉9只。1996年，经批准登记为临时保留寺庙。1998年被列为萧山市乡镇文物保护点。

小城隍庙始建年代不详。民国《萧山县志

①相传蒙山原有北宋皇帝赵佶衣冠冢，康王赵构定都临安（今杭州），遂建此庙，庙门面北，有遥望北方汴京之意。初为赵氏家庙，赵氏宗室中一支迁居蒙山附近护庙。元灭宋后，赵氏族人改称此庙为"东岳庙"，徽宗像被改装成道教中尊神"东岳大帝"，加塑"十殿阎罗"、"判官"、"无常"等神像，从而免遭破坏。

②明嘉靖《萧山县志》载："三月二十八日，俗传为东岳神诞辰。蒙山有东岳行祠，先数日，长幼男女，楼艇载箫鼓至祠拜祷。归船游饮至二十八日乃止。"

图41-2-1106 重建于清光绪年间的老岳庙前殿遗存（侧面）（2006年10月，李维松摄）

图41-2-1107 清道光年间建造的小城隍庙前殿（2002年8月，李维松摄）

稿》"城隍庙"条下只有"东门外五里牌别有小城隍庙"的记载。庙内存清光绪四年（1878）重修碑记。碑记云："千五年之古庙也，唐宋开山，万姓同沾泽。宋金乱世，刀兵水火，多次化为平地。明初以草房暂供神像，僧祖广老和尚募化重建小庙。流传乾隆中，众姓添造土谷祠。道光初年，僧祖学修、学明诚行数年募化，善信善助，修建庙殿。获僧静一化三十年寒功，尽力苦争，修建城隍庙供装神像，以志诚敬。"据考，可能在五代至宋代始建。1996年，经批准登记为临时保留寺庙。

老龙王塘庙　在城厢镇城北村，位于北海塘外侧，俗称龙王庙。始建年份不详，相传已有200多年。当时北海塘处钱塘江一线，若遇江潮汹涌，时有坍塌，危害生灵。百姓面对无法抗拒的自然灾害，在塘上建龙王庙，祈求风调雨顺、国泰民安。庙宇坐北朝南，原为四合院式，前殿7间，东西厢房各6间，后殿5间，中有一石板天井。大门离塘仅三四丈，门前的塘上建有四角凉亭，飞檐翘角。4根石柱镌有楹联，柱上凿榫头，安装木板便是一个戏台。中殿原有一幅神形俱佳的水墨龙壁画。沧海桑田，南沙大堤建成后，龙王庙逐渐演变成土地庙，北海塘外今宁围镇的宁稅、宁安、宁新、新华等村的信士常来烧香。所供的土地菩萨法胜明王，传说与小康王南渡逃难有关，庙前凉亭石柱上曾刻有小康王题诗，惜今已圮。50年代后，庙宇作过小学、供销社、代销店、碾谷厂、畜牧场等。60年代拆除凉亭、后殿及两厢。现存前殿7间，两头各拼建1间。庙内中为龙王殿，东为土地殿，西为圆通殿（2005年，经批准登记为保留寺庙）。

社坛庙　在城厢镇金家埭村，来裕恂《萧山县志稿》有载。始建于明洪武元年（1368）。清咸丰十一年（1861）毁，僧募资重修。50年代后，庙址改作学校。1998年，由蒋潮根、朱祥焕等6人发起易址重建。社坛庙旧为23村土地庙，祀奉土地菩萨陈二明王。俚云："城里城隍庙，城外社坛庙。"每月初一、月半为月香会。每年二月十二日土地菩萨诞辰，此与百花同生日，烧香者尤众。2000年，经批准登记为临时保留寺庙。

王坞庙　在城厢镇立新村，因坐落在三面环山、风景幽雅的王坞，庙以坞名，称王坞庙。始建于明代，历经300多年。现有后殿5间，两厢各3间，前廊设戏台，廊前道地围在黄墙之内，东头开山门，一条水泥路通往外界。后殿中3间为清代建筑，殿内圆石柱、木构架古色古香，两端各1间为80年代拼造，其余两厢、前廊等均为80年代后重修。后殿中间供奉土地菩萨"大观明王"，每年正月十二土地生诞举行庙会，有演戏。左侧王明庵殿，供观音菩萨。王明庵原在王坞庙后面，今庵基犹存。庙内有半块残碑"重建王明庵洗心碑"，上镌"光绪丁酉冬十月"等字，称清咸丰辛酉（1861）九月秋，太平军进驻萧山，庙宇遭毁，己丑年（1889）信士相公贺金贵、周世仁等捐资重修云。右侧为里庵坞分殿，供五王菩萨。1998年，王坞庙被定为萧山市乡镇文物保护点。2000年，经批准登记为临时保留寺庙。

管村庙　位于楼塔镇管村村的纪贤山上，原名岫云庵，始建于清朝初年。管村章氏先祖君彩看中这个风景秀丽的地方，筑宇其间，习静敬佛，因这里"岫香云深"，故名岫云庵。清初著名学者毛奇龄为"岫云庵"书额。庵旁有"岩将老太"之墓。

庙宇四合院式，前后两殿，供奉岩将老太等神佛。旧时置有田产15亩，足餐住僧。清咸丰末年（约1861），兵灾扰境，庙宇被毁。光绪十四年（1888），乡民合议在原址重建岫云庵，经1年多而成。1949年后，庙内停止宗教活动，正殿归村公用，两侧厢楼分配作住宅。1958年，附近山地辟为茶园，庙宇改作制茶工场。1981年，茶场歇业，庙宇闲置。不到几年，梁折瓦落，杂草丛生。1991年，管村章氏三十九世荣生之女安妮从海外回乡探亲，携弟鸿涛捐资重修，包括庙宇建筑、进出大路、登山踏步、庙用水井、岩将墓道等，或整修，或重建，使之焕然一新，恢复了宗教活动。1996年，经批准登记为临时保留寺庙。

惜谷庙 在戴村镇石马头村，原名惜谷殿，始建于明末清初。[①]现建筑为80年代初重修，改今额。惜谷庙原有上下大殿、山门等建筑。抗日战争时期，萧山县法院迁驻此地办公。抗战胜利后，庙宇一度作为国民政府戴村区区公所临时所在地。50年代初，拆除大殿。1958年，庙址建起畜牧场。80年代初重修，经累年复建，现有惜谷殿、上大殿、玉皇殿等，山门和部分山墙为清代遗存。1996年，经批准登记为临时保留寺庙。

祖师庙 在云石乡明堂村，位于省级森林公园石牛山麓。始建于清雍正年间（1723~1735），原址在珠山顶上，又名珠山道院、九叙道坛。[②]有殿宇3间，翠竹相护，黄竹为屏，内设祖师坐尊、行尊神像各一。因年久失修，于清光绪三十四年（1908）易址于珠山之麓紧靠七都要道重建，四合院式，门前原立九联灯杆1根。每逢农历八月三十日晚，9盏联灯齐明，直到九月初九下午皇忏结束，祭天化榜时才将联灯收藏。50年代后，庙宇住过农户。1999年，村民募资整修。庙宇保持清代建筑风格，正殿5间，两厢各3间。正殿仍塑祖师坐、行神像各1尊，东殿观音大士，西殿西罗沙神。联云："石牛巍巍仰瞻三清法界，云门飞峤俯瞰九叙道坛。"（2005年，经批准登记为保留寺庙）。

三清殿 在云石乡石牛山村，坐落在海拔659米的石牛山上，始建年代不详。鼎盛时期，有殿宇3进，僧人数十。由于年久失修，至民国14年（1925），村民沈沛福发起募捐，在原址下面约1千米翠竹环抱的山腰，新建三清殿，殿宇5间，辅房若干，建筑面积约400平方米。1981年，石牛山村农民沈云先发起募捐，修缮殿宇。大门朝东，额匾"三清殿"。殿内奉祀玉清、上清、太清三真人。[③]门口蹲伏一头石青牛，传说是李耳的坐骑。殿北祀奉吕纯阳祖师，即"八仙"中吕洞宾。大殿檐下两对牛腿木雕精美，均为道教中人物故事。

历史上，三清殿香火极盛。农历三月初三、九月初九，要做3天3夜道场。每逢清明时节，来自富阳、诸暨乃至杭州、上海的香客云集于此，十分热闹。1996年，经批准登记为临时保留寺庙。

泥马庙 在进化镇石柱头村之九坛吞，面西，正对皇坟尖。四合院式，前后两殿，两侧厢房，占地面积近千平方米。主体为清代建筑，正殿5间，中供土地神，侧供三官、天医、财神、包公诸神。左厢供奉关帝圣君，以及忠义救驾的两匹白马；右厢供奉蚕花娘娘、雷公、地母等。前殿原有戏台，门口原有"忠昭南宋"匾，今圮。庙内存民国3年（1914）7月绍兴县知事所立"永禁赌博"碑。相传泥马庙始建于南宋，与南宋明懿夫人墓有关。1996年，萧山市人民政府将泥马庙确定为保留寺庙。1998年被列为萧山市乡镇文物保护点。

大山庙 在所前镇老街，位于导山之上，原名导山道院，俗称大山庙。[④]始建于宋代，为所前李氏先祖、唐汝阳郡王李琎的七世孙所建。初只有山顶的观音阁，明末陆续扩建，至民国初期，导山形成上下四殿、雄伟壮观的寺观建筑群。从山麓往上，有石阶与大道相连。前门万年台，头殿土地殿即导山庙，第二殿城隍殿，第三殿圣帝殿，第四殿即山顶观音阁。1953年，万年台焚毁。土地殿系十方土地庙，原为所前李、王、赵、严、顾5大姓10多个自然村

①传说明朝义桥一带出了位名叫潘世恩的人，人称"潘公老爹"，虽家庭殷富，却十分节俭，尤以节约粮食著称。割稻时节，他总要亲自拾取稻穗，积谷防饥。他还让佣人在各家的"水陆洞"口接一个淘箩，将涮锅淘米时冲掉的米粒饭粒搜集起来，以备救荒之用。不久江南大饥，饿莩遍地，唯独戴村、义桥一带无人饿死，全仗潘公老爹将平日所积的粮食赈济灾民。潘公老爹死后，因其生前珍惜粮食，乡亲们立庙祀奉，故名"惜谷庙"。

②相传古时候石牛山上曾住过一位名叫沈三清的老人，采得深山百药，凭妙手回春之术，乐为四乡百姓治病。后人为纪念他的功德，建庙塑像，尊其为"清忠祖师"，故名祖师庙。

图41-2-1108 三清殿（2000年3月，武正立摄）

③明张岱《夜航船》载："玉清，元始天尊；上清，玉宸道君，即灵宝天尊；太清，混元老君，即道德天尊。"另据当地传说，三清殿是为纪念南宋时住在石牛山上一位名叫沈三清的医生。他生前四乡行医，惠泽百姓，死后受到立庙供奉，与祖师庙所供奉的"清忠祖师"是同一个人。

④民国《天乐志》载："蟾山，一名大山，亦称导山，山有庙，麓为所前镇。"

共有，四合院式，供奉土地菩萨圣官明王、温元帅和先锋菩萨等，二月廿一、七月十八庙会。1953年，大火烧毁土地殿部分殿宇，后改为所前粮站。城隍殿5间，旁有关帝殿，50年代以后，殿宇改作所前卫生院。圣帝殿9间，供东岳大帝。现存殿宇系晚清之作，檐前牛腿雕刻道教中人物故事，1995年改作老年活动室。观音阁四合院式，1956年毁于台风，2001年后重建。导山道院旧时为萧山三大道教寺院①之一，规模宏大，现为萧山南片主要道教活动场所。2000年，经批准登记为临时保留寺庙。

下水仙庙　在来苏乡里士湖村。始建于明洪武年间②（1368～1398），清光绪二十年（1894）丁宝臣重修。原正殿5间，厢屋10间，前设戏台，两边看楼。尊倪章为土谷神。③50年代，庙宇作过渔场用房，60年代中期被夷为平地。80年代初起重建。现有正殿8间，左厢房7间。正殿中供土地菩萨通灵侯王，左地藏、观音、天医尊神，右张老相公、财神等，共塑神佛像28尊。旧为大沿村、下贩王、塘下金、里士湖4村土地庙，每年二月十四土地菩萨诞日举行庙会。下水仙庙位于里士湖北岸，里士湖南岸凑沿金村原有上水仙庙（今存余屋3间）。④1996年，经批准登记为临时保留寺庙。

关帝庙　在临浦镇屠家埭村，濒临西小江与麻溪交汇口的浴美施闸。始建于明代，当时碛堰山未开通，浦阳江借道西小江入海。浴美施闸地处水运要道，过往船只如梭。生意人、撑船师傅信奉关公忠义神勇，为祈求生意兴隆、航行平安，特在浴美施闸边修建关帝庙。历经毁建，清光绪四年（1878）重修，庙墙嵌有重修碑记。现存建筑四合院格局，除正殿为50年代后重建外，余皆为清光绪年间（1875～1908）遗存。关帝殿设在四合院左侧，正殿5间，前殿5间，中为戏台。旧时每年五月十三关帝诞日举行庙会。1996年，经批准登记为临时保留寺庙。

前坛庙　在义桥镇牌轩村，始建于清代。旧时为牌轩下、峡山头、白浒墙、姜家里、横筑塘、亭子头、封湖墩、河斗头、七家舍头、府前桥10个自然村共有，故又称"十方土地庙"。供奉土地菩萨石二明王、石四明王。⑤三月初八石四生诞、九月十六石二生诞举行庙会，旧有演戏、念佛等。前坛庙原址在乌龟山上，现有建筑为清道光二十六年（1846）易址重建。50年代后，庙宇做过畜牧场、山林队、小五金厂用房等。80年代经过修葺，恢复宗教活动。为前后两殿，四合院式，大门额"前坛庙"，两侧边门额"左宜"、"右安"。前殿设活动演台，镌台联3副⑥；后殿3间，中供石二、石四两位土地菩萨，石圆柱镌有对联及"道光丙午年桂秋於仲生喜助"等字。上述戏台柱联和大殿柱联，均为道光年间（1821～1850）原物。1998年被列为萧山市乡镇文物保护点（2004年7月，被列为杭州市文物保护点。2005年，经批准登记为保留寺庙）。

东岳庙　在许贤乡邵家村，背靠青山，面临淙淙溪流。始建于清代，已历300多年。过去邵家一带村民不少以造土纸为业，为求生意兴隆，特建东岳庙。每年于三月廿八东岳大帝生诞举行庙会，南乡百姓多前去烧香赶庙会，演戏必请绍兴大班，越剧的笃班不能上东岳庙戏台。中华人民共和国成立后，殿

① 即蒙山东岳庙、导山东岳殿、岭山东岳庙。

② 清毛奇龄称始建于三国吴赤乌二年（239），存此一说。

③ 相传倪章出生于诸暨。有一年冬天，重病中的母亲想吃鱼，倪章与弟弟倪良、倪求一起，冒着寒风沿浦阳江而下，直到萧山的蔡湾板桥，还是捉不到鱼。他们想到孝子卧冰求鱼的故事，就毅然破冰入水，不幸全被冻死。当地百姓感其孝道，造庙塑像，尊称倪章通灵侯王，以表纪念。崇倪良为赵坞庙土谷神，倪求为来苏土谷神，供奉在上水仙庙。

④ 俗称南为上，北为下；古代称溺水而亡者为水仙。两庙一南一北，崇祀的土谷神皆为溺水身亡者，故名上、下水仙庙。

⑤ 相传石大、石二、石三、石四、石五5人均为著名石匠，共同参与修筑西江塘，他们结拜为兄弟，合力同心，出生入死，终日奋斗在工地。一次发大水，西江塘坍塌，五兄弟率众抢修，终于堵住缺口，而他们都落水身亡。传说护佑西江塘之神得悉其功绩，遂封五兄弟为土地菩萨。石大、石三供奉在石塘庙里，石五供奉在溪头黄土地庙。

⑥ 戏台内柱联"古今事从来相像，善恶人到底分明"；中柱联"旁观者清即此可知天下事，到头是假何妨唤醒世间人"；外柱联"离合悲欢安知人间非戏，忠孝节义是谓天地之义"，均为清道光丙午年（1846）重建前坛庙时所镌。

宇作过纸厂、供销社，开过小店。近年经修葺。重修的东岳庙保留原有格局，四合院式，正殿3间，两厢各3间，中为天井，共占地2亩（约1333.34平方米）多。正殿供东岳大帝，额"维岳降灵"，联云："神灵重光千秋佑民降福泽，庙貌胜昔万代蒙庥感恩深。"檐前牛腿木雕等为清末民国初之作，油漆一新，保持原貌（2005年，经批准登记为保留寺庙）。

图41-2-1109 修葺前的东岳庙大殿（1999年8月，李维松摄）

黄山西殿 在闻堰镇黄山村黄山山麓，始建年代不详，几经易址更名。《越中杂识》有载。①后梁开平四年（910），吴越国王钱镠征集军民20万，抢筑加固钱塘江两岸江堤，给多灾的萧山人民带来福音。钱氏三代五王奉行保境安民政策，在筑塘治水的同时，还在萧山封神西殿和新建南殿，意在祈求神护，免遭洪涝之灾。西殿在黄山西边的莽山，今钱塘江边的半爿山附近，因地处县治之西而名。钱镠于唐光化二年（899）奏封该庙供奉的宁邦保庆王孔大夫，即隋朝平乱有功的陈杲仁裨将孔逸为惠仁侯，加今额。南殿在县治之南的孝悌乡（今戴村），为钱镠之孙钱弘俶所建，供奉保国资化威胜王李大夫。上述两殿明万历、清康熙县志均有记载。后西殿、南殿均年久失修，清道光二十五年（1845），在离黄山1里多的安山南麓重建黄山西殿时，便把已圮的南殿保国资化威胜王一起供奉在西殿，合称"黄山西南殿"，但庙额仍悬"黄山西殿"。时有大殿3间、两侧偏殿各3间、斋堂附房若干。殿前有万年台，殿内悬挂公祭二王的祭文祀匾。至50年代，黄山西殿毁圮。现有殿宇为1993年重建，依山就势，主建筑3进。前进陈列室，张挂西江塘、北海塘、湘湖、萧绍运河等萧山历史上著名水利工程的图片，介绍萧山水利史事；第二进供奉宁邦保庆王和保国资化威胜王；第三进供奉吴越王钱镠坐像。钱王三十六代孙、书法家钱法成亲书"钱武肃王"匾额。清道光二十五年（1845）"重建黄山西殿碑记"立于新建的碑亭内（2005年，经批准登记为保留寺庙）。

仙姑庙 在闻堰镇东山陈村，始建于唐代，曾名奇树庵②、仙姑庵。几经兴废毁建，现有殿宇为近年重建。依次为山门、关帝殿、娘娘殿，最后东岳殿。东厢房9间，西厢房3层计12间。娘娘殿为主殿，供奉狄姓、姚姓两位仙姑。庙宇飞檐翘角，巍峨壮观。每月十五月香会，四乡老妪及年轻女性来庙进香，祀奉仙姑娘娘。庙内存石碑2通，一为清乾隆甲午年（1774）《敕封贞烈夫人二圣仙姑碑记》；一为清同治丙寅年（1866）《重修奇树庵碑记》（2005年，经批准登记为保留寺庙）。

山址庙 在新街镇山末址村，位于长山东麓。原名天医殿，始建年代不详。民国《萧山县志稿》载："天医殿，在县东北十四里长山之尾，土名山址头，祀汉华佗。里人莫令德捐地创建，咸丰十一年毁，同治七年重建。"天医殿南侧原有张神殿，两殿并列，均毁于60年代。1987年在张神殿旧址建起殿宇，额"天医殿"，实为两殿合一。近年在原址重建天医殿，两殿再次分列，合称"山址庙"。新建的天医殿，殿宇5楹，歇山重檐，金碧辉煌。正面供奉赵天医③和华佗，背面供奉神农帝君。殿内存清代"纯阳宫"匾1块。1998年，天医殿被列为萧山市乡镇文物保护点。1996年，经批准登记为临时保留寺庙。

①《越中杂识》载："方天下大乱，吴越独敬事中国，保障一方百姓"，"越人思慕功德，至今祠祀不废云"。

②据碑记，唐末乱世，官兵扰民。一次，钱塘人狄獬、姚龙君两位年轻女子，被几位兵弁追赶到东山陈村的山脚下，兵弁欲行强暴。两女子坚决不从，兵弁将其"幽之密室"。两女子"荼蓼备尝，求死不得"，监视老媪出于同情，告诉她们攀树翻墙能逃身。逃出后被发现，两人毅然跳水殉难。为褒扬两人坚贞不屈的节操，乡民于唐末天复年间（901~903）在其殉难之地建造一庵，塑像供奉，唤"仙姑娘娘"。民称两女越墙攀援之树为奇树，故取名"奇树庵"。北宋乾德三年（965），宋太祖赵匡胤敕封两女子为"贞烈夫人"，享受民间香火。

③赵天医，明代绍兴柯桥名医。他医德高尚，医术高超，治愈了许多疑难杂症，萧绍百姓有口皆碑。他还节衣缩食，将行医所得回报社会，捐资建造了西小江上的螺山大桥和杨汛桥。死后乡民立庙祀奉，尊其为"天医"。

天医殿　在衙前镇里东徐村，始建于明代。原址在西小江边，90年代易址重建于此。四合院式，前殿5间，正殿3间，侧厢各3间。正殿供倪天医[①]神像，左包龙图，右张老相公、胡公大帝，另供三官菩萨、纯阳祖师等神像。每年七月初七倪天医生日举行庙会，届时，萧、绍等地信士前来参拜天医，祈求健康（2005年，经批准登记为保留寺庙）。

三昧殿　在坎山镇三盈村，始建于清咸丰年间（1851～1861），初名三昧庵[②]，供元帅菩萨。民国14年（1925），钱塘江坍塘，三昧庵毁，易地迁到北岸五堡，寄供在五福凉亭。民国25年前后，江南滩涂复涨，又搬回南岸，将三昧庵与附近的龙图殿合并，建3间3轩草舍，供奉包龙图和元帅菩萨，改名"三昧殿"。民国34年改建瓦屋，有大殿5间，两厢各3间，还有道地、池塘等。1972年拆除庙宇。90年代经有关方面批准，在原址附近重建三昧殿。已建成山门、万年台、东西两厢、圆通殿等。新建的殿宇歇山重檐，巍峨壮观。主供包龙图，左元帅菩萨，右天医菩萨。农历五月十六元帅诞日、六月十六包公诞日、七月初七天医诞日，举行庙会（2005年，经批准登记为保留寺庙）。

长巷庙　在瓜沥镇长巷村，始建年代不详，与"泥马渡康王"的传说有关。尊裴二明王为土地菩萨。历史上几经毁建，现庙宇为清代建筑，坐北朝南，前后4进，占地面积近1000平方米，前3进明间穿廊相连。方石柱镌联一副："地近渔乡十族分支承旧社，事同壮梦卅年故土复新规。"第三进正殿供土地菩萨、土地娘娘、元帅菩萨、东岳大帝。第四进"三宝殿"，殿门两侧石狮为清代原物，中供释迦牟尼，左为观世音菩萨，右为地藏王菩萨。1949年后，长巷土地庙一度改作他用，80年代初恢复宗教活动。1996年，经批准登记为临时保留寺庙。

陛下庙　在瓜沥镇东恩村，位于航坞山东麓。坐北面南，四合院式，前后两殿，前殿6间，后殿3间，朝东侧厢5间，朝西侧厢3间，额匾"古陛下庙"。始建年代不详。据该庙清光绪元年（1875）《陛下庙重建碑记》记载，至少清乾隆初年（约1736）陛下庙已经存在，而民间口耳相传则有800多年历史。历代多有修葺，清咸丰年间（1851～1861）遭兵燹，同治年间（1862～1874）重修。民国9年（1920）3月大修，前后大殿换抬桁2根、石柱4支。民国26年，前殿修整。50年代后，庙宇作过村办企业用房。现有建筑为1994年重建。陛下庙亦缘于"泥马渡康王"传说，但与别处传说略有不同。[③]旧时东沙、南沙一带百姓常来陛下庙进香念佛；老人做寿，来庙里点烛烧香。四月十六举行庙会，绍兴、海宁、桐乡的善男信女亦来赶庙会（2003年，经批准登记为临时保留寺庙）。

靖海殿　在义盛镇后新庙村，始建于清咸丰元年（1851）。主供绥佑大帝即张老相公。旧时义盛一带濒临钱塘江，江潮为患，特供水神以求平安。60年代中期拆除，90年代初在原址重建。现有大殿5间、东西侧殿若干间。大殿额匾"海波不扬"，落款"咸丰辛亥年建"，据称此匾为清代原物。东厢设天医殿等。大殿前有万年台。西厢佛堂、祖先堂、纪念堂。1996年，经批准登记

①倪天医，即新街天医殿供奉的赵天医，据说倪姓为其外婆家姓。

②"三昧"本是佛教用语，旧时音译成三昧、三摩堤、三摩帝，意译成定、正受、调直定、正心行处、息虑凝心。所谓"心定于一处而不动，故曰定。正受所观之法，故曰正受。调心之暴，直心之曲，定心之散，故曰调直定。正心行处，息止缘虑，凝结心念，故曰息虑凝心"（引自《佛学大辞典》）。又，道教有"三昧真火"之说。

③传说康王从钱塘江北仓皇南渡逃命，在航坞山东麓今陛下庙附近上的岸，此地成了他获得生机的重要转折点。后来他渡江北上海宁，为求吉利，又在此地上船。定都临安后，为感谢救命之恩，许下"浙江土地尽封王"之愿。别处土地庙里供奉的土地菩萨，皆称"某大明王"，不着皇袍。唯独陛下庙所供的土地菩萨，准许其着皇袍、戴皇冠，俨然帝王模样。

为临时保留寺庙。

元帅殿 在头蓬镇头蓬南街。旧址在今围垦指挥部附近，由于塌江毁殿，易地重建于此。正殿供奉温大元帅[1]像，神像脸色紫黑，身着盔甲，形似威风武官，实乃文弱书生。元帅殿附近流传着温元帅舍身救人的故事。[2]1996年，经批准登记为临时保留寺庙。

三官殿 坐落在新湾镇建华村，始建于清咸丰年间[3]（1851~1861），悬山单檐。正大殿及东厢房为清咸丰年间遗存，两厢经过翻建。至清咸丰年间，四邻百姓募资将草棚改建成殿宇，供奉三官大帝及诸神，正式称"三官殿"。1996年，三官殿被批准为萧山市保留寺庙。2001年初开始扩建。

图41-2-1110 三官殿（2006年10月，李维松摄）

城隍庙 位于河庄镇同二村，始建年代不详，重建于清嘉庆十九年（1814），当时建有大殿3间，东西厢房各5间。同治三年（1864），经过一次大修，新建北大殿3间、东厢房5间、西厢房4间。1954年，改为河庄乡麻站，60年代改为仓库，70年代倒毁。80年代初，当地信教群众集资易地在生产队仓库的基础上修建庙宇，先后建有前大殿、后大殿、厢房、附房等20余间，建筑面积约1250平方米。1996年被批准为萧山市保留寺庙。

蜀山庙 在河庄镇蜀南村，位于蜀山北坡。始建年代不详，据考至迟在清代中叶以前。为旧时南沙三大土地庙（陡下庙、蜀山庙、黄山庙）之一，范围包括西至青龙山永丰闸，东至头蓬、新湾等大片地方。60年代庙毁，80年代在原址建造山林队。90年代复建庙宇，至2000年建有土地殿、观音殿、大佛殿、万年台等建筑。土地殿3间，坐东朝西，重檐翘角，联云："势镇东海潮涌蜀山入钱塘，威宁江南波翻雪浪流春江。"50年代和80年代，省、市文物部门经两次考古发掘，在蜀山发现丰富的商周时期印文陶堆积层和良渚文化堆积层，出土大量文物。1984年，萧山县人民政府将"蜀山商周文化遗址"列为县重点文物保护单位。1996年，经批准登记为临时保留寺庙。

娘娘庙 在河庄镇民主村。始建年代不详，据考至迟在晚清。原名天后宫。[4]久毁。90年代后陆续重建，现有正殿3间、翻轩5间、厢房附屋若干间，及万年台等建筑。供奉天后宫娘娘，为土地庙，三月廿三庙会。天后宫娘娘即妈祖[5]，闽、台、浙沿海等地人民尊其为海上女神。相传妈祖修过钱塘江堤，萧山百姓特立庙供奉。2000年，经批准登记为临时保留寺庙。

黄山庙 在南阳镇龙虎村之白虎山上。白虎山古名黄山，故名"黄山庙"。北连戍城遗址，西近观潮城。坐北朝南，前后2进，后进部分厢房系清代遗存，其余为80年代以后陆续重建。前进供奉三大明王即三位土地菩萨，第二进大雄宝殿，另有东西厢房、酆都殿、祖先堂等，建筑

[1] 温元帅温姓，封东嘉忠靖王。清代王同《武林风俗记》载："传说为前朝茂才，来省中乡试。寓中夜闻鬼下药于井，思救阖城民命，以身投井……遂封神焉。"

[2] 相传，旧时有一秀才赶考，晚宿乡村，闻哭丧之声，方知近来村里一些青壮年常无缘无故死去，尸呈紫黑。次日清晨，秀才在村里仔细观察。时有村民在汲井水，俯身一看一闻，打上一桶伸手一触摸，便对村民说，此井有瘟毒，不能饮用。村民不信，秀才大声劝阻："各位如果不信，某愿以死相劝！"言毕，跳入井中。村民急忙将其捞起，秀才已断气，少顷，全身呈紫黑色。村民见状大惊，个个痛哭流涕，感其舍身救命之恩。上奏此事，便封其"温大元帅"，四乡百姓尊其为土地菩萨，以保护黎民平安。

[3] 相传清代钱塘江改走北大门后，头蓬、新湾一带渐有人烟，但仍多草荡荒湾。某夜，河湾里漂来一木雕神像，人们把它打捞上来，识者称是"三官大帝"，便搭草棚将其供奉。

[4] 民国《萧山县志稿》载："天后宫，在城内里横河，一在沙地岩垒山，清乾隆三十五年移建亨字号。"

[5] 妈祖，名林默，福建莆田渔民女儿。她素行济世，常乘舟巡游于岛屿之间，救助海上遇险船只，为人治病，教人防疫避灾之法，后因海难而不返，被立庙供奉。从宋代至清代，共有21个皇帝先后封其为"天妃"、"天后"、"天上圣母"等，共褒封了48次。

①相传南宋初年，小康王赵构一路南逃至钱塘江边今属萧山南阳之青龙山、白虎山一带。金兵尾追越来越近，赵构处境危急。忽然他见田里有3位农夫在插秧，连忙更衣和农夫一起插起秧来。金兵继续追寻，小康王趁机渡江南逃。等金兵回头搜索时，发现刚才田里有4位农夫插秧，现在只剩下3人了，觉得其中必有蹊跷，便把3人捕去严刑拷问，一无所获，最后把3人杀害了。后康王赵构在临安登基，为报答钱塘江边3位农民的救命之恩，就以3人的名字敕封为黄山大王、宴猪二王、蒋宁明王，任江南土地之职（土地菩萨之首），在白虎山立庙供奉，以年龄最大的黄山大王作庙名，故称"黄山庙"。

②相传小康王赵构被金兀术追兵追赶，在南沙滩涂即今东风村地盘上的一个草舍过夜。天蒙蒙亮，追兵又来，眼看难逃厄运。这时一位白胡子老大爷让康王上了小船，只撑了几竿，那小船便将浅滩上难以划行的追兵大船甩在后面。"真神人也！"小康王在方迁娄脱身上岸，问撑船老人："你是谁？"老人答："我是圣帝。"康王定都临安，感念救命之恩，便命人在过夜的草舍旧址建起"圣帝殿"。

③《镇海楼》诗云："越峤西来此阁横，隔波烟树见吴城。春江巨浪兼山涌，斜日孤云傍雨晴。尘海茫茫空断梗，故人落落已残星。年来出处嗟无累，相见休教白发生。"诗见明万历《绍兴府志》。

面积约2000平方米。始建于南宋，传说与康王南渡有关。①黄山庙为十方土地庙，元明清代多次毁建。清同治年间（1862～1874）重修。1958年拆毁，1986年再次重建，1990年建后楼，又名黄山寺，形成前庙后寺格局。1996年建万年台，1998年建西厢房楼。现有大殿（包括黄山寺大殿）、厢房楼等建筑，成为佛、道合一的庙宇，香火涉及南沙各村。1996年，经批准登记为临时保留寺庙。

图41-2-1111 黄山庙（2006年10月，李维松摄）

圣帝殿 在南阳镇东风村。始建年代不详，清光绪间重修。50年代后，殿宇作过校舍，70年代拆除，1989年易址重建。现有山门、大殿、侧殿、戏台等建筑23间，占地面积2.80亩（约1866.68平方米）。大殿供真武大帝，俗呼"圣帝"。相传，圣帝殿与南宋小康王渡江南逃有关。②清嘉庆二十年（1815），萧山县正堂为圣帝殿题书"威镇南沙"一匾。光绪年间（1875～1908），南沙六社重修圣帝殿，立石碑两块，上镌"皇清光绪××年重修圣帝殿记"。匾和碑均毁于"文化大革命"时期（2005年，经批准登记为保留寺庙）。

图41-2-1112 镇海殿（2002年11月，李维松摄）

镇海殿 在南阳镇红山村，前身为镇海楼（阁），始建于明代。相传因钱塘江坍堤，江水经此处而被镇，故名"镇海楼"。明弘治十二年（1499），进士、累官兵部尚书的王守仁巡历至此，作有《镇海楼》③诗。清乾隆初年（约1736），在镇海楼原址建镇海殿，殿名取"镇海潮而保江堤"意。道光十七年（1837）扩建，光绪十三年（1887）重建。1982年后，由华侨出资、群众募捐重修。现有山门、大殿、配殿、两厢及戏台等，四合院式，建筑面积1000余平方米。祀北宋工部郎中、两浙转运使张夏。殿内存清代石碑2通。1996年，经批准登记为临时保留寺庙（2004年7月，被列为杭州市文物保护点）。

第三章　天主教

天主教亦称"公教"、"罗马公教"、"加特力教"，有时也被称作"旧教"，以区别于基督教新教。天主教是从基督教中分离出来的一派，与正教、新教并称为基督教三大派别。"天主"一词，为明末耶稣会传教士进入中国后，借用中国原有名称对所信之神的译称，取意为至高无上的主宰。天主教信奉天主和耶稣基督，尊玛利亚为圣母。天主教于20世纪初传入萧山，近百年来发展平稳。

第一节　传　布

清光绪三十一年（1905），天主教绍兴总堂派神父应乐善、史济仁等来坎山三官殿传教，标志天主教开始传入萧山。同年，就地买屋建立坎山天主教堂，有信徒20余人。清宣统元年（1909），应、史两神父到赭山传教，发展信徒200余人。民国6年（1917），在靖江发展信徒200余人，建立规模较大的靖江天主教堂，成为萧山天主教的主要传播地。至民国10年，萧山境内已有坎山、赭山、靖江、瓜沥、党山湾、临浦、城厢7处教堂，信徒800余人。民国21年，由于基督教在萧山县发展迅速，天主教徒减至261人。民国35年起，萧山县天主教归宁波教区，分堂属绍兴堂管辖。

1950年，绍兴八字桥天主教堂派方都谟、姚泽民两神父来萧山直接执堂。方以靖江天主教堂为本堂，兼顾瓜沥、坎山、赭山、党湾等天主堂；姚以临浦天主堂为本堂，下设沈村、上曹坞、傅家墩等祈祷所，兼顾城厢天主堂及诸暨县教务。是年，萧山有天主教教堂7座，神父2人，教徒70余人。1955年，全县教徒增到717名，布及9个区的37个乡。是年10月，姚、方等受宁波教区法国籍主教戴安德指使，先后在临浦、靖江等地成立"圣母军"支团，策划反革命活动。1957年8月，"圣母军"组织被取缔，法籍宁波主教戴安德被依法逮捕。教徒担心再度受骗，大多不再参加正常的教务活动。1959年起，多数教堂因种种原因自动关闭。

1978年以后，萧山天主教逐渐恢复宗教活动。临浦、城山、靖江、赭山、新湾、党湾、党山等公社及城厢镇等地先后有600多名教徒自发在家里公开过宗教生活，部分教徒还去杭州天主教堂参加弥撒活动。宁波江北岸天主教堂贺近民神父每年一次到萧山进行教务巡视。1982年起，逐个教堂落实宗教政策，修缮复堂。1983年，通济乡男青年徐贵根考入上海佘山天主教修道院，毕业后在衢州天主教堂为神父。

1985年，萧山有天主教教堂7座，教徒800余人。1987年3月，萧山县由宁波教区划归杭州教区管辖，全县天主教的教务工作由杭州教区的赵婉文神父兼管。1987年11月10日在城厢镇召开首届天主教代表会议，选举产生萧山县天主教爱国会，第一届主任朱柏松，副主任陈镇祥、徐贵根，秘书长陈镇祥（兼）；第二届主任朱柏松，副主任陈镇祥、费玉琴，秘书长陈镇祥（兼）；第三届主任费玉琴，副主任陈镇祥、朱柏松，秘书长陈镇祥（兼）。1989年夏，省内部分地区遭受涝灾。8月，天主教爱国会向灾区人民捐赠钱、粮票和一批衣物。此后，每年积极参加各种社会救济和扶贫帮困活动。

90年代后，萧山市的天主教管理日趋完善。城厢镇、临浦镇、靖江镇、赭山镇、党湾镇都有了较完整的天主教活动场所。杭州教区到萧山的传教布道活动趋于正常。1993年3月24日，市天主教爱国会接待德国伍特堡教区代表团一行6人来萧山考察。1995年8月15日，杭州教区指派曹湘德神父每月一次到萧山主持各种宗教活动。1997年3月下旬，组织教会人士到上海佘山朝圣。

2000年5月，曹湘德升任杭州教区主教，因教务繁忙，以临浦天主堂为本堂，兼管萧山天主堂，靖江、赭山、党湾天主堂委托方法全神父接管。曹、方两位神父均每月一次来萧山进行教务活动。同年5月和7月，分两批组织教会人员赴上海、宁波、福州、厦门等地考察学习。9月，根据省、杭州市宗教工作协调小组关于抵制梵蒂冈"封圣"活动的指示精神，市民族宗教事务局开展下列工作：一是大力加强爱国主义教育，宣传党的宗教政策和宗教法规，统一思想，提高认识；二是组织力量，成立班子，明确职责，责任到人；三是深入堂口，耐心细致地做好思想工作，使全市天主教界做到不参与并坚决予以抵制。10月1日，各堂口都自行张贴爱国标语，插上国旗。至2001年3月，全市有天主教堂5处，教徒800余人。

第二节　天主教堂

萧山天主堂　始建于清光绪年间（1875～1908）。民国11年（1922），竹林寺妇科医师陈绪辉奉献9间平房、7间大厅共计16间房子，占地约2亩（约1333.34平方米）作教堂，时为萧山地区的中心堂，下设7个堂点。民国23年起，由绍兴天主堂神父柴日昶和教友唐福庆负责管理至解放初。27年遭日机轰炸，中心堂被毁。之后，靠租用民房过宗教生活。34年，教友集资重建房屋7间，恢复了中心堂的作用。1958年，教堂被他人占用，并在其余土地上建筑厂房，拆除了部分房屋，宗教活动停止。1965年房管部门接管时，只剩下5间。房管部门为建造住宅楼所需，又拆了2间。1982年以后，教友们在城厢镇金家桥路16号陈镇祥（牙科医生）家过宗教生活，宁波江北岸天主堂神父贺近民每年一次到萧山进行教务巡视。1987年3月以后，由杭州教区的赵婉文神父兼管。1994年，教堂因建造城厢镇政府大楼和名医纪念亭而被全部拆除。1995年6月11日落实政策，在城厢镇竹林寺居民住宅楼举行复堂典礼，杭州教区指派曹湘德神父（后为杭州教区主教）兼管至今。

图41-3-1113　2004年易址重建的萧山天主堂
（章涤心摄）

1998年，在政协萧山市第十届第一次会议上，市政协委员、天主教爱国会主任费玉琴向大会提交了要求选址征地重建萧山天主堂的提案。后有关方面批准在城厢镇金家浜村征地3334平方米筹建新堂，设计总建筑面积1482平方米，投资225万元，内设圣堂、办公用房、附属设施用房和广场等（2004年2月动工，同年10月投入使用）。

靖江天主堂　在靖江镇靖南村。清光绪三十一年（1905）至民国2年（1913），绍兴天主教教区（时属宁波总堂）应乐善、殷福庆两神父在萧山城区及靖江殿临时传教，发展教徒100多人。民国4年，由绍兴天主堂神父殷福庆发起，经向宁波天主堂赵保禄主教募捐100块大洋，并得到各教区的资助，在靖江南街购地3.60亩（约2400平方米），动工建造天主堂。至民国6年竣工，建成中西合璧式大堂8间和神父更衣室等用房，大堂前钟楼高33米，总建筑面积652.40平方米，其中大堂235.21平方米，附房11间337.19平方米，更衣室80平方米。杨世昌个人奉献住宅11间，用于会议室、客房、餐厅等。奉圣保禄为本堂主保，殷福庆兼任本堂神父，杨世昌任会长。民国38年5月前到靖江天主堂的神父有：殷福庆（民国6年）、雷鸣远（民国7年，比利时籍）、应乐善（民国8年，浙江黄岩人）、沈毅臣（民国21年）、柴日昶（民国28年，浙江慈溪人）、陈雄伟（民国33年）、汪如海（民国37年）。中华人民共和国成立后，绍兴教区调方都谟到靖江天主堂任神父，曾被当选为瓜沥区第一、第二届人民代表。1958年，接中国天主教主教团通知，宗教活动暂停，方都谟神父调往杭州天主堂，靖江天主堂房产归当地政府借用，钟楼被拆除。1978年后，经多次协商，因原堂无法归还，决定由靖江公社按面积购买，计价33282元，并暂拨土地1亩（约666.67平方米）。在杭州市天主教"两会"、各教区、各堂口和该堂教徒的支持下，成立了建堂筹建小组，于1989年12月动工，1990年12月竣工。建成中西式6间大堂和附房，堂前钟楼高25

图41-3-1114　靖江天主堂（2003年5月，冯如江摄）

米，1992年11月8日正式开堂，并成立堂务管理委员会，制定各项管理制度，开展正常宗教活动。至2000年底，有信徒122户、397人。

　　临浦天主堂　在临浦镇灰弄牛头山6号。清宣统二年（1910）建堂，由4间二层、14间一层的砖木结构房屋组成，计644平方米，现房子已较破旧。中华人民共和国成立之前，该堂由姚泽民神父、沈培仙负责管理。"文化大革命"开始后，该屋归临浦江塘管理所使用。1989年8月17日复堂，由杭州教区赵婉文神父和唐宝琴负责管理。1995年起，由杭州教区曹湘德神父（现为教区主教）和陈雅馥、唐宝琴负责管理。2000年5月以后，曹湘德神父以临浦天主堂为本堂，堂务管理小组由孔凡田负责。该教堂有教徒286人，分布于临浦镇的木汀徐村、自由孔村、上戴村、下戴

图41-3-1115　建于清末的临浦天主教堂（2007年2月，李维松摄）

村，所前镇的山里王村，戴村镇的郁家山下村，云石乡的佛山村、船山村以及河上镇的一些村，共15个自然村。

第四章　基督教

我国所称的基督教，即基督新教，俗称"耶稣教"。清同治五年（1866）底，基督教始传入萧山。清末民国初，基督教内地会、圣公会、浸礼会、五旬节圣洁会、安息日会等宗派相继传入境内。30年代初，基督教聚会处（即地方教会）又传入萧山，萧山逐渐形成多种基督教派系。中华人民共和国成立后，随着党和国家宗教政策的贯彻落实，宗教活动逐步走上独立自主自办的道路。

第一节　传　布

清道光二十二年（1842）和咸丰八年（1858），清政府先后与列强签订《南京条约》《天津条约》等不平等条约，允许外国人来华经商传教，西方传教士接踵来萧山传教。

内地会，由英国传教士戴德生于清同治四年（1865）在杭州创立。同治五年底，戴德生在英籍传教士宓道生和甘比治陪同下，到萧山实地察看设立布道所事宜，在城厢镇东仓弄选定一处民房，经租赁装修后，于次年1月25日正式揭堂，委派英籍传教士倪义来夫妇负责布道工作，这是萧山境内最早的基督教活动。2月初，该布道所因未通过官方渠道而被县衙勒令停止活动，传教士遭驱赶，房屋被查封。同年农历十月，杭州基督教内地会吸取上述教训，主动与官方联系获准后，派遣任芝卿牧师（宁波人）到萧山继续开展传教活动。光绪二十六年（1900）年初，内地会又从绍兴传入萧山东沙党湾十二埭，宣统三年（1911）在党湾车路湾建造一座教堂。民国4年（1915），杭州内地会牧师陆皋胜经绍兴转入新湾，当年在新湾建造教堂。此后，内地会在萧山的东沙和西沙地区相继展开传教，先后在全县建立20多处内地会。民国29年前后，该教派多数转为地方教会。

圣公会，清光绪十六年（1890）从绍兴牧区传入临浦，在峙山脚下建立临浦圣公会。该教派发展缓慢，信徒不多，于1950年自行解体。信徒归并到临浦福音堂。

浸礼会，由美籍传教士甘惠德于光绪三十年（1904）传至城厢镇，在凤堰桥建造浸礼会堂。第二年传至坎山，之后传向瓜沥、南阳等地。先后建立4处浸礼会教会。后来南阳真神堂全体信徒转入地方教会。

五旬节圣洁会，由加拿大传教士赫华德夫妇于民国7年（1918）首先传至西兴，时称太平洋布道所。后由加拿大的传教士罗戈登、贾德美，英国的传教士美爱伦分别向闻堰、城厢镇朱家坛、新塘塘里陈和临浦等地传道，并建立教会。民国36年，加拿大传教士贾异玺到萧山传道，将10处太平洋布道所改称为"五旬节圣洁会"。

安息日会，清光绪十五年（1889）由美籍传教士拉路传至上海。民国20年（1931）、26年分别由上海籍信徒传至萧山的党山直湖头和衙前螺山大树下，并设立两处安息日会。

地方教会，原称基督徒聚会处，教内曾称"某地奉主名聚会"。民国11年（1922）由王载、倪柝声等发起创立于福州，主张脱离外国差会，不设圣聘制度，实行一地一教会制度。民国17年，该会工作中心转到上海，地方教会开始有了较大发展，继而推向全国各地。民国21年，在上海振华内衣花边公司总经理胡吉棠（绍兴华舍人，系上海地方教会的发起人之一）的影响下，党湾车路湾的高锦富决定接受聚会处宗旨，脱离国际差会。次年秋天，万安桥教会的徐仁海紧跟其后。民国23年，新湾的宋一慧等许多教会负责人都积极仿效。是年，成立高光兰、陈忠友、王有根、高锦富、徐仁海5人小组，于是东沙以及西沙地区的教会纷纷转至聚会处。至民国24年，萧山内地会的大部分（除梅西、新华、盈丰、戚家池、张家弄外）和浸礼会（即南阳）、安息日会（即党山）的一部分都转向地方教会。民国29年，在上海工作的绍兴柯岩人单开芬（男）受差派到萧山沙地区传道，住在党湾梅林湾。

中华人民共和国成立前，基督教一直受外国"差会"支配，外国传教士曾把萧山称为"迦南美地"、"上帝赐福的地方"。民国21年（1932），萧山县有基督教信徒710名，民国37年有信徒10954名。

中华人民共和国成立后，1950年有基督教堂48处（即：五旬节圣洁会10处，内地会5处，地方教会26处，浸礼会4处，圣公会1处，安息日会2处），信徒12301人，外国传教士3名，本国教职人员27名，兼职传道人109名。是年9月开始，教会实行自治、自养、自传的"三自"爱国方针，走独立自主、自办教会的道路。萧山各地教会信徒纷纷签名表示参加，外国传教士除贾德美在萧山病故外，其他两人被遣送回国。

1958年，全国实行教会大联合，即不再举原宗派的旗帜。当时，除地方教会、安息日会和真耶稣教会等以外，统称为"大公教会"（即大而公之教会）。由此，萧山的五旬节圣洁会全部和浸礼会大部分及内地会一小部分都称为"公会"（亦称公会派）。此后，萧山基督教从宗教礼仪上区分，一直分为地方教会、公会和安息日会3派。是年，全县有信徒20132人，其中地方教会信徒15748人。至1964年"四清"前，全县仅保留城厢镇张家弄、瓜沥塘下高、义盛积善桥、宁围新华和坎山5所教堂，共有信教群众31349人，信徒占总人口70%以上的生产队19个。1965年，又将5座教堂合并于城厢镇张家弄教堂。"文化大革命"开始时，仅剩的张家弄教堂亦被查封。从此，全县基督教活动全部转入隐蔽状态。

1978年以后，萧山的宗教活动逐步恢复正常。1981年起，城厢、瓜沥、西兴、临浦、义桥、坎山等地的基督教教堂陆续恢复活动。据1982年调查显示，全县有聚会堂点217处，信徒61617人，居全省各县之首；教职人员（不包括地方教会）有牧师1人，长老34人，传道人8人。

1982年8月，开始筹建县基督教协会。1984年1月8日，萧山县基督教协会成立。会长由来云泉牧师担任，副会长费联信、张天云，秘书长周再庆，委员共11人。同年7月，成立以费联信为组长、来云泉和张天云为副组长、周再庆为秘书长的"萧山县基督教'三自'爱国运动委员会筹备委员会"（因故一直未能正式成立）。

1985年以来，经政府批准，城厢教堂、临浦教堂、新湾教堂、杨家桥教堂、义桥教堂、长山坞聚会点、金家湾聚会点、曹坞聚会点、高都聚会点、新华教堂、戚家池教堂、楼塔教堂、衙前教堂、长山教堂14个教堂相继进行迁建或扩建；梅西教堂、谢家教堂和闻堰教堂分别买入房屋改作新教堂；盈丰教堂进行翻建改造。还有许多地方教会的场所已经政府登记，这些场所的建筑虽未经政府合法批准，但结构尚可、规模不小。1988年12月14~16日，萧山市基督教第二次代表会议召开，会议选举来云泉牧师为会长，费联信、周再庆、来玉宝为副会长，周再庆兼任总干事，缪大军、戚文皎为副总干事，常委11人，委员32人。1992年10月27~29日，萧山市基督教第三次代表会议在城厢镇召开，会议选举来云泉牧师为会长，费联信、周再庆、来玉宝、缪大军、汪成阳为副会长，周再庆兼任总干事，缪大军、汪成阳、戚文皎为副总干事，常委15人，委员49人。是年，中共萧山市委统战部为贯彻《浙江省宗教活动管理规定》，对宗教活动场所进行登记工作。时有新湾基督教堂、新湾冯家溇基督教堂等率先向政府登记。至1995年末，登记场所共42处（包括长河、西兴、浦沿3镇在内），教徒7万余人。

1996年萧山市民族宗教事务局成立后，贯彻国务院《宗教活动场所管理条例》和《浙江省宗教事务条例》，在全市范围内开展大规模的宗教活动场所登记工作。至年末，基督教登记场所累计150处（其中登记场所82处，附带68处）。1997年9月23日，萧山市基督教第四次代表会议在城厢基督教堂举行，会议选举诸成培为会长，周再庆、来玉宝、李张高、沈永齐为副会长，周再庆兼任总干事，杨益芳、华关鑫为副总干事，常委19人，委员53人。同时确定来云泉牧师为名誉会长。1998年，市民族宗教事务局通过行政渠道对基督教信徒进行调查统计分析（除农场系统和各大中型企业及个别镇未调查外，18周岁以下的青少年亦不列入调查范围）：被调查的基督教信教户为22505户，占被调查总户数的7.10%；信徒总数53877人，占被调查总人口的5.30%；信教家庭总人口为70541人，占被调查总人口的7%。全市基督教信徒有近7万人。在这次调查中，查明全市基督教信徒占总人口15%以上的行政村有41个。

至2000年年末，全市批准登记的基督教活动场所共有158处，其中登记场所81处，附带登记场所77处。

【附】

萧山基督教地方教会、公会和安息日会的特征

地方教会，主张一地设一教会制度，教会必须以地方名命名之，教会行政各自独立。这一主张是脱离国际差会、主张中国信徒自治而产生的。坚持一个原则，即不设圣聘制度（牧师制度），提倡每个信徒都可直接侍奉神，教内信徒间互称弟兄姐妹（或弟兄姊妹）。体现四个特征：（1）受洗。是吸收信徒的一种仪式。不主张点水礼（其他宗派如公会，因身体不适或怀孕者，由施浸者将手浸于脸盆中，然而按于受浸者的头上即可。这就叫点水礼，也叫滴水礼），而主张须全身入水。（2）蒙头。根据《圣经·哥林多前书》第十一章之规定，女信徒聚会时必须蒙头，这是服权柄的记号。（3）擘饼。这是纪念主耶稣的仪式，必须每周1次（公会是每月1次，安息日会是每季1次）。（4）按手。举行信徒受洗仪式时，施浸者的手必须按于准备信教者的头上。地方教会还有一些特点，就是坚持基要主义信仰，注重宣讲"属灵生命之道"，不重礼拜仪式；不挂圣像、圣画等，对《圣经》未规定的圣诞节、复活节等传统礼俗，概不随从。这些原则和特征使地方教会有别于基督教其他宗派。

公会，原为大而公之教会。萧山的公会，是由内地会、五旬节圣洁会、浸礼会、圣公会等原教派联合而成的教会。教会以地方名称为教会名，行政各自独立，并遵循中国基督教三自爱国运动委员会的"自治、自养、自传"原则，坚持走独立自主、自办教会道路。以《尼西亚信经》为信仰纲要。其特征是：（1）教会设圣聘制，即牧师、教师、长老、传道制，主持圣礼，终身侍奉。（2）遵守教会传统节日，即圣诞节、复活节等。（3）洗礼，对凡自愿接受基督信仰并认识《圣经》真理，经信德考核，有基督生命者，经教会审核同意，方可为其举行洗礼。洗礼分浸礼和滴水礼两种。浸礼，受浸者全身浸入水中，由长老、牧师奉神的名为其施浸；滴水礼，对年老体弱和生理因素不便下水或不愿下水者，由施洗者将手浸于水盆中，然后奉神的名按手于受洗者头上即可。（4）圣餐，每月举行1次，安排在每月第一个礼拜天上午。圣餐礼由牧师、长老主持，凡受过洗礼的信徒都必须纪念主。圣餐采用一饼多杯制（即事先准备1个无酵饼和每位信徒1杯葡萄汁）。信徒须以清洁、感恩的心来领受圣餐。其他还有婚礼和丧礼。

安息日会，因主张守安息日而得名（即每周以星期六为聚会日）。安息日会与其他宗派有以下不同：（1）聚会时间不同。聚会时间定为星期六，即安息日。（2）付圣餐时间不同。一季度举行1次，安排在

每季度的最后一个星期六下午。且在付圣餐之前须举行谦卑礼，即信徒彼此相互洗脚。（3）受洗方式不同。安息日会的受洗，不仅须全身入水，而且仍沿用古老的方式——到河里受洗礼。目前因河水污染，也有采用水池的。（4）禁忌食物不同。安息日会对《旧约》所规定禁食的食物一概不吃，主要是对偶蹄动物和无鳞动物禁食，认为这类动物不洁净。（5）不过圣诞节。认为过圣诞节没有《圣经》依据。

（资料来源：萧山区民族宗教事务局）

第二节　基督教堂

至2001年3月，萧山基督教有158处活动场所，现择要简介。

城厢基督教堂（属公会与地方教会联合礼拜场所）　坐落在城厢镇环城东路梅花楼村。清同治六年（1867）1月，在城厢镇东仓弄租屋揭堂，正式开始宗教活动。

民国9年（1920）起，先后由陈修堂、林渭塘等信徒出资在东张家弄内购置楼房4间、平房5间，助入内地会崇一堂为永远公产。民国19年春，城厢镇内地会迁入此处聚会，称"张家弄耶稣堂"。民国26年秋，在此新建一座礼拜堂，共5间计210平方米，原屋作为附属用房。1951年，由美国浸礼会传教士甘惠德创办于清宣统三年（1911）的水亭址福音堂并入张家弄教堂。1958年始，实行教会合一，逐步合并

图41-4-1116　城厢基督教堂（2003年5月，冯如江摄）

教堂，石板弄、爱怜堂、江边3个基督徒聚会处和塘里陈、朱家坛、闻堰、协同、西兴、长河、义桥、临浦8个五旬节圣洁会福音堂，以及戚家池内地会耶稣堂，先后合并入张家弄教堂，实行联合礼拜，时有在册信徒3524人。1965年，瓜沥塘下高、坎山、义盛积善桥、宁围新华4所教堂又并入张家弄教堂。至此，全县所有基督教堂都并入张家弄教堂。1966年8月，张家弄教堂被查封，宗教活动被禁止，教堂由城厢镇政府接管，称作"反帝"会堂。1981年11月，由来云泉、张天云、周再庆、戚文皎、陈秀清5人组成基督教接管小组，收回张家弄教堂。同年12月起，全镇各聚会点停止分散活动，全部进入张家弄教堂实行联合礼拜，首创不同教派在一起聚会的先例。1991年6月，在城厢镇环城东路梅花楼村征地2.31亩（约1540平方米），建造一座中西合璧、有800个座位的教堂，包括附属房屋建筑面积1200平方米。至2000年年末，有信徒3000余人，经常参加聚会的超过1600人。

新湾基督教堂（属地方教会活动场所）　坐落在新湾镇南街。民国4年（1915）春，新湾基督徒宋一慧夫妇在杭州基督教内地会牧师陆皋胜资助下，在新湾南街买进4间平屋和3间披屋，计170平方米，经整修后用于聚会，并附设崇一小学，由宋一慧任老师。民国4~23年间，陆皋胜牧师每月第一周从杭州赶赴新湾，主领聚会、讲道、付圣餐。其余三周均由宋一慧和沈七金主领聚会、传福音。民国34年，信徒人数增至450余人，故在冯家溇新建一座建筑面积504平方米的教堂，由冯和浦、冯和海等人负责。中华人民共和国成立前夕，信徒再度增加，新建一座建筑面积340平方米的大草舍，占地面积2亩（约1333.34平方米）左右，总建筑面积500平方米。教会负责人为费长化、宋达甫、李张友、宋达贤、汪成阳等。

　　1958年，在教会进行撤并，实行联合礼拜过程中，新湾教会撤销，教堂被拆除，用于建造大会堂，信徒均到义盛蜜蜂村的积善桥教会去聚会。"文化大革命"开始，聚会被禁止。1972年开始，逐步出现家庭聚会。1990年6月，征用土地0.60亩（约400平方米）新建教堂，建筑面积240平方米。1996年又扩建平房2间，计72平方米。至2000年年末，新湾教会有信教家庭600多户，信徒2000余人，经常参加聚会的信徒800多人。

　　临浦基督教堂（属公会活动场所）　坐落在临浦镇张家畈村。始建于清光绪十六年（1890），是年圣公会绍兴教区派牧师来临浦传道，创立临浦圣公会，地点在峙山脚下张都殿。抗日战争爆发后，圣公会传道人纷纷逃离，教徒逐年减少。至民国37年（1948），仅有教徒80人。后教徒逐步归并临浦五旬节圣洁会。1950年，临浦圣公会自行解体。临浦五旬节圣洁会原太平洋布道所创建于民国36年。是年，杭州羊市街五旬节圣洁会在临浦镇劳动路建造福音堂。民国37年竣工后，杭州教会派加拿大传教士贾德美、贾异玺、费司提反与中国传道人高永康、来云泉等来教堂主持传道工作，并向附近农村传福音，时有教徒60多人。中华人民共和国成立后，教会开展控诉运动，外国传教士回国。1958年教会合一时，临浦福音堂停止活动，信徒转入城厢镇张家弄教堂聚会，时有教徒350余人。1984年11月，临浦福音堂恢复聚会。来云泉被按立为牧师，并组建由11人组成的堂务委员会。1993年，在临浦镇张家畈村征地2亩（约1333.34平方米），新建一座建筑面积1000多平方米的教堂。自1984年以来，临浦地区众教会已培养3名神学生和1名进修生，按立牧师1名，教师1名，长老12名。至2000年底，有信徒近2000人。

　　冯家溇基督教堂（属地方教会活动场所）　坐落在新湾镇建华村十八组，始建于民国34年（1945）初春。是年，因新湾教会信徒人数增多，场所不能容纳而分设自立自治，信徒约300人，遂建占地面积1600平方米、建筑面积2000平方米的教堂。翌年，创办1所教会小学，名"新光小学"，由王忠民、胡柏贤等5人任教，1950年改为村办小学。1958年，信徒增至700人，在教会合一、教堂合并中并入义盛积善桥教堂，冯家溇教堂全被拆除。"文化大革命"开始后，公开的聚会活动被禁止。1970年后，逐渐转向公开活动。1983年，冯和仁回故里冯家溇，担任教会主要负责人。此时，冯家溇已有1堂10点在进行聚会，受洗信徒600余人，参加教会活动人数1500余人。1994年，在原教堂附近新建一座教堂。至2000年末，共有建筑面积1400平方米，占地面积1500平方米；有近700户信教家庭，信徒2000余人。

　　义桥基督教堂（属公会活动场所）　在义桥镇桥东路11号。前身为义桥福音堂，民国11年（1922）由加拿大传教士赫华德夫妇创建，属五旬节圣洁会派教会。初时，在义桥大街下埠外侧租房开堂，礼拜人数20余人。民国11～36年间，教会的治、养、传工作均由教会派传教士轮流担任。民国37年，在义桥抬树弄大码头南侧置地建造教堂，占地面积约170平方米。时由施芝钦（1951年按立为牧师）负责传道、管理堂务，有信徒近百人。1955年，又置地40平方米，扩建平屋2间用作厨房。1958年教会合一时，教堂停止活动，230名信徒并入城厢镇张家弄教堂。1979年，义桥教会恢复礼拜，借用信徒住房作会所，参加人数40多人，聚会形式单一。1983年，在义桥桥东路11号新建楼房4间、附属用房2间，占地面积200平方米。1988年和1991年，先后两次扩建会堂及附房150平方米，信徒逐年增加，到1996年，参加礼拜的有300多人。1997年，征地750平方米，新建一座面积380平方米的教堂。至2001年3月，义桥基督教堂总用地面积1000多平方米，礼拜聚会人数在350人左右，过圣诞节或举办培灵会时多达六七百人。信徒主要分布于许贤、大庄、义桥、戴村、石岩、城南等地。

第五章　伊斯兰教

　　伊斯兰教是以信奉安拉为唯一之神的神教。认为除了安拉再没有神，反对信多神、拜偶像。伊斯兰，是阿拉伯语的音译，本意为"顺从"，即顺从安拉旨意的人。信奉伊斯兰教的人统称为"穆斯林"。在中国，穆斯林也称安拉为"胡大"或"真主"。穆斯林相信穆罕默德是"先知"，是"安拉的使者"，是奉安拉之命向人类传播伊斯兰教的。因其流传很广，与佛教、基督教并称为世界三大宗教。

　　伊斯兰教于民国时期传入萧山。民国21年（1932），萧山境内有伊斯兰教徒190人。中华人民共和国成立后，信徒时有增减。较早落户萧山的主要是解放初少数随军南下人员和50年代杭州齿轮箱厂、杭州发电设备厂、杭州第二棉纺织厂的职工。1989年，全市有伊斯兰教徒73人。1995年，为满足伊斯兰教信徒吃牛羊肉的需要，萧山市政府拨款1万元，在杭州齿轮箱厂居民区设伊斯兰牛羊肉供应店，方便回民购买。1998年再加1万元添置设备，同时每年补贴一点（600～1000元不等），保障供应点长期为回民服务。为尊重回民传统，在殡葬改革时，同意回民沿用土葬。

　　至2000年末，有伊斯兰教教徒102人。萧山伊斯兰教无清真寺，无教会组织，教徒参加杭州伊斯兰教教会活动；每逢古尔邦节和开斋节，教徒均赴杭州凤凰寺礼拜。

画桨十尺挑碧丝，
香蒓宛转生华滋。
山前山后人难遇，
采得盈筐欲寄谁。

湘湖采蒓歌（二）

清·毛奇龄

第四十二编
方　言

萧山方言属吴语区太湖片临绍小片。在萧山方言内部，又大体可分为两部分：以"北海塘"古堤址一线为界，城区（城厢镇）及其以南地区（即古馀暨和永兴县原县域）的方言基本相同，其中南片个别村受毗邻的诸暨话和富阳话影响较大；东片（"北海塘"以北，清嘉庆（1796~1820）后形成的钱塘江南岸冲积平原，惯称沙地区）的方言则与绍兴话相近，但其中沙地区西北沿江的南阳镇赭山西仓一带，原为海宁县一部分，清嘉庆年间钱塘江改道后其地离北连南，成为萧山一部分，当地居民历经数代，口语方音至今仍保留着苏嘉湖片海宁方言的基本特征。本编记述的萧山方言以城区（原县城）的两代以上原住民习用的城厢镇话为代表。

　　有关萧山方言的文字记录，最早见于清康熙年间（1662~1722）乡贤毛奇龄所撰《越语肯綮录》。《四库全书总目提要》谓："是编皆记其乡之方言，而证以古音、古训，为与陆法言韵多相合"。其词目释文收入清萧山陆氏补刊《西河合集》，今尚存。康熙举人、毛氏门生张文瓘在其所著《螺江日记》中有3篇记述萧山方言，即"萧语近北音"、"俗语有合音"、"何苟通用"。民国24年（1935）印行的《萧山县志稿》卷二十八"方言谣谚"篇，收录已见诸《越语肯綮录》及清翟灝《通俗编》等文献，记载当时仍在使用的萧山方言词语（含惯用语、俗语等）270余条，并加以简释，有的字用反切标音，又举当时常用词（字）50余例，从字调、语音角度（如"入作平"、"入作去"和"北音"、方言异读等）加以简介；还收录民谣8首和农谚115条，对于研究萧山方言的历史演变具有重要价值。1987年出版的《萧山县志》"社会"编"方言"章采用现代语言学的方法，用国际音标记音，记录萧山方言的语音并选录了少量方言词汇、谚语和歇后语。

　　在改革开放新时代，萧山方言受到外国学者的关注。1999年，日本留学生大西博子到萧山，在多次调查研究基础上写成并出版了《萧山方言研究》一书，从语音、词汇、语法诸部分，对萧山方言作了一次全面系统科学的记述、分析和研究。

　　方言作为地方文化，有其存在和研究价值。本编以语音、词汇、语法、乡谚和歇后语等章记述萧山方言。中华人民共和国成立以来，进行了普通话推广工作。随着对外开放和地区间经济文化交流的加强、外来经商务工人员语言沟通的需要，萧山境内普通话逐渐普及，特设"普通话推广"一章。

第一章　语　音

　　萧山方言语音由29个声母和46个韵母组成，其音韵特点仍保留古全浊声母，有清、浊声母之别，有入声。m̩、n̩、ŋ̍能自成音节，文白异读丰富，反映出方言语音之层次。因区域和年龄的差别，在发音上东片和南片有一定的差异。

第一节　语音特点

音韵特点

　　仍保留古全浊声母，有浊音b－、d－、g－、dz－、dʑ－、z－、ʑ－、v－、ɦ－，如：同doŋ、柴za等。大部分古"疑"母字今读鼻音，洪音为ŋ－，细音为n̠－，如我ŋo、泥n̠i等。文白异读丰富。古"微"母有v－、m－文、白两读；古"日"母有z－（ʑ－、ɦ－）、n－（n̠－）文、白两读；大部分古开口二等见系字白读为非颚化的k－组，文读为颚化的tɕ－组；"鸟"字声母有n̠－、t－文、白两读。m̩、n̩、ŋ̍能自成音节，如姆m̩～妈、芋ŋ̍～芳、鱼五ŋ̍等。[i]、[u]、[y]做介音时与声母结合得较紧，发音时不像北京话的介音那样延长。单元音丰富。无－ai、－ei、－au、－ou等真性复元音，蟹摄不带－i韵尾；哈韵和灰韵的端组、精组字韵母相同，如胎t'e＝推、猜ts'e＝催。流开一等和三等韵母，除了帮系字外，大部分地区读细音－io，如走tɕio、狗kio。咸、山两摄不带鼻韵尾，城厢镇读口音，如班pɛ、边piɛ、关kuɛ、含ɦə、管kuə、权dʑyə，其他地区或读鼻化韵，或读口音。"打dã"字读法合于梗韵德冷切，"大do"字口语读"唐佐切"。鼻音韵尾只有一个－ŋ。入声收喉塞尾－ʔ。

内部差异

年龄差异　古泥母"农"的声母，老派、中派读l－，新派读n－。

　　宕摄开三庄章组、江摄知庄组、通摄合三知章组的声母，老派、中派读tɕ－系，新派读ts－系，如：

　　　　老中派：疮 tɕ'yõ　　商 ɕyõ　　窗 tɕ'yõ　　宠 tɕ'yoŋ

　　　　新　派：疮 ts'õ　　商 sõ　　窗 ts'õ　　宠 ts'oŋ

　　谆韵精组字韵母，老派、中派读－iŋ，新派读－yŋ，如：

　　　　老中派：旬上～ziŋ　　俊 tɕiŋ　　讯 ɕiŋ

　　　　新　派：旬上～zyŋ　　俊 tɕyŋ　　讯 ɕyŋ

　　东、钟两韵见系字韵母，老派和中派带有轻微的－u－介音，读为－uoŋ；新派无介音，读为－oŋ，如：

　　　　老中派：公 kuoŋ　　共 guoŋ　　红 ɦuoŋ　　翁 uoŋ

　　　　新　派：公 koŋ　　共 goŋ　　红 ɦoŋ　　翁 oŋ

　　老派有8个声调，但阴平和阴上的调值相当接近，区别不太明显；中派和新派读单字时已不能区分阴平和阴上。

　　区域差异　东片以义盛镇、头蓬镇为代表，南片以临浦镇、云石乡为代表。

　　义盛、头蓬音的塞音和塞擦音声母大部分是强音，发音时肌肉比其他地区同部位声母的发音要紧张，因此义盛、头蓬人说话时的语流有一种特别硬重的感觉。

部分浊齿擦音和鼻音在临浦和云石多为浊气流 [ɦ]：

区 域	树	如	芋	岸	受
义盛、头蓬镇	ʑy	ʑy ɦy	ȵy	ŋã	zə
城厢镇	zɿ	zɿ	ȵy	ŋiɛ	zio
临浦镇	ɦy	ɦy	ɦy	ɦã	zio
云石乡	ɦy	ɦy	ɦy	ɦã	ɦio

遇摄虞、鱼韵的精组、知组和章组字，各地韵母不同，城厢镇都读 [ɿ]，义盛、头蓬、临浦和云石多读 [y]，极少数字读 [ɿ]，如：

区 域	取	需	主	如	树	猪
义盛、头蓬镇	tɕʻy	ɕy	tɕy	ʑy ɦy	ʑy	tʂɿ
城厢镇	tsʻɿ	sɿ	tsɿ	zɿ	zɿ	tʂɿ
临浦镇	tɕʻy	ɕy	tɕy	ɦy	ɦy	tʂɿ
云石乡	tɕʻy	ɕy	tɕy	ɦy	ɦy	tʂɿ

咸、山两摄鼻化韵的鼻化成分有逐渐消失的趋势，消失的程度不同。云石、临浦保留鼻化韵 [ã]、[uã]、[yã]，临浦还保留 [iɛ̃]，但 [ɛ]、[uɛ] 的鼻化已消失；城厢镇的鼻化已全部消失；义盛、头蓬的鼻化还全部保留。

区 域	胆	检	关	短	官	权
义盛、头蓬镇	tɛ̃	tɕiɛ̃	kuɛ̃	tã	kuã	dʑyã
城厢镇	tɛ	tɕiɛ	kuɛ	tə	kuə	dʑyə
临浦镇	tɛ	tɕiɛ̃	kuɛ	tã	kuã	dʑyã
云石乡	tɛ	tɕiɛ	kuɛ	tã	kuã	dʑyã

流摄侯韵和尤韵的章组字，义盛、头蓬大部分字读 [ə]，其他地区都读 [io]，如"斗"，义盛、头蓬读 [tə]，其他地区读 [tio]；"收"，义盛、头蓬读 [sə]，其他地区读 [ɕio]。

第二节　语音系统

声　母

萧山方言声母共有29个。其特点：一是阴调的零声母字，如"爱、屋"等字发音开始时，喉部有较强的紧喉作用，略相当于 [ʔ]，为简约起见，一律省略不记；二是阳调齐、撮二呼的零声母字（古喻母字），如"爷、越"等字发音时有较强的摩擦作用，记作 [ɦ]；三是鼻音、边音声母m、n、l、ȵ绝大部分读浊音，少部分读清音，如猫 [mɒ˧]、拿 [noɿ˧]、捞 [lɑ˧]、扭 [ȵioɿ˧] 等，ŋ都读浊音。

p 巴八　　p' 怕拍　　b 爬白　　m 麻抹　　f 飞发　　v 微物

t 带答　　t' 胎塔　　d 抬达　　n 内纳　　　　　　　　　l 拉辣

ts 知职　　ts' 初出　　dz 查杂　　　　　　s 四色　　z 树石

tɕ	机积	tɕʻ	气七	dʑ	其集	ȵ	泥热	ɕ	西息	ʑ	袖席
k	古谷	kʻ	苦哭	g	狂轧	ŋ	熬额	h	虎喝	ɦ	爷狭
ø	爱屋										

韵 母

萧山方言韵母共有46个。其特点：[o] 的开口度较大，接近 [ɔ]；[ə] 的开口度较大，接近 [ɐ]；[iɛ] 的舌位较高，接近 [ie]；[uoʔ]、[yoʔ] 的舌位较低，接近 [ɵeʔ]、[yəʔ]；浊音 m̩、n̩、ŋ̍ 自成音节时，音节前有明显的浊喉擦音成分，如芋 [ɦn̩]、五 [ɦŋ̍]。例字加单线是白读，加双线是文读。

ɿ	猪迟	a	挨买	e	爱妹	o	丫马	ɒ	凹帽	ɜ	班慢	ə	安满
i	衣味	ia	野也			io	幼谋	iɒ	腰秒	iɛ	烟面		
u	乌火	ua	歪怪	ue	危桂	uo	蛙瓜			ɜu	弯关	eə	碗官
y	雨女			yo	舍					yə	冤软		
ã	张猛	õ	帮忙	əŋ	恩门	oŋ	梦送	aʔ	鸭麦	oʔ	醒福	əʔ	呃色
iã	央良			iŋ	阴英			iaʔ	约脚			iəʔ	一笔
uã	横梗	uõ	汪光	uəŋ	温滚	uoŋ	翁红	uaʔ	挖刮	uoʔ	屋谷	
		yõ	唱撞	yŋ	晕均	yoŋ	庸中			yoʔ	月桌	
ɚ	儿耳	m̩	姆~妈	n̩	芋~芳	ŋ̍	鱼五					

声 调

声调有8个，以清、浊分阴阳。阴平的实际调值为445，绝大部分阴上字与阴平字调值非常接近，已听不出实际差别，尤其是在中派和新派中。但连读时仍能区分，如抄写tsʻɒɪ ɕiaɪ ≠ 草写tsʻɿɪ ɕiaɪ，西施 ɕiɪ sɿɪ ≠ 死尸 sɿɪ ɕiɪ。阳上调很不稳定，有时读如阳去，有时又与阳平相近。

阴平 [˦] 44诗批眯   阴上 [˧˦] 34始普尾   阴去 [˥˧] 53试庇次   阴入 [˥] 5失匹碧

阳平 [˩˧] 13时皮迷   阳上 [˨˩˧] 213是动美   阳去 [˧˩] 31事避貌   阳入 [˨] 2十别灭

第三节 同音字汇

本节按韵母、声母、声调的顺序排列。有文白异读的字，文读字下加两横，白读字下加一横。有音义而无适当字可写的用"□"表示，并用小字注释。注文中的"~"代替所注的字，一字多义的各义项之间用"/"间隔。一字多读且不区别意义的，在字的右下角按出现的顺序标数码。

ɿ

ts [44] 知蜘支枝肢资咨姿栀脂滋之芝朱珠株猪诸锱黑~~：皮肤黑   [34] 子籽旨指纸紫止址趾
      嘴~巴 眵眼~局：眼屎 主煮   [53] 智至致志制置铸著注蛀拄驻迮~夏   □头朝下掉下去

tsʻ [44] 疵嗤吹~风 泚用油炸   [34] 此雌齿耻取处相~   [53] 次刺翅痣厕鼠趣有~ 处~理

dʑ [13] 词迟池驰弛持槌除储雏殊厨~房   [213] 柱苧绪   [31] 稚痔治箸住坠重物下垂

s [44] 丝思斯撕司私施师狮蛳筛米~ 诗尸梳书舒需须输   [34] 水矢史驶使始署暑数动词
      [53] 四肆世势赐试

z [13] 时鲥匙瓷睿辞祠慈磁如儒锄 [213] 是氏恃士仕市柿似巳序乳竖聚₂薯 [31] 豉示视
寺侍事饲字嗜逝誓自~来水 树

i

p [44] 屄 [34] 比鄙 [53] 臂闭荜秘蔽

p' [44] 披批砒秕痞丕剃平平地切薄片 [53] 屁庇譬

b [13] 皮疲琵脾啤肥 [213] 婢被棉~ [31] 弊币毙篦痹避鼙~刀:磨刀 坒量词,
一~~:一排排

m [44] 微尾眯咪洢小口少量喝 [13] 迷谜弥眉拇 [213] 米靡美滋~相 [53] 秘 [31]
未~些:晚些 味~道

f [44] 非菲啡榧飞妃 [34] 绯诽匪翡 [53] 费经~/浪~/很烦 废肺痱

v [13] 维惟肥~胖 微~笑 [213] 唯尾 [31] 未~来 味~精

t [44] 低 [34] 底抵 [53] 帝蒂渧水往下滴

t' [44] 梯 [34] 体 [53] 替剃涕屉嚏

d [13] 题提堤蹄啼 [213] 弟 [31] 地第递隶逮

l [13] 离篱黎梨犁狸厘丽~水:浙江省地名 劙划开 [213] 李里理鲤礼旅吕铝驴屡 [31]
例吏丽利莉痢荔厉励泪虑滤

tɕ [44] 机饥肌讥鸡姬箕稽基脊背~ [34] 几挤己姐 [53] 记纪计既暨鲫继寄济剂际季祭系
打结

tɕ' [44] 妻凄萋欺栖蛆溪 [34] 企启起岂杞 [53] 气汽器弃去契~约 瞟近~眼

dʑ [13] 其期棋麒旗琪奇骑崎祈徐₁ 祁鳍齐₁ [213] 妓技 [31] 忌

n̠ [44] 蚁耳₁ [13] 儿₁倪霓宜疑仪尼泥~土 呢~大衣 [213] 拟耳₂~线:针 腻~心:恶
心 [31] 艺谊义议毅二贰腻泥糊住

ɕ [44] 西牺希稀羲熙犀兮毛病~~ [34] 玺喜嬉禧髓死洗屎 [53] 细戏婿系联~ 觑眯~眼:
眯眼 絮花~:棉絮

ʑ [13] 齐₂脐荠徐₂ [31] 自~家

ɦ [13] 移夷姨遗饴渠第三人称单数,今俗作"伊" [213] 已以 [31] 肆异勚器物磨损

ø [44] 衣依医伊~拉克 [34] 椅 [53] 亿忆意易容~ 又

u

p [34] 补 [53] 布怖

p' [44] 铺动词:~床 潽流体沸腾溢出:饭~了 [34] 普谱圃浦捕₁脯果~ [53] 铺名词:
卧~

b [13] 菩孵蒲脯胸~ 蹢蹲下 [213] 捕₂簿部簕~篓 [31] 步埠蔀菜~头:菜根

f [44] 敷夫肤麸 [34] 府斧俯 [53] 赋副富付咐赴讣傅姓

v [13] 符芙扶无 [213] 抚舞侮武鹉辅父腐妇 [31] 务雾附傅师~

t [44] 都 [34] 堵赌妒₁ 肚猪～ [53] 妒₂

t' [34] 土 [53] 吐兔唾馋～水：口水

d [13] 图徒涂途屠 [213] 杜肚～皮 [31] 度渡镀□倔强、固执

n [13] 奴 [213] 努 [31] 怒

l [44] 撸抚摸 [13] 庐炉芦卢鲈 [213] 虏卤鲁橹 [31] 路露鹭

ts [44] 租 [34] 组阻祖

ts' [44] 粗初瘄～子：水痘 [34] 楚础 [53] 醋

dz [13] 锄除厨～师 [31] 助

s [44] 苏酥疏蔬须胡子：胡～ [53] 素诉塑₁数名词

k [44] 孤估姑沽菇辜锅 [34] 古股鼓果裹 [53] 故固过顾雇

k' [44] 枯骷箍 [34] 苦 [53] 库裤

h [44] 呼 [34] 虎琥火伙浒 [53] 货溷洗

ɦ [13] 无胡湖糊蝴壶狐弧吴蜈梧培埭～：地方 [213] 五伍户沪午舞侮武鹉 [31] 误互悟护

ø [44] 污巫诬乌坞邬煸灯火熄灭 洿～落：陷落 [34] 捂 [53] 焐屙大便 恶厌～

y

tɕ [44] 居龟归拘驹车～马炮 [34] 举矩鬼 [53] 贵句据锯

tɕ' [44] 区驱亏～得 [53] 去趣兴～

dʑ [13] 渠瞿 [213] 巨距拒跪 [31] 具柜聚₁

n̥ [13] 愚娱虞 [213] 女语禹蕊～头：花蕊 [31] 芋₁遇寓御

ɕ [44] 虚墟靴吁须霈 [34] 许 [53] 戌

ʑ [13] 徐

ɦ [13] 于盂₁ 余俞愉榆娱舆渔鱼木～ 围～身 [213] 雨宇羽 [31] 喻裕预誉芋

ø [44] 迂盂₂淤 [34] 椅 [53] 喂～饭

a

p [44] 芭～蕾 [34] 摆 [53] 拜爸

p' [53] 派破怕

b [13] 排牌 [31] 败罢

m [44] 妈 [13] 埋 [213] 买马 [31] 卖迈

t [53] 带戴

t' [44] □做事拖沓 [53] 泰太汰淘～

d [31] 大汰洗 篾竹器，用来晒东西 埭次、趟／条：一～直线／～埭：地方 绐松，失去弹性

n [44] 奶～～（第二音节轻声）：乳房 [13] 拿 [213] 奶牛～ [31] 奈₁倷第二人称复数，"尔la"的合音

l [44] 拉 [31] 赖癞～子

ʦ　　[44] 抓斋　　[53] 债榨~油　炸爆~　诈

ʦ'　　[44] 叉杈差出~　　[34] 扯　　[53] 蔡岔绰

ʣ　　[13] 扊~屙：解大便

s　　[44] 衰　　[34] 傻洒筛~酒：倒酒　　[53] 晒帅厦大~

z　　[13] 柴豺　　[31] 寨

k　　[44] 街阶疥锯动词　　[34] 解　　[53] 界戒介尬疥芥□这样

k'　　[44] 咖　　[34] 楷揩卡咔

g　　[13] 嘎唤鸭声　　[31] 懈□挤

ŋ　　[13] 捱拖延　偓第一人称复数，"我la"的合音　　[31] 外

h　　[44] 蟹哈~喇：食油变质后的味道

ɦ　　[13] 鞋　　[213] 也₁何₁~里：哪里

ø　　[44] 挨□挤　　[34] 矮

ia

t　　[44] 爹　　[34] 嗲

ʨ　　[44] 家阶佳加迦嘉　　[34] 贾解假~定　　[53] 届借稼嫁~接　介界价驾架戒假放~

ʨ'　　[53] 笡斜而不直，侧而不平

ʥ　　[13] 茄藕~口：借口　□扶着　　[31] □剩下

n̠　　[213] 惹

ɕ　　[44] 虾　　[34] 写　　[53] 泻卸

ʑ　　[13] 斜邪谐　　[31] 谢

ɦ　　[13] 崖涯衙耶爷霞　　[213] 也₂野　　[31] 夜械

ø　　[44] 椰雅鸦~片　　[53] 亚~军

ua

k　　[44] □狡猾　　[34] 拐枴~杖　　[53] 怪

k'　　[44] 夸　　[34] 垮　　[53] 跨快筷₁

ɦ　　[13] 怀淮槐华　　[31] 坏

ø　　[44] 歪娃蛙　　[53] □健康／能干

e

p　　[44] 杯卑碑悲蓖　　[53] 贝狈辈背~脊　褙粘贴

p'　　[44] 胚坯　　[53] 配沛呸

b　　[13] 培陪赔裴　　[31] 佩倍焙背~诵　备准~

m　　[13] 枚玫煤媒梅霉酶莓谜楣眉　　[213] 每美　　[31] 妹昧寐媚

f [53] 舲不会

t [44] 堆 [34] 劰用力拉／买布／说话文不对题 [53] 对戴姓

t' [44] 推梯胎苔台～州 [34] 腿 [53] 退褪煺蜕态

d [13] 台抬 [31] 待代袋贷队兑怠殆绐松，失去弹性

n [31] 内耐奈₂

l [13] 来雷 [213] 儡累～积 [31] 类累擂着地滚动／碾压东西

ʦ [44] 灾追锥 [34] 宰嘴者 [53] 醉再最赘缀载

ʦ' [44] 猜崔催吹炊 [34] 采彩睬 [53] 菜翠脆

ʣ [13] 才财₁材₁谁垂锤随₁ [213] 在罪₁ [31] 睡₁瑞坠锐₁蕊

s [44] 虽腮鳃 [34] 水 [53] 赛岁碎税舍睡

z [13] 裁随₂财₂材₂ [31] 社罪₂～过 穗射睡₂隧锐₂

k [44] 该赅 [34] 改 [53] 盖钙概溉锯名词

k' [44] 开 [34] 凯 [53] 慨

g [13] 徛站立 嗝打～ [31] 隑侍仗

ŋ [13] 呆 [31] 艾碍

h [34] 海

ɦ [13] 孩 [31] 亥害

ø [44] 埃哀 [34] 蔼 [53] 爱

ue

k [44] 规闺龟皈归 [34] 轨诡鬼癸₁ [53] 瑰桂鳜贵桧会₁～计

k' [44] 亏魁盔窥 [34] 傀奎 [53] 块会₂～计

g [13] 葵₂葵逵溃 [213] 跪 [31] 柜愧

h [44] 辉挥晖徽灰恢 [34] 悔毁 [53] 晦贿秽

ɦ [13] 回茴蛔危桅违纬围伪为～人 [213] 伟苇 [31] 会绘惠慧彗为卫魏胃渭讳汇

ø [44] 威煨 [34] 委萎 [53] 尉慰畏喂

o

p [44] 菠波玻播巴疤芭～蕉 [34] 簸跛把～手 [53] 霸坝

p' [44] 坡颇 [53] 剖帕怕破～坏

b [13] 婆爬琶杷耙巴下～ [31] 稗薄～荷 龅～牙齿：牙齿外露

m [44] 蚂～蚁 [13] 麻磨魔摩模膜摹 [213] 马码蚂～蟥 母姆拇某 [31] 骂幕慕墓暮募

v [31] 缚₁

t [44] 多 [34] 朵躲

t' [44] 拖 [34] 妥椭

d [13] 驮驼陀砣耗拿，据《越谚》 [213] 惰舵大

n　[44] 拿　[13] 挪捼捼挼　[31] 糯懦

l　[44] 啰～嗦　[13] 罗锣萝箩螺骡胴　[213] 虏裸捋顺手抚摸使其平整　[31] 摞

ʦ　[44] 遮蔗渣楂　[34] 左佐　[53] 做诈榨～菜　炸～弹

ʦ'　[44] 车叉杈搓差～弗多　[53] 锉错措岔绰

ʣ　[13] 茶搽查

s　[44] 沙纱鲨嗦梭奢奓赊　[34] 锁所舍₁～弗得　□～姆娘：产妇　[53] 晒硕₁唆₂舍草～

z　[13] 蛇佘　[213] 坐　[31] 座射麝社

k　[44] 家加哥歌戈嘉　[34] 假真～　[53] 架价嫁假放～

k'　[44] 跨稞颗棵柯科蝌　[34] 可髁脚髁～头　[53] 课搭捕、抓住　□不可

g　[13] □靠着

ŋ　[13] 鹅蛾牙芽衙　[213] 瓦我　[31] 饿卧

h　[44] 虾呵～痒肉：胳肢　何₂疑问代词。～东西：什么东西；～里：哪里

ɦ　[13] 禾和河荷何姓　[213] 下祸夏厦～门　[31] 贺

ø　[44] 丫蜗鸦阿～胶　[34] 哑　[53] 揶强给人东西。～拔尔：～给你

io

m　[13] 谋矛　[213] 亩牡　[31] 谬贸

f　[34] 否

v　[13] 浮　[213] 负

t　[44] 兜丢　[34] 陡抖蚪斗～鲫：蟋蟀　[53] 斗

t'　[44] 偷　[53] 透趄举身下跳　敨展开

d　[13] 头骰投　[31] 窦豆痘逗

l　[44] 溜馏镂挖、剅　[13] 刘留瘤榴流硫琉篓楼　[213] 绺柳抳搅拌　[31] 漏陋

ʨ　[44] 纠赳揪阄周州洲舟鸠究　[34] 久灸酒九韭走帚　[53] 奏皱咒昼肘救疰

ʨ'　[44] 丘邱秋鳅抽　[34] 丑　[53] 臭凑

ʥ　[13] 仇求球裘囚绸酬筹柔揉愁　[213] 舅臼　[31] 宙就旧柩纣骤

ȵ　[44] 扭□拧　[13] 牛　[213] 纽钮偶藕

ɕ　[44] 修休羞收搜馊　[34] 手首守朽　[53] 秀绣锈瘦兽嗽嗅宿星～

ʑ　[13] 愁　[213] 受稌积攒　[31] 寿售授袖

k　[44] 勾沟钩　[34] 狗枸苟　[53] 构购够

k'　[44] 抠　[34] 口　[53] 叩扣寇

g　[13] 趔蜷缩

h　[44] □用手往高处取

ɦ　[13] 侯猴喉邮油蚰游尤犹鱿　[213] 有友酉厚　[31] 候后右佑诱柚油动词，～漆

ø　[44] 优忧悠幽欧殴呕□轻。～～较：轻点　讴叫、喊　[53] 幼又

uo

k   [44] 瓜   [34] 寡   [53] 卦挂

h   [44] 花   [53] 化

ɦ   [13] 华   [31] 画话华姓

ø   [44] 蛙搲用勺子等用具或用手掌弯曲来舀取、挖取

yo

ɕ   [34] 舍₂~弗得

tɕ   [44] 哟唤鸡声

ɕ   [53] 唆₁

ɦ   [13] 霞

ø   [34] 雅   [53] 亚

ɒ

p   [44] 包胞褒   [34] 宝保堡饱   [53] 报豹暴鼓出来 爆~米花

p'   [44] 抛脬泡名词。肥皂~   [53] 炮泡动词。~茶 □很烫

b   [13] 袍跑雹刨   [213] 鲍抱   [31] 曝暴~力 爆~炸

m   [44] 猫毛~~头：婴儿   [13] 毛茅矛锚   [213] 卯铆   [31] 贸冒帽貌□量词。上~：上次 □呕吐

t   [44] 刀   [34] 倒祷岛捣□~钞票：换零钱   [53] 到

t'   [44] 涛掏滔   [34] 讨   [53] 套

d   [13] 桃逃陶淘萄   [213] 稻导道   [31] 悼盗蹈

n   [44] 挠   [213] 脑恼瑙   [31] 闹蹈踩踏

l   [44] 捞唠   [13] 牢劳痨醪~酒：黄酒   [213] 老佬

ʦ   [44] 遭糟招昭搔朝今~   [34] 枣早蚤沼爪找~头：找回的零钱   [53] 照诏罩灶

ʦ'   [44] 操超钞抄   [34] 草吵炒   [53] 躁糙

dz   [13] 潮嘲朝~向   [31] 赵

s   [44] 烧骚梢稍臊悛豪~：赶快   [34] 少嫂扫   [53] 燥哨潲~雨 少~爷

z   [13] 韶曹槽嘈肚皮~：肚子饿   [213] 扰   [31] 造皂兆召绍邵

k   [44] 高膏镐糕交茭跤胶~水 教~书   [34] 绞稿搞   [53] 告窖觉困~：睡觉 叫~花子 垢老~

k'   [44] 敲   [34] 考烤拷   [53] 靠铐犒

g   [13] □结束、完了   [213] 搅~弗灵清：弄不清楚

ŋ   [13] 熬   [213] 咬   [31] 傲

h   [44] 蒿歊呼气 □油变质后的气味   [34] 好   [53] 耗好~客

ɦ　[13] 蚝毫豪嚎壕用容积量具来测量　　[213] 浩　　[31] 号

ø　[44] 凹　　[34] 祅拗~断／把零头抹掉　　[53] 奥澳懊坳

iɒ

p　[44] 标彪飚瀌膘镖　　[34] 表裱婊

p'　[44] 飘瞟漂~浮　　[53] 票漂~亮

b　[13] 瓢嫖藨浮萍　朴姓

m　[44] 喵唤猫声　　[13] 苗瞄描　　[213] 秒淼渺藐　　[31] 庙缪妙

f　[53] 嫑不要

t　[44] 刁叼貂雕凋碉　　[34] 屌鸟　　[53] 吊钓

t'　[44] 挑佻　　[53] 跳

d　[13] 条笤调~解　越手脚并用做动作　　[31] 掉调~动

l　[44] 撩　　[13] 聊疗辽撩击　僚獠白~~：脸色白　　[213] 潦瞭了~解　　[31] 料廖敹身体又高又瘦

tɕ　[44] 浇骄娇椒焦蕉礁交郊胶橡~　　[34] 缴矫狡饺　　[53] 叫教~育　较校~对　曼只要

tɕ'　[44] 敲锹缲悄跷~脚：瘸子　　[34] 巧　　[53] 翘俏窍撬

dʑ　[13] 乔桥侨荞樵翘木变形　　[31] 轿挢撬

n̠　[13] 尧饶荛　　[213] 鸟　　[31] 绕尿~素

ɕ　[44] 萧箫肖销消霄宵硝梢插~：门闩　□掀开：~开　　[34] 小　　[53] 笑孝酵

ʑ　[31] 趭捣乱

ɦ　[13] 姚窑摇谣肴淆　　[213] 舀　　[31] 耀鹞效校学~

ø　[44] 夭妖邀腰要~求　拗从中间折起　　[53] 要重~

ε

p　[44] 班斑般瘢扳颁　　[34] 板版　　[53] 绊扮打~　□给

p'　[53] 瓣攀搭~　鋬器物的把手

b　[13] 爿趴爬行／起来　　[31] 办

m　[44] 蛮很　　[13] 玩　　[213] 晚~娘　蛮野~　　[31] 慢漫

f　[44] 番翻蕃　　[34] 反返　　[53] 泛贩疲心~：恶心欲吐

v　[13] 凡帆矾烦繁□骗、捉弄　　[31] 饭范犯万

t　[44] 单丹耽　　[34] 胆疸掸　　[53] 旦担

t'　[44] 滩瘫坍□~头：话语　　[34] 毯袒坦　　[53] 炭叹

d　[13] 痰谈淡谭坛檀弹~琴　　[31] 蛋诞但氮弹子~

n　[13] 难艰~　　[31] 难遭~

l　[44] 拦　　[13] 蓝篮兰栏岚　　[213] 懒览揽缆榄婪　　[31] 滥烂

ts　[34] 盏斩崭攒　　[53] 蘸赞瓒美好　灒溅

ʦʻ [44] 餐摻掺 [34] 产铲 [53] 灿

dz [13] 残馋谗惭 [31] 暂栈赚绽站剗刹、切 趱撞

s [44] 三山珊删杉衫 [34] 伞 [53] 汕疝散解~

k [44] 干杆奸肝竿甘柑泔疳间尴监牢~：监狱 [34] 赶秆擀敢橄感减拣裥打~ [53] 干
能~

kʻ [44] 铅刊堪勘龛舰看~管 [34] 砍坎槛 [53] 嵌看~病

g [13] 衔₁

ŋ [13] 颜岩衔₂~头 [213] 眼岸雁

h [34] 喊 [53] 苋

ɦ [13] 咸闲 [31] 陷限

ø [53] 晏晚。~昼：中午

iɛ

p [44] 边鞭编蝙 [34] 贬扁匾 [53] 变遍

pʻ [44] 篇偏翩 [53] 骗片

b [13] 便~宜 [31] 辨辫辩便方~

m [13] 棉绵 [213] 眠免勉娩缅 [31] 面

t [44] 颠巅癫 [34] 典碘点踮 [53] 店掂

tʻ [44] 天添 [34] 舔 [53] 掭

d [13] 田钿填甜 [31] 淀电奠殿垫佃甸

l [13] 连鲢莲联帘怜廉镰 [213] 脸 [31] 敛恋练炼链楝瓤□从厨房端菜上桌

ʨ [44] 坚肩尖艰煎囝监~督 兼搛~菜：用筷子夹菜 [34] 剪简茧检柬 [53] 箭见笕剑鉴
建毽荐

ʨʻ [44] 千迁扦纤仟签谦笺牵 [34] 浅遣谴 [53] 欠歉

dʑ [13] 前₁钱乾钳潜虔泉全旋₁ [213] 俭 [31] 渐健键腱件羡践饯贱₁

ɳ [44] 粘研 [13] 严阎年鲇碾 [31] 砚验谚念廿

ɕ [44] 先仙鲜掀宣 [34] 显癣选筅险 [53] 线献宪粞鱻~鸡：阉过的鸡

ʑ [13] 前₂旋₂ [31] 贱₂

ɦ [13] 盐延涎筵蜓~蚰螺：蜗牛 言炎沿弦腌闲贤檐颜 [213] 演衍也 [31] 现焰陷限雁

ø [44] 烟胭掩淹阉魇嫌蔫 [53] 燕~子 宴厌咽艳堰腰两物比较长短

uɛ

k [44] 关鳏 [53] 惯

kʻ [53] 筷₂

g [13] 环 [31] 掼

h [44] 儇乖 [53] 擐甩

ɦ　[13] 还顽宦　[213] 玩~具　晚~会　[31] 幻患

ø　[44] 弯湾　[34] 挽

ə

p　[44] 搬　[53] 半

p'　[44] 潘攀　[53] 盼判

b　[13] 盘潘水溢出　[213] 伴拌　[31] 叛畔

m　[13] 瞒馒鳗缦~裆裤：连裆裤，据《辞源》　[213] 满

t　[44] 端　[34] 短　[53] 锻断~牢：半路拦截

t'　[44] 贪□~皮：脱皮　[53] 探

d　[13] 团潭　[31] 段缎断~气　潭淹，潜水

n　[44] 囡小孩　[13] 南男　[213] 暖　[31] 囡女儿

l　[213] □阴茎　[31] 乱

ʦ　[44] 专砖簪瞻占沾毡钻~空子　[34] 展转　[53] 战钻~石　占~便宜

ʦ'　[44] 穿川汆参~加　[34] 喘惨　[53] 串窜篡颤

ʣ　[13] 传缠椽□捡起　[31] 篆撰传~记

s　[44] 酸拴栓闩　[34] 陕闪　[53] 扇算蒜

z　[13] 蚕然燃船禅蝉　[213] 染冉　[31] 善膳蟮鳝擅单姓

h　[44] 蚶憨鼾呵~：哈欠　[53] 汉罕

ɦ　[13] 含韩寒函　[213] 旱　[31] 汗焊翰憾

ø　[44] 庵鹌安鞍氨　[53] 按案暗揞摆放

uə

k　[44] 官棺倌观参~　冠衣~　[34] 管馆　[53] 灌罐贯观道~　冠~军

k'　[44] 宽　[34] 款

h　[44] 欢　[53] 焕唤痪

ɦ　[13] 桓完丸　[213] 缓皖　[31] 换

ø　[44] 豌　[34] 碗剜　[53] 腕

yə

ʨ　[44] 捐娟鹃　[34] 锩卷~起　[53] 绢眷卷考~

ʨ'　[44] 圈　[34] 犬　[53] 劝券

ʥ　[13] 权拳颧　[31] 倦

n̠　[13] 原源　[213] 软　[31] 愿

ɕ　[44] 喧揎以拳打人　[53] 楦蚬黄~：蛤

ɦ　[13] 元园圆员缘袁猿援悬玄　　[213] 远　　[31] 院县眩

ø　[44] 渊冤鸳　　[53] 怨

ã

p　[44] 浜绷棕~　　[53] 绷~紧　迸~破：~裂

pʻ　[44] 乒

b　[13] 朋鹏棚彭膨庞　　[31] 蚌碰甏

m　[13] 莽虻　　[213] 蜢猛往　　[31] 孟

t　[34] 打

d　[31] 趟闲逛：~马路

l　[213] 冷

ts　[44] 张争睁　　[34] 长生~　堂~握　　[53] 挣~钞票　帐涨胀账抓牵手

tsʻ　[44] 撑　　[34] 厂　　[53] 畅

dz　[13] 场肠长~远　　[31] 丈杖仗炮~

s　[44] 生牲甥　　[34] 省

k　[44] 更五~　耕羹庚　　[34] 埂　　[53] 哽鲠逛钻进

kʻ　[44] 坑茅~

g　[13] □突起一条

ŋ　[31] 硬

h　[44] 享夯远指。~郎头：那儿　　[53] 夯~地

ɦ　[13] 行~时：流行　　[31] 杏

ø　[44] 樱~桃

iã

l　[13] 凉良粮梁粱量测~　　[213] 两　　[31] 辆亮谅量力~

tɕ　[44] 姜疆僵缰江将~来　　[34] 进蒋桨奖　　[53] 浆酱糨将大~　降~低

tɕʻ　[44] 枪腔羌䌶用酒、卤汁或酱油腌：~蟹　　[34] 抢　　[53] 呛说话冲／咳嗽　炝戗说话很冲

dʑ　[13] 祥详强　　[31] 象₁像₁橡犟趔趄跑　弶设陷阱坠兽或人／哄骗

n̠　[13] 娘　　[213] 仰　　[31] 酿让

ɕ　[44] 香乡襄镶湘厢箱相~信　　[34] 享想响晌饷鲞　　[53] 相~貌　向方~

ʑ　[13] 翔墙隆投~　　[31] 匠象₂像₂

ɦ　[13] 阳杨扬疡羊洋佯烊融化　　[213] 痒养氧　　[31] 样

ø　[44] 央秧殃泱鸯　　[53] 映

uã

k [44] 梗菜~ 桄量词，条：一~鱼

ɦ [13] 横

ø [44] 横蛮横无理

õ

p [44] 邦帮 [34] 绑榜膀翼~：翅膀 [53] 磅谤

p' [44] 髈脚~：腿 [53] 胖捧弹：~棉花

b [13] 旁螃鳑防 [31] 傍棒

m [13] 忙芒盲茫氓 [213] 蟒网 [31] 望忘

f [44] 方芳 [34] 肪坊访纺仿妨 [53] 放

v [13] 房防亡 [31] 妄望忘

t [44] 当裆铛 [34] 挡党 [53] 档当恰~

t' [44] 汤 [34] 躺淌倘趟动词。~水过河 [53] 烫趟量词。走一~

d [13] 唐塘糖搪溏堂膛螳棠 [31] 荡盪用水冲洗一下：~杯子 凼水凼~：小水坑

l [13] 郎廊螂榔朗狼 [31] 浪晾~衣裳：晾衣服

ts [44] 章蟑樟庄桩装妆 [53] 葬障瘴

ts' [44] 仓苍舱沧疮菖昌窗 [34] 闯 [53] 创唱倡

dz [13] 棠嫦藏隐~ [31] 脏幢藏西~

s [44] 桑搡双霜孀商伤丧婚~ [34] 嗓赏爽 [53] 丧~失

z [13] 床 [213] 壤嚷攘瓤 [31] 上让尚裳

k [44] 冈刚钢纲缸肛扛江豇 [34] 港岗讲 [53] 杠降霜~

k' [44] 康糠慷 [53] 亢抗囥藏物

g [13] 戆~大

ɦ [13] 航杭绗行银~ 隆投~ [213] 项

ø [44] 肮~脏

uõ

k [44] 光胱 [34] 广 [53] 逛

k' [44] 匡筐框 [53] 矿旷眶

g [13] 狂

h [44] 荒慌黄蛋~ [34] 谎晃~眼 [53] 况晃~动

ɦ [13] 皇凰煌蝗隍黄璜簧磺蟥王杠₁ [31] 旺

ø [44] 汪枉₂ [34] 往淫凹进去

yõ

tɕ [44] 章装桩一～事体：一件事情 [34] 掌巴～ [53] 壮障瘴

tɕʻ [44] 昌窗 [34] 闯 [53] 唱倡创

dʑ [13] 常尝$_1$ 偿$_1$ 床$_1$ [31] 撞状□重叠

ȵ [13] 攮推搡：推来～去

ɕ [44] 双伤赏商霜孀舂～米 搡猛然放下／狠击／猛吃／故意用话伤人 [34] 爽

ɦ [13] 床$_2$ 尝$_2$ 偿$_2$ 裳 [31] 上尚

əŋ

p [44] 奔崩搬 [34] 本畚

pʻ [44] 喷烹

b [13] 盆彭朋盟同～帽 [31] 笨坌～头麻

m [13] 门蚊$_1$ 明萌盟 [31] 问闷焖扪

f [44] 分芬汾纷吩 [34] 粉 [53] 粪奋

v [13] 文坟纹闻焚 [213] 吻刎 [31] 愤忿份问

t [44] 蹲敦墩礅灯戥用手托东西掂分量 登膯～裹：鸡鸭的胃。／～食：吃得太饱，不消化
[34] 等 [53] 吨顿炖扽～直：振物使其直 瞪凳

tʻ [44] 吞氽糖～蛋

d [13] 屯囤豚疼臀誊藤腾滕 [213] 盾 [31] 遁钝邓

n [13] 能 [31] 嫩

l [13] 仑轮伦沦囵纶 [31] 论愣

ʦ [44] 尊遵樽贞侦真珍胗肫臻榛针砧斟增征蒸争筝曾姓 正～月 [34] 拯准疹诊枕黰物变质发灰 整 [53] 镇震振殿桌椅等榫铆宽松，用小块竹木填入敲实／把装有粉末或颗粒物的容器颠几下，使其均匀实在 正政证症赠憎

ʦʻ [44] 村春椿皴称动词：～分量 [34] 蠢忖 [53] 寸衬趁秤蹭称相～：相配 乘～车

dz [13] 陈臣尘沉存承丞拯成城诚盛澄橙呈逞程层仍扔曾乘～法 惩 [31] 阵～雨 剩郑

s [44] 森深身申伸绅孙狲参人～ 僧声升生牲笙胜～任 [34] 沈损审婶 [53] 舜渗圣胜

z [13] 神人壬仁辰晨唇莼纯醇绳 [213] 吮 [31] 刃忍肾慎认顺润甚任

k [44] 根跟今耿耕更羹 [53] 更～加

kʻ [34] 肯啃垦恳

h [44] 亨哼 [34] 很狠 [53] 擤～鼻涕

ɦ [13] 痕衡恒 [31] 恨

ø [44] 恩嗯

iŋ

p　　[44] 彬斌兵宾滨缤槟鬓冰　　[34] 禀秉丙炳饼　　[53] 柄殡并～拢

p‘　　[44] 乒拼姘　　[34] 品　　[53] 聘

b　　[13] 贫频凭平萍评坪苹屏瓶　　[31] 病并

m　　[13] 民蚊₂皿名铭明鸣冥　　[213] 闽抿悯敏　　[31] 命

t　　[44] 丁盯叮钉名词　　[34] 顶鼎溟沉淀　　[53] 订钉动词

t‘　　[44] 听厅汀　　[34] 挺艇　　[53] 听～渠去：由他去

d　　[13] 亭停婷庭蜓　　[31] 定锭

l　　[44] 拎　　[13] 林淋临麟鳞凛灵龄邻铃苓伶零玲凌陵菱绫棱□～清：清楚　　[213] 领岭
　　　[31] 吝赁令另

tɕ　　[44] 金今斤巾津襟筋荆经茎精晴腈～肉：瘦肉　京惊鲸晶　　[34] 锦紧谨景警　　[53] 进浸
　　　禁晋俊敬径竟境镜

tɕ‘　　[44] 亲钦侵倾青清蜻轻氢卿　　[34] 寝请　　[53] 沁撳庆罄

dʑ　　[13] 秦琴芹勤寻循旬巡禽擒情晴擎　　[213] 仅尽近静靖　　[31] 妗娘～：舅妈　劲净竞

n̩　　[13] 银人壬任姓　吟凝宁柠咛迎　　[31] 认韧

ɕ　　[44] 新薪心芯欣辛锌馨星腥猩惺媳兴作～：流行　　[34] 榫笋醒省反～　　[53] 信迅讯衅殉
　　　兴姓性

ʑ　　[13] 寻

ɦ　　[13] 寅淫盈赢营莹萤荧形刑颖行　　[213] 引瘾　　[31] 幸

ø　　[44] 因茵姻洇液体渗透　阴荫音殷英莺鹰婴缨鹦樱～花　应～该　　[34] 隐尹饮蝇　　[53]
　　　印熨映应答～　冰溟～：冰凉

uən

k　　[34] 滚绲　　[53] 棍

k‘　　[44] 昆坤昏黄～头　　[34] 捆　　[53] 困睏～觉

g　　[13] 捆

h　　[44] 荤婚昏～倒

ɦ　　[13] 魂浑馄　　[31] 混

ø　　[44] 温瘟蕰　　[34] 稳

yŋ

tɕ　　[44] 窘均钧君

tɕ‘　　[44] 菌

dʑ　　[13] 群裙

ɕ　　[44] 勋熏薰　　[53] 训逊

ɦ　[13] 匀云耘　　[213] 陨允　　[31] 闰韵孕晕运

oŋ

p　[53] 蹦

p‘　[34] 捧

b　[13] 蓬篷埲~尘：灰尘

m　[13] 蒙　　[213] 懵蠓　　[31] 梦

f　[44] 风枫疯峰锋烽蜂丰封　　[34] 讽　　[53] 甫溿脏

v　[13] 冯逢缝~纫　　[31] 凤奉俸缝~堘：缝隙

t　[44] 东冬　　[34] 董懂　　[53] 栋冻

t‘　[44] 通彤　　[34] 统捅　　[53] 痛

d　[13] 童瞳同桐铜筒捅卷起　　[213] 动桶　　[31] 洞

n　[13] 农脓　　[31] 弄摆~

l　[13] 龙笼砻聋隆窿　　[213] 拢陇垄　　[31] 弄~堂

ts　[44] 宗综踪鬃　　[34] 总　　[53] 粽纵踪跳

ts‘　[44] 聪囱匆葱鏓钻物使穿

dz　[13] 从丛怂崇茸　　[31] 诵₁颂₁讼

s　[44] 松嵩　　[34] 耸　　[53] 送宋诵₂颂₂

uoŋ

k　[44] 公蚣工攻功宫龚弓躬恭供~给　　[34] 拱巩汞　　[53] 贡共公~　供~养

k‘　[44] 空　　[34] 恐孔　　[53] 控空~闲

g　[31] 共~同

h　[44] 轰烘　　[34] 哄　　[53] 蕻

ɦ　[13] 宏红虹鸿洪弘

ø　[44] 齆翁螉食物腐败产生的一种臭气　　[53] 瓮

yoŋ

tɕ　[44] 军均君中忠钟盅衷终　　[34] 冢肿种~子　　[53] 众中射~　种~地

tɕ‘　[44] 充冲　　[34] 宠　　[53] 倥：站立不稳，趷趷~~

dʑ　[13] 群裙虫穷琼重~复　　[213] 重

ȵ　[13] 浓绒

ɕ　[44] 勋熏薰胸凶兄　　[53] 嗅闻　训

ɦ　[13] 云匀荣融容溶雄熊戎　　[213] 允陨　　[31] 韵闰孕用佣

ø　[44] 雍壅拥痈庸　　[34] 永泳咏勇涌蛹

a ʔ

p   [5] 八百柏伯

p'   [5] 拍魄迫擘用手掰开，亦作"脈"

b   [2] 拔白

m   [2] 陌脉抹袜麦默₂

f   [5] 法发

v   [2] 罚伐筏阀乏

t   [5] 答搭褡瘩嗒用舌苔尝味道   黐湿的衣服、羽毛、纸等黏在一起

t'   [5] 塔獭榻塌溻鳎遢遢～   搨涂抹   滗打滑～：打滑   拓～片

d   [2] 沓踏达妲

n   [2] 捺

l   [2] 腊蜡辣癞～痢   镴邋～遢

ts   [5] 眨札扎撒摘窄酢□～硬：能干

ts'   [5] 插察擦册策坼拆撤赤

dz   [2] 宅杂捽揪，扯：～头发

s   [5] 杀栅萨煞眍眨：～眼睛   楃塞住：～裤腰

z   [2] 闸铡石₂煠煮／炸   趱走得很快

k   [5] 隔格甲马～   胛肩～   夹～里

k'   [5] 掐客甲手指～   匌量词，一～：两手相合的大小

g   [2] 轧夹□拥挤

ŋ   [2] 额

h   [5] 瞎喝吓赫

ɦ   [2] 匣盒合狭辖

ø   [5] 轧鸭押压阿

ia ʔ

l   [2] 猎略掠

tɕ   [5] 甲胛爵脚夹角

tɕ'   [5] 洽恰怯雀鹊却且

n̠   [2] 虐疟捏箬～壳

ɕ   [5] 辖瞎削

ʑ   [2] 嚼

ɦ   [2] 药钥协峡狭

ø   [5] 约鸭押压

uaʔ

k　[5] 刮括聒□饿　碱裂开：～裂

h　[5] 搣用长鞭或细棒打　豁打开：衣裳～开　搳～拳：猜拳／～蛋：打蛋

ɦ　[2] 划滑猾

ø　[5] 挖

əʔ

p　[5] 缽拨给／被

p'　[5] 泼魄迫

b　[2] 钹帛鼻□～薹：吵架　勃悖垺块：一～糊泥

m　[2] 沫墨默₁没沉～

f　[5] 弗

v　[2] 勿物佛

t　[5] 掇得德□头下垂

t'　[5] 脱秃

d　[2] 夺突特凸

n　[2] 纳

l　[2] 劣勒肋落

ts　[5] 褶～裥　执汁哲浙折蜇海～　质只职织卒责则侧着和。我～尔：我和你

ts'　[5] 撤彻出拙测赤尺斥黢墨～铁黑　撮～药

dz　[2] 涉辙秩侄直值植殖泽择蛰惊～　术苍～

s　[5] 塞色啬瑟涩虱失湿式饰释适室识摄赦设刷率～领　蟀说小～　屑粒。饭米～：饭粒

z　[2] 十什食石₁实拾舌且术述贼蚀入

k　[5] 个隔□近指，这。～个：这个　合容量单位，升的十分之一

h　[5] 黑赫

ɦ　[2] 合核～心

ø　[5] 恶厄扼轭

iəʔ

p　[5] 憋鳖瘪毕哔～叽　必逼碧壁璧笔潷挤汁

p'　[5] 撇瞥匹辟僻劈

b　[2] 别弼枇蹩鼻₁趑追赶

m　[5] 搣用手指捻转东西　[2] 灭篾蔑密蜜觅

t　[5] 跌滴嫡□遗失　的目～　扚用手指掐住一点点

t'　[5] 铁贴帖踢剔

d [2] 叠牒蝶碟谍迭迪笛敌狄籴

l [2] 立列烈裂栗率效～ 力历沥律摔滤水

tɕ [5] 接劫急揭节吉结洁即积绩击迹激脊缉通～

tɕ' [5] 妾泣切窃砌漆七乞迄吃戚辑缉～鞋底：纳鞋底

dʑ [2] 捷及极集习截杰绝疾剧袭籍藉狼～ 席夕寂搁腋下夹物／抱紧

n̩ [2] 聂镊蹑孽业热日₁～脚：日子 匿逆溺

ɕ [5] 胁吸歇蝎屑薛泄雪悉膝恤锡息媳熄昔惜燣将冷的食物放锅里温热一下

z [2] 日₂性交

k [5] 割葛革瞎鸽蛤佮合：～拢 吃～子：口吃

k' [5] 刻克渴磕

ɦ [2] 逸翼译液腋页叶易贸～

ø [5] 揖噎一乙抑益躯侧身闪过／躲起来

o?

p [5] 剥驳北卜～卦 博搏膊

p' [5] 朴扑仆前～后继 泊湖～

b [2] 薄缚₂泊落～ 卜萝～ 仆～人 瀑伏脸向下卧／身体前倾靠在物体上

m [5] 摸末～多：最后 [2] 莫漠寞木目牧穆墨默末～代

f [5] 福幅蝠复腹覆佛仿～

v [2] 佛缚₃ 服伏袱

t [5] 笃督陡毅敲，用棍棒轻击 沰量词。一～：一小堆

t' [5] 托拓开～

d [2] 铎独读牍犊毒踱喥痴傻

n [2] 诺

l [2] 洛落络烙骆赂鹿六陆录禄绿匮～子：盒子 乐快～

ts [5] 作足捉喝垤给房子堵漏

ts' [5] 猝促簇撮量词

dz [2] 昨族俗浞～雨：淋雨

s [5] 索朔塑₂嗍₂吮吸：～螺蛳 束速肃粟缩宿～舍

z [2] 勺弱₂若₂续凿瘈贲骂

k [5] 各阁搁角觉～得

k' [5] 确壳皵东西晒干后有的地方凸起

ŋ [2] 鄂鹤岳

h [5] 霍藿

ɦ [2] 学

ø [5] 恶龌～龊

uoʔ

k　[5] 骨郭国虢谷□～嘴：漱口

k‘　[5] 窟廓哭扩阔酷

h　[5] 忽寣打盹

ɦ　[2] 活或惑获斛囤劐镬锅　魂～灵　核果～

ø　[5] 屋握沃颍～杀：淹死

yoʔ

tɕ　[5] 嘱烛竹筑祝粥菊掬桌卓琢啄涿瘃冻～：冻疮　橘决厥蕨瘚眩晕　觉～悟

tɕ‘　[5] 触曲戳屈缺畜～牲

dʑ　[2] 局铜属蜀镯逐轴浊掘倔攫镢橛觼牛羊以角触人或物　浞淋湿

ȵ　[2] 玉狱肉衄两手用力揉搓

ɕ　[5] 叔嚯畜～牧　蓄血说束嗽₁吮吸：～螺蛳

ɦ　[2] 赎辱褥欲熟育役疫域学乐音～　穴月越粤曰阅悦浴弱₁若₁

ø　[5] 郁捐折起

ɚ

ɦ　[13] 而　[213] 儿饵耳～杋

m̩

　[44] 姆～妈

n̩

　[44] 呒～有：没有

ɦ　[13] 芉₂～芳

ŋ́

ɦ　[13] 鱼　[213] 五儿₂尔你

第二章 词 汇

本章分类选录的具有萧山方言特色的词汇，与普通话词汇有所不同。所收词条主要为城厢镇通用词汇，酌情收入其他镇乡有特色的同义异形词条。鉴于方言词汇实词中的名词、动词和形容词有特色的词条数量最多，为避免列目重复，只按其词语内容相近分类，不按具体词类（名词、动词、形容词）区分。实词中的数词、量词、代词，以及虚词中的副、介、连、助、叹、拟声类词则加以分列。词条后对词义加以简要说明。代词和虚词中有必要从语法角度加以分析的，在"语法"章中择要有所展开。

第一节 名 物

天 时

七簇星 tɕʻiə? ^{5} ts'o? ^{5} ɕiŋ ^{44} 即北斗星。

五更宵 ɦŋ ^{213} kã ^{44} ɕiɒ ^{44} 又称"天亮宵"。即启明星、金星，指拂晓时东方天空（霄汉）能见到的明亮星辰。

黄昏宵 ɦuõ ^{13} huəŋ ^{44} ɕiɒ ^{44} 即长庚星，亦称"金星"，黄昏时出现在西方天空。

扫帚星 sɒ ^{34} tɕio ^{34} ɕiŋ ^{44} 彗星。

日头 ȵiə? ^{2} dio ^{13} 即太阳。太阳光线强烈称为"猛日头"。

鲎 ɕio ^{53} 彩虹。

天公 t'iɛ ^{44} kuoŋ ^{44} 指天气，如：晴天公、落雨天公。

黄梅天 ɦuõ ^{13} me ^{13} t'iɛ ^{44} 春末夏初黄梅成熟期间的天气，此时连续下雨，空气潮湿。

黄梅黔 ɦuõ ^{13} me ^{13} tsəŋ ^{44} 黄梅天空气潮湿，此时物品易受潮发霉，称为"黄梅黔"。黔亦作顋。

雾露 vu ^{31} lu ^{31} 偏义复词，特指雾。

大雷 do ^{213} le ^{13} 指雷声，萧山南片土话称天雷。打雷称"动雷"。

豁闪 hua? ^{5} sə ^{34} 闪电。萧山话将雷、电合称"大雷豁闪"。

落雨 lo? ^{2} ɦy ^{213} 下雨。

阵头雨 dzəŋ ^{31} dio ^{13} ɦy ^{213} 阵雨。

乌风猛暴 u ^{44} foŋ ^{44} mã ^{213} pɒ ^{53} 天色昏黑，狂风大作。萧山方音此处"暴"念pɒ ^{53} 。

蒙蒙雨 moŋ ^{13} moŋ ^{13} ɦy ^{213} 即毛毛雨。萧山沙地区人惯称"麻麻雨"，其中赭山片称"潗潗雨"（潗，音蓬）。

鬼头风 tɕy ^{34} dio ^{13} foŋ ^{44} 夏秋间突然在某一小范围刮起的一股小旋风。

庭澤 diŋ ^{13} do? ^{2} 屋檐下的冰锥。部分镇称"葱管溏"。《字汇补》：溏，定郎切，冻相著也。按：著（着）有"定"义，应指滴水因冻而定着。赭山片土语称"庭宕"，喻冰锥是从屋檐宕（拖挂）下来的。

雪雹子 ɕiə? ^{5} bo? ^{2} tsɿ ^{34} 霰，在冬春下雪前或下雪时出现的细小冰粒，不同于晚春或夏秋下阵雨时出现的冰雹。

秋老虎　tɕ'io⁴⁴ lɒ²¹³ hu³⁴　指入秋后的高温天气。此时冒高温干活、过日子，叫"扪秋老虎"。

秋罡头里　tɕ'io⁴⁴ kã⁴⁴ dio¹³ li²¹³　浙东秋季多强烈的风（含大风、旋风、台风），古称"罡（音刚）风"。萧山话老派称秋季为"秋罡头里"。

瀴瀎头冷　iŋ⁵³ tɕ'iŋ⁴⁴ dio¹³ lã²¹³　《集韵》："瀴，于孟切，音樱。瀎，请去声。瀴瀎，冷也。"季节转换时乍暖还寒，感到天气特别冷，萧山话叫"瀴瀎头冷"。

早间头　tsɒ³⁴ kɛ⁴⁴ dio¹³　早晨。

上昼头　ɦyõ³¹ tɕio⁵³ dio¹³　上午。新派"上"念zõ³¹。

晏快边　ɛ⁵³ k'ua⁵³ piɛ⁴⁴　近中午。

晏日心里　ɛ⁵³ n̩iə ʔ² ɕiŋ⁴⁴ li²¹³　正午。

下昼头　ɦo²¹³ tɕio⁵³ dio¹³　下午，南片习惯称"晚（mɛ²¹³）昼头"。

夜快边　ɦia³¹ k'ua⁵³ piɛ⁴⁴　傍晚。

黄昏头　ɦuõ¹³ k'uəŋ⁴⁴ dio¹³　日落后天还未黑的时段。昏，老派白读音同"坤"（k'uəŋ⁴⁴），中派、新派读音同"婚"（huəŋ⁴⁴）。

五更头　ɦŋ̩²¹³ kã⁴⁴ dio¹³　黎明前。

天亮快　t'iɛ⁴⁴ liã³¹ k'ua⁵³　拂晓。

今朝　ŋ̩⁴⁴ tsɒ⁴⁴　（今，又念：kəŋ⁴⁴ 或tɕiŋ⁴⁴）今天。

明朝　məŋ¹³ tsɒ⁴⁴　明天。

上日子　ɦyõ³¹ n̩iə ʔ² tsɿ³⁴　昨天。

前日　ziɛ¹³ n̩iə ʔ²　前天。

后日　ɦio³¹ n̩iə ʔ²　后天。老派白读后日的"日"为n̩i¹³（昵）。后天的下一天为"大（do²¹³）后日"，大后天的下一天为"大大后日"（do²¹³ do²¹³ ɦio³¹ n̩i¹³）。

月半　ɦyo ʔ² pə⁵³　农历每月的十五。

旧年　dʑio³¹ n̩iɛ¹³　去年。

节头节脑　tɕiə ʔ⁵ dio¹³ tɕiə ʔ⁵ nɒ²¹³　泛指农历的各种传统节日，还包括家人生日、祖先忌日、"菩萨生日"等。

年三十夜　n̩iɛ¹³ sɛ⁴⁴ zə ʔ² ɦia³¹　除夕，即农历十二月最后一天。

地理

上萧山　zõ³¹（或ɦyõ³¹）ɕiɒ⁴⁴ sɛ⁴⁴　萧山人习惯称城厢以南地区为"上萧山"，又称"里畈"。

下萧山　ɦo²¹³ ɕiɒ⁴⁴ sɛ⁴⁴　与上萧山对应，指萧山北部各镇，又称"沙地区"。

池塘　dzɿ¹³ dõ¹³　指与河、江不相连的人工池。在山地上的叫"山塘"。

河港　ɦo¹³ kõ³⁴　对中小河流的统称。

埂头　gã³⁴ dio¹³　又称"大（do²¹³）埂"，即堤。南片习惯称"塘埂（kã³⁴）"。

山宕　sɛ⁴⁴ dõ³¹　采石场。

宕碴　dõ³¹ tsɒ⁴⁴　采石场生产的小石块、石片。

坍江　t'ɛ⁴⁴ kõ⁴⁴　钱塘江历史上江塘（土堤）不紧固，经潮水冲击后塌陷，直至大片土地遭大潮吞噬陆沉，萧山话叫"坍江"。从60年代起，结合围垦，沿江百里大堤全面加固，坍江现象已不复存在。

大潮汛　do²¹³ dzɒ¹³ ɕiŋ⁵³　对钱塘江大潮的习惯统称。

流花沟　lio¹³ huo⁴⁴ kio⁴⁴　垦区涨沙未围堤的临潮地块，潮水时涨时落，受潮汐冲刷后自然形成的水沟。又称"潮花沟"、"流花湾"。围垦后，有的经疏浚改造为正式河道，有的成为池塘或平地。堤外沙滩仍有自然流花沟。

汇头　ɦue³¹ dio¹³　内河河道迂回转折的一段，亦称"迴头"。

浜斗　pã⁴⁴ tio³⁴　相对较小的内河称河浜，其中呈凹形、可泊一定数量船只处称"浜斗"，一作"浜兜"。

溇　lio¹³　人工河港靠近起止断流处的一小段。

堰　iɛ⁵³　溪流中的低坝，雨季溪水湍流时，起到适当减缓流速流量作用，旱季溪水很浅或断流时起到蓄水作用。

坝　po⁵³　①因整治河道、造桥、捕捞等原因而在河中就地筑起的稍高于水面的小土堤，完成整治等任务后即行拆除，河流继续畅通；②筑在钱江大堤外临潮面的缓冲性短堤，称"丁字坝"，简称"丁坝"。

田畈　diɛ¹³ pɛ³⁴　（南片"畈"念fɛ⁵³）以道路、河流等地势地貌为自然分界的连片田地称"田畈"，且有畈名，如庙前畈、山南畈、大西畈、高田畈之类。

田塍　diɛ¹³ zəŋ¹³　田块之间的窄小土埂。

淫凼　uõ⁴⁴ dõ³¹　地面较小的低凹处，积水时叫"水淫凼"。

埭坞　da³¹ ɦu¹³　地方、处所。

道地　dɒ²¹³ di³¹　农村房屋大门前的场地。也有写成"稻地"（晒稻谷之地）的，可备一说。

糊烂泥　ɦu¹³ lɛ³¹ n̢i¹³　泥土。萧山有的镇乡也叫"烂泥"、"烂糊泥"。

河磡　ɦo¹³ k'ɛ⁴⁴　即河岸；石砌的河岸，也叫"石驳磡"。

河埠头　ɦo¹³ bu³¹ dio¹³　河（池）岸边筑石阶供人洗涤、上下船之处。

山坳　sɛ⁴⁴ ɒ⁵³　山坡凹进的V或U字形段，大的山坳里有田地房舍，小的则只是一条山体凹入处。

山脚埏里　sɛ⁴⁴ tɕiaʔ⁵ ɦiɛ¹³ li²¹³　山麓。

山窠箩里　sɛ⁴⁴ k'o⁴⁴ lo¹³ li²¹³　泛指山区僻乡、山村、山中分散居住点或山间人迹罕至地。

村坊　tsʰəŋ⁴⁴ fõ³⁴　村庄，村落。

高头　kɒ⁴⁴ dio¹³　上面。

下底　ɦo²¹³ ti³⁴　下面。

当中眼　tõ⁴⁴ tɕyoŋ⁴⁴ ŋɛ²¹³　中间。

顺手面　zəŋ³¹ ɕio³⁴ miɛ³¹　右面。

借手面　tɕia⁵³ ɕio³⁴ miɛ³¹　左面。

外头　ŋa³¹ dio¹³　外面、外边。

里头　li²¹³ dio¹³　里面、里边。

上南落北　zõ³¹ nə¹³ loʔ² poʔ⁵　萧山话里向南行进叫"上南"，向北行进叫"落北"。例："葛（这）段时间伊（他）上南落北，赶来赶去，忙煞。"

直上、直落　dzəʔ² zõ³¹、dzəʔ² loʔ²　萧山沙地区（下萧山）土语，向南行进叫"直上"，向北行进叫"直落"。

横过　ɦuã¹³ ku⁵³　沙地土语东西向总称，向东行进叫"往（mã²¹³）东横过"，向西行进叫"往（mã²¹³）西横过"。

笡对过　tɕʰia⁵³ te⁵³ ku⁵³　斜对面。

动　物

蚂蚁　mo⁴⁴ n̠i⁴⁴　老派念mo⁴⁴ ɦi³¹，沙地区原党山、义盛片各镇称蚂蚁为"蟜蛴蚁"。

虼蜢　kiə?⁵ mã²¹³　蚱蜢。

虫豸八脚　dʑyoŋ¹³ dz³¹ pa?⁵ tɕia?⁵　泛指各种昆虫。也有叫"蛇虫八脚"的，所指范围更大些。

火萤虫　hu³⁴ ɦiŋ¹³ dʑyoŋ¹³　萤火虫的老派叫法，有的镇乡也叫"流火虫"、"火蠊虫虫"；新派多叫"萤火虫"。

曲蟮　tɕ'yo?⁵ zə³¹　蚯蚓。

斗蝍　tio³⁴ tɕi⁵³　蟋蟀。

绩缫婆婆　tɕiə?⁵ tɕia³⁴ bo¹³ bo¹³　学名"纺织娘"，属昆虫纲直翅目螽斯科。按：绩，指绩麻、纺线；缫，指浣纱、捣衣。古代女子在绩麻、捣衣时会发出连续有节奏的声响。又因纺织娘振翅发出的声音与此颇似，音同"唧（tɕiə?⁵）唶（tɕia³⁴）"，因而也可写"唧唶婆婆"。

毷蚣　miŋ¹³ kuoŋ⁴⁴　蜈蚣。《集韵》：毷，莫定切，音冥。《集韵》、《广韵》、《玉篇》均释为青黑色。萧山话自古称蜈蚣为"毷蚣"，盖因其背面呈暗绿（近青黑）色。《集韵》：毷艵，赤黑色。蜈蚣青黑中有红色线状，亦符。

镴树郎郎　ka⁴⁴ zʅ³¹ lõ¹³ lõ¹³　天牛。因天牛幼虫蛀食树木枝干，蛀孔排出物极似锯屑，故称。《汉语大字典（简编本）》："镴，gai，方言。锯开（木料）。"参见《辞海》"镴（gǎi）匠"条。

牛搭膊　n̠io¹³ ta?⁵ po?⁵　水蛭。萧山话称体形细小的为"蚂蟥"，体形阔而大的称"牛搭膊"。

蜒蜒螺　ɦiɛ¹³ ɦiɛ¹³ lo¹³　蜗牛和蛞蝓的统称，具体称蜗牛为"带壳蜒蜒螺"，称蛞蝓为"赤膊蜒蜒螺"，有的镇乡称"蜒螺螺"。

蛞蜘　tɕiɛ?⁵ tsʅ⁴⁴　蜘蛛。蜘蛛网称"蛞蜘罗网"。

屠屁虫　dza¹³ p'i⁵³ dʑyoŋ¹³　斑蝥。

杨辣毛　ɦiã¹³ la?² mɒ¹³　毛毛虫。

癞撕虼蚆　la³¹ sʅ⁴⁴ kiə?⁵ po⁴⁴　蟾蜍，即癞蛤蟆。

田鸡　diɛ¹³ tɕi⁴⁴　青蛙。

毛蜞　mo¹³ dʑi¹³　蟛蜞，螃蟹的一种，体小，足有毛。沙地话称"毛驮蟹"。

闸蟹　za?² ha⁵³　萧山濒临钱江，涵闸众多，秋季大量河蟹到沿江涵闸口产卵繁殖，不久肥蟹产量极丰，称为"闸蟹"。另说，蟹宜煠（za?²）了吃，因而叫"煠蟹"。参见《清嘉录》。

土鲋　t'u³⁴ bu³¹　鲋鱼。

鳑鲏　bõ¹³ bi¹³　又名"妾鱼"，体小，约长寸许，又称"红眼鳑鲏"。

鲻鱼　tsʅ⁴⁴ ɦŋ¹³　萧山沿江咸淡水交汇水域所产的一种鱼。

螺蛳鲭　lo¹³ sʅ⁴⁴ tɕ'iŋ⁴⁴　鲭鱼，以螺蛳、黄蚬等介类为食。

胖头　p'õ⁵³ dio¹³　鳙鱼。

雁鹅　ŋɛ²¹³ ŋo¹³　雁。

三黄鸡　sɛ⁴⁴ ɦuõ¹³ tɕi⁴⁴　因喙黄、羽黄、脚黄而称"三黄鸡"。萧山三黄鸡曾被列为全国八大名鸡之一。

镟鸡　ɕiɛ⁵³ tɕi⁴⁴　镟音线。公鸡被割除睾丸（俗称腰子）后称"镟鸡"。这种鸡肉质细嫩，味道鲜美。

鸡娘　tɕi⁴⁴ n̠iã¹³　母鸡。正在孵小鸡（抱窝孵蛋）的母鸡，称为"赖孵鸡娘"。母鸡遇到意外如鸡窠被搬动，鸡蛋、小鸡遭黄鼠狼或蛇吞食等情况时，往往会在鸡窠附近来回打转，焦躁不安，叫个不停，称为"调窠鸡娘"。此语常被用来比喻某人因故来回走动、坐立不安的样子。

驐婆鸭　ŋe¹³ bo¹³ aʔ⁵　学名"瘤头鸭"，又叫"番鸭"。这种鸭生长快，肉质佳。

篰底鸭　bu²¹³ ti³⁴ aʔ⁵　小鸭孵出后装在竹编篰笼里待售，其中极少数被挤踩后显得羸弱，称为"篰底鸭"。喻指落在别人后面的弱者。

二蚕猫　n̩³¹ zə¹³ mɒ⁴⁴　一年中第二个养蚕期（夏蚕期间）生下的小猫称"二蚕猫"。二蚕猫叫声轻弱，比喻有的小孩因胆怯或生病等原因说话有气无力。

植 物

络麻　loʔ² mo¹³　黄麻。

垱头麻　bən³¹ dio¹³ mo¹³　麻籽播种过密、长到一定高度后须适时删除的矮小麻株。

打粟　tã³⁴ soʔ⁵　即高粱，萧山南片称"头粟"。

二粟　n̩³¹ soʔ⁵　玉米类中较小的一种，夏熟，一般用于煮熟鲜吃，口感糯，粒以白色为多，亦有黄、紫等品种。

六谷　loʔ² kuoʔ⁵　玉米类中之较大者，秋熟，一般用于老熟后脱粒磨粉食用，粒多呈黄色。

花蚕豆　huo⁴⁴ zə¹³ dio³¹　即豌豆，因豆荚生长在缠绕茎上，沙地人称"茎蚕豆"。

罗汉豆　lo¹³ hə⁵³ dio³¹　指脱粒后的蚕豆。

大头菜　do²¹³ dio¹³ tsʻe⁵³　学名"芜菁"。菜和块根（俗称"芥菇头ka⁵³ la³¹ dio¹³"）腌制后食用。

玉环菜　n̩yoʔ² guɛ¹³ tsʻe⁵³　又称"螺蛳菜"。多年生作物，块根呈玉白色螺蛳状，新鲜可做成菜肴或酱制后食用。

雪里蕻　ɕiəʔ⁵ li²¹³ huoŋ⁵³　叶芥菜的一种。萧山腌制的雪里蕻畅销杭、沪等地。

莼菜　zəŋ¹³ tsʻe⁵³　多年水生植物，叶子椭圆形，浮在水上，其嫩叶有黏液，可食用。旧时湘湖盛产莼菜。

刺苋　tsʻŋ⁵³ hɛ⁵³　野生茎秆有刺的苋菜，其茎秆去刺后可作菜肴食用。

藻藻　biɒ¹³ biɒ¹³　浮萍，有紫、绿两色。因鸭喜食，又叫"鸭藻藻"。

蕰草　uəŋ⁴⁴ tsʻɒ³⁴　水草的一种。蕰草搅河泥可作土肥。

杨梅　hiã¹³ me¹³　常绿乔木杨梅树的果实，果实表面有粒状突起，味酸甜。萧山所前镇为杨梅之乡。

顶蕻杨梅　tiŋ³⁴ houŋ⁵³ hiã¹³ me¹³　树冠上部的杨梅颗粒大，红里透黑，味道更鲜美，称"顶蕻杨梅"。喻指某一人群、某一行业中的出类拔萃者。

槿杞柳　tɕiŋ⁴⁴ tɕʻiəʔ⁵ lio¹³　学名"木槿"。一种小的落叶丛生灌木，适合密植作篱。萧山农村有些房前屋后地周围植此为篱。杞本音tɕʻi³⁴，方言异读为tɕʻiəʔ⁵。

黄杨　ɦuõ¹³ ɦiã¹³　一种矮小的园艺用常绿小灌木，萧山新街、宁围等镇盛产。有瓜子黄杨、大叶黄杨、金边黄杨等品种。

山里果子　sɛ⁴⁴ li²¹³ ku³⁴ tsŋ³⁴　山楂。

夜姣姣　hia³¹ tɕiɒ⁴⁴ tɕiɒ⁴⁴　一种不断苞生红色小花、夏秋晴日昼闭夜开的花卉。

看麦娘　kʻɛ⁴⁴ maʔ² n̩iã¹³　麦田里的一种杂草。这种杂草明显高出麦苗，似在看着比它矮的麦苗，故称。

痒肉草　ɦiã²¹³ n̩yoʔ² tsʻɒ³⁴　含羞草。

月月红　ɦyoʔ² ɦyoʔ² ɦuoŋ¹³　月季花。

喇叭花　la²¹³ pa⁴⁴ huo⁴⁴　牵牛花。

老虎脚底板　lɒ²¹³ hu³⁴ tɕiaʔ⁵ ti³⁴ pɛ³⁴　一种灌木树名。因其叶质硬多角带刺，似虎爪，故名。学名"阔叶十大功劳"。

食　物

下饭　ɦo²¹³ vɛ³¹　菜肴。古"嘎饭"、"下饭"两种写法并用，近现代多作"下饭"。

麻团　mo¹³ də¹³　糯米粉和芝麻粉做成的团子，萧俗"冬至吃麻团"。

糯米汤团　no³¹ mi²¹³ t'õ⁴⁴ də¹³　水磨糯米粉做成的汤圆。糯米汤团很软，易被吞食。由于"糯"谐"懦"，在萧山话中，糯米汤团喻指易遭人欺的懦弱者。

印糕　iŋ⁵³ kɒ⁴⁴　米粉和水拌捏后，放到有凹形图案木板上压实，然后翻板取出、蒸熟的糕点，因上印有图案，故称。

麦糊烧　maʔ² ɦu¹³ sɒ⁴⁴　麦粉加水搅拌成糊状，在锅中摊成圆片状的薄烤饼。

麦栖饭　maʔ² ɕi⁴⁴ vɛ³¹　大麦浸泡后轧扁去皮煮饭，或和入少量大米煮成的饭。昔沙地农民生活拮据时作主食。

麦夹头　maʔ² kaʔ⁵ dio¹³　麦粉搅成糊状，用筷夹成一段段的小块，和水煮成的面疙瘩，又称"箸（dzʐ³¹）夹头"。

溏黄蛋　dõ¹³ huõ⁴⁴ dɛ³¹　蛋去壳煮后蛋黄尚未完全凝固时，即加糖或盐盛碗食用的一种点心。

倒毅菜　tɒ³⁴ toʔ⁵ ts'e⁵³　用芥菜或萝卜菜切碎腌制，装坛后先正放、后倒置（倒毅），使其咸淡均匀，然后开坛食用。

酒水　tɕio³⁴ sʐ³⁴　酒席。

吃十碗头　tɕ'iəʔ⁵ zəʔ² uə³⁴ dio¹³　旧时办喜酒每桌10个菜肴，赴宴称"吃十碗头"。

懒惰饼子　lɛ²¹³ do²¹³ piŋ³⁴ tsʐ³⁴　萧山乡土菜肴。把肉（以瘦肉为主，也有一些肥肉）剁成肉末（所谓"懒惰"，即指肉不宜剁得太细太糊），然后薄摊于碗盘，加葱、酱油蒸煮即成。

肘子　tɕio⁵³ tsʐ³⁴　猪的大腿肉。萧山东片惯称"蹄髈"。

鲫鲞　ləʔ² ɕiã³⁴　鲫鱼（一种咸水鱼）腌制成的鲞。

醋蟹　tɕiã⁴⁴ ha⁵³　将活蟹放入钵、坛等器具，用适当咸度的盐水浸腌，盖好，过若干天即可取出食用。

肚皮馎　du²¹³ bi¹³ zɒ¹³　肚子饿得难受，想吃。馎，字据《汉语大字典（简编本）》。

饭楦头　vɛ³¹ ɕyə⁵³ dio¹³　很会吃饭、饭量很大的人。

闲口果　ɦɛ⁵³ k'io³⁴ ku³⁴　又叫消闲果子，即零食。

熬吃熬省　ŋɒ¹³ tɕ'iəʔ⁵ ŋɒ¹³ sã³⁴　过分节约，省吃俭用，积钱以备不时之需。

温汤煤鳖　uəŋ⁴⁴ t'õ⁴⁴ zaʔ² piəʔ⁵　用温汤煮甲鱼，没煮酥。喻措施不力，工作力度不够，不能解决问题。

器　物

廪皮　liŋ¹³ bi¹³　竹篾编成用于晒谷物的摊地晒具，中片、东片农村大小统称；南片将大的称"簟篝（或通篝）"，小如席的才叫"廪皮"。

箥箩　bu²¹³ lo¹³　用竹篾编成的孔眼较大的箩筐，可装桑叶、青菜、柴草等物。

升箩　səŋ⁴⁴ lo¹³　量具，一市斗的十分之一。

淘箩　dɒ¹³ lo¹³　用于淘米的竹器。戴村一带将淘米用的小淘箩称"筲箕（sɒ⁴⁴ tɕi⁴⁴）"，大的可浸谷麦种子和盛米（一般可容20斤以上）的才称"淘箩"。

甏　bã³¹　口小肚大呈竖圆状的陶坛子。多用于装酒、酱油，农家多用它作倒毅菜盛具。

笤帚 diɒ¹³ tɕio³⁴　用芦苇花穗、高粱头秸等扎成的扫把（帚）。

芭蕉扇 po⁴⁴ tɕɑi⁴⁴ sə⁵³　用蒲葵叶做的扇。按：蒲葵形似棕榈，叶大，产于广东等地。

筷 da³¹　萧山话称扁而浅的竹编晒具（不论是圆形或长圆形）为"筷"，有的镇乡习惯称"匾"。

髀柱 to³⁴ tsʅ⁵³　髀，亦作"髀"，方音"朵"。髀柱，似棍，一端略呈凹状（可供暂搁扁担），一般用坚韧木料做成，挑担时一端搁在肩后扁担下，一端由手按着，以分散和减轻压力；歇脚时，拄在扁担中间，似身旁有了一位垂手直立的帮手（髀柱，本志"民俗"编作"跺柱"）。

斫刀 tsoʔ⁵ tɒ⁴⁴　常用于劈竹、劈柴的一种刀。

茅刀 mɒ¹³ tɒ⁴⁴　用于割草的一种农具。

家生 ko⁴⁴ sã⁴⁴　工具的统称。

脐橱 ka⁴⁴ dzʅ¹³　用木或竹做的供存放菜肴、碗盏之用的橱，有的镇乡称"凉橱"。

镬 ɦuoʔ²　铁锅。

水隑洞 sʅ³⁴ ka⁴⁴ doŋ³¹　指设立于传统民间大灶（柴灶）镬旁之槽（洗涤镬碗等食具后供水流出）的出水口。

眼竿 lõ³¹ kɛ⁴⁴　晾晒衣物的竹竿，必要时用三脚架支撑。

捣臼 tɒ³⁴ dʑio²¹³　用来捣米、捣年糕、捣石灰等的石臼。

瓢羹 biɒ¹³ kã⁴⁴　羹匙。

桃 diɒ¹³　萧山城厢及南片方言自古至今称桌子为"桃（亦作挑。俗作条，非）"。《广韵》、《集韵》：桃，徒了切，音窕。床子，床板。而古义床除指坐卧具外，也包括器物摆放架座，看来系从后者引申为"桌"义。小桌、方桌、圆桌分别称"小桃"、"方桃"、"圆桃"。桃为桌的总称。作为桃的一种，八仙桌仍称"八仙桌"。

八仙桌 paʔ⁵ ɕiɛ⁴⁴ tɕyoʔ⁵　能围坐8个人的传统方桌，工艺、上漆一般都较讲究。

七石缸 tɕiəʔ⁵ zaʔ⁵ kõ⁴⁴　能盛7石米的陶缸，可用于盛水、酒、米、谷等。

扛秤 kõ⁴⁴tsʻəŋ⁵³　能称百斤以上的大秤，因需两人扛着称，故名。

秤花 tsʻəŋ⁵³ huo⁴⁴　秤星。

秤砣 tsʻəŋ⁵³do¹³　秤锤。石秤砣，本指石头凿成的秤砣，萧山话喻指不会游泳的人，取其下水即下沉之意。

薄刀 boʔ² tɒ⁴⁴　菜刀。

豆腐薄刀 dio⁵³ vu²¹³ boʔ² tɒ⁴⁴　把整板豆腐分切成小块时用的一种刀具，两面光亮。喻指两面讨好的人。

锯 ke⁵³　锯子。

扯钝锯 tsʻa³⁴ dəŋ³¹ ke⁵³　原指两人面对面拉锯锯木头，而这张锯很钝，拉来推去很不顺。喻指双方都埋怨问题出在对方，互斥彼过，闹纠葛。

衣 物

围身 ɦy¹³ səŋ⁴⁴　围，白读为ɦy¹³。一作"褕身"，即围裙，系在前身衣外用以防脏的简便围布。

马甲 mo²¹³ kaʔ⁵　即背心。

捺扣 naʔ² kʻio⁵³　子母扣、摁扣。

山袜 sɛ⁴⁴ maʔ²　用布做成的长袜，上山砍柴或干力气活时穿用。

发（髪）袜 faʔ⁵ maʔ²　用头发结成的袜，有一定防水保暖作用。

肚兜　du²¹³ tio⁴⁴　婴孩护胸腹的兜，比较简单，有的用一块方形手帕加带子即可缝成。北方话叫"兜肚"。

拦涎袋　lɛ¹³ zɛ¹³ de³¹　围在婴孩项颈下至胸肚前用来挡住涎口水，以使里面上衣不致沾湿的围兜，样式比肚兜大，有的还有口袋。

抱裙　bɒ²¹³ dʑyŋ¹³（或dʑyoŋ¹³）　一作"袍裙"。尚需手抱婴孩穿的裙，便于大小便时翻动。

裤脚管　k'u⁵³ tɕiaʔ⁵ kuə³⁴　裤腿。

缦裆裤　mə¹³ tõ⁴⁴ k'u⁵³　不开裆的裤。据《辞源》"缦裆裤"条。按：袴、裤通。

牛头裤　ȵio¹³ dio¹³ k'u⁵³　又称"短脚裤"，即裤衩。

包帽　pɒ⁴⁴ mɒ³¹　农村老年妇女包在头上的围式便帽，头顶露发。

毡帽　tsə⁴⁴ mɒ³¹　也叫"乌毡帽"，一种用毡做成的帽，萧山北片沙地区农民冬春季常戴。

箬帽　ȵiaʔ² mɒ³¹　用竹编，内用箬壳相衬，帽顶有圆、尖两种，能遮阳和防雨淋头。农民雨天在田野干活时，常配穿蓑衣。

花边　huo⁴⁴ piɛ⁴⁴　用手工一针一线按照图案编织而成的饰品，现既有机织的，也有手工挑绣或两者结合的。萧山为全国知名的花边之乡。

捞棉花　p'õ⁵³ miɛ¹³ huo⁴⁴　用特制的弹花弓和木榔头把棉絮弹松整好，以做成被胎，叫"捞棉花"。

被面片　bi²¹³ miɛ³¹ bɛ¹³　包在棉被胎外的面子。

祂铣　ȵi¹³ ɕiɛ⁴⁴　即缝衣针。《集韵》："祂，音昵。"《说文》："祂，日日所常衣。"铣，《唐韵》：音跣。《说文》："金之泽者"，"一曰小凿也"。萧山话称日常用的传统缝衣针为"祂铣"。一说为"耳线"（耳，方音白读ȵi¹³），盖取其针上穿线之孔，与女孩为戴耳环而穿耳孔相似，故名。

顶针　tiŋ³⁴ tsən⁴⁴　有许多小浅穴的金属圈，做针线活时，套在拿针的一只手的中指上，这种金属圈称"顶针"。使用祂铣（缝衣针）时，针尾在顶针上顶一下，有助于把祂铣穿过厚布层。

贴缠　t'iəʔ⁵ biɛ³¹　把衣裤袖管等衣物上某处的两条边往里折并缝合。

缉鞋底　tɕ'iəʔ⁵ ɦa¹³ ti³⁴　用布片叠起来的鞋底，用线反复密排缝合，使之结实。

绗被　ɦõ¹³ bi²¹³　用针线缝棉被时，使被面与里面的被胎（经过绷线的棉絮）用稀疏针法一起缝住的一种针线活。

宅 居

台门　de¹³ mən¹³　旧时达官巨贾缙绅望族居住的深宅大院，台门本为其正门，后泛指整幢宅院。

墙门　ʑiã¹³ mən¹³　规格小于台门、但内屋也较多的民居。

石壁萧墙　zaʔ² piəʔ⁵ ɕiɒ⁴⁴ ʑiã¹³　用石板做的墙或护壁。萧墙，语出《论语·季氏》，本指门屏，此处与石壁组合，成为石板墙壁的同义语。

窠座　k'o⁴⁴ zo³¹　对一般住宅的俗称，意为食宿处、安身处。

进深　tɕiŋ⁵³ sən⁴⁴　房屋的深度。

天井　t'iɛ⁴⁴ tɕiŋ⁵³　宅院内的透光空地，多呈方形或长方形。

老虎窗　lɒ²¹³ hu³⁴ tɕ'yõ⁴⁴　屋顶上加一结构以通风透光，状似虎张大口，因名。

坐起间　zo²¹³ tɕ'i³⁴ kɛ⁴⁴　屋内便厅。

礅磉　tən⁴⁴ ɕyõ⁴⁴　屋柱底部的石礅。

踏埠　daʔ² bu³¹　又称"踏埠档"，"埠"一作"步"。即台阶、石级。部分镇乡称"礓磜埠"。

廊下头　lõ¹³ ɦo²¹³ dio¹³　房屋的走廊。

弄堂　loŋ³¹ dõ¹³　背街小巷。

翻轩　fɛ⁴⁴ ɕiɛ⁴⁴　檐外用以遮雨的附属结构。

椽子　dzə¹³ tsʅ³⁴　屋檩上架着屋顶板和瓦片的木条。

出头椽子　tsʻə⁵ dio¹³ dzə¹³ tsʅ³⁴　砖木结构房屋中的椽子照例是不伸出屋檩的，个别也有裁锯不准确而偏长有所外露的，称"出头椽子"；这些椽子易遭风吹雨打而烂掉。出头椽子，喻指在交涉、处理纠纷、提出要求时，人群中带头站出来的人，往往遭受打击的机会多。

篇霤　kəʔ⁵ lio¹³　以毛竹对剖、打通关节，装于檐下，雨天接引檐水入缸的装置，称"篇霤"；引入缸的水，称"天落水"。近代也用马口铁做，近年则多用塑料制成。

笆块　po⁴⁴ da³¹　篱笆。

草舍　tsʻɒ³⁴ so⁵³　草房，用茅草或稻草做苫盖成，有"横舍"、"直头舍"、"箍桶舍"等不同式样。萧山沿钱塘江的沙地区在80年代前到处可见，80年代起以瓦房取代。

羊棚　hiã¹³ bã¹³　羊栏。

猪柞　tsʅ⁴⁴ dziɛ³¹　即猪栏。《博雅》：柞，地篱也。《广韵》：围也。猪柞里猪的粪便、垫草等沤成的栏肥称"猪堨（方言柞堨同音，均念dziɛ³¹）"。

人　身

脑壳　nɒ²¹³ kʻoʔ⁵　头颅。

额角头　ŋaʔ² koʔ⁵ dio¹³　脑门。萧山话"额角头亮"喻指运气好、机遇巧，喜事临门，喜出望外。

后司枕　hio³¹ sʅ⁴⁴ tsəŋ⁵³　后脑勺。萧山南片土语称"后枕司"。

乌珠　u⁴⁴ tsʅ⁴⁴　眼珠。

顺手　zəŋ³¹ ɕio³⁴　右手。

借手　tɕia⁵³ ɕio³⁴　左手。

腒　lo¹³　泛指指纹。狭义专指包而不散的环状指纹。

箕　tɕi⁴⁴　像簸箕状的指纹。

拷腒印　kʻɒ³⁴ lo¹³ øiŋ⁵³　按指纹，按手印。

肩胛　tɕiɛ⁴⁴ kaʔ⁵　肩膀。萧山话"圆肩胛"喻指不愿承担责任的人。

肋胳肢下　ləʔ² kəʔ⁵ tsʅ⁴⁴ ho²¹³　腋下。

肋棚骨　ləʔ² bã¹³ kuoʔ⁵　肋骨。

脚髈　tɕiaʔ⁵ pʻõ⁴⁴　腿。大腿叫"大脚髈"，小腿叫"小脚髈"。

脚䯒头　tɕiaʔ⁵ kʻo³⁴ dio¹³　膝。䯒，亦作"髁"。

脚膁肚　tɕiaʔ⁵ zə³¹ du²¹³　小腿肚。《正字通·肉部》：膁，"俗曰脚肚"。

脚筋吊　tɕiaʔ⁵ tɕiŋ⁴⁴ tiɒ⁵³　腿抽筋。

奘　tɕyõ⁵³　胖而结实。

瘦痊　ɕio⁵³ sã⁴⁴　比较瘦。

趄拢　gio¹³ loŋ²¹³　本指因心理或生理原因，身体呈佝偻状（含临时蜷缩）。萧山话也用以形容知难而退、畏缩不前的心理状态。

疲　fɛ⁵³　因积食、中暑、受孕等原因而欲呕吐。

疰夏　tsʅ⁵³ ho²¹³　夏季食欲不振，发烧、消瘦，多由排汗机能发生障碍引起。

乌矸黑瘦　u⁴⁴ kɛ⁴⁴ həʔ⁵ ɕio⁵³　脸色、肤色呈枯黑色且身体较瘦。

冻瘃　toŋ⁵³ tɕyoʔ⁵　冻疮。

皲糙　tsʻəŋ⁴⁴ tsʻɒ⁵³　冬季皮肤干燥导致皮肤皲裂，有轻微痛感。

搭脉　taʔ⁵ maʔ²　把脉。

嗝猫痨　hɒ⁴⁴ mɒ⁴⁴ lɒ¹³　哮喘病。

看郎中　kʻɛ⁵³ lõ¹³ tɕyoŋ⁴⁴　看医生。

贴水膏药　tʻiə⁵ sɿ³¹ kɒ⁴⁴ ɦiaʔ²　虚拟的"水膏药"无疗效，贴上很快会掉下。萧山话里喻空口许诺，开空头支票，临时搪塞一下。

第二节　社　会

百　业

厂家　tsʻã³⁴ ko⁴⁴　工厂，厂方。

生活　sã⁴⁴ ɦuoʔ²　活计，工作。做生活，即干活。

百作师傅　paʔ⁵ tsoʔ⁵ sɿ⁴⁴ vu³¹　泛指各种手工业者、有一定技艺的人，如木匠、泥水、漆匠、石匠、铁匠、镴匠、篾匠（又称簟匠、廪匠）、皮匠等。

木匠师傅　moʔ² ziã³¹ sɿ⁴⁴ vu³¹　木匠。木匠是泛称，一般不用于面称；后加"师傅"则面称、非面称均可。凡称"匠"者，后面均可加"师傅"称呼；泥水、雕花、箍桶、剃头等虽无"匠"字，亦可称"师傅"，如泥水师傅、雕花师傅、箍桶师傅、剃头师傅等。

把宕师傅　po³⁴ dõ¹³ sɿ⁴⁴ vu³¹　采石场爆破技术负责人。这是在传统的百作师傅（匠人）以外的特殊工种的技术人员。萧山有不少采石场（方言称"山宕"或"石宕"），把宕师傅是每个山宕中最重要的技术工种之一，须经严格训练，由相关部门承认其资格方能工作。

生意　sã⁴⁴ i⁵³　各种商业经营。从事商业经营活动，做买卖，叫"做生意"。

店王　tiɛ⁵³ ɦuõ¹³　旧称店主为店王。民间解为"点"下加"王"为"主"，因而店主也可称"点王"。有些祖孙三代开店，被称为老店王、大店王、小店王。

店倌　tiɛ⁵³ kuə⁴⁴　店员。

堂倌　dõ¹³ kuə⁴⁴　旧时饭店、酒店、茶店、旅馆的服务员。

堂口眽清　dõ¹³ kʻio³⁴ kuã⁴⁴ tɕʻiŋ⁴⁴　堂口，堂倌之口的略称；眽清，口齿清。堂口眽清即堂倌口齿清。在萧山话里，堂口眽清被引申用来称赞某人思路清晰，伶牙俐齿，表达简明，口才好。

南货店　nə¹³ hu⁵³ tiɛ⁵³　经营南方所产的火腿、白鲞、笋干、木耳、桂圆、荔枝等食品和干果的商店。

杂货店　dzaʔ² hu⁵³ tiɛ⁵³　买卖日用货物的店铺。

酱园　tɕia⁵³ ɦyə¹³　制作和销售酱油、酒、醋、酱渍食品等副食品的作坊兼商店（前店后厂）。

晒盐　sa⁵³ ɦiɛ¹³　利用江海咸水在沙滩上曝晒成盐。按：萧山历史上曾是盐产地之一。

种田师傅　tɕyoŋ⁵³ diɛ¹³ sɿ⁴⁴ vu³¹　农民中熟练的插秧手。

耕田师傅　kã⁴⁴ diɛ¹³ sɿ⁴⁴ vu³¹　耕田能手。

田里生活　diɛ¹³ li²¹³ sã⁴⁴ ɦuoʔ²　泛称各种农活。

拘鱼人家　kʻo⁵³ ɦŋ̍¹³ nɿŋ¹³ ko⁴⁴　捕鱼户。

船老大　zə¹³ lɒ²¹³ da³¹　指一般船上有经验的主要船夫或船主。

郎中先生　lõ¹³ tɕyoŋ⁴⁴ ɕiɛ⁴⁴ sã⁴⁴　医生，一般指中医。

师公先生　sɿ⁴⁴ kuoŋ⁴⁴ ɕiɛ⁴⁴ sã⁴⁴　　厨师。翟灏《通俗编》："呼厨子曰师公"。

账房先生　tsã⁴⁴ võ¹³ ɕiɛ⁴⁴ sã⁴⁴　　旧时为商家或富裕大户人家管理钱财账目的雇员。

称　谓

太爷爷　t'a⁵³ ia⁴⁴　（又：ɦia¹³）ɦia　曾祖父，祖父的父亲，又可称"太公"。

太娘娘　t'a⁵³ n̠iã⁴⁴　（又：n̠iã¹³）n̠iã　曾祖母，祖父的母亲，又可称"太婆"。

爷爷　ia⁴⁴ ɦia　又称"阿爷"，祖父。

娘娘　n̠iã⁴⁴ n̠iã　祖母，即奶奶。

外公　ŋa³¹ kuoŋ⁴⁴　外祖父。

外婆　ŋa³¹ bo¹³　外祖母。

公公　kuoŋ⁴⁴ kuoŋ⁴⁴　①泛称老年男子，尊称老公公；②丈夫的父亲，又称"阿公老头"（非面称），面称时按丈夫对父的叫法。

婆婆　bo¹³ bo¹³　①泛称老年妇女，尊称老太太；②丈夫的母亲，又称"阿婆"（非面称），面称时按丈夫对母相同称谓，如姆妈或姆嬷。

舅公　dʑio²¹³ kuoŋ⁴⁴　祖母的兄弟。

舅婆　dʑio²¹³ bo¹³　舅公的妻子。

娘舅　n̠iã¹³ dʑio²¹³　母亲的兄弟。

娘妗　n̠iã¹³ dʑiŋ³¹　娘舅的妻子，沙地土语称"娘其姆"，为"娘舅母"的变音。

阿爹　aʔ⁵ tia⁴⁴　父亲的昵称，或称"阿爸"，爸方音同伯（paʔ⁵）；也可面称岳父（称谓随妻）。

姆妈　m̩⁴⁴ ma　母亲的昵称，或称"姆嬷"（m̩⁴⁴ mo）；也可对岳母面称（随妻习惯）。

伯伯　paʔ⁵ paʔ⁵　父之兄。如父之兄只一人，称"大（do²¹³）伯"，如不止一人，则按序称"大伯"、"二伯"等。也有称"大爹"、"二爹"的；东片部分镇土语变音，"伯伯"念pã⁴⁴ pã⁴⁴。也有些镇习惯把叔叔也称"伯"，如父无兄而有3个弟，则依年龄称"二伯"、"三伯"，最小的叔叔称"小伯"。对年龄大于父亲的非血统长辈，年轻人均可尊称其为"伯伯"，也可冠以姓或名，如陈伯伯、阿松伯之类。

叔叔　ɕyoʔ⁵ ɕyoʔ⁵　父之弟。萧俗凡父之弟多用排行称"伯"，如父亲排行老大，下有两个弟，则依年龄分别称"二伯"、"小伯"，如父有一兄二弟连自己4人，则大于父的称"大伯"，小于父的依次称"三伯"、"小伯"。依此类推。"叔叔"在更多时候被用于对无血缘关系的人氏（年龄略小于父）的敬称。城区和南片原来方音叫"叔叔"为"ɕyoʔ⁵ ɕyoʔ⁵"的，新派（中青年）即便用方言，也已改口为"soʔ⁵ soʔ⁵"。东片部分镇土语中，"叔叔"念soŋ⁴⁴ soŋ⁴⁴。

大姆嬷　do²¹³ m̩⁴⁴ mo　伯母。部分镇土语中，"姆"字弱化。

婶婶　səŋ³⁴ səŋ³⁴　伯母，叔母。

姑婆　ku⁴⁴ bo¹³　祖父的姐妹。

两叔伯姆　liã²¹³ ɕyoʔ⁵ paʔ⁵ ɦm̩　妯娌。

姑丈　ku⁴⁴ dzã³¹　祖父姐妹的丈夫。

姑夫　ku⁴⁴ fu⁴⁴　父亲姐妹的丈夫。

丈人　dzã³¹ n̠iŋ¹³　岳父，丈人为非面称；面称依妻。

丈姆娘　dzã³¹ ɦm̩ n̠iã¹³　岳母，非面称；面称依妻。

娘姨夫　n̠iã¹³ ɦi¹³ fu⁴⁴　母亲姐妹的丈夫。有的镇村，母亲之姐的丈夫称"姑夫"，母亲之妹的丈夫称"姨夫"。

舅老　dʑio²¹³ lɒ²¹³　又称"老婆舅"，妻子的兄弟。

亲家公（母）　tɕʻiŋ⁴⁴ ko⁴⁴ koŋ⁴⁴（mo²¹³）　儿女结婚后，双方的父母互称"亲家公"、"亲家母"。

女婿　n̠y²¹³ ɕi⁵³　女儿的丈夫。

新妇　ɕiŋ⁴⁴ vu²¹³　儿子的妻子。弟的妻子称"弟新妇"；兄弟儿子的妻子称"侄新妇"。

兄弟　ɕyoŋ⁴⁴ di²¹³　哥哥和弟弟。

姐妹　tɕi³⁴ me³¹　姐和妹；兄妹、姐弟统称姐妹。

老公　lɒ²¹³ kuoŋ⁴⁴　丈夫。

老嬷　lɒ¹³ mo¹³　妻子，老婆（《越谚》作"老麿"。《汉语大字典》称"麿"为讹字）。

两老嬷　liã²¹³ lɒ²¹³ mo¹³　两夫妻，南片惯称"两婆老"。老龄的夫妻则惯称"两老太婆"。

外甥（囡）　ŋa³¹ sã⁴⁴（nə³¹）　称自己姐妹的儿子（女儿）。

外孙（囡）　ŋa³¹ sã⁴⁴（nə³¹）　女儿的儿子（女儿）。方音口语中孙、甥同音，因此常有人把该写"外孙"的错写为"外甥"，其实应是"外孙"。

进舍女婿　tɕiŋ⁵³ so⁵³ n̠y²¹³ ɕi⁵³　入赘女婿。

寄拜爹（娘）　tɕi⁵³ pa⁵³ tia⁴⁴（n̠iã¹³）　即干爹（娘）。

连襟　liɛ¹³ tɕiŋ⁴⁴　姐妹之夫互称（非面称），也称"两连襟"或"三连襟"等。

当家人　tõ⁴⁴ ko⁴⁴ n̠iŋ¹³　一家之主。多数为男性，但也有以主妇为当家人的。传统习称男主人为"外当家"，家庭主妇为"内当家"。

小毛头　ɕiɒ³⁴ mɒ⁴⁴ dio¹³　婴儿，又称"毛毛头"。

小官人　ɕiɒ³⁴ kuə⁴⁴ n̠iŋ¹³　男小孩。

小鲤花　ɕiɒ³⁴ li²¹³ huo⁴⁴　男孩子的昵称，包括男婴、儿童、少年乃至小青年。流行于原城南片部分乡村及西兴（今杭州市滨江区）。

后生家　hio³¹ sã⁴⁴ ko⁴⁴　男青年。

小伙子　ɕiɒ³⁴ hu³⁴ tsɿ³⁴　未婚男青年。

小姑娘　ɕiɒ³⁴ ku⁴⁴ n̠iã¹³　女小孩。

大姑娘　do²¹³ ku⁴⁴ n̠iã¹³　未婚女青年（泛称时也可包括女小孩）。

习　俗

红白喜事　huoŋ¹³ baʔ² ɕi³⁴ zɿ³¹　泛指婚事和丧事。

拜堂　pa⁵³ dõ¹³　传统婚礼中新郎新娘参拜天地后拜见双方父母的仪式。

舍姆羹　so³⁴ ɦm̩ kã⁴⁴　产妇坐月子期间，姑嫂等亲属特地送去的食品。

满月酒　mə²¹³ ɦyoʔ² tɕio³⁴　婴儿满月剃头日所办的酒席，又称"剃头酒"。

得周　təʔ⁵ tɕio⁴⁴　小孩出生满周岁，此时外婆家要送去礼物，相关亲人也去看望，称"得周"。

请菩萨　tɕʻiŋ³⁴ bu¹³ saʔ⁵　逢年过节或遇"菩萨生日"举行的祭祀。

谢灶　zia³¹ tsɒ⁵³　农历十二月廿三，祀灶神，烧灶司祃，俗谓"送灶神上天"（参看后"贴祃张"）。

做羹饭　tsɒ⁵³ kã⁴⁴ vɛ³¹　家祭。

哄丧事　huoŋ⁴⁴ sõ⁴⁴ zɿ³¹　传统习俗中，人亡后其家属请僧道诵经拜忏，超度亡灵，亲友相聚举哀直至送葬完毕的全过程，称"哄丧事"。

吃豆腐饭　tɕʻiəʔ⁵ dio³¹ vu²¹³ vɛ³¹　到正在办丧事的人家去吊丧，在就餐时桌上必有一碗豆腐（白色象征吊丧）。萧山话把去办丧事家吊丧并吃饭叫"吃豆腐饭"。

做佛事　tso⁵³ və7² zɿ³¹　僧人拜忏的活动，通常指有偿约请的拜忏。

做七月半　tso⁵³ tɕ'iə7⁵ ɦyo7² pə⁵³　迷信认为农历七月半是鬼节，该日家祭称"做七月半"。

插地香　ts'a7⁵ di³¹ ɕiã⁴⁴　俗谓农历七月三十为地藏王菩萨生日，是日晚饭后，农村有把燃着的棒香分散插在路旁地头的习俗。

放湖灯灯　fõ⁵³ ɦu¹³ təŋ⁴⁴ təŋ⁴⁴　旧俗为祀水神或超度溺鬼，在湖河水面上放置碗灯，任其漂流自灭，称"放湖灯灯"。放湖灯灯作为萧山方言中的俗成语，喻义有二：一喻人在陌生地点离群走失，处于孤立无援境地；二喻借出财物后，借入方匿迹，借出方无法收回。上述情况，萧山话叫"放湖灯灯"。

分岁　fəŋ⁴⁴ se⁵³　农历年三十夜（除夕）吃团圆饭叫"分岁"。

烧头香　sɒ⁴⁴ dio¹³ ɕiã⁴⁴　年三十夜分岁后（后半夜起）至正月初一凌晨，到庙宇烧香称"烧头香"。迷信认为此时烧香能带来一年好运。

贴祃张　t'iə⁵ mo²¹³ tsã⁴⁴　由木刻版印在黄纸上的着色神像，称"祃张"，又称"佛祃"，如灶头贴灶司祃，门上贴门神祃，店堂贴财神祃等。通常每年更新一次，旧祃祭祀后揭下焚化。旧时油烛店有售，也有挨户上门兜售的（后者有些地方至今仍在传承）。

群　相

陌生人　ma7² sã⁴⁴ ɲiŋ¹³　生人。

熟视人　ɦyo7² zɿ³¹ ɲiŋ¹³　没有什么接触但常见到的人；看上去面熟的人。

在行人　ze¹³ ɦõ¹³ ɲiŋ¹³　①懂行的人；②懂得人情世故的人。

滥好人　lɛ³¹ hɒ³⁴ ɲiŋ¹³　重情面，不会推托，但往往是非不分，揽事后主观上想帮人，结果反遭他人诟病的"老好人"。

劣绝头人　liə7² dziə7² dio¹³ ɲiŋ¹³　爱作弄人家并以此为乐的人。

老油条　lɒ²¹³ ɦio¹³ diɒ¹³　油滑而不拘小节、我行我素、老毛病总难改的人。

老来俏　lɒ²¹³ le¹³ tɕ'iɒ⁵³　老年爱打扮者。

老小官人　lɒ²¹³ ɕiɒ³⁴ kuə⁴⁴ ɲiŋ¹³　大龄未婚男人。

老大姑娘　lɒ²¹³ dɒ²¹³ ku⁴⁴ ɲiã¹³　大龄未婚女人。

小偻偻　ɕiɒ³⁴ lo¹³ lo¹³　对小孩们的复称，带有昵称性质。萧山赭山一带方言的常用词语之一。

小姐妹　ɕiɒ³⁴ tɕi³⁴ me³¹　无血缘关系的女性朋友，以姐妹相处，往往很谈得来。

小兄弟　ɕiɒ³⁴ ɕyoŋ⁴⁴ di²¹³　类似北方话的"哥们"。

阿背哥　a7⁵ be³¹ ko⁴⁴　背时的人。"哥"义为"者"，不表性别和辈分。

老实头人　lɒ²¹³ zə7² dio¹³ ɲiŋ¹³　老实人，使用此语往往褒中有贬，指其老实得近乎刻板。

狗头军师　kio³⁴ dio¹³ tɕyŋ⁴⁴ sɿ⁴⁴　专给人出坏点子的人。

白墨先生　ba7² mo7² ɕiɛ⁴⁴ sã⁴⁴　明明写着字的纸看上去就像是一字未写的白纸，好像字是用白色的"墨"写似的，喻文盲。有些老年文盲、半文盲有时会自嘲："我是白墨先生。"

木大　mo7² do¹³　迟钝，不知变通，近乎傻。

三脚猫　sɛ⁴⁴ tɕia7⁵ mɒ⁴⁴　清翟灏《通俗编》："作事不尽善者曰三脚猫。"即指懂一点、会一点、但又不精通的人。

书喽头　sɿ⁴⁴ do7² dio¹³　书呆子。

同行中　doŋ¹³ ɦõ¹³ tɕyoŋ⁴⁴　同行业；同事；或指同爱好的人在一起。

好事大嬷　hɒ³⁴ zɿ³¹ dɒ²¹³ mo¹³　①肯力所能及帮人排解纠纷、排忧解难的街坊大妈；②爱管闲事的人。

人　际

饭吃过未　vɛ³¹ tɕʰiə↑⁵ ku⁵³ mi³¹　"未"白读如"靡"音。寒暄语之一，通常为在早、中、晚三餐吃饭时段路上碰着熟人时的招呼问话。

谢咚　zia³¹ toŋ⁴⁴　礼貌用语，和"谢谢"基本同义，一般可互用；"谢咚"往往更有具体特指，叠加使用（谢咚谢咚）显得更诚心。

泰悠走　tʰa⁵³ ɦio¹³ tɕio³⁴　处之泰然、慢悠悠地走。类似"您慢慢走"。

下卯会　ɦo²¹³ mɒ²¹³ ɦue³¹　下次再会。

碰着会　bã³¹ dzaʔ² ɦue³¹　再见。不约定、也没有预期时间，比较随意，但又不失礼貌。

㑩客气　fiɒ⁵³ kʰaʔ⁵ tɕʰi⁵³　别客气。

㑩得　fe⁵³ təʔ⁵　没关系；没事。常叠加使用，如"㑩得㑩得"，更显谦让、宽容。

邻舍隔壁　liŋ¹³ so⁵³ kaʔ⁵ piəʔ⁵　邻居。也叫隔壁邻舍。

亲眷　tɕʰiŋ⁴⁴ tɕyə⁵³　亲戚。

要好朋友　iɒ⁵³ hɒ³⁴ bã¹³ ɦio²¹³　关系很好的朋友。

做嬉客　tso⁵³ ɕi³⁴ kʰaʔ⁵　①利用休息时间随意逛逛；②没事闲着。

做人客　tso⁵³ n̠iŋ¹³ kʰaʔ⁵　到亲友家去做客。

跄人家　tɕʰiã⁵³ n̠iŋ¹³ ko⁴⁴　到附近熟人家串门。

办酒水　bɛ³¹ tɕio³⁴ sɿ³⁴　举办宴请活动，亦称"办酒"。

送人情　soŋ⁵³ zəŋ¹³ dʑiŋ¹³　在亲友办红白喜事等宴请活动时送去的钱物（一般指礼金）。此处"人"为文读。

筛酒　sa⁴⁴ tɕio³⁴　斟酒。俗写"洒酒"，古多作"釃酒"。

话把　ɦuo³¹ po³⁴　话柄，留给别人作谈论、说笑资料。

吵逆　tsʰɒ³⁴ n̠iəʔ²　吵架。亦作"吵孽"、"谇逆"。

打人阵　tã³⁴ n̠iŋ¹³ dzəŋ³¹　打架。

忳话　dəŋ³¹ ɦuo³¹　忳，让人生闷气之意；忳话，指带嘲讽口气的反话正说。

宕话　dã³¹ ɦuo³¹　怪话，牢骚兮兮的俏皮话。

造话　zɒ³¹ ɦuo³¹　假话。

浇麻油　tɕio⁴⁴ mo¹³ ɦio¹³　溜须拍马。

隗牌头　ge³¹ ba¹³ dio¹³　指依仗某个有一定地位权势者的影响，从而获得某种好处，属不正常的人身依附。

遫出头　kã⁵³ tsʰəʔ⁵ dio¹³　指某些人在闹纠纷、闹事、提要求（含正当、不正当）时，人群中自发带头站出来的代言人。

灵市面　liŋ¹³ zɿ²¹³ miɛ³¹　灵，打听；市面，本意为街市销售、物价等情况。后引申为打听所关注事物的有关最新情况。

背木梢　pe⁵³ moʔ² sɒ⁴⁴　随便插手本与己无关的事，结果真正有关的人走开了，本来无关的插手者倒弄得难以脱手，无缘无故成了"责任方"。

吃生活　tɕʻiəʔ⁵ sã⁴⁴ ɦuoʔ²　泛指挨批、挨训斥、挨打、受罚、吃苦头。

吃马肉　tɕʻiəʔ⁵ mo²¹³ n̩yoʔ²　指受训斥。一说"马肉"为"骂"、"辱"谐音。

吃讲茶　tɕʻiəʔ⁵ kõ³⁴ dzo¹³　又叫"吃评茶"，旧时人们闹纠纷（还不到打官司程度），相关当事人跑到附近茶店里去让人评理（那里有不少茶客是长辈和知情达理的街坊邻居）。

吃腾蹳儿　tɕʻiəʔ⁵ dəŋ¹³ bəʔ² ɦə¹³　马的后脚跳起来弹（踢）人，叫"腾蹳儿"（类似北方话的"尥蹶子"）。蹳，方音念"勃"。萧山话里的"吃腾蹳儿"，意为自己的某些行为和辩解等遭到有关方（一般是相关上级或管理者）的严厉斥责和"弹回"（驳回，包括错误的驳斥）。

闲话一句　ɦɛ¹³ ɦuo³¹ iəʔ⁵ tɕy⁵³　在表示爽快应允时往往能听到应允者说的一句话，意为"好，一言为定"。

第三节　动　作

扥　do¹³　拿。本为"拖"的异体字，但萧绍一带将这个字念成"驮"，为民间俗字，作"拿"解。《越谚》作"粔"。

拎　liŋ⁴⁴　以手提物。大体相当于普通话里的"提"。

掇　təʔ⁵　端、搬。如：掇下饭（端菜）、掇盘子（端盘子）、掇桃（搬桌子）等。

攒　tsɛ³⁴　搬凳、搬椅子也叫"攒凳"、"攒椅子"。

擽　liaʔ²　方音同"掠"。梳理须发或类似须发的东西，如擽头发、擽擽长胡须。

摔　huɛ⁵³　把细长类似绳索之类的一端扔过去，叫"摔过去"。把麻烦事推掉叫"摔坏"。

捩　liəʔ²　用有孔的箩筐等物，把原来带水物品中的水滴干。俗作"沥"。

捏　ȵiaʔ²　抓住、握住东西叫"捏牢"。

捣　dzio¹³　把东西用绳索之类的牵引工具从下往上（或从一端到另一端）通过双手一把一把地交叉向自己所在处拉，叫"捣"。如从井里打水，用井绳把吊桶捣上来。

捯　dzio³¹　用双手从上而下或从一端向另一端挤捏。如做"水磨粉"先连水带粉盛在衣袖状的布袋里，悬空挂着，然后双手用力从上到下挤捏，把水挤出，这种双手挤捏动作叫"捯"。

揿（搇）　tɕʻiŋ⁵³　大体类似普通话里的动词"按"，"按住"就叫"揿牢"。

柯　kʻo⁴⁴　捕、捉、抓、逮等字眼，萧山话里几乎均可用"柯"来表达，如：柯鱼（捕鱼）、柯虫（捉虫）、柯贼骨头（抓小偷）、柯牢（逮住、抓住）。

搨　tʻaʔ⁵　搽、擦义。擦粉叫"搨粉"，搽护肤霜习惯叫"搨雪花膏"。有些烧烤活也叫"搨"，如：搨饼、搨麦糊烧。"浇麻油"（拍马）叫"搨麻油"。

挜　o⁵³　《词汇·手部》："依架切，强予人物也"。把别人家不愿买的东西硬要卖给他。也叫硬挜。

擉（戳）　tɕʻyoʔ⁵　刺、扎。萧山话把刀、针和碎玻璃等尖锐物刺在物体上叫"擉"。

捋　lo²¹³　①用手顺着理物，使之顺溜，如捋头发、捋胡须；②握住条状物向一端滑动或卷起，如：袖口捋捋高；③把皱褶片状物抚平，如：捋捋平。④化解纠葛，作些妥协和抚慰，使有关各方面子上都过得去，也叫"捋捋平"，或"捋顺毛"。

掼　guɛ³¹　扔、丢、摔。如：掼石头、掼包袱等。

搚　dzaʔ²　用手抓住条状、须状、茎藤状等物，如抓别人头发叫"搚头发"；用力拧（扭）下蒂茎较韧的瓜果花卉等也叫"摙"，如"摙落来"。"强扭的瓜不甜"，萧山话是"硬摙个瓜弗甜"。

撩　lio[13]　东西落在水中，用工具把它捞起来，萧山话叫"撩起来"；对某一物体距离不算远，但脚踮起来或将手尽量伸过去就是接触不到，叫"撩勿着"。在人际关系中，高攀不上也可叫"撩勿着"。

抈　ɦyoʔ[2]　手持物在空中作来回晃动状，如：点着棒香抈两抈。

捐　yoʔ[5]　拗，折。音同"郁"。将条状物直弄弯（不使其断，下同）或弯弄直，称"捐弯"、"捐直"。如把铁丝捐弯，把竹扁担两头捐弯等。

擸　la[44]　用锋利物使之裂开。如：指甲把人家手髈上擸出血；爬山不小心，给刺藤擸破衣裤。用刀切猪肉也可叫"擸肉"。

撬　ɦɒ[13]　较准秤斗。如：秤准不准，可到市场公平秤里去撬一撬。

扳　pɛ[44]　用人力或器具使物定位或转向，如闸刀扳上、扳落，或把物件推牢、扳牢、扳过来等。

搛　tɕiɛ[44]　用筷子或类似筷子的工具夹东西。如用筷搛菜，用火钳搛炭。

掊　uo[44]　扒、掏。用筷把碗里的饭送到嘴里叫"掊饭"；用手或器具把泥土、石块等从洞里掏出来，或扒开堆积物找东西，此种扒、掏动作叫"掊"，如"掊出来"、"掊开来"。

擳（扱）　dʑieʔ[2]　用手臂抱、搂、夹。两人搂住叫"擳牢"，腋下把物品夹住也叫"擳"，如"擳皮包"。

操　ɕyõ[44]　舂。如在捣臼里操米、操年糕。重摔重敲也叫"操"，如"发脾气，操东西"、"操桌打凳"。

搳　huaʔ[5]　条状物挥打叫"搳"，如：搳湿毛巾、搳铁丝，弄不好会把人的眼睛搳伤。又萧山话把猜拳叫"搳拳"（参看《辞海》1999年缩印本〔音序〕第697页）。把鸡（鸭）蛋加水打匀蒸煮作菜肴叫"水搳蛋"。

抿　mieʔ[5]　手指操作的旋转动作，如抿螺丝、抿灯泡之类。

㧢　ɕyə[44]　用拳打人。《唐韵》、《集韵》称："许县切，音绚，击也。"

揎　ɕyə[44]　强推，硬塞。如：把门揎开；肚皮揎饱。现多将拳头㧢人的"㧢"写成"揎"。

捐　doŋ[13]　卷。把片状物卷起来叫"捐拢"、"捐好"。

扗　tsã[53]　搀扶他人。如：把老太太扗牢、把小人扗牢。

搲　huaʔ[5]　解开衣服纽扣，敞开衣襟，叫"衣裳搲开"。

擗　p'ieʔ[5]　打耳光叫"擗巴掌"。

斫　tsoʔ[5]　砍柴、砍草叫"斫柴"、"斫草"。

碾（毆）　tsəŋ[53]　把木桩之类敲紧叫"碾紧"或"碾结（实）"；把装有粉末的容器上下颠几下，使其均匀结实。

嗍　ɕyoʔ[5]　用嘴把东西吸出来，如：嗍螺蛳。

哕　y[44]　反胃，呕吐。

呛　tɕ'iã[44]　咳嗽。

讴　io[44]　呼唤，称呼。如：讴人，讴名字。

睒　saʔ[5]　眨。眨眼叫"睒眼睛"。

睏　k'uəŋ[53]　睡觉。

趝　dã[31]　《集韵》：大浪切，音宕，逸游。漫步叫"趝趝"，逛街叫"趝街"。

趣　dʑiã[31]　《集韵》：疾亮切，音匠，行貌。跑步叫"趣"。

趒（殳）　t'io⁵³　跳。《广韵》：他候切，音透，自投也。

趫　biəʔ²　追赶。《康熙字典》：弼力切，音愎。《类篇》：走也。"追赶"萧山话叫"趫"。

趨　soŋ⁵³　追赶。《说文》：香仲切，行也。《辞海》注音song。萧山北部沙地区口语，追上去叫"趨"而不叫"趫"。"拼命地追上去"叫"喤喤　dã³¹ dã³¹ 较个趨上去"。

趰　bu¹³　蹲。《集韵》：蓬逋切，音蒲，伏地。《玉篇》：匍匐也。萧山话"趰"专指蹲。

趲（趱）　zaʔ²　突然出现。《集韵》、《玉篇》：实洽切，行疾也。"哪里冒出来"萧山话叫"何（ho⁴⁴）浪趲出来个"；蹿来蹿去叫"趲来趲去"。

趱　dzɛ³¹　冒失闯入、不请自去。《集韵》：昨滥切，音暂，进也。《玉篇》：忽而腾疾也。例如：错趱、乱头趱、瞎趱西趱。

越　diɒ¹³　《集韵》：田聊切，音迢，雀行也，跃也。"手舞足蹈"萧山土语叫"越手越脚"。

趜　gio¹³　《集韵》：渠尤切，求。《玉篇》：足不伸也。萧山话不光指"足不伸"，也指身躯卷曲为"趜拢"。喻对某项工作缩手缩脚、畏缩不前，萧山话形容这种精神状态也叫"趜拢"（布帛衣物缩水另见下节"繡"字）。

趭　ziɒ³¹　《广雅》：奔也。《汉书·司马相如传》：腾而狂趭。扬雄《河东赋》：神腾鬼趭。扰乱、折腾、弄得别人烦躁不安，萧山话就叫"趭"。"瞎闹腾"叫"趭场好"。

蹍　bɛ¹³　爬；攀登；翻越。《广韵》：白衔切。《集韵》：音溯。萧山话：①躺着起来叫"蹍起"；②翻越。如乌龟蹍过门槛，湖蟹蹍过田埂；③向上面攀登。如"蹍上去"，"往高头蹍"。

假　ho⁴⁴　《集韵》：虚加切，音岈。人伛貌。躬着腰叫"人假倒"、"假拢"。

躶　le³¹　在地上（或床上等处）滚动，如：当心小孩从床上躶落来（滚下来）。人在地上接连打滚，俗语"躶地十八滚"。物体滚动方言也叫le³¹，但写法不同，如轮盘叫辒（le³¹）盘；石子、木头等物从山上或高处沿斜坡滚下叫"礌（le³¹）落去（来）"。音同义近而用字不同，但现今多通作"礌"。躶，字见《汉语大字典（简编本）》。

坌　bəŋ³¹　拨开泥土、石子、垃圾、草、农作物等把某种东西找出来，土话叫"坌"。挤在麻丛中明显矮小的麻叫"坌头麻"，意为须适时找出来删除、利用，以使其他的麻长得更好。

放　pɛ⁵³　给，给予；被。《集韵》《唐韵》：布还切，音班。《说文》：放，分也。而《广韵》分字义项之一为"赋也，施也"。即"放"之"分"义，含有"赋也，施也"、"与（予）也"之义。"赋"、"施"、"与"都是"给"的意思。萧山话"给"叫"放"，即此字。另外，放还有"被"义。如"我放伊吓了一跳"（我被他吓了一跳）。

度　du³¹　近距离的递交。"度"自古有递、交之义（参见《唐五代语言词典》，上海教育出版社1997年11月第1版，第101页）。"度"的这一义项自古传承，至今仍活在萧山方言中。如："麻烦尔（hŋ²¹³）相帮夯本书度度放我。"（"麻烦你帮我把那本书递递给我"）。

第四节　性　状

崭　nɛ³⁴　称赞事物美好。《辞海》（上海辞书出版社1999年版）："吴方言。优异。如：东西真崭。"历史上记录吴方言此一义项曾有用"嫭"字的，但现今约定俗成多用"崭"字。

疲　ɕiəʔ⁵　方音同"吸"。低劣；差。清范寅《越谚》卷中："（万莲班）服饰、脚色均疲。"

绐　de³¹　器物松弛下垂。《广韵》：绐，徒亥切。《说文》：丝劳即绐。棕藤等编织物久用后松弛下垂称给，如：给棕绷、藤椅发给。此字萧山方音de^{31}、da^{31}通用。

緒 gio^{13} 指布帛等物体水中浸泡取出晾干后产生缩水现象。《晋书·乐志（上）》："八月之辰，……谓时物皆緒缩也。"（参见1988年7月第1版《辞源》第1331页"緒缩"词条）例："买来一块新布落水之后，八尺布緒得只剩七尺六寸喋。"

斻 dʑiɒ^{13} 《唐韵》：丘召切，高也。方音同"乔"。清翟灏《通俗编》："斻，物之耸起者。"萧山话"斻"或"斻起"指木板、木器、纸板、皮件等物体发生胀缩变形，出现不平、翘起等现象。

缩燥 so?^{5} sɒ^{53} 很干燥，一作"索燥"。南片土语也称"焦燥"。

溰潮 ɕi^{44} dzɒ^{13} 滋润；潮湿。萧山话称很潮湿为"溰潮"、"溰溰潮"（参见《辞源》"溰"条）。

石硬 za?^{2} ŋã^{31} 很硬。通常是作为一种夸张用词，并非一定都像石头一样硬。一条不松软的旧被胎、一个不松软的冷馒头之类，都可说"石硬"。依此类推。

蕈嫩 ʑiŋ^{13} nəŋ^{31} 又嫩又软。蕈本为蘑菇之类，手感口感都很嫩，以此形容物体之嫩、软。

清脱 tɕ'iŋ^{44} t'ə?^{5} 干净。①卫生意义上的干净；②手脚干净，没有问题，无牵连。

浣潪 ɦuo?^{2} foŋ^{53} 很脏。

粝性 tsã^{44} ɕiŋ^{53} 专指粮食煮熟后膨胀（程度）。《广韵》：粝，陟良切；《广雅》：饧也。《释文》："饧，洋也。煮米消烂，洋洋然也。"米成饭后，膨胀程度大，称"粝性好"，反之则为"粝性差"。例："葛（这）把米烧饭粝性蛮好。"

等样 təŋ^{34} ɦiã^{31} 服饰鞋帽大小、色泽等配置以及家具摆设等，看上去很合适、协调。

花泡 huo^{44} p'ɒ^{44} 花花绿绿；太花。含贬义。

蹩脚 biə?^{2} tɕia?^{5} 很差；货色、工艺、手段等，质量低下、技巧低劣。

槁场 gɒ^{13} dzã^{13} 完了；糟糕；没指望。槁，本义为"枯"。《说文》："槁，木枯也。"另义为"止"。《礼记·乐记》："止如槁木。"吴方言"槁"的引申义为中性词"止"、"毕"、"完（完结、完事）。""槁"后缀"场"，槁场，意为完了、没出息、糟糕、没戏、没指望。如："葛（这）老倌，贪污受贿，换得十年牢，槁场喋！"

煞招 sa?^{5} tsɒ^{44} 很厉害的招数。

灵光 liŋ^{13} kuõ^{44} 好；管用；效果好。

儇 huɛ^{44} 孩子乖，懂事，聪慧。《说文》：儇，慧也。萧山方音有音变（口音念ɦuɛ^{44}）。《越谚》作"翾"。

犟 dʑiã^{31} 脾气倔。

膃 ua^{44} 原意为体胖，方言引申义：①健康，体力不错；②能干；③有能耐。"没这个能耐"叫"膃勿起来"。

懦 no^{31} 性格软弱；易遭人欺侮。

波俏 po^{44} tɕ'iɒ^{53} 漂亮，时髦（一般指女性）。

发餍 fa?^{5} iɛ^{53} 滑稽；发笑；有趣。

硬挣 ŋã^{31} tsã^{44} 挣，此处方音白读为"张"。倔强；自立自强。

精括 tɕiŋ^{44} kua?^{5} 精明过头，毫厘必争。

豁边 hua?^{5} piɛ^{44} 说话、做事出格。

剥破 po?^{5} tsɒ^{44} 丢脸。《集韵》：破，止遥切，肉之薄膜也。"破"或作"皵"。"剥破"直译为剥脸皮。此词语显系相当古老的古词遗存，至今仍活在萧山人的口语中。

圆詍　ɦyə¹³ dzɛ³¹　《玉篇》："詍，言利美也。"讲话天衣无缝，滴水不漏，叫"讲得蛮圆詍"。

快活　k'a⁵³ ɦuoʔ²　工作比较轻松。

活络　ɦuoʔ² loʔ²　①头脑灵活，活动能力强；②手头富余；③"活络榫头"指可变来变去。有些拆卸方便的木器有"活络榫头"，其特点是组装容易，拆散方便，随时可变。作为俗成语，"活络榫头"喻在口头或书面协议中有些话既可这样理解，也可那样理解，可算数也可不算数。

外插花　ŋa³¹ ts'aʔ⁵ ɦuo⁴⁴　在原计划、原安排、原预想之外临时加插进来的活计及收益。在某种语境下，也可换位指临时支出等。

经熬炼　tɕiŋ⁴⁴ ŋo¹³ liɛ³¹　经得起挫折。

慌兮兮　ɦuõ⁴⁴ ɕi⁴⁴ ɕi⁴⁴　有点害怕。

耐悠悠　ne³¹ ɦio³¹ ɦio³¹　耐着性子，慢悠悠地来。

酸津津　sə⁴⁴ tɕiŋ⁴⁴ tɕiŋ⁴⁴　有点酸。"津津酸"则指相当酸。

香喷喷　ɕiã⁴⁴ p'əŋ⁴⁴ p'əŋ⁴⁴　有点香。"喷喷香"则指相当香。按：并非所有ABB式都可这样变化。

凶霸霸　ɕyoŋ⁴⁴ po⁵³ po⁵³　一副凶相。

耐妥妥　ne³¹ t'o³⁴ t'o³⁴　讲话慢条斯理，细声细气。

牛皮石脸　ȵio¹³ bi¹³ zaʔ² liɛ²¹³　脸皮厚。

呆脖愣蹬　ŋe¹³ bəʔ² ləŋ³¹ təŋ⁵³　原意为傻乎乎地直着脖子愣站着。亦作"骇脖愣瞪"。喻反应迟钝，不太聪明。

活脱活像　ɦuoʔ² t'əʔ⁵ ɦuoʔ² ziã³¹　非常相像。

簇崭全新　ts'oʔ⁵ tsɛ³⁴ dziɛ¹³ ɕiŋ⁴⁴　全都既好又新。

第五节　数　量

爿　bɛ¹³　块、座（山）、家（店）。一爿田（一块田）；两爿山（两座山）；一爿店（一家商店）。

瓣　p'ɛ⁵³　叶片、花瓣。如：摘了十多瓣桑叶；花一瓣瓣跌落来（掉下来）。

胖　bɛ¹³　萧山话里把猪、羊、禽等整体的白肉分割成两半叫两胖肉。朱熹在《楚辞·九章·惜诵》注文中释"胖"："胖，半也，……背胸一体而中分之。"

胛　kaʔ⁵　连肢的禽体和小家畜（如兔）的白肉，一块称"一胛"。

短　dʑyoʔ²　相对地说，较短的一段。《字汇》：短，"渠勿切；音倔"。《篇海类编》："短短，短貌。"例："很短一段路，不用坐车，步行就行了！"这句话用萧山话讲是："一短短路，觕坐车个，走走好喋！"乡谚："糊泥萝卜，剥短吃短。"喻干一段，算一段，无统筹计划。

桄　kuã⁴⁴　萧山话里用作细条、长条状物的量词，如：一桄绳，一桄棒；一条鱼也可称"一桄鱼"。

捆　guəŋ²¹³　用绳子等把东西捆扎起来后的计量单位，如：一捆报纸、两捆麻秆等。

秸　tɕaʔ⁵　植物茎秆之类的东西临时拢成单手可捏的一束束时，计量单位用"秸"，如：两秸稻（指：割下未脱粒的）、两秸稻草（已脱粒的）。

橊　p'ɒ⁴⁴　《龙龛手镜》："橊，普貌切"，音泡。计量单位。货物捆扎或装盛在一起，不论体积大小和分量轻重，一件俗称"一橊"。如某些农业初级产品投售，一大捆、一大包等均称"一橊"；精加工形成终端产品后，因物而异，改称"一箱"、"一盒"等，不再称"橇"。

稜（棱、塄）　ləŋ¹³　田间土垄。萧山话一畦地叫"一稜地"；有些镇村则习惯叫"一嶙（liŋ¹³）地"。

埭　t'aʔ⁵（taʔ⁵），所在处所（处、个）的量词。《集韵》："德盖切，音揭，地之区处。"一处叫"一埭"。例："葛（这）个单位分两埭地方：西门头是总部、经理室、办公室；东门头是实验室、营业部、仓库。"

堘　da³¹　①萧山话称条状物体、现象时常用"堘"为量词。如：一堘河、一堘路、一堘田塍、一堘鲎（一条彩虹）；②排、行。如：写了一堘字，种了一堘菜；③次，趟。如：走了一堘，来过两堘。

堆　te⁴⁴　①成堆物品称堆，如一堆砖头、两堆稻草；②不少人聚在一起，老派习惯称"一潮人"，新派称"一堆人"；③特指："一泡尿"叫"一堆尿"。液体称"堆"，仅见。按：尿，古音ɕi⁴⁴。《六书故》：尿，息遗切。萧山方言沿袭此音。

坒（批）　bi³¹　层。把物品"一层层堆起来"叫"一坒坒堆（叠）起来"。如砌泥墙用鹅卵石拌黄泥"一坒一坒搡上去"。此量词也可活用作动、名词，如：干菜坒猪肉。

部　bu²¹³　萧山话里一辆自行车、一辆汽车、一台拖拉机之类里面的"辆"、"台"均称"部"。

蒲　bu¹³　玉米（二粟）、六谷在点个数时用的方言量词。如：一蒲二（ȵi³¹）粟，两蒲六谷。

记　tɕi⁵³　用于某些动作的次数。如：拷得两记（打了两下）。

卯　mɒ²¹³　次，回。一次（一回）、两次（两回）、三次（三回）叫"一卯"、"两卯"、"三卯"。依此类推。

桩　tsõ⁴⁴　"一件事情"叫"一桩事体"。

庹　t'oʔ⁵　两手伸开并举，两端之间的长度，叫"庹"，如一庹、两庹、三庹……

管　kuə³⁴　一杆枪叫"一管枪"。

盝　loʔ²　小盒。一盒香烟叫"一盝香烟"，一盒火柴叫"一盝洋火"。依此类推。

爪　tsɒ³⁴　专用于虾的量词。一只虾叫"一爪虾"。依此类推。

潮　dzɒ¹³　①阵。"下了一阵大雨"叫"落了一潮大雨"；②群。"一群（一堆）人"叫"一潮人（ȵiŋ¹³）"。

一些些　iəʔ⁵ səʔ⁵ səʔ⁵　很少很少，一点点。

木佬佬　moʔ² lɒ²¹³ lɒ²¹³　①单独使用（指无后续词）表示数量大，"很多"。如：街上行人木佬佬，马路上车子木佬佬等；②作程度副词用（用法见下节之"副词"）。

一堆生　iəʔ⁵ te⁴⁴ sã⁴⁴　凑在一起。

两化生　liã²¹³ huo⁵³ sã⁴⁴　分成两半。

齐头齐脑　zi¹³ dio¹³ zi¹³ nɒ²¹³　算来正好是整数。例："每本单价25元，40本齐头齐脑1000元。"

拗进拗出　ɒ³⁴ tɕiŋ⁵³ ɒ³⁴ tsʻəʔ⁵　在做买卖讨价还价时，货款舍零取整，萧山话叫"拗进拗出"。

大推大扳　do²¹³ t'e⁴⁴ do²¹³ pɛ⁴⁴　喻指相差很大。一个向外推，一个向里扳，拉大了距离，相差自然就大。

差仿弗多　tsʻo⁴⁴ fõ³⁴ fəʔ⁵ to⁴⁴　相差无几，差不多。

大约码子　da³¹ iaʔ⁵ mɒ²¹³ tsz³⁴　大概的数字，估计数；大概的样子。

是介模样　zz²¹³ ka⁵³ mo¹³ ɦiã³¹　看来也就这个数（这个样）；看来基本达到要求。

花头弗起　huo⁴⁴ dio¹³ fəʔ⁵ tɕʻi³⁴　数量太少，起不了多少作用。

一股脑儿　iəʔ⁵ ku³⁴ nɒ²¹³ ɦə⁻¹³　全部。

一沓括之　iəʔ⁵ tʻaʔ⁵ kuaʔ⁵ tsɿ⁴⁴　把（一定范围的）东西都包括进去，意为全部。

二一添作五　n̩i³¹ iəʔ⁵ tʻiɛ⁴⁴ tsoʔ⁵ ɦŋ̍²¹³　一人一半，平分。

第六节　虚　词

副　词

顶　tiŋ³⁴　常用程度副词，相当于普通话里的“最”。如：顶好（最好）、顶大（最大）之类；如需强调，则常用“顶顶好”、“顶顶大”或用不停顿叠加“顶好顶好”、“顶大顶大”。依此类推。

蛮　mɛ⁴⁴　很，还不到“顶”（最）的程度。如：蛮好（很好）、蛮大（很大）、蛮高（很高）。依此类推。

木佬佬　moʔ² lɒ²¹³ lɒ²¹³　单独使用（无后续词）为数词，特指“多”。而作程度副词使用（有后续词）则相当于“非常”或“十分”。如：木佬佬好（非常好）、木佬佬大（非常大）。依此类推。

到门　tɒ⁵³ məŋ¹³　圆满，满意。

来得个　le¹³ təʔ⁵ koʔ　非常、很，尤其。个，尾缀，轻音。例：“伊记性来得个好。”“葛（这）只狗来得个凶。”

忒　tʻəʔ⁵　太。忒大（太大），忒小（太小）；有时口语念tʻaʔ⁵，如：忒格（tʻəʔ⁵ gaʔ⁵或tʻəʔ⁵ gə²）。太，与“忒”同义。

稳　uəŋ³⁴　肯定会。例：“葛（这）笔生意稳趁（赚）。”

新得　ɕiŋ⁴⁴ təʔ⁵　刚才（时间副词）。例：“伊新得来个。”（他刚来的。）

盎刚　ɒ̃⁴⁴ kɒ̃⁴⁴　刚刚。例：盎刚好（刚好，正好）。

才至　ze¹³ tsɿ⁵³　刚刚，刚才。例：伊才至来（他刚刚来）。

七打八　tɕʻiəʔ⁵ tã³⁴ paʔ⁵　往往。例：“伊七打八要迟到。”（他往往要迟到。）

暂靠例之　dzɛ³¹ kʻɒ⁵³ li³¹ tsɿ⁴⁴　偶尔。

弗，勿　fəʔ⁵，vəʔ²　相当于普通话的否定副词“不”。弗，方音同“拂”，清音；勿，方音同“物”，浊音。“差勿多”、“讲勿来”、“熬勿牢”等，“勿”夹在三字短语中间的，萧山城厢镇原住民方言必用“勿”（浊音）；而“弗推扳”、“弗吃力”、“弗三弗四”等用于开头或开头后同句连用相当于“不”义的，萧山话则用清音“弗”。在书写记录时，许多人往往不加区别而统用“勿”（约定俗成，也可只用“勿”）。绍兴东埠头话均用“勿”，西埠头如杨汛等镇和“上萧山”一样，“勿”“弗”有别。

嫑　fiɒ⁵³　不要。

𠆾　fe⁵³　不会。

甭　foŋ⁵³　不用。

弗可　fəʔ⁵ kʻo³⁴　不可，不要（下接动词或形容词等）。如：弗可吵（不要吵），弗可难过（不要难过）。

𠆾得　fe⁵³ təʔ⁵　不要紧，没关系。

总共　tsoŋ³⁴ guoŋ³¹　一共，共计（范围副词）。

夯啵呤打　hã⁴⁴ baʔ² lã⁴⁴ tã⁴⁴　总共，统统在内。例："葛（这）爿小店里所有个货色，夯啵呤打值五千洋钿。"（这家小店里所有的货物，全部在内值五千块钱）。

硌碌山门　goʔ² loʔ² sɛ⁴⁴ mən¹³　全部、总共、一共。20世纪前叶英语gross sum的洋泾浜语词，在吴语区流行，变音后有点像方言俗语，至今萧山许多老年人还会用到这句话，意思和前句"夯啵呤打"基本相同。如："硌碌山门就是介（ka⁵³）点花头。"（一股脑儿就是这么点东西）。

槛板（限板）　k'ɛ³⁴ pɛ³⁴（ɦɛ³¹ pɛ³⁴）　一定会，必定。例："放心好喋，七点半之前，我槛板到。"

讲勿来　kõ³⁴ vəʔ² le¹³　说不定；有可能。例："伊葛卯还弗到，讲勿来舱来喋。"（他现在还不到，说不定不会来喽。）

横竖　ɦuã¹³ zɿ²¹³　反正。

真当　tsən⁴⁴ tõ⁴⁴　确实，实在（是）。例："唱得真当有点好！"（"唱得实在是好！"）

介词　连词

则　tsəʔ⁵　同，跟。例："我则伊话"（我同他说）；"尔则伊话一话"（你跟他说一下）。

拨　pəʔ⁵　①给，给予，动词。例："我拨（给）伊一张入场券。"②被，介词。例："小珊拨（被）老师批评得一顿。"一说此"拨"的本字应是"畀"，或可采信。

放　pɛ⁵³　给；被。城厢及南片用词。语用功能与前条"拨"相同（参看本章第三节"动作"之"放"字条）。

葛（格）末　kəʔ⁵（kaʔ⁵）məʔ²　那么。例："伊临时有急事弗来，葛末伊个独唱节目只好取消喋。"（他临时有急事不能来，那么他的独唱节目只好取消喽）。

葛（格）落话　kəʔ⁵（kaʔ⁵）loʔ² ɦuo³¹　所以说（表示同意对方观点）。

来带　le¹³ ta⁵³　"在"的近指（第一人称处所）。例："东西来带我葛里。"（东西在我这里）。

来咚　le¹³ toŋ⁴⁴　第二人称身边或处所。例："东西来咚尔屋里。"（东西在你家里）。

来夯　le¹³ hã⁴⁴　"在"的远指（第三人称处所）。例："东西来夯老张里。"（东西在老张那里）。来带、来咚、来夯不只是一个词语问题，主要还具有语法意义。（详见本编《语法》章）。

助词　叹词

个　koʔ⁵（goʔ²）　相当于"的"、"地"（与量词的"个"不同）。①的，地（结构助词）。例：美丽个湘湖；来夯播种个农民（这两句里的"个"均等同于"的"）；好端端个话（好好地说）；②个（"的"的语气词，加强肯定语气）。例：我会打电话通知伊个；明朝我还要来个。

得　təʔ⁵　作为助词，除和普通话的一些相同用法（如："字写得好"、"办得到"等）外，在萧山话里，"得"有时还具有助词"了（勒）"的语用功能，如："吃得两碗饭"（"吃了两碗饭"），"掼得一跤"（"摔了一跤"）。

……介　ka⁵³　再看，再说。缀于词尾。例："研究研究介"，"再等等介"。

……介个　ka⁵³ koʔ⁵（goʔ²）　那样的；似的。例："灰灶猫介个"（喻身上很多灰尘，像一只灰灶猫似的）；"像饿煞鬼（tɕy³⁴）介个"（喻饿极而猛食，像个饿鬼似的）。

吔　ɦiɛ²¹³（ɦiəʔ²）　表示惊奇、惊异。例："吔，超过廿分钟喋，奈格（怎么）到葛卯（现在）还弗来？！"

喋　diɛ³¹（de³¹、diəʔ²）　了，啦，啰，喽。表示完成，已然。不能用在句中，只能用在句子末尾或句中停顿的地方。例："落雨喋！"（下雨喽）"饭吃过喋。"（饭吃啦）"尔放心好喋！"（你放心好啰）"槁（gɒ^{13}）喋！"（结束了；完了）。同样在城区，由于原居住地不同（如萧山老城区和郊区）、年龄段不同（如老人和孩子）、语境不同，在"喋"的口音上会有些差异，如有的口音似"吷"de^{31}，不仔细听就听不出来。因差异相当微小，不再另外找近音借代字。

哉　tse^{34}（dze^{213}）　语用功能和前面的"喋"基本相同。萧山北部（亦叫东片）沙地原居民几乎都用"哉"。语音有时会发生一些细微差别（如上音标所注）。

喏　no^{31}　有时声音往往会长一些，有时连用则成为促音（如：喏喏喏no?^{2} no?^{2} no?^{2}），但用加长音会更多些，因此单字不标入声?。作为叹词，"喏"表示让人注意自己所指示的事物。例："喏，挂咚（在）廊檐下。""喏，先借（左）后顺（右），照我做。"又例："喏喏喏，夯里夯里（在那边那边），有勿有（有没有）看见？"

哦　ɦo^{13}　表示才听说、才知道，有点惊奇；在某种情况下，也表示将信将疑。例："哦，要加工资啦？""哦，葛（这）倒好个！""哦，真当有介个（这样的）事体（事情）！"

葛（匼爺）　kə?^{5}（ɦa?^{2} gə?^{2}）　突然发现、发生某个意外，或想到、记起某事有误时，立即作出第一反应的叹词，发音短促。例："葛，玻璃杯爆（pɒ^{53}）破（p'a^{53}）喋！""葛，我个包忘记夯店里喋！"北部沙地片多用"匼爺"。如："匼爺，玻璃杯爆（pɒ^{53}）破（p'a^{53}）哉！""匼爺，我个包忘记夯店里哉！"

呃吔　ə?^{5} ɦiɛ^{213}　惊呼。通常急读如一音。例："呃吔，塑料棚拨台风吹倒带喋！"

嚯唷　ho?^{5} ɦyo^{13}　表示新奇、钦佩；感到有点意外。例："嚯唷，介小个年纪得了个全市一等奖，弗简单！"

拟声词

啶呤嘭呤　diŋ^{31} liŋ^{13} bã^{31} lã^{213}　形容声大而杂；也喻大的连续动作。例："人多力量大，大家啶呤嘭呤一场忙，露天临时舞台总算搭好喋！"也可说"砰呤嘭呤"、"嗦呤梗呤"。

乒呤乓呤　p'iŋ^{44} liŋ^{13} p'ã^{44} lã^{213}　瓷器、玻璃、金属器皿等撞击、掷地的声音，或近似的声响。例："上日子夜里起大风，有几扇窗门弗关好，玻璃乒呤乓呤敲破得弗少。"一作"听呤乓呤"。

喋唎白嗦　diə?^{2} liə?^{2} ba?^{2} la?^{2}　①一人或几人急跑声。例："两个人喋唎白嗦往（mã^{213}）扶梯里趚落来"；②较重物件连续掷地或堆放（有急促感）。例："一卡车谷种运到，袋头喋唎白嗦卸落来"；③形容匆忙中拾掇，突击赶任务。例："话咚明朝要提货，只好加班加点喋唎白嗦赶出来。"

唭唭嘎嘎　dʑi^{13} dʑi^{13} ga^{13} ga^{13}　本指群鸭边行边叫声，形容人多话杂或大声喧哗。

嗯吱哦吱　ŋ̩^{44}tsɿ^{44}o^{53}tsɿ^{44}　吞吞吐吐、支支吾吾的一种说话状态。例："嗯吱哦吱，话勿灵清。"

噼唎啪嗦　p'iə?^{5} liə?^{2} p'a?^{5} la?^{2}　比较清脆、单调、有连续感或爆裂感的声响。例："噼唎啪嗦放得弗少百子炮仗。"一作"铁唎啪嗦"、"噼噼啪啪"。

兴呤晃呤　ɕiŋ^{44} liŋ^{13} huã^{44} lã^{44}　形容外地人用原籍地的土语讲话，别人听不懂。例："兴呤晃呤，话得半日，我一点也听勿懂。"

底底哚哚　ti^{44} ti^{44} to^{44} to^{44}　形容幼儿说话、与人交谈，而且话还不少。例："底底哚哚，从小介会讲话个！"也有指某两人话多，私交甚好。

卜落独（独）　bo?^{2} lo?^{2} do?^{2}（do?^{2}）　拟声。形容某物落地。例："葛，卜落独跌夯楼下喋！"如系从楼梯滚下，则往往用"卜落独独"。

气咔八咔　tɕ'i^{44} k'a^{44} pa?^{5} k'a^{44}　拟喘气声。形容负重或硬撑后有点气喘吁吁的样子。例："嚯唷，介重个东西，气咔八咔背到楼上，吃力吃力，快坐来，吃口茶再话！"

第三章 语 法

萧山方言中的语法与普通话的语法规则比较，在大同中有小异。指代系统、构词法及句法等方面，有一些独具方言特色的结构，这里有重点地加以记述。

第一节 指代系统

人称代词

我 ŋo²¹³ 第一人称，说话者本人自指。

偓 ŋa¹³ 我们。此字曾借用"伢"，无论音、义，均不合。"伢"本是小孩之意，杭州话小孩子叫"小伢儿"。其实萧山话中表示"我们"义的ŋa¹³，应是北音"偓"（ŋa¹³）的白读，普通话注音为 ái。"偓"为第一人称，亦可用作复称，以"偓"代"伢"，更妥。用于方言记录用字，提倡用"偓"（参见《汉语大字典（简编本）》）。

尔 ɦŋ²¹³ 你。尔，为"你"之本字。作为第二人称指代词，"尔"一直保留在萧山方言中并传承至今。尔，文读为ɦɚ²¹³，鼻音ɦŋ²¹³为白读，可成一个音节；萧山话称"你"为"尔"，用白读。

偌 noʔ² 萧山北片沙地土话称"你"为"偌"，与绍兴方音相同。"偌"本字为"若"。《史记·项羽本纪》："吾翁即若翁。"《史记·魏豹传》："吾以万户侯封若。""若"为第二人称代词。后流变加单人旁为"偌"，流传至今。

佴 na³¹ 你们。第二人称复称。其本字为"乃"，作"你（们）的"解。由于不了解此一语源，现今记述萧山方言，惯用俗字"佴"来表示。

伊 ɦi¹³ 他，她；它。早在南朝宋刘义庆所撰的《世说新语》中，"伊"即被用作第三人称使用。在吴语口语中长期流传至今。萧山除少数几个镇习惯用"其"指代第三人称外，其余原住民代代传承，用"伊"作第三人称。"渠"亦有第三人称之意。现据约定俗成之惯例，从实际出发，用"伊"。

其 dʑi¹³ 他，她；它。在萧山南、北两端的楼塔、河上及党湾、益农等镇的原住民一直以"其"作第三人称。

伊拉 ɦi¹³la³¹ 他们。城厢地区复数第三人称。

郦 ɦia¹³ 中片及沙地部分乡村第三人称（复数），但也有称"伽"（ga³¹）的。南片河上、楼塔等镇用dʑia³¹，方音似"茄"。

自、自家 zi³¹，zi³¹ko⁴⁴ 萧山话称自己常用一个"自"zi³¹字，要不就说"自家"。

别人家 bəʔ²niŋ¹³ko⁴⁴ 别人。有时用"人家"，义同。

萧山方言人称代词从上列可以看出，除"我"外，其余表示你、他、她、我们、你们、他们等人称，用词与一江之隔的杭州市区（半官话方言小片）完全不同。从语法角度讲，人称代词的语用规则也有一些与普通话有别。

1. 有些按逻辑本应用人称单数形式的，在日常用语中却往往使用复数形式。"偓"（ŋa¹³）在萧山话里本是"我们"之意，而领属关系的"我老公"、"我老婆"用萧山话说就成了"偓（ŋa¹³）

老公"、"偓（ŋa¹³）老嬷（mo²¹³）"，此时原来的人称复数实际上已变异为含有更亲密意味的单称形式，第一、二、三人称都有这种"复数"变"单数"的变异情况。当然，直接使用单数形式的也有，但用"复"变"单"的更习惯、更常见。这种情况在普通话中是不存在的。语例："偓（ŋa¹³）老公上班路远，我路近，平时买菜烧饭归我，双休日葛（这）任务全归伊。""尔（ɦŋ²¹³）筋骨介（ka⁵³）好，我看同俫（na³¹）屋里来夯山区有关系。""俹（ɦia¹³）娘上要当值（服侍）阿婆，下要当值孙子，一个人照管三代，真当弗容易！"上述三例中的"偓老公"、"俫屋里"、"俹娘"全用人称复数代替单数。（按：本节语例中再次出现"偓"、"尔"、"俹"时，不加国际音标注音。）

2. 第二人称没有相当于"您"这样的敬称形式。

3. "伊"（ɦi¹³）除称人（第三人称不分性别）外，也可以指物（类似"它"）。而在指物时，前边通常要有先行词。如："宋、元、明三代，湘湖水面要比西湖大木佬佬，晚清开始，伊水面越来越小。葛卯（现在）还湖，水面要尽量拨伊弄得大些。""潮水个东西蛮讲'信用'个，伊生（sã⁴⁴）咚晏昼来就晏昼来，夜快来就夜快来。"

4. "人家"、"别人家"在萧山方言中均用白读（n̠iŋ¹³ ko⁴⁴，bəʔ² n̠iŋ¹³ ko⁴⁴），用法与普通话的用法基本相同，在很多情况下，两者可以通用。如："人家（别人家）老早就到喋，就尔来得介（ka⁵³）迟！"

但也有不能通用的，如只能用"人家"，而不能用"别人家"。这种情况，往往在当着人家的面、推崇人家时用得多些。因为在语感上，"人家"似比"别人家"更有亲近感。语例："人家珊珊全班第一，考得550多分，尔呢？"（按：此时珊珊在场，当着她的面，一般称"人家"而不用"别人家"）。

5. 自（ʑi³¹）、自家（ʑi³¹ ko⁴⁴）含义和用法与普通话的"自己"基本相同，不同的是，萧山方言中"自"（念ʑi³¹，下同）的使用频率常高于"自家"。如："尔自家管牢！"在更多时候是说"尔自管牢！""我自家会做个"通常只说"我自会做个"。"自+动词+自"、"自+动词+自+动词"、"人称指代+自+动词"这几种格式常用。如："自管自"、"自弄自"、"自骗自"、"自打自"、"自讲自听"、"自挣自吃"、"自买自烧"、"我自来"、"尔自抲（拿）"、"俫自去问"、"伊自种"、"伊拉（俹）自裹个粽子拨（比）买来个还要好吃"等。

6. 人称代词在作宾语时，其位置与普通话除有相同的一面外，也有不同的。如普通话说"盯住他"，萧山话说"盯牢伊"，两者用字虽不同，而在置于补语之后这点上，萧山话与普通话是相同的；但更多的时候，萧山话会说成"盯伊牢"（硬译成普通话为"盯他住"），这种结构搬到普通话里被认为是不规范的，而萧山话中同类结构如"看伊牢"、"管伊牢"、"跟伊牢"、"抲伊牢"等均极为常用。

指示代词

萧山话的指示代词，其用词（字）和普通话大不相同。常用的指示代词有：

葛　kəʔ⁵　大体相当于普通话里的基本指代词"这"。由"葛"组合的处所指示代词常见的有"葛浪"、"葛里"、"葛头"、"葛边"、"葛埭坞"、"葛地方"、"葛墥块"（南片）等，大体上相当于普通话的"这里"、"这边"、"这地方"。时间指代词有"葛卯"、"葛歇"、"葛歇卯"、"葛时光"、"葛辰光"，大体上相当于普通话的"现在"、"这时候"、"此刻（书面语）"。"葛"在指代名词时，城厢及周边地区的居民有时会将"葛个"念成"结个"，意义相同。

夯　hã⁴⁴　大体相当于普通话基本指代词里的"那"。"夯"为近音借代〈按：亦有借用"亨"

字的；"亨"，方音今多读həŋ⁴⁴。此处hã⁴⁴的本字，可能是表示时间远指（昔日，从前）的"向"、"曏"之音变。录以备考〉。

由"夯"组合的处所指代词主要有"夯浪"、"夯里"、"夯头"、"夯边（夯旁边）"、"夯隶坞"、"夯（个）地方"、"夯埠块（南片）"，大体相当于普通话的"那里"、"那边"、"那地方"。时间指代词有"夯日（ȵieʔ²）子"、"夯卯（子）"、"夯（介）时光"、"夯（介）辰光"。大体上相当于普通话的"那天"、"那次"、"那时候"。

上述指代词与普通话指代系统比较，有萧山话自己的一些特点：

1．"葛浪"、"葛里"（这里，近指）在实际语流中会发生变化，特别在快说时，"葛浪"的"葛"音弱化消失，会变成阴平重读"浪"（lɒ̃⁴⁴）一个音，"葛里"的"葛"也会消失而只剩下"里"（li⁴⁴）一个音，但音长与"葛浪"、"葛里"两个音节基本相等。如"来带葛浪"、"来带葛里"（在这里）快说时通常会说成"来带浪"、"来带里"。此时"浪"、"里"均为阴平重读，音稍长，略上扬。

2．"葛"通常要与量词结合成数量词后，再来修饰名词，但有时在起句时就会发生音节脱落。如："葛桩事体有点讨厌个！"有时会略去指代词而只用量词，说成"桩事体有点讨厌个！"例："葛本书蛮好看。"说成"本书蛮好看。""葛件衣裳蛮时尚。"说成"件衣裳蛮时尚。""葛间房子真宽敞。"说成"间房子真宽敞。""葛只九斤黄（鸡）弗止十斤。"说成"只九斤黄弗止十斤。"

3．在"葛个"、"夯个"之间，完全可以插入数词，如：葛两个是老师，夯三个是学（ɦoʔ²）生（sã⁴⁴）子等。

4．时间代词"葛卯"、"葛歇"基本同义，有时可通用。但"葛歇"时间概念上较短、较近，如："盎刚太阳蛮猛，葛歇一霎时落大雨喋！""葛卯"可代替"葛歇"，而"葛歇"有时不能代替"葛卯"。如："葛卯比三十年前好得木佬佬"，此语中的"葛卯"（现在）不宜改"葛歇"（此刻）。"夯卯"或"夯卯子"大体相等于"从前"、"那时候"，无"夯歇"的说法。

疑问代词

萧山话里疑问代词的"何"（ho⁴⁴），基本相当于普通话的"什么"、"什么样"、"哪"。

"何"可用于问及人，如：何家ho⁴⁴ko⁴⁴（koʔ⁵），谁，哪位。

可用于问及事物，如：何西ho⁴⁴ɕi⁴⁴，什么东西。（"何西"，系"何东西"的快读而使中间"东"音弱化脱落。）何事体ho⁴⁴zɿ³¹tʻi³⁴，快读为何体ho⁴⁴tʻi³⁴。

可用于问及处所，如：何浪ho⁴⁴lɒ̃³¹，哪里。按：作为方言通用字，"浪"在吴语区有时被赋予方位、处所义，类似"上"、"里"。（参看《汉语大字典（简编本）》"浪"字释义（12），下同）。

可用于问及时间，如：何时光　ho⁴⁴zɿ¹³kuɒ̃⁴⁴。

可用于问及状态，如：何样子　ho⁴⁴ɦiã³¹tsɿ³⁴。

疑问代词中还有一个最常用的是"捺格"naʔ²kaʔ⁵，捺格套（tʻɒ⁵³）。大体相当于普通话的"怎么"、"怎么样"和"什么样"。

上述"何"（ho⁴⁴）、"捺格"（naʔ²kaʔ⁵）在具体应用时，都会有一些变异，如：

1．相当于普通话"干什么"、"干嘛"的"作何"（tsoʔ⁵ho⁴⁴），在口语中常快读成一个音"挫（tsʻo⁵³）"。如："尔（ɦɳ²¹³）来咚挫（tsʻo⁵³）？"（你在干什么？）这种情形不仅出现于句尾，还可单独使用或用于句首、句中，也常有这种快读合音为一个音节的，如"挫（tsʻo⁵³）？"（干嘛？）"挫

（ts'o⁵³）去（tɕ'i⁵³）？"（干什么去？）"尔（ɦŋ²¹³）挫（ts'o⁵³）介（ka⁵³）话（ɦuo³¹）？"（你为什么这么说？）捺格（naʔ²kaʔ⁵）则常快读成"奈（na³¹）"，音稍长；"捺格话"（怎么说）常快读成"奈（na³¹）话（ɦuo³¹）。"

2．"何（ho⁴⁴）"在作定语时，与后接名词之间有时可加个结构助词"个"或"介"。（"介"本系程度副词，此处亦具结构助词作用。）如普通话"什么时候到北京去"，萧山话既可说成"何（ho⁴⁴）时光到（ta⁵³）北京去（tɕ'i⁵³）"，也可说成"何个时光到北京去"或"何介时光到北京去"。这三种说法无严格区别，但后者（有"个"、"介"的）一般要求回答者尽可能具体点。如问"尔（ɦŋ²¹³）何（ho⁴⁴）时光到北京去？"答："明年。"又问："明年何个（介）时光呢？"答："大概4月份。"

3．在问处所时，"何（ho⁴⁴）浪"后可加"头"，外地人常以"何（ho⁴⁴）浪头"作为萧山话中最具代表性的特征词模仿；"何里"后不加"头"。与"何浪"、"何里"同义的，还有"何埭坞"、"何地方"、"何埪块"等，前两个三音节疑问词的"何"字之后都可加入轻音"个"，成为"何个埭坞"、"何个地方"，但"何埪块"不能说成"何个埪块"。

4．"捺格"（naʔ²kaʔ⁵）和"捺格套"大体相当于普通话的"怎么"、"怎么样"，均可修饰动词。在句子的前面和中间，多用"捺格"，如："捺格伊还弗来？"（怎么他还不来？）"伊捺格还弗来？"（他怎么还不来？）"捺格套"多用于询问性质、状态或方式，如："伊个相貌捺格套？"（他的模样怎么样？）"捺格（套）"主要词义为"怎（么）样"，但有时也相当于"什么样"，如问："尔（ɦŋ²¹³）造得捺格套个一幢新房子？"（你盖了一栋什么样的新房子？）

第二节　构词法

词缀是加在词根上边表示附加意义的语素。萧山话的词缀比较丰富，前缀、中缀、后缀都比较齐全。准词缀的词汇意义正在虚化，但没有完全消失。萧山话中，准词缀地方特色比较明显。

前　缀

亦称头缀，即把某个字作为一种"词头"（亦称"词助"），缀在某些词根前面。萧山方言中，前缀主要有：

阿　阿＋称谓　如：阿爷、阿爹（或阿爸）、阿叔、阿哥、阿嫂、阿姐、阿妹等。

阿＋排行　如：阿大、阿二、阿三……可顺次至阿七，无阿八、阿九之称。因萧山方音"八"、"伯"音同，"阿八"易与"阿伯"混同，故按照排行无"阿八"称呼（通常会用小名，或活用其他称呼）；如排行第九，则介绍时常会被称"伊是第九个"或"老九"（老字虚化）；如属最小，则称"小老"、"顶小个"之类。

阿＋昵称　如：阿囡、阿肉、阿宝（长辈昵称幼辈"阿肉"、"阿宝"，类似"心肝宝贝肉"）等。

阿＋人名略称　略称一般为名字最后一个字，也有用前一个字的。民国《萧山县志稿》："乡人小名多以阿字挈之。"按："乡人"指同邑同乡，非专指乡下人。如：阿根、阿伟、阿英、阿仙之类。当幼辈对长辈或年龄明显比自己大的亲友称"阿某"时，一般要在后面加称谓，如：阿才公公、阿坤伯、阿香婶婶、阿花姆娘、阿庆哥，等等。

萧山话没有在姓氏前缀以"阿"字（如阿王、阿刘）相称呼的传统习惯。20世纪后期起，受粤语影响，也有人在友人间偶用"阿王"、"阿刘"之类的称呼，带有点新潮、戏称的意味。

阿＋大　此处"大"念do[213]。俗称某一单位负责人或老板为"阿大"（非面称）。例："葛（这）件事体我做勿来主，要问过阿大（一把手或老板）再答复。"

阿＋喻指某些人的虚拟名　如萧山话把来的人员很杂叫做"阿狗阿猫都来喋"；把"一鼻孔出气"的"哥们"叫"阿兴阿旺，一吹一唱"。此处所说"阿狗阿猫"、"阿兴阿旺"均为泛称，并已成为惯用语。

阿＋俗语缩字作绰号　如萧山话把某些爱言过其实、讲大话的德行，叫"嗙天嗙地"（嗙，方音 p'ɒ[53]），有人就把这种人叫"阿嗙"；又如把言行举止不合时宜、有点"背时"的人叫做"阿背（be[31]）"或"阿背哥"（"哥"用在这里是谑称，无排行义），等等。

此外，"阿"还用于宠物名前缀。如：把自己的家犬、家猫叫做"阿奔"、"阿狸"、"阿咪"，等等。

老　老＋姓氏（或名字）　如：老陈、老王、老李等。在某种情况下，也有在名字前加"老"字的，此时"老"字具有一定的实义性，属"准词缀"。如某村有两个同名"福根"，为区别，村民习惯称年龄大的为"老福根"。诸如此类。

老＋排行　如：老大、老二、老三……

老＋亲缘关系（某些略称）如：老堂（不点明是堂哥堂弟）、老表（指是表亲，但不点明是表兄、表姐还是表弟妹。与江西人称"老俵"是两码事）。

老＋兄　用于泛称，基本属中性，面称、非面称均可，是否含贬褒得因人、因事、因场合看具体语境而定。面称一般用于同辈熟人，如："尔（ŋ[213]）葛位老兄，气头弗可介（ka[53]）急，总话得灵清个。"对陌生人则多为非面称，如："个老兄介（ka[53]）副吃相，走开起（去）要吃亏个！""老兄"的叫法，萧山历来就有。但也有偶用"老弟"的，此则是受传媒等影响，于20世纪后期才逐渐有所流传的。

另外，"老"还较多用于名词、形容词等词语的前缀，如老套头、老生活、老章程等，此处作为词素的"老"，有实义（老旧）性质，与上列"老陈"、"老大"一类的头缀有别，在此不列。

和前缀"老"字相类的，还有"小"。缀在姓氏前，用于称呼年少于己的同辈或晚辈，如小沈、小黄、小张等。

中缀

是一种为增强某些固有双（多）音节词根表现力、使之音节谐调顺口，而将某个虚字（在此无实义）夹嵌其中的组词形式，多为四字格，称"中缀"，亦称"词嵌格"。在萧山话里，较有特色的为A里AB式，其中A为词根首字，"里"为中缀虚字，即"衬字"，AB为词根。萧山话里常用的有：乡里乡亲、土里土气、洋里洋气、妖里妖气、陌里陌生、疙里疙瘩、啰里啰嗦、勒里勒辖、龌里龌龊、邋里邋遢、糊里糊涂、懂里懂懂、慌里慌张、花里花泡、毛里毛糙、臕里臕胀、滑里滑汰。

此外，还有中缀"乎"、"八"和"里八"等形式的四字格，如：认乎认真（认，白读音为n̩iŋ[31]）、呒数八账、啰里八嗦（啰里啰嗦的另一说法)，等等。

后缀

亦称尾缀，其词根（实词）有名词、动词、形容词等。萧山话中常见的有：

头　指示代词＋头　如：葛浪头（这里）、夯浪头（那里）、何（ho[44]）浪头（哪里），等等。

具体处所（地形）＋头　如：山头、田头、路口头、河埠头、楼高头等。

方位＋头　如：直头、横头、外开头、里沿头、南头、后头（萧山沙地区人讲"南头"指讲话人所在地的南面，"后头"则指北面）等。

时间＋头　如：早间头、晏昼头（中午）、下（晚）昼头（下午）、黄昏头、五更头、日里头（白天）、夜头（夜晚）等。

动词＋头　动词名词化，具有对某一事物价值大小的评价性话语。如：咬嚼头（嚼而无味叫"呒有咬嚼头"）、看头、听头（不好看叫"呒有看头"，不好听叫"呒有听头"）、交易头（不好打交道叫"呒有交易头"）等。

数量＋头　如：伍角头、拾块头、三卷头（3卷一套的书）、五间头（单独一排5间相连的房子）、两埭头（两畦相连的土地、作物或两条杠杠线条）等。

人物情态、脾性、特点＋头　使之名词化。如：呆（ŋe^{13}）头、嗲头（嗲音do?^{2}，信口出语、言行乖戾者）、叉（ts'o^{44}）头（喜生事端者）、遝（kã^{44}）出头（鲁莽带头者）、戆（gõ^{13}）头（爱无端从中作梗者）、忳（dəŋ^{13}）头（遇事固执近乎傻者）等。

身体部位＋头　如：额角头、心（胸）孔头、脚（膝）髁头、手弯肢头、喉咙头等。

物件（品）＋头　如：缸灶头、纸爿头、破布头、碗爿头、菜蔀头、芥菹头（芜菁块）等。

天候＋头　如：阵头（阵雨，下阵雨叫"做阵头"）、猛日头、潮（汛）头、乌花头（指刮风前夕月亮"发毛"）等。

子　某些名词、形容词或动词后缀"子"字。

人的特定身份＋子　如：儿（hŋ^{213}）子、孙子、学生（ho?^{2} sã^{44}）子、新娘子。

人的某些特征＋子　如：胖子、矮子、长子、瘌子、呆（ŋe^{13}）子、哑子、老胡子。

身体器官＋子　如：腰子、朘子（朘，方音同le^{213}。《五音集韵》：人阴异呼。《越谚》释：男茎）。

器物＋子　如：桌子、镬子、钳子、凿子、簿子、帖子（请柬）、印子、毯子、金环子、被里子、帐子。

食品＋子　如：肉饼子、油馓子、粽子、肚子（特指供食用的家畜的胃，此处"肚"受北音影响，方音历来念tu^{34}，与"赌"音同）、山里果子（萧山话专指山楂）。

时间＋子　如：上日（外）子（昨天）、前日子（前天）、大前日子（大前天）、旧年子（去年）、夯卯子（那一次）、老底子（从前）。

后缀"子"字的还有其他一些抽象概念的名词，如：法子、点子（好点子、坏点子）、面子、胆子。

不少在普通话里缀"子"字的，萧山话里不缀，如凳子只说"凳"，筷子只说"筷"，豆子只说"豆"，袜子只说"袜"。有些普通话里不缀"子"的，萧山话里却缀"子"，如：学生子、新娘子。

俫　la^{31}　他们。第三人称复数。以往常用"拉"代替，其实本字应是"俫"（留存在萧绍方言中念la^{31}，不念le^{13}）。书证见多用南方白话写成的元曲作品，如：《郑廷玉〈冤家债主〉》："常言道好人俫不长寿，这一场烦恼怎干（甘）休！"此处"俫"并不是无意义的，而是有"们"、"他们"的意思。萧山话单音节称"俫"或双音节"伊俫"，均指"他们"；在名词后缀"俫"，专指第三人称复数"们"或"他们"。如：老陈俫（老陈他们）、阿根俫（阿根他们）、学生子俫（学生他们）、朋友哥俫（朋友们）、邻舍家俫（邻舍他们）等。也可组成领属性定语修饰名词，如：老师俫屋里（老师的家里）、小施俫厂里（小施他们的厂里）。在此类句中，"俫"后可加"个"，也可以不加。

老　在萧山话中，在称谓中还有用"老"字作后缀的。由于后缀"老"字在这里含排行义，因此不能与有贬义的"佬"混为一谈。常用的如：大（do^{213}）老、二老、三老……这和"老大"、"老二"、

"老三"……的含义基本一样，但"老"字后缀带有昵称性，为非面称。通常长辈在向人介绍或谈及自己或亲友子女时，爱用这种称谓，最小的称"小老"，不能改称"老小"。舅老，则指其妻子的兄弟。

佬　与"胚"、"精"一样，均为准词缀。主要用于成年男人，有时也可用于女性。如：大话佬、僵坏佬、大好佬、和事佬等。

胚　在萧山话里，"胚"是指天生的料子，即俗话所说"娘肚子里带来的"，含贬义；也有用"坯"的，意为"定煞的模子"。常见的有：下作胚、下流胚、懒惰胚、馋捞胚、㑳好胚、杀胚（詈语，斥极可恶者）等。

精　指具有某种癖性、偏好、本事，几乎成了"精"的那种人，含贬义，如：造话精（爱说谎）、麻油精、狐狸精、害人精等。

双音节后缀

在萧山方言中，双音节后缀是一种准词缀，分为叠韵和非叠韵两类。

叠韵双音节后缀主要有：

郎当　lɒ̃¹³ tɒ̃⁴⁴　古此词本属可独立使用的实词。宋《朱子语类》卷七八："……狠拗自是，所以弄得恁地郎当。""郎当"原意为形容破败、混乱、糟糕之类的情态，还含有麻烦、风险之意。后实词功能弱化淡出，演变为后缀词，附加在有限的几个词根后面，不具有能产性。如萧山方言中有：大肚郎当、风吹郎当、火烛郎当、吊儿郎当。

答飒　taʔ⁵ saʔ⁵　原意为委顿、潦倒、处境不佳、情绪不快的意思。《南史·郑鲜之传》曰："卿居僚首，今答飒……何不肖之甚"。后转为后缀，但多少还留着点原词义影子。萧山方言中有：有趣答飒、晦气答飒、小气答飒、外行答飒、滞固答飒、气闷答飒、黏缠答飒。

恼糟　nɒ²¹³tsɒ⁴⁴　本作挠聒，亦作挠噪、呶噪，有杂乱扰人之意。实词虚化后用作双音节后缀。萧山方言里有：气臕恼糟、烦呸（pi34）恼糟。

八嘛　paʔ⁵ laʔ²　源于象声词"拨剌"，有以声醒人、产生惊悚感、引人注意的意思。后词汇意义虚化，用作后缀。记录方言后缀时俗作"八嘛"。萧山方言里有：腻腥八嘛、罪过八嘛、花里八嘛、危险八嘛。

非叠韵的双音节后缀主要有：

胡赖　ɦu¹³ la³¹　原为"无赖"，后虚化"无赖"义，专用于后缀，循方音而记，俗作"胡赖"，有难看、难听、胡来、厌烦之意。萧山方言里有：哭噘（作）胡赖、恶作胡赖、血出胡赖、急（呕）煞胡赖。

齌糟　tɕi⁴⁴ tsɒ⁴⁴　清范寅《越谚》："齌糟，喻琐屑也。……越语'逆乱齌糟'。"古曾作实词单独使用，后虚化作形容词后缀。语素意义在于表达亲身见闻、经历、感受，引起心理、感官上的不快感，含贬义。萧山方言中有：浼（ɦuoʔ²）湖齌糟、难过齌糟、难看齌糟、难听齌糟、撮空齌糟、讨厌齌糟、厌烦齌糟、湊（ɦuoʔ²）臭齌糟、肉麻齌糟、痒肉齌糟、下作齌糟、陌生齌糟、麻乏齌糟、难为情齌糟、头痛齌糟、吃力齌糟。为强调其程度之甚，在有些后缀"齌糟"前，还可加个"百"字，如：浼湖百齌糟、讨厌百齌糟、腻腥百齌糟、吃力百齌糟。

动词、形容词的特殊表达形式

这也是词缀的一种，但在构词造句的语法功能上，比上列词缀形式用途更广更活一些。在萧山方言中，此类词缀（主要是后缀）结构不少，主要有：

相　后缀"相"字的词根，主要是形容词，也有动词、名词，如"吃相"、"走相"、"阿Q

相"、"猢（ɦuoʔ²）狲相"之类；词根缀"相"以后，形容一种外貌形态、外露情态、外化心态。萧山话中常见的有：老相、嫩相、大相、小相、福相、澍相、呕相、猴呕相、贼相、难看相、出面相、罪过相，等等。

场　古"场功"一词有登场劳作、施展本事之意，在萧山方言中"场"字变异为"功"的同义词，僻义正用，作为词缀，虚化中多少含有能力、技术、偏好、味道等含义。词根以单音节词为多。如：做场（干活的技能、劲头）、话场（说话能力）、看场（可看性）、唱场（唱功）、吃场（味道）、笑场（爱笑）、哭场（爱哭）、趑场（闹腾）、缠场（纠缠劲）、烦场（唠叨劲）、推场（爱推诿）、拖场（拖延）、吹场（吹嘘）、望场（指望）等；组成句时，一般要求后面连带形容词或程度副词，如："话场蛮好"、"缠场真好"、"吃场弗疲（ɕieʔ⁵）"、"看场木佬佬好"等。

生　此处用方音白读sã⁴⁴。构成短语的基本形式为：数词＋量词＋生，在萧山方言里是一个特殊的语法结构。它所表示的语法意义，在于明示、敲实、强调前面数量词存在的实在性，其话语背景往往与数量的合、分、次数、份数等相关。在普通话里没有对应的语法结构。例：一卯生（意为一次完成。如："陆续借咚个钞票，年底一卯生还清"）；三间生（例："本来房子蛮小，三个人顿来（住在）一间生，葛卯房子换大，三个人三间生"）；两埭（taʔ⁵）生（如："公司个办公室同销售部地方两埭生，公交车相差一个站"）；两样生（意为两者不一样)，等等。

动词＋来势（"V来势"式）　动词后缀"来势"，表示启动某个行动，表达某种举动的意味，一种架势，一种持续态。如：坐来势、唱来势、劝来势、讲来势等；词根须用单音节动词，有较强组合能力。例："阿泉就是介（ka⁵³）股犟脾气，头一弗可同伊硬扳，俫（你们）曼耐心耐相劝来势，好话讲来势，伊会耐落来个。"（阿泉就是那么个犟脾气，咱们千万别跟他硬来；只要对他耐着性子劝起来，好言好语讲起来，他准会心平气和、冷静下来的。）

动词＋埭起（"V埭起"式）　埭方音da³¹，起，方言"去"的白读（tɕ'i³⁴），现从音用"起"。作为一种描述动态的持续体句式，"V埭起"表示在某一时空内的持续态，因此，往往有表示时空的短句或形容词；动词须用单音节动词。如："俰（他们）两个人通日到夜讲埭起。"（"他们俩整日整夜聊下去，聊个没完。"）"欢送新兵，炮仗蹳路埭（一路上）别咧白嘛放埭起，乐队砰砰嘭嘭敲埭起。"（"欢送新兵，一路上爆竹噼噼啪啪放过去，锣鼓砰砰嘭嘭敲过去。"）"小俞顶欢喜唱歌，心情好介（ka⁵³）时光，歌一只（首）接一只（首）唱埭起。"（"小俞心情好，歌儿一首接一首唱过去。"）

牢　"牢"作为后缀，在萧山方言中属于动词的补语。"单音节动词＋牢"这种形式在萧山方言中使用相当普遍。如：扶牢、将牢（用手搀扶、支撑一个人或某一物体使之不倒，叫"扶牢"，而在萧山南片，扶人和扶物还有所区别：扶住物件叫"扶牢"，搀扶一个人使之安全行走则叫"将牢"）、抲牢（抲，方音同驮do¹³，"拿"义。"抲牢"指拿着、拿住。语境不同，有时也可赋予"拿下"、"抓起来"的含义。如："某人已经抲牢夯喋。"此处"抲牢夯喋"即"抓起来喽"）、柯牢（指抓住、捉住、逮住）、吃牢（吃牢，是唯某人是问、追究其责任的意思)、督牢（督促着的意思）。

在萧山方言中，此类动词后缀"牢"的有补语动词，组词功能很强，在口语上常出现，如：看牢、记牢、听牢、管牢、熬牢、跟牢、囥牢、把牢、拄牢、包牢……

重叠式

重叠式是指通过词或词中某个语素重复使用而产生一定语法意义的形式。重叠往往都有相当于词的独立用法，因此词的重叠也还是词的一种变化形式。形容词或形容词语素重叠，通常都有程度增加的意思。萧山方言中，这种语法上的重叠式比较丰富。

AA较式　单音节形容词重叠后缀“较”，形成“AA较”式。在很多情况下，AA较式是作为状语来用的，如“好好较听”、“慢慢较走”。在“较”后面也可以加“个”作助词（轻音），如“好好较个听”、“慢慢较个走”；有时也可以用祈使性语气单独使用，如叮嘱“好好较”、“慢慢较”。在萧山方言中，常用的有：好好较、慢慢较、幽幽较、轻轻较、微微较、隐隐较、静静较、抠（k'io^{44}）抠较、耐耐较、嗛嗛较、哒哒较、啵啵较、啱啱较（刚刚或偏偏、正好之意）。

ABB式　即：词根（A）后缀以双叠字（BB），由3个汉字组成一个简单词组，或称“后缀重叠式”。A是要表达的主词，一般是形容词，而BB则是为了更好烘托、说明主词要表达的性状和程度。在方言口语中，除少量（如亮晶晶、绿油油等）与普通话相同外，大量是独具萧山方言特色的，如：咸罗罗（有点咸）、淡叽叽（味偏淡）、疲淘淘（有点想呕吐的感觉）、嗖衅衅（嗖，音doʔ^{2}。嗖衅衅，指不看场合，言行冒失）、凶霸霸（凶狠貌）、油淖淖（油脂或油垢多，油腻）、硬斻斻（态度生硬）、耐妥妥（待人接物耐心，办事稳妥）、呆鼓鼓（迟钝，有点傻乎乎）、潮纽纽（物品有点潮）、酸津津、苦滋滋等。

A兮兮式　也可以归到ABB式同类，但这种双字重叠后缀只固定用“兮兮”，这是它不同于上述ABB式之处。从语法功能来看，“兮兮”表示一种状态，意为有一定程度，“有点A”但还不到“A得很”的程度，离“十分”还差点。“兮兮”之前的A，可以是单音节，也可以是双音节或多音节的。例如：慌兮兮（自己心里有点怕）、吓兮兮（让人感到怕，被动态）、神经兮兮（情态有点不正常）、神秘兮兮（有点神秘）、十三点兮兮（举止表现有点过头、异状）、山大王兮兮（有点霸道）、无赖兮兮（有点无赖相）、胖兮兮（有点胖）、诡兮兮（诡，方音i^{44}，与“衣”同音。“诡”的字义为自满麻痹、轻率从事。萧山话里有“弗可诡兮兮”这样一句规诫语，意为“不可麻痹大意”），等等。

BBA式　亦称“前缀重叠式”。较之ABB式，BBA式有其特有语用价值。其中极少量的前缀重叠（即指BBA式）与后缀重叠（ABB式）可互换，如：精精瘦与瘦精精、津津酸与酸津津、喷喷香与香喷喷等。两者相比，ABB式描述的程度较轻，而BBA式程度较重，如“精精瘦”是非常瘦，“瘦精精”是比较瘦；“津津酸”是相当酸，“酸津津”是有点酸，依此类推。萧山方言中，BBA式词组相当多，多数不能与ABB式互换。如：瀹瀹淡（味淡）、涹涹臭（涹音ɦuoʔ^{2}，很臭）、雪雪白、墨墨黑（漆黑）、绯绯红、笔笔直（很直）、火火炮（很烫）、嗦嗦脆、石石硬、蕈蕈嫩、藤藤韧等。

AABB式　即“前后双叠”式。汉语成语中本来有此类四字格，如唯唯诺诺、洋洋洒洒、朝朝暮暮之类。前后双叠的语法功用在于加强语气，有渲染、强调意味。在萧山方言口语中，此一四字格为数不少，如：条条秩秩（有条有理）、沓沓捱捱（拖拉）、吃吃宕宕（光吃饭不干事）、缱缱煞煞（指女性轻佻）、累累堆堆（太麻烦）、体体泰泰（对“体泰”的强调，强调从从容容而为之）、安安耽耽（安定、舒心）、灵灵清清（非常清楚）等。

ABAC式　双音节词分拆，组成四字格，又称“一三同字型”，在萧山方言中不乏其例，其语法功用主要起到强调作用，增加情景色彩。如“两个人商量”与“两个人有商有量”，后者就有一种关系融洽的情景感；有时词语前后拆用，还能产生复数感，如“买东西”与“买东买西”，后者就有复数感。其构词方式：一是对本来熟用的两字词语的拆用，如有商有量（“商量”拆用）、熟门熟路（“门路”拆用）、各到各处（到处拆用）、弗尴弗尬（“尴尬”拆用）、嘞支嘞吾（“支吾”拆用）、有事有体（“事体”拆用）、买东买西（东西拆用）等；二是近义词前后搭配组合，如活撞活颠（撞、颠近义）、白生白养（生、养近义）、耐心耐相（心、相近义）、毛估毛猜（估、猜近义）等；三是反义词的间用，如嗙天嗙地（天、地间用）、弗上弗落（上、落间用）、隑起隑倒（起、倒间用）、眼开眼闭

（开、闭间用）等。

动词带缀重叠结构，在萧山方言中常见的有"V记V记式"和"V歇V歇"式。

"V记V记"式　　"V"此处代表动词或形容词，"记"是一种语缀。其语用功能在于描述和表达某种事物动作（状态）在反复进行过程中的持续态。例："眼睛霎记霎记"；"背脊煆记煆记"（煆，方音"呵"，哈腰）；"走路摇记摇记"；"屁股扭记扭记"，等等。在"V记V记"中充当主词的"V"，必须是单音节动词，用以表示某种动作、状态、表情，包括动物以及某些物体、事物的运动变化；双音节动词不适用"V记V记"模式。有的单音节词本属形容词，由于进入"V记V记"后赋予了一种连续动态感，也可将其视作动词，如"走路慢记慢记"、"灯光亮记亮记"等。"V记V记"所表示的动作或状态，具有可视性或可感知性，其动作、状态至少应是重复几次的，如："听到隔壁敲记敲记介（ka^{53}）个声响，原来来夯板壁里钉钉子头。"

"V歇V歇"式　　"V"此处代表某些单音节动词，"歇"则是担任时态助词的准词缀，它表达的并不是"歇息"、"停歇"之意，而是表示一次次持续动作的意思。"V歇V歇"和前述"V记V记"的语用功能不同，两者不能互换。萧山方言口话中用到"V歇V歇"这种持续体时，要求有下续句，表示下续情状。如："想歇想歇，果然想出个好法子"；"伊回忆家史，讲歇讲歇，哭起来喋"；"车子开歇开歇，半路里出故障喋"；"话歇话歇，笑起来喋"，等等。

作为特例，"话歇话歇"有时可单独作为一句带有否定色彩的质疑句使用，如："哼，话歇话歇！"表示对对方的话不信或有强烈异议，有一种反诘"说说倒方便"的意思。

量词重叠＋相似　　这种短语形式在萧山方言口语中常用，是历来固有的，代代传承习惯使用，其语用意义在于强调相似性。如："阿牛伯几个子女，葛卯（现在）个个相似都蛮有出息。""老章除去落雨、雾露天，早间头（早晨）一定要去爬西山，日日相似，坚持到葛卯（现在）。""陈师傅养花真当有一套，伊屋顶阳台里二三十盆各色各样个花，盆盆相似，都当值得蛮好。"在结构上，要求单音节量词重复一次后接"相似"，形式类似四字格俗成语，在句式中，配置较灵活，如"盆盆相似都当值得蛮好"、"当值得盆盆相似都蛮好"、"当值得都蛮好，真当盆盆相似"均可。

"A勿A"式缩略："AA"式　　普通话里的反复问句，如"好不好"、"有没有"之类中的"不"、"没"二字，到了萧山方言里均会被自然转换成一个"勿"字，"好不好"成了"好勿好"、"有没有"成了"有勿有"。"勿"字一身二任。这种"A勿A"式的反复问句在萧山方言中极为常用。而在萧山话的日常口语体里，更多时候是"A勿A"式变异为"AA"式，即把中间一个"勿"字略去。如反复问句"饭有勿有吃过？""下（ho^{213}）饭好勿好吃？""茶要勿要吃？""葛（这）本书有勿有看过？""葛（这）样生活（活计）会勿会做？""电影好勿好看？""伊有勿有来过？"等，往往被缩略说成"饭有有吃过？""下饭好好吃？""茶要要吃？""葛（这）本书有有看过？""葛（这）样生活会会做？""电影好好看？""伊有有来过？"在规范的汉语普通话里不存在这种问句表述形式。

虚词"带"、"咚"、"夯"的特有语法功能　　萧山方言中的"带"（ta^{53}）、"咚"（toŋ^{44}）、"夯"（hā^{44}），它们本身并不是独立的词，而是作为构词成分中的一个语素，附着于某些词（字）的后面，分别构成方言中的副词、介词或动词。"带"、"咚"、"夯"作为语素，具有一定语法意义，即不同的指代义和定向义。在萧山话里，"带"、"咚"、"夯"的功能主要表现在几个方面：

来带、来咚、来夯　　普通话里表示动作、性状所涉及的处所、时间或范围的介词"在"，以及表示动作在进行或状态在持续的副词"正在"，在萧山话里被自然分成"来带"、"来咚"、"来夯"三种不同的表达法。来带，指在自己（第一人称）一方或所在处；来咚，指在交谈对方（第二人称）一方或所在处；来夯，则指自己和交谈对方以外的第三方或所在处。方言学界有把来带、来咚、来夯分别说成近指、中指、远指的，这带有设喻性，并非实指计量长度意义上的距离，说萧山话"来咚"是"中指"，主要喻指"面对面"或"声对声"的第二人称一方或所在地，在计量意义上无所谓远近之意。

语例：在萧山城区的老萧和他的老朋友、目前侨居美国的老彭通电话，在电话里老萧谈到自己三个子女的近况："阿元来带萧山办公司，阿宜来夯黑龙江大学当教师，阿姗就来咚美国留学……"由于阿姗就在老彭（第二人称）所在地美国，所以说"来咚"而不说"来带"和"来夯"。一个能熟练使用家乡话的萧山人，对此是决不会说错的。

动词后缀"带"、"咚"、"夯"　　"带"、"咚"、"夯"作为语助，附着于短句动词的后面，是萧山话里最常见的语法形态之一。

语例：阿祥和小海步行着往车站赶路，小海开始时走得比较慢。阿祥说："车票我挖（do^{13}）带，尔（ĥŋ^{213}）快点走咚，老陈车站里等起夯。"第一人称用"带"，第二人称用"咚"，第三人称用"夯"，指代性和定向性很明确。

形容词后缀"带"、"咚"、"夯"　　在形容词后面缀"带"、"咚"、"夯"，其定向性（或处所义）还没有完全虚化。如：某人说："葛（这）碗下（ĥo^{213}）饭味道蛮好带！"这里"蛮好"后缀"带"，是表示出于自己亲口即时尝过的感受。"葛碗下饭味道蛮好咚！"是表示向第二人称（含单复称）方推荐。"我看伊吃得蛮有味道夯。"说话面对第二人称方，描述和推断的对象是第三方。

"咚"的祈使性、即时评断性和泛指化　　"咚"在萧山话里还常被用来向对方即第二人称（含单复称）方作祈使性助词用。如："尔（ĥŋ^{213}）放（pε^{53}）我好好较坐咚！""听医生个话，尔（ĥŋ^{213}）睏咚，弗可多动！""弗可吵！倷（你们）静静较听咚！""坐咚"、"睏咚"、"听咚"类似"坐着"、"躺着"、"听着"，指向对象为第二人称（含单复称）。

"咚"的即时评断性有"正……着呢"之意，如："葛（这）件衣裳款式蛮时髦咚！"用普通话说，就是"这件衣服款式正时髦着呢"；"葛（这）个歌星葛卯木佬佬红咚！"就是"这位歌星现在正红着呢"，说话者面对的当然是第二人称方（含单复称）。

初步调查观察发现，方言口语中使用"咚"的泛化倾向近一二十年来有所加大，主要是"咚"的定向性功能弱化。表现在有些按传统说法应说"来夯"的，较多地被说成"来咚"。这种情况往往出现在平时外出时间较多、多用普通话而少用方言的部分中青年，以及在校青少年或"新萧山人"（新入籍萧山的）所说方言中。此一方言的流变趋势，有待继续调查观察。

第三节　句法特色

在萧山话里，由词或词组组合成短语和句的规则，大部分与普通话没有太大的不同，但仍有一些与普通话不同的形式，主要反映在词序变异上，亦即存在若干特殊的词序。本节有选择地略加描述。

状语后置

未　　在萧山方言中，"未"有文、白二读，文读vi^{31}，白读mi^{31}。"未（mi^{31}）"在作为疑问代词"有没有"（萧山话"有勿有"）的意思时，是白读的，在句中后置。如问："饭有勿有吃过？"口语体有时就讲："饭吃过未（mi^{31}，下同）？"说"生活（活计）有勿有做好？""有勿有落（下）班？""有勿有放学？"之类问话时，口语体更常用的是："生活做好未？""落班未？""放学未？"依此类推。答话时，"未"成为否定副词使用，此时一般要在"未"字后面加助语词"唻"，如答："未（mi³¹）唻！"（"还没有呢！"）

　　快　这里的"快"不指速度，而是个表示时间进程的副词。按照普通话的一般规则，"快"在表示行为即将完成或即将发生的这一含义时，通常是个前置词，但在萧山方言里，词序发生了倒置。如"快到了"、"快好了"变成了"到快喋"、"好快喋"。普通话问："衣服晾干了没有？"答："快晾干啦！"换成萧山话则为："衣裳眼（lɒ³¹）燥未（mi³¹）？"答："眼燥快喋。"

　　"快"在表示时间上临近某一时段（时点）时，用得很多，此时"快"字后置。如萧山方言把"天快亮（的时候）"说成"天亮快"；"接近中午"叫"晏（øɛ⁵³）快"；"傍晚"叫"夜快"；"快要上班了"叫"上班快喋"；"快要下班了"叫"落班快喋"，等等。

　　煞　是萧山话里常用的程度副词，表示某种状态到达极点。"煞"后置时，词根都是形容词或动词。如：高兴煞、难过煞、爽快煞、吃力煞、宽煞、忙煞、性急煞、猴亟煞、笑煞、哭煞、苦煞、痛煞、痒痒（痒）煞、坐煞等；有时根据上下文语境需要，也会用乡音自然地在词根后里加"喋"、"哉"之类的助词。

　　煞快　"煞快"意为"都快到极点了"，后置，也可视为程度副词，表示程度已在极顶的边缘。如：忙煞快、急煞快、做煞快、等煞快、笑煞快等。不能认为凡后置程度副词"煞"都可对应变为"煞快"。"煞快"词根要求只能用单音节。如："急煞"、"笑煞"、"痛煞"等后面都可加"快"，成为"急煞快"、"笑煞快"、"痛煞快"等；但词根双音节的"高兴煞"、"难过煞"、"性急煞"、"爽快煞"等，均不必也不能把后置"煞"改成"煞快"。

　　并列复句

　　复句是句法结构形式之一。在萧山方言中，有一种有别于普通话表述词语的复句形式，属转折类复句："搭搭……搭搭……"如："搭搭介（ka⁵³），搭搭盖（ki⁵³）。"此一复句表示句中所指事物，上半句与下半句不仅不一样，而且往往以反义居多，即叠用在两个反义词前面，表示前后两种情况交替，有出尔反尔、主意多变的意思。这种"搭搭……搭搭……"，在口语中均可随意互换为"搭搭末（mə?²，下同）……搭搭末……""末"为轻音。

　　例："搭搭东，搭搭西。""搭搭末要吃咸喋，搭搭末要吃甜喋。""葛（这）爿天真有点怪个：搭搭落雨，搭搭开太阳。""搭搭话讨论讨论，搭搭话请示请示。"（同义或近义并列）"搭搭末话原则同意，搭搭末话弗同意喋。"（反义并列）

第四节　虚　词

副　词

　　估量性副词　萧山方言里有一个常用到的估量性副词："大面"。"大"此处白读为do²¹³。"大面"在句或分句中，其语用功能大体类似普通话里的"多半"。和"多半"一样，"大面"可置于谓语前，如普通话："老王这么晚还没到，多半不会来了。"萧山方言就是："老王介（ka⁵³，下同）迟还弗到，大面黪来喋。"普通话"多半"在句或分句中是不能放在谓语后面的，即不能后置，而在萧山方言里，"大面"不仅可以后置，而且后置更为惯用，平时口语体中，后置的情况明显多于前置（这就不只是词语问题，而是词序问题、语法问题）。如："葛卯（此刻）爿天介气闷，下昼头要落（雨）个大面。""小李平时蛮用功，葛（这）次总考得上个大面。""闻闻介股气子，我看是受潮变质个大面。"

作为估量性程度副词，它是被用于估计、推测可能达到的结果和程度的，已经既成事实或已达到预期结果和程度的，不能也不应用"大面"。在使用"大面"时，句或分句前往往会加"我看"、"估计"、"讲勿来"之类的推断假设语，语境不同也可以不加。在"大面"一词前，通常要求有个助词"个"（相当于普通话"的"），如"……个大面"。这个"个"字一般不能省，轻声；"大面"前置时则不必有此"个"字。

程度副词　木佬佬　作为副词，表示程度相当高，有"很"、"非常"、"十分"的意思，如："木佬佬好看"（非常好看），"木佬佬高兴"（十分高兴），"木佬佬难过"（很难过）等。"木佬佬"单独使用（指无后续词）时则表示"数量大"、"很多"之意，如：街上行人木佬佬，马路上来来往往车辆木佬佬。

蛮　类似于普通话的"很"。置于形容词前，在口语语流（说话过程）中比较随意，对程度的强调稍低于"木佬佬"，有时连用，如"蛮好蛮好"、"蛮大蛮大"、"蛮长蛮长"等；重叠使用表示程度加深，如"蛮蛮好"、"蛮蛮大"、"蛮蛮长"等。

助　词

个　助词"个"（kəʔ⁵）用在句末语音清晰，在语流中间有时弱化成轻音。作为助词，它与量词的"个"无关。"个"的助词用法基本上与普通话的"的"相似，有时作助词用来构成状语，则相当于普通话里的"地"。萧山方言中，助词"个"的用法主要是：

用于定语和中心词之间，表示修饰或领属。如："红个花，绿个草。"（"红的花，绿的草。"）"我个拎包。"（"我的提包。"）"伊个小人nɪŋ¹³。"（"他的孩子。"）

用于指称。具体如："黄个是橙子汁，白个是椰子露。"（黄的是橙子汁，白的是椰子露。）"望过去长个是络麻苗，矮个是棉花秧。"（看过去长得高的是麻苗，长得低的是棉苗。）

用于陈述句句末，表示肯定语气。如："我亲眼看见个。"（"我亲眼看到的。"）"葛（这）幢楼房是新造个。"（"这幢楼是新盖的。"）

附着于词或词组之后，形成具有名词功能的组合，相当于文言词"者"。如："摆羊肉摊个"、"收废品个"、"穿红衣裳个"、"开汽车个"。

"个"也相当于普通话里的"地"，用以构成状语。如："泰悠悠个来"（"慢慢地来〈干〉"）、"安安耽耽个睏觉"（"安安稳稳地睡觉。"）

喋（哉）　以城厢镇为代表的中、南片（里畈）用"喋"（部分原住民口音类似方音"代"，本处用使用面较广的"喋"），而北部（沙地片）则用"哉"。用在句子的末尾或句中停顿的地方，表示变化或出现新的情况，大体上相当于普通话里的助语词"了"，有时又有点类似普通里的"啦"、"呀"、"喽"。普通话里该用"了"的有些地方，如在动词或形容词后，表示动作或变化已经完成，或用于预期或假设的动作时，在萧山话里不能换成"喋"（或"哉"），而要换成"勒"（ləʔ²，正好和普通话"了"le的音相近，所以，记录萧山话也可用"了"，而不必另用"勒"）。"喋"的用法主要有：

用于动作状态开始出现、正在发展、既成事实的句末。如："会开好快喋！"（"会快开完了。"）"夜快喋！"（"天快黑了。"）"生活已经做得一半喋！"（"活计已经完成一半了。"）"学堂已经放假喋！"（"学校已经放假了。"）

用于祈使句末。如："弗可再话喋！"（"别再多说了！"）

用于疑问句句末。如："东西要要再买喋？"（"东西还要不要再买了？"）

用于感叹句末。如："山介（ka^{53}）高，我爬勿动喋！"（"山这么高，我爬不动了！"）"陈列品木佬佬，眼睛都看花喋！"（"陈列品这么多，眼都看花了！"）

以上例句中的"喋"，如果是萧山北部沙地口音，则均换成"哉"。根据不同语境，在交谈语流中，也可换成"啰"等感叹词或语气词。

唻　在萧山话里，"唻"主要用法是：

用于选择问句或否定回答句句末。如问："会有有开好唻？"答："还未（mi^{31}）唻。"（问："会开好了吗？"答："还没有呢。"）问："雷来咚响，外头雨落勿落唻？"答："我窗门里望出去，还弗落带唻！"（问："在打雷，外面下雨了吧？"答："我从窗户里看出去，雨还没下呢！"）

用于对某些预测或实际结果的感叹，往往还有预告、提醒人家得有思想准备的意思。如："钞票要木佬佬唻！"（"得花很多钱呢！"）"葛只电影上下集一道放，要三个多钟头唻！"（"这部电影上下集一起放〈放映〉，得三个多小时呢！"）

用于比较以后对某一方的褒贬（赞赏或嫌憎等）。如："话话是农村，条件拨城里着实要好唻！"（"虽说是农村，条件着实比城里要好呢！"）"质量比葛里个好，价钿也比葛里要便宜弗少唻！"（"质量比这里的好，价钱也比这里便宜得多呢！"）"我葛卯来带吃个几帖药，木佬佬苦唻！"（"我现在在服用的几帖中药，特别地苦呢！"）

第四章　乡谚　歇后语

乡谚、歇后语有通俗、大众、约定俗成等特点，具有形象性、夸张性、寓教性、富于变化等艺术功能，是定型化或趋于定型化的简练语汇或习用短句，在一定程度上反映了萧山地区的世态民情、民众心理。

第一节　乡　谚

自然类

晴冬至，烂年边；邋遢冬至燥索年，燥索冬至邋遢年（烂、邋遢：指下雨；燥索：指晴）。

交春落雨到清明。

春霜弗露白，露白要赤脚。

小暑一声雷，翻转做重梅（梅：此处指黄梅天）。

四季东风四季晴，只怕东风起响声。

处暑里个雨，百万仓里个米。

夏雨隔牛背，秋雨隔灰堆。

伏里十日秋，秋里十日伏。

天上鲤鱼斑，晒谷弗用翻。

早立秋，凉飕飕；晏立秋，热呴呴；夜立秋，痱惢惢（晏：午间。呴：音同"吼"，意为热得喘气；痱惢惢：指傍晚闷热，蚊子之类多，身上起痱子，很烦人）。

东闪空，西闪风，南闪火门开，北闪有雨来（闪：闪电，不同方位的闪电，往往是不同天气现象的预兆）。

初三初四蛾眉月，初八廿三半夜月；月半十六两头红。

东北扑地鲞，潮高丈八九（鲞：虹的别称，"扑地鲞"指虹的两端似着地貌）。

八月十八潮头齐，要看大潮到坞里（坞里：在萧山南阳镇的赭山）。

初一月半子午潮（夜潮子时，日潮午时）。

高山远山森林山，低山近山茶果山。

在山靠山要养山，在水靠水要护水。

打扮美，底子要靠自然美；建筑美，弗好破坏山水美。

生活类

做做吃吃，弗鲠弗噎。

吃饭防噎，走路防跌。

一弗赌食，二弗赌力。

衣弗差寸，鞋弗差分。

冻九焐四，添减适时（"九"、"四"指农历月份。九月乍寒还暖，四月乍暖还寒，均为冷热交替过渡期，要注意适时增减衣服）。

冬吃萝卜夏吃姜，饭焐萝卜抵人参。

宁可三日呒荤腥，弗可一日呒素菜。

酒多伤身，气多伤神。

食祭食祭，当心肚皮晦气（食祭：喻指贪吃。贪吃坏肚子）。

药补弗如食补。

手痛要络，脚痛要搁。

做做做勿煞，气气要气煞。

越吃越馋，越嬉越懒。

会算吃肉，絵算吃粥（算：指打算）。

吃勿穷，用勿穷，打算弗好一世穷。

吃过端午粽，还要冻三冻。

冒风冒雨弗冒雷。

顶风冒雨我弗忌，雷雨阵头我要避。

春弗劳动秋无收，冬弗节约夏要愁。

礼多人弗怪（礼：此处主要指文明礼貌，而非指财物）。

吃穿住都弗用愁，存款要用取零头，坐得飞机去旅游。

民俗类

年三十夜个吃，正月初一个穿。

炮仗闹一时，火烛慎时时。

平时用火多小心，胜过三牲供火神。

话话烧过“头炷香”，发财还靠自硬挣（硬挣：方音“张”，指能干）。

巫婆骗人絵骗自（ʑi^{31}），瞎子算命听口气。

养壮春牛看牛脚，脚壮力大絵耕煞。

熬过黄梅颠，伏天衣被晒个尽。

五月五，买桃黄鱼过端午。

立夏称人，重阳登高。

行善积德靠善心，菩萨弗拜弗要紧。

算命瞎子嚼舌头，“开眼瞎子”吃苦头（“开眼瞎子”：本指文盲，此喻愚昧之人）。

越排八字越多事，话带破来拐子骗骙子。

佛靠金装，人靠衣装。

呒有成亲总是“小”，双亲在堂弗称“老”（呒有：没有。首句也作：弗讨老婆总是“小”）。

百业类

水是稻个命，也是稻个病；要浅弗可深，要燥弗可浸。

腊肥壅得足，明年起花熟（起花：农作物）。

种子年年选，产量节节高。

寸麦弗怕尺水，尺麦独怕寸水。

水边杨柳山边竹，路边樟树屋边桃；所前杨梅名气大，萧山苗木全国俏。

一亩田、一亩地，翻翻弄弄吃勿及（dʑi^{31}）；十亩田、十亩地，弗翻弗弄吃个屁。

养猪挑猪塴，回头看看田（猪塴〈dziɛ³¹〉：即猪栏内的猪粪，称为厩肥，挑到田里作基肥，有助于农作物增产。要总结丰收原因，回头看看土质肥不肥就知道了）。

看看弗值钿，学学两三年。

吃饭靠本事，功夫卖铜钿。

剃头担，裁缝店，有何（ho⁴⁴）点本事趁何（ho⁴⁴）点钿（趁：挣、赚之意）。

货色要真，生意要兜（兜：指兜售，自我推介商品）。

称赞个老倌（讲勿来）是看客，嫌憎个老倌（讲勿来）是买主（夸你货色好的那个人，说不定只是个无心看客；挑剔你货色缺点的那个人，倒说不定是个有心的买主）。

一分行情一分货，货比三家赊吃亏。

跳槽跳得鞋底勘（hi³¹），一事无成自晦气（勘：指磨损）。

用好一个人，搞活一爿厂。

爱厂如爱家，厂兴家也富。

一百零八将，个个有特长；三百六十行，行行出状元。

事理类

身怕弗动，脑怕弗用。

弗怕事难，就怕人懒。

心急吃勿来热粥，骑马看勿来《三国》。

猪争一口食，人争一口气。

叫狗弗咬人，咬人狗弗叫。

话伊好弗可捧上天，话伊疲（ɕiə ʔ⁵）弗可踏落地（疲：音同"吸"，指差、不好）。

狗弗嫌主穷，儿弗嫌母丑。

牛有千斤力，全靠人当值；马行千里路，驾驭有路数（当值：饲养管理；路数：章法）。

桥归桥，路归路；酱油铜钿弗好买醋（喻专款专用，各司其职）。

大河有水小河满，大河水浅小河干。

狗是百步王，只会门前狂。

苍蝇弗叮无缝蛋，灶蚑欢喜馊冷饭（灶蚑：一种昆虫，头小触须长，背隆，后肢长，善跳跃）。

鱼有鱼路，虾有虾路，泥鳅会钻田塍路（指各有门路）。

好记性弗如烂笔头。

慢得一步，沓出一渡（指一步落后，步步落后）。

修养类

只要自家上进，弗怕人家看轻。

弗怕路长，只怕志短。

弗怕别人看勿起，只怕自己呒志气。

师父领进门，出山靠自身。

理漏趁天晴，读书趁年轻。

空话弗值钿，笑话哿（k'o⁵³）过头（"哿"为方言合音字，意为"不可"）。

让人弗是骇（ŋe¹³），骇子赊让人。

宁可清贫，弗可浊富。

宁可吃个开心粥，弗可吃个愁眉饭。

心宽体胖，气宽寿长。

大理弗让，小理弗争。

牛瘦角弗瘦，人穷志弗穷。

是非会常有，弗听自然无。

弗吃过量酒，弗贪意外财。

终身学习，精神充实。

廿岁看学业，三十看立业，四十看创业，五十成功看事业。

对爹娘要孝，对子孙要教，对乡亲要好，对党恩要报。

人际类

单丝弗成线，独木弗成林。

同船合（kiəʔ⁵）命，大家帮衬。

笆埭扎得紧，野狗迣（kã⁵³）勿进（迣勿进：钻不进）。

只有讲好，呒有打好（讲：指心平气和协商；打：指打架、吵架）。

渡人渡上岸，帮人帮到底。

十个手指有长短，荷花出水见高低。

铜钿银子短，人情面子长。

父子同力石成玉，兄弟同心土变金。

亲兄弟，明算账。

天作有雨来，人作有祸来（天作，指下雨前气候变化的某些朕兆；人作，指作孽、作乱、作践、作弊等行为，所谓自作自受之作）。

鸡越斗越熟，人越斗越生（生：指原先是朋友熟人，斗了之后，变得像陌生人似的）。

泥水师傅打大灶，里镬外镬都管牢（喻指兼顾各方面需要和利益）。

有借有还，再借弗难。借得弗还，再借万难。

三亲六眷亲归亲，有借有还讲诚信。

有理讲直话，无理讲横（uã⁴⁴）话（横话：指蛮横无理的话）。

问路少个"谢"，好弗落夜要落夜。

一句话讲得人家笑，一句话讲得人家跳。

豆腐心肠，越煎越硬；铁石心肠，见火就烊。

阻力少个好个，助力多个是个。

时政类

为民服务真勿真，百姓心里有管秤（萧山话"一杆秤"叫"一管秤"）。

有钿难买众口赞。

情是情，法是法；合情合理有政策。

弗看官职高低，只问有理呒理。

管物先管人，管人先管心。

法制顺民意，政策得人心。

政策好，地生宝。

村看村，户看户，村民看干部，干部看支部。

干部干部，先干一步。

干部心正，群众心齐。

吃勒人家嘴软，抌勒人家手软（抌：即拿，《越谚》里作挱）。

自话自好弗算好，群众话好是真好。

诚信二字都有言，君子一言值千金。

甏口好封，众口难堵。

嘴唇上下两瓣皮，出口弗好诡兮兮（诡：方音同"衣"[i⁴⁴]，"诡兮兮"指麻痹、自满，信口开河，不当一回事）。

多办实事少许愿，话过滩头就要算（滩头：话。"话过滩头"，特指有关领导在正式场合明确许诺过或宣布过的话）。

第二节　歇后语

络麻梗当拐杖——用错人；靠勿住（庸才重用；靠不住）。

硬摘落来个瓜——硬做，味道崴好（摘：方音同"宅"，硬摘即未熟早摘、硬摘。义同"强扭的瓜不甜"）。

喇叭花当号吹——根本派勿来用场（喻指让无能者担当极不相称的重任）。

乌大菱壳——氽到哪里算哪里（随波逐流）。

一颗芝麻还要对劈开——计较过头（斤斤计较）。

豆芽菜晒干——呒有折头，蚀耗太大（亏损太大了）。

鳗吃湖虾——随便吞吞落去（意为打败对手不在话下）。

老虎嗒蝴蝶——弗过瘾（嗒味道的嗒，也有用舔的）。

门角落头屙污（屎）——迟早要"黄出"（屙污：指拉屎；"黄出"：指真相大白）。

湿手捏燥面粉——惹牢攞勿掉个苦（意为黏住后甩不掉的苦）。

貓狃屁股——坐勿牢（坐不住）。

棕榈树下种芥菜——总是介（棕树芥，方音tsonŋ⁴⁴ zʔ³¹ ka⁵³的谐音。总是介：反正总是这样，硬挺着）。

四金刚腾云——悬空八只脚（不脚踏实地，不着边际）。

灯笼照火把——亮见亮（明摆着的事，大家心里有数）。

黄牛角、水牛角——各归各（角归角，方音谐音）。

凹砧板，钝薄刀——家生弗好（家生：指工具）。

敲顺风铴锣——随声附和。

烂田里勃捣臼——越陷越深（捣臼：即石臼；勃：推动）。

钱塘江里屙泡尿——一点觉勿出（微乎其微，微不足道）。

蚂蝗叮脚骱——叮牢弗肯放（咬住不放）。

泥菩萨潝面——越潝越难看（潝：音"乎"。潝面即洗脸。此处指想通过说谎来保全面子，结果适得其反，越描越黑）。

吃鲻鳌还要蘸酱油——多此一举。

瞎猫唵（to⁴⁴）死鸡——弗算真本事（偶然凑巧，算不上真本领）。

荷箬包刺菱——里戳出（从小团伙里捅出真相）。

破钵头枸鱼——东打西弗着（事儿头绪多，慌乱应付，一无所获）。

小鸡肚肠——肚量极小（萧山话叫"小鸡肚肠"，而北方话叫"小肚鸡肠"，均喻气量很小）。

小鸡屋污（屎）——倒退（比原先退步）。

牛吃薄荷——讲勿出个味道（不识货）。

黄鼠狼跟得黄瓜趤——糊里糊涂跟人瞎混（趤：音、义同荡秋千的"荡"。喻盲从）

猫嘴巴里挖泥鳅——挖勿回来喽（喻已经让人"吞食"去的东西，再想要回来已不可能）。

猫当老虎枸——小题大做。

老鹰飞过拔根毛——捞得着就捞（贪婪，如雁过拔毛）。

托老鼠管蚕宝宝——信错了人。

赤膊鸡打相打——弱者窝里斗。

苍蝇想跟雁鹅飞——不自量力。

蚂蚁扛銮头——干笨重活计靠人手多（人多力量大）。

踏道泥鳅——滑头（踏道：又叫河埠档，手捏泥鳅极易滑出，它跳几下又马上回到河里去。喻为人油滑）。

镬里弗滚，汤罐里先滚——主弗急客先急（喧宾夺主）。

饭店门前摆粥摊——抢生意（实力悬殊的竞争）。

辣茄过烧酒——煞渴（辣茄即辣椒；煞渴又叫解渴。喻指说话、办事痛快）。

冷口哺热食——来得正好（意为一臂之力助得正适时，雪中送炭）。

砻糠里榨油——呒有花头（没有油水）。

一斤鲌鲞——纯是头（喻有头衔的大小"官"有一大堆，就是没有干实事的"兵"）。

一根肚肠通到底——直肚肠（为人直白，心直口快）。

弄堂里背毛竹——直来直去，没法转弯（喻说话、办事不知变通；也喻施展不开）。

落雨天公背稻草——越背越重。

花轿弗坐坐猪篰——自讨苦吃。

白布衫掼咚染缸里——洗刷弗清。

麻袋盛车骨——摆勿落位（车骨：指旧时人力水车里的推水片及连接件，卸散后装在一个麻袋里。喻指将性格、脾气、习惯等差异很大的人凑在一起，很不协调）。

牛皮挡兜——滴水弗漏（挡：方音同"海"，挡兜本是一种有柄的捕鱼网具；用牛皮做是一种虚拟，喻指滴水不漏、小气）。

洋铁大衫——吭吭响，呒用场（喻指凡事不上肩，只会说大话，不负责任）。

馒头吃到豆沙边——快喽（比喻一桩事情快完成、快结束的意思）。

呆子掘荸荠——有得还想有（无休无止）。

铜钱眼里翻筋斗——"心眼"里就是钱。

铜缸对铁鬶——硬碰硬。

让黄牛钻狗洞——根本钻勿过去（喻故意设置障碍，羞辱他人）。

蜻蜓咬尾巴——自吃自。

火练蛇当鳗吃——爱者勿毒。

肉骨头吹喇叭——荤（昏）嘟嘟（昏了头）。

清水田里捉田螺——十拿九稳（指有把握）。

芥菜子掉在针眼里——碰巧（非常凑巧）。

三块板两埭（条）缝——煞清爽介（ga）一笔账。

檀树火筒——一窍不通（意为不开窍）。

戴箬帽亲嘴——合勿拢（明摆着有距离）。

出丧忘记棺材——做事没头绪（把最要紧的偏偏忽视了）。

年三十夜翻皇历——好日子完了。

赤膊鸡打相打——自啄自（自相残杀）。

猢狲穿衣裳——像煞是个人。

做了皇帝想登仙——弗知足。

爹同儿子坐牢——牢过又牢（十分牢靠）。

鞋帮做帽檐——高升（颠三倒四）。

丫头做过做嬷嬷——老手（嬷嬷：即家庭主要女佣，意为熟门熟路）。

小鸡吃毛豆——胀煞（承受不了）。

苍蝇戴豆壳——大而无当（不相称）。

狮子大开口——贪大贪多（贪得无厌）。

大脚疯搔痒——木肤肤（麻木不仁）。

贼出关门——防范已晚。

江西人补碗——自顾自（旧时江西补碗师傅补碗时，发出"齐古齐"的声音，似萧山方音的"自顾自"）。

木排上带信——弗及时（也指不牢靠）。

短脚裤塞袜筒——差得远（差距很大）。

狗头上套箍——够（狗）苦（箍）（指苦头吃足）。

灰灶房里打扇——晦（灰）气（自找晦气）。

似乎噔噔走——神气活现（《心经》经文"是无等等咒"的谐音，喻旁若无人、趾高气扬）。

门神打灶神——打来打去一家人。

砻糠搓绳——起头难。

关起房门看老婆——自道自好（自我陶醉）。

乌贼肚皮——黑心肠（萧山话习惯称墨鱼为乌贼）。

寒天吃冷水——点点在心头（意为刻骨铭心）。

第五章　普通话推广

萧山普通话推广始于50年代，先在教育系统展开，重点在中小学校。80年代初，普通话推广重点依然在学校。改革开放以来，外来人口的增加，促进了萧山经济、文化、人才、信息的区域性交流，为推广普通话营造了良好社会氛围，而城乡居民文化素质的提高，是全社会推广普通话的有利条件。

第一节　教育系统推广

初步推广

1956年暑假，县文教局在萧山中学举办首期推广普通话骨干训练班，以后每年暑假集中训练小学拼音识字教学骨干教师。1958年2月，县人民委员会要求各单位开展《汉语拼音方案》和推广普通话的宣传活动。下半年，县文教局将《汉语拼音方案》加印于中小学语文教材中，培训骨干教师133人，推广普通话。是年始，全县小学用《汉语拼音方案》作为学生入学语文起始课。全县小学利用每周业务学习时间，组织教师学习拼音，学讲普通话。1963年，县、区分别举办培训班，轮训全体小学教师，坚持把汉语拼音教识字、使用普通话教学列为每一个教师必须具备的基本功之一。

1978年9月，县文教局规定："小学一年级新生进校就要强调学讲普通话；中学生应该要求掌握汉语拼音，课内外说普通话；幼儿园也要推广普通话；师生平时会话要用普通话"。是年，县文教局教研室、教师进修学校负责全县中小学（幼儿园）教师进修，举办各学科教师轮训班，把学习《汉语拼音方案》列为中小学语文学科教师、幼儿园教师培训的内容之一。农村小学在组织教师集体备课时注重"汉语拼音过关"，训练和学讲普通话。

全面推广

普通话培训　1985年，县教育局把提高在职教师使用普通话教学和汉语拼音水平，纳入全县教师业务培训计划。是年，出台评选中小学教坛新秀的实施意见，把"能用普通话进行教学"，作为课堂教学基本功扎实的条件之一。县教师进修学校作为培训普通话骨干师资的基地，由各区教育办公室负责安排小学、幼儿园教师的普通话培训工作。此后，全县先后多次举办小学、初中普通话骨干教师培训班，还在全县小学教师中，开展教师口语等五项基本功培训，通过培训，提高了中小学教师和幼儿教师的普通话教学水平。

各中小学和城镇幼儿园都把推广普通话列入学校（幼儿园）教育、教学工作议事日程。1988年，萧山市教育局在靖江镇中心小学、赭山镇中心小学举行"注音识字，提前读写"教学改革实验活动，国家语言文字改革委员会的领导、专家前来指导，全市镇乡中心小学低段语文教研组组长参加本次活动。教研组组长回校后，联系各镇乡实际组织培训，推广和落实先进经验。

1996年6月，市首期小学普通话骨干教师提高班在市教师进修学校举办。27个镇乡的39名教师参加语音、朗读、说话等综合训练，经杭州市语言文字改革委员会测试，获一级乙等7人、二级甲等25人、二级乙等6人、三级甲等1人，合格率97.40%。是月和同年11月，全市先后举办有一定基础的小学普通话骨干教师培训班2期，共69人。1997年开始，全市开展小学教师口语等五项基本功培训，把口语表达即普通话水平列为教师必须达到的首要条件。是年4月，举办小学教师"口语"辅导员培训班，培训40人。1999年10月，培训初中普通话骨干教师22人。同年12月，举办教师普通话提高班，培训159人。峙山职业中学在双休日、国庆节放假期间，邀请省级普通话测试员李佩礼、王萍、王素君等为该校教师培训普通话。

普通话比赛　1985年起，市（县）教育部门多次举办全市（县）中小学和幼儿教师普通话演讲比赛。比赛形式有课堂教学讲话、课文朗读，语音扫读拼读等内容，比赛要求口齿清楚、语音准确、语调自然、感情真切，达到迅速、准确、流畅。1987年，体育路小学教师沈斌、工农兵小学（今人民路小学）教师金晔参加杭州市普通话比赛，分别获得二等奖和三等奖。是年，县聋哑学校也举行汉语拼音比赛，其中有11名聋哑学生获得百分优胜奖。1990年，城南乡中心小学组织青年教师进行"一口标准普通话"竞赛活动，普及使用普通话教学。1992年5月，全市举行小学、幼儿园教师及中等师范学生"事业与我"普通话演讲赛。参赛人员经基层选拔，产生小学教师17人（包括教师进修学校中师学生2人），幼儿教师15人，分别评出一等奖2人、二等奖3人、三等奖5人。通过多种形式的竞赛活动，起到了鼓励先进、互相学习、共同提高的目的。

普通话测试　1994年10月，国家教委、语委、广播电影电视部决定对师范类专业学生、各级各类学校教师、广播电视系统播音员、节目主持人、国家机关工作人员及其他应该接受测试的人员进行普通话水平测试。1997年，全市首次开展对师范院校毕业生进行普通话测试，湘湖师范学校学生普通话测试成绩合格率为90.07%，其中二级甲等（以上）率为48.90%，列杭州市同类院校第一。1999年7月，市教委顺应普通话测试的需要，本着"以测促训"，整体提高全市中小学、幼儿教师普通话水平的原则，建立了由萧山教师进修学校、湘湖师范学校实施培训测试的工作网络。全市有3500余名教师和社会各界人士参加了普通话水平培训和测试。从1999年11月到2000年12月，市教委先后组织2892人次参加测试，1856人取得普通话等级合格证书，其中二级甲等524人、二级乙等1332人。到2000年末，经各级语委严格考核，萧山先后有2人获得国家级测试员资格，13人获得省级测试员资格。

重点普及

市教育局要求在全面推广普通话的基础上，从1991年起，重点在各学校普及普通话，具体分两个阶段。第一阶段师生按要求掌握普通话基本知识，在教学和集体活动中使用普通话。第二阶段做到在校园内使用普通话，能说标准的或比较标准的普通话，使普通话成为校园语言。地处山区的云石乡中心小学，针对教师、学生方言浓重的实际制订普及普通话的规划。学校领导带头示范，校长率先在教师会与学生集会等各种场合讲普通

图42-5-1117　萧山教师进修学校对学生进行普通话培训（2001年1月摄，萧山区教师进修学校提供）

话。教师经过反复练习，初步养成在课堂和校园各种场合说普通话的习惯，并逐步减少普通话夹杂方言的现象。要求学生在课堂和各种场合讲普通话，并在各班级设立"推普员"，帮助同学及时纠正读不准的字、词、句，督促同学间坚持讲普通话。学校定期举行教师普通话竞赛，把说普通话纳入考核内容，作为评比先进的条件之一，并在全乡各村完小推广。1994～1995年，该校对毕业班学生进行普通话测试（笔试、口试），作为小学毕业成绩的依据之一。据1995年统计，该校教师在课堂教学中使用普通话达100%，在集体活动中使用普通话达96%，在与学生交谈中使用普通话达95%，在同事之间使用普通话

交谈达85%；学生在课堂和集体活动中使用普通话均达100%，在与教师交谈中达98%，在同学之间交谈中达95%。是年4月，全国人大常委会副委员长、国家语言文字工作委员会主任许嘉璐视察云石乡中心小学，肯定了学校的推广普通话工作。同年，城厢镇回澜小学等学校的教师与学生交流坚持使用普通话，学生回家坚持讲普通话。

1996年开始，在城镇小学已通过杭州市教委组织检查评估的基础上，萧山市教育局依据"普及普通话工作第一阶段要求"，对全市中心小学、初中、普通高中进行检查评估。同时，对城镇小学进入普及普通话第二阶段的要求进行检查评估。1997年始，对全市完小、村小进行普及普通话第一阶段要求的检查评估（由镇中心辅导学校组织）。1998年始，对中心小学、初中、普通高中进行第二阶段要求的检查评估，此后对完小、村小进行第二阶段要求的检查评估。

教育系统通过多年坚持推广和普及普通话工作，使用普通话在校园内蔚然成风。至2000年底，全市中小学学生在校都能讲一口比较准确、流畅的普通话，在家里和在社会上也能用普通话进行交流。城镇幼儿园和不少镇乡幼儿园的小朋友，也逐步学习讲普通话。普通话在中小学（幼儿园）基本普及。

第二节　全社会推广

过去，萧山人习惯于使用方言交谈。改革开放后，通过在城乡推行九年制义务教育和扫盲工作，城镇、农村的男女青年，文化水平大部分达到初中毕业以上，文盲率逐年降低，能用普通话进行交谈的市民逐年增多。在各级政府机关、企事业单位中，一批高学历、高素质的人才进入领导班子和干部职工队伍，在正式场合和日常交谈中，也能采用普通话。随着萧山经济技术的快速发展，地域、技术、资金、信息资源方面的优势，吸引了来自全国各地各领域的优秀人才。同时，进入萧山的外来民工和嫁到萧山的外地妇女也日益增多，为推广普通话创造了有利条件。因此，普通话成了萧山民众在各种场合相互沟通最基本的语言。城镇中不少家庭已习惯在家庭成员中用普通话进行交谈。不少家长培养孩子从小学讲普通话，有一些孩子还能对家长普通话中不标准的字、词、句予以纠正。萧山逐步形成了一个推广普通话、使用普通话进行交流的社会氛围。

1998年9月，萧山市语言文字工作委员会成立，进一步加强对全市普通话推广工作的领导、协调和管理。是月的第三个星期，萧山市与全国同步，开展首届推广普通话宣传周活动。全市中小学、幼儿园率先向全市人民发出"请讲普通话，请写规范字"的倡议。市语言文字工作委员会与市宣传、人事、广播电视、教育、文化、工商、建设、交通等部门联合下发文件，再一次向全市人民发出"请讲普通话，请写规范字"的倡议书。举办形式多样的宣传、咨询、等级测试等活动，逐步提高全社会的语言文字规范意识。萧山市广播电视系统的12位播音员、主持人参加由浙江省广播电视局组织的普通话水平测试，其中6人达一级甲等水平，6人达一级乙等水平。在全市范围内，坚持以学校为基础，以党政机关为龙头，以新闻媒体为榜样，以服务行业为窗口，开展普通话推广工作。尤其在国家机关工作人员队伍中，掀起了学习普通话的热潮，不仅公安、司法等部门组织人员参加普通话培训，党山、益农、衙前等镇乡政府部门也积极开展普通话培训。中国农业银行萧山市支行、萧山国际酒店、萧山长途汽车客运站等窗口服务单位要求员工一律用普通话上岗工作。2000年10月31日，江泽民发布中华人民共和国第37号主席令，决定《中华人民共和国国家通用语言文字法》自2001年1月1日起施行。市语委及时召开会议，制订新的实施规划，并着手抓好落实。从此，推广普通话和推行规范汉字，走上了有法可依和健康发展的道路。

第四十三编
镇 乡

第一章　建制镇

第二章　行政乡

萧山四咏（一）

元·张招

古邑瓜分十五乡，越王城垒久荒凉。

水涩紫丝莼菜滑，野平山对东西蜀。

锦苞苍玉笋芽长。路直湖连上下湘。

市桥酒价如泥贱，笑领诗人醉几场。

镇乡作为县以下的行政区域，乡早于镇。乡萌芽于春秋战国之际，定型于秦汉时期，以后历代相沿。镇的概念由来已久，其涵义随着历史的更替而有所不同。唐代在险要之地设镇，萧山境内，当时有西陵镇、长山镇，镇设镇遏使。南部毗邻富阳、诸暨的要隘，设黄岭、岩下、贞女3镇，以驻兵戍守。宋代以后，镇是指县以下的小商业都市。宋代高承《事物记原》称："民聚不在县而税课者，则为镇。"据北宋元丰《九域志》载，萧山县有西兴、渔浦2镇。明、清时，又增钱清、尧山等镇。镇作为县以下的行政区域单位，在萧山则始于民国。

　　中华人民共和国成立后，基本沿用镇乡建制。1958年10月，实行政社合一的人民公社，取代原镇乡行政建制。1984年5月，恢复镇乡建制，是年末境内设3个镇、64个乡。此后，随着乡镇工业的崛起，农村经济的发展，建制镇迅速增多，而乡渐趋减少，1985年末全县有24个镇、43个乡。1992年5月，撤区扩镇并乡（以下简称"撤扩并"），全市设27个镇、4个乡，镇乡数量减少，规模扩大，并加大基础设施和公用设施建设，推进小城镇建设，加快城市化进程。至2000年末，全市辖24个镇、7个乡。镇以中华人民共和国成立后省民政厅批准为建制镇的先后，乡以历史上建乡时间的先后记述。

第一章　建制镇

萧山在民国17年（1928），乡村百户以上设村，街市百户以上为里。民国19年，改村里为乡镇。这时的镇，始于乡并立为县以下的行政区域单位。民国21年，境内设镇30个，民国37年减为12个。

中华人民共和国成立初，全县仍设镇12个。1950年减为10个，其中只有城厢镇为县直属镇，其余均为区辖镇。①除城厢镇本属建制镇外，1954年5月，省民政厅批准临浦、瓜沥、党山（坎山）、长河、义桥、闻堰、西兴、河上正式为建制镇。1956年对原有的建制镇进行调整，全县镇的数量从1955年末的9个减至3个。1958年10月，全县实行人民公社化。翌年6~8月，城厢、临浦、瓜沥、党山（坎山）、闻堰先后恢复镇建制。1960年末，全县设镇5个。

60年代初正逢三年困难时期，国家采取压缩城镇人口，减少建制镇的措施。几经调整，至1969年，全县设镇3个。此后，直至1984年，镇的个数未变。

80年代，由于乡镇工业的兴起，农村经济发展，人口集聚，建制镇因此迅速增多。1985年复设和新增建制镇21个，年末共有镇24个。1988年1月，萧山撤县设市，仍有镇24个。1992年"撤扩并"后，全市有建制镇27个，形成以市政府所在地城厢镇为中心，临浦、瓜沥、义盛等市域片区重点镇为纽带的城镇体系和分布网络。1996年行政区域调整后，至2000年末，全市建制镇为24个。

第一节　城厢镇

城厢镇位于萧山市中部，是个古老的县城。萧山设市后，这里是全市政治、经济、文化中心。其东与衙前镇、东南与新塘乡、东北与新街镇交界，南连来苏乡、石岩乡，西接杭州市滨江区的长河镇、西兴镇，北与宁围镇接壤。镇西南的湘湖旅游度假区是著名休闲胜地，东北离杭州萧山机场15千米。铁路浙赣线、萧甬线和公路104国道、03省道穿过境内。

镇情综述

唐仪凤二年（677），城厢镇即为永兴县治所在地。②唐天宝元年（742），永兴县改名萧山县，县治所在地不变。北宋太平兴国三年（978），分属崇化、昭明2乡。元至元十六年（1279）为二十都、二十一都。清宣统二年（1910）设城区。民国18年（1929），城内有9个里。民国21年，9个里改为市东、河北、市西、河南、西河5镇。翌年，又将市东镇分为桥东、桥西2镇。民国23年，6镇合并，因其管辖范围包括城内及近郊，故称"城厢镇"。1950年7月，为县直属镇。1958年10月，改为城厢人民公社。1959年6月恢复镇建制。1988年1月，为市政府所在地。1992年5月，城北、城东、新塘、裴江、

①由于受当时的条件限制，这一时期国家没有就镇的行政建制制定专门的法规，因此镇的行政地位不明确，镇的设置标准也不统一。至1954年，《中华人民共和国宪法》规定：我国的行政区划"县、自治县分为乡、民族乡、镇"，明确了镇的行政地位。

②永兴旧县治在古长兴乡，隋开皇九年（589），永兴县废。唐仪凤二年（677）复置永兴县，县治在北干山南2里，即今城厢镇。详见《政区》编第二章《建置》。

来苏、城南、石岩7个乡和长山镇的柳桥、塘湾、墩里吴3个村并入城厢镇。1996年5月，西兴镇的东湘、杜湖、湖头陈3个村划入城厢镇。1998年8月，新塘、来苏、石岩3个办事处析出另设3个乡。2000年，全镇总面积74.74平方千米[1]，建成区面积16.88平方千米；辖4个农村办事处，4个街道办事处，92个居民区，57个村；总户数66367户，总人口205853人，其中非农业人口139402人；[2]外来常住人口68161人，有蒙古、回、藏、维吾尔、苗、彝、壮等26个少数民族，共1115人。[3]镇政府驻地文化路138号。

　　萧然山蜿蜒镇西，北干山横卧镇中。北海塘横贯镇北，塘北为沙土平原，塘南为水网平原。萧绍运河横穿东西，流经城内的一段称"城河"。南门江起于镇南，北塘河流经镇北。镇西南有著名的湘湖。1985～2000年是城厢镇经济快速发展时期，曾先后被列为中国10亿元乡镇、浙江省综合经济实力百强乡镇、杭州市十强乡镇。2000年，全镇国内生产总值13.02亿元，工农业总产值49.83亿元，财政收入2.94亿元，农村居民人均净收入6559元。[4]

　　50年代中期至60年代初，浙江萧山电机厂、萧山棉纺织厂和杭州齿轮箱厂三大省、市属企业在镇兴建。80年代，乡镇企业发展迅速。1985年末，建在镇上的年产值40万元以上的省、市属、县属和镇属工厂62家，其中全民企业22家、集体企业39家、中外合资企业1家，职工总人数33144人，年工业总产值5.16亿元，利润5996万元，[5]这些企业的兴起为城厢镇工业发展打下坚实的基础。1992年有镇办企业106家、村办企业490家，实现工业总产值12.20亿元，出口交货值1.69亿元，出口产品有羽绒制品、五金机械等16个品种。1993年起，建立现代企业制度，推行股份合作制，明晰产权，重组投资主体。至1995年末，全镇转制企业416家，其中股份合作制20家，整体拍卖47家，整体租赁302家，动产拍卖、不动产租赁29家，兼并等其他形式的18家。2000年，全镇拥有企业991家，职工人数27692人，实现工业总产值46.76亿元。

　　80年代初，个体私营商业得到发展，市场活跃。1988年，全镇有国营集体商店433家，从业人员4000余人；个体商业1102家，从业人员3000多人。随着商业服务设施增加，2000年全镇拥有商贸服务网点25139个，从业人员63554人。

　　1985年全镇只有湘湖、西门2个村从事农业，全镇耕地面积309亩[6]，农业总产值仅11万元。1992年"撤扩并"后，全镇耕地增至83117亩，总产粮食59610吨、蔬菜72797吨，全镇农业总产值1.34亿元。同时，养殖业得到发展。1992年全年生猪出栏5.87万头，家禽出栏145.99万羽。1994年，全镇有饲养万羽禽、百头猪、百亩精养鱼塘的专业大户和特种珍奇养殖专业户600多户。1998年，新塘、来苏、石岩从城厢镇析出，分别单独设乡，全镇耕地面积减至49877亩。2000年，全镇耕地面积48566亩，总产粮食29509吨、蔬菜66864吨、水果10吨，种植花卉2554亩；生猪出栏4.85万头，家禽出栏220万羽；淡水养殖面积7660亩，水产品产量1880吨，珍珠产量3942千克。是年，全镇农业总产值3.01亿元。

　　镇上市级文化设施有青少年宫、老年宫、文化馆、图书馆、博物馆、电

① 全镇面积数，据《萧山年鉴·1999》第50页《1998全市31个镇乡概况表》。以下镇乡同。

②④数据来源：萧山市统计局编印2000年《萧山市统计年鉴》。以下镇乡同。

③根据萧山市2000年第五次全国人口普查资料统计。以下镇乡同。

⑤上述数据，均据《萧山城厢镇志》第三编第十一章《工业》，浙江大学出版社，1989年，第176～177页。

⑥镇乡耕地面积包括集体耕地和自留地。以下镇乡同。

图43-1-1118 城河上的梦笔桥。此桥南朝齐建元中建，清代重修（图片来源：《萧山文物》，西泠印社出版社，2000年1月）

影院、剧院、电视台等。拥有3000多个座位的萧山体育馆可举办多种体育比赛和大型文艺活动。全镇不仅普及九年制义务教育，还发展职业技术教育、中等专业教育和成人高等教育，有萧山中学、湘湖师范学校等重点学校。随着经济的发展和社会进步，依托建在镇上的市级文化体育、教育、医疗卫生等设施，全镇的文化、体育、教育、卫生、广播电视事业迅速发展。1985年，全镇主要演出和放映场所有8家，22个居民村和1个农村均建有文化室。镇文化站建于1992年5月，是年，农村办事处拥有千人座位的影剧院2所，每个办事处都设有篮球场和室内图书室、乒乓球室、演出厅等设施。2000年9月25日，镇首届全民运动会暨文化艺术节在市体育馆举办。年末，镇文化站被评为省一级文化站。是年，镇上有幼儿园26所、小学34所、初中9所，还有高中5所、中专6所、职业中学1所、电大1所。有市属医疗机构5家，病床1448张，医务人员2030人；镇属医疗机构5家，村卫生室49个，有病床54张，医务人员145人。全镇广播馈线长81千米，入户喇叭1.90万只，有线电视主干线电缆39千米、光缆20.70千米，用户1.10万户。

城厢镇名人辈出，明代有发明牛轮水车、创制中式簿记"四柱清册"的科学家单道（字俊良），参与《永乐大典》纂修、官居明南京吏部尚书的魏骥；清代有著《西河合集》493卷的经学家、文学家毛奇龄，有与林则徐共患难的嘉庆、道光年间名宦汤金钊，有同治、光绪年间名噪一时的画坛"三任"（任熊、任薰、任颐），有在辛亥革命时曾任敢死队队长、最后毁家献出生命的革命志士汪珪，以及中国最早走向世界的妇女之一单士厘等。

千年县城

城厢镇自唐仪凤二年（677）起，一直为县治所在地。初时的城垣周1里200步，南宋嘉泰年间（1201~1204）已废。明嘉靖三十二年（1553）为抵御倭寇侵扰，知县施尧臣重建城垣，城周9里120步。清乾隆年间，这里已是街巷纵横，商贩云集。清末民初，民族工商业兴起，城镇亦日趋发展。民国时期，城厢镇有大小街弄120余条，大都分布在城河两岸，南岸称"上街"，北岸叫"下街"。城河上有回澜桥、东旸桥、惠济桥、梦笔桥、真济桥、永兴桥和仓桥7座古石拱桥。其中梦笔桥始建于南齐建元二年（480）。上街西门至东门，系石板路，长约2千米，为主要商业街道。店面多为砖木两层楼房，前店后作坊。住宅大多是传统的墙门屋，青瓦粉墙，砌有石门框。

镇西，旧有西河。临河是街，称"西河下直街"。西河北起凌家桥，与城河相连；南抵三碰桥，通苏家潭，与南门江相接。长约0.50千米，河上建有凌家桥、寺先桥、金带桥、北药桥、第五桥、南药桥、西河桥、沈家桥、三碰桥9座石桥。自凌家桥至寺先桥，临河一带是朝东的单面街。沿河有廊檐和石砌河埠，市面活跃。过寺先桥，便是坐北朝南的东晋古刹祇园寺，黄墙飞檐，寺塔耸立。寺之对面有"同胞三俊"①府。再往南河之西岸有"荣禄第"②，"荣禄第"南有一条东西向的弄堂，名"桥下达"。这里自东而西依次是："探花第"③、魏家弄内魏骥④的祖屋、"大夫第"⑤、

"同胞五大夫第"[①]。出桥下达往南，西河东岸有一朝西的石库墙门，为"世进士第"[②]，"世进士第"南有宋杨冀王（名次山）旧宅[③]，再往南，过南药桥有"文忠第"[④]；河西岸是学宫，即孔庙，为旧时儒学教官的衙署所在，建于南宋绍兴二十六年（1156）。[⑤]西河东岸临南城墙根有水一泓，名"苏家潭"。潭北面有张驸马府[⑥]。西河下直街曾是萧山文化之邦的一个缩影。惜于1962年，拆西河下直街，填塞西河，筑西河路，前述的石桥、府第等古建筑先后拆除，学宫在"文化大革命"中被拆毁。

中华人民共和国成立后，按规划以体育场为中心，用方格形布置街区和道路网。旧时的房舍、墙门陆续拆去。代之而起的是一幢幢新建的住宅楼群。同时，对火车站、汽车站、学校、电影院、医院等公共设施进行大规模更新改造，千年古城展现新姿。

繁华市区

1988年1月，萧山撤县设市，城厢镇为市政府所在地。自此，按照现代化城镇建设规划，加快基础设施建设，城镇向北偏东发展。市心路向北延伸，开辟城镇新区，并与萧山经济技术开发区相连。镇区道路累计总长110千米，面积187万平方米。其中，市心路纵贯老城区、新区，形成繁华的"十里长街"，白天车水马龙，夜间灯火通明。全镇街道均为沥青或水泥路面，两边人行道大多铺设彩色方砖。路灯为高压汞灯、钠灯，多采用新颖的钢管灯柱和造型美观的组合灯柱。

街道两边的房屋多为高层建筑。萧山商业大厦（后改名开元城市酒店）、萧山宾馆均为21层，80年代为镇上的标志性建筑。萧山国际酒店，1996年6月建成，主楼30层（地下2层），高109米，两台观光电梯直上顶部旋转餐厅。金马饭店于同年5月开业，主楼27层（地下2层）。至1999年末，全镇共有12层以上高层建筑22幢，总面积48.40万平方米。还有一批具有现代气息和新区标志性建筑特色的宾馆、酒家、商场、大楼正在建设中。

镇上，商业服务设施不断增加。自1988年开始，陆续兴建西门、东门、市北、育才、崇化、江寺、高桥、潘水、杭二棉、曹家桥、半爿街11个农贸市场，总建筑面积5.70万平方米，内设摊位3406个。其中西门、东门农贸市场是全市规模最大、农副产品上市最多的农贸市场。1992年10月商业城开业，为综合性批发市场。1997年9月，萧山市心广场建成，这是个集购物、休闲于一体的现代化商务区。通过一年多的努力，精心培育了广场"名品街"。"名品街"由250余个个体经商户、35家有限责任公司、25家集体企业组成，引进"杉杉"、"罗蒙"、"金盾"、"鄂尔多斯"、"宝姿"、"鳄鱼"等国内外知名服饰品牌45个，引进"海尔"、"康佳"、"TCL"、"西湖"、"金松"等国内知名家电品牌41个，成为萧山商贸界品牌经营和专卖经营的一个新亮点。2000年，商业城建成面积35万平方米，年成交额90.20亿元，被列入全省十大专业市场。全镇充满繁华、兴旺的现代城市气息。

①"同胞五大夫第"为清单氏兄弟住宅。单氏兄弟5人都在福建当司马，赠大夫。这座府第气势恢宏，正屋就有九楼九底，乌篷船可以直接摇进府内。秋瑾外婆家就在里面，正厅悬着"五代雄风"巨匾。

②"世进士第"，清乾隆朝进士王宗炎、嘉庆朝进士王端履父子居此，内筑"十万卷藏书楼"。

③杨冀王旧宅于清乾隆十三年（1748）毁于火灾。

④"文忠第"为清同治朝进士、贵州学政林国柱府第。

⑤学宫，宋初在县治东南里许雷壤（后名芹沂桥，今桥已废）。绍兴二十六年（1156），知县陈南迁至城南重建。

⑥驸马名叫张复初，先后任安远（今属福建）节度使、枢密院副都承旨，娶南宋理宗赵昀皇姑为妻。

图43-1-1119　市心广场"名品街"（图片来源：《萧山年鉴·2000》）

休闲胜地

镇西南的湘湖风光秀美，历史悠久，自然与文化资源丰富。80年代中期，湘湖东岸的西山被辟为公园。进入90年代，湘湖的保护与开发工作正式启动。1995年9月12日，浙江省人民政府批准建立省级湘湖旅游度假区。1998年，在下湘湖建设杭州乐园，翌年4月建成开园。

湘湖旅游度假区规划面积9.25平方千米，其中启动区块面积4.64平方千米，首期开发水上运动、休闲度假和娱乐旅游等项目。这里有比河姆渡文化还早1000年的跨湖桥文化遗址，有距今2400多年的越王城遗址，历史文化积淀深厚。

第二节　临浦镇

临浦镇位于萧山市南部，东与所前、进化两镇接壤，南连浦阳、河上两镇，西与义桥、戴村两镇相邻，北靠石岩乡、来苏乡。因濒临浦阳江而得名，是个活水码头。临浦镇是萧山南部副城区、国家级小城镇综合改革试点镇。境内有西施古迹群，为市级文物保护单位。

镇情综述

临浦于唐代形成集市，北宋太平兴国三年（978）为苎萝乡临浦里。元至元十六年（1279），为十七都一图。清雍正年间，为苎萝乡临浦庄。民国元年（1912）自中沙潭向北至旧里河为界，东属绍兴县，西归萧山县管辖。民国21年（1932），属萧山部分为临浦镇，属第四区。1949年5月萧山解放，6月，原属绍兴县部分划归萧山县统一管辖。1954年经省民政厅批准，临浦为正式建制镇。1958年10月，属临浦人民公社。1959年7月为镇，由县直属。1984年5月，为临铺镇和浦南、大庄、通济3乡。1992年5月"撤扩并"，浦南、大庄、通济3乡并入临浦镇。2000年，全镇总面积42.48平方千米，辖14个居民区、55个村，总户数16956户，总人口54059人，其中非农业人口15884人；还有外来常住人口6858人，有壮族、苗族、侗族、布依族等14个少数民族322人。镇政府驻地五洞闸路，北距市政府所在地约14千米。

地势南高北低，镇境南端有郭墓峰，镇中有牛头山和峙山，镇北与西北有戴家山、苎萝山、塔山、大头山、花皮山、柏家山、元宝山等，镇西有碛堰山。镇域南部为浦阳江、永兴河流域，北部主要为西小江水系。临浦自古水陆交通便捷，又地处平原与山区的连接地，是萧山南部的物资集散中心。中华人民共和国成立后，随着工业的兴起和商贸的发展，临浦进入了新的发展时期。2000年，全镇国内生产总值7.66亿元，工农业总产值23.48亿元，财政收入7873万元，农村居民人均净收入5858元，为萧山市南部地区经济、文化中心。

中华人民共和国成立后，对私营工业进行社会主义改造。原私营电厂改为地方国营萧山第二电厂；原私营安孚米厂改为地方国营萧山第二粮食加工厂；万和锅厂公私合营后，改为地方国营萧山锅厂；原私营源记酒厂改为地方国营萧山第二酒厂；原几家私营小印刷厂，公私合营后改组为临浦印刷厂。70年代兴建地方国营萧山树脂厂、杭州江南制茶厂、国营萧山林场机械厂等。80年代，镇上有合作工厂和合作社16家。随着农村改革的实施和深化，乡镇工业崛起。1992年"撤扩并"后，全镇有镇办企业39家、村办企业111家，工业总产值2.55亿元，出口交货值1393万元，利税总额2110万元。企业转制后，工业经济效益提高。2000年，除省级股份制企业萧山发电厂和12家萧山市属工业企业外，全镇有集体企业15家、私有企业393家。是年全镇工业总产值21.64亿元，出口交货值4.18亿元，利税总额1.44亿元。

临浦镇历来商业兴旺，80年代又得到新的发展。1985年，临浦集镇有8个行业、8家国营批发商店，10家国营零售商店，23家集体合作商店。个体工商业户经登记发证的有1852户，从业人员4033人。其他尚有跨地区的联营商业3家，以及农贸、仔猪、粮油、小商品、木材等专业市场。1991年，浦南、通济、大庄3乡分别在桥南、塘郎孙、柏山陈形成小集市。2000年，全镇有大型批发企业15家，大型商场20家，并建成私营经贸区、新农资市场、果品市场、建材市场等。总计大小商店200家。商品批发销售额5亿元，商品零销总额3亿元。

1985年，全镇有耕地198亩，总产粮食36吨，其余种植蔬菜、豆类等，全镇农业总产值14万元。1992年"撤扩并"后，全镇耕地增至27823亩，总产粮食23060吨、油菜籽279吨。全年生猪出栏14950头，家禽出栏122.29万羽；水面总面积1968.80亩，年产淡水鱼160吨。全年农业总产值3752.90万元。随着农村改革的深化和第二轮家庭承包责任制的实施，农业产业结构朝着高效农业调整。2000年，全镇耕地面积26574亩，总产粮食16166吨、油菜籽127吨。茶园面积1067亩，总产茶叶98吨；果园面积1203亩，总产水果332吨。种植蔬菜12463亩，总产蔬菜25478吨。全年生猪出栏37559头，羊出栏1026只，家禽出栏346万羽。淡水养殖面积1635亩，产淡水鱼389吨，产珍珠4337千克，养殖虾、蟹、鳖等高档水产290亩。建立幼蚌繁殖基地10个及全市首家蚌珠水产研究所和蚌珠生产协会。种植花卉苗木101亩。是年，全镇农业总产值1.85亿元。

临浦是吴越文化的发祥地之一，文化积淀深厚，名人辈出，曾经孕育了美女西施、历史演义作家蔡东藩等。境内文物古迹众多。临浦也是萧山南部的文化中心。镇上有文化站、电影院、剧院、广播电视站、工人文化宫等各种文化设施，有文艺创作、演出及书画等业余团体。逢年过节组织文艺活动和体育竞赛。1987年7月举办历史演义作家蔡东藩诞辰110周年纪念活动。1993年镇文化站被评为浙江省特级文化站。1996年被评为全国亿万农民健身活动先进乡镇，1997年被评为全国群众体育先进集体。1999年8月举办镇首届全民运动会暨文化艺术节。2000年，全镇广播馈线长81.45千米，入户喇叭1.40万只；有线电视主干线电缆71.40千米，用户1.20万户，共有电视机1.50万台。镇上有高中1所、职业高中1所、初中4所、成人学校1所、完全小学5所、村级小学1所、中心幼儿园1所、农村幼儿班55个；有市级医院1所、镇级卫生院3所以及27个村级卫生室，为省级卫生城镇。

活水码头

临浦商市起于唐，得浦阳江、西小江水上运输之利，成为浙东地区的一个商业重镇，被称为活水码头"小上海"。浦阳江从东往西，西小江从南往北，两条江成"丁"字状流经临浦。浦阳江往上游可至诸暨、浦江、义乌，往下游溯富春江可至富阳、桐庐、建德，直至兰溪、衢州，过杭州入京杭大运河，可与富饶的杭嘉湖平原和太湖流域苏州、无锡、常州诸地沟通。西小江则与浙东运河相连，直达绍兴、上虞、宁波。

临浦称码头为"埠"，全盛时期有大小17个埠头。沿浦阳江靠埠货船从火神塘到文昌阁，最多时达七八百艘，全镇有店铺800余家。主要为米业，行店50余家，占全萧山的1/3，为浙江省六大米市[①]之一。日流量5000石～6000石，多时近万石[②]。临浦的米价直接影响萧绍、浙东，甚至沪、杭和江西。由于粮食的转运，又兴起了过塘行业和运输业[③]，盐业和竹木业也为临浦大宗商

①据民国22年（1933）《中国实业志》载，浙江省六大米市为永嘉、兰溪、临浦、湖墅、硖石、嘉兴。

②1石＝100升，1石大米重约75千克。

③据民国24年（1935）统计，全镇从事大米过塘行6家，从事大米加工、装运工人2000余人。

图43-1-1120 临浦外江货运码头（2003年7月，华月桥摄）

业。食盐月销量约1.50万担，可与米业并驾齐驱，临浦成为浙盐赣米的集散地。浙、赣、皖的竹木商大多聚集临浦，年进货约3万立方米。米盐业的发展带动其他各业，其中南货业、百货业、绸布业、瓷器业、酒酱酿造业、丝业、山货业、钱庄当铺金融业、航运运输业和饮食、服务、娱乐业等。抗日战争初期，临浦地处浙东前线，曾一时为浙赣铁路起点。原赴杭州进货的商民改由临浦办货，故绸业、杂货、纸行、锡箔、盐业、土布等行业均十分兴旺。但最盛者仍为米业，次为盐业。民国30年（1941）临浦被日本侵略军占领后，街屋大部被毁，商业冷落萎缩。抗日战争胜利后，市面得以恢复，复兴较快的是米业和钱庄。民国37年，米价暴涨，百物腾贵，商号纷纷关闭停业。解放前夕，全镇尚有工商业户502家，从业人员1699人，商业活动仍以米业为主。

中华人民共和国成立后，水上客运曾持续营运30多年，后因陆路交通的发展而停运，但货运因量大、费用低，营运不曾停顿。2000年，境内水上航运主要为浦阳江和改称"杭甬运河"的内河。浦阳江境内通航里程7千米，起于碛堰山，止于文家塘，航道平均宽约200米，水深约5米，可通300吨位船舶。内河境内通航里程8千米，起于镇内峙山闸，止于汀头桥，平均宽度30米，平均水深2米，可通150吨位船舶。

南部副城

临浦是萧山南部的经济中心，街道纵横交叉，街巷相连，俗称"饭架街"。四面八方聚汇得拢，东南西北辐射得开，商旅云集，兴旺发达。解放前夕，临浦镇有山阴直街、萧山直街、中街、灰弄、西市街、扇面街、山阴横街，以及中河街、卖篮弄、汤家弄、宣家弄等街巷，均为石板铺成，建成区面积0.65平方千米。萧山、绍兴两县县界在中沙街，往北经大庙前、缸甏弄，东面是绍兴县管辖，西面是萧山县管辖。大庙前是临浦最热闹的娱乐场所①，人称"小上海"的城隍庙。

中华人民共和国成立后，先后对老街进行整修，并拓建火车站至牛场头的劳动路，改进和增设照明、给水、排水、绿化等公共设施。至1985年，镇区有23条路街、20多条巷（弄），建成区面积拓展到0.92平方千米。1986年后逐渐加快新区开发建设，继1985年开始建设峙山北路后，又建成东藩路、工人路、浴美施路、人民路、峙山西路、西江塘南路、河东路等。同时不断改造旧城，全镇街道均铺成沥青路面或水泥路面。兴建峙山北路小区、戴家桥新区、东藩路生活小区等，建造一批现代化大型建筑群。2000年末，建成区面积为2.60平方千米，临浦已建设成为萧山南部副城。

西施故里

境内有苎萝山，临西小江，为会稽山余脉。山上有红粉石。②山下，有溪穿村而过，沿溪的施家渡村和通二村，在北宋太平兴国三年（978）为苎萝乡西施里。西施是位勤劳的姑娘，常来溪中浣纱，因此名"浣纱溪"。

苎萝山与浣纱溪之间原有苎萝湖，宋后淤成水田，称"西施畈"。浣纱溪西岸，有西施庙，俗呼"娘娘庙"。庙前有苎萝亭。浣纱溪畔的范蠡庵，是

①大庙前有歇山顶式过街大戏台，晚上，演出皮影戏、魔术、木偶、绍兴大班、猢狲戏等，各种小摊零食、香烟、瓜子、梨膏糖、榔榔馄饨应有尽有，场面非常热闹。到了庙会，演戏祭神，烧香拜佛，人山人海。

②清代单隆周《苎萝山》诗："万仞膏台今在无？苎萝犹见一孤峰。石留红粉延朝旭，江带春纱绕绿芜。"

后人为纪念范蠡在此访得西施而建，古有渡口。范蠡庵西南有浴美施潭，为"西施淌裙处"[1]。西施古迹境内现存10余处（详见《文物　胜迹　旅游》编第二章《胜迹》）。

第三节　瓜沥镇

瓜沥镇位于萧山市东部，东邻党山镇，南靠绍兴县安昌、钱清两镇，西连坎山镇、衙前镇，北依靖江镇。其地原盛产瓜类，瓜成熟后甜水沥沥，故名，又因地处北海塘东头，别称"塘头"。瓜沥镇是萧山东部副城区、浙江省首批小城镇改革综合试点镇。镇西的航坞山誉称"周代名山，航坞胜境"。

镇情综述

北宋太平兴国三年（978）称瓜沥里，属凤仪乡。元至元十六年（1279）为二十三都五图。清雍正七年（1729）为凤仪乡瓜沥庄。民国21年（1932），为瓜沥镇，属第六区。民国36年，镇乡合并，瓜沥仍为镇。1949年5月，萧山解放，瓜沥为镇，属瓜沥区。1954年5月，经省民政厅批准为县属建制镇。1958年10月，为红旗人民公社瓜沥大队。1959年7月恢复镇建制。后几经撤并，至1984年5月，为瓜沥镇和瓜沥、昭东、大园3乡。1992年5月，瓜沥、昭东、大园3乡并入瓜沥镇。2000年，全镇总面积42.73平方千米，辖11个居民区、27个村；总户数20120户，总人口62786人，其中非农业人口14465人；外来常住人口10281人，有苗族、壮族、土家族、畲族、侗族、土族、布依族等19个少数民族，共406人。镇政府驻地航坞路，西距市政府所在地23千米。

瓜沥镇以古北海塘为界，南为海湾堆积平原，地形平坦，局部稍有起伏，河流与溇荡、湖池相连，形成水网；北为三角湾堆积平原，表面平坦，平均海拔6米，河流纵横交织，主要有白洋川、方迁溇湾、生产湾、北塘河、童家殿湾、黄公溇湾等。

沪杭甬高速公路穿越镇境，在境内横埭头设有出入口。省、市、镇三级公路构成瓜沥连接周边地区的交通网络。杭甬运河流经镇南，境内设有码头；东灵江东入绍兴县安昌镇与杭甬运河汇合，是瓜沥至绍兴的主要航道。杭州萧山机场紧邻镇境，水陆交通便捷。

瓜沥镇是萧山三大镇之一。民国时期市肆繁盛，"为南沙丝、棉内运之枢纽"[2]。中华人民共和国成立后，尤其是80年代以来，调整农业产业结构，发展乡镇工业和集市贸易，拓展第三产业，瓜沥经济全面崛起。2000年，全镇国内生产总值9.68亿元，工农业总产值38.25亿元，财政收入9230万元，农村居民人均净收入7528元。瓜沥镇先后获全国和浙江省百颗乡镇，省级建设现代化示范镇、卫生镇、东海文化明珠镇、教育强镇、绿化先进镇等称号。

瓜沥工业发展较早。[3]中华人民共和国成立后，对私营工业和手工业进行社会主义改造。经过30年发展，主要有酒厂、粮食加工厂、酿造厂、轧花厂、农机厂、食品厂等全民和大集体企业。早期的镇办工业，其隶属关系和企业

①清代毛奇龄《山行过美施闸二首》诗之一："西施淌裙处，行人唤美施。山花鸦子髻，浦竹女儿词。教舞宫城艳，吹箫里社思。至今山下水，流出似胭脂。"

②见民国36年（1947）9月《萧山概览》"县境市镇场墟概况"。

③民国时期，瓜沥就有染坊、油坊、酱坊、糖坊、打铁铺，但以手工作坊为主，发展水平较低。酿造业在当时有一定知名度，民国27年（1938），大昌酱园股份公司在镇上创设。此后又陆续办起民丰棉花加工厂、仁裕棉粮加工厂等民族工业。当时，瓜沥的土布织造颇为兴盛，产品行销杭州市场。

性质几经变更，至1979年，主要有丝织、纺织、服装、水泥、印刷等企业。80年代初，由于毗邻绍兴柯桥中国轻纺城的地域优势和市场的需求，以轻纺印染业为主的瓜沥乡镇企业发展迅速。90年代中期后，逐步建立现代企业制度，与高校联合建立科研中心，加强技术改造。1997年，全镇有镇办企业30家、村办企业1023家、出口创汇企业8家，全镇工业门类以轻纺印染为主，兼有建筑、机械、家电等行业。2000年，全镇形成轻纺印染、信息技术、环保材料、轻工机械、建筑建材、家用电器六大行业，有工业企业936家，①实现工业总产值36.68亿元，出口交货值4714万元，利润1.09亿元，税金1.30亿元。

瓜沥镇是粮食和经济作物综合发展的地区。1985年，全镇有耕地3496亩，总产粮食1393吨。1992年"撤扩并"后，全镇耕地增至42937亩，总产粮食21298吨。络麻和棉花曾是全市的重点产区之一，主要产于镇北的沙地区和围垦区。90年代以后，棉麻的种植面积日趋减少。②扩大花生、毛豆、蔬菜和花卉苗木种植面积。随着农业产业结构的调整，在围垦区建立4个农场、3个种植基地、11个养殖基地，建成总面积10165亩的商品农业基地，形成淡水养殖、城郊型农业、围垦特色农业和多种经营4大特色产业块。2000年，全镇耕地面积40026亩，总产粮食20814吨，种植蔬菜14515亩、花生887亩、花卉苗木259亩；淡水养殖面积2148亩，淡水鱼产量2385吨，珍珠产量301千克。全年生猪出栏26549头，家禽出栏69万羽。

瓜沥是萧山东部的文化中心。50年代，就有文化馆、展览馆、图书馆和业余文工团，置有各种文化娱乐设施。1987年，新建县文化馆瓜沥分馆，建筑面积500平方米，内设图书室、乒乓球室、录像室和歌舞厅等。1999年，镇文化中心建立，设有体育馆、游泳池、图书馆、演艺厅、展览厅、棋类室、台球室、培训室和老干部活动室等活动服务设施。另外，镇上还建有工人文化宫、剧院、电影院等文化娱乐设施。1999年8月，举行镇首届全民运动会暨首届文化艺术节。2000年4月23日，中国女子排球队在镇文化中心体育馆举行表演赛，是瓜沥历史上第一次承办国家级体育团队赛事活动。同年11月25～26日，举行纪念近代绘画巨匠任伯年诞辰160周年暨"四任画派"学术研讨会，并在航坞公园举行任伯年纪念碑的揭碑仪式，来自北京、上海、江苏和省内的100多位专家学者参加这次活动。是年，全镇有高中1所，在校学生1095人；初中4所，在校学生2701人；小学15所，在校学生5440人；幼儿园5所，入园幼儿2176人。有市级医院1所、镇级卫生院4所、医院医疗点和村医务室31个、市级卫生防疫站1个，医疗卫生技术人员494人，拥有病床285张，是萧山东片地区的医疗中心。全镇广播馈线长118千米，入户喇叭1.5万只；有线电视主干线电缆128千米、光缆30千米，用户1.3万户。

瓜沥镇名人有明代女将沈云英、清朝名幕汪辉祖、近代绘画巨匠任伯年、当代经济学家沈志远等。

①其中集体企业29家、私有企业907家，企业职工总人数17996人，固定资产14.43亿元。

②1992年，全镇种植络麻13298亩，总产5595吨；种植棉花631亩，总产56吨。2000年，络麻种植面积剧减至270亩，总产120吨；棉花种植面积194亩，总产23吨。

图43-1-1121　坐落于航坞公园的任伯年纪念碑（2010年4月，徐树林摄）

倚塘为市

北海塘横贯东西，瓜沥在塘的东端，倚塘为市。这里地处里畈与沙地交界处，历来是萧绍毗邻农副产品的集散口岸。[①]街道均以石板铺砌。西街、南街多半是居民住宅，中街、东街为商业区，中街繁荣，是闹市区。全镇水路四通八达，是南沙各镇乡船舶汇集之所，有"活水码头"之称。民国11年（1922），创办光明裕记电厂，促进了粮食、棉花加工业的发展。民国37年，镇上设电信代办所。解放前夕，商业街道东起塘弯头，西至旱桥，长558米，宽3.50米。

中华人民共和国成立后，对私营商业进行社会主义改造，瓜沥镇的商业、饮食业组织形式有公私合营、合作商店和合作小组3种。80年代，商业得到发展，网点迅速增加。1984年，全镇共有个体商业210户，个体饮食业25户，个体服务业64户。90年代，国营商业、供销社所属的商店开始转制，个体私营商业得到发展，各类交易活跃，在建成区形成农产品、小商品、副食品、摩托车、涤纶丝和水果6大批发零售市场，年交易额超过10亿元，从业人员万余人。2000年，全镇实现第三产业增加值2.19亿元。

东部副城

瓜沥不仅商贸兴旺，且工业发展较快。随着经济的发展，城镇建设加快。中华人民共和国成立初，全镇住宅建筑面积15万平方米。1958年开始兴建设施较为完善的居民住宅。1978年后，住宅建设速度加快。至2000年，全镇公共建筑面积16.50万平方米，住宅建筑面积83.03万平方米。

同时，镇上新建道路，扩大街区，基础设施配套渐趋完善。1981年动工新开河道300米，使东灵江直通瓜沥船闸。1982年，北船闸、南船闸先后竣工。与此同时，镇区主要河道两侧砌筑石塝。全镇河道排水畅通，水路往来方便。1984年在长巷渔家池扩建水厂，日供水量2800吨；是年末，东灵路建成。接着，航坞路开通。南北向的东灵路全长555米，宽24米；东西向的航坞路全长1602米，宽25米。两条主要道路已将老镇和新区衔接。1986年12月31日，瓜沥邮电大楼建成并投入运行。1992～2000年，随着萧山"西水东调"工程实施，全镇铺设自来水管道91.44千米，用户由1992年的3500户增至2000年的9051户。1993年，航民电厂并网发电2.10万千瓦时。1997～1999年间，镇内瓜沥、昭东、大园3个变电站相继建成，总变电量36.50万伏。2000年末，瓜沥镇建成区面积4平方千米，集镇道路总长35千米，均为沥青、混凝土路面，瓜沥已从古老的集镇建设成为富有现代气息的萧山东部副城。

航坞胜境

航坞山又名"杭坞山"，位于镇西。东西宽约3千米，南北长约3.50千米，总面积10.50平方千米，主峰海拔299米，为萧山东部的最高峰。据《越绝书》载："杭坞者，句践杭也。"[②]故名。因越王句践履此，又称"王步山"。周围山峦起伏，群峰秀丽，被誉为"航坞胜境"。山巅有白龙寺，为市级文物保护单位。寺后有湫，常年不涸。相传吴越国王钱镠也曾登临航坞山巅。山麓建有公园，占地面积5.50万平方米。

①民国7年（1918），镇上花行、米行达35家。日商三井洋行也在瓜沥收购棉花。

②乐祖谋点校：《越绝书》第八卷《越绝外传记地传第十》，上海古籍出版社，1985年第1版，第63页。

第四节　坎山镇

坎山镇旧称"龛山镇"，位于萧山市东部航坞山西麓。东与瓜沥镇相邻，南接衙前镇，西与新街镇接壤，北连红山农场。龛山是航坞山支脉，其形如龛，故名，镇以山名，"龛"与"坎"谐音，今称"坎山镇"。坎山既是钱塘江南岸的千年古寨，也是南沙大镇。曾是缫丝之乡，也是萧山花边发祥地。

镇情综述

北宋太平兴国三年（978），坎山为里，属凤仪乡。元至元十六年（1279）为二十三都四图。清嘉庆十八年（1813），盈丰东半部及梅仙等十团沙牧地划入坎山，建坎山乡。民国21年（1932），为坎山镇，属第六区。民国36年，仍为镇。1949年5月，萧山解放，坎山为镇，属坎山区。1954年5月，经省民政厅批准为建制镇。1958年10月，为坎山人民公社。后几经撤并，至1984年5月，为坎山乡、光明乡。1985年4月，坎山乡改为建制镇。1992年5月，光明乡并入坎山镇。2000年，全镇总面积34.68平方千米，辖居民区7个、村24个；总户数15519户，总人口47265人，其中非农业人口6740人；外来常住人口4324人，有壮族、苗族、土家族等14个少数民族416人。镇政府驻地武肃路，西距市政府所在地15千米。

境内主要为海湾堆积平原，部分为沙地平原，地势平坦。境东南有航坞山、烟墩山、鱼青山等。河流有北塘河、大治河、前解放河、后解放河、坎山直河、郭家埠直河、民丰河等。杭州萧山机场位于镇北部，杭甬高速公路、机场路、八柯线、衙党公路、新东线、坎红线穿境而过。

经济发展较早。民国时期，蚕桑名闻南沙[①]地区，缫丝业也很发达。中华人民共和国成立后，经济更有新的发展。2000年，全镇国内生产总值4.98亿元，工农业总产值17.05亿元，财政收入4024万元，农村居民人均净收入7058元。坎山镇先后获浙江省综合经济实力百强乡镇、杭州市小康乡镇称号。

工业、手工业比较发达。50年代，镇上建有国营浙江制丝三厂。80年代，镇、村工业发展迅猛，个体、私营企业兴起。1992年，全镇有镇村企业142家，年产值3.12亿元，出口交货值898万元，利税总额1561万元。90年代中期，全镇形成以纺织印染、机械五金、建筑石料、电气电缆四大行业为主导的工业格局。2000年，全镇有企业393家，其中集体17家、私有376家，全年实现工业总产值15.83亿元，出口交货值6608万元，利税总额10894万元。

中华人民共和国成立后，经过对私营商业的改造，1950年成立坎山区供销合作社，采购农副产品，供应生产和生活资料，开展多种商业经营活动。改革开放后，个体私营商业兴起，市场活跃。先后建造和扩建下街农贸市场、光明农贸市场、振兴商业区综合市场、新凉亭农贸市场。

50年代，境内除北海塘南水稻区外，其余各村均种植棉花，面积4000亩以上。50年代中后期推广种植络麻，至80年代，种植水平不断提高。1985年，

①钱塘江流道多变，沿江两岸涨坍无常。18世纪初，江出北大门后，原海宁县南部沙地被洪潮冲刷，切为南、北两块，南块已与海宁分开，隔江而治，纳课、诉讼均不便，于嘉庆十八年（1813）划归萧山。其时，南大门已淤成平陆，中小门亦淤，并与原海宁的南块沙地相连接。于是西起西兴，东至三江闸，北界一般在沿赭山、河庄山、蜀山一线的钱塘江南岸，南界则在北海塘，这一广袤的沙地区，统称"南沙"。南沙习惯上又可分为西沙、东沙。"长山末址起至西牧乡一带之沙地，谓之西沙"；"东沙自小泗埠、头蓬过东，直至党山湾，与绍兴连界"，"党湾街、荣贵庙、真武殿、关帝殿、大悲庵等处，都为东沙。"（来裕恂《萧山县志稿》，天津古籍出版社，1991年10月）"南沙俗称西沙为老沙，东沙为子（当新字讲）沙，因东沙历史较短。"（民国20年顾士江编《萧山乡土志》，萧山县县志编纂办公室、萧山县地名普查办公室翻印本，1981年5月）

全镇耕地面积20191亩，总产粮食7842吨；络麻种植面积10196亩，总产4805吨。1992年"撤扩并"后，耕地面积增至34310亩，总产粮食16846吨；种植络麻12503亩，总产5302吨。90年代末，络麻种植大面积减少。1999年种植络麻14亩，总产6吨。随着农业产业结构的调整，水稻的种植由双季变成单季，同时，积极发展多种经营，扩大花卉苗木种植。2000年，全镇耕地面积32487亩，总产粮食15127吨；种植花卉苗木6725亩；水域养殖面积1261亩，淡水鱼产量640吨；生猪出栏36756头，家禽出栏33万羽，产蛋84吨。

坎山镇文化教育、医疗卫生在南沙素称发达。[①]1985年11月，举行全镇首届田径运动会。1988~1992年，镇大会堂是举办文艺活动的主要场所。1992年新建镇文化中心。1996年，镇文化站评为省一级文化站。1997年12月，开通萧山市有线电视网。2000年，全镇有初中1所，在校学生2001人；小学8所，在校学生3883人；幼儿园6所，在园幼儿1715人。医院2家，设病床82张；有医院分院及村卫生所23个，医疗卫生技术人员127人。

坎山镇人杰地灵，知名人物有实业家盛练心、名医施今墨、女革命家杨之华、越剧表演艺术家张桂凤等。名胜古迹有地藏寺、东菁草庵、周氏宗祠、同泰当、中山林表等。

南沙大镇

坎山镇古濒钱塘江，原为出海要津。自钱塘江改道，坎山以北大片沙地开垦，人们在此栽桑、养蚕、缫丝、植棉、织布。20世纪初，就成为蚕茧、棉花的集散地，为南沙大镇[②]。清代及民国初年，镇上即有中孚、颐德、同泰、怀庆4家典当。民国19年（1930），设东乡蚕种场，盛练心创办东乡合作丝厂。接着又推广黄麻的种植。随着经济作物的增加，规模较大的地货行兴起，如祥和生、源丰顺、徐茂成、钱源裕、陆咸昌、施昌春、东裕等资本都较充足。这些地货行大多兼营土布。南货业也兴盛一时，开业于清末的郁生茂，自设糕点、腌腊、细货加工场，有职工30多人。另外有德和昌、成兴、咸兴等大小南货店20余家。民国19年，镇上参加米业公会的行店有18家，比瓜沥镇多8家；药店有济春堂等14家，比城厢镇多4家。当时赭山、南阳、河庄等地输出的农产、食盐和输入的木材、大米都在坎山中转过塘。

民国时期，坎山镇设有商埠埠头。坎山老街自南至北称为塘上、上街、中街、下街，街屋多为砖木结构，临街店面为商贾营业，街背弄巷为居民住宅区。自宋代起至民国陆续形成5里长街，商贾云集。

中华人民共和国成立后，对老街陆续进行整修。60年代将街路石板由原长方形小石板改为横方大石板。80年代，分段修筑成水泥路面。1989年，武肃路改造为柏油路面。翌年拓建河西路为柏油路面，继而新建振兴路、人民路、河东路；新建改建振兴桥、新凉亭桥；相继新建中学、成人文化技术学校、卫生院、文化中心、工业大楼、邮电大楼等公共建筑和居民住宅。90年代新建振兴商业区、新凉亭机场安置区、商贸居住区、民营工业区。2000年末，全镇建成区面积1.08平方千米，集镇道路总长10.23千米，公共建筑面积5.26万平方米。

①清光绪三十三年（1907），由私人出资创办南沙初等小学堂。民国12年（1923），南沙初等小学堂改为萧山县立第三高等小学校。是年，创办继志小学和幼稚园，翌年创办东乡慈善医院，民国16年建立东乡医院。民国20~21年，东乡合作丝厂筹办中级制丝学校，招收初中毕业学生60人，学制2年。民国27年3月，在坎山创办萧山县战时初中（简称"战中"，现萧山中学前身）。同年，在丁村沿塘口开办蚕校业余班，为坎山镇成人教育的起始。

②民国20年（1931）顾士江《萧山乡土志》载："龛山在北海塘之北，为本县大镇之一。街长5里，以中间的一段最热闹。其他断断续续，也都有些市面。南沙经济和自治事业，都以此为中心。上半年的丝茧，下半年的棉花，也以此为集散地。"《萧山县供销社志》载："嘉庆十八年（1813），南沙由海宁划辖萧山。自此坎山商业日趋繁盛，店屋从闸口老街向北延伸至双板桥，再至孙家弄，后伸下街而直至大湾头，长达6里，成南沙第一大镇。"

镇上的基础设施不断配套完善。1985年，坎山磁石式交换机总容量为200门。1987年创办坎山自来水厂，至1990年末，供水2000多户。1997年，西水东调，统一由萧山水厂供水。1998年，坎山镇邮电支局有邮政投递线路5条计211.50千米。2000年，全镇共有电话1.10万部，电话普及率为每百人23.27部；全镇广播馈线长62.30千米，入户喇叭9800只；有线电视主干线光缆58千米，用户3850户。

缫丝之乡

坎山镇养蚕、缫丝历史悠久，曾被誉为"缫丝之乡"。自钱塘江改道由北大门入海后，龛山以北形成大片沙地，统称"南沙"。人们在此栽桑、养蚕、缫丝。清代陶浚宣《颂蚕桑赞歌》云："浙东大利辟南沙，龛赭纵横十万家。篱下桑田齐一碧，夕阳满耳响缫车。"南沙一带人口集聚，农业发展，缫丝、织布等手工业也较发达。坎山尤以缫丝著称。当时东乡农民已大量养蚕缫土丝，南沙已有茧行30余家，都为沪、杭、无锡等外地商人收购，最高年收购改良茧129960担，称"坎山蚕市"。民国17年（1928），成立萧山东乡蚕丝合作社，合作社内设蚕桑部、蚕种部、蚕茧部、制丝部、信用部，坎山镇设自治中心，统管南沙各地的蚕桑生产和经营。19年创办东乡合作丝厂，生产"握手牌"13/15D、9/11D细丝，远销欧美，在国际市场享有盛誉，为浙江出口之名牌货，年产100余市担。民国24年，更名东乡丝厂，拆除座缫车，安装上海寰球铁工厂制造的新型（20绪）立缫车258台、英制82″×32兰开夏锅炉2台、日本干叶式煮茧机2台，并自备发电机组等现代化生产设备。日军侵华期间，桑树被伐，工厂被毁，坎山蚕桑缫丝业从此衰落。民国37年，东乡丝厂尚存的旧机器、残余厂房卖给杭州华光蚕丝公司。是年10月，开办华光第一丝厂。

1950年8月，浙江省蚕丝职业学校为解决学生实习问题，租用华光第一丝厂，办起蚕校附属丝厂。有老缫丝机104台，职工240余人，隶属于浙江省文教厅。1952年10月由浙江省轻工业厅丝绸管理局接管为国营，更名为"浙江制丝三厂"。1966年，坎山镇创办坎山丝厂。1974年，浙江制丝三厂改称杭州东升丝厂。至1984年，东升丝厂已发展成缫丝、服装、绸缎一条龙生产的联合企业，有681型立缫机286台，年产白厂丝156吨，产品20/22白厂丝，等级均为3A级以上，Z/3"梅花牌"白厂丝出口。1990年，坎山丝厂已有立缫机128台，也能生产20/22白厂丝，产品出口欧、美、日本等国。1996年10月企业转制，现为私营企业。杭州东升丝厂因企业连年亏损，1997年12月1日宣告破产。

萧山花边发祥地

萧山花边源于意大利威尼斯，民国8年（1919）传入坎山，译称"万缕丝"。是年，农历八月十六日，上海商人徐方卿率领4名天主教徒从上海徐家汇来到坎山，首批组织24名女工学习挑织花边。民国12年创办沪越花边厂。当时产品花色单调，货不适销，不到两年就倒闭。后来，花边艺人在图案、针法上进行创新，逐步形成自己独特的风格，销路好转，花边商闻风重来。镇上先后开办新华、德丰、钟华、义兴等10家花边厂。民国18年成立坎山花边同业公会，翌年，全镇花边商行达35家。当时已有挑花女工2万余人（含南沙各地），产量200万码，产值100万银圆，由上海花边商远销海外。民国29年萧山沦陷，遭日军封锁，花边销路断绝，被迫停业。抗日战争胜利

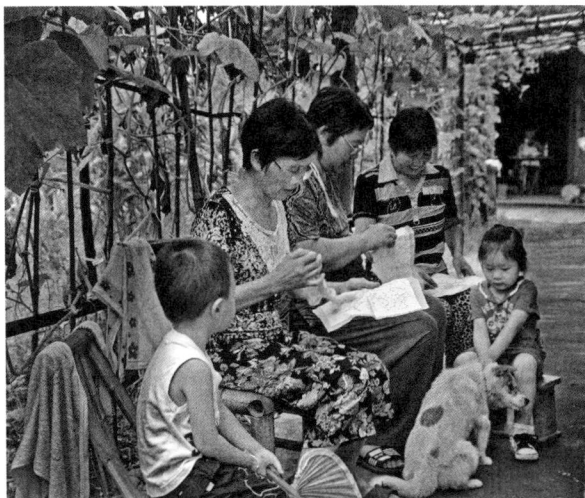

图43-1-1122　挑花边（2008年7月，全光泉摄）

后，花边恢复外销。民国35～37年，镇上米、棉商又转业经营花边。以后，花边业的发展由坎山逐渐延伸至南沙各地。

萧山花边在挑绣制作上，十分讲究针步的精细匀称、光洁整齐。纯线挑的"万缕丝"精品，在一粒米的长度里就得挑至10针，一张床罩需挑500多万针。中华人民共和国成立后，花边业有了更大的发展。始于坎山镇的花边生产，50年代生产销售中心转移至瓜沥，60年代开始，又转移到萧山城区，产品畅销世界50多个国家和地区。

南沙一带的女子，在农历七月初七夜向有"祭星乞巧"的传统习俗。自从花边传入后，这一习俗被赋予新的涵义，更具特色。"七夕"下午，有女儿的家庭，将自家的庭院打扫干净，摆好供桌。当晚，在庭院中横放一支竹竿，名为"巧竿"，上面挂着花边，也有在供桌上放上花边或绣品的。还要供时令果品和一碗清水，点燃香烛祭织女星。姑娘们在祖母或母亲的指引下，向织女敬酒，然后拿酒酹地，成等距离的三点，再把剩下的酒绕着中间的一点，洒成一个"心"字。祖母或母亲仰望双星巧云，姑娘们在月下穿针引线，表示用心感受着织女的恩赐，以祈巧手降于自身。

第五节　闻堰镇

闻堰镇又称"闻家堰"，相传西江塘建成后，有闻氏来此定居，故而得名。闻堰镇东与石岩乡相邻，南与义桥镇相连，西靠钱塘江，与杭州市西湖区袁浦镇隔江相望，北与杭州市滨江区的浦沿镇、长河镇接壤。位于钱塘江、富春江、浦阳江汇流处，自古商贾云集，有"三江名镇"之称。这里濒临湘湖，是莼菜之乡；也是浙江龙井茶的主产地。工业发展较快，是五金工具生产出口基地。

镇情综述

北宋太平兴国三年（978），镇境南部为安养乡，北部属长兴乡。元至元十六年（1279）改长兴乡为四都，安养乡为五都。民国18年（1929），闻堰为里。民国21年，为镇，属第一区。民国36年，闻堰仍为镇。1949年5月，萧山解放，闻堰为镇，属长河区。1954年5月，经省民政厅批准为建制镇。1956年4月，闻堰镇与长安乡、黄山乡、湘湖乡及山河乡、山后乡的一部分合并，称"闻堰乡"。1958年9月，为长河公社闻堰管理区。1959年8月，复设闻堰镇。1961年7月，为闻堰人民公社。后几经撤并，至1985年4月，复为镇。2000年，全镇总面积18.65平方千米，辖1个居民区、14个村；总户数8383户，总人口24339人，其中非农业人口4826人；外来常住人口3382人，有壮族、苗族、侗族、蒙古族、回族等12个少数民族132人。镇政府驻地闻兴路5号，东北距市政府所在地10千米。

闻堰镇西临钱塘江，东北为湘湖环绕，属古海湾堆积平原。境内有华眉山、老虎洞山、小砾山、营盘山、压湖山、定山等。钱塘江闻堰段，咸潮未及。内河有小砾山河、潭头河等。

闻堰是个商埠重镇。中华人民共和国成立后，经济发展较快，至80年代，全镇形成以五金工具为龙头，五金工具、机械铸造、建筑建材、工业包装、化工印染和交通运输六大行业为支柱的工业经济。农业调整结构，发展效益农业。商贸、旅游等第三产业也有新的发展。2000年，全镇国内生产总值4.10亿元，工农业总产值14.21亿元，财政收入3562万元，农村居民人均净收入7248元。曾获浙江省综合经济百强乡镇、杭州市小康乡镇称号。

闻堰的乡镇企业由社队企业发展而来，起步较早。1985年，全镇工业总产值3392万元，出口交货值275万元，利税总额460.08万元。90年代，闻堰工业由粗放型向科技型转变。1993～2000年，全镇累计投入技术改造资金5.79亿元，开发出58个新项目、新产品。全镇从1994年开始，深化企业产权制度改革，至1996年，镇属企业采用固定资产、流动资产全额转让和公开招标拍卖、土地租赁等形式的经营机制转换，走上自主经营、自负盈亏、自我完善、自我提高的市场经济运行轨道，促进了全镇个体、私营经济的发展。1998年5月，黄山村率先设立面积为4800平方米的私营工业区，鼓励私人投资办企业。2000年，建立萧山五金工业园区，52家企业入园，投入资金9.24亿元。是年，全镇有私有企业245家，工业总产值13.60亿元，出口交货值3.31亿元，利税总额6808万元。

80年代开始，农业实行家庭联产承包责任制，进一步解放农村劳动生产力。1985年，全镇耕地面积13178亩，总产粮食9037吨。进入90年代，推进土地流转机制与适度规模经营，进一步改善农业生产的基础设施条件，完善配套农业生产的全程化服务体系，建起千亩粮食示范畈和百亩良种繁育基地。1997年，全镇粮食总产10717吨。翌年在黄山、祥大房村中心地段的517亩农田，实施萧山市现代农业园区试点，探索农业产业化新路子。2000年，全镇耕地面积12006亩，总产粮食9516吨；有各类专业户280多户，开发河蟹、甲鱼、沼虾、乌龟等特种水产养殖面积1513亩，种植花卉苗木2889亩，发展大棚蔬菜150多亩，生猪出栏9904头，家禽出栏73万羽。是年，全镇农业总产值6161万元。

闻堰镇文化积淀深厚。[1]中华人民共和国成立后，随着经济的发展，文教卫生事业兴起。1978年3月，镇文化站建立。1982年4月，闻堰影剧院建成，有座位1285个。同年，闻堰"三江书画学会"成立，自办刊物《江花》。1984年10月，以影剧院为基地的镇文化中心形成。1992年，闻堰镇被命名为省级体育先进镇。1997年9月，举办镇首届全民运动会。1999年，镇文化站通过省特级文化站考评。2000年9月，举办镇第二届全民运动会暨首届文化艺术节。是年，全镇有初中1所，在校学生947名；小学3所，在校学生2052名；幼儿园4所，入园幼儿777名。有卫生院1家。

闻堰镇位于三江汇流处，濒临湘湖，景色秀丽，胜迹众多。山水之间，坐落着一座座红墙古寺。镇东老虎洞山上有莲花古寺[2]，黄山山麓有黄山西南殿[3]，华眉山麓有延庆寺[4]。1992年4月下旬，在定山村压湖山出土"大泉五十"钱范[5]、铜镜及大量钱币。

三江名镇

闻堰镇素有"三江活水码头"之称。钱塘江大桥未建之前，铁路、公路尚未畅通，货物流通全仗水路。闻堰水路上通徽、衢、婺诸江，下连浙东运河。浙东运河的船只，随西兴距江岸日远，也多泊于此。清雍正年间，开设闻堰渡（老渡埠），往来于对岸袁浦间，成为萧山与富阳东部、杭州周浦等地往来的水上重要通道。光绪三十四年（1908）四月，惠通钱江商轮公司创设，闻堰成为杭州至桐庐、周浦、临浦、尖山、湄池、诸暨的主要客运码头。80年代至90年代初，每日往来旅客4000多人次。1993年初，陆路交通发展，水路乘客渐趋减少，钱航运输公司停驶杭州至桐庐、至尖山的客轮，闻堰码头成为江上

①清代，闻堰画家汪谦赴欧亚5国游学，曾为慈禧太后作画。世传儿科孔仲良在镇上开业，儒医孙梅舫在燕斗孙开业。光绪二十七年（1901），陈念畴等在压湖山湘云寺成立"湘湖吟社"，为萧山近代史上第一个民间文学团体。清末，黄山燕斗村义塾由孙思羉发起，后改设为长安乡私立第一蒙泉初等小学。民国5年（1916）2月，由虞祖恩发起，在闻堰新桥下开办长安乡闻堰国民学校。民国17年6月，国立第三中山大学在压湖山湘云寺筹建省立湘湖乡村师范学校。同时境内兴起办学之风。同年，定山小学、东江小学作为湘湖师范的附属小学相继建立。同时，老虎洞青山头后王寺设立湘北小学。安养里在宝盈桥南设有安养小学。民国19年，在下埠头船业公会处设闻堰初小。同时设立的还有湘西初小。民国37年由闻堰烟行老板黄金龙捐助，建造闻堰私立乡校。是年，闻堰小学并入闻堰私立乡校。

②旧称莲花庵。庵后两巨石，上端相接，下空如斗，名"老虎洞"。相传是越王句践卧薪尝胆之处。明代刘宗周撰联："此地曾传尝胆事，我来犹记卧薪人。"

③为纪念吴越王钱镠治理钱塘江的功绩，该殿曾一度改名为"黄山西南水利工程纪念堂"。

④该寺始建于南宋淳祐元年（1241），为明代华克勤隐居读书处。华克勤，闻堰潭头人，洪武七年（1374）奉旨出使日本，洪武十年任山西布政史。

⑤"大泉五十"钱范，铜质、方形抹角，系新莽（公元9～23年）时期的铸钱模，是新莽遣谏大夫50人分铸钱于郡国所留下的遗物。

来往货运船只的停靠点。1994年末，年吞吐量60万吨的钱塘江货运码头在三江汇合处建成并投入使用。1996年7月18日，闻堰镇、西湖区袁浦镇和钱航运输公司合资，在潭头建汽车轮渡。每日往来车辆2000多辆，最多时达4000辆。

内河运输主要是塘方河、潭头河、龙山河、小砾山河，均与浙东运河连接，从明末清初起，一直是萧山境内主要的水运通道。民国36年（1947），萧山西门经闻堰至临浦的萧临线开通，客运汽车以木炭作燃料。中华人民共和国成立后，闻堰至萧山市区（县城）、至杭州市区均有公交车，交通便捷。

闻堰镇在清代已是商贾云集。江西的大米，安徽的茶叶，宁（波）绍（兴）余（姚）的盐酒鱼鲞，金（华）衢（州）严（州）的竹木山货，均在闻堰转运，故商业繁荣①。镇上除设商会外，尚有木业、棉布、粮食、烟叶、甘蔗等同业公会或会馆。全镇上自西汪桥，下至文昌阁，有商号200余家，摊贩近200户。当时在此设有税捐局和水、陆两个警察局。民国15年（1926），明德电气公司创办，白天碾米，晚上照明，有用电户160家。

图43-1-1123　1994年末建成的钱江货运码头（董光中摄）

中华人民共和国成立后，对私营商业进行改造，镇上48家私营商店组建为"合作商业公司"，隶属于供销社，实行统一管理、统一经营、统一核算。改革开放后，个体商贩崛起，商业重点转向建立专业市场。1985年7月1日，在文昌阁江塘内侧建起竹木专业市场。1986年，在街市北端建农贸市场。1989年9月，上海联华、华联、宾佳等超市在闻堰开设连锁经营店。1992年5月，"三江渔村"开张，餐饮业成闻堰商业中的新亮点。1994年6月，农贸市场改建为消费品综合市场，场内有260个摊位、400多种商品。由粮站营业房改建的针织服装市场也同时开设。2000年9月1日，竹木专业市场迁到黄山韩家埭村前闻戴公路边，年交易量2万立方米左右。同年，闻堰上规模的茶馆、酒家20多家，年营业额1000多万元。

闻堰老街原在"三江口"西江塘上，从钱江客运码头至老沙渡口长700余米，街面宽3米。1971年起，分期拆除塘上老街，在塘下新建宽10米、长766米的新市街；塘上改建为滨江路。1984～2000年，先后新建闻兴路、三江路、万达路、沿河路、桥南路、桥北路、新河路、文化路、宝盈路。2000年末，集镇道路总长30千米，建成区面积为0.93平方千米，排水管道长8千米，有路灯199盏。还新建燕山、小砾山、潭头、邱徐埭、东塘头5座桥梁。工业集中在三江路两旁和闻兴路一带。镇内先后建成影剧院、体育场、农贸市场、钱江商业大楼、合作银行大楼、邮电大楼等公共建筑及江建新村、三江新村等住宅，沿江建成江滨公园、休闲健身园、水文站绿点等公园绿地。是年末，公共建筑面积4.60万平方米，住宅建筑面积11.73万平方米。

随着经济的发展和集镇建设的加快，镇上各项配套设施日趋完善。1983年，镇上建造日供水2000吨的自来水厂，翌年9月供水。后经3次扩建改造，日供水量达2万吨。1993年12月，闻堰邮电大楼建成使用，安装万门国内程控电话和2000门国际程控电话。西江塘和小砾山排灌站是境内重要的水利设施。1996～1998年按百年一遇标准塘建设要求，塘堤增高至11.68米，还加建挡浪墙。境

① 当时镇上的东升、复泰鱼鲞行，均设醉蟹加工场，业务达富阳、诸暨。老源昌酱园，品种多、质量好，名闻四乡。恒大源京广棉布百货号，批发业务远及衢州、兰溪。木行7家，库存木材常年总量在1.5万立方米左右。协大烟行专为上海南洋、中美两烟草公司收购烟叶，有房屋70多间，旺季职工近200人。经营过塘业务的运输行有6家，另外有新老当铺2家、钱庄7家。

内建有闻堰变电所、龙山变电所、三江简易变电所及万达集团公司投资600万元自建的35千伏变电所。2000年，全镇广播馈线长16千米，入户喇叭5874只；有线电视主干线光缆21千米，用户4055户。

"钳王"之乡

1976年，萧山五金工具厂生产的花色钳开始出口外销，闻堰社队企业的产品从此走向国际市场。五金工具厂生产的花色钳1991年获第二届北京国际博览会金奖。是年以该厂为核心，组建浙江万达工具集团公司。所生产的五金工具形成系列，有花色钳、鲤鱼钳、钢丝钳、活扳手等，仅花色钳就有弯、尖、扁、圆、斜等15个品种48个规格，年产量1500万把，雄居世界同行之首，产品远销世界五大洲130多个国家和地区，被誉为"东方钳王"。这里是五金工具生产出口基地，是"钳王"之乡。2000年，建立萧山五金工业园区，总面积1.43平方千米，一期规划0.71平方千米，52家企业入园，投入资金9.24亿元。

图43-1-1124 1991年4月，萧山五金工具厂生产的花色钳获第二届国际博览会金奖（韩建琪摄）

莼、茶产地

莼菜、茶叶是闻堰镇的两大特产。闻堰镇濒临湘湖，早在宋代就出产莼菜。20世纪60年代后，由于围湖造田，湖中天然生长的莼菜濒临绝迹。1980年3月，闻堰镇老虎洞村（当时称东风大队）在附近水池中寻得几株天然莼菜，又从西湖引进几百斤带泥莼菜种，使失传多年的湘湖莼菜得以恢复，并建立莼菜加工厂，装瓶后提供给杭州楼外楼、天外天等著名菜馆，并远销日本。从1982年起，产量年年递增。1995年种植250亩，采制莼菜184.79吨，其中出口120吨，出口交货值312.53万元。2000年，老虎洞、小砾山、凌家坞3村种植454亩，年产莼菜140吨，产值454万元。此后因老虎洞村青山坞莼菜基地被征用建设休闲度假区，湘湖莼菜种植面积遽减。

闻堰镇是浙江龙井茶的主产地。80年代，黄山村（红旗大队）山林队在茶蓬上搭尼龙棚，避免了茶叶冻害，采摘期提前一个星期左右，从此，浙江龙井茶的上市时间早于"西湖龙井"。浙江龙井茶外形如雀舌，扁平光滑，色泽绿中呈嫩黄，茶汁清澄，味浓甘口，品质优良。90年代后，闻堰镇茶叶年收入一直在100万元以上。2000年，全镇640亩茶园，总产茶叶59吨。

第六节 义桥镇

义桥镇位于浦阳江、富春江、钱塘江三江交汇处东侧，被誉为"三江要津"。东与临浦镇接壤，西南与许贤乡隔江相望，东北与石岩乡相接，北与闻堰镇相连。相传昔有一秀才，幼年丧父，靠寡母和邻里养育成才，发迹后为报家乡培养之恩，出资在镇北内河上建了一座石拱桥，方便行人过河，取名"义桥"。镇以桥名。这里古称"渔浦"，山水秀丽，在唐代已是商贾旅人往返两浙的中转要津，也是"浙东唐诗之路"的起点之一。宋代陆游诗云："渔浦江山天下稀"，诗中"渔浦"即此地。如今是旅游名镇。

镇情综述

义桥镇历史悠久，新石器时期就有人类在此活动。渔浦古渡在境内山后地区。北宋太平兴国三年（978），为新义、安养、苎萝3乡部分，其中以新义乡面积最大。清宣统二年（1910）为义桥乡。民国21年（1932），为义南、义北两镇和新坝、浦东、湘南、茅山、泗水等乡。民国23年，设义桥镇，属戴村区。民国36年乡镇编并，义桥仍为镇。1949年5月，萧山解放，义桥为镇，属临浦区。1954年5

月，经省民政厅批准为建制镇。1956年，撤镇改乡。1958年10月，为义桥、山后2个管理区，属临浦人民公社。1961年7月，为义桥人民公社，后几经变更，至1984年5月为义桥乡。1985年4月，复为镇。2000年，全镇面积17.27平方千米，辖居民区5个、村16个；总户数6637户，总人口19737人，其中非农业人口2393人；有外来常住人口2455人，有壮族、苗族、回族、侗族等8个少数民族共130人。镇政府设在东方路74号，东北距市政府所在地15千米。

图43-1-1125　义桥镇东方路（图片来源：《义桥镇志》，方志出版社，2005年12月）

义桥镇为水网平原与低山丘陵交界区。境内的山丘均呈东西走向。虎爪山横贯中部，向东逶迤至峡山头村，把镇境分隔成山前、山后两部分。峡山头村东为塔山，高257米，近峡山头村的低山称"黄竹山"。镇南为天照山、碛堰山，镇北为营盘山、龙马山。镇西浦阳江，从碛堰山起到三江口汇入钱塘江，长约10千米。境内河渠纵横，水网密布。新坝闸建于1976年，1982年放闸通航，使浦阳江和义桥内河相通，增强了排涝、灌溉、通航能力。

义桥镇农民历来以刻苦勤劳、精耕细作闻名。改革开放后，调整产业结构，发展工业，构筑效益农业。2000年，全镇国内生产总值5.48亿元，工农业总产值14.37亿元，财政收入3029万元，农村居民人均净收入6490元。曾先后获浙江省综合经济百强乡镇、萧山市十强乡镇称号。

80年代，乡镇工业崛起，1989年，全镇工业总产值9826万元，有职工6003人，占全镇总人口的35.95%，占农村劳动力的53.65%。1993年，全镇工业总产值2.46亿元，在全市位居第二，跻身浙江省百强乡镇。2000年，全镇有企业115家，形成以皮革服装、建筑建材、机械五金、印刷为主体的工业门类，工业总产值13.69亿元，出口交货值6.52亿元，利税6940万元。

农业以水稻为主。80年代，农村开始经济体制改革。1983年，全镇实行以家庭承包为主的联产承包责任制，涌现出不少专业户、重点户。1985年，全镇耕地面积11820亩，总产粮食9252吨、油菜籽139吨，全年生猪出栏6032头，农业总产值527万元。1996年，推行第二轮土地承包制，除留人口田、自留地外，其余土地由大户承包，承包期5年。①2000年，全镇耕地面积10575亩，总产粮食8348吨、油菜籽46吨，生猪出栏9998头，羊出栏5253只，家禽出栏41万羽，养珍珠280亩，养虾、蟹270亩，种植草莓20亩，建立8个农业示范基地和1个长毛兔饲养场，还有从事罗非鱼养殖、栽种芦荟和套种花卉苗木的，效益农业开始新的起步。是年，全镇农业总产值6847万元。

商业自1951年3月义桥供销合作社成立后，以供销社合作商业为主体。1985年，义桥供销社购销总额为1130.93万元，利润20.89万元。1988年，成立义桥供销商业公司，年销售额200余万元。90年代，个私商业兴起。1993年，供销商业公司开始定资抽本风险承包②。1994年1月，义桥农贸小商品市场开业，市场占地面积8000平方米，有摊位200余个，可供5000人同时交易。2000年，义桥供

①全镇农业人口17647人，人口田共7059亩，承包责任田2988亩。责任田承包10亩以上有82户；30亩以上有25户；50亩以上有15户；百亩以上有3户。

②定资抽本风险承包即形式为集体所有，优化组合，定资抽本，风险抵押，自主经营，自负盈亏。

销商业公司转制^①，义桥供销社建制撤销，改为义桥供销站，店面、场地转给私人经营。是年，全镇商业网点近400家。

80年代以来，文教卫生事业发展较快，设施不断完善。1990年，义桥初中新校舍建成，翌年，山后初中并入义桥初中。1999年，义桥初中、镇中心小学合并为义桥镇实验学校，新建校舍占地46667平方米，建筑面积13000平方米，总投资1600万元，设施齐全，符合省一类学校标准。是年，义桥镇文化站被评为省特级文化站，义桥镇被评为浙江省卫生镇。2000年，全镇有幼儿园2所、入园幼儿747名；实验学校1所，其中小学34个班，在校学生1472人；初中15个班，学生808人。文化中心活动场所总面积4120平方米，图书馆藏书近万册。镇广播电视站设在虎山下，全镇有广播馈线长19.30千米，入户喇叭4800只；有线电视主干线电缆7.50千米、光缆12千米，用户4008户。义桥镇卫生院是设备较全的综合性中心卫生院，有病床80张。

渔浦古渡

古代渔浦与钱塘江、西城湖（湘湖）相连。后，西城湖逐渐湮废成陆，渔浦形成潟湖。南北朝时，渔浦缩小到今义桥镇虎爪山到龙马山、营盘山一带，称"渔浦潭"^②。当时渔浦湖边已形成村落，并成为濒江傍湖的渡口船埠，是商贾旅人往返两浙的中转要津，是沟通钱塘江和富春江的一个舟楫不绝的活水码头。至唐时，杭州城南的柳浦与钱江南岸的渔浦、西陵（西兴）形成一个水运三角的枢纽，渔浦因此成为当时萧山境内的重要渡口，也是"浙东唐诗之路"的起点之一。唐末，渔浦一带淤积严重，多处汀洲显现，航道不畅。五代，吴越王钱镠注重水利，筑西江塘以稳定江道，渔浦才相对稳定。宋代，渔浦作为重要官渡，设专官监察，配备转运司船，后改为"渔浦寨"，形成固定街市，客运货流繁忙。后，寨改为镇制，设使臣廨、税场。明弘治十一年（1498），设渔浦巡检司。天顺年间，开凿碛堰山，疏新江，浦阳江下游由西小江入海改为与富春江、钱塘江交汇。由于三江之水交汇，潮水、洪水之冲击力很大，堤塘决口时有发生。成化年间，渔浦新桥及桥南的渔浦镇竟被冲垮而沉陷于浦阳江中。后只得在新堤之东，易地复建新的渔浦街。至此，渔浦逐渐失去了千百年来"活水码头"的功能。渔浦街如今只是义桥镇的一个自然村。

三江要津

明朝中叶以后，渔浦衰落，义桥逐渐兴起。清光绪三十四年（1908），钱江商轮公司轮船6艘，从杭州闸口经闻堰到义桥，开萧山境内客轮航行之先河。民国时期，义桥至诸暨姚公埠，至富阳、桐庐，均有客轮往来。义桥内河客货运输属于萧绍内河水系，每天开航到萧山县城，当日往返。因此商业繁盛，尤以木业、过塘业为最盛。

义桥外江内河，水路畅通，曾是竹木的主要集散地。衢县、龙游、遂昌、云和、庆元、开化、淳安、遂安、昌化等地的竹木，扎排沿钱塘江及其支流顺流而下至义桥，然后销往绍兴、宁波、舟山和杭州、上海及苏北各地。民国时期，镇上有鼎记、萃亨、萃昌泰、元泰、开源、永源、顺泰等竹木行。竹

①即房产公开拍卖，公司与职工脱钩，全部债权债务由市供销总社接管，义桥供销商业公司解体。

②渔浦潭也称"渔浦湖"，首见于晋人记载，也为六朝诗人如谢灵运、丘迟等吟咏所常见，后来则称"渔浦"或"渔潭"。

木业兴盛时，浦阳江中船只密密麻麻，上起乌龟山，下至虎爪山，长达四五里。江面上的竹木至专埠起水，成排堆放在江滩上。

义桥镇是水路运输重要中转码头。金、衢、严货物运至宁绍，或宁绍货物运至金、衢、严，都在此过塘。过塘行应运而生，转运业务繁忙。民国初年，镇上有过塘行40家。过塘物资有浙盐赣米，宁绍的鱼鲞酒酱，金、衢、严的木材山货。过塘行大多为义桥韩姓经营，规模最大的当数韩大来行，其屋宇整齐、堆栈庞大。过塘行一般都有自己的业务经营范围和固定客户。如韩大来行主要转运大米，大兴行主要转运盐，瑞兴泰、协成隆主要转运杂货，元茂行主要转运土纸，鸿茂行主要转运牛、羊，同丰泰主要转运土布。为避免人货挤轧，以保安全，按货分埠起水，分弄过塘，故镇上有上埠、下埠和抬树弄、拖竹弄、驮货弄、鸡鹅市弄等地名。

图43-1-1126　浦阳江义桥段（图片来源：《萧山年鉴·1996》）

旅游名镇

义桥镇地处钱塘、富春、浦阳三江口，三江口云水渺茫、水阔山青。南朝的谢灵运、丘迟，唐代的孟浩然、陶翰、常建以及宋、元的潘阆、陆游、金涓、王冕等历代著名诗人到此游览并赋诗赞美。"渔浦烟光"曾为"萧山八景"之一。湘湖八景中，义桥就占有"杨岐钟声"、"横塘棹歌"两处景点。义桥不仅山川秀丽，且多古迹。位于上埠村、建于清雍正八年（1730）的节孝承恩坊，1983年列入县文物保护单位，是萧山市保存最完好的古牌坊。1999年8月，东方文化园在杨岐山麓动工兴建，翌年9月25日，第一期工程——佛教区杨岐禅寺竣工开园。该园浅水绿林环抱，湖池点缀、曲径通幽、万鹭群栖，环境优雅。其中2728米的文化艺术彩绘长廊是该园的一大特色。

为发展旅游事业，义桥镇加快集镇建设。义桥老街宽7米、长540米，旧有31条弄巷。自1985年以来，加快老街改造。1992年开始，在改造老街的同时开发新区，新建长500米、宽36米的东方路。还有邮电大楼、三江大厦、信用社、农业银行等公共建筑先后兴建，各类商店、服务业共500余家在临街两侧营业。2000年末，集镇道路总长8.26千米，公共建筑面积10.59万平方米，住宅建筑面积28.44万平方米，排水管道长6千米，新建改建桥梁2座，公共绿地2.82万平方米，装有路灯149盏。集镇建成区面积从1984年的0.50平方千米扩展到0.83平方千米。

镇上基础设施日趋配套完善。1984年，义桥自来水厂开始供水。翌年，建立电力管理站。1987年，建造35千伏变电所。2000年，自来水管网遍及全镇各村，日供水量6000吨；电话装机容量5744门；公路四通八达，全镇建成村级公路61条，总长57.50千米，多数为沥青或混凝土路面，实现村村通车，镇上至萧山市区、至杭州市区均有公交车。

第七节 河上镇

河上镇位于萧山市西南部，东与浦阳镇、临浦镇接壤，南与楼塔镇、诸暨市次坞镇毗邻，西与富阳市依山相连，北连云石乡、戴村镇，是个千年古镇。相传五代后唐时，黄通岭脚有座广福寺，有和尚百余人，香火旺盛。和尚除佛事外，还在永兴河上游的凤坞溪口开店做买卖，人们习惯称这家店铺为"和尚店"。后逐渐形成集市，发展成为萧山南部商旅之集散地。因地处永兴河上游，故又称"河上店"。河上镇是中国纸包装开发生产基地，也是服装之乡。

镇情综述

北宋太平兴国三年（978）属长山乡。清宣统二年（1910）设河上乡。民国21年（1932）为河上镇，属第三区。民国29年1月，日军侵占萧山县城，国民党县政府撤至河上镇，直至民国34年8月，日军宣布投降。民国36年，镇乡编并，河上为镇，翌年设河上区。

1949年5月，萧山解放，河上为镇，属河上区。1954年5月，经省民政厅批准为建制镇。1956年，镇乡编并，为河上、紫霞2乡。1958年，为河上人民公社河上、紫霞2管理区。1961年7月，为河上人民公社、大桥人民公社。后几经撤并，至1984年5月，为河上乡和大桥乡。1985年8月，河上乡改为建制镇；1992年5月，大桥乡并入河上镇。2000年，全镇总面积63.69平方千米，辖居民区1个、村34个；总户数9697户，总人口29328人，其中非农业人口1907人；有外来常住人口1763人，有土家族、苗族、壮族、藏族、布依族等10个少数民族115人。镇政府驻地上沙洲墩头，东北距市政府所在地31千米。

河上镇三面环山，属低山丘陵地带。永兴河自南而北流贯镇中，凤山堰以上为砂砾石河床，南部接纳高都溪、凤坞溪、鲍坞溪之水。杭金公路穿镇而过。

河上人勤创业、善商贾，走南闯北，在市场经济大潮中，依托得天独厚的地理环境，着力培植区域块状经济，不断提升产业层次，形成以造纸纸品为支柱，服装、机械、电子为重点的工业格局。农业调整种植结构，效益农业起步，商业兴旺，市场活跃。2000年，全镇国内生产总值6.95亿元，工农业总产值23.51亿元，财政收入3652万元，农村居民人均净收入6508元。为杭州市小康乡镇、萧山市十强乡镇。

工业旧以造纸业出名。此外，还有开设于清光绪十二年（1886）的徐同泰酱园和水作、打铁等手工作坊。中华人民共和国成立后，工业发展迅速。50年代办五金厂、农具厂、服装店等；60年代创建萧山农用齿轮厂、河上金属丝厂；70年代，凭借河上服装、造纸的传统优势，镇村企业发展较快。1985年，全镇工业总产值962.76万元，利税总额228万元。1993年，全镇工业总产值4.51亿元，出口交货值4327万元，利税总额3582万元。2000年，全镇工业总产值22.79亿元，出口交货值4.73亿元，利税总额1.02亿元。

河上镇农村供销合作事业发展较早。1949年冬，建立河上农村供销社，1954年改为供销合作社。供销社开展多种商业经营活动，供应生产和生活资料，采购农副产品。80年代后，为活跃农村市场，建造河上、大桥2个农贸市场，摊位150个，在河上、大桥开设个体商店385家，全镇市场繁荣，商品贸易交流兴旺。

农业向以种植粮食为主。1985年，全镇耕地面积5911亩，总产粮食4237吨；1992年，大桥乡并入，耕地面积增至17232亩，总产粮食11838吨；2000年耕地面积17506亩，总产粮食8040吨。进入90年代，粮食种植面积渐趋减少，水稻种植由双季逐渐改为单季。随着农业产业结构的调整，积极发展以家畜、家禽、水产为主的养殖业。2000年生猪出栏11421头,家禽出栏31万羽,产蛋197吨,淡水鱼117吨。同时扩大经济作物种植,发展林业。是年,全镇农业总产值7284万元。

河上传统的民俗活动有板龙、马灯、走高跷、背马纸罗伞、迎神赛会等。每年元宵节举行的龙灯胜会,为河上镇百年的民间风俗。河上群众体育起步较早,篮球、乒乓球、象棋是传统的体育运动项目。80年代后,村村有篮球场。2000年,河上镇被评为全国群众体育先进单位和杭州市先进体育镇乡。

重教兴学①,注重医疗卫生,也是河上镇的传统习俗。中华人民共和国成立初期,河上小学为区教育辅导中心,1956年增设初中。1989年8月,河上中心幼儿园建立。90年代,新建大桥中心幼儿园。1990年,河上镇实施九年制义务教育。翌年扩建河上中心小学,1995年新建大桥中心小学。1998年新建河上综合高中,扩建河上、大桥初中,还增设各校电脑室和添置电脑149台。1999年,河上镇获浙江省教育强镇称号。2000年,有初中2所,在校学生1266人;小学6所,在校学生1951人;幼儿园2所,在园幼儿898人。有河上、大桥卫生院2所,还有村级卫生所5家。

河上镇出过不少优秀人物,有革命家、医学家瞿缦云,中印文化交流使者魏风江,数学家张素诚,电脑专家傅世海,书画家傅周海,影评家章柏青等。

千年古镇

河上五代开市,逐渐兴隆。南宋时,商贾云集,集市兴旺。明、清直至民国时期,纸业兴起,商贸活跃,为萧山南部山货集散地②。河上老街由东西向惠民街和南北向的井泉街组成,呈"T"字形。老街上原有虞天福堂药店、徐同泰酱园、袁和顺米店、张复泰南货店等老字号店铺。如今只有徐同泰酱园依然守在老街上,销售酱油、黄酒、米醋、甜面酱等。中华人民共和国成立后,尤其是改革开放以来,河上镇农工商贸协调发展,已成为萧山南部的经济重镇。镇上有大溪路、井泉街、凤山路、惠民街、槐树路、灯园路、六房路、文化路、里河路9条路街及23条弄巷,形成纵横交错的道路网,2000年末,集镇道路总长10.13千米。其中大溪路、井泉街为主街道,集商业、农贸于一体。镇上建有农贸市场、自来水厂、中小学、医院等公共建筑10.33万平方米,住宅31.15万平方米。集镇建成区面积由1984年的0.50平方千米扩展到0.77平方千米。电力、水利、通信等基础设施日趋配套。1983年在镇北朱家山南麓建有主变压器2台、总容量6400千伏安、10千伏出线3路的河上变电所。随着乡镇工业的迅速发展,用电量猛增,1985年,变电所又扩建为功率8500千伏安。1990年以来,修筑13条村级水泥公路,与03省道相接,形成全镇的公路交通网。为解决永兴河上游洪灾,疏通白堰沙河口河道,两边河岸砌石加固,并对此段江塘进行加高。对紫东孙桥头300米江塘截弯取直,使永兴河流水顺畅。另外对东河、照山两排灌站进行扩建,并对苍坞、塘村等5座水库进行加固。2000年末,全镇有电话机5331部、手机1269只、公用电话亭6个;广播馈线长43.20千米,入户喇叭7243只;有线电视主干线电缆25.10千米、光缆8.40

①早在光绪三十三年(1907)春,由张锦帆等7人发起创办河上小学。民国4年(1915)推行四年制义务教育,河上小学改名为环河国民小学。民国9年附设农众夜校,开全县小学附设民众夜校之先河。民国30年创办战时中学和简易师范。1949年解放前夕,河上、大桥有小学5所。

②当时永兴河上游河床较浅,船不能运行,河上至临浦用竹排运载货物。临近的诸暨次坞、富阳章村、萧山楼塔及本地生产的手工纸、竹笋、山货,用肩挑至河上装运至临浦,再由竹排载油盐布匹及生活用品至河上,供应当地及周边的人民。民国时,有载货竹排80多张,并有肩挑背磨的苦力"脚班"及"舆夫",为货物吞吐及商旅来往服务。输出以土纸、竹笋为大宗,输入以粮食、南货、布匹为主。

图43-1-1127　1988年建于永兴河畔的河上镇碑亭。亭柱上有联:"河巅育秀女,纤手巧裁千家服;新亭筑溪畔,碑文长留万人心。"(2009年8月,徐树林摄)

千米，用户6680户。

服装之乡

河上镇服装业，70年代末兴起，全镇有大小服装企业41家，服装市场占地3000平方米。1984年被县人民政府命名为"服装之乡"。1988年实现工业总产值5500万元，利润250万元。杭州之江西服厂，设备全部由日本、德国引进，生产的各类高档呢制服、高档西装和"司麦脱"、"绿竹"及萧山内衣厂生产的"潮水"等名牌衬衫，萧山针织服装厂生产的"香鹿"牌各类男女长短丝袜，行销全国各地。当时民间有谚云："穿在河上"，河上成了远近闻名的服装镇。

河上镇服装企业在80年代借深圳特区的优惠政策，赴深圳创业。1989年，南下深圳的河上农民包飞机回乡过春节，成为当时轰动一时的新闻。至1993年，在深圳的皇岗到南头、沙头角、蛇口等地办起11家集体服装企业和30余家个体合作企业，从业人员近5000人，年创产值4亿港元，利润4000余万元，职工人均收入超过万元。至2000年，随着内地政策的进一步开放，河上的服装企业陆续返回萧山。

纸包装开发生产基地

造纸业是河上镇的传统产业，南宋时已有土纸制造。民国前期，镇上经营土纸及山货的行栈近20家。当时主要生产井方纸、元书纸、白纸和黄纸，原料是嫩毛竹。70年代初，联合、溪头、塘口、里谢、高都、上山头等14个村新建以稻草为主原料的机制纸厂，主要生产粗板纸。80年代，随着乡镇企业的快速发展，引进先进的造纸设备。1986年3月，萧山大桥包装材料厂建成纸包装生产线，5月更名为萧山包装材料总厂。1992年8月，萧山包装材料总厂与香港富春粮油食品公司、浙江省粮油食品进出口公司合资组建胜达

图43-1-1128　浙江胜达包装集团公司设在河上镇的第一生产基地外景（图片来源：《萧山年鉴·1997》）

包装材料有限公司，该公司总投资488万美元，注册资本366万美元，为当时全省投资最大的港商合资经营的包装企业。是年，引进全自动瓦楞纸板生产流水线，实现工业总产值1.35亿元。1994年12月，组建浙江胜达包装集团公司。2000年，该公司引进德国BHS2800瓦楞纸板生产线1条、中国台湾1800生产线1条、美国LANGSTON全自动彩印横切机3台。是年，全镇有造纸、纸品企业83家，工业总产值16亿元，占全镇工业总产值的70%；利润2870万元，占全镇工业利润的82%，其中胜达包装集团公司完成工业总产值7.11亿元，被国家经贸委、中国包装技术协会授予"中国纸包装开发生产基地"。

第八节　义盛镇

义盛镇位于萧山市东北部，东与新湾镇、党湾镇接壤，南连靖江镇，西邻南阳镇，北接河庄镇、头蓬镇。系萧山市3个副城区之一，是浙江省重点工业卫星镇、浙江省中心镇，也是农业综合开发示范地。

镇情综述

镇境原在钱塘江北岸，历经江道变迁，至清乾隆年间才逐渐淤涨成陆，绍兴等地的移民到此晒盐、种地。嘉庆十八年（1813）划归萧山。民国4年（1915），有一姚姓商人在此开设水作店，店号"义

盛"。① 后逐渐形成村落，以店号"义盛"为村名。民国21年，为义盛镇，属第七区。民国28年为义盛乡。民国36年，乡镇编并，为义蓬镇。1950年4月为义盛乡、永新乡。1956年7月，合并为永新乡。1958年9月，为宇宙红人民公社永新管理区。1961年7月，撤销管理区，建立义盛人民公社。后几经撤并，至1984年5月，为义盛乡、乐园乡。1985年4月，经省民政厅批准义盛乡改为建制镇；1992年5月，乐园乡并入义盛镇。2000年，全镇总面积20.48平方千米，辖1个居民区、13个村；总户数9619户，总人口30486人，其中非农业人口2451人；外来人口3028人，有苗族、土家族、壮族等9个少数民族97人。镇政府驻地商业路，西南距市政府所在地28.50千米。

境内地势平坦，为沙地平原。河道有义隆横河、义盛横河、冯家娄横河、生产湾、城隍庙直河、红旗直河，均为1958年以来人工开挖。

义盛是沙地的著名集镇，中华人民共和国成立后，农工商同步发展。80年代，乡镇企业兴起，经济发展较快。90年代中期，全镇形成以化工、机械、纺织印染、建材橡塑、蔬菜加工行业为支柱的工业格局。农业建示范园区，兴订单农业。商业兴建农民城，交易活跃。2000年，全镇国内生产总值3.70亿元，工农业总产值11.51亿元，财政收入2225万元，农村居民人均净收入6938元。

传统农业是粮、麻、油及多种经营综合发展。1985年，全镇耕地面积16622亩，总产粮食6423吨、络麻4680.65吨、油菜籽531.15吨；全年生猪出栏6551头。是年，全镇农业总产值849万元。1992年乐园乡并入后，全镇耕地面积增至25901亩，总产粮食11535吨、络麻4795吨、油菜籽641吨。全年生猪出栏17261头；家禽出栏8.88万羽，产蛋219吨；淡水鱼产量84吨。是年，全镇农业总产值2918万元。1999年投入400万元，用于低产田改造、土地整理和路、渠、沟水利设施配套建设。2000年，万亩土地整理项目启动，全镇耕地面积26956亩，总产粮食11289吨、油菜籽375吨、大豆1922吨，还有蔬菜、瓜类等。全镇农业总产值3.07亿元。

义盛是萧山市沙地地区农产品集散中心，商贩云集。80年代后，个体经商日益增多，以经营服装、布料以及日用杂货为主，日渐形成商品交易网。1987年投资35万元建农贸市场，设摊位574个，集市盛况空前，肉禽、南货、水产一应俱全。商业服务在义盛是一门传统行业，1988年末有各种商店188家，其中代销系统7家、镇属12家、个体169家，尤以个体经商引人注目。1990年，人流、物流加大，市场更加繁荣，出现五交化商场等大型商场，农贸市场、小商品市场交易活跃。1993年10月，面积为4000平方米的新农贸市场开业。随着农民城的建设，商贸流通日趋兴旺，1994年农贸市场和小商品市场年成交额2400万元。2000年末，全镇第三产业收入1.66亿元，占农村经济总收入的13.63%。

文教卫生事业发展较快，文化设施不断配套完善。义盛影剧院于1984年建成，建筑面积2600平方米，有座位1314个。1999年，影剧院进行改建装

① 《萧山县地名志》载："据传有个叫姚梅生的人在此开了一爿水作店，店号为'义盛'，后逐渐形成村落，村以'义盛'得名。"义盛老街居民姚剑良、沈盈涛，蜜蜂村民姚宝灿等反映："义盛"水作店创办人不是姚梅生，而是姚瑞芳。姚瑞芳生于清同治十三年（1874），卒于1958年。原在赭山以西开水作店，人称"豆腐阿芳"。后因赭山外坍江，于民国4年（1915）迁往今义盛镇老街，建造坐东朝西的3间平房开水作店，店名"义盛"，其意是开店经商信义为本，才能兴旺茂盛，人呼"姚义盛"。店屋对面是住房。姚剑良是姚瑞芳孙子，曾在店中帮助磨豆腐，现居义盛老街。他至今还保留着"姚义盛"当年的住房和磨豆腐的上半扇石磨。沈盈涛家是与姚家同年同日搭牛拖船一起搬来的。姚宝灿年轻时经常在"姚义盛"挑水、拉磨，做帮工。他是姚梅生的堂侄，他说梅生伯不曾开过水作店。梅生伯的侄儿姚岳林曾开过一段时间水作店，店名"恒义盛"，但比"姚义盛"晚二三十年。

图43-1-1129　义盛老街。左边小屋原为姚义盛水作店住家，其对面原有3间平屋，为"姚义盛"店面，今已改建为楼房（2009年8月，徐树林摄）

修，增设图书阅览室等配套设施，并更名为"义盛文化中心"。是年，义盛镇通过杭州市"东海文化明珠"工程验收，镇文化站通过省一级文化站考评。2000年12月29日，举行以"把充满生机和活力的义盛带入二十一世纪"为主题的迎接新世纪系列庆祝活动，千余群众参与踩街活动，近3万群众观看了《世纪新声》大型文艺晚会。是年，全镇有高中1所，在校学生1197人；初中1所，在校学生1490人；小学6所，在校学生2456人；幼儿园7所，在园幼儿1032人。有市级医院1家，开设病床100张。全镇广播馈线长35.90千米，入户喇叭7458只；有线电视主干线电缆22.40千米，用户1763户；有电视机9401台，其中彩电4891台。

东北副城

清光绪末年，义盛集市形成。民国4年（1915）姚义盛水作店开业后，生意兴隆，当地人士相继置地建店，并疏河建埠，商店渐增，形成老街。中华人民共和国成立后，随着青蓬公路的开通，沿公路两侧辟为新街区，街道宽阔平整，两边楼房林立，集市繁荣。1985年起，按照总体规划加强集镇建设。1992年下半年，规划兴建集商业、住宅、娱乐于一体的农民城。翌年9月，原省委书记铁瑛为农民城题写城名。10月，

图43-1-1130　义盛农民城（2000年5月，俞建龙摄）

面积为4000平方米的新农贸市场开业。至年末，农民城完成建筑面积2.05万平方米，一期工程基本竣工。1994年，农民城二期工程完成建筑面积3万平方米。随着新城的发展，商贸流通日趋兴旺，是年，镇农贸市场和小商品市场年成交额为2400万元。1996年，坐落于义盛农民城西侧的义盛小商品市场完成迁址再建工程，占地面积5200平方米，设固定店面222间，于10月1日开业。1999年，吸纳社会资金，在农民城西侧，蜜蜂桥南新增住房建筑面积1万余平方米。2000年，建材市场一期工程动工建设。

按照城乡统筹发展的指导思想，实施工业与城镇化联动互进战略，随着农民城的兴建，基础设施日趋配套完善。1993年末，开通使用程控电话。1994年，开通无线寻呼服务，开通有线电视。是年12月建造35千伏义盛变电所，主变压器容量为2×10000千伏安。1995年，"西水东调"义盛段总管理设完工。年末，镇上通自来水。1998年6月，义盛变电所主变压器更换为2×20000千伏安，容量比原来增加1倍。1999年，自来水进村入户，年末1.26万人用上自来水。是年，可容纳4万门程控可视电话装备的新电信大楼交付使用，实现交换程控化，传输数字图像化。2000年，中国移动基本业务代销网点在义盛镇设立，移动公司还同时发展集团用户和移动电话村，手机在农村逐步得到普及，全镇共有手机2543只、电话4142部，建有公共电话亭142处。境内道路成网，交通便捷。青蓬、义南、南新3条公路是对外交通主干道。2000年末，镇上道路主要有义盛路、义隆路、义蓬路、迎宾路等16条，总长8千米；建有公共建筑15.64万平方米和住宅24.32万平方米，新建改造桥梁6座，排水管道长7千米，有公共绿地10万平方米，路灯280盏。集镇建成区面积由1992年的0.40平方千米扩展到1.50平方千米。义盛镇作为萧山东北部副城区已粗具规模。

省级工业卫星镇

中华人民共和国成立后，尤其是80年代，乡镇工业兴起，1985年，义盛镇工业总产值1320万元，利税总额226万元。1987年，兴办中外合资侨欣低压开关厂，当年产品通过省鉴定，经申请批准获得专利。1989年3月10日，省人民政府增列义盛镇为省级重点工业卫星城镇。90年代，加大工业经济发展力

度，镇级经济实力逐渐壮大。1995年，全镇拥有镇村工业企业73家，年均职工3303人，形成以化工、机械、纺织、印染为主的工业生产新格局。是年，杭州颜料化工厂经国家经贸委对外经济贸易部批准，获得自营出口权；该厂生产的耐晒青莲色源R被评为省级新产品，红色基GL被列入省科委新产品开发计划。1998年，全镇投入技术改造改资金7000万元，翌年投入资金1亿元，2000年又投入资金1.10亿元，加快企业技术改造。2000年，全镇拥有工企业242家，实现工业总产值9.97亿元，出口交货值6876万元，利润1816万元，税金4774万元。

农业开发示范地

80年代中后期，义盛镇调整农业结构，从种植传统作物转向以种植辣椒、胡瓜、鲜食毛豆、日本萝卜等蔬菜作物为主，发展水产、畜牧养殖业。1988年，"劲风"牌萝卜干获中国首届食品博览会银奖。1993年，全镇种植萝卜7000亩，总产量2.8万余吨，其中经加工后外销7000余吨。1994年，全镇7774亩围垦土地，由专业大户承包6596亩，推进适度规模经营。1998年，千亩国家级农业综合开发科技示范园区动工建设。1999年，义盛镇与江苏宜兴和本省宁波、慈溪等地的食品公司签订产销合同，建立"台湾75"鲜食毛豆基地3000亩，并试种日本小松菜、日本蚕豆、绿花菜、荷兰豆等500亩。2000年，加强农业横向合作，扩大订单农业面积，组建萧山新世纪农业开发有限公司，与金华、宁波等地的6家食品企业签订6000亩蔬菜的产销合同。是年，种植大豆、四季蔬菜、萝卜、辣椒、胡瓜等34000余亩，养殖高档水产1000亩。全年生猪出栏2550头，家禽出栏27万羽，产蛋140吨。同时，千亩国家级农业综合开发科技示范园区基本建成，促进和带动全镇传统农业向现代农业转变。

图43-1-1131　国家级农业综合开发科技示范园区机械化收割场景（中共义盛镇委员会、义盛镇人民政府办公室：《义盛镇》图册，1999年9月）

第九节　靖江镇

靖江镇位于萧山市东北部，东邻党湾镇，南与瓜沥镇接壤，西接杭州萧山机场和南阳镇，北与义盛镇相连。原处钱塘江故道南大门[①]。明末清初因江道渐走"北大门"，"南大门"淤积成陆。人们在此建庙，为求江静浪平，取名"靖江殿"。后以靖江殿为中心，渐渐形成集市，发展成南沙重镇。靖江镇系浙江省小城镇综合改革试点镇，依托邻近机场优势，构筑航空产业配套区，发展空港经济。

镇情总述

清宣统二年（1910），为靖雷乡和镇靖乡。民国21年（1932），为靖江镇，属第六区。民国36年为靖江乡。1949年5月萧山解放，7月设靖江乡。1950年4月，为靖江乡、山前乡。1956年3月，合并为靖江乡。1958年9月，属红旗人民公社，后红旗人民公社改称"瓜沥人民公社"。1961年7月，为靖江人民公社。后几经撤并，至1971年2月，为靖江公社、甘露公社。1984年5月为靖江乡、甘露乡。1985年4月，经省民政厅批准靖江为建制镇；1992年5月，甘露

①历史上，钱塘江河口段主槽先后经历南、中、北变迁。清代始出现"三门"的称谓。三门，即南大门、中小门、北大门。南大门，在龛山与赭山之间，又称"海门"、"鳖子门"。中小门，在赭山和白虎山之间，位于南、北两大门之中，但较窄，故名。北大门，位于中小门以北。

乡并入靖江镇。2000年，全镇总面积23.06平方千米，辖居民区5个、村11个；总户数10462户，总人口32273人，其中非农业人口9677人；外来常住人口4204人，有苗族、土家族、侗族、壮族11个少数民族199人。镇政府驻地商贸街66号，西南距市政府所在地26千米。

全镇地处沙地平原，地势平坦。境内河道交织，方迁娄湾纵贯南北，义南横湾横穿东西，构成"十"字形的河流框架。公路四通八达。镇境西侧即是杭州萧山机场。

经济发展较快。80年代，个体私营商业兴起，各类市场活跃。90年代，镇办企业、村办企业、个体企业迅速发展，尤其是纺织业从1997年开始，无梭织机开始代替有梭织机，全电脑控制的"喷水"、"喷气"和"片梭织"的应用，促进企业生产效率的提高。农业调整结构，发展效益农业。2000年，全镇国内生产总值3.98亿元，工农业总产值20.01亿元，财政收入2290万元，农村居民人均净收入7099元。系浙江省首批小康乡镇、省综合经济实力百强乡镇、省东海文化明珠镇、省小城镇综合改革试点镇，杭州市新农村乡镇，萧山市重点镇。

农业原以种植棉、麻为主，60年代开始试种水稻，此后实施稻麻轮作，成为粮食和经济作物综合发展的地区。1985年，全镇有耕地15262亩，总产粮食5085吨、络麻5091吨。1992年，甘露乡并入，耕地增至27346亩，总产粮食11369吨、络麻5477吨。90年代后期，随着化学纤维产品大量生产上市，络麻种植面积日趋减少。2000年，全镇耕地面积26227亩，总产粮食11184吨。农业结构调整的结果是蔬菜、水产养殖等产业迅速发展。

1983年，靖江办起第一家个体化纤企业。之后个私经济发展迅速。1985～1987年，乡镇企业进入大发展时期，萧山丝织厂、靖江胶木厂成为当时义蓬区重点骨干企业。至1992年"撤扩并"时，全镇拥有企业430余家，实现工业总产值3.62亿元，利税总额1108万元，出口交货值1023万元。为集聚产业、优化环境，适应小城镇总体规划，1997年创建面积为2.76平方千米的工业园区。2000年，全镇有企业768家，工业总产值19.03亿元，出口交货值1.10亿元，利税总额5999万元。

文教卫生事业发展较快，尤其是设镇以来，加大设施建设，丰富群众业余文化生活。1996年，建造镇文化中心，建筑面积2236平方米，有可容纳843人的影剧院和舞厅、卡拉OK厅、图书馆、电子游戏厅等配套设施。1998年，举办镇首届全民运动会暨文化艺术节。该镇女青年陆亚芳撰写的萧山第一部长篇小说《沙地》，由浙江文艺出版社出版。农民画家张承汉擅长书画、扇面画，其个人画展曾多次在萧山、杭州和北京展出。同年，靖江镇被浙江省政府授予省东海文化明珠称号。2000年，全镇有文化娱乐场所28个、文化体育用品商店6家，浙江省文化厅授予靖江镇文化站为特级文化站。是年，全镇有初中1所，在校生1716人；小学9所，在校生2734人；幼儿园4所，在园幼儿1240人。靖江镇为浙江省教育强镇。全镇有卫生村7个，卫生院2家，病床44张，医疗卫生技术人员86人，为萧山市卫生镇。

南沙重镇

靖江镇是萧山南沙地区的重要集镇之一，历史上产棉麻、丝茧和杂粮。清光绪年间至民国初期，靖江是萧山可数的行业齐全的贸易集镇。街道以靖江殿为中心向南、北、东、西发展，当时镇上已有商会、学校、商店、作坊，主街是一条宽约4米的青石板路。镇上有制作名药"李氏酥"而闻名的恒春堂药店和陈万和米行、李茂财南货店等，此外还有染坊、油烛坊、水作坊等手工业作坊，从业者不下千人，市面相当繁荣。清光绪三十一年（1905），天主教传入靖江镇。民国6年（1917）在南街建造教堂，教堂的钟楼高12米，为当时靖江的标志性建筑。镇上的"禾源茧行"、"工艺花边厂"等早在抗日战争前就和上海、广州外贸客商有贸易往来，出口产品。清代至民国时期，每逢庙会和传统节日，在靖江殿万年台有社戏连台演出，吸引南沙方圆20里群众，故有"南沙第一台"之誉。宣统三年（1911）开设教会小学。民国时期设立培德小学，后为靖江国民小学。1951～1975年，靖江先后是瓜沥区公所、义蓬区公所驻地。80年代初期的改革，使靖江经济快速发展，个体私营商业和各类市场兴起。1994年，在商贸路逐渐形成轻纺原料市场，总面积达1万平方米，专营店40多家。1998年易地新建建筑面积1.80万平方米的农贸市场，有摊位804个；2000年又建成建筑面积7800平方米的建筑陶瓷市场。商业网点主要集中在商贸路（青蓬公路城镇段）和黎明路，形成轻纺原料、建筑陶瓷、家用电器、农副产品等支柱产业，共有第三产业网点1300余个，从业人员3500余人，年成交额超过10亿元，是年第三产业增加值1.02亿元。

80年代，工业发展较快，集体企业以轻纺、机械仪器、花边纸品、蔬菜加工为主，个体工业以化纤为主。"撤扩并"后，全镇逐步形成以轻纺印染、机械电气、针织服装、蔬菜食品、建筑建材为主的工业体系。1995年至1996年初，镇村集体企业实行转制。企业转制后加大技改力度，2000年全镇共有高档喷气、加弹等纺织机械2500余台套，实现产业升级。"德意电气"、"杰牌减速机"、"其门堂蔬菜"已成为杭州市级名牌产品。"德意"、"万杰"公司还积极参与西部开发，2000年在新疆、甘肃等地投资1.10亿元，占全市在两地投资的60%。靖江已发展成为南沙的经济重镇。

1999年8月，靖江镇被列为省级小城镇综合改革试点镇。城镇规划控制区面积由1994年的3.04平方千米调整到8.70平方千米，建成区面积从1985年的0.4平方千米扩大到2.5平方千米。并规划在城镇北部和东部建工业集聚区；在机场东北和城镇东侧构筑航空产业配套区；在城镇东南开发居住新区，并实施城镇东扩，将南沙重镇逐步建设成为空港新城。

空港新城

从清末至中华人民共和国成立初期，靖江的主街是一条南北向、宽约4米的石板路。后向东、西发展，形成西街和东街。至1978年，靖江集镇仅限于方迁溇直湾以西，建成区面积为0.40平方千米。1980年开始，相继对安澜路、靖江殿路、靖江路进行整修，同时新建商贸街、文化路、黎明路、育才路、广场路、贵宾路等。2000年末，集镇道路总长10.70千米，均为混凝土、沥青路面。因建杭州萧山机场，征地2765亩，拆迁房屋501处，迁移人口1753人，涉及境内靖南、胜联、山前、黎明4个村，全部进镇安置建房，形成小石桥居民区。境内已形成"三纵三横"道路框架，"三纵"是靖乐线、青六线和环城东路，"三横"是伟老线、黎明路、官界路。靖江镇南距沪杭甬高速公路出口2千米，北面红十五线横穿而过，镇上有公路直通杭州萧山机场东大门，为发展空港经济形成了快速便捷的交通网。

图43-1-1132　空港新城一角（2008年5月，沈锦煜摄）

随着杭州萧山机场的建设和通航，靖江镇以原集镇为中心，实施东扩、南伸、北拓，拉大城镇框架，往西以建设航空产业配套区，把机场周边的土地腾出来，发展航空物流及相关配套产业；在集镇以北，新建工业发展区；在集镇东南建设航空、机场生活区，促进第三产业发展。同时加快基础设施配套完善。1994年6月，进入杭州地区电话网，开通联网电话。1996年10月，镇广播电视站在安澜桥开通第一个有线电视用户。1997年新建电讯大楼，建筑面积3447平方米。同年，萧山实施"西水东调"，1998年自来水到镇，当年实现村村通自来水。2000年，全镇共有电话6119部，广播馈线长38.50千米，入户喇叭6975只；有线电视主干线电缆92千米、光缆16千米，用户3568户。

特色农产品基地

随着农业种植结构调整，多种经营全面起步，萝卜干、辣椒生产大面积扩展，产品质量明显提高、1982年，靖江的甜萝卜干被评为全国优质产品。后引进日本胡瓜、日本萝卜、甜玉米、日本茄子、大葱等10多个品种，蔬菜面积从1992年的7086亩增加到2000年的17132亩，形成万亩大豆生产基地。农业加工企业有10余家，其中创办于1995年的杭州其门堂蔬菜食品有限公司，年生产出口、内销产品30多个，连接生产基地2600多亩，2000年产量超过万吨，80%的产品外销韩国、日本等国家和地区。全镇有黑鱼、河蟹、中华鳖等特种水产基地2600亩。还有10万羽肉禽基地和年产2万只乳鸽基地。2000年生猪出栏18123头，家禽出栏27万羽，产蛋82吨。是年，全镇农业总产值9794万元。

图43-1-1133　1995年创办的杭州其门堂蔬菜食品有限公司外景（2008年9月，杨贤兴摄）

第十节　衙前镇

衙前镇位于萧山市中部东端的萧绍平原腹地，地处水乡。东邻瓜沥镇，南隔西小江与绍兴县杨汛桥镇相望，西接城厢镇、新塘乡，北连新街、坎山两镇。衙前镇凭借邻近绍兴中国轻纺城的优势，发展轻纺产业，沿104国道两侧开发工业、商业、交通运输业，建设"十八里经济长廊"。系浙江省百强乡镇，也是浙江省历史文化名镇。在此曾爆发了中国共产党领导下全国最早的农民运动，故被誉为"红色衙前，农运圣地"。

镇情综述

衙前地名，唐代已见记载。北宋太平兴国三年（978），称"白鹤里"。清雍正七年（1729），为衙前庄。民国18年（1929），为衙前村，民国21年，为衙前乡。民国36年，属渔庄乡，后为定一乡。1949年5月，为定一、吟龙2乡。1950年10月，为凤凰乡、交通乡、杨汛乡、建设乡。1956年末，为交通、建设2乡。1958年10月，为坎山人民公社螺山、建设、交通3个管理区。1961年7月，为衙前、螺山2个人民公社。后几经撤并，至1984年5月，为衙前、螺山2乡。1985年4月，经省民政厅批准，衙前为建制镇；1992年5月，螺山乡并入衙前镇。2000年，全镇总面积17.92平方千米，集镇建成区面积1.27平方千米，辖居民区1个、村23个；总户数6883户，总人口23769人，其中非农业人口1192人；外来常住人口10974人，有壮族、黎族、土家族等14个少数民族271人。镇政府驻地文化路（原称"衙前路"，2000年12月改今名），西距市政府所在地14千米。

地貌形态为海湾堆积平原，部分为沙地平原，地势平坦，局部稍有起伏。山丘主要有航坞山、洛思山、凤凰山、大螺山等。境内江河交织。镇北的萧绍运河和镇南的西小江是境内的两条主要河流。萧甬铁路、公路104国道横穿镇境，还有9条县乡公路，构成连接衙前与周边乡镇的交通网。

衙前人民敢为人先，大胆改革，努力发展经济，1996年，全镇工业总产值29.65亿元，居萧山市镇乡第一位，利润总额2569万元，为全市第二位。在工业兴起的同时，农业、商贸业得到发展。2000年，全镇国内生产总值7.82亿元，工农业总产值38.80亿元，财政收入4887万元，农村居民人均净收入7355元。系浙江省百强乡镇。

农业以水稻为主，间以油菜、瓜果、蔬菜等。1958年开始推广双季稻，实行"三熟制"。80年代初，农村推行家庭联产承包责任制，1985年，全镇有耕地10092亩，总产粮食5999吨。1992年，螺山乡并入，全镇耕地增至17445亩，总产粮食13073吨、络麻499吨，全年生猪出栏8406头。随着农业种植结构的调整，粮食种植逐步由双季稻改成单季稻，2000年，全镇耕地面积15348亩，总产粮食10972吨。是年，种植蔬菜2286亩、花卉苗木1000余亩；淡水养殖面积225亩，淡水鱼产量388吨，珍珠产量1690千克；生猪全年出栏11200头。

80年代，把农业改革成功的经验引向企业，集体企业承包、租赁、转制拍卖，开展"集体搭架子，个人出票子，落实承包责任制"，鼓励发展个私经济，纺织工业崭露头角。1993年，全镇有镇办和村办企业154家，其中出口创汇企业6家，全镇形成以轻纺为主，兼有建筑、机械、五金、化工等行业的工业体系。当年纺织工业产值占全镇工业总产值的70%。1996～2000年，全镇累计技术改造投入资金35亿元。通过建立现代企业制度，有了浙江东南网架集团公司、浙江恒逸集团有限公司、浙江开氏实业有限公司等一批具有一定规模的企业。1999年，全镇有各类自动织机3551台，其中新型的无梭织机占67%；无梭机中，进口高档剑杆机占71.60%。2000年全镇有企业310家，工业总产值38.17亿元，利税总额1.74

图43-1-1134 1994年建于104国道两侧的明华轻纺原料市场（图片来源：萧山区人民政府地方志办公室《照片档案》2001年第28卷）

亿元。其中个体、私营轻纺工业企业259家，产值30.89亿元，利税1.26亿元，分别占全镇工业总产值的80.93%、利税的72.41%。

80年代后，个体私营商业发展迅速，各类市场活跃。1994年建明华轻纺原料市场，营业面积9.60万平方米、仓储面积4万平方米，店铺860个。1997年9月，萧山市轻纺坯布市场建成，建筑面积14500平方米，内设摊位332个。1998年1月，为适应经济发展的需要，凭借当地交通发达的有利形势，萧山市联托运中心在四村成立。该中心占地面积20333平方米，建筑面积6000平方米，至2000年开通至北京、兰州、乌鲁木齐等城市的运输线路56条，连接全国129个大、中城市，成为萧山轻纺产品的托运中心。2000年，明华轻纺原料市场成交额9.60亿元，比1999年增长18.50%。是年，全镇有大小商业零售单位900多家，建有轻纺原料、农贸、坯布、小商品等专业市场5个，从业人员2000余人。

衙前文化底蕴深厚。80年代以来，文教卫生事业发展迅速。1994年10月，镇文化中心落成，总建筑面积4680平方米，内有可容纳800人的影剧院及舞厅、录像厅、卡拉OK厅、图书阅览室等配套设施。1998年，衙前镇获省东海文化明珠和体育先进乡镇称号。1999年9月，举行镇首届全民运动会，参赛选手925人。2000年，浙江省文化厅核定衙前文化站为省特级文化站。是年，全镇有幼儿园2所，在园幼儿884人；小学7所，在校生1942人。是年9月，衙前、螺山初中合并为衙前初中，在校生1020人。设在镇上的萧山市第三高级中学有31个班，学生1556人。还有医院2所，设病床46张；有医院分院及村卫生所11个，医疗卫生技术人员95人。

水乡古递铺

衙前在明朝嘉靖十八年（1539）建急递铺（急递铺是专司传递文书的邮站），时称"白鹤铺"。后集市兴隆，逐渐发展成水乡小镇，跨萧绍运河南、北两岸，至民国29年（1940），河北有店屋80多间，河南约50间。衙前原盛产荸荠，有长兴、正泰2家水果行代客收购，运销江苏、山东等地。并产油菜籽，供油坊榨油，同源油坊在衙前颇有名望。

民国30年（1941）农历正月初十，国民党军队于衙前阻击日本侵略军。日军实施报复性烧杀，南街店屋被焚无遗，北街被烧30余间。遭此浩劫，元气大伤。直至抗日战争胜利后，市面也无甚起色。至中华人民共和国成立初，一条老街，沿萧绍运河北侧，长不到500米，宽1.50米，铺着青石板，两边是砖木结构二层楼房，清一色的粉墙黛瓦。一边枕河，家家后门筑有石阶，可以汲水洗物；另一边前店后宅。毕公拱桥把东、西联成一个整体。

十八里经济长廊

随着经济的发展，1986年，衙前镇《总体规划》提出逐步改造旧区，积极发展新区，加速城镇建设的新思路。1987年，建成长500米、宽12米的新区主通道衙前路（2000年12月改名为文化路）。凤凰、卫家等村参加新区街道建设，在衙前路及其三角地带建成农工商联营部、农贸市场、生产资料部等。1993年起，沿104国道两侧开发工业、商业、交通运输业。时称"建设十八里经济长廊"。此后，以明华轻纺原料市场、萧山市联托运中心、衙前小商品市场、浙江恒逸集团有限公司、浙江东南网架有限公司、浙江开氏实业有限公司、兴达纺织公司、兴惠纺织公司等一大批

图43-1-1135 十八里经济长廊开氏实业有限公司段
（图片来源：萧山区人民政府地方志办公室《照片档案》，2001年第28卷）

乡村工贸企业在104国道两侧连成片。在商业区附近，开发新型住宅楼建筑面积9600平方米。随后，又建成衙前农民运动纪念馆、凤凰山环山公路、有线电视、程控电话等公共设施。

1999年，凤凰、卫家、四村、交通、优胜、新发王、项家、项甬、田里胡、里东徐等村纳入集镇建设范围。以衙前路为轴心，萧绍运河以北为革命历史遗址和凤凰山旅游景区；草漾路以西以住宅区为主，成虎路两侧以工业商贸区为主；三角地带以行政、文化为主。至2000年，已完成纺织工业园区和成虎路的建设，拓宽草漾路，在成虎路西南侧投资1800多万元，建成占地面积54000平方米的衙前镇初中新校舍，总建筑面积近15000平方米，绿化面积25597平方米。同时，对老104国道衙前段进行整治改造。

同时，配套设施日趋完善。1994年建成东南液化气公司，向居民供应液化气，萧山自来水"西水东调"工程惠及衙前，受益人口2.38万。1993年，衙前变电所建成；1995年，新光发电有限公司并网发电；1999年，螺山变电所投入运营。2000年，全镇广播馈线长70千米，入户喇叭5140只；有线电视主干线电缆41千米、光缆11.10千米，用户2550户。

"农运"圣地

衙前是浙江省历史文化名镇，曾爆发中国共产党领导下全国最早的农民运动。萧绍运河南岸的东岳庙，是衙前农民运动旧址。民国10年（1921）9月27日，衙前农民协会在此建立，时有会员2800余人，曾

图43-1-1136 凤凰山南麓的衙前农民运动纪念馆及李成虎墓（图片来源：《萧山文物》，西泠印社出版社，2000年1月）

发布《衙前农民协会宣言》《衙前农民协会章程》，开展抗租减租斗争。在短短一两个月的时间里，萧山、绍兴、上虞3县80多个村庄纷纷响应，相继建立农民协会，10余万农民投入这场声势浩大的反封建斗争，揭开了中国现代农民革命斗争史上壮烈的一幕。后来，在反动势力的镇压下，这场轰轰烈烈的革命运动被扼杀了，农运领导人之一李成虎壮烈牺牲。

运河北岸的衙前农村小学旧址，是一座砖木结构的二层楼房，原是沈定一祖宅"光禄第"的一部分。民国10年（1921）9月26日，由沈定一出资创办的农村小学在此正式开学，免费招收贫苦农民子女入学。后又开办成人班。先后邀请宣中华、徐白民、杨之华、刘大白等社会主义青年团员和进步知识分子任教。农村小学西厢房楼上曾是瞿秋白之妻杨之华的居室，瞿秋白也曾到过这里。衙前农村小学是中共早期宣传马列主义、培训农民运动骨干，酝酿农民运动的策源地。校内北墙旁有棵罗汉松，是沈定一从苏联带回，亲手种植在这里。

从农村小学旧址向北三四百米的凤凰山南麓，坐落着衙前农民运动纪念馆，是一座仿近代民居的建筑。由老一辈无产阶级革命家薄一波题写馆名。纪念馆建于1998年，坐北朝南。主房琉璃瓦盖顶，广场青石板铺地。馆里陈列着衙前农民运动的史迹资料和实物，是市爱国主义教育的重要基地。纪念馆向北约100米，是衙前农民协会委员李成虎墓。

第十一节　戴村镇

戴村镇位于萧山市西南部，东靠临浦镇，南与河上镇交界，西连云石乡，北与许贤乡接壤。是萧山南部的重要集镇之一。境内山清水秀，具备生态发展优势，是个生态山镇。戴村中医骨伤科医疗效果显著，远近闻名。

镇情综述

北宋太平兴国三年（978），属孝悌乡。明代，戴姓家族迁此，繁衍成村，名"戴村"。清雍正年间，为戴村庄。民国21年（1932）为戴村乡。1949年5月萧山解放，10月设戴村乡，属戴村区。1950年10月，为戴村、凌溪2乡。1956年3月，凌溪乡并入戴村乡。1958年10月，为戴村人民公社凌溪管理区。1961年7月，为戴村人民公社。后几经撤并，至1982年末，为戴村、永兴2个人民公社。1984年5月，改变"政社合一"的体制，为戴村乡、永兴乡。1985年4月，经省民政厅批准，戴村为建制镇。1992年5月，永兴乡并入戴村镇。2000年，全镇总面积32.66平方千米，辖居民区1个、村35个；总户数7654户，总人口26217人，其中非农业人口1285人；外来常住人口2050人，有壮族、苗族、土家族、瑶族、布依族等11个少数民族134人。镇政府驻地凌溪路，东北距市政府所在地23千米。

境内低山丘陵和水网平原相间。西南部为低山、丘陵，主要有云门寺山、碛堰山、马鞍山等。云门寺山海拔597米，山上有云门古寺。浦阳江流经境域东北角，永兴河自南而北纵贯境内，向北流入浦阳江，凌溪自西向东注入永兴河。境内公路主要有03省道、永富路、闻戴路、戴云路，水陆交通称便。

戴村是永兴河船运起点，民国时过塘业、运输业甚为发达。中华人民共和国成立后，农工商协调发展。80年代以来，乡镇企业发展较快，全镇逐渐形成电子电器、机械五金、建筑建材、纺织服装、塑料化工、造纸纸箱等行业。2000年，全镇国内生产总值2.67亿元，工农业总产值10.41亿元，财政收入2751万元，农村居民人均净收入4808元。

农业主要种植水稻、大小麦、油菜等。1985年，全镇有耕地10271亩，总产粮食6585吨、油菜籽80.65吨。1992年，永兴乡并入，耕地增至17962亩，总产粮食13681吨、油菜籽133吨。粮食种植由双季稻逐渐

2565

改变为单季晚稻，种植面积也逐年下降。2000年，耕地面积18180亩，总产粮食10727吨、油菜籽106吨。

随着农业种植结构的调整，全镇逐步形成蔬菜、花卉苗木、水产、禽畜、林特五大产业。2000年，种植蔬菜、瓜类2060亩，总产量3498吨；种植花卉苗木2000亩，且品种增多；淡水养殖产量256吨，珍珠产量470千克；全年生猪出栏2万头；家禽出栏28万羽，产蛋163吨。是年，全镇林业用地面积18587亩，木材蓄积量18470立方米，采伐量233立方米；毛竹蓄积量12.45万株，采伐量6万株。林产品收入和竹木采伐收入97.58万元，竹制品加工188万元。有梨园228亩、桃园20亩、杨梅园100亩，总产水果26吨。2000年，全镇农业总产值5749万元。

戴村的乡镇企业历经数十年的风雨，1985年全镇工业总产值640.68万元，利税总额133.44万元。接着，深化企业改革，进一步完善经营承包责任制。1992年，全镇有镇村企业118家，工业总产值9086万元，出口交货值500万元，利税747万元。自1994年起，镇村企业开始以产权制度变更为核心的企业改革，至2000年，全镇130家镇村集体企业全部转制。全镇以转制为契机，抓科技、增投入、重管理、促强队，形成以集团企业为龙头、股份制企业为中坚、个私企业为基础的工业发展格局。同时，戴村工业园区建立，有9个项目落户园区，总投资3亿元。是年，全镇实现工业总产值9.84亿元，出口交货值5418万元，利税5410万元。

戴村素来重教[1]。中华人民共和国成立后，戴村的文化设施日趋配套完善。1985年10月1日，戴村影剧院落成，内有座位1138个。群众性体育活动在全镇广泛开展。1995年，戴村镇获杭州市体育先进乡镇称号；1997年，获浙江省体育先进乡镇称号。1999年，为庆祝中华人民共和国成立50周年，举办大型文艺晚会。2000年，又举办大型文艺活动，特邀著名歌唱家蒋大为演出，还多次开展书法比赛和形式多样的文艺会演。是年，戴村镇获杭州市东海文化明珠称号。全镇有幼儿园1所，入园幼儿194人；小学6所，在校学生1535人；初中1所，在校学生820人；高中1所，在校学生909人。有市级医院1家，设病床150张。全镇有村卫生室18个，有6个村创建成为市级卫生村。

戴村境内上董越窑青瓷窑址，为萧山市级文物保护单位；戴家山窑址，为萧山窑主要窑址之一。

依河兴市

永兴河流入浦阳江，直通钱塘江至杭州，是出入义桥、闻堰、杭州的水上通道，历来是戴村镇商品和各种货物的运输要道。戴村居于永兴河船运起点，潮汛期间，可通30吨～40吨货物的船只。永兴桥埠头历来是装卸货物的码头。戴村老街货物的吞吐通过老街东头的蒋家

图43-1-1137　戴村镇东依永兴河（2009年3月，张上和摄）

① 戴村民国时期有小学7所，其中石硖小学创办于民国16年（1927），马鞍小学创办于民国17年，戴村中心民校创办于民国27年。

埠头。民国时期，诸暨的次坞，富阳的章村，萧山的河上、楼塔等地的物资吞吐，都在此转运。过塘行有沈公记等4家，以船运为业者不下数百人，大多是族居石马头村的洪姓，俗呼"洪家江司"。过往商旅亦多在此搭乘班船去杭州等地，商业颇称繁荣。特别是纸行，大多分散于集镇附近的农村富户，比较有名的有墙头村的任合大、大湖头的何海记、凌桥头的戴合兴。

米业是戴村的第二大业。自民国初至抗日战争前，米店有10多家。其中丁介丰设店较早，还与俞生扬合资开设俞合记碾米厂。棉布百杂店有"久丰"、"华兴"、"复昌"、"同裕泰"、"丁瑞兴"等，南货有"韩源盛"、"协和"等4家。茧行1家，设有茧灶。药店有"培生堂"、"万春堂"2家。该镇商店大都由附近农村的富户开设，其特点是"淡季以家（田）养店，旺季以店养家"。抗日战争期间，戴村处于日伪占领的边缘，破坏惨重。后又遭严重火灾，故抗日战争胜利后，店屋仍以平房为主，且以小店为多。唯米业一度繁荣，有碾米厂2家。米店相继复业或新设者有10多家。纸行仍以"任合大"等几家有名。

中华人民共和国成立后，私营商业进行社会主义改造，成为公私合营、合作商店。1956年6月，戴村区供销社建立，几经变更，至1984年12月，戴村供销社固定资产原值49万元，自有流动资金61万元，是年，生产、生活用品零售额315万元，农副产品、废品收购额108万元。改革开放后，个体私营商业迅速发展。1994年，占地面积1200平方米的农贸市场建成并投入使用，内设商店46家、固定摊位55个、临时摊位150个。翌年，占地面积1536平方米的小商品市场建成并投入使用，全镇共有大小商业零售单位490家，从业人员619人。同时，借助于优越的地理环境，以加油、餐饮业为主的第三产业发展迅猛。2000年，第三产业增加值为7500万元。

戴村集镇东靠永兴河，原只有狭长老街一条，后沿公路两侧块状分布。1995年，人民路与老街贯通，初步形成工业区、生活区、商业区、文化区。接着，按照"改造旧街镇，建设新集镇"的思路，全面加快以新区为重点的集镇建设，投资200万元，浇铺世纪路及配套工程，启动世纪路两边的商住楼。2000年末，凌溪路、人民路、老街路、南塘路、世纪路构成镇上的道路网，道路总长6千米，排水管道长4千米，新建改建桥梁6座，公共建筑2.23万平方米，住宅建筑18.73万平方米，装有路灯180盏，集镇建成区面积0.72平方千米，一个新兴的现代化集镇正在形成。

基础设施日趋配套完善。1985年，成立镇电力管理站。80年代末，有日供水5000吨的戴村自来水厂，受益人口2.10万人。1991年9月，开通程控电话，1997年，电信与邮政剥离，各自独立经营。2000年，全镇广播馈线长45千米，入户喇叭6300只；有线电视主干线电缆40千米，用户4414户。电话装机用户3524户。

治伤接骨名镇

戴村茶亭骨伤科诊所，始于清同治九年（1870），由永春和尚主持，至今已逾百年。以其秘制膏药名传于世，专治跌打损伤、接骨、骨节酸痛、骨折出血、青紫肿痛、淤血凝聚等症。永春和尚俗称"柳名溪"，台州人，会石匠，会武技，精医术。清同治九年十一月来萧山后溪做客，后在静修庵中行医。永春擅长伤科，对跌打损伤有独特疗效，在萧、绍一带享有盛名。永春医德高尚，对求诊者总是悉心医治，负责到底；

图43-1-1138　骨伤科医院（2009年5月，高华摄）

且怜贫恤老，凡病人家境困难的，不收诊金，少收药费。此外，还在静修庵前设点施茶（茶亭的地名源于此）。光绪三十四年（1908），76岁的永春圆寂。中华人民共和国成立后，茶亭伤科第三代传人陈德谊参加戴村联合诊所，其长子锦昌、次子迪昌为茶亭伤科第四代传人。90年代后期，陈锦昌经市卫生局批准，在戴村镇墙头村办起茶亭伤科私人诊所，已成当地著名的特色诊所，慕名求医者络绎不绝。

萧山十大名医之一的李汝安为许贤何家桥李氏伤科传人。民国9年（1920），李汝安12岁，就随母行医。经过几十年的临床实践与不断探索，李氏伤科形成了一套牵、拉、折、顶、抖的梳筋正骨法。1958年，李汝安调至戴村卫生院执诊。由于李汝安接骨医术精湛，在跌打损伤方面有传统的中药处方，外敷的膏药是传统的中药秘方，医疗效果显著。1985年7月成立戴村伤骨科医院。随着科技的发展，医院不断吸收新的医疗技术和增添先进的医疗仪器，1994年4月，经省卫生厅批准，成立萧山中医骨伤科医院。1997年，医院迁至锦绣路新址。2000年末，有病床150张，工作人员96人。

第十二节　党山镇

党山镇位于萧山市东部，东邻益农镇，南与绍兴县齐贤镇、安昌镇毗邻，西接瓜沥镇，北与党湾镇、靖江镇接壤。因境内有党山，故名。党山镇素来是萧、绍两地之间物资往来的商贸重镇。清代，党山设盐场，建盐仓，至民国23年（1934），盐仓容量19万担。党山凭借邻近绍兴中国轻纺城的地域优势，发展轻纺工业，是中国化纤织造名镇。随着经济的发展，党山努力打造和美家园。

镇情综述

清宣统二年（1910），设党山乡，属绍兴县。1956年2月，划归萧山县。1958年9月，为英雄人民公社，翌年，改名为"党山人民公社"。1961年7月，分设为党山、长沙2个公社。1984年5月，恢复乡建置，为党山乡、长沙乡。1985年4月，经省民政厅批准党山为建制镇；1992年5月，长沙乡并入党山镇。2000年，全镇总面积49.74平方千米，辖1个居民区、24个村；总户数13296户，总人口43659人，其中非农业人口1821人；外来常住人口4812人，有布依族、苗族、壮族等11个少数民族355人。镇政府驻地川北路，西距市政府所在地25千米。

党山镇地处钱塘江海湾堆积平原。山丘分布在镇境南缘，有党山、大和山。境内河湾纵横，白洋川、解放湾横穿东西，黄公溇湾、盛陵湾、梅林湾、车路湾、党山湾、三官埠湾纵贯南北，塘南有里湖横河，上接西小江支流。党山交通原以水路为主，80年代起，水路运输渐被陆路交通替代。沪杭甬高速公路横穿镇境，衙党线、新东线、党益线等公路构成党山与周边乡镇的交通网。党山经济发展较快，90年代，镇办企业不断扩大，村办企业普遍兴起。通过1994年企业转制，个私企业迅速发展。2000年，全镇国内生产总值7.82亿元，工农业总产值29.83亿元，财政收入5005万元，农村居民人均净收入7618元。系浙江省综合经济实力百强乡镇，杭州市小康乡镇、新农村乡镇，萧山市十强乡镇。

党山曾是重点产麻区之一，也是粮食、油料的重要产地。1985年，全镇耕地面积23494亩，总产粮食10605吨、络麻6773吨、油菜籽824.45吨。1992年，长沙乡并入，耕地增至40455亩，总产粮食19186吨、络麻7663吨、油菜籽1348吨。随着农业种植结构的调整，粮食种植由双季稻逐渐改成单季晚稻，络麻种植面积日趋减少。2000年，全镇耕地面积43565亩，总产粮食21062吨、络麻324吨、油菜籽745吨。

蔬菜、瓜果等种植面积扩大，养殖业发展较快。1992年，全镇蔬菜种植面积4752亩，生猪出栏16167头，家禽出栏19.65万羽，产蛋16吨，淡水鱼养殖产量201吨；2000年，蔬菜种植面积21231亩，生猪出栏38685头，家禽出栏61万羽，产蛋212吨，淡水鱼养殖产量517吨。

工业起步较早。[1]80年代以来，把农业改革成功的经验引向企业，落实企业承包经营责任制。1985年，全镇工业总产值2286.09万元，占工农业总产值的67.92%；利税362.08万元。90年代，各村采用租赁、拍卖等方式，开展企业转制，并鼓励发展个体私营企业。以梅林村爱迪尔包装为龙头的塑料包装行业发展壮大，年创利润占全镇的一半以上。同时，以轻纺产品为主的镇、村企业和个体私营企业崛起。1992年，全镇有镇、村企业125家，工业产值3.77亿元，利税1617万元，出口交货值206万元。1996～2000年，全镇累计投入技术改造资金10多亿元，企业从粗放型转向科技型，形成以"爱迪尔包装"为龙头，以纺织工业为主体的工业体系。2000年，全镇有各类工业企业374家，工业总产值27.85亿元，出口交货值8904万元，利税2.01亿元，其中纺织工业企业145家，产值20.68亿元，利税1.33亿元。

随着经济的发展，党山镇注重文化体育活动，发展教育事业，加强医疗卫生工作，提倡精神文明，努力打造共生共融的和美家园。镇文化中心总建筑面积2010平方米，有座席1325位的影剧院放映大厅及舞厅、录像厅、卡拉OK厅、图书馆、阅览室等配套设施。1986年起，党山影剧院连续7年被省文化厅评为电影发行放映先进单位。1988年，党山文化站被浙江省文化厅命名为特级文化站；1997年组建镇文化艺术团，创作和演出丰富多彩的群众性戏曲文艺节目，党山镇获杭州市东海文化明珠称号。1999年被评为浙江省教育强镇。2000年10月25日举办镇首届全民运动会暨文化艺术节。是年，全镇有幼儿园4所，入园幼儿1630人；小学10所，在校学生3867人；初中1所，在校学生2220人。有卫生院2所，病床60张；有医疗点、社区医疗服务站12个，村卫生室15个，被评为浙江省卫生镇。

境内党山，"石色碧润，四时不易"，故又名"碧山"，海拔32米。明代，山巅设烽堠以报警，属绍兴三江城守营。清嘉庆九年（1804），山顶建镇海寺，今已易址重建，飞檐翘角，规制恢宏。山顶北侧旧有碧山仙洞，洞口如井。

南大房在镇南里湖南岸，建于明万历年间（1573～1620）。后，又历经清代和民国许家子孙的重修和扩建，整体建筑古朴大气，有两个花园，大小十几座河埠，还有宗祠、庙宇、戏台、牌坊等，构成了许氏大家族完善的生活、生产环境，是研究江南古民居的宝贵实物资料和历史见证。

境内丈午村（今名群益村），古时设有丈午渡（今为丰产闸）。明隆庆三年（1569）八月七日，塾师陆一中渡海遇飓风，舟覆。其子尚质，蹈海救父，父获救，自己却葬身浊浪中。从此，乡人称丈午渡为"陆郎渡"。

党山镇名人有许在衡，清光绪十五年（1889）进士，官至翰林院侍读学士。戚扬，清光绪十五年进士，翰林院庶吉士，民国时期曾任江西省省长（山阴《梅林戚氏宗谱》）。

浙东盐廒

党山濒临钱塘江口，明代中叶，塘闸建成后，塘外为涂，设灶煮盐。清雍正初年（约1723），党山设盐场。这里向用小灶铁锅私煎，清嘉庆年间

[1]民国时期，党山有卤冰厂、轧花厂、袜厂，还有打铁铺、铜作坊、染坊、油坊等手工作坊。中华人民共和国成立初，"裕民"、"民生"两家卤冰厂合营为地方国营萧山化工厂。元亨轧花厂成为萧山第三棉花加工厂。铁木竹、印染、船作等手工业组织起来，发展为党山农具修造厂，还办起了纺织印染厂、鞋革弹花厂、水作机面厂和缝纫机组等。60年代，船厂、废花厂、袜厂、农机厂等集体企业相继创办。70年代初，镇、村企业陆续兴起，并不断发展壮大。

图43-1-1139　党山镇海寺。清嘉庆九年（1804）始建，2004年5月易址重建，2006年10月大雄宝殿落成（图片来源：《党山镇志》，2008年5月）

（1796～1820）定为65灶，建廒仓39间（今老盐仓），由官廒收买。咸丰年间（1851～1861），薪柴日贫，提倡改煎为晒。民国3年（1914）完全废煎为晒，盐产量逐年增多。民国4年，党山商廒添建4仓，起名协记盐廒，共43仓，容量4.30万担。民国6年5月，设党山称放局。民国10年改为南沙称放局，先后建平房10间、二层楼房2间。民国13～14年，商廒在车路湾溇底西建新仓35间。民国14年，党山盐区晒板27104块，年产盐8.13万担。17年，党山总廒入库，即党山、河庄两盐区所产盐17.3万余担。至民国18年改为浙东引盐公廒党山总廒，有仓廒78仓，容量13.10万担。23年，党山、河庄两盐区年产盐29.20万担，党山总廒仓储增至新老盐仓3处，瓦仓90间，容量19万担。日军侵华期间，盐业遭到破坏，产量逐年下降。至民国30年，降至1.40万担。民国34年仅为2000担；是年抗日战争胜利，9月19日，钱清盐场公署迁址党山南大房（西厢）办公。党山盐区即梅林湾场务所主管盐区南至新十二埠，北至水仙庙、西至大坝、东至海，分梅林湾、老十二埠、新十二埠3个盐区。

1949年，党山解放后，绍兴县人民政府接管钱清盐场，设绍兴县盐特区和盐场管理区。1954年改为绍兴县渔盐局，下设南汇、赵家湾、十二埠、头蓬盐场。同年，赵家湾、十二埠盐区坍入江中。

萧绍商贸重镇

清雍正初年，党山设盐场后商业兴起。泰升当铺、天和堂药店相继开设，当时党山民间有谚云："头一盐仓第二当，第三要数天和堂。"党山素来是商贸重镇。民国初，党山有商号60多家。民国18年（1929）党山通轮船后，商业更加繁荣，镇上酒店、饭店有13家；茶楼有名的有"第一楼"、"凤凰楼"等7家；药店有"天和堂"、"天芝堂"、"仁寿堂"等；银楼有"天兴"等2家。民国29年1月，日本侵略军占领萧山，接着进犯绍兴，并"扫荡"东沙各镇，党山商店大多闭歇，市容冷落。抗日战争胜利后，国民政府即设钱清盐场公署于党山。农业除蚕桑外，棉麻生产较战前发展。党山商号恢复发展到100余家。

中华人民共和国成立后，对私营工商业进行社会主义改造，对老街街面也进行了整理。1950年9月，党山供销合作社成立，开展多种商业活动，为农业和农民供应生产、生活资料，采购农副产品。改革开放后，个体商业得到发展，市场活跃。1995年，新建建筑面积3000多平方米的农贸市场；翌年，建建筑面积1400平方米的小商品市场，各设摊位220个和108个。同年，又建长沙农贸、小商品市场。2000年，全镇商品批发、零售额（含饮食业）10490万元。

随着经济的发展，商业的兴起，加快了集镇改造。1987～1991年，拓宽为民路、振兴路、新街路，并浇铺水泥路面；新建川北路、井亭路和东横埠直路，形成二横四直、总长4千米的集镇道路。新建商住楼1.40万平方米，形成为民路商业一条街。还扩建了农贸市场，改建车路湾溇底小商品市场。在车路湾溇口东侧建造30吨船码头。建造5条合流式地下水道，总长2.10千米。在街路两旁种行道树，绿化环境。

1992年"撤扩并"后，加快新区建设。新建和拓宽井岭路、川北路、镇中心大道和党山至杭甬高速公路柯桥轻纺城出口衔接公路、衙党公路党山段和盛南公路、盛北公路、车路湾公路等集镇道路及镇区外延主干道路；改建和新建井岭桥、党山北桥、长沙桥、盛南桥等8座公路桥；拓宽延伸为民路和西大门入口及大花坛的建设；新建党山中心花园，井岭路、川北路等沿河、沿路绿化带。2000年末，集镇建成区面积0.83平方千米，道路总长12.90千米，排水管道长15.60千米，新建改建桥梁11座，公共建筑面积5.38万平方米，住宅建筑面积14.83万平方米，装有路灯184盏。同时，基础设施日趋配套完善。1985年9月15日，党山自来水厂建成。1993年开通程控电话，安装电话1085部。1994年5月，建立党山有线电视台，设有16个频道；6月26日，萧山电话进入杭州地区网，开通联网电话；8月建成长沙35千伏安变电所；1997年8月，党山有线电视与萧山有线电视联网，实现村村通有线电视，2000年，全镇有线电视干线电缆200千米，光缆50千米，用户7503户。是年，党山镇程控电话装机容量10980门，用户安装电话8127部，还有公用电话150部。是年1月9日，萧山自来水西水东调工程完成，全镇3.78万人受益；12月19日，党山（车路湾）110千伏输变电工程投入运营。是年末，全镇有高压线路22条，总长122千米，变压器301台，装机容量40855千伏安。

化纤织造名镇

党山镇凭借临近绍兴中国轻纺城的地域优势，80年代，以轻纺产品为主的镇、村企业和个私企业崛起。1980年，长沙涤纶布厂（后改名"萧山化纤织造三厂"）购置K611-110织机12台，生产头巾纱。沙北村许仁良置2台铁木机，用各色人造丝、白厂丝作原料织锦缎被面。后萧山丝织五厂购进铁木机12台，用涤丝生产化纤布。1984年，萧山化纤织造三厂购置ZK272织机12台，后又增ZK272织机30台，用以织造化纤华达呢等产品。1991年9月，购置上海产GA615新型织机48台，淘汰K611-110织机，翌年又增K274织机60台。新机子织造的中华呢、精纺呢等产品不仅好销，而且效益高。党山的镇村企业及个私纺织企业紧跟仿效，纷纷购置新机器，进行设备改造。1993年2月，萧山化纤织造三厂投资2260万元，新增苏州产GA733剑杆织机78台、倍捻机24台，淘汰全部有梭织机。翌年，萧山振亚纺织厂购置西安航空公司GA731剑杆织机12台，后增至70台；萧山市建杰纺织厂新增苏吴剑杆织机等高档织机90台。一些实力较强的镇、村企业及个私企业陆续用剑杆机替代有梭织机，功效提高1倍以上。

1997年2月起，党山镇开始从意大利、比利时引进剑杆织机，由萧山第三化纤色织有限公司、萧山振亚纺织有限公司、杭州翔盛纺织有限公司、萧山建杰纺织有限公司等企业率先采用。尔后，国产同类型剑杆织机陆续应市，集体和个私企业普遍购置，再次进行设备更新。这类新型织机科技含量高，是纺织机械的一次突破。其主要优点是自动化程度高，用微电脑控制，只要按工艺要求，设计好程序，就能连续自动生产，又因是无梭织布，噪音小、速度快、质量有保证，织物门幅可达2～3米，甚至更宽，对产品精密度、厚薄、重量等指标要求，完全能符合理想的要求。从此，纺织这一劳动密集型行业，进而成为科技密集型行业。普通职工大量裁减，知

图43-1-1140 杭州建杰纺织有限公司纺织车间（图片来源：《党山镇志》，2008年5月）

识型人才则争相引进。1997年下半年，杭州翔盛纺织有限公司引进比利时具有国际先进水平的EDLTA喷气织机50台，开发麻粘9844新产品，被评为省级优秀科技产品。1999年末，党山镇纺织企业有各类自动织机2700多台，其中剑杆织机占85%以上。2000年，属国内外一流的化纤织造设备占全镇总拥有量的51.20%。

2001年，以杭州翔盛纺织有限公司、杭州宏宇纺织有限公司、杭州振亚纺织有限公司、杭州建杰纺织有限公司等纺织企业为代表，分别从意大利、比利时、日本引进喷气织机，产品除原有品种外，又增加仿真丝、氨纶、仿毛等新产品。这类产品适宜制作四季衣料，质地性能不亚于天然麻、毛织物。经过20年的改革创新，终于使党山镇的纺织业声名远扬。

第十三节　所前镇

所前镇位于萧山市南部，东与绍兴县相邻，南连进化镇，西靠临浦镇，北邻来苏乡。紧邻西小江，曾是浙东食盐中转地。境内丘陵逶迤，林葱水秀，凭借这得天独厚的生态资源，发展山林特色经济，使所前不仅成为远近闻名的茶果之乡，也是工、贸、林、游结合的山水名镇。

镇情综述

所前原属山阴县天乐乡。民国21年（1932）设所前镇，属绍兴县第七区。民国24年为所东乡、所西乡，民国35年9月，两乡合并为所前乡。1950年10月，由绍兴县划归萧山县，为所前、岭下、岱山3乡。1956年，3乡合并为所前乡。1958年9月，为所前人民公社。后几经撤并，至1984年5月，复为所前乡。翌年4月，经省民政厅批准为建制镇。2000年，全镇总面积33.60平方千米，耕地面积14708亩；辖居民区1个、村24个；总户数7137户，总人口22733人，其中非农业人口845人；外来常住人口2138人，有壮族、布依族、苗族、蒙古族等13个少数民族153人。镇人民政府驻地东藩路，北距市政府所在地9千米。

所前镇属低山丘陵地区，三面环山，主要有青化山、越王峥、石板山等。西小江流经镇西北部，沿江有少量的河谷平原。境内有磁铁矿、黄铁矿等矿藏。西小江与境内各河相通，水路交通方便，旧有客轮通萧山、临浦。80年代，公路交通兴起，来娘线、祆所线是所前对外的主要交通线。从萧山城区至所前的7路公交车于1997年2月开通，途经所前沿山18村。

所前镇濒临西小江，以盐兴市，商业较旺。中华人民共和国成立后，所前的商业有新的发展。1951年，所前供销社成立，供销社下设农副产品收购部、农业物资供应部、陶瓷杂货部、棉百部、文具西药部等。其中农副产品收购部主要从事茶叶和杨梅等水果的收购和加工，远销外地。80年代中期，部分商店以个人承包的形式，从供销社中脱离出来。当时集镇上有饭店4家、食品零售商店4家，此外，还有理发店、缝纫店等。进入90年代，个体商业发展较快。1990年，所前有各种商业店铺100多家，主要以饭店、服装、副食品、日用百货销售为主。1993年下半年建设商贸集市，新建沿街店铺41间，同时，镇农贸市场于1994年4月5日建成开市，共设置摊位150余个。1995年12月1日，占地面积5000平方米的寺前茶果市场开业，内设摊位102个，吸引市内外茶商前来交易，成为所前及邻近地区茶果销售的主要集散地，年交易额在5000万元左右。1998年，供销社开始体制改革，对资产进行评估拍卖，人员分流。改制后的所前供销社下设2家农资部门、1家副食品批发门市部、1家医药商店、1家农用加油站，由个人承包经营。2000年，全镇共有各种店铺近300家，主要集中在镇农贸市场及其周围。

所前镇素有"茶果之乡"的美誉，其中"杜家杨梅"更是闻名遐迩。90年代不断提高山林开发的科技含量，山林经济效益一直位居杭州市第一位。在发展农业的同时，工业也得到稳步的发展，逐渐形成建筑建材、机械五金、纺织服装、工艺装潢、石料开采等工业门类。2000年，全镇工业企业77家，实现工业总产值2.82亿元，利税总额1130万元。是年，全镇国内生产总值2.31亿元，工农业总产值3.70亿元，财政收入1062万元，农村居民人均净收入4300元。所前镇是杭州市小康乡镇。

随着经济的发展，文教卫生事业发展较快。镇文化站设有图书馆、乒乓球室、棋牌室等。1997年9月，镇老年活动中心投入使用。1999年开始举办一年一度的杨梅节，并组织歌舞、戏曲、杂技等专场演出。2000年，全镇18个村建有图书室，藏书9500余册。是年，全镇有幼儿园3所，在园幼儿712人；小学4所，在校学生1716人；初中1所，在校学生903人。还有卫生院1所及寺前、金鸡山2所分院，8个村级卫生所，设有病床20张。

所前镇境内青山如屏，清溪似带，环境幽静，抗英民族英雄葛云飞、清道光年间诤臣汤金钊、清代五部尚书朱凤标和历史学家、演义作家蔡东藩的墓均在所前。[①]其中葛云飞墓为省级文物保护单位，朱凤标墓、蔡东藩墓为萧山市级文物保护单位。

食盐中转地

西小江原是浦阳江故道，自明代中叶浦阳江出碛堰山流入钱塘江后，西小江成为内河。明弘治年间（1488~1505），绍兴府在金鸡山设盐务批验所。因地处盐务批验所前，故名"所前"。浙东食盐以西小江为主要通道，运往浙西乃至皖赣。至清代中叶，所前沿西小江一带为食盐堆积场所，各地盐商云集，当时有大小盐行48家，一度成为商务繁华之地。后历经战乱，至民国仅剩盐行6家。民国22年（1933），盐务批验所撤销，商市更加冷落。抗日战争后期，由于所前地处萧绍交界的半山区，相对比较偏僻，国民党的游杂部队、逃难的百姓，多集中到此。所前一度畸形繁华，当时镇上有布店10多家、茶店13家、南货店6家，其他还有饭店、药店、米店、杂货店、油烛店、花轿店、豆腐店、箍桶店、棺材店、铁匠铺、铜匠店等。至解放前夕，所前有南货店、地货行、水果行、百货店等店铺30余家。

茶果之乡

所前为低山丘陵区，除产粮食、油料外，以茶叶、杨梅为主的山林特色经济一直是农业的重头戏。随着农业产业结构的调整，该镇从"创生态旅游名镇"的实际出发，以建设"近山万亩观光带，远山万亩杨梅基地"和"沿山十八果园村"为总目标，积极做好山林开发工作。为配合"沿山十八果园村"的建设，各村纷纷建设茶果特色村。1997年，该镇提出用3年时间"充分发挥所前优势，以山林经济开发为重点，实施二次创业"。翌年，开发茶果基地1636亩，其中杨梅基地1350余亩，板栗、水蜜桃、银杏基地250余亩，当年全镇茶果园的总面积近万亩，其中茶园5006亩、果园4765亩。至2000年末，全镇有茶叶基地6000亩，杨梅基地8000亩，水蜜桃、樱桃等果木基地5000亩。全年实现农业总产值8864万元。

杜家村坐落在青化山北面的山坞中。两边青山如屏，蜿蜒起伏，坞深树茂，云雾相裹。坞中的杜家溪由南而北流向西小江。气候温和湿润，土质肥沃疏松，自然条件适宜栽培杨梅。杜家一带栽培杨梅已有1000多年历史，早在宋代就以品质上佳而负盛名。北宋大诗人苏轼曾说："闽广荔枝，西凉葡萄，未若吴越杨梅。"南宋嘉泰《会稽志》载，"天乐杜家产此有名，人称杜家杨梅"，曾为朝廷贡品。杜家杨梅以迟色品种为最，果大核小，肉柱圆，肉齿团，肉色鲜红，汁多味甜。中华人民共和国成立后，全省多次组织杨梅评比，杜家杨梅都名列前茅。所以每当杨梅成熟时节，各地人士纷至沓来，争相品玩尝鲜。从1999年开始，每年6月举办一

图43-1-1141 1999年首届萧山杜家杨梅节（裘荣校摄于所前镇杜家村）

① 葛云飞墓位于所前镇三泉王村黄湾寺后；汤金钊墓位于所前镇东山夏村黄虎山南麓，其墓毁于十年"文化大革命"时；朱凤标墓位于所前镇山里沈村；蔡东藩墓位于所前镇池头沈村北割子山上。

年一度的萧山杜家杨梅节。杨梅节已成为所前发展生态旅游的品牌活动。

所前镇年产茶叶500吨。1987年以前，茶叶的销售主要依靠供销社。1987年，部分农户开始到市区开设茶叶销售点。随着市场经济的发展，所前镇的茶叶销售网络日趋完善。1993年，全镇从事茶叶经销的商贩有500余人，总金额超过1000万元。2000年，全镇已涌现近千人茶叶贩销队伍。仅在新昌茶叶市场就有经销人员百余人。有的将茶叶运到南京、天津、郑州等地销售，有的在北京、江苏、安徽等省市的商店、超市搞定点销售，有的长期居住济南、大连、连云港等大中城市开设茶庄。由所前人经营的近400家茶庄遍布全国各地。其中以山东济南为所前茶商最主要的集聚地，有200余人营销茶叶。

山水名镇

所前镇山美、水美，生态资源得天独厚，已发展成为工、贸、林、游结合的山水名镇。

所前镇的生态资源利于发展绿色经济。境内有3万亩山林，沿山18村农民种植杨梅、桃子、李子、栗子、柿子、茶叶，开展立体种植，栽培四季交替的经济作物。利用当地盛产水果和茶叶优势，70年代创办精制茶厂、蜜饯厂、罐头食品厂及钱江印铁制罐厂等小型企业。80年代，建筑、纺织等企业兴起。90年代，所前镇从小小的杨梅开始，搞旅游节庆。同时利

图43-1-1142　杭州生态园内的东坞水库景色（2001年5月，裘荣校摄于杨静坞）

用青翠的山林和清新的空气，建设生态家园，发展乡村旅游。1998年6月，经省林业厅批准，开始筹建杭州杨静坞森林公园。1999年，所前镇正式确定把建设生态旅游作为新的经济增长点的发展方针。2000年，第二届萧山杜家杨梅节在杨静坞森林公园举行，此后一年一度在此举行。是年11月，位于东山夏村门前贩的杭州天香园艺园动工建设。2001年1月8日，所前镇与浙江登峰交通集团签订合约，由浙江登峰交通集团投资建设杭州杨静坞森林公园。同时将杨静坞森林公园更名为"杭州生态园"。

随着经济的发展，加快集镇改造。1988年，兴建占地面积2500平方米的农贸市场，并改造市场附近道路，整修轮船埠。1990~1992年，建造茶果市场。1994年，新建镇卫生院门诊大楼，建造镇内第一幢居民住宅楼——天乐新村1号楼。1993~1995年，易地新建农贸市场，建造茶果市场服务大楼，开辟小商品市场。1996年后，对街区的主干道浇铺柏油路面，新建和翻建店面房。至2000年，镇区除原有的老街和下街外，又新建所市路、东藩路、开元路、世纪路、果园路5条路街，构成集镇道路网，道路长15.38千米，公共建筑4.67万平方米，住宅建筑4.06万平方米，排水管道长5千米；集镇建成区面积从1984年的0.20平方千米扩展到0.50平方千米。

配套设施日趋完善。1993年建造所前邮电大楼，开始受理安装电话业务。1996年7月，开通有线电视。1998年埋设自来水输水主管道，至2000年，全镇有20个村接通自来水。是年12月，全镇广播馈线长11.30千米，入户广播喇叭5580只；有线电视主杆线电缆长17.50千米，用户2796户。

第十四节　楼塔镇

楼塔镇位于萧山市西南部，东、南与诸暨市交界，西与富阳市接壤，北与河上镇毗邻。古称"仙岩"，唐乾宁四年（897），黄岭守将楼晋在洲（旧为"州"，下同）口溪滨建宅定居，称"楼家塔"，简称"楼塔"。系山乡古镇，曾是萧山、富阳、诸暨三地的山货集散地。80年代，随着个私经济的兴起，发展成为纱艺花边生产基地。亦是个民间艺术之乡，民间乐曲楼塔《细十番》曲调高雅，韵味优美，别具特色。

镇情综述

宋代，楼塔属长山乡，元时为十都，清宣统二年（1910）仍为长山乡。民国21年（1932），为楼塔镇，属第三区。民国28年仍为长山乡，直到中华人民共和国成立。1949年11月，设楼塔乡。1950年10月，为楼塔镇和青山、大山、笔架、大同4乡，属河上区。1956年，为楼塔乡、大同乡。1958年属河上人民公社。1961年7月，为楼塔、大同坞2个人民公社。1965年11月，大同坞人民公社撤销，1981年6月复设。后几经撤并，至1984年9月为楼塔、岩山、大同坞3乡。1985年8月，经省民政厅批准楼塔乡改为建制镇；1992年5月，大同坞、岩山2乡并入楼塔镇。2000年，全镇总面积47.63平方千米，辖居民区1个、村31个；总户数8629户，总人口26342人，其中非农业人口1110人；外来常住人口1743人，有土家族、苗族、壮族等7个少数民族241人。镇人民政府驻地洲口路，距市政府所在地35千米。

楼塔镇地处萧、诸、富三地要冲，杭金公路越境而过，通诸暨、金华；横樟公路横穿镇境，连接富阳市横凉亭，还有徐章线通富阳常绿镇，楼佳线通镇境南端佳山坞村。80年代后，楼塔镇调整产业结构，加快工业发展，构筑效益农业，实现了农业经济向工业经济的转变。2000年，全镇国内生产总值2.52亿元，工农业总产值10.35亿元，财政收入2274万元，农村居民人均净收入4748元。

1980年，楼塔公社路下院生产大队第二生产队在全县率先"包干到户"。1985年，全镇耕地面积5594亩，总产粮食3214吨。1992年，大同、岩山2乡并入，全镇耕地面积增至13158亩，总产粮食7182吨。2000年耕地面积13305亩，总产粮食6064吨，蔬菜7541吨。全镇山林面积46600亩，以种植松树、毛竹为主，还有果园和花卉苗木。全镇水产养殖面积282亩，淡水鱼产量54吨。是年，生猪出栏8435头，家禽出栏17万羽。

70年代初兴办社队企业。80年代，集体企业开始承包、租赁、转制拍卖，个体私营企业兴起。1994年，设立楼塔私营经济区。2000年，全镇各类工业企业540家，工业总产值9.70亿元。

楼塔素为萧、富、诸三地山货集散地。50年代建立楼塔供销社，以供销社为主体的商业网点建立。80年代，个体私营商业兴起。1988年，全镇有商店135家。1995年，农贸市场建成，方便了诸暨、富阳和本地乡民传统的农副产品和山货交易。

楼塔镇历来重教兴学。中华人民共和国成立后，尤其是80年代以来，文教卫生事业发展较快。1988年实施九年制义务教育。90年代，调整教育布局，对部分中小学实行撤并。2000年，全镇有幼儿园1所，在园幼儿617人；小学6所，在校学生1753人；初中2所，在校学生1368人。有卫生院1所，下设医疗点2处；村卫生室22个。楼塔镇村村建有球场，成立篮球队，有"篮球之乡"之称。

楼塔镇山川秀美，自然景观和人文景观丰富。境内百药山有"元度岩"，人称"仙人洞"，相传为晋朝许询隐居之所；仙岩山下、洲口溪畔有仙人石卓立溪滨，远眺似龙尾；镇北山脚有元末明初名医楼英之墓；镇东北有洲口桥。

农历六月十四日,是楼塔佳山坞村的"半年"节。这是一年当中仅次于春节的重要节日,通常要杀猪、宰鸡鸭、裹粽子、放鞭炮、大宴宾客。紧邻佳山坞的毋岭村,每年农历六月初一过"半年"节。

山乡古镇

楼塔境内群山环峙,岭高峰峻,地势险要。尤其是萧山与富阳的界岭大黄岭,是浙东与浙西往来的咽喉通道,历来是兵家必争之地。唐代末期,藩镇割据,各地战乱纷起。浙东观察使刘汉宏图谋兼并浙西,于中和三年(883)三月调兵分屯黄岭、岩下、贞女3镇。钱镠率兵攻破3镇,刘汉宏败退诸暨。钱镠在岩坞口山冈上建旗祝捷。在洲口山麓,钱镠见洲口溪如龙之蟠,仙岩山如虎之踞,且地扼两浙要冲,战略位置十分重要,便在黄岭设军镇守,并令甥楼晋驻守。楼晋镇守黄岭后,见洲口溪沿岸山明水秀,有田可耕,有薪可樵,就在洲口溪南的沙丘上肇基发族,形成聚落。

楼塔附近皆产纸,清末民国初,纸业发达,商业兴盛。清末有药店5家,南北货店7家,茶食糖果店3家,猪、羊肉店最多时有8家,百货店3家。绸布杂货以同泰、复茂较有名,后有协大祥的兴起,米店从清末的日生、阜康2家,民国时增至7家,嗣后又开设源丰碾米厂。日本侵略军占领萧山,商路阻塞,纸业衰落。民国31年(1942)农历十二月,日军扫荡楼塔,街屋被焚30余间,自此市面冷落。抗日战争胜利后,农村纸业无甚起色,镇上商店仅33家。

中华人民共和国成立以来,楼塔发展成为农、工、商、贸并举的新型集镇。集镇沿洲口溪而建。洲口路、上街、下街、横街形成二纵二横,仙岩路、溪口路沿洲口溪两岸环抱于镇北,还有前溪弄、花厅弄、仁德弄、松涛弄、黄辅弄等30余条弄巷分布其间,构成纵横交错的街巷,古镇的民居错落有致,粉墙青瓦,风格古朴。镇上建有楼姓上、中、下3个祠堂,现存中、下两祠。下祠现为名医楼英纪念堂。改革开放以来,楼塔加快集镇建设,尤其是1992年设镇以来,集镇的基础设施日趋完善。1993年12月,萧山电话进入杭州地区网,楼塔镇开通联网电话。1995年,村村通有线电视。1998年6月,建容量为8000千伏的楼塔临时变电所。2000年,全镇装电话机3000多部,设公用电话亭45处;广播馈线长25千米,入户喇叭5560只;有线电视用户5272户。楼塔财税大楼、医院门诊大楼、信用社营业大厅、邮电大楼等相继建成,新农贸市场、停车场、体育场、商贸楼、居民住宅楼等陆续完工。年末,镇上公共建筑面积4.90万平方米,住宅建筑面积32.34万平方米。还有环绕集镇、全长2千米的砌石护岸和浇铺水泥的保村埂。集镇建成区面积从1984年的0.50平方千米扩展到1.28平方千米。

纱艺花边基地

80年代,楼塔镇个体、私营经济兴起,纱艺花边企业初露头角[①]。90年代中期,纱艺企业纷纷在全国各地设立经销点,楼塔农民在大中城市开店,销售纱艺花边的有300多人。以信息、科技推进新产品开发,提升产品档次,扩大楼塔纱艺产品的市场覆

图43-1-1143 1995年建于洲口桥头的楼塔镇牌楼。牌楼上有联:"四围山色九曲溪,半是仙源半是城。"(楼塔镇人民政府提供)

①详见《工业》编"区域特色行业·楼塔镇纱艺工业"。

图43-1-1144 纱艺花边(2008年2月,丁力摄)

盖面。1996年在私营经济区的基础上，发展纱艺行业。2000年，全镇有各类纱艺企业400家，产品有挂球、尼龙粘扣、轻纺和排纱4大类，品种近1000个，已形成原料加工、生产、销售于一体，成为全国室内装饰用品市场最大的生产基地，市场覆盖面占全国室内装饰用品市场份额的75%，产品开始销往国际市场。是年，全镇纱艺企业产值5.82亿元，占全镇工业总产值的60%。

民间艺术之乡

楼塔龙灯、马灯、高跷、民乐等文娱活动异彩纷呈。民间乐曲楼塔《细十番》始于明朝洪武年间，由明代宫廷御医楼英从宫廷带入民间。它的演奏分行姿与坐姿两种形式。行姿，前有黄龙伞、红灯笼开道，演奏人员仿士大夫的风度和书生的雅气，伴随着音乐的节奏，踏着四方步，徐缓行进；坐姿，有古筝、扬琴等20多种演奏乐器组成，它曲调高雅，清澈悦耳，韵味优美。《细十番》一套3曲，有着丰富的内涵，别具特色。古典曲牌"望庄台"是《细十番》的代表作，它专门歌颂大禹治水成功后，呈现出的河山壮丽、国泰民安的和谐环境。《细十番》1957年参加浙江省第二届民间音乐舞蹈观摩演出，获一等奖。同年，中央人民广播电台赴浙江录制楼塔《细十番》，作为对台湾广播的晚间曲。楼塔《细十番》还作为浙江人民广播电台对农村广播的序曲。在一段时间内，浙江农民每天第一时间听到的音乐就是楼塔《细十番》。1998年，浙江省文化厅命名楼塔镇为民间艺术之乡。

第十五节　南阳镇

南阳镇位于萧山市东北部，东与义盛、靖江两镇相连，南接瓜沥、坎山两镇，西濒钱塘江，北靠河庄镇。南阳镇紧邻钱塘江，是个观潮胜地。境内赭山，原处钱塘江出海口北岸，与南岸龛山隔江对峙，为江海门户，曾是个重要港口和渔市。后因坍江而市面衰落，南阳代之而兴，成为新兴市镇。南阳镇是浙江省级重点工业卫星城镇，也是浙江省首批综合经济实力百强乡镇。南阳镇与濒江古镇赭山融合后，正在建设现代化的沿江新城。

镇情综述

南阳原在钱塘江北岸，唐时设赭山亭，属钱塘县。至宋代，红山西为赭山里，属仁和县长乐乡；红山东为岩门盐场，属海宁县。元时为六都，辖于海宁州。明袭宋制。清代为时和乡，属海宁州。后因钱塘江流道改出北大门后，钱塘江故道南大门、中小门淤塞成陆，遂有移民在此垦荒定居，渐成村落。嘉庆十八年（1813）由海宁划归萧山。宣统二年（1910）为西仓乡、赭山乡。民国21年（1932），为南阳镇、西仓镇、赭山镇。民国23年为南阳乡、赭山乡。民国36年为南阳镇、赭山乡。1949年5月萧山解放，6月、10月先后设南阳、赭山2乡。1950年10月，为南阳、赭山、新安、西仓、赭东5乡。1952年增设雷山乡。1956年合并为南阳、赭山2乡。1958年10月，为瓜沥人民公社南阳、龙虎、赭山、赭东管理区。1961年7月，为南阳、赭山2个人民公社。1984年5月，为南阳、赭山2乡，1985年8月，经省民政厅批准，南阳、赭山均为建制镇。1992年5月，赭山镇并入南阳镇。2000年，全镇总面积31.03平方千米，辖2个居民区、16个村；总户数11146户，总人口35982人，其中非农业人口2391人；还有外来常住人口3023人，有苗族、壮族、土家族、侗族等11个少数民族202人。镇政府驻地南虹路北，西南距市政府所在地21千米。

境内有红山、美女山（文堂山）、狮子山（禅机山）、乌龟山、白虎山、青龙山等，蜿蜒于钱塘江边，山土红赤，尤其是赭山，更是"山色丹如葛岭砂"。钱塘江流经境内美女坝、戌城岙等地，江岸线长3.50千米。美女坝设有货运码头，货轮可通杭州、桐庐、宁波、上海。内河均系人工开挖而成，主要

①民国20年（1931）顾士江《萧山乡土志》载：南阳"离赭山八里，是一个新兴的市镇"。

有永丰直湾、南阳横湾、义南横湾、龙虎横湾、赭山直湾等，航行方便。公路主要有赭十四线、南新线、义南线、盘山公路、阳城大道等，构成对外交通网。

南阳镇地处钱塘江故道中小门，曾几度沦为钱塘江江道。后淤涨成陆，产桑麻棉粮，逐渐发展为"新兴市镇"①。日本侵华期间，遭受侵略军飞机轰炸，几乎夷为平地。中华人民共和国成立后，南阳农工商协调发展，尤其是改革开放以来，形成多种经济成分发展的工业体系，经济发展更快。2000年，全镇国内生产总值6.80亿元，工农业总产值16.76亿元，财政收入3571万元，农村居民人均净收入6930元。南阳镇为浙江省综合实力百强乡镇、萧山市十强镇。

南阳的传统农业是桑麻棉粮。80年代初，实行家庭联产承包责任制。1985年，全镇有耕地18875亩，全年总产粮食5899吨、络麻5471.50吨、油菜籽576.90吨。1992年，赭山并入，耕地增至31106亩，生产粮食13522吨、络麻5632吨、油菜籽874吨；全镇生猪出栏17013头、羊176只、家禽6.06万羽，淡水鱼养殖产量315吨。90年代，粮、棉、麻、桑等传统作物的种植面积减少，效益农业兴起。2000年，全镇有耕地31447亩，总产粮食14944吨、蔬菜37933吨、甘蔗3226吨；而棉花只有22吨、络麻129吨、油菜籽391吨。是年，生猪出栏26680头、家禽出栏46万羽，淡水鱼养殖面积2300亩，产量1628吨，全镇农业总产值1.64亿元。

南阳原有土丝、土布、花边等手工业。80年代，镇村企业兴起。1985年有镇办企业11家，产值1809万元，利税255万元；村办企业产值739.91万元，利润97.60万元。1992年，全镇镇办企业24家，工业产值3.19亿元，利税1355万元；村办企业59家，工业产值7709万元，利税475万元。1994年起逐步以拍卖、租赁、重组股份等形式对全镇企业实行转制。1996年5月，精细化工区块建立。1999年经省计委批准为精细化工园区。2000年6月，停止精细化工园区的整体运转，对开发区的功能区域进行重新审定和规划，伞业、卫浴业作为重点发展的优势产业。2000年，全镇有股份制企业和私营企业462家，职工10272人（其中农村劳动力8693人），固定资产5.30亿元。工业总产值15.12亿元，外贸出口交货值1.79亿元，利润3435万元，税金7567万元。其中伞业的工业产值2.80亿元，出口交货值870万元。从业人员1500余人。还有常年"缝伞面"的外加工人员6000余人，"缝伞面"已发展成为一个新兴的家庭工业，其规模相当于当年的"挑花边"。同时，与制伞业相配套的企业在镇内兴起。

②南阳农民历来种桑养蚕，民国时期设有养蚕指导所，蚕桑发展较快。南阳街市形成后，收丝卖茧，丝市闹猛。据《南阳镇志》记载，民国21年（1932），光是同源茧行就收购蚕茧达13万市斤。到了民国28年，南阳有土丝商贩13家，如"隆昌"、"协盛"、"永裕成"、"潘源兴"等土丝行在周边地区很有名气。那时一到蚕茧上市，街上前来投售蚕茧的很多，大部分是茧子，也有自己做成土丝的，背的背，挑的挑、扛的扛，非常闹猛。陈兴浩土丝行还到其他集镇上去设点收购。南阳丝市闻名萧山。

商业素来较为兴旺，尤以丝市最有名②。1951年8月，南阳供销合作社正式开业。1953年，国家实行粮食统购统销，南阳粮站建立。80年代，由于国家政策放宽，合作商店、合作小组非常活跃。1989～1991年，先后兴建南阳、赭山和仓前的3个农贸市场和1个砖灰市场。1992年建立南阳供销商业公司，但随后供销系统和合作商店均因不景气而逐渐退出市场，个体商业户随之兴起。1997年10月，建筑面积5万平方米的商贸中心区块落成开业，可同时容纳3000人交易的南阳农贸市场迁址新区。1999年1月，建筑面积5200平方米、有营业房224间的小商品市场竣工开业。至2001年3月，全镇老街大多数商业都由个体经营。

1989年始行九年制义务教育。1995年，南阳中学转为萧山市南阳职业高级中学，1999年6月并入市第九高级中学。2000年，全镇有幼儿园2所，在园幼儿1221人；小学8所，在校学生2750人；初中2所，在校学生1530人。有卫生院2所，病床176张。是年，投资1000万元、建筑面积4000平方米的镇文化中心建成，丰富了群众的业余文化生活。每年观潮节期间，有各种群众文体活动开展。

南阳镇濒临钱塘江，沿江又有山丘，民间有谚云："三面青山一面江，赭山坞里好风光。"据民国《萧山县志稿》载，境内有河庄八景：云停绝顶、天际观帆、马蹄秋月、烟袋平林、滩头渔火、龟背夕阳、中门麦浪、北院松涛。据新安《胡氏家乘》载，有赭山十景：南峰云插、北坝潮平、东山花幛、西院松琴、石马嘶风、岩狮吐烟、钓台春绿、笠岫秋红、月湖添碧、陆井留香。

江海门户

赭山原处钱塘江出海口北岸，与南岸龛山隔江对峙，为江海门户。据《萧山南阳镇志》载，南宋乾道年间（1165～1173），设赭山巡检司寨。元末，朱元璋部将胡大海在盘山建戍城，屯兵守卫。

明代嘉靖年间（1522～1566），倭寇常在青龙山、白虎山一带出没，侵扰百姓，抢掠商船。嘉靖三十四年（1555），戚继光调任浙江都司金书，后任参将，屯兵戍城，并在白虎山顶置铁炮11门，防御倭寇。康熙五十七年（1718），杭州城守水师二营三号红衣炮八位，安设河庄山炮台。

嘉庆十八年（1813），南沙划归萧山，改赭山巡检司为河庄巡检司，并移司戍城，后迁徙白虎山南3里的尚镕案（今南丰一组）建木寨，俗称"木城"。咸丰十一年（1861）毁木城，司废。

赭山依山濒海，有渔、盐之利，商贸兴盛。早在明洪武初，设赭山汤镇税课局。至清康熙年间，已是"门开鳖子通潮汐，市杂鲛人集比闾"、"春风百货连云集，夜月千艘比屋居"[1]的重要港口和渔市。后因坍江而市面衰落。

新兴南阳

因赭山日渐衰落，南阳代之而兴。据褚云皎编纂《萧山南阳镇志》载，民国5年（1916），高惠南、高惠阳兄弟俩率先开设米店兴市，南阳因此得名。此后发展成新兴市镇。[2]

南阳原有前街、中街和后街。中街宽4米、长120米，为主要街道，有南货店、杂货店、米店数十家。中华人民共和国成立后兴修水利，先后开挖永丰直湾和义南横湾，在南街和中街之间划了个"十"字形。1985年建镇后，编制总体规划，沿湾发展。规划分工业区、商业区、文卫区、居民区。1992年赭山并入后，集镇远期规划扩大到1.25平方千米。10月，在沿江建立阳城经济开发区，开创萧山镇乡开办工业园区的先河。1994年8月，经浙江省人民政府批准为南阳经济开发区。1996年12月，动工兴建建筑面积3.50万平方米的商住楼和

[1] 清代王锡奉《和大中丞张运青先生赭山望海》诗（4首）之二、清代钱兆修《和张运青中丞赭山望海》诗（4首）之三，褚云皎编纂《萧山南阳镇志》，2001年6月印，第308页。

[2] 南阳街市的兴起，还有另一种说法。据高元法《百年南阳街的兴起》（《萧山市志简报》总第63期，2010年9月6日）一文载，南阳这地方原是钱塘江滩涂，叫"凸肚沙"。清末，这里建有零零星星的草棚，有移民在此种地，经营土特产，但无像样的房屋店面。民国4年（1915）下半年开始建房兴市。当时有3位发起人，一是高其公（位南）的第二个儿子德梁，人称"小荣店王"；二是其凤江司的两个儿子，一个叫德一，人称"文桂四店王"；另一个叫德莱，人称"世兴小江司"。他们买木料，建街屋，"小荣店王"德梁建起后街朝南楼房15间，朝北平房15间，东、西两边建2个圆洞门。"文桂四店王"德一朝南建楼房8间，朝北建平房6间。"世兴小江司"德莱建楼屋5间。还有朱维万原在牧马港开店经商，坍江后搬到南阳，建起二三十间房子，店号"同昌"。在德梁、德一、德莱的带动下，许多西沙遭受塌江的老百姓也前来南阳建房开店，还有绍兴、海宁、杭州等地客商也来南阳经商开店。经过几年的兴建，后街、中街、南街3条街很快形成，一时商贾云集。

新农贸市场，形成集镇三横二直的街道和绿化带格局。新建、改建桥梁7座。2000年末，集镇道路长8.10千米，公共建筑面积7.68万平方米，住宅建筑面积29.95万平方米，排水管道长5.50千米，公共绿地6.80万平方米，装有路灯260盏，集镇建成区面积从1984年的0.30平方千米拓展到0.59平方千米。

随着南阳经济开发区的建立，加快集镇建设和基础设施的配套完善。1994年，萧山自来水"西水东调"工程接通赭山，管径分别为600毫米和800毫米的两条供水管道贯穿南阳经济开发区，日供水能力3万吨。同年，赭山变电所建成。

图43-1-1145　1992年10月建立的南阳经济开发区（图片来源：《萧山年鉴·2002》）

电所建成。阳城热电厂三炉二机发电1.20千瓦／时，与靖江变电所220千伏和赭山变电所35千伏相配套，分别于1995年3月和7月交付使用；该厂供热能力50吨／时，供热有效半径2.50千米。1996年2月，自来水通南阳镇上，至1999年，村村通自来水。1999年5月，占地面积3800平方米的南阳电信局竣工营业。同年，新设热网管道3千米。2000年，全镇电话装机4501部。南阳经济开发区单独建立程控模块局。一期容量4000门，开通国际、国内长途。是年，全镇有15个村通有线电视，主干线电缆31.50千米、光缆9.20千米，有线电视用户2537户；有线广播线路53千米，装喇叭8263只。

观潮胜地

南阳镇境内赭山，自唐代大中年间（847～859）胡逗发动民工筑赭山塘后，便成了观潮胜地。后又在塘畔临海面抛筑赭山坝。南宋乾道年间（1165～1173），赭山十景之一的"北坝潮平"景点就在这里。直到清代，这里仍是观潮的好去处。中华人民共和国成立后，大力整治赭山湾，先后建成美女坝等4座主力坝。后又大规模围涂，致使江道变窄变深。由于赭山一带江流曲折，涌潮与山、岙、堤、坝相撞，变化出各种类型的潮。

在赭山美女坝和戍城岙，不仅可观赏气势磅礴、齐头并进的"一线潮"，更可观赏到独特的"回头潮"、"剪刀潮"、"船斗潮"和"潮中潮"等潮景。1994年，钱江观潮城一期工程在乌龟山完工，并举办首届中国国际（萧山）钱江观潮节。后又兴建一座三星级标准的集吃、住、游、娱乐、休闲、疗养于一体的钱江观潮度假村。至2000年，南阳镇成功地承办7届中国国际（萧山）钱江观潮节，接待游客累计70万人次，成为南阳旅游产业的主力军。

图43-1-1146　钱江观潮度假村一景（图片来源：《萧山年鉴·1997》）

第十六节　头蓬镇

头蓬镇位于萧山市东北部,东连新湾镇,南与义盛镇接壤,西靠河庄镇,北依二万三千亩垦区。其地原在钱塘江北岸,属海宁县。从南宋时起,钱塘江南北涨坍无常。明末清初,钱塘江主流迅速向北推进。清嘉庆(1796~1820)初,其地与海宁因钱塘江分隔而成为江南,划归萧山管辖。农民以晒盐为业,又是新涨白沙地的头一个泥蓬,故称"头蓬"。水陆交通方便,有船运码头,因此吸引不少商界人士前来落户,形成集镇,成为东沙的重要商埠,也是当时萧山东片地区食盐和蚕丝的主要集散地。20世纪60年代起,头蓬以北的大片海涂被围垦开发,盐业中断。头蓬也由临江的边远地区成为内地,成了包括垦区在内的周围镇乡的中心集镇。系浙江省级重点工业卫星镇。

镇情综述

民国18年(1929),为头蓬村。民国21年,为头蓬镇,属第七区。民国36年,镇乡编并,为义蓬镇。1950年10月,为头蓬乡、义蓬乡。1956年3月,两乡合并为义蓬乡。1958年9月,属宇宙红人民公社。1961年7月,为头蓬人民公社。1978年1月,宏伟人民公社成立。后几经撤并,至1984年5月,为头蓬乡、宏伟乡。1985年8月,经省民政厅批准,头蓬为建制镇;1992年5月,宏伟乡并入头蓬镇。1999年,原属萧山围垦指挥部管理的盐场划归头蓬镇,建立盐场村。2000年总面积36平方千米,辖1个居民区、12个村;总户数7150户,总人口24620人,其中非农业人口1817人;外来常住人口1780人,有苗族、土家族、侗族、壮族等8个少数民族172人。镇政府驻地通围路,距萧山市政府所在地30千米。

头蓬为沙地平原,河流有小泗埠直湾、头蓬直河、七工段直河、围垦前横河、围垦后横河、冯溇横湾。青蓬公路、南沙大堤穿境而过。镇北沿江标准塘也可通车,东通绍兴地区,西与钱江二桥、三桥和杭甬高速公路衔接。

头蓬原为东沙大镇,市面兴旺,日本侵略军占领萧山后,头蓬成为日、伪、杂三方轮番烧杀抢掠之处,经济因此衰落。抗日战争胜利后,市面稍有复兴,但随即坍江,百姓流离失所。中华人民共和国成立后,治江围涂,兴修水利,发展经济,尤其是改革开放以来,乡村企业兴起,农业调整产业结构,发展多种经营和特色农业,市场兴旺,辐射四乡。2000年,全镇国内生产总值2.24亿元,工农业总产值5.91亿元,财政收入2064万元,农村居民人均净收入6490元。头蓬镇为杭州市首批小康乡镇。

传统农业以粮、棉、麻为主。1985年,全镇有耕地14300亩,总产粮食4725吨、络麻3304吨、棉花33吨。1992年,宏伟乡并入,耕地增至24114亩,总产粮食27444吨、络麻3228吨、棉花30吨。90年代,随着农业产业结构的调整,大力发展多种经营和特色农业,向以粮为主、多种经营并存、种养结合的综合型农业生产格局发展。2000年,全镇耕地面积26467亩,总产粮食10128吨、络麻36吨、棉花31吨。渔业生产,蔬菜生产迅速扩大。是年,全镇水产养殖面积1500亩,水产品种有黑鱼、鳗鱼、蟹、虾、甲鱼等,渔业生产被列为杭州市重点乡镇之一;蔬菜种植面积15916亩,总产蔬菜53572吨。全年生猪出栏12812头,家禽出栏13万羽。是年,全镇农业总产值1.19亿元。

80年代,全镇企业全面推行经济责任制,明确承包的权利义务,同时采取抓大促小、扶持骨干企业等措施,促进镇村企业的发展和企业内部的改革深化。1989年,全镇拥有杭州减速机厂、头蓬棉纺厂、头蓬建筑队等为骨干的镇村企业72家,被列为省工业重点卫星城镇。1992年,头蓬镇出台优惠政策,改善投资环境,为企业提供全程配套服务,重新组建镇重点骨干企业20家,逐步形成以机械五金、轻纺化纤、建筑建材、蔬菜食品为主的工业产业结构。是年,全镇完成工业总产值9653万元,出口交货值395

万元，利税337万元。1994年，全镇个体、私营企业发展到230家，从业人员994名，全年创产值4437万元，效益110万元，占全镇工业经济的25%。翌年，从市场经济要求出发，突出企业经营机制转换这一企业改革核心，采取多种形式的企业产权制度改革，有47家镇村企业转换机制，明晰产权，为工业经济发展注入新的活力。1996年，杭州减速机厂在同行中率先通过ISO9002质量体系认证，生产的"恒星"牌减速机系列获浙江省名牌产品称号，60%的产品销往国际市场。2000年末，全镇拥有工业企业201家，其中个体私营企业164家，实现工业总产值4.71亿元，出口交货值3883万元，利税2272万元。

80年代，个体商业兴起，市场活跃。为了兴办第三产业，1992年，头蓬农贸市场、小商品市场迁至集镇新区，带动新区快速发展。1994年，全镇有农贸、小商品、粮食交易、竹木、建材5个市场，有1500多户个体工商户进场交易，是内地连接围垦地区的农副产品重要集散地之一。为适应市场经济需要，1998年新的农副产品交易市场建成，建筑面积2500平方米，内设摊位300个。至2000年末，全镇商铺总数达2100多家。

旧时头蓬经常坍江。中华人民共和国成立后，通过治江围涂、稳固江岸，经济得到发展，文教卫生事业也随之复兴。1979年建立镇文化站，各村也先后建立文化活动室、文化娱乐中心。1985年、1989年举办两届镇全民运动会。1988年实施九年制义务教育，学龄儿童入学率100%。1997年成为杭州市教育强镇。2000年，全镇有幼儿园1所，在园幼儿897人；小学10所，在校学生1903人；中学1所，在校学生852人。还有卫生院1所，医务人员24人。

东沙大镇

18世纪初，海涂晒盐。经一个时期的晒盐洗咸，海涂变草荡。绍兴、余姚等地移民到此垦荒种植，艰苦创业，大片海涂改造成良田。随着蚕茧、棉、麻、粮等农产品的增加，人口集聚，商贾云集，集镇形成，至晚清时，头蓬已成为周围数十里的商品集散地。民国20年（1931）顾士江《萧山乡土志》载："头蓬是东沙第一大镇，离瓜沥约三十里，龛山约四十里。商业以鲜茧、棉花为最大。"隔江与海宁盐官镇相望，渡船随潮汐涨落，日夜相通。当时运输多赖水道，故绍兴钱清、安昌、齐贤等地的货物也多在此吞吐。

20世纪上半叶，头蓬缘于特殊的地理位置，成为萧山东北部蚕茧、棉、麻、粮、盐的集散地，市场繁荣，全镇有字号的商铺119家，享有"小上海"之称。镇内最大商号是"浙东引盐公廒"头蓬分廒，设有仓库3处，仓房14幢280间。伏天产盐旺季，大盐户雇羊角车到盐廒卖盐，盐车往往长达数里。具一定规模的花米行13家，其中宁波和丰纱厂在头蓬设庄，专营棉花，设有轧花车40部、库房2000多平方米。茧行有普益、公记、杨中和等10余家。过塘行（运输公司）应运而生。地货行9家，土产以天产公司为最早（"天产"商标经国家注册），笋干菜（天产公司的罐装笋干菜称"干菜笋"，注册商标为"兰亭"）、萝卜干、辣椒运销上海、江西等地。南北货也很繁荣，具一定经营规模的有同昌、乾丰等7家。有棉百货店6家、酒酱店6家、肉铺4家、水果山货行7家、菜馆5家、药店5家，此外还有当店、木行、烟店、油漆店、染坊、银楼、铁作铺等。40年代，钱塘江南侵，镇北三岔埭、小泗埠2个自然镇和头蓬街北部相继坍陷，集镇常住人口从26000余人锐减到3000人，头蓬从此衰落。

围垦前沿

中华人民共和国成立后，随着多年的抛石治江，至60年代初，钱塘江江道渐趋稳定，头蓬以北淤成一大片海涂。于是头蓬成了萧山围垦的前沿。萧山市围垦指挥部、市围垦海涂开发总公司设在头蓬。由于头蓬以北的大片海涂被围垦开发，内地人口陆续移民到垦区定居。80年代后，垦区各乡从原来的单一种植结构向建设商品基地、发展商品生产转变。辐射圈的扩大，使头蓬成了包括垦区在内的周围镇乡的中心集镇。

集镇建设随之加快，道路、邮电、通信、供水、电力等基础设施日趋完善。1988年，网络电话开通；翌年，邮电大楼建成，邮电所升级为邮电支局。1994年，全镇开通程控电话。1995年，头蓬街南发现天然气，通过省天然气开发总公司的勘察开采，共开掘天然气井13口，安装用户1600多户（包括学校、医院、企业等用气大户）。1996年开通有线电视，当年安装用户1100户。随着萧山自来水"西水东调"工程完成，1998年12月头蓬正式通自来水。2000年，全镇广播馈线长37.40千米，入户喇叭5395只；有线电视主干线电缆

图43—1—1147 设在头蓬镇上的萧山市围垦指挥部及人工围涂的景象
（图片来源：费黑主编《萧山围垦志》，上海人民出版社，1999年8月；《党山镇志》，2008年5月）

23.80千米、光缆14.70千米，用户1353户。是年末，集镇道路长3.50千米，排水管道长2.50千米，公共建筑面积2.77万平方米，住宅面积25.06万平方米，建成区面积由1984年的0.30平方千米扩展为0.53平方千米。由于治江围涂，发展经济，头蓬镇在萧山东北部重新崛起。

第十七节 浦阳镇

浦阳镇位于萧山市南部。东与欢潭乡毗邻，南与诸暨市接壤，西与河上镇交界，北靠临浦镇、进化镇。因地处浦阳江畔而得名。山水相连，风景秀美，民风淳朴，犹似桃花源。浦阳镇是萧山市重点商品粮生产基地，是个产粮大镇，也是杭州市小康乡镇。

镇情综述

浦阳镇其地在北宋太平兴国三年（978）属桃源乡。民国21年（1932），为尖山镇，属第四区，民国28年，为桃源乡及桃南乡、桃北乡部分。民国37年，为桃源乡及桃北乡部分。1949年5月，萧山解放，为桃源乡、桃北乡。1950年10月，分设为桃源、安山、径游、尖山等乡。1956年2月，安山、桃源、径游3乡和尖山乡的谢家、新河口村划入诸暨县。1957年3月又划归萧山，设桃源、径游2乡。1958年10月，为径桃人民公社。后几经撤并，至1969年2月，为浦阳人民公社。1971年2月，为浦阳、桃源、径游3个人民公社。1984年5月，为浦阳、桃源、径游3乡。1985年8月，经省民政厅批准，浦阳乡改设尖山镇；1992年5月，径游、桃源2乡与尖山镇合并，更名为"浦阳镇"。2000年，全镇总面积44.49平方千米，辖居民区1个，村55个；总户数10621户，总人口31763人，其中非农业人口1172人；外来常住人口1552人，有侗族、苗族、壮族、土家族、布依族等12个少数民族316人。镇政府驻地桥西路，北距市政府所在地23千米。

浦阳镇地处低山丘陵与河谷平原交界区。浦阳江和凰桐江流经之地，形成较宽阔的河谷平原。南部、东北部系低山丘陵，主要山峰有高洪尖、雄鹤鼻、太平山、尖山等。浙赣铁路、杭金衢高速公路纵贯镇境，包洪线、八径线等公路连接周边乡镇。

自古以农业为支柱产业。80年代乡镇企业兴起，打破了单一的经济格局。1992年"撤扩并"后，工业替代农业的主导地位，成为经济的重要支柱。2000年，全镇国内生产总值3.80亿元，工农业总产值12.06亿元，财政收入2542万元，农村居民人均净收入4240元，已步入杭州市小康乡镇行列。

随着农业产业结构的调整，农业从水稻为主，兼作大小麦、油菜，逐步转向耕地发展水稻、林地开发经济作物的多元农业发展格局。全镇形成五大农业支柱产业，即米、笋、鸡、梨和珍珠。2000年，全镇耕地面积24451亩，总产粮食13909吨，油菜籽204吨；淡水养殖产量270吨、珍珠3000千克；全年生猪出栏15219头，羊出栏1703只，家禽出栏77万羽，产蛋164吨；茶叶32吨、蚕茧7吨、水果258吨、蔬菜5443吨。是年，农业总产值1.45亿元。

浦阳工业起步于70年代。80年代初，社队企业兴起。1985年，该镇与上海市进出口公司联办萧山高达鞋厂。80年代中期，集体企业全面展开承包制、租赁制和转制拍卖。1992年径游、桃源两乡并入后，全镇有镇办企业41家、村办企业72家，职工6500余人，工业总产值1.88亿元，出口交货值1174万元，利润总额1016万元。此后以工业兴镇，发展经济。1993年，该镇引进第一家中外合资企业——杭州富荣华服装有限公司。1995~2000年，全镇累计投入技术改造资金6.50亿元，萧山密封件厂和杭州天成公司分别成为国内密封件生产基地和玻纤设备基地。2000年，全镇有个体、私营企业420家，工业总产值10.61亿元，利税总额5062万元，出口交货值1.16亿元。

境内有径游、尖山两个集市。1949年12月，在径游、尖山先后建立桃源乡供销社、尖山乡供销社，后并为浦阳供销社。80年代后，先后建起径游、桃源、尖山3个农贸市场。

浦阳镇素来重教。[①]中华人民共和国成立后，文教卫生事业发展较快。80年代，浦阳、桃源、径游3乡建立文化站，还有10多个村建造灯光篮球场。1992年5月，镇广播电视站建立。1993年举办首届中国农业函授大学浦阳农学班。同年，分别建造径游初中教学楼和江西俞小学教学楼。随后又建造新灵小学和舜湖小学校舍，还翻建镇中心小学教工宿舍。1995年，山前许村许晨阳个人投资建造村小学校舍。是年下半年，筹资20万元开通有线电视。1997年11月，径游小学教学楼竣工并投入使用。1999年，新建浦阳初中教学大楼。2000年，全镇有初中1所，在校学生1051人；小学9所，在校学生2334人；幼儿园1所，在园幼儿938人。还有卫生院2所，医务人员27人。

境内古迹众多。有宝寿禅寺、灵山寺、塔铭碑等古迹，有明代福建布政使王国桢故居、玉泉堂、谢家大宅等明清建筑。建于清光绪年间的谢家大宅，屋主时任胡庆余堂总会计，故谢家大宅的建筑风格和整体布局与胡庆余堂的建筑风格相似，并注重雕刻艺术。当地有谚云："萧山出南门，浦阳谢家第一宅。"

萧诸津要

浦阳镇地扼萧山、诸暨两市要冲，是萧山南部的门户。境内径游、尖山

①清光绪三十三年（1907）谢家、十三房、霞腾阁，宣统三年（1911）江西俞、安山头办有初等小学堂。民国元年（1912）山前许，民国2年许同甸、径游、前朱村，民国3年李家坞、横塘倪、坂里朱办起初等小学校。至民国3年，共办小学12所，是同时期萧山县内小学普及程度最高的乡镇之一。

图43-1-1148 清光绪年间建的谢家大宅一角（2009年8月，徐树林摄）

是两个有一定规模的商埠。径游南界诸暨、东接山阴（即绍兴），地处陆路要道。民国20年（1931）以前，杭江铁路未通，杭、嘉、湖等地北来客商渡江后，必取道西兴、萧山、临浦，经此翻五马岭向诸暨而南；金华、衢州等南来客商亦必经此向北，商贩往来不绝。光绪末年，径游通埠船搭客载货，一至杭州，一至临浦，商贩应运而生。邻近山区乡民多来此出货、赶集，杭州客商也来此收购茶叶、冬笋等山货，商业逐渐兴盛。尖山，东临浙赣铁路，设有浦阳火车站；西靠凰桐江，北濒浦阳江，民国时期设钱江航运站，轮船下达杭州，上通诸暨枫桥，过往客商众多，商业比较兴盛。镇上有茧行、碾米厂，南北货店3家，棉布百杂2家，国药店2家，米店有元丰义等3家，酒酱、水果各1家，饭店、茶店各2家，另外还有花轿行、客栈等行业。民国29年，日本侵略军犯境烧街，径游街顿成瓦砾，尖山仅剩2间店屋，商业从此衰落。直至中华人民共和国成立后逐渐恢复。1985年开始，尖山建宽14米、长320米的主街道。后集镇逐步向西发展。镇内有江滨路、桥西路、桥东路、桐江路、小塘路、尖山街等。桥西路两侧建有镇政府、工厂、信用社等。1992年5月，"撤扩并"后，加快集镇及基础设施建设。是年，尖山邮电所迁至下山俞，逐步扩大程控电话容量，并对线路实行光缆化。1998年5月，制订浦阳镇总体规划。1999年，浦阳镇城镇建设启动，拆除尖山农贸市场东区，拓宽街道，新建占地面积1100多平方米的商业用房。翌年实施振浦路拓宽工程。2000年末，集镇道路总长5千米，公共建筑面积6.60万平方米，住宅建筑面积8.77万平方米，径游变电所容量增至16000千伏安，电话容量11000门，安装程控电话8000门。全镇广播馈线长55千米，入户喇叭6102只，有线电视主干线电缆36千米、光缆11千米，用户3600户。集镇建成区面积由1984年的0.20平方千米扩展为0.66平方千米。

图43-1-1149　尖山浮桥（2000年10月，王栋良摄）

萧南"粮仓"

粮食一直是浦阳镇的大宗农产品，为萧山重点商品粮生产基地，有萧南"粮仓"之称。1985年，径游、桃源、尖山两乡一镇共有耕地25574亩，总产粮食17725吨。1992年，两乡一镇合并，全镇有耕地25063亩，总产粮食19877吨。该镇每年上缴国家定购粮食1230吨。1993年，浙江省全面放开粮食购销与价格。一向以粮食为主导产业的浦阳镇调整农业产业结构，在大面积推广特优水稻苏香粳、稳定粮食生产的同时，积极发展多种经营，实施多元农业发展格局，由产粮大镇向农业重镇转变。

图43-1-1150　优质稻米生产基地（2000年10月，王栋良摄）

桃源风情

浦阳镇生态环境良好。境内浅山绿林环抱，浦阳江及其支流蜿蜒流淌，南至诸暨，北通武林（即杭州），景色秀丽，民风淳朴，其山水风情犹似陶渊明笔下的"桃花源"。故在北宋太平兴国三年（978），这里称为桃源乡。明代桃源小湖孙孙氏宗谱还有先祖"卜居仙源"的记载，而"仙源"则是唐人对"桃花源"的别称。小湖孙村"双湖襟带，叠嶂环屏"。小湖孙村的余湖中，生长着现称为"水中国宝"的桃花水母。"桃源春涨"是小湖八景之一。横塘倪村有一座桃花山，与小湖孙村羊角山及后山相连，很像桃花源。

第十八节　新湾镇

新湾镇位于萧山市东北部，地处钱塘江口南岸，东靠前进乡和第一农垦场、第二农垦场，南邻党湾镇，西接头蓬、义盛两镇，北依八工段围垦区。原为钱塘江故道，后淤为沙地。相传180多年前，梅西老埠头一孙氏大家族在盛陵湾北端相接处开辟了一条河道，称其为"孙湾"，因当地"孙"与"新"谐音，故称"新湾"。后形成集市，商业兴盛，有"东沙闹市"之称。20世纪80年代以来，新湾农民从传统的农业中转移出来，建特色农业基地，兴办乡村工业，新湾镇已成为萧山东部垦区的农副产品集散地。

镇情综述

清嘉庆年间（1796～1820）淤积成陆。民国18年（1929），为新湾村。民国21年为新湾乡。1949年5月，萧山解放，为新湾乡。1951年末，为新湾、龙台、冯娄3乡，1956年4月，3乡合并为新湾乡。1958年10月属宇宙红人民公社。翌年属义蓬人民公社。1961年7月，为新湾人民公社。1978年1月，宏图人民公社成立。后几经撤并，至1984年5月，为新湾乡、宏图乡。1985年8月，经省民政厅批准，新湾乡改为建制镇；1992年5月，宏图乡并入新湾镇。2000年全镇总面积41.57平方千米，辖1个居民区、15个村；总户数8298户，总人口24518人，其中非农业人口3517人；外出半年以上的人口3034人，外来常住人口1434人；有苗族、土家族、侗族等9个少数民族168人。镇政府驻地新宏路，西南距市政府所在地30千米。

新湾镇境内以南沙大堤为界，南部为近百年来钱塘江泥沙淤积而成的沙土平原；北部为1969年围垦的垦区。境内河渠纵横，有盛陵湾、八工段直河、七工段直河、义隆横湾、冯娄横湾等。公路主要有琥新线、赭十四线、塘新线、头十一线、新宏线、军八线等，沟通四周镇乡。

新湾在民国时期是萧山最穷的边远地区，当地民谣说："有男最怕抽壮丁，有女勿嫁新湾底。"中华人民共和国成立后，尤其是80年代以来，乡镇企业兴起，经济发展较快。2000年，全镇国内生产总值1.94亿元，工农业总产值6.85亿元，财政收入1202万元，农村居民人均净收入6969元。新湾镇已进入杭州市小康乡镇之列。

新湾是传统农业大镇。因河道窄而浅，水源缺乏，农民历来种杂粮，自给自足。中华人民共和国成立后逐步扩大络麻、棉花的种植面积，减少杂粮的种植。1965年开始播种水稻，翌年大面积推广。1985年，全镇耕地面积15600亩，总产粮食4695吨、油菜籽410.30吨、棉花50.30吨、络麻4528.35吨。1992年，宏图乡并入，耕地增至20346亩，总产粮食9148吨、油菜籽619吨、棉花88吨、络麻3533吨。随着农业产业结构的调整，棉麻种植面积逐年减少，水稻种植由"双季稻"改种单季晚稻。2000年，全镇耕地面积21783亩，总产粮食10262吨、油菜籽510吨、棉花15吨、络麻22吨。

1978年，新湾建萧山第三麻纺织厂，1985年创利润229万元，名列全县乡镇企业第三位。针织机械厂的"蝴蝶"牌袜机名闻全国，产品供不应求。1986年，全镇工业利润、税金名列义蓬区16个镇乡之首。后随着支柱产业麻纺行业的下落，工业曾一度步入低谷。1992年，全镇工业总产值1.81亿元，利税722万元，出口交货值1155万元。1995年，36家镇村集体企业全面实施以动产拍卖、不动产租赁为主要形式的企业体制改革，1997年深化改革，对转制企业实行全资拍卖。至1998年末，全镇103家企业除3家股份制企业外，其余均转为个体、私营企业。企业调整产业结构，推进民营企业"二次创业"，化纤取代麻纺，占据全镇工业经济的主导地位。2000年，全镇工业总产值5.91亿元，出口交货值2420万元，利税总额3117万元。

随着经济的发展，文教卫生事业发展较快。1978年末，新湾文化站建立。"撤扩并"后，先后新建和扩建4所小学教学楼和1所中心幼儿园。1997年建造卫生院门诊大楼和住院大楼，配备B超、自动血球检测仪等医疗设备。2000年，全镇有幼儿园2所，在园幼儿753人；小学7所，在校学生2105人；初中1所，学生

1149人。

东沙闹市

清末民国初，新湾盛产食盐、棉花、蚕丝、杂粮，逐渐形成新湾、三岔埭、汤家溇3处集市，商业兴起。其中新湾最热闹，有各类商店100余家，被称为"东沙闹市"。民国31～35年（1942～1946）先后两次大坍江。尤其是民国34～35年的那次，陆沉近万亩良田，新湾15个村消失6个，5000余人失去家园。大片土地消失于汹涌澎湃的惊涛中。三岔埭、汤家溇陷入江中，新湾也因坍江，市面冷落。至解放初，新湾有直街、横街、南街3处街市，有各类商店50多家，街屋150余间。每天上午在直街中段两旁的地摊上，摆满农民自产的瓜果蔬菜、鸡鸭飞禽，还有从钱塘江中捕来的鱼虾等。

图43-1-1151　新湾工业品市场外景（图片来源：《萧山年鉴·1997》）

中华人民共和国成立以来，新湾商贸发展较快。1978年以前的新湾集镇，一直限于冯溇横湾以南、盛陵湾以西的狭长地带，建成区面积仅0.40平方千米。80年代，新湾集市贸易兴起，个体、私营商业逐渐活跃。1982年新湾农贸市场建立，设有近百个摊位，从此告别了露天市场。1985年新湾设镇后，翌年制订0.90平方千米建成区的总体规划，1987年1月实施。1992年宏图乡并入后，按照总体发展的需要，集镇建设开始向北扩展。1994～1995年，占地面积4000平方米的农贸市场和占地面积1500平方米的小商品市场相继落户新区，电信、城建、农行等办公大楼相继建成，以镇政府为中心的行政、商贸区块随之形成。2000年，全镇有个体商业户1036户，从业人员1367人；集镇建成区面积为0.73平方千米，盛陵路、新源路、镇西路、新宏路、万丰路、振新路、新春路等街道纵横交错，道路总长6千米；公共建筑1.20万平方米，住宅建筑8.85万平方米，排水管道长4.50千米；新建改建桥梁4座，公共绿地3.20万平方米，装有路灯124盏。电力、通信等基础设施配套日趋完善。新湾变电所年装机容量数次增量，从3200千伏安增至10000千伏安。同时全面展开电力标准村建设。1994年开通程控电话。1997年12月，镇上开通有线电视；翌年，有线电视进村入户工程全面铺开；2000年，全镇有线电视主干线电缆35.20千米、用户1120户，广播馈线长44.20千米、入户喇叭4616只。一个街市热闹、商贸兴旺、设施配套的新湾在萧山东部围垦区崛起。

特色农业基地

随着农业实行家庭联产承包责任制和农产品价格的放开，新湾农民从传统的农业中转移出来，向农林牧副渔多种经营领域发展，向围垦滩涂、水面等资源的综合开发拓展。至2000年，全镇形成万亩蔬果、万亩大豆、万头生猪、千亩高档水产养殖四大特色农业基地，是年，实现农业产值6570万元。与此同时，新湾充裕的农业资源优势，促使农业龙头企业和农产品营销队伍兴起，全镇18家蔬菜加工企业销售收入逾3500万元。

第十九节　新街镇

新街镇位于萧山市北部，东临坎山镇；南与城厢镇、衙前镇接壤；西与宁围镇及萧山经济技术开发区毗邻；北倚红山、红垦、钱江3个农场。系"中国花木之乡"，也是浙江省最大的啤酒生产基地、浙江省级重点工业卫星镇。

镇情综述

新街镇以北海塘和北塘河为界，南部历史悠久，北宋太平兴国三年（978）属由化乡。清宣统二年（1910）属城北乡。塘北为近百年来钱塘江淤涨而成的沙地，原属盈围、盛围的灶（即盐灶）地。宣统二年划归仁化乡，后几经变更，至民国28年（1939）为新盈乡。民国35年，头蓬等地坍江，商户迁此发展而集市兴起，1951年在此设供销社，粗具街市规模，故称"新街"。1950年10月，为三盈、元沙、长山、盛围4乡。1956年，合并为生产、建设、长山3乡。1958年10月为坎山人民公社所辖华丰、新建2管理区和城北人民公社所辖长山、盛围2管理区。1961年7月，为新街、茬山2个人民公社。1964年茬山人民公社更名为长山人民公社。1969年，新街、长山2个人民公社合并。1971年又划分为新街、长山2个人民公社。1984年5月，为新街、长山2乡。1985年8月，经省民政厅批准，新街、长山2乡均改为建制镇。1992年5月，长山镇（除墩里吴、柳桥、塘湾新村外）并入新街镇。2000年，全镇总面积35.58平方千米，辖2个居民区、20个村；总户数19203户，总人口58642人，其中非农业人口9333人；外来常住人口10884人，有壮族、苗族、土家族等18个少数民族585人。镇政府驻地府前路，西南距市政府所在地8千米。

新街地势平坦。北塘河北为沙地，南为水网平原。长山又名茬山，孤立于镇南。北海塘、南沙大堤横贯境内。河流主要有北塘河、长山直河、大治河、前解放河、后解放河、九号坝直河等。公路主要有杭金衢高速公路、104国道、机场路、塘新线和三益线。水路运输在对外货运中占有重要地位，北塘河沿岸建有100吨级码头。

新街系中华人民共和国成立后兴起的新镇。1985年，全镇工农业总产值3309.79万元，其中工业产值占67.16%。进入90年代后，发展更快。1992年，长山镇并入，全镇工农业总产值4.07亿元，其中工业产值占89.62%。2000年，全镇国内生产总值10.07亿元，工农业总产值34.02亿元，财政收入7406万元，农村居民人均净收入9689元。新街是浙江省首批综合经济实力百强乡镇、萧山市十强乡镇。

传统农业主要是水稻、大小麦等粮食作物和棉、麻等经济作物。1985年，全镇有耕地21012亩（含自留地），总产粮食5503吨、络麻4462吨、棉花245.60吨。1992年，长山镇并入，全镇耕地增至39783亩，总产粮食13231吨、络麻2622吨、棉花1114吨。之后，随着农业种植结构的调整，水稻种植由双季向单季转变，络麻、棉花种植面积减少，蔬菜、养殖业迅速发展。2000年，全镇耕地面积40141亩，总产粮食9398吨、络麻9吨、棉花236吨；种植蔬菜32296亩，总产量80023吨；淡水养殖1650亩，养殖产量481吨；全年生猪出栏25230头，家禽出栏51万羽，产蛋91吨。

长山老街原临钱塘江，明清时期形成集市，当时沿海往来船只多在此停泊，是贸易的闹市。后来由于海水冲啮，堤塘溃决，民国时期开始衰落。中华人民共和国成立后，长山的商贸得到复兴，新街商贸日益兴起。

文化体育、教育卫生事业发展较快。1987年，新街镇体育协会成立。翌年，实施九年制义务教育。1992年开始，每年都要举办较具规模的体育比赛。是年12月，首次举办全镇性文艺晚会；翌年10月，举行镇首届群众文体艺术节。1997年举行"迎回归、爱家乡"萧然大地千里行火炬接力活动和镇首届篮球赛。1999年，举行镇首届老年人体育运动会；同年，镇老年活动中心落成并投入使用。2000年，全镇有普通初中2所，在校学生2279人；中心小学2所，分校13所，在校学生4515人；幼儿园6所，在园幼儿2152人。还有成人文化技术学校1所。是年，全镇有卫生院2家，各种医疗卫生机构34个。

新兴街市

新街地处长山东麓之末，俗称"山末址"。民国35年（1946）以前，仅有豆腐、理发、绱鞋及茶店各1家。头蓬、三岔埭、小泗埠坍江后，部分商户迁此购买荒地，搭舍建屋。时地广人稀，农民以种棉花、小麦为主，迁入商户大多开设花粮店，到民国36年，开业的有建记、童吉祥、金松盛等7家；还有油烛杂货业3家、肉店2家，南货、棉百、山货各1家。

中华人民共和国成立后，新街集镇兴起。1951年在此设供销社，逐渐形成以供销社为主体的商业网络。改革开放以来，个体、私营经济逐渐活跃，各种集市陆续出现。最为著名的是新街花木市场，1984年成交额1000余万元，成为全市专业市场的代表。1993年，占地6500平方米的新街农贸市场建成开业，成为全镇农副产品集散交易中心。2000年9月19日，总投资1.20亿元、占地面积28.47万平方米、摊位1180个的浙江（中国）花木城奠基。是年，全镇有大小商业零售单位1000余家，从业人员2000余人。

随着经济的发展，人民路、九号坝路、沿河街、花市街、府前街、工人路、山末址直路等先后建成，其中工人路是新街连接长山的东西向主要道路。2000年末，集镇道路总长11.80千米，公共建筑面积3.17万平方米，住宅建筑面积13.39万平方米，排水管道长3.50千米，新建改建桥梁9座，公共绿地3.75万平方米，装有路灯185盏，集镇建成区面积从1984年的0.30平方千米拓展为0.66平方千米。同时，基础设施不断完善。1985年，长山邮电所架设长山至新街的100对塑料电线，安装共电式交换机500部；通过集资联建，建成管径40厘米、全长9.50千米的新街供水管线。1990年，新街邮政代办所改为邮电所，自主经营邮电业务。翌年，全镇安装电话700多部。1994年，开通程控电话，有线电视始入户安装。1995年，村村通自来水。1999年，村村通有线电视。2000年，全镇有110千伏新街变电所1座，110千伏输电线路2条16.50千米，35千伏输电线路2条11.60千米，10千伏配电线路13条78.50千米，低压线路317千米。广播馈线长25.60千米，入户喇叭12351只；有线电视主干线光缆46.50千米，用户6350户。装电话15000部，平均每百人25.50部。

花木之乡

新街苗木花卉业发展较快。60年代初，花木开始起步。80年代，国家实行宏观调控，基本建设大幅减少，苗木市场萎缩，同时由于花木品种单一、档次低，造成大面积花木积压，出现"龙柏烧狗肉"的现象（详见《农村　农民　农业》编第十二章第二节之附《"龙柏烧狗肉"现象》）。90年代后，花木产业重新成为新街农业的支柱，至1998年，新街全镇花卉苗木种植面积18000余亩，花木远销全国26个省市区，总收入

图43-1-1152　花木之乡新街镇（图片来源：《萧山年鉴·2002》）

超过亿元。在1999年昆明世界园艺博览会上，新街单独设花木展位，使新街的花木迅速走入昆明市场，也使其美誉远扬国内外。在市场化进程中，新街镇成立花木产业协会，组织农户技术培训，提高花农的科技水平。同时实施营销网络信息化，制作新街花木网页，交流供求信息。2000年9月19日，浙江花木城在境内奠基。是年，全镇苗木种植面积2万亩，年收入2.50亿元，人均年收入有一半以上来自于苗木业，从业人员2.50万人，被誉为"花木之乡"。

工业强镇

80年代，乡镇工业兴起。从1985年下半年开始，新街乡镇企业普遍推行经济承包责任制，通过承

包责任制，发展壮大企业。是年，全镇工业总产值2222.79万元，利税总额378.86万元。1987年，新街率先推行所有权和经营权相分离，实行厂长负责制、任期目标制、分配审计制"三制配套"改革。1992年长山镇并入后，全镇有镇办企业21家、村办企业146家，工业总产值3.64亿元，利税总额1727万元，出口交货值1.05亿元。翌年，推行股份合作制，进行企业改组。至1994年，全镇转制企业86家，总资产1700万元。1995年，有镇、村企业182家，全镇工业总产值超过11亿元，出口交货值3.32亿元，利润1026万元，销售税金1274万元。随着工业结构的调整，全镇形成化纤印染、轻钢装饰、家具制造、塑料包装、羽绒丝绸、五金机械六大支柱产业，以及道远化纤、杭萧钢构、龙达聚酯、恒达环保、江南涤化、申新包装等一批规模企业。2000年，全镇有企业476家，实现工业总产值31.13亿元，出口交货值6.56亿元，利税2.11亿元。

市农垦系统的浙江萧山啤酒厂、萧山速冻厂、江南丝织厂、钱江毛纺织厂均坐落在新街镇，因而这里被称为"萧山农垦工业区"。尤其是浙江钱啤集团股份有限公司，是全国四大啤酒集团之一，其生产的中华啤酒是浙江省首批名牌产品，获得"北京人民大会堂国宴用酒"、"巴黎国际名酒展评会特别金奖"称号。产品不仅畅销内地10多个省市和香港地区，还远销美国、意大利、法国、瑞士、日本等10多个国家，并在美国、意大利、法国、日本等国家获得了商标注册登记。浙江钱啤集团股份有限公司主导产品是"中华"、"钱江"两大系列啤酒，自1987年投放市场以来，至2000年，累计生产啤酒176.96万吨，创产值29.80亿元，创利税9.04亿元。企业连年被列入中国500家最大经营规模和最佳经济效益企业，是浙江省最大啤酒生产基地。新街是工业强镇，是全市的工业重镇之一。

第二十节　党湾镇

党湾镇位于萧山市东北部，东邻益农镇、梅林湾农垦场，南靠党山镇，西与义盛、靖江两镇接壤，北与新湾镇毗邻。党山湾纵贯境内，并在此注入钱塘江，故旧称"党山湾底"。党湾形成于清末民国初，时称东沙新兴市镇。20世纪60年代，党湾建筑业兴起；80年代，向上海等外省市开拓业务，承包建筑或安装工程；至20世纪末，建筑业已闻名远近。该镇也系萧山农产品生产出口基地。

镇情综述

清时淤成平陆，光绪二十八年（1902）围成后大埝，居住人口陆续增多。民国18年（1929），党湾为村。民国21年，党湾为镇，属第六区。民国28年为党湾乡。至民国36年，党湾仍为乡。1949年5月，萧山解放，9月设党湾乡。1951年，为党湾、荣十、梅东、梅西、大悲5乡。1956年，党湾、荣十、梅东3乡合并为党湾乡，梅西、大悲2乡合并为幸福乡。1958年10月，为宇宙红人民公社党湾、荣十、梅东、幸福、曙光管理区。1961年7月，为党湾人民公社和梅西人民公社。1969年2月，合并为卫东人民公社。1971年2月，为党湾、梅西2个人民公社。1984年5月，改为党湾乡、梅西乡。1989年11月，经省民政厅批准，党湾为建制镇；1992年5月，梅西乡并入党湾镇。2000年，全镇总面积32.73平方千米，辖居民区1个、村20个；总户数12486户，总人口40941人，其中非农业人口1121人；还有外来常住人口1710人，有土家族、苗族、侗族、壮族等9个少数民族215人。镇政府驻地在党山湾路，西南距市政府所在地36千米。

党湾镇系钱塘江南岸泥沙淤积而成的沙土平原，地势低平。河流主要有盛陵湾、梅林湾、党山湾、三官埠直湾、义南横湾等。公路有伟老线、党党线、琉新线等，水陆交通方便。

因濒临钱塘江，民国时期曾以盐业为主，农业主要种植棉花、杂粮。中华人民共和国成立后，尤其是80年代以来，党湾从实行家庭联产承包入手，进行一系列经济体制改革。工业由原来单一的加工服务业转变为多层次、多形式、多种经济成分共同发展的工业体系。同时加快农业开发和发展第三产业。2000年，全镇国内生产总值4.52亿元，工农业总产值12.29亿元，财政收入2352万元，农村居民人均净收入6900元。党湾镇为杭州市小康乡镇。

党湾镇是粮食和经济作物综合发展的地区。60年代中期起试种水稻，实行稻麻轮作。1985年，党湾乡有耕地20247亩，总产粮食7036吨、络麻7443.05吨、棉花49.15吨、油菜籽386.65吨。1992年，梅西乡并入，耕地增至38740亩，总产粮食19092吨、络麻7851吨、棉花100吨、油菜籽815吨，后推行适度规模经营，抓好围垦土地的统一布局和种植。1999年建立2万亩瓜果蔬菜复种基地、2000亩特种水产养殖基地、总数为2.50万头的规模化肉猪养殖基地和500亩笋竹生产基地。蔬菜、花卉苗木、畜禽、水产成为农业四大支柱产业。2000年，全镇耕地面积40230亩，总产粮食18258吨、棉花226吨、络麻295吨、大豆3221吨、油菜籽427吨。是年种植蔬菜14249亩，种植花卉苗木3000余亩。水产养殖面积1860亩，淡水养殖产量637吨。生猪出栏34451头，家禽出栏28万羽。全镇农业总产值1.56亿元。

工业基础薄弱。60年代，化工厂、修船厂、农机厂等集体企业相继创办。70年代创办社、队企业，为后来发展乡、村企业奠定基础。1985年，党湾全乡工业总产值1734.28万元，利税总额96.08万元。翌年，全乡乡办、村办、个体、联户企业43家，实行多种形式的经济责任制，进行企业的改组和联合，形成一批重点骨干企业。90年代，经受市场疲软的考验，企业加大技改力度。1990～1992年，镇、村工业共投入技术改造资金4838万元，6家企业成为市一、二级企业。1992年，全镇有镇办企业15家、村办企业64家，工业总产值3.92亿元，利税总额1219万元。全镇工业以印染、化纤为主，兼有建筑建材、五金机械、针织服装、蔬菜加工等行业。1999年，全镇企业技术改造投入1.40亿元，有51家集体企业转制为民营企业。2000年，全镇有各类企业115家，职工9018人，工业总产值10.73亿元，利税7787万元。

80年代，全镇个体私营商业迅速发展，商业网点增多，市场流通幅度增强。同时兴建曙光桥菜市场，扩建梅西小商品市场。1999年，兴建建筑面积8290平方米的镇农贸小商品综合市场，并以市场为中心，建成东西长460米的镇兴路商贸一条街。

80年代，恢复镇文化站，各村先后建立老年活动室。1990年9月，镇中心幼儿园建立。2000年，全镇有幼儿园2所，在园幼儿1517人；小学8所，在校学生3436人；初级中学2所，在校学生1816人。全镇有卫生院2所，设病床42张；村卫生室20个，社区服务点4个。是年筹建镇文化中心，2001年建成有1018个座位、建筑面积1240平方米的影剧院。

东沙新镇

党湾坐落在党山湾北端，形成于清末民国初。镇上有二三十家手工业作坊和商铺。"是东沙新兴的市镇，颇有市面。"（顾士江编：《萧山乡土志》，民国20年初版，杭州青白印刷所印；萧山县县志编纂办公室，萧山县地名普查办公室1981年5月翻印本，第37页）还有老埠头，商业也较兴盛。中华人民共和国成立后，经济发展较快。60年代开始兴办工业，80年代得到发展，同时饮食服务、运输、加工等第三产业兴起。随着工业的发展和第三产业的兴起，加快了集镇建设和基础设施的配套完善。东沙又崛起一个新镇。

1989年11月党湾建镇后，镇政府驻地南移。在党山湾与义南横湾交汇处建设集镇新区，兴乐路、欢乐路为主要街道。90年代初，兴建3期商品房，共3万余平方米。2000年末，集镇道路总长8.84千米，公共建筑面积35.82万平方米，住宅建筑面积17.32万平方米，排水管道长4.22千米，新建改建桥梁8座，装有路灯108盏。集镇建成区面积0.82平方千米。

基础设施不断配套完善。1992年，党湾、梅西邮电所合并，开通500门全自动程控交换机，翌年10月并入萧山程控交换网。1996年，35千伏党湾变电所运营。1998年，集镇率先用上自来水，进村入户工程相继展开。2000年，220千伏合兴变电所建成。是年，全镇拥有程控交换机10台，总容量24000门，固定电话8188部；广播馈线长35.60千米，入户喇叭9686只；有线电视主干线电缆72千米、光缆22.80千米，用户1901户。

建筑名镇

党湾建筑业50年代只有几十个工匠。1962年，党湾公社修建队组建时，正式职工27人。1963年，梅西公社修建队成立时，正式职工30人。此后，党湾公社山场及公社预制厂、村预制厂陆续建立。六七十年代，党湾建筑业逐步向萧山、杭州发展。1968年，党湾及梅西修建队部分建筑人员去杭州化纤厂建厂房，第一次为党湾建筑业赢得好声誉。70年代，党湾建筑队、护坡组、建桥队在周边的农场、绍兴围垦区等地承接建房、建桥、造闸等工程。

1983年开始，党湾建筑业向上海等外省市开拓业务，陆续承包建筑或安装工程，影响日益扩大。萧山第五建筑工程公司在承建水泥工业建筑中，由于采用先进的滑模工艺，施工质量好、进度快，不仅省内新型干法水泥工业建筑的90%由该公司承接，而且开始进入安徽、山东、江西、江苏、福建、四川、湖北、湖南、陕西、广东、云南和重庆等省市施工。党湾建筑企业在省内外承揽大大小小工程，有高层建筑，住宅小区，教育、行政、公用设施、水泥工业建设及安装和装潢工程。2000年，党湾镇建筑业完成工程量73.68万平方米，建筑业产值5.66亿元。党湾镇的建筑业已远近闻名。

据1982年7月第三次全国人口普查统计，党湾公社从事建筑业的人口为662人；梅西公社从事建筑业的人口为768人，从事建筑业的人口均处于全县前列。80年代以后，从事建筑业的不仅有本地土建人员，进行农村住宅建设，还吸收大量外来务工者加入建筑业队伍，随着党湾的建筑公司和项目部为城市建设作贡献。据1990年7月1日第四次全国人口普查统计，萧山外出流动人口为28356人，其中从事建筑业的有6503人。在外出从事建筑业的人口中，党湾镇最多，为821人；梅西乡（今属党湾）352人，为全市第四位。又据2000年11月1日全国第五次人口普查，萧山市15岁及以上外出人口中，从事建筑业的9050人，其中党湾镇1810人，为全市最多。

图43-1-1153　王富春项目部承建的上海福海公寓，获1996年上海市"白玉兰"奖（图片来源：《党湾镇建筑业志》，中国文史出版社，2008年9月）

党湾镇建筑企业规模从小到大，业务从少到多，技术力量从弱到强，至2000年，获上海市"白玉兰"奖7项、"浦江杯"优质工程奖2项，浙江省"优良工程"奖及其他省、市级奖92项。

第二十一节　河庄镇

河庄镇位于萧山市东北部，东邻头蓬镇，南与义盛、南阳两镇毗连，西濒钱塘江，北接二万三千亩垦区。1968年和1969年，先后围成3.60万亩、2.70万亩滩涂。在这新围的土地上，发展特色农业，使河庄成为粮食和经济作物综合发展的农业大镇，也为河庄沿江发展提供了空间，使之成为萧山垦区重镇，被誉为"钱江明珠"。

镇情综述

河庄清代为时和乡，辖于海宁州。清嘉庆十八年（1813）划归萧山。宣统二年（1910）为蓬山乡。民国初沿袭清制，仍为蓬山乡。民国18年（1929），为蜀山村。民国21年，为横岔镇和蜀山、海鸿、善泰3乡。民国28年，为河庄乡[①]，至民国36年，仍为河庄乡。1949年5月，萧山解放，10月设河庄乡。1950年10月，为河庄、蜀山、新泰3乡，龙虎、岩峰2个村划给西仓乡（今属南阳镇）。1956年3月，蜀山、新泰2乡并入河庄乡。1958年9月，属红旗人民公社。1959年，为瓜沥人民公社河庄、前进2管理区。1961年7月，河庄、前进2管理区合并为河庄人民公社。后几经撤并，至1971年2月，复为河庄人民公社。1978年1月，新围、钱江2个人民公社成立。1984年5月，为河庄乡、新围乡、钱江乡。1992年5月，河庄、新围、钱江3乡合并，建立河庄镇。2000年，全镇区域面积58.09平方千米[②]，辖1个居民区、21个村；总户数13219户，总人口45687人，其中非农业人口945人；外来常住人口974人，有苗族、壮族、土家族等12个少数民族336人。镇政府驻地城隍庙路，西南距市政府所在地32千米。

境内除蜀山孤丘外，均为平原。以南沙大堤为界，分为南沙、围垦两大区块。河流纵横交错，呈格子状。六工段直河、永丰直河、一工段横河是境内的3条主要入江河流。此外还有城隍庙直河、河庄横河、横岔路直河、小泗埠直河、三工段横河，四工段横河、抢险河等。公路主要有九十二线（九号坝至十二工段）、长五线（乐园长红至五工段）、南新线（南阳至新湾）、永新线（永丰闸至新围）、小钱线（小泗埠至钱江）等。

中华人民共和国成立初，以农业为主。70年代始办社队企业。80年代，工业发展较快。1985年，河庄乡村工业产值占全乡工农业总产值的68.87%。90年代通过转换企业经营机制，镇村企业迅速扩张，各类企业普遍兴起。2000年，全镇国内生产总值4.58亿元，工农业总产值13.81亿元，财政收入3528万元，农村居民人均净收入7188元。先后获杭州市小康乡镇、新农村乡镇、教育强镇、东海文化明珠称号。

1985年，河庄乡有耕地17108亩，总产粮食7205吨、络麻5271.60吨、棉花2.05吨。1992年河庄、新围、钱江3乡合并建镇后，推行适度规模经营，发展效益农业，成为农业大镇。

80年代，河庄乡村企业迅速发展。90年代，实行集体企业承包、租赁、转制拍卖等形式的责任制，鼓励发展个体经济。1992年，全镇有镇办和村办企业94家，工业总产值为3.30亿元，工业门类以轻纺印染、化工颜料为主，并有建材、机械、五金、蔬菜加工等行业。90年代中期，杭州百合化工有限公司、杭州帝凯化工有限公司、杭州钱江染化有限公司等企业上了一定规模。2000

①相传青龙山附近旧有村落沿河而建，故称"河庄"，乡以村名。

②该面积数据《萧山年鉴·1999》第50页《1998年全市31个镇乡概况表》。另据萧山市土地管理局2000年12月编印《萧山土地志》第211页《萧山乡镇行政范围内土地权属面积分布表》载，河庄镇面积为85.09平方千米。这85.09平方千米面积中，据《萧山土地志》第207页《全市乡镇（场）范围内一级类土地面积表》载，其中含水域面积52.54平方千米。

年，杭州百合化工有限公司被认定为浙江省区外高新技术企业。是年，全镇有工业企业239家，实现工业总产值11.72亿元。

河庄集镇原在横岔路，清末民国初形成集市。中华人民共和国成立初，已粗具规模。沿街有米店、南货店、茶店、药店、豆腐店等10余家。1952年，河庄成立供销合作社，后体制几经调整，改为河庄供销站。供销站开展多种商业经营活动，供应生产和生活资料，采购农副产品。80年代，城隍庙街市兴起，市面逐渐繁荣。

河庄建镇以来，文教卫生事业发展较快。1992年5月，河庄、新围、钱江3乡文化站合并建立镇文化站，是年末，举办镇文化节。镇影剧院占地面积4000平方米，建筑面积1600平方米，有座位1167个，内设电影放映、戏曲演出等，后增设舞厅、卡拉OK厅、图书室、棋类室、乒乓球室、健身室、书画室、台球室、老年活动室等配套设施。1993年，全镇推行农村合作医疗保健制度，有24339人参加合作医疗。中小学在发展的基础上，网点设置更趋合理。2000年，全镇有幼儿园1所，在园幼儿1832人；小学17所，在校学生3964人；初中2所，在校学生1811人。还有卫生院2所，医疗卫生人员66人。

河庄境内的蜀山，其北坡有战国窑遗址，南坡有商周文化遗址。山巅有蜀山庙，庙内有井，水质清澈，终年不涸，系宋代遗物。

新围之地

民国初，蜀山、河庄山之北，有广袤的沙地，村落稠密。至民国35年（1946），这一带沙地坍失殆尽，陆沉江底。后又逐渐回淤起大片滩涂。

中华人民共和国成立后，人民政府重视钱塘江治理，历年进行修堤围涂。其中1968年在蜀山以北新围3.60万亩滩涂，被称为1号围垦。这块滩涂围成，犹如在南沙大堤外筑起一座巨大的"丁坝"，使东面逐步淤涨起大片滩涂。1969年，在蜀山东北又围涂2.70万亩，即2号围垦。这3.60万亩滩涂上诞生萧山历史上第一个围垦乡，

图43-1-1154　新围之地的屏障——一至三工段标准塘（图片来源：《萧山年鉴·2000》）

即新围乡；2.70万亩滩涂上建立钱江乡。新围垦的土地，为农业规模经营提供了空间，使河庄成为粮食和经济作物综合发展的农业大镇。1992年，河庄、新围、钱江3乡合并建镇，耕地面积增至47639亩，总产粮食18711吨、络麻6545吨、棉花34吨、油菜籽1557吨，还有蔬菜29159吨。是年，生猪出栏20260头，家禽出栏9.68万羽、产蛋89吨，淡水鱼养殖产量714吨，全镇农业总产值4749.90万元。90年代以后，棉麻种植减少，蔬菜、苗木种植和水产、生猪养殖等特色农业迅速发展。水稻种植由双季稻变成了直播晚稻。2000年，全镇耕地面积44195亩，总产粮食20852吨、络麻188吨、棉花33吨、油菜籽769吨。是年，种植蔬菜25915亩，品种有鲜食大豆、辣椒、胡瓜、长豇豆、四季豆、萝卜等，总产蔬菜73458吨；种植苗木1000余亩。淡水养殖面积486亩，淡水鱼产量921吨；生猪饲养从千家万户养猪发展为专业户规模饲养，全年生猪出栏44960头；家禽出栏26万羽，产蛋92吨。全镇农业总产值2.09亿元。

江东新镇

河庄镇西濒钱塘江,与杭州下沙隔江相望,故称"江东"。1980年,在城隍庙建造供销站营业房,并设百货部、资料部等,城隍庙街市由此兴起,市面逐渐繁荣。而横岔路街市渐趋萎缩。80年代后,为活跃市场,个体私营商业很快得到发展,集市贸易不断繁荣,各类市场活跃。1993年,全镇有5个农贸市场、2个小商品市场,有个体、私营工商业者6600多户,从业人员15000余人。1995年,商贸一条街建成运行,其中面积6600平方米的河庄农贸市场建成开业,设鲜肉、家禽、水产、副食品、卤味、水果、蔬菜等10个营业区,有固定摊位284个,可容纳近千人进场交易。2000年,全镇有大小商业零售单位800多家,从业人员2000余人,年营业成交额近亿元。

建镇以来,加快基础设施建设。1993年,河庄邮电所迁入新大楼;1994年6月,开通联网电话;镇有线电视与市有线电视台联网。市自来水"西水东调"工程总管铺设到镇,开始向镇民供水。乐向路、永丰路、蜀山路(河中路)、城隍庙路、邮电路、镇南路构成集镇道路网,2000年末,集镇建成区面积0.31平方千米,道路总长2.42千米,公共建筑面积2.67万平方米,住宅建筑面积12.82万平方米,排水管道长1.47千米,新建改建桥梁4座,公共绿地6700平方米。全镇广播馈线长138千米,入户喇叭11000只;有线电视主干线电缆21千米、光缆10.80千米,用户1406户。

第二十二节 宁围镇

宁围镇位于萧山市北部,东邻新街镇,南靠城厢镇,西接滨江区西兴镇,北濒钱塘江,与杭州市江干区隔江相望,东北与钱江农场相连。明末清初,为钱塘江沿岸"六围"灶地的丰围、宁围。后,时有涨坍,并开荒垦种,逐渐形成村落,发展为乡镇。宁围镇名就是沿用原盐场宁围灶地名。宁围原是一片滩涂,如今已发展成为工业重镇。系全国著名企业家鲁冠球及其万向集团和全国优秀民营企业家徐冠巨及其传化集团的所在地。由于经济发展较快,人民生活富裕,是浙江省综合经济实力百强镇、萧山市首富镇。

镇情综述

清宣统二年(1910),将"六围"沙地划归塘内有关乡。1950年10月,为宁围乡、盈丰乡、由夏乡部分。1956年4月,为宁围乡、盈丰乡。1958年属城北人民公社。1961年7月,为宁围、盈丰2个人民公社。后几经撤并,至1984年5月为宁围乡、盈丰乡。1992年5月,两乡合并置宁围镇。2000年,全镇总面积42.88平方千米,辖居民区1个、村21个;总户数17788户,总人口49721人,其中非农业人口12128人;外来常住人口28213人,有壮族、苗族、土家族、畲族等17个少数民族453人。镇政府驻地振宁路,南距市政府所在地2.50千米。

境内地貌为钱塘江泥沙淤积的沙土平原。人工开挖河流纵横,北塘河、解放河横穿东西,五堡河、利群河纵贯南北。浙赣铁路复线、104国道贯通境内,杭甬高速公路在境内设有出入口,机场路横贯全镇,市心路直通市区。

农业原以棉麻为主。1985年,宁围全乡有耕地23976亩,总产粮食4670吨、络麻2176.90吨、棉花851.85吨。1992年,盈丰乡并入,全镇耕地面积45425亩,总产粮食13889吨、棉花1821吨、络麻150吨。随着农业种植结构的调整,水稻种植逐渐由双季稻变成单季晚稻。2000年,全镇有耕地38363亩,总产粮食5050吨、棉花303吨、络麻3吨。花卉苗木、蔬菜种植和养殖业发展加快,是年,种植花卉苗木14982亩,同时在安徽、江西、上海、北京等省市及本省衢州地区建立苗木生产基地;种植蔬菜32296亩,蔬菜主要供应萧山、杭州市场,部分销往上海及周边其他省份;淡水养殖面积4143亩,水产品产量

1596吨，生猪出栏44200头，家禽出栏26万羽、产蛋143吨。

乡镇企业兴起较早[1]。1985年，宁围工业总产值3855.94万元，利税708.15万元。1992年，盈丰乡并入，全镇有镇办企业20家、村办企业134家，工业总产值4.49亿元，利税5856万元。90年代，全镇加大技术改造和投入，加快经营机制转换。2000年，全镇有企业314家，工业总产值54.35亿元，出口交货值13.69亿元，利税5.05亿元。

地处钱塘江围垦地，成陆较晚。民国时期，商业活动不活跃。50年代起，供销合作社[2]开展多种商业经营活动，供应各种生产和生活资料，采购农副产品。随后，在永泰丰、盈丰等地的集市贸易随之形成，农村经济开始活跃起来，供销合作社购销两旺，信用社存款上升。80年代后，个体、私营商业快速发展，各类市场活跃。1984年10月，建筑面积4500平方米的盈丰农贸市场建成，内设摊位293个。1992年末，全镇有各类工商户521家，年营业额超过1000万元。1994年12月，建筑面积6000平方米的宁围农贸市场建成，内设各类摊店398个，从业人员603人。2000年，全镇有大小商业零售单位865家，建有农贸等专业市场5个，从业人员2106人。是年，宁围农村信用合作社存款3.55亿元；同年12月12日，中共中央政治局常委、国务院总理朱镕基考察宁围中心信用社。

宁围镇注重文教卫生事业的建设。70年代初，宁围和盈丰先后建造有700个座位的简易影剧院2家。1980年，盈丰幼儿园建立。此后，各村纷纷兴办幼儿园（班）。1985年，宁围成人学校及中心辅导学校建立。1988年，实施九年制义务教育。1993年，镇文化中心动工兴建。1994年10月，举行首届镇全民运动会，参赛选手722人次。1997年12月28日，镇文化中心竣工。1998年举办第二届镇全民运动会和首届文化艺术节，并先后创建成为杭州市和浙江省的"东海文化明珠"镇、浙江省体育先进镇和"省全民健身工程"试点镇，是年，还通过"省教育强镇"验收。2000年，全镇有幼儿园10所，在园幼儿1829人；小学15所，在校学生4551人；初中2所，在校学生2029人。还有卫生院2所，设病床52张；村卫生所22个；医疗卫生技术人员120人。

工业重镇

宁围养育了鲁冠球、徐冠巨等一批全国著名企业家，诞生了万向集团、传化集团等国内外的知名企业。工业是宁围经济发展的支柱产业。

80年代，以五金加工为主的乡镇企业迅猛发展，并把农业改革成功的经验引向企业，推行各种形式的承包责任制。1983年，萧山万向节厂率先与乡政府签订承包合同，实行企业所有权与经营权分离。翌年，宁围工业总产值超过1000万元，占工农业总产值的50%多。1992年，宁围、盈丰合并。

[1] 60年代初，宁围手工业服务社、建筑队等5家社队企业创办。1969年，万向集团公司的前身宁围人民公社农机修理厂创办。此后，棉花加工厂、棉纺厂、针织厂、搬运队等集体企业相继兴办。1975年，队办企业、校办企业开始发展，宁围和盈丰的社队企业发展到近百家，职工人数1882人。

[2] 1950年，城北供销合作社在宁围、盈丰设立供销站。1951年，宁围、盈丰创办供销合作社。

图43-1-1155　1997年12月，传化集团日化公司7万吨洗衣粉项目建成投产（图片来源：《萧山年鉴·1998》）

翌年，全镇有镇办和村办企业169家，其中市级以上骨干企业17家。全镇工业门类以机械五金、建筑建材、轻纺服装、皮塑装潢、化工助剂五大行业为主，兼有电镀、针织、厨具、家私、粮油加工等行业，其中机械制造业产值占全镇工业产值的70%。90年代以来，加大技术改造和投入，加大经营机制转换，1992～1995年投入技术改造资金5.50亿元；1995年，全镇转制企业148家，占全镇企业的86.50%；1996～2000年，全镇累计投入技术改造资金18.10亿元。同时，通过现代企业制度的建立，涌现出万向集团公司、浙江传化化学集团有限公司、杭州江宁丝绸制衣有限公司等一批具有一定规模的现代化企业。2000年，全镇形成以五金机械为主体的工业体系，有各类工业企业314家，工业产值54.35亿元，其中五金机械工业企业154家，产值39.82亿元，分别占全镇工业企业和工业产值的49%和73.28%；出口创汇企业27家，出口交货值13.69亿元。

国家级萧山经济技术开发区大部分位于宁围镇境内。宁围不仅是工业强镇，也是全市的工业重镇。

萧山首富镇

宁围自1992年建镇后，工农业生产发展迅速，翌年全镇工农业总产值7.42亿元，跻身浙江省经济百强乡镇；1994年，工农业总产值超过10亿元，成为杭州市经济十强乡镇；1995年，工农业总产值16.16亿元，工业利润1.17亿元，财政收入5169万元，农村居民人均净收入5698元，成为萧山市经济第一强镇。2000年，国内生产总值19.56亿元，工农业总产值57.29亿元，工业利润5.87亿元，财政收入1.17亿元，农村居民人均净收入10741元，其中国内生产总值、工农业总产值、工业利润、农村居民人均净收入均居全市镇乡之首，被誉为萧山首富镇。

图43-1-1156　宁围集镇新貌（图片来源：《萧山年鉴·1998》）

由于工农业生产发展，带动商贸业的兴起，同时加快集镇建设和城乡一体化推进。1951年4月，宁围供销社建于永泰丰，集市初起。后集市东移，以东西向解放河和南北向万向直路为轴心发展。1992年11月，建筑面积3434平方米的消费品综合市场建成，设358个摊位。1993年10月，集镇建设第一期开发工程动工，至1994年先后建起农副产品市场和蔬菜批发市场，总建筑面积6.33万平方米。1998年，宁围镇创建成为浙江省卫生镇。1999年始，先后兴建明华花园、明辉花园等住宅小区。2000年末，集镇住宅建筑面积39.70万平方米，境内文明路、振宁路、中心横路与生兴路形成"丰"字形道路网，道路总长9.40千米，建成区面积为1.30平方千米，排水管道长3千米，新建改建桥梁4座，公共绿地1.50万平方米，装有路灯101盏。

随着工业的发展和集镇建设的加快，供电、供水、通信等基础设施日趋配套，钱江变电所、市北变电所、宁围变电所、万安变电所、鸿达变电所先后建成。1992年，宁围、盈丰两乡广播站合并建立镇广播站。翌年，萧山电话进入杭州地区网，宁围相应开通进网。1995年，宁围始建有线电视网。1996年实现户户通自来水。2000年，全镇装有电话11900部；广播馈线长126千米，入户喇叭13808只；有线电视主干线电缆188千米、光缆38千米，用户4320户。

第二十三节　进化镇

进化镇位于萧山市东南部，东与绍兴县夏履镇相连，东南与诸暨市店口镇相通，南与欢潭乡、浦阳镇为邻，西临浦阳江，北接临浦镇、所前镇。早在新石器时代，已有人类在这方土地上繁衍生息。为春秋末期越国的陶瓷生产基地，是民族英雄葛云飞、"布衣都督"汤寿潜的故里，是浙江省级历史文化保护区。进化种植青梅已有千余年的历史，是浙江省青梅之乡。

镇情综述

北宋太平兴国三年（978）属山阴县天乐乡。南宋嘉泰元年（1201），仍属天乐乡。后几经变革，至民国35年（1946）9月，绍兴县乡镇调整，协进乡和青化乡三至六保合并为进化乡。中华人民共和国成立初，为绍兴县进化区进化、富岭、城山、盈湖、青化、临江等乡。1950年10月划归萧山。1956年末为进化、临江、青化3乡。1958年10月，为进化人民公社。后几经撤并，至1971年2月，为进化、城山2个人民公社。1984年5月，为进化、城山2乡。1992年5月，两乡合并建立进化镇。2000年，全镇总面积56.58平方千米，辖村39个；总户数10544户，总人口35182人，其中非农业人口1001人；外出半年以上人口5177人，外来常住人口1370人，有壮族、苗族、土家族、侗族等12个少数民族109人。镇政府驻地上盈湖畈，北距市政府所在地17千米。

进化镇四周群山环抱，中西部为河谷平原，东部为丘陵。境内有大岩山、慈姑大山、城山和蠡斯岭、千丈金岗、坎坡岭、乌峰尖、藏山岭、青化山、何家峰、皇坟尖等山岭。境内石柱头、下章蕴藏着锰矿，石门王有钴金矿发现，青化山麓有磁铁矿，还有锌、白云岩等矿藏及储量较丰富的泥炭。

浦阳江流经镇西，是进化镇与临浦镇界河。发源于蠡斯岭的进化溪，一路出麻溪坝汇入西小江，一路出茅山闸流入浦阳江。山头埠村以上为溪流性砂卵石河床，山头埠村以下为常流河，是进化至临浦的主要航道。浙赣铁路和杭金衢高速公路从镇西穿境而过；白曹公路是穿越镇境的主要公路；1993年末，华丰、墅傅公路开通；1999年11月，藏山岭隧道建成通车，沟通萧、绍、诸三地交通；还有03省道东复线以及连接各村的乡村公路，进化交通便捷。

进化自建镇以来，经济发展较快。农业以粮食为主，兼搞多种经营。工业从无到有，逐步形成纺织、机电、化工、服装、建材、食品六大支柱行业。2000年，全镇国内生产总值2.36亿元，工农业总产值6.80亿元，财政收入1630万元，农村居民人均净收入4235元。

境内耕地以种植粮食为主，山地以培育竹木、茶桑、果树为主。1985年，全乡有耕地8873亩，总产粮食6848吨。1992年，城山乡并入，全镇耕地面积18933亩，总产粮食15103吨。90年代，水稻种植逐渐由双季改成单季。2000年，全镇有耕地18462亩，总产粮食12004吨；有林地49559亩，大岩山、青化山、乌峰尖、千丈金岗等高山远山以栽植马尾松、毛竹为主，间有杉树等用材林，山麓辟有茶园、果园、笋园等。是年，全镇有1万余亩竹林基地，产竹量100万株；茶园面积2383亩，产茶281吨；进化大岩山的"绿峰茶"在浙江省第九次名茶评比会上被评为一类名茶；桑园面积423亩，产蚕茧50吨；杨梅面积1003亩，产量26吨。同时，养殖业迅速发展，2000年，全镇水面1145亩，其中养殖面积980亩，产淡水鱼651吨、珍珠1030千克。还有家畜、家禽，是年，全镇生猪出栏20000头；家禽出栏107万羽，产蛋94吨。

工业基础薄弱。70年代，兴办社队企业。80年代，乡镇企业发展较快。90年代，集体企业承包、租赁、转制拍卖，鼓励发展个体、私营经济。至1997年8月，全镇93家村以上集体企业实行不同形式的转制，组建股份有限公司或有限责任公司14家、股份合作制1家，实行租赁、兼并、拍卖、歇业的78家。

灵活多样的改制，明晰企业的产权关系，促进投资主体多元化，优化资源配置。2000年，全镇有183家企业，其中镇属4家、个体与私营179家，职工5265人，工业总产值5.82亿元，出口交货值9132万元，利税4376万元。

进化镇地处萧山、绍兴、诸暨三市要冲，为萧山东南门户。民国时期在王家闸自然形成商埠街市，但店铺分散。50年代，进化供销合作社在王家闸成立，供销社开展多种商业经营活动，供应生产和生活资料，采购农副产品；对私营商业组建商业综合商店，到各村营业，方便农民购买商品。80年代后，个体、私营商业兴起，并得到发展。为适应山区经济发展需要，2000年末进化综合市场建成，建筑面积7200平方米，内设摊位85个。同时，竹制品市场奠基开工。是年，全镇有大小商业零售单位304家，从业人员600余人。

1992年5月建镇，翌年10月，新建的镇政府办公大楼启用，并以镇政府为中心向东、西发展，集镇建设加快。1996年，进化镇制订总体规划，规划集镇面积2.80平方千米。2000年末，集镇粗具规模，商贸区、农贸市场、镇电管大楼、进化建筑公司综合楼等建筑相继建成，建成区面积0.27平方千米，集镇道路长3.10千米，公共建筑面积3.68万平方米，住宅建筑面积17.35万平方米。

随着经济发展和集镇建设加快，基础设施日趋配套。1994年6月，开通联网电话，农用电话普及率为平均每百人15.67部。1996年10月，开通有线电视。1997年治理浦阳江、进化溪和25座蓄水量在1万立方米以上的水库。1999年年末，全线长297米，历时2年多、总投资为1500多万元的全市最长的公路隧道藏山岭隧道及其盘山公路接线工程竣工，"隧道穿山过，公路连三地"凸现了进化作为萧山东南门户的区位优势。2000年，进化供电营业所建立；境内浦阳江标准塘建成；全镇有线电视主干线电缆长12千米、光缆16千米，村村通电视，用户5200户；广播馈线长30千米，入户喇叭8900只。进化已从山乡小市发展成为新兴集镇。

中华人民共和国成立后，尤其是进化建镇以来，文教卫生事业发展较快。70年代，各村办幼儿园（班），幼儿教育起步。1987年，进化成人文化技术学校成立，是萧山最早建立的3所成人文化技术学校之一。1988年实施九年制义务教育。1994年4月6日，汤寿潜纪念碑重建奠基典礼在大汤坞举行，是年10月26日，纪念碑落成，并举行汤寿潜学术研讨会。1997年6月30日，在山头埠村葛壮节公故里表前公祭民族英雄葛云飞。同年，进化镇被命名为浙江省级体育先进乡镇。1998年5月，建蛰先亭，开辟蛰先公园。翌年12月，建筑面积1380平方米、设座位1147个的镇文化会议中心落成。2000年，全镇有幼儿园1所，在园幼儿878人；有小学8所，在校学生2417人；中学2所，在校学生1605人。还有卫生院1所，下设4个社区服务站和23个村卫生室。

进化镇古为山阴县天乐乡，有32景，至今能列景名的有傅村琴石、鹤池垂钓、云飞故里、蛰仙遗迹、洪井清泉、溪桥夜月、名刹传灯、城山忆古、春秋窑址、石柱宋陵、诸坞香海、青化书屋12景。

青梅之乡

大青梅是进化镇的传统名产，种植历史已有1000多年。1987年，进化镇青梅基地被农业部列为国内唯一的名特新优农产品商品基地。之后，进化镇依托科研所与有关大专院校，成立国内第一家民办青梅研究所，进行良种的选育和先进栽培技术的引进与推广工作，使传统名果更加稳定、高产，青梅基地面积也扩大到6000多亩。与此同时，还加强服务，不断扩大梅果品的深加工和外销。1996年又引进日本的加工技术与设备，合资新建一家青梅加工企业，年出口创汇达3000万元，成为全国最大的梅果品出口基地之一。进化镇还成立青梅专业技术协会，以青梅研究所为依托，一头联结农业龙头企业和海内外市场，一头牵连着广大梅农，切实开展良种工程、科技兴果工程和产后服务工程，为推进全镇的青梅产业化进程发挥了积极的作用。

进化镇大青梅在国家工商行政管理部门注册商标为"进化"牌。"进化"牌青梅质脆、果大、汁鲜。其中"盐渍"、"脆梅"和"半干梅"分别获省优质农产品银奖和杭州市优质农产品金奖，成为深受日本客商欢迎的商品。2000年，全镇有青梅7200亩，最高年产青梅1500吨，梅果产品远销日本、韩国和东南亚国家。是年2月，进化镇被浙江省人民政府命名为"浙江省青梅之乡"。进化镇7000余亩青梅林，当梅花破寒绽放时，十里梅海，蔚为壮观。境内的诸坞、盛家坞等地均为赏梅好去处。

图43-1-1157 农民喜摘青梅（图片来源：《萧山年鉴·2000》）

历史文化名镇

进化古为越国的重要制陶基地，境内发现茅湾里印纹陶窑址等春秋战国时期窑址18处。其中，茅湾里印纹陶窑址为浙江省文物保护单位，面积约2万平方米，是保存较为完整的古窑址。山头埠是清道光年间定海总兵、民族英雄葛云飞故里，大汤坞是清光绪年间商办全浙铁路公司总理、宣统朝云南按察使、辛亥革命浙江军政府首任都督汤寿潜故里。葛壮节公故里表及故居、汤寿潜纪念碑及故居为萧山市级文物保护单位，修缮后的葛壮节公故里表和重建后的汤寿潜纪念碑

图43-1-1158 葛壮节公故里表（图片来源：《萧山文物》，西泠印社出版社，2000年1月）

均被列为杭州市爱国主义教育基地。山头埠老街长100多米，东西走向，穿村而过，两旁均为清代木结构建筑的店铺，街北有小河与街并行。以前进化山区及绍兴夏履桥的竹木制品、土纸和山货，在此通过水运销往萧山、杭州、富阳等地，运回粮食、布匹、南北果品，往来货物在此集散，故山头埠多各种货栈。2000年2月，进化镇被浙江省人民政府命名为浙江省级历史文化保护区。

民国24年（1935），大汤坞人汤叙编写《天乐志》、傅墩村人陈得明编写《天乐富家墩村志》，介绍天乐地区的人文历史，是萧山最早的乡、村志。民国时期，沈家渡、下邵、大汤坞、傅墩、杜家弄、华家垫、裘家坞等村均办小学，至中华人民共和国成立前夕，境内有小学15所。

第二十四节　益农镇

益农镇位于萧山市最东端，东、南与绍兴县马鞍镇接壤，西连党湾、党山两镇，北靠梅林湾农场和东江垦区。霉干菜和萝卜干两大特产享誉省内外，系农业强镇，也是萧山东部新兴的工业重镇。

镇情综述

50年代，境内大部分是钱塘江口潮涨潮落的滩涂。西半部原为夹灶乡，属绍兴县。原以晒盐为主，以古老的煮盐工艺产盐，每处以两灶间隔，故名"夹灶"。1956年2月划归萧山。1958年为英雄人民公社

部分，1959年为党山公社部分，1961年7月，为夹灶公社。1966年11月开始，夹灶、党山、长沙、瓜沥等公社组织农民向东部滩涂围垦。至1977年，先后进行5次围涂，围毛地5.40万亩。因该地在益农闸东北，而"益农闸"这一水利工程名称，其意是有益农业生产，故称"益农垦区"。后相沿为镇名。从1971年开始，逐步移民定居。1978年1月，正式成立益农公社。1984年5月，为夹灶乡、益农乡。1992年5月，两乡合并为益农镇。2000年，全镇总面积46.51平方千米，辖22个村；总户数13528户，总人口41601人，其中非农业人口848人；外出半年以上人口3328人，外来常住人口1902人，有苗族、壮族、回族、藏族等13个少数民族149人。镇政府驻地红阳路，西距市政府所在地42千米，南离绍兴市区25千米。

境内东部为新围垦的钱塘江滩涂，西部以北海塘为界，南为水网平原，北为沙土平原。人工开挖河流纵横交错，主要有赵家湾、镇龙殿湾、益农中心直河、白洋川、十二埭横河等。耕地中，新围垦土地约占1/2。气温比萧山内地稍高，日夜温差较大。年降雨量少于内地，日照比内地偏少，全年主导风向为东风。风力较内地大一两级。

图43-1-1159　2000年新建的益农路（2009年6月，徐国民摄）

党老线、转益线、伟老线、三益线构成益农镇交通网。益农设镇以来，工业发展迅速，尤其是轻纺印染业。农业通过调整种植结构，开发特色农业。2000年，全镇国内生产总值4.38亿元，工农业总产值16.81亿元，财政收入1584万元，农村居民人均净收入7077元，益农镇是围垦新兴城镇。

50年代，供销商业兴起。[①]供销站供应生产资料和生活资料，收购农副产品。改革开放后，个体、私营商业得到发展，市场活跃。镇龙殿市场面积约200平方米，规模较小；利民坝农贸市场原面积200平方米，后扩大至700平方米；益农市场1999年建成，面积1000平方米；东方红市场原有面积300平方米，夜市较大，后几经易址，2000年在赵家湾建成，面积1000平方米。

益农镇文化站为省一级文化站。镇文化中心建筑面积2500平方米，内有容纳960人的剧院大厅，拥有多功能室1个，图书馆1座，还有文化娱乐网点17处。1999年，该镇被评为杭州市"东海文化明珠"。是年，开展"洁美家园"活动，新建镇环卫所，设立垃圾箱97只，并落实镇村专职保洁员。2000年，全镇有幼儿园6所，在园幼儿1758人；小学8所，在校学生3979人；初中2所，在校学生1959人。还有卫生院1所，村卫生室18个。

境内镇龙殿始建于明代，以镇江潮。

农业强镇

益农以粮、棉、麻、豆类、油料为主，辅以甘蔗、蔬菜及其他多种经营，系农业强镇。1985年，益农全乡有耕地9705亩，总产粮食3415吨、棉花80.35吨、络麻1987.30吨、油菜籽710.45吨。1992年，夹灶乡并入，全镇耕地增至42245亩，总产粮食19321吨，棉花597吨、络麻4709吨、油菜籽2008吨，总产蔬

①1952年1月设在夹浜的塘北供销社和1955年8月设在镇龙殿的夹灶供销站建立。1956年在转塘头设立粮站，经营粮食购销业务。1968年设在东方红闸的东方红供销站和1970年设在东江村的益农供销站建立。上述供销站隶属党山供销社。

菜9312吨，淡水鱼养殖产量296吨，生猪出栏18920头、羊出栏2007只，家禽16.96万羽、产蛋119吨，农业总产值3787.50万元。90年代后，棉麻市场萎缩。2000年，全镇耕地面积44609亩，总产粮食20305吨、棉花573吨、络麻177吨、油菜籽828吨，随着农业种植结构的调整，大棚蔬菜、花卉苗木和养殖业迅速发展。是年，全镇总产蔬菜59886吨，淡水鱼养殖产量1152吨，生猪出栏28432头、羊出栏4140只，家禽出栏30万羽，产蛋99吨，农业总产值1.65亿元。

图43-1-1160 芥菜种植基地（2004年12月，杨贤兴摄于益农镇）

益农镇是萧山霉干菜的主产地。三围、群围、长北、转塘头、益农、赵家湾6村是霉干菜专业村，其中转塘头村90%以上的农户种植、制作、贩销霉干菜，制作霉干菜已有百余年历史。80年代以来，开始走出海涂，闯上海，下苏州，到宁波销售霉干菜。1997~1999年，益农镇完成省星火计划项目"浙东霉干菜基地建设"，基地面积13000余亩，新增"益农"、"老胡子"、"转塘头"3只霉干菜注册商标。1999年7月，首家霉干菜生产合作社成立。2000年，全镇生产霉干菜近万吨。

新兴工业重镇

1992年，益农、夹灶两乡合并建镇，是年全镇工业产值1.94亿元，利税总额791万元，出口交货值104万元。此后，益农经济进入新的发展时期，尤其是工业逐渐形成以纺织印染为主，机械五金、印刷包装、食品加工、建筑建材诸业综合发展的格局。萧山市荣盛纺织有限公司、萧山宋氏布业有限公司、萧山华星纺织有限公司3家企业于1997年进入市百强企业之列。1999年，萧山市荣盛纺织有限公司被列为杭州市"百强企业"。该公司的涤丝被中国企业发展研究中心推荐为浙江市场跨世纪优秀品牌。2000年，益农镇工业总产值15.16亿元，实现利税1.01亿元，出口交货值4324万元，为萧山东部新兴工业重镇。

随着工业的发展和经济实力的增强，加快道路、电力、供水、邮电等基础设施的配套和完善。1992年，新邮电大楼落成，益农变电所投入使用。翌年，建成日产1200吨自来水厂，供应赵家湾集镇区。1999年，萧山"西水东调"工程实施中，5.40千米长的供水管道铺设至该镇，自来水进村入户。翌年5月，荣盛变电所投入使用。2000年，全镇广播馈线长31.50千米，入户喇叭10650只；有线电视主干线电缆85千米，光缆15千米，用户1250户。是年，选择镇域中心地块的东沙村为新的集镇区，

图43-1-1161 萧山市荣盛纺织有限公司外景（图片来源：《萧山年鉴·2000》）

新建益农路以及建筑面积12800平方米的农副产品综合交易市场等，形成以益农路为轴心，以第三产业为依托的新型集镇。

第二章　行政乡

乡，为县级以下的行政区域。中华人民共和国成立初，沿用镇乡建制。80年代中期，建制镇增多，乡渐趋减少。至2000年，全市31个乡镇，其中乡为许贤、来苏、欢潭、新塘、云石、石岩、前进7个。

第一节　许贤乡

许贤乡位于萧山市西南部，东临浦阳江与义桥镇毗邻，南与戴村镇、云石乡相连，西依云峰山与富阳市渔山乡接壤，北濒富春江与杭州市西湖区袁浦镇隔江相望。原以农业为主，80年代个体、私营企业兴起，机杼之声响遍乡村，所生产的装饰布畅销国内外，被誉为"装饰布之乡"。境内的杭州萧山古籍印务有限公司，是一家专业仿真印刷宣纸线装本古籍企业。

乡情综述

唐代，许伯会以贤孝闻名乡里，后人称其"许贤相公"。北宋太平兴国三年（978）为纪念许贤相公，设许贤乡。元至元十六年（1279），为六都、七都。明至清末，仍沿用元制，都图略有变动。宣统二年（1910），属义桥乡。民国21年（1932），为南坞、北坞、蛟山、浦西、公孙、郭村等乡。民国23年，郭村乡并入沈村乡，其余5乡合并为许贤。民国30年为许贤乡、云峰乡、公孙乡。民国37年为许贤乡、复兴乡。中华人民共和国成立初，为许贤乡、复兴乡。1950年10月，为许贤、石门、云峰、复兴、振庭和马鞍乡。1956年为许贤乡、振庭乡、云峰乡、白马乡。1958年9月，为戴村人民公社许贤、振庭、马鞍管理区。1961年7月，为许贤、朱村桥2个人民公社。1969年2月，许贤、朱村桥2个公社并入义桥人民公社。后几经撤并，至1984年5月为许贤乡、朱村桥乡。1992年5月，两乡合并为许贤乡。2000年，全乡总面积40.72平方千米，辖34个村；总户数8537户，总人口26548人，其中非农业人口811人；外出半年以上人口4292人，外来常住人口2210人，有壮族、土家族、苗族等9个少数民族122人。乡政府驻地王家桥村，东北距市政府所在地15千米。

境内属低山丘陵与水网平原交界地区。西南部为低山丘陵区，有云峰山、雄鹅鼻、小安山、白虎岭、马头山、平坞顶、猫头山等；东北部属平原水网地区，处富春江、浦阳江汇入钱塘江的汇合地带。永兴河流经乡辖区，境内长约3千米，向北至西址埠汇入浦阳江。永富（戴村永兴至富阳）公路、闻戴（闻堰至戴村）公路、云许（云石乡至许贤乡）公路是境内主要公路，还有5条乡村公路，构成境内公路交通网。

民国时只有槽产（造纸作坊）、油坊、豆腐坊等手工作坊。中华人民共和国成立后，尤其是80年代以来，经济发展较快。2000年，全乡国内生产总

图43-2-1162　永兴河朱村桥段（图片来源：《许贤乡志》，中华书局，2009年3月）

值1.96亿元，工农业总产值9.25亿元，财政收入1256万元，农村居民人均净收入5009元。

许贤乡原以农业为主。耕地以种植粮食作物为主，兼种油菜、络麻。山地以栽植毛竹、杉树为主，间有马尾松和其他树木，低山坡辟有茶园、果园。1985年，全乡耕地面积11174亩，总产粮食6512吨、油菜籽106.90吨、络麻841.50吨。1992年，朱村桥乡并入，耕地面积增至18402亩，总产粮食14393吨、油菜籽209吨、络麻610吨。之后，水稻种植由双季逐步趋向单季，蔬菜种植基地和蔬菜专业户逐渐增多，效益农业得到发展。2000年，全乡耕地面积18617亩，总产粮食9565吨、油菜籽63吨、蔬菜3653吨、茶叶40吨、水果26吨，采伐木材142.20立方米、毛竹18.07万支、杂竹55吨、淡水鱼养殖产量229吨、珍珠产量2000千克、生猪出栏10339头、羊出栏999只、家禽出栏47万羽、产蛋248吨。是年，全乡农业总产值5270万元。

80年代后，乡村企业发展较快。1985年，全乡工业总产值1269.50万元，利税149.65万元。1992年"撤扩并"后，全乡有企业105家，工业总产值9898万元，利税907万元。此后，个体、私营企业发展加快。1995年，全乡工业企业366家，其中乡属14家、村属32家、个体与私营320家，工业总产值2.36亿元，利税总额688万元，出口交货值1365万元。2000年，全乡企业415家，其中乡属企业1家、个体与私营企业414家，工业总产值8.73亿元，出口交货值9462万元，利税3384万元。

许贤乡长期处于自然经济状态。50年代，建立供销站①。1978年，许贤、村桥两供销社合并建立许贤供销社。80年代初，许贤市场经济开始活跃起来，1981年，社会商品零售总额10.54万元。1983年，许贤供销社选址单家村，征用土地2.10亩，扩建商铺店面。1993年1月，地处王家桥村、总面积为2.47平方千米的许贤乡集镇规划开始实施。同年10月，占地面积2323平方米、摊位160个的许贤集贸市场建成开业。2000年，全乡有大小商业批发零售商店230家，从业人员400余人，全年贸易、餐饮业营业额2780万元。

随着经济的发展，基础设施日趋配套完善。在50～70年代兴修水利的基础上②，1987年下半年，富春江北塘清障工程历时3个月，清除北塘超50米部分坝段实体1、3、4、5号丁坝水上部分，计块石、石碴8000余立方米，水下部分由省疏浚工程处疏挖。清障后，江道水流平缓，行洪顺畅。富春江、浦阳江、永兴河沿岸自1958年下半年开始兴建江塘，至1988年，共筑江塘20千米。1990年，2000门自动电话总机安装并投入使用。1992年，许贤、朱村桥两乡广播电视站合并为许贤乡广播电视站。1993年9月，许贤邮电大楼建成，全乡建立程控电话网络。1995年7月，全乡建设有线电视网络，安装有线电视前端，接送24个电视频道和广播信号。1997年4月，许贤邮电所自主经营邮电业务，结束由义桥邮电所代办邮政业务的历史。1997年下半年，修建许贤自来水厂。2000年末，全乡各村通水，自来水入户率100%。是年，境内设富春、北坞、前黄、潘山、村桥5条高压线路，全长37千米。广播线长40千米，入户喇叭

①1954年，建立许贤供销站、村桥供销站。1966年，许贤、村桥两供销站并入义桥供销社，后又恢复许贤、村桥供销站。

②1956年，动工兴建黄石垄水库，翌年建成，库容108.47万立方米，集雨面积6.75平方千米，灌溉农田2225亩。此外，从1958年至1960年，共修石门、直坞、立坞、笠帽坞等大小水库20余座，其中库容1万立方米以上的13座。1962年6月，动工修建河口排灌站。此后，相继修建蛟山、猫头山、王家桥、碛堰山、白马等排灌站，总装机泵28台/2133千瓦。1978年11月，永兴河丁家庄裁弯取直工程动工，至1979年1月开坝通水，新开河道1034米，河面从原来的40米拓宽至90米，江塘缩短300多米，500多亩外滩地改为内畈地。

7035只；有线电视主干线电缆33千米，用户5300户。

文教卫生事业发展较快。乡设有文化站。1992年，许贤、村桥两卫生院合并，在王家桥新建许贤卫生院。同年，普及九年制义务教育。1998年4月，全乡捐资助学款100万元。1999年8月，建筑面积2400平方米的许贤初中综合楼建成；9月，许贤初中、村桥初中合并为许贤初中。2000年，全乡有初中1所，在校学生1028人；小学7所，在校学生1731人；幼儿园1所，在园幼儿663人。有卫生院1所，分院和村卫生所19个。是年，许贤乡为杭州市卫生乡镇。

据《萧山刘氏宗谱》载，境内旧有开善8景玉洞奇泉、云峰灵鹫、坟花现瑞、仙井回春、月涌鸳溪、霞飞凤坞、六和宵梵、慈云晚钟。

许贤乡在土地革命战争时期是中共萧山地下党组织的重要活动地，系革命老区乡。

装饰布之乡

70年代，许贤始办绸厂，生产软缎被面。80年代，个体、私营企业兴起。至1993年，陈家、方家、田家、吴闸等村开始出现大批私人家庭作坊型的绸厂。至1997年，全乡有各类织机1300多台，大大小小的作场300多处，从业人员2000多人，全乡轻纺业年产值为1.60亿元，占全乡工业产值的40%，成为许贤乡一大支柱产业。但由于产品单一，市场上各色被面过剩，厂家间竞相降价，以致被面利润空间越来越小。有的个体户难以为继，而被兼并。而一些有实力、有市场眼光的经营者则从生产单一的丝绸被面转为生产市场需求的各种装饰布、头巾布、窗帘布、沙发布等。在销售上，除继续拓展国内市场外，少数企业的产品开始打入国际市场。1997年12月初，浙江省轻纺协会、萧山市技术监督局为许贤装饰布进行技术质量鉴定，制定生产标准，这为许贤装饰布提供质量保证。同年，出台《许贤乡个私企业管理实施办法》，成立许贤乡轻纺协会，组织个体与私营企业主、技术骨干到外地参观取经，在政策上继续给予优惠，促使企业从家庭作坊型向现代规模型方向发展。有实力的企业加大技术改造力度，更新产品设备，提高产品档次。众多企业积极拓展销售领域，在全国140多个城市设立销售点，宏达、昌华、经纬、田野等公司产品销往我国台湾地区和越南、俄罗斯等国。1998年，昌华、田野、宏达3家企业投入资金2000多万元，从比利时、意大利等国引进10台剑杆织机，新增15台国产剑杆织机、97台磁梭织机，全乡已有14家企业上了因特网，开

图43-2-1163　杭州宏达装饰布织造有限公司外景（图片来源：《许贤乡志》，中华书局，2009年3月）

展网上销售业务。1999年上半年，许贤乡按照"在全市有特色，在全国有影响，在国外有市场"的"三有"要求，发展装饰布产业，企业经过兼并重组，扩大规模，增强实力，加快技术改造。2000年9月，杭州宏达装饰布织造有限公司、杭州美信装饰布厂、杭州田野提花织造有限公司、杭州萧山龙泰织造有限公司、杭州东亚织造有限公司等企业的400多台老式织机全部淘汰，购置剑杆织机、磁控织机等先进设备，产品质量提高。11月1日，在上海市举办的第六届中国纺织面料、家用纺织及辅料博览会上，许贤乡的宏达、侨美等公司在博览会上设置展台，受到中外客商青睐。杭州萧山昌华装饰布厂还邀请150多家用户举行联谊活动，扩大许贤装饰布在国内、国际市场上的知名度。是年末，许贤装饰布覆盖全国150多个城市。田野、宏达、昌华等企业出口交货值5386万元，产品远销欧洲、东南亚、中东和美国、

日本等国家。全乡装饰布行业从业人员3500余人，许贤乡成为远近闻名的装饰布之乡。

古籍印刷地

境内的杭州萧山古籍印务有限公司专业仿真印制宣纸线装本古籍、画册，是浙江省省级书、报、刊定点印刷企业。公司地址位于黄石垄水库大坝东面，占地12000多平方米。

公司前身为乡办许贤蜡纸印刷厂胶印车间，1983年2月组建为许贤印刷厂。同年7月，国务院古籍整理出版规划小组委托中华书局有计划地分批影印部分北京图书馆的馆藏孤本、善本古籍。中华书局经上海市第七印刷厂党支部书记兼厂长金国安（许贤乡北坞人）的推荐，把任务落实在许贤印刷厂。许

图43-2-1164 杭州萧山古籍印务有限公司厂房及其产品陈列室（图片来源：《许贤乡志》，中华书局，2009年3月）

贤印刷厂为此添置用于古籍印刷的专用石印机及照相制版设备，陆续聘请原上海市第七印刷厂和其他有古籍印刷专长的外地师傅来厂工作和传授技术。是年秋，企业更名为"萧山古籍印刷厂"。

1984年春，第一套古籍《山海经》印制完成，受到中华书局的好评。以后，陆续印制许多仿真宣纸线装本古籍。古代禁书《品花宝鉴》《金瓶梅》等原版明清古典小说得以重新问世，供文学、历史学教授级以上专家研究。1993年11月，萧山古籍印刷厂转制。1996年5月，更名为"杭州萧山古籍印务有限公司"。

1997年初，杭州萧山古籍印务有限公司成功攻克丝绸书、丝织书的装帧工艺难关，中国首部丝绸版图书《孙子兵法》问世。1999年初，在宣纸仿真彩印技术方面取得重大突破，解决了油墨防渗透的技术问题，使宣纸仿真彩印领先于全国同行。杭州萧山古籍印务有限公司印制的古籍图书，真实地体现宣纸线装本古籍的原汁原味，使古代文化得以传承。至2001年，公司为国内的多家出版社、图书馆影印各种线装古籍孤本、珍本、善本等各类古籍和现代名人名著数百万册。

第二节　来苏乡

来苏乡位于萧山市中部，东隔西小江与绍兴县杨汛桥镇为邻，南与所前镇、临浦镇相连，西隔南门江与城厢镇城南办事处交界，北与城厢镇裘江办事处接壤。素有"打锡箔"的传统，后一度衰落。80年代，锡箔业复苏，成了锡箔加工地。同时制钉、纺织、化工等工业发展较快，来苏从传统的农业乡发展成以现代工业为主体的经济较为发达的乡。建有萧山青年运动历史纪念馆，这是全省首个地方性青年运动纪念馆。

乡情综述

北宋太平兴国三年（978），为来苏乡。元至正十六年（1356），为十八都。清宣统二年（1910），分属潘西乡和湘东乡。民国21年（1932），为来苏、潘右、湘东和孔湖乡。民国28年，为东蜀乡和潘东乡。民国36年，为东蜀乡。1950年2月，为来苏乡和东蜀乡。1958年10月，分属城南公社、城东公社。1961年7月，为来苏人民公社。后几经撤并，至1984年5月，为来苏乡。1992年5月，

来苏乡并入城厢镇。1998年5月复建来苏乡。2000年，全乡总面积10.53平方千米，辖14个村；总户数3847户，总人口13452人，其中非农业人口284人；外来常住人口2529人，有壮族、布依族、苗族、侗族等10个少数民族150人。乡政府驻地塘下金村，北距市政府所在地6千米。

境内地貌为水网平原。河流主要有西小江和南门江，此外还有西秋河、大沿河、缪家河、后头河、墩郎张河、单家河、袄庄陈直河以及里士湖（约170亩水面）、孔湖（约200亩水面）。东蜀山孑然挺立于平原之上，西南部有塔山和大头山。

浙赣铁路在境内建有货运白鹿塘车站。萧金（萧山至金华）公路即03省道穿越乡境；来娘线（来苏至娘娘庙）、半来线（半爿街至来苏）、白曹线（白鹿塘至曹坞）、小白线（小岳桥至白鹿塘）等公路连接周边乡

图43-2-1165 里士湖风光（2000年9月，朱淼水摄）

镇；还有东蜀山至董家桥、缪家至渔临关、墩郎张至西蜀山等乡间公路，交通方便。

来苏乡在历史上系萧山主要产粮区之一。1982年以来，不断提高农业科技含量，农业生产发展较快。80年代后，工业生产发展迅速，至2000年，全乡形成以制钉、纺织、化工为主要产业的工业体系。是年，全乡国内生产总值1.25亿元，工农业总产值5.82亿元，财政收入1019万元，农村居民人均净收入6169元。来苏乡是杭州市小康乡镇、杭州市新农村乡镇。

来苏乡原种植水稻、大小麦、油菜等粮油作物和络麻、蔬菜等经济作物。1985年，全乡耕地面积10665亩，总产粮食7175吨、油菜籽240.20吨、络麻253吨，农业总产值474万元。随着农业种植结构的调整，90年代后逐渐由双季稻改为以单季晚稻为主；1993年以后，络麻不再种植，油菜种植面积也逐年减少，而水果、蔬菜、苗木等种植面积逐年扩大。2000年，全乡耕地面积9632亩，总产粮食6997吨、油菜籽1吨、水果2吨、蔬菜2916吨，从单一种粮向优质高效农业发展。同时，水产养殖和畜禽养殖也有较快发展，是年全乡淡水鱼养殖产量50吨、全年生猪出栏7380头、家禽出栏90万羽，农业总产值4311万元。

工业起步于60年代。1985年，全乡有重点企业13家，工业企业职工3921人，占全乡总劳力的52.30%。是年工业产值2587.67万元，利税总额526.39万元。1992年5月，来苏乡并入城厢镇，进一步突出发展工业生产。1995年推进企业转制，个体、私营企业得到较快发展。1998年来苏乡复设后，发挥03省道穿越乡境的地理优势，发展纺织和制钉行业，营造投资环境，大力招商引资。2000年，全乡工业企业向03省道和来苏大道沿边集聚，新引进16家企业在此落户；在资源配置上向棉纺和制钉两个优势行业集聚，实施"强队工程"，境内最大企业萧山万盛纺织工艺有限公司，年工业产值超9000万元，列入萧山百强工业企业行列。是年全乡有工业企业99家，工业总产值5.39亿元，出口交货值6632万元，利税2222万元。

乡境北部的张亮桥，在中华人民共和国成立初，是个农村小集市，有10余家店面。1952年，在张亮桥设西蜀区供销社来苏供销站，供应日用百货、副食品、农业生产资料等。60年代，城南供销社来苏供销站在各大队设供销店，原开设在张亮桥的一些小商店均改属为供销社的合作商店。80年代后，商业活动活跃。90年代，随着乡村工业的快速发展，务工人数和外来民工的增多，逐渐形成张亮桥、东蜀山、缪家、墩郎张、里士湖、孔湖等村的集贸小集市。1999年，以缪家、墩郎张、东蜀山3个村为中心，新建来苏大道，建立城郊型综合集镇。鼓励乡内外企事业单位和个人到集镇规划区投资开发商贸、旅游、文化娱乐、医疗卫生、饮食服务等第三产业，并建造一批店面营业用房和企业用房，还着手兴建室内专

业市场。2000年末，全乡有各种私营与个体商店、摊贩320余个（不包括流动小贩）。

自80年代起，加快了通信、供电、供水、水利等基础设施建设。1985年，来苏乡邮电所开办电报业务，并实现村村通电话。同年，建立乡电力管理站，翌年架设来苏乡专用供电线路。1987年2月，设乡广播电视站。1989年建乡办自来水厂。1991年起加快现代农业园区的建设，当年全乡建"三面光"渠道2000米，清理排灌沟渠79.90千米，疏浚内河550米。1996年11月至1997年6

图43-2-1166　来苏大道（2002年1月，李杰摄）

月，对境内西小江沿岸8千米围堤进行砌石护岸，建闸造桥，建排灌站、挡水墙。1997年开始接通有线电视。1998年，萧山水厂输水管道接通全乡，翌年户户饮用自来水。2000年投入517万元，进行电力整网，综合变压器容量净增2000千伏安。是年，全乡14个村均开通有线电视，全乡有电视机4251台，入户广播喇叭2960只。

文教卫生事业发展较快。1979年设立乡文化站，有559个座位的大会堂兼电影院。80年代，全乡14个村办图书室。1986年，初中和小学分设，正式建立来苏初中。1989年兴建面积为1470平方米的来苏卫生院，健全村级医疗保健站。1998年实施"科教兴乡"，兴办乡中心幼儿园和新建董家桥小学。1999~2000年，新建占地面积3000平方米的来苏周完全小学。2000年，全乡有初中1所，在校学生531人；小学4所，在校学生1050人；幼儿园1所，入园幼儿493人。是年，乡卫生院设有内科、外科、牙科等，有X光、心电图、B超等设备，医务人员20人。

境内渔临关，为古代西小江关卡。明朝永乐年间建有木桥，嘉靖十一年（1532）工部主政薛公建石桥为5孔，田惟祐有"渔临关桥记略"。清道光九年（1829）重建，桥面有石狮望柱，现为钢梁便桥。

锡箔加工地

打锡箔是来苏的传统手工业，操作者每日手举2千克重的铁锤用力敲打，把一叠锡块打成薄如蝉翼的锡箔。锡箔打成后，还须经过褙纸、砑纸、整块头、打包等工序，加工成锡箔纸。

锡箔行业在50~70年代曾一度衰落，箔工大多务农。80年代，锡箔业复苏。此业获利较丰，打箔工年薪也有3万元~5万元。因此，不少乡民从事这一行业。孔湖、凑沿金等村几乎家家都有经营。但多数经营户均雇用外地民工打箔。在生产设备上已有许多改进，如熔锡浇锭，已用机械操作，浇出的锭子大小厚薄均匀，速度加快。原来劳力较强的砑纸，敲打"麦糕头"也改用机械，节省了人工。烧焙笼过去用白炭，现改用煤，成本降低。只有褙纸一项，尚沿用人工，中老年妇女，如没有其他工作，大多在家从事褙纸花。孔湖村全村有2/3的农户经营锡箔加工，80%以上农民收入来源于这一行业。

"青运"纪念地

境内缪家小学，曾借缪氏宗祠办学。土地革命初期，系中共萧山地下党组织和共青团组织的活动地。民国17年（1928）4月1日，共青团萧山县第一次代表大会在此召开，通过《萧山CY目前任务决议案》，时任团县委书记的革命先烈裘古怀曾在此吸收10多名青年加入共青团。裘古怀离萧后，在校任教的中共党员俞荣接任团县委书记，在中共萧山县委领导下，以开办农民夜校、教书识字等形式，使缪家村和附近村庄上百名青年农民受到革命思想的教育。俞荣以缪家小学为活动中心，先后在此发展党团员20多人。同年7月建立起中共缪家支部，后又组织起少先队和儿童团组织。同时在学校秘密印刷党团内部资料、革命传单等宣传品，发送到全县20多个党支部，散发到义桥、临浦等集镇。时任中共萧山县委书记的刘蜚雄也常到缪家小学联系工作，使缪家小学成为萧山革命活动的中心点。民国19年，缪家小学被列为湘湖师范学生的实习学校，曾改名为"湘东小学"，革命师生仍以学校为基地开展革命思想的宣传活动，直至同年末中共萧山县委遭到严重破坏止。为继承革命传统，萧山团市委于2000年将缪家小学旧址改建为萧山青年运动历史纪念馆。

图43-2-1167　萧山青年运动纪念馆外景（2005年4月，李杰摄）

第三节　欢潭乡

欢潭乡位于萧山市东南端，东以岳驻岭为界，与诸暨市店口镇接壤，南与诸暨市湄池镇毗邻，西邻浦阳江，隔江与浦阳镇相望，北与进化镇交界。宋岳飞行军至此，见泉水潭，饮潭水而欢，故名"欢潭"，乡以潭名。生态环境良好，山林资源丰富，适宜发展茶桑、果品、苗木、蔬菜等生态特色农业。古窑址遍及全乡，系古代陶瓷产地。

乡情综述

新石器时代就有人类居住，从事农耕。北宋太平兴国三年（978），属山阴县天乐乡。民国初仍属天乐乡。民国18年（1929）设欢潭乡、涂川乡、泥桥乡、泗州乡，属绍兴县。民国24年为欢潭乡。民国29年为象山乡。1950年10月划归萧山县，为欢潭乡、新建乡、象山乡。1956年2月，为欢潭乡、新建乡，同时，诸暨县岳驻乡部分划入萧山县，并入欢潭乡。1958年为欢新人民公社欢潭管理区和新建管理区。后几经撤并，至1981年6月为欢潭公社和新江岭公社。1984年5月，为欢潭乡、新江岭乡。1992年5月，两乡合并为欢潭乡。2000年，全乡总面积30.52平方千米，辖村16个；总户数3744户，总人口12328人，其中非农业人口354人；外出半年以上人口2030人，外来常住人口510人，有侗族、土家族、苗族等5个少数民族83人。乡政府驻地欢潭村，北距市政府所在地30千米。

地处低山丘陵地区，境内有大岩山、石盘山、慈姑大山、太平山、上湾山、仙人山等。浦阳江自南而北从乡境西南流过，其间形成较为开阔的河谷平原。浦阳江在境内长约9千米，沿江曾设新江口、泗化2个客运轮船码头，客运轮船直通杭州。大欢（进化镇大汤坞至欢潭）公路、欢湄（欢潭至诸暨市湄池）公路和03省道东复线是境内主要公路。

图43-2-1168　岳驻村——宋岳家军曾在此驻军（图片来源：欢潭乡人民政府：《欢潭》，2000年）

80年代后，全乡农业稳步提高，工业迅速发展，第三产业兴起。2000年，全乡国内生产总值1.25亿元，工农业生产总值4.30亿元，财政收入833万元，农村居民人均净收入3770元。

欢潭乡素有"山上是银行，田里是粮仓"的美称。1985年，全乡耕地面积4572亩，总产粮食3153吨。1992年，新江岭乡并入，耕地增至9253亩，总产粮食6833吨。90年代，调整农业结构，发展效益农业，水稻逐渐由双季稻改种单季稻，竹木、茶桑、果品、水产、苗木、蔬菜等特色农业有新发展，全乡始建50亩蔬菜基地1个、60亩水产基地1个，其他养殖业也有所增长。2000年，全乡耕地面积9219亩，总产粮食5660吨。是年，全乡农业总产值3635万元。

社队企业于70年代初起步。80年代，在积极发展集体企业、扩大生产规模的同时，鼓励兴办个体、私营企业。1994年，围绕"扶大、转中、放小"的原则，开始企业转制工作。至1996年末，全乡81家企业，全资拍卖76家、租赁2家、组建有限责任公司3家。

90年代后期，个体、私营企业发展较快。1998年，全乡个体、私营企业85家，产值1.72亿元，利润408万元，个体、私营企业在全乡工业比重占67%。翌年全乡拥有各类企业100家，初步形成五金机械、针织服装、彩印制版、橡胶造纸、化工陶土、工艺编织等行业。小五金机械铸造行业已成为全乡支柱产业，并建立总面积为10公顷的欢潭工业园区。2000年，全乡工业总产值3.94亿元，出口交货值3541万元，利税2092万元。

民国时期有小集市，欢潭村街面有米店、布店、杂货店、豆腐作坊等。1950年，欢潭供销合作社成立，设有生资、棉百、副食、文具、收购等部门。后在傅家建立蚕茧收购站。80年代后，个体、私营商业兴起，各类市场活跃。1990年在欢潭村建立800多平方米钢架玻璃钢棚结构农贸市场1个，有个体、私营工商及摊位100多家。兰头角、傅家等村充分发挥沿浦阳江的优势，发展水上运输，两村各有船34只、19只。1998年，全乡第三产业从业人数932人，占全乡社会劳动力的11.80%；有个体客运车16辆，个体货车27辆，农用拖拉机129辆，"三卡"78辆，全年运输收入510万元。

80年代后，加快乡村建设，交通、通信、供水、水利等设施日趋完善。1986年，欢潭与萧山城区开通公共客运汽车。1990年新建欢潭邮电大楼，建立欢潭邮电所，电话总机容量扩大为100门，并改为半自动电话。1992年建欢潭汽车站。1993年12月11日，开通程控电话500门。1995年，实现村村通邮。1996年始建有线电视网，是年8月15日有线电视正式开通。1998年11月与萧山有线电视联网。1998~2000年，全乡近万米浦阳江塘按"二十年一遇"的标准修建完工。2000年，全乡16个村，村村通公路；03省道东复线开始建设，境内长8.70千米；兰头角、小山头、方山、傅家、泥桥头、泗化等村安装自来水。同时，萧山南片自来水工程开始筹划建设。是年，全乡广播线长18.60千米，入户喇叭2531只；有线电视主干线电缆17.30千米，用户2083户。

文化体育、教育卫生事业发展较快。80年代建立乡文化站，村村建篮球场；先后新建欢潭中心小学、欢潭初中、新江岭初中教育楼，完善中小学教育设施，普及小学教育，实现九年制义务教育。1990年建老年文化活动中心。90年代，欢潭、方山、岳驻等村建灯光球场，全乡经常开展球类、棋类、田径等体育活动。1998年9月，新江岭初中并入欢潭初中。2000年，全乡有幼儿园1所，在园幼儿375人；小学2所，在校学生973人；初中1所，在校学生576人。全乡有卫生院1家，医务人员11人。

胜迹众多，有市级文物保护单位2处、文物保护点18处。其中战国时期印纹陶窑址、唐代古刹大岩寺和欢潭最有名。还有一批古建筑，包括宋代大司空田志忠的"大司空家庙"，清代常州镇江府台田祚的务本堂、泰和县知县的泰和园等，保存完整。此外还有保存完好的欢潭古街。

林特基地

欢潭乡三面环山，一面临江，全乡林地面积26332亩。百年以上古树100多株。新江岭片有500年以上树龄的樟树14株，大岩山上有千年柳杉。境内大气质量、水质均为国家一类标准。良好的生态环境，丰富的山林资源，发展生态农业有得天独厚的自然条件。全乡盛产茶叶、杨梅、蚕茧、青梅、桃子、板栗等。

80年代以来，全乡造林1050亩，完成基地配套1200亩，发展以大岩山绿茶为重点的茶叶生产。大岩山海拔451米，山高雾多，常年气温低，环境清幽，各类污染少，出产的茶叶质量特优。大岩山现有茶园424亩，经过改革炒制方法，高山云雾茶形似雀舌、色泽嫩黄、银毫毕露、香气清远、滋味浓厚、汤色明亮、叶底成朵，1983年获浙江省茶叶质量评比总分第一，1991年获浙江省一类名茶称号。其他林特经济也有新的进展，1998年，各类水果总产259吨、蚕茧33吨。1999年，全乡拥有各类种养专业户256户，累计开发山林1090亩，其中开发笋竹两用林840亩，欢潭村500亩笋竹两用林地被列入市丰收项目。2000年，全乡竹木、茶叶、果品、苗木等生态特色农业又有新发展，总产茶叶65吨、水果380吨，采伐木材620立方米、毛竹10万株。

古代陶瓷产地

春秋战国时期，这里是重要的陶瓷产地。古窑址遍及欢潭乡泥桥头东坎山北坡，馒头山两侧，涂川、徐家川西坡，马面山东和东南坡，泗化纱帽山主峰东南坡，钟家坞城隍山等处。1982年杭州市文物普查工作队普查结果，纱帽山和城隍山的古窑址范围大、堆积层丰富，该窑址对研究春秋战国时期的印纹陶瓷有一定的历史和科学价值（详见《文物　胜迹　旅游》编）。

图43—2—1169　高山云雾茶（图片来源：欢潭乡人民政府：《欢潭》图册，2000年）

第四节　新塘乡

新塘乡位于萧山市中部，东邻衙前镇，南隔西小江与绍兴县杨汛桥镇相望，西、北与城厢镇的裘江、城东办事处接壤。地处城郊，又是水乡，适宜放养鸡、鸭、鹅等家禽。穿街走巷收购鸡鸭鹅毛，然后进行加工，这是新塘的传统产业。80年代，新塘的羽绒业迅速发展，进而成为全国最大的羽绒集散地和羽绒制品生产基地。

乡情综述

新塘乡建于1950年2月，因乡政府设在塘里陈村，当时新中国刚成立，一些地名往往冠以"新"字，故称"新塘乡"。另据《萧山县地名志》载，相传宋代塘里陈村东面"有块田畈，地势低洼，称镬底畈，当时曾筑起一条围塘，取名新塘"，乡以此命名。后几经撤并，至1957年2月，为霞江乡。1958年10月，为城东人民公社新塘管理区和霞江管理区。1961年7月，建立新塘人民公社。1969年2月并入裘江公社。1971年2月，复设新塘公社。1984年5月，改设新塘乡。1992年5月，并入城厢镇，为新塘办事处。1998年8月，复为新塘乡。2000年，全乡总面积12.61平方千米，辖村14个；总户数4470户，总人口16497人，其中非农业人口284人；外来常住人口3297人，有壮族、布依族、侗族、苗族、瑶族等10个少数民族130人。乡政府驻地塘里陈村，西北距市政府所在地6千米。

乡境北部开阔，南部狭尖，轮廓似一倒三角形。地貌为海湾堆积平原，地势较为平坦，局部低洼。东部边境一峰耸峙，海拔117米，山形似螺，故称"螺山"。西小江环山而流，水清山美，景色秀丽。

原是一个以农业为主、经济薄弱的穷乡。改革开放后，积极拓展工业领域，发展特色产业，实现农业经济向工业经济转变。农业积极调整产业结构，发展效益农业。2000年，全乡国内生产总值1.79亿元，工农业总产值11.90亿元，财政收入1897万元，农村居民人均净收入6249元。

农业主要种植粮食作物和络麻、油菜，养殖畜禽、水产。粮食作物有水稻、大小麦等。1985年，全乡耕地面积12976亩，总产粮食7436吨、油菜籽353.60吨、络麻775.60吨。1991年，全乡耕地面积12273亩，总产粮食9210吨、油菜籽224吨、络麻188吨，生猪出栏7964头，淡水鱼养殖产量190.30吨。随着农业种植结构的调整，络麻种植面积逐年减少，至1996年仅种37亩。畜牧养殖逐渐由千家万户转向农户专业养殖。2000年，全乡耕地11060亩，总产粮食7865吨。是年，全乡生猪出栏6208头，家禽出栏49万羽、产蛋28吨。全乡实现农业总产值5109万元。新塘传统的哺坊业，也从以往家庭式炭火升温、手工操作、肩挑巷卖，发展到全自动电孵、集约经营、订单销售，2000年有22家哺坊，销售苗禽1000万羽。

乡村企业起步于60年代，至1985年，乡村工业总产值1893.68万元，利税总额274.37万元。1991年有乡村企业73家，年平均职工3219人，工业总产值1.31亿元，出口交货值5198万元，利税644.70万元。1993年起，先后对浙江北天鹅集团公司、萧山电缆总厂等多家企业进行以明晰产权为主要内容的企业转制，羽绒行业逐渐成为新塘的支柱产业。2000年，全乡工业形成以羽绒及其制品为主，兼有化纤织造、电线电缆、五金建材的工业格局。全乡上规模的企业106家，年平均职工2979人，工业总产值11.39亿元，出口交货值4.03亿元，利税3283万元。

民国时期，塘里陈村有一条狭小的"塘桥街"，仅有几爿茶店、打铁铺、杂货店。50年代，先后在塘里陈、江桥办起新塘、霞江2个供销社，供应生产资料和生活用品，采购农副产品。80年代开始，随着改革开放，工商业的发展，人口的集聚和农业生产责任制的落实，农村剩余劳动力转向第三产业，逐步向运输、返销、服务和商业零售业等方向发展。塘里陈村还出台"村里扶持，政策优惠"措施，鼓励引导农民自筹资金，自办商业，并在新（塘）螺（山）公路边开办农贸市场。此后，霞江、桥南沈等农贸市场相继建立。90年代，随着新塘羽绒支柱产业的崛起。1998年建成规模较大的羽绒羽毛交易市场，其中现做现充的羽绒制品店有100多家。1999年，塘里陈村扩大农贸市场，建筑面积7000多平方米，摊位160多个。2000年，新塘小商品市场建成，占地6600余平方米，内设100余个摊位。与此同时，新螺公路沿线形成商业一条街。

围绕街市建设，各项基础设施日趋配套。1987~1989年，新建排涝闸6座、排涝机房4座，修筑沟渠33.20千米，加高围堤12.50千米。90年代以来，加快电网建设和农网整改，改善电力设施。1992年，城南地区实施水改工程，翌年，新塘自来水一级管道400毫米管铺设接通。1995年，新塘水管站成立。翌年，全乡村村通自来水。1996年3月，境内新江路口至城区，开通公交车。是年，筹建有线电视网络。1998年实现村村通有线电视。2000年，全乡广播馈线长12千米，入户动圈喇叭3360只；有线电视主干电缆12千米、光缆1.50千米，用户1368户。

乡建有文化站、图书室。1985年，实施九年制义务教育。1994年新建乡中心小学，1996~1998年相继新建霞江完小和桥南沈完小。1999年，新塘初中新教学大楼投入使用。是年，先后办起民办新塘幼儿园和霞江幼儿园，撤并各村的幼儿班，形成全乡东、西两所幼儿园的幼儿教育格局。2000年，全乡有幼儿园1所，在园幼儿647人；小学3所，在校学生1255人；初中1所，在校学生652人。是年，全乡有卫生院1所，村卫生室14个。

境内有螺山寺，始建于后晋开运三年（946）。螺山大桥南北向跨西小江。

城郊水乡

新塘位于城厢镇东南，境内河道纵横、河浜遍布，外河与内河沟通，内河与内河交织，浜斗又与河流相连，还有大小不等的池塘镶嵌其中，形成典型的水网平原，很适宜饲养家禽。家禽主要有鸡、鸭、鹅等，此外还驯养野禽。驯养品种有野鸭、天鹅、大雁、鸳鸯等。2000年，全乡饲养家禽63万羽。

水域3000多亩，可养殖水面2600亩。主要养殖鲢、鳙、草、鳊、鲫、青等鱼类，1984年总产160吨。90年代开始，鱼塘逐渐由集体经营变为规模型专业承包，加上稻田养殖，水产品种和产量增加。2000年，共起产各种鱼类372吨，虾、蟹51吨，珍珠1471千克。

素有划龙舟的传统。与别地龙舟相比，有三个不同：一是起源不同，新塘龙舟起源于"曹娥投江"的故事，这与全国各地划龙舟纪念爱国诗人屈原是不同的；二是时间不同，各地均在端午节划龙舟，而新塘划龙舟则是农历五月二十二；三是形式不同，各地划龙舟是以"竞"为主，而新塘以祭祀为主。

羽绒基地

新塘于1954年兴办前塘羽毛加工场。1966年8月，兴办新塘公社羽毛场，主要为萧山畜产品公司加工羽毛。70年代，队办企业较有影响的有前塘羽毛场、紫霞配毛场等。

图43-2-1170　放鸭（图片来源：《新塘羽绒志》，方志出版社，2003年8月）

80年代，萧山县羽绒厂的组建和发展，培养一大批羽绒生产骨干技术力量、经营人才，推动特色行业的形成，带动全乡私营工业的发展。萧山县羽绒厂的发展，填补新塘工业外贸出口的空白，确立新塘羽绒的地位和知名度。90年代，与外商、港澳台商合资，发展羽绒及其制品业。

羽绒工业的发展，推动羽毛收购、加工业的兴起，收购羽毛的队伍不断扩大，足迹遍布全国各地，甚至在俄罗斯、越南、缅甸等边境地区设点收购羽毛。经过多年的发展，已建立全国性的羽毛羽绒原料收购网络。他们采取集中收购、委托收购、畜牧场承包等方法，把整车整车的羽毛源源不断地运回新塘。与此同时，新塘的不少农户购置分毛机，从事羽绒加工业务，新塘逐渐成为全国最大的羽绒集散地和羽绒制品生产基地。

1998年10月，新塘乡被浙江省人民政府命名为全省唯一的"羽绒之乡"。1999年，国际羽毛羽绒局第46届年会在北京召开，会议的后期移址萧山。与会的国际官员和各国代表专门考察新塘及其周边的羽绒企业，称这里为"世界羽绒之都"。2000年，全乡羽绒及制品生产企业58家（其中与外商、港澳台商合资企业4家），有各类分毛机128台、羽绒水洗设备25台（套）、工业缝纫机2500多台，形成以羽绒及其制品为主的工业格局。是年，全乡羽绒及其制品产值7.80亿元，出口交货值2.39亿元，占全乡工业总产值的68.50%、出口交货值的59.31%。

图43-2-1171　1999年，国际羽毛羽绒局第46届年会与会代表参观新塘羽绒企业（图片来源：《新塘羽绒志》，方志出版社，2003年8月）

第五节　云石乡

云石乡位于萧山市西南部，东邻戴村镇，南与河上镇交界，西与富阳市以山界相连，北接许贤乡。以境内的云门山和石牛山两山之首字组合成乡名。山清水秀，风景秀丽，生态环境良好。云石"三清茶"系高山云雾茶，品质醇香，浙江省人民政府授予"一类名茶"称号。

乡情综述

清宣统二年（1910）设沈村乡。民国30年为沈村乡、长潭乡。民国37年为长潭乡。1949年5月，萧山解放，设长潭乡。1950年10月，为长潭乡、云石乡。1956年2月，两乡合并，称"长潭乡"。1958年9月为戴村人民公社长潭管理区。1961年7月，撤销管理区，为云石人民公社。1969年2月，云石人民公社并入戴村人民公社。1971年2月，复为云石人民公社。1984年5月，为云石乡。2000年，全乡总面积30.16平方千米，辖16个村；总户数3947户，总人口12354人，其中非农业人口385人；外出半年以上人口3258人，外来常住人口605人，有壮族、苗族、土家族等7个少数民族117人。乡政府驻地响石桥，东北距市政府所在地约30千米。

地处低山丘陵区，以山林为主。耕地以种植粮食作物为主，兼作油菜。山林盛产毛竹、松、杉、杂木等，经济作物以茶叶、果树等为主。中共十一届三中全会后，农村实行经济体制改革，全乡因地制宜，发展多种经营，建立各种形式的生产责任制，实行山林承包、分地到户，调动农民的生产积极性。随着农村改革的成功，给工业生产以极大的推动，乡镇工业迅速发展。2000年，全乡国内生产总值1.08亿元，工农业总产值4.12亿元，财政收入822万元，农村居民人均净收入4166元。

粮食作物以旱地作物番薯、玉米、大小麦为主，其次是稻谷。1985年，全乡耕地面积4652亩，总产粮食1296吨；1992年，耕地面积3563亩，总产粮食1493吨；2000年，耕地面积4070亩，总产粮食1280吨。经济作物以山林为主，全乡有竹林1.80万亩，年平均出产毛竹30万株，年收入约135万元。其次是茶叶、竹笋。80年代后，农村实行经济体制改革，调整种植结构，不断扩大水果、蔬菜种植面积。水果类1992年种植面积为861亩，1996年扩大到1055亩，总产量从8吨增加到41吨。蔬菜类1992年种植面积为641亩，1996年扩大到1344亩，总产量从317吨增加到1344吨。2000年，水果类种植面积1455亩，总产量62吨；蔬菜种植面积736亩，总产量736吨；西瓜种植面积128亩，总产量166吨；草莓8亩，总产量12吨。是年，全乡农业总产值2540万元。

旧时以产纸为生，造纸业已有500余年历史。除造纸业外，还有豆腐作坊及竹、木、铁、泥水、弹花等手工业，50年代初，被纳入合作化轨道，成为农村集体经济的一部分。1964年创办云石第一家村办企业——胜利造纸厂。1985年工业总产值799.81万元，利税117.39万元。90年代后，注重调整工业产业结构，引进和扶持科技含量高、耗能低、污染少的项目，淘汰落后的生产工艺，走环保型生态工业之路。1995年，全乡工业总产值3.23亿元，实现利税1170万元，出口交货值309万元。2000年，全乡有纺织、五金、伞业、蜡线、机械等行业，137家企业，工业总产值3.87亿元，利税2109万元，出口交货值2087万元。

商业50～70年代以供销合作商业为主。80年代，市场经济取代计划经济，个体、私营商业兴起，大小商店遍布云石山村。还建造农贸市场。1998年，云石商业一条街进入招商引资阶段。至2000年，粮店、饭店、酒店、药店、超市、百货商店、美容美发店等各类商店一应俱全，全乡从事商业有140余户，从业人员2000人。

随着经济的发展，加强道路、供电、通信等基础设施建设。戴尖（戴村至尖山下）公路穿越乡境，云石段长9千米。1986年，方家塘车站建成。后，公路延伸至尖山下村。1995年9月，尖山下村至船山村、杨家溪路段开通并改造成水泥路，总长3.70千米。翌年，云石至许贤公路开通，云石段长2.17千米。另外扩建村级道路2千米。1997年，全乡高压专线10.4千米，变压器总容量5000千伏安。2000年，全乡广播馈线长15千米，入户喇叭2799只；有线电视主干线电缆4.70千米、光缆10.80千米，用户2823户，电视机3624台。

群众文化体育活动活跃，逢年过节或有重大喜庆，放铳、敲锣鼓、竖高照、跑马灯。1985～1989年，云石农民先后5次进城参加元宵活动。1996年2月，建筑面积1620平方米的云石农民文化宫竣工。是年，云石乡获杭州市东海文化明珠称号，翌年获浙江省群众文化先进集体称号。经常举办乒乓球、篮球、象棋等比赛，1998年获杭州市体育先进乡称号，翌年获浙江省体育先进乡称号。1999年，平山村集资5万元，建造露天灯光篮球场，10月1日在新球场举行全乡首次农民篮球赛。

教育卫生事业发展较快。1985年，全乡开办9个幼儿园。1993～1995年，云石乡连续3年被评为"杭州基础教育先进乡"。1995年，全国人大常委会副委员长、国家语言文学委员会主任许嘉璐到云石中心小学视察。2000年，全乡有幼儿园1所，在园幼儿274人；小学3所，在校学生703人；初中1所，在校学生399人。有卫生院1所、医疗站1个，医务人员21人。

生态之乡

地势西南高、东北低，境内四面环山，群山起伏。主要有云门山、石牛山、船坞山。船坞山与富阳交界，主峰海拔744米，为全市之冠。石牛山因山巅有巨石形似卧牛，故名，与富阳交界处有两峰，一名同盘顶，海拔653米；一名和尚顶，海拔592米。云门山因山巅有云门寺，又称"云门寺山"，位于乡境东部与戴村、河上两镇交界处，主峰海拔597米。七都溪由西南向东北流经乡之腹地。境内山林资源丰富，森林覆盖率70.50%。树木种类有34种，许多树林、竹林尚处原生态，有14株百年以上参天古树。山林总面积3.67万亩，其中竹林面积1.80万亩，有近300种野生药用植物。云石乡属亚热带季风气候，温和湿润，年平均气温18.1℃。

境内回峦叠峰，风景秀丽。据《萧山长潭顾氏宗谱》载，旧有长潭钓月、枫岭樵云、洪村市饮、和庆闻梵、石牛陇耕、尖山晴眺、青山题竹、南坞问梅、响石听泉、响铁雪行10景。今有十里长廊、九曲十八盘、三清殿、云门寺、响天岭水库、天狮飞瀑、卧岗石牛、老鹰啄鳅、狮山顶峰、度假山庄等景观。2000年6月，浙江省林业局批准云石乡为生态乡，石牛山森林公园为省级森林公园。山泉资源丰富，水质优，无污染。其中狮山、响天岭、云门寺、石牛山、船坞山、猪鼻冲、庚青岭等山泉，水清无杂质，泡茶过夜无茶垢。2000年7月，"三清泉"开始生产，年产量50万吨以上。

"三清茶"产地

云石"三清茶"产于海拔600多米的高山上，因常年云雾缭绕，品质醇香。1991年，获国家旅游局、浙江省人民政府'91中国国际茶文化节组委会颁发的"名茶新秀"一等奖。1992年在首届全国农业博览会上，与西湖龙井并列为铜质奖，并被省人民政府授予"一类名茶"称号，同时获农业部名优茶品质鉴定认可书。茶叶产量1992年23吨，2000年39吨。

图43-2-1172　云石马灯盛会
（2000年春节，顾宏根摄于尖山下村）

图43-2-1173　云石生态山村（1998年5月，武正立摄于云石乡狮山村）

第六节　石岩乡

石岩乡位于萧山市中部,以其境内的石岩山而得名。东邻城厢镇城南办事处,南靠塔山,隔山与临浦大庄相连,西接湘湖农场、闻堰镇,西南与义桥镇毗连,北临城厢镇湘湖村。地处湘湖沿岸、石岩山麓,利用湖滩,山地发展花木生产,是全市花木生产基地之一。80年代,乡村企业兴起;90年代,以汽车配件为主的五金机械加工业发展迅速,而成为国内汽车制动器生产基地。

乡情综述

北宋太平兴国三年(978),属崇化乡。清宣统二年(1910),属湘东乡。民国21年(1932),为湘东乡、埭上乡部分。民国28年,属崇化乡。1949年5月,为崇化乡;11月,崇化乡撤销,分设为石岩乡、新庄乡。1956年2月,两乡合并为石岩乡。1958年9月,为城南人民公社石岩管理区。1961年7月,撤销管理区,设石岩人民公社。1969年2月,并入城南人民公社。1971年2月,复为石岩人民公社。1984年5月,为石岩乡。1992年5月,并入城厢镇,为石岩办事处。1998年9月,复为石岩乡。2000年,全乡总面积为15.67平方千米,辖村10个;总户数3479户,总人口12244人,其中非农业人口275人;还有外来常住人口1458人,有壮族、回族等少数民族62人。乡政府驻地金西村,东距市政府所在地6千米。

地貌形态以海相沉积平原为主,地势平坦,局部稍有起伏。山丘主要有石岩山、瓜藤山、塔山等。河流自西向东有埭上河、金西河、陈村河等,水流经城南入南门江;南北向的有章家河、黄秀河等。

交通方便,湘溪公路东起03省道的溪头黄村,经石岩至闻堰,境内长3.42千米,路面宽8米。石义线(石岩头至义桥镇)境内长3.50千米,宽7米。湖山线(石岩头至湘湖村)境内长2.50千米,宽7米。石岩线(乡政府至桥头陈村与03省道相接)境内长5千米,宽7米。还有前章村至闻家里公路,长1.70千米,宽7米。

经济一直以农业为主。70年代至80年代初,乡、村两级逐步发展工业,至1985年,全乡实现工农业总产值3073.90万元。1992年后,以浙江亚太机电集团为龙头的汽配机械五金业得到迅速发展,带动全乡工业发展。农业调整种植结构,发展效益农业。2000年,全乡国内生产总值3.18亿元,工农业总产值6.63亿元,财政收入1444万元,农村居民人均净收入6103元。

传统农业以种植粮油作物和络麻为主。60年代,推广种植络麻,1980年,全乡种植络麻972亩。此后,麻的种植面积日趋减少。1985年,全乡耕地面积9102亩,总产粮食6734吨、油菜籽236.30吨。1991年,耕地面积8927亩,总产粮食7254吨、油菜籽160吨。2000年,耕地面积9208亩,总产粮食6264吨。是年,全乡有茶园840亩、果园990亩、毛竹281亩、用材林5050亩;淡水养殖面积1088亩,淡水鱼养殖产量70吨、珍珠产量400千克;生猪出栏6462头,家禽出栏16万羽、产蛋30吨。

70年代开始,利用当地资源办砖瓦厂、石英厂和丝绸厂,乡、村工业逐步发展。1985年,全乡实现工业产值2570.90万元,占工农业总产值的83.64%;实现利税436.54万元。90年代,以汽车配件为主的五金机械加工业迅速发展。1991年,全乡工业总产值8337万元,利税512.40万元。同时,以集体承包、租赁、拍卖等形式落实经济责任制,鼓励发展个体、私营企业。1993年,全乡有企业50家,形成五金机械、建筑建材、纺织、化工、食品等行业。1995年,实现工业总产值4.52亿元,利税总额2955.12万元,出口交货值2857万元。1996～2000年,全乡累计投入技术改造资金4360万元,企业开始向科技型、现代型迈进,出现浙江亚太机电集团有限公司等具有一定规模的现代化生产企业。2000年,全乡有工业企业85家，其中集团公司3家，企业职工人数4719人，实现工业产值6.22亿元，利税5190万元，完成出口交货值2869万元。

境内原无街市。50～70年代，城南供销合作社在石岩设立供销站，供应生产、生活资料，收购和采购农副产品。80年代后，个体商业得到发展，农贸市场交易活跃，在乡政府驻地金西村形成商贸一条街。2000年，全乡有各类商业零售单位95家，从业人员170余人。随着经济的发展，加快了乡村的基础设施建设。全乡在60年代村村通电的基础上，电力设施逐步配套完善。1992年，城南液化气公司建成，向石岩供气，从此改变村民用柴草作燃料的生活方式。1996年12月，建立广播电视共线传输有线电视网和广播电视站。1997年，萧山自来水三厂一期工程建成，乡内农户家家通自来水。1999年3月，石岩电信所建立，程控机房总容量为2000门，装机202部，其中农户个人装机103部。翌年，全乡装电话2000部。2000年，全乡有广播喇叭2941只，有线电视用户1450户。是年，全乡砌石护岸2千米，开挖排涝河1600米，建节制闸2座，固定机房82座，其中排、灌两用机房6座。

文化设施日趋完善。设有文化站、电影院。素重教育，明、清两代曾出举人29名，其中10位又中进士。民国23年（1934）由金润泉出资创办金西小学，学生100余人，全部免费入学。民国34年，创办陈村小学，翌年迁往老屋庙，系石岩中心小学前身。中华人民共和国成立后，教育事业发展较快。1971年，兴办石岩初中。1988年，实行九年制义务教育。1990年投资100万元，建造石岩中心小学。2000年，石岩初中、中心小学两校合并，更名为"石岩九年制学校"，其中初中班12个，在校学生521人；还有小学2所，在校学生961人；幼儿班11个，在园幼儿452人。是年，全乡有医院1所，分院及村卫生室10个，医疗卫生技术人员26人。

境内旧有刘基遗踪、石岩秋色、山顶览亭、乐丘魏墓、香泉烹茗、鹅鼻采药、文峰积雪、石壁飞瀑、平桥卧波、甲科流芳10景，遗迹尚存。其中一览亭、魏骥墓为萧山市重点文物保护单位。

花卉苗木基地

花卉苗木生产始于60年代，尤其是湖山村，地处湘湖沿岸、石岩山山麓，利用湖滩、山地发展花木生产。1964年，湖山村利用山林队10多亩蚕桑地办起园艺场。以此为基地，逐步引进品种，自行培植。先从防风林的水杉、泡桐及行道树的法国梧桐、广玉兰、龙柏起步，后又栽培桂、桃、梅、海棠、杜鹃、茶花、兰花等，进而向柏科、松科、黄杨等树种的修剪造型发展，还开发装盆、扎型、地坪草、爬行植物等新项目。园艺场还利用本地山石、树桩制作盆景，悉心造型。至1992年有花卉苗木基地200多亩，品种1200多个。花卉苗木不仅供应省内各地，而且还远销两广、云贵等省。

图43-2-1174　湖山村园艺场（图片来源：魏桥主编《浙江省名村志》，浙江人民出版社，1993年）

随着农业种植结构的调整，花卉苗木生产发展迅速。2000年，全乡种植花木1556亩，有100多个种类、2000余个品种，实现产值1070万元，占农业收入的25.88%。石岩农民注重农业品牌，湖山村成立花木协会，注册"览亭"牌花木商标。

汽车制动器产地

境内浙江亚太机电集团有限公司是一家专业生产汽车制动器的企业。该公司成立于1981年3月，称"浙江萧山制动器厂"。1987年7月，加入"四方"农用运输车联合体，生产的AI汽车制动轮缸首次出口澳大利亚。1991年，完成制动蹄生产线扩充、高配房和制动元件测试中心建设。全年生产汽车制动器13.07万套、制动总分泵47.93万套、制动室0.19万套，实现工业总产值2636万元、利润298.40万元。产品品种发展到51个车型、139个品种。品种、批量、专业化程度位居全国同行之冠。在全国轻型车市场的产品覆盖率为25%左右，新产品ZQ6450手制动器在全国的配套率达90%以上。WS6430型汽车钳盘式制动器研制成功，填补省内空白。EQ10.50寸双膜片真空助力器、ZQ6480N型汽车前后制动器先后于1994年、1996年获国家专利。1997年，在国内轻型载货汽

图43-2-1175　国内汽车制动器重要产地——浙江亚太机电集团公司外景（图片来源：《萧山年鉴·1997》）

车、微型载货汽车、轻型客车、微型客车、轿车、四轮农用车的综合市场占有率在30%以上，形成6个系列、500余个品种。1999年，研制出新产品106种，有6只新产品通过省级鉴定。是年末，AQ6480N型汽车前后制动器、"捷达王"轿车后制动器、CA1041、CA130及轮缸总成带自动调隙装置认定为国家级新产品。2000年，集团公司工业总产值3.48亿元，产品销售收入3.79亿元，是国内汽车制动器的重要产地。

第七节　前进乡

前进乡位于萧山市东北部，东临五万二千亩围垦区，南接萧山第二农垦场，西与新湾镇毗邻，北靠七千亩围垦区。原系钱塘江南岸淤积成陆的滩涂，1970年围堤开垦。因当时可以继续向东围垦，故名"前进"。前进乡区域面积较大，建有国家级农业科技示范园区和特色农副产品生产基地，推行农业科技，实行连片种植，发展规模经营。

乡情综述

1976年起陆续有移民迁入。1978年1月，正式建立前进人民公社。1984年5月，改设前进乡。2000年，全乡总面积47.01平方千米，辖10个村；总户数3320户，总人口11020人，其中非农业人口185人；外出半年以上人口1708人，外来常住人口598人，有苗族、土家族、侗族、壮族等8个少数民族97人。乡政府驻地前进路，距市政府所在地45千米。

土壤属盐碱沙质土。因紧靠钱塘江，受江风影响，平均气温略低于内地。台风、寒潮影响也较大。境内人工河道纵横交错。自建乡以来，发扬拦海造田的围垦精神，在茫茫沙滩上建成新兴乡镇。2000年，全乡国内生产总值1.15亿元，工农业生产总值2.14亿元，财政收入485万元，农村居民人均净收入6069元。

80年代，主要从事以水稻为主的种植业，兼种棉花、络麻等经济作物。90年代，农业种植结构进行调整，大豆、蔬菜、水产养殖等效益农业兴起。

根据垦区开垦需要大量农业机械的实际，1976年，成立农机修理厂，成为前进乡第一家工业企业。1977年后，随着围垦土地大面积开发利用，各项建设事业的发展，先后办起预制厂、建筑队、酱菜厂、蔬菜食品厂、化纤布厂等企业。1985年，全乡工业总产值282.32万元，利税25.20万元。由于地处偏远，基础薄弱，工业发展缓慢，1989年全乡工业总产值仅622万元。90年代，先后引进颜料化工厂、染整公司等企业，工业总量一举超过前20年的总和。在三号闸地区规划建设占地面积近200亩的工业小区，完善配套设施，吸引2家企业落户。1996年，进行企业制度改革，大力发展个体、私营企业。同

时，推进企业技术改造，积极培养骨干企业。2000年末，全乡形成印染、化工、农产品加工，化纤、电焊、金属制品、造纸等行业，其中化工、印染为支柱产业。是年全乡工业产值首次超过亿元，为1.17亿元，出口交货值331万元，实现利税493万元。

人口相对较少，商贸发展较为迟缓。70年代，从事商贸活动的主体是供销站。为便利粮麻收购，先后办起前进粮站和麻站。1982年形成集市。1988年，占地面积500平方米的集贸市场建成，形成固定的集市贸易区。90年代，全乡有农贸市场、小商品市场各1个，水产市场2个，竹木建材市场1个，有个体户400多户进场交易。1996年，投资386万元的商业房建成，有78家个体工商户开店经商。是年，又投入100万元迁建前进农贸市场。新农贸市场占地面积1390平方米，建筑面积1800平方米，设103个摊位。同时，根据总体规划，加快集镇建设，沿前进公路建商品房、贸易街，并规划建设商贸小区、农民住宅小区和教育区块，形成面积近1平方千米的新兴集镇。随着农副产品的日益丰富，农户中逐渐形成一批专业的农副产品返销队伍，专门从事农副产品买卖。乡设农副产品批发交易市场，把农副产品返销到全国各地，年平均流通量在1.30万吨以上。

基础设施建设较快。1978年4月，前进邮电所成立，先后开通新湾至山海村、新湾至外八工段2条投递路线，并开通义盛至前进通信线路。同年建立前进广播站。1981年4月，建成前进至头蓬全长7.78千米的公路。1991年，前进公路延伸至后十一工段。"九五"期间，先后拓宽改造创业桥至农二场公路、三号闸至八工段公路，构筑前进乡与外界联系交通网络。1995年起，全乡实施电力整网。1998年，"西水东调"管线引入前进乡，开展自来水延伸工程，先后在集镇及周围村、厂开通，后逐渐入户普及。同年，开通程控电话和有线电视。2000年，全乡广播馈线长21.60千米，入户喇叭2308只；有线电视主干线电缆18千米，用户65户。

文化、教育、医疗卫生设施逐年改善。1971年创办东升盐场小学。1975年，成立电影放映队。1977年4月，成立前进卫生院，10个村均建立医疗站。1985年9月创办乡初中。1996年，乡卫生院迁至集镇重建，成为围垦地区设施较好的乡镇卫生院之一。1997年，易地在集镇建造占地面积1.45万平方

图43-2-1176　前进乡集镇新貌（图片来源：《萧山年鉴·1997》）

米的前进乡初中；1999年投入140万元新建乡中心幼儿园。是年，被评为杭州市教育强乡。2000年，全乡有初中1所，在校学生346人；小学2所，在校学生976人；幼儿园1所，在园幼儿411人。

前进乡濒临钱塘江河口段，村民下江捕捞鳗苗为该乡的一大特色。1994年，全乡农户捕捞鳗苗收入164万元。

农业科技示范园区

1982年实行家庭联产承包责任制后，开始引进生产技术和科学改良品种，先后成立水稻品种研究会、农业技术研究会、多种经营研究会等科技组织，科学种养方式得到推广。1985年，全乡耕地面积12016亩，总产粮食3721吨、棉花103.80吨、络麻3027吨，生猪出栏2804头，农业总产值336万元。后推行农业科技，实行连片种植，粮、棉、麻产量逐年上升。1992年形成万亩棉花万亩稻的规模生产。是年，全乡耕地面积15095亩，总产粮食2235吨、棉花219吨、络麻2242吨，农业总产值1680.90万元，成为萧山东片地区粮、棉、麻生产基地。1996年进一步完善农业大田承包责任制，3185户农户共分口粮田

5320.12亩、责任田9974.65亩，规模生产进一步发展。1999年，全乡实行第二轮土地延包，落实延包土地15245亩，规模经营不断扩大，全乡经营面积30亩以上的经营大户97户，总面积7350亩。还建立面积为1100亩的国家级农业科技示范园区。2000年，全乡耕地面积16626亩，粮、棉、麻种植面积减少，扩大蔬菜种植面积和水产养殖面积，发展高效农业。是年农业总产值9700万元。

蔬菜生产基地

在推进主体农业发展的前提下，调整农业产业结构。"九五"期间，随着市场经济的发展，原有的"麦—豆—稻"农业生产模式被打破，棉花、络麻等作物逐渐淘汰，辣椒、大豆、日本胡瓜等蔬菜作物种植面积和虾、蟹等高档水产的养殖面积扩大。全乡逐步走上发展优质高效农业的产业化经营之路，先后形成5000多亩辣椒、7000多亩大豆、2500亩四季蔬菜等特色农副产品生产基地。2000年，全乡种植蔬菜15118亩，总产量41275吨；种植大豆9349亩，总产量1346吨。

图43-2-1177 钱塘江捕捞鳗苗（图片来源：费黑主编《萧山围垦志》，上海人民出版社，1999年8月）

表43-2-692 2000年萧山市镇乡基本情况表

| 镇乡 | 村民、居民委员会（个） | | 地域面积（平方千米） | 人口（人） | | 经济指标 | | | |
	居民委员会	村民委员会		总人口	非农业人口	国内生产总值（万元）	工农业总产值（万元）	财政收入（万元）	人均净收入（元）
城厢镇	92	57	74.74	205853	139402	130158	498268	29434	6559
临浦镇	14	55	42.48	54056	15884	76623	234824	7873	5858
瓜沥镇	11	27	42.73	62786	14465	96758	382493	9230	7528
坎山镇	7	24	34.68	47265	6740	49768	170461	4024	7058
闻堰镇	1	14	18.65	24339	4826	40955	142118	3561	7248
义桥镇	5	16	17.27	19737	2393	54832	143702	3029	6490
河上镇	1	34	63.69	29328	1907	69499	235141	3652	6508
义盛镇	1	13	20.48	30486	2451	36964	115111	2225	6938
靖江镇	5	11	23.06	32273	9677	39806	200080	2290	7099
衙前镇	1	23	17.92	23769	1192	78172	387955	4887	7355
戴村镇	1	35	32.66	26217	1285	26722	104116	2751	4808
党山镇	1	24	49.74	43659	1821	78241	298303	5005	7618
所前镇	1	24	33.60	22733	845	23080	37015	1062	4300
楼塔镇	1	31	47.63	26342	111	25160	103510	2274	4748
南阳镇	2	16	31.03	35982	2391	68120	167598	3511	6930
头蓬镇	1	12	36.00	24620	1817	22375	59053	2064	6490

镇　乡	村民、居民委员会（个）		地域面积（平方千米）	人口（人）		经济指标			
	居民委员会	村民委员会		总人口	非农业人口	国内生产总值（万元）	工农业总产值（万元）	财政收入（万元）	人均净收入（元）
浦阳镇		55	44.49	31763	1172	37921	120577	2542	4240
新湾镇	1	15	41.57	24518	3517	19438	68448	1202	6969
新街镇	2	20	35.58	58642	9333	100705	340243	7406	9689
党湾镇	1	20	32.73	40941	1121	45170	122865	2352	6900
河庄镇	1	21	58.09	45687	945	45762	138140	3528	7188
宁围镇	1	21	42.88	49721	12128	195584	572888	11709	10741
进化镇		39	56.58	35182	1001	23578	68042	1360	4235
益农镇		22	46.51	41601	848	43830	168090	1584	7077
许贤乡		34	40.72	26548	811	19558	92517	1256	5009
来苏乡		14	10.53	13452	284	12457	58207	1019	6169
欢潭乡		16	30.52	12328	354	12522	43033	833	3770
新塘乡		14	12.61	16497	284	17932	119039	1897	6249
云石乡		16	30.16	12354	385	10839	41239	822	4166
石岩乡		10	15.67	12244	275	21775	66312	1444	6103
前进乡		10	47.01	11020	185	11446	21349	485	6096

　　注：①各镇乡地域面积数据《萧山年鉴·1999》第50页《1998年全市31个镇乡概况表》。
　　　　②各镇乡村民委员会、居民委员会、人口、经济指标各项数据均据萧山市统计局编2000年《萧山市统计年鉴》。

第四十四编
人　物

西施

元·张翥

西施浦头鸿雁声，

芦萝山下于菟行。

荷村路暗越未到。

回首海天秋月生。

元张翥诗西施庚辰冬日韩祖雁

一地社会历史的发展，与当地人物的存在及其活动密切相关，是以地方志书多重记载人物。1987年版《萧山县志》设人物传、烈士英名录为"人物"编，其中人物传收录自唐贺知章（659～744）至1981年去世的陈佩永共62人；当时碍于搜集资料困难，入传人物多有疏漏，记载内容亦有简略之憾。本志"人物"编设人物传略、人物简介、人物录3章。传略对前志所收录人物进行增补，叙述亦有所丰富，计自春秋时期的西施至1998年去世的傅周海共104人。因收录人物有增补，故补录者不以"补遗"入编，统以卒年为序排列。简介73人，以生年为序，其中7人在本志下限内仍存世，故虽已殁仍作简介而不入传略。人物录载萧山进士、武进士名录，以彰科第之文人；列博士名单，以表格设栏目记载，计55人，以见当代萧山人才之盛；登录市级以上劳动模范253人（次），省级以上优秀中共党员13人（次），省级以上"三八"红旗手12人（次），使各方面的优秀人物名列志书，得所彰显。

第一章　人物传略

萧山地灵人杰，自先秦以降，人才辈出。有著名诗人贺知章，名臣朱筠、朱珪、汤金钊、朱凤标，著名师爷汪辉祖，大学者毛奇龄，画坛巨匠海上"四任"，书法篆刻家来楚生、韩登安、傅周海，民族英雄葛云飞，革命志士朱执信、李成虎，著名科学家王烈、沈霁春、田增凯，医家楼英、施今墨，通俗史家蔡东藩，儿童文学家任大霖，著名电影人汪洋等。在众多的杰出人物中，萧山历史上涌现了一批杰出的女性。有"四大美女"之首的西施，烈女沈云英，被誉为中国女性走出国门第一人的单士厘，革命志士沈佩兰、楼曼文，著名科学家陆士嘉、高小霞等。除本籍者，本传略还收录类如宋代名士杨时、著名教育家金海观等外籍人士。此章传略所收104人，限于篇幅，一地人才虽不能尽显，或可助读者窥萧山人才兴盛之全貌。

西　施

西施（？～？），名夷光，春秋时期越国苎萝村人（今浙江萧山人）。①中国古代四大美人之一，一作"先施"，又称"西子"。西施天生丽质，禀赋绝伦，相传连皱眉抚胸的病态，亦为邻女所仿，故有"东施效颦"的典故。时越国称臣于吴国，越王句践卧薪尝胆，谋复国。越王句践三年（前494年），夫差在夫椒（今江苏省吴县西南）击败越国，越王句践退守会稽山（今浙江省绍兴南），受吴军围攻，被迫向吴国求和，句践入吴为质。释归后，句践针对吴王喜好美色的弱点，与范蠡设计美人计。在国难当头之际，西施忍辱负重，以身许国，与郑旦等一批美女被句践献给吴王夫差为妃，以迷惑吴王，使夫差如醉如痴，沉湎女色，不理朝政。后吴国被句践所灭。吴灭后，西施也不知所踪。②

夏　统

夏统（？～？），字仲御，晋会稽永兴（今萧山）人，西晋武帝年间（265～290）在世。生性豪爽，淡泊名利，以养亲、重孝闻名乡里。一次，其母病重，他坐船去洛阳买药，途遇太尉贾充。贾充劝他入仕为官，他俯身不答。贾充用文武仪仗队和盛装歌女绕夏统的船三圈，让其观看，而夏统依然稳坐如前，若无所闻。③还顾自高唱自作之歌，声音清阔激跃，旁人闻之无不流泪。夏统雅善谈论，音质清亮，能曲，善歌。曾作反映大禹治水的《慕歌》、歌唱曹娥的《河女之章》以及讲述伍子胥人物故事的《小海唱》等。据传，其貌丑吓人，但听其歌，则美不胜收。后回归会稽，不知所终。

孙　处

孙处（359～411），字季高，晋会稽永兴（今萧山）人。

东晋末年，农民军孙恩起义，遍及江南。孙处受招募，入刘裕军，随刘裕东征，平定建康（今南京），因功而授振武将军，封新夷县五等侯。东晋义熙五

---

① 另说今浙江诸暨人。今诸暨市辖区有苎萝古村，萧山辖区也有苎萝古村，其归属有争议。萧山临浦镇东北有苎萝山，山上有红粉石，傍山有浣纱溪、西施洗脚潭、西施庙和范蠡祠，可供后人凭吊。详见《丛录》编。

② 对西施最终的结局，历来有不同的说法。大体有四种：

一、沉海说。传说句践灭吴后，他的夫人偷偷地叫人骗出西施，将石头绑在西施身上，尔后沉入大海。而且更有甚者，传说从此沿海的泥沙中便有了一种似人舌的文蛤，大家都说这是西施的舌头，所以称它为"西施舌"。30年代著名作家郁达夫在福建时，亦称赞长乐"西施舌"是闽菜中的一种神品。

二、隐居说。最早见于《越绝书》："吴亡后，西施复归范蠡，同泛五湖而去。"明代胡应麟的《少室山房笔丛》也有类似说法，认为西施原是范蠡的情人或妻子，吴国覆亡后，范蠡带着西施隐居起来。明代的陈耀文《正杨》卷二《西施》也引用《越绝书》，认为西施跟随范蠡隐居。

三、落水说。或许是善良的人们并不希望西施这位无辜的弱女子有个悲惨结局，于是找出初唐诗人宋之问《浣纱》诗"一朝还旧都，靓妆寻若耶；鸟惊入松梦，鱼沉畏荷花"为依据，认为吴亡后，西施回到故乡，在一次浣纱时，不慎落水而死。此说似乎最理想，可是最缺乏证据。

四、被杀说。传说吴王自刎而死时，吴人把一腔怒火都发泄在西施身上，用锦缎将她层层裹住，沉在扬子江心。据《东坡异物志》载："扬子江有美人鱼，又称西施鱼，一日数易其色，肉细味美，妇人食之，可增媚态。据云系西施沉江后幻化而成。"

③ "木人石心"这一成语典出于此。

年（409），因广固城战役有先登之功，受褒奖。义熙六年，卢循起兵广州，占领豫章（今南昌），直逼宋都建康。刘裕遣孙处率3000人，从海上袭击番禺，火烧卢循舟舰，当日即攻破番禺。此后，卢循率兵还袭广州，孙处率军与之交战20余日，卢循败走。孙处率军追至郁林，因病而止。义熙七年四月，卒于建康。

刘裕追封孙处为龙骧将军、南海太守，封侯官县侯，食邑千户。义熙九年（413），刘裕念其功绩，书表云："孙季高……荡涤之功，实庸为大。往年所赠，犹为未优。"①遂追赠交州刺史。

郭世道 郭原平

郭世道（？～？），南朝宋会稽永兴（今浙江萧山）人。出生时母亲去世，侍奉父亲及后母极为孝顺。14岁父亲去世，家境贫寒，卖佣养继母。曾在山阴因买物而误收他人一千钱，当时不知，发现后追着将误收钱归还钱主。仁厚之风，化于乡邻，文帝时改其居所"独枫里"为"孝行里"。

郭原平（？～473），南朝宋时人，字长泰，郭世道子。家境贫寒，为人佣赁养亲。若家中无粮，他则终日不食，待日落后取工值买粮与父母同食。为照看父病，整年衣不解带，不尝咸菜。父亲死后，自营墓室。在集市卖东西，只收半价；见人牵船过埭，则停船相助。会稽太守蔡兴宗以私米馈赠，坚辞不受。与人居处几十年，从未见他有喜怒之色。②

戴僧静

戴僧静（？～491），南朝齐会稽永兴（今萧山）人。少有胆力，熟悉弓马。事刺史沈文秀，曾一度被北魏军所俘，后得还淮阴。深受萧道成信任。因平沈攸之事有功，升为前军将军、宁朔将军。萧道成建齐后，封为建昌县侯，任太子左卫率。齐永明年间（483～493），曾任北徐州刺史。任时鼓励州民开荒耕种，颇有政绩。永明八年（490），力拒遣军西上江陵，得齐武帝认可。累迁南中郎司马、淮南太守、卢陵王中军司马、高平太守。卒后，谥壮侯。

贺知章

贺知章（659～744），字季真，自号四明狂客，越州永兴（今萧山）人。少时以文章诗词知名。

唐证圣进士（一说证圣元年乙未科状元）③，初授国子四门博士，后迁太常博士。开元十年（722），入丽正殿书院撰修典籍，后转太常少卿。开元十三年迁礼部侍郎，兼集贤院学士。不久，又为太子右庶子，充侍读。开元二十六年，调任工部侍郎，后迁太子宾客、银青光禄大夫兼正授秘书监。

天宝三年（744）患病，愈后请为道士，求还乡里。唐玄宗诏许之，并赐镜湖剡川一曲。既行，唐玄宗又赐诗，太子百官饯送。还乡当年寿终。唐肃宗称其"器识夷淡，襟怀和雅，神情志逸，学富才雄，挺会稽之美箭，蕴昆岗之良玉"。④赠礼部尚书。

贺知章生性旷达豪放，以"清淡风流"为人倾慕。与李白邂逅，成忘年交，并将李白引荐给唐玄宗。好饮酒，常与李白、李适之、李琎、崔宗之、苏晋、张旭、焦遂饮酒赋诗，时称"饮中八仙"。贺知章擅诗，工书。诗以绝句

① 《宋书》卷四十九《列传第九》，中华书局，1974年版。

② 《宋书》卷五十一《孝义》，中华书局，1974年版。

③ 《中国状元殿试卷大全》中的"唐代进士科殿试题辑录"中载：

"周证圣元年（695）乙未科
本科状元贺知章，取进士22人
殿试皇帝武则天
知贡举考功员外郎李迥秀
殿试策问
问：卦分江使，图演天文，文籍于是滥觞，书契以之抽绪。皇《坟》帝《典》，述纪言以联镳；《五传》《六经》，纪礼乐而齐鹜。斯并悬诸日月，焕乎文章。至如诸子相腾，小说奔竞，有惭屑玉之化，无异杂铅之宝。请用于火，恐招博弈之讥；将扃其风，复爽芟夷之义。二涂交战，一为解环。《百两》之篇，孰明其善？七分之术，孰著其能？谁求天下之书？谁决家中之策？识二简者何子，观四辙者何人？《京兆耆旧》之篇，起于何代？《陈留神仙》之传，创自何人？谁先《孝子》之图，谁首《逸人》之记？倘无谈于涸棘，将有荐于拔茅。"
（邓洪波、龚抗云编著：《中国状元殿试卷大全》（上、下卷），上海教育出版社，2006年，第90页）

④ 《旧唐书》卷一百九十九《列传第一百四十·文苑中》，中华书局，1975年版。

图44-1-1178 贺知章（659～744）。像载《三才图会》，明万历刻本（图片来源：华人德主编：《中国历代人物图像集》，上海古籍出版社，2004年，第450页）

①诗曰："少小离家老大回，乡音无改鬓毛衰。儿童相见不相识，笑问客从何处来。"

②今存贺知章诗共21首。《全唐诗》收入19首。新增补佚诗2首，分别为《董孝子黯复仇》《春兴》。此外，有残句"落花真好些，一醉一回颠"，不计入诗歌总数。另据复旦大学中文系教授陈尚君考证，《醉后逢汾州人寄马使君题抱腹寺□》一诗刻于《抱腹寺碑》右侧，题下署："四明狂客贺季真，正癫发时作。"末署："庚辰岁首十二日，故人太子宾客贺知章敬呈。"《晓发》一诗尚有别本，曰："故乡杳无际，江皋闻曙钟。始见沙上鸟，犹埋云外峰。"《偶游主人园》一诗的原本可能有八句，曰："野人不相识，偶坐为林泉。莫漫愁沽酒，囊中自有钱。回瞻林下路，已在翠微间。时见云林外，青峰一点圆。"（陈尚君：《新编贺知章集》，《乡音无改游子情——中国·杭州湘湖贺知章学术论坛文集》，杭州湘湖（白马湖）研究院，2011年11月5日）

③李白《送贺宾客归越》一诗言："镜湖流水漾清波，狂客归舟逸兴多。山阴道士如相见，应写《黄庭》换白鹅。"李白用"《黄庭》换白鹅"之典把贺知章比作王羲之。

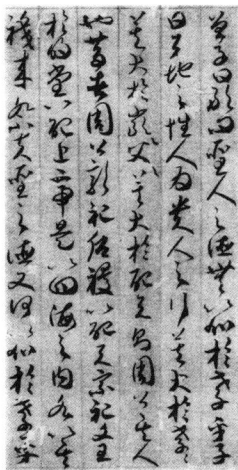

图44-1-1179 贺知章草书《孝经》局部。该作品纵26.0厘米，横265.1厘米（日本宫内厅三之丸尚藏馆）

④世传有"程门立雪"之佳话。《宋史·杨时传》载："时河南程颢与弟颐讲孔、孟绝学于熙、丰之际，河、洛之士翕然师之。时调官不赴，以师礼见颢于颍昌，相得甚欢。其归也，颢目送之曰：'吾道南矣。'四年而颢死，时闻之，设位哭寝门，而以书赴告同学者。至是，又见程颐于洛，时盖年四十矣。一日见颐，颐偶瞑坐，时与游酢侍立不去，颐既觉，则门外雪深一尺矣。"

见长，写景、抒怀之作，风格独特，清新潇洒。《回乡偶书》（之一）①脍炙人口，千古传诵，今存诗23首。②书法楷、草、隶兼长，为当世称重。③惜墨迹留传甚少，现存尚有绍兴城东南宛委山南坡飞来石上的《龙瑞宫记》石刻和流传到日本的《孝经》草书。

王 丝

王丝（989~1049），字敦素，萧山人。宋大中祥符八年（1015）进士。

王丝为官清廉，所到之处兴学校、雪冤狱，深受百姓称道。任大理寺丞时，向朝廷上奏治狱以宽大为法，禁酷刑，待以人道。任衢州通判时，兴建学舍百间，启发民智。任台州军事判官时，当时台州城内少井，人们用水颇感不便。于是，王丝带领民众掏土，埋下筒管，从远处引城外山泉入城，并沿途每隔5里挖一井穴，以方便南来北往行路之人，深得当地官民称赞。

任广南东路转运按察使时，当地还较荒凉，没有城墙。王丝即组织百姓烧砖筑城；同时又造出海舰10余艘，组织地方部队练习水战，保障广州地方的安宁。其间，王丝兼任广南东路提举市舶，每有舶来品上岸，总是秉公办事，并督促下属按法规收取关税，不得收受贿赂。此举赢得外商的佩服，敬称他为"金珠御史"，越来越多的中外商贾来到广州。自此，广州城粗具规模，日益繁荣。

后，王丝因身患瘴气，请调他州，旋迁通州知州。通州也为沿海地区，百姓屡受海潮之患。王丝勘察地势，动员百姓修筑一条长达数十里的拦海大堤，并开河掘渠，通州百姓得以安居乐业。

皇祐元年（1049）四月，王丝病故于京都，官终兵部员外郎。时范仲淹知杭州府，亲扶灵柩过江，归葬故里萧山西山，并作墓表以记之。

张 夏

张夏（？~？），排行六五，称十一郎官。宋真宗、仁宗期间在世。其父亮曾为五代吴越国刑部尚书，以父荫封授郎官。后任泗州（今安徽泗县）知州。时泗州大水，田宅被淹，张夏募民修建堤塘，疏导河渠，以减轻灾害。宋景祐年间（1034~1037），以工部郎中出任两浙转运使。时浙江钱塘江海塘年久失修，洪水泛滥频繁。张夏到任后，察看海塘，派人采办石料加固堤塘，分段守护。杭州的江塘原用木柴、泥土垫筑，常被江潮冲毁，张夏发起将其改建为石塘。

张夏去世后，朝廷为嘉奖其治水功绩，追封为宁江侯，嘉祐八年（1063）赠太常少卿，淳祐十一年（1251）封显应侯，咸淳四年（1268）敕封护塘堤侯，清雍正三年（1725）敕封静安公。人们为纪念他的治水功绩，曾立祠志念，尊称"张老相公"。

杨 时

杨时（1053~1135），字中立，号龟山，福建省将乐县人。宋熙宁九年（1076）中进士第，调官不赴。学于程颢，颢死，又学于程颐。④杜门不仕近10年。历知浏阳、余杭、萧山三县，多有惠政。

政和二年（1112），补萧山县令。当时县城周围的崇化、新义、由化、夏孝等乡农田易涝易旱，连年遭灾。熙宁和大观年间，县民曾两次奏请在低田处筑堤蓄水为湖，以浇灌周围农田，均未实现。杨时到任后，实地勘察地形，会集各方意见，"筑两塘于北南，一在羊骑（杨岐）山、历山之南，一在菊花山、西山之足，两相拦筑，而其潴已成"。①废低洼田3万余亩，周长80余里，蓄水成湖，用以灌溉周围9乡农田，受益面积达14.68万亩。因其地山水清幽，景若潇湘，取名"湘湖"。杨时在萧期间，传授"道南"理学，各地前来从学者络绎不绝。人们为纪念杨时功绩，于明成化元年（1465）在城厢镇西门外净土山麓建造德惠祠，以颂其功德。

杨时离萧后，又历任秘书郎、著作郎、右谏议大夫、国子监祭酒等职。宋高宗即位后，杨时任工部侍郎、龙图阁直学士。晚年，告老还故里，在家乡龟山讲学。被誉为"东南学者"，推为"程学正宗"，学者称为"龟山先生"。南宋绍兴五年（1135）逝世，终年83岁。宋高宗赐"左太中大夫"，谥文靖。有《礼记解义》《列子解》《史论》《周易解义》《三经义辨》《解字说》《龟山集》等著作。

赵 纮

赵纮（1164～1222），字君任，萧山人。任潭州（今湖南长沙）知府时，发起开掘安公河，以除洞庭湖水灾。南宋嘉定九年（1216），迁守信阳（今河南）。当年，金国元帅高乞率11万兵马入侵信阳，赵纮筹备军需，激励将士，并授囚犯袁海、平民董思明为帅，建立飞虎军，遂击败金军。嘉定十一年，金军再犯，围浮光、破光山。赵纮亲率军支援，出奇兵大败金军，解浮光之围，名震于世。因其抗金之功，升任大宗正丞兼右侍郎，直焕章阁并庐州安抚，晚年又任淮西安抚。有《时斋集》存世。

静 暹

静暹（？～？），字晓庵，南宋时萧山竹林寺僧。师传妇科，用药如神。绍定六年（1233），皇后谢道清出巡经萧山，忽得重病，召静暹入禁中治疗。药到病除，理宗大喜，亲书"惠济寺"，又赐匾额，即封静暹为"医王"，追封四世，袭封五世，故人常称静暹为"十世医王"。大司马等名公巨卿都赠有"静养性天"等匾。在萧山竹林寺1000余年的妇科僧医中，静暹得名最著。

单 道

单道（？～？），字俊良，元末明初萧山城厢镇人。

宋元时，农村普遍使用龙骨翻车作为灌溉工具，此翻车以脚踏或手牵作为动力，极为辛苦，且劳动强度大，功效低。遇大旱，尤甚。单道总结前人经验，利用牛力转动水车，发明"牛车盘"，节省人力，功效倍增，远近仿制。

明朝初年，制定田赋制度。单道参照宋、元田赋图册，创造了"旧管、新收、开除、实在"四柱田赋册，上报朝廷。明太祖极为赞许，颁布天下，作为永久定式。建文初年，朝廷曾委以官职，单道推辞不受。永乐初，上书朝

图44-1-1180 杨时(1053～1135)。像载《杨龟山先生集》，杨氏清康熙四十六年（1707）刻本（图片来源：华人德主编：《中国历代人物图像集》，上海古籍出版社，2004年，第781页）

①民国24年《萧山县志稿》卷十二《官师》。

廷，陈述其改革时弊12条建议，未被采纳。逝世时70余岁。

华克勤

华克勤（1321～1397），字无逸，萧山人。闻堰镇溪头华氏始祖。品行端正，聪明好学，年轻时隐居延庆寺（今闻堰镇凌家坞）苦读，后举贤良方正。

明洪武十年（1377），华克勤以敢于直谏，出任山西布政使。任上重视教化，除奸去伪，办了不少好事，深得明太祖朱元璋赏识。之后，曾奉诏出使日本国。

华克勤病逝故里，葬于湘湖北岸青山之西。其子孙后裔今尚聚居于城北塘下沈一带。

楼 英

图44-1-1181 楼英（1332～1401）。石刻像（图片来源：楼岳中：《楼塔往事》，浙江人民出版社，2008年，第106页）

楼英（1332～1401），一名公爽，字全善，号全斋，萧山楼塔镇人。生于医学世家，曾祖楼文隽为一代名医。楼英幼承家学，博览群书，尤善医理、《易》理。与同时代名医戴思恭交往甚密，两人相互切磋，医术益精，医理更明。诊治疾病往往结合临床经验，本"阴阳五行生化万物"之说，提出诊病首先必须分辨血气、表里、上下、脏腑分野，从而知晓受病之所在；治病要因人、因病、因时而异，施以药疗、理疗、针疗等手法，故每多奏效。

明洪武年间（1368～1398），曾为明太祖朱元璋治愈大病，拟宣太医官，楼英辞不受，乃赐还乡。楼英对天文、地理、历法也有研究，造诣颇深。撰有《医学纲目》[①]《内经运气类注》《仙岩文集》《周易参同契药物火候图说》《仙岩日录杂效》《江潮论》等多种著作。

① 《医学纲目》是中国医学史上有影响的一部医学著作。它是楼英积30余年时间，搜集研读历代名医著作，并结合自己临床实践编写而成的。全书40卷，包括总论、脏腑疾病、伤寒、妇人、小儿、运气等，记载病症、治法、方药，对于金元医家的学说收载较多。全书提纲挈领，简明扼要，对后世影响较大。明朝著名医药学家李时珍（1518～1593）编《本草纲目》，曾把它列为参阅书。

魏 骥

魏骥（1373～1471），字仲房，号南斋，今萧山城厢镇人。明永乐三年（1405）中举，次年以进士副榜授松江府训导。任内，奖掖后进，不遗余力，诸生奋进，有成就者众多。不久应召参与编修《永乐大典》，书成还任，荐任太常博士。宣德元年（1426），由吏部尚书师逵荐为吏部考功员外郎，转任南京太常寺少卿。正统三年（1438）诏试行在吏部授左侍郎，次年实授。正统八年，改任礼部左侍郎，以年老力衰请求致仕，遂改任南京吏部侍郎。正统十三年，再次以老辞官，不准。次年，任南京吏部尚书。其间，曾两度典试江西。"土木堡之变"时，为对瓦剌用兵献计献策，屡被朝廷采纳施行。

魏骥居官清正廉明，不徇私情，对赠送的特产、珍宝之物一律拒绝。在吏部，有一进士同官已许之放缺，魏骥因其心术不正，予不认可。有罪犯王纲，恶逆当杀，有官员为其请托保释，魏骥不准，依法定刑。英宗复位后，屡受命巡视京郊蝗灾，问民疾苦。

图44-1-1182 魏骥（1373～1471）。像载《三才图会》，明万历刻本（图片来源：华人德主编：《中国历代人物图像集》，上海古籍出版社，2004年，第1098页）

景泰元年（1450）告老还乡。居乡20余年，平易近人，布衣粗食，自奉甚俭。为解乡民水患之苦，多次向当局提出修水利，还亲自主持疏浚湘湖，并修筑麻溪、西江、白露、瓜沥、股堰、单家、曹家等处塘堰及徐家、螺山、长山等闸。为禁止豪绅争相围湘湖为私田，魏骥呼吁官府发动乡民，清查私田，疏浚湖身，修筑涵闸，使湖中蓄水增多，仍保湘湖周围农田防旱防涝之利。成化七年（1471），明宪宗闻魏骥筑堤浚湖，有功乡里，特遣使者，赐羊酒，并命地方官每月供米3石。使者未至而魏骥已于当年早些时候病卒，享年98岁。逝世后，钦赐祭葬，谥文靖。魏骥之子完遵父遗言辞葬，乞求用赐葬的钱赈济饥民，明宪宗同意魏完的请求，赞其父为"纯臣"。乡民为纪念魏骥功德，在湘湖跨湖桥东南岸的湖山村徐家山坞修筑有雕像护卫的墓葬，并祀于德惠祠。

魏骥在文学上的造诣颇深，文章淳朴典雅；诗则不求雕饰，自然隽永。著有《南斋前后集》《松江志》《水利事迹》《水利切要》《理学正义》《南斋摘稿》等。

何舜宾

何舜宾（？～1498），字穆之，号醒庵，萧山人。明成化五年（1469）中进士，任南京湖广道监察御史，管理畿田渠道。秉性刚强，与权贵相忤，遭诬而被谪戍广西庆远卫，后遇赦回乡。

湘湖年久淤塞，周围百姓深受其害。虽历经前人疏浚，而附近豪绅仍肆意侵围，致使淤塞甚重。何舜宾见此慨然曰："吾不能治渠，当治湖。"于是上书县衙告发占湖围田者。知县邹鲁贪暴狡悍，曾遭何舜宾指责，怀恨在心。其间侵湖豪户重贿邹鲁，邹即诬陷何舜宾"盗署事印以奏，非署事官奏；且身缘戍逃，无遇赦牒，滥冒冠带"，上报惩治，被驳。事后，当邹鲁知何舜宾已备反对侵湖为私田的入朝奏章，再次设计陷害。此时，何舜宾的门人、训导童显章丁忧归，邹诬以"发冢罪"将童逮捕，让兵卒押童经何的门前故意释放，待童显章入何家，即大呼："舜宾篡取重囚"，又破门而入，劫何舜宾所备奏章和成化二十三年（1487）所给赦牒、缘例、冠带凭照及家中资财，并押何、童两人到县衙施刑，然后派兵卒押何舜宾赴庆远。解至江西省余干昌国寺，被设计用湿衣扪其口鼻，气绝而亡，时弘治十一年（1498）七月。事见民国二十四年《萧山县志稿》卷十四《人物·列传一》。

不久，何舜宾案真相大白，邹鲁遭刑治罪，被豪绅所侵占湘湖田1327亩、堰池96口、地26片、瓦窑房屋210间悉数清退。

张 嵿

张嵿（1457～1530），又名张舰，字时俊，别字枫邱、风囚，萧山人。明成化二十三年（1487）进士。弘治初年，参与编修《宪宗实录》，往苏州、松江诸府采集轶事。书成，授上饶知县。不久，迁任南京兵部主事，进刑部郎中。正德初，任兴化知府。其间，因隆平侯张祐无子，弟张禄与族人争袭一案，张嵿被掌权太监刘瑾诬陷，削职为民。后刘瑾伏诛，张嵿重被起用，始任南雄知府，后历官江西左参政、右布政使，复迁左布政使。在任期间，宁王宸濠欲拓地扩大居所，遭张嵿反对，宁王大怒，派人送枣、梨、姜、芥四物给张，意为咒其早离疆界。不久，张调任光禄卿，后以右副御史职巡抚保定诸府。因得罪权贵，又被陷罢职。

嘉靖元年（1522），张嵿再次被起用，任都察院右都御史，总督两广军务，兼理巡抚。翌年，葡萄牙侵略军攻占广东新会等地，张嵿派将士御敌，大败来犯敌军，缴获敌舰船2艘。次年九月，张嵿授任主持南京都察院，同年十月进任南京工部尚书，后诏进一品阶荣禄大夫。嘉靖六年辞官，嘉靖九年逝世。

施尧臣

施尧臣，字钦甫，号华江，安徽青阳人。明嘉靖二十九年（1550）中进士。

嘉靖三十年，任萧山知县。时值倭寇连年侵扰浙江沿海，萧山地近杭州湾南岸，首当其冲，百姓深受倭寇之害。施尧臣受命于危难之际，殚精竭虑，保境安民，"以城中居民编为保甲，计宅抽丁"，日夜防守。为加强县城防御，力主建筑城墙，着手勘测地形，征工聚石，不分昼夜亲自督率建城工程。嘉靖三十二年十一月动工，至次年三月竣工。城垣周围9里，高2丈5尺，厚2丈2尺，设陆门四，门上各建有楼；设水门三，以通船只。城墙"上下内外皆以瓴石为之"。城垣四周建壕，深1丈5尺，广3丈，总长1590余丈。工程坚固而壮观，后人称它"岳耸连云，瑶城壁立"。施尧臣还亲自撰写《筑城记》，以志建城始末。事见清乾隆十六年《萧山县志》卷三十八《艺文四·筑城记》。

嘉靖三十四年六月二十三日，倭寇再次侵扰萧山，因观城坚壕深，戒备森严，相顾惊骇，不战而走，城内居民得免浩劫。

施尧臣离开萧山后，升顺天府尹。后人感其恩惠，在县城仓桥建造施侯遗爱祠，春、秋两祭，以资纪念。该祠于万历八年（1580）移建于西门，今不存。

来斯行

来斯行（1567~1633），字道之，号马湖，萧山长河镇（今属杭州市滨江区）人。明万历三十四年（1606）中举，次年成进士。累官至福建右布政使。

来斯行自幼聪明过人，5岁时，其长辈出上联"马尾千条线"，嘱他对下联，他很快即作下联"鸡冠一朵花"。长辈赞其才。

天启二年（1622），来斯行以司马郎监军辽海，整饬津门。时逢白莲教起义，斯行与子燕禧发兵镇压，平定山东邹、滕两县，并生擒白莲教首领徐鸿儒。

著有《经史典奥》《槎庵小乘》《狱志》《论语颂》《四书小参》《四书问答》《五经音诂》等。《经史典奥》67卷，是一部供人引用经史中文句的工具书。《四库全书总目》评价该书："是编于经取《易》《诗》《书》《春秋》《左传》《礼记》《周礼》，于史取《史记》，前、后《汉书》，各摘其子句，标题于前，而以经、史原文及注释列于后，盖以备词章采择之用。"《槎庵小乘》41卷，系史料笔记。陈汝衡《说苑珍闻》言："其分类考据各项，颇多珍贵资料。"王重民《中国善本提要》称："余今读是书，颇惊斯行在明季士大夫中，犹属博洽，所述也有条贯。"

图44-1-1183 来斯行（1567~1633）。像载《越中三不朽图赞》，绍兴印刷局局民国7年（1918）铅印本（图片来源：华人德主编：《中国历代人物图像集》，上海古籍出版社，2004年，第1537页）

来宗道

来宗道（1571~?），字子由，号路然，萧山长河（今属杭州市滨江区）人。明万历三十一年（1603）中举，次年成进士。累官礼部尚书、内阁大学士、太子太保。

万历三十三年，来宗道奉使肃藩，并考察黄河，登临泰山、华山、嵩山，遍览胜迹。天启元年（1621），补经筵讲官，开明理乱，敷陈恳切，深得皇帝器重。天启七年以太子太保、礼部尚书兼东阁大学士，入阁参与机务。熹宗驾崩时，来宗道身为顾命大臣，拥立信王朱由检为帝。崇祯元年（1628），晋少保，兼太子太保、户部尚书、文渊阁大学士。同年致仕，时称"清客宰相"。后因党争，下野为民。

著有《尚书秘省》。

沈云英

沈云英（1624~1660），女，萧山瓜沥镇长巷村人。少喜骑马射击，耽于书籍，强于记忆，对宋胡安国的《春秋传》颇有研究。

父沈至绪客游京师，沈云英随从前往。明崇祯十六年（1643），其父任湖南道州守备，沈云英侍父左右。时农民军张献忠部队进攻道州，沈至绪战亡。沈云英闻讯后束发披甲，率十余骑，出其不意，直趋农民军营寨，拼力夺回父尸，遂解道州之危。郡守上奏其功，朝廷降敕，赠沈至绪昭武将军，建祠麻滩驿，加沈云英为游击将军，坐父营，守道州。当时其夫贾万策任荆州都司，农民起义军攻陷荆州，贾万策被杀，沈云英受诏扶柩回乡。后清兵南渡钱塘江，沈云英欲投水自尽，幸其母力救，才免于死。后因家境贫寒，在长巷家祠设私塾，授徒讲学，教育族中子女。清顺治十七年（1660）秋卒。故里长巷村曾设有"云英将军讲学处"，已废。

来集之

来集之（1604~1682），初名伟才，又名镕，后改名缙，字元成，号倘湖，萧山长河镇（今属杭州市滨江区）人。幼聪颖过人，就读于冠山西隐寺，弱龄即通"五经"，善于诗词文章。明崇祯八年（1635），中礼部特科廪生第一。崇祯十二年，为南京国子监贡生。崇祯十三年，中进士，官授安庆府推官。后改任太常寺少卿，兵科左给事中。

明亡后，卸职还乡，隐居故里30余年，潜心著述。著有《易图亲见》《卦义一得》《春秋志在》《四传权衡》《倘湖文集》《南行偶笔》《南行载笔》《倘湖近刻》《倘湖诗余》《樵书初编》《樵书二编》等。

此外，来集之还创作了"两纱"（即《女红纱》《碧纱笼》）、"秋风三叠"（即《阮步兵陵廨啼红》《蓝采和长安闹剧》《铁氏女花院全贞》）等杂剧。

蔡仲光

蔡仲光（1609~1685），原名士京，字大敬，又字子伯，萧山城厢镇人。明末秀才，以博学著称，对《周易》《诗经》《尚书》《论语》颇有研究，更长天文、地理。与同邑毛奇龄、包秉德、沈锡禹相友善，俱为一时知名人士，有"四友"之称。

明亡后，与友人遁迹山林，不问世事，不慕荣利，洁身自好，悉心从事灾异、星象等自然现象的研究，特别是对地震，用朴素唯物主义观点加以解释，形成一套较系统的地震理论。清康熙七年（1668），著《地震说》1卷，有较高的科学价值。康熙二十年，朝廷下诏征召天下隐逸之士，翰林院侍读汤斌、侍讲施闰章向益都相国荐举蔡仲光。萧山知县姚文熊为相国门生，亲自登门邀蔡入仕，但蔡仲光推辞不就，愿布衣终老。其平时喜吟诗自乐，有《谦斋诗文集》行世。

任辰旦

任辰旦（1623~1692），字千之，号待庵，萧山城厢镇人。自幼聪慧，与同乡毛奇龄、王先吉、韩日昌俱以文学出名，号称"四杰"。以韩灿为名，清顺治十四年（1657）中乡试第四名。康熙六年（1667）中进士后，更名任辰旦。康熙十四年，知上海县。康熙十八年，举博学鸿儒，旋又以良吏荐。康熙二十二年，为工科给事中，迁兵科。康熙二十三年，充湖广乡试正考官。康熙二十五年，转大理寺丞。

知上海县时，上海为难治的"繁邑"，在任辰旦到任之前已有数任县令因治理不当而先后下狱。当时，上海主要种植木棉，然后再将木棉换成大米，充作漕粮。为减轻百姓负担，任辰旦改征木棉，甚至为了很小数额的漕粮出入，而与负责转送的官员据理力争。在到任之前，曾发生百姓因无法如期交赋被鞭打致死的惨剧。为此，任辰旦到催科之时便劝说百姓输纳，对违期应捕之人没有用刑，而是先寄书信以约定期限。任辰旦还对上海的土地进行丈量，减免原来6000多亩被水淹没的田地的赋税。却独自承担勘测费用，到俸禄不够支付时，靠借用家中银钏、棉布来还钱。

吴淞江河道因年久失浚，水灾频仍。清政府曾专门拨款疏浚河道，并在黄龙浦建闸，但闸门不久坍塌。任辰旦上任后，力排众议，独辟蹊径，仿照浙江架梁的方法建闸。根据闸址的宽度采伐石头，并在石头上做好标志。然后派善泅者将石按照设定的顺序叠成阶梯状，再在上面盖上横石，打下木桩用以加

图44-1-1184 毛奇龄（1623~1716）。像载《西河合集》，门人清罗弘像绘，萧山陆凝瑞堂嘉庆元年（1796）刻本（图片来源：华人德主编：《中国历代人物图像集》，上海古籍出版社，2004年，第1959页）

①毛奇龄的《四书改错》一书，猛烈地批评朱熹《四书集注》的错误，把该书的错误归纳为32类，认为是书"无一不错"。梁启超称毛奇龄为"反宋学的健将"。《清代七百名人传》说："自后儒者多研究汉学，不敢以空言说经，实自奇龄始。"

②《湘湖水利志》共3卷，21000余字，内容丰富，卷一、卷二记叙了自宋熙宁年间（1068~1077）请开湖至清康熙年间（1662~1722）永禁私筑勒石记的史实，卷三附录载有湘湖历代的禁罚旧例。

③政协杭州市萧山区文史工作委员会编：《毛奇龄合集》（第九分册），杭州出版社，2003年，第3078页。

图44-1-1185 朱筠（1729~1781）。像载《清代学者像》第一集，清叶衍兰辑摹、黄小泉绘（图片来源：华人德主编：《中国历代人物图像集》，上海古籍出版社，2004年，第2251页）

固。最后，对两岸堤坝加宽。因任辰旦方法得当，这项巨大工程仅10个月时间便顺利完成，且节约大量的民力和财力。

著有《介和堂集》《言近录》。

毛奇龄

毛奇龄（1623~1716），字大可，一字齐于，本名甡，字初晴，以郡望人称"西河先生"，萧山城厢镇人。明亡后，他哭于学宫三日，因避乱于县城之南山，筑一土室，读书其中。清顺治三年（1646），他参加抗清义军，后又因避仇，流寓江淮间，遍历河南、湖北、江西、江苏等地。康熙十八年（1679），以廪监生荐举博学鸿词科试，授翰林院检讨，任明史馆纂修官。康熙二十四年，任会试同考官。不久，因病请辞归里，后不复出，潜心治学。

毛奇龄治学涉猎广泛，著作宏富。正式被收入《四库全书》的有28种，存目35种，共63种。从个人著作著录于《四库全书总目》的数量上说，毛奇龄列第一。纪昀在《四库全书总目提要》中说："奇龄著述之富，甲于近代。"初曾著《毛诗续传》38卷，后失其稿，于是就所记忆著《国风省篇》1卷、《诗札》1卷、《毛诗写官记》4卷，又在江西参议道施闰章所，与湖广杨洪才说诗，作《白鹭洲主客说诗》。明嘉靖中叶，浙江鄞县人丰坊伪造《子贡诗传》《申培诗说》等，毛奇龄作《诗传诗说驳议》。在明史馆任纂修官时，进呈所著《古今通韵》，诏付史馆。返乡后，著《仲氏易》《推易始末》《春秋占筮书》《易小帖》《易韵》《河图洛书原舛编》《太极图说遗议》。又就《春秋》经文起义，著《春秋毛氏传》《春秋简书刊误》《春秋属辞比事记》，条例明晰，考据精赅。对于《论语》《大学》《中庸》《孟子》等，也都有考证。①对地方志，毛奇龄亦有著述，著有《湘湖水利志》《萧山县志刊误》等。②工诗文，著有《诗话》《词话》多卷；擅书画，精通音韵、音律，著有《竞山乐录》《圣谕乐本解说》《皇言定声录》等。后人编有《西河合集》，共121种、493卷，分经集、史集、文集、杂著四部。

毛奇龄70余岁时，自撰墓志铭，提出死后"不冠，不履，不沐浴，不易衣服，不接受吊客"，后以94岁终。③

朱 筠

朱筠（1729~1781），字美叔、竹君，亦称"笥河先生"，祖籍今萧山城厢镇城南办事处黄家河村。朱珪三哥。因其祖辈、父辈在外做官，故侨居北京大兴县，入籍顺天府。

15岁，补大兴县学生。清乾隆十九年（1754），中进士，选为庶吉士，后授编修。乾隆二十七年，御试二等，擢侍读学士、日讲起居注官；后提督安徽学政，重刻《说文》，以诏学者。乾隆三十七年，诏求遗书，朱筠因事被降为编修。乾隆三十八年，上《开馆校书折》，首议开四库馆，后兼四库馆纂修事。其间，奏言翰林院，请开局校阅明《永乐大典》中之逸书，增辑世所不传珍本500余部入《四库全书》。乾隆四十四年，督学福建。乾隆四十六年还京，数月后卒。

朱筠博闻宏览，藏书数万卷、碑版文字千卷，精金石文字之学。著《十三经文字同异》《笥河文集》《笥河诗集》。

朱珪

朱珪（1731~1806），字石君，号南厓，祖籍今萧山城厢镇城南办事处黄家河村。

自小聪慧，师学朱文瑞。清乾隆十二年（1747），参加顺天府乡试，与兄朱筠同榜。次年，中进士，选庶吉士。散馆，授编修，迁侍读学士。乾隆二十四年，主河南乡试。同年秋，授福建粮道。乾隆二十八年，擢升按察使，兼署布政使。乾隆三十二年，补湖北按察使。乾隆四十一年，命在上书房行走，侍太子学。乾隆四十四年，督福建学政。乾隆五十一年，授礼部侍郎，主试江南，督浙江学政。乾隆五十五年，典会试，出为安徽巡抚。乾隆五十九年，调广东巡抚，寻署两广总督，授左都御史、兵部尚书，仍留巡抚任。

嘉庆元年（1796），授两广总督，兼署巡抚。次年，授兵部尚书，调吏部尚书，留安徽巡抚任。后受诏入京，官户部尚书，加太子少保，充实录馆正总裁，兼国史馆副总裁。嘉庆五年，兼署吏部尚书，免太子少保，解三库事。嘉庆七年秋，拜协办大学士，加太子少保。嘉庆十年正月，拜体仁阁大学士，管工部。

朱珪为嘉庆皇帝的老师，一生清廉正直。嘉庆帝闻其死讯，特书挽联："半生唯独宿，一世不言钱"，以表其功德。

汪辉祖

汪辉祖（1731~1807），①字焕曾，号龙庄，晚号归庐，②萧山瓜沥镇大义村人。其父汪楷曾任河南淇县典史。汪辉祖11岁时，父亲去世。汪辉祖在其生母徐氏和继母王氏抚育下长大。清乾隆十二年（1747），中秀才。乾隆十五年，汪辉祖开始学做幕僚。乾隆四十年，中进士。乾隆五十二年任湖南宁远县知县。乾隆五十六年署道州牧，一月后调善化令，以足疾回乡，未就任。

汪辉祖善于治理诉讼案件，做事刚正不阿、精悍干练，为时人所称颂。乾隆中期，东南各省使用"宽永钱"甚多，清廷怀疑有人私铸，下令严查。闽浙总督尹继善委派汪辉祖办理此案。汪辉祖查明"宽永钱"系日本钱币，由商船带入，非民间私铸。汪辉祖关心民间疾苦，鼓励发展生产，保护山林；崇尚节俭，力戒浪费；修城墙，兴水利，办书院。处理民间纠纷和诉讼案件力主公允，深得人民敬重。返乡后，值西江塘坍塌，在浙江巡抚吉庆等强烈要求下，汪辉祖主持修复萧山西江塘，工程坚固，且节约6300余缗。

汪辉祖返乡后，闭门读书，潜心治学，不问外事。生平著有《学治臆说》《佐治药言》《史姓韵编》《二十四史同姓名录》《二十四史希姓录》《元史本证》《读史掌录》《病榻梦痕录》等书，而《佐治药言》《学治臆说》更是被以后从事地方事务管理的官员奉为圭臬。③

王宗炎

王宗炎（1755~1825），字以除，号谷塍，晚年自号晚闻居士，萧山城厢西河下人。清乾隆三十九年（1774）乡试中举。乾隆四十五年中进士。

图44-1-1186 朱珪（1731~1806）。像载《清代学者像传》第一集，清叶衍兰辑摹，黄小泉绘（图片来源：华人德主编：《中国历代人物图像集》，上海古籍出版社，2004年，第2264页）

图44-1-1187 汪辉祖（1731~1807）。系龙庄遗书摹刻本（图片来源：瞿兑之著：《汪辉祖传述》，商务印书馆）

①汪辉祖生于雍正八年（1730）十二月十四日，卒于嘉庆十二年（1807）三月二十四日。而雍正八年的十二月十四日实为1731年1月21日。

②据汪辉祖《双节堂庸训》卷一《述先·本系》载："辉祖，字焕曾，一字龙庄，罢官归又以归庐为号。"

③洪亮吉《更生斋文续集》卷二《赐进士出身敕授文林郎晋奉大夫湖南宁远县知县加三级萧山汪君墓志铭》誉之曰："计君一生，在家为孝子，入幕为名流，服官为循吏，归里后又为醇儒，律身应物则实心实政。乌乎，君可以为完人矣！"

图44-1-1188 葛云飞（1789～1841）
（图片来源：政协萧山市委员会文史工作委员会、萧山市文物管理委员会、萧山市文化局主编：《葛云飞史料选辑——萧山文史资料选辑（六）》，1993年）

王宗炎一生淡泊名利，杜门不仕，课徒著书，乡贤陆以庄、汤金钊等是其门生。有主修西江塘义举。好书，藏书甚富，筑"十万卷楼"藏书，内藏书籍10万余卷。曾主讲杭州紫阳书院，时人誉为"东南硕师"。有《晚闻居士文集》9卷传世。①

王绍兰

王绍兰（1760～1835），字畹馨，号南陔，又号"思惟居士"，萧山城厢镇人。家世通儒术，少好学，深研经史，受知于学使朱筠。清乾隆五十四年（1789）举拔贡，乾隆五十八年中进士。历任福建屏南知县、闽县知县，清介自持。巡抚汪志伊极为赏识，奏保堪大用。嘉庆五年（1800），诏引见，加知州衔，仍发原省，借补马家港通判。未几，升知府。后转泉州知府、福建按察使、福建布政使、福建巡抚等职。

嘉庆二十三年，以藩司李赓芸冤死事，罢官回乡。此后，王绍兰在家18年，闭门谢客，专心著述，著作近30种，著有《漆书古文尚书逸文考》《董子诗说笺》《礼堂集义》《周人礼说》《说文集注》《汉书地理志校注》《管子地员篇注》《说文段注订补》《思维居士存稿》等，《说文集注》尤毕生精力所萃，惜俱未刊，传者仅《周人经说》4卷、《王氏经说》6卷、《说文段注订补》6卷、《汉书地理志校注》2卷、《管子地员篇补注》4卷。

葛云飞

葛云飞（1789～1841），字鹏起、凌台，号雨田，今萧山进化镇山头埠村②人。父承升，武举出身，清嘉庆九年（1804）任江南长淮卫四邦领运千总。受家庭的濡染和熏陶，葛云飞7岁入私塾，兼习武，16岁能挽强弓射箭。

葛云飞曾悉心研究历代名将修身、治军、作战的经验，从两汉至明代末年的历代名将中精选11位名将事迹，撰成《名将录》。他极敬慕岳飞，推崇岳飞的名言"文臣不爱钱，武臣不惜死"。他最终弃儒为将，26岁考取武秀才，31岁中武举人，道光三年（1823）中武进士，次年受任营守备，发宁波提标右营试用。先后在宁波、黄岩、温州、乍浦、瑞安、定海以及福建烽火门等地水师营任职，镇守东南海疆16年。由于治军严明、缉盗有功，先后五次升擢，并受到道光帝的接见。道光十八年出任定海镇总兵。特制"昭勇"、"成忠"佩刀两把，并作《宝刀歌》③明志。次年，奔父丧。行前，曾上书浙江巡抚：广东告急，恐及浙江，应先事定谋。道光二十年七月定海失陷，葛云飞应浙江巡抚乌尔恭额的飞书急召，回镇海共商军务。他上呈《灭夷十二策》，提出"先言守，后言战"的战略。乌接受其建议。葛云飞奉命与寿春总兵王锡朋、处州总兵郑国鸿率军收复定海，安抚难民，惩办汉奸，重建防务。

道光二十一年九月二十六日上午，英军4000余人、军舰29艘再犯定海。当时淫雨连绵、军粮短缺，但葛云飞临危不惧，集合部队宣誓："城亡与亡，不离定海半步。"勉励将士誓死保卫国土，他亲自坐镇指挥战斗。当日下午，在海岸游弋的英军船舰突然转向竹山门水道。葛云飞赶到那里，亲自点火放炮，击中一条英军三桅大船，打死英军十余人，迫使英军溃退，初战告捷。

十月一日，王锡朋、郑国鸿先后阵亡，晓峰岭和竹山门相继失陷，英军涌向土城。葛云飞知大势已去，决心以身殉国。他身先士卒，率200名士兵持刀与数倍之敌展开肉搏。因砍杀过猛，大刀折断，他拔出"昭勇"、"成忠"两佩刀，冒着枪林弹雨，转战2里多路，到竹山门，不幸左眼中弹，被敌劈去半边脸，最后身中40余弹壮烈殉国，定海再度失陷。

葛云飞牺牲后，清廷诰授谥"壮节"，诰授振威将军，追赠太子少保。同治十年（1871），加赠提督、建威将军。葬于所前镇三泉王村黄湾寺北侧。

葛云飞虽为武将，却"兼娴文艺"，著有《名将录》《制械制药要言》《全浙沿海险要图说》及诗文等，共数十卷。

汤金钊

汤金钊（1772～1856），字敦甫，一字勋兹，萧山城厢镇人。先世自青田迁至萧山长河双庙前（河斗里）西门外居住，称"西门汤氏"。其家世以经商为业，独汤金钊沉浸于学问之道。汤金钊于清乾隆五十九年（1794）中乡试第一。嘉庆四年（1799）中进士，选为庶吉士，授编修。嘉庆十三年，入直上书房。后任礼部侍郎。

汤金钊为人端谨自持，"内刚外讷，师道自处"①。道光皇帝未继位之前，就很尊敬他，在他以内阁学士身份前往江南任乡试正主考之时，曾赋诗赠行。道光皇帝继位后，加以重用，不久任吏部侍郎，并充经筵讲官，负责为皇帝上课。当时各州、县都有一些不成文的规定，官员可以收取各种名目的好处，即所谓的"陋规"。对此，尚书英和要求各省进行清查，对受取的种类及数额进行明文规定。此举遭到汤金钊等大臣的反对。他陈述了三点理由。首先，这些"陋规"都系当地惯例，地方官不敢公开征收，如明文限制，无异是将其中的一些"陋规"合法化。其次，"陋规"合法化并不能减轻百姓的负担，反而会导致地方官员更加明目张胆地在规定之外求取个人好处。最后，汤金钊认为各地"陋规"名目碎杂，无法统一制定限制章程，要切实减轻百姓负担，关键在于地方官员的人选得当。因汤金钊等人的力谏，道光皇帝最终决定不将地方官"陋规"合法化。

道光元年（1821），汤金钊调任户部侍郎。任内上疏反对加赋，奏获准。2年后，历署礼、工两部及仓场侍郎，仍直上书房，负责教导皇长子奕纬读书。不久，实授户部侍郎。道光七年，连擢为左都御史、礼部尚书，既而受命前往山西、直隶、四川、湖北、福建等地调查刑狱案件。4年之中，共出京奉差5次。所至之处，汤金钊执法明慎，颇得人心。回京后，任上书房总师傅，并调任吏部尚书。道光十一年，皇长子患疾不起，嫉忌汤金钊的官员借机诬陷他。于是，汤金钊被罢总师傅，降为兵部侍郎。两年后，又从左都御史升为工部尚书，转吏部。道光十八年，以户部尚书协办大学士，仍调吏部。

时英国鸦片输入，汤金钊和肃亲王敬敏等议订禁烟条例39条，允行。道光二十年（1840）九月，林则徐因禁烟被革职，琦善主抚广东边界，国势每况愈下。汤金钊荐林则徐主事广东，违朝廷之意。道光二十一年，汤金钊被降四

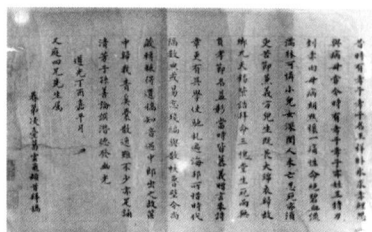

图44-1-1189　葛云飞手迹（图片来源：萧山区人民政府地方志办公室档案）

图44-1-1190　汤金钊（1772～1856）（图片来源：萧山区人民政府地方志办公室档案）

①民国24年《萧山县志稿》卷十八《人物·列传五》。

图44-1-1191　汤金钊楷书六言联（图片来源：萧山区人民政府地方志办公室档案）

①民国24年《萧山县志稿》卷十八
《人物·列传五》载："金钊少秉朱文
正公之教，为学出入阳明二曲间。晚年
归本濂洛，以治经为务，主敬为本。与
人言不为高论，居常整齐严肃，盛暑不
袒。脱粟布被，泊然无营，自治之严，
耄期不倦，海内称儒宗焉。"

②任熊的人物画均印为木刻画谱，
流传甚广，对清末版画艺术发展起了很
大作用。《任渭长画传四种》（《高士
传》《于越先贤传》《剑侠传》《列仙
酒牌》）为晚清木刻画精品。肖像画富
有个性，其《自画像》准确地刻画出作
者内心深处的苦闷与矛盾。

③任熊的花鸟画富丽有装饰气味，
画风纵笔恣肆。

④任熊的山水画精微明丽，其绘
画风格与笔法对近代画坛影响甚大。
《十万图册》是任熊山水画的代表作，
图册共10幅，每幅标题均以"万"字起
头，即万卷诗楼、万点青莲、万峰飞
雪、万笏朝天、万竿烟雨、万松叠翠、
万林秋色、万壑争流、万丈空流、万横
香雪。整部作品笔法细腻，构思精密，
意境深邃，富有装饰风味，于写实中充
满浪漫情调。

⑤其绘画在构图上有其特长，在大
小不等的画面上，创造出许多新颖、宽
广、意境深远的作品。特别适应扇面上
的表现技法，能笔随意转，在极小的团
扇、折扇画面上，开拓出广阔、妙趣盎
然的意境。任薰绘画的另一个显著特点
就是工于着色，浓淡相宜，清新可爱，
绝无柔媚习气。尤长于重彩着色。

级，授光禄寺卿。翌年，汤金钊以年迈为由辞官。咸丰四年（1854），加太子
太保衔，咸丰帝赐御书"庆衍恩荣"匾。咸丰六年卒，谥"文端"。冬，还葬
萧山。①

汤金钊工书，初从颜真卿，中年临褚遂良、赵孟頫，秀润沉稳而不失丰
神。自75岁后，每日晨起书经200字，书遍"十三经"。著有《寸心知室存
稿》等。

任熊 任薰 任预

任熊、任薰、任预为近代"海上画派"的重要人物。任熊与弟任薰、学
生任伯年，合称"三任"；加上其子任预，又称"四任"。

任熊（1823～1857），字渭长，号湘浦，萧山城厢镇人。幼时家境贫
寒，随塾师学画人像。后结识嘉兴画家周闲，
任熊居周家范湖草堂，作《范湖草堂图》长
卷。至宁波，得遇著名画师姚燮。他居姚家
时，为诗配画作《姚燮诗意图》120帧，系平生
杰作之一。后寓居苏州、上海，以卖画为生。
任熊的绘画，人物②、花鸟③、山水④无所不能，
工笔、写意兼长，尤以人物画著称。画格、画
法主要师法陈洪绶，并加以发挥。线条如银钩
铁画，笔法清新活泼，气氛肃穆。其画构思奇
异，布局奇巧，笔墨精微，色彩明快，且重写
生。绘画兼具传统与民间绘画之长，深为时人
喜爱珍赏。其名作《博古图》《梅花仕女图》
《钟馗图》今流落在日本。

任薰（1835～1893），字阜长，又字舜琴，
任熊弟。任薰自幼受父兄影响，喜爱绘画，青年
时在宁波以卖画为生。咸丰七年（1857）往苏
州，辗转于江、浙之间，后寓上海。任伯年、任
预均曾从其学画。绘画上，对人物、花卉、禽
鸟、山水皆有很高的造诣，尤擅长花鸟、人物。⑤人
物画取法陈洪绶和任熊，线条遒劲圆韧，用笔沉
着有力。花鸟画工写兼善，取景布局能突破前人
规范，富有奇趣。代表作有《荷花鸟》《苏武牧
羊图》等，著有《十八应真图画谱》。

任预（1853～1901），字立凡，号潇潇庵主
人，任熊子。少好嬉戏，不勤于学，不肯学画，
其父以为恨。任熊死后，遗稿尽为倪田所得，任
预不得不转自别家借临画谱，但也未专心致力于
学画。其画初无师承，纯以天资，秀出尘表。随

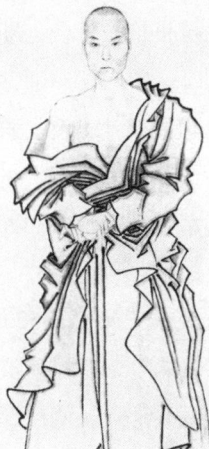

图44-1-1192 任熊
（1823～1857）。自画像，藏故宫
博物院（图片来源：华人德主
编：《中国历代人物图像集》，
上海古籍出版社，2004年，第
2565页）

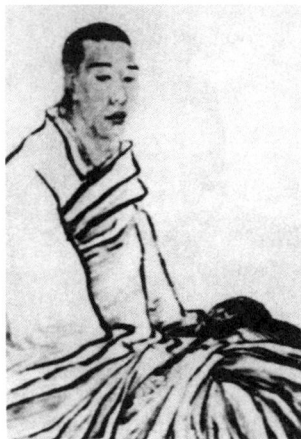

图44-1-1193 任薰
（1835～1893）。清任伯年绘，藏
中国美术馆（图片来源：华人
德主编：《中国历代人物图像
集》，上海古籍出版社，2004
年，第2655页）

之画风成熟，而能创新求变，自成一家。他继承任熊、任薰、任伯年的衣钵，又博容广采。擅作人物、花卉、山水。其中以山水最为出色，山水画中加人物、树石，位置、衣貌配合尤能出新。^①每画俱见其性情，但不轻易下笔。曾得赵之谦指授，善刻印。代表作有《天池听泉图》《石室参禅图》《无量寿佛》《鸳湖打桨》等。

朱凤标

朱凤标（1800~1873）^②，字桐轩，号建霞，萧山城厢镇城东办事处朱家坛村人。清道光八年（1828）乡试中举，道光十二年殿试一甲第二名进士，授编修。十九年入直上书房，既而督湖北学政。道光二十一年，授国子监司业，迁侍讲庶子。道光二十四年，擢侍读学士。次年，奉命授皇七子奕譞书，后连擢内阁学士、兵部侍郎，调户部。朱凤标廉政严己，威望高，通晓治安、军务。擅长筑城建台，屡掌文衡，得士称最。授皇七子书，讲习勤恳，阅十五年如一日。曾历任户部、刑部、兵部、工部、吏部五部尚书。

道光二十八年，朱凤标奉命赴津验收漕粮，查办山东盐务。贯彻"唯除敝、缉私最为先务"的主张，查出借银7万余两，责令赔缴；藩库积存减平及扣还军需行装等款30万两，拨解部库；通省仓库正杂未完银41万两、缺谷37万石，命限8个月弥补。

咸丰三年（1853），太平天国农民运动风起云涌，朱凤标上疏谋策，力主"防剿"，所提建议多被采纳。次年，授刑部尚书。咸丰六年冬，加太子少保，调兵部，复调户部。咸丰八年秋，因受顺天乡试副考官科场舞弊案牵连而降职。咸丰九年，赏翰林院侍讲学士衔。未几，授大理寺少卿，荐通政司、左副都御使，署刑部右侍郎，迁兵部尚书。咸丰十一年，调吏部，旋充上书房总师傅，授工部尚书，充经筵讲官。同治七年（1868）正月，以吏部尚书协办大学士，兼翰林院掌院学士。不久，拜体仁阁大学士，管理吏部。十一年夏，以老病乞休获准，仍食全俸；翌年逝世，追赠太子太保衔，谥"文端"。

郁　崑

郁崑（约1839~1880），字漱山，萧山城厢镇桥下达人。清咸丰九年（1859）举人，同治十年（1871）辛未科梁耀枢榜进士第三名，授翰林院编修。同治十二年，任顺天乡试同考官。光绪二年（1876），典试广东，为乡试副考官，时称得士。光绪五年，任湖北学政。职授翰林院侍读。因染疾早逝。

郁崑为政清廉，待人宽厚。到广东任上时，当地士绅为他设宴洗尘，他滴酒不沾，只要了几块腐乳下饭。善于遣词做文章，风格隽永、飘逸。擅书法，藏书万卷，手书的《金炉策楷》由商务印书馆拓印作为小楷范本出售，流行较广。

韩佩金

韩佩金（1816~1888）^③，字亚琴，萧山义桥镇人。清咸丰初年捐江苏候补知县。后以四品衔，补用同知直隶州。清同治元年（1862）出任奉贤知县。^④既任，召集流亡，收买军械，劝导农民耕种，并下令疏浚河道，便利商旅；清理田赋，杜绝包户从中渔利。又设立常平仓、恤嫠局、抚孤局，创办书院，开办

① 任预画中运用许多平行的线条画山、画石、画树木；在构图上，将远山挪前，意不在表现画面深度，而重视笔墨形式，笔触多作平行动向，有较强的节奏感。

② 朱凤标：生于嘉庆五年八月二十二日巳时，辛于同治十二年闰六月初九日午时（朱家溍：《故宫退食录》上册，紫禁城出版社，2009年，第289页）

图44-1-1194　郁崑(约1839~1880)
（申屠勇剑提供）

③ 据民国31年（1942）续修的《永思堂韩氏家谱》载，韩佩金生于清嘉庆丙子（1816）农历十月初十，辛于光绪戊子（1888）农历六月初八。

④ 据民国31年（1942）续修的《永思堂韩氏家谱》载，韩佩金于同治甲子（1864）出任奉贤知县。

图44-1-1195 丁文蔚(1827~1890)。清任熊绘"蓝叔参军三十岁小像"，藏于浙江省博物馆（图片来源：华人德主编：《中国历代人物图像集》，上海古籍出版社，2004年，第2601页）

图44-1-1196 任伯年(1840~1895)。油画像，徐悲鸿绘，载《任伯年画集》，人民美术出版社，1960年（图片来源：华人德主编：《中国历代人物图像集》，上海古籍出版社，2004年，第2686页）

②卒年有二说，一说"1895"，一说"1896"。据丁羲元著《任伯年年谱》载："乙未十一月四日（公历十二月十九日），任伯年病逝于上海"，其卒年当为"1895"。

③虚谷在挽任伯年联中称誉："笔无常法，别出新机，君艺称极也；天夺斯人，谁能继起，吾道其衰乎。"吴昌硕作挽联云："北苑千秋人，汉石隋泥同不朽；西风两行泪，水痕墨气失知音。"（另据《吴昌硕手稿》为"画笔千秋名，汉石隋泥同不朽；临风百回哭，水痕墨气失知音。"）

④任鹤声，字淞云，约生于19世纪初，卒于清咸丰十一年（1861）冬。任伯年之子任堇叔在任伯年绘《任淞云像》题跋中云："先父讳鹤声，号淞云。读书不苟仕宦，设临街肆，且读且贾。善画，尤善写真术，耻以术炫，故鲜知者。垂老，直岁歉，乃以术授先处士。"

社学，举行乡约等。奉贤县志失修逾百年，地方人士提议重修，韩佩金即表赞同；因经费维艰，未遑兴办。同治七年，韩佩金复任奉贤知县，集20余人，"授以旧志门类"，俾各就闻见，开始重修县志。两年后任满离去。光绪三年（1877），韩佩金第三次任奉贤知县，恰逢编修省志，故再度修县志，半年内终成《重修奉贤县志》，次年刻印。光绪九年，韩佩金去任，归萧山故里。次年，独自出银700余两，修铺城厢镇南门外至西山下一带道路。光绪十三年，修义桥对渡南嘴埠，出银300两。光绪十四年，又倡修义桥至峡山一带大路，首捐银300两，以作倡导。①此外，韩佩金对重修萧山县署、试院，设恤嫠会、蒙养义塾等，均予资助。

丁文蔚

丁文蔚（1827~1890），字豹卿，号韵琴，又号蓝叔，萧山城厢镇人。官至福建长乐知县。擅书画，尤长花卉，师事白阳（陈淳）、南田（恽寿平）两家，秀雅古逸。篆、隶书深得汉人古拙之趣。擅刻竹，亦工诗。家有大碧山馆，诗人画家常与往还，与赵之谦、王庆庚称"画家三友"。清光绪十六年（1890）逝世，终年64岁。

任伯年

任伯年（1840~1895）②，初名润，号小楼，后改名颐，字伯年，以字行，萧山瓜沥镇人。为"海上画派"巨匠。③其父任鹤声④是民间画师，族伯任熊、任薰是名声显赫的画家。任伯年幼承家学，少时已能绘画。十余岁时，一次家中来客，坐了片刻就告辞，父亲回来问是谁，任伯年答不上姓名，便拿起纸来，把来访者画出，父亲一见便知来者。任伯年在十几岁时曾参加太平军，在太平军中"掌大旗"，直到天京陷落，才回家乡。他曾随任熊、任薰学画，非常刻苦，后长期在上海以卖画为生。晚年肺病加剧，只能靠吸食鸦片来维持，无力作画。

任伯年的绘画发轫于民间艺术，但他重视继承传统，融汇诸家之长，吸收西方绘画的速写、设色诸法，形成自己丰富多彩、新颖生动的独特画风。其画雅俗共赏，风格独树一帜，为"海上画派"的佼佼者。

任伯年精于写像，人物画早年师法萧云从、陈洪绶、费晓楼、任熊等人。工细的仕女画近费晓楼，夸张奇伟的人物画法陈洪绶，装饰性强的街头描则学自任薰。后练习铅笔速画，变得较为奔逸。晚年吸取华岩笔意，更加简逸灵活。他的人物画在当时的画坛影响很大，其造诣被推至榜首。

任伯年的花鸟画更富有创造，富有巧趣。早年以工笔见长，仿北宋人法，纯以焦墨钩骨，赋色肥厚，近老莲派。后吸取恽寿平的没骨法和陈淳、徐渭、朱耷的写意法，笔墨趋于简逸放纵，设色明净淡雅，形成兼工带写、明快温馨的格调。这种画法开辟了花鸟画的新天地，对近代画坛产生巨大影响。

其山水画创作不多，早年师法石涛，中年以后兼取明代沈周、丁云鹏、蓝瑛，并上溯元代吴镇、王蒙，以纵肆、劲真的笔法见长。

19世纪80年代是任伯年创作的鼎盛时期，创作题材上范围扩大了，具含深刻的社会内容，用隐晦的手段寄寓深情。他后期作品数量大增，在艺术手法上则更加熟练、大胆、概括。尤其是花鸟画，达到"炉火纯青"的境界。

任伯年一生中留下数以千计的绘画作品，是历史上少见的多产画家。最早的作品作于清同治四年（1865），最晚的作于光绪二十一年（1895），时间跨度长达30年。代表作有《苏武牧羊》《钟馗》《关河一望萧索》《麻姑献寿图》等。

陈光颖

陈光颖（1830～1904），字伯蕴，原名光仁，字元蕴，萧山城厢镇人。喜爱书法，工草书。家富庶。清光绪二十一年（1895），在知县朱晓南推动下，集资20余万银圆，于萧山东门外转坝创建合义和丝厂，为萧山最早使用电力机器的工厂。光绪二十五年，又集资50余万银圆，在合义和丝厂附近创办通惠公纱厂，该厂为萧山历史上规模最大的民族资本主义工业，与宁波的通久源纱厂、杭州的通益公纱厂并称"三通"，是当时浙江规模最大、设备最先进、在社会上最有影响力的三家近代民族资本工厂。[①]合义和丝厂、通惠公纱厂均聘嵊县楼景晖为经理，机器均系进口。前者有丝车200余台、职工800余人，后者规模为10192枚纱锭、职工1300余人。产品主要销往上海和江浙一带。

陈光颖亦热心社会公益事业，光绪十九年，由他发起捐资建立萧山育婴堂。光绪三十年卒。

胡燏棻

胡燏棻（1841～1906），字芸楣，安徽泗州（今泗县）人，祖籍萧山。因家境贫寒，父胡豫离萧至淮安做幕僚，自幼便随父客居他乡。少时，聪慧过人，习读"四书""五经"，受父影响，尤好数学。稍长，开始关心时局，经常阅读西方传入的书籍和刊物，因而较早受到西方先进思想的影响。后参加乡试中举，入籍安徽泗州。

清同治十三年（1874）胡燏棻中进士，入翰林院为庶吉士。后改知广西灵川县，未就。在直隶总督李鸿章的推荐下，出任天津候补道。光绪十七年任广西按察使。

光绪二十年，中日甲午战争起，胡燏棻受命留驻天津办理东征粮台。战争的进程，使胡燏棻深感中国与西方先进国家的差距之甚，遂提议修筑京榆铁路。并上疏清廷，主张以西法操练新军。同年冬，光绪帝采纳了胡燏棻的意见，任命其在天津马厂主持新式练兵。光绪二十一年，移至原淮军将领周盛昆、周盛渤所统领盛军的营地新农镇（今小站）。胡燏棻还聘请德国人汉纳根（Hanneken）为教习，军队训练全部仿效西法，力求从组织、训练、技术、武器装备等方面改变湘、淮各军腐朽落后的状况。所练新军被编成10营，号"定武军"，计有4750人，其中步兵3000人、炮队1000人、马队250人、工程队500人。是年底调任芦津铁路督办，小站练兵则移交袁世凯。后任顺天府尹，上疏言变法自强之要，主张开铁路，造钞币、银币，制机器，开矿产，折

①民国26年（1937）11月，萧山遭日机轰炸，通惠公纱厂停工。民国29年1月21日，萧山被日本侵略军侵占；次年2月，通惠公纱厂设备被日本侵略军拆毁。（资料来源：《浙江省纺织工业志》第一节《沿革》，方志出版社，1999年）

图44-1-1197 胡燏棻（1841～1906）
（图片来源：华人德主编：《中国历代人物图像集》，上海古籍出版社，2004年，第2692页）

南漕，精兵裁员，创邮政，练陆军，整海军，设学堂，以学西法兴办实业、整训军队。甲午战败，朝野上下痛定思痛，纷纷呼吁向西方学习，徐图自强。胡燏棻的上疏奏章，得到清廷首肯并被转发于朝廷上下，流传甚广，其"今日即孔孟复生，舍富强外亦无治国之道，而舍仿行西法一途，更无致富强之术"之言，在当时产生了很大反响。光绪二十四年九月，迁总理各国事务衙门大臣，在任期间，妥善处理涉外事宜。又受命督办津镇铁路。同年，清廷采纳胡燏棻等的建议，对军队进行改革，裁并绿营、练勇，选练新操。光绪二十六年，任关内外铁路会办。在义和团运动席卷全国之时，被指为"通敌"，险遭杀身之祸。

后累迁刑部右侍郎，礼部、邮传部侍郎。光绪三十二年卒于任。天津曾建有祠。

高其金

高其金（1876～1913），又名阿金，萧山南阳龙虎村人。"大荒会"农民运动领袖。青年时，力气过人，以春米春落石臼底闻名乡里。好打抱不平，不惧官绅。

清末民国初，萧山南沙连年灾荒。清宣统二年（1910）6月28日，飓风狂雨，自朝至暮，草舍坍塌，田禾多损。次年6月16～17日，暴雨连日不止，钱塘江洪水泛滥，西仓乡外沙仁、忠二字号村落受淹。高其金带领佃农告荒状，要求免租免税，未准。民国元年（1912），夏秋大旱，收成锐减。加之赭山西莫家湾坍江，佃农食不果腹。乡董豪绅却横征暴敛，10月下旬就开始催粮收租，并乘人外出打工之际，上门强行收租收经费，把佃农仅有的棉花搜刮一空，佃农苦不堪言。

10月29日，西仓乡外沙仁字号豪绅向佃农收租收来的棉花七合被窃，疑是高其金一伙所为，遂以租棉不缴为名，抓走其长子高德法。次日，高其金与村民商议，联络仓前、赭山、小泗埠一带佃农。10月31日，高其金组织"大荒会"，抗租抗暴，救灾度荒。豪绅惊慌失措，结集警察弹压。11月4日，县知事卢观派王驿长领警军镇压，"大荒会"死伤多人，王驿长亦毙命。11月5日，卢观向省市求救，称南沙沙民造反，请火速派兵镇压。11月8日，绍兴调发军兵6船、200余人。夜半复有省兵6船200余人率先到达龛山，因风大雨急，驻兵塘上。11月10日凌晨2时，又有驻宁波的省军至，尚有200余名在瓜沥琉璃阁地方，总计省市军兵700余人，均以风雨不克"进剿"，汇集龛山、瓜沥待命。5时，县知事卢观火速赶到龛山议事会，邀集议员筹议方法，最后以"见机而行"决之。下午2时，佃农高鼎茂等2人被捕。下午5时，风雨已停，官兵出发，进抵西仓外沙。大荒会闻讯遭散，高其金逃避江北。

民国2年，因叛徒出卖，高其金在江北被捕，引渡萧山，受尽酷刑，双腿致残，并用铁丝穿其锁骨。同年，被枪杀于仓前岩门白虎山头梵音洞。

汪 珪

汪珪（1878～1913），原名璋甫，字旦庵（据民国23年集庆堂《萧山汪氏宗谱》载：字尧生，又字璋甫，更名旦庵），萧山城厢镇人。少年时爱好读书。清光绪二十七年（1901），考入上海震旦大学化工系就读，其间，结识陶成章、王金发等人，逐渐接受了民主革命思想。在陶、王引荐下，结识宋教仁、黄兴等，后加入光复会。旋又为筹备同盟会而东渡日本。回国后，化名汪继德，任上海《神州日报》主编。辛亥革命时，参加革命军攻打南京，任敢死队队长。

民国2年（1913），孙中山起兵讨伐袁世凯，发动"二次革命"，南京、上海等地有识之士纷纷响应，但缺乏枪械。是年6月，汪珪返萧，变卖祖产，购置枪械一筐，并带余款抵沪，以助讨袁斗争。8月6日晚，在上海天然旅馆密室内试制炸药，因助手吸烟失火，引起炸药爆炸，汪珪身负重伤，被英法巡捕逮捕，遭逼供，未果，不幸于次日晨去世。临死前高呼："打倒袁世凯！"其遗体暂厝上海宁绍会馆。

　　民国5年，汪珪妻儿将灵柩运回萧山安葬，适逢孙中山在杭州，亲送灵柩到钱塘江边，对遗孤备加安慰。不久，孙中山去绍兴，途经萧山，又到汪家探望。

汤寿潜

　　汤寿潜（1856~1917），原名震，字蛰先（又作蛰仙），今萧山进化镇大汤坞村人。

　　少年时在家乡读书，"早岁颖异，以文学见称，闳敏有器识"。（张謇：《汤君蛰先先生家传》，浙江省辛亥革命史研究会、浙江省图书馆编《辛亥革命浙江史料选辑》，浙江人民出版社，1981年版）清光绪十二年（1886），入山东巡抚张曜幕。光绪十六年，撰《危言》4卷，阐述自己关于设立议院、精简冗员、学习西法、改革科举、推广学校、开发矿藏、修筑铁路、兴修水利、加强海军、改善环境卫生、实行晚婚等方面的变法主张。光绪十八年中进士，入翰林院为庶吉士。光绪二十年，任安徽青阳知县。到任仅三月，便辞官而去，游历各省，不久入湖广总督张之洞幕。光绪二十二年受聘为浙江金华丽正书院山长，在教学上讲求实学。光绪二十五年，任湖州南浔浔溪书院山长。

　　光绪二十六年，汤寿潜游说两江总督刘坤一、湖广总督张之洞与英、美各国议订《东南互保章程》。光绪二十九年，官授两淮盐运使，但以养亲之故留居上海，未到任。同年，任上海龙门书院（上海中学前身）山长。光绪

图44-1-1198　汤寿潜（1856~1917）。民国25年（1936）丰子恺所画汤寿潜纪念碑半身像拓片（图片来源：政协萧山市委员会文史工作委员会编：《汤寿潜研究》，团结出版社，1995年）

三十一年为抵制帝国主义侵略、夺回浙江铁路建筑权，倡议集股自办全浙铁路。是年7月，在旅沪浙江同乡会支持下，与张元济等在上海成立"浙江全省铁路公司"，被公推为铁路公司总理，发动民间集资，建造商办铁路。清政府被迫允许浙江全省铁路由商民自筑，并授其四品京卿，掌管全浙铁路事宜。在汤寿潜的主管下，浙江建成了第一条铁路——沪杭路。光绪三十二年与张謇、郑孝胥一道组建预备立宪公会，会员以江苏、浙江、福建籍人士为多，并以实业、文化界的知名人士为核心，汤寿潜被推为副会长；同年9月，参加江浙绅民收回路权运动。光绪三十四年，与陈三立共同发起组织中国商办铁路公司。同年7月，与张謇、郑孝胥等联名致电清政府，要求以两年为限，正式召开国会。宣统元年（1909），授云南按察使，旋改授江西提学使，均辞不就。后因痛劾邮传部右侍郎盛宣怀媚外误国，被革职。同年，浙江谘议局成立，被推为议长，与张謇、汤化龙等立宪派重要首领发起和组织联合请愿，要求清政府实行宪政。宣统二年，参与国会请愿活动。是年3月，在上海创办《天铎报》，并附画刊一起发行，宣传革命思想。

　　宣统三年11月，杭州新军起义，汤寿潜被举为浙江省军政府都督。随后，联合上海都督陈其美、江苏都督程德全通电起义和独立各省，提议召开各省代表大会，商议成立统一的中央临时政府。翌年1月，中华民国临时政府成立，汤寿潜被任命为交通总长，未赴任。2月，改任赴南洋劝募公债总理，遂离沪出国，到南洋筹集款项，以缓临时政府的财政之困。4月，孙中山辞去临时大总统之职后，汤寿潜即回国与张謇、章太炎等组织统一党，力求挽回残局，汤时任参事。8月，改任浙江铁路公司理事长。不久，浙江铁路改归国有，北京政府论汤寿潜以往功绩，特赠予他20万银圆。民国4年（1915），汤寿潜曾致电反对袁世凯称帝。

　　晚年，汤寿潜返回乡里，在大汤坞、欢潭两地创办小学，又发动天乐乡乡民改麻溪坝为桥。改坝为桥使得坝内外之民均可受益，也使延续了几百年的废坝与保坝之争宣告结束。民国6年6月6日，病卒。生前曾嘱死后将所奖20万银圆捐赠用于浙江教育事业，后用作建造浙江公共图书馆馆舍。

　　汤寿潜一生著述甚丰，除《危言》4卷外，尚著有《尔雅小辨》20卷、《说文贯》2卷、《理财百

策》2卷、《三通考辑要》30卷及文集若干卷。

朱执信

朱执信（1885～1920），原名大符，字执信，号秋谷，笔名蛰伸、县解、去非、前进等，萧山衙前翔凤村人，生于广东番禺。少年时，勤奋攻读，博览精思。清光绪二十八年（1902），入广州教忠学堂读书。光绪三十年，应广东省留日考试，以官费东渡日本留学。在日本东京主攻经济学，其间，结识孙中山、廖仲恺等。光绪三十一年，加入孙中山领导的同盟会，任评议部议员兼书记，开始革命生涯。同年11月，在《民报》第一号刊载《论满州虽欲立宪而不能》一文，开始以蛰伸、县解等笔名在《民报》上发表文章，批驳保皇论调，阐发孙中山的三民主义，尤其侧重阐发民生主义。

图44-1-1199 朱执信（1885～1920）
（图片来源：林家有、张金超著：《文武兼备的革命家：朱执信》，广东人民出版社，2008年）

光绪三十二年，朱执信奉孙中山之命回国。先后在广东高等学堂、法政学堂、方言学堂等校任教。同年，在《民报》上连续介绍马克思、恩格斯的事迹，翻译《德意志社会革命家列传》《共产党宣言》和《资本论》部分内容。以后又撰写《社会革命当与政治革命并行》等10多篇论文。宣统二年（1910）在广东顺德一带发动军民响应广州新军起义。宣统三年4月27日，朱执信参加著名的黄花岗起义，在激战中负伤而到香港休养。同年，在辛亥革命中，其负责策动民军会攻广州。广东光复后，出任广东都督府总参议，负责编练军队，准备北伐。次年4月，袁世凯篡权，朱执信随孙中山参加"二次革命"。尔后，在日本继续进行讨袁斗争，曾到南洋筹措反袁经费，并多次奉命回广东谋划反袁起义。

图44-1-1200 民国6年（1917）春，孙中山（前排左五）在上海环龙路寓所同朱执信（前排左二）、陈炯明（前排左四）、胡汉民（前排左六）等商讨革命大计时合影（图片来源：林家有、张金超著：《文武兼备的革命家：朱执信》，广东人民出版社，2008年）

民国4年（1915），朱执信加入中华革命党。民国6年7月，为捍卫《临时约法》，随孙中山自上海下广州，并担任护法军政府军事联络和掌管机要文书工作，负责起草《建国方略》，并奉命在上海创办《建设》杂志，担任编辑撰述工作。从民国8年6月至次年6月，写了100多篇评论时政的文章，共40多万字。

民国9年，朱执信奉命赞助漳州护法区建设，敦促粤军回师驱逐桂系军阀，又赴广东发动各地民军。9月21日在虎门调停丘渭南部和邓钧部的矛盾时，被乱枪击中牺牲，时年35岁。噩耗传到上海，孙中山如失左右手，称赞其为"最好的同志"、"中国有数人才"。次年2月27日，孙中山参加朱执信追悼大会并撰写挽文；10月1日，广州执信学校开学，孙中山亲临致词，称颂其为"革命实行家，又为文学家"。著作编为《朱执信集》。

李成虎　陈晋生

李成虎（1854～1922），萧山衙前西曹村（今凤凰村）人。农民，家境贫寒。幼年丧父，随母行乞为生。

陈晋生（1878～1922），萧山衙前项家村人。向以务农为业。民国10年（1921）衙前农民协会成立时，积极参加农民运动，走村串户，向农民宣传革

图44-1-1201 李成虎（1854～1922）
（图片来源：《衙前镇志》编纂委员会：《衙前镇志》，方志出版社，2003年）

命道理。

民国10年4月，上海共产党早期组织成员沈定一回家乡发动农民运动，倡导组织农民协会，团结起来与地主、奸商作斗争，维护广大贫苦农民的切身权益。李成虎积极响应，在当地农户中做了大量动员、组织和发动工作。率领农民捣毁坎山、瓜沥一带哄抬粮价的米店，迫使米商以平价售粮。9月27日，在衙前东岳庙召开农民大会，成立衙前农民协会。会上通过《衙前农民协会宣言》和《衙前农民协会章程》；选举李成虎、陈晋生等6人为协会委员，并推举李成虎为议事员，负责农民协会的实际工作。衙前农民协会在李成虎、陈晋生等带领下，开展以减租反霸为中心的反封建斗争，实行"三折还租"，影响极大。两三个月内，萧山、绍兴和上虞三县的农民纷起仿效，共有80多个村相继组织农民协会；并在此基础上成立衙前农民协会联合会，成为中国共产党成立后新型农民运动的最先发轫者。

萧绍地区风起云涌的农民抗租减租斗争，使地主阶级惊恐万状，于是勾结军阀官僚进行残酷镇压。民国10年12月18日，派军队包围农民协会会址，陈晋生被捕；27日，李成虎亦被捕。县知事庄纶仪亲自审问，李成虎义正词严地回答："我是衙前农民协会的议事员，我是主张组织农民协会的，我是三折还租的提议者，怎么（样）？"李成虎大义凛然，坚贞不屈，遭受严刑拷打，钉镣入狱。民国11年1月24日，李成虎被凌虐惨死于狱中。李成虎牺牲后，上海工商会友谊会派代表童理璋等专程到衙前公祭李成虎。陈晋生出狱后，于同年2月病逝。李成虎、陈晋生均葬于衙前凤凰山。

沈定一

沈定一（1883~1928），原名宗传，字叔言，后改名定一，字剑侯，号玄庐，因家中弟兄间排行第三，人称"三先生"，萧山衙前镇人。清光绪二十七年（1901）中秀才。3年后捐云南楚雄府广通县知县，旋署武定知州、省会巡警总办。后留学日本，在东京加入同盟会。

辛亥革命爆发，沈定一组织中华民国学生军团，自任团长，参加光复上海的武装起义。民国元年（1912），被选为浙江省首届议会议员。袁世凯篡权后，在沪组织"公民急进党"反袁，遭通缉，避居日本、南洋等地。民国5年回国，当选浙江省第二届议会议长。其间，议决兴办省立第二、第三、第六、第八、第九师范学校，培养师资，普及教育。五四运动前后，立足上海，提倡白话文和文学革命，曾与戴季陶等在上海创办《星期评论》周刊，撰写诗文100多篇，宣传社会主义思潮。后又在广州创办《劳动与妇女》杂志，担任主编。民国9年春，曾在杭州支持"一师风潮"，并参加浙江各界驱逐齐（耀珊）夏（敬观）运动。同年5月与陈独秀、李达、陈望道、沈雁冰等在上海发起组织"马克思主义研究会"，8月参加上海共产党早期组织。

民国10年4月，沈定一回家乡衙前开展农民运动。独资创办衙前农村小学，作为开展农民运动的基础，邀请浙江第一师范学校的进步教员刘大白，学生宣中华、徐白民、唐公宪、杨之华等来校任教，并发动农民，筹建农民协

图44-1-1202 沈定一书"李成虎君墓"（图片来源：萧山区人民政府地方志办公室档案）

图44-1-1203 民国10年（1921）《新青年》第九卷第四号上刊登的《衙前农民协会宣言》《衙前农民协会章程》《衙前农村小学校宣言》（图片来源：萧山区人民政府地方志办公室档案）

图44-1-1204 沈定一（1883~1928）（图片来源：陶水木编：《沈定一集》，国家图书馆出版社，2010年）

会，主张"农民自决"。他首先自减田租，并拿出钱财分与贫苦农民。9月27日，衙前农民协会成立，通过《宣言》《章程》，明确宣布"本会与田主地主立于对抗地位"，并实行"三折还租"。萧绍80多个村参加。是年底，农民协会遭军阀政府镇压。

民国12年8月，沈定一参加"孙逸仙博士代表团"，同蒋介石等4人赴苏联考察，回国后加入中国国民党。次年1月在国民党第一次全国代表大会上，被选为候补中央执委。3月，回浙江组织中国国民党浙江临时省党部，为执行委员。民国14年1月出席中国共产党第四次全国代表大会。与会期间，公然违反党的纪律，否定无产阶级的革命力量，反对阶级斗争，遭到代表们的严肃批评。5月，出席国民党一届三中全会，与戴季陶等竭力反对国共合作，不久被开除中国共产党党籍。

民国14年7月，沈定一回衙前主持召开国民党浙江临时省党部执委会全会，会上，与戴季陶一起主张"分共"，遭到共产党党员、国民党临时省党部执委宣中华等的坚决反对；11月，到北京参加国民党右派非法召开的"一届四中全会"（史称"西山会议"）。次年1月，在国民党第二次全国代表大会上，受到书面警告处分；3月，仍参加谢持、邹鲁等"西山会议派"在沪非法召集的国民党伪"二大"，被选为中央常务委员。

四一二反革命政变后，沈定一曾任国民党中央农民运动委员会委员、国民党浙江省党部改组委员会委员兼秘书长、浙江省党部特派员、浙江省清党委员会常务委员、浙江省反省院院长等职，参加逮捕、杀害共产党人和国民党左派人士的活动。民国17年春，辞职回衙前，试办农村地方自治，建立东乡自治会。同年8月28日，在萧山衙前汽车站遇刺身亡。

曹阿堂

曹阿堂（1894~1928），又名瑞堂，萧山南阳镇坞里村人。少年时父亡，家境贫苦。民国3年（1914）初夏，因钱塘江水患，曹阿堂全家流落杭州，曹阿堂则在江干码头当挑夫，勉强维持生计。民国7年，曹阿堂进入杭州光华火柴厂做苦力，后改做卷刨工。

民国14年，曹阿堂参加由中国共产党领导的杭州工人运动，受到革命教育，逐渐成长为一名反帝反军阀的积极分子。民国16年2月，光华火柴厂工会成立，曹阿堂当选为工会委员兼工人纠察队队长。不久，经袁立夫、何志球介绍，加入中国共产党。中共光华火柴厂党支部成立后，曹阿堂担任书记。当时的光华火柴厂有1000多名工人，劳动时间长、强度大，而工资却十分低薄，工人们吃不饱、穿不暖。曹阿堂和其他工会委员在杭州总工会的支持下，领导工人与资本家展开了面对面的斗争。他发动全厂工人罢工、集会，带头在会上控诉资本家的残酷剥削和压迫，并代表工会向资本家提出增加工资、改善职工生活待遇等几项具体条件，深受工人拥戴。但由于少数工头从中作梗，谈判几经交涉，均无结果。为了打击资方的傲慢气焰，曹阿堂果断地带领工人纠察队，抓住破坏工运、民愤最大的3个工头，责令他们自敲铜锣，一路高喊："我是资本家的走狗！"在闸口至南星桥地段游街示众。资本家见势主动求和，答应所有条件。从此，光华火柴厂实行8小时工作制，增加工人工资，并设女工生育假，建立厂医务室，创办工厂托儿所，斗争取得圆满胜利。

民国16年3月，反动的"杭州市职工联合会"在国民党右派的支持下，雇用大批流氓打手袭击杭州总工会，制造了"三三〇"事件。曹阿堂闻讯，立即带领厂工人纠察队赶赴现场，击退歹徒。四一二反革命政变后，光华火柴厂的红色工会被宣布为非法组织。曹阿堂因受通缉而避走苏州，靠打零工谋生。9月重返光华火柴厂，继续进行秘密工作，并参加中共浙江省委军事部组织领导的"红色恐怖团"惩处工贼活动。11月3日夜，曹阿堂和2名纠察人员到工贼来桂芳住所执行任务，因枪弹没中要害，未遂。曹阿堂得悉事情暴露后，让一起参加执行任务的姚启忠和任阿明去外地躲避，准备自己一人承担全部责任。次日下午，曹阿堂在海月桥永福楼茶店被捕。曹阿堂在狱中身受酷刑，坚强不屈，民国17年1月9日被杀害于浙江陆军监狱。

曹阿堂遇难后，光华火柴厂工人自发赎回他的遗体，安葬于工厂附近的桃花山上。当时党中央机关刊物《布尔什维克》曾载文哀悼。1982年，曹阿堂烈士遗骨迁葬于南山公墓内杭州革命烈士陵园。

单不庵

单不庵（1877~1930）[1]，又作不厂，名丕，字诒孙，号伯宽，以字行，萧山城厢镇人，生于海宁硖石。民国4年（1915），任教于浙江第一师范学堂。其4个得意门生施存统、周柏棣、俞秀松、曹聚仁后来都成了五四时期杭州学生运动的闯将，其中施存统和俞秀松还是中共初创时期的党员。单不庵于民国12年赴京，为北京大学教师，不久任该校图书馆主任。回杭州后，任浙江省立图书馆中文部主任。民国16年，主持杭州文澜阁馆务。晚年又去上海中央研究院工作。

单不庵重考据，长训诂，曾重新校勘段氏《说文解字注》。对中国历史和哲学颇有研究，著有《宋儒年谱》《二程学说之异同》《宋代哲学思想史》等10余种。一生藏书甚丰。民国18年逝世。民国20年，浙江图书馆中文部曾收其所遗藏书7000余册。[2]

钟阿马

钟阿马（1894~1930），萧山云石乡上堡村人。家境贫困，自小随父为槽户（土纸作坊）做工。民国16年（1927）3月，中共萧山地方组织建立。县委派瞿缦云到上堡、沈村一带开展工作，发动群众，筹建农民协会。钟阿马在与瞿缦云的接触中，受到革命教育。同年秋，钟阿马加入中国共产党，不久任上堡村党支部书记。

民国17年，为了保卫农民协会，有效地开展斗争，钟阿马以党员为核心，成立"铁血团"，任团长，提出"减租减息，有饭大家吃"，"锄强扶弱、互相帮助"的口号。"铁血团"成立后，钟阿马带领他们宣传党的宗旨，动员群众联合起来，使骆家舍、戴村、义桥一带30多里范围内的群众受到中共的革命宣传和影响。农民协会、"铁血团"相继成立后，钟阿马领导农民协会会员开展保卫自身利益的斗争，实行"二五"减租，废除高利贷，实行借贷还本不付息，受到贫苦农民的拥护。上堡村以钟礼仁为首的地主、槽户组织"保产联合会"，与农民协会对抗。钟阿马带领农民协会教训了钟礼仁，"保产联合会"也随之垮台。

民国17年秋，中共萧山县委召开党代表会议，钟阿马当选为县委委员。会上，县委决定把上堡、沈村一带作为斗争的中心区域。会后，沈村、丁村的农民协会也以党员为核心成立"铁血团"。沈村、丁村和上堡三村联成一片，共推钟阿马为总指挥。同年冬，钟阿马等党员领导"铁血团"和当地群众进行"砍竹暴动"。次年4月19日夜，浙江省保安队和萧山县警察大队70余人赴上堡围剿。由于钟阿马已有所闻，率"铁血团"携带土枪、板枪退至乌龟石山山庄。军警在上堡扑空后，即由钟麟侪家人做向导，分两路上山，包围了山庄。

①单不庵生卒年均有不同说法，本志据考证，确定其生年为"1877"，卒年为"1930"。据《海宁硖石镇志》（《海宁硖石镇志》编纂委员会编，浙江人民出版社，1992年9月，第440页）所载，单不庵生于1877年。据《胡适文集》第四册（欧阳哲生编，北京大学出版社，1998年，第612页）中收录的胡适写于民国19年（1930）1月28日的日记载："单不庵先生于十九年一月十三日死了。他的遗文散在各地，不易收集。我的日记内留有这三封信，故我收在《文存》里，纪念我生平敬爱的一个朋友。"

②单不庵死后，胡适极为悲痛。民国28年（1939）9月，《胡适文存三集》由上海亚东图书馆出版。扉页上题着"纪念四位最近失掉的朋友：李大钊先生，王国维先生，梁启超先生，单不庵先生"，足见单不庵在胡适心中的地位。

钟阿马指挥"铁血团"奋力抵抗，终因寡不敌众，钟阿马、钟马潮等10人被捕，丁关田当场牺牲。

钟阿马被捕后，关押在萧山县监狱。后因中共浙江省委机关遭破坏，搜出萧山县委领导人名单，萧山县委即遭破坏，钟阿马也由萧山监狱转押浙江陆军监狱。在各种酷刑面前，他始终坚贞不屈。后经浙江省高等法院审理，被判刑10年。钟阿马在狱中党支部领导下，坚持狱中斗争。民国19年（1930）8月30日，钟阿马在临浦峙山脚下惨遭杀害。

曹素民

曹素民（1901～1930），又名子明，化名一平，字兰芬，绍兴县夹灶乡赵家湾村（今属萧山益农镇）人。从小由其父亲教习文化，家境贫寒。12岁在上虞啸唫酒店当学徒，刻苦自学，人称"小秀才"。民国8年（1919）初，到上海一家酒店当学徒。数月后，转到严乾生中药房当装药工。五四运动爆发，积极参加游行示威，散发传单，书写、张贴标语，发动店员参加罢工，上街演讲，揭露日本帝国主义的强盗行径，并参与和发动抵制日货活动，被选为上海店员联合会委员。

民国13年初，经在上海书店工作的共产党员王承纬介绍，曹素民开始接触《共产党宣言》等马克思主义著作。6月，被选为上海店员联合会7名委员之一。民国14年春，由上海党组织推荐为黄埔军校第三期学员。同年9月，加入中国共产党。曹素民志愿参加国民革命军第一军，跟随周恩来第二次东征。北伐前夕，曹素民被分配到第六军十九师五十六团三营担任教导员；民国16年四一二反革命政变后，随国民革命军抵达武汉，转入二十军中任营长。曹素民后转战江西，参加八一南昌起义。10月，奉中共党组织指示回浙江工作，先后被派往嘉兴、兰溪等地负责军事及农民运动。

民国17年10月，曹素民受中共浙江省委委派，回故乡组建中共绍兴县委。经日夜奔波，箔业、米业等支部活动迅速恢复。17日，组织6000余农民进城请愿，要求当局对灾田免税。11月7日，绍兴中共党员大会在禹王庙召开，在会上作当前形势和今后斗争任务的报告；下午，中共绍兴县委成立，任书记。会后去富盛小学以教书为掩护，发展党员，创办农民夜校，恢复农民协会。设立农事研究所，建立宣传队、梭标队等组织，积极开展减租反霸斗争。在城区、集镇恢复和健全工会，领导工人开展罢工斗争。曹素民曾深入丝绸工业较集中的下方桥，组织和发动丝业工人为改善生活待遇、增加工资，连续罢工3天，取得斗争的胜利。还将城内锡箔工人组织起来，恢复和健全箔业工会，并把优秀箔工推举为工会干部，从中发展党员。

民国18年11月14日，曹素民派人赴杭州中心市委汇报工作，此人被伪装成杭州中心市委人员的特务逮捕，随身所带《绍兴党组织活动情况报告》和《城市暴动计划》均落入敌手。当晚，浙江省政府派大批军警抵绍，曹素民与正在龙门桥左新庵内开会的14名党员被捕。次日，被押到杭州陆军监狱。曹素民在狱中进行各种不屈斗争，并任中共浙江陆军监狱特别支部成员，协助编辑

图44－1－1205　钟阿马（1894～1930）
（图片来源：中共杭州市萧山区委党史研究室：《中共萧山党史（第一卷）》，中共党史出版社，2002年）

图44－1－1206　曹素民（1901～1930）
（图片来源：萧山区档案馆）

党内刊物《火花》，在政治犯中传阅。又编辑群众性读物《洋铁碗》，对"普通犯"进行教育。民国19年8月27日凌晨，曹素民在狱中牺牲，年仅30岁。

曹顺标

曹顺标（1915~1932），又名仁标、仁飚，萧山城厢镇人。顺标有3个姐姐、2个哥哥，排行最小。民国10年（1921）起，先后在萧山福音堂小学和县立仓桥小学读书。民国15年秋，考入上海八仙桥中法学堂；次年，转入上海立达学园，其间，接触进步人士，了解马列主义。民国17年加入中国共产主义青年团，同年参加"五一"示威游行时遭逮捕，拘禁1个月，出狱后被校方开除。民国18年7月起就学于复旦大学附属高中、上海大夏大学附属高中，继续从事革命工作，先后担任上海中学生联合会负责人、上海民众援助东北军、反对上海停战协定联合会青年部部长。

民国21年7月17日，中共江苏省委为进一步推动全省的反日救国运动，决定由上海市反帝大同盟和上海市"民联"在上海共和大戏院（今延安剧场）联合召开全市各反日团体代表大会。清晨，曹与青年部另一部长等人前去布置会场，发现戏院已被监视。他们即刻将所带的文件、传单藏于墙洞，并向组织建议取消会议，未被采纳。稍后，警察包围戏院，因叛徒出卖，曹顺标等80余人被捕，29日押送至南京警备司令部。时称"沪西共舞台事件"。同年10月1日，曹顺标就义于南京雨花台，年仅18岁。

宋梦岐

宋梦岐（1903~1934），又名长生，浙江绍兴人。民国10年（1921）就读于浙江第一师范学校，民国13年毕业，到萧山坎山（时称凫山）一所小学任教，其间，加入中国国民党。民国14年，国民党浙江省党部内部分裂，宋梦岐离校赴杭，在国民党左派控制的浙江省党部工作，同年加入中国共产党；次年7月，军阀孙传芳下令搜查浙江省党部秘密机关，宋梦岐被捕。10月获释。11月受国民党省党部委派，以省党部登记员的身份到萧山改组被国民党右派把持的萧山县党部，组成临时县党部执委会，同时开展北伐后援工作。次年2月，北伐军进驻杭州后，宋根据上级指示，在负责筹建国民党县党部的同时，筹建中共萧山地方组织，开展工人运动，并在知识分子中进行革命活动，短期内，从工人和知识分子中发展了一批中共党员，先后建立了中共萧山第一小学支部、通惠公纱厂支部、庆云丝厂支部。民国16年3月8日，改组后的国民党萧山县党部正式成立，宋梦岐为执行委员会常委。同月，萧山历史上最早的中共县级组织——中共萧山地方党部成立，宋梦岐为负责人。四一二反革命政变，宋梦岐被捕，关押于浙江陆军监狱。后被营救出狱，因失去组织联系而脱党。曾在绍兴《中国儿童时报》任编辑。民国23年病故。

周易藻

周易藻（1864~1934）①，字芹生，号璐琴，晚年号遁叟，萧山戴村镇丁村人。清光绪十五年（1889）己丑科举人。此后四次赴京会试，都因"额满见遗"遗憾仕途。吏部授"内阁中书"空衔，至江苏候补知县。因不堪官场风

图44-1-1207 曹顺标（1915~1932）（图片来源：萧山区人民政府地方志办公室档案）

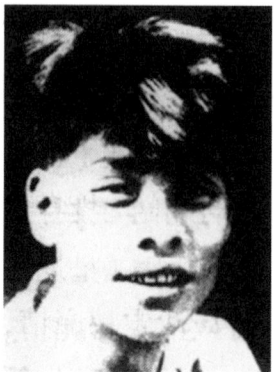

图44-1-1208 宋梦岐（1903~1934）（图片来源：中共杭州市萧山区委党史研究室：《中共萧山党史（第一卷）》，中共党史出版社，2002年）

①萧山《马谷周氏宗谱》〔民国癸酉年（1933）重修，爱莲堂珍藏〕载有周易藻自编年谱《遁叟自述年谱》，周易藻卒年由族人用毛笔加注在年谱后，注曰："甲戌七十一岁九月朔卒于萧城亦岐居。"据此推断其卒年为民国23年（1934）。

图44-1-1209 周易藻（1864~1934）（图片来源：萧山《马谷周氏宗谱》）

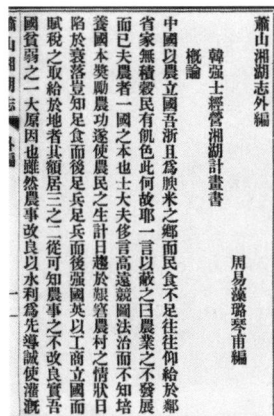

图44-1-1210 周易藻《萧山湘湖志》收录的《韩强士经营湘湖计划书》局部

①萧山《马谷周氏宗谱·遯叟自述年谱》。

气，数月即回。后至江苏披阅乡试考卷。他先后出任萧山县劝学所总董、萧山县立高等小学校长。

周易藻编有《萧山湘湖志》8卷及《萧山湘湖续志》1卷。为编写该志，他筑"辛庐"于湘湖边，常"驾一叶扁舟，流览湘湖，穷幽探隐，日夕始返。夜则查索水利诸书，摘录历年卷宗，参互考订"①，历6月始竣稿。该书涉及湘湖沿革、湘湖碑记和艺文、湖贤事迹、湘湖题咏、湘湖古迹等内容，是迄今内容最为丰富的湘湖文献。

张 弧

张弧（1875～1937），原名毓源，字岱杉，萧山城厢镇人。清光绪二十八年（1902）举人，曾任长芦盐运使、两淮盐运使。

民国2年（1913），任北洋政府盐务筹备处处长，后改任财政次长，并兼盐务署署长、盐务稽查总所总办。民国5年，协助段祺瑞政府讨伐张勋复辟；翌年，任侨工事务局首任总裁。民国9年任币制局总裁。次年升任财政总长。民国11年春，奉军在第一次直奉战争中失败，张以煽动战乱罪被革职。次年重任财政总长。民国16年任安国军财政讨论会委员。不久，北伐胜利，北洋政府垮台，张弧隐居天津。民国24年任冀察政务委员会高等顾问。民国26年，病逝于北京。

朱文钧

朱文钧（1882～1937），字幼平，号翼盦，又号甄父，萧山城厢镇城东办事处朱家坛村人。清光绪年间（1875～1908），游学于英、法等欧洲国家，归国后，任度支部员外郎。辛亥革命后，历任财政部参事、盐务署厅长等职。民国17年（1928），脱离政界，专心从事古书古物工作。民国20年，故宫博物院成立，被聘为特约专门委员，负责鉴定书画碑帖。民国22年，精选我国绘画作品，在伦敦举办中国古代艺术展，为首次中国古代艺术品展。

朱文钧工书善画，博学精鉴，尤好金石之学，一生致力于收藏。家中藏书甚富，共有10万余卷，其中多为善本。所藏的"旧钞名校"，是其藏书的主要部分，中以宋元人集部为多。所收宋蜀本唐人文集有《李长吉文集》4卷、《许用晦文集》2卷、《张文昌文集》4卷、《孙可之文集》10卷、《司空表圣文集》10卷、《郑守愚文集》3卷等，皆为孤本，尤为珍贵。古籍而外，碑帖和书画亦是其收藏之所好。碑帖多得古拓，积累汉唐碑版700余种，多为珍秘之本。朱文钧所藏甚广，兼及铜、瓷、竹、木、玉、砚、墨、印等古器物。其收无不精要，每类皆可成一专门收藏。

中华人民共和国成立后，朱文钧夫人率子将家藏碑帖706种全数捐献给国家。所捐碑帖从东周的石鼓文以下，包括了以后历代的法帖在内，多是宋、元、明、清的拓本，均为碑拓中的上品。时任文化部部长的沈雁冰为其家此举颁发奖状，以资表彰。此后，又将2万多册善本古籍图书捐献给中国社会科学院历史研究所，将所藏书画捐献给浙江省博物馆，将所藏明清家具捐献给承德避暑山庄博物馆。

图44-1-1211 张弧(1875～1937)
（图片来源：萧山区档案馆）

图44-1-1212 朱文钧(1882～1937)
（图片来源：萧山博物馆）

朱文钧生平著述颇多，"文化大革命"时多有亡佚，根据其后裔整理，现仅《左传杜注续补》《读汉书札记》《欧斋石墨题跋》《欧斋百砚谱》《倚山阁诗文存》《翼厂藏墨》6种存世。

王纪昌

王纪昌（1821～1939）[①]，萧山衙前镇新发王村人。终身未婚，曾出家为僧，一生积德行善，热心修桥、铺路、造凉亭，义务为百姓看病，乡人敬其为"活菩萨"。萧绍古运河上的"永兴桥"，即由他发起重修，桥碑镌有"一代宗师王纪昌发起修建"，碑今存。

浙江巡抚感其盛名，上奏朝廷，清朝宣统皇帝赐"盛朝奇叟"匾。王纪昌118岁卒。旧志称其为萧山历史上寿命最长的人。

单士厘

单士厘（1858～1945），女，字受兹，萧山城厢镇人。她出生于一个有文化教养之家，自幼勤奋好学，博学能文。其夫钱恂，为维新派中知名人士，清光绪年间（1875～1908）屡任驻外使节。

光绪二十五年，单士厘以外交使节夫人的身份第一次旅居日本，还带二子一媳一婿赴日读书。居日期间，她很快学会日语，能在无译员时，代任口译。由于语言交流方便，她得以接触日本社会各阶层人士，写下许多记录日本风土人情、名胜风景的诗文。单士厘深感公历便利，便在日本家中使用公历。她写道："世界文明国，无不用格里阳历……自履日本，于家中会计用阳历，便得无穷便利。"是中国最早使用公历的人。光绪二十九年，单士厘一家离日本赴俄，后又遍历德国、法国、英国、意大利、比利时、希腊、埃及等国。宣统元年（1909）冬回国。

单士厘遍历亚、非、欧三大洲，行数万里，历十余载，视野大开。她联系国内妇女现状与社会生活的实际，为改善妇女地位，为国家民族的昌盛，著书立说，向广大中国妇女进行思想启蒙工作。辛亥革命爆发后，她明确提倡妇女参加革命，与伍廷芳夫人等在上海发起女界协赞会，为革命劝募筹饷，成效显著。多年的国外生活，使她痛恨封建制度的落后与愚昧。她反对妇女缠足，并身体力行，还著文赋诗，揭露中国封建教育制度对儿童身心的摧残。单士厘把海外的所见所闻写成《癸卯旅行记》《归潜记》两书。在《癸卯旅行记》中，她详细介绍了俄国作家托尔斯泰，成为介绍托氏到中国的第一位女作家，该书也是中国最早的女子出国游记。在《归潜记》一书的《章华庭四室》和《育斯》两篇中，还系统地介绍古希腊、古罗马神话，是最早把欧洲神话介绍到中国的文学作品。她在介绍西方近代文明的同时，仍推崇祖国的传统道德，认为乃西方所不及。单士厘的游记中，充满了反抗侵略和热爱祖国的精神。在写到沙俄士兵在我国东北杀人、强奸的罪恶行径时，呼吁人们"纵无器械"也要与敌人搏斗，"岂能默然待死"。

单士厘一生有著作多种。《癸卯旅行记》《归潜记》两书是其代表作，此外尚有《受兹室诗稿》《家政学》《家之育儿简谈》《正始再续集》等。在

图44-1-1213　王纪昌(1821～1939)像（图片来源：萧山区人民政府地方志办公室档案）

图44-1-1214　清宣统皇帝钦赐的"盛朝奇叟"匾（图片来源：萧山区人民政府地方志办公室档案）

图44-1-1215　单士厘(1858～1945)（图片来源：钱单士厘：《癸卯旅行记·归潜记》，湖南人民出版社，1981年）

81岁时，还完成《清闺秀艺文略》5卷。

蔡东藩

蔡东藩（1877~1945），名郕，字椿寿，号东藩，今萧山临浦镇①人。清光绪十六年（1890）中秀才。宣统元年（1909）考取省优贡生。宣统二年朝考入选，翌年春调福建为知县候补。因不满官场恶习，月余即称病回乡。辛亥革命之后，得好友邵希雍介绍，到上海会文堂新记书局任编辑。修撰《高等小学论说文范》《中等新论说文范》《清史概论》等书。

从民国5年（1916）至民国15年，蔡东藩用10年的心血和惊人的毅力，完成《前汉通俗演义》《后汉通俗演义》《两晋通俗演义》《南北史通俗演义》《唐史通俗演义》《五代史通俗演义》《宋史通俗演义》《元史通俗演义》《明史通俗演义》《清史通俗演义》《民国通俗演义》11部历史通俗演义，600余万字，1040回，合称《历朝通俗演义》，记述了自公元前246年到民国9年发生的重大历史事件和重要历史人物，凡2166年。加上《西太后演义》及《历朝史演义》两部，总共撰写了13部计724万字的通俗史巨著。采用通俗演义的笔法描述历代兴衰史，利于普及历史知识。他在史料上"以正史为经，务求确凿；以轶闻为纬，不尚虚诬"；在体裁上，保持了演义历史小说的特点，且自写正文、自写批注、自写评述。其内容跨越时间之长、人物之众、篇制之巨，堪称历史演义之最。被人誉为"一代史家，千秋神笔"。在《民国通俗演义》中，对清廷之腐败，予以抨击，其间曾收到恐吓信及子弹，迫其修改，蔡东藩不改初衷。民国16年，因病辞职回家。居乡期间，曾随岳父习医，并任临浦小学国语老师，又曾设私塾授学，对语文教学提倡"学以致用"，力主革新，晚年以行医卖文为生。

蔡东藩兴趣广泛，学识渊博，其著作除历史通俗演义外，还有《留青别集》《客中消遣录》《楹对作法》《楹联大全》《内科临症歌诀》及诗集《风月吟稿》《写忧草》等。

葛理庸

葛理庸（1920~1946），幼名棣荣、祖燕，化名常德存，今萧山进化镇山头埠村人。民国19年（1930）随父居沪，民国23年辍学，民国25年入嘉兴民丰造纸厂。工余自习写作，曾在《嘉兴日报》副刊上发表题为《一盏明灯熄灭了》一文，悼念鲁迅逝世。抗日战争爆发后，葛理庸回故乡，集资创办战时小学，为贫苦儿童提供就学机会。

民国27年，葛理庸参加县战时政治工作队，投入抗日斗争。民国29年，加入中国共产党。次年，参加省抗日流动施教团，在金华、绍兴、上虞等地开展抗日宣传工作，组织群众进行抗日救亡活动。

民国33年，葛理庸受党组织指派，任国民党"忠义救国军浙东办事处"秘书，在内部开展联络宣传工作。翌年春被国民党政府逮捕，1个月后经营救出狱，即参加新四军浙东游击纵队金萧支队，化名"常德存"，任敌工科科长。不久，任中共路东县委委员。民国35年春，葛理庸与通讯员外出途中，与

图44-1-1216 蔡东藩(1877~1945)
（图片来源：《萧山文化志》，中国卓越出版公司，1990年）

①临浦镇历史上曾是"一镇二县管"，蔡东藩住在临浦山阴直街，属山阴县管辖。1950年10月，经省政府批准，整个临浦镇统一由萧山管辖。

图44-1-1217 蔡东藩的部分著作
（图片来源：《萧山文化志》，中国卓越出版公司，1990年）

敌人遭遇，为掩护同志撤离，英勇牺牲，年仅26岁。

盛练心

盛练心（1886~1948），号邦彦，萧山坎山（时称"龛山"）乡盛家坞村（今属坎山镇）人。早年加入光复会，与蔡元培、刘大白等为友。民国初，毕业于杭州法政专科学校，为律师，同时，被选为浙江省议会议员。民国6年（1917）参加孙中山广州护法军政府。民国11年10月，被选为第一届第三期国会参议院议员，因拒曹锟贿选回乡，从此脱离政界，经营实业。在坎山先后办起东乡医院、坎山小学、厚生钱庄，集资创办蚕丝合作社，参与湘湖农场的筹建。民国15年，任萧绍公路长途汽车公司监事。

楼曼文

楼曼文（1908~1949），女，又名方娘，小名梅园，萧山楼塔镇徐家店村人。其父鄙视女孩，使她从小逐渐养成倔强、正直的性格，萌发了同情穷人、痛恨封建家庭的思想。14岁时，父母将其许配给同村一户人家，她极力反对，终于解除婚约。民国10年（1921），随家迁居杭州。民国13年就读于杭州女子中学。五卅惨案发生后，楼曼文参加杭州学生联合会，并被推选为中学生女代表，上街游行示威。次年加入中国共产主义青年团。民国16年，考入浙江工业学校，四一二反革命政变后被迫辍学，避居乡间。不久，只身赴沪，入上海艺术大学。

在上海，楼曼文结识了党的地下工作者蔡叔厚。在蔡叔厚的培养帮助下，民国17年，楼曼文加入中国共产党，后与蔡叔厚结婚。当时的蔡叔厚以企业家的身份立足上海，遵照党中央的指示，在自己开设的绍敦电器公司掩护下，秘密制造无线电台，楼曼文全力协助丈夫工作。民国18年，公司成功制造了第一批无线电收发报机，使党组织建立了无线电通信联系。同年，楼曼文任中共上海闸北区委常委兼妇女部长。民国19年，上海党组织遭受严重破坏，组织安排楼曼文去苏联学习。由于蔡叔厚担任的是特工工作，公开身份是大资本家，不允许有红色苏维埃的妻子，为了党的利益，为了保护蔡叔厚，楼曼文忍受了内心极大痛苦，与蔡叔厚解除了夫妻关系。民国21年，抵莫斯科列宁学院学习。后受王明迫害，因为所谓的"政治问题"被迫离开学院，去郊外当工人6年之久。民国27年，任弼时出任中共中央驻共产国际代表团团长后，将她接回莫斯科。次年，楼曼文和蔡畅同去东方大学学习。民国30年初，楼曼文回国，按党组织指示，化名"崔少文"，在迪化（今乌鲁木齐）中学任俄文教员，并开展革命工作。民国31年9月被捕，她和狱中其他同志一起与敌人进行坚决斗争。民国35年6月，经党组织营救出狱，7月9日抵延安，受到毛泽东主席的接见。后被安排在中共中央社会部政策研究室任研究员。民国36年，国民党胡宗南部进攻延安，楼曼文随中央机关转移至晋西北，并带病到晋西北一带参加土地改革工作。民国38年2月，病逝于河北省平山县。

郑振庭 蔡 琳

郑振庭（1927~1949），萧山戴村镇人。家境贫苦，当过学徒。民国36

图44-1-1218 盛练心(1886~1948)
（图片来源：萧山区人民政府地方志办公室档案）

图44-1-1219 楼曼文(1908~1949)
（图片来源：萧山区人民政府地方志办公室档案）

年（1947），投身革命，参加中国共产党领导的武装组织金萧支队。同年加入中国共产党。

民国37年初，党组织调派郑振庭到河上区开展革命活动。他带领武工组出没于楼塔、戴村一带进行武装斗争。8月28日，金萧支队攻打敌戴村警察所，缴获枪支弹药和电话总机1架；次年初又烧毁敌粮仓1座。这两次战斗，郑振庭奋力配合。1949年5月萧山解放后，任戴村区复兴乡（今属戴村镇）乡长。当时，该乡常遭土匪吴小水部袭击，尤其是匪部情报员柴国民作恶多端，民愤极大。郑振庭机智勇敢，擒获柴匪，为民除害。

蔡琳（1924~1949），又名祖安，萧山城厢镇人。抗日战争胜利后，就读于萧山简易师范学校。民国36年参加"反饥饿、反内战、反压迫"的学生运动。民国38年初加入进步学生组织"淬砺友谊会"，常为刊物《淬砺通讯》写稿，并为金萧支队油印和散发传单。萧山解放后，任复兴乡文书，积极参加剿匪反霸斗争。

1949年8月13日夜，郑振庭和蔡琳在上董村工作，遭土匪突然袭击，被土匪绑架，在村北圆盘庵前同遭杀害。

赵汉卿

赵汉卿（1889~1950），名建藩，字叔屏，号汉卿，萧山临浦镇人。毕业于上海中国公学。光复会会员，任该会领导人陶成章的机要秘书。辛亥革命后，赵汉卿从上海返回绍兴，参加创办《越铎日报》，为该报实际负责人。其间，加入沈定一领导的公民急进党。

辛亥革命后不久，南方革命政权与袁世凯举行南北和议时，赵汉卿任南方和议团秘书。民国元年（1912），绍兴成立"成章女校"，赵汉卿与鲁迅、蔡元培等为该校校董。同年，任省参议员，在杭州主办《浙事新闻报》。民国2年赴闽，任龙溪县知事。民国14年任浙江省自治法会议代表。民国15年任江苏省电报局局长、浙江实业银行主办的公债基金委员会委员。民国16年四一二反革命政变后，赵汉卿在南京夫子庙发表反蒋演说时被捕，被保释后脱离政界，在上海银行公会任职。

朱恬生

朱恬生（1880~1953），原名慰堂，自号越叟，萧山浦阳镇十三房村人。年轻时承父业接办学馆，创办仙桃山小学。

清光绪三十一年（1905）赴沪，就读于上海理化专科学校。毕业后，先后在上虞、诸暨店口、萧山临浦、杭州裕成小学和浙江女子师范学校、云南楚雄中学、重庆女子师范学校、杭州高级工业学校等执教。

民国初年，加入浙江教育会，出席全国学术联合会。民国7年（1918），为浙江教育参观团成员赴日本等国参观考察。教余，他常赋诗，著有《越叟咏梅诗稿》，共106首，通押全韵；亦爱作画，善梅，清逸有致。其书法造诣颇深，为杭州西泠印社社友。抗日战争时期，在重庆举办个人书画展览会，冯玉祥、于右任、潘天寿等32人为之联名介绍，所展作品深受赞誉。民国37年，受聘为萧山县修志馆特约撰稿人。

图44-1-1220 朱恬生（1880~1953）（图片来源：萧山区人民政府地方志办公室档案）

中华人民共和国成立后，朱恬生在杭州文德中学任教，自编《新国文教材》。抗美援朝时，不顾体弱多病，参加书画义卖捐献活动。1953年病逝。

许徵父

许徵父（1891~1953），名与澂，字弃疾、一厂，别署忏情室主、清风明月楼主、颜五郎，萧山浦沿镇许家里村（今属杭州市滨江区）人。

许廑父幼入私塾，先后就读于杭州宗文中学、上海中国公学。民国9年（1920），成为粤督莫荣新之秘书。到上海后，由《民权报》主笔何海鸣推荐，靠写作为生，在文坛崭露头角。民国19年，返回杭州任《东南日报》副主编，主编副刊《小筑》。次年浙江商学社成立后，接办《浙江商报》，民国23年任《浙江商报》主笔，一年后任社长。抗日战争时，任浙江茶叶运销处主任、浙江省建设厅厅长秘书等职。

许廑父以小说驰名，一度蜚声文坛。毕生浪迹江湖，游历甚广，先是"奔走军政界，谋升斗之食"，后弃政从文，编撰故事，凭借其对社会众生相的观察入微，写小说得心应手，下笔快捷，据说一夜可得万字，在小说界人称"许一万"。许廑父曾主编《小说月报》。其作品多以言情为主，曾为上海会文堂书局特约撰稿人，上海会文堂书局也因此成为出版许廑父小说的主要书局，他在该书局印行的书目版次多达数十种。

许廑父主要作品有《八仙得道传》《沪江风月传》《情海风花录》《南国佳人传》。民国18年，受会文堂书局之邀，续撰《民国通俗演义》第121至第160回，完成了蔡东藩未完成的"中国通俗演义"民国部分。

图44-1-1221　许廑父(1891～1953)
（图片来源：萧山区人民政府地方志办公室档案）

金润泉

金润泉（1878～1954），名百顺，字润泉，以字行，萧山石岩乡金西村人。幼年时家境清贫，读书不多。清光绪十八年（1892）进杭州盐桥乾泰钱庄当学徒。后至同兴钱庄和裕源大钱庄任职。光绪二十四年被宝泰钱庄聘为副经理。任职期间，金润泉结交全浙铁路公司总理汤寿潜和北京日商正金银行买办陈静斋等人，后经汤寿潜荐举，出任大清银行浙江分行经理。辛亥革命后，金润泉调任南京中国银行总行营业部经理。后随中国银行总行迁往北京，继任原职。民国2年（1913），中国银行在杭州增设分行，金润泉任副行长，后升为行长。民国5年，袁世凯下令中国、交通两家银行钞票停止兑换银圆。上海中国银行首先抵制，金润泉与之联合行动，将库存银圆分存杭州各银行、钱庄，并挂牌无限制收兑印有上海、浙江地名的钞票，平息挤兑风潮，提高了中国银行的信誉。

民国15年冬，国民革命军进入浙江，驻兰溪、衢州一带，金润泉命兰溪中国银行临时印发"军用票"助饷。民国19年1月，杭州商会成立，金润泉被推为常务委员，后曾任代主席。后在杭州开设浙江建业银行，由其子出任总经理。除银行业外，金润泉还经营房地产，设有新民地产公司，估计当时拥有约值100万元的动产和不动产，是浙江的"百万富翁"。抗日战争爆发后，将浙江建业银行总行迁至上海。抗日战争初期，被任命为"救国公债"浙江筹募委员会和"四行"贴放会的主任委员。民国31年，受第三战区司令长官之聘，任"经济委员会"副主任委员。民国35年后，金润泉和其子金世恩皆为"国民大会"代表。

杭州解放前夕，金润泉代表地方数次向浙江当局请求，勿使"国军"糜烂地方，勿破坏电厂、水厂和钱塘江大桥。杭州解放后，人民政府接管中国银行，金润泉留任董事和分行经理。1952年，中国银行杭州分行撤销，金润泉任总行赴外稽核。

图44-1-1222　金润泉(1878～1954)
（图片来源：萧山区人民政府地方志办公室档案）

沈佩兰

沈佩兰（1903～1954），女，萧山云石乡沈村人。9岁读书，聪慧好学。18岁嫁至朱村桥乡塘坞村。塘坞村地处偏僻，文盲居多，沈佩兰在家开设私塾，免费招收贫苦孩子20余人入学。后至孝丰为家塾教师。民国23年（1934），塘坞村建立小学，她又回村任教。

民国29年2月，日本侵略军进犯浙赣铁路沿线，国民革命军一九二师一一九团扼守朱村桥猫头山和云石廊岭等地。是月17日，与日军交战，日军退守塘坞，设指挥部于沈家。一一九团随即包围塘坞，双方相持。此时，沈佩兰见一一九团因敌情不明受阻，即乔装出封锁线，向一一九团报告日军指挥部地点和火力点。一一九团遂迅速发起进攻，毙敌200余人，她的住宅也被炮火所毁。日军前锋得悉后续部队被歼，当即缩回萧山县城盘踞地。

图44-1-1223 沈佩兰（1903～1954）（图片来源：萧山区人民政府地方志办公室档案）

为褒扬沈佩兰，国民政府颁发于右任书"国而忘家"匾额一块，浙江省赈济会特从优拨给奖恤金600元。是年三四月间，《东南日报》《大公报》《扫荡报》均予以报道。

民国30年9月，沈佩兰去武义难童教养团工作，曾回萧山抢救难童。民国32年夏，教养团停办，沈佩兰全家辗转兰溪、江山一带，生活极为艰苦，旋回萧山。抗战胜利后，借资到杭州闸口开设元昌柴炭行。解放后，沈佩兰返塘坞小学主持教务。

王 烈

王烈（1887～1957），字霖之，萧山临浦镇人。清光绪三十二年（1906），入京师大学堂读格致科，并从德国学者梭尔格学习地质学。宣统元年（1909），考取公费生出国留学，入日本东京政法大学。宣统三年，赴德国弗赖堡大学攻读地质学。民国2年（1913）回国，任北京高等师范学校博物系教授，后在农商部地质研究所任教，并担任地质调查所的工作。民国7年，到北京大学地质系执教。先后担任北京大学地质系主任、总务长、理学院主任、秘书长等职。

王烈从事地质科学研究。早期所写的《河北省怀来县八宝山煤田地质报告》，是我国最早的地质报告之一。民国9年，甘肃发生大地震，王烈带队前去调查。归途中，在汉口一带展开地质调查。中国古生物学中的"王烈石燕"，即为当年采集，由葛利普教授定名为新种。民国11年2月3日，北京大学地质系学生杨健等发起成立地质研究会，王烈积极予以支持，并作题为《中国之支那海侵时代及昆仑海侵时代》的学术报告。1950年退休后，坚持译著矿物岩石学等类书籍。

王烈在北京大学任教期间，悉心培养年轻地质人才。由于当时地质文献参考资料稀少，遂将德国学者李希霍芬所著的《中国》一书，用笔译或口译的方式向学生传授。他将国外田野调查的崭新理念应用于教学中，让学生参加野外实地考察。他还教授地质测量及地质构造、矿物学、高等矿物实验、高等岩石学、光性矿物学、普通地质学、野外实习学等课程。

王烈是中国地质学会创立会员之一，是中国地质学会第一、第二、第三届评议会评议员，第五、第七届评议会副会长，第三届学会年会主席。

陈朵如

陈朵如（1888～1961），又名选珍，萧山临浦镇柏山陈村人。幼年读私塾，性颖悟。清光绪三十三年（1907）秋，与堂兄一起东渡日本，先习日文，次年考入日本东京早稻田大学，学习经济、银行学科。民国初回国，任浙江银行协理。翌年，在浙江甲种商业学校任教。民国5年（1916）离校，任中国银行兰溪支行行长。民国6年3月，任浙江地方实业银行总管理处文牍主任，并任该行上海分行副经理。其间陈朵如应用商业复利算术手段，首推"零存整付"储蓄，吸收许多社会闲散资金。民国12年，浙江地方实业银行分拆为浙江地方银行和浙江实业银行。此后，陈朵如以浙江实业银行上海分行副经理身份兼杭州分行经理。民国16年任浙江实业银行上海分行经理。民国17年3月参加浙江实业银行董事会，任常务董事。又和李馥荪商议，在香港设立分行，向海外扩展业务。民国34年8月，浙江实业银行恢复，次年任总经理。民国37年，浙江实业银行改名为"浙江第一商业银行"，以申行为总行，陈朵如任总经理。

图44-1-1224 陈朵如（1888~1961）
（图片来源：萧山区人民政府地方志办公室档案）

陈朵如是一位具有民族气节的爱国有识之士。他曾出钱支持实业银行襄理章乃器创办《新评论》杂志，进行爱国宣传。"一·二八"事变中，十九路军奋勇抗击日本侵略军，陈朵如连夜召集家人赶制棉背心，慰劳前线将士。抗日战争爆发后，陈朵如在银行业务上，与日商停止往来。在民国26年冬到民国30年的4年中，对一些生活困难的职工，他出资救济。陈朵如还与叶揆初、陈叔通等来往甚密。解放战争时期，曾多次从浙江实业银行的暗账中，拨款支持中共秘密组织。

1950年"土改"时，陈朵如率先把田产证和房屋交给当地政府。1951年11月，他主管的银行决定加入上海11家银行的联合总管理处。次年12月，上海公私合营银行成立，陈朵如任副董事长、总管理处副经理和董事会上海办事处主任。在金融业社会主义改造中，向人民银行交出浙江实业银行暗账资金500万美元。1957年2月，陈朵如任中国人民银行上海分行副行长。历任政协第三届全国委员会委员、上海市历届人大代表、中华全国工商业联合会执行委员和上海市工商联合会常务委员。

来裕恂

来裕恂（1873~1962），字雨生，号匏园老人，萧山长河镇（今属杭州市滨江区）人。少时攻读经史诸子。清光绪十六年（1890），肄业于杭州西湖诂经精舍，得清末经学大师俞樾青睐，被誉为"颇通许郑之学"。光绪十八年，一面自杭州崇文、紫阳二书院以窗课博取膏火之资，一面设帐授徒为稻粱之谋。光绪二十五年，主持崇文义塾智斋教务2年，后任教于求是书院。光绪二十九年，因受新思潮影响，乃典衣举债，东渡日本，入弘文书院师范科学习教育，并考察日本各类学校的教育状况。次年，应聘出任日本横滨中华学堂教务。同年归国，值光复会成立，乃应蔡元培之约，加盟入会。宣统三年（1911），任萧山劝学所劝学长。

图44-1-1225 来裕恂(1873~1962)
（图片来源：来裕恂：《萧山县志稿》，天津古籍出版社，1991年）

民国初年，来裕恂任萧山教育科长。民国2年（1913），应邀入浙江省省长屈映光幕，不久辞去。次年春，北游京师，数月南归，居家著述。民国4年，任萧山县志馆分纂，参与编修民国《萧山县志》。民国8年，在浙江甲种女子职业学校任教。民国12年，任东三省航警学校上尉教官。民国16年，由浙江省民政厅厅长马叙伦征荐，出任绍兴县县长，因不满官场恶习，任职仅5个月，辞官回家设塾讲课。民国18年，应聘任上海大同大学国文教授。抗日战争时期居乡，拒任伪职，在宗祠以教蒙儿童维持生计。抗日战争胜利后，应旧友沈鸿烈之邀，受浙江省政府谘议虚职，而实职则为萧山县修志馆编纂。

中华人民共和国成立后，来裕恂经故友沈钧儒、马叙伦推荐，被聘任为浙江省文史馆馆员。1957年，任萧山县政协常委。1958年，当选为萧山县第三届人大代表。

来裕恂一生著作宏富，其名著《汉文典》系光绪二十九年留日时愤日人所撰类似著作"非徒浅近，抑多讹舛"，归国后即潜心创撰，历时两年而完稿。光绪三十二年由商务印书馆印行，受海内外学者的重视。来裕恂又收雅擅诗文骈俪之作，自光绪十五年至民国13年，历时36年，积古今体诗2400余首，同年刊印为《匏园诗集》，按年分编为36卷，其中颇多洋溢爱国诗情的篇什。来裕恂极重乡邦文献的搜求与保存，抗日战争以后，访寻坠绪，征文考献，至民国37年独力撰成《萧山县志稿》①。其他著述尚有《中国通史》《易学通论》《春秋通义》《杭州玉皇山志》《萧山人物志》《匏园尚书学》《匏园诗集续编》及《姓氏源流考》等多种。

瞿缦云

瞿缦云（1883～1962），又名宪文，萧山河上镇大桥村人。清光绪三十三年（1907）考入杭州广济医学专科学校。武昌起义后离校参加辛亥革命，到广州、汉口、上海等地活动，任少校军医，并加入国民党。民国2年（1913）返回故乡，在友人的资助下，在城厢镇开设萧山医院，欲以行医报国为民。

民国16年初，中共党组织派宋梦岐等来萧山工作。当时国民党萧山县党部在宋梦岐、傅彬然等共产党员的参与领导下，群众运动蓬勃开展，瞿缦云受其影响，投入革命行列。同年4月2日，萧山数万农民为改善生存条件到杭州举行游行请愿，瞿缦云是主要发动者之一。四一二反革命政变后，宋梦岐被捕，瞿缦云不顾个人安危，承担起保护共产党员傅彬然和上级党组织的秘密通信联络的重任。7月，加入中国共产党。同年下半年，瞿缦云利用国民党萧山县党部执行委员和农协执委的合法身份，在南乡和西乡领导开展农民运动，组织成立农民协会，实行"二五"减租。其间，曾卖掉医院回到家乡，任中共大桥村支部书记，并以养正小学校长的名义继续进行党的工作。民国17年初，与国民党组织脱离关系。后辗转上海、南京、西安等地，抵达兰州后，遵照党的指示，在国民党军队内开展工作，借医疗工作之便，掩护同志，还把个人收入的一部分捐助党组织。民国26年3月到达延安，先后担任抗日军政大学卫生处医务主任、抗日军政大学分校卫生科长、中央直属卫生处门诊部主任、中央干部疗养所医务主任、中央党校卫生科长等职，医术高超，工作负责。60寿辰时，毛泽东主席亲笔题赠"老当益壮"四字祝贺。

中华人民共和国成立后，瞿缦云任卫生部中医进修学校副校长、卫生部中医研究院图书馆主任等职。

沈志远

沈志远（1902～1965），原名沈会春，曾名沈观澜、沈任重、王剑秋，

---

① 《萧山县志稿》14卷、《志余》1卷，约76万余字，为萧山旧修县志殿后之作。来裕恂时生计较艰，每当纸张不继，即以杭城皮丝烟店"宏大昌"包烟纸书写。《萧山县志稿》于1989年经其长孙来新夏据志稿抄本整理，并得萧山市人民政府资助，1991年10月由天津古籍出版社印行问世。

图44-1-1226　瞿缦云（1883～1962）
（图片来源：中共杭州市萧山区委党史研究室：《中共萧山党史（第一卷）》，中共党史出版社，2002年）

萧山瓜沥镇长巷村人。幼年时在私塾读书。民国2年（1913），去杭州求学。五四运动爆发，沈志远因参加学生游行而被校方"劝告退学"，不久考入上海交通大学附属中学。民国11年毕业后，先后在绍兴、松江等地中学任教。其间，结交了一些共产党员和社会主义青年团员，同时受《觉悟》《新青年》等进步刊物影响，于民国14年加入中国共产党。次年12月，受党组织派遣，赴莫斯科中山大学学习。后为莫斯科中国问题研究所研究生，并任共产国际东方部书刊编译，参加翻译出版中文版《列宁选集》和编译中文版《共产国际》杂志工作。

民国20年12月，沈志远回国，因患病与组织失去联系而脱党。曾任暨南大学、北京大学、西北大学教授，重庆生活书店总编辑。其间，主编大型理论季刊《理论与现实》，参与《大众生活》周刊的复刊工作，与邹韬奋、茅盾等人一起著文谴责国民党政府对抗日进步力量的摧残，声援遭受迫害的马寅初，并提出保证抗战胜利的9条主张。民国33年，加入中国民主同盟。中华人民共和国成立后，历任燕京大学教授、中央人民政府文化教育委员会委员、出版总署编译局局长、中国人民银行顾问、华东军政委员会委员兼参事室主任、华东文教委员会副主任、民盟上海市主任委员、民盟中央常委、中国科学院哲学社会科学部委员、上海社会科学院经济研究所研究员、上海市第一届政协副主席等。是第一届全国人大代表，第一、第三、第四届全国政协委员。

图44-1-1227　沈志远(1902~1965)
（图片来源：萧山区人民政府地方志办公室档案）

沈志远以研究和传播马列主义政治经济学而著称。在民国22年出版的《计划经济学大纲》中指出，只有建立社会主义制度，才有可能实现经济的计划化。民国23年出版的《新经济学大纲》，是中国现代思想史上系统完整地介绍马列主义政治经济学的第一部由中国人自己写的专著。他在书中相当完整准确地把马列主义政治经济学理论体系介绍到中国。他还致力于经济学说史方面的研究，介绍了马克思经济学方法论和列宁的社会主义经济学说。民国37年发表《论新民主主义经济诸问题》。中华人民共和国成立初，发表《学习政治经济学与联系中国实际》，明确表示不同意那种认为价值规律在新民主主义经济中已不起作用的观点。在1962年发表的《关于按劳分配的几个问题》中，提出按劳分配规律是在整个社会主义的历史阶段内都起支配作用的分配规律。

沈志远一生从文，著作甚多，主要有《近代经济学说史》《研习〈资本论〉入门》《新经济学大纲》《社会科学基础》《新民主主义经济概论》《现代哲学的基本问题》等。译有《辩证唯物论》《历史唯物论》等。

图44-1-1228　沈志远与周恩来等人合影。左起沈志远、邓拓、周恩来、沈钧儒、翦伯赞、楚图南（1949年摄，资料来源于萧山区人民政府地方志办公室档案）

楼雪娟　楼成木

楼雪娟（1943~1965），女，萧山楼塔镇雪湾村人。河上初中毕业后，在家从事农业生产。1965年春，任雪湾小学耕读班教师。

楼成木（1930~1965），萧山楼塔镇雪湾村人。小学二年级辍学，即随父务农，村成立农业社后，多次被评为积极分子。

1965年4月15日下午，楼雪娟组织小学一、二年级学生到种桑坞山采摘黑麦穗。学生楼爱平不慎失足落入水库，楼雪娟见状立即下水抢救，因不识水性，呛水下沉。此时，楼成木闻声急奔水库救人，但亦不通水性，当他把靠岸的楼爱平救起后，转身一手攀住岸边突出的大石头，一手去抓只有双手露出水面的楼雪娟时，不料石头松动脱手，两人相继沉入水底，不幸牺牲。

萧山县文教局在雪湾召开追悼大会，楼塔公社团委追认楼雪娟为共青团员，县人民委员会对他们的家属进行慰问和安抚。

邱关兴

邱关兴（1908～1967），又名阿兴，萧山临浦镇邱家桥村人。家境贫苦，幼年时读过3年私塾。13岁到所前赵泉源米店当学徒。民国16年（1927）失业回家，后从事农业劳动。

解放初，邱关兴响应党和政府号召，重视实践，相信科学，精心钻研防治水稻螟虫技术。在他的带动下，全乡乃至全县掀起"掘稻根、捕螟蛾"的高潮。由于治螟成绩显著，被评为省"治虫模范"，并获中央人民政府和浙江省人民政府嘉奖各一次。1949年12月，邱关兴出席临浦区各界人民代表会议。1950年春，任邱家桥村村长；同年9月，赴北京列席全国战斗英雄和劳动模范代表会议，受到毛泽东、周恩来等中央领导人的接见。1951年1月，加入中国共产党。4月，在萧山县第一届第三次各界人民代表会议上，当选为常务委员会副主席。10月，列席全国政治协商会议。1952年初，在本村办起全县第一个农业生产合作社——邱关兴农业生产合作社，不久被派赴苏联考察集体农庄情况。8月，当选为萧山县副县长。10月，参加中国人民赴朝鲜慰问团。1953年，参加省委党校学习，期满后仍回县政府工作。1958年春，邱关兴主动要求到基层工作，先后在通济公社、临浦区公所任职，副县长待遇不变。1964年退休。

图44-1-1229　邱关兴（1908～1967）（图片来源：《萧山市科协志》编纂委员会编：《萧山市科协志（1955～1990）》，1991年）

冯永川　陈宝土

冯永川（1938～1968），萧山党湾镇红界村人。共青团员。出生于贫困农民家庭，兄弟6人，永川居长，为人忠实厚道。20岁时出外做工，后在航坞山甘露山宕当炮工。1961年3月，党湾人民公社在大和山建立党湾山宕，他被派任"把宕师傅"，负责山宕技术工作。他曾经冒着生命危险，钻过"老虎口"撬险石和代新炮工处理"哑炮"等，受到山宕领导和同伴的称赞。

1968年12月初，为确保已围成的3.6万亩土地的安全，需要大量石料，采石任务加重。冯永川由于过度劳累，身体日益消瘦。山宕多次要他回家休息，冯永川仍不离山宕。1968年12月7日11时，冯永川取炸药去放炮。此时正在代他"把宕"的徒弟见其身体欠佳，上前拦住，不让他去。而他说："今日此炮，炮眼深，位置险，你刚学会，容易出危险。"坚持同往。为了多装炸药多采石，炮眼几经扩大，直径已达3寸左右。当他俩把炸药装到第14节时，突然从炮眼冒出一股青烟，冯永川知情况不妙，立即叫徒弟赶快跑开，而他自己却随一声爆炸巨响，被压在石块之下。救出时，已停止呼吸。

陈宝土（1941～1969），萧山新湾镇建华村人。出生于贫困农民家庭，幼年丧父，兄弟3人，长兄早亡，宝土行二。初小未读完就下地耕作，后又以打短工帮母亲维持全家生活。陈宝土为人忠厚，性格刚强，勤奋好学，热爱集体。在生产大队做民兵工作时，曾与贪污、盗窃分子作坚决斗争；生产队的仓库失火，他临危不惧，第一个冲进火场，奋不顾身地把数百斤棉籽抢救出来。

1968年，陈宝土参加三万六千亩围垦造田工程，在工地上刻苦学习技术，很快成为一名抽水机手，其间，加入共青团组织。这期围垦开始后，为尽早抽干滩涂积水，他几乎每天起五更，睡半夜，超负荷工作。一日晚，抽水机吸水管底部莲蓬头被草堵塞，他不顾寒冷，立即跳入水中清除。他还多次帮助别人排难。一日傍晚，陈宝土获悉该围垦昭东公社工地的柴油机损坏，急需修理，便立即赶去支援检修。是年10月1日，他在帮助他人发动柴油机时，摇手柄突被卡住。眼看一场摇手柄飞出砸人的事故即将发生，他不顾个人安危，以惊人的毅力，将摇手柄紧紧捏住。事故虽然排除，但他自己的手却严重受伤，手腕脱臼并极度扭曲。

1969年4月3日凌晨3时，陈宝土为使一台失灵的柴油机能正常操作，空腹赶到工地仔细检查，然后摇动手柄，连摇数次，发动机仍未发动起来。此时，宝土已很疲劳，未愈的左手疼痛，腹中饥饿，但他仍用尽全力继续发动，直到第七次，机器才启动，而陈宝土脸色苍白，口吐鲜血。被送入医院后，经医生检查诊断为"系用力过猛，引起血管破裂"。虽经抢救，但终因劳累过度，身体十分虚弱，于当天去世，年仅28岁。

冯永川、陈宝土牺牲后，萧山县革命委员会党的核心小组追认他俩为中国共产党党员，并授予"为拦海造田而英勇献身的共产主义战士"称号。

施今墨

施今墨（1881～1969），字奖生，原名毓黔，生于贵阳，萧山坎山镇人。因母亲多病，从小立志学医。清光绪十九年（1893），随舅父李可亭学习中医。光绪二十八年，进山西大学堂（今山西大学）学习，次年转入山西法政学堂。光绪三十二年毕业于北京京师法政学堂，后加入同盟会。宣统三年（1911），追随黄兴奔走革命。民国元年（1912）起，在民国临时政府陆军部任职，编纂《陆军刑法》《陆军审判章程》《陆军惩罚令》3部法令。民国6年，出任湖南省教育厅厅长。后弃政从医。

图44-1-1230　施今墨（1881～1969）（图片来源：萧山区人民政府地方志办公室档案）

民国10年，更名"今墨"。民国18年，国民政府下令废弃中医，施今墨组织"华北中医请愿团"，抗议国民党弃废中医的主张，终于使国民党当局收回成命，同意成立国医馆。民国19年，同萧龙友、孔伯华等人创办北平国医学院，任副院长。次年出任中央国医馆副馆长。民国21年，筹办华北国医学院，并任院长。学院除设置中医基础和临床课程外，还设西医解剖、生理、病理、细菌学、内科、外科及日文、德文等课程。这在当时医学界，是一个创举。施今墨还亲自授课，并指导学生实习。民国25年，创办《北平文医半月刊》，担任主编，弘扬中国文化，发展中医。民国30年，任上海复兴中医专科学校董事长，并在北平、上海、山西、察哈尔等地协助创办中医院校、讲习所及研究班，培养和训练众多中医人才。民国35年，被选为"国民大会"代表及立法委员，多次提出发展与改革中医的建议和方案，未被采纳。北平解放前夕，国民党当局曾要其去台湾或国外，施今墨拒绝不从。中华人民共和国成立后，任全国政协第二、第三、第四届委员，并担任中华医学会副会长及中医研究院学术委员会委员。先后在平安医院、协和医院、儿童医院、铁路医院等北京各大医院坐诊，还担任北京医院、北京医学院顾问等职。

施今墨医术精湛，曾为孙中山、杨虎城治病，担任过冯玉祥部队医学顾问。中华人民共和国成立后，开始担任中央首长的保健工作，为北京四大名医之一。

施今墨在医学上勇于革新，提倡中西医结合。他常说："中医累积千余年之经验，必须与西洋医学相结合，始能究明真理。"他主张中医辨证，西医辨病，辨证辨病相结合，总结疾病规律，取得古人理论的精华。他的医案常附中西医两论，中西并举，融会贯通。施今墨对于中药的剂型和配制，也力图改进。曾创办

"中药制药厂"，以实现自己的革新愿望。他处方配制的丸药，如气管炎丸、神经衰弱丸、高血压速降丸等，也是在打破常规和传统的基础上制成的。

施今墨去世后，其弟子编有《祝选施今墨医案》《施今墨临床经验集》《施今墨对药》等。①

朱家济

朱家济（1902～1969），字豫卿，又字虞清、余清，萧山城厢镇城东办事处朱家坛村人。朱文钧长子。

民国17年（1928），朱家济毕业于北京大学国文系，获"文学士"学位。而后在北京大学、故宫博物院、故宫博物院南京分院等处任职。抗日战争爆发，随古物南迁，旋即供职于重庆粮食部。1953年11月受聘为浙江省文物管理委员会委员兼研究组组长；1963年8月，受浙江美术学院潘天寿院长和陆维钊教授的聘请，成为浙江美术学院书法专业兼职教授，主讲书法和古典文学，成为我国书法教育史上大学本科书法专业的第一位书法技法教师。

朱家济自幼随父读书、练字、习画。书从褚遂良而"二王"。擅真、行、草三体，作品俊丽清健，笔跃气振，自成风格。同时，对于书道，尤其是"运腕"二字，有着独到而精辟的见解，影响甚深。鉴赏书画独具眼力，两次受聘为故宫博物院专门委员。在浙江省文物管理委员会、浙江省博物馆工作期间，一直与沙孟海共事，深入各地进行文物调查，为浙江地面文物的调查研究和书画鉴定作出了贡献。著有《朱家济行楷六种》等。

盛澄华

盛澄华（1912～1970），萧山龛山镇（今坎山镇荣新村）人。曾就读于设在龛山的县立第三小学。后考入复旦大学外国语言文学系、清华大学外国语言文学系。民国24年（1935）清华大学外文系毕业，同年赴巴黎大学文学院学习。此间与法国著名作家、诺贝尔文学奖获得者纪德建立了深厚友谊。民国29年回国后，先后为西北大学、复旦大学、清华大学副教授、教授。1949年3月，参加中国人民解放军第四野战军南下工作团。1950年，重返清华大学，任外国语言文学系主任。1952年院系调整后，转入北京大学西方语言文学系。

盛澄华为中国作家协会会员。一生主要从事法国文学的翻译工作，是研究纪德的专家。主要译作有《伪币制造者》《地粮》《日尼薇》《阿拉贡文艺论文集》《意向访问》《一生》《法国文学简史》《斯汤达生平》《福楼拜生平》《世界童话文库10集》等。主要著作有《论纪德》《纪德艺术与思想的演进》《纪德的文艺观》《诺贝尔奖金获得者纪德》《新法兰西评论与法国现代文学》等。

金海观

金海观（1897～1971），字晓晚，浙江诸暨人。民国6年（1917）绍兴第五中学毕业后，考入南京高等师范学校，因家境困难，未毕业即在该校附属小学任教。民国11～20年，除一度在东南大学补习并取得大学文凭外，先后在河南第一师范学校、江苏第七师范学校、开封兆仓女子中学、宁波第四中学、

图44-1-1231　朱家济(1902～1969)
（图片来源：萧山博物馆）

图44-1-1232　盛澄华(1912～1970)
（图片来源：萧山区人民政府地方志办公室档案）

南京中央大学、安庆女中、成都大学等校任教。其间，还在上海中华书局任编辑，参加《中国教育辞典》的编写工作。

民国21年起，赴萧山担任浙江湘湖乡村师范学校校长，前后达25年。金主持该校校务后，按陶行知的教育思想办学，提倡"教学相长，手脑并用"，推行"做、学、教"三位一体的"工学制"，并开展军事体育、音乐文艺、农村调查、扫除文盲等课外活动，使学校教育与社会活动相结合。同时，学校在湘湖周围的村落设立多所附属小学，供学生实习之用，为社会培养了大批适应乡村教育的教师。他生活俭朴，平易近人。学生在其影响下，亦勤奋好学，吃苦耐劳。抗日战争爆发后，该校先后迁至义乌、松阳、庆元、景宁等地。因战乱而几度迁徙，办学条件艰难，他鼓励师生战胜各种困难，坚持照常上课，其为校务、经费四处奔波，不辞劳苦。民国34年抗日战争胜利后，该校迁回萧山。

萧山解放后直到1956年，金海观继续担任湘湖师范学校校长。其间先后当选为萧山县各界人民代表会议常务委员会副主席、浙江省人民代表、省政协常委、中国教育工会第一届全国委员会委员。1952年，加入中国民主促进会，任该会中央候补委员、杭州市委常委，1957年任民进浙江省委筹委会秘书长。1958年被错划为右派，1979年改正其错划右派身份。

金海观著有《小学教学法纲要》《推行基本教育之师资训练问题》《工学制实验班计划书》等，参与编写了《杜威教育哲学》《中国教育辞典》等。①

杨之华

杨之华（1900～1973），女，又名杏花、文君、杜宁，萧山坎山镇三岔路村人。从小聪颖，民国8年（1919）5月，求学于浙江女子师范学校。次年初，到上海《星期评论》社工作。《星期评论》停刊后，曾到教会学校任教。其间，结识陈望道、李汉俊、俞秀松等人。民国10年春回乡后，与宣中华等在萧山"衙前农村小学"任教，积极参与衙前农民运动。民国11年加入社会主义青年团。次年考入上海大学。

民国13年11月，杨之华与瞿秋白结婚，并由瞿秋白、向警予介绍加入中国共产党。后从事妇女运动，领导上海纱厂工人罢工斗争。民国14年1月，出席中国共产党第四次全国代表大会，并当选为中央妇女部委员。民国15年3月，任中共上海区委妇女运动委员会委员，不久任妇委主任。其间，她参加了五卅运动和上海工人三次武装起义。四一二反革命政变后，她离开上海，到武汉参加党的第五次全国代表大会，被选为中央委员，担任中央妇女部长。民国17年6月赴苏联参加中共第六次代表大会和共产国际第六次会议。会后，入莫斯科中山大学特别班学习，担任党小组长。民国19年返沪，仍任中共中央妇委委员。民国23年初，任上海中央局组织部秘书。次年秋，去苏联参加第七次共产国际代表大会。在苏联期间，曾任国际红色救济会常务委员。

民国30年，杨之华化名"杜宁"，携女儿瞿独伊回国，在新疆停留时，被军阀盛世才部逮捕。在狱4年，坚持与反动势力作斗争，并以顽强的毅力参

图44-1-1233　金海观(1897～1971)
（图片来源：政协萧山市委员会文史工作委员会：《金海观史料选集——萧山文史资料选辑（九）》，1998年）

①2003年10月，方志出版社出版了《金海观全集》上、中、下3卷。

图44-1-1234　杨之华(1900～1973)
（图片来源：中共杭州市萧山区委党史研究室：《中共萧山党史（第一卷）》，中共党史出版社，2002年）

与翻译《俄文大辞典》及其他著作。民国35年，经党中央营救，杨之华及其战友获释，回到延安，受到毛泽东、周恩来的接见。不久，任晋冀鲁豫中央局妇委书记，并赴晋西北参加土地改革。

中华人民共和国成立后，杨之华历任全国妇联国际联络部部长，全国妇联第一、第二届常委和第三届副主席，全国总工会女工部部长，中共中央监察委员会委员、候补常委等职。是中共八大代表，第一、第二届全国人大代表，第三届全国人大常委，第二届全国政协委员。"文化大革命"中，蒙受不白之冤，被"隔离审查"达6年之久。1977年7月，党中央为杨之华平反昭雪，并举行骨灰安放仪式和追悼会。

杨之华著有《妇女运动概论》等，并搜集整理了瞿秋白的遗著。

来楚生

来楚生（1903～1975），原名稷勋，字初生，更字初升，号安处、木人、然犀、贫翁、非叶、楚凫、怀旦等，书斋名有然犀室、安处楼，萧山长河镇襄七房村（今属杭州市滨江区）人。8岁入萧山仓桥小学，14岁考入杭州崇文中学。民国13年（1924）毕业于上海美术专科学校，曾在杭州同潘天寿等从事书画活动。抗日战争爆发后，来楚生定居上海，任上海美术专科学校与新华艺术专科学校教师。后以出售书、画、篆刻为生。民国35年在上海"中国画苑"举办个人画展。1956年，上海中国画院成立，担任画院画师。1959年任上海市美术家协会理事。1961年为中国美术家协会会员，上海中国书画篆刻研究会常务理事。来楚生是杭州西泠印社社员，1973年上海举办书法展览，其作品居首。1978年，上海市美术家协会举办"贺天健、来楚生、谢之光遗作展览"。

来楚生书、画、印兼绝。其画擅长阔笔花鸟画，宗赵之谦、八大山人、徐渭、吴昌硕、齐白石诸家，清新朴茂、笔墨简练、格调隽逸，他反对泥古因袭，使传统花鸟画推陈出新，在现代花鸟画坛独树一帜。书法宗汉、魏、晋、唐，拙中寓巧，草书和隶篆最为人称道，其隶书泼辣奔放，有潇洒俊逸的风神。篆刻远师秦汉，近踵吴让之、赵之谦、吴昌硕、齐白石等大家，而能不落前人窠臼，自出新意，开创了一代印风。其肖形印更是融汉画像、古肖形印于一炉，布局简练奇峭、质朴浑厚、笔墨苍劲古拙，富有金石气息。他强调治印的章法设计，且富于变化，在印坛上冠绝古今。[1]

来楚生有《来楚生画集》《来楚生书法集》《来楚生篆刻集》《然犀肖形印印存》等存世。

韩登安

韩登安（1905～1976），原名竞，一字仲铮，长则以"登安"为字、号，中年易号为名，别署耿斋、印农、小章、本翁、无待居士等，斋名有容膝楼、玉梅花庵、物芸斋等，萧山义桥镇牌轩村人，世居杭州。

韩登安少时从父居杭州，15岁因家贫不能继续上学，进入武林铸造厂学习翻砂。次年因病居家，开始随海宁周承德学习书法篆刻。民国20年（1931），经陈简文介绍获识王福厂，始从王学习篆刻与文字学，造诣日深。

图44-1-1235 来楚生（1903～1975）
（图片来源：萧山区人民政府地方志办公室档案）

图44-1-1236 来楚生篆刻"然犀"

图44-1-1237 来楚生肖形印

[1]书画篆刻家钱君匋云："来氏刻印，七十岁前后所作突变，朴质老辣，雄劲苍古，得未曾有。……二十世纪七十年代能独立称雄于印坛者，唯楚生一人而已。"同行赞来楚生为："吴越才子多刻印，君登当代最高楼。"

民国22年，经王福厂推荐，韩登安加入西泠印社，时年27岁。抗战后，西泠印社社长马衡在北平遥领社职，韩登安以西泠印社总干事的身份处理日常事务。①中华人民共和国成立后，印社活动一度处于停滞状态，韩登安为恢复和发展印社活动出力甚多。1958年，浙江省文化局成立西泠印社筹委会，韩登安是七名筹委会成员之一。

图44-1-1238 韩登安（1905～1976）（图片来源：《西泠印社》编辑委员会：《西泠印社》，2005年第3期）

韩登安擅长治印，从艺时间垂50年，治印2万余方。治印以浙派为根底，上溯周秦两汉，下及西泠八家、邓石如、吴让之、徐三英、黄牧甫诸家，广采博收，体貌多样，其所刻细朱文，人称绝艺，擅长多字印与小字印。在后浙派印人中，以他在继承方面用力最勤，是现代印坛工稳一派的代表人物。韩登安工书，以篆书著称。篆书中又以玉筋篆最著名，刚健婀娜，兼而有之，虽受王福厂启迪，而体貌愈加瘦挺，转折之处好用接笔，线条匀整劲丽，并世难与其匹，是后浙派有代表性的铁线篆书家之一。

韩登安出版过多种印谱，如《登安印存》《岁华集印谱》《西泠印社胜迹留痕》《毛主席诗词三十七首》等。其中《毛主席诗词三十七首》是韩登安晚年的作品，集中反映了韩登安对多字印创作的谋篇、运思、结篆、奏刀、用意方面的匠心，是他平生创作多字印的杰构。印学著作有《续说艾作篆通假》《明清印篆选录》等。

田曾垲

田曾垲（1897～1977），字泽民，今萧山欢潭乡欢潭村人。早年毕业于上海圣约翰大学文学院。先后在金华七中、福州警官学校、福建农学院任教。民国34年（1945）赴台湾，始在台北日产处理委员会工作，后调台湾物资输出入管理委员会任科长，编有《日产清理法规》一书。

1949年，田曾垲脱离政界，从事文化教育工作，曾任台北东方中学校长、台湾博物馆研究员。60年代起任台湾大学教授，创建鸟学系。田曾垲是著名的鸟类专家。他曾用中、英文写成鸟类学研究论文，在日本等地发表，在国际上颇具影响，系英国皇家鸟学会会员，并应聘任美国设在台湾的医药研究所研究员，专事鸟类寄生虫对人类疾病传播之研究。曾先后到美国、日本等国进行考察、讲学，任《世界鸟学》杂志（台湾版）和《大不列颠百科全书》（台湾动物系）主编，出席国际鸟类研究学术会议，有多篇论文发表，还制作了数百件飞禽走兽的标本。

傅彬然

傅彬然（1899～1978），又名冰然，笔名秉仁、炎如、逸君、逸文等，化名冰弦、镜常，萧山临浦镇田头庄村人。民国5年（1916）考入浙江省立第一师范学校。其间，参加新文化运动，和施存统、周伯棣等人组成"新生学

①韩登安曾为西泠印社总干事，主持社务多年。该职在社史上无记载。但事实上，韩登安在社务活动中充当了"总干事"的角色。西泠印社前社长沙孟海曾言："过去西泠印社是马叔平的社长，韩登安的总干事，但负责的，还是韩先生。"又言："吴先生既殁，马叔平先生继任。马先生远客京师，韩登安先生以总干事处理日常社务。"（资料来源：王佩智编著：《西泠印社旧事拾遗（1949～1962）》，西泠印社出版社，2005年，第51～52页）

图44-1-1239 韩登安篆刻毛泽东词《清平乐·六盘山》（图片来源：《西泠印社》编辑委员会：《西泠印社》，2005年第3期）

图44-1-1240 田曾垲（1897～1977）（图片来源：萧山区人民政府地方志办公室档案）

图44-1-1241　傅彬然(1899~1978)
（图片来源：萧山区人民政府地方志办公室档案）

① 由于傅彬然未暴露身份，两次被选为国民党县党部执委。他利用这个职务之便，下乡开展农民运动。并以县小学教员联合会的名义，发起了全县小学教员的加薪运动，与县教育局开展斗争，使反动当局震惊，派出密探侦查他的行踪。

② 民国26年（1937），傅彬然回萧山，担任抗日政治军事训练班训练处副主任。民国27年夏赴武汉，任国民政府军事委员会第三厅五处少校服务员，负责出版工作，并兼任《少年先锋》杂志主编。后辗转桂林，在广西两江师范学校任教。民国28年5月任《中学生战时半月刊》编辑。民国33年起，任重庆开明书店编辑部主任，兼《中学生》杂志编辑等职。

③ 沈霁春出生于光绪二十九年农历十二月十六日，即1904年2月1日。

④ 在比利时期间，沈霁春发表论文30余篇，其中一部分是在比利时、英国、瑞士等生物科学会上宣读的，主要文章刊载于《国际药理学和治疗学》。

社"，撰文提倡新道德，反对封建礼教。五四运动中，和宣中华、徐白民等发起成立"一师"学生自治会，傅彬然被推选为代表，参加杭州学生联合会、杭州学生联合救国会和全国学生联合会。为抗议北洋军阀对北京学生爱国运动的迫害，杭州学生联合会决定于民国8年5月29日全杭州中等以上学校学生罢课，傅彬然参与起草宣言。此后，傅彬然与施存统、夏衍等创办《浙江新潮》，倡导新文化，刊出3期后被当局取缔，他被开除学籍。同年12月，傅彬然抵达北京，参加陈独秀发起的"工读互助团"。民国9年4月，傅彬然回乡从事教育。先后在绍兴、杭州等地小学执教。民国12年加入社会主义青年团，次年参加中国国民党。

民国16年2月，傅彬然任萧山县立仓桥小学校长，加入中国共产党。受党组织指派，参与庆云丝厂、通惠公纱厂工会组织的筹备活动。3月，协助创建"中共萧山地方党部"，为地方党部委员之一。4月，中共萧山地方党部负责人宋梦岐被捕。他根据宋的嘱托，挑起全县党的工作重任。6月，他设法与新建立的中共浙江省委取得联系，并奉命成立中共萧山独立支部，任负责人。同年9~10月间，又由傅彬然召集，召开全县党的活动分子会议，贯彻党的"八七"会议精神，正式成立县委，由省委下派的张静三担任书记，傅彬然改任中共西乡区委书记。① 民国17年夏，傅彬然离萧赴沪，任上海劳动大学小学部教务主任和校务主任。民国18年，傅彬然与上海党组织取得联系，负责组建"上海劳动大学小学部"党支部。次年夏秋，因叛徒出卖，党组织遭到破坏，他被迫离校，与组织失去联系而脱党。民国20年1月，由夏丏尊介绍进上海开明书店，任《中学生》杂志编辑。② 抗日战争胜利后，傅彬然回上海继续从事进步文化出版工作。1949年初离沪，绕道香港到北京参加全国政治协商会议。

中华人民共和国成立后，傅彬然历任中央人民政府出版总署编审局处长、图书期刊司副司长，文化部出版局副局长，古籍出版社副总编辑，中华书局副总经理兼副总编辑，中国文字改革委员会委员，中国民主促进会第四、第五届中央委员等职。是第三届全国人大代表，第二、第三、第五届全国政协委员。

沈霁春

沈霁春（1904~1978）③，萧山人。民国18年（1929）毕业于上海复旦大学生物系。毕业后曾在上海吴淞的中央大学医学院进修生理学。民国20年秋在南京中央大学任教。

民国22年秋，沈霁春到浙江大学任教。在杭州期间，曾研究胎后期的消化和呼吸运动特征，论文发表于《中国实验生物学杂志》（英文版）1936年第一卷及美国《比较心理学》杂志。民国25~28年，到比利时冈特城（Ghent）大学任教，在国际著名生理学家海曼斯教授(C.Heymans，1938年获诺贝尔奖)指导下工作，获博士学位。这一时期，他主要研究药物对颈动脉化学感受器的作用，某些麻醉药物对蛙类垂体黑色细胞刺激素的作用，以及某些药物对防止氯仿和肾上腺素引起心室纤颤的作用等方面提出新的论点，引起各国学者的注目。④ 民国29~33年，在上海雷氏得（H.Lester）医学研究所任研究员。

在上海期间，曾研究体内一些微量元素（锌及其他）的生理作用，证明低浓度的锌能增强兔肠和蟾蜍心对乙酰胆碱的反应，以及具有节省胰岛素的作用。民国34年6月，沈霁春冲破日伪的封锁，毅然秘密地带领全家投奔山东解放区，参加新四军的军医学校工作，任生理学教授，是国内最早在党的领导下为人民军队服务的生理学专家之一。

中华人民共和国成立后，沈霁春在济南白求恩医学院、华东生理研究所主持教学和科研工作。1953年，任解放军军事医学科学院研究员，领导芥子气中毒和潜水生理学的研究。解放初期在济南时，他主要研究牛的垂体前叶新鲜提取物对大白鼠胰岛素含量的影响，论文发表于《中国实验生物学杂志》（英文版）1951年第三卷第2期及《内科学》第9期。1956年，加入中国共产党。1962年，领导进行国内第一次氦氧深潜160米人体模拟实验获得成功，建造南京长江大桥时应用这一技术解决了80多米水深桥墩的潜水作业问题。1964年，调任海军医学研究所副所长，参与指导研究高压下呼吸氦-氧混合气体的生理效应及药物对人排氮的影响。发表《动物与人类的屏气问题》《氦气在生物科学上的应用》等论文。译有《血液平衡与高血压的形成机制》《在科学工作中具有独创精神的国外资料介绍》等。1978年病逝于上海。

图44-1-1242 沈霁春（1904~1978）
（图片来源：吴襄撰：《忆沈霁春教授》，山东大学医学院网，http://www.physiology.sdu.edu.cn/shenjichun.htm）

田曾基

田曾基（1904~1979），萧山欢潭乡欢潭村人。民国23年（1934）毕业于上海同济大学医学院，后去上海吴淞卫生所工作。

抗日战争爆发，田曾基参加中国红十字会，担任三十三医疗队中队长兼三五一区队区队长。民国27年，田曾基带领红十字会六十七医疗中队人员携药品器械参加新四军，以自己精湛的医术为抗日将士服务，治愈了不少新四军伤病员。个人工资除留用伙食费外，全部上交。皖南事变后，田曾基以红十字会成员身份，掩护和营救共产党人。

抗日战争胜利后，田曾基返回萧山，行医于欢潭一带。1950年后，历任华东军区高级干部疗养院、华东军区第一干部疗养院、中国人民解放军第三十一疗养院医生。1958年，调南京农学院医务室。

陈佩永

陈佩永（1892~1981），浙江诸暨店口人。出身医药世家，自幼随兄习医。后因身体羸弱，遵兄意，于清宣统三年（1911）外出觅师，先后到山东及浙江天台、杭州等地习武练功，研习医术。民国8年（1919），返回店口开业行医。不久受诸暨县施医局之邀，去杭州之江药房附设医院任针灸、骨伤科医师。民国21年迁居萧山径游行医。解放后，陈佩永一直在萧山人民医院担任中医师。1956年3月起，任该医院副院长。其间，陈佩永坚持定期出诊于径游等地，便利群众治病。

图44-1-1243 陈佩永（1892~1981）
（陈佩永之女陈璇玑提供）

陈佩永以伤科著名，亦兼治内科杂症，尤精针灸，曾定制银针，以自身作试验，探索出一套独特的治疗风湿痹症之术。对一些疑难病症，因人制宜，针药合用，疗效显著。生活俭朴，所得收入多数用于为贫苦农民免费治病供药，以及造桥、铺路等社会公益事业。北京中医院研究院曾两次邀其去京工作，均以农村山乡缺医而谢绝。

陈佩永曾为萧山县第三至第五届人民代表大会代表，第一至第五届萧山县政协常委。著有《中医学习门径》《针灸、药性》等，另有《针灸配合中药治疗疑难病113条》《少林秘传伤科36穴方论》等书稿行世。

傅永先

傅永先（1950～1985），萧山义蓬镇新庙前村人。1968年3月应征入伍，1974年4月加入中国共产党，先后担任班长、排长、副连长、连长，8次立功受奖。

在部队，傅永先认真学习文化，苦练军事技术。身先士卒，善于带兵。任排长时，所在排荣立集体二等功。任连长后，先后参加军、师、团的21次军事项目比赛，夺得6项总分第一、34个单项第一，所在连队成为全团先进连队。在军民共建文明单位的活动中，所在的七连与驻地村双双被评为共建文明先进单位，出席南京军区和江苏省军民共建文明先进代表会。1984年7月，他在四十二师二团七连任连长时，奉命奔赴云南前线。1985年本可转业，却坚决要求留队打好对越自卫反击战，并担负主攻任务。2月8日下午四时许，越军突然向七连阵地炮击，阵地上一片火海，弹药库随时有引爆的危险，他带领战士们奋力抢救，并命令全连隐蔽。当进洞隐蔽时，发现战士江云发还没有隐蔽好，他跃上前把江推进防炮洞，而自己被身后爆炸的炮弹片击中。他身负重伤仍不顾生命安危，坚持留守洞中指挥。因伤势过重，经多方抢救无效，于当晚光荣牺牲。

中央军委授予傅永先"勇于献身的好连长"称号，并号召全军指战员向他学习；云南前线司令部为他追记一等功；中共南京军区党委追认他为"勇于自我牺牲的优秀共产党员"；浙江省人民政府以"人民功臣"荣誉匾授其家属。中共萧山县委、县人民政府作出向傅永先烈士学习的决定。

陆士嘉

陆士嘉（1911～1986），女，萧山城厢镇人。生于江苏苏州。民国22年（1933）毕业于北平师范大学物理系。民国26年赴德国哥廷根大学学习物理，以优异成绩获洪堡奖学金。抗日战争爆发后，日军飞机频繁轰炸中华大地，陆士嘉毅然改学航空，成了当时世界流体力学权威普朗特（L.Prandtl）教授唯一的女学生和中国留学生。当时正处在第二次世界大战期间，在实验设施对中国学生严格保密的情况下，她用求解析解理论，解决飞机喷气发动机一个技术关键难题，其理论和实验结果完全吻合。民国31年，以《圆柱射流遇垂直气流时的上卷》通过论文答辩，获博士学位。

民国35年，陆士嘉回国，先后在天津北洋大学、清华大学等学校任教。1952年筹建北京航空学院时，为筹备委员会委员，后任航空学院教授，为该院首任空气动力学教研室主任，主持建设我国第一个空气动力学专业。1955～1957年，被聘为北京大学兼职教授。自50年代起，主要从事黏性流体运动理论的研究和教学工作。在教育工作上，培养研究生和博士生，造就新一代优秀的

图44-1-1244 傅永先烈士在对越自卫反击战中获一等功（图片来源：《萧山年鉴·1986》）

图44-1-1245 陆士嘉(1911～1986)（图片来源：张克群：《流体力学家陆士嘉》，现代出版社，2006年）

中国科学家。在完成繁重教学任务的同时，参与创建一整套低速风洞和我国第一个高速风洞。其学识理论精深，尤以黏性流体力学见长。70年代后期，重译德国著名教授普朗特（L.Prandtl）的《流体力学概论》。1979年，她婉拒了中国科学院增补学部委员的机会，被人称为不当院士的流体力学家。①

陆士嘉1951年参加中国民主同盟，1956年加入中国共产党。曾任中国空气动力学研究会副理事长、中国力学学会名誉理事、中国航空学会理事、中国宇航学会气动力学专业委员会副主任、《力学进展》副主编、《力学学报》编委等职。1982年，应邀赴德国访问，被聘为德国应用数学和力学学会委员。曾是民盟第五届中央委员，第六届全国政协常委，全国人民代表大会第一至第三届代表。

朱新予

朱新予（1902～1987），字心畲，名学助，萧山浦阳镇十三房村人。出身教育世家，从小受祖父、父亲"两代书屋，紧跟时代"的熏陶，立志兴教育、重实业。民国4年（1915），考入浙江省立甲种蚕业学校，民国8年毕业后留校任教。民国11年，考取浙江留日公费生，在日本国立蚕丝试验场研究科、东京高等蚕丝学校学习。民国15年，学成回国。

民国17年，朱新予任中国合众蚕桑改良会推广部主任兼女子蚕业讲习所所长。翌年，女子蚕业讲习所迁往镇江，改名"镇江女子蚕业学校"，后易名"合众高级蚕桑科职业学校"，校长均由朱新予担任。民国21年后，朱新予相继主办江苏金坛和浙江萧山两县的蚕桑改进模范区的技术指导、推广工作，同时兼任南京中央大学蚕桑系讲师。民国29年起，先后担任中山大学、云南大学蚕桑系教授。抗日战争胜利后，任中国蚕丝公司专职委员，兼经济部蚕丝协导会浙江区主任。

1949年5月杭州解放后，朱新予被聘为浙江大学农学院教授。后担任浙江省轻工业厅副厅长兼丝绸局局长，其间筹办中国最早的浙江纺织科学研究所，并兼任所长。1960年，浙江纺织专科学校并入杭州工学院后，离开轻工业厅，任该院副院长兼纺织系主任。1962～1984年，朱新予先后担任浙江丝绸专科学校校长、浙江丝绸工学院院长。1984年后，改任浙江丝绸工学院名誉院长。1985年，加入中国共产党。

朱新予任浙江省科学技术协会副主席，浙江省科学技术委员会副主任、顾问，省纺织工程学会名誉理事长，全国纺织工程学会理事，九三学社第六、第七届中央委员，第五、第六届全国政协委员。

朱新予历长期从事丝绸教育和丝绸史的研究，致力于丝绸事业的发展。创办《浙江丝绸》杂志，参与编写《中国纺织科技史》丝绸部分，主编《中国百科全书·纺织卷》丝绸部分和《中国丝绸史》及《丝绸史研究》，著有《制丝学》《浙江丝绸史》等。

汤笔花

汤笔花（1897～1995），原名汤福源，萧山城厢镇人。年少时在萧山念

①1979年，中国科学院增补学部委员。候选人的条件是有3名学部委员同意推荐。可推荐陆士嘉的有7名学部委员（还不算张维）。在第一轮讨论时，她即已被通过。拿来表格请她填写，她奇怪地问道："我并没有申请当学部委员哪，怎么突然要我填表啊？"人家告诉她，这事不像入党似的需要申请，这是大家觉得某人条件够了，便予以推荐。她却说："不不，我觉得我做学部委员不合适。第一呢，我回国以后，主要搞教学工作，研究工作做得不多。第二，我年纪老了，为国家出不了多少力了，应该让年轻人上。"

北航的领导多次对她做工作，说明她的当选对北航意义重大。她这才勉强填了表。

第二轮讨论时，她理所当然地又被列为候选人。当人家通知她时，她又犹豫了。想来想去，她决定还是把有限的名额让给年轻人。这回学校说破了嘴皮子，她也不同意。后来，她干脆给中国科学院学部写了一封信，信里说："年纪大的同志应该主动为中青年同志创造条件，应该让他们在前面发挥作用，我们这些人不当学部委员也会提意见、出主意。绝不能因为我们而挡住了他们，否则对我国的科学事业发展不利。"并恳求从候选人中删去她的名字。

牵头推荐陆士嘉的严济慈感叹道："真是可惜啊！别人打破头的要我推荐，我都推了。她都当上了还给辞了！真是可惜。"

有些人埋怨她不该这样做，她坦然地说："如果让我当学部委员可以增加中国妇女在科技界的地位，那还可以考虑。但毕竟我年纪大了，让中青年女科技工作者上去不是一样吗？"

（资料来源：张克群，《流体力学家陆士嘉》，现代出版社，2006年9月，第117～118页）

图44-1-1246　朱新予（1902～1987）
（图片来源：萧山区人民政府地方志办公室档案）

私塾，后在海宁州中学堂、上海育才公学求学。民国4年（1915）考入商务印书馆，成为该馆练习生，师事张元济。学成转入中华书局、中美图书公司任职。因热衷文艺，民国9年，考入中华电影学校，与胡蝶、汤杰等为该校首届学员。毕业时，曾编过电影剧本《渔家女》，并改名为"笔花"。民国14年3月，创办上海第一本电影杂志《影戏春秋》。①大革命失败后，靠投稿维持生计。"五卅惨案"发生后，曾携带自拍的沪上惨案纪录片在杭州城站红楼屋顶露天电影场放映。民国19年，为倡用国货、绝用日货，发起组织上海土布运动，此举曾轰动一时，影响苏、浙两省。②30年代，汤笔花一度任上海博览书局经理，同时编辑该局出版的《影戏生活》周刊，又编辑《罗宾汉》《福尔摩斯》两张小报，声誉鹊起，为上海艺林所重。他对越剧、绍剧也有突出的贡献，先后编写了《盘妻索妻》《游寺认父》《荒山冤唱》等。《盘妻索妻》至今仍为越剧的传统剧目。他还编辑过《越剧报》及《绍兴戏报》，大力宣传嵊县女子越剧、绍兴大班戏等，成为电影、戏剧、曲艺界的名人。

40年代，汤笔花与丁福保、丰子恺、周信芳等人一起创办上海贫儿工读院，先后收容、培养穷苦孤儿700余人。1951年，担任越剧学校"群立越艺社"校长，培养了一批"雯"字辈的演员。1952年，担任"张慧冲魔术团"的宣传工作，参加13个省市的巡回演出。

1984年6月，汤笔花受上海市市长汪道涵聘请，成为上海市文史馆馆员。80年代后，年过八旬的汤笔花还经常给《解放日报》《上海政协报》《团结报》等9省市的24种报刊撰稿，关心艺坛，辛勤笔耕，曾多次获得征文奖。

许　鉴

许鉴（1904～1995），萧山浦阳镇许家村人。民国8年（1919），清华学堂在浙江只招3名学生，许鉴以第二名的成绩被录取。在清华学堂读书时，曾创造当时清华学堂男子百米短跑纪录。民国14年毕业于清华学堂，同年以庚子赔款公费赴美国康乃尔大学留学。民国17年获康乃尔大学土木工程师学位。同年，到麻省理工学院就读特别生。民国19年8月回国，历任清华大学教授，南京铁路轮渡工程处工程师，铁道部技师、工程师、总段长等职。

民国20～22年，许鉴在南京铁路轮渡工程处任工程师。当时国家技术水平和经济实力都不具备建造长江大桥的条件，由许鉴等8位工程技术人员提出轮渡具体方案，被上级采纳。许鉴直接参加铁路轮渡工程的设计和建造。该轮渡使用30多年，直到南京长江大桥建成后才停用。③民国25～27年任京赣铁路工程师。民国29～34年，任湘桂铁路工程师。其间，直接主持完成柳江大桥、湘江大桥的设计和建造工程。当时施工技术条件落后，大桥的桥墩用沉箱法建造；没有大吨位吊车，采用浮船，利用江水涨落之差架设重型钢梁。这两种施工方法为当时国内首先使用。

1963年后，许鉴主持组建铁道科学研究院铁道建筑研究所，并担任第一任所长、研究员。他在铁道建筑研究所领导完成的用水泥预应力轨枕替代枕木的科研成果，不但为国家节约了大量优质木材，而且强度高、耐腐蚀、使用寿

①是年，汤笔花与何公超、程步高、周世勋等创办《影戏春秋》。在其发刊词《我们的宣言》中一针见血地指出："制片者自知作品之恶劣，乃卑鄙地借助钱神，贿买一二所谓批评者，替他们捧场，哄骗民众。"毫不留情地对进口辱华片《一块钱》《神僧》等严加鞭挞，对国产劣片《别后》《弑胜》等也给予严肃的批评。

②胡蝶等几位明星曾身着土布旗袍登台亮相，现身说法，把国货运动推向了高潮。

图44-1-1247　许鉴（1904～1995）
（图片来源：《萧山市志》编辑部社会征集照片）

③为纪念设计和建造者，在轮渡上铸有许鉴等8名工程师姓名的铭牌，"文化大革命"时被毁。

命长；领导完成的长钢轨研制项目，解决了焊接处热胀冷缩的关键技术，显著降低车轮与钢轨之间在接头处的碰撞噪音，减少振动。这两项科研成果为以后铁路运输的提速打下了基础。[①]

许鉴曾担任中国土木工程学会第三届理事。1957年加入中国民主同盟，1958年加入中国共产党。1959年3月11日，《人民日报》第一版报道包括梁思成、周培源和许鉴在内的一批高级知识分子光荣入党的消息。许鉴在"文化大革命"时期遭受迫害。1979年，彻底平反；1980年落实政策，享受离休待遇。1990年被确认为归国华侨。去世后，骨灰葬于北京八宝山革命公墓。

任大霖

任大霖（1929～1995），萧山城厢镇人。受父亲影响，从小爱好文学。民国36年（1947）考入浙江省立杭州师范学校，其间参与叶圣陶主编的《开明少年》《中学生》杂志的征文，得到叶圣陶、陈伯吹的鼓励。其创作的《固执的老蜘蛛》《山后张和他的居民》第一次投稿即被刊用。1949年7月，任浙江省团刊编辑，业余继续创作，并加入中国作家协会。经常给《小朋友》《新儿童世界》《现代儿童》写稿，并发表儿童散文、儿童故事、儿童诗歌、儿童小说、儿童剧等多类作品。1953年，到上海工作，先后任上海少年儿童出版社、上海文艺出版社编辑、编辑主任、编审。1958年到农村深入生活，撰写反映水乡人民生活的小说和散文30多篇。1980年始，任上海少年儿童出版社总编辑、编审。

1991年，任大霖获国务院颁发的"有特殊贡献的专家"证书，终身享受政府特殊津贴。一生留下作品300多万字，其中《蟋蟀》获首届全国儿童文学一等奖；《莉莉和他的三个妈妈》《老法师的绝招》等被拍成电视片；《我们院子里的朋友》《牧童和毒龙》《风筝》等被翻译成英、德、法、日等国文字出版。

图44-1-1248 任大霖(1929～1995)
（图片来源：萧山中学）

徐行之

徐行之（1893～1997），原名梅坤，萧山新街镇富家塔村人。10岁时便做学徒，后在杭州当印刷工人。五四运动时，受新思潮影响，与倪忧天发起成立"浙江印刷公司工作互助会"，领导开展工人罢工斗争，并聘请浙江第一师范学校进步师生，创办浙江首张工人报——《曲江工潮》。

民国10年（1921）底，徐行之回乡参加衙前农民运动，失败后到上海，进入民国日报社工作。翌年初，由陈独秀介绍加入中国共产党。民国12年，出席中共"三大"，被选为中央执行委员会候补委员。自民国11年起，先后担任中共上海地方兼区执行委员会委员长、上海印刷总工会委员长、上海总工会组织部长和全国印刷总工会委员长等职，同时兼管中共中央机关刊物《向导》的印刷发行工作。他曾受委派，赴杭州、绍兴、宁波发展党组织。大革命时期参与上海三次武装起义的组织工作，领导商务印书馆的罢工斗争。

民国16年，因四一二政变，徐行之离沪抵汉口，不久回到浙东负责党组织的建立。8月，在萧山被捕入狱，先后被关押于浙江陆军监狱和浙江反省院，失去与党的联系。民国24年因病保释出狱。在狱8年，受到非人的虐待和折磨，仍然保持了一个共产党员的气节。出狱后，仍然靠拢党，为党做了很多有益的工作。

图44-1-1249 徐行之(1893～1997)
（图片来源：萧山区人民政府地方志办公室档案）

①许鉴在参与和主持铁路重大工程建设和科研工作的同时，撰写了《铁路竖曲线》《用视距法作铁路初测之总探讨》《泰乐鲍陀螺形曲线》《铁路弧线绳正法》《怎样搞好铁路弯道》《绳正铁路计算新法》等论文和著作。

中华人民共和国成立后，徐行之担任中央人民政府政务院监察委员会参事、监察部参事。1956年2月，任国务院参事。徐行之多次申请要求恢复党籍。1981年6月，中共中央组织部批准他重新入党，党龄从他1954年11月致信党中央要求解决其组织问题之日算起。1985年，他的回忆录《九旬忆旧》正式出版，陈云为之题写书名。徐行之寿终时为104岁。

汪 洋

汪洋（1916~1998），原名汪蓬龙，萧山闻堰镇人，生于江苏省镇江市。民国23年（1934），毕业于江苏省立镇江师范学校。民国24年进入上海明星影片公司，学习动画，担任美工助理。民国25年，参加上海业余剧人协会、上海救亡演剧队。民国27年初到延安，5月参加延安文艺工作第一队，陪同美国海军参赞卡尔逊到敌后考察，拍摄了大量敌后军民抗日斗争的照片。回到延安后，选出200余幅照片举办展览，毛泽东为展览亲笔题写"华北是我们的"。同年11月，加入中国共产党。此后历任抗日军政大学第二分校文工团副团长、晋察冀军区抗敌剧社副社长、社长，张家口人民剧院院长。民国35年10月，组建华北军区政治部电影队并担任队长，创建史无前例的"一辆大车上的电影制片厂"，在极其艰苦的条件下，成功地制作出《自卫战争新闻第一号》《自卫战争新闻第三号》等有声纪录片，立大功一次。

1949年4月，汪洋任北平电影制片厂副厂长，参与创建北京电影制片厂。1956年任北京电影制片厂厂长，相继组织拍摄了《祝福》《早春二月》《林家铺子》《烈火中永生》《小兵张嘎》《青春之歌》《红旗谱》《暴风骤雨》等一系列优秀影片。"文化大革命"后，他又领导拍摄了《小花》《一盘没有下完的棋》《知音》《茶馆》《骆驼祥子》等一大批深受人民喜爱的电影。

汪洋在北京电影制片厂担任厂长35年，领导拍摄了200多部故事片，创造了中国电影史上的多个第一。1992年，获国务院特殊津贴。曾任中国文联第三、第四届全国委员，中国影协第一届委员、第二至第四届常务理事。

高小霞

高小霞（1919~1998），女，萧山南阳镇仓前村人，在家排行第六。其父高云塍（1880~1940）为私塾老师，擅书法，曾在上海中华书局任编辑。高小霞11岁随父抵沪，后就读于上海工部局女子中学。时值抗日战争期间，高小霞虽考上西南联合大学，因父亲失业而未能去昆明，遂在女子中学当教员，维持家用。民国29年（1940），考上上海交通大学化学系，民国33年毕业。民国35年，任上海中央研究院化学研究所分析化学研究助理员。民国37年赴美，在纽约大学研究生院学习，主攻分析化学、微量分析，1950年获硕士学位。1951年回国后，长期从事教学和科研工作。

高小霞致力于从事分析化学的教学和科研工作。在催化波的机理研究和实际应用中取得系统的、有创造性的成果，曾获国家自然科学三等奖和国家科技进步二等奖。50年代初开始讲授《仪器分析》和《电化学分析》等课程，并积极开展极谱分析的科研，培养出电化学分析方面的博士研究生和硕士研究生

图44-1-1250　汪洋(1916~1998)（汪洋之女汪林立提供）

图44-1-1251　1962年11月，汪洋（左一）为周恩来总理（左二）、陈毅副总理（左三）讲解北京电影制片厂扩建模型（汪洋之女汪林立提供）

图44-1-1252　高小霞(1919~1998)。民国26年（1937）摄，时高小霞在上海工部局女中读高三（图片来源：邵元华、庄乾坤、徐光宪主编：《高小霞院士诞辰九十周年纪念文集》，2009年7月）

30多人。

高小霞在国内外学术刊物上发表论文200多篇，研究内容与国家建设的需要紧密结合。1960年后领导科研小组进行极谱催化波的研究，开创一套简捷、灵敏的几十种微量元素的极谱催化波方法，此项研究工作在1982年获国家自然科学奖。她参加环境保护监测仪研制工作，写有《电化学分析法在环境监测中的应用》一书，获北京市科技进步奖。主编《分析化学丛书》。由高小霞和姚修仁合著的《铂族元素极谱催化波》一书是总结国内外有关催化波的理论和应用的专著，其中稀土元素极谱分析的灵敏度比国外同类工作提高三四个数量级，因而受到国内外同行的重视。

高小霞曾是北京大学化学系教授和分析化学教研室主任。曾当选中国化学学会第二十一、第二十二届常务理事，中国化学学会常务理事兼科普委员会主任委员、分析化学委员会副主任委员，中国科学院化学部学部委员，是当时14位女学部委员之一。担任过国务院第一、第二届学位委员会理科评议组成员，是中国第一批博士研究生导师。曾当选第三届全国人大代表，第五至第七届全国政协委员。①

傅周海

傅周海（1938~1998），萧山河上镇溪头傅村人。1952年，考入杭州第七中学。1957年，考入浙江美术学院。1959年辍学，旋即受聘为青海西宁市群众艺术馆专业美工。1962年，返回杭州。1965年，至江西工作。是中国美术家协会会员、中国工艺美术学会理事、中国书法家协会会员、江西省书法家协会副主席。参与发起组织全国中青年书法家作品评审委员会，为评审委员会委员，第一至第五届全国中青年书法篆刻作品展评委。1993年获国务院颁发的特殊津贴，同年被中国轻工总会授予"中国工艺美术大师"称号。

傅周海出身书香门第，父亲善诗词书法，并喜收藏。傅周海自小喜爱书画。在浙江美术学院时，师从陆俨少、吴茀之、潘天寿等大师，潜心研习传统笔墨。书法取法钟繇、杨凝式、黄道周。擅山水、人物，兼及花鸟，且注重山水、花鸟、人物各自的技法互为渗化。

傅周海在翻簧竹刻、漆画、砚刻等领域独具风格。在翻簧竹刻工艺上，设计了600多个品种。他创办翻簧工艺厂，研究镶嵌雕刻新工艺和黏胶防止开裂、变形等技术，曾获江西省科技成果奖和优秀产品奖。其翻簧竹刻工艺作品在日本、法国、美国等国展出。1982年后，从事漆画创作40多幅，作品《秋》《新芽》《西双版纳情》《春》等赴美国、马来西亚等国家和我国香港地区展出。②

傅周海的书、画、工艺品多次在国内外展览展出和发表。作品被中国美术馆、毛泽东纪念堂等国内多家美术馆、博物馆收藏，并多次在日本、法国、尼日利亚、加拿大等国展出。著有《傅周海论艺笔记》，并有《革命纪念地画集》等多部书画作品集出版，海外出版有连环画《求婚使者》《速写纪游》等。

① 高小霞的丈夫徐光宪获首届何梁何利基金科学与技术进步奖和国家最高科学技术奖，他将奖金捐献给北京大学化学与分子工程学院，并以他和高小霞的名义设立"霞光奖学金"。

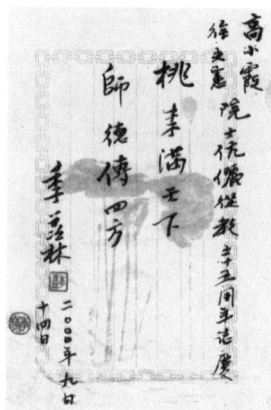

图44-1-1253 季美林为高小霞、徐光宪夫妇从教55周年写的贺词（图片来源：邵元华、庄乾坤、徐光宪主编：《高小霞院士诞辰九十周年纪念文集》，2009年7月）

图44-1-1254 傅周海（1938~1998）（图片来源：萧山区人民政府地方志办公室档案）

② 1985年，傅周海为南昌青山湖宾馆设计制作大幅漆画《牡丹亭》。1990年，为南昌滕王阁创作、设计并制作大型壁漆画《百蝶图》。

第二章 人物简介

改革开放以来，许多萧山籍人士和在萧山工作的外来者，在自己所在的岗位和领域作出重要的贡献，如知名的社会活动家陈铭珊、代数拓扑学家张素诚、越剧表演艺术家张桂凤、农民企业家鲁冠球等。本章共收录各条战线突出人物73人，其中萧山籍70人、客籍3人，男性67人、女性6人。

魏风江

魏风江（1912~2004），男，汉族，萧山河上镇人。民盟会员。浙江省文史研究馆馆员，印度国际大学中国学院教授，中印友谊的民间使者。

魏风江早年先后就读于上虞春晖中学、上海立达学院，成绩优异。民国22年（1933），"中印学会"成立，受诗圣泰戈尔发展印中文化交流的号召，经谭云山推荐、蔡元培会长批准，是年12月，魏风江进入印度国际大学攻读印度历史文学，成为国际大学唯一的中国学生。1937年大学毕业后，入研究院学习，获文学硕士学位。同年，国际大学的中国学院成立。是年4月，经泰戈尔介绍，拜访圣雄甘地，并在甘地的真理学院学习5个月。后又担任国际大学中国学院副教授。在印期间，魏风江一方面学习，一方面又结识了包括尼赫鲁在内的印度独立运动的领导人，并追随泰戈尔和甘地做了大量的工作。

解放后，魏风江潜心教育，主要在上海和浙江两地从事大学和中学的英语教学工作。同时，为促进中印文化交流，促进两国间的友好关系，做了大量的宣传工作。1987年、1997年，魏风江应印度政府邀请，两次访问印度，受到印度国家领导人的热情接见。著有传记文学《我的老师泰戈尔》《怀念印度诗人泰戈尔》《怀念英迪拉》《我与尼赫鲁一家的交往》《与甘地相处的日子》《印度重访记》《泰戈尔嘱我去甘地身边》，译著《简明不列颠百科全书》《世界童话集》等。2004年3月5日逝世。

金宝祥

金宝祥（1914~2004），男，汉族，萧山临浦镇人。中共党员。西北师范大学教授，著名历史学家。

金宝祥自幼勤奋好学，其母亲曾请著名历史演义小说家蔡东藩任其启蒙老师，打下了深厚的历史功底。民国23年（1934）9月，考入北京大学历史系，受胡适、周作人、钱穆、陈寅恪等一代大师的学术熏陶，奠定了他的学术功底。毕业后，先后在四川大学、浙江英士大学等任教，并从事唐宋史研究工作。1950年9月，在范文澜的推荐下，金宝祥应邀到西北师范学院任教。50年来，金宝祥扎根西部，对西北师范大学历史学科，特别是中国史学科的发展作出重要贡献。1981年，由金宝祥组织申报的中国古代史硕士点获得通过，西北师范大学成为全国首批中国古代史专业硕士学位授权点之一。在他的带领下，

图44—2—1255　魏风江（1912~2004）
（图片来源：陈志根提供）

图44—2—1256　金宝祥（1914~2004）
（金宝祥之子提供）

西北师范大学中国古代史专业获得长足发展，培养了一批又一批骨干和学术带头人，在学术界有较大影响。1976~1986年间任西北师范大学历史系主任。1956年加入中国共产党。1986年，获全国教育战线劳动模范称号和"人民教师"奖章。享受国务院政府特殊津贴。

金宝祥一生治学严谨，不苟为文，《唐史论文集》是他毕生史学论文的集萃，也是他的代表作。文集虽收论文9篇，但每一篇都是经过几年甚至10余年的"积渐、思考"精研深究才得以完成，充分展现了他的史学智慧和功力。此外，他还主编《甘肃史稿》《中国古代史》《隋史新探》，论文有《南宋马政考》《吐蕃的形成、发展及其和唐的关系》等。2004年8月25日逝世。

朱家溍

朱家溍（1914~2003），男，汉族，字季黄，萧山城厢镇人。故宫博物院研究员、国家文物局鉴定委员会委员、中央文史研究馆馆员、九三学社社员，著名文物专家和历史学家。

民国30年（1941），朱家溍毕业于北京辅仁大学国文系，在粮食部工作。民国32年，在重庆参加故宫博物院文物展示陈列的临时工作。民国35年，回到北平后，历任故宫博物院科员、科长、编纂、副研究员等职务，担任文物提集、整理、编目、陈列等工作，广泛研究中国古代书画和工艺品及古建筑、园林、明清历史、戏曲等。1950年，任故宫博物院陈列组组长，1966年后，参加故宫藏书的鉴定和编选出版工作。1983年，任研究员。1988年，任中央文史研究馆馆员。1991年，被国务院评为享受第一批政府特殊津贴之突出贡献的专家。

图44-2-1257　朱家溍（1914~2003）
（朱家溍之女提供）

朱家溍自幼受家学熏陶，酷爱中国传统文化，精研文物，对明清历史、古代美术史有较深造诣。他长期担任故宫博物院书画鉴定委员会委员、文物征集委员会委员、学术委员会委员，为故宫文物的整理、征集、研究和鉴定划级作出重要贡献。同时，他还担负国家文物鉴定委员会委员工作，在全国各地为国家一级文物的鉴定做了大量工作。其专著有《两朝御览图书》《明清帝后宝玺》《历代著录法书目》和《故宫藏珍本丛刊》。主编的《国宝》一书获法兰克福国际书展一流图书奖。文集《故宫退食集》被评为1999年十大畅销书之一。此外，他还主编《中国美术全集》中的《竹木牙角器》和《漆器》，以及《中国美术分类全集》中的《明清漆器》。

朱家溍学识渊博，品格高尚。1953年、1976年、1994年，朱家溍兄弟四人先后将家藏的大批珍贵碑帖、明清家具等文物，无偿捐赠给故宫博物院、中国社会科学院、承德避暑山庄和浙江省博物馆等单位。2003年9月29日在北京逝世。

陈铭珊

陈铭珊（1916~2003），男，汉族，萧山人。中国共产党的挚友，知名社会活动家，中国民主建国会中央副主席。

民国19年（1930），陈铭珊进上海南洋药房当学徒。民国26年，上海雷士德工学院肄业。之后任南洋药房、万国药房副经理。早在学生时代，就积极参加五卅惨案募捐和济南惨案演说等活动。抗日战争期间，他秘密为新四军提

图44-2-1258　陈铭珊（1916~2003）
（陈铭珊之女提供）

供药品，支援抗日斗争。民国31年起，历任上海信谊药厂副经理、经理、总经理。上海解放前夕，他多次掩护中共地下党员，保护工厂设备，迎接解放。中华人民共和国成立后，他积极组织恢复生产，并克服帝国主义对中国封锁、禁运所带来的困难，试制成功国内首创的抗痨药。1952年12月，加入中国民主建国会。他积极接受国家对私营工商业的社会主义改造，对上海私营工商业的社会主义改造起到积极的推动作用。1954年始，任公私合营上海第七制药厂厂长。其间，1956年任民建上海市委秘书长，1958年起任民建上海市委副主任委员。"文化大革命"期间受迫害。1979年，上海工商界爱国建设公司成立，历任常务董事、代总经理、董事长。1981年起，任上海市医药管理局顾问，为我国制药工业发展作出积极贡献。1983年起，任民建中央副主席。1984年起，任全国工商联顾问。1988年起，任上海市七届政协副主席、民建上海市委主任委员。1993年2月起，任上海市第十届人大常委会副主任。1997年11月被推举为民建中央名誉副主席。系第三届全国人大代表，第五至八届全国政协委员，第六至第八届全国政协常务委员。2003年7月19日在上海逝世。

张素诚

张素诚（1916~2006），男，汉族，萧山河上镇人。中国科学院数学研究所研究员，代数拓扑学家。

民国28年（1939），张素诚毕业于国立浙江大学数学系，同年留校任助教，追随苏步青教授从事射影微分几何的研究工作。民国35年9月，在上海前中央研究院数学研究所任助理研究员。民国36年，留学英国。1949年11月，获牛津大学哲学博士学位。1950年春，应江西省委副书记艾寒松邀请，毅然回国担任南昌大学教授。同年秋，改任中国科学院数学研究所筹备处副研究员，暂驻浙江大学，兼任教授。1952年，张素诚正式到中国科学院数学研究所，负责几何拓扑组的工作。1960年，受命参与理论力学室的筹建工作，同时负责常微分方程组的工作。1986年退休。张素诚一生热爱数学事业，为数学研究所年轻同志的培养做了大量工作。他还担任中国科学院编辑出版工作委员会副主任委员，长期主持《数学学报》《数学进展》的日常工作，为国内数学期刊的编辑出版奠定了科学化管理的基础。

张素诚的科研工作是多方面的。他早年从事射影微分几何的研究。解决了Godeaux织面列的作图法，平面曲线在奇点近旁的共变图形及平面曲线的射影法线的几何作图法等。在拓扑学方面，张素诚的第一个工作是关于（n-1）连通的维数不大于（n+2）的多面体的伦型研究。他在前人工作的基础上，利用不变量理论，发现了重挠率，并进而得到现在称为"张素诚法"形式的一整套成果。他还发现了球面的约化乘积，证明了Whitehead乘积的Jacobi恒等式，计算了同纬映射的核。晚年提出同伦群之间的乘法不止一种，并从事其应用研究。2006年12月12日在北京逝世。

郭汉城

郭汉城，1917年9月生，男，汉族，萧山戴村镇人。中共党员。戏曲理论家。

图44-2-1259 张素诚（1916~2006）
（张素诚之子提供）

民国26年（1937），肄业于浙江省立杭州农业职业学校。民国27年进入陕甘宁边区陕北公学学习。民国28年进入晋察冀边区华北联合大学学习，毕业后在敌后从事抗战教育工作。民国32年加入中国共产党。中华人民共和国成立后，历任察哈尔省文化局副局长兼察哈尔省文学艺术界联合会主任、中国戏曲研究院剧目研究室主任、中国戏曲学院附属戏曲研究所所长。"文化大革命"中，被审查、下放干校。1971年，调回北京任"艺术研究机构筹备组"领导小组负责人。1980年，中国艺术研究院成立，任副院长兼党委副书记。1984年，被推选为中国戏剧家协会副主席。1988年，任国务院学位委员会第三届学科评议组成员。同年离休。此后，陆续任中国戏曲学会副会长、文化部振兴京昆艺术指导委员会副主任、《中国戏剧》主编等职。

图44-2-1260　郭汉城（2009年摄，郭汉城提供）

郭汉城主要从事戏曲理论、评论工作，同时进行戏曲剧本创作和格律诗创作。50～80年代，与张庚共同主编《中国戏曲通史》和《中国戏曲通论》，在国内外具有广泛影响。个人出版的著作有《戏曲剧目论集》《淡漬堂诗抄》《郭汉城诗文戏曲集》《当代戏曲发展轨迹》《郭汉城文集》等。此外，主编及与人合作主编《中国十大悲喜剧》《中国戏曲经典精品（十卷本）》《京剧百科全书》，参与《中国大百科全书·戏曲卷》《中国戏曲志》等编撰工作。

高　帆

高帆（1922～2004），男，汉族，原名冯声亮，萧山南阳镇人。原中国摄影家协会主席，我国著名的画报专家、摄影艺术理论与军事摄影报道工作的实践者和组织者。

高帆出生于萧山县赭山镇的一个贫民家庭，早年曾就读于浙江省立蚕桑学校。民国27年（1938）秋，赴延安投身革命，初进陕北公学，后转抗日军政大学。抗日战争时期，曾长期深入敌后，转战太行山区，先后在八路军一二九师先遣支队政治部、一二九师政治部宣传部从事《战场画报》编辑、美术、摄影工作。解放战争时期，先后在晋冀鲁豫军区政治部、华北军区政治部从事画报、美术、摄影宣传的组织领导工作。战争年代随军参加了北流寺战斗、上党战役、陇海战役、临汾战役和进军大西南、平津战役的摄影报道。中华人民共和国成立初期任西南军区《西南画报》社主编。1951年2月调入中国人民解放军总政治部，参加了《解放军画报》的创建工作，曾任副总编、总编和社长职务，1987年离休。1956年，他作为发起人之一创立中国摄影学会。1957年创刊《中国摄影》并任首任主编。高帆长期担任中国摄影学会常务理事、副主席、主席等职务。2001年12月，又被推选为中国摄影家协会名誉主席。摄影作品主要有《杀敌英雄、爱民模范王克勤》《开赴前线》《毛主席西苑阅兵》《藏族民兵》。2004年6月25日在北京逝世。

图44-2-1261　高帆（1922～2004）（高帆之女提供）

张桂凤

张桂凤（1922～2012），女，汉族，萧山坎山镇人。中共党员。中国戏剧家协会会员，越剧表演艺术家、国家一级演员。

民国25年（1936）6月，张桂凤入嵊县（今嵊州市）招龙桥科班学戏，拜袁曾灿为师，攻老生，兼习小生、花脸，出科后参加越明舞台，名声初扬。民国28年1月，参加月月高升舞台后，向徽班出身的邢胜奎师傅学习武功基本功，打下能文能武的功底。民国30年到上海，在东安越艺社任头肩老生，拜绍剧名演员筱芳锦为师。民国31年，转到袁雪芬倡导新越剧的大来剧场演戏。民国34年加盟雪声剧团，在民国35年演出的《祥林嫂》剧中，突破老生行当，出色地塑造了卫癞子角色。民国36年，参加上海越剧十姐妹联合义演《山河恋》活动，继而加入范瑞娟、傅全香领衔的东山越艺社，任头肩老生。

1949年上海解放后，张桂凤进入上海市第一届地方戏剧研究班学习。1950年，随团赴北京为毛泽东等中央领导人演出。1951年8月，加入国营华东越剧实验剧团。1952年，参加第一届全国戏曲观摩演出，获演员二等奖（饰《梁山伯与祝英台》中的祝公远）。1954年，参加华东戏曲观摩演出，获一等奖（饰《打金枝》中的唐皇）。1955年，随团转为上海越剧院主要演员。1963年加入中国共产党。1988年3月被评为国家一级演员。

张桂凤从艺60多年来，在艺术上孜孜以求，好学不倦，唱腔刚劲质朴，善于刻画人物性格，被誉为"性格演员"，其表演艺术称为"张派"，为越剧事业作出重要贡献。先后随艺术代表团赴德国、苏联、朝鲜、法国、荷兰、比利时、卢森堡等国家和我国香港地区进行演出。80年代以来，由她参演并摄制成戏曲电视片的剧目有《梁山伯与祝英台》《情探》《李娃传》《西厢记》《打金枝》《桃李梅》《三看御妹》《穆桂英》《辽宫花溅泪》等。1991年，她的戏曲片段被摄制成六集电视片《张桂凤艺术集锦》。2012年3月4日在上海逝世。

图44-2-1262　张桂凤（张桂凤提供）

来新夏

来新夏，1923年6月生，男，汉族，萧山长河镇（今杭州市滨江区）人。南开大学教授。

民国35年（1946），来新夏毕业于辅仁大学历史学系。1949年初在华北大学第二部学习，后分配在该校历史研究室，为范文澜研究生，攻读中国近代史。1951年奉调至南开大学任教。先后担任南开大学校务委员、校图书馆馆长、出版社社长兼总编辑、图书馆学系主任等职。主要从事古典目录学、历史学、方志学、文献学等方面的教学与研究工作。1979年，他在南开大学分校独力创办图书馆学专业。1983年秋，又在总校筹办图书馆学系，经多方努力，经教育部正式批准，于1984年秋公开招生，次年即获得硕士学位授予权。他在5年之内，先后创办了两个图书馆学专业和系，对图书馆学教育作出重要的贡献。

来新夏治学勤奋，著述丰富。在历史学方面有《林则徐年谱新编》《北洋军阀史》《天津近代史》《中国近代史述丛》等；在图书文献方面有《近三百年人物年谱知见录》《古典目录学》《中国古代图书事业史》《古籍整理讲义》等；在方志学方面有《方志学概论》《志域探步》《中国地方志》《中日地方史志比较研究》等。其中，《近三百年人物年谱知见录》获天津市社会科学优秀成果二等奖，《中日地方史志比较研究》获日本文部省国际交流基金

图44-2-1263　来新夏（来新夏提供）

奖和天津市社会科学优秀成果奖荣誉奖，《北洋军阀史》获第三届中国高校人文社会科学研究优秀成果二等奖。美国华人图书馆协会授予来新夏2002年度"杰出贡献奖"。曾先后担任《萧山县志》（1987版）、《萧山市志》顾问。

王家宠

王家宠，1923年6月生，男，汉族，萧山城厢镇人。中共党员。大学文化。

抗日战争时期，王家宠先后就读于金华中学、浙江大学。民国34年（1945），浙江大学机械工程系毕业后，先后在昆明中央机器厂、台湾高雄机器造船公司、上海中国农业机械公司、华东工业部吴淞机器厂做技术工作。民国36年在上海参加中国共产党领导的进步群众组织，致力于开展党领导的工人运动。1949年4月加入中国共产党。中华人民共和国成立后，从事专职工会工作，历任上海五金工会副主席，中国第一机械工会生产部部长，世界工会联合会产业部调研员。1965年10月，当选为世界工会联合会理事。"文化大革命"结束后，王家宠当选为全国总工会第九、第十届执委、常委，先后担任全国总工会国际部部长，全国总工会第九届书记处书记。1983年10月，当选为全国总工会第十届副主席。1984年，参加第70届国际劳工大会，当选为国际劳工局理事会工人副理事。1988年，任中国职工对外交流中心会长，致力于促进中国职工与各国劳工界开展实质性的交流和合作。著有《活跃在人民外交舞台——中国工会国际活动回顾》《国际劳动公约概要》《市场经济国家的劳动关系》等。系第六届全国政协委员。

图44-2-1264　王家宠（2008年9月摄，王家宠提供）

任大星

任大星，1925年7月生，男，汉族，萧山城厢镇人。中国作家协会会员，少年儿童出版社编审。

任大星少年时代在私塾学习两年，深受中国传统文学影响。民国30年（1941）起，开始担任乡村小学教师，并在业余进修的同时，开始文学创作。1949年5月，在浙江省人民政府财政厅税务局担任办事员。1953年9月，调入少年儿童出版社担任儿童文学编辑工作，历任编辑、编辑室副主任、编审。1988年退休。

图44-2-1265　任大星（任大星提供）

1954年，任大星出版了第一本中篇儿童小说单行本《吕小钢和他的妹妹》，该作品作为其代表作，先后被译为英、俄等多种文字出版发行，并被改编成电影《哥哥和妹妹》。此后又陆续出版短篇小说《雨亭叔公的双筒枪》（后改名《双筒猎枪》），中篇小说《刚满十四岁》《姐姐的礼物》《耐心的中队委员》，短篇童话集《大街上的龙》，短篇儿童小说集《大姐姐周玲玲》《灿烂的前程》，长篇小说《野妹子》以及幼儿读物等共10余种。从1978年开始，任大星迎来文学创作的第二个春天，创作了大量表现旧时代农村苦难生活的中、短篇儿童小说，其中中篇有《湘湖龙王庙》《大钉靴奇闻》《狐狸女儿阿梦》《女友阿蛇》《上海，一个严寒的冬夜》等；短篇小说有《我的第一个先生》《三个铜板豆腐》《鱼》《菜园里的大枣树》《摔碎了的奖品》《外婆的死》等；此外还创作了反映当代少年生活的中、短篇小说如《画眉鸟》《收起你的刀》《告诉我，秘密在哪里》等作品。此后，创作中取材范围又进一步扩大，既写少年儿童文学作品，也写成人文学作品，并涉及文学理论著述，已出版各类作品30余部。其作品曾获1980年全国少年儿童文艺创作奖一等奖、1990年全国优秀少年儿童图书奖二等奖等多种奖项。

徐英含

徐英含，1926年6月生，男，汉族，萧山河上镇人。中共党员。民盟浙江省委副主任委员，著名病理学家、法医学家。

1952年，徐英含毕业于浙江大学医学院。1953年6月，南京大学（前中央大学）医学院卫生部第一届高师班肄业。之后到浙江医学院病理教研室工作。1978年8月，晋升副教授。1982年6月后，历任浙江医科大学教研室副主任、主任。1983年3月，晋升教授。1992年起享受国务院颁发的政府特殊津贴。此外，还担任《临床及实验病理》《中国法医学》《中国现代医学》等杂志的常务编委、编委，是司法部技术职务评委会委员、浙江省高校重点学科评估会委员等。1998年8月退休。

徐英含长期从事病理学与法医学教学、科研工作。发表论文138篇，主编著作13部，参编著作16部，翻译论文40余篇，主审图书4部。"铅对肺泡巨噬细胞影响的理论研究及其应用"获1985年省科技进步一等奖。此外，还获1982年浙江省科技成果二等奖、三等奖各1项，1988年卫生部科技进步奖二等奖1项、新疆建设兵团科技进步奖三等奖1项，1991年浙江省科技进步奖二等奖1项，1995年浙江省科技进步优秀奖1项等。1988年11月，被评为浙江省劳动模范。系第七、第八届全国政协委员，第六、第七届浙江省人大代表，第六、第七届民盟浙江省委副主任委员和常务副主任委员。

汤匡时

汤匡时，1927年12月生，笔名汤真、苏朴，男，汉族，萧山城厢镇人。中国民主促进会会员。文学翻译家。

1951年8月起，汤匡时先后在上海文艺联合出版社、新文艺出版社、上海文艺出版社任编辑。1958年底调至江西人民出版社，历任编辑、主编。1979年起加入中国作家协会。1990年底退休。曾任江西省作家协会副主席，江西省第四至第六届政协委员及第五届政协常委。

汤匡时早在学生时代就发表诗和散文百余篇。中华人民共和国成立后，写评论及散文，著有长篇报道《马其顿纪实》和报告文学《美国行》。但主要从事文学翻译，译著有《家庭纪事》《喀尔巴阡山狂想曲》《黑钻石》《黄蔷薇》《信誉之债》《黑面罩》，短篇小说集《故园》《卖牛奶的台维》《新天方夜谭》等。其中，《故园》获1981年江西省社会科学优秀论著甲等奖，《莎士比亚戏剧故事全集》（合译）1998年获第十一届中国图书奖。

来汉宣

来汉宣，1928年2月生，男，汉族，萧山闻堰镇人。中共党员。大学文化。民国36年（1947）7月，毕业于杭州高级中学。1951年7月，清华大学电

图44-2-1266　徐英含（2007年4月摄，徐英含提供）

图44-2-1267　汤匡时（2005年摄，汤匡时提供）

图44-2-1268　来汉宣（1998年摄，来汉宣提供）

机系毕业后在中国人民大学任教。历任工业技术学教研室主任、工业经济系副系主任。1970年8月起，任北京市委科教部大学处负责人。1974年5月起，任北京语言学院党委副书记、副院长。1976年10月起，任清华大学党委副书记、副校长。1977年10月起，任北京市委大学部副部长。1982年12月起，任中国联合国教科文组织全国委员会秘书长。1984年9月起，任中国常驻联合国教科文组织大使衔代表。1988年2月起，任国家教委出国留学生工作协调组副组长。1989年8月起，任国家高级教育行政学院党委书记兼常务副院长。1994年5月退休。1998年1月起，任北京培黎职业大学校长。来汉宣在北京市委大学部工作期间，是北京市高等教育自学考试制度的主要首创人。

韩济生

韩济生，1928年7月生，男，汉族，萧山城厢镇人。著名生理学家。北京大学教授、博士生导师，中国科学院院士。美国国立卫生研究院、世界卫生组织顾问，瑞典隆德皇家科学院国际院士。

1953年，韩济生毕业于上海医学院医学系生理和药理专业。先后在哈尔滨医科大学、北京卫生干部进修学院、北京中医学院、北京医学院等单位生理系任教。1979年4月，由讲师直接晋升为教授。1984年，被评为国家有突出贡献的科学家。1990年，享受国务院颁发的政府特殊津贴。1981年6月，被聘为博士研究生导师。1993年10月，当选为中国科学院院士。

韩济生1965年开始从事针灸原理研究。1972年以来，从中枢神经化学角度系统研究针刺镇痛原理。发现针刺可动员体内的镇痛系统，释放出阿片肽、单胺类神经递质等，发挥镇痛作用；不同频率的电针可释放出不同种类阿片肽；针效的优劣取决于体内镇痛和抗镇痛两种力量的消长。研制的"韩氏穴位神经刺激仪"对于镇痛和治疗海洛因成瘾有良效，对针灸疗法在全世界的应用起到了巨大的推动作用。发表论文400余篇。主编《中枢神经介质概论》《针刺镇痛的神经化学原理》《生理学多选题汇编》《神经科学纲要》等著作。先后获部委以上奖项20余项，其中1987年获国家自然科学三等奖、1999年获国家自然科学二等奖、1999年获国家科技进步三等奖、1994年获首届立夫国际中医药针灸奖、1995年获何梁何利科技进步奖等奖项。连续12年获美国国立卫生研究院科研基金。

图44-2-1269 韩济生（2000年5月摄，韩济生提供）

吴克明

吴克明，1929年3月生，男，汉族，萧山城厢镇人。中共党员。中国人民解放军空军战斗机试飞员，北京航空航天大学教授。

1949年6月，吴克明参军，编入浙江干部学校二部。同年9月，分配到长春中央航空学校四大队学习；11月航空学校扩大，又分配至济南第五航空学校一期甲班学习飞行。1950年9月，分配到空军第三师七团（驻沈阳）改装喷气式战斗机米格15。1951年2月，调空军第四师十团李汉英雄大队参加抗美援朝，至战争结束，击落美国先进战斗机F-86两架，获朝鲜人民民主共和国国旗勋章1枚、军功章2枚，立二等功1次、三等功2次。

图44-2-1270 吴克明（2010年姚波摄）

1955年11月，第二机械工业部航空工业局向国防部商借新型战斗机试飞员，吴克明奉命赴沈阳飞机厂。1956年6月，到沈阳飞机厂任新机试飞主任。同年7月，驾驶中国自制的第一架喷气式歼击机首飞成功，并在短时间内安全完成全部试飞任务。此后，又完成了歼5飞机成批生产的试飞任务。1959年，我国自行研制成功第一种超声速战斗机——东风102（歼6），亦由吴克明首飞及完成全部试飞任务。1963年，沈阳飞机厂重新按原型机种米格19F试制的歼6，仍由吴克明首飞成功。他在担任工厂试飞主任、试飞大队长期间，保证了新机的试飞安全。

吴克明还曾为党和国家领导人及友好国家领导人进行过数十次汇报飞行表演，保证了全部飞行安全，出色完成了表演任务。"文化大革命"期间，被调离试飞岗位，1975年停飞。1978年平反后，调空军指挥院校从事外国空军教学工作，是空军指挥院校第一批硕士研究生导师之一。1988年8月以正师职离休。1994年8月，被北京航空航天大学聘为教授。

王凤贤

王凤贤，1929年7月生，又名志贤，男，萧山党湾镇人。中共党员。浙江省社会科学院原院长，研究员。

1951年，王凤贤于华东人民革命大学浙江分校理论部结业。1957年，中共中央高级党校哲学班进修。先后在华东革命大学浙江分校、浙江行政学院、浙江省委党校、杭州大学哲学系、浙江省委理论辅导组从事哲学教学工作。1978年后，先后任浙江省社会科学研究所筹建领导小组成员兼办公室主任，省社会科学研究所党委委员、副所长，省社会科学院党委副书记、副院长。1987年2月，晋升为研究员。1989年2月，任浙江省社会科学院院长。1992年，享受国务院特殊津贴。

王凤贤主要从事哲学原理、中国哲学史、伦理学史的研究。合著出版《中国伦理学说史》《王阳明哲学研究》《浙东学派研究》《浙江十大文化名人》《建设有中国特色社会主义概论》等11部著作。曾获浙江省社会科学优秀成果一等奖3项。主编的《毛泽东与中国传统文化》获1994年第八届中国图书奖。另有个人论文选编《求是集》《探索集》《晚霞集》3部。

韩祯祥

韩祯祥，1930年5月生于杭州，男，汉族，祖籍萧山义桥。电力系统及其自动化专家。浙江大学原校长、教授、博士生导师。中国科学院院士。

1951年6月，韩祯祥于浙江大学电机系毕业，后留校任教。1961年10月，获苏联莫斯科动力学院副博士学位，后回浙江大学电机系工作。1978年，晋升为教授。1979年，任浙江大学电机系主任。1981年，被聘为博士生导师。1980年，赴美国仑塞利尔理工大学及美国能源部邦涅维尔电力局进行访问和合作研究。1984~1988年，任浙江大学校长。1999年，当选为中国科学院院士。

韩祯祥长期致力于电力系统学科的前沿研究，是我国研究电力系统理论、方法和新技术的主要开拓者之一。60年代起，在苏联及国内从事电力系统

图44-2-1271 王凤贤（2010年2月摄，王凤贤提供）

图44-2-1272 韩祯祥（韩祯祥提供）

稳定的研究。70年代起，主持交直流电力系统建模、分析和控制的研究，该成果获1997年国家自然科学三等奖。他是国内最早从事计算机在电力系统中应用的研究人之一，并在国内率先开发了整套电力系统工程应用软件，对提高电力系统的经济安全作出重要贡献，曾获1985年国家教委科技进步二等奖和1987年国家教委科技进步一等奖。90年代倡导和从事新的控制方法与人工智能在电力系统中的应用，1998年获教育部科技进步二等奖。出版著作和教材8册，发表论文160余篇。担任国内重要工具书《机械工程手册》和《中国电力百科全书》分卷的主编和副主编。1988年获浙江省劳动模范称号，1990年获国家教委和国家科委授予的全国高等学校先进科技工作者称号。1998年被省政府授予浙江省功勋教师称号。系第六和第七届全国人大代表。

邵燕祥

邵燕祥，1933年6月生于北平，男，汉族，祖籍萧山进化。中共党员。当代诗人。

民国37年（1948），邵燕祥考入北平中法大学。1949年初北平和平解放后，经过华北大学短期学习，6月调到北平新华广播电台（中华人民共和国成立后改称中央人民广播电台）工作，历任编辑，记者，文教组和工业组副组长。1953年6月，加入中国共产党。1958～1959年，下放河北沧县劳动，其后调回中央广播文工团，从事体力劳动，也做过一些文字工作；1970～1973年在淮阳五七干校接受审查。1978年秋调到中国作家协会诗刊社，1981年起任《诗刊》副主编。1984年秋辞去编务，专事写作。

图44-2-1273 邵燕祥（2009年11月，童铭摄）

民国35年6月，邵燕祥在锦州《新生命报》发表处女作杂文《由口舌说起》，批评某种社会现象。从那时起，在参与反对国民党政府的学生运动同时，持续写作并发表了不少诗文作品。1951年由华东人民出版社出版第一本诗集《歌唱北京城》。1956年加入中国作家协会。1957年由于诗作、杂文中对不公正和反民主的社会现象有所批评，受到集中的批判斗争，被剥夺了发表作品的权利。从1980年到2000年，出版了诗集和诗选《献给历史的情歌》《在远方》《如花怒放》《迟开的花》《邵燕祥抒情长诗集》《也有快乐 也有忧愁》等，杂文随笔集《蜜和刺》《忧乐百篇》《大题小做集》《热话冷说集》《邵燕祥文抄》（三卷本）《非神化》等，以及人生实录《沉船》《人生败笔》等诗文作品，共50余种。其中，诗集《在远方》《迟开的花》分别获中国作家协会第一、第二届新诗（诗集）奖；杂文集《忧乐百篇》获中国作家协会第一届散文杂文奖；《邵燕祥随笔》获中国作家协会第一届鲁迅文学奖。1979年后，先后当选中国作家协会第三、第四届理事会理事和第五届全国委员会委员，第四、第五届主席团委员。

陈之骅

陈之骅，1934年6月生，男，汉族，萧山坎山镇人。中共党员。中国社会科学院荣誉学部委员，世界历史研究所研究员、博士生导师。

1952年，陈之骅毕业于上海市格致中学，同年考入北京大学中文系。

图44-2-1274 陈之骅（2007年8月摄，陈之骅提供）

1954年9月，由国家派遣赴苏联国立列宁格勒大学历史系学习。1959年7月毕业后被分配在中国人民大学从事教学和研究工作。1978年6月，调到中国社会科学院世界历史研究所工作，曾任世界历史研究所副所长、《世界历史》杂志主编、中国社会科学院研究生院历史学部主任、中国苏联东欧史研究会会长、国际历史学会下属俄国十月革命史国际委员会执行局成员等职。1985年，被评为世界历史研究所研究员，同年被聘为博士生导师。1992年起，享受国务院特殊津贴。2001年当选为国际欧亚经济科学院院士。

陈之骅主要从事俄罗斯（苏联）历史、世界社会主义运动史、当代国际问题的研究。主要学术著作（包括独著和主编的）有《克鲁泡特金传》《苏联史纲（1917～1937）》《苏联史纲（1953～1964）》《勃列日涅夫时期的苏联》《苏联演变的历史思考》《俄国沙皇列传》《苏联历史词典》和《苏联兴亡史纲》等。

王荫长

王荫长，1934年12月生，男，汉族，萧山靖江镇人。中国民主同盟盟员。南京农业大学教授、博士生导师。

1953年7月，王荫长毕业于杭州农业技术学校，10月考入南京农学院植物保护专业。1957年7月毕业，10月留校任教，从事昆虫学教学和研究。1987年9月被评聘为副教授。1992年5月，晋升为教授，同年享受国务院特殊津贴。1994年2月，被聘为博士生导师。

王荫长主要研究昆虫生理生化和毒理学，以及农业害虫防治。1994年，"农业害虫抗药性检测技术"获农业部科技进步一等奖，1996年获国家科技进步二等奖；1998年，"棉铃虫抗药性田间发生规律与治理对策"获江苏省科技进步二等奖。主编的专著和研究生教材有《昆虫生理生化学》《昆虫生物化学》《昆虫生理学》等，合作主编的有《中国地下害虫》《杀虫剂分子毒理学及害虫抗药性》《现代农药应用技术全书》等，发表科研论文80多篇。

楼仲南

楼仲南，1935年4月生，男，汉族，萧山楼塔镇人。中共党员。少将军衔。

民国36年（1947）8月，考入萧山县立初中，后因家贫而停学。1949年12月，任戴村区中队文书。1950年9月，任县大队见习书记。1951年9月，上调浙江省军区干部部任抄写员。1952年9月，调华东军区干部部，先后在该机关任干事、正副科长、正副部长。1954年加入中国共产党。1989年7月至1994年3月调任江西省军区副政委。1990年7月，被授予少将军衔。1998年8月退休。

陈之骝

陈之骝，1936年3月生，男，汉族，萧山坎山镇人。中共党员。曾任中国驻匈牙利大使。

1953年8月，陈之骝考入北京师范大学政治教育系。次年参加留学生选拔考试，考试通过后，即被派往匈牙利学习，就读于布达佩斯罗兰大学匈牙利语言和文学系。1958年10月，提前结束学业，调入外交部工作。曾任外交部苏联

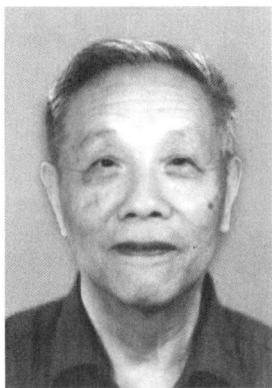

图44-2-1275 王荫长（2009年6月摄，王荫长提供）

图44-2-1276 楼仲南（1996年摄，楼仲南提供）

图44-2-1277 陈之骝（陈之骝提供）

东欧司处长、中国驻匈牙利大使馆政务参赞、外交部政策研究室副主任。1992
年5月至1996年6月，出任中国驻匈牙利特命全权大使。在任期间，为恢复和进
一步发展中、匈双边关系积极开展工作，赢得了驻在国朝野各界的普遍赞誉。
1999年9月，因为发展中、匈两国友好合作关系作出突出贡献，获匈牙利总统
颁发的"匈牙利共和国荣誉十字勋章"。

汪忠镐

汪忠镐，1937年9月生，男，汉族，萧山瓜沥镇人。首都医科大学血管外
科教授、博士生导师。

1961年，汪忠镐于上海医科大学医疗系毕业后，在北京协和医院外科工
作。汪忠镐是教育部委派的新中国首批赴美国学者之一，1979～1981年，先后
赴美国杜克大学、北卡罗来纳大学、加州大学任访问学者。1986年，任北京安
贞医院血管外科主任和主任医师。1992年，任北京邮电总医院血管研究所主
任。2000年，又兼任浙江大学医学院第一医院东方血管外科研究所所长。

汪忠镐是国内外著名的血管外科专家。1970年，首创用球囊导管治疗动
脉栓塞病变，使救治率从36%提高至90%，使主动脉骑跨栓不必开腹；同期研究
急性肠系膜血管供血不全，在国内首先提出该疾病的分类和治疗原则，使该病
的手术死亡率从90%降至9%。他对布—加综合征的研究，静脉型人工血管的内
皮化、大动脉炎的血管损害和颈动脉体瘤的治疗与研究达到了国际先进水平。
1983年，在国内成功开展了第一例PTA（经皮腔内血管形成术）；1991年，
成功开展第一例血管内支架治疗布—加综合征。还开展了肾动脉、髂动脉、颈
动脉等外周动脉的腔内介入治疗，开展了腹主动脉瘤、胸主动脉瘤和夹层动脉
瘤等大动脉的腔内介入治疗，数量和治疗效果均在国内领先。主编专著11部，
参编64部。曾获国家科技进步二等奖1项，省部级科技进步奖12项，国家专利
12项。1996年，获国际脉管学院首次颁发的每年一度的研究成就奖。1998年，
被国际血管联盟授予国际血管联盟功勋奖。

金吾伦

金吾伦，1937年11月生，男，汉族，萧山河上镇人。中国社会科学院哲
学研究所学术委员、研究员、博士生导师。

1964年，金吾伦毕业于中国科学技术大学近代化学系，同年考取中国科
学院哲学研究所自然辩证法专业研究生，师从于光远、龚育之。此后长期从事
自然辩证法、科学哲学研究。1989年，以高级访问学者身份赴美国波士顿大
学、哈佛大学从事科学哲学研究。1990年1月，任研究员。1993年2月，当选为
所学术委员。1994年2月，被聘为博士生导师。

金吾伦主要研究领域包括科学哲学、创新与复杂性研究。主编、编著、
翻译了《物质可分性新论》《科学变革论》《跨学科研究引论》《国家创新系
统：理论与国际比较》《科学革命的结构》等18部著作。

蒋宝娣

蒋宝娣，1938年1月生，女，汉族，萧山临浦镇人。中共党员。高小文化。

图44-2-1278　汪忠镐（汪忠镐
提供）

图44-2-1279　金吾伦（金吾伦
提供）

图44-2-1280　蒋宝娣（1975年
摄，蒋宝娣提供）

图44－2－1281 张钧澄（2006年10月摄，张钧澄提供）

1955年12月至1956年2月，蒋宝娣为浙江省杭州弄口黄麻供应处打包工人。1956年2~3月为杭州湖墅整理组打包工人。同年3月，到杭州崇裕丝厂工作，先后任缫丝工、生产组长、治保委员、党支部宣传委员。1966年12月，任杭州新华丝厂群众组织勤务组负责人。1967年3月，任杭州新华丝厂党委书记、革委会主任。1968年3月起，任浙江省革委会常委。1971年1月，任中共浙江省委常委。1973年起，任浙江省总工会主任、主席，其间，曾任省总工会党组书记。1977年12月起，任浙江省革委会副主任。1982年12月起，任浙江省计划生育委员会副主任。1984年8月起，为浙江省计划生育委员会办公室一般工作人员。1986年4月起，任浙江省计划生育干部培训中心党支部书记、主任科员。系中共第九届至第十一届中央候补委员。

张钧澄

张钧澄，1938年12月生，男，汉族，萧山义桥镇人。中共党员。宁波大学原校长、教授。

1961年，张钧澄于西北工业大学航空发动机设计与制造专业毕业，后留校任教。1981~1983年，赴美国马里兰大学宇航工程系进行合作研究。回国后，先后任西北工业大学教研室主任、教务处处长、校办公室主任。1991年12月，晋升为教授。1993年，享受国务院特殊津贴。1993年12月，调任宁波大学副校长。1997年1月至1999年10月，任宁波大学校长。

张钧澄在宁波大学工作期间，积极推进教学改革，为该校1995年首批通过国家教委组织的本科教学合格评估奠定了坚实的基础，亲历并推动了宁波大学等三校合并，实现了宁波大学向综合性大学的跨越式发展。此外，还曾获全国优秀教学成果奖二等奖1项、浙江省高校教学优秀成果一等奖1项、陕西省级教学优秀成果奖3项。

图44－2－1282 蒋展鹏（2008年摄，蒋展鹏提供）

蒋展鹏

蒋展鹏，1938年4月生，男，汉族，萧山浦阳镇人。中共党员。清华大学教授、博士生导师。

1955年9月，蒋展鹏考入清华大学土木建筑系给水排水工程专业，1960年毕业后留校任教。1990年12月，晋升为教授。1993年10月，被聘为博士生导师。

蒋展鹏主要从事给水排水工程、市政工程和环境工程领域的教学、科研与工程技术工作。论著有《环境工程监测》《水化学》《环境工程学》《环境工程学（第二版）》《环境工程手册·环境监测卷》《城市水工程概论》和《给排水科学与工程概论》等。发表相关学术论文150余篇。曾获国家科技进步奖二等奖2项，省部级科技进步奖一、二等奖各1项，中国科学院自然科学奖一等奖1项，国家级教学成果奖二等奖1项，国家发明专利7项等。

邵 焱

邵焱（1939~2009），原名邵燕祯，笔名一燕、娜拉，女，满族，祖籍萧山进化。中共党员。

1961年7月，邵焱毕业于中国人民大学新闻系。历任辽宁日报社、北京出

图44－2－1283 邵焱（1939~2009）（邵焱家属提供）

版社及外文出版社文艺记者、编辑，《新观察》半月刊编委、编辑部主任、副编审，《中国有色金属报》副总编辑、副编审，《中国妇女》副总编辑、编审。中华全国新闻工作者协会第四届理事，北京杂文学会理事。1960年开始发表作品。1984年加入中国作家协会。著有散文《海带姑娘》《黄阿蜜之出走》《童心——蔻蔻日记片断》《"白金国"漫笔》，系列杂文《病中吟》。译著儿童文学作品《一个有魔力的字》《神奇的贝壳》《亚洲民间故事选》，短篇小说《第一次爱情》，苏联电影文学剧本《主席》《村妇的天下》《远方来的女人》等。2009年5月在北京逝世。

龚心瀚

龚心瀚，1940年10月生，笔名龚荪，男，汉族，祖籍萧山，生于上海。中共党员。中共中央宣传部原副部长，全国政协常委、文史资料委员会副主任。

1964年7月，龚心瀚于复旦大学新闻系毕业后进入解放日报社工作，先后担任一版要闻部编辑和评论员。1969年，龚心瀚北上黑龙江逊河公社双河大队采访，连夜写出了金训华为国家财产英勇牺牲的新闻报道，在《解放日报》发表后，《红旗》杂志发表了评论员文章，立即轰动全国，掀起全国学习英雄思想、走英雄道路、创英雄业绩的浪潮。"文化大革命"后，先后担任《解放日报》市郊版负责人和主持中共上海市委党刊《支部生活》工作。其间，《支部生活》发行量迅速增长，对改革开放萌动时期的中国社会有很大影响。1983年起，出任上海市委宣传部常务副部长。1993年起，任中央宣传部常务副部长，同时兼任全国双拥工作领导小组副组长。

龚心瀚从事新闻工作20年中，编审和撰写了大量的消息、通讯、调查报告、短评、评论员文章、社论、杂文等。在担任中共上海市委宣传部副部长期间，分管新闻出版工作，支持新闻出版事业改革。主持编辑《社会主义市场经济实务手册系列》共4册，计760万字。

图44-2-1284 龚心瀚（陈志根提供）

沈忙作

沈忙作，1941年10月生，男，汉族，祖籍萧山瓜沥。中国科学院光电技术研究所研究员、博士生导师。

1964年，沈忙作于浙江大学光学仪器系毕业后，到中国科学院长春光学精密机械研究所工作。1973年后，到中国科学院光电技术研究所工作。其间，1979～1981年，赴美国卡内基梅隆大学做访问学者。1991年12月，任研究员。1994年10月，被聘为博士生导师。

沈忙作主要研究光学图像处理与图像识别、大规模集成电路生产的掩模与硅片自动检测、衍射光学元件、低温光学系统、航摄相机的内方位元素检测、折射/衍射混合光学系统、全反射光学系统、光学精密测量、大气湍流效应的事后校正与图像恢复、光学系统的杂光抑制与检测、空间光学系统等。其中，"掩模缺陷自动检测系统"项目获1992年中国科学院科技进步一等奖，"硅片表面检查仪"、冷光学系统2个项目分别获1991年、1999年中国科学院科技进步二等奖，高分辨率CCD拼接相机、实时测量系统多片面阵CCD拼接

图44-2-1285 沈忙作（2004年摄，沈忙作提供）

技术研究2个项目分别获1991年、1992年中国科学院科技进步三等奖，现代光学红外凝视成像捷联导引头项目获2000年国防科学技术一等奖。发表研究论文50余篇。曾担任2届863计划专题专家组专家、1届863计划主题专家组专家、1届863计划重大专项专家组专家。2001年，获得国家科学技术部颁发的863计划15周年重要贡献先进个人奖励。

张柏根

图44－2－1286　张柏根（90年代中期摄，张柏根提供）

张柏根，1941年5月生，男，汉族，萧山许贤乡人。中共党员。上海第二医科大学外科学教授、博士生导师。

1963年7月，张柏根毕业于上海第二医学院医疗系（今上海交通大学医学院医学系），后分配至附属仁济医院工作。1975年9月至1977年10月，赴摩洛哥开展医疗援助。1979年后，开始从事周围血管临床及研究工作。1986年7月，赴法国里昂爱德华埃利奥医院进修血管外科。1987年6月，回国后组建仁济医院血管外科，并主持临床及研究工作。1989年5月，晋升为教授、主任医师。1993年12月，被聘为博士生导师。1993年10月起，享受国务院特殊津贴。1991年2月至2001年7月，任仁济医院副院长。1995年，获上海市育才奖。

80年代，在国内首先开展大剂量下肢静脉顺行造影，辅以乏氏试验诊断下肢深静脉瓣膜功能不全，设计并应用股静脉壁环行缩窄术予以治疗，提出"相对性下肢深静脉瓣膜关闭功能不全"概念。80年代中期，开展移植血管再狭窄机理及防治、复合人工—生物血管研制、难治性下肢动脉缺血的外科治疗等临床及基础研究。90年代中期，进行动物缺血性疾病的基因治疗试验研究，开展纳米技术实验研究。主编专著2部，参编专著13部，发表论文200余篇，获卫生部、国家教委、市级科技进步奖10项，鉴定成果11项。担任全国高等医学院校教材《外科学》第五至第七版编委、研究生教材《外科学前沿与争论》第一、第二版编委。

朱妙章

图44－2－1287　朱妙章（2005年摄，朱妙章提供）

朱妙章，1942年10月生，男，汉族，萧山河上镇人。中共党员。第四军医大学生理学教授、博士生导师。

1965年7月，朱妙章毕业于杭州大学，8月考入第四军医大学生理学专业研究生并入伍，毕业后留校任教。1987年2月，晋升为副教授。1992年6月，晋升为教授。1995年10月，被聘为博士生导师。1992年起享受国务院特殊津贴。

朱妙章主要研究心脏功能的评定、心脏和冠脉的神经体液调节、心肌缺血时血流动力学和血液流变学的变化，研究心房钠尿肽、降钙素基因相关肽和血管钠肽的生理作用等。发表论文326篇。完成国家自然科学基金课题5项。荣获国家科技进步三等奖1项，军队科技进步二等奖6项、三等奖11项，全军医学科技大会二等奖1项，陕西省科技进步二等奖1项，广东省科技进步三等奖1项。主编教材和专著共14部，参加编写24部。

朱康杰

朱康杰，1942年3月生，男，汉族，萧山河上镇人。中共党员。浙江大学高分子系教授、博士生导师。

1965年7月，朱康杰于浙江大学化学系毕业后，选派至北京中共中央高级党校（现中共中央党校）工作。1973年7月后，回浙江大学化学系和高分子系任教。其间，1980~1983年，受教育部公派，赴美国纽约理工学院化学系从事新型功能高分子研究。1986年，受聘为美国纽约理工大学聚合物研究所研究科学家。1988年，受聘为美国加州AMGEN基因工程公司访问科学家。1995年3月，晋升教授。1996年3月，被聘为博士生导师。1999年4月，享受国务院特殊津贴。

朱康杰长期在高等院校从事有关高分子科学的教学与科研，特别在生物医用高分子和药物控释研究领域在国内外有一定影响。曾主持8项国家自然科学基金项目。作为主要负责人之一，完成了"七五"、"八五"国家生物医药的重大攻关项目和20余项省部级或其他项目。作为中方负责人，承担并完成由日本、中国、美国、比利时四国联合研究的生物降解与药物控释的合作项目。发表科学论文150余篇，授权发明专利10余项。

图44-2-1288 朱康杰（2001年9月摄，朱康杰提供）

韩泉欣

韩泉欣，1942年8月生，男，汉族，萧山义桥镇人。中共党员。浙江大学人文学院教授、博士生导师。

1965年9月，韩泉欣毕业于杭州大学中文系，即留校任留学生办公室汉语教师。1970年10月，转至杭州大学中文系任教，先后任杭州大学中文系副主任、常务副主任，杭州大学研究生部副主任（主持工作）。1995年12月，晋升为教授。2001年1月，被聘为博士生导师。

韩泉欣早年从事文学理论的教学与研究，自1980年始以中国古代文学和中国古代文学理论为其主要研究方向。专著有《孟郊集校注》《文心雕龙直解》《文心雕龙校注》，合著有《两汉诸家散文选》《三曹诗文选注》等。其中《孟郊集校注》获浙江省第八届哲学社会科学优秀成果专著类三等奖。另发表专业论文约30万字。

图44-2-1289 韩泉欣（2008年摄，韩泉欣提供）

章柏青

章柏青，1943年4月生，男，汉族，萧山河上镇人。中国艺术研究院研究员、博士生导师。

1966年9月，章柏青毕业于杭州大学中文系。1968年始，在中国电影公司工作，先后担任宣传处副处长，《电影画报》《中国银幕》杂志主编。1994年，调任中国艺术研究院影视艺术研究所，先后担任常务副所长、所长。1999年，被聘为博士生导师。2001年，享受国务院特殊津贴。历年来曾担任中国电影金鸡奖评委、中共中央宣传部"五个一工程"奖评委、中国电影童牛奖评委、中国电视金鹰奖评委、国家广电总局电影局电影审片组成员、中央电视台电影频道电影审片组成员。

章柏青长期从事电影艺术评论研究工作。出版的专著有《电影观众学》《电影与观众论稿》《中国电影电视》等，主编的词典、著作有《艺术词典》

图44-2-1290 章柏青（2007年摄，章柏青提供）

《中国当代电影发展史》《中国电影批评》《中国大众影评长编》《爱国主义永放光芒》等多种。并有电影剧本、小说、散文等数十万字出版。

汤秀庭

汤秀庭，1943年5月生，男，汉族，萧山进化镇人。中共党员。武警少将。

1962年6月，汤秀庭入伍，1963年8月入党。1962年6月始，先后在中国人民解放军陆军第176团任战士、副班长、班长、排长、副指导员、代指导员。1968年6月始，先后任陆军第20军政治部干部处干事、副处长、代处长。1977年10月，任陆军第60师步兵第178团政治委员。1980年7月，到解放军政治学院（今国防大学）学习。1982年7月始，先后任陆军第58师政治部主任、师副政治委员、师政治委员。其间，在职在郑州大学学习，本科毕业。1988年7月至1996年3月，任陆军第二十集团军政治部副主任。1989年8月至1990年2月，任坦克十一师代师长兼政委。其间，在中央党校学习。1996年3月，任中国人民武装警察部队陕西省总队政治委员。2001年2月，任武警黄金指挥部政治委员。1996年7月，授予武警少将警衔。系中国共产党第十五次、第十六次全国代表大会代表。

卓鹤君

卓鹤君，1943年7月生，男，汉族，祖籍萧山坎山，生于杭州市。中国美术学院教授、博士生导师。中国美术家协会会员。

1979年，卓鹤君考入浙江美术学院中国画系山水研究生班，师从陆俨少。1981年毕业后，留校任教。擅长山水画，以现代性著称于世，自成一局，为"新浙派"领袖人物。1986年以来多次应邀赴美国讲学，并获明尼苏达州圣保罗市、阿拉巴马州莫比尔市荣誉市民称号。1987年应上海美术电影制片厂特聘，为水墨动画片《山水情》作山水画设计。此片共获蒙特利尔国际电影节短片大奖、金鸡奖、电影电视部优秀影片等9项大奖。1995年，与孔仲起、徐英槐、童中焘创作《长江万里图》，纪念兴建长江三峡水利工程，该作品是101幅"中国三峡百景图"中最大的一幅。1999年，与童中焘、陈向迅合作创作《江山万里》，布置于中南海怀仁堂正厅，单独创作大幅山水画《花动一山春色》布置于中南海勤政厅。作品《恒山烟云》被英国大英博物馆收藏。出版有《卓鹤君画集》《卓鹤君山水画创作画集》等多种画册，另与童中焘合作编著有《山水画技法析览》。

周汉荣

周汉荣，1943年9月生，男，汉族，萧山新湾镇人。中共党员。大专学历。海军少将。

1960年9月，周汉荣任义蓬农业中学教师。1961年9月，任义蓬（瓜沥）粮管所专管员。1964年12月，参军入伍，在4498部队连队任副班长、班长，连部、营部文书。1967年12月，任4498部队连队排长。1968年6月后，任4498部队、0115指挥部、海军后勤部政治部（处）干事。1974年2月后，历任海军后勤部司令部办公室秘书、副主任、主任。1985年8月，任海军后勤部副参谋

图44－2－1291　汤秀庭（2013年5月，杨贤兴摄）

图44－2－1292　卓鹤君（卓鹤君提供）

图44－2－1293　周汉荣（1999年8月摄，周汉荣提供）

长。1986年8月，任海军后勤部军需部副部长。1987年9月，任海军后勤部军需部部长。1988年11月，任海军后勤部参谋长。1993年1月，任海军后勤部副部长。1997年12月，任海军福建基地副司令员。2001年5月，任海军后勤部部长，为海军党委常委。1988年9月恢复军衔制度后，被授予海军大校军衔。1994年7月晋升海军少将。系第十届全国人大代表。

陈妙法

陈妙法，1944年2月生，男，汉族，萧山进化镇人。中共党员。高级工程师、高级政工师。

图44-2-1294　陈妙法（2005年5月摄，陈妙法提供）

1961年9月，陈妙法进入唐山铁道学院桥梁隧道系隧道及地下铁道专业学习。1966年7月，毕业后留校。1968年7月，分配到上海隧道建设公司工作，1978年9月任副经理，1982年9月任经理。1983年9月，任上海市市政工程管理局党委副书记兼纪委书记，兼上海地铁公司党委书记。1988年1月，任上海市公用事业管理局党委书记。2000年5月，任上海市城市交通管理局党委书记。系中共十五届全国代表。

傅竹西

傅竹西，1944年3月生，男，汉族，祖籍萧山河上，生于四川广汉。中国科学技术大学物理系教授、博士生导师。

图44-2-1295　傅竹西（2008年摄，傅竹西提供）

1967年，傅竹西毕业于北京大学物理系。1968年赴广东省台山市烽火角解放军农场劳动锻炼两年。1970年，到第一机械工业部贵阳电工总厂任技术员。1976年，到中国科学技术大学物理系任教。1985年和1991～1992年两次去日本东京大学进修和合作研究。2000年12月，晋升为教授。2001年5月，被聘为博士生导师。

傅竹西主要研究半导体光电子材料，包括材料生长、光电特性研究及其应用。1987年，带领科研小组建成我国第一个立式金属反应室低压MOCVD系统，获1989年度中国科学技术大学科研成果一等奖；独立研制了国内第一台"半导体激光器综合特性测试仪"，1993年获教育部高校物理教学仪器二等奖。主要著作有《固体光电子学》，发表学术论文100余篇，获国家专利3项。

魏超然

图44-2-1296　魏超然（2000年摄，魏超然提供）

魏超然，1944年4月生，男，汉族，萧山河上镇人。中共党员。

1968年8月，魏超然于浙江大学机械系毕业后，分配到浦江县齿轮厂工作，历任技术科副科长、科长、副厂长、厂长，后历任浦江县经委副主任、主任，浦江县副县长、县委常委等职。1983年8月加入中国共产党。1993年1月调任义乌工作，历任义乌市委常委、副市长，义乌市委副书记、代市长。1994年3月，任义乌市市长。1997年，调任浙江省围垦局副局长、局长。

任宝凯

任宝凯，男，汉族，1944年9月生，萧山新塘乡人。中共党员。少将军衔。

1965年6月，任宝凯毕业于上海师范学院（今上海师范大学）外语系俄语专业。1965年7月，赴波兰密茨凯维支大学波兰语言文学系留学。1969年8月入

图44-2-1297　任宝凯（2000年4月摄，任宝凯提供）

伍，在解放军总参谋部工作。1970年6月入党。1971年7月至1992年2月，先后三次赴中国驻波兰大使馆武官处工作，历任译员、武官助理、副武官、代武官等职。1988年9月，被授予上校军衔。1996年8月，任中国驻南斯拉夫联盟共和国大使馆陆、海、空三军武官。1999年，他在以美国为首的北约对南斯拉夫联盟共和国空袭的50多天里，出生入死，忘我工作，穿梭于炮火纷飞的贝尔格莱德和其他地区，观察北约轰炸南斯拉夫联盟共和国和南斯拉夫联盟共和国军民奋起抗击的情况，亲自带队完成了撤离侨民和留学人员的任务。5月7日，在使馆遭导弹袭击时，身负重伤，被埋废墟达9个小时，昏迷近两天后苏醒。6月16日，中央军委发布通令，给任宝凯记一等功。1999年7月，晋升为少将。2000年5月，伤愈后重返中国驻南斯拉夫联盟共和国大使馆工作。

图44-2-1298 虞荣仁（虞荣仁提供）

虞荣仁

虞荣仁，1944年9月生，男，汉族，萧山浦沿镇（今属杭州市滨江区）人。中共党员。大专学历。

1959年8月，虞荣仁参加工作，1966年3月加入中国共产党。历任萧山县浦沿陆家坛小学、六甲庙小学民办教师，萧山县浦沿公社新生大队食堂和生产队会计、团支部书记、民兵营长、党支部书记。1977年7月始，任萧山县委常委、县革委会常委。1979年10月始，历任萧山县委副书记、副县长、县长、县委书记。1987年5月始，任杭州市委副书记。1992年12月，任浙江省委组织部副部长、省第八届人大常委会委员、省纪委委员。1997年2月，任浙江省委组织部副部长、杭州市委副书记。1997年4月，任浙江省委组织部副部长、杭州市委副书记、市政协主席。1998年9月，任杭州市委副书记、杭州市政协党组书记、主席。1999年3月，任杭州市委委员、市政协党组书记、主席。系第九、第十届全国政协委员。

图44-2-1299 安志云（2007年摄，安志云提供）

安志云

安志云，1945年1月生，男，汉族，萧山南阳镇人。中共党员。大学文化。

1964年9月，安志云于浙江农业大学畜牧兽医系毕业后，到杭州市农业局畜牧兽医站任技术员。1978年3月，任杭州市农业局畜牧科科长。1980年4～10月，赴日本岐阜市进修学习。1985年11月，任杭州市农业局党委委员、副局长。1992年7月，任杭州市农业局党委书记、局长。1993年7月，任杭州市政府副秘书长、办公厅党组成员、市农业局党委书记、局长。1994年9月，任杭州市政府副秘书长、办公厅党组成员、市农村经济委员会党委书记、主任。1997年4月，任杭州市副市长、党组成员。有译著《高效率养猪技术》。

鲁冠球

鲁冠球，1945年1月生，男，汉族，萧山宁围镇人。中共党员。高级经济师。万向集团董事会主席。

鲁冠球儿时家境贫困，初中辍学后到萧山铁器社当学徒。1961年10月，开始个人创业，办过米面加工厂，摆过自行车修理摊。1969年7月，集资4000元创办铁匠铺，为万向集团前身。在他的带领下，到2001年底，万向集团资产

图44-2-1300 鲁冠球（2009年5月摄，鲁冠球提供）

过百亿，员工近8000人，并以"奋斗十年添个零"的业绩，成为国务院120家试点企业集团和国家520家重点企业中唯一的汽车零部件企业。同时，他以开放的思维积极走出去，成为通用、福特、克莱斯勒等国际一流整厂的配套合作伙伴。1994年1月，所属万向钱潮股份有限公司股票在深圳证券交易所上市。他在发展汽车零部件主业的同时，还涉足农业、金融等投资领域，先后收购、参股华冠科技、承德露露等多家上市公司股权。近年来，积极发展电动汽车、太阳能等新能源产业，承担社会责任。

鲁冠球先后当选中共十三大、十四大代表和第九届至第十一届全国人大代表。屡获全国优秀企业家、全国五一劳动奖章、全国农业劳动模范、全国劳动模范、全国优秀民营企业家、中国乡镇企业功勋、中国十大杰出职工、CCTV中国经济年度人物、首届袁宝华企业管理奖金奖等荣誉。

余 海

余海，1945年3月生于上海，男，汉族，祖籍萧山许贤。浙江大学医学院教授、博士生导师。全国政协委员、民进中央委员、民进浙江省委会副主委。

1968年11月，余海毕业于上海第一医学院。后赴宁夏陇德县卫生院任医师。1978年10月，考取宁夏医学院研究生。1979年12月至1983年9月赴英国利兹大学留学，获博士学位。1984年起，到浙江医科大学（今浙江大学医学院）任教。1989年始，任浙江医科大学肿瘤研究所副所长。1992年11月，晋升为教授。1993年10月，获国务院政府特殊津贴。1996年，任浙江医科大学副校长。同年5月，被聘为博士生导师。1999年7月，任浙江大学医学院副院长。

余海主要从事肿瘤免疫学及肿瘤预防学研究，编著专业书籍8部，发表论文130多篇。曾获国家科技进步三等奖1项，省科技进步一等奖1项、二等奖1项、三等奖6项。

图44-2-1301 余海（2010年摄，余海提供）

沈有根

沈有根，1946年11月生，男，汉族，祖籍萧山靖江，生于上海。九三学社社员。中国科学院上海天文台研究员、博士生导师。

1964年7月，沈有根高中毕业，开始在家自学大学数学、物理。1969年1月，到萧山靖江插队务农。1971年5月始，在靖江中学任民办教师。其间，坚持自学，开始涉足相对论天体物理与广义相对论。1979年9月，考入中国建设银行上海分行会计处工作。1983年9月，考入华东师范大学（在职），1988年6月毕业，获理学学士学位。由于在天文学方面的突出成绩，1985年4月，被借调到中国科学院上海天文台工作。1986年4月正式调入中国科学院上海天文台，从事引力论和宇宙论方面的科研工作。1992年7月任副研究员，1997年7月任研究员，1998年7月被聘为博士生导师。

沈有根在量子宇宙学与黑洞理论方面有较深入的研究。论证了宇宙有可能是由一个Baby宇宙通过量子隧道效应演化而来的；在一般的黑洞时空背景下导出了有关霍金辐射的热谱公式；详尽地探讨了各类黑洞的熵的量子修正与统计解释；给出了一批有着相当数学难度的经典虫洞与量子虫洞的解析解；

图44-2-1302 沈有根（2007年摄，沈有根提供）

得到了一批含有相当数学技巧的爱因斯坦场·方程的严格解；论证了非最小耦合的复标量场作为暗能量的可能性；对不同物质场的各类黑洞的Quasinormal modes（准正则模）进行了详细的探讨；首次研究了弯曲时空背景下的量子通信问题。发表学术论文200余篇。其中，《经典与量子宇宙学研究》获国家教委1995年度科技进步三等奖，《高维时空、虫洞和宇宙量子场论》获广西壮族自治区2001年度科技进步二等奖。1985年获得全国总工会颁发的首届"中华全国职工自学成才奖"。

俞吾金

俞吾金，1948年6月生，男，汉族，萧山临浦镇人。复旦大学教授、博士生导师。

1968～1977年，俞吾金在上海电力建设公司工作。1978年2月，考入复旦大学哲学系。1982年2月开始攻读研究生，1984年12月获硕士学位并留哲学系现代哲学教研室任教。1986年9月起，攻读博士学位。1987年破格晋升为副教授。1988～1990年，作为联合培养博士生，赴德国法兰克福大学留学。1992年1月，获复旦大学哲学博士学位。1993年4月，晋升为教授，9月被聘为博士生导师。1997～1998年，为美国哈佛大学访问教授。

俞吾金主要从事哲学基础理论、西方哲学、西方马克思主义和当代中国哲学文化的研究。已出版专著14部，其中《思考与超越：哲学对话录》获1986年全国优秀图书评比"金钥匙奖"，《意识形态论》获国家教委首届全国高校优秀学术著作一等奖和上海市优秀学术著作一等奖。主编有《20世纪哲学经典文本》《现代性现象学》等书。1999年，被评为"全国有突出贡献中青年专家"。2001年获得宝钢优秀教师奖。

陈欢林

陈欢林，1949年9月生，男，汉族，萧山坎山镇人。浙江大学材料化工学院教授、博士生导师。

1978年9月，陈欢林于浙江大学化工系毕业后，留校任教。1990年1月，获浙江大学化工系工学硕士学位。1992年12月，晋升为副教授。1994年，赴英国曼彻斯特科技大学化工系做访问学者。2000年12月，晋升为教授。2001年2月，被聘为博士生导师。

陈欢林主要从事膜科学技术方面的科研与教学工作，先后承担省部级以上的国家项目20余项。申报国家发明专利20余项，获省市科技鉴定或验收成果8项，其中获全国星火计划成果展览交流会金奖、上海市科技进步二等奖（集体）、安徽省科学技术三等奖各1项。发表论文150余篇。主编《环境生物技术与工程》《新型分离技术》；合编或参编《膜科学技术》《生物工程导论》《化工原理》等专著或教材10余部。

胡永洲

胡永洲，1950年12月生，男，汉族，萧山南阳镇人。中共党员。浙江大学药学院副院长、教授、博士生导师。

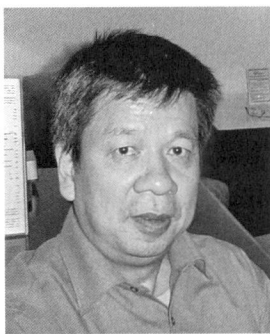

图44-2-1303　陈欢林（2003年10月摄，陈欢林提供）

图44-2-1304　胡永洲（2010年1月摄，胡永洲提供）

1968年11月，胡永洲到萧山县"五七"干校任文书。1970年3月，转入浙江生产建设兵团二师五团，先后任连司务长、营书记、连长。1974年10月，入浙江医科大学药学系学习。1977年7月，毕业后留校任教。其间，1984年6月至1991年9月任浙江医科大学药学系副主任，1991年10月至1994年7月在中国科学院上海药物研究所攻读博士，1995年6月至1996年12月赴加拿大阿尔伯塔大学读博士后。1994年9月，晋升为副教授。1999年12月，晋升为教授。2000年3月，被聘为博士生导师。

胡永洲主要从事药物设计与构效关系研究，抗肿瘤药物、老年用药和生殖健康药的研究，杂环化合物合成方法学研究。先后承担多项国家及省部级科研项目。发表论文50余篇，参编《药物化学》等教材、论著5部。

王鑫炎

王鑫炎，1951年2月生，男，汉族，上海人。中共党员。浙江爱迪尔包装集团公司董事长兼总经理，高级经济师。

1969年，王鑫炎从上海到萧山党山梅林村插队。1976年，靠着大队里仅有的4000元家底，利用3间破旧的粮仓屋、2台旧机器，创办党山塑料制品厂，任技术员、供销员等。1977年分别任党山、萧山出口商品包装厂厂长。1984年，任杭州出口商品包装有限公司经理、党支部书记。1994年起任浙江爱迪尔包装集团公司董事长兼总经理。2000年，企业入选世界包装印刷业500强。王鑫炎在大力发展乡镇企业的同时，不忘帮助村民共同奔小康，先后为全村建起30多套别墅式农民住宅，免费为农户安装有线电视、自来水管道，为村民提供子女义务教育费、独生子女费及60岁以上老人的养老金等，使梅林村成为远近闻名的富裕村。

王鑫炎先后获浙江省乡镇企业创业功臣、浙江省劳动模范、浙江省优秀共产党员等荣誉。2000年，被评选为全国劳动模范。

图44－2－1305　王鑫炎（王鑫炎提供）

朱人敏

朱人敏，1951年8月生，男，汉族，萧山浦阳镇人。中共党员。南京军区南京总医院消化内科主任、教授、博士生导师。

1969年2月，朱人敏应征入伍，同年加入中国共产党。1971年2月，考入南京军区军医学校医疗系学习，1975年毕业后被选拔至南京军区南京总医院消化内科工作。1988年7月，获上海第二医科大学消化内科硕士学位。1992年7月，取得博士学位。其后一直在南京军区南京总医院从事消化内科专业，工作在临床、教学和科研第一线。1993年3月起，享受国务院政府特殊津贴。1995年12月晋升为主任医师、南京大学医学院教授。1997年3月，被聘为博士生导师。1998年4月，被聘为博士后导师。

朱人敏在国内诊断了首例whipple（韦帕尔）氏病患者。在全国、全军率先开展内镜下食管静脉曲张套扎治疗，创造了内镜下胃肠道息肉黏膜切除术，超声引导下细针肝、胰穿刺，超声内镜，食管良恶性狭窄内镜下支架置入术等技术。著有《危重急症治疗手册》《实用外科重症监护与治疗》《临床肿瘤学》

图44－2－1306　朱人敏（2001年5月摄，朱人敏提供）

《医师必备》等专著。发表专业论文150余篇。1992年，"建立胃癌癌前变化和体内外环境对其发生影响"获上海市科技进步二等奖。1993年，"ENNG诱发犬胃癌癌变过程细胞DNA含量动态变化的研究"获中国人民解放军科技进步二等奖。先后获得全军科技进步三等奖多项，获得国家新型实用型专利2项。

叶国珍

图44－2－1307　叶国珍（2001年5月摄，叶国珍提供）

叶国珍，1951年12月生，男，汉族，福建省莆田市人。浙江萧山宋代名瓷研究所所长。

1969年，叶国珍开始学习陶瓷艺术创作和南宋官窑瓷研制，1986年毕业于江西景德镇陶瓷学院工程系。长期从事陶瓷科学艺术研究与创作，成功恢复失传800年的南宋官窑。有13项科研成果填补了国内空白，南宋官窑薄胎厚釉瓷研究填补了国际空白。其科研成果"用杭州紫金土仿制南宋官窑瓷"获国家发明二等奖（1991），"高级翠青釉瓷及尖晶石型Fe-Cr发色技术"获国家科技发明三等奖（1991），"宋代龙泉青瓷工艺恢复和产品开发"获国家科技进步二等奖（2000），还获得浙江省科技进步一等奖等12项国家级和省部级科研大奖。1992年10月，享受国务院政府特殊津贴，1993年被浙江省人民政府授予"浙江省有突出贡献中青年科技人员"称号，1994年被国家人事部授予"国家级有突出贡献中青年专家"称号。其陶瓷艺术作品先后获中国五大名窑大师作品展金奖、西湖博览会中国工艺美术大师作品展金奖、中国茶与瓷文化展金奖、浙江省工艺美术精品展金奖等多个奖项。

章力建

图44－2－1308　章力建（照片来源：中国网，http：www.china.com.cninternationalzhuantiblytz2011-0905content_23356774.htm）

章力建，1952年7月生，男，汉族，祖籍萧山楼塔，生于上海。中共党员。中国农业科学院副院长、党组成员、研究员、博士生导师。

1988年，章力建毕业于比利时让布鲁农业大学，获农学博士学位。1988年起，先后任中国农业科学院生物技术中心副研究员、科研部交流处副处长、国际合作办公室副主任。1994年起，先后任中国农业科学院副院长、党组成员，研究生院常务副院长、研究员、博士生导师。其间，1995年12月至2000年4月任贵州省人民政府党组成员，省委委员、省长助理，省扶贫开发领导小组副组长。

在中国农业科学院生物技术研究中心工作期间，参加了农业部"八五"攻关项目、国家"863"高技术攻关项目，从事小麦和玉米的遗传、转化工作。其间，与清华大学合作，首次用超声波原理把外源基因导入植物，获得了大批烟草转基因植株及其后代。经专家鉴定，该成果属世界首创，达到国际先进水平。发表（出版）论文、文章（译著）等60余篇。1993年被评为农业部有突出贡献的中青年专家，1997年被评为全国优秀留学回国人员。

朱重庆

图44－2－1309　朱重庆（2006年摄，朱重庆提供）

朱重庆，1953年2月生，男，汉族，萧山瓜沥镇人。浙江省航民实业集团有限公司（航民村）党委书记，浙江航民股份有限公司董事长，高级经济师。

1979年6月，时任大队会计的朱重庆带领全村以6万元积累起家，创办航民第一家工业企业——萧山漂染厂，并任厂长。1982年，企业利润超过百万元，成为萧山首个百万元富裕村。1989年，成立萧山市航民实业公司，任总经理。1997年8月，组建浙江省首家村级企业集团——浙江航民集团，任董事长、总经理。1998年1月，由航民集团发起，联合万向等6家法人股东，创立浙江航民股份有限公司，任董事长，实现了跨地区、跨行业、跨所有制的强强联合。

在朱重庆的带领下，航民村经过20多年的规划建设，达到城镇化水平，率先跨入全国富裕村行列。先后被评为浙江省劳动模范、全国新长征突击手、第二届全国十大杰出青年，全国乡镇企业家和全国劳动模范等。系第八届全国人大代表。

盛继芳

盛继芳，1953年11月生，男，汉族，萧山瓜沥镇人。中共党员。大学文化。

1971年10月，盛继芳参加工作，为萧山市瓜沥乡知青。后为杭州市汽车技工学校学生。1977年始，历任杭州市交通管理局团委干事、副书记、书记，杭州市交通局党委委员、教育科长、宣传科长、副局长。1979年6月加入中国共产党。其间，在浙江省委党校党政干部专修班学习2年。1986年始，先后任杭州市公共交通公司副经理、党委委员、经理。1990年，任杭州市城乡建设委员会党委副书记、副主任，杭州市市政公用事业管理局党委书记、局长。1994年1月，任杭州市委组织部副部长。1998年11月，任杭州市委常委、市公安局党委书记、局长、市委政法委副书记。

图44-2-1310　盛继芳（2005年12月摄，盛继芳提供）

黄韦艮

黄韦艮，1955年6月生，男，汉族，萧山城厢镇人。中共党员。国家海洋局第二海洋研究所首席研究员、博士生导师。

1980年，黄韦艮于四川大学物理系毕业后，到国家海洋局第二海洋研究所从事海洋遥感研究工作。1986年7月，赴英国邓迪大学攻读博士学位。1990年11月，又赴英国南安普敦大学攻读博士后。1992年10月，学成回国。

黄韦艮在合成孔径雷达海洋遥感机理研究、合成孔径雷达遥感反演模式研究、合成孔径雷达海洋遥感应用技术研究、海洋赤潮卫星遥感监测与预报技术研究和卫星遥感装备研制及其应用等方面取得了创造性成果。主持和承担了省部级和国家课题20多项。发表研究论文160多篇、专著3部。获国家和省部级科技进步奖7项，其中中国科学院科技进步二等奖1项、国家科技进步三等奖1项、中国科学院科技进步三等奖1项。黄韦艮为首批国家"百千万人才工程"第一层次人选、国家海洋局"双百人才工程"人选、浙江省新世纪151人才工程重点资助人员、享受国务院政府特殊津贴专家。

张鸿铭

张鸿铭，1955年11月生，男，汉族，萧山进化镇人。中共党员。中央党校研究生。

1978年8月，张鸿铭毕业于浙江化工学院分析专业。1978年9月始，在煤炭部北京煤炭科学院煤化学研究所工作。1981年11月，调浙江省环境科学研究所工作。1984年6月起在浙江省环境保护局工作。1985年7月加入中国共产党。

此后，历任温州市鹿城区环境保护办公室副主任（下派挂职），浙江省环境保护局副处长、处长、副局长、党组成员。1998年2月，任浙江省环境保护局党组书记、局长。

汤林美

图44-2-1311　汤林美（2003年摄，汤林美提供）

汤林美，1957年3月生，女，汉族，萧山长河镇（今属杭州市滨江区）人。大专学历。中共党员。

1975年11月，汤林美进入杭州第二棉纺织厂工作。历任细纱车间挡车工、北纺车间副主任、气流纺分厂副厂长、科室党总支书记、工会女职委主任。汤林美是杭州第二棉纺织厂操作能手，多次参加部级和全国性的技术操作比赛并获奖。1978年10月，出席共青团第十次全国代表大会。1979年10月，被评为全国新长征突击手。1982年9月，被授予浙江省劳动模范称号。1983年，被评为全国"三八"红旗手。是年3月，当选为第六届全国人大代表。

丁有根

图44-2-1312　丁有根（图片来源：《萧山农垦志》）

丁有根，1957年6月生，男，汉族，萧山红山农场人。中共党员。大学文化。

1976年6月，丁有根高中毕业，到萧山红山农场从事电影放映、广播宣传工作。历任红山农场团委副书记、书记。1984年4月，任红山农场党委副书记，12月任书记。1990年9月，任萧山市农场管理局局长、党委副书记。1993年5月，任萧山市农场管理局党委副书记，红山农场党委书记、场长。1994年6月始，任红山农场党委书记、场长。

丁有根担任红山农场主要领导以来，农场经济和社会各项事业取得快速发展，成为远近闻名的富裕场。农场先后被命名为全国村镇建设文明集镇、全国农垦系统思想政治工作先进单位、浙江省劳动模范集体、浙江省文明单位、浙江东海文化明珠、省级卫生农场、杭州市两个文明建设红旗单位；1996年以来，历年均被评为萧山市（区）十强镇乡场和经济发展优胜场。胡锦涛、彭真、乔石、李岚清、姜春云等党和国家领导人先后来场视察，106个国家和港、澳、台地区的多名国家元首和各界人士到场参观访问。系第七届全国人大代表。

章梓茂

图44-2-1313　章梓茂（章梓茂提供）

章梓茂，1957年7月生，男，汉族，萧山长河镇（今属杭州市滨江区）人。中共党员。北京交通大学教授、博士生导师。

1982年1月、1984年12月，章梓茂分别获哈尔滨船舶工程学院（现哈尔滨工程大学）工学学士学位和工学硕士学位。1989年10月，获哈尔滨工业大学工学博士学位。1990年1月始，在北方交通大学（现北京交通大学）博士后流动站从事科研工作，1992年3月博士后出站，留校任教。历任北京交通大学教务处副处长、理学院院长、研究生院常务副院长。1994年，晋升教授。1999年，被聘为博士生导师。

章梓茂长期以来主要从事固体力学和结构工程领域的研究，主持完成国家自然科学基金资助项目3项、教育部博士点基金资助项目1项、北京市自然科学基金资助项目1项。发表学术论文60余篇。曾获北京市高等学校教学成果一等奖2项、江苏省高等学校教学成果一等奖1项、黑龙江省高等学校教学成果一等奖1项、北京市科技成果二等奖1项、詹天佑北京交通大学管理奖1项。

姚志文

姚志文，1957年8月生，男，汉族，萧山闻堰镇人。中共党员。在职研究生。

1972年8月至1975年8月，在萧山长河中学读高中。1975年8月，到庆元县农业科学研究所工作。1978年10月始，在浙江农业大学宁波分校农学专业读书。1982年8月，任浙江省种子公司干部。1985年5月，任浙江省农业厅办公室主任科员。1986年2月至1987年10月在黄岩蹲点锻炼。1988年6月后，历任浙江省农业厅人事科教处副处长，人事处副长、处长。其间，1995年5月至1996年8月脱产在浙江大学政治经济学专业学习，获硕士学位。1997年3月，任舟山市委常委、市委组织部部长。

图44-2-1314 姚志文（2005年12月摄，姚志文提供）

励建书

励建书，1959年11月生，男，汉族，萧山坎山镇人。美国马里兰大学终身教授、香港科技大学数学系主任、浙江大学长江学者讲座教授。

1978年，励建书考入浙江大学土木系。由于成绩优异，1979年9月转入数学系，两年后提前毕业。1981年赴美国康奈尔大学留学，1983年获康奈尔大学硕士学位，1987年获耶鲁大学博士学位。1987～1989年在麻省理工学院任教。1989～1998年在马里兰大学任教，被聘为终身教授。1992年受聘担任中国国家教委数学研究中心学术委员会委员、中国科学院数学研究中心学术委员会委员。1998年，任香港科技大学教授、博士生导师。2000年，受聘为教育部"长江学者奖励计划讲座教授"、浙江大学博士生导师。同时还是北京大学、复旦大学兼职教授。

励建书主攻自守型与"李群"表示理论，在基础数学领域具有很深的造诣，是中国数学领域自守型研究领头人、中国科学院第二批海外评审专家。1994年，在国际数学家大会上受邀作45分钟报告，是国际知名数学家。

图44-2-1315 励建书（傅展学摄）

来茂德

来茂德，1960年8月生，男，汉族，萧山长河镇（今属杭州市滨江区）人。中共党员。浙江大学副校长、博士生导师。

1982年12月，来茂德毕业于浙江医科大学医学系临床医学专业。后在浙江医科大学基础部病理解剖教研室任教。1987年7月，获浙江医科大学医学硕士学位。1990年，获联邦德国吕贝克医科大学博士学位。1991年，任浙江医科大学基础部副主任、基础医学研究所副所长。1993年，任浙江医科大学基础医学院院长、党委副书记。其间，1994年晋升教授，1995年被聘为博士生导师。1996年10月，任浙江医科大学党委委员、副校长。1998年9月，任浙江大学党委常委、副校长。

来茂德主要从事大肠癌病理学研究，发表论著50余篇，其中SCI（科学引文索引）收录8篇。获国家级教学成果奖1项、省部级科研成果奖6项、浙江省人民政府优秀教学成果奖3项。主编卫生部研究生规划教材《医学分子生物

图44-2-1316 来茂德（照片来源：http//baike.baidu.compicview265258926525890d31b0ef41bd5ad6ee0cec86a81cb39dbb6fd3c7e.html#albumindex=0&picindex=1）

学》和中国科学基金《病理学和病理生理学》卷。参编专著《环境病理学》《最新实用法医病理学》和卫生部规划教材《病理学》。曾获全国优秀教师、国家教委霍英东高校优秀青年教师奖、浙江省青年科技奖、浙江省有突出贡献的中青年科技工作者等荣誉。系浙江省"151人才工程"第一梯队人员、浙江省教委重点扶植学科——病理学学科带头人。

夏 强

夏强，1961年2月生，男，汉族，萧山长河镇（今属杭州市滨江区）人。浙江大学医学院生理学系主任、教授、博士生导师。

1977年，夏强考入浙江医科大学医学系。1983年毕业后留校任教。1988年12月获医学硕士学位。1996年9月，晋升为教授。1998年9月，被聘为博士生导师，并担任浙江大学医学院生理学系主任。

夏强主要从事心律失常的机制及其防治和心血管活动的神经及体液调节研究工作。1998年，在心脏K—阿片受体效应及其调节和心肌损伤的保护作用的研究中分别获教育部科技进步二等奖和浙江省教委科技进步二等奖。1997年，入选浙江省高校中青年学科带头人和浙江省"151人才工程"第一层次人选。

徐冠巨

徐冠巨，1961年7月生，男，汉族，萧山宁围镇人。在职研究生，高级经济师。传化集团有限公司董事长。

1978年，徐冠巨于高中毕业后，曾先后在中学、企业当过代课教师、工人。1986年10月，与父亲徐传化两人借款2000元，开办了萧山县宁围宁新村合作净剂厂生产液体皂，走上创业之路。1990年4月，成功研制出"901特效去油灵"，开始进入日用化工业务领域。1993年9月，成立杭州传化日用化工有限公司，生产的"传化牌"洗涤用品成功推入市场。1995年2月，徐冠巨等3人组建成立浙江传化化学集团有限公司。1997年，7万吨洗衣粉项目投产；1999年，8万吨液洗项目建成投产，两项产品的生产能力均居国内前列。2000年2月，传化集团与萧山市政府联合兴建浙江省农业高科技示范园区，开始进军农业生物技术产业。

徐冠巨曾先后获优秀中国社会主义事业建设者、全国优秀民营企业家、全国光彩之星、浙江省劳动模范、浙江省经营管理大师、浙江省优秀企业家等称号。系全国第九届、第十届政协委员。

韩丹夫

韩丹夫，1963年7月生，男，汉族，萧山坎山镇人。浙江大学数学系教授、博士生导师。

1983年7月，韩丹夫毕业于杭州大学数学系计算数学及其应用软件专业，获理学学士学位。1986年7月，获杭州大学数学系计算数学理学硕士学位，后留校任教。1991年7月，获杭州大学数学系计算数学理学博士学位。1998年10月，晋升为教授。1999年3月，被聘为博士生导师。

图44-2-1317 夏强（夏强提供）

图44-2-1318 徐冠巨（2010年4月徐建飞摄）

图44-2-1319 韩丹夫（韩丹夫提供）

韩丹夫主要从事非线性数值代数、偏微分方程数值解、算法复杂性分性的研究工作。在"八五"期间，参加和完成了国家基础研究重大关键项目（"攀登"计划85-2号）"大规模科学工程计算的方法和理论"；主持执行了国家自然科学基金、省自然科学基金和省教委科研项目；作为骨干成员参加了攀登计划预选项目"线性和非线性代数方程计算方法"课题、国家973项目"应用理论和信息技术的高性能软件"以及"高性能科学计算"的研究。研究成果"对Smale连续复杂性理论的若干发展"1996年获国家教委科学技术进步二等奖。发表SCI（科学引文索引）论文30余篇，部分研究成果达到国际先进水平。

俞国良

俞国良，1963年9月生，男，汉族，萧山益农镇人。中共党员。中国人民大学心理研究所教授、博士生导师。

1986年，俞国良毕业于杭州大学心理学系，曾在浙江高校从事教学科研工作7年。1993年师从林崇德，在北京师范大学发展心理研究所攻读教育与发展心理学博士学位。1995年赴美国佐治亚大学进修学习，同年在北京师范大学获心理学博士学位，后留校从事教学科研工作。1996年4月晋升为副教授，1999年7月晋升为教授，2000年2月被聘为博士生导师。

俞国良发表论文、研究报告70多篇。专著有《差生教育》《校园文化导论》《角色理论研究》《创造力心理学》《环境心理学》等，译著有《社会心理学导论》《死亡心理奥秘》等。主编有《中小学心理健康教育》《中学生心理热线丛书》《中小学诚信教育读本》《当代青少年心理与教育大辞典》等，与人合著、翻译和主编30多种著作。1998年，专著《创造力心理学》获第十一届中国图书奖。2001年，专著《环境心理学》和《人际关系心理学》（合著）获第五届国家图书奖。

图44-2-1320　俞国良（2007年摄，俞国良提供）

祝介平

祝介平，1965年9月生，男，汉族，萧山益农镇人。法国科学院天然产物化学研究所主任研究员、博士生导师。

1984年7月，祝介平毕业于杭州师范学院化学系。1984年9月至1987年7月，在兰州大学化学系攻读硕士研究生。1987年9月至1988年7月，在兰州大学攻读博士研究生。1988年10月至1991年6月，赴法国巴黎十一大学攻读博士，获得博士学位。7月，赴美国得州大学攻读博士后。1992年12月，任法国国家科学天然产物化学研究所研究员、博士生导师。2000年9月，任法国科学院天然产物化学研究所主任研究员。

图44-2-1321　祝介平（祝介平提供）

祝介平长期从事有机化学科学研究工作。曾先后获得法国科学院铜奖、法国化学会SFC—ACROS奖、日本振新科学技术协会奖、英国Astra Zeneca奖、中国国家杰出青年基金奖、法国院士部颁"Emile Jungfleisch"大奖、德国化学会Liebig Lectureship奖。

许正平

许正平，1966年2月生，男，汉族，萧山浦阳镇人。浙江大学医学部副主任、教授、博士生导师。

1988年7月，许正平毕业于厦门大学生物学系。1991年6月，获浙江大学硕士学位，后留校任教。1997年6月，获浙江大学博士学位。1997年10月，赴美国哈佛医学院攻读博士后。2001年6月，回浙江大学任教，并晋升为教授；12月，被聘为博士生导师。

许正平主要研究方向为肿瘤血管新生分子机制，肿瘤等慢性疾病的综合防治，电磁场生物学效应、健康风险评估和电磁环境管理。发表学术论文70多篇，其中SCI（科学引文索引）收录32篇。

图44-2-1322　许正平（2007年12月摄，许正平提供）

尚舒兰

尚舒兰，1966年6月生，女，汉族，河南省太康县高朗乡人。高级农业技师。

1982年7月，尚舒兰毕业于河南省太康县第一中学。1984年1月始，在河南省淮阳县工商银行工作。1988年，随夫到浙江萧山市长沙乡沙北村落户。是年，夫妇俩开始到萧山围垦区长沙乡垦种点承包耕地，组建萧山舒兰农场。初经营面积为68亩，次年扩大到145亩。时垦区开发刚起步，各项生产、生活配套设施尚未建设。尚舒兰夫妇住草房，喝咸水，夏顶酷日，冬冒寒风，开始了艰苦创业。1994年，为扩大承包经营面积，尚舒兰投标中得新围垦区净地710亩，以种植粮食、棉花为主。1997年8月，萧山受第11号台风袭击，舒兰农场受损严重，田间沟、渠、路、涵等生产设施全部被毁，但她并没有因突如其来的灾难而吓倒，在政府的支持下挺过难关，继续在垦区顽强创业。1999年，尚舒兰调整经营策略和产业结构，率先发展无公害蔬菜和水产品生产。是年9月，舒兰农场更名为"萧山舒兰农业有限公司"。

图44-2-1323　尚舒兰（1999年摄，尚舒兰提供）

尚舒兰1992、1994年两次被评为杭州市劳动模范。1995年3月，被评为浙江省劳动模范。1995年4月，被评为全国劳动模范。1997年，被授予"全国三八红旗手"称号。2001年，获得全国"十大农民女状元"称号。

吕　薇

吕薇，1971年10月生，女，汉族，萧山城厢镇人。中国人民解放军海政歌舞团女高音歌唱演员。国家一级演员。

1992年，吕薇于杭州师范大学音乐艺术学院毕业后，到浙江湘湖师范任教。后随杭州著名声乐教师马建华学习。1993年，获浙江省音乐舞蹈节声乐组金奖、全国民族民间音乐舞蹈比赛银奖；1994年，参加中央电视台第六届"通业杯"全国青年歌手电视大奖赛，获业余组民族唱法二等奖。后入海政歌舞团，成为专业歌唱演员。多次参加中央电视台春节文艺晚会等综艺节目的演出。2001年，获中国广播文艺奖全国听众喜爱歌手"金号奖"比赛民族唱法"十佳歌手奖"。其代表作品有《中国红》《春去春来》《但愿人长久》《花谱》《山水是朋友》等。

图44-2-1324　吕薇（照片来源：http://www.wowmusic.cn/zzrw/yuygs/3415.html）

第三章 人物录

萧山进士名录

历代萧山县志、民国《萧山县志稿》和来裕恂著《萧山县志稿》皆有详细记载。据对以上方志和《宋登科记考》、《明清进士题名碑录索引》的统计，参考部分家谱资料，自唐以来，萧山历朝进士人物343人，其中文进士301人、武进士42人。

萧山文进士名录

唐 代

贺知章　证圣元年（695）　　　　　　　　　太子宾客、秘书监

五代十国·后晋

丁重器　天福年间　　　　　　　　　　　　南台御史

北 宋

冯 锴　太平兴国八年（983）癸未科王世则榜

丁上珪　太平兴国八年（983）癸未科王世则榜　国子司业

吴中复　太平兴国八年（983）癸未科王世则榜　龙图阁直学士

王 丝　大中祥符八年（1015）乙卯科蔡齐榜　兵部员外郎、权三司监铁判官

卜 伸　天圣二年（1024）甲子科宋庠榜　　　屯田郎中

沈 衡　景祐元年（1034）甲戌科张唐卿榜　　兵部职方郎

丁 元　景祐元年（1034）甲戌科张唐卿榜　　（福建）同安县主簿

汪 泌　庆历二年（1042）壬午科杨寘榜　　　光禄寺丞（见傅璇琮主编：《宋登科记考》，江苏教育出版社，2009年11月，第176页为王泌）

王元德　庆历六年（1046）丙戌科贾黯榜

王 霁　皇祐元年（1049）己丑科冯京榜　　　太常博士

王 雍　嘉祐五年（1060）　　　　　　　　　郎中

顾 沂　嘉祐六年（1061）辛丑科王俊民榜　　光禄大夫

沈 街　熙宁三年（1070）庚戌科叶祖洽榜　　（《宋登科记考》第301页载：又作沈术，杭州临安籍）

周 谔　熙宁三年（1070）庚戌科叶祖洽榜　　（《宋登科记考》第302页载：建昌军南城籍）

沈 笺　熙宁六年（1073）癸丑科余中榜　　　（江苏）昆山县主簿

沈　义	熙宁六年（1073）癸丑科余中榜	
郑知微	熙宁六年（1073）癸丑科余中榜	
王彦昌	熙宁六年（1073）癸丑科余中榜	
华　镇	元丰二年（1079）己未科时彦榜	朝奉大夫（见任桂全总纂：《绍兴市志》，浙江人民出版社，1996年11月，第3268页为会稽籍）
李　吉	元丰四年（1081）	扬州知府、严州节度使
吴　孜	元祐三年（1088）戊辰科李常宁榜	（《绍兴市志》第3269页载：一作嵊县籍）
钟延瑞	绍圣四年（1097）丁丑科何昌言榜	户部给事、敷文阁学士
钟延珏	绍圣四年（1097）丁丑科何昌言榜	刑部郎中
方　喆	崇宁二年（1103）癸未科霍端友榜	
方　赫	崇宁二年（1103）癸未科霍端友榜	
孙　忻	大观三年（1109）己丑科贾安宅榜	
华初平	大观三年（1109）己丑科贾安宅榜	太常博士（《宋登科记考》第517页载：会稽籍）
王致柔	政和五年（1115）乙未科何栗榜	

南　宋

胡继先	南宋初	丽水县知县
吴康年	绍兴二年（1132）壬子科张九成榜	
张　震	绍兴二年（1132）壬子科张九成榜	吏部尚书、金紫光禄大夫
孙　弼	绍兴十年（1140）	（湖南）郴州、（江苏）楚州通判
顾　宣	绍兴三十年（1160）庚辰科梁克家榜	
丁天则	绍兴三十年（1160）庚辰科梁克家榜	扬州刺史
张孝伯	隆兴元年（1163）癸未科木待问榜	同知枢密院事兼参知政事（《宋登科记考》第904页载：一作和州历阳籍）
王日永	乾道二年（1166）丙戌科萧国梁榜	
王日新	乾道二年（1166）丙戌科萧国梁榜	邵武军教授
卜　芸	乾道八年（1172）壬辰科黄定榜	（江西）弋阳县县丞
俞帝臣	乾道八年（1172）壬辰科黄定榜	观察使
孙子渊	淳熙元年（1174）	临安宣抚判官
方秉文	淳熙二年（1175）乙未科詹骙榜	象山县令（《宋登科记考》第996页载：一作兴化军莆田籍）

徐邦杰	淳熙五年（1178）戊戌科姚颖榜	
张叔椿	淳熙八年（1181）辛丑科黄由榜	观文殿大学士
吴　云	淳熙十一年（1184）甲辰科卫泾榜	
张叔阳	淳熙十四年（1187）丁未科王容榜	监察御史
高道隆	淳熙年间	
韩幼卿	淳熙年间	参知政事
韩次卿	绍熙元年（1190）庚戌科余复榜	余杭县知县
冯大受	庆元元年（1195）	
孙一夔	庆元元年（1195）	湖州提干
方秉成	庆元二年（1196）丙辰科邹应龙榜	（《宋登科记考》第1167页载：一作兴化军莆田县籍）
孙　沔	庆元六年（1200）	
方秉哲	嘉泰二年（1202）壬戌科傅行简榜	（《宋登科记考》第1219页载：一作兴化军莆田县籍）
张　炳	嘉泰二年（1202）壬戌科傅行简榜	（《宋登科记考》第1228页载：一作临安府於潜籍）
孙一中	嘉定二年（1209）	（江苏）六合县教谕
韩　𫖮	嘉定十六年（1223）癸未科蒋重珍榜	婺州太守
钟　迈		
华洪卿	宝庆二年（1226）丙戌科王会龙榜	（江西）袁州府知府
戴　鲸	绍定二年（1229）己丑科黄朴榜	迪功郎
张飞卿	绍定二年（1229）己丑科黄朴榜	通直郎（《绍兴市志》第3275页载：一作嵊县籍）
何自明	端平二年（1235）乙未科吴叔告榜	
何宗可	咸淳年间	
何宗道	咸淳年间	
钟朝节	咸淳年间	
何执中	咸淳年间	太宰、封荣国公
王　质	咸淳年间	
刑世才	咸淳年间	金华县丞（未任卒）
茅　焕	咸淳年间	
俞振孙	咸淳年间	
钟明德	咸淳年间	（甘肃）庆阳府太守
钟名隆	咸淳年间	四川节度使

钟廷瓒	咸淳年间	兵部右侍郎

金 代

来献臣	兴定五年（1221）辛巳科刘遇榜	陕西录事司

元 代

韩文饶	延祐二年（1315）乙卯科张起岩榜	奎章阁学士
沈 泽		
包大本		
洪攀龙		

明 代

韩守正	洪武四年（1371）辛亥科吴伯宗榜	（山东）利津县县丞
顾 观	洪武十八年（1385）乙丑科丁显榜	大理寺评事
叶 林	洪武二十四年（1391）辛未科黄观榜	副都御史
胡嗣宗	洪武二十七年（1394）甲戌科张信榜	（河南）山阳县知县
张 贞	洪武二十七年（1394）甲戌科张信榜	（湖北）汉阳县知县
姚友直	洪武三十年（1397）丁丑科陈郢榜	太常寺卿
孙 完	建文二年（1400）庚辰科胡广榜	福建佥事
王 观	永乐二年（1404）甲申科曾棨榜	知县
魏 骐	永乐二年（1404）甲申科曾棨榜	庶吉士、刑部主事
殷 旦	永乐四年（1406）丙戌科林环榜	按察司副使
来希贵	永乐六年（1408）	（见南开大学地方文献研究室、杭州市萧山区地方志办公室整理：民国24年《萧山县志稿》，南开大学出版社，2010年3月，第457页载寄籍四川梁山）
鲁 琛	永乐九年（1411）辛卯科萧时中榜	监察御史
俞廷辅	永乐十三年（1415）乙未科陈循榜	庶吉士、兵部车驾司主事（见朱保炯、谢沛霖编：《明清进士题名碑录索引》，上海古籍出版社，2006年5月，第2302页作俞昞）
何 善	永乐十六年（1418）戊戌科李骐榜	监察御史
卫 恕	永乐十九年（1421）辛丑科曾鹤龄榜	庶吉士、参政
曹 得	正统十年（1445）乙丑科商辂榜	四川佥事
韩 祺	天顺元年（1457）丁丑科黎淳榜	福建道、山西道监察御史
何舜宾	成化五年（1469）己丑科张升榜	监察御史
徐 洪	成化十一年（1475）乙未科谢迁榜	刑部员外郎

孔　斌　　　成化十一年（1475）乙未科谢迁榜

吴　纲　　　成化十一年（1475）乙未科谢迁榜　　　　　　　（四川）夔县、巫山县知县（《明清进士题名碑录索引》第838页载：浙江仁和籍）

富　玹　　　成化十七年（1481）辛丑科王华榜　　　　　　　福建佥事

张　崚　　　成化二十三年（1487）丁未科费宏榜　　　　　　南京工部尚书

叶　清　　　成化二十三年（1487）丁未科费宏榜　　　　　　（江苏）通州知县

祝　翰　　　成化二十三年（1487）丁未科费宏榜　　　　　　南昌府知府（《明清进士题名碑录索引》第1171页作祝瀚，浙江山阴籍）

来天球　　　弘治三年（1490）庚戌科钱福榜　　　　　　　　陕西按察使

胡　昉　　　弘治六年（1493）癸丑科毛澄榜　　　　　　　　刑部主事

钱　玹　　　弘治十八年（1505）乙丑科顾鼎臣榜　　　　　　（江苏）吴江县知县

田惟祐　　　正德三年（1508）戊辰科吕柟榜　　　　　　　　（广西）浔州府知府（《明清进士题名碑录索引》第1877页作田惟祜）

盛　泷　　　正德三年（1508）戊辰科吕柟榜　　　　　　　　（广西）南宁府知府

黄　懿　　　正德六年（1511）辛未科杨慎榜　　　　　　　　（山东）莱芜县知县

徐　官　　　正德十二年（1517）丁丑科舒芬榜　　　　　　　广西佥事

周　宪　　　嘉靖二年（1523）癸未科姚涞榜　　　　　　　　（安徽）宁国府推官

来汝贤　　　嘉靖十一年（1532）壬辰科林大钦榜　　　　　　兵部、礼部主事

翁五伦　　　嘉靖十四年（1535）乙未科韩应龙榜　　　　　　福州知州

来　聘　　　嘉靖十四年（1535）乙未科韩应龙榜　　　　　　四川按察司副使（《明清进士题名碑录索引》第1355页载：陕西三原籍）

王国桢　　　嘉靖十七年（1538）戊戌科茅瓒榜　　　　　　　福建左布政使（《明清进士题名碑录索引》第304页载：浙江山阴籍）

戴维师　　　嘉靖十七年（1538）戊戌科茅瓒榜　　　　　　　四川佥事

黄九皋　　　嘉靖十七年（1538）戊戌科茅瓒榜　　　　　　　鲁府长史

潘　镀　　　嘉靖二十年（1541）辛丑科沈坤榜

张　烛　　　嘉靖二十三年（1544）甲辰科秦鸣雷榜　　　　　南京刑部郎中

孙学古　　　嘉靖二十三年（1544）甲辰科秦鸣雷榜　　　　　（广东）东莞县知县

杨应元　　　嘉靖二十三年（1544）甲辰科秦鸣雷榜　　　　　（山东）登州府推官

黄世科　　　嘉靖二十六年（1547）丁未科李春芳榜　　　　　知县

张　谊	嘉靖三十二年（1553）癸丑科陈谨榜	（《明清进士题名碑录索引》第454页作张宜）
张　试	隆庆二年（1568）戊辰科罗万化榜	（江西）抚州府知府
何世学	隆庆二年（1568）戊辰科罗万化榜	（江苏）常州府知府
来经济	隆庆二年（1568）戊辰科罗万化榜	四川按察司副使
王景星	万历二年（1574）甲戌科孙继皋榜	（安徽）五河县知县
蔡万里	万历五年（1577）丁丑科沈懋学榜	（福建）邵武府推官
来三聘	万历十一年（1583）癸未科朱国祚榜	江西右布政使
来俨然	万历二十三年（1595）乙未科朱之蕃榜	山西参政（《明清进士题名碑录索引》第1355页载：陕西三原籍）
倪朝宾	万历二十六年（1598）戊戌科赵秉忠榜	湖广按察使
王三才	万历二十九年（1601）辛丑科张以诚榜	工部右侍郎
陈伯龙	万历三十二年（1604）甲辰科杨守勤榜	刑部主事
来宗道	万历三十二年（1604）甲辰科杨守勤榜	东阁大学士、太子太保、户部尚书
王命禹	万历三十五年（1607）丁未科黄士俊榜	工部都水司郎中
来斯行	万历三十五年（1607）丁未科黄士俊榜	福建右布政使
黄可师	万历四十四年（1616）丙辰科钱士升榜	（湖北）黄州府知州
来　复	万历四十四年（1616）丙辰科钱士升榜	山西左布政使（《明清进士题名碑录索引》第1355页载：陕西三原籍）
来方炜	天启五年（1625）乙丑科余煌榜	吏部验封司员外郎
黄鼎铉	崇祯七年（1634）甲戌科刘理顺榜	工部主事
王三俊	崇祯十年（1637）丁丑科刘同升榜	福建海通道道台
来集之	崇祯十三年（1640）庚辰科魏藻德榜	兵科左给事
韩日将	崇祯十三年（1640）庚辰科魏藻德榜	吉安府推官
来　仪	崇祯十三年（1640）庚辰科魏藻德榜	（《明清进士题名碑录索引》第1355页载：山东临朐籍）
沈煌光	崇祯十三年（1640）庚辰科魏藻德榜	
夏有奇	崇祯十六年（1643）癸未科杨廷鉴榜	知县

清　代

| 周绳烈 | 顺治四年（1647）丁亥科吕宫榜 | 刑部主事（《明清进士题名碑录索引》第2203页载：顺天府昌平卫籍） |
| 黄邵士 | 顺治十五年（1658）戊戌科孙承恩榜 | （山东）沂州知州 |

周之麟　顺治十六年（1659）己亥科徐元文榜　　　庶吉士、通政使

丁克扬　顺治十六年（1659）己亥科徐元文榜　　　（湖北）通城县知县

潘兆珪　顺治十八年（1661）辛丑科马世俊榜　　　（山东）福山县知县（《明清进士题名碑录索引》第1091页作潘邵桂）

来　垣　康熙六年（1667）丁未科缪彤榜　　　　　（山东）东昌府同知

任辰旦　康熙六年（1667）丁未科缪彤榜　　　　　大理寺丞（《明清进士题名碑录索引》第1500页作韩辰旦）

王先吉　康熙九年（1670）庚戌科蔡启僔榜　　　　中书舍人

张际鹏　康熙十二年（1673）癸丑科韩菼榜　　　　文林郎

沈士本　康熙二十四年（1685）乙丑科陆肯堂榜　　（四川）屏山县知县

田轩来　康熙三十年（1691）辛未科戴有祺榜　　　河南道监察御史（《明清进士题名碑录索引》第1875页浙江山阴籍）

陈至言　康熙三十六年（1697）丁丑科李蟠榜　　　翰林院检讨

陈尧仁　康熙三十六年（1697）丁丑科李蟠榜　　　（《明清进士题名碑录索引》第2136页载：浙江仁和籍）

来燕雯　康熙三十九年（1700）庚辰科汪绎榜　　　内阁中书

来　楫　康熙三十九年（1700）庚辰科汪绎榜　　　吏部主事

何　垣　康熙四十二年（1703）癸未科王式丹榜　　（山东）蓬莱县知县

来　珏　康熙四十五年（1706）丙戌科王云锦榜　　（福建）永福县知县（《明清进士题名碑录索引》第1355页载：浙江仁和籍）

任　泾　康熙四十五年（1706）丙戌科王云锦榜　　（江西）瑞金县知县

毛远宗　康熙四十五年（1706）丙戌科王云锦榜　　中书舍人（《明清进士题名碑录索引》第646页载：浙江仁和籍）

姜承燕　康熙四十五年（1706）丙戌科王云锦榜　　（《明清进士题名碑录索引》第2305页载：浙江会稽籍）

王协灿　康熙五十二年（1713）癸巳恩科王敬铭榜　（山东）东昌府同知

来谦鸣　雍正元年（1723）癸卯恩科于振榜　　　　（湖北）荆宜施道

徐廷槐　雍正八年（1730）庚戌科周霨榜　　　　　主绍兴蕺山书院（《明清进士题名碑录索引》第954页载：浙江山阴籍）

洪　琛　雍正十一年（1733）癸丑科陈倓榜　　　　（四川）长宁县知县

沈元铭　雍正十一年（1733）癸丑科陈倓榜　　　　（山东）临朐县知县（《明清进士题名碑录索引》第1121页作沈元铉）

黄　云　乾隆元年（1736）丙辰科金德瑛榜　　　　（四川）丹棱县知县

任元文	乾隆四年（1739）己未科庄有恭榜	嘉兴府学教授
丁俦嵩	乾隆四年（1739）己未科庄有恭榜	户部主事
朱　珪	乾隆十三年（1748）戊辰科梁国治榜	体仁阁大学士（《明清进士题名碑录索引》第767页载：顺天府大兴籍）
陶杏秀	乾隆十三年（1748）戊辰科梁国治榜	知府（《明清进士题名碑录索引》第2241页载：浙江会稽籍）
周　滨	乾隆十六年（1751）辛未科吴鸿榜	
王人骐	乾隆十六年（1751）辛未科吴鸿榜	湖州府学教授（《明清进士题名碑录索引》第320页作王人麒）
朱　垣	乾隆十六年（1751）辛未科吴鸿榜	（山东）济阳、长清县知县（《明清进士题名碑录索引》第783页载：顺天府大兴籍）
夏　苏	乾隆十七年（1752）壬申恩科秦大士榜	金华府学教授
朱　筠	乾隆十九年（1754）甲戌科庄培因榜	侍读学士（《明清进士题名碑录索引》第796页载：顺天府大兴籍）
朱棻元	乾隆十九年（1754）甲戌科庄培因榜	庶吉士（《明清进士题名碑录索引》第786页载：浙江钱塘籍）
来益清	乾隆二十二年（1757）丁丑科蔡以台榜	（山东）馆陶县知县
丁百川	乾隆二十二年（1757）丁丑科蔡以台榜	知县
张应曾	乾隆二十六年（1761）辛巳恩科王杰榜	山东道御史
吴　斐	乾隆三十六年（1771）辛卯恩科黄轩榜	（甘肃）崇信县知县
来起峻	乾隆三十七年（1772）壬辰科金榜榜	户部湖广清吏司主事
沈文炳	乾隆三十七年（1772）壬辰科金榜榜	工部营缮司、虞卫司主事，仓场监督
汪辉祖	乾隆四十年（1775）乙未科吴锡龄榜	（湖南）道州府知府
蔡　雄	乾隆四十年（1775）乙未科吴锡龄榜	（山西）万泉县知县
萧　濂	乾隆四十年（1775）乙未科吴锡龄榜	知县（《明清进士题名碑录索引》第1143页载：浙江钱塘籍）
施庭筠	乾隆四十三年（1778）戊戌科戴衢亨榜	御史（《明清进士题名碑录索引》第1088页作潘庭筠，浙江钱塘籍）
王宗炎	乾隆四十五年（1780）庚子恩科汪如洋榜	知县、文林郎
郑应简	乾隆四十五年（1780）庚子恩科汪如洋榜	（湖南）禄丰、会泽县知县
曹之升	乾隆四十六年（1781）辛丑科钱棨榜	（陕西）醴泉、三原、蒲城县知县

陶廷琡	乾隆四十六年（1781）辛丑科钱棨榜	黔西州知州（《明清进士题名碑录索引》第2238页载：浙江会稽籍）
徐国楠	乾隆五十八年（1793）癸丑科潘世恩榜	山东运河兵备道
王绍兰	乾隆五十八年（1793）癸丑科潘世恩榜	福建巡抚
来寿昌	乾隆五十八年（1793）癸丑科潘世恩榜	钦赐检讨
傅　淦	乾隆六十年（1795）乙卯恩科王以衔榜	钦赐内阁中书
来宗敏	嘉庆元年（1796）丙辰科赵文楷榜	（直隶）清平县知县
来　珩	嘉庆元年（1796）丙辰科赵文楷榜	（江西）临川、万载县知县
陆　泌	嘉庆元年（1796）丙辰科赵文楷榜	江南道御史、顺天府丞（《明清进士题名碑录索引》第2064页载：浙江仁和籍）
陆以庄	嘉庆元年（1796）丙辰科赵文楷榜	工部、户部尚书兼顺天府尹
汤金钊	嘉庆四年（1799）己未科姚文田榜	协办大学士、太子太保（《明清进士题名碑录索引》第1169页载：浙江钱塘籍）
陈家骆	嘉庆六年（1801）辛酉恩科顾皋榜	严州府学教授
朱　澄	嘉庆六年（1801）辛酉科顾皋榜	（江苏）常州府知府（《明清进士题名碑录索引》第778页载：顺天府大兴籍）
何丙咸	嘉庆七年（1802）壬戌科吴延琛榜	翰林院编修
瞿　昂	嘉庆七年（1802）壬戌科吴延琛榜	（河南）郑州府知府（《明清进士题名碑录索引》第1912页载：顺天府宛平籍）
盛　唐	嘉庆十年（1805）乙丑科彭浚榜	河南、山西道御史，刑部掌印给事中
汪继培	嘉庆十年（1805）乙丑科彭浚榜	吏部文选司主事
叶茂勋	嘉庆十年（1805）乙丑科彭浚榜	知县（《明清进士题名碑录索引》第2353页作钱茂勋，顺天府宛平籍）
王宗彬	嘉庆十年（1805）乙丑科彭浚榜	钦赐国子监学正
孔传曾	嘉庆十三年（1808）戊辰科吴信中榜	（贵州）安顺府同知
汪桂葆	嘉庆十三年（1808）戊辰科吴信中榜	知县（《明清进士题名碑录索引》第1048页载：顺天府大兴籍）
朱锡田	嘉庆十三年（1808）戊辰科吴信中榜	侍读学士、山东学政
傅学灏	嘉庆十三年（1808）戊辰科吴信中榜	钦赐国子监学正
何　煊	嘉庆十四年（1809）己巳恩科洪莹榜	云南巡抚（《明清进士题名碑录索引》第687页作何炳）

陆燮祁	嘉庆十四年（1809）己巳恩科洪莹榜	知县
姚庆元	嘉庆十四年（1809）己巳恩科洪莹榜	奉天司额外主事给事中（《明清进士题名碑录索引》第1375页载：顺天府大兴籍）
朱 瀛	嘉庆十四年（1809）己巳恩科洪莹榜	刑部主事（《明清进士题名碑录索引》第775页载：顺天府大兴籍）
丁 堃	嘉庆十四年（1809）己巳恩科洪莹榜	钦赐国子监学正
蔡应鳌	嘉庆十四年（1809）己巳恩科洪莹榜	钦赐国子监学正
王端履	嘉庆十九年（1814）甲戌科龙汝言榜	翰林院庶吉士
王贻桂	嘉庆二十二年（1817）丁丑科吴其濬榜	（广东）高州府知府（《明清进士题名碑录索引》第308页载：顺天府宛平籍）
金石声	嘉庆二十五年（1820）庚辰科陈继昌榜	（湖北）襄阳府知府（《明清进士题名碑录索引》第2279页载：浙江仁和籍）
於灿文	嘉庆二十五年（1820）庚辰科陈继昌榜	兵部武选司主事
来学醇	嘉庆二十五年（1820）庚辰科陈继昌榜	武英殿协修
韩凤修	嘉庆二十五年（1820）庚辰科陈继昌榜	（广东）潮州府知府
金文藻	嘉庆二十五年（1820）庚辰科陈继昌榜	知县
钟锡瑞	道光二年（1822）壬午恩科戴兰芬榜	（陕西）临潼县知县（《明清进士题名碑录索引》第2342页载：顺天府宛平籍）
张志彦	道光二年（1822）壬午恩科戴兰芬榜	知县（《明清进士题名碑录索引》第480页载：顺天府宛平籍）
陈绍型	道光二年（1822）壬午恩科戴兰芬榜	（安徽）休宁县、（河南）中牟县知县
徐青照	道光二年（1822）壬午恩科戴兰芬榜	（《明清进士题名碑录索引》第980页载：顺天府大兴籍）
任 洤	道光三年（1823）癸未科林召棠榜	（山东）德平县知县
许 炳	道光六年（1826）丙戌科朱昌颐榜	（四川）万州、（广东）钦州知州
高 枚	道光六年（1826）丙戌科朱昌颐榜	陕西道御史
蔡 璋	道光九年（1829）己丑科李振钧榜	（山东）长清县知县（《明清进士题名碑录索引》第1576页载：浙江仁和籍）
朱凤标	道光十二年（1832）壬辰恩科吴钟骏榜	体仁阁大学士
鲁庆元	道光十二年（1832）壬辰恩科吴钟骏榜	知县（《明清进士题名碑录索引》第934页载：浙江钱塘籍）

杜宝辰	道光十三年（1833）癸巳科汪鸣相榜	知府（《明清进士题名碑录索引》第1608页载：浙江绍兴府籍）
骆奎祺	道光十五年（1835）乙未科刘绎榜	知县
何增筠	道光十五年（1835）乙未科刘绎榜	严州府学教授
陶恩培	道光十五年（1835）乙未科刘绎榜	湖北巡抚（《明清进士题名碑录索引》第2240页载：浙江会稽籍）
朱 城	道光十六年（1836）丙申恩科林鸿年榜	工部主事
蔡五辰	道光十六年（1836）丙申恩科林鸿年榜	（直隶）卢龙县知县
郭世亨	道光十六年（1836）丙申恩科林鸿年榜	知县（《明清进士题名碑录索引》第147页载：顺天府大兴籍）
田 祥	道光十八年（1838）戊戌科钮福保榜	（湖南）常德府知府（《明清进士题名碑录索引》第1873页载：浙江山阴籍）
倪梦麟	道光十八年（1838）戊戌科钮福保榜	（山东）利津县知县（《明清进士题名碑录索引》第901页载：顺天府宛平籍）
蔡召南	道光十八年（1838）戊戌科钮福保榜	金华府学教授
钟 瀛	道光十八年（1838）戊戌科钮福保榜	知县（《明清进士题名碑录索引》第339页载：顺天府大兴籍）
张百揆	道光二十年（1840）庚子科李承霖榜	广东惠潮嘉道
凌锦江	道光二十四年（1844）甲辰科孙毓桂榜	府学教授
倪 涛	道光二十四年（1844）甲辰科孙毓桂榜	（广西）浔州知府（《明清进士题名碑录索引》第900页载：顺天府宛平籍）
瞿绩凝	道光二十五年（1845）乙巳恩科萧锦忠榜	（福建）汀州、归化知县（《明清进士题名碑录索引》第1912页载：顺天府宛平籍）
顾鸿逵	道光二十五年（1845）乙巳恩科萧锦忠榜	（江苏）如皋县、萧县知县
郑锡瀛	道光二十五年（1845）乙巳恩科萧锦忠榜	吏部主事（《明清进士题名碑录索引》第2388页载：顺天府大兴籍）
来 煦	道光二十七年（1847）丁未科张之万榜	翰林院庶吉士
孔广泉	道光二十七年（1847）丁未科张之万榜	太原府知府
徐光第	道光三十年（1849）庚戌科陆增祥榜	（河南）淅川厅同知
孔继中	道光三十年（1849）庚戌科陆增祥榜	（河南）固始县、修武县知县
高延祐	咸丰二年（1852）壬子恩科章鋆榜	侍读学士

林凤辉	咸丰三年（1853）癸丑科孙如仅榜	（贵州）铜仁府知府
钟宝华	咸丰六年（1856）丙辰科翁同龢榜	陕甘学政
韩　钦	咸丰六年（1856）丙辰科翁同龢榜	内阁中书
黄庆珍	咸丰九年（1859）己未科孙家鼐榜	工部主事（《明清进士题名碑录索引》第1526页载：顺天府大兴籍）
郑锡淳	咸丰九年（1859）己未科孙家鼐榜	工部都水司主事（《明清进士题名碑录索引》第2388页载：顺天府大兴籍）
周光祖	咸丰九年（1859）己未科孙家鼐榜	刑部主事（《明清进士题名碑录索引》第2235页载：浙江山阴籍）
谢宝树	咸丰十年（1860）庚申恩科钟骏声榜	主事（《明清进士题名碑录索引》第119页载：浙江钱塘籍）
林　煊	同治元年（1862）壬戌科徐郙榜	（湖北）安陆县知县
许俊魁	同治元年（1862）壬戌科徐郙榜	（《明清进士题名碑录索引》第166页载：浙江会稽籍）
沈成烈	同治四年（1865）乙丑科崇绮榜	兵部车驾司主事
来凤郊	同治四年（1865）乙丑科崇绮榜	杭州府学教授
蔡以瑺	同治七年（1868）戊辰科洪钧榜	刑部主事
陈以咸	同治七年（1868）戊辰科洪钧榜	户部云南司郎中（《明清进士题名碑录索引》第2114页载：浙江钱塘籍）
沈受谦	同治七年（1868）戊辰科洪钧榜	工部都水司主事
郁　崑	同治十年（1871）辛未科梁耀枢榜	广东副考官
林国柱	同治十年（1871）辛未科梁耀枢榜	贵州学政
陈光煦	同治十三年（1874）甲戌科陆润庠榜	刑部主事（《明清进士题名碑录索引》第2176页载：浙江钱塘籍）
汤鼎烜	同治十三年（1874）甲戌科陆润庠榜	（安徽）建平县知县
胡燏棻	同治十三年（1874）甲戌科陆润庠榜	邮传部侍郎（《明清进士题名碑录索引》第1752页载：安徽泗州籍）
傅培基	同治十三年（1874）甲戌科陆润庠榜	主事（《明清进士题名碑录索引》第739页载：云南昆明籍）
徐锡祉	光绪二年（1876）丙子恩科曹鸿勋榜	（江苏）宜兴县知县（《明清进士题名碑录索引》第988页载：浙江仁和籍）
黄中理	光绪三年（1877）丁丑科王仁堪榜	（云南）河阳县知县

李锡彬	光绪三年（1877）丁丑科王仁堪榜	吏部文选司主事（《明清进士题名碑录索引》第1327页载：直隶清苑籍。民国24年《萧山县志稿》第524页载：顺天府宛平籍）
沈祖燕	光绪十五年（1889）己丑科张建勋榜	内阁中书
何文澜	光绪十五年（1889）己丑科张建勋榜	户部主事
陆钟琦	光绪十五年（1889）己丑科张建勋榜	山西巡抚（《明清进士题名碑录索引》第2071页载：顺天府宛平籍）
陆钟岱	光绪十五年（1889）己丑科张建勋榜	内阁中书（《明清进士题名碑录索引》第2071页载：顺天府宛平籍）
许在衡	光绪十五年（1889）己丑科张建勋榜	分省布政司（《明清进士题名碑录索引》第171页载：浙江山阴籍）
戚　扬	光绪十五年（1889）己丑科张建勋榜	浙江布政使（《明清进士题名碑录索引》第1833页载：浙江山阴籍）
王履咸	光绪十六年（1890）庚寅恩科吴鲁榜	工部主事
陆承宗	光绪十六年（1890）庚寅恩科吴鲁榜	翰林院庶吉士（《明清进士题名碑录索引》第2061页载：湖南长沙籍）
汤寿潜	光绪十八年（1892）壬辰科刘福姚榜	两淮盐运使（《明清进士题名碑录索引》第1167页载：浙江山阴籍）
来　熊	光绪二十年（1894）甲午科张謇榜	（广西）上林县知县
俞省三	光绪二十年（1894）甲午科张謇榜	内阁中书
屠佩环	光绪二十四年（1898）戊戌科夏同龢榜	嘉兴府学教授
黄传鼎	光绪二十四年（1898）戊戌科夏同龢榜	知县（民国24年《萧山县志稿》第527页载：浙江仁和籍）
沈似爃	光绪二十四年（1898）戊戌科夏同龢榜	刑部主事
陆光熙	光绪三十年（1904）甲辰科刘春霖榜	侍读学士

萧山武进士名录

明　代

蔡继高	万历四十四年（1616）	宁波守备
朱　禄	万历年间	山西都司
鲁继芳	天启七年（1627）	（南京）上元卫指挥
沈　襄	天启七年（1627）	
徐敷奏	天启七年（1627）	

沈至绪	崇祯四年（1631）	（湖南）道州守备
沈镇东	崇祯七年（1634）	都督同知
沈如懋	崇祯十年（1637）	（广东）白鸽寨守备
沈奇勋	崇祯十三年（1640）	（广东）惠州游击
陈有遴	崇祯十六年（1643）	（广西）浔州参将
丁久征	崇祯十六年（1643）	扬州守备

清　代

童维祚	顺治六年（1649）	（山东）临清都司
何文炳	顺治十二年（1655）	潞泽守备
李　彬	顺治十五年（1658）	（甘肃）金塔堡都司
张文达	顺治十八年（1661）	
蔡龙骧	顺治十八年（1661）	（云南）武定都司
王廷彩	康熙三年（1664）	守备
赵文壁	康熙十二年（1673）	（福建）漳州总兵
丁文龙	康熙十五年（1676）	（山东）靖海卫守备
王国相	康熙十八年（1679）	广州协都司
蔡　焘	康熙二十四年（1685）	
戴嘉漠	康熙二十七年（1688）	
张　迨	康熙三十年（1691）	守备
钱士谷	康熙三十年（1691）	（山西）汾州守备
倪　锦	康熙三十三年（1694）	
王　选	康熙三十三年（1694）	
沃亲臣	康熙三十三年（1694）	（江西）袁州守备
孙　斌	康熙三十三年（1694）	
何圣兆	康熙三十九年（1700）	（山西）忻州城守营守备
张　集	康熙四十二年（1703）	守备
来之焜	康熙四十五年（1706）	（湖北）荆州守备
俞有勋	康熙四十五年（1706）	守备
鲍陈魁	康熙五十二年（1713）	
来之灿	康熙五十七年（1718）	封荣九
丁文撰	雍正元年（1723）	
丁人龙	乾隆元年（1736）	都司
曹廷芳	乾隆二年（1737）	（江苏）宜兴守备
叶　蕡	乾隆十年（1745）	
何兆圣	乾隆二十五年（1760）	守备
朱镇邦	乾隆三十七年（1772）	（海南）儋州营游击
何异兰	乾隆四十年（1775）	（山东）兖州总镇
葛云飞	道光三年（1823）	定海总兵

萧山国外博士名录

表44-3-693　1987~2001年萧山国外博士

姓　名	性　别	出生年月	原　籍	获博士学位时间	博士学位授予国家及院校	工作单位	博士类别
励建书	男	1959-11	坎山镇	1987-05	美国耶鲁大学	香港科技大学数学系	哲学－数学
张亚涛	男	1959-04	城厢镇	1988-09	瑞典查尔母斯理工大学	瑞典阿西亚·布朗·勃法瑞公司	哲学
寿国梁	男	1962-03	城厢镇	1989-03	日本东京大学	北京六合万通微电子技术有限公司	农学－生物测定学
王　萌	男	1961-01	新街镇	1989-05	美国科罗拉多大学	美国斯坦福大学湍流研究中心	哲学－机械工程
楼　波	男	1961-09	城厢镇	1989-05	美国埃默里大学	美国密执安州立大学	哲学－物理
朱　宏	男	1959-09	城厢镇	1989-08	美国得克萨斯大学达拉斯西南医学院	美国加州大学医学院	哲学－生物医学
钱亦波	女	1963-12	城厢镇	1990-06	美国犹他大学	美国环球鲜花快递公司	哲学－机械工程
来关明	男	1962-03	长河镇	1990-07	日本筑波大学	日本静冈大学工学部	工学－光学图像
来茂德	男	1960-08	长河镇	1990-11	德国吕贝克医科大学	浙江大学	医学－病理学
莫寅元	男	1956-09	城厢镇	1990-12	美国华盛顿州立大学	美国芝加哥大学	哲学－植物病理
韩贤林	男	1958-10	义桥镇	1990-06	美国华盛顿州立大学	美国华盛顿州立大学医学院	哲学－生物物理学、生物分析化学
祝介平	男	1965-09	益农镇	1991-06	法国巴黎第十一大学	法国国家科学院	化学－有机化学
曹　卫	男	1958-06	城厢镇	1991-08	美国弗吉尼亚联邦大学	上海医甸医院管理有限公司	哲学－药理
汪信康	男	1957-01	城厢镇	1991-12	美国宾夕法尼亚大学	美国杜邦公司	哲学
来颖诚	男	1964-06	长河镇	1992-05	美国马里兰大学	美国亚利桑那州立大学	哲学－非线性科学
沈文仙	女	1961-06	宁围镇	1992-09	美国佐治亚理工学院	美国奥本大学数学系	哲学－数学
施国强	男	1961-11	瓜沥镇	1992-10	瑞士洛桑大学	美国新泽西州墨克制药公司	理学－有机合成
吴　刚	男	1960-10	城厢镇	1992-12	美国得克萨斯大学奥斯汀分校		哲学－石油工程
沈　敏	男	1962-04	城厢镇	1993-04	澳大利亚新南威尔士大学	澳大利亚	哲学－电机
孙晓东	男	1968-10	城厢镇	1993-10	加拿大多伦多滑铁卢大学	美国贝尔实验室	哲学－统计学
卢蟊樨	男	1941-09	瓜沥镇	1993-06	加拿大阿拉伯塔大学	加拿大阿拉伯塔大学	哲学－地质学
李成昌	男	1962-07	瓜沥镇	1994-05	美国杜克大学	美国电话公司	哲学
朱　敏	女	1965-09	城厢镇	1994-06	英国伦敦大学帝国理工学院	英国燃气及电力市场监管局	哲学
章六一	男	1956-06	城厢镇	1994-10	德国柏林工业大学	德国蒂森克虏伯钢铁集团	工学－冶金专业
王晓中	男	1968-08	城厢镇	1994-12	美国西北大学	美国Emcore公司	哲学－材料工程
赵爱根	男	1962-05	城厢镇	1995-05	美国约翰·霍普金斯大学工程学学院	美国泰力斯（TENAX）公司	哲学－土木工程

姓　名	性　别	出生年月	原　籍	获博士学位时间	博士学位授予国家及院校	工作单位	博士类别
俞仲华	男	1957-07	浦阳镇	1995-05	美国太平洋大学	美国参特莱公司	哲学
张亦帆	男	1963-02	城厢镇	1995-10	美国伊利诺伊大学	美国明尼苏达州3M公司（Minnesota Mining and Manafacturing Company）研究开发中心	哲学-有机化学
俞成荣	男	1953-08	益农镇	1996-05	美国乔治·华盛顿大学	美国国立卫生研究院	哲学-微生物学
寿国忠	男	1960-02	城厢镇	1996-05	日本东京大学	北京六合万通微电子技术有限公司	农学-生物与环境工程
孙　群	男	1968-01	城厢镇	1996-01	美国罗格斯大学新布朗斯维克分校	美国普渡（Purdue）医药公司开发部	哲学-药物
孙雪遂	男	1963-09	石岩乡	1996-10	加拿大盖尔弗大学	新西兰澳大利亚食品公司	哲学
詹凯君	男	1962-02	西兴镇	1996-10	加拿大盖尔弗大学	美国益华科技公司	哲学-应用数学
余兴贤	男	1963-02	城厢镇	1996-10	美国伊利诺伊大学香槟分校	美国ISIS生物制药公司	哲学-营养生化生理
沈卫明	男	1963-05	南阳镇	1996-12	法国贡比涅技术大学	加拿大科学院集成制造技术研究所	哲学-系统控制
陆炜杰	男	1965-10	城厢镇	1996-05	美国布朗大学	美国福斯克大学	哲学-工程
张肖明	男	1972-07	城厢镇	1997-02	美国麻省理工大学	中国国际金融有限公司投资银行部	哲学-经济与国际开发
戴二彪	男	1964-05	城厢镇	1997-05	日本京都大学	日本国际东亚发展研究中心	经济学
许正平	男	1966-02	浦阳镇	1997-06	美国哈佛大学	浙江大学医学院	理学
陶华耕	男	1970-02	城厢镇	1997-08	美国威斯康辛大学麦迪逊分校	美国摩根斯坦利投资银行	哲学-计算机
项志华	男	1965-03	衙前镇	1997-12	美国孟菲斯大学	美国	哲学-统计
刘红斌	男	1962-05	城厢镇	1997-12	美国夏威夷大学	美国路易斯安邦州海洋研究所	哲学-海洋学
倪既勤	男	1955-09	城厢镇	1998-02	比利时鲁汶大学	美国普渡大学农业和生物工程系	哲学-应用生物学
胡中庭	男	1963-09	城厢镇	1998-03	日本京都府立医科大学	美国加利福尼亚大学医学院	医学-生理学
傅正伟	男	1963-06	临浦镇	1998-03	日本东京农工大学	浙江工业大学	农学-生物生产学
周梅芳	男	1965-05	义蓬镇	1998-05	美国佛罗里达大学	美国南佛罗里达水利管理局	哲学-环境化学
孙秀东	女	1969-09	党湾镇	1998-06	美国俄亥俄州立大学	美国格雷斯（W.R.Grace）公司	哲学-化工
邵月飞	男	1966-08	义桥镇	1998-10	美国哥伦比亚大学	美国制药厂	哲学-化学
高志方	男	1963-09	宁围镇	1998-11	以色列内盖夫本·古里安大学自然科学部	美国陶氏益农有限公司	哲学-植物学
许京怀	男	1967-05	城厢镇	1999-08	美国普渡大学	美国杜邦公司蛋白质技术公司（中国区）	哲学-生物化学（植物分子生物学）
朱高忠	男	1969-03	浦阳镇	1999-09	美国俄亥俄州立大学	英国希尔制药集团	哲学-药学
鲍建荣	男	1958-08	戴村镇	1999-10	加拿大西安大略大学	美国华盛顿环保局	哲学-植物学
叶　舟	男	1963-02	南阳镇	2000-06	瑞典斯德哥尔摩大学		哲学-结构化学

续表二

姓　名	性别	出生年月	原　籍	获博士学位时间	博士学位授予国家及院校	工作单位	博士类别
余晓明	男	1968-08	城厢镇	2000-06	加拿大麦克马斯特大学	美国UT斯达康公司	哲学－电气工程
林佳慧	女	1970-06	城厢镇	2000-09	瑞典卡洛林斯卡医学院	加拿大霍尔本医药生物公司（Holburn Biomedical Inc.）	医学

注：①本表按获博士学位时间前后排列；

②原籍到其本人所在乡镇；

③表中"博士类别"中，后者指哲学、农学、工学、医学、化学、理学类中的具体专业；

④许正平博士学位在浙江大学获得，在美国哈佛大学获博士后学位。

萧山劳动模范名录

表44-3-694　　1985～2000年萧山获全国、浙江省、杭州市级劳动模范名录

姓　名	性别	出生年月	籍贯	政治面貌	劳模类型	评选年限	工作单位	职务
鲁冠球	男	1945-01	萧山	中共党员	全国劳动模范	1989	杭州万向节厂	厂长
朱重庆	男	1953-02	萧山	中共党员	全国劳动模范	1995	萧山航民实业公司	总经理
尚舒兰	女	1966-06	河南	共青团员	全国劳动模范	1995	萧山市舒兰农场	场长
王鑫炎	男	1951-02	上海	中共党员	全国劳动模范	2000	萧山市党山镇梅林村	党委书记
楼永祥	男	1930-11	萧山	中共党员	全国五一劳动奖章获得者	1987	萧山市总工会	副主席
鲁冠球	男	1945-01	萧山	中共党员	全国五一劳动奖章获得者	1988	杭州万向节厂	厂长
华水夫	男	1934-02	萧山	中共党员	全国五一劳动奖章获得者	1991	萧山市闻堰供销社	农机经理
王跃明	男	1960-04	萧山	中共党员	全国五一劳动奖章获得者	1997	浙江钱江啤酒集团股份有限公司	贵溪啤酒厂厂长
来坚中	男	1963-11	萧山	中共党员	全国五一劳动奖章获得者	1998	萧山金龟机械有限公司	副总经理
陆云宪	女	1932-09	萧山	中共党员	全国物资系统劳动模范	1987	萧山县物资局	局长
沈关土	男	1931-10	萧山	中共党员	全国水利系统劳动模范	1988	萧山市围垦指挥部	副主任
陈张海	男	1935-12	萧山	中共党员	全国农业系统劳动模范	1990	萧山五金工具厂	厂长、书记
孙忠涛	男	1945-03	萧山	中共党员	全国建设系统劳动模范	1990	萧山市城乡建设局	副局长
许金芳	男	1936-03	萧山	中共党员	全国农业系统劳动模范	1990	红山农场	副场长
陆　军	女	1963-09	萧山	中共党员	全国金融系统劳动模范	1993	中国农业银行萧山市支行营业部	主办会计
楼永奎	男	1953-04	萧山	中共党员	全国内贸系统劳动模范	1994	萧山市供销联社	主任
黄荣青	男	1937-09	萧山	中共党员	全国机械工业系统劳动模范	1994	杭州华青汽车活塞有限公司	总工程师
张汉根	男	1926-10	萧山		浙江省劳动模范	1985	萧山县城北乡永久村三组	养猪专业户
翁国刚	男	1933-06	萧山	中共党员	浙江省劳动模范	1985	萧山市经济委员会	
陈光裕	男	1933-10	绍兴	中共党员	浙江省劳动模范	1985	萧山市农机水利局	工程师
汪　弱	男	1941-02	萧山	中共党员	浙江省劳动模范	1985	浙江电大萧山学院	教师

姓　名	性别	出生年月	籍贯	政治面貌	劳　模　类　型	评选年限	工作单位	职　务
鲁冠球	男	1945-01	萧山	中共党员	浙江省劳动模范	1985	杭州万向节厂	厂长
冯观海	男	1946-03	绍兴	中共党员	浙江省劳动模范	1985	浙江工艺鞋厂	工艺设计员
姚林根	男	1959-11	萧山		浙江省劳动模范	1985	萧山县益农乡群围村	粮食专业户
朱重庆	男	1953-02	萧山	中共党员	浙江省劳动模范	1986	萧山漂染厂	厂长（经理）
吴张友	男	1929-08	萧山		浙江省劳动模范	1989	萧山市宁围镇新安村	养猪专业户
翁张汉	男	1944-12	萧山	中共党员	浙江省劳动模范	1989	萧山市公安局	副局长
施生根	男	1964-11	萧山		浙江省劳动模范	1990	萧山市生根农场	场长
周凤英	女	1944-09	萧山	中共党员	浙江省劳动模范	1991	萧山市城东乡政府	计划生育专职
郭亚祥	男	1958-11	萧山	中共党员	浙江省劳动模范	1991	浙江萧山金龟机械有限公司	车间主任
葛小珍	女	1943-03	萧山	中共党员	浙江省劳动模范	1994	浙江华裕工艺织染有限公司	总经理
金连根	男	1952-03	萧山	中共党员	浙江省劳动模范	1994	萧山城厢镇犁头金村	村支部书记
尚舒兰	女	1966-06	河南		浙江省劳动模范	1994	萧山市党山镇沙北村	农民
徐金荣	男	1942-07	萧山	中共党员	浙江省劳动模范	1999	萧山市第一人民医院	普外科主任
黄伟成	男	1943-06	上海	中共党员	浙江省劳动模范	1999	浙江钱啤集团股份有限公司	董事长
郭成仕	男	1946-12	湖南	中共党员	浙江省劳动模范	1999	浙江萧山花边集团有限公司	工人
王鑫炎	男	1951-02	上海	中共党员	浙江省劳动模范	1999	萧山市党山镇梅林村	村党委书记
徐冠巨	男	1961-06	萧山		浙江省劳动模范	1999	浙江传化化学集团有限公司	总裁
王志杰	男	1935-10	萧山	中共党员	杭州市劳动模范	1986	萧山汽车齿轮箱厂	厂长
黄东灿	男	1939-12	萧山	中共党员	杭州市劳动模范	1986	杭丰纺织有限公司	总经理
杜坑兴	男	1943-02	萧山	中共党员	杭州市劳动模范	1986	萧山县饮服公司钱江饭店	饭店经理
董金瑞	男	1943-03	杭州	中共党员	杭州市劳动模范	1986	萧山县粮食局临浦粮管所	粮油调运员
黄伟成	男	1943-06	上海	中共党员	杭州市劳动模范	1986	浙江钱江啤酒厂	厂长
黄银霞	女	1945-02	诸暨	中共党员	杭州市劳动模范	1986	浙江萧山精密压力机厂	厂长兼书记
黄来兴	男	1945-05	萧山	中共党员	杭州市劳动模范	1986	萧山汽车制动器厂	厂长
胡先锦	男	1948-05	萧山	中共党员	杭州市劳动模范	1986	萧山义盛邮电中心支局	机线组长
陈志相	男	1957-02	萧山	中共党员	杭州市劳动模范	1986	萧山县瓜沥区瓜沥镇小学	教师
蒋耀祖	男	1932	萧山	中共党员	杭州市劳动模范	1987	浙江凯星西装厂	厂长
汤志章	男	1930-04	萧山	中共党员	杭州市劳动模范	1987	萧山对外贸易公司	经理
沈阿水	男	1930-12	萧山	中共党员	杭州市劳动模范	1987	萧山市靖江供销社	主任
高月昌	男	1936-09	萧山	中共党员	杭州市劳动模范	1987	萧山市工商行政管理局义蓬工商所	所长
王福仁	男	1939-10	萧山		杭州市劳动模范	1987	萧山市人民医院	中医科主任
汤伯良	男	1940-05	萧山	中共党员	杭州市劳动模范	1987	浙江建筑材料厂	分厂副厂长

续表二

姓 名	性别	出生年月	籍贯	政治面貌	劳 模 类 型	评选年限	工作单位	职 务
董金瑞	男	1943-03	杭州	中共党员	杭州市劳动模范	1987	萧山市粮食局临浦粮管所	所长
徐志焕	男	1943-05	萧山	中共党员	杭州市劳动模范	1987	萧山市钱江染整厂	厂长
桑炳炯	男	1943-12	绍兴	中共党员	杭州市劳动模范	1987	萧山航运公司	经理
张吾美	女	1944-10	萧山	中共党员	杭州市劳动模范	1987	钱江饭店	经理
翁张汉	男	1944-12	萧山	中共党员	杭州市劳动模范	1987	西兴派出所	所长
黄银霞	女	1945-02	诸暨	中共党员	杭州市劳动模范	1987	萧山精密压力机厂	厂长
金永顺	男	1945-03	萧山	中共党员	杭州市劳动模范	1987	萧山铝制品厂	厂长
李荣祥	男	1946-11	萧山	中共党员	杭州市劳动模范	1987	浙江萧山水泥厂	厂长
傅 进	男	1949-02	萧山	中共党员	杭州市劳动模范	1987	萧山临浦区欢潭初级中学	教导主任
陆海峰	男	1949-10	萧山	中共党员	杭州市劳动模范	1987	萧山锅厂	厂长
蔡秀文	女	1953-09	萧山	中共党员	杭州市劳动模范	1987	杭州东升丝织厂	挡车工
杨丽玲	女	1965-03	萧山	共青团员	杭州市劳动模范	1987	萧山麻纺织厂	布机挡车工
许顺昌	男	1930-08	萧山	中共党员	杭州市劳动模范	1989	萧山临浦镇初级中学	教师
郑庆均	男	1933-03	萧山	中共党员	杭州市劳动模范	1989	萧山市蔬菜公司	经理
马友法	男	1933-08	萧山		杭州市劳动模范	1989	萧山市党山供销社	营业员
郭志良	男	1933-10	萧山	中共党员	杭州市劳动模范	1989	戴村粮管所	所长
倪凤治	男	1935-03	萧山	中共党员	杭州市劳动模范	1989	萧山市长途汽车运输公司	客车驾驶员
鲁仁根	男	1935-10	萧山	中共党员	杭州市劳动模范	1989	宁围乡宁东村	农民
陈张海	男	1935-12	萧山	中共党员	杭州市劳动模范	1989	萧山市五金工具厂	厂长
朱方定	男	1936-12	萧山	中共党员	杭州市劳动模范	1989	杭州油泵油嘴厂	厂长
高秀员	男	1937-01	萧山		杭州市劳动模范	1989	萧山市党山镇车路湾村	种麻专业户
王仁德	男	1937-02	黄岩	中共党员	杭州市劳动模范	1989	萧山市人民医院	院长
颜常根	男	1937-06	萧山	中共党员	杭州市劳动模范	1989	杭州江南油管厂	厂长
王安如	女	1937-10	萧山		杭州市劳动模范	1989	萧山市梅西大西小学	小教一级
张恺之	男	1941-06	萧山	中共党员	杭州市劳动模范	1989	萧山市公安局交通警察队	副队长
葛金潮	男	1942-09	萧山	中共党员	杭州市劳动模范	1989	萧山市钱江乡向红村	养蚕专业户
周凤英	女	1944-07	萧山	中共党员	杭州市劳动模范	1989	萧山市城东乡政府	干部
陈陆林	男	1944-11	萧山	中共党员	杭州市劳动模范	1989	萧山天然大理石厂	厂长
赵明章	男	1946-04	萧山	中共党员	杭州市劳动模范	1989	萧山水泵总厂	钻工
宋孟荣	男	1946-12	萧山	中共党员	杭州市劳动模范	1989	萧山市朱村桥乡方家村	村委会主任
王永锦	男	1947-02	萧山	中共党员	杭州市劳动模范	1989	萧山市邮电局	投递员
王永元	男	1947-07	萧山		杭州市劳动模范	1989	萧山市宏图乡创建村	养猪专业户

姓　名	性别	出生年月	籍贯	政治面貌	劳 模 类 型	评选年限	工作单位	职　务
卜金春	男	1948-09	萧山	中共党员	杭州市劳动模范	1989	萧山市供电局河上变电所	所长
傅仲樵	男	1948-11	萧山	中共党员	杭州市劳动模范	1989	萧山花边总厂	厂长
傅裕仁	男	1953-05	萧山	中共党员	杭州市劳动模范	1989	萧山市特种电线电缆厂	书记兼厂长
郑兴江	男	1953-11	萧山	中共党员	杭州市劳动模范	1989	萧山石岩乡湖山村林场	场长
王初定	男	1958-01	萧山	中共党员	杭州市劳动模范	1989	萧山市大庄乡油车桥村	专业户
陆裕肖	男	1958-11	萧山	中共党员	杭州市劳动模范	1989	萧山市农业局水产科	副科长
陆小土	男	1959-10	萧山		杭州市劳动模范	1989	萧山工艺化纤纺织厂	供销员
来坚中	男	1963-11	萧山	中共党员	杭州市劳动模范	1989	萧山精密压力厂	生产调度员
施生根	男	1964-11	萧山		杭州市劳动模范	1989	萧山市生根农场	场长
陈红燕	女	1966-10	萧山	共青团员	杭州市劳动模范	1989	萧山伞面绸厂	挡车工
周更春	男	1932-07	萧山	中共党员	杭州市劳动模范	1991	萧山市人民法院	审判员
冯章灶	男	1932-10	萧山		杭州市劳动模范	1991	赭山镇赭东村二十组	农民
杨许尧	男	1933-10	诸暨	中共党员	杭州市劳动模范	1991	中国人民银行萧山市支行	行长
陈光裕	男	1933-10	萧山	中共党员	杭州市劳动模范	1991	萧山市农机水利局	工程师
倪凤治	男	1935-03	萧山	中共党员	杭州市劳动模范	1991	萧山市长途汽车运输公司	驾驶员
郁振民	男	1935-09	萧山	中共党员	杭州市劳动模范	1991	萧山市坎山供销合作社	党支部书记
王仁德	男	1937-02	黄岩	中共党员	杭州市劳动模范	1991	萧山市人民医院	院长
傅月樵	男	1942-11	萧山	中共党员	杭州市劳动模范	1991	浙江萧山花边总厂	科长
黄伟成	男	1943-06	上海	中共党员	杭州市劳动模范	1991	浙江钱江啤酒厂	厂长
黄水庆	男	1945-03	萧山	中共党员	杭州市劳动模范	1991	萧山市闻堰镇党委	党委书记
郑天生	男	1947-07	义乌	中共党员	杭州市劳动模范	1991	浙江萧山化工厂	厂长
黄世培	男	1947-07	萧山	中共党员	杭州市劳动模范	1991	杭州曲轴总厂	厂长
马金花	女	1947-10	萧山		杭州市劳动模范	1991	萧山市长山镇盛中村	农民
方吾校	男	1949-07	萧山	中共党员	杭州市劳动模范	1991	工贸合营萧山包装材料总厂	厂长
沈静良	男	1951-01	萧山	中共党员	杭州市劳动模范	1991	萧山市云石乡沈村村	村主任
田益文	男	1951-07	萧山	中共党员	杭州市劳动模范	1991	萧山市欢潭乡欢潭村	村主任
章志贤	男	1952-10	萧山	中共党员	杭州市劳动模范	1991	萧山第一塑料厂	钳工
龚松其	男	1953-10	萧山	中共党员	杭州市劳动模范	1991	萧山市瓜沥镇东恩村	党总支书记
钱金根	男	1953-10	萧山	中共党员	杭州市劳动模范	1991	杭州农药厂萧山分厂	厂长
王炳炯	男	1953-12	萧山	中共党员	杭州市劳动模范	1991	浙江萧山商业大厦	公司经理
胡金和	男	1953-12	萧山	中共党员	杭州市劳动模范	1991	萧山市配合饲料厂	厂长
沈金海	男	1955-01	萧山	中共党员	杭州市劳动模范	1991	萧山市城厢环境卫生管理所	书记

姓 名	性别	出生年月	籍贯	政治面貌	劳 模 类 型	评选年限	工作单位	职 务
胡金龙	男	1955-10	萧山	中共党员	杭州市劳动模范	1991	萧山市西兴镇星民村垦殖场	场长
马阿祖	男	1955-11	萧山		杭州市劳动模范	1991	萧山市坎山镇昙华村十六组	农民
郭 亮	男	1957-11	萧山	中共党员	杭州市劳动模范	1991	萧山临浦镇中学	教师
陈招贤	男	1958-06	萧山	中共党员	杭州市劳动模范	1991	浙江萧山羽绒总厂	厂长
郭亚祥	男	1958-11	萧山	中共党员	杭州市劳动模范	1991	浙江萧山金龟机械有限公司	车间主任
於春明	男	1964-04	萧山	中共党员	杭州市劳动模范	1991	萧山麻纺织厂	组长
尚舒兰	女	1966-06	河南	共青团员	杭州市劳动模范	1991	萧山长沙乡沙北村	农民
汪志琴	女	1971-02	萧山		杭州市劳动模范	1991	杭州钱江纺织总厂	挡车工
吴建荣	男		萧山	中共党员	杭州市劳动模范	1993	萧山市江南建筑 装饰工程公司	经理
徐小海	男	1929-02	萧山		杭州市劳动模范	1993	萧山市义桥镇建新村	种粮大户
吴张友	男	1929-08	萧山		杭州市劳动模范	1993	萧山市宁围镇新安村	养猪专业户
冯章灶	男	1932-10	萧山		杭州市劳动模范	1993	萧山市南阳镇赭东村	农民
张来甫	男	1937-10	萧山	中共党员	杭州市劳动模范	1993	城南信用社	主任
汪雄虎	男	1938-07	萧山	中共党员	杭州市劳动模范	1993	萧山市靖江镇中心辅导学校	校长
葛小珍	女	1943-03	萧山	中共党员	杭州市劳动模范	1993	浙江华裕工艺织染有限公司	总经理
邵寿春	男	1946-05	萧山	中共党员	杭州市劳动模范	1993	杭州之江造船厂	钳工
章水泉	男	1947-04	萧山		杭州市劳动模范	1993	杭州瓷厂	工段长
韩敏春	男	1948-01	萧山	中共党员	杭州市劳动模范	1993	萧山市供销储运公司	经理
郑铁飞	男	1948-08	萧山	中共党员	杭州市劳动模范	1993	萧山市粮食局城北粮管所	所长
方吾校	男	1949-07	萧山	中共党员	杭州市劳动模范	1993	萧山包装材料总厂	厂长
金连根	男	1952-03	萧山	中共党员	杭州市劳动模范	1993	萧山市城厢镇犁头金村	党支部书记
宋大松	男	1953-02	萧山	中共党员	杭州市劳动模范	1993	萧山市头蓬人民医院	院长
朱重庆	男	1953-02	萧山	中共党员	杭州市劳动模范	1993	萧山市瓜沥镇航民实业公司	总经理
傅裕仁	男	1953-05	萧山	中共党员	杭州市劳动模范	1993	萧山市特种电线电缆厂	厂长
张官富	男	1954-07	萧山	中共党员	杭州市劳动模范	1993	浙江农垦水泥厂	厂长
张建人	男	1955-08	萧山		杭州市劳动模范	1993	萧山市蜂产品研究所	所长
沈兴芳	男	1956-09	萧山	中共党员	杭州市劳动模范	1993	萧山金属钣厂	二班班长
陈吉林	男	1957-08	义乌		杭州市劳动模范	1993	萧山磁钢厂	技术厂长
俞尧泉	男	1958-02	萧山	中共党员	杭州市劳动模范	1993	萧山供电局靖江变电所	所长
沈亚萍	女	1960-04	萧山	中共党员	杭州市劳动模范	1993	萧山市石油公司	营业员
陈宝才	男	1961-06	萧山	中共党员	杭州市劳动模范	1993	萧山航运公司	船长
姚云祥	男	1963-05	萧山		杭州市劳动模范	1993	萧山市城厢镇姚家畈村	养殖专业户
於志明	男	1963-05	萧山		杭州市劳动模范	1993	萧山市头蓬镇春园村	种养大户
高来军	男	1964-01	萧山	中共党员	杭州市劳动模范	1993	萧山市环境卫生管理处	汽车班长

姓　名	性别	出生年月	籍贯	政治面貌	劳　模　类　型	评选年限	工作单位	职　务
陈凤琴	女	1964-08	萧山	共青团员	杭州市劳动模范	1993	浙江亚太制动元件制造公司	研磨工
施生根	男	1964-11	萧山	中共党员	杭州市劳动模范	1993	萧山市生根农场	场长
尚舒兰	女	1966-06	河南		杭州市劳动模范	1993	萧山市党山镇	种养大户
陈　容	男	1972-10		共青团员	杭州市劳动模范	1993	杭州钱江纺织总厂	工人
徐华山	男	1939-10	萧山	中共党员	杭州市劳动模范	1995	萧山市益农镇众力村	社长
郑巧形	女	1939-12	天台	农工党	杭州市劳动模范	1995	萧山市第一人民医院	妇产科主任
黄伟成	男	1944-06	上海	中共党员	杭州市劳动模范	1995	浙江钱江啤酒厂	厂长
黄银霞	女	1945-02	萧山	中共党员	杭州市劳动模范	1995	浙江金龟机械有限公司	总经理
赵明章	男	1946-04	萧山	中共党员	杭州市劳动模范	1995	萧山水泵总厂	钻工
杜金法	男	1948-01	萧山		杭州市劳动模范	1995	萧山市长途汽车运输公司	驾驶员
王锦林	男	1948-05	萧山	共青团员	杭州市劳动模范	1995	萧山市供电局新湾供电所	线路工
郑铁飞	男	1948-08	萧山	中共党员	杭州市劳动模范	1995	萧山市城北粮食管理所	所长
项忠孝	男	1949-10	萧山	中共党员	杭州市劳动模范	1995	杭州钱江电气集团公司	总经理
厉叶荣	男	1950-02	萧山	中共党员	杭州市劳动模范	1995	杭甬高速公路萧山段建设指挥部	副总指挥
龚增尧	男	1950-12	萧山	中共党员	杭州市劳动模范	1995	萧山市管道油泵厂	主任
沈静良	男	1951-01	萧山	中共党员	杭州市劳动模范	1995	萧山市云石乡沈村	村主任
王梅芬	女	1952-07	萧山	预备党员	杭州市劳动模范	1995	萧山市江南大厦	营业员
施宝春	男	1953-07	萧山	中共党员	杭州市劳动模范	1995	萧山市衙前镇山南村	社长
胡金龙	男	1955-10	萧山	中共党员	杭州市劳动模范	1995	萧山市西兴镇星民村垦殖场	场长
王建平	男	1957-03	萧山	中共党员	杭州市劳动模范	1995	浙江远翅塑料有限公司	总经理
倪校根	男	1957-04	萧山	中共党员	杭州市劳动模范	1995	萧山市环卫处	组长
许水根	男	1957-04	萧山		杭州市劳动模范	1995	萧山市城厢镇兴议村四组	养殖大户
陈吉林	男	1957-08	义乌		杭州市劳动模范	1995	萧山磁钢厂	技术厂长
谢连松	男	1958-03	萧山		杭州市劳动模范	1995	萧山市头蓬镇益民村五组	农民
章方祥	男	1958-09	萧山	中共党员	杭州市劳动模范	1995	杭州东冠通信集团有限公司	总裁
沈兴芳	男	1959-09	萧山	中共党员	杭州市劳动模范	1995	萧山汽车配件总厂	镗工
周长兴	男	1959-10	萧山	中共党员	杭州市劳动模范	1995	萧山市党湾中心信用社	企业信贷员
陈建军	男	1959-11	萧山	中共党员	杭州市劳动模范	1995	萧山市公安局宁围派出所	所长
孔洁飞	男	1961-10	萧山	中共党员	杭州市劳动模范	1995	萧山市华联商厦	柜组长
汪志荣	男	1961-11	萧山		杭州市劳动模范	1995	萧山市邮政局	机务员
李雪华	男	1962-09	萧山	中共党员	杭州市劳动模范	1995	所前镇传芳村	农民
郭明明	男	1962-12	萧山	中共党员	杭州市劳动模范	1995	浙江东南网架集团有限公司	总工程师
韩松坤	男	1963-03	绍兴	中共党员	杭州市劳动模范	1995	萧山市党山镇单木桥村	种植大户

续表六

姓 名	性别	出生年月	籍贯	政治面貌	劳 模 类 型	评选年限	工作单位	职 务
陈胜良	男	1963-08	萧山	中共党员	杭州市劳动模范	1995	萧山市第二高级中学	教师
卜伟莉	女	1964-04	萧山	中共党员	杭州市劳动模范	1995	浙江安亿纺织实业公司	挡车工
陈立荣	男	1965-12	萧山	中共党员	杭州市劳动模范	1995	杭州百合化工有限公司	总经理
丁列平	男	1967-08	萧山		杭州市劳动模范	1995	萧山市第二建筑工程公司	总经理助理
管家昶	男	1934-06	萧山		杭州市劳动模范	1997	萧山市新街镇双圩苗圃	园林绿化
徐金荣	男	1942-07	萧山	中共党员	杭州市劳动模范	1997	萧山市第一人民医院	普外科主任
周素娥	女	1944-08	萧山		杭州市劳动模范	1997	萧山市城厢镇明星村四组	种菜大户
傅崇璞	女	1944-11	萧山	中共党员	杭州市劳动模范	1997	萧山市欢潭乡中心小学	教导主任
黄银霞	女	1945-02	萧山	中共党员	杭州市劳动模范	1997	浙江金龟机械有限公司	总经理
郭成仕	男	1946-12	湖南	中共党员	杭州市劳动模范	1997	萧山花边集团有限公司	工人
郑天生	男	1947-07	义乌	中共党员	杭州市劳动模范	1997	萧山化工总厂有限公司	研究所所长
王柏炎	男	1948-05	萧山	中共党员	杭州市劳动模范	1997	浙江飞龙电声实业公司	总经理
詹济远	男	1949-04	萧山	中共党员	杭州市劳动模范	1997	杭州市公路管理处 萧山公路段	段长
项忠孝	男	1949-10	萧山	中共党员	杭州市劳动模范	1997	杭州钱江电气集团公司	总经理
汪阿木	男	1950-10	萧山		杭州市劳动模范	1997	萧山瓜沥华达农场	种粮大户
王金花	女	1951-11	萧山	中共党员	杭州市劳动模范	1997	杭州大地网架制造有限公司	总经济师
徐水连	男	1952-07	萧山	中共党员	杭州市劳动模范	1997	浙江富可达皮业集团 有限公司	总经理
孙信佳	男	1952-10	萧山		杭州市劳动模范	1997	杭州丰盛合成革有限公司	电工
卢吾金	男	1953-12	萧山		杭州市劳动模范	1997	萧山市河上镇祥利村	专业大户
赵建国	男	1954-06	绍兴	中共党员	杭州市劳动模范	1997	萧山市医药有限责任公司	批发部主任
章观凤	女	1954-09	萧山		杭州市劳动模范	1997	萧山市党湾镇团结村	专业户
谭伯华	男	1958-08	萧山	中共党员	杭州市劳动模范	1997	萧山市靖江镇初级中学	教师
汪忠勋	男	1959-11	萧山	中共党员	杭州市劳动模范	1997	浙江华裕工艺织染有限公司	管理员
徐冠巨	男	1961-06	萧山		杭州市劳动模范	1997	浙江传化化学集团有限公司	总裁
王许鉴	男	1961-11	萧山	中共党员	杭州市劳动模范	1997	杭州天宇油泵油嘴有限公司	钳工
许林江	男	1962-10	萧山	中共党员	杭州市劳动模范	1997	萧山市泰生有限公司	董事长
来国祥	男	1963-03	萧山	中共党员	杭州市劳动模范	1997	萧山市公安局市北派出所	所长
戚建尔	男	1963-08	萧山		杭州市劳动模范	1997	萧山富丽达纺织有限公司	总经理
施文莱	男	1963-09	萧山	中共党员	杭州市劳动模范	1997	萧山市龙翔养殖 有限责任公司	水产工程师
陈立荣	男	1965-12	萧山	中共党员	杭州市劳动模范	1997	杭州百合化工有限公司	总经理
顾长春	男	1966-11	萧山		杭州市劳动模范	1997	浙江钱啤集团股份有限公司	班长
陈玉凤	女	1967-02	萧山		杭州市劳动模范	1997	萧山市邮电局	交换组长
王永兴	男	1971-03	萧山	共青团员	杭州市劳动模范	1997	萧山市交通实业集团 有限公司	项目经理
江 英	女	1976-10	建德	共青团员	杭州市劳动模范	1997	萧山市汇利棉纺织厂	落纱组长

姓　名	性别	出生年月	籍贯	政治面貌	劳模类型	评选年限	工作单位	职　务
吴立恭	男	1944-12	东阳	中共党员	杭州市劳动模范	2000	萧山市卫生进修学校	教师
蔡孝先	男	1947-03	萧山		杭州市劳动模范	2000	萧山市南阳镇赭东村	种植专业户
沈宝庆	男	1947-07	萧山		杭州市劳动模范	2000	萧山瓜沥镇环境卫生管理所	清运组组长
郑天生	男	1947-07	萧山	中共党员	杭州市劳动模范	2000	萧山化工总厂有限公司	总工程师
张桂江	男	1947-09	萧山		杭州市劳动模范	2000	浙江萧山水泵总厂	铸造造型工
高中山	男	1947-09	萧山	中共党员	杭州市劳动模范	2000	杭州江宁丝绸制衣有限公司	董事长、总经理
陆凤林	男	1947-11	萧山	中共党员	杭州市劳动模范	2000	浙江汇宇营建集团	董事长、总经理
方吾校	男	1949-07	萧山	中共党员	杭州市劳动模范	2000	浙江胜达包装集团有限公司	董事长
唐秋珍	女	1950-04	萧山		杭州市劳动模范	2000	新街镇沿山村	场长
李菊香	女	1950-12	上海	中共党员	杭州市劳动模范	2000	萧山市党山镇人民政府	计生办副主任
杨祖根	男	1950-12	萧山	中共党员	杭州市劳动模范	2000	萧山市养殖实业总公司	总经理
郑佐国	男	1951-09	萧山	中共党员	杭州市劳动模范	2000	萧山湖山园艺场	场长
王金花	女	1951-11	萧山	中共党员	杭州市劳动模范	2000	杭州大地网架制造有限公司	总经济师
陈妙林	男	1952-08	萧山	中共党员	杭州市劳动模范	2000	浙江萧山开元旅业总公司	总裁
傅裕仁	男	1953-03	萧山	中共党员	杭州市劳动模范	2000	浙江永翔电缆集团有限公司	经理
徐关兴	男	1953-03	萧山	中共党员	杭州市劳动模范	2000	浙江中强建工集团有限公司	销售部经理
俞直茂	男	1953-05	萧山	中共党员	杭州市劳动模范	2000	萧山市浦阳江水利工程管理所	助理工程师
杨官海	男	1955-03	萧山	中共党员	杭州市劳动模范	2000	浙江金首水泥有限公司	分厂厂长
孙云球	男	1956-02	萧山	中共党员	杭州市劳动模范	2000	浙江登峰交通集团有限公司	董事长
王建平	男	1957-02	萧山	中共党员	杭州市劳动模范	2000	浙江远翅集团有限公司	总经理
任亚飞	男	1957-09	萧山	中共党员	杭州市劳动模范	2000	萧山市轻纺工贸实业总公司	外销业务员
沈凤飞	男	1957-10	萧山	中共党员	杭州市劳动模范	2000	萧山市建筑实业公司	经理
陈　明	男	1958-11	萧山	中共党员	杭州市劳动模范	2000	浙江万达集团公司	销售部经理
李成新	男	1958-12	萧山	中共党员	杭州市劳动模范	2000	萧山印染三厂	厂长
叶小祥	男	1959-03	萧山	中共党员	杭州市劳动模范	2000	萧山市进化镇张家桥村	营销户
全建洪	男	1962-07	萧山	中共党员	杭州市劳动模范	2000	萧山市粮食收储有限责任公司	业务主管
郭明明	男	1962-12	萧山	中共党员	杭州市劳动模范	2000	浙江东南网架集团有限公司	总工程师
赵文荣	男	1964-05	浦江		杭州市劳动模范	2000	杭州天诚药业有限公司	总工程师
章强华	男	1964-06	绍兴	中共党员	杭州市劳动模范	2000	萧山市供电局变电检修管理所	所长
赵文耀	男	1964-07	萧山	中共党员	杭州市劳动模范	2000	萧山市益农镇转塘头村	营销户
徐和平	男	1964-11	萧山	中共党员	杭州市劳动模范	2000	萧山市第二高级中学	教师
傅志芳	男	1965-04	萧山	中共党员	杭州市劳动模范	2000	万向集团公司	资金管理员
钟华成	男	1965-08	萧山	中共党员	杭州市劳动模范	2000	萧山市公安局临浦派出所	所长
韦东红	男	1967-01	缙云	中共党员	杭州市劳动模范	2000	中外合资浙江金马饭店有限公司	客户部经理

萧山优秀党员名录

表44-3-695　萧山省级以上优秀党员

姓 名	性 别	出生年月	籍 贯	类 型	评选年限	工 作 单 位	职 务
鲁冠球	男	1945-01	萧山	全国优秀党员	1987	杭州万向节厂	厂长
鲁冠球	男	1945-01	萧山	浙江省优秀党员	1986	杭州万向节厂	厂长
葛小珍	女	1943-03	萧山	浙江省优秀党员	1986	萧山绸厂	厂长
费 黑	男	1928-12	浙江桐乡	浙江省优秀党员	1986	萧山县政协	副主席
陈天兴	男	1936-05	萧山	浙江省优秀党员	1986	宁围乡宁安村	党支部委员
朱重庆	男	1953-02	萧山	浙江省优秀党员	1990	瓜沥镇航民实业公司	党支部书记
陈成惠	男	1956-01	萧山	浙江省优秀党员	1990	红山农场	书记
沈金海	男	1955-01	萧山	浙江省优秀党员	1990	城厢镇环卫所	党支部书记
颜常根	男	1937-07	萧山	浙江省优秀党员	1990	杭州江南油管厂	党支部书记
王鑫炎	男	1951-02	上海	浙江省优秀党员	2000	爱迪尔包装集团公司	总经理、党委书记
沈观兴	男	1945-06	萧山	浙江省优秀党员	1996	市检察院	副检察长
陈立荣	男	1965-12	萧山	浙江省优秀党员	1998	杭州百合化工有限公司	总经理
沈荣虎	男	1962-02	萧山	浙江省优秀党员	1999	市围垦指挥部水产发展养殖公司	经理

萧山"三八"红旗手名录

表44-3-696　萧山省级以上"三八"红旗手

姓 名	出生年月	籍 贯	政治面貌	类 型	评选年限	工 作 单 位	职 务
孙秀娟	1955-01	萧山	中共党员	全国"三八"红旗手	1989	宁围乡	妇联主任
尚舒兰	1966-06	河南	共青团员	全国"三八"红旗手	1997	党山镇沙北村	
张雪珍	1948-08	江苏昆山	中共党员	浙江省"三八"红旗手	1989	义桥乡金山村	党支部书记
葛小珍	1943-03	萧山	中共党员	浙江省"三八"红旗手	1989	萧山伞面绸厂	厂长
尚舒兰	1966-06	河南	共青团员	浙江省"三八"红旗手	1991	长沙乡沙北村	
楼秀梅	1959-06	萧山		浙江省"三八"红旗手	1991	岩山乡水阁村	
葛小珍	1943-03	萧山	中共党员	浙江省"三八"红旗手	1992	浙江华裕工艺织染有限公司	总经理
黄银霞	1945-02	诸暨		浙江省"三八"红旗手	1992	萧山精密压力机厂	厂长
王金花	1951-11	萧山	中共党员	浙江省"三八"红旗手	1992	萧山蜗轮箱厂	厂长
张吾美	1944-10	萧山	中共党员	浙江省"三八"红旗手	1992	钱江饭店	经理
陈更美	1954-10	萧山	中共党员	浙江省"三八"红旗手	1998	市妇联	主席
金玉英	1942-12	浙江桐乡	中共党员	浙江省"三八"红旗手	1998	市农业技术推广中心	高级工程师

第四十五编
丛 录

萧 山

又见越中长短亭。

归心已逐晚云轻，

宋·姜白石

十里水边山下路，

桃花无数菱青青。

本编收录6个方面的内容：

选录萧山县志序跋以明萧山修志史概和一些学者对方志学的独特见解。

收录《萧山县志》（1987年版）勘误以求是正非，不致传讹。

收录"湘湖史略"、"西施故里三说"以存故实，以助读者对湘湖开发历史的了解和对西施故里诸说的思考。

辑存地方文献以展示萧山文化建设的一个侧影，提供一些有价值的研究参考之资。

选辑重要文件，以明本志断限之内萧山社会变革的政策依据和深远影响，为了解和研究萧山的发展变化提供参稽之材。

丛录内容虽杂，价值不可小觑。当不以细碎视之。

一、萧山县志序跋选录

萧山自明永乐年间开始修纂县志，至20世纪80年代，共有官修县志12种、私修县志1种，累计有序和跋30篇。今选录14篇。选录依据为：明清时期每一年号选一篇，有的同一年号篇数较多，如康熙朝有序言10篇，则选2篇；民国县志修纂时间历时23年，有序言6篇，也选2篇。1987年版《萧山县志》序言2篇，均选。私修县志仅有1篇序言，理当入选。序言作者多数为官员，也有少数学者。选录时不完全按官职，有的学者所作序言，对方志学有独特见解，即予录选，如明弘治田惟祐、民国杨士龙所作序跋即是。

①资料来源：明嘉靖三十六年《萧山县志》。

明永乐《萧山县志·序》①

张 崇②

②张崇：明建安（今福建省建瓯县）人，永乐年间任萧山知县。

洪惟圣朝，运隆祚盛，一统华夷，疆宇之大，制度之宏，超越千古。故昔之图志，有不足以当其记载者。猗欤，盛哉乃者。

永乐十六年夏四月，遣使天下，重订志书。务在文简而当，事核而详。昔之失实者正之，今之当人者增之。乃命府县通文理官一员总其事，而儒士为之采辑焉。

萧山实浙藩绍兴之支邑也。予时忝宰是邑，愧以菲材，恭承明命。乃与儒学训导南昌祝以中，儒士邑人楼观、戴汝东、张子俊，靡间昼夜，本之旧志，益以新得，考往证今，采摭裨补，靡不备具。既缮写上进矣，适儒士楼观将以副墨锓诸梓，以备一邑之观览，请予序，冠其端。

③资料来源：明嘉靖三十六年《萧山县志》。

夫萧山，古吴越之区，为浙东之上游，山川之明丽，民物之茂繁，可记可书不一而足者。惜其无前志，其为缺典也久矣。间有事实，附于郡志，以今观之，漏万挂一，识者不能无憾。况历年弥远，因革不同，愈传愈失其真，将久不几以成书为失实乎！幸逢圣朝，聿新斯典，其为天下万世之幸固大，而为斯邑素缺典者幸为尤大也。是志八卷，其凡例一遵圣朝之所颁降。其间事实既详已备，予也虽不敢自谓，然于一邑山川人物之类，开卷则未必不尽在目中焉。观邑之故家，有学有守，采辑之劳，功实倍之。兹又不私，将锓梓以传，故并书之，裨观之者庶知所自云。令张崇撰。

明宣德《萧山县志·序》③

吴汝方④

④吴汝方：明抚州（今江西省抚州市）人，宣德元年至三年（1426~1428）任萧山知县。

予宰萧山之明年，邑之儒士楼观，以前令张公崇所修图志示予，且曰：斯志之修也，本乎旧志，虽上承朝命，然非邑令之贤慎重提董，同志之士采摭裨补，以成一代之盛典，不几有缺漏失实之诮矣乎！惜乎书成将欲板行，而令以秩满去任，弗克遂厥志。副墨虽渝，未免有亥豕鲁鱼之患。而吾邑之志，终不可得为成书矣。譬若掘井九仞而不及泉，犹为废井也，深可慨焉。后二年，予以贡赋抵京师，获与中书公张子俊氏语之，而亦以是为慊，故拳拳焉，欲以斯志刻梓为劝。予惟斯志也，所以志夫邑治之沿革，山川之胜，人物之盛，风俗所尚，土地所宜，不一而足者，既皆录而上进，将以昭示于天下后世，岂特为一邑之私哉。予承乏斯邑，讵可不任其责，以成其美乎！洎归，遂偕邑庠教谕陈颜仍伯齐，重加考订，用锓诸梓，以永其传，俾后之览者井然有条，粲然明白，虽数千百载之下目之，犹一日也。如此，则不惟前令之功不泯，中书之言不负，而予之任责亦庶乎其可塞矣。于是乎序。令吴汝方撰。

①资料来源：明嘉靖三十六年《萧山县志》。

明弘治《萧山县志·序》①
田惟祐②

　　萧山为绍兴属邑，居东浙上游，江海之襟带，湖山之奇胜，风物之阜厚，名人才士之德望，自昔甲于诸邑。惜图志未详，考见无据，久为邑之缺典。宣德间虽有刻本，顾其所载，事迹多舛，诗文泛杂，不足传示，为木之灾者，六十余年弗克正之。迨弘治戊申，值朝廷纂修实录，事既竣，府因檄属县重修志书。时廷献朱先生在邑庠，为众推委，实任其事，采择笔削之劳居多。书虽垂成，而诗文未备，况其中或有传疑袭讹之失，盖亦成于匆遽而旁考未暇也。

　　予因不揣芜陋，铅椠之余辄取而辑录之，妄以所闻增其未备而详其所略，正其失次而去其所赘，姑以便己观览，庶几不忘邑之故实而已。兹幸遇我邑侯莆阳朱君居正，以名进士小试于邑，贤明而有为。鸣琴之暇，即询及是书，乃命录取予私本，据以为绵蕝，而主议修纂，仍属予校正之。

　　鸣呼，志非史，有史之法也，非具三长，安可以与此？况一邑之公书非一人之私见所能就。而或考究不精，去取不当，则不足以昭公论，传实录，而垂信于后矣。顾予肤浅末学，占毕碌碌，安敢犯是不韪哉！第惧失今不图，历年既远，遗亡益甚，后人将无自以考见一邑事迹之全矣。然则斯志之修，诚今日之急务，而为吾邑之光者，不既多乎。今既赖我贤侯作兴是举，尚冀同志君子正其讹失，补其遗缺，相与成一邑之全书。则凡山川之险易，人才之盛衰，物产之丰啬，风俗之淳漓，政治之得失，古今之事变，一邑之内不出户庭而可知，千载之间一展卷而可见，自足以传示四方而垂信后世矣。宁非吾邑旷古之盛典也哉！录既终，敢僭书编末以识岁月云。弘治十八年，邑人田惟祐撰。

②田惟祐：明萧山人，弘治十四年（1501）解元，正德三年（1508）进士，刑部主事，官至浔州府（辖境为今广西桂平、南平、贵县等地）知府。

③资料来源：明靖嘉三十六年《萧山县志》。

明正德《萧山县志·序》③
李遇春④

　　正德改元之初，萧山县奉命纂修孝庙实录。录成，佥谓所采宜收县志，以备考

④李遇春：明辽阳（今辽宁省辽阳市）人，弘治十八年（1505）任萧山县训导。

实。邑大夫朱侯居正乃率予，简儒生黄懿、丁洪、朱孔毓，相予编集。永乐以前，则取前令张侯崇所辑旧志。宣德以后，则取今解元田君惟祐所辑新稿。仍遵国朝颁降凡例，参诸《周礼》："大司徒掌土地之图，小史掌邦国之志"，先之以图，继之以志，始于沿革，终于题咏，卷分为四，条总二十有五。可笔则笔，可削则削，数月而仅成书。乃命邑士张沄缮写寿梓，事竣，宜撮大要为来者告。

按萧山古会稽名邑，上应斗牛，下属扬州。在昔吴越僭据，恃为险隘；今隶绍兴，独当西北要冲。去杭州止隔钱塘，又近省繁剧之所。东抵钱清，南尽劳岭，西至庄亭，北限海门，四围皆江海之大，中间广袤三百余里。其山，如北干雾楼，西山千岩万壑，不减于蓬岛之丽。其川，如湘湖、渔浦诸水，虽西湖、鉴湖之形胜，何以逾之。山川之秀，钟而为人物。如钟离牧操行清绝，有古人风。张孝伯参谋大政，能解党禁。朱宪使独持风裁。而魏文靖德望尊重。如此者实多，高名美誉，至今脍炙人口。人物之盛，习而为风俗。男女有别，而耕织惟勤；弦诵相闻，而文风益振。矧宦游如杨龟山，以道化倡于前，游定夫以德教阐于后，罗豫章讲道既去，而李延平复来，延平之去未久，而朱夫子提举浙东又至。南渡以还，诸贵家大族之子孙，世守宗祧于此。则人才风俗之造就，良亦有所自矣。迨我圣朝甄陶百余年来，学校、人文、车书、贡赋之属，益隆于昔，而是志所载，其能免于挂一漏万之诮乎？

昔江淹尝言，修史之难，无出于志。陈寿号善叙述，李延寿亦称究意旧事，然所著史传甚详，而独不克作志。顾予何人，而敢为此！后之君子，惜其舛讹，损益订正，不止可备考实，亦将可以劝惩乎后来。此先师尼父所以因《鲁史》而作《春秋》，先贤晦翁所以因《通鉴》而作《纲目》，无非为世道计也。况我先帝神功圣德所被，尤足以垂宪万世，则今日纂修之意，岂直为目前典故谋哉。邑侯之心岂亦切有望焉。训导李遇春撰。

①资料来源：明嘉靖三十六年《萧山县志》。

明嘉靖《萧山县志·后序》①

林 策②

②林策：明漳浦（今福建省漳浦）人，进士，嘉靖十八年至二十二年（1539～1543）任萧山知县。

邑，古百里之国也。古列国皆有史官。秦封建来，而已失之。其所恃以明废置登降之迹，得失是非之公，寄诸耆旧，托诸掌故。犹有存者，第承讹袭舛。岁月顿异，矧数十年之内，废而不讲，欲使之质前闻以信来裔，保不诬得乎？

萧旧有志，正德以来，迄今凡四十年，其梓漫漶，不存什一。予己亥岁拜命承乏，访求诸旧本而得之。更得太守东源田公所藏私本，相与参互考核，其间久近姓号，亦多不同。窃怪之，旧本盖田公之初稿，私本则田公续考之书，其先后异闻如是，则知旧志之所未及，与田公之所未暇正者，固不能无待。况刻已久废，责不容已乎！间尝谋之东源公，有志纂正，而吏牒丛委，日不遑给。乃今属笔于邑之乡进士张子烛、庠生钱子谷，不揣凡陋，僭加一二。而旁搜博猎，订讹补漏，而二子之劳居多。法存体要，事贵核实，盖史之遗意也。凡六卷七例。而是邑山川、物产、食货、风俗，与夫人物、艺文之类，莫不具载可考。备忘纪远，彰往察来，吾典土者得无赖乎?

昔吴季札歌卫,谓有康叔武公之德;歌唐,谓有陶唐之遗;歌豳,谓周公之东;歌齐,谓太公之风。政俗靡变,庸有执其机者。彼陈诗数百,世之下尚可推识。顾今粹成一邑之典帙而览之,其世变推移,登耗淳漓之故,展卷具在。则因风设教,稽古作则,得无有思复陶唐、周公之盛乎?如是,则志之所勖予,与予之所俟后,盖不徒曰备遗忘也,亦以存劝戒也。

时嘉靖癸卯仲夏吉旦,赐进士第文林郎知萧山县事闽漳南丹峰林策书。

明万历《萧山县志·序》[①]
罗万化[②]

萧故有志,明兴而书六易焉。何若是亟也?夫志,识也,所以信今而征后也。人才之有盛衰也,风俗之有淳漓也,户赋之有登耗,物产之有消长也,山原川泽之有改移通塞也,率数十年而一变。变而不时识之,而谨辑之,散佚遗亡,蔑以征矣。此文献之不足。吾夫子重有慨于杞宋也,志胡可以缓邪!

邑侯刘君会来尹兹土,五阅岁,政通人和,百废俱举。以其暇率博士弟子戴生文明、蔡生大绩、张生谅,取邑志而裒辑之。例准其旧,彰前轨也。事搜其佚,详考镜也。政纪其绩,垂后宪也。论引其端,戒先事也。其词核,其义正,酌古而准今,纲举而目张。详哉,其言之矣。

余三复斯志而叹,侯之用心勤而注意远也。夫天下者,一邑之积也。治天下者,一邑之推也。将欲见诸行事,尤必质之典册,舍志无繇矣。故披册而校之,目击心融,无非学也。循法而措之,经世宰物,无非教也。遇变而通之,顺时达化,无非道也。侯今以召行矣,朝且弹笔青琐,否且冠豸冠立殿墀。凡天下利弊,政治得失,得言而言,得为而为,必凿凿乎!率吾志而行之,无弗售焉。又不特萧一邑之志已也,则是志固经世之书与!

余不佞,窃自附于不朽之林,序诸简端。

赐进士及第、嘉议大夫、南京礼部右侍郎、前国子监祭酒、右春坊右谕德兼翰林院侍读、同修两朝实录大明会典、记注起居、理诰敕、经筵讲官、会稽罗万化撰,万历十七年己丑六月望吉。

清康熙《萧山县志·序》[③]
邹 勷[④]

县之有志,犹国之有史也。一代之政,非史不传;一邑之事,非志不显。然非独存为典,故实政治得失之林也。昔司马温公纂辑历代之史,而宋仁宗赐名曰《资治通鉴》,盖取唐太宗以人为鉴之义。即郡县之志,何独不然。今使按图按籍,凡山川之险易,田赋之多寡,风俗之升降,民生之利害,古今之沿革,先哲之仪型,靡不粲然备具。使于此而求治术,如索影于照,而取火于燧也。

①资料来源:明万历《萧山县志》。

②罗万化:明绍兴会稽伧塘(今属上虞)人。隆庆二年(1568)状元,授翰林院修撰。参修《世宗实录》《会典》。官至礼部尚书。卒后追赠太子少保,谥文懿。

③资料来源:清康熙十一年《萧山县志》。

④邹勷:清抚宁(今河北省抚宁)人,康熙七年(1668)任萧山知县。

旧有志，属鼎革后，版籍散失。余方鸠工补葺，今二千石张公因郡志废缺，锐志修复。下符八邑，颁示疆域诸款，而且合八邑之志统为一郡之志，条分缕析，川流源合。吾观天下之志，盖未有尽善如斯者也。爰请乡先生总理其事，而集诸文学等分局校雠，历数月而竣事。盖余实借郡宪之提衡与诸君子之总裁分校，而因得坐观厥成。乃余于此则有说焉。

夫世之为吏者，其保妻子谋身家者，无论已。即上焉，亦洁于持己，勤于为政，斯已耳！夫公之精白，既可不愧屋漏，其治人及物之政，又已方驾刘范，乃更能于政事之外，修举废缺，昭示来兹，盖深识乎，为治国之要图而成千秋之金鉴也。使后之览斯编者，知不徒为典故之籍，而实为政治之要，则公之德惠方垂诸无穷，虽与司马氏之书并传焉可也。

时康熙辛亥四月初吉，文林郎知萧山县事骊城邹勷谨序。

清康熙《萧山县志·序》①
刘 俨②

通志者，所以大一统也。邑有志，又通志所取资。疆域之分限，户口之登耗，田赋之出入，风俗之奢俭，人物之升降，制度之沿革，山川原隰之通塞，条分缕析，开卷了然。邑志盖可忽乎哉？

萧邑之志，康熙辛亥岁抚宁邹君之所重修也。迁延一纪，屡更屡易。岁癸亥，朝廷有纂修通志之命，各宪檄催邑志。余莅任甫阅月，刻期告竣，其当与否，未暇周悉也。阅今十余载，因革又迭见矣。江塘迁徙几何处，学署修建几何事，乡贤宾荐几何人，赋役纷更，灾祥屡告，此志之不可不备载者也。况前此载，笔者委任多人，各相抵牾，或亥豕不可辨，或首尾不相贯，或抱残而守缺，或言重而事复。

嗟乎！志以传信，信之不存，志将安取耶！亟欲厘正，簿书鞅掌未能也。因乃撮其大要，与张子迖可商订之。张子好著书习典，故余信之有素，今果不余负也。已殚精聚力，不间昼夜。博采旧志，益以新裁，讹者正，重者削，缺者补，上下不相联属者条贯而有序。阅数月而来，复谨之至也。抑余更有说。志，邑乘也，采之即备国史也。忠孝贤节，不可滥。为褒美也，明甚何。向之裒辑者，多失之滥耶。后之从事于斯者，与为要誉，毋宁核实；与为负谤，毋宁谨严。于以报朝廷而取信后世也可矣。

康熙癸酉四月望日，文林郎知萧山县事加一级广川刘俨谨序。

清乾隆《萧山县志·序》③
黄 钰④

《周礼·春官》：小史掌邦国之志，外史掌四方之志。及《地官》：土训，道地图以诏地事，道地慝以辨地物，而原其生以诏地求。诵训掌，道方志以诏观事。王巡守则，并夹王车。此后世郡国诸志所自始也。《唐书·艺文志》地理家多至一千二百九十余卷，亦富甚矣。

萧邑志昉于明永乐二十年，邑令张崇属草，未刻。至宣德戊申，令吴汝芳增修，乃授梓。弘治戊申，丞何铣修之。正德丁卯，令朱俨又修，乡先达田惟祐为之订正，越数年乃成。嘉靖中，林、魏二令又续增之。今俱不传。所传者，惟万历己丑刘令会所修本而已。

国朝康熙间，邑令邹勷、聂世棠、刘俨俱有增辑本。其书率沿讹袭谬，漫无考订。毛西河《县志刊误》，不过举其较著者而已，然亦有误处。自康熙癸亥迄今六十余年，未有起而议修者。乾隆丁卯调任邑令王君嘉会，始谋重辑，越载余，不成。岁己巳，余于内署之西偏别建书屋，延请老宿搜辑增订。逾年成书四十卷，其与前志异同分合之处，俱详凡例。岂故求异哉？亦慎之至耳。盖志，准志也。

《商书·盘庚篇》云，若射之有志。疏谓"志之所主欲得中"，则志即射之的耳。射者有的，临民者亦有的。夫一邑之务虽繁，不外土地、人民、政事。举三者以为纲，则志土地，当思所以靖安之；志人民，当思所以抚绥之；志政事，当思所以整饬而敷布之。是即射之有的也。旧志土地，或混余暨为诸暨之分；人民则滥厕眇不可知之先世，以夸其阀阅；政事如田赋、兵防、风俗、物产，皆关治要，乃屡经修葺，徒剿旧说，未尝援古证今，以致烦猥错迕，详略失宜。不有以正之，何以审固而命中乎？矧当圣天子综核名实之世，一有不慎，则所谓准志者安在？用是夙夜兢兢，宁约毋滥，庶几备他日信史之采焉。

乾隆十有六年岁在辛未正月既望，知萧山县事黄钰谨序。

① 资料来源：民国24年《萧山县志稿》。

民国《萧山县志稿·序》①

陈曾荫②

有清乾隆十六年，邑故令邓州黄君钰绍成《萧山志》，迄于今，忽忽失修，垂百数十载。中更兵燹，故家图籍，若存若亡。无征不信，邦人之羞；兴废举坠，守土者之责。曾荫奉檄莅兹土，乃前政武昌彭君延庆已修有端绪，私心窃引以为幸。彭君以稿未竣事受代去。邑人在职者，指门襄纂，黾勉从事，迨积稿赢尺，余以无人总其成，未为完书，私心窃又引以为憾，亦引以为愧。今年夏，亟于簿书期会之暇，征前职诸君子，相与讨论一堂，因专员理董之，阅数月以成书见告矣。

② 陈曾荫：民国青县（今河北省青县）人，民国9年（1920）署萧山县知事。

萧山，一唐之紧县也。与省会隔一衣带水，声名文物，自昔称盛，地踞上游，水陆交冲。东望一钱亭古址，刘太守流风远焉；西临傍郭之陈习园，何孝子强毅坚忍，懔懔犹有生气；北瞻浦滩文光，夜射斗宫，则毛检讨归藏处；南挹榆青之雄秀，金曰整敕戒备，为全邑保障，昔瞿某以书生练武事是也。苎萝为西施生长之村，风月思玄度寓居之宅。流连往事，类皆骚人韵士所喜谈。若夫政治因而讲求，风土因而考察，一名一志因而辨证，忠孝节烈、山林隐逸因而表章。职任邑宰，识大识小，宜习掌故，考镜所在，辑乘为先。黄志厘列细目，斯志统摄大纲。前后相望，方策班班，其事其文，亦裁以其义而已。呜呼！环球通道以来，欧风东渐，奚事此沾沾者为。方今士气之发扬，商货之流驰，土产之阜蕃，民俗之异尚，望古遥集，曷尝墨守旧闻。昔人有言：天道十年一小变，三十年一大变，邑志惟变所适，亦期十年或三十年一修。他日者，文化益以盛，实业益以兴，交通益以利。美矣哉！萧山一邑，其气象当为诸邑冠，奚止是志所陈已哉。

曾荫当新旧交错之际，远溯诸黄君，近踵诸彭君，居然以数月蒇事。欲以信今，讵云传后。但思继往，遑问开来。嗣有作者，其弃我乎，其取我乎？是为序！

中华民国九年十一月，署萧山县知事青县陈曾荫撰。

民国《萧山县志稿·跋》[1]

杨士龙[2]

方志为郡邑分类纪实之史，与国史实同源而异流，故有一时代之事实，即有一时代之方志，窠臼相承，不以为异。盖有原始要终，繁简增损，一以贯之之义焉。不然，一志之已足矣，奚烦仆仆然及时修订为哉？萧有邑志，宋元以来，不详载籍。明永乐间，知县张崇奉敕重订志书，观其序言，前无专书，所谓旧志者，郡志而已。厥后，宣德、弘治、正德、嘉靖，凡数修辑。远者六十余年，近者仅十余年，明代修订，可谓綦勤。清踵明后，仅康乾间，一再修之。厥后，历嘉、道、咸、同、光、宣百五十余年，竟阒然矣。共和肇建之初，武昌彭君来知县事，亟谋修订，不可谓非知急之务也。夫以邑志中断百五十余年之久，中间复经红羊[3]之劫，文卷荡失，当时珥笔诸君子，已感可征之文献不足，而能补苴隙漏，张皇幽遐，以成清代未完之志书。继往开来之功，有足多者，未可以其不合时宜而非之。盖清鼎虽革，所纂述者仍为有清事实，有自然之段落焉。共和以来，与民更始，百度皆新，廿余年间，可纂录之事，实已丛积，正革故鼎新之良会，如铁道也，公路也，农产工业之盛衰也，货币物价今昔之同异也，土货外货消费之比较也，皆与民生有至大之关系，为方志所不可略者。是在今后之明哲君子，厘正义例，重订门类，以续纂之矣。近人余绍宋所撰《龙游县志》，不袭前人窠臼，独创义例，实师承章实斋而变通之者，然亦有可商榷处。神而明之，存乎其人。今后续纂新志，颇可取以为法。抑更有说者，方志为地方纪实之史，与国史同，其典重，大率每三十年当修订一次，以古者三十年为一世纪也。此三十年中，情迁势移，必不在少数，苟选举公正人士专其职责，如古之左右史，作有系统之纂录，则方志当更可观。旧时修志并无专职，又无一定之程序，柄政者官如传舍，视为不急之务，士大夫亦鲜有深切厝意者。故明代修志虽至六七次，其书今且绝迹。清代康、乾间仅两修之，其书今亦成珍本，不能多见，因之沿讹袭谬，往往不免，徒使掌故家资以聚讼，逞其博辩，而无裨于事实。若方志有专司之人，赓续有一定之程序，期限近而文献无虞不足，传播广而邑人家有其书，兹弊其庶几免乎。方志为地方利病得失之明镜，有征斯可信，匪细事也。愿以所怀，质之明哲君子。

乙亥六月，杨士龙叔聃氏再跋。

① 资料来源：民国24年《萧山县志稿》。

② 杨士龙：民国江都（今江苏省江都）人，生平不详。

③ 当为洪杨之误。

来裕恂《萧山县志稿·序》[①]

费 黑[②]

在编纂新编《萧山县志》时，县志办公室的同志在搜集资料过程中，于浙江图书馆发现吾萧来裕恂先生在解放前个人所修《萧山县志稿》的未刊手稿，计14卷及志余1卷，共约80万字。读后，欣喜不已，得益良多，感奋至深。

欣喜者，获民国期间萧山之史料，补吾萧旧方志之阙如。萧山修志自明永乐始，后凡十数修。最后一次官方修志为民国二年至二十四年修成刊行之《萧山县志稿》，其下限在宣统末年。而裕恂先生之稿本，其下限在民国三十七年（1948），民国期间的萧山阙史由此而得全。尤其值得称道的是在解放前所修的旧县志中，其下限在1948年者，全国寥寥无几。此稿之珍贵，可见一斑。

来裕恂先生是吾萧继毛奇龄后又一修志名家。他师古而不泥古，其志观、体例，颇有创新。他对朝邑、武功、灵寿等历代名志，既肯定其长，亦揭示其短。对清代方志大师章学诚，既赞其"富有史才"，又指出"然其撰永清、亳州等志，以纪传、谱书、考略、表志标目，援国史体而为邑志，似嫌繁缛"。他主张修志应"注重于科学之整理，不拘成式"。他十分重视经济在志书中的记述，提出"凡切于民生日用，如农业、林业、矿业、盐业、渔业、工业、商业，其计划、设备、产销等，尤其注重"。他将近代科学引入志书，主张"地理于山脉河流外，尤须注重地质、土壤、气候"，并相应设计了较符合近代科学要求的篇目。他独辟蹊径，单独设人口卷，下设历代人口增损比较、十年来户口统计、人口密度及职业调查、氏族等章节，对研究人口与经济和社会发展之间的关系，颇有裨益。对艺文一门，他认为"前志所登，几同文集选本，非志体也"，主张"有关于文献掌故及国家地方之有切实考证者，可为择要之"，"无关宏旨，概从割爱"。他主张修志应方便读者，"故列大事于卷首，使读者展卷了然"。凡此种种，对今人修志，亦有借鉴。当然，本志稿中某些观点和提法，有不当之处，这是由于时代局限，不能苛求于作者。惜志书中有些篇目由于系个人独力修志，资料搜集困难，以致有目无文或资料简略，然其立目之意，颇多启迪。

尤其令人感奋的是裕恂先生在旧社会的恶劣环境下，生计维艰，买纸无继，代之以杭州"宓大昌"包烟纸，终于独力完成志稿，其艰苦奋斗的修志精神，感人肺腑，催人奋进。裕恂先生不愧为方志界的志士仁人！而今物换星移，沧桑巨变，在中国共产党领导下，祖国大地日益繁荣昌盛，修志事业亦方兴未艾。当今的修志条件，比裕恂先生所处时代，实有天渊之别。吾辈方志界同仁，自当学习裕恂先生这种坚韧不拔精神，为方志事业的发展作出新贡献。

鉴于裕恂先生此手稿系海内孤本，为防日久散佚，在中共萧山市委和市人民政府的支持下，经萧山市地方志编纂委员会与南开大学历史学教授来新夏同志共同商定整理出版，并得到浙江省文化厅、浙江图书馆和天津古籍出版社的支持。此书由来新夏教授整理校点。新夏同志系裕恂先生之长孙，又为当代方志专家，克绍箕

①资料来源：来裕恂《萧山县志稿》。

②费黑(1928-12～2007-03)：浙江桐乡人，曾任萧山县人民政府副县长、县委统战部部长、萧山县（市）政协主席等职。《萧山县志》(1987年版)主编。

裘，实乃志坛佳话。而今此书终于问世，萧山旧志宝库中又增一新葩，欣喜感奋之余，得小诗一首：

> 喜获阙史卅七年，更感孤奋笔耕艰。
>
> 无资买纸烟纸代，恂翁留志在人间。

是为序。

后学费黑于萧山

1989年1月12日

1987年版《萧山县志·序》[①]

虞荣仁[②]

新编《萧山县志》在深入改革的新形势下出版问世，实为我县一大喜事。这是时代的新篇，精神文明建设的成果，全县人民的共同愿望，意义极为深远。稿成时，编委会嘱我作序，使我不胜感奋，浮想联翩。

我于1977年秋从农村基层调到县委工作，正处社会主义建设新的历史时期。在全县人民的共同努力下，拨乱反正，改革创新，物质文明和精神文明的建设均有可喜的进展。全县工农业总产值，1985年达23亿元，比1980年的6.7亿元增加两倍多。随着经济的发展，各项事业蒸蒸日上，人民生活日趋富庶，可谓政通人和，百事兴旺，开始进入了新时代的盛世。在这样的时代里工作、学习、生活，谁都会感到无比幸福。我的再一件幸事是能在一些老同志的帮助下进行工作。这几年我在县政府担任领导职务，领导班子中多数同志比我年长而又富有实践经验，大家亲密合作，和谐共事，使我颇受教益。特别是实事求是的工作作风对我启发尤深。中国共产党十一届三中全会以来，党中央从我国的实际出发，制订出一系列正确的方针、政策。但是，全国各地的地理、经济、资源等条件都不相同，在一个县，如何从当地实际出发，正确执行中央的指示，确非易事。这些年，我们在执行中央和上级指示、文件时，总是首先分析萧山的实际情况，尤其是老同志们，更是深入群众调查研究，孜孜以求，努力寻觅符合萧山实际的最佳方案，扬其长而补其短。这是他们从长期的革命实践中得来的宝贵经验，也是共产党人的优良作风。实践使我体会到，要领导好一个县的工作，不仅要认真研究中央的方针、政策，而且要深刻了解县情；不仅要认识现状，而且要弄清历史脉络。老同志们在1980年就提出要编修新的萧山县志，这确是一件承前启后、继往开来的大事。经过修志人员的五载艰辛，三易其稿，终于编成了我县解放后第一部县志。这部县志的出版，对于我们认识县情，探求规律，正确决策；对于为后人提供丰富的资料和借鉴，无疑会起到很大作用。

萧山在历史上曾多次编修过县志。据记载，明、清两代成书刊印的有9种；民国《萧山县志稿》曾历经廿余载而成书；长河乡来裕恂老先生在解放前也曾私人修志，因经济不支而未刊印。这些旧志，均为我们提供了大量的历史资料，有重要的参考价值；但由于受时代的局限，观点陈旧，资料亦有缺误，尤其是经济方面记载不足。新编《萧山县志》，本着贯串古今、详今略古的原则，搜集了自然和社会各方面的大量资料，并以辩证唯物主义和历史唯物主义的观点加以分析研究，去芜存菁，去伪存真，实事求是地记载下来，基本上达到观点正确、资料翔实、体例得当、体现时代风貌和地方特色的要求。尤其是解放以后的史料，以中共中央《关于建国以来若干历史问题的决议》为准绳，充分反映了萧山人民的智慧和力量，如实地记载了我们工作的胜利和曲折，以利于总结经验，接受教训，乘胜前进。

编修县志是一项巨大的综合工程。志书的出版是各方面通力合作的结果。感谢各部门、各单位为我们提供各种资料；感谢全体编写人员的辛勤耕耘，精心著述；感谢上级领导部门的大力支持；感谢各地专家、学者的热心帮助、指导。

"不识庐山真面目，只缘身在此山中"。的确，身在山中不知山，往往是一种常见的现象。我们身在萧山，一定要研究萧山，认识萧山；只有这样，才能更好地建设萧山，振兴萧山。这是我们的责任，也是新编《萧山县志》的目的！

一九八六年六月于萧山

①资料来源：萧山县志编纂委员会：《萧山县志》，浙江人民出版社，1987年8月。

1987年版《萧山县志·序》①

来新夏②

（一）

萧山修志，始于明初，直至民国建立，前后凡十数修。民国二十四年刊《萧山县志稿》，纂者杨士龙氏曾在其再跋中概括其事说："萧有邑志，宋元以来，不详载籍。明永乐间，知县张崇奉敕重订志书，观其序言，前无专书，所谓旧志者，郡志而已（见康熙志遗文门）。厥后，宣德、弘治、正德、嘉靖，凡数修辑。远者六十余年，近者仅十余年，明代修订，可谓綦勤。清踵明后，仅康乾间，一再修之。厥后，历嘉、道、咸、同、光、宣百五十余年，竟阒然焉。"

自明永乐之始修至清乾隆之成书，历时三百余年而修志达十余次，足以见萧山地方重视修志的传统。可惜乾隆以后一百五十余年，其事没没。民国初建，重有修志之议，前后垂二十余年，方有民国二十四年《萧山县志稿》的问世，历程不可谓不艰辛。继之，乃有先祖裕恂先生于一九四八年艰苦卓绝独立完成《萧山县志稿》十四卷、志余一卷，为旧志之殿。建国后，百事待举，修志工作自当循次而兴。近年以来，四海安谧，政通人和，值盛世修志之会，中国共产党萧山县委及政府烛见修志工作意义之大，毅然定策，拨付专款，调集专才，广搜博采，殚精竭虑，尽五年之功，八订纲目，三易志稿，终于在一九八六年夏完成了《萧山县志》全稿近百万字。从此，一方乡风，展卷可得；鉴往知来，为政者将有所咨考。

②来新夏（1923.6~ ）：浙江萧山长河（今属杭州市滨江区）人，南开大学教授，曾任南开大学图书馆馆长、图书馆学系主任、出版社总编辑兼社长。《萧山县志》（1987年版）顾问。（详见《人物》编）

（二）

《萧山县志》是当前修志工作中所涌现的重要成果之一。其业之宏，其功之勤，其效之著，自有志在，不待赘言。若进而言之，这部志书基本上达到指导思想正确，论据充实可信，时代特点突出，地方色彩浓郁，篇目设计合理和文字通畅可读等等新编方志的要求。其超越历来旧志处显然可见。

旧志之修大多由主县政者邀集地方士绅文人，仓猝从事。或计日成功，不顾质量；或迁延岁月，时辍时兴。今志之修则大不然。始有县委与政府认真研究，广征博咨，订立规划；继则广集人才，专业从事；终而从本县实际出发，以实事求是精神，上承前志精华，下聚各方卓见，制纲订目，分口撰写，汇集总纂；复经专人分编，主笔统摄，反三复四，而后完成草稿，即印发各方征求意见，再加审读修订，方提出评审稿，虽时日略延，而敬事慎行的精神保证了新志编修的良好基础。

旧志连篇累牍记及职官、名胜、人物、艺文，而于经济少所涉及。远者如明清两朝八部《渭南县志》仅有食货一门，篇幅甚少；近者如民国二十四年刊《萧山县志稿》三十三卷，人物占十四卷，几近二分之一，而经济仅有四卷，为十分之一略强；因之，一代面貌难以再现。今修县志则增益大量经济内容，即以其大事记而论，建国以来共记400条，而经济大事为146条。经济专篇也较多，而萧邑地处钱江之滨，围垦已成经济要务，新志乃特立专篇。它如乡镇企业、引进开发诸端也莫不标列条举。其意义当与宋范成大《吴郡志》专立园林相比美，使《萧山县志》具有时代和地方的特点。

旧志体例率多因袭，或续前志所缺，或补旧志不足，即成新编，其篇目内容纵有增损也大体相沿。今修县志非续非补，实为创编，上承旧古志精华，于篇目取材多所创新，如以大编既难突出重点，又不易概括得宜，乃采小编体制，使问题集中而无畸轻畸重之弊。今志于志首冠以概述，总述全志，钩玄纂要，使一编在览，纵然未读全志，而全县情况，大体了然，此为前志所少见。大事记虽旧志间有，但今志则采编年与纪事本末相结合形式，既能纵贯古今，又能首尾完备，推陈出新，为全志的纲要。它如专志及人物传，都独具匠心，各赋特色。类此均足以见修志者经营的苦心。

旧志成书，或为速求声名，未经详审而草率付印，匆促问世；或以县主易任，集事维艰而束诸高阁，以待后来。其能集硕彦英才，切磋琢磨，务求其精而后付诸枣梨者所见盖鲜。今志之修不仅定稿过程中谨慎其事，即定稿后，犹广邀各方人士来萧集议，其中既有各方面专家学者，又有邻右各县修志者，自理论至实际，自大要至细节，反复商讨推敲，各贡所见，力求确当，甚者如地理篇之涉及专门学术，则有关学者不辞辛劳，亲操笔墨为之删订；各县修志者更能鉴其甘苦，补缺纠谬；主笔于此，既虚怀若谷，倾听意见，复自有主张，知所抉择。众志成城，终纂佳志，为新编县志增一异葩。

（三）

萧山是我的故乡，而先祖又为最后一部旧志撰者。情切桑梓，固念兹难忘；而克绳祖武，尤感仔肩沉重。所以自县志纂修之始，我即奉故乡之召，于一九八二年六月回县与修志人员交谈修志的若干问题。离乡几近四十年，自然有"少小离家老大回"的万千思绪，虽乡音无改，但时光催人，鬓毛非衰，已呈苍苍。故乡巨变既激励我奋发，而先祖于艰难恶劣年代，以烟纸写志，独力成稿六十万字的精神，更加重我于修志一事义不容辞的责任感，因而遂受县志顾问之聘。数年经历，我贡献不大而受益良多。深感今志之成，当归因于县领导的重视，修志人员的努力，行业部门的合作，各地的支援，等等。尤可贵者为一九八六年初夏的评审会，既有方志工作各级领导人员，又有各方面专家、同行，济济一堂，共商志事，畅所欲言，各抒己见，受惠者已非萧山一志。县委及政府领导不仅严格要求，集思广益，精益求精，更不惜斥资出版，庶无负父老期望，尤愿为全国修志工作起推动作用。

《萧山县志》是一部有特色、有成就的新县志。它的出版将为新县志武库增一瑰宝。我以躬与其盛而深感幸运。缅怀先祖之艰难，不禁泫然，而乐观新志之纂成，又无任欢忻。我籍隶萧山，自当引为自豪。愿故乡青山绿水钟灵毓秀，愿故乡父老接受游子莼鲈之思的情谊。

一九八六年六月于南开大学北村邃谷

二、《萧山县志》（1987年版）勘误

表45-2-697 1987年《萧山县志》勘误

页　数	位　置	误	正
志前	毛泽东主席在萧山农村照片	毛泽东主席在萧山农村	毛泽东主席在农村
志前	萧山县水利图图例比例尺	⊢─┬─┬─┬─┤ 0　5　10　15　20公里	⊢─┬─┬─┬─┤ 0　　5　　10公里
志前	萧山县土壤图图例	黄土　红土	黄壤　红壤
18	1行	十八都	十都
37	2行	6月，成立萧山县农民协会	（移入36页第5～6行之间）
39	12行	是月，全县进行首次人口普查，以是月1日零时为标准时间	是月始，全县进行首次人口普查，以6月30日24时为标准时间
48	4行	以7月1日零时为标准时间	以6月30日24时为标准时间
53	2行	将27个公社	将29个公社
55	倒7行	周恩来逝世。本县干部、群众自发佩戴黑纱白花	周恩来逝世。次日始，本县干部、群众自发佩戴黑纱白花
61	倒9～8行	12月上旬，……全县基本完成。	（移入60页倒10行前）
66	倒4行	南至诸暨县界60里	南至诸暨县65里
73	4行	长安乡	长兴乡
80	7行	城北区	城郊区
80	8行	西蜀区，城厢镇	西蜀区，城郊区改为城北区，城厢镇
81	15行	大连	大林
89	8行	改里为坊	改乡、里为都、保
89	9行	间（1078～1085），城内有清风、	间（1078～1085）废都、保，复乡里，而改城内为坊。城内有清风、
152	2行	雀苇之场	萑苇之场
197	倒8行1975年男人数	52.30	52.03
205	12行	全县接受节、绝育手术	全县接受节育手术
207	10行	二、绝育	二、节育
208	12行	节、绝育率%	节育率%
208	14行	5人能做节、绝育手术	5人能做绝育手术
222	8行	《农业发展纲要（草案）》	《农业发展纲要（修正草案）》

页 数	位 置	误	正
222	13行	《农业发展纲要（草案）》	《农业发展纲要》
241	倒3行	铺地柏	葡地柏
246～247		家禽计量"只"	羽
276	9行	土塘25里。	土塘25里，
288	倒6行	瓜沥闸	生产湾
293	5行	各闸每秒最大过闸流量	各闸最大过闸流量
310	8行	洪锋	洪峰
344	倒7行	民国十二年（1923）……	民国8年（1919）
396	倒4行	治八年（1869）	治三年（1864）
496	倒5行	1959年建立县物价委员会	1957年7月建立，1965年12月30日撤销
508页后，照片第5页		萧山工人文化宫	萧山图书馆
601	6行	丁关泉	丁关田
614	倒2行	由每届纪律检查委员会（监察委员会）选举产生	由每届县委全会选举产生
615	倒2行、倒4行	徐树根	徐如根
690	12～13行	和中央人民政府公布的《惩治反革命条例》	（删去）
692	倒6行	1983年8月	1983年9月
788	倒7～倒5行	二十八年，……学校停办。	二十六年，校舍遭日本飞机炸毁，迁回澜桥复课。二十八年共8班，学生289人，教职工11人。二十九年，县城沦陷，学校停办。
799	倒5行	全校有10个班级（其中简师4班），	全校有12个班级
862	倒2行	《镇志存》。	《金石志存》
899	10行	1976年	1980年
922	倒4行	浦沿公社	长河公社新生大队
932	5行	楼塔乡	楼塔公社
951	倒5行	1965年	1956年
1009	倒4行	正统初	正德初
1010	8行	1627	1624
1014	倒6行	如见其人。咸丰十一年	如见其人。后得到任熊、任薰悉心指导。咸丰十一年
1014	倒4行	得到任熊、任薰悉心指导	（删去）
1017	8行	宣统二年（1910）	光绪二十七年（1901）

页　数	位　置	误	正
1018	倒11行	事》2卷	策》2卷
1029	2～3行	光绪八年（1882）	光绪十八年（1892）
1029	3～4行	光绪十四年	光绪二十四年
1035	12行	被选为	历任
1039	2行	杭州市学生联合会	杭州学生联合会
1053	6行	石头埠村	后埠头村
1090	8行	皇天佑助	皇天祐助
1093	14行	舣棹早乘潮	舣棹乘早潮
1093	19行	伟哉造化灵	伟哉造化工
1093	20行	高歌调已苦	商歌调已苦
1093	21行	客心犹相栩	客心犹栩栩
1094	9行	浙江漫荡荡	浙江漫汤汤
1094	17行	林屿几遭回	林屿几遭回
1094	倒1行	（万历《萧山县志》）	《唐诗三百首》
1095	10行	西陵又隔水	西陵犹隔水
1095	12行	只应结芳宇	只应结茅宇
1096	倒5行	沤纻为缊袍	沤苎为缊袍
1096	倒3行	安流静而平	安流净而平
1097	11行	广义惠心能善诱	了义惠心能善诱
1098	3行	别后西陵远眺	与乐天别后西陵晚眺
1098	倒9行	截流张旗影	截流张旆影
1098	倒8行	兽轴冲破涌 龟蒙喷棹轻	兽轴冲波涌 龟艨喷棹轻
1098	倒5行	戈族拥沙明	戈簇拥沙明
1101	2行	一林秀竹寄闲情	一林修竹寄闲情
1101	3行	卧看南山日晦明	卧看南窗日晦明
1101	倒10行	送萧山钱著诗	送萧山钱著作
1102	13行	候届心虚午夜凉	候届星虚午夜凉
1102	14行	短蓬破处漏明月	短篷破处漏明月
1102	倒1行	桑麻张主不知春	桑麻张王不知春
1103	1行	东岸红霞西岸雨	东岸红霞西岸绿
1104	8行	雨中泊萧山驿前	雨中泊舟萧山县驿

页　数	位　　置	误	正
1104	10行	闲居芜莱散闻愁	端居无策散闲愁
1104	13行	自笑老生成底事	自笑劳生成底事
1104	倒9行、倒4行	元·徐天佑（估）	宋·徐天祐
1104	倒5行	祇园寺	题北干园
1105	3行	石蹬积苔纹	石磴渍苔纹
1105	倒8行	我家始其源	我家其始源
1105	倒7行	到此直达海	到兹直达海
1106	倒9行	西施	题赵仲穆江浦归帆图　渔浦八十五里为苎萝浦口有西施庙存
1106	倒2行	分峦峙勾践之役	分峦峙句践之域
1107	2行	若乃县署	若乃县治
1107	6行	袭兔沙之纸角	集兔沙之纸角
1107	10行	许寺著元度之居	许寺着元度之居
1107	15行	兹感慨以成章！	兹感慨以成章！（康熙《萧山县志》）
1108	倒6行	林花日照催	林花人照催
1109	倒9行	江应轸	汪应轸
1109	倒6行	山川秀色应谁主	山川秀色谁应主
1111	3行	残暑还浈一雨清	残暑须还一雨清
1111	6行	百年未有涓埃极	百年未有涓埃报
1111	13行	愈深愈忘归	逾深遂忘归
1111	倒1行	村径复萝长	村径覆萝长
1112	2行	当归教舞去	当年教舞去
1113	13行	蓬雨响疏灯	篷雨响疏灯
1118	4行	《镇志存》	《金石志存》

三、湘湖史略

（一）湘湖的前身时期（北宋政和以前）

湘湖在城西近1公里处。其前身叫西城湖，因位于县城之西而得名，它是萧山当时三大湖之一（另二湖为临浦湖和渔浦湖）。20世纪80年代修《萧山县志》时，据地质资料分析，约有4000年的历史。随着2002年9月跨湖桥独木舟的发现，其历史还可推前。此湖于唐末开始湮废，经五代时期的围垦，于宋初基本消失。

西城湖湮废的原因：一是此湖系潟湖，湖盆浅平，岸坡平缓，在地质环境和生物环境变迁过程中极易沼泽化而演变成平原陆地；二是南朝时期，北方战乱，南方比较稳定，大量北方人口南迁，带来了大量的劳动力、先进的生产工具和生产技术。同时由于人口的增多，开辟更多的农田以从事农耕成为必然。在这一情况下，西城湖的湮废成了必然。

西城湖湮废后，曾有人倡议重新开发。这在历史上有两次：一次是北宋熙宁年间（1068~1077），县民殷庆（一作殷度）等人审视了全县的地形，提出了开发西城湖的计划，奏请朝廷批准，时神宗皇帝比较重视农业，特别重视水利方面的建设，准其奏。后因县内士绅意见不一，加之地方官魄力不大，使这一计划搁浅；另一次是宋徽宗大观年间（1107~1110），县民复请筑湖，仍未实现。

（二）湘湖的农田灌溉时期（北宋政和年间至明代中期）

北宋政和二年（1112），杨时任萧山县令后，迅速统一乡民们的意见，而且"躬历其所"，亲自考察地形，终于在杨岐山至亭子头达糠金山，糠金山过小湖庙、岭头田至石岩，县城西石家湫至菊花山，各筑一条塘堤，共废田地37002亩，改作蓄水湖。湖长约19里，宽1里~6里不等，周围82.5里，西南宽、东北窄，形似葫芦。后以湖景宛若潇湘，取名"湘湖"。时湘湖蓄水可灌崇化、昭明、来苏、安养、许贤、长兴、新义、夏孝、由化9乡农田146868亩。沿岸筑有石岩穴（石斗门）、黄家霤、童家湫、凤林穴、亭子头、杨岐穴、许贤霤、历山南、历山北、河墅堰、柳塘（塘子堰）、石家湫（石湫穴、湫口）、东斗门（盛家港）、横塘穴、金二穴、划船港、周婆湫、黄家湫共18个霤穴，以泄水灌田。石岩穴地势较高，灌田时需临时筑12处拦水堰，费工费时，并有黄家霤可代泄灌，故从未开放。

湘湖的开筑，主要用于农田灌溉，因而一到天旱，纷争就起。主要有两次：

一次是南宋绍兴二十八年（1158），萧山大旱，9乡农民争水事件纷起，有的吵打涉讼。县丞赵善济订《均水法》，对9乡之田按地势高低，定出从第一至第六的放水顺序，并规定沿湖18个霤穴的放水量，按序按量放水，违者受罚。此后，争水、偷水事件骤减。

另一次是南宋淳熙七至八年（1180~1181）间，天又大旱，靠湘湖水解决9乡之旱，特别是许贤供水不足，纷争又起。鉴于此，县令顾冲于淳熙九年（1182）修订了原《均水法》，适当削减8乡供水量，增加许贤乡的用水。又于淳熙十一年十月十二日订《湘湖均水约束记》，刻石立碑，以示遵守。《约束记》规定于每年立秋前三日放水，白露后三日闭闸。至此，湘湖的供水趋于规范，所以，民国周易藻在《萧山湘湖志》中说："湘湖水利始于杨，成于顾。"

这一时期，是湘湖最繁盛的时期，其美可和杭州的西湖、绍兴的东湖相媲美，史称"未出嫁的姑娘"。萧山历史上歌咏湘湖的诗词，大多出于这一时期；湘湖的物产如莼菜也在这一时期声名鹊起。这一时期也是名人抵达湘湖最多的时期。如南宋爱国诗人陆游对湘湖是"往来频"，他常兴致勃勃，"小艇湘湖自采莼"，或"携友共采湘湖莼"。

（三）湘湖的制瓦和垦殖时期（明代中期至20世纪90年代中期）

明代中期，碛堰山开通，麻溪坝筑造。浦阳江由原来的经麻溪入西小江再出钱塘江，改自临浦经义桥直达钱塘江。它使许贤乡的7个村、安养乡的2个村的地面，被分隔在浦阳江以南。明嘉靖十五年（1536），三江闸建造后，崇化、昭明、来苏3个乡和由化6个村改用西小江水灌田，相关的霪穴先后废弃。时用湘湖水灌溉农田的只有长兴、新义、夏孝3个乡和浦阳江北的9个村。依赖湘湖水灌溉的农田面积已不到宋元时期的一半。

明嘉靖三十三年（1554），乡官孙学思为沟通湘湖东、西两岸孙、吴两姓的往来，在湖的中央处筑堤并建造了跨湖桥，从此湘湖分为上、下两湖，西南为上湘湖，东北为下湘湖。堤桥的建造，阻碍了湖水的畅通，从此湘湖更容易阻塞了，并且拉开了私筑堤防、私占湖田的序幕。康熙二十八年（1689），由于大旱，湖底涸露，孙氏族人数千人，一举在湖西的至湖岭山脚筑起长达110余丈的湖堤。该堤虽一度拆去，但不久又恢复原貌，它使湘湖更加容易阻塞。

湘湖的土质细腻且韧，适宜制作砖瓦。据周易藻《湘湖志》记载，明中期，湘湖就有人"填湖置窑"，烧制砖瓦。明末，我国经济发达地区出现了资本主义萌芽，萧绍平原也是商品经济出现最早的地区之一。随着湘湖的逐渐淤塞和新的生产方式的出现，濒湖从事制作砖瓦业的已达数百家。加之其他方面原因，湘湖面积日渐缩小。明末，一些著名人物慕名来到湘湖，但扫兴而归。如明末公安派著名人物、誉为文坛"三袁"之一的袁宏道，在任吴兴县令期间，曾抵达湘湖，但结果使其大为失望。他在笔记中写道："余游时正值湖水为渔者所盗，湖面甚狭，行数里即返舟。同行陶公望、王静虚，旧向余夸湘湖者，皆大惭失望。"

清代，烧制砖瓦继续增加，至清末用湘湖土质制作的砖瓦已成为萧山的大宗名产，年产值达七八万银圆。民国初期仍继续增加。民国14年（1925），沿湘湖各村大都烧制砖瓦，大小土窑多达63座，砖瓦的品种达35种。两年后，即民国16年，环湖已有58个村庄、1770户、8750人从事砖瓦业和垦殖。同年起，在湘湖定山前后一带的泥沙冲积荒地上，先后成立国立第三中山大学劳农学院（后先后改为浙江大学农学院农场、湘湖农场）、湘湖乡村师范学校和浙江省农业推广人员养成所等单位，开垦种植。截至民国36年，先后开垦土地约7000亩。至解放前夕，湘湖面积仅存1万余亩，是原来的1/4，且湖底高程（吴淞）绝大部分在5米以上，已失去对周围农田调蓄水利的作用。

解放后，大兴水利，自1955年起，湘湖农场及西兴、石岩、城郊等乡村先后围湖垦种达7000余亩。1957年组织起5家集体性质的砖瓦社（组）。1958年，建起县地方国营东湖砖瓦厂（1966年12月改名为杭州砖瓦厂）。1960年8月，在地处富春江、浦阳江和钱塘江三江汇合处建成小砾山机电排灌站，翻引钱塘江水灌溉农田，解决了原湘湖灌区的水利问题，湘湖只起到输水河道作用。60年代初期，因遭三年自然灾害，濒湖乡镇掀起围湖高潮；后期又相继兴建西兴、长河砖瓦厂，这些砖瓦厂因挖泥取土，围湖1000余亩。至1966年，全湖面积仅存3040亩，系全盛时的1/12。至70年代中、后期又兴建7家社队砖瓦厂，挖泥取土，又围湖1000多亩。

80年代中期，湘湖只剩省淡水养殖场、县湘湖渔场水面约780亩及东汪闸至湖贯坝闸、东汪闸至石岩的两条内河水面242亩，杭州砖瓦厂取土泥塘350亩已灌水还湖，杭州齿轮箱厂归还水面68亩，自来水厂池塘26亩，合计水面1460亩，是全盛时的1/25，基本是从闻堰东汪村至城区西和东汪村至石岩村的两条面宽30米～50米的河道，正常水位5.6米～5.8米，最高水位7.5米，一般水深2米～2.5米，蓄水量242万立方米，引钱塘江水入萧山北部的一条河道。历经9个世纪的古老湘湖，终于走到了尽头。其间贯穿着对湘湖主禁与主垦的激烈之争，但最终结果是废湖复田派占上风。

（四）湘湖的旅游开发时期（20世纪90年代中期以后）

民国时期对湘湖就有过多种保护和开发的计划或设想，如韩强士的《经营湘湖计划书》、周得坦的《开垦湘湖意见书》、朱成基的《湘湖水利六条》和韩雁门的《湘湖乡村建设计划》等，但都没有很好实施，同时这些规划和设想都是开发和破坏同在。进入改革开放新时期后，随着萧山经济的迅速发展，人民生活水平的提高，湘湖的保护和开发被提上议事日程。1995年经省人民政府批准，湘湖度假区建立。该区依托湘湖和周围胜迹，东侧以山脊线为界，北起西山、柴岭山，南至徐家河村；南侧东起徐家河村、湘湖村，西至长河镇汤家桥村；西侧南起汤家井村、海山桥村，北至西白马湖；北侧西起西白马湖、东白马湖、里黄家坞、湫上王、松毛山、菊花山，东至西山，面积9.25平方千米。经招商引资，湘湖射击城等人文景观首期工程于1996年6月建成，正式对外开放。1999年4月25日，杭州乐园开业。它主要由荷兰村主题公园、马可·波罗之旅主题公园、生态公园等景点组成。进入21世纪，湘湖的开发进入了一个新的历史时期，不过此一时期湘湖的功能已经由第二阶段的农田灌溉，为第一产业服务，第三阶段的砖瓦制作、垦殖转向旅游产业。

四、西施故里萧山说

西施，一作先施，又称西子。春秋末越国之女，容貌非凡。公元前485年入选越都后，越王句践即以厚礼相待。经过三年的学舞习礼，西施接受句践的美人计，扬袂入吴，成了吴王夫差的宠妃。西施身在吴国而心在越国，为越国雪耻灭吴作出了特殊的贡献。

西施出生在苎萝山，最早见于《越绝书》（东汉袁康、吴平著；另一说系"战国后人所为，汉人又附益之"）和《吴越春秋》（东汉赵晔著）。但此两版本的正文，均未写明苎萝山在诸暨或余暨（今萧山）。原文是：《越绝书·外传记地传》："土城，句践所习教美女西施郑旦宫台也。女出苎萝山，欲献于吴，自谓东垂僻陋，恐女朴鄙，故近大道居，去县五里。"《吴越春秋·句践阴谋外传》："乃使相者国中，得苎萝山鬻薪之女，曰西施郑旦。饰以罗縠，教以容步，习于土城，临于都巷，三年学服而献于吴。"

及至南朝，对西施的出生地出现了分歧，并带起了对与其关联的一些西施古迹的争议。至今共有三说，即萧山说、诸暨说和萧山诸暨同一说。本志将萧山说理由叙述如下。

（一）史志谱均有记载

早在南朝梁代，学者刘昭为"余暨"作注时就说："《越绝》曰：西施之所出。"北宋欧阳忞编著的《舆地广记》说："萧山县本余暨县，两汉属会稽郡，汉末童谣曰：天子当兴东南三余之间，故孙权改曰永兴县，晋因之。……天宝元年改曰萧山县。……越人西施出于此县。"此段记载不仅叙述了萧山的历史沿革，而且明确指出了西施出于萧山。

明朝万历进士、福建右布政使来斯行在其《槎庵小乘》中说："西施实生于吾萧山。今萧山有苎萝乡。《后汉书》：会稽余暨即萧山，注西施之所出，以为诸暨者误。"

清康熙年间参与《明史》编撰的学者朱彝尊在萧山《湘湖赋》中说："瞻牛头与苎萝兮，信不远而伊迩，爱山川之清淑兮，斯生长夫西子。……以余暨为诸暨兮，验往牒之非是。"清乾隆年间，西吴悔堂老人所著《越中杂识》说："苎萝山，在萧山县南二十五里，下有西施宅，上有红粉石。按诸暨亦有苎萝山，然考《后汉书·郡国志》，当以萧山为是。西施宅，在萧山东南苎萝山，山下即西施宅，有红粉石。又诸暨亦有西施宅、浣纱石，辨者以萧山之宅为真。"清代著名考据家阎若璩在《潜邱札记》中说："旧《越绝书》云，萧山西子之所出，刘昭引其语，注于《后汉书·郡国志》余暨县下。俗传诸暨人，误也。"翰林院检讨、参与修纂《明史》的毛奇龄在《萧山县志刊误》中谓："西（施）属诸暨本之《十道图经》。吾谓施断属萧不属诸者，考《后汉书·郡国志》于会稽郡余暨县下云：《越绝》曰：余暨（萧山）西施之所出。此亦信史之一端也。"

越中诸多旧志记载，谓西施是萧山人。南宋《嘉泰会稽志》载："苎萝山，在县南三十里，有西子庙。"明嘉靖《萧山县志》"地理·山川"条："苎萝山，去县南二十五里，属苎萝乡，下有西施宅，上有红粉石。"万历《萧山县志》"山川"目中，"临江山条"引嘉靖《浙江通志》转引南朝宋孔氏《会稽记》第三条，又引嘉靖《萧山县志》"地理·山川"条。康熙《萧山县志》"山川"："苎萝山在县南二十五里，属苎萝乡，下有西施宅，上有红粉石。"乾隆《萧山县志》引《后汉书》刘昭注和《舆地广记》，说得更明白："越人西施出于此县（萧山）。"民国《萧山县志稿》和来裕恂《萧山县志稿》均谓"西子出萧山"。而且很多旧志，如明嘉靖《萧山县志》、万历《萧山县志》和清康熙《绍兴府志》等所附之《萧山县境之图》均清楚地标绘了苎萝山。

正因为西施出萧山，所以北宋太平兴国三年（978），萧山设苎萝乡西施里（《嘉泰会稽志》卷十二）。时至今日，原苎萝乡的王、倪、於、周、赵、施、屠、葛、童、戴10姓宗谱中，尚有证实西施故里的苎萝山、苎萝村在今萧山境内的文字，如：南宋周文郁《萧山苎萝周氏宗谱·序》："先严梅轩府君，从兄迁居城南，卒葬苎萝山之原……"清乾隆五十八年（1793）进士、中书侍读徐同楠《萧山苎萝王氏宗谱·传》："余邑南乡有苎萝村……维岳降神，笃生西子，沼吴存越，忠义荣万古焉"；清暨阳邑庠生吴锵鸣《萧山屠氏宗谱·传》："余如萧山，过苎萝乡，见其山（苎萝山）矗，其水（浣纱溪）濛濛，其地（苎萝村）云蒸霞蔚……"再如清道光三年（1823）武进士、定海总兵、山阴人葛云飞《萧山童氏宗谱·传》："公姓童，讳文枢，字观德，予姑父也，世居萧山苎萝村。"

至于最早记载西施事迹的《越绝书》《会稽志》谓西施是诸暨人，但历史上，《越绝书》和《会稽志》有不同的版本。《后汉书·郡国志》会稽郡下，刘昭对山阴、乌伤、诸暨、余暨四县均有"越绝曰"的注，但与商务印书馆版张宗祥校注的《越绝书》对照，诸暨、余暨二县的注，张校注本《越绝书》均无，故刘昭所见之《越绝》非今本《越绝》。唐欧阳询等人在《艺文类聚》中所引的《越绝书》中的"罗山"前的"诸暨"二字，是后添加的。原本《会稽志》早已佚，《隋书》《唐书》均不录，现在的《会稽志》是从10余种类书、杂史中辑录下来的，可疑的地方甚多，说西施是诸暨人不足为据。

（二）西施古迹群可佐证

萧山有关西施的古迹甚多，大都分布于现临浦镇东苎萝山周围。除苎萝山（山上有红粉石）外，有浣纱溪、苎萝湖、西施洗脚潭、西施里（即苎萝村）、西施庙、苎萝亭、后江庙、范蠡庵、浴美施闸和西施亭及妆亭（1996年5月随西兴镇划入杭州市滨江区）等14处。这些古迹中，不仅有西施赴越都或入吴时经过的古迹，有人们为纪念她或为纪念范蠡访西施而建的古迹，更有西施出生地和浣纱之处。

（三）"诸暨说"多疑点

诸暨县的浣纱石和"浣纱"二字，查有关史籍，其记载有矛盾。《苎萝西子志》载："江浦有石，相传西施浣纱支倚其上。"记的是靠背石。又载："暨阳苎萝山，其下有浣纱石，相传范少伯行春，而遇夷光于此。"说的是恋爱石。《诸暨县志·人物志·列女传》载："施氏有东西二村，夷光居西，称西施。父卖薪，母浣纱。今山下有方石，相传为西施浣纱石也。"《诸暨县志·山水志》又载："诸暨苎萝山，西施、郑旦所居，其方石乃晒纱也。"这里说的是晒纱石。一块方石，多种说法，到底是浣纱石？晒纱石？抑或是靠背石？恋爱石？至于这块方石上所刻的"浣纱"二字，也值得怀疑。《诸暨县志》载："濒江石崖，镌'浣纱'二字，世传为王右军书。"这"浣纱"二字，真的是东晋时著名书法家王羲之（字右军）的手笔吗？人们历来持怀疑态度。明末周亮工在《因树屋书影》中说："仙游人唐梅臣为诸暨令，既去，书'浣纱'二字，付陈太学归，勒之石上。好事者谬传，以为右军笔迹。"这些记载的相互矛盾，也说明西施出于诸暨的不可靠性。

五、地方文献辑存

表45-5-698　1983～2001年萧山地方文献辑存情况

序号	书名	作者	主要内容	出版单位	出版时间	字数（万）	开本	价格（元）	印数（册）	藏址
1	回忆杨之华	马纯友 章蕴等	收录回忆杨之华的文章33篇	安徽人民出版社	1983年9月	22.6	32	1.20	4500	萧山图书馆
2	朱执信	余炎光	朱执信生平	上海人民出版社	1984年4月	5.9	32	0.28	13000	萧山图书馆
3	乡镇企业开拓者鲁冠球	王爱民 吕永祥	鲁冠球及其办乡镇企业事迹	浙江大学出版社	1985年2月	9.0	32	0.65	10000	杭州万向集团
4	清任渭长白描人物	任渭长	任渭长白描人物68幅	黑龙江美术出版社	1985年8月	14.0	32	15.00	2000	黑龙江美术出版社
5	九旬忆旧——徐梅坤生平自述	徐梅坤	徐梅坤生平	光明日报出版社	1985年9月	5.8	32	0.40	3700	萧山图书馆
6	丹青恨	田遨	画家任伯年同茅艺的侠女飞姐的爱情及双双投人小刀会参与斗争的经历	山东文艺出版社	1986年1月	13.4	32	1.05	24600	萧山图书馆
7	衙前农民运动	省党史资料征集研究委员会 萧山县党史资料征集研究委员会	衙前农民运动文献、回忆资料	中共党史资料出版社	1987年10月	14.0	32	1.65	5500	市委党史研究室
8	萧山文史资料选辑（一）	萧山政协文史委	萧山文史资料汇编		1988年1月	7.9	32			市政协文史委
9	鲁冠球少年时	许揩丰 求载璋	鲁冠球小时情况	浙江少年儿童出版社	1988年3月	3.8	32	0.60	3100	杭州万向集团
10	蔡东藩学术纪念文集（萧山文史资料选辑之二）	萧山政协文史委，主编陈志放	蔡东藩史料及研究文章		1988年6月	25.2	32			市政协文史委
11	湘湖——九个世纪的中国世事（Xiang Lake——Nine centuries of Chinese Life）	[美]萧邦齐（R.K.Schoppa）	叙述从北宋政和至1986年近9个世纪湘湖的变迁	（美）耶鲁大学出版社	1989年		32			湘湖管委会

续表一

序号	书 名	作 者	主 要 内 容	出 版 单 位	出版时间	字数(万)	开本	价格(元)	印数(册)	藏 址
12	鲁冠球和杭州万向节厂	邬观水 王建	1986年以来散见在各报刊上的部分介绍鲁冠球事迹的文章选编及杭州万向节厂的部分管理制度	浙江人民出版社	1989年3月	14.0	32	2.50	5600	萧山图书馆 杭州万向集团
13	萧山文史资料选辑(三)	萧山政协文史委	魏凤江等综合性文史资料		1989年12月	15.8	32			市政协文史委
14	中共萧山地方史(1921~1949)	萧山市委党史研究室资料征集办公室,主编张介立 朱淼水	中共萧山地方历史	浙江大学出版社	1990年2月	27.3	32	4.95	1500	市委党史研究室 萧山图书馆
15	朱执信评传	张瑛	朱执信的思想和活动及其评价	河南教育出版社	1990年8月	20.2	32	3.20	2075	萧山图书馆
16	萧山乡土史	王作仁 潘祖芳 陈志根	萧山乡土历史	浙江教育出版社	1990年9月	5.8	32	1.10	50000	市内各学校图书馆
17	可爱的家乡萧山	主编洪献耕	萧山历史、风貌、人物、习俗和特产等	天津人民出版社	1991年4月	8.0	32	2.00	2000	萧山图书馆
18	浦阳江下游防汛与管理	陈志富	浦阳江下游的自然特点、水工程现状及其防汛与管理	浙江大学出版社	1991年6月	18.6	32	3.20	2000	萧山图书馆
19	独领风骚	周凯 陈丽娜 周铭义 袁超明 赵伟	杭州万向节厂的经营管理思想	企业管理出版社	1991年10月	13.4	32	3.20	25000	杭州万向节厂 萧山图书馆
20	中国共产党浙江省萧山市组织史资料(1921.7~1987.12)	市委组织部 市委党史研究室 市档案馆编	1921年7月至1987年萧山组织资料	浙江大学出版社	1991年12月	58.7	16	38.00	1000	市委党史研究室 市档案馆 市图书馆
21	任伯年画集(上下)	王靖宪	任伯年作品汇集	人民美术出版社	1992年9月		32	30.00		
22	汤寿潜史料专辑(萧山文史资料选辑之四)	萧山政协文史委,主编陈志放	汤寿潜史料		1993年3月	70.8	32	10.00	2000	政协萧山市委 萧山图书馆
23	朱翼厂先生史料专辑(萧山文史资料专辑之五)	萧山政协文史委	朱翼厂史料		1993年3月	16.5	32	5.00	1000	市政协文史委 萧山图书馆

续表二

序号	书名	作者	主要内容	出版单位	出版时间	字数(万)	开本	价格(元)	印数(册)	藏址
24	新农村的航标	周国庆 江民繁	改革开放中的瓜沥镇航民村	百花文艺出版社	1993年5月		32	6.80	15000	萧山图书馆
25	历史名人与萧山	陈志根 朱淼水	萧山经济史话 萧山中国之最 萧山历史上的战争和58位名人与萧山的关系	当代中国出版社	1993年5月	11.4	32	2.40	6000	萧山图书馆
26	萧山文史资料选辑（六）	萧山政协文史委、文管会、文化局，主编陈志放	民族英雄葛云飞史料		1993年12月	16.6	32	3.00		市政协文史委 萧山图书馆
27	萧山党政要事录（1949.5～1992.12）	市委党史研究室，主编吾庶松	1949年5月至1992年底萧山党政要事	浙江大学出版社	1994年3月	38.8	32	12.00	2000	市委党史研究室
28	萧山人物概览	洪雅英	萧山人物资料	成都科技大学出版社	1994年7月	35.0	32	15.00	4000	萧山图书馆 市地方志办公室
29	起飞中的萧山经济	赵纪来 魏金海	萧山经济发展的现状和趋势	上海人民出版社	1994年7月	12.2	32	11.00	3050	萧山图书馆
30	今日萧山	马建辉	改革开放中的萧山经济和社会发展	杭州大学出版社	1994年8月	27.0	16	52.00	300	萧山图书馆
31	沈玄庐其人	萧山市委党史研究室，主编朱淼水	沈玄庐史料	成都科技大学出版社	1994年9月	10.8	32	3.70	1000	市委党史研究室 萧山图书馆
32	中国共产党浙江省萧山市组织史资料（第二卷）（1988.1～1993.12）	市委组织部	1988～1993年萧山组织史资料	人民日报出版社	1994年11月	35.8	16	45.00	1800	市委党史研究室 市档案馆
33	可爱的杭州·萧山卷	主编汪柏逄	萧山历史、地理、物产、经济和各项社会事业	浙江人民出版社	1994年11月（第1版） 2000年9月（第2版）	13（第1版） 11（第2版）	32	4.80 8.00	25000 53285	萧山图书馆
34	萧山文史资料选辑（七）	市政协文史委，主编陈志放	萧山万向节厂等企业的改革历程、围垦史迹和王绍兰史料		1994年12月	12.0	32	2.20		市政协文史委

续表三

序号	书名	作者	主要内容	出版单位	出版时间	字数（万）	开本	价格（元）	印数（册）	藏址
35	金海观传	蒋明炬	金海观传记	黄山书社	1995年5月	23.0	32	10.00	2500	萧山图书馆
36	汤寿潜研究	萧山政协文史委，主编陈志放	汤寿潜研讨会、纪念碑揭幕情况和研究汤氏论文	团结出版社	1995年9月	36.0	32	19.80	1000	市政协文史委 萧山图书馆
37	文明之光	熊德利	萧山精神文明建设花絮	红旗出版社	1996年2月	19.25	32	18.50	3000	萧山图书馆
38	创业历程	市委党史研究室	萧山部分强镇和部分强村改革开放以来的创业历程	杭州出版社	1996年12月	27.0	32	13.50	1500	萧山图书馆 市委党史研究室
39	百位名人与萧山	陈志根 朱淼水	102位名人与萧山人和事的关系	大连出版社	1997年7月	15.0	32	8.80	3000	萧山图书馆
40	十年足迹	李仲芳 张冠明	萧山宾馆十周年新闻集	杭州大学出版社	1998年1月	28.0	32	20.00	2000	萧山图书馆
41	万向集团（全国百家大中型企业调查）	《万向集团》编委会，主编程炯卿	对万向集团方方面面的调查	当代中国出版社	1998年5月	32.5	32	31.00		杭州万向集团
42	萧山通览	市地名办 浙江省区调队	萧山乡镇地图及企业名录	福建省地图出版社	1998年7月	19.0	16	50.00	5000	萧山市地名办 萧山图书馆
43	浙江省湘湖师范学校校史	湘湖师范学校	湘湖师范学校校史	浙江教育出版社	1998年8月	28.8	32	14.00	4000	湘湖师范学校
44	金海观史料选辑（萧山文史资料选辑之九）	萧山政协文史委，主编金老虎	金海观回忆文章		1998年9月	15.3	32			萧山图书馆 市政协文史委
45	围垦三亲录（萧山文史资料选辑之八）	萧山政协文史委	萧山围垦史料			11.2	32			市政协文史委 萧山图书馆
46	血路——革命中国中的沈定一（玄庐）传奇（Blood Road:The Mystery of Shen Dingyi in Revolutionary China）	（美）萧邦齐（R.K.Schoppa）	沈定一传记	江苏人民出版社	1999年9月	27.5	32	16.00	3125	市委党史研究室

续表四

序号	书名	作者	主要内容	出版单位	出版时间	字数(万)	开本	价格(元)	印数(册)	藏址
47	燃烧的汪洋	苏叔阳 石侠	汪洋传记	中国电影出版社	1999年10月	39.0	32	28.80	5000	萧山图书馆
48	萧山镇乡村概览	市委党史研究室、主编熊德利 灏水 副主编	萧山所有镇乡村的基本情况扼要介绍	内蒙古人民出版社	1999年12月	82.6	16	130.00	3500	市委党史研究室 萧山图书馆
49	萧山方言研究	[日] 大西博子	萧山方言的全面记录和研究	[日] 好文出版社	1999年12月		16	3500日元		日本好文出版社
50	萧山文物	市政协文史委 市文管会办公室 市文物管理会 市博物馆	萧山文物图册	西泠印社出版社	2000年1月		大16	120.00	2000	萧山图书馆
51	萧山百年百事	市委宣传部 市地方志办公室 萧山日报社编、主编陈志根	20世纪萧山100件大事始末	浙江大学出版社	2000年2月	32.6	32	20.00	3080	市地方志办公室 萧山图书馆
52	今日萧山	《今日萧山》编委会	改革开放中的萧山经济社会的发展	浙江摄影出版社	2001年2月	15.0	大16	80.00		萧山图书馆
53	任伯年史料专辑	萧山政协学习和文史工作委员会	任伯年史料汇编	西泠印社出版社	2000年12月	33.2	32	25.00		市政协文史委 萧山图书馆
54	萧山古今谈	陈志根	萧山往事、乡贤轶事	西泠印社出版社	2001年3月	18.8	32	15.00	3000	萧山图书馆
55	当代萧山镇乡农场简史	市委党史研究室编、主编熊德利	萧山各镇乡、农场简史	中共党史出版社	2001年3月	74.0	16	120.00	1500	市委党史研究室 萧山图书馆

注：本辑辑存自1983年至2001年3月间以萧山的人（含在萧山工作）、事、物为叙述对象的书籍55种，除市政协文史委所编的《萧山文史资料选辑》9种外，均系由出版社正式出版。本辑地方文献不含其间所编的县志、镇乡场村志、镇乡村志等。

六、重要文件选辑

（一）国务院关于浙江省撤销萧山县设立萧山市的批复

国函〔1987〕186号

浙江省人民政府：

你省一九八七年五月二十六日《关于要求撤销萧山县设立萧山市的请示》收悉。同意撤销萧山县，设立萧山市（县级），以原萧山县的行政区域为萧山市的行政区域。

一九八七年十一月二十七日

（二）浙江省人民政府关于撤销萧山县设立萧山市的通知

浙政发〔1987〕119号

各市、县人民政府，各地区行政公署，省政府直属各单位：

经国务院批准，撤销萧山县，设立萧山市（县级），以原萧山县的行政区域为萧山市的行政区域。

一九八七年十二月十日

（三）国务院关于设立萧山经济技术开发区的批复

国函〔1993〕64号

浙江省人民政府：

你省《关于要求批准建立萧山经济技术开发区的请示》（浙政发〔1993〕87号）收悉。现批复如下：

同意设立萧山经济技术开发区，实行沿海开放城市经济技术开发区关于生产性外商投资企业所得税减按15%的税率征收的政策。

萧山经济技术开发区位于萧山市城区北侧，东至新浙赣铁路，南至北塘河，西至城厢镇兴议村，北至解放河。面积为九点二平方公里。萧山经济技术开发区建设要贯彻统筹规划、分期实施、稳步发展的方针，首期开发面积三平方公里。

一九九三年五月十二日

（四）浙江省人民政府关于建立浙江省环太湖等农业对外综合开发区的批复

浙政发〔1994〕62号

湖州市、萧山市、苍南县人民政府：

湖州市湖政发〔1993〕122号《关于建立浙江省环太湖农业对外综合开发区的请示》、萧山市萧政发〔1994〕4号《关于要求设立浙江省萧山农业对外综合开发区的请示》和苍南县苍政发〔1994〕35号《关于建立苍南县马站农业对外综合开发区的请示》悉。现批复如下：

同意在湖州市环太湖地区建立浙江省环太湖农业对外综合开发区。区域范围：64.6公里环湖大堤两侧的60米区域和香山、小梅、洋太、新塘4个区块，总面积26.5平方公里。

同意在萧山市围垦区建立萧山农业对外综合开发区。区域范围：南起十四工段横湾，北至十二工段横堤，西起城北东江围垦西堤、十七至十八工段大堤，东临杭州湾，总面积24.2平方公里。

同意在苍南马站地区建立苍南县马站农业对外综合开发区。区域范围：包括马站—岱岭、蒲城、沿浦、霞关、渔寮5个区块，总面积25平方公里。

一九九四年四月二十日

（五）浙江省第八届人民代表大会常务委员会公告

第15号

《萧山经济技术开发区条例》已于1994年4月28日经浙江省第八届人民代表大会常务委员会第十次会议通过，现予公布。自公布之日起施行。

一九九四年五月五日

萧山经济技术开发区条例

（1994年4月28日浙江省第八届人民代表大会常务委员会第十次会议通过 1994年5月5日浙江省第八届人民代表大会常务委员会公告第15号公布 自公布之日起施行）

第一章 总 则

第一条 为了进一步扩大对外开放，发展对外经济技术合作和贸易，加快萧山经济技术开发区建设，根据中华人民共和国宪法和有关法律、法规，制定本条例。

第二条 本条例适用于经中华人民共和国国务院批准设立的萧山经济技术开发区(以下简称开发区)。

开发区位于萧山市城区北侧，面积为9.2平方公里。

第三条 开发区实行国家对沿海开放城市经济技术开发区的优惠政策，建立适应社会主义市场经济的新型管理体制，遵循平等互利、共同发展的原则，通过外引内联，引进资金、先进技术、先进设备和科学的管理方式，以兴办工业和科研开发项目为主，发展资金、技术密集型产业和基础产业，兴办第三产业，促进对外开放和经济发展。

第四条　鼓励国内外企业、其他经济组织和个人在开发区投资兴办先进技术企业和产品出口企业，兴建交通、能源、通讯、环境保护等基础设施。

鼓励国内外企业、科研机构、高等院校、其他经济组织和个人在开发区进行各种方式的技术合作，建立科技开发机构或科工贸联合体。

第五条　开发区应当为投资者提供良好的投资环境。

第六条　开发区内投资者的资产、收益和其他合法权益，受中华人民共和国法律、法规和本条例保护。

开发区内的企业、单位和个人，应当遵守中华人民共和国法律、法规和本条例。

第二章　管理机构及职权

第七条　开发区设立萧山经济技术开发区管理委员会（以下简称开发区管委会），代表萧山市人民政府对开发区的工作实行统一领导和管理。

第八条　开发区管委会依法行使下列职权：

（一）编制开发区的总体规划和经济、社会发展规划，经萧山市人民政府批准后组织实施；

（二）制定开发区的行政管理规定，并组织实施；

（三）审批或审核报批开发区内的投资项目；

（四）负责开发区的财政、税务、国有资产、审计、统计、劳动、人事、公安和工商行政管理工作；

（五）负责开发区内土地的规划、征用、开发、管理和土地使用权的出让、转让工作以及建设工程和房地产管理；

（六）统一规划、管理开发区内的各项基础设施和公共设施；

（七）保障开发区内企业依法自主经营；

（八）管理开发区的进出口贸易、对外经济技术合作及其他涉外经济活动；

（九）处理开发区内的涉外事务；

（十）协调、监督有关部门设在开发区的分支机构或派出机构的工作；

（十一）负责开发区的环境保护、地下资源和文物保护工作；

（十二）兴办和管理开发区的公益事业；

（十三）萧山市人民政府授予的其他职权。

第九条　开发区管委会可以根据工作需要，设立若干职能机构，具体负责开发区的行政管理工作。

萧山市人民政府有关部门应当支持和配合开发区管委会的工作。

第十条　开发区的金融、保险、外汇管理、海关、进出口商品检验等业务工作，由有关部门或其设在开发区内的分支机构、派出机构直接办理。

第三章　投资和经营

第十一条　在开发区投资和经营可以采取下列方式：

（一）中外合资经营；

（二）中外合作经营；

（三）外商独资经营；

（四）国内投资者独立经营或联合经营；

（五）补偿贸易；

（六）租赁或受让开发区企业；

（七）购买开发区内的企业股票或债券；

（八）中华人民共和国法律、法规允许的其他方式。

以前款(一)、(二)、(三)项方式投资经营的企业，以下简称外商投资企业。

第十二条 开发区优先引进下列先进技术：

（一）属于国家或地方重点发展的高新技术；

（二）对国内企业技术改造或产品更新换代有明显促进作用的；

（三）其产品能外销或替代进口的；

（四）生产工艺或制造技术是国内需要的；

（五）有利于国内某个行业或产品赶上世界先进水平的；

（六）有利于开发本地资源的。

第十三条 开发区内不得兴办下列企业：

（一）技术落后或设备陈旧的；

（二）污染环境又缺乏有效治理措施的；

（三）中华人民共和国法律、法规不允许兴办的。

第十四条 在开发区投资兴办企业、事业单位，投资者应当向开发区管委会提出申请，按规定权限和程序审核批准后，依法办理土地使用、工商登记和税务登记等手续。

第十五条 开发区经批准可以设立外贸企业，开发区外的外贸企业可以在开发区内设立分支机构，按国家有关规定经营进出口贸易。

第十六条 经国家有关部门批准，可以在开发区设立外资银行、中外合资银行和其他金融机构。

第十七条 开发区内的企业，可以在开发区的银行或其他金融机构开户。

第十八条 开发区内企业的各项商业保险，应当向中国人民保险公司分支机构或国家批准的其他保险机构投保。

第十九条 开发区内的企业依法自主经营，自行确定生产经营计划，自行筹措、运用资金，自行采购生产资料和销售产品，自行确定机构设置、人员编制、工资制度、分配形式和人才培训，自行聘用或辞退职工。

第二十条 开发区内的企业应当根据国家和省关于劳动保护的规定，为职工提供文明、安全、卫生的工作条件，保障职工的合法权益。

开发区内的企业应当依照国家和省有关规定，实行社会保险制度。

第二十一条 开发区内的企业应当按照企业会计准则和企业财务通则设置会计账簿，进行独立核算，按规定报送会计、统计报表，并接受开发区管委会的监督。

外商投资企业的年度会计报表，应当经中华人民共和国注册会计师验证并出具证明。

第二十二条 开发区内的企业歇业，应当按法定程序清算企业的资产和债权债务，并办理有关歇业手续和注销登记手续；经工商行政管理部门办理注销登记后，投资者的资产可以转让，外商的资金可以按外汇管理的规定汇出境外。

第四章 优惠待遇

第二十三条 开发区内的生产性外商投资企业，减按15%的税率缴纳企业所得税。其中，经营期在10年以上的，经税务机关核准，从开始获利年度起，第一年和第二年免缴企业所得税，第三年至第五年减按7.5%的税率缴纳企业所得税。

外商投资的产品出口企业，按前款规定减免企业所得税期满后，凡当年出口产品产值达到当年产品产值70%以上的，可以减按10%的税率缴纳企业所得税。

外商投资的先进技术企业，按第一款规定减免企业所得税期满后，仍为先进技术企业的，可以延长3年减按10%的税率缴纳企业所得税。

第二十四条 开发区内的生产性外商投资企业，减按1.5%的税率缴纳地方所得税。其中，经营期在10年以上的，经税务机关核准，从获利年度起，第一年和第二年免缴地方所得税，第三年至第五年按规定税率减半缴纳地方所得税。

开发区内的生产性外商投资企业，经营期在10年以上，并符合省人民政府规定的免征地方所得税条件的，经税务机关核准，可以从获利年度起免缴地方所得税5年至10年。

按前款规定免征地方所得税期满后，产品出口企业当年出口产品产值达到当年产品产值70%以上的，可以按规定税率减半缴纳地方所得税；先进技术企业，可以按规定税率延长3年减半缴纳地方所得税。

第二十五条 开发区内的外商投资企业发生年度亏损的，可以用下一纳税年度的所得弥补；下一纳税年度的所得不足弥补的，可以逐年延续弥补，但最长不得超过5年。

第二十六条 开发区内的外商投资企业缴纳所得税后，外商将其从企业分得的利润直接再投资于本企业，增加注册资本，或作为资本投资开办其他外商投资企业，经营期不少于5年的，经投资者申请，税务机关核准，可以退还其再投资部分已缴纳所得税税款的40%；外商将其从企业分得的利润直接再投资举办、扩建产品出口企业和先进技术企业，可以全部退还其再投资部分已缴纳的所得税税款；再投资不足5年撤出的，应当缴回已退还的所得税税款。

第二十七条 外商在中国境内没有设立机构而有来源于开发区的股息、利息、租金、特许权使用费和其他所得的，除依法免缴所得税的以外，可以减按10%的税率缴纳所得税。其中以优惠条件提供资金、设备或转让先进技术，需要给予更多的减免所得税优惠的，由开发区管委会决定。

第二十八条 开发区内的外商投资企业为履行出口合同而进口的原材料、零配件、元器件和包装物料，以及在生产过程中直接消耗掉的物料、燃料等，免缴关税。产品转为内销的，应当按有关规定补办进口手续，并照章补税。

第二十九条 开发区内的外商投资企业进口本企业自用合理数量的交通工具、生产用车辆、办公用品（设备），免缴关税。

第三十条 开发区内的外商投资企业出口在开发区生产的产品，除限制出口商品或国家另有规定外，免缴出口关税。使用开发区外的料件或半成品在开发区加工出口的产品，凡经实质性加工，增值20%以上的，可以视为在开发区生产的产品。

第三十一条 开发区内的外商投资企业的外方常驻人员和外国专家携带进口自用的生活用品和交通工具，凭开发区管委会的证明文件，经海关核准，在合理数量内免缴关税。

第三十二条 开发区进口货物的进口环节增值税、消费税的优惠待遇按国家有关规定办理。

第三十三条 开发区内的外商投资企业自建或购置的房屋，从建成或购买月份起，经税务机关批准，免征房产税5年。

第三十四条　开发区内的外商投资企业生产经营所需的水、电、运输条件和通信设施,应当优先提供。

第三十五条　开发区内的外商投资企业,可以依法以自有财产或自有外汇作抵押,向银行或其他金融机构申请抵押贷款。

第三十六条　国内其他地区到开发区工作的科技、管理人员和国外学成归来人员,经开发区管委会审核,可以在萧山市区落户。

在外籍华人、华侨和香港、澳门、台湾同胞所投资的企业、事业单位中就职、就业的境内亲属,其户籍关系可以按有关规定迁入开发区,属于农业户口的可以按有关规定转为非农业户口。

第三十七条　开发区内的国内外投资者和企业、事业单位,除享受本条例已规定的优惠待遇外,并可以享受国家、省和萧山市规定的其他优惠待遇。

第五章　附　则

第三十八条　萧山经济技术开发区外围区域实行统一规划管理。在开发区外围区域内进行建设,必须服从统一规划。

第三十九条　华侨和香港、澳门、台湾同胞及其企业、其他经济组织在开发区投资兴办的企业,比照本条例有关外商投资企业的规定执行。

第四十条　国家对经济技术开发区优惠政策有新规定的,按国家规定执行。

第四十一条　本条例由萧山市人民政府负责解释。

第四十二条　本条例自公布之日起施行。

（六）国家计划委员会关于浙江建设萧山现代农业开发区总体规划的批复

计农经〔1995〕929号

浙江省计划经济委员会:

你委《关于要求批准在浙江省萧山市设立现代农业开发区的请示》(浙计经农〔1995〕372号)收悉。经研究,批复如下:

一、为了合理开发和利用沿海滩涂资源,发展粮棉油生产和高产优质高效农业,同意你省关于萧山现代农业开发区建设的总体规划。

二、开发区项目总投资为12亿元,建设资金要多渠道筹集,主要依靠地方解决。重点建设钱塘江大堤,农产品生产和深加工,农业高新技术开发,旅游农业,以及农业基础设施。

三、开发区在萧山海涂围垦区内建设,形成粮食、棉花、油料,名特优瓜果、蔬菜、花卉,特种水产,特种畜禽,农副产品深加工,旅游农业等6个各具特色的开发示范区,并在5年(1996～2000年)内建成。

四、开发区的建设目标主要是:到2000年,年产粮食20万吨、棉花1万吨、油菜籽1.5万吨、蔬菜30万吨、瓜果7.5万吨、竹笋2万吨、淡水鱼2万吨、肉蛋奶3.5万吨、蚕茧1000吨,森林覆盖率和农田林网控制率分别达到25%和90%。

五、请你省加强对开发区建设的领导,落实开发区建设资金和所需的配套条件,按国家有关政策和要求,组织实施好开发区建设。

一九九五年七月十四日

（七）浙江省人民政府关于建立浙江省湘湖、瓯江、会稽山旅游度假区的批复

浙政发〔1995〕165号

杭州、温州、绍兴市人民政府：

杭州市《关于要求建立萧山湘湖旅游度假区的请示》（杭政发〔1995〕113号）、绍兴市《关于要求建立会稽山旅游度假区的请示》（绍市发〔1995〕5号）和温州市《关于要求建立瓯江旅游度假区的请示》（温政发〔1995〕138号）悉。现批复如下：

一、同意建立浙江省湘湖旅游度假区。浙江省湘湖旅游度假区位于萧山市区西南郊，区域范围：东侧以山脊线为界，北起西山、柴岭山，南至城厢镇徐家河村；南侧东起徐家河村、跨湖村，西至长河镇汤家井村；西侧南起汤家井村、海山桥村，北至西白马湖；北侧西起西白马湖、东白马湖、里黄家坞、秋上王、松毛山、菊花山，东至西山，规划面积9.25平方公里。度假区依托古湘湖和越王城文物遗址，首期开发水上运动、休闲度假和娱乐旅游等项目。

二、同意建立浙江省瓯江旅游度假区。浙江省瓯江旅游度假区位于温州市瓯江江心的桃花岛及瓯江口的灵昆岛东北角的部分区域，区域范围：桃花岛，总面积0.5平方公里；灵昆岛东北角部分，面积8平方公里，度假区总面积8.5平方公里。旅游度假区依托瓯江口沙洲绿村、江海一色的岛屿风光，首期开发以中外合资建设的"东海城"为核心，建设以东海石油气田外籍专家和海内外游客的海洋度假、娱乐休闲等项目。

三、同意建立浙江省会稽山旅游度假区。浙江省会稽山旅游度假区位于绍兴市会稽山麓，区域范围：东侧北起姚家岙，南至上灶河东侧，南侧以山脊线为界，东起上灶河东侧，经浪网山，西至香炉峰；西侧以山脊线为界，南起香炉峰，北至庙湾山；北侧以山脊线为界，西起庙湾山，东至姚家岙，规划面积9.5平方公里。度假区依托禹陵、香炉峰风景名胜，首期开发以大禹史迹为基础，融稽山镜水风光为一体的宛委山现代游乐度假项目。

四、各省级旅游度假区主要利用外资，并多渠道筹措资金进行建设，按省有关开发区和旅游度假区的有关规定享受优惠政策。

一九九五年九月十二日

（八）浙江省人民政府关于扩大杭州市市区行政区域的批复

浙政发〔1996〕84号

杭州市人民政府：

你市《关于要求扩大杭州市区行政区域范围的请示》（杭政发〔1996〕60号）和《关于要求扩大杭州市区行政区域范围的补充请示》（杭政发〔1996〕63号）及有关材料收悉。现批复如下：

（1）同意将萧山市的浦沿镇、长河镇、西兴镇和余杭市的三墩镇、九堡镇、下沙乡（包括围垦区）6个乡镇划入杭州市市区。

（2）同意将浦沿镇、长河镇、西兴镇、三墩镇4个镇划归杭州市西湖区管辖。

（3）同意将九堡镇、下沙乡（包括围垦区）2个乡镇划归杭州市江干区管辖。

一九九六年五月九日

（九）浙江省民政厅关于同意将杭州市西湖区
西兴镇的东湘、杜湖、湖头陈三村划归萧山市城厢镇的批复

浙民行字〔1996〕9号

杭州市民政局：

你局杭民（96）局字第079号《关于将西湖区西兴镇东湘、杜湖、湖头陈等三个行政村划入萧山市城厢镇的请示》收悉。经研究并报省人民政府批准，同意将杭州市西湖区西兴镇的东湘、杜湖、湖头陈三个行政村划归萧山市城厢镇。

一九九六年五月二十四日

（十）浙江省人民政府关于在萧山和余杭两市
试行享受市地一级部分经济管理权限的批复

浙政发〔1997〕53号

萧山、余杭市人民政府：

《关于要求赋予地（市）级有关经济管理权限的请示》悉。

经省政府常务会议研究，同意在你们两市试行享受市地一级部分经济管理权限。具体权限如下：

一、有关基本建设和技术改造项目审批管理权限。凡符合国家产业政策，资金、能源、原材料、外汇等建设和生产经营条件不需要省综合平衡，总投资1500万元以下的非生产性基本建设项目、3000万元以下的生产性基本建设项目、30万平方米以下的房地产开发建设项目和1000万元以下的技术改造项目，由两市审批；用汇在100万美元以下的技术引进项目，由两市审批。上述限额以下项目的前期工作、实施工作和竣工验收三个阶段中有关方面的配套审批权限相应下放给两市。超过上述限额的项目和500万元以上的新开工项目，由两市直接报省审批或审核。

二、有关对外经贸审批管理权限。凡资金、能源、原材料、外汇和配额许可证等不需国家和省统一平衡，并属于国家和省鼓励或允许的外商投资项目，两市享同地市级审批权限；对当地的自营进出口企业，两市享同地市级管理权限；对经贸团组出国，两市享同地市级审批权限；自营进出口企业和外商投资企业进出口配额许可证分配，由两市直接报省审批。

三、有关金融审批管理权限。金融机构的设置和规划，两市享同二级分行管理权限。已实行信贷授权制或等级管理的行，贷款审批管理权限视业绩和经营管理水平作相应授权。对业绩好、符合条件的两市企业在贴现、再贴现、地方企业债券、企业短期融资券及贷款等方面给予更多的支持。需报省审批的，由两市直接上报省。

四、有关计划管理权限。省安排的经济和社会发展的计划指标，包括农业、基本建设、技改、利用外资、进出口、能源、劳动工资、人口、高校及中专技校招生、农转非、科技发展、土地开发利用等方面的各项计划，由省在杭州市下戴帽下达两市计划，并直接对口衔接。

五、有关土地管理权限。在年度用地计划控制指标内的建设用地，两市依法行使审批权限；超过市地级审批权限的，由两市直接报省审批或审核。对国家和省重点建设项目用地，可视项目建设情况适当

追加两市用地指标。在同等条件下，省里优先安排两市的造地改田项目，留在两市的造地专项基金和基本农田保护费在实现耕地动态平衡的前提下可用于农业基础设施建设。

六、有关建设企业资质审批权限。在两市行政区域内的建筑、装饰、预制构件、设计和房地产开发三级以下（含三级）及市政、园林四级以下（含四级）资质企业，由两市自行审批；前述以上资质企业，由两市直接报省审批或转报。

七、有关环境保护管理权限。对基本建设和技改项目，两市享同地市级环境保护审批权。

八、有关财税管理权限。财政、国税和地方税管理享同地市级管理权限，有关报批事项由两市直接上报省审批。

九、有关"农转非"审批权限。在省下达的"农转非"指标和对象范围内，两市享同地市级审批权限。

十、有关体改审批权限。地市级企业集团由两市审批，省级企业集团、股份有限公司由两市直接报省审批。

十一、省召开的有关会议，参加对象范围限在地市级的，一般通知两市参加，有关文件、资料也相应下发到两市。

上述各项权限的具体界定、划分由省有关部门会同杭州市、萧山市、余杭市加以细化与落实，凡两市直接报省审批、审核或转报的，均应同时抄报杭州市备案。

一九九七年五月十七日

（十一）浙江省人民政府关于在萧山市建立省级农业高科技示范园区的批复

浙政发〔2000〕64号

萧山市人民政府：

你市《关于要求在萧山建立浙江省农业高科技示范园区的请示》（萧政发〔2000〕38号）悉。经研究，现批复如下：

一、同意你市在钱江农场建立省级农业高科技示范园区，按照统一规划、分期实施的原则，园区总占地面积3000～5000亩，其中一期建设1000亩。

二、园区建设的内容，要按照现代农业的要求，高起点规划，高科技投入，高标准建设。要依托省内外科技力量和技术优势，广泛吸引高层次人才，以高科技为核心，繁育种子种苗为主体，努力建成集科研、繁育、生产、加工、培训、旅游、观光于一体的高科技现代农业示范基地。

三、园区建设的机制，采取政府扶持、部门支持、企业运作的方式，由浙江传化化学集团有限公司为主承建，实行企业化管理，市场化运作。

四、请你们根据上述要求，在科学论证的基础上抓紧制定园区建设规划，并积极稳步地组织实施。省农业厅、省科委、中国水稻研究所、省农科院、浙江大学等有关部门和单位，对园区建设的规划和实施工作要积极给予指导、帮助和支持。

二〇〇〇年三月十八日

（十二）国务院关于同意浙江省撤销
萧山市余杭市设立杭州市萧山区余杭区的批复

国函〔2001〕13号

浙江省人民政府：

你省《关于撤销萧山市余杭市设立杭州市萧山区和余杭区的请示》（浙政发〔2000〕286号）收悉。现批复如下：

（1）同意撤销县级萧山市，设立杭州市萧山区，以原县级萧山市的行政区域为萧山区的行政区域。区人民政府驻城厢镇。

（2）撤销县级余杭市，设立杭州市余杭区，以原县级余杭市的行政区域为余杭区的行政区域。区人民政府驻临平镇。

上述行政区划调整涉及的各类机构要按照"精简、效能"的原则设置，所需经费和人员编制由你省自行解决。在行政区划调整中，要精心组织，统筹安排，做好干部群众的工作，确保当地社会稳定和行政区划调整工作的顺利进行。

二〇〇一年二月二日

（十三）浙江省人民政府关于撤销
萧山市余杭市设立杭州市萧山区余杭区的通知

浙政发〔2001〕12号

各市、县（市、区）人民政府，省政府直属各单位：

根据《国务院关于同意撤销浙江省萧山市余杭市设立杭州市萧山区余杭区的批复》（国函〔2001〕13号）精神，现就有关事项通知如下：

（1）撤销县级萧山市，设立杭州市萧山区，以原县级萧山市的行政区域为萧山区的行政区域。区人民政府驻城厢镇。

（2）撤销县级余杭市，设立杭州市余杭区，以原县级余杭市的行政区域为余杭区的行政区域。区人民政府驻临平镇。

（3）此次行政区划调整涉及的各类机构要按照"精简、效能"的原则设置，所需经费和人员编制由杭州市自行解决。

二〇〇一年三月九日

萧山市志
主要参考文献

1. 明嘉靖《萧山县志》，嘉靖三十六年（1557）刻，万历三年（1575）增刻本，萧山市地方志办公室翻印。

2. 清康熙《萧山县志》，康熙三十二年（1693）刻本，萧山市地方志办公室翻印。

3. 清乾隆《萧山县志》，乾隆十六年（1751）刊，萧山市地方志办公室翻印。

4. 民国《萧山县志稿》，民国24年（1935）铅印本，萧山市地方志办公室翻印。

5. 来裕恂著：《萧山县志稿》，天津古籍出版社，1991年10月。

6. （清）毛奇龄著：《湘湖水利志》。

7. 周易藻编著：《萧山湘湖志》，民国16年（1927）周氏铅印本。

8. 萧山县地名办公室编：《萧山地名志》，1984年4月。

9. 瓜沥镇志编纂办公室：《瓜沥镇志》，1986年3月。

10. 萧山县志编纂委员会：《萧山县志》，浙江人民出版社，1987年8月。

11. 萧山县物价委员会编：《萧山县物价志》，1987年11月。

12. 《临浦镇志》编纂小组：《临浦镇志》，浙江人民出版社，1988年12月。

13. 沈璧、徐树林主编：《萧山城厢镇志》，浙江大学出版社，1989年4月。

14. 萧山市《长河镇志》编纂领导小组：《长河镇志》，光明日报出版社，1989年6月。

15. 萧山市农业局编：《萧山县农业志》，浙江大学出版社，1989年7月。

16. 浦沿镇志编纂领导小组：《浦沿镇志》，中国商业出版社，1994年12月。

17. 王志邦编著：《浦联村志》，中国书籍出版社，1996年5月。

18. 萧山市交通局编：《萧山交通志》，杭州出版社，1998年8月。

19. 萧山市农机水利局：《萧山市水利志》，1999年4月。

20. 费黑主编、陈志根副主编：《萧山围垦志》，上海人民出版社，1999年8月。

21. 杭州市《西兴镇志》编纂领导小组：《杭州市西兴镇志》，2000年12月。

22. 萧山市土地管理局编：《萧山土地志》，2000年12月。

23. 褚云皎编纂：《萧山南阳镇志》，2001年6月。

24. 周嘉庆主编：《后坛村志》，2002年1月。

25. 杨贤兴主编：《萧山农垦志》，方志出版社，2002年5月。

26. 徐木兴总编、莫惠能副总编：《衙前镇志》，方志出版社，2003年12月。

27. 坎山镇志编纂委员会编：《坎山镇志》，2003年12月。

28. 王土根主编：《西兴村志》，2003年12月。

29. 《宁新村志》编纂领导小组：《宁新村志》，方志出版社，2005年3月。

30. 张成林主编：《萧山农业区划志》，2005年3月。

31. 王志邦主编：《义桥镇志》，方志出版社，2005年12月。

32. 所前镇志编纂委员会编：《所前镇志》，2007年4月。

33.陈志根主编：《工农村志》，浙江人民出版社，2008年1月。

34.王伟民主编：《萧山经济技术开发区志》，方志出版社，2008年5月。

35.萧山区建设局编：《萧山建设志》，中华书局，2008年12月。

36.萧山市地方志编纂委员会办公室编：《萧山年鉴（1986）》，1988年10月。

37.萧山市地方志编纂委员会办公室编：《萧山年鉴（1987）》，1989年4月。

38.浙江省萧山市地方志编纂办公室编：《萧山年鉴（1988）》，上海社会科学院出版社，1989年11月。

39.浙江省萧山市地方志编纂办公室编：《萧山年鉴（1989）》，上海社会科学院出版社，1991年2月。

40.浙江省萧山市地方志编纂办公室编：《萧山年鉴（1990）》，上海社会科学院出版社，1992年9月。

41.浙江省萧山市地方志编纂办公室编：《萧山年鉴（1991）》，浙江大学出版社，1993年10月。

42.浙江省萧山市地方志编纂办公室编：《萧山年鉴（1992）》，成都科技大学出版社，1994年4月。

43.浙江省萧山市地方志编纂委员会办公室编：《萧山年鉴（1993）》，北京师范大学出版社，1994年8月。

44.浙江省萧山市地方志编纂委员会编：《萧山年鉴（1994）》，浙江大学出版社，1996年3月。

45.浙江省萧山市地方志编纂委员会编：《萧山年鉴（1995）》，杭州出版社，1996年11月。

46.萧山市地方志编纂委员会办公室编：《萧山年鉴（1996）》，方志出版社，1997年8月。

47.萧山市地方志编纂委员会办公室编：《萧山年鉴（1997）》，方志出版社，1997年12月。

48.萧山市地方志编纂委员会办公室编：《萧山年鉴（1998）》，中华书局，1998年10月。

49.萧山市地方志编纂委员会办公室编：《萧山年鉴（1999）》，浙江古籍出版社，1999年11月。

50.萧山市地方志编纂委员会办公室编：《萧山年鉴（2000）》，浙江大学出版社，2000年9月。

51.杭州市萧山区地方志编纂委员会办公室编：《萧山年鉴（2001）》，方志出版社，2001年8月。

52.萧山县统计局编：《萧山县国民经济统计资料·一九八五年》，1986年4月。

53.萧山县统计局编：《萧山县国民经济统计资料·一九八六年》，1987年5月。

54.萧山市统计局编：《萧山市（县）国民经济统计资料·一九八七年》，1988年5月。

55.萧山市统计局编：《萧山市国民经济统计资料·一九八八年》，1989年2月。

56.萧山市统计局编：《萧山市国民经济统计资料·一九八九年度》，1990年6月。

57.萧山市统计局编：《萧山市国民经济统计资料·一九九〇年度》，1991年7月。

58.萧山市统计局编：《萧山市国民经济统计资料·一九九一年度》，1992年8月。

59.萧山市统计局编：《萧山市国民经济统计资料·一九九二年度》，1993年6月。

60.萧山市统计局编：《萧山市国民经济统计资料·1993》，1994年7月。

61.萧山市统计局编：《萧山市国民经济统计资料·1994》，1995年7月。

62.萧山市统计局编：《萧山市统计年鉴·一九九五年》，1996年5月。

63.萧山市统计局编：《萧山市统计年鉴·一九九六年》，1997年5月。

64.萧山市统计局编：《'97萧山市统计年鉴》，1998年8月。

65.萧山市统计局编：《'98萧山市统计年鉴》，1999年6月。

66. 萧山市统计局编：《'99萧山市统计年鉴》，2000年7月。

67. 萧山市统计局编：《2000·萧山统计年鉴》，2001年7月。

68. 浙江省萧山县人口普查办公室：《浙江省萧山县第三次人口普查资料汇编》，1983年12月。

69. 萧山市人民政府人口普查领导小组办公室：《浙江省萧山市1990年人口普查资料》，1991年9月。

70. 杭州市萧山区第五次人口普查办公室：《杭州市萧山区2000年人口普查资料（计算机汇总）》，2002年7月。

71. 於士达著：《湘湖考略》，清道光二十七年（1847）学忍堂补刊本。

72. 《萧山县渔业资源区划调查报告（昭东乡内河鱼类调查）》，1984年。

73. 萧山市农业区划办公室编：《萧山农业名特产品资源》，1988年1月。

74. 王向前等：《萧山两栖类调查》，1998年。

75. 中共萧山市委宣传部、萧山市统计局编：《萧山五十年巨变——新中国成立以来萧山经济与社会发展统计文献》，1999年9月。

76. 萧山市环境保护局、萧山市环境科学学会：《萧山市"十五"环境保护规划》，2000年4月。

77. 萧山市人民政府：《萧山市环境功能区达标技术报告》，2000年10月。

78. 萧山市环境保护局：《萧山市工业污染源达标排放技术报告》，2000年10月。

79. 萧山市人民政府：《萧山市"一控双达标"工作资料汇编》，2000年11月。

80. 王炜常著：《越山湘水识萧然》，2001年3月，萧山市档案局（馆）编印。

81. 杭州市萧山区环境保护局：《杭州市萧山区环保相关产业调查报告》，2001年6月。

82. 杭州市萧山区农业农村面源污染调查办公室：《杭州市萧山区农业农村面源污染状况调查·数据集》，2001年12月。

83. 萧山市环境监测站：《萧山市环境质量报告书（1996~2000年）》，2001年。

84. 萧山区委政策研究室编：《萧山市若干政策汇编（1992~2001年）》。

85. 朱淼水著：《萧山往事录》，2002年12月。

86. 政协杭州市萧山区文史工作委员会编：《毛奇龄合集》，杭州出版社，2003年1月。

87. 浙江省文物考古研究所、萧山博物馆编：《跨湖桥》，文物出版社，2004年12月。

88. 沈青松主编：《历史文化名湖——湘湖》，方志出版社，2004年4月。

89. 李维松著：《萧山古迹钩沉》，方志出版社，2004年4月。

90. 陈志富著：《萧山水利史》，方志出版社，2006年9月。

91. 南宋嘉泰《会稽志》，绍兴县地方志编纂委员会据采鞠轩藏版重印。

92. 《南宋临安两志》，浙江人民出版社，1983年。

93. 陈桥驿编：《浙江灾异简志》，浙江人民出版社，1991年3月。

94. 戴泽蘅主编：《钱塘江志》，方志出版社，1998年。

95. 董聿茂主编：《浙江动物志（兽类）》，浙江科学技术出版社，1989年11月。

96. 董聿茂主编：《浙江动物志（鱼类）》，浙江科学技术出版社，1989年。

97. 董聿茂主编：《浙江动物志（两栖爬行类）》，浙江科学技术出版社，1990年6月。

98. 董聿茂主编：《浙江动物志（鸟类）》，浙江科学技术出版社，1990年11月。

99.毛节荣主编：《浙江动物志（淡水鱼类）》，浙江科学技术出版社，1991年3月。

100.童雪松等编著：《浙江蝶类志》，浙江科学技术出版社，1993年。

101.周尧等编著：《中国蝶类志》，河南科学技术出版社，1994年。

102.杭州农业志编纂委员会编：《杭州农业志》，方志出版社，2003年12月。

103.浙江省农业志编纂委员会编：《浙江省农业志》，中华书局，2004年12月。

104.杭州市萧山区民政局编：《萧山民政志》，2006年5月。

105.（宋）李昉等撰：《太平御览》，中华书局，1960年2月。

106.中国历史地图集编辑组编辑：《中国历史地图集》第二册"西汉时期扬州刺史（局部）"，中华地图学社，1975年第1版。

107.（清）悔堂老人：《越中杂识》，浙江人民出版社，1983年1月。

108.《浙江特产风味指南》，浙江人民出版社，1983年12月。

109.《越绝书》，上海古籍出版社，1985年版点校本。

110.《全唐诗》，上海古籍出版社，1986年10月。

111.（宋）乐史撰：《太平寰宇记》（影印四库全书本），上海古籍出版社，1987年6月。

112.诸葛计、银玉珍编著：《吴越史事编年》，浙江古籍出版社，1989年11月。

113.陈马康等编著：《钱塘江鱼类资源》，上海科学技术文献出版社，1990年。

114.《全明诗》，上海古籍出版社，1990～1994年。

115.赵维臣主编：《中国土特名产辞典》，商务印书馆，1991年3月。

116.陈桥驿著：《吴越文化论丛》，中华书局，1991年。

117.《吴越春秋》，江苏古籍出版社，1992年版点校本。

118.马大浦主编：《中国林业辞典》，上海科学技术出版社，1994年11月。

119.萧山市农村经济委员会编：《土地承包大户名册》，1997年1月。

120.《中国农业全书·浙江卷》编辑委员会编：《中国农业全书·浙江卷》，1997年10月。

121.《二十五史》（百衲本），浙江古籍出版社，1998年5月。

122.商景才主编：《浙江事典》，浙江教育出版社，1998年8月。

123.农业大词典编辑委员会：《农业大词典》，中国农业出版社，1998年9月。

124.辞海编辑委员会：《辞海》，上海辞书出版社，1999年版缩印本（音序），2002年1月。

125.章玉安著：《绍兴文化杂识》，中华书局，2003年5月。

126.盛鸿郎著：《绍兴水文化》，中华书局，2004年9月。

127.林正秋著：《南宋杭州研究论集》，中国文史出版社，2008年1月。

杭州市萧山区地方志编纂委员会名单

（2003～2013年）

2003～2005年

顾　问：王建满　陈如昉

主　任：谭勤奋

副主任：尚怀远　朱国铭

委　员：周凯旋　来益丰　金肖华　李金达　赵　莉　陈水源　周学灿　田关仁　蒋建国　李强煜
　　　　方　伟　董建民　贺放炼　翟炳芳　魏大庆　赵金土　施月仁　陈建新　陶永新　胡妙夫
　　　　来宏明　蔡仁林　施关松　周吾良　杨朝华　蒋宝庆　沈迪云

2005～2007年

顾　问：王金财　郑荣胜

主　任：谭勤奋

副主任：尚怀远　朱国铭

委　员：李启财　钱大荣　方松源　李金达　赵　莉　陈水源　周学灿　田关仁　蒋建国　李强煜
　　　　方　伟　董建民　贺放炼　翟炳芳　魏大庆　赵金土　施月仁　冯世联　胡妙夫　来宏明
　　　　蔡仁林　施关松　周吾良　杨朝华　沈迪云　劳荣水

2007～2008年

顾　问：洪航勇　郑荣胜

主　任：许岳荣

副主任：姜国法　施天贵

委　员：李启财　钱大荣　林以干　华德法　汪垤涵　陈爱娟　许建达　裘国兴　洪关良　李强煜
　　　　顾大飞　高卫国　金　伟　施月仁　魏大庆　赵金土　朱如江　冯世联　胡妙夫　任关甫
　　　　蔡仁林　俞官朝　周吾良　杨朝华　沈迪云　劳荣水

2008～2009年

顾　问：洪航勇　盛阅春

主　任：许岳荣

副主任：姜国法　施天贵

委　　员：李启财　钱大荣　朱　江　董祥富　汪垤涵　陈爱娟　许建达　裘国兴　洪关良　陈兴康
　　　　　顾大飞　高卫国　金　伟　施月仁　魏大庆　赵金土　朱如江　冯世联　胡妙夫　任关甫
　　　　　蔡仁林　俞官朝　周吾良　杨朝华　沈迪云　劳荣水

2009～2010年

顾　　问：洪航勇　盛阅春

主　　任：许岳荣

副主任：姜国法　施天贵

委　　员：李启财　钱大荣　朱　江　董祥富　汪垤涵　陈爱娟　许建达　裘国兴　洪关良　陈兴康
　　　　　顾大飞　高卫国　金　伟　施月仁　魏大庆　秦剑云　朱如江　沈肖群　胡妙夫　任关甫
　　　　　蔡仁林　俞官朝　李培芳　杨朝华　沈迪云　劳荣水

2010～2011年

顾　　问：洪航勇　盛阅春

主　　任：许岳荣

副主任：姜国法　施天贵

委　　员：王建校　沈亦飞　朱　江　董祥富　汪垤涵　葛剑民　许建达　裘国兴　洪关良　陈兴康
　　　　　顾大飞　高卫国　金　伟　施月仁　魏大庆　秦剑云　朱如江　沈肖群　胡妙夫　任关甫
　　　　　蔡仁林　俞官朝　李培芳　杨朝华　沈迪云　劳荣水

2011～2012年

顾　　问：俞志宏　李　玲

主　　任：洪松法

副主任：金　伟　徐建中

委　　员：王建校　沈亦飞　潘晓东　汪垤涵　葛剑民　裘国兴　魏大庆　徐妙法　徐晓福　于建新
　　　　　何兴良　施月仁　秦剑云　朱如江　沈肖群　胡妙夫　任关甫　蔡仁林　俞官朝　李培芳
　　　　　杨朝华　沈迪云　劳荣水

2012~2013年

顾　问：俞志宏　李　玲

主　任：洪松法

副主任：金　伟　徐建中

委　员：王建校　沈亦飞　潘晓东　沈华锋　沈志刚　葛剑民　钟华成　裘国兴　魏大庆　徐妙法
　　　　徐晓福　于建新　何兴良　施月仁　朱如江　沈肖群　胡妙夫　董茶仙　蔡仁林　高锦耀
　　　　楼　航　杨朝华　沈迪云　劳荣水

2013年至今

顾　问：俞东来　李　玲

主　任：洪松法

副主任：金　伟　徐建中

委　员：王建校　沈亦飞　潘晓东　沈华锋　沈志刚　葛剑民　钟华成　裘国兴　魏大庆　徐妙法
　　　　徐晓福　于建新　何兴良　施月仁　吴琴芳　沈肖群　胡妙夫　董茶仙　蔡仁林　高锦耀
　　　　楼　航　孙伊田　沈迪云　劳荣水

《萧山市志》编辑部

顾　　问：魏　桥　来新夏　陈桥驿　沈吾泉

主　　编：谭勤奋

常务副主编：沈迪云

副　主　编：陈志根　钱志祥　金雄波　李维松　柳田兴

编　　辑：(以姓氏笔画为序) 王土根　任国辉　杨贤兴　汪志华　陈培坤　莫艳梅　夏雪勤
　　　　　徐树林　徐燕锋　章涤心　傅华生　童　铭

《萧山市志》资料提供人员名单

（以姓氏笔画为序）

丁　峰	丁子尤	丁贤生	丁柏先	卜利源	卜曹元	万来振	卫振平	马长生	马国荣
王　伟	王　芳	王　沛	王　盛	王一范	王长生	王世福	王仕新	王立加	王永林
王伟峰	王华英	王关虎	王兴珑	王寿松	王苓秋	王国昌	王忠兴	王凯尔	王和吉
王炜常	王建焕	王栋良	王柏江	王钢翔	王秋儿	王莉敏	王晓晔	王益昌	王润东
王菊红	王慧儿	方　芳	方　敏	方木春	方伟林	方向红	方荣根	方凌雁	方晨光
孔吾德	孔金祥	孔宪浩	孔涌波	卢　铭	叶小娟	田江波	田利民	田何兴	田春蕾
田俊超	史清春	冯　亮	冯如江	冯学强	司马迪平	边正兴	曲　毅	吕小松	吕仲华
吕培鸣	回晶淼	朱　勇	朱一帆	朱仁良	朱齐杭	朱利水	朱国根	朱佩璋	朱建平
朱品良	朱萌虹	朱淼水	朱新林	华　燕	华先成	华先国	刘　越	刘　聪	刘　霖
刘抒抒	刘胜寒	刘宪康	刘海萍	刘翔宇	齐国民	许　剑	许小建	许五二	许水康
许成良	许信民	许焕明	许谨斋	孙　毅	孙卫根	孙子仁	孙亚群	孙关荣	孙利松
孙作佳	孙国铭	孙忠涛	孙佳瑞	孙金土	孙炬星	孙建平	孙建丽	孙骆华	孙翌銎
孙道荣	孙煜春	严水明	劳庆汉	苏嘉美	李　丘	李　杰	李　锋	李大霖	李小龙
李长凤	李邦清	李扬龙	李吕凤	李均仲	李志松	李杨龙	李吾龙	李肖柯	李佩礼
李金先	李洪洲	李凌峰	杨　应	杨　法	杨丽燕	杨国峰	杨国海	杨昌荣	杨明法
杨定凤	杨荣鑫	杨重卫	杨善林	杨新程	杨曙光	来巧林	来巧玲	来汉仙	来加富
来渭贤	吴　康	吴小芳	吴玉成	吴令军	吴乐飞	吴尧平	吴庆华	吴齐耕	吴关尧
吴汝喜	吴志霓	吴肖英	吴佳玲	吴岳千	吴金虎	吴春友	吴春萍	吴柏华	吴宽林
吴桑梓	吴锦荣	邱吾仁	邱鲁德	何邦阳	何妙金	何秉远	何建生	何俊杰	何惠英
何筱雷	余世福	余兴良	余灿平	应金耀	汪仁涵	汪国才	汪国强	汪学尧	汪官友
汪建伟	汪建华	汪春霞	汪柏焕	汪厚权	汪炳辉	汪洋平	汪越涛	沈　迅	沈　惠
沈　强	沈　璧	沈天海	沈友良	沈玉兴	沈永林	沈再初	沈伟东	沈观良	沈步青
沈青松	沈国祥	沈国琴	沈金华	沈宝根	沈荣虎	沈柏祥	沈美美	沈莉英	沈荷英
沈铁伟	沈爱娟	沈梅红	沈银昌	沈焕军	沈群芳	宋　伟	宋明义	张　炬	张　洁
张　瑛	张公清	张旭东	张关通	张关德	张兴炎	张宇才	张志坚	张吾清	张坚明
张沛安	张林平	张建人	张建宁	张春辉	张剑秋	张铁英	张爱武	张家声	张彬彬
张维良	陆　勇	陆　巍	陆志向	陆建伟	陈　岚	陈水娟	陈水康	陈文忠	陈叶爱
陈永儿	陈亚如	陈光裕	陈先信	陈廷铮	陈传荣	陈华龙	陈志芬	陈志勇	陈志富

陈肖海	陈国龙	陈金贤	陈宝兴	陈建杨	陈建荣	陈剑钦	陈剑锋	陈晓宇	陈晓禄	陈徐章
陈继方	陈常理	陈裕来	陈照龙	陈蔚蓝	陈德定	陈燕君	邵水涌	邵伟成	邵洁冰	范义生
范宙虹	范雪霞	林平平	林苗娟	林苗娟	杭人望	罗全林	金 飞	金 芳	金久宏	金以森
金关木	金志娟	金阿根	金贤生	金玲凤	金晓海	金维立	金维善	周 俊	周 寅	周 麒
周长法	周吕峰	周先锋	周国江	周国涌	周萌萌	周维佳	周燕红	庞晓林	庞新和	於立华
郑观忠	郑学强	郑霄峰	单 策	单月海	单齐尚	单寿昌	单启明	孟建国	封 盛	赵巾英
赵文耀	赵建华	赵建忠	赵祥富	赵继平	赵新高	赵德明	胡 飞	胡乃方	胡水虎	胡国创
胡道生	郦 萍	钟吾良	钟沈根	钟勇杰	钟祥明	俞 华	俞 淑	俞卫芳	俞永清	俞志荣
俞妙凤	俞青青	俞松根	俞柏明	俞梁波	施文来	施平城	施加农	施先传	施丽华	施海军
施海焕	洪利民	洪佳士	宣建明	祝仙祥	费丽娅	姚 俊	姚志祥	姚振华	莫 锋	莫一兰
莫利浩	贾灿忠	夏 杰	夏传生	夏国绵	顾士铨	顾王芳	顾欢军	钱 龙	倪仁法	倪世英
倪国田	倪建华	倪柏华	倪新方	徐 军	徐 剑	徐大钧	徐亚平	徐成友	徐尧龙	徐连兴
徐国良	徐国祥	徐建红	徐建国	徐奕峰	徐冠巨	徐晓明	徐海尧	徐福钦	徐燕燕	翁迪明
翁建林	翁海静	凌德法	高 鸣	高 翀	高 潮	高天相	高元法	高汉明	高成芳	高志匡
高志荣	高南燕	高海忠	高雪娟	高德根	郭 莹	郭 骏	郭 瑜	郭亚萍	郭来平	郭益丰
郭维庆	郭维昌	郭路炜	郭群英	郭霄洁	唐亚红	唐海昌	诸益民	陶百勇	陶红萍	黄伟权
黄来兴	黄坚毅	黄金传	黄晓军	黄碧敏	曹军钱	曹利红	龚金泉	崔竞雄	庚廉耕	康景丽
章 敏	章中二	章吾铨	章国友	章明强	章建军	章钜源	章勇诚	章跃安	章跃承	章耀成
彭乃文	彭勇敢	董 卫	董月兰	董叶锋	董华丽	董岩翔	董和娟	董欣川	董茶仙	董炳仁
蒋丽君	蒋伯鸿	蒋莉萍	蒋海兵	蒋德高	韩 骏	韩水永	韩月平	韩文根	韩永标	韩灿华
韩浩祖	程 涛	程湘虹	傅 瑛	傅永宝	傅仲伟	傅红专	傅柏永	傅柏芳	傅祝敏	傅舜林
鲁钜铨	鲁冠球	童 铭	童柯峰	曾宪伟	温怀平	游 昉	富坚宏	谢 飞	谢国华	谢国军
谢宪芳	谢银火	楼永善	楼伟仁	楼国根	楼南山	楼信权	楼曼庆	裘松奇	裘松铨	裘建中
裘晓丽	裘晓萍	虞天令	鲍吾清	鲍泉明	鲍泉明	阙沛霖	蔡 雁	蔡志坚	蔡国友	蔡晓燕
蔡惠泉	裴浩明	管利雅	熊张林	颜瑞清	潘 翔	薛国建	霍文龙	瞿加建	瞿灿新	瞿恂源

萧山修志，素有传统。仅县志一门，于永乐、宣德、弘治、正德、嘉靖、万历、天启都有修志或志补，明代萧山八修县志，为浙江之冠。清代，萧山于康、乾两朝都修有志书。迄至民国，有民国24年《萧山县志稿》和来裕恂之《萧山县志稿》存世。中华人民共和国成立后，萧山于1987年出版95万字的《萧山县志》。

世纪之初，萧山撤市设区。中国地方志指导小组也适时作出部署，在全国范围内开展第二轮修志工作，第二轮修志渐成燎原之势。2003年3月，区长陈如昉在萧山区第十三届人民代表大会第一次会议上所作的《政府工作报告》中明确要求："启动新一轮续修《萧山市志》工作"，编修《萧山市志》被列入政府工作议事日程。

修志伊始，重在拟订纲目和组织发动。2003年春，经过意见征集，纲目初订。5月，全区地方志工作会议召开，正式启动编修《萧山市志》工作。时，区委党史研究室、区地方志办公室主任蒋宝庆积极奔走，精心物色编辑部人选。7月，杭州市萧山区人民政府办公室发出《关于建立〈萧山市志〉编辑部的通知》（萧政办〔2003〕106号），组建《萧山市志》编辑部。聘请省社会科学院研究员、中国地方志协会学术委员魏桥，南开大学教授、中国地方志协会学术委员来新夏，浙江大学教授陈桥驿，省政府农村工作办公室副主任沈吾泉为顾问；区委常委、常务副区长谭勤奋（现为萧山区政协主席）担任主编；区委党史研究室、区地方志办公室副主任沈迪云（现为区委党史研究室、区地方志办公室主任）为常务副主编；陈志根、朱淼水、钱志祥、金雄波、李维松为副主编。9月，杭州市萧山区人民政府办公室发文增补柳田兴为编辑部副主编，朱淼水不再担任副主编，新的编辑部副主编为：陈志根、钱志祥、金雄波、李维松、柳田兴。是年，《萧山市志》编辑部成为中国地方志指导小组命名的首批8家全国试点单位之一，乃浙江第一家。

编辑部分工明确，常务副主编沈迪云主持编辑部日常工作，负责总纂。陈志根负责综合组，编辑徐树林、王土根、徐燕锋、莫艳梅、童铭、汪志华，承编凡例、地图及《政区》《自然环境》《环境保护》《人口》《居民生活》《镇乡》《人物》《丛录》8编；钱志祥负责农业组，编辑杨贤兴，承编《土地》《水利》《城市建设》《农村 农民农业》《垦区开发》《萧山经济技术开发区》《建筑业 房地产业》7编；金雄波负责经济组，编辑任国辉、陈培坤（2006年因病离开编辑部），承编《工业》《国内贸易》《对外和港澳台经济贸易》《金融》《财政 税务》《经济管理》《信息传媒》7编；李维松负责文化组，编辑傅华生、章涤心，承编《跨湖桥文化》《交通》《教育》《科学技术》《文化》《文物 胜迹 旅游》《卫生》《体育》《民俗》《宗教》《方言》11编；柳田兴负责政治组，编辑夏雪勤（2009年离开编辑部），承编序、彩色照片、总述、大事记及《中国共产党》《人民代表大会》《人民政府》《人民政协》《民主党派 工商联》《社会团体》《公安 司法行政》《检察 审判》《军事》《人事 劳动》《民政》《社会保障》12编。汪志华、莫艳梅协助总纂。2010年，《中国共产党》《人民代表大会》《人民政府》《公安 司法行政》《检察 审判》5编移交农业组负责，《人民政协》《民主党派 工商联》《社会团体》《人事 劳动》《民政》5编移交综合组负责。编辑部聘有工作人员韩利明、俞云云、钱珊珊等。

编辑部之办公室日常工作先由柳田兴负责，后由杨贤兴负责。为配合市志编修，又辅编《萧山市志简报》86期，以宣传修志之思想，指导修志之业务，借鉴修志之经验。前41期由柳田兴负责，后45期由杨贤兴负责。

其间，常务副主编沈迪云有感于二轮志书资料搜集之弊，提出开门修志的理念，探索二轮修志的新路径。2004年，萧山区地方志办公室与浙江大学、浙江工商大学、华中理工大学合作，广泛开展社会调查。由200余学生参与、前后历时一年完成16个课题调查，分成《萧山人的一天》《萧山居民生活质量调查》《萧山居民休闲娱乐情况调查》《萧山居民择业观调查》《萧山居民社交礼仪调查》《萧山居民出行调查》《萧山居民家庭车辆拥有与使用情况调查》《萧山居民住宅情况调查》《萧山居民"吃、穿、用"调查》《萧山居民民间资本投资调查》《萧山家庭教育观的变迁调查》《萧山百岁老人状况调查》《萧山妇女地位调查》《萧山知识分子调查》《萧山企业家调查》《萧山民工生活、生存状况调查》16辑，编为专册。调查涉及吃、穿、住、行、教育等民生根本之问题，视角亦投向百岁老人、妇女、知识分子、企业家、外来民工等社会关注之焦点，以真实再现社会万象，开创了二轮修志集中、系统开展大规模社会课题调查之先河。

《萧山市志》编修工作启动后，各部门根据《关于〈萧山市志〉撰稿分工方案的通知》（萧政发〔2003〕144号），陆续组建编纂班子，落实撰稿员，广泛开展资料搜集工作，渐成初稿，送交编辑部审改、调整。至2006年12月，成初稿长编，计39编，约1000万字。2007年始，对各编志稿进行分纂和总纂，分编召开评稿会，评议志稿，几易纲目不可计数，内容调整实难计量。2009年始，调整志稿版式，志中广泛应用注释，先后试印第一至第四卷，其中第一卷（试印本）于2010年7月公开出版，面向社会广泛征求意见。2012年，第一、二、三卷完成总纂，旋即编制《索引》。分目（子目）索引、人名索引、地名索引、图片索引、表格索引、附（附录）索引6类，依序而编，一年乃成。正式出版时，"卷"易名为"册"，第一至第三册排序不变，第四册则为《索引》，原第四卷之社会课题调查改作第五册。

《萧山市志》因卷帙庞大，是以印刷之事分册进行，2013年8月始先行出片印刷第五册，印齐合于一函，计5册1000万字。虽上下限如《凡例》所言为1985年1月1日至2001年3月25日即萧山撤市设区日，然萧山建市始于1988年，终于2001年，萧山以"市"之名在现有之历史中仅13年余。市志不囿于上下限之限，适当上溯下延，以求记载对象之完整，读者查索之便利，编者意在将《萧山市志》修成一部相对独立完整之志书！

回首十年修志路，有此四感：

一者，有感于创新之必然。在网络覆盖生活的每一个角落的时代，在信息检索极为便捷的时代，志书是否还有存在之必要？在遵循传统的修志基本理念的同时，修志若不创新便无生机与出路。常务副主编沈迪云常言："（创新）即使失败了，也是一种成功！"《萧山市志》于社会调查、于注释、于篇目、于形式等方面皆有探索，力求具有原创性、著述性、资料性、服务性。

二者，有感于专才修志之必需。志书横排门类，各门各类皆专门之学，诸如地质、动植物、水利、交通、经济体制改革、司法、社会保障、民俗等，非长期浸染钻研不能专，非专才不能修。

三者，有感于第一手资料之必要。志书启动之初，大凡会根据篇目大纲划定撰稿分工方案，交由各部门撰写初稿。此乃志书编修资料搜集的一条重要途径，但不是唯一。志书编修若不能走出书斋，便不可能真正获得第一手资料。而资料的掌握直接决定了一部志书对时代、对地方特色的把握程度。是以社会调查资料成为本志资料来源的重要渠道，口述历史成为本志的重要内容。

四者，有感于站在读者的角度修志之必行。本志初稿经历大小评稿数百次，又多次试印征求意见，意在减少差错，将纠错之权力交予读者。注释之设，索引之编，图照之用，表格之作，编者皆希望读者在阅读本志时可以更快地检索资料、更多地了解萧山。

志乃官修。修志工程浩大繁杂，非合众力不能成。《萧山市志》终得出版问世，得益于党委、政府之正确领导，得益于全区各部门、镇（街道）、单位之大力支持，得益于社会各界人士之关心与帮助，得益于撰稿员之资料提供，得益于全体编纂人员之辛劳与坚守。

本志的出版，特别感谢顾问魏桥、来新夏、陈桥驿、沈吾泉多次上门或来信耐心赐教；特别感谢仓修良、巴兆祥、毛丹、王广才、王庆、王志邦、王林、王熹、田嘉、任桂全、任根珠、吴潮海、张英聘、杨金荣、沈松平、邱新立、陈之骅、陈野、林衍经、范晓光、欧阳发、郭凤岐、姚金祥、柴剑虹、诸葛计、贾大清、梁敬明、梁滨久、傅振照、韩章训、鲁西奇、潘捷军等诸多专家学者诚恳之意见；特别感谢参加过1987年版《萧山县志》编修的前辈李大霖、朱淼水、洪雅英、张介立、王兴珑以及萧山区历史学会会员王炜常、刘宪康、陈先信、王长生宝贵之意见与建议。下列人员则为本志撰稿（正文部分已注明撰稿员的此处略）：施加农（《跨湖桥文化》），朱佩璋（《地质 地貌》），童柯峰（《植被》），楼信权（《野生动植物》），董岩翔、宋明义（《农业地质资源》），方荣根（《乡镇企业经营机制》），吕仲华（《广告发展史》），姚俊（《广告制作》），阙沛霖（《浙江省湘湖师范学校》），张洁、刘宪康、冯学强（《方言》），何筱雷（《萧山国外博士目录》），李大霖（《1987年版〈萧山县志〉勘误》）。

十年修志，十遇寒暑，终得付梓。若读本志，可览山川之形胜，可晓乡里之风俗，可知萧民之土语，可明制度之流变，可观社会之发展，可听人民之心声，编者之劳苦自可遗忘于残墨剩稿间，编者之用心自可告慰历史后世！本志或有编排之不妥，或有史实之不凿，或有校勘之不察，悉愿洗耳恭听指教。

编者

2013年8月

图书在版编目(CIP)数据

萧山市志：全5册/杭州市萧山区人民政府地方志
办公室编著.—杭州：浙江人民出版社，2013.12
ISBN 978 - 7 - 213 - 05873 - 8

Ⅰ.①萧… Ⅱ.①杭… Ⅲ.①区(城市)—地方志—
杭州市—1985～2001 Ⅳ.①K295.51

中国版本图书馆CIP数据核字(2013)第277299号